U0788207

承德市志·金融志

（1989—2015）

上　卷

承德金融志编纂委员会　编

方志出版社
Publishing House of Local Records

图书在版编目（CIP）数据

承德市志．金融志：1989—2015 / 承德市金融志编纂委员会编．-- 北京：方志出版社，2021.12
ISBN 978-7-5144-4952-5

Ⅰ．①承… Ⅱ．①承… Ⅲ．①承德—地方志②地方金融事业—概况—承德—1989-2015 Ⅳ．① K292.23
② F832.722.3

中国版本图书馆 CIP 数据核字 (2021) 第 276415 号

承德市志·金融志（1989—2015）

编　　者：承德金融志编纂委员会
责任编辑：张　颢

出 版 者：方志出版社
地址　北京市朝阳区潘家园东里 9 号（国家方志馆 4 层）
邮编　100021
网址　http://www.zgfzcb.cn
发　　行：方志出版社图书营销中心
电话（010）67110500
经　　销：各地新华书店
印　　刷：承德金鼎源彩色印刷有限公司

开　　本：889×1194　　1/16
印　　张：72.75
字　　数：1863 千字
版　　次：2021 年12月第1版　　2021年12月第1次印刷
印　　数：0001～1000 册

ISBN　978-7-5144-4952-5　　**定价：**450.00 元

· 版权所有　翻印必究 ·

【机构建筑】

双桥区都统府大街 2 号中国人民银行承德市中心支行办公楼，1996 年 4 月建成

开发东区 EGY-3 号中国银行业监督管理委员会承德监管分局办公楼，2007 年 12 月建成

开发东区大石庙镇庄头营村中国农业发展银行承德分行办公楼，2009 年 10 月建成

双桥区广仁大街 49 号中国工商银行股份有限公司承德分行办公楼，1985 年 7 月建成

双桥区南营子大街17号中国农业银行股份有限公司承德分行办公楼，1988年11月建成

双桥区都统府大街3号中国银行股份有限公司承德分行办公楼，1987年12月建成

双桥区南营子大街 32 号中国建设银行股份有限公司承德分行办公楼，2001 年 12 月建成

双桥区迎宾路 35 号交通银行股份有限公司承德分行，2013 年 11 月入驻

双桥区武烈路工商联大厦中信银行股份有限公司承德分行，2015 年 3 月入驻

双桥区南营子大街 23 号中国邮政储蓄银行股份有限公司承德市分行办公楼，2008 年 4 月入驻

双桥区丽正门大街6号河北省农村信用社联合社承德办事处办公楼，2005年11月入驻

双桥区府前路世纪城三区5号承德银行股份有限公司办公楼，2013年6月建成

双桥区新华路新华园商业楼C座河北银行股份有限公司承德分行，2014 年 7 月入驻

双桥区紫晶花园D座103号张家口市商业银行股份有限公司承德分行，2014 年 7 月入驻

双桥区都统府大街7号中国人民保险公司承德分公司办公楼，1994年12月建成

双桥区丽正门大街2号中国太平洋保险公司承德分公司办公楼，1998年5月建成

双桥区翠桥路南6号中国中投证券有限责任公司承德翠桥路证券营业部，2015年6月入驻

双桥区都统府大街9号财达证券股份有限公司承德都统府大街证券营业部，2010年12月入驻

【机构开业】

1992 年 10 月 28 日，中国太平洋保险公司北京分公司承德代理处在承德军分区招待所举行开业典礼

2002 年 3 月 28 日，承德市城市信用社股份有限公司在双桥区都统府大街 2 号举行开业典礼

2005 年 12 月 6 日，中华联合财产保险股份有限公司承德中心支公司在双桥区东环路福隆小区 2 号举行开业典礼

2006 年 4 月 30 日，承德市商业银行股份有限公司在双桥区都统府大街 10 号举行开业典礼，市委书记赵文鹤（右一）揭牌

2007 年 6 月 30 日，合众人寿保险股份有限公司承德中心支公司在双桥区文化大厦举行开业典礼

2008 年 4 月 10 日，中国邮政储蓄银行有限责任公司承德市分行在双桥区太平桥邮政礼堂举行开业典礼

2014 年 7 月 2 日，国泰君安证券股份有限公司承德西大街证券营业部在双桥区西大街天泽家园开业

2014 年 11 月 26 日，河北银行股份有限公司承德分行在双桥区新华路新华园小区 C 座举行开业典礼

2015 年 3 月 31 日，中信银行股份有限公司承德分行在双桥区武烈路工商联大厦举行开业典礼

2015 年 8 月 14 日，广发证券股份有限公司承德新华路证券营业部在双桥区新华路北 1 号举行开业典礼

【上级调研】

1998 年 5 月 6 日，中国建设银行河北省分行副行长程双起（中）到承德钢铁集团有限公司施工现场检查项目建设

2002 年 7 月，中国人民银行天津分行行长刘崇明（一排左五）到承德调研与承德市中心支行领导班子成员及科级干部合影

2004 年 8 月 6 日，中国银监会副主席阎海旺（一排左五）、河北银监局局长李蕴祺（一排左四）到承德银监分局调研

2006 年 12 月，河北保监局副局长张雪峰（前排右三）到承德调研，承德保险协会秘书长刘春晖（前排左三）等陪同

2007年8月1日，中国农业发展银行河北省分行行长李玉（右三）到承德坝上风电项目现场调研

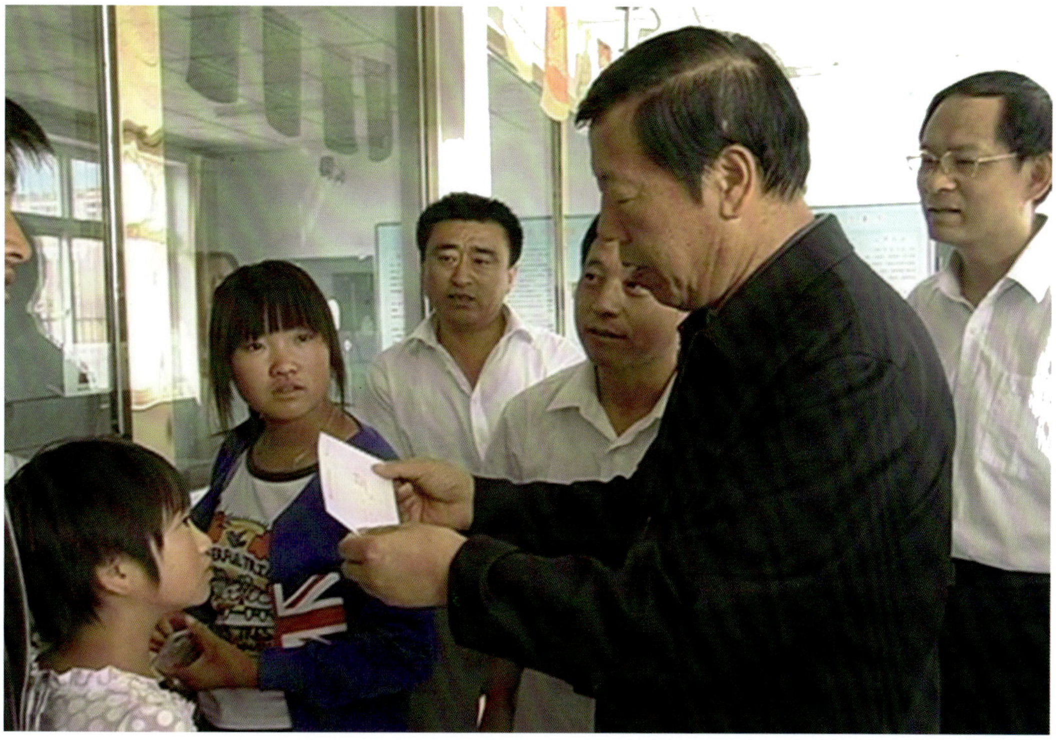

2009年8月，中国人民银行原行长、中国社保基金理事会理事长戴相龙（右二）到围场御道口信用社调研

2010 年 10 月 8 日，中国农业发展银行行长郑晖（右三）到农发行承德分行检查指导创先争优活动开展情况

2011 年 8 月 24 日，中国工商银行股份有限公司河北省分行行长许杰（右三）到承德钢铁集团有限公司调研

2011 年 8 月，中国太平洋保险集团公司董事长高国富（前排左五）到承德调研与承德太保（财险、寿险）公司领导班子及部分员工合影

2013 年 8 月 2 日，中国农业发展银行河北省分行行长王玉武（右）到农发行平泉县支行调研

2013 年 10 月 23—24 日，河北省农村信用社联合社党委书记、理事长王文进（左二）到承德调研

2013 年 12 月 31 日，中共承德市委常委、金融工委书记刘文勤（前右）到中国人民银行承德市中心支行视察年终决算工作

2014年4月16日，河北银监局局长郭锦洲（右）到平泉县雨露花卉蔬菜专业合作社考察调研

2014年4月，中国工商银行河北省分行行长史立军（左三）到工行双滦支行调研网点运营标准化工作

2015 年 9 月 16 日，河北银监局副局长陈炳华（中）到中信银行承德分行调研

2015 年 12 月，中国人寿保险股份有限公司河北省分公司总经理刘起彦（左一）到承德调研，中国人寿承德分公司总经理刘东升（中）汇报工作

【重要会议】

1989年2月，中国人民银行承德分行行长程文甫（前排左四）率各县支行行长承德分行部分科长出席全省人民银行行长会议

1995年2月，中国太平洋保险公司承德办事处1995年工作会议合影。总经理嵇永明（一排左六）、人民银行副行长吴淑华（一排左七）出席

1999 年 5 月，全国金融系统英模报告团在承德举行英模事迹报告会，副市长沈小平（前排左七）、河北省金融系统监察专员赵海城（前排右七）、中国人民银行承德分行行长成永存（前排右一）暨承德各银行、各保险公司负责人与全体英模合影

2002年2月7日，中国人民银行承德市中心支行行长朱志强（前排右三）离任，新任行长王会奇（前排左四）到任，与中心支行领导班子成员及科级干部合影

2005年12月25日，中国人民银行承德市中心支行行长王会奇离任，新任行长杨建奎接任，与中心支行领导班子成员、科级干部、各县支行行长合影，前排左四至左八依次为王会奇、兰埃用（天津分行副行长）、袁福（承德市副市长）、原松（天津分行人事处）、杨建奎

2009 年 8 月，“2009 环渤海金融合作论坛”在承德举办，全国社保基金理事会理事长、中国人民银行原行长戴相龙（前排左八）莅临论坛

2010 年 12 月，承德市保险行业协会第三次会员代表大会合影，前排：第一、二届秘书长刘春晖（左一）、唐山保监分局局长陶孟麟（左五）、市金融办主任赵宇峰（左六）、协会第三届秘书长任宝林（左八）

2011 年 2 月，中国人民银行承德市中心支行召开由银行、保险、证券机构负责人参加的承德市金融管理与服务工作会议

2011 年 3 月 4 日，中国银行业监督管理委员会承德监管分局召开银行业金融机构 2011 年监管工作通报会议

2011 年 10 月，承德金融学会召开第五届会员代表暨理论研讨大会，完成了理事会换届，选举杨建奎担任承德金融学会第五届理事长

2012 年 4 月 17 日，承德市保险行业协会召开承德市财产险公司总经理会议通报交流合规经营、市场发展环境等重点问题

2015 年 2 月 13 日，中国人寿保险股份有限公司承德分公司召开工作会议暨职工代表大会

【业务工作】

1989 年 2 月，中国工商银行承德中心支行行长霍振兴（左一）、副行长张景春（左二）、汪占魁（左三）在太平桥支行检查工作

1993 年 7 月 16 日，中国银行承德分行举办向承德钢铁公司发放 850 万美元贷款签字仪式

1998 年 4 月，南方证券股份有限公司承德营业部成立一周年员工合影

1999 年 5 月，中国人民财产保险有限公司承德分公司开展现场咨询活动

1999 年 8 月，受中国人民银行天津分行派遣人民银行承德中心支行副行长李福德（后排左九）率工作队赴秦皇岛市各县区验收农村合作基金会

2002 年 6 月 4 日，中国人寿保险股份有限公司承德分公司召开现场理赔兑现会给付被保险人保险赔付金共 110.48 万元

2003 年 7 月，中国太平洋财产保险股份有限公司承德中心支公司按照总公司统一标识涂装查勘车辆

2005 年 5 月 26 日，中国人民财产保险股份有限公司承德市分公司向承德县暖儿河煤矿“5·19”矿难预付赔款

2006 年 7 月 1 日，全国实行机动车交强险，客户办理业务后获取了交强险图标

2007年2月，中华联合财产保险股份有限公司承德中心支公司与农发行承德分行、中兴牧业有限公司举办三方合作签约仪式

2007年3月15日，中国人寿保险股份有限公司承德分公司总经理李林（左二）带领公司员工为客户提供保险理财服务

2009年2月，中国人寿保险股份有限公司承德分公司参加省公司飓风行动启动大会

2010年11月，中国人民银行承德市中心支行承办冀辽蒙三地人民银行反洗钱协作机制建设工作年会

2010年12月30日，百年人寿保险股份有限公司承德中心支公司首批创业先锋合影

2011年1月，中国农业银行承德分行员工参加全市文化、科技、卫生“三下乡”活动，向丰宁满族自治县波罗诺镇农民发放新春礼物和宣传资料，解答业务咨询

2012 年 4 月 5 日，中国农业发展银行河北省分行与承德市政府在盛华大酒店签订《加快推进承德经济发展战略合作框架协议》

2012 年 10 月 26 日，中国工商银行承德分行行长沈学勤（前左三）参加在云山饭店举办的，“承德市中小企业金融业务洽谈会”

2012 年 11 月 4 日，中国人民银行承德市中心支行主办承德市金融 IC 卡推广应用宣传活动各金融单位领导出席启动仪式

2012 年，承德银行与承德市人社局签约，代发机关事业单位离退休人员养老金

2013 年 2 月，中国农业银行双桥支行员工走进部队向退役老兵发放“退役金专用卡”

2013 年 7 月 17 日，中国建设银行承德分行行长赵昱辉（前左一）与承德市行政审批服务中心主任李云腾（前左二）签订《公共资源交易服务协议》

2013 年 9 月 1 日，中国银行业监督管理委员会承德监管分局在中心广场举办银行业金融机构宣传服务月活动

2013 年 2 月，承德市保险行业协会召开 2013 年度承德保险业信息宣传工作会议

2014 年 9 月，中国农业银行承德分行员工深入到丰宁炫靓集团调查产品销售情况

2014 年 11 月，新华人寿保险股份有限公司承德中心支公司快速理赔受到客户好评

2014 年 11 月 26 日，河北银行股份有限公司与承德市人民政府在盛华大酒店举办战略合作签约仪式

2015 年 3 月 31 日，中信银行石家庄分行及承德分行与承德市及各区政府签订署战略合作协议，承德市政府市长周仲明致辞

2015 年 4 月，中国人民银行承德市中心支行在狮子沟开展反恐防暴实战演练

2015 年 9 月 18 日，中国建设银行承德分行参加承德市银行业 2015 年“送金融知识下乡”活动

2015年10月，省联社承德办事处党委书记、主任刘强（左二）到平泉县联社调研指导工作

2015年12月，中国农业银行承德分行员工通过承德电台“百姓热线”直播间，推介金融产品解答业务咨询

2015 年 2 月，张家口市商业银行承德分行在京城大酒店举办银政、银企战略合作签约仪式

2015 年春节期间，中国太平洋财产保险股份有限公司承德中心支公司参加“河北高速春运客服活动”

【竞赛活动】

1989 年 9 月，中国工商银行承德中心支行召开建国 40 周年茶话会，右二为行长霍振兴

2000 年 5 月 16 日，人保财险承德分公司、市交警支队、市环保局在承德电视台举办畅通工程知识竞赛

2008年6月，中国人民银行承德市中心支行在避暑山庄举办迎奥运签名仪式暨趣味运动会

2009年9月28日，承德银监分局职工参加迎国庆万人登山游园活动

2010年12月，中国工商银行承德分行在元宝山滑雪场举办国际业务优质客户嘉年华活动

2011年1月，中投证券承德营业部召开年度表彰大会暨新春联欢会

2012 年 6 月，中国农业银行承德分行员工参加中国奥委会在承德举办的第 26 届“奥林匹克日”长跑活动

2013 年 9 月，平安养老保险股份有限公司承德中心支公司在普陀宗乘之庙开展健步走暨平安有约健康行活动

2014 年 7 月 4 日，中国银行承德分行员工参加 28 届奥林匹克长跑活动

2014 年 8 月，中国人民银行承德市中心支行代表队获得河北省人民银行系统羽毛球比赛团体第一名

2014 年 11 月，张家口市商业银行承德分行在行内举行员工业务技能考核

2015 年 1 月，中国人民银行承德市中心支行开展“团结协作，厨神入化”厨艺大赛

2015 年 9 月，河北省农村信用社联合社承德办事处代表队参加全省农信社第一届职工运动会夺取金牌、奖牌和团体总分三个第一名

2015 年 10 月 18 日，中国人民财产保险股份有限公司承德市分公司组成方阵参加承德市首届马拉松赛

【表彰奖励】

2001年3月21日，中国银行承德分行储蓄专柜被授予总行级“巾帼文明示范岗”、中国银行工会孙秀娟（左）和承德市副市长韩志远（右）为获奖单位揭牌

2010年3月，邮储银行承德市分行在邮储银行全国文明服务竞赛活动中获得“全国巾帼文明岗”称号

2012年1月，围场农村信用联社荣获“中国县域金融年会暨县域经济最具影响力银行”称号

2014年5月，邮政集团公司总经理李国华（前右）接见全国邮政系统先进个人代表与邮储银行承德市分行代表握手

【社会公益】

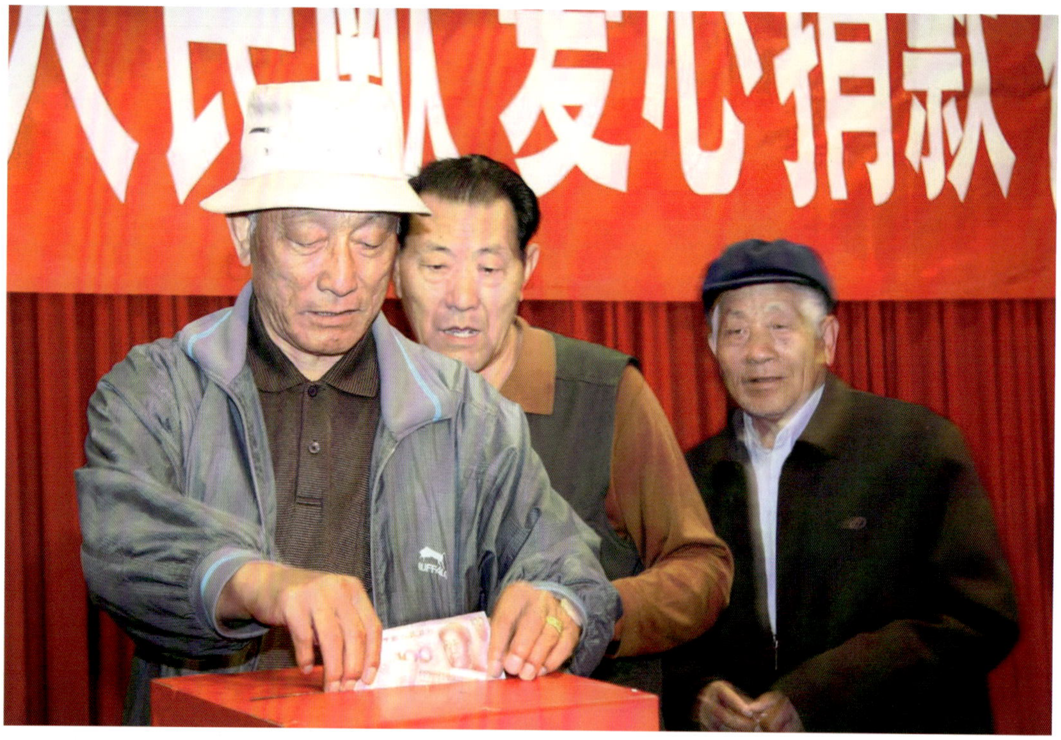

2008 年 5 月，中国人民银行承德市中心支行员工向四川地震灾区捐款

2008 年 5 月，中国农业银行承德分行员工为四川省汶川地震灾区捐款

2011年4月29日，中国银行承德分行营业部到承德市双峰寺镇老西营小学开展“百年中行助你成长”助学帮扶活动

2011年8月，中国农业银行承德分行组织员工到承德市双峰寺镇平房沟村开展“关注留守儿童，我们在行动”爱心活动

2013 年 2 月，由中国人民银行承德市中心支行副行长宋耐（右二）带领的工作组进驻宽城县汤道河镇黄土坡村开展基层建设年活动

2013 年 6 月，中国人民银行承德市中心支行赴宽城满族自治县汤道河镇黄土坡小学开展助学捐赠活动

2014 年 10 月，中国工商银行承德分行在市区西大街爱心慰问环卫工人

2014 年 9 月，中华联合财产保险股份有限公司承德中心支公司到隆化县偏坡营乡黄酒铺小学开展献爱心活动

【编辑部】

《承德市志·金融志》评稿会于2021年1月29日在人行承德市中心支行3楼多功能厅召开，图为大会会场

《承德市志·金融志》评稿会主席台，左起郭佳鸿、王惠民、高中田、夏俊峰、奚晓红、任宝林、李福德、兰岚

《承德市志·金融志》评稿会结束后召开座谈会，承德市地方志办公室主任奚晓红（右五）讲解指导意见

2021年1月，中国人民银行承德市中心支行部分行领导与编辑部工作人员合影，前排左起：王惠民、夏俊峰、李福德，后排左起：王欢、郭佳鸿、路勇

2021年1月，《承德市志·金融志 1989—2015》评审会全体成员合影，前排左起：郭佳鸿、王惠民、高中田、夏俊峰、奚晓红、任宝林、李福德、兰岚

序　言

《承德市志·金融志（1989—2015）》历经4年的编纂，于今结集问世。本志是全面记述1989—2015年承德市金融业改革发展盛况的资料性工具书，是承德市继《热河金融志（1840—1955）》《承德金融志（1956—1988）》之后的第三部金融类专志。

本志根据承德市地方志编纂委员会统一部署，由中国人民银行承德市中心支行、承德银监分局、各金融机构组成的编纂委员会组织编纂，中国人民银行承德市中心支行设立金融志编辑部主持编纂，各金融机构抽调骨干人员参与编写。

本志起编于2016年7月，在市地方志办公室的具体指导下，经全市金融系统的共同努力，历经整体方案缜密设计、章节篇目合理分类、循序切块推进编写、多方收集原始资料、反复甄别推敲而成。全志共分11编66章，100万字。在本志编修过程中，力求去粗取精、去伪存真，全面系统地展现承德市金融系统27年改革发展的岁月痕迹和历史演变，史料弥足珍贵。

承德市地处河北省东北部，与北京、天津、辽宁、内蒙古接壤，具有一市连五省的地缘优势。闻名遐迩的清代避暑山庄使承德市闻名于世。特别是改革开放和京津冀一体化的持续推进，为承德市经济发展提供了难得的历史机遇。27年来，承德市金融业依托地方经济持续、健康、快速发展的强劲实力，不断深化改革开放，主动有所作为，进入了发展、壮大、完善的黄金时期。

1989年，承德市银行业机构仅有工行、农行、中行、建行4家国有专业银行和农村信用社，城市信用社刚刚起步。2015年，全市有政策性银行、国有股份制商业银行、农村信用社、地方法人股份制商业银行、村镇银行计15家。

2015年，银行业在全市城乡设置各级分支机构721家，比1989年减少135家。机构总量的减少，充分体现了银行业遵循商业化经营和股份制改革的原则，适时转变经营战略，通过有规划的撤并整合，把单一功能的、效益差的机构，重新组合转化为具有综合服务功能的机构，以便为客户提供更加高效便捷的服务。这是2000年之后，全市银行业深入推进商业化经营、完成股份制改革的重要成果之一。

2015年，全市银行业本外币各项存款余额1936.03亿元，比1989年增长86倍；本外币各项贷款余额1495.98亿元，增长65倍。存贷款的增长与经济增长基本相适应，信贷资金适时为承德经济发展注入了大量的新鲜血液。

1999年之前，承德市一直是贷差地区，即贷款余额大于存款余额。1989年全市存贷款比例135.28%，如果按照存贷款比例75%的金融监管安全线衡量，存贷款比例超过安全线80%，超比例部分完全依赖向上级银行借入资金维持平衡。而上借资金不仅需要付出高额的利息代价，而且在国家收紧信贷时，首当其冲地受到限量挤压；在信贷投放的正常年景，则时常陷入“借米下锅米不来”的尴尬窘境。持续的贷差局面，限制了承德市的贷款投入。

2000年，承德市历史性的首次由贷差地区转变为微量存差地区，当年存差12.1亿元，存贷款比例92.82%。以后年份逐年向合理的结构调整转变。2001—2015年期间，全市存贷款比例大多在60%～80%的区间浮动。2015年实现存差440.05亿元，当年存贷款比例为77.27%。基本实现了信贷资金自求平衡。

几百年的银行发展史，都与使用算盘拨打数据、手工填单记账制表、通过邮路传递异地结算凭证相依相伴。而互联网技术为银行业插上了腾飞的翅膀。

20世纪90年代初期以前，银行营业室都是手工办理支付结算业务。各窗口的记账员们快速地拨打着算盘，演奏出噼里啪啦的合奏声乐，各种票据通过半空中纵横交错的滑轮线哗哗作响地穿梭传递，忙碌地手工验印、手工记账、手工编押，把发往异地的票据分别装入套着大红边框的联行信封，每天集中送到邮局投递或拍发电报。一个记账员每天记账200笔以上的，就是技术能手了。每天营业终止，各窗口记账员手工填写余额表、结出科目日结单、集中到总会计汇总平衡轧账，做出日记表，才算完成当天的规定流程。而一旦结账不平，必须加班勾账，直至结平为止。

进入20世纪90年代之后，计算机和互联网技术走进银行。经过单机版操作、区域条线联网、横向互联互通的不断升级，互联网技术在银行业循序渐进地走向成熟，得到普遍应用。特别是2005—2006年，中国人民银行在全国开通大额支付系统、小额支付系统、支票影像交换系统，为各家银行搭建了跨系统的互通互联高速公路，实现了纸质支票截留、影像传输。这使银行支付结算发生了颠覆性的变革，彻底摆脱了手工操作、资金在途时间长的困扰，实现了即时支付。而且推动了银行卡、电子银行、网络支付的快速发展，为单位和个人提供了安全高效的金融服务。2015 年全市银行业办理支付结算 16192.12 万笔，比 1989 年增长 13.3 倍。

2008 年起步的小额贷款公司，是民间资本持有人响应中央号召出资组建，经省政府批准设立的民间金融组织。其机构设立条件和经营规范，执行中国人民银行、中国银监会《关于小额贷款公司试点的指导意见》，实行资本经营，不准吸收存款，以发放短期小额贷款为主。到 2015 年全市设立小额贷款公司 54 家，贷款余额 30.92 亿元。为银行业发挥了拾遗补缺的作用。

承德保险业的发展具有自身特色。1989—1992 年，承德保险市场由中国人民保险公司承德中心支公司独家经营。1992 年之后，太平洋保险等保险公司陆续进入承德保险市场，逐步形成了保险业交叉竞争、快速发展的势头。1996 年之后实行的财产保险、人寿保险分业经营，从体制上规避了保险业混业经营的潜在交叉风险。到 2015 年，承德市市级保险公司发展到 31 家，设立营业机构 277 家、保险中介机构 22 家、兼业代理机构 532 家、签约雇用保险营销员 2.32 万人，保险的服务链条延伸到各行各业、千家万户。保险产品不断创新，为不同需求的投保客户，提供了量身定制的选择余地。2015 年承德市保险业实现保险保费收入 53.33 亿元，比 1989 年增长 132 倍。其中，财产险保费收入 15.67 亿元，人寿险保费收入（含储金）37.66 亿元。同年承德市保险业赔款与给付支出 18.18 亿元，比 1989 年增长 129 倍，其中，财产险公司赔款支出 9.28 亿元，人寿险公司赔款及给付支出 8.90 亿元。同年承德市保险业承担社会风险保障金额 1.42 万亿元。积累寿险责任准备金余额 130.08 亿元，长期健康险责任准备金余额 5.51 亿元，具备坚实的风险保障能力。1989—2015 年，承德市保险业累计赔付支出 93.38 亿元，发挥了不可替代的社会风险保障作用。人们对保险业的认识，由不自觉到自觉，经历了认知认同的本质转变。

承德市的证券业从 1995 年起步，大体经历了银行业兼营证券业、证券业与银行业脱钩并整体转让给证券公司、在证券公司之间再次易手转让、新的证券机构入驻承德的发展历程。2015 年，有 4 家全国性证券公司在承德市区和宽城满族自治县设立5家证券营业部。其中，中投证券承德营业部、财达证券承德营业部是设立时间最早、业务量最大的证券机构，开办了证券经纪、证券基金代销、融资融券、期货中间介绍、证券投资咨询等业务，其中证券经纪是其主营业务。1995年承德证券业证券经纪业务客户存量2585户，当年交易量43381万元；2015年，客户存量10.36万户，当年交易量1496.56亿元。客户存量增长近40倍，交易量增长344倍。

盛世修志，存史后世。希望这部志书能够对致力于承德市金融发展研究的各界人士有所助益，能够给未来的金融发展留下可供参考借鉴的史料。

本志记述的时间跨度较长，又恰逢持续深入改革开放的大变革年代，特别是通过设立政策性银行、专业银行商业化和股份制改革、农村信用社改革、关闭处置高风险金融机构、集中剥离处置不良贷款等重大举措，使银行业恢复了稳健经营。现代化支付结算体系的建立，带动了金融服务方式由手工向电子化、网络化的根本转变。反洗钱、征信、存款保险等制度体系的建设，丰富了社会化服务功能，增强了对存款人的保护。保险业、证券业实行分业经营，促进了经营管理的规范化、专业化。“一行三会”监管格局的确立，使宏观调控的有效性和金融监管的法制化成为现实。金融机构、金融业务、科技创新都发生了有史以来最快速、最深刻、最丰富的发展变化，致使资料的收集、甄别难度较大。加之编辑人员水平所限，一些具体内容难免不完整、不妥当，甚至留下遗憾。敬请各位专家和读者给予谅解。

中国人民银行承德市中心支行党委书记、行长

夏俊峰

2020年12月

凡　例

一、指导思想　以马克思列宁主义、毛泽东思想、邓小平理论、“三个代表”重要思想、科学发展观、习近平新时代中国特色社会主义思想为指导，坚持辩证唯物主义和历史唯物主义的立场、观点和方法，客观真实地记述全市金融业27年间的发展历程，以发挥地方志书“存史、资治、育人”的作用。

二、编纂原则　遵循《地方志工作条例》《地方志书质量规定》等法规，坚持横分竖写、述而不论等编纂原则，突出改革开放，突出业务发展，突出地方特色。

三、记述范围　时间范围，上限承接第二部金融志的下限1988年，下限断于2015年年末。空间范围，以2015年12月31日承德市行政区划为准，不越境而书。

四、体裁运用　采用述、记、志、传、图、表、录7种体裁，以志为主，彩色照片置于卷首，图、表随文插附。

五、篇目结构　遵循事以类聚、类为一志的原则，采用编章体式，分编、章、节、目4个层次，共设11编66章240节。

六、语言表述　采用规范的现代语体文，以第三人称行文记事，不议论、不评说，直书其事，寓褒贬于叙事之中。

七、数字用法　数字书写以中华人民共和国国家标准（GB/T 15835—2011）《出版物上数字用法的规定》为准。

八、计量单位　志书中使用的各种计量单位名称和符号，一般遵循国家1993年发布、1994年7月1日起实施的中华人民共和国法定《量和单位》。

九、标点符号　行文记事使用标点符号，执行最新颁布的中华人民共和国标准（GB/T 15834—2011）《标点符号用法》。

十、纪年方法 一律采用公元纪年。需要使用“年代”的，一律以世纪加年代标示，例如“20 世纪 80 年代”“20 世纪 90 年代”。不使用诸如“1980 年代”“1990 年代”之类不规范的写法。

十一、称谓使用 一律使用第三人称，人物直书其名，必要时姓名前加职务，姓名后不用“同志、先生、老师、同学”等称谓，不用“书记、X 长”等职务名称。地点以 2015 年年底地名为准。机构、会议、时政事物、社会事物等名称在行文中首次出现时使用全称，并括注规范简称。民族自治县称谓第一次出现时用全称，其后使用规范简称。个别古地名括注今地名。

十二、货币单位 志中货币单位，如无特别注明，均为人民币元。

十三、人物入志 本志未设人物传及人物简介内容，只收录 1989—2015 年间各金融单位获市级以上荣誉的先进集体和先进个人，排序以获奖时间先后为序。评定高级职称者随文收录。

十四、资料来源 入志资料遴选于各金融单位所呈报资料，其他资料来源于书籍、报刊及个人提供，经甄别后使用。入志照片由各相关金融单位提供。一律不注明出处。全市性的统计数据均使用中国人民银行承德市中心支行的金融统计数据，未列入金融统计的数据，则由各金融单位提供的数据汇总而成。

十五、保密原则 有关志书保密事宜，由承德市各金融单位负责审定。

承德市地方志编纂委员会

名誉主任：	柴宝良	市委书记
主　　任：	王亚军	市委副书记、市政府市长
副 主 任：	卢　健	市委常委、市政府常务副市长
	傅海旺	市委常委、市委秘书长
	董正国	市人大常委会副主任
	王利华	市政协副主席
委　　员：	杨玉甫	市政府秘书长
	李　勇	市委副秘书长、市委办公室主任
	薛莲蒂	市政府副秘书长、地方金融监管局局长
	房宝占	市委组织部常务副部长
	王亚君	市委宣传部常务副部长
	孙　立	市委保密机要局局长
	林国华	市财政局局长
	杨海涛	市委党史研究室主任
	何元武	市发改委主任
	王成军	市教育局局长
	苏艳华	市科技局局长
	刘树华	市民政局局长
	王泽辉	市人社局局长
	唐秋华	市旅游和文化广电局局长
	王东利	市国资委主任
	马广春	市市场监管局局长
	遇建军	市统计局局长
	任溧馨	市档案馆馆长
	杨　振	承德军分区政治工作处主任
	奚晓红	市地方志办公室主任

承德市志部门志专业志编辑部

总　　编：奚晓红

副 总 编：迟卫国

编　　审：兰　岚

责任编辑：蔡国栋　路海红　李连山　焦廷勤
郝洪喜　袁　芳

摄　　影：曹　静

承德金融志第一届编纂委员会

主　　任：杨建奎

副 主 任：杨风华　崔喜林　焦彦锌　任宝林

委　　员：

银 行 业：李希杰　张志斌　马　韬　李旭东　赵昱辉　王元盛
阚景良　刘晓东　刘　强　王振廷　宋永记　曹力兵
王俊臣　杨林青　刘建宁　于文合　马学东　谢　铁
冯　琦　赵广树

保 险 业：吴静云　米学贵　姜跃利　韩晓丽　董建华　李兴才
刘觉民　沈　毅　张　林　赵显峰　刘　玉　杨宝泉
高　嵩　谢福全　李贺奇　付玉刚　刘东升　吴鸿雁
徐　磊　李　俊　夏少辉　李　莉　吴长城　贾国伟
叶会铁　侯春萍　李云飞　贾晓平　李旭红　张　伟
王金荣　郑瑞杰

证 券 业：宋立铭　杜秀河　秦　峰　闫高杰　李　响

承德金融志第二届编纂委员会

主　　任：夏俊峰

副 主 任：王惠民　杨明东　任宝林

委　　员：

银 行 业：徐泽湖　赵洪瑕　王冬生　张拥军　葛国锋　韩晓娟　徐　毅　吕延伟　刘　强　王振廷　徐晓晨　姚力余

保 险 业：吴静云　王　青　贾　梅　杜　玮　王建军　董广智　赵清泽　刘柏松　李振华　史颖新　王　洋　杨宝泉　徐新新　谢福全　王朝生　张伟浩　张立春　任翔洲　蒋海涛　孙海静　李庆元　李　莉　师登强　贾国伟　吴翔宇　李博箭　崔胜国　贾晓平　李旭红　陈立佳　马志慧　马春景

证 券 业：宋立铭　贾方欣　杨大猛　闫高杰　李　响

编辑部（设在人民银行）

主　　编：李福德

主　　任：郭佳鸿

副 主 任：路　勇（兼）

编　　辑：王　欢

主要撰稿与搜集整理资料人员

人民银行：	牛志鹏	高延民	张海旭	杨君圣	刘永全	孙　英
	郭金奎	李东福	张立新	武　杰	王志德	白明星
	魏雪梅	赵宇航	滕　凯	吴显明	唐士普	杨　洋
	吴冠宇	侯安琪	苑成强	高凤和	杨晓芳	鲁　迪
银监分局：	魏剑锋	范士兴	马秀玲	赵弘岁	侯明辉	王宝瑞
	徐晓强	代　飞	李凤文	王守权	董云光	赵文瑞
	王世杰	姜源资	郝艳慧	冀淑芝		
银行业：	吴利国	任志伟	李延林	高占勇	尚玉壮	胡献义
	付　黎	王　才	王贺刚	张青云	徐国华	殷键凯
	辛永利	王润卉	刘文军	甄树山	李树均	李海波
	王振宇	李长龙	贾小川	韩玉虎	高云鹏	张金龙
保险业：	赵　璇	那　娜	朱多多	于大鹏	王昆鹏	冯程程
	杨　利	胡　蕊	董艳菊	王　莹	高　阳	李　爽
	彭　鑫	汪颀涵	于洪源	徐良燕	伊丽娜	孙彦东
	王　娟	吴春晖	白跃龙	张　阳	张　薇	宋艳姬
	李冠楠	赵亚军	胡　健	袁炳昌	薛雅娟	邢轶美
	应　峰	辇笑飞	刘　波			
证券业：	王占武	张　超	梁彬彬	郑晓雪	王　正	

目　录

卷　首

第一编　金融机构

第二编　金融体制改革

第三编　金融监管

第四编　宏观调控与金融服务

第五编　存　款

第六编 贷 款

第七编　中间业务

第八编　保　险

第九编　证　券

第十编　社团组织

第十一编　先进集体和先进个人

附录　人行承德市中心支行历任行长讲话选编

卷　首

概　述

改革开放以来，承德金融业紧跟中央统一部署砥砺前行，持续推进改革发展，管理体制不断优化，科技进步渐进升级，优质服务推陈出新，自身实力持续增强，不仅为支持经济发展提供了坚实的资金支撑，而且为全社会提供了全方位的便捷金融服务。

一、银行业改革发展

银行机构体系的变迁　1979年之前，承德仅有中国人民银行承德地区中心支行一家金融机构，担负着“既是办理金融业务的经济组织，又是管理金融事业的国家机关”的双重职能。当时的建设银行承德地区中心支行，主要承担各级财政基本建设投资的监督拨付任务，隶属于财政体制。改革开放以来，承德银行业紧跟中央部署，在市委、市政府的领导下，持续深化金融改革，逐步形成多家银行并存、有序竞争的局面。1979年分设中国农业银行承德地区中心支行，1984年分设中国银行承德支行，同年分设中国工商银行承德中心支行。1985年“建设银行改制”，建行承德地、市支行由隶属于财政体制转变为隶属银行体制，其存贷款纳入中国人民银行全国信贷计划，并继续承担各级财政基本建设投资的监督管理任务。全市形成了工行、农行、中行、建行4家国有专业银行的机构体系。

1993年7月召开的全国金融工作会议，决定设立3家国有政策性银行，将原由各专业银行承担的政策性业务，分别移交给新设立的中国农业发展银行、中国进出口银行、国家开发银行办理。专业银行不再承担政策性业务，同时打破专业分工的界限，作为市场主体实行商业化经营。1996年12月设立的中国农业发展银行承德分行，是承德独家国有政策性银行机构，承担粮食收购储备、农村扶贫、农业基础设施建设等农业政策性金融业务。原由农行承德分行、工行承德分行承担的农业政策性业务，划转农发行承德分行管理。原由中行承德分行承担的对外贸易政策性业务，划转到中国进出口银行河北省分行管理；原由建行承德分行承担的基本建设政策性业务，划转到国家开发银行河北省分行管理。

2004—2009年，中国银行、建设银行、工商银行、农业银行相继完成股份制改革，补充了资本金，建立了现代企业制度，成为上市公司。改革期间，承德4家国有商业银行合计剥离人民币不良资产831649万元，美元不良资产1983万美元，欧元不良资产37.30万欧元；国有大型企业贷款“债转股”人民币2939万元，外币1040万美元。不良资产剥离后，银行资产质量明显改善，加快了发展步伐。

2002年3月，在分类处置城市信用社风险基础上重组的承德市城市信用社股份有限公司，经过持续加快发展，2006年更名为承德市商业银行，2009年更名为承德银行。

2004—2006年，全市农村信用社在全面落实中央银行资金支持、配套落实各级财政资金支持的基础上，完成了河北省农村信用联社领导下的县级联社一级法人制的改革，消化了历史包袱，壮大了支农实力。

2008年，中国邮政储蓄银行承德市分行成立。2013—2015年，交通银行、张家口市商业银行、河北银行、中信银行先后在承德市设立分行。2010—2011年，由中国建设银行、廊坊银行、承德银行出资控股，先后在丰宁、滦平、围场设立村镇银行。截至2015年，承德市设立各类银行业机构15家，其中国有政策性银行1家，全国性股份制商业银行7家，地方性股份制商业银行（农村信用社）7家。

另外，2008—2015年经省政府批准，由民营产业资本、自然人资本出资，在全市组建了54家小额贷款公司，业务经营以小额贷款为主，各级政府负责监管。

银行支付结算体系摆脱原始状态　1989年的银行支付结算业务，仍然停留在手工填写单证和记账的原始状态，客户异地结算凭证通过邮局信件传递，一般三五天才能到账；同城结算凭证每天集中到人民银行手工交换，最快于次日到账。由于多年受旧体制的惯性影响，人们对大量的资金在途似乎习以为常。进入20世纪90年代之后，计算机电子技术进入银行，各银行开始从单机操作入门，循序渐进地开发了局域网、条线网，逐渐摆脱手工操作和邮路信件传递单证的原始状态，初步提高了工作效率。但是，分布在各家银行的局域网、条线网处于各自独立、相互分割的状态，支付信息不能交互，亟待搭建跨系统、跨地域的桥梁纽带，加快实现建成全国统一的支付结算网的目标。为此，人民银行总行投入大量的人力、财力、技术资源，分别开发建成了全国大额支付系统、小额支付系统、支票影像交换系统，承德市各银行业机构先后于2005—2006年成功接入上线运行，与国内各商业银行、信用社的局域网、条线网实现了互通互联，建成了全国统一的中央银行支付结算体系。至此，彻底打破了手工和邮路的限制，使支付结算实现了即时到账，根治了大量资金在途的历史顽疾。中央银行全国支付结算网的建成，使银行支付结算发生了颠覆性的变革，为多种结算方式的信息交互提供了强劲的支撑，最大限度地促进了电子银行、银行卡支付、代收代付等业务空前的发展和普及，银行不仅为客户提供优质快捷的窗口服务，而且为客户提供了离柜式的全天候跟踪服务，为全社会提供了极大的便利。2015年，全市银行卡存量1110万张，实现交易额10184亿元；实现各项代理业务交易额442亿元；实现电子银行交易额17916亿元。2015年，承德市银行业为客户办理支付结算1.62亿笔，比1989年增长13倍。

银行贷款范围逐步扩大　计划经济时期的银行贷款业务比较单一，主要局限在发放流动资金贷款。当时的工业企业流动资产，由财政定期清产核资予以切块核定，将企业长期占用的流动资产核定为“定额资产”，由财政供应资金，企业长期占用；将企业临时性、季节性占用的流动资产核定为“超定额资产”，由银行提供短期流动资金贷款给予支持。所以银行工业贷款又被称之为“超定额贷款”。除此之外，银行支持部分企业的生产设备大修理贷款，必须有后续计提的大修理基金作为还款保证，银行一般不参与固定资产投资。计划经济时期的商业贷款，主要用于商业批发企业商品储备、商业零售企业组织商品进货、旺季粮油和农副产品收购等资金需求，同样局限于流动资金范围。当时的农业贷款所占比重很小，一般只解决国有农业企业和人民公社集体经济的农业种植业、养殖业、农田水利设施等生产费用流动资金贷款。银行对城乡个人一般不提供贷款。20世纪90年代中期之后，银行贷款的范围逐步扩大，循序渐进地介入了重点项目、电力能源、房地产开发、高速公路、高速铁路等基础设施建设，持续重点支持了地方主导产业、重点企业、特色农业、中小微企业、城乡个人自主创业等领域的快速发展。

一是重点支持“三农”产业发展。全市银行业大力增加对“三农”产业的信贷投入，全力支持现代化农业发展和社会主义新农村建设。到2015年末，全市涉农贷款余额达到799.1亿元，比2007年末入统时增加654.5亿元，增长4.52倍。农村贷款余额达到750.9亿元，比2007年末增加624.4亿元，增长4.94倍。农户贷款余额达到245.4亿元，比2007年末增加3.04倍。涉农、农村、农户贷款年均增速分别达到23.8%、24.9%和19.1%。

二是重点支持中小企业发展。到2015年末，全市中小企业贷款（不含票据融资，下同）余额达到629.2亿元，比入统时的2009年增加428.6亿元，增长了213.6%，年均增速达到20.9%。中小企业贷款占全部企业贷款的比重，从2009年的66.2%提高到2015年的86.5%，提高20.3个百分点。对中小企业信贷投入的增加，为促进全市实体经济的发展、增加微观主体的活力，起到了积极的作用。

三是重点支持基础设施和主导产业发展。到2015年末，全市贷款存量规模所占份额较大的主要是交通运输仓储和邮政业、制造业、采矿业、批发零售业、建筑业，余额分别为212.5亿元、188.6亿元、143.6亿元、90.1亿元和71.2亿元，分别占全部贷款余额的14.2%、12.6%、9.6%、6.0%和4.7%。在全市贷款增量规模上，以入统的2003年末为基数，2015年交通运输仓储和邮政业、采矿业、制造业、建筑业、电力热力燃气及水生产和供应业、批发零售业、水利环境公共设施管理业的期末贷款余额，分别较期初增加202.6亿元、134.3亿元、113.7亿元、67.8亿元、61.7亿元、59.7亿元和51.5亿元，分别占全部贷款增量的15.7%、10.4%、8.9%、5.3%、4.8%、4.6%和4.0%。其中基础设施行业投入较多，交通运输仓储和邮政业、电力热力燃气及水生产和供应业、水利环境公共设施管理业合计占比达到了24.5%。

四是重点支持房地产业发展。住房制度改革之后，全市银行业抓住居民积极改善居住条件的机遇，不断增加对房地产开发和居民住房消费的信贷支持。到2015年末，全市房地产开发贷款余额为53.0亿元，比开始入统的2006年末增加47.4亿元，增加了8.4倍，年均增速为28.2%；个人住房消费贷款余额达到190.8亿元，比开始入统的2006年末增加了171.5亿元，增长了8.9倍，年均增速为29.0%。从走势上看，个人住房消费贷款持续保持稳定增长态势，而房地产开发贷款至2010年阶段性见顶后，增长势头有所减弱，涨跌现象并存。

2015年，全市银行业各项贷款余额1495.98亿元，比1989年增长65倍。

银行存款实现持续快速增长　计划经济时期的银行个人存款，仅仅局限于城乡居民储蓄存款。由于个体私营经济受到限制，银行不为私人开立结算账户，个人汇款等异地汇兑业务，只好借助邮局独有的人工投递信件和汇款通知的功能，划归邮局办理。20世纪90年代之后，个体私营经济得到蓬勃发展，客观上要求银行提供相应的结算服务，银行随之开始为个体私营经济开立结算账户，为其提供结算便利，相应促进了个人存款的快速增长。

计划经济时期的银行单位存款，银行内部一般不设定任务考核指标，处于自然增长状态。由于单位存款大多用于转账结算的需要，方便快捷成为各单位的首选目标。当时的银行、农村信用社虽然都处于手工操作的原始状态，但银行机构可以直接参加各级联行清算，具有办理结算业务的天然优势。而信用社则不具备直接参加各级联行清算的条件，结算业务必须委托银行转办，这就必然延长结算资金在途时间，处于天然劣势。正是这种劣势，影响信用社单位存款占全部存款的比重长期在 1%～2% 左右徘徊，限制了信用社的正常发展。直到 2005—2006 年加入中央银行全国支付结算网之后，信用社彻底排除了长期困扰的汇路障碍，结算业务转入正轨，推动信用社单位存款业务得到快速发展。2015 年，信用社单位存款余额 62.85 亿元，占全部存款余额的 12.30%，比 1989 年余额增长 146 倍，占比增加 11.54 个百分点。

改革开放以来，各银行以客户为中心，把广泛吸收动员存款作为立行之本，内抓指标考核竞赛，兑现目标奖惩，调动员工积极性；外抓优质服务升级，推动科技创新，树立良好形象，各项存款业务得到持续快速稳定发展，为支持地方经济发展提供了源源不断的资金来源。特别是 2000 年，承德市历史性的首次由"贷差地区"转变为微量"存差地区"（存差即存款余额大于贷款余额，贷差则相反），当年显示存差 12.1 亿元。以后年份逐年向合理的区间调整转变，承德基本实现了信贷资金自求平衡。2015 年实现存差 440.05 亿元，当年存贷款比例为 77.27%。到 2015 年，全市银行业各项存款余额 1936.03 亿元，比 1989 年增长 86.4 倍，为银行业扩大信贷资金来源提供了可靠支撑。

二、保险业改革发展

1992 年之前的承德保险市场，由中国人民保险公司承德中心支公司独家经营。中国人民保险公司是一家老字号的全国性综合保险企业，最初成立于 1949 年 10 月，1959 年撤销。当时认为国民经济已经实现了"一大二公"，保险完成了历史使命。相隔 20 年之后的 1979 年 11 月，改革开放刚刚起步，中国人民银行召开全国保险工作会议，宣布国内保险业务开始复业。承德保险业务复业初期，在人行承德地区中心支行设立保险科，办理保险业务。1984 年从人民银行分离，单独成立中国人民保险公司承德中心支公司。1996 年，4 月完成财产险、人寿险机构分设。

1992 年 10 月，设立中国太平洋保险公司北京分公司承德代理处，1994 年 5 月机构转正为中国太平洋保险公司承德办事处，1998 年 11 月升格为中国太平洋保险公司承德分公司，2002 年 3 月完成财产险、人寿险机构分设。2002 年之后多家保险公司入驻承德设立机构。到 2015 年，承德设立财产保险公司机构 15 家，人寿保险公司机构 16 家，合计 31 家。

1995 年以前的保险业务，处于产险、寿险混业经营状态，开办的险种少，覆盖面有限，社会保障能力比较薄弱。1995 年《中华人民共和国保险法》颁布实施后，在保险改革、同业竞争的持续推动下，承德市各保险公司坚持"客户至上"的发展理念，注重培养高素质人才，积极拓展营销队伍，不断创新营销方式，持续开发电子技术，快步提升服务品质，经营管理方式向内涵集约化转变，各项保险业务实现了快速稳定发展。

2015 年，承德市财产保险产品涵盖机动车、农业、企业财产、家庭财产、货物运输、建筑工程、信用保证、船舶、特殊风险、责任保险等多个领域。人寿保险产品可以全面提供民生养老、子女教育、健康医疗、意外伤害等多方面的保险保障服务。2015 年，承德市保险业实现总保费收入 53.33 亿元，其中财产险保费收入 15.67 亿元，人寿险保费收入（含储金）37.66 亿元，总保费收入相较 1989 年增长 132 倍。2015 年，承德市保险业总赔款与给付支出 18.18 亿元，其中财产险公司赔款支出 9.28 亿元，人寿险公司赔款及给付支出 8.90 亿元，总赔付支出相较 1989 年增长 129 倍。1989—2015 年，全市保险业累计赔付支出 93.38 亿元，充分履行了保险的社会保障能。

三、证券业改革发展

证券机构是改革开放形成二级资本市场的产物。承德最初的证券机构诞生于 1995 年，当年先后由农行承德分行、工行承德分行设立证券营业部经营证券业务。1997 年根据国务院关于清理整顿公司的规定，要求银行与兼业经营的证券机构实行脱钩，交由专业证券公司经营。当年，承德农行证券营业部整体移交南方证券有限责任公司，承德工行证券营业部整体移交河北证券有限责任公司。实行脱钩转让后，两家证券营业部又几经法人公司易手转让，2015 年演变为中投证券承德营业部、财达证券承德营业部。到 2015 年，承德市区和宽城满族自治县设立 5 家证券营业部，分属 4 家全国性证券公司，其中，财达证券 2 家，中投证券、国泰君安证券、广发证券各 1 家。中投证券承德营业部、财达证券承德营业部是设立时间最早、业务品种最多、业务量最大的证券机构，开办了证券经纪、证券基金代销、融资融券、期货中间介绍、证券投资咨询等业务，其中证券经纪（代客交易）是各证券营业部的主营业务。

到 2015 年，承德证券业的证券经纪业务客户存量 10.36 万户，当年交易量 1496.56 亿元。相较 1995 年，客户存量增长近 40 倍，交易量增长 344 倍。

四、金融监管

人民银行金融监管　从 1985 年 1 月起，人行承德市中心支行先后依据《中华人民共和国银行管理暂行条例》《中华人民共和国中国人民银行法》的规定，在辖区行使中央银行职能。在全面履行各项职能的同时，成功救助化解了农村信用社风险，平稳处置了城市信用社风险，全力支持了农村信用社改革。

一是农村信用社风险救助。分布在承德市城乡的 300 多家农村信用社，最初是解放初期由农民入股组成的农村合作金融组织，1996 年之前，信用社的领导管理体制在人民公社、人民银行、农业银行之间变来变去，长期摇摆不定。由于领导管理体制不顺，管理方式落后，加之政策性因素的共同作用，信用社长期积累了资产质量差、大面积亏损、严重资不抵债等严重风险。1996 年人行承德分行从农行接手信用社领导管理工作后，于 1997—2003 年集中精力对全市农村信用社实施了全方位的风险救助。针对农业银行借“行社脱钩”之机不良资产甩包袱问题，在历时 4 年逐笔核实的基础上，为信用社讨债维权 1.4 亿元；累计向信用社提供再贷款支持 13 亿元；主导信用社全部接收农行撤销 59 家营业所的各项存款 7.96 亿元；同时健全县联社民主管理组织，加强领导班子建设。通过一系列行之有效的救助措施，帮助信用社化解了一部分多年积累的严重风险，由 1997 年全市亏损面 98%，历年累计亏损 24998 万元，到 2003 年实现全市盈利 1053 万元，农村信用社初步转入了正常经营。

二是城市信用社风险处置。承德市的城市信用社，是改革开放初期由银行等单位办“三产”出现的“挂靠”金融组织。1996 年全市 19 家城市信用社与挂靠单位脱钩，组建城市信用联社，实行两级法人的行业管理体制。2000 年一部分城市信用社长期积累的大量资产坏账开始暴露，出现了严重资不抵债、不能支付到期债务的严重风险。虽投入大量资金实施风险救助，但救助无望，风险随时可能爆发。2000—2002 年在承德市政府和人行天津分行的领导下，分类处置了全市城市信用社严重风险，其中关闭高风险信用社 6 家，改制为农村信用社 10 家，4 家信用社重组承德市城市信用社股份有限公司。对关闭的 6 家高风险信用社，以合计投入政府专项借款和人民银行专项再贷款 27354.93 万元的代价，保证了存款人的合法权益，维护了全市的金融稳定。

三是支持农村信用社改革。2004—2006 年，根据《深化农村信用社改革试点方案》（国发〔2003〕15 号），在承德市政府领导下全面支持农村信用社改革。动员各方面力量，在帮助信用社首先落实清收不良资产、增资扩股等基础性考核目标的基础上，直接落实中央银行资金支持 9.1 亿元，配套落实各级财政资金支持 33804 万元，全部用于置换不良资产、消化历年亏损。经过改革，农村信用社基本化解了全部历史包袱，全面恢复了正常经营。同时理顺了省联社领导下的县级联社一级法人制的管理体制，实现了“花钱买机制”的改革目标。

从2004年起，人行承德市中心支行依法履行反洗钱、社会征信、存款保险等各项新职能。2011年起对银行、保险、证券机构全面实施开业管理、营业管理、综合评价、综合执法检查，真正把金融监管落实到金融活动的各个环节，历年实现了有效宏观调控、维护金融稳定、提供金融服务等各项工作目标。

承德银监分局金融监管　承德银监分局于2003年12月设立，依照《中华人民共和国银行业监督管理法》负责对辖区银行业行使监管职能，依法开展合规监管、风险监管、案件防范等各项工作，切实防范金融风险。

2004—2015年，承德银监分局每年对银行机构开展有针对性的内控管理、各项业务合规性、营业网点安保、案件风险隐患等各方面的现场检查。连续12年累计派出现场检查工作组约350次，针对发现的问题向被查单位发出监管意见书900多份，提出整改建议3000多条，并对重要问题整改落实情况进行后续跟踪检查100多次，督促金融机构落实整改，切实提高依法经营自觉性。

2008年，督促邮储银行完善规章制度、健全风险管控机制的专项检查，被河北省银监局评为年度优秀现场检查项目。当年对邮储银行、邮储代理网点业务库和营业网点安保工作的检查报告，抄报了河北省邮政集团公司，引起省邮政管理部门重视。当年对大型银行代理保险业务的现场检查，被河北省银监局评选为优秀现场检查项目。2009年，对工行、农行、中行、建行4家国有银行代理保险业务存在问题整改情况的后续跟踪检查，被河北省银监局评选为优秀项目。上报的《银行代理保险业务存在问题及建议》，被《河北银行业监管简报》第316期和银监会《监管工作信息》第485期采用。2015年组织开展的“提高监管效能、提升管理能力”EAST系统应用劳动竞赛活动，获得省局系统应用优秀组织奖。

2004—2015年，承德银监分局始终抓住案件专项治理不放松，针对各项规章制度执行、安保设施配置、各级干部落实责任制等案件防控要害部位，深入开展以矫治行动、对缝行动、补漏行动、整肃行动为基本内容的案件防控“四项行动”。连续12年派出案件防控检查组100多次，持续深入银行机构进行全面排查或重点抽查，根据发现的问题下达现场检查意见书，限期整改。先后配合检察机关处理各类案件8起，督促发案单位对120多名案件责任人追究了行政责任。

2004—2015年，承德银监分局直接办理金融行政处罚事项17起，其中处罚银行业机构3起，处罚总金额160万元，没收违法所得49950元；取消高管人员任职资格处罚14起，其中取消5年以上任职资格5起。

承德银监分局在加强现场监管的同时，依法加强了非现场监管、金融机构管理、高管人员任职资格管理、地方法人银行机构资本金管理。同时，积极引导银行机构持续调整贷款结构，根据国家产业政策设定贷款投向考核指标，定期考核通报信贷资金投向落实情况，监督指引各银行重点支持“三农”经济、绿色产业、中小企业加快发展。通过全方位的加强监管，有效防范了金融风险，确保了全市金融平安，支持了经济发展。

大 事 记

1989年

3月

15日，农业银行总行转发国家税务局《关于集体信用合作社建立贷款呆账准备金的暂行规定》。承德农村信用社从1989年起，按规定从经营收益中定期提取贷款呆账准备金。

4月

1日，根据中国人民银行银发〔1988〕391号文件通知，承德银行业机构开始实施新的《银行结算办法》。

20日，根据人行河北省分行〔1989 〕冀银发字第14号文件规定，承德地区行署监察局、承德市监察局、人行承德分行联合发文，在人行承德分行设立金融系统监察室，负责金融系统的监察工作。

25日，工行承德中心支行在市区15个储蓄所实现了柜台业务微机记账（单机）。

同日，中行承德分行举行“长城人民币信用卡”发行仪式，承德市副市长张旭、承德地区行署副专员陆生、人行承德分行副行长成永存到会。

28日，承德地区行署在滦平县召开全区依法收贷工作经验交流会议。承德地区中级人民法院、供销社、乡镇企业局、人民银行、农业银行主要领导及相关负责人110人参加了会议，承德行署常务副专员陆生主持会议并做重要讲话，农行承德中心支行行长许鸿烈、地区法院副院长关宝祥、地区供销社副主任魏景志、乡镇企业局局长贾春林分别讲话。

6月

1日，经中共承德地直工委批复，人行承德分行机关党支部改建为人行承德分行机关党委，下设三个党支部。

7月

1日，建行承德中心支行设专柜、专人，首次对外办理国库券还本付息业务。

2日，建行承德中心支行开始代理发行1989年国家基本建设债券，计划发行金额150万元，期限三年，利率14.14%。实际发行51万元。

同月，农行承德中心支行实行《信贷资产承包经营责任制暂行办法》，得到农行河北省分行肯定，并在《河北农村金融简报》全文刊发。

9月

3日，工行丰宁满族自治县支行凤山办事处值班员邢伟、守库员吴国志，面对挖墙进入营业室的犯罪分子，两枪两中，抓获罪犯。工行承德中心支行给予晋升一级工资奖励，号召全行职工向他们学习。

10月

1日，在全国建设银行系统庆祝中华人民共和国成立40周年暨中国人民建设银行成立35周年“双庆”征文活动中，建行承德中心支行行长宋相甫撰写的《回忆我在热河建行工作的片段》荣获二等奖；马魁卿、张玉珍、宋相甫三人合作的《接到联行报单以后》荣获三等奖。

21日，中国农业银行行长马永伟到农行承德中心支行视察工作，对农行承德中心支行支持农村经济发展做了重要指示。

22日，中行河北省分行信用卡业务研讨会在承德市召开，亚太区国际部副总裁李圣斌、市场及业务部经理谢国成、中行河北省分行行长助理侯文来、承德市副市长宋淑艾等到会并讲话。

11月

28日，农行丰宁满族自治县万胜永信用社出纳员白宝章只身勇斗歹徒，保卫库款和枪支安全。农行承德中心支行授予白宝章承德农金系统“先进工作者”称号，晋升一级工资，发放奖金300元，通报表彰。

1990年

1月

1日起，根据中国人民银行通知，邮政储蓄由缴存款改为转存款，邮政储蓄业务由代办改为自办。

2月

1日，工行河北省分行任命王恩源为工行承德中心支行副行长、党组副书记，主持工作。行长霍振兴另有任用。

3月

16—29日，由工行承德中心支行全国劳动模范、全国技术能手马淑杰等7名服务标兵组成的先进人物事迹报告团在全系统做了10场报告，听众达1500多人。

4月

3日，中央电视台《新闻联播》节目，播发了工行承德中心支行组织的先进人物事迹报告团活动。

5月

15日，中共承德地委、地区行署在丰宁满族自治县召开表彰大会，隆重表彰只身勇斗歹徒，用鲜血保护了库款安全的徐凯宏（女），授予徐凯宏“二兰式模范”称号，奖励晋升一级工资。农行河北省分行党组发出全省农金系统向徐凯宏学习的号召。

24日，人行河北省分行发文规定，对于符合条件的县（市）可以申请设立外汇管理支局。经外汇局河北分局批准，陆续在兴隆县、围场满族蒙古族自治县、平泉县设立外汇管理支局。

6月

23日，中国工商银行旅游经济第四次研讨会在承德召开，到会的有广西、西安等17个省市分行及国家旅游局、中国旅游报社、经济信息报社、承德市旅游局等42名代表，工行河北省分行副行长王振荣到会并讲话。

9月

19日，日本JCB国际信用卡公司与中行承德分行签约仪式在承德举行，日本国际信用卡驻北京代表处首席代表樱井澄夫、中行承德分行行长樊金声到会并讲话。

25日，建行承德中心支行会计柜台核算实现了单机版计算机操作，全部甩掉了手工操作。

11月

21日，工行河北省分行任命王恩源为工行承德中心支行行长、党组书记。

12月

同月，在实行适度从紧的货币政策环境下，人行承德分行多次向人行河北省分行汇报承德资金紧张状况，积极请调资金。人行河北省分行在全省资金普遍紧张的情况下，为承德调增信贷规模2200万元，增加临时再贷款30962万元，在资金和规模上增加了承德信贷资金供应实力。

同月，人行承德分行根据国务院《关于在全国范围内开展清理“三角债”工作的通知》，按照河北省政府的统一部署，先后组织和参与了辖区内、省内、八省区49个城市和全国四个层次的系统内、系统外清欠工作，在人力、资金等方面给予了积极支持。全年清理收回人欠2亿元，归还欠人2.4亿元。人行承德分行以点带面，积极推广兴隆县清资挖潜典型经验，帮助企业定措施、清积压、抓处理，压缩不合理资金占用，全年共挖潜搞活资金1.5亿元。

1991年

1月

1日，人行承德分行自主开发的承德区辖电子联行正式开通运行。使银行账户之间的资金划拨，从原始的手工填写联行报单、银行委托邮政局寄信方式，转变为通过计算机技术和专用有线通信方式划拨。资金在途时间由3～4天缩短到当日入账。

8日，农业银行总行转发《国家税务局关于重申对农村信用社减免营业税的通知》规定：对于经营性亏损和个别纳税确有困难的农村信用社，可以按税收管理体制的规定，由各省、自治区、直辖市税务局审批给予定期减免或免税照顾。全市农村信用社立即排查统计全辖实际经营亏损数据，如实上报，争取了政策扶持。

2月

1日，中行河北省分行任命马有禄为中行承德分行党组书记、代理行长。

3月

26日，农行承德中心支行行长许鸿烈在承德新闻发布会上发布：到1991年2月末，承德农行、信用社农村储蓄存款突破10亿元大关，余额10.2亿元。

4月

2日，经河北省公安厅批准，承德工行经济民警大队正式成立。

6月

承德市人民政府出台《承德市住房制度改革实施方案》，明确委托建行承德中心支行代办房改金融业务。人行承德分行行文批准建行代办房改金融业务。

7月

1日，建行承德中心支行营业办公地址由流水沟街迁址车站路新居宅新楼。7月9日正式对外营业。

19日，中国工商银行全国分行行长会议在承德召开，工行各省、自治区、直辖市、计划单列市分行行长，体改办、企业整顿办负责人，长春、杭州金融学院院长，总行行长张肖，副行长黄玉峻、王占祥、张元寿，顾问陈立到会；西藏人民银行、监察部、国家计委的有关领导应邀参加了会议。会议确定了工商银行“八五”发展计划。

8月

6日，工行承德中心支行在承德市罐头食品厂召开“承德市工业企业资金分析现场会”。副市长常幸，市政府办公室副主任和有关单位负责人及驻市34家企业到会。会上提出了盘活“三项资金”的措施。

10月

10日，经投资银行河北省分行同意，人行承德分行批准，建行承德中心支行正式成立“中国投资银行河北省分行承德代办处”，并对外营业。

29日，人行河北省分行任命白彦才为中共承德地、市纪委驻承德金融系统纪检组组长、人行承德分行党组成员。

12月

2日，承德市市长宋淑艾、副市长常幸到工行承德中心支行帮助落实技改贷款回收计划，行长王恩源、副行长孙绍文做了汇报。经研究同意，对收贷有困难的企业给予协调。

1992年

4月

18日，工行河北省分行副行长张斗元一行3人代表河北省政府清理“三角债”办公室到承德检查工作。工行承德中心支行行长王恩源陪同，检查组分别听取了地区行署、市政府工作汇报，并到滦河办事处、中心支行营业部考察了资金注入和有关处理手续。

5月

16日，工行承德中心支行印发《中国工商银行承德中心支行对公存款奖惩办法》，对全辖对公存款工作按任务完成情况明确了具体奖罚措施。

26日，建行承德中心支行与承德钢铁公司首笔500万元集资建房贷款发放成功。

6月

5日，中行河北省分行任命马有禄为中行承德分行党组书记、行长。

24日，经人行河北省分行批准，中国工商银行承德中心支行更名为“中国工商银行承德分行”，并正式挂牌。同日，中央电视台“经济半小时”节目播出了工行承德分行支持大中型企业的报道。

同日，河北省农金系统省会新闻界联谊会在农行承德中心支行召开。

26日，工行承德分行通过九江代办处加入沈阳融资中心网络，并注入入网基金200万元。

7月

24日，工行承德分行加入抚顺资金市场，并注入会员基金200万元。

9月

4日，承德市邮电局开始对邮政储汇稽查队伍实行系统管理，要求检查工作时持证上岗。

10月

14日，人行承德分行成立劳动服务公司，工会主任谢广银兼任总经理，具体负责管理人行承德分行在广西北海的贻景花园投资项目、自办的金店、城市信用社、典当行等三产项目。

28日，经人行承德分行批准，太平洋保险公司承德代理处正式开业。营业地址设在承德军分区招待所，隶属太保北京分公司管辖。

1993年

2月

22日，人行河北省分行任命成永存为人行承德分行党组副书记、副行长、外汇局承德分局副局长，主持工作。行长程文甫离休。

3月

8日，中行承德分行在承德市推出ATM自动柜员机服务。

26日，经外汇局承德分局批准，农行承德中心支行代理外汇存款、外汇贷款、外汇兑换业务。

4月

16日，建行河北省分行行长杨舜尧到建行承德中心支行考察工作，听取了工作汇报。到西大街办事处、群众电影院储蓄所慰问一线员工，与承德地区行署专员栗战书、市委书记李月辉、市长宋淑艾，就建行如何支持地方经济发展进行了座谈。

26日，建行承德中心支行在承德市推出会计对公业务客户条码查询系统。该系统为在建行开户的客户快速、准确地查询本单位账面余额及明细账提供了方便。

5月

1日，工行承德分行牡丹卡业务部正式开业，公开发行牡丹信用卡。

19日，隆化县人民法院、隆化县农行在当地党政和人民银行的大力支持下，成立了“金融巡回法庭”，举行了挂牌仪式。

31日，承德地委书记胡振国一行在人行承德分行副行长成永存陪同下，到工行承德分行召开座谈会，研究促进承德经济腾飞问题。工行承德分行副行长孙绍文、孟彩兰、张振民参加座谈会。

6月

中行承德分行营业厅扩建，建筑面积200平方米，11月竣工投入使用。

7月

1日起，根据中国人民银行通知，邮政储蓄在人民银行的转存款划分活期、长期两个账户。活期户按2.16%计息；长期户6月30日之前按9%计息，7月1日之后按10.8%计息。

23日，农行承德中心支行召开经济民警成立大会。承德市公安局主要领导、中心支行领导及所属各行处部主管行长、保卫科科长、经警代表50余人参加了会议，农行承德中心支行副行长兼经警政委敖志海做了重要讲话。

同月，农行河北省分行任命夏云奇为农行

承德中心支行行长、党组书记。原行长许鸿烈离休。

8月

8日，建设银行万事达、维萨信用卡业务正式投入运营，到年末，发展持卡户582个，实现存款367万元。

20日，中行承德分行对承德市邮电局三期程控电话工程发放贷款470.1万美元。

同月，国家外汇管理局在承德召开外汇工作会议，国家外汇管理局副局长宋海鹏、河北分局相关领导参加会议。

10月

6日，经人行河北省分行批准，中国农业银行承德中心支行更名为中国农业银行承德分行。

同月，承德市金融系统工会成立，办公室设在人行承德分行。

11月

农行承德分行举办农金系统4000余人参加的法律知识竞赛。

12月

9日，经太保北京分公司与承德市委、市政府协商，任命承德市委办公室副主任嵇永明为太保承德代理处经理。太保北京分公司副总经理杨帆与承德市政府副市长孙德胜到太保代理处宣布任命决定。

1994年

1月

1日，农业银行会计核算使用"借贷记账法"，财务管理执行"权责发生制"，信贷资金实行资产负债比例管理。

26日，工行丰宁满族自治县支行行长张宗义被授予"全国劳动模范"称号。工行承德分行以承工银〔1994〕5号文件发出通报表彰，号召全行职工向张宗义学习。

同月，人行承德分行建立了承德金融系统季度经济金融形势分析会议制度。每季度召开例会形成会议纪要，为政府和有关部门提供经济金融形势变化和数据参考。

2月

24日，外汇局承德分局批复建行承德中心支行代理建行河北省分行委托的外汇存款、外汇贷款、外汇汇款、外币兑换4项业务。

4月

28日，建行河北省分行任命张瑞兴为建行承德中心支行行长、党组书记。免去宋相甫的建行承德中心支行行长、党组书记职务。

5月

16日，中国人民银行印发《关于保险代理机构有关问题的通知》（银发〔1994〕129号），批准太平洋保险公司承德代理处转为正式保险机构，名称为中国太平洋保险公司承德办事处。继续隶属太保北京分公司管辖。

17日，承德市政府作为发展地方经济的12件大事之一，在原承德市色织厂武云桥厂址建设大型商贸市场（蓝岛）。太保承德办事处引入太保北京分公司投资80%参与建设，支持地方经济发展。太保北京分公司副总经理张玉杰参加了招商投资签字仪式。

18日，太保承德办事处营业地址由承德军分区招待所迁至承德市武烈路19号。

6月

1日，中行承德分行召开建行十周年庆典大会，中国银行原副行长赵秉德、中行河北省分行副行长侯文来、中共承德市委书记李月辉、市长柳宝泉等领导参加庆典活动并讲话。

15日，根据人行河北省分行冀银复字〔1994〕第91号文批复，"中国人民建设银行承德中心支行"更名为"中国人民建设银行承德分行"。

同日，根据《中国人民建设银行河北省分行技术经济咨询服务管理暂行办法》，建行承德分行成立工程造价咨询中心，开始办理工程造价预决算审查业务。当年共编审工程预决算35011万元。

20日，承德市人民政府发布的《承德市住

房制度改革实施方案》，委托建行承德中心支行代办房改金融业务，并得到人行承德分行批准。

23日，中行河北省分行任命王海智为中行承德分行党组书记、代理行长。

7月

28日，中共河北省委慰问团到承德慰问洪涝灾区。慰问团成员、工行河北省分行副行长靳学斌代表河北省分行下达承德分行抗洪救灾流动资金贷款指标1亿元。

同月，根据《国务院关于组建中国农业发展银行的通知》，农发行河北省分行成立，市级暂未设立机构。农行承德分行根据业务分工，对归属农发行的资产负债业务实行分账核算，为省农发行代理经营。

9月

13日，中国太平洋保险公司太保发〔1994〕182号文，任命嵇永明为太保承德办事处总经理。

11月

25日，工行承德分行营业部阻止一笔64万元假银行承兑汇票案。

12月

2日，人行承德分行批准设立“中国农业银行承德分行信用卡业务部”。

28日，农行承德分行金穗信用卡正式发行。

同年，建设银行行使多年的财政职能宣告结束，实行政策性与经营性业务分离，国家开发银行业务由直接经办变为代办。建行承德分行全年代办国家开发银行贷款2060万元。

1995年

1月

1日起，为适应1994年下半年实施的国税、地税机构分设，人行承德分行所辖各级国库对国税局、地税局征收的税款分别编制报表入库，实行中央金库与地方金库分设。

11日，人行河北省分行任命，成永存为人行承德分行党组书记、行长、外汇局承德分局局长。

18日，农行承德分行信托投资公司证券营业部开业，成为承德市首家证券业机构。首任总经理汤斌。

2月

28日，工行承德分行首期干部双聘工作结束。本着公平竞争、择优及双向选择的原则，共调整交流干部30人。

3月

6日，建行承德分行中介业务实现零的突破。全年代理开发银行贷款2800万元；代理招投标工程17项，造价4200万元；与承德市人民保险公司签订多种保险代理协议，当年代办保险2108万元；办理贷款抵押物估值3800万元；同时在全省建行系统率先代办以建行为一方当事人的合同、协议的公证业务，增加了保险系数。

15日至6月25日，中行承德分行市区内10个储蓄所实现计算机单机记账。

4月

4日，中行承德分行对邮电局四期程控电话工程发放贷款947.1万美元。

5月

18日，工行承德分行信托投资公司证券营业部开业。首任总经理宋伟业。

6月

农行承德分行接收省分行国际业务部划转的外币存贷款业务，建立单独核算的财务会计核算体系。

7月

18日，中行河北省分行任命王海智为中行承德分行行长。

22日，召开太保承德办事处领导班子会议，通报了总经理嵇永明工作变动，由副总经理侯宝玉主持工作。

26日，中行承德分行营业部出纳岗位配置柜员机，试行单人临柜。

9月

9月15日，太保北京分公司副总经理杨帆、业管部经理徐占栓到承德宣布侯宝玉任太保承德办事处总经理。

12月

承德辖区各县全部成立了县级金融系统工会，办公地点设在人民银行各县支行。

1996年

1月

2日，中行承德分行通过DDN专线向河北省分行报送报表，结束了手工操作。

25日，工行承德分行行长王恩源参加市政府第九届三十五次常务会议，商讨解决承德百货站不良贷款抵贷问题。

3月

21日，工行承德分行开办工程预决算审核业务，向建筑市场提供中介服务。

26日，为适应国有商业银行发展的需要，“中国人民建设银行”更名为“中国建设银行”。同日，“中国人民建设银行承德分行”更名为“中国建设银行承德分行”。

4月

19日，工行承德分行印发《基层行处及分行有关部门目标责任制考核办法》，对基层行处设置效益、存款、资产质量、案件防范和优质服务五大类12项指标进行考核。

22日，中国太平洋保险公司以太保复〔1996〕第43号《关于承德办事处购置办公用房的批复》，同意购置营业用房2560平方米，购房金额控制在537.6万元以内。

28日，人保承德分公司召开全体职工大会，宣布人保承德分公司实行产、寿险机构分设。分设后的机构为：中保财产保险有限公司承德分公司、中保人寿保险有限公司承德分公司。大会还宣布了公司科级以下干部职工划分名单。

29日，人行承德分行完成办公楼迁址，由承德市裕华路北5号迁至东大街南3号（后变更为都统府大街2号）。

30日，人保河北省分公司派员宣布承德产、寿险机构分设的领导班子成员。

中保财险承德分公司领导班子成员为：总经理阎双彪，副总经理王继庭、阎应时。

中保人寿承德分公司领导班子成员为副总经理杜凤义（主持工作）、副总经理李林、工会主任刘春晖。

同月，农行河北省分行确定农行承德分行为全面实施信贷资产“新老划段、分别考核”管理省级试点行。

5月

2日，农行承德分行营业部等全国第一期联行机构正式开通全国电子汇兑系统，手工处理全国联行业务退出历史舞台。

30日，建行河北省分行副行长高燕增到承德分行宣布人事任命，姚仲友为建行承德分行代理行长、党组副书记。

6月

1日，农行承德分行全面实行贷款风险度管理。

7月

22日，中行兴隆支行出纳员赵丽萍、谢凤珍在办理业务中识别一起面额100美元、99张共9900美元假钞案，并向公安部门报案。这是中行在承德辖区截获的最大一起外币假钞案。

10月

7日，建行承德分行接入建行全国电子资金清算系统，全国建行系统内资金往来全部由系统自动完成。

11月

26日，工行河北省分行冀工银传真108号，通知工行承德分行核销隆化县罐头厂等11户集体企业贷款1025万元。

29日，农行承德分行正式向农发行承德分行移交代理的资产负债业务。

30日，中国农业发展银行承德分行完成机构分设组建工作，正式挂牌成立。明确了分行营业部、各县支行、市分行机关各部门主要负责人人选。全辖从农行承德分行划转干部职工207人。

营业地址设在承德市双桥区下营房路北25号。

12月

23日，人行河北省分行任命张景林为人行承德分行党组副书记、代行长、外汇局承德分局代局长。

25日，全市农村信用社与农业银行脱离行政隶属关系。“行社脱钩”之后，信用社行业管理由承德市农村金融体制改革领导小组办公室负责，工作人员由农行承德分行信用合作科整体划转人员和借调的信用社编制人员组成，办公地址设在丽正门旅馆。人行承德分行副行长吴淑华兼任农金体改办主任。

31日，农行承德信托公司撤销，所有资产负债业务并入农行业务经营大账。

同月，建行承德分行积极推进信贷管理体制改革，实行贷款规模上收，统一调度。信贷投放实施“双大”（大行业、大企业）战略，当年向电力、交通、邮电等大行业及承钢发放贷款5.26亿元。

1997年

1月

1日，为帮助农村信用社解决“结算难”问题，由北京市农村信用社营业部牵头筹办的全国农村信用社特约汇兑业务正式开通。承德农信系统以县联社为单位加入特约汇兑。

3日，中保财险河北省分公司副总经理王乐枢到承德宣布：任命王继庭为中保财险承德分公司总经理、党组书记。

9日，太保承德办事处以承太保寿〔1997〕11号文件，印发《关于落实产寿险业务分开管理的决定》，从1997年开始，全面落实总公司产寿险业务管理实行“五分开”的要求。

11日，农行河北省分行任命高宗林为农行承德分行行长、党组书记。

18日，中保财险承德分公司及所属支公司按照河北省公司统一安排举行大规模保险宣传活动，承德市副市长沈小平到现场参加。

2月

24日，承德市政府召开承德市金融工作会议，市长傅贵武和主管金融工作的副市长沈小平到会并发表讲话，人行承德分行代行长张景林作了题为《努力提高金融企业经营管理和服务水平，促进承德市经济稳中求进快速发展》的主题报告。

3月

15日，针对多年来人体伤亡保险赔案给付依据不足、骗赔案较多的情况，由中保财险承德分公司、中保人寿承德分公司、承德市中级人民法院联合成立人体伤亡保险赔付鉴定中心。鉴定中心的职责是：依法对事故原因、被抚养人资格、伤残赔付等给予技术和司法鉴定。

同月，承德部分农村信用联社向人行承德分行反映，承德辖区各级农业银行借信用社脱钩之机“甩包袱”。初步统计甩给信用社坏账贷款1.70亿元，主要是在20世纪90年代初期，农行实行营业所与信用社合署办公期间，农业银行通过信用社“绕规模”发放贷款形成的坏账损失。“甩包袱”侵犯了信用社的合法权益，加剧了信用社的风险程度。为了有效帮助农村信用社讨债维权，人行承德分行组成若干工作组，以县区农信联社书面反映的问题为线索，深入现场逐一核查账务手续，推进问题的妥善处理（处理结果见2001年大事记）。

5月

5日，中保财险河北省分公司总经理程会场到承德分公司调研。调研期间在全体职工大会发表讲话，对全省业务发展、资产情况及资金实力情况的形势进行了分析，对中保财险承德分公司提出了希望和要求。深入虹桥、承德县支公司调查了解工作开展情况。

13—14日，农行承德分行在承德县召开全辖信贷规范化管理现场会。农行承德县支行介绍了实施“复活工程”基本做法及经验。市分行就加强信贷规范化管理，防范和化解信贷风险，坚持“优化投向、盘活增量、严格程序、建好队伍”等信贷管理工作进行了安排部署。

15日，《金融早报》刊发了工行承德县支行行长王爱东撰写的《创一流服务，塑全新形象》和副行长杨林青撰写的《客户在心中，处处总关情》长篇通讯，报道了工行承德县支行金融文化建设和文明服务事迹，引起广泛关注。

26日，中行承德分行及5个县支行，实现了辖区系统内储蓄业务通存通兑。

同月，工行河北省分行任命周增文为工行承德分行党组书记、行长。

6月

20日，中保财险河北省分公司批复中保财险承德分公司核销三年亏损，批复的主要内容是：“鉴于你公司业务量小，亏损数额大，且基建数额大，包袱较重，省公司按1996年底纳税调整后的亏损总额7282万元的55%计4000万元先予弥补，用欠交省公司资金抵顶，1997年省公司相应免计此项利息。”

同月，工行承德分行信托投资公司证券营业部被河北证券有限责任公司整体收购，正式更名为河北证券有限责任公司承德营业部，营业地址由太平桥街迁址火神庙路南，总经理变更为唐晓明。

7月

1日，农行承德分行信托投资公司证券营业部被南方证券股份有限公司整体收购，正式更名为南方证券股份有限公司承德营业部，营业地址由农行大楼迁址陕西营街东口路南，汤滨继续担任总经理。

28日，建行承德分行举行“AAA”级企业授信仪式，建行河北省分行副行长张士臣代表建行河北省分行宣布承德钢铁公司成为承德“AAA”级信用企业。

8月

1日，建行河北省分行任命姚仲友为建行承德分行行长、党组书记。

13—19日，农行河北省分行行长李兴奇到农行承德分行调研，先后深入围场、隆化、兴隆3个县支行和双桥、营子2个办事处，听取工作汇报，肯定了成绩，提出了工作要求。

18—19日，中行河北省分行行长阎永茂在承德市、兴隆县调研，同兴隆县委、县政府主要领导座谈，深入兴巍、兴伊企业生产车间查看了生产情况。

28日，中国人民银行批准承德市城市信用社联合社开业，同文批准刘国文、薛立国、姜鹏的高管人员任职资格。

9月

15日，人行河北省分行任命张景林为人行承德分行行长、党组书记、外汇局承德分局局长。

22日，根据中国人民银行统一部署，对承德市农村信用社领导管理体制做出以下调整：

一是承德市农金体改办纳入人行承德分行直接领导，主任由人行承德分行副行长李福德兼任，副主任王国庆。

二是人行承德分行正式接收农行承德分行划转承德市农金体制改办的工作人员王国庆、焦彦辞、付丽佳、张蕾、王帅，纳入人民银行干部编制。

三是人行承德分行内设农村合作金融管理处，处长王国庆。与农金体改办合署办公，实行“一套机构、两块牌子”，负责农村信用社行业管理和金融监管两项工作。机构办公由丽正门旅馆迁入人民银行办公楼。

23日，建行承德分行开通计算机城市综合网络。至此，市区所属19个储蓄所、10个会计柜台、1个信用卡业务柜台及4个特约商户的会计、储蓄、信用卡业务全部实现了网上操作，实时清算。

25日，建行承德分行总账行长查询系统正式开通。

10月

14日，工行承德分行稽核联队正式成立。

11月

11月1日，中保财险承德分公司总经理室与全辖干部职工签订全员劳动合同制合同书。

18日，农行承德分行7个县支行（不含兴隆）和双桥、双塔山、营子办事处、市分行营业部实现储蓄存款系统内同城通存通兑。

21日，工行承德分行召开机关副科级以上干部和基层行处行长（主任）参加的减员分流动员大会，传达省分行会议精神，部署减员分流工作。

28日，人行承德分行、工行承德分行、承德市城市信用联社三方领导在工行举行会议，针对工商银行通过承德市清风城市信用社绕规模发放贷款，形成3400万元贷款呆账问题，达成在落实工商银行与有关企业拉直信贷关系的基础上，清风城市信用社与工行脱钩，移交承德市城市信用联社管理的协议。

28日，中国人民银行在承德市召开“中国人民银行同城清算系统与支付系统关系讨论会”，中国人民银行副行长尚福林，支付与科技司、会计司、清算总中心、金融电子化公司及部分省市分行的专家对承德市同城清算“承德模式”进行考察。

同月，承德露露股份有限公司在深圳证券交易所上市挂牌。

12月

4日，工行承德分行与承德供电公司举行代收电费储蓄结算业务签字仪式暨新闻发布会，承德市副市长沈小平、人行承德分行和市内各新闻单位应邀到会。

8日，中行承德分行配备服务运钞车，预约为现金收付量大的客户上门取送现金。

12日，农行承德分行及双桥、双塔山、市分行营业部加入人行“天地对接”实时结算网络，异地、跨系统款项划转由原来的1～3天缩短到几十秒，明显加快了资金结算速度。

18日，太保石家庄分公司印发《关于建立核保中心，进一步加强核保工作的规定》，从1998年1月1日起，凡承保机动车和企业财产险，一律按核保程序核保后实行电脑出单，结束了手工出单的历史。

同月，中国人寿承德分公司正式引入代理人（含代办网点、代理营销员两种形式）营销机制，当年签约银行代办网点41家、招聘持证上岗代理营销员500人，打破了以往仅靠公司正式员工发展业务的局限，扩大了人寿保险业务发展的空间。

同月，农发行承德分行总结出“以银行扶持为杠杆、以龙头企业为桥梁、以包扶部门为依托、以乡（镇）村自律组织为保障”的“四位一体”扶贫模式，《承德日报》、承德电视台、《河北日报》、《河北农民报》、《金融时报》、新华社《内参》、《人民日报》先后刊播了农发行承德分行的经验做法。国务委员陈俊生、总行行长朱元梁在讲话中予以充分肯定，河北省省长叶连松签字要求在全省推广。

同年，农行承德分行根据稽核体制改革需要，上收城区4个办事处和市分行营业部稽核职能，对7个县支行（不含兴隆）实行派驻制，配备了驻县稽核办主任。

同年，建行承德分行积极介入房改进程，当年归集房改资金1902万元，占全市总量的85%。完成了承德市住房资金管理中心公积金专户在建行的开户工作，直收公积金占比达到100%，同时争取到了承钢住房公积金的独家承办。

1998年

1月

19日，中国人民银行（银复〔1998〕16号文）批复“太平洋保险公司承德办事处”更名为“太平洋保险公司承德分公司”，批准侯宝玉任太保承德分公司总经理的任职资格。

同月，中保财险承德分公司综合多年来机动车险理赔的经验教训，对旧机动车在承保时实行“双保额”签约。即：按新车保险价值承保车损险，出险为车辆部分损失的按100%赔付；同时根据车辆的使用年限和技术状况，与保户共同商定一个“全损保额”，在特别约定中注明“车辆全损时按商定的全损保额计算赔付”。此办法推出后，增加了保户投保的吸引力，减少了出险后按比例赔付与保户发生的纠纷，被河北省分公司在全系统推广。

同月，根据国务院农金体改办〔1997〕89号文件，对农村信用社账表凭证格式进行统一规范。新账表凭证于1998年1月1日开始启用，旧账表凭证7月1日废止，1月1日至6月30日期间新旧账表凭证混合使用。

3月

21日，工行承德分行各项存款突破30亿元，全行各行处、各营业网点开展了大型宣传、咨询活动。

4月

8日，承德市房地产开发公司向太保承德分公司提交综合大厦（太保购买部分）《工程移交结算书》，决算建筑面积3588.33平方米，工程造价797万元。

24日，中行承德分行发行长城电子借记卡，在承德剧场举行“长城电子借记卡新闻发布会”。

同日，工行承德分行开通双塔山、滦河两办事处储蓄存款同城通存通兑业务。

5月

7—14日，农行承德分行按照总、分行要求，完成接受承德人行、农发行扶贫开发等专项贷款划转工作，共接受专项贷款48638万元、企业存款2415万元。其中接受人行专项贷款1853.4万元，接受农发行专项贷款46784.6万元。5月28日，市分行设立专项信贷处，专项贷款余额在2000万元以上的围场、丰宁、隆化、滦平、兴隆、平泉、宽城和市分行营业部设立专项信贷部。

8日，太保承德分公司迁入丽正门大街2号新址。

16日，农行承德分行接入农行信用卡全国自动授权网络系统，同时正式开办EDC国际卡收单业务。

21日，国家外汇管理局河北分局批准农行承德分行开办外汇业务。

6月

11日，人行河北省分行完成了向河北省证券委移交证券类机构监管职责，同时发文通知省内各二级分行不再履行对当地证券机构的监管职责。

7月

7日，工行兴隆县支行职工谭景诗画展在避暑山庄举行。赵曙光、彰无忌、任萍及诗人刘章和50多名文学、书画界人士参加了开展仪式，工行承德分行行长周增文致贺词。

30日，农行承德分行营业部大楼储蓄所正式开办外币储蓄业务，成为承德农行第一家开办外币存款业务的储蓄网点。

8月

3日，工行承德分行集中6天举办银行礼仪培训班，分批对基层行处400名一线员工进行礼仪知识培训。

20日，中保财险河北省分公司全省总经理会议在承德保险宾馆召开。省公司总经理栗建国、副总经理谷民杰、王乐枢到会。21日，中保财险公司总经理孙希岳到会做重要讲话。

27日，建行承德分行“代股民结算系统”正式开通。当年发行代股民结算储蓄卡286张，累计转账金额330万元。

31日，根据农业银行党委《关于中国农业银行各分支行党组改为党委有关问题的通知》，成立中国农业银行承德分行党委，高宗林任党委书记。

同月，根据中国人民银行关于进一步做好农村信用社规范工作的指示精神，承德市农金体改办派出工作组，考核各县区联社领导干部，监督指导各联社召开社员代表大会，对联社理事会和监事会进行换届选举。联社与各信用社继续实行两级法人制。

9月

1日，工行承德分行顺利开通市辖储蓄通存通兑业务，并实现牡丹卡自动柜员机24小时昼夜服务。

10月

9日，承德市档案局对中保财险虹桥、翠桥支公司的档案管理工作进行检查验收，认定升为省三级。

13日，中保财险总公司在承德保险宾馆举办风险防范法律法规培训班，各地财险公司近100人参加了培训。中保财险总公司总经理孙希岳作专题报告。

13—17日，农行承德分行根据省分行统一部署，完成市分行机关“三定两聘”改革工作。内部机构设置由16个减至13个，人员由118人减为98人，科级干部职数由41人减为29人。

15日，根据建行河北省分行建冀党任〔1998〕10号通知，成立建行承德分行党委，姚仲友任党委书记。

31日，工行承德分行完成业务岗位技能鉴定工作，共有十大专业1298名员工参加了省行组织的统一考试。

11月

15日，根据农行河北省分行《裁减部分储蓄代办员和清退临时工实施办法》，农行承德分行组织12个行、处、部储蓄代办员考试。根据考试考核总成绩，11月30日公布裁减名单，全辖共裁减130人。

18日，建行承德分行正式开办个人电子汇兑业务。到年底，共办理个人电子汇款业务151笔，金额170万元。

30日，工行承德分行顺利完成会计、对公业务与省行大机联网运行。

同日，中行承德分行办公楼改建装修完毕，正式启用。

12月

11日，工行承德分行成立党委，王海祥任工行承德分行党委书记。

16日，人行天津分行（大区行、正厅局级）挂牌成立，人行承德分行党务、人事、内审、金融监管、货币信贷、会计财务等工作划归人行天津分行领导管理。其余业务工作由新组建的人行石家庄中心支行（省会中心支行、副厅局级，2004年升格正厅局级）领导管理。

25日，农行承德分行组织全辖各支行，完成粮食附营企业贷款由农发行回拨划转接收工作。共接收企业96个，贷款15274万元。

同月，根据中组部《关于金融系统党的领导体制调整后转移党员组织关系等有关问题的意见》，中央各金融机构党组织由地方领导转为金融机构党组织垂直领导，不再办理党的组织关系移交手续。

1999年

1月

1日，经人行天津分行批准，原“中国人民银行承德分行”变更为“中国人民银行承德市中心支行”。原“中国人民银行承德分行党组”变更为“中国人民银行承德市中心支行党委”，实行垂直领导。

同日，中保财险承德分公司企财险承保微机出单程序正式联网运行。微机出单达到了格式统一，规范了附加险和费率，便于一线业务人员操作，便于加强业务管理。

同月，国家外汇管理局承德分局更名为国家外汇管理局承德市支局。

同月，根据人民银行规定，全市农村信用社对业务用章及牌子进行统一规范。

3月

9日，工行河北省分行行长马腾一行到承德分行调研，马腾先后到滦平等4个基层行处和承钢集团开展调研活动，并在分行机关召开各处室负责人参加的座谈会。

11日，太保石家庄分公司总经理杨宗杰一行到承德召开承德太保全体员工大会，就承德分公司违反组织原则擅自任命领导干部、调整内部机构设置及人员问题，宣布太保总公司处理意见。派驻以侯平原任组长的过渡时期清理整顿工作组，负责承德分公司全面工作。

24日，工行承德分行党委决定，从1999年起，将每年的3月31日定为承德分行“防范案件教育日”，用以警示和教育全行员工。因1996年3月31日是工行承德分行房地产信贷部原经理齐志远假存单诈骗案的发案日。

5月

7日，中行河北省分行任命张锡才为中行承德分行党委书记、聘任行长。

8日，建行承德分行实现龙卡全国联网，龙卡持卡人可以在全国各地使用龙卡进行消费、结算。

11日，根据河北省政府令，河北省内由县乡政府开办的农村合作基金会于当日全部实施停业整顿。人行承德市中心支行组织县人行、县联社配合地方政府组成联合工作组，逐一对农金会进行清产核资，坚持按政策标准把住资产质量认定关。当时承德7县和营子区（丰宁满族自治县、双桥区、双滦区无农金会）共有农金会106家，存款余额38800万元。经清产核资和天津分行工作组验收，批准农村信用社接收资能抵债、或由政府注资弥补资产损失的农金会8家，并入有效资产6914万元，接收储蓄存款5149万元。资不抵债的98家农金会，统一由政府举债清算。

14日，太保石家庄分公司工作组主持召开太保承德分公司全体员工大会，太保石家庄分公司总经理杨宗杰、副总经理张博英到会，宣布太保总公司《关于解聘侯宝玉太保承德分公司总经理职务的通知》《撤销侯宝玉党组书记职务的决定》《关于工作组代行总经理室职权的请示的批复》。

同日，根据国务院函〔1998〕85号文件，冀人保发〔1999〕46号文批准“中保财险承德分公司”更名为“中国人民财产保险公司承德分公司”。

25日，根据中央金融工委〔1999〕14号文件，冀人保党发〔1999〕18号文通知，人保财险承德分公司党组更名为人保财险承德分公司党委，实行垂直领导。

6月

3日，人行承德市中心支行牵头的承德市金融债权管理办公室印发《逃废债企业认定标准及制裁办法》《企业改制监测制度》《金融债权管理行长联席会议制度》，进一步有效维护金融企业的合法权益。

12日，中行承德分行举行全员劳动合同制签字仪式，全行470名员工在合同书上签字。

同月，“中保人寿保险公司承德分公司”更名为“中国人寿保险公司承德分公司”。同月，中国人寿河北省分公司任命，刘春晖为中国人寿承德分公司总经理。

7月

13日，农行承德分行组织市分行机关、双桥办事处、市分行营业部职工到河北省第五监狱现场接受服刑人员现身说法教育。

20日，根据人行天津分行党委通知，人行承德市中心支行设立党委办公室、组织部、群工部、纪委办公室、机关党委办公室。

26日，根据人行天津分行通知，人行承德市中心支行撤销稽核科、思想政治工作办公室、河北省融资公司承德办事处、金融研究室；设立内审科；金融学会秘书处工作交调统科。

8月

受人行天津分行派遣，人行承德市中心支行副行长李福德率领30名人民银行、农村信用社干部，进驻秦皇岛市各县区，对100多家停业整顿的农金会清产核资结果进行验收。经过逐一核查清产核资手续，核实认定资能抵债、资不抵债、政府注资弥补资不抵债差额的真实性，按规定条件划分确定由农村信用社接收、或由政府负责清算的最终责任。工作队经过半个月的连续奋战，准确执行政策，排除各种阻力，实事求是地完成了验收任务。人行天津分行授予李福德“优秀工作队长”称号，授予3名队员“优秀工作队员”称号。

9月

1日，中行承德分行推出首批星级服务员，其中，“三星级”11人，“二星级”29人，“一星级”57人。

14日，建行河北省分行决定徐永成主持工作。免去姚仲友的建行承德分行党委书记、行长职务。

24日，中国进出口银行与建行承德分行正式签订了委托代理协议，确定由建行承德分行国际业务部代理经办该行向承德钢铁集团公司提供的1亿元人民币出口卖方信贷业务。

10月

20日，人保财险承德分公司开展公司建立50周年宣传咨询活动，副市长韩志远参加。当日的《承德日报·扩大版》发表署名文章《发展人保事业，保障经济发展》，对人保公司为承德做出的贡献给予高度评价。该报还发表了承德分公司总经理王继庭的访谈录《人保风雨创业路》。

26日，工行承德分行举行接入全省工行计算机网络系统投入运行新闻发布会。工行承德分行行长王海祥讲话，副市长韩志远到会致贺词，各家新闻媒体采访报道，工行存贷款大户参会。

11月

1日，根据国家税务总局通知，对个人储蓄存款利息所得开征个人所得税，各家银行、信用社、邮政储蓄对各储蓄网点微机应用软件进行了升级。

21日，工行承德分行在承德剧场召开优质文明服务工作经验交流推进会，省工行“三讲”巡视组组长刘自平、市委宣传部部长赵曙光，基层行处、分行机关1000多人参加了大会。会议表彰了优质服务先进个人。

12月

3—20日，农行承德分行完成员工《劳动合同》签订审核工作。全辖1596名职工中有1577名签订了《劳动合同》。

5日，建行承德分行开发的政府工资银行化系统正式投入运行，当月为268个行政事业单位4904人代发工资680万元，结束了政府机关职工工资现金发放的历史。

10日，农发行承德分行按照国务院有关部门及上级行文件要求，全面完成新增财务挂账和其他不合理资金占用贷款复核和账务结转工作，复核结转财务挂账等不良贷款80567万元。

26—28日，中行河北省分行行长、党委书记刘珍贵到中行承德分行考察工作。

27日，建行承德分行完成第一批贷款清理分类及不良贷款剥离工作，本次共剥离不良资产本金24744万元，利息4803万元。

同月，根据中央统一部署，人行承德市中心支行和实行中央垂直领导的各金融机构党委，先后在系统内开展了“讲学习、讲政治、讲正气”为主要内容的党性党风教育。

2000年

1月

20日，中行承德分行召开银企座谈会，共46个企业参与，对承德分行各项工作提出意见和建议63条，承德市副市长韩志远到会并讲话。

2月

3日，建行河北省分行任命，徐永成为建行承德分行党委书记、聘任行长。

26日，农行滦平县支行山环路储蓄所发生恶性杀人抢劫案件，两名女员工一死一伤，8.8万余元现金被抢。经过公安干警18个昼夜奋战，3月14日犯罪嫌疑人陈某如落入法网。

同月，人行承德市中心支行开发的承德区域支付系统被人民银行总行确定为“承德模式”，在人行天津分行会计工作会议上作了典型经验介绍。

3月

13日，建行承德分行开始办理公积金委托贷款业务。当年办理公积金委托贷款52笔，金额318万元。

24日，中行承德分行剥离不良资产本息25232.94万元，其中剥离贷款本金19346.65万元，剥离表内利息635.92万元，剥离表外利息5250.37万元。共计112户，323笔。通过不良资产剥离，资产质量有所提升。

同月，承德辖内金融系统实现全部计算机应用系统顺利跨越2000年2月28日、29日及3月1日等敏感日期。

4月

1日，承德辖内各银行、信用社、邮政储蓄机构，与全国同步实行个人存款账户实名制。

20—22日，经人行天津分行批准，承德市钟鼓楼、兴隆县东兴城市信用社动用存款准备金，用于保持存款支付。

20日，经人行天津分行团委批复，成立共青团人行承德市中心支行委员会。

5月

25日，人行天津分行任命朱志强为人行承德市中心支行党委书记、行长、外汇局承德市支局局长。

6月

19—23日，工行河北省分行行长马腾在承德分行行长王海祥陪同下，先后到山庄支行、太平桥支行、隆化县支行、承德县支行、围场满族蒙古族自治县支行调研。走访帝贤公司。在分行召开副科级以上干部座谈会，听取行长王海祥的工作汇报，并作重要讲话。

20日，根据人行天津分行党委意见，人行承德市中心支行纪委监察室内设纪检监察综合科、人民银行纪检监察科、其他金融机构纪检监察科。

30日，建行承德分行与信达资产管理公司石家庄办事处签署呆账贷款剥离债权转让协议，共计69户，本金2573万元，应收利息544万元，催收利息1913万元，合计剥离5030万元。

同月，持续暴露的城市信用社风险，引起承德市委、市政府的高度重视，成立承德市处置地方金融风险领导小组，由承德市政府副市长韩志远任领导小组组长，市政府副秘书长丁伟、人行承德市中心支行副行长李福德任领导小组办公室主任、副主任，负责地方金融风险的处置工作。为摸清风险底数，人行承德市中心支行在系统内抽调大批人力，组成20个工作组，逐一对城市信用社进行清产核资。在此基础上，制定出整体和个体风险处置方案，报承德市委常委会审议通过后，上报河北省政府和人行天津分行审批。在此期间，人行承德市中心支行行长朱志强等领导多次陪同韩志远副市长到河北省政府、中国人民银行、人行天津分行作专题汇报。人行天津分行先后4次派工作组到承德调查核实风险状况。最终，河北省政府、人行天津分行批准承德市对城市信用社风险实施分类处置的方案：一是对6家严重资不抵债、救助无望的城市信用社实施停业整顿；二是对10家一般性风险的城市信用社，改制为农村信用社，移交当地农村信用联社领导管理；三是对4家经营管理基本正常的城市信用社，合并重组地方法人制的承德市城市信用社股份有限公司。

同月，经中国农业银行核准，农行承德分行、农行承德分行营业部办理外汇存款、外汇贷款、外汇汇款、外币兑换、国际结算、结售汇、资信调查、咨询、见证等业务。

6—7月，根据承德市农金体改办提出的县区联社组织人事调整建议，经人行承德市中心支行党委同意，农村信用社各县区联社选举产生了新一届理事会、监事会和领导班子成员。

7月

17日，中行承德分行全辖储蓄业务完成省辖联网技术准备工作，进入试运行。

9月

4日，太保承德分公司第一批开通“95500”

服务热线电话，配备3名坐席生，24小时受理客户咨询和事故报案。

18—21日，完成承德金融学会第三届理事会换届选举工作，人行承德市中心支行行长朱志强当选第三届理事会会长。

同月，根据人行天津分行文件规定，成立人行承德市中心支行工会工作委员会，下设办公室（与党委群工部合署办公）。

10月

10日，建行承德分行完成个人住房贷款业务核算系统安装调试及初始化工作，正式投入使用。

17—19日，工行河北省分行副行长王希全带领省行检查组到承德分行检查督导旺季工作，先后走访了露露公司、帝贤公司、承钢公司，就进一步加强银企合作、共谋发展等问题与企业领导人进行了广泛交流。

22日，中行承德分行为承德市交通局提供信贷资金1.5亿元，用于101线平泉路段改造项目。

24日，工行承德分行副行长张金来带领工作组完成撤销工行宽城分理处及业务移交工作。工行承德分行工会主任吴庆海带领工作组完成接收撤销的围场满族蒙古族自治县建行部分业务工作，共接收各项存款8633万元；工行承德分行副行长陈卿就"五片联动"项目资金管理、按揭业务、售房款归行、贷款还款计划等问题同企业领导具体协商，达成协议；陈卿还约见露露集团副总经理和输送机集团董事长，就解决两企业逾期贷款问题进行协商。两企业同意筹措资金偿还逾期贷款1.3亿元。

10月27日，对兴隆县东兴城市信用社实施停业整顿。

11月

3日，《关于石家庄分公司经营机构分设方案的批复》（太保复〔2000〕248号）同意中国太平洋保险公司承德分公司分设为中国太平洋财产保险股份有限公司承德分公司和中国太平洋人寿保险股份有限公司承德分公司。

16日，中行承德分行与承德市劳动社会保障局正式签订养老金社会化发放业务协议。

28—30日，经人行石家庄中心支行批准，撤销人行承德县支行发行库。

12月

23日，经人行天津分行批准，承德市竹林寺、东大街、裕华、小佟沟、滦河、鹰手营子、平泉、平泉兴业、宽城振兴、围场金融服务所10家城市信用社（所）改制为农村信用社，移交当地农村信用联社领导管理。

26日，对承德市钟鼓楼城市信用社实施停业整顿。

同日，人行承德市中心支行首笔为郊区农村信用联社办理支农再贷款300万元，执行年息2.25%的优惠利率，并在各县陆续推开。旨在支持农村信用社改进支农信贷服务，壮大支农资金实力，促进"三农"经济持续快速发展。

28日，工行承德分行现金业务中心库通过省行验收，正式投入使用。

同月，农发行承德分行顺利完成国储粮转商品粮的划转资金清算工作，累计国储粮转商品粮10912吨，新库装粮划转为中央储备粮102500吨。

同年，农行承德分行为适应商业化改革的要求，先后向人民银行提出申请，集中两批撤销规模小、效益差的营业所59家。当时，邮政储蓄与农村信用社在接收撤销机构存款问题上竞争激烈。在人民银行的主导支持下，农行撤销的59家营业所各项存款全部就地移交农村信用社。信用社合计接收各项存款7.96亿元，其中单位存款8300万元、个人存款7.13亿元，支持信用社缓解了支付困难。同时，在人民银行协调下，对信用社主动提出购置被撤销营业所原址房地产的，农业银行一律按固定资产账面净值整体转让给信用社，支持一部分信用社改善了营业条件。

2001年

1月

农行承德分行抓住“两节”黄金时机，积极开展新世纪之春优质服务竞赛活动，大力组织储蓄存款，实现新世纪1月“开门红”，储蓄存款纯增9043万元。

3月

1日，人保财险河北省分公司任命，任宝林为人保财险承德分公司党委书记、聘任为负责人，主持工作。

同月，根据《中华人民共和国行政处罚法》的规定，成立人行承德市中心支行行政处罚委员会和行政复议委员会。

4月

4日，人保财险翠桥支公司与北京新旅网酒店度假村签订了房东卡责任保险协议书，保险金额为人民币1亿元，收取保费62万元。这是承德分公司第一笔金额较大的区域外业务。

29日，人行承德市中心支行派员向石家庄保监办移交保险机构监管档案，不再履行保险业监管职责。

同月，人行天津分行副行长（正厅局级）何成玉到承德约见承德市委书记赵文鹤等市领导，具体协商解决城信联社风险处置问题。承德市城信联社在为高风险社保支付期间投入的大量资金，随着钟鼓楼社、兴隆东兴社的停业关闭，合计资金损失11611.5万元。何成玉代表人行天津分行明确指出，鉴于承德市城信联社的实际资产损失已经达到严重资不抵债的程度，必须在关闭城信联社或政府增加举债弥补损失两者之间做出选择。经研究决定，承德市政府做出了增加举债11611.5万元保住城信联社的决定，并参与组建单一法人城市信用社。

同月，根据人行天津分行关于农村信用联社理事长、主任分设的规定，人行承德市中心支行组织力量，对各县区联社领导班子进行全面考核。在此基础上实行理事长、主任分设，明确理事长为法人代表。对领导班子缺职数的联社，选拔补充干部。干部选拔采取联社民主推荐、中心支行组织考核、党委确定提名人选、提交联社理事会任职的程序，健全了联社领导班子。

5月

1日，国家外汇管理局承德市支局更名为国家外汇管理局承德市中心支局。

8日，工行承德分行牡丹卡服务中心为双桥区财政支付中心代收执法罚款业务、代收行政事业管理费业务电子系统正式开通。

25日，对滦平县金融服务所实施停业整顿。

同月，根据国家外汇管理局部署，承德市各银行完成外汇不良贷款核对、剥离、注销工作，全市共剥离外汇不良贷款本金2241万美元，利息566万美元。

6月

1日，对丰宁满族自治县燕山城市信用社实施停业整顿。

15日，对兴隆县金融服务所实施停业整顿。

16日11时35分，号称摩托车“倒骑王”的于顺业倒骑摩托车飞跃金山岭长城。人保财险承德分公司为活动提供了保险金额1000万元的公众责任保险，收取保险费1万元。同时在现场做260平方米的宣传广告。

26日，承德钢铁集团有限公司贷款业务由石家庄自强路支行移交建行承德分行经营。

7月

11日，工行承德分行行长王海祥与银泰房地产开发有限责任公司经理王玉富签订脱钩协议书。该房地产开发公司正式与工行脱钩，其中9人买断工龄，一并脱钩。

8月

15日，农行河北省分行任命，李军为农行承德分行党委书记、行长。

同月，人行承德市中心支行完成对农行向信用社“甩包袱”问题的处置工作。最终落实农行责任1.4亿元。在事实清楚、证据充分、分清责任的基础上，人民银行与农业银行逐一协调交涉，实行以县区为单位汇总清收。经过人行承德分行历时5年的不懈努力，督促农行以1.4亿元现金置换了同额坏账贷款，帮助农村信用社从农行讨回全部债务。特别是问题比较集中的郊区联社讨回债务4700多万元、宽城满族自治县联社讨回债务3400多万元之后，增强了支付能力，改善了资产流动性，经营困境得到初步缓解。

9月

11日，农行双塔山办事处成功堵截5000万元假凭证式国债诈骗贷款案，6名涉案人员全部落入法网。

10月

中行承德分行为承德民族师范高等专科学校发放贷款1000万元，用于教学楼、学生宿舍楼的改造工程。

同月，农发行承德分行通过“清资核贷”，努力化解信贷存量风险，到月末，累计清收粮食2527万千克，贷款金额2910万元。

11月

13日，人行天津分行核准单庆林、姜鹏担任承德市城市信用社股份有限公司高级管理人员任职资格。

同日，根据保监会《关于中国太平洋保险公司地市及以下分支机构分设方案的批复》（保监复〔2001〕411号），太保承德分公司内部完成产寿险人员、业务的划分方案。拟划分财险51人，划分寿险19人。

16日，农行承德双桥支行“金融超市”正式开业。

21日，人行天津分行核准张磊、师文生担任承德市城市信用社股份有限公司高级管理人员任职资格。

同月，人行承德市中心支行向人行天津分行上报拟任承德市城市信用社股份有限公司董事长、首席监事、总经理、副总经理任职资格请示。承德市政府组织召开承德市城市信用社第一届股东代表大会第一次会议，选举了理事会、监事会成员，通过了承德市城市信用社章程。

同月，人行承德市中心支行撤销内设的农村合作金融管理处，分设合作金融监管科、信用合作管理办公室。

12月

1—6日，农行河北省分行副行长于培军到承德农行，就清贷收息、完成利润计划、专项贷款管理等进行调研，先后深入滦平、宽城、双塔山偏桥子营业所等支行、网点进行实地座谈。对承德农行前11个月实收息超过1亿元，其中收回表外利息2583万元给予充分肯定，对承德农行今后业务经营和发展思路提出了具体要求。

4日，对承德市恒益城市信用社实施停业整顿。

6日，人保财险河北省分公司聘任任宝林为人保财险承德分公司总经理。

7日，农行兴隆县支行营业室陈建春、李双燕成功堵截一起200万元假银行承兑汇票诈骗案，持票人被移送公安机关。

10日，中行承德分行首次实现资金上存3000万元，变“借差行”为“存差行”。

19日，中行河北省分行批准中行承德分行开办住房公积金贷款和住房组合贷款业务。

21日，人行天津分行党委任命王会奇为人行承德市中心支行党委书记、行长、外汇局承德市中心支局局长（2002年2月7日到任）。

27日，太保财险石家庄分公司党委决定：任命姜跃利为太保财险承德中支党委书记。

29日，经人行承德中心支行批准，建行承德分行办公地址由车站路新居宅迁入承德市南营子大街32号。

31日，建行河北省分行任命马魁卿为建行承德分行党委书记、聘任行长。

同月，建行承德分行在全行实施以岗位系数差异为主要内容的员工收入分配制度改革，开始尝试拉开员工收入差距。

2002年

1月

22日，农行承德分行召开清贷收息表彰暨经验交流大会，各支行行长，主管信贷业务副行长，信贷、客户部经理，营业所主任参加了会议。会上，宽城满族自治县支行和陈国文等4人介绍了先进经验。对清贷收息先进单位宽城、隆化县支行各奖励1万元，宽城、隆化县支行行长、主管行长各奖励5000元，对陈国文等9名清贷收息能手各奖励4000元。

同月，根据《中国人民银行关于全面清理银行系统“小金库”的通知》（银发〔2001〕364号），人行承德市中心支行抽调26人，组成12个检查组，对承德全辖政策性银行、国有商业银行41家支行以上机构进行了“小金库”重点检查。

3月

15日，根据保监会石家庄特派员办事处保监冀复〔2002〕9号文批复，批准太保承德分公司实行产寿险机构分设中国太平洋财产保险股份有限公司承德中心支公司、中国太平洋人寿保险股份有限公司承德中心支公司。分设后的产、寿险机构分别运营。原中国太平洋保险公司承德分公司机构终止。

3月16日，建行承德分行同城资金清算与人行承德市中心支行资金清算系统实现联网，银行间同城往来资金清算全部由系统自动完成。

3月28日，经人行天津分行批准，由4家城市信用社和1家分社重新组建的承德市城市信用社股份有限公司正式挂牌开业。承德市人民政府是重组承德市城市信用社股份有限公司的发起人，由承德市财政局控股、承德市城市信用社工会、8家企业法人和129名自然人入股组建。实收资本金总额3614万元人民币，为地方股份制金融机构。承继参与重组的4家城市信用社原有的全部业务、债权、债务。总部设在承德市会龙大厦2楼，下设5个营业部。首任董事长单庆林、总经理张磊。

同月，太保人寿河北分公司任命刘兰松为太保人寿承德中支总经理。

同月，承德市农金体改办在承德县农村信用社试点开展“推广小额农贷、创建信用村镇”工作。

4月

2日，工行承德分行票据中心在热河支行试营业，并办理了首笔转贴现业务，金额610万元。

23日，工行承德分行宣布CB2000综合业务整合版投产运行。

24日，根据人行天津分行津银办复〔2002〕157号文件，同意原4家城市信用社和1个分社变更为承德市城市信用社下设营业机构，分别为：承德市城市信用社中心营业部、清风营业部、联谊营业部、太平营业部、隆兴营业部。

同月，为强力推进农村信用社发放农户小额信用贷款、建设信用村镇、服务“三农”工作，人行承德市中心支行派出两个督导组对围场、滦平、平泉、承德县4个联社和9家信用社的农户小额信用贷款业务开展和信用村镇建设情况进行督促检查。在人行承德市中心支行积极督导和支农再贷款支持下，2002年承德市农村信用社共发放小额信用贷款证10万个，累计发放农户小额信用贷款4.1亿元，建立信用村234个、信用乡1个。

同月，承德市政府在承德县召开全市“发放小额农贷建设信用村镇”现场经验交流会，市委副书记姜德果、副市长袁福到会指导。

5月

16日，农行承德分行信用卡授权集中上收农行河北省分行。

6月

6日，农行承德分行组织市分行机关、营业部及部分县支行领导干部和员工124人到河北省第五监狱接受4名服刑在押人员现身说法教育。

11日，工行承德分行在热河支行举行自助银行及个人理财中心开业典礼仪式。

13日至9月23日，经建设银行总行批准，建行承德分行分三次对58户呆账贷款进行了核销，合计核销贷款本息1340万元。

14日，市政府印发《关于开展推广小额农贷、创建信用村镇活动的实施意见》，农村信用社推广创建活动全面展开。以兴隆县为例，2002年全县建立农户信用档案25197户，评定信用户21154户，发放贷款证11376个，累计发放农户小额信用贷款8100万元、农户联保贷款9296万元。全县共有10651户农户获得小额信用贷款支持，6378户获得农户联保贷款支持。当年创建信用村7个。

7月

23日，人行承德市中心支行约见了承德市城市信用社董事长、总经理、首席监事等负责人，就承德市城市信用社成立以来的高管人员履行职责情况、班子建设情况、经营情况、机构设置情况、内控建设情况进行了约见谈话。

29日，根据人行天津分行转发《中国人民银行关于进一步调整监管机构落实监管责任制的通知》，人行承德市中心支行金融管理科更名为银行监管科。

21日、8月22日，人行天津分行党委书记、行长刘崇明两次到承德考察调研，听取中心支行党委书记、行长王会奇的工作汇报，考察了围场满族自治县农村信用社联合社推广农户小额信用贷款、创建信用村镇工作开展情况，约见了承德市政府主要领导，为承德调增支农再贷款限额1亿元。

8月

18日，按照总公司的统一部署，人保财险承德分公司成立业务处理中心、客户服务中心、财务中心。

9月

27日，国际货币基金组织驻华代表处副代表瑞布鲁克斯到中行承德分行，就信贷质量、贷款分类标准和具体操作、风险评估等问题，与中行承德分行主管领导、部门人员进行座谈。

同月，承德新新钒钛股份有限公司在上海证券交易所上市挂牌。

同月，农发行承德县支行辖内12家粮食购销企业借改革之机挤占挪用收购资金1003万元，通过成立工作组全力清收，市、县政府积极协调，9月末被挤占挪用贷款全部归行，贷款本息得到了偿还。

同月，农行丰宁满族自治县支行成功营销县财政集中支付中心业务，64家财政预算单位账户落户农行。到10月末，先后有宽城、丰宁、围场、滦平、双桥区5个县区财政支付中心在农行挂牌营业。

10月

1—6日，人行承德市中心支行完成了中央银行会计核算“四集中”系统的建账工作，11月1日正式运行。会计核算“四集中”是指会计核算集中、联行清算集中、会计事后监督集中、会计档案管理集中。

25日，建行承德分行的两个不良贷款大户：承德国投水泥有限责任公司和河北小白桦天然饮料食品集团公司被列入建总行和省分行十大双呆客户。

28日，根据人行天津分行印发的“三定”方案，人行承德市中心支行调整内设机构，货币信贷科和调查统计科合并，设立货币信贷与统计科；设立营业部、会计事后监督中心。

同月，农行承德分行上下联动、积极营销，成为全市党委系统党费开户管理行。到10月15日，承德市直各单位、驻市单位党委、各县（区）组织部已有32个单位在农行开立党费账户，并开通了电话银行查询业务。

11月

8日，第五套人民币1999年版5元纸币和5角硬币投放市场。至此，第五套人民币1999年版各券种全部发行面市。自1999年10月1日起，根据中国人民银行令，人行承德市中心支行陆续分期分批向社会发行第五套人民币1999年版，纸币分为100元、50元、20元、10元、5元、1元6种券别，硬币分为1元、5角、1角3种券别。

19日，农行承德分行聘请市直党政机关、事业团体和企事业单位30人为“特聘行风监督员”，召开了座谈会，征求行风监督员对农行承德分行行风建设的意见和建议。

12月

2日，由人保财险承德分公司牵头组织，中国人寿承德分公司、太平洋财险承德中心支公司、太平洋寿险承德中心支公司参加，召开了第一届保险主体联席会议，会议主题为“携手合作、规范市场、与时俱进、共谋发展”。承德市副市长韩志远作重要讲话。会议通过《承德市保险主体联席会议章程》，签订《承德市保险行业公约》，联合约束不正当竞争行为。

8日，人保财险承德分公司，中国人寿承德分公司、太平洋财险承德中心支公司、太平洋人寿承德中心支公司联手宣传全国人大常委会修订发布的《中华人民共和国保险法》，市人大主任王永泰、副市长韩志远一同在中心广场参加宣传活动。

同日，太保财险承德中支根据太保石家庄分公司的安排，业务数据全部集中到石家庄分公司服务器，结束了数据分割的历史。

15日、16日、20日，人保财险承德分公司分三批组织所有人员进行2003版机动车各类条款和《机动车辆保险实务规程操作》培训，对参加培训人员进行了上机操作考试，为2003年1月1日新条款的顺利执行打好基础。

28日，太保财险承德中支发出《关于启用2003版机动车保单的通知》，自2003年1月1日零时正式启用2003版机动车保单、摩托车保单。2002版机动车保单、摩托车定额保单同时停止使用。

同月，邮储绿卡加入中国银联，实现跨行存取款、查询和消费。

同年，人行承德市中心支行批准撤销金融机构22家，批准重要事项变更44项，批准储蓄所升格为分理处12家，办理中间业务备案手续11次。

2003年

1月

农发行承德分行制定实施《资金计划规范化管理实施细则和考核办法》，得到农发行总行的充分肯定，2003年总行第一期《农发行简报》予以转发。

2月

18日，中行河北省分行行长王永利到中行承德分行进行工作调研。

27日，中行承德分行开办票据拆分业务。

同月，人行承德市中心支行制定印发《金融机构高级管理人员年度考核办法》，并组织对各级金融机构高级管理人员进行考试、考核。

3月

24日，工行承德分行接待菲律宾CONTINENTAL CEMENT CORPORATION会计部经理、财务主管与其厦门公司高级会计师一行3人到访，为该公司在承德县投资建厂办理网上银行业务进行洽谈。

同月，中国人寿河北省分公司任命李林为中国人寿承德分公司总经理。

4月

1日，太保财险实行理赔部经理派驻制，太保财险张家口中支陈志强派驻承德中支任理赔部经理。

同月，辖内各金融机构全方位加强“非典”预防工作，实行严格控制会议、培训、业务比赛、员工出差、车辆外出、外部人员进入办公楼。坚持办公营业场所、公共设施、车辆每天消毒，严防非典疫情。

同月，农行承德分行实行“无纸办公”。市分行机关各部、室的一切公文全部在内部局域网上发送，不再打印或复印纸质公文材料。

5月

13日，工行承德分行实盘外汇买卖业务网上银行交易正式开通。

6月

3日，建行承德分行《2003年城区机构扁平化改革实施方案（试行）》《2003年综合型支行改革指导意见》正式印发实施。城区机构的现金配送、守押、会计稽核等工作全部由市分行负责，原由城区支行负责日常管理的下辖网点改由市分行直接管理。

30日，中国人寿保险有限公司承德分公司更名为中国人寿保险股份有限公司承德分公司（名称中增加“股份”二字）。

同月，经中国保监会批准，太平洋人寿承德中支推出4款针对“非典”的新险种：“太平盛世·特种定期寿险”“太平盛世·特种住院补贴医疗保险”“团体特种疾病定期寿险”“团体特种住院补贴医疗保险”，为广大客户提供非常时期的特别保障。

7月

19日，中国人民财产保险有限公司承德分公司更名为中国人民财产保险股份有限公司承德市分公司（名称中增加“股份”二字）。

10日，农行承德分行第一台自动存取款机在双桥支行金融超市顺利开通。

11日，工行河北省分行任命王学勇为工行承德分行党委副书记，聘任副行长，主持工作。

8月

1日起，人民银行对邮政储蓄转存款实行新老划段。截至7月31日，原有的邮政储蓄转存款（简称“老存款”）继续按4.131%的年利率转存人民银行，承德市“老存款”为18亿元。邮政储蓄新增存款转存人民银行部分（简称“新存款”），按照金融机构准备金存款利率（年利率1.89%）计息，并允许邮政储蓄新增存款由国家邮政储汇局进行自主运用，主要包括进入银行间市场参与债券买卖、与中资商业银行和农村信用社办理大额协议存款、与政策性银行进行业务合作、开展部分中间业务、认购国债和政策性金融债等。

10日，建行承德分行实施会计主管委派制。经过理论考试、演讲答辩、民主评议、组织考察、公示等程序，从24名干部中选拔9名会计主管，10月1日起派入支行工作，负责监督管理派入支行会计工作，对市分行负责。

29日，中行承德分行召开“深化改革、加速发展”动员会，推出了深化分配制度、费用管理使用办法、客户经理制和人事制度改革等四项改革措施。

9月

4日，工行河北省分行与承德市人民政府重点项目签约仪式在山庄宾馆举行，中国工商银行公司业务部副总经理黄梅、省工行行长常瑞明、副省长才利民、副市长袁福、承德市重点企业负责人、新闻单位40余人参加了签约仪式。

12日，成立建行承德分行机构调整和减员工作领导小组、机构调整和减员工作监督小组，领导小组组长由副行长杨占林担任，监督小组组长由行长马魁卿担任。根据《建设银行承德分行2003—2004年机构调整规划》《建设银行承德分行2003—2004年县支行及以下机构调整计划》开展工作。到2003年底，建行承德分行共撤销营业机构25个，其中营业部1个、县级支行2个、分理处6个、储蓄所16个，裁减人员205人。

30日，经河北保监局批准，中国平安财产保险股份有限公司承德中心支公司正式开业。营业地址设在承德市火神庙综合办公楼4楼。首任总经理孙增产。

同月，经河北保监局批准，中国平安人寿保险股份有限公司承德中心支公司正式成立。营业地址设在承德市双桥区陕西营街2号。首任总经理孙振。

10月

22日，承德市城市信用社召开第一届董事会，会议审议通过了关于《金龙建材家居转让股本金的议案》《关于城市信用社增资扩股的决议》《关于购置办公营业用房的决议》。

25日，承德市城市信用社召开股东大会特别会议，审议通过了《关于城市信用社增资扩股的说明》，决定增资扩股1亿元，以促进城市信用社的发展和组建承德市商业银行的需要。

30日，中行承德分行在承德市项目推介会上与四海有限公司签订9600万元的授信协议。

11月

同月，农行承德分行"债市通"业务取得进展，成功营销承德市住房管理中心、承德颈复康中药集团、承德市富华房地产开发公司、丰宁满族自治县供销合作联社、承钢等代理客户5家，实现银企双方合作共赢。

12月

18日，人行天津分行免去李建国的人行承德市中心支行党委委员、副行长职务；宋有田的人行承德市中心支行党委委员、纪委书记职务，划转承德监管分局。

29日，人行承德市中心支行召开全行职工大会，宣布有关承德银监分局机构分设事项，一是将银行监管科、合作金融监管科、信用合作管理办公室、纪委其他金融机构监察科整体划转承德银监分局；二是将农村信用社整体移交承德银监分局领导管理；三是向承德银监分局划转61名工作人员（含中心支行科室整体划转、协商划转、县支行划转）。

2004年

1月

7日，工行承德分行与承德市交通局举行京承高速公路项目贷款签字仪式。双方约定，工行首笔贷款将于2月份发放，7亿元签约贷款将于6月末陆续到位。

8日，人行承德市中心支行为划转承德银监分局工作人员办理组织、干部、工资、保险档案等相关手续。

同月，南方证券股份有限公司承德营业部总经理变更为马利生。

2月

6日，中国银行业监督管理委员会承德监管分局正式挂牌。

20日，根据建行河北省分行部署，建行承德分行对全行可疑类贷款剥离的前期准备工作进行具体安排部署。5—6月，完成了全行可疑类贷款的筛选上报工作。共上报剥离可疑类贷款2.36亿元，其中公司类贷款2.21亿元，个人类贷款1568万元。6月30日，经省分行批准实际入账剥离可疑类贷款442户，本金23179万元，应收利息11万元，催收利息6937万元，合计剥离30127万元。8月18日至9月7日，完成了对可疑类债权转让项目的责任认定和追究。可疑类贷款剥离后，建行承德分行的不良贷款率下降到1%以下。

同月，鉴于金银业务实行市场化经营，人民银行不再承担金银收兑业务，人行承德市中心支行集中辖区清金兑牌23副、混银兑牌14副、金银混合兑牌9副，全部上缴人行石家庄中心支行。

3月

15日，河北银监局任命李建国为承德银监分局局长。

26日，根据不良资产集中管理要求，农行承德分行将市分行营业部和双塔山支行经营的不良资产划转到双桥支行集中管理。共划转人民币不良贷款本金8649.59万元，外币外汇不良贷款本金349.51万美元，表内应收未收利息1413.02万元，表外应收未收利息3300.70万元，待处理抵债资产1182.07万元。

29日，河北银监局党委任命李建国为承德银监分局党委书记。

同月，建行承德分行制定《县级支行及直管网点员工绩效考核及分配办法》，按照总行股份制改革的要求，将全面成本管理的理念引入绩效考评，尝试实行"买单制"考核，提高增量营销费用的比重，加大对重点产品、重点业务的支持力度。通过对考评指标明码标价，使考评更为公开、公正与透明，促进了全行经营效益的提升。此方式延续至2015年。

4月

8日，农行承德分行首家理财中心在农行双桥支行金融超市成立。“理财中心”设有人保财险、人保寿险、太平洋寿险等保险公司、汽车经销商、客户经理、VIP贵宾席、公证处业务咨询专柜，为客户提供“一条龙”咨询服务，可以为企事业单位、个体私营业主、广大市民提供10余种个人贷款、20余种保险、银行票据贴现等业务服务。

9日，为进一步提高承德市城市信用社资本充足率，加快组建承德市商业银行步伐，根据《股份制商业银行公司治理指引》和市政府〔2003〕38号会议纪要精神，承德市城市信用社召开董事会和股东大会，通过了《承德市城市信用社增资扩股方案》，本着原股东优先新股东、股权分散的原则，原股东增资扩股到5673.32万元，新股东投资入股5750万元，自然人增资扩股到882.5万元，增资扩股后资本金总额达到1.23亿元。

17日，国家外汇管理局副局长马德伦、资本项目司司长邹林、副司长郑杨等一行到承德调研。

22日，经河北银监局批复，承德银监分局内设办公室、人事科、统计信息科、监管一科、监管二科、监管三科共6个科室。

26日，建行承德分行印发《承德分行纪检监察特派员考核办法》，对全辖支行、网点全部实行纪检监察人员派驻制，纪检监察特派员对派入行的党风廉政建设、合规经营等进行监督，对市分行负责。

5月

1日，中行承德分行正式实施公司客户经理制。

4日，人保财险承德市分公司与市电视台、交警支队开展了“关爱生命，文明出行”《中华人民共和国交通法》知识问答竞赛活动。

14日，人民银行停止代理兑付股份制银行汇票业务，并将人行承德市中心支行营业室、辖区各县支行汇票编押机、印模、汇票样本进行集中销毁。

18日，承德银监分局办公地址由人行承德市中心支行迁至南营子大街劳动大厦（租赁）。

21日，工行承德分行副行长裴杭生参加省行金融产品推介暨银企合作洽谈会，与承德市6家民营企业签署了银企合作协议，承诺贷款6100万元。

31日，中行河北省分行行长杨士华到中行承德分行调研指导工作，听取承德分行领导班子工作汇报，提出工作要求。

同月，太保人寿河北分公司任命，朱景洲为太保人寿承德中支总经理。

同月，中国银监会印发《邮政储蓄机构业务管理暂行办法》，明确要求邮政储蓄与邮政业务实行“财务分开和分账经营”。

6月

23日，建行承德分行个人贷款账务核算系统成功上线运行。

7月

1日，工行承德分行对各支行实行总会计委派制。

16—18日，农行河北省分行全省年中工作会议在承德召开。省分行行长王恒、副行长李培峰、赵增喜等领导，省分行各部门主要负责人、各市分行行长、主管公司业务的副行长参加会议。会上，市分行副行长杨和介绍“承德分行强化贷款风险管理，不断优化资产质量”经验做法。会议期间，省分行行长王恒、副行长李培峰、赵增喜在市分行行长李军陪同下，看望围场满族蒙古族自治县支行一线员工，听取工作汇报，肯定工作。

23日，中行河北省分行任命郑文忠为中行

承德分行党委书记、聘任行长。

29日，承德银监分局召开辖内银行业机构联席会议，签订《承德市银行业机构同业公约》，进一步规范银行业机构经营行为。

8月

1日，农行承德分行会计综合应用系统上收总行工程顺利完成，各项业务运转正常。

6日，在河北银监局党委书记、局长李蕴祺陪同下，中国银监会党委书记、副主席阎海旺到承德调研。阎海旺一行与承德银监分局领导班子、中层干部就如何做好银行业监管工作进行了座谈，并与全体员工合影留念。

11日，农行承德分行与承德市财政局、承德市计划生育委员会举行代理发放农村部分计划生育家庭奖励扶助金签字仪式，首批扶助金于8月16日在丰宁满族自治县支行发放。

19日，中国太平洋财产保险股份有限公司第三届百名销售精英表彰大会在承德锦江文冠饭店举行。太保集团公司董事长王国良、太保产险公司董事长夏林、总经理张俊才、各省分公司总经理、来自全国各地太保产险公司的百名销售精英共200多人参加。

30日，人行承德市中心支行调整内设机构：撤销货币信贷与统计科，分别设立货币信贷管理科、调查统计科；撤销纪委综合科、纪委人民银行纪检监察科，合并设立纪检监察办公室；人事教育科、营业部、行政科分别调整为人事科、营业室、后勤服务中心。

31日，承德银监分局向承德市政府上报了《关于建立银政有效沟通机制的建议》，被中共承德市委《办公室专报》刊发，市委常委、农工委书记刘学军做出批示。

9月

1日，承德银监分局印发《承德银监分局与银行业金融机构干部交流办法》，与工、农、中、建4家银行开展为期1年的互派干部交流学习，互派干部6名。

1—4日，人行围场满族蒙古族自治县县支行、宽城满族自治县支行、滦平县支行暂停发行库业务，实行发行基金零库存。

10月

26日，根据《国务院关于深化农村信用社改革试点方案》（国发〔2003〕15号）和一系列配套文件，承德市政府召开全市深化农村信用社改革试点工作动员大会。会议由市政府常务副市长宋立民主持，各县区政府县区长，主管县区长，市县人行、银监局、联社领导参加会议。人行承德市中心支行、承德银监分局对农村信用社改革试点工作做具体部署，统一各方面的思想认识。各县区联社一致选择“县联社一级法人制”的改革试点，决心通过自身努力和政府支持，力争全面实现各项考核指标，得到中央银行专项票据、各级财政扶持政策的支持。会后，改革试点的各项工作在全市全面启动。

29日，建行承德分行接入全国建行核心账务系统（DCC），原城市综合网系统下线。DCC系统上线后，建行前台业务全部通过DCC系统操作。

31日，建行承德分行完成了建行股份和建银投资的分账建账，11月1日，正式形成建行股份和建银投资新账务，为建设银行股份制改造创造条件。

同月，平安人寿河北分公司任命于江为平安人寿承德中支总经理。

12月

1日，农发行承德分行与太保财险承德中支签署了《业务合作协议书》《兼业保险代理合同》，开办代理保险业务。

14日，中行承德分行对平泉支行保卫部主任姜子春监守自盗行为进行处理，予以解除劳动合同。

同月，农发行承德分行准确把握支持退耕还林（草）补助粮资金供应的信贷政策，全年发放粮食调销贷款8424万元，支持粮食购销企业调入粮食4162万千克，保证了退耕还林补助粮的采购及供应。

2005年

1月

1日，人行承德市中心支行停止贷款卡收费。

16日，人行承德市中心支行对隆化县、围场满族蒙古族自治县、承德县、滦平县、宽城满族自治县5个县支行实行费用开支报账制。

18—22日，承德县帝贤公司对外宣布停产，帝贤公司股票当日在证券市场跌停。建行承德分行当日派出驻帝贤公司工作小组，在最短时间内完成贷款抵押手续，实行帝贤公司动态报告制度。20日，建行承德分行召开风险与内控管理委员会会议，听取经营部门关于帝贤公司停产等重大经营情况的汇报，研究应对方案，提出七项应对措施。22日，再次召开风险与内控管理委员会会议，专题听取市分行向省分行关于承德帝贤股份有限公司停产等重大经营事项报告的汇报。截至报告日，帝贤公司在建行承德分行贷款16980万元、欠息2500万元。

26日，中行承德分行与承德市城市信用社、建龙钢铁有限公司共同签订出口信用证业务合作协议。

31日，“中央银行会计集中核算系统”（ABS）正式上线运行。ABS系统是2002年上线的中央银行会计核算“四集中”系统的升级版。

同月，平安财险河北分公司任命张旭东为平安财险承德中支总经理。

2月

21日，“中国建设银行股份有限公司承德分行”印章正式启用。

3月

26日，承德市城市信用社召开第二届董事会第一次会议，会议选举单庆林为第二届董事会董事长，聘任张磊为总经理。

同月，中国建设银行股份有限公司承德分行完成了分行及其所属机构的金融许可证、工商营业执照的换证工作。

4月

11日，农行隆化县支行成功堵截950万元假存单诈骗案件，3名犯罪嫌疑人落入法网。

13日，工行河北省分行任命王学勇为工行承德分行党委书记、聘任行长。

18日至5月10日，承德银监分局对工行承德分行开展监管统计工作现场检查，检查结果得到了省局的肯定，在6月28日省局举办的统计现场检查培训班上做了典型发言。

5月

18日，经河北银监局批准，中国银行承德分行更名为中国银行股份有限公司承德分行。

23日，中央银行全国大额支付系统在承德辖区正式切换上线。大额支付系统是指以电子方式实时处理异地、同城每笔金额在规定起点以上的大额贷记支付和紧急金额在规定起点以下的小额贷记支付的应用系统。全市银行机构同日接入人民银行全国大额支付系统，农村信用社异地跨行大额支付通过县联社办理。

28日，人行承德市中心支行营业室被人总行授予“青年文明号”，中心支行举行授牌仪式暨首届“青年论坛”活动。

6月

7日，经河北省工商行政管理局批准，承德市城市信用社总部办公地址由承德市双桥区山庄路变更为承德市东大街10号。注册资本金由3613.87万元变更为11652.69万元。股东由原市财政局、8家企业法人、承德市城市信用社工会及129名自然人入股，变更为由市财政局、14家企业法人、135名自然人入股。

9日，河北省农村信用社联合社创立大会暨第一届社员代表大会在石家庄召开，平泉县联社理事长王清平当选为第一届理事会理事。

23日，中行承德分行网络线路由支行及网点直接连接到二级分行，提前完成网络线路改造任务。

28日，承德市邮政储蓄接入全国邮储、电子汇兑两网互通工程，实现了互通互联。

29日，由全省农信县级联社入股组成的河北省农村信用社联合社在石家庄挂牌成立，由省政府领导管理。承德市农村信用社接受省联社的行业管理。

7月

16日，农行承德分行城区机构正式启用“中心金库”。中心金库隶属双桥支行管辖，服务双桥、双塔山、新区3个支行和市分行营业部15个营业网点，同时负责为石油公司16个加油站点接送现金，服务半径15千米。

8月

开始，根据中央统一部署，人行承德市中心支行、承德银监分局、各金融机构在辖区开展了历时3个月的保持共产党员先进性教育活动。

1日，建行承德分行接入BDB中国建设银行商业汇票交易管理系统，成功上线运行。

同日，建行承德分行接入人民银行个人征信系统，正式上线运行。

18日，农行承德分行副行长杨庆国撰写的《市场份额‘五个第一’是怎样实现的——对承德分行银行卡业务发展情况的调查报告》，被农行河北省分行《参阅件》全文刊发。

25日，中行承德分行经过半年跟踪营销，承德市交通局公路资本金存款到账3.5亿元。

9月

5日，人行承德市中心支行完成承德辖区人民币银行结算账户清理核实工作，全辖清理核实各类账户33046户。

15日，外汇局承德市中心支局组织召开推广出口收汇核销网上报审系统新闻通报会。

21日起，邮储在央行的“老存款”按照10%、15%、20%、25%、30%的比例分5年转出。转出的老存款由邮政部门按规定自主运用。

23—24日，农行河北省分行党委书记、行长瞿建耀到承德调研。参加承德分行领导班子保持共产党员先进性教育专题民主生活会，召开部分支行行长座谈会，就农行经营管理中存在问题及具体工作思路广泛征求意见和建议。

27—30日，按照人民银行上级行部署，平泉县、兴隆县、丰宁满族自治县、隆化县支行暂停办理发行库业务，实行发行基金零库存。

28日，南方证券股份有限公司承德营业部更名为中国建银投资证券有限责任公司承德陕西营路证券营业部，宋立铭任总经理。

11月

3日，河北省农村信用社联合社承德办事处成立，负责全市农村信用社的领导管理工作。省联社以冀信联党任〔2005〕1号文件，任命张耀邦为省联社承德办事处主任，王国庆为副主任。

11日，承德市邮政局接入河北省邮政金融电子稽查系统，利用信息技术对业务操作风险进行监控。

11—12月，建行承德分行制定实施《客户经理、产品经理专业技术岗位职务竞聘实施方案》，全行共选聘公司及机构业务客户经理48人，个人业务客户经理21人。

15日，河北银监局批复承德市城市信用社股份有限公司筹建承德市商业银行股份有限公司。

20日，农行承德分行承办农总行推出的金光道、金钥匙、金穗卡、金e顺“四金”金融产品达143项，涵盖了对公业务、个人业务、银行卡业务、电子银行业务各个方面。

同月，在严格把握政策，加强内外协调的基础上，农发行承德分行按要求做好挂账贷款剥离工作，月末，经总行批复的“三项挂账”贷款剥离工作顺利完成，全辖共剥离挂账贷款94327万元，其中本金92300万元，利息1937万元。

12月

1日，根据工行河北省分行《关于票据业务专业化经营改革试点工作的指导意见》，成立“工行承德分行票据中心”。

6日，经河北保监局批准，中华联合财产保

险公司承德中心支公司正式开业。营业地址设在承德市东环路福隆小区二号商业楼。首任总经理董建华。

22日，中国工商银行承德分行更名为中国工商银行股份有限公司承德分行。

28日，人行天津分行任命杨建奎为人行承德市中心支行党委书记、行长，外汇局承德市中心支局局长。

同年，经过人行承德市中心支行连续5年向上级行争取，支农再贷款限额由1亿元增加到5.9亿元。

同年，经银监会批准，农发行承德分行先后开办粮油加工企业、产业化龙头企业、其他粮食企业贷款业务，信贷支持范围由原来以粮食流通为主，逐步向生产、加工等整个粮食产业链条延伸，贷款对象由原来以国有粮食购销企业单一客户为主，发展到产业化龙头企业、地方粮食加工骨干企业和其他粮食企业，突破贷款对象的所有制限制。

2006年

1月

8日，承德市城市信用社召开承德市商业银行筹建暨第一届股东大会，会议选举产生承德市商业银行第一届董事会董事、第一届监事会监事。第一届董事会第一次会议选举单庆林为承德市商业银行第一届董事会董事长；聘任张磊为承德市商业银行行长。

28日，中行河北省分行批复，同意中行承德分行为河北四海股份有限公司叙做（指办理，下同）550万元额度的商业汇票贴现业务。

2月

平安财险河北分公司任命刘晓明为平安财险承德中支总经理。

3月

7日，经河北保监局批准，永安财产保险股份有限公司承德中心支公司正式开业。营业地址设在承德市双桥区石洞子沟路北3号，首任总经理黄冰。

10日，人行承德市中心支行完成承德银监分局机构分设财产划转的账务处理工作。

13—15日，承德金融学会召开第四届会员代表大会，人行承德市中心支行行长杨建奎当选第四届理事会会长。

27日，中央银行全国小额支付系统在承德市成功切换上线。小额支付系统是指以电子方式批量处理异地、同城纸张截留的借记支付以及每笔金额在规定起点以下的小额贷记支付的应用系统。小额批量支付系统以净额方式清算资金。全市银行机构同日接入人民银行全国小额支付系统，农村信用社异地跨行小额结算通过县联社办理。

同月，农发行河北省分行与承德市人民政府就落实河北省《农业政策性金融合作协议》举行签字仪式，签订50亿元的政府信用协议。

4月

4日，中行河北省分行批复承德国电热电公司固定资产贷款8000万元。

5日，建行河北省分行批准承德医学院新校区建设项目贷款1亿元；

10日，中行河北省分行批复围场满族蒙古族自治县医院1630万元授信总量，期限8年，用于该医院整体迁建。

17日，建行承德分行对个贷中心实行专职贷款审批人派驻制，派驻一名专职审批人审批个人信贷业务，提高了贷款审批效率。

30日，经中国银监会批准，承德市城市信用社股份有限公司更名为承德市商业银行股份有限公司。总部设在承德市都统府大街10号，下设1个营业部、8个支行。

同月，太保人寿河北分公司任命于晖（女）为太保人寿承德中支总经理。

同月，为提高银行卡业务公关水平和市场竞争力，农行承德分行实行银行卡业务“管营合一”体制改革，改变市分行管理、县级行经营的银行卡经营管理体制。

5月

15日，农行承德分行2006年银企高层恳谈会在承德市锦江文冠饭店隆重举行。常务副市长袁福及有关部门主要负责人，农行河北省分行行长瞿建耀，副行长赵增喜、于培军、张虎及有关处室负责人，承钢集团等全市20个重点企业领导，农行承德分行班子成员、有关部室、支行行长60多人参加了会议。会议由市政府秘书长张建国主持，常务副市长袁福致欢迎辞，省分行副行长赵增喜、行长瞿建耀先后发表讲话。共同参加了农行河北省分行与承德钢铁集团有限公司战略合作协议签字仪式。

17日，中行河北省分行批复为大唐承德赤峰塞罕坝风力发电有限责任公司核定1亿元中长期贷款授信总量，专项用于东山风电场一期工程，期限15年，利率按同期基准利率下浮10%执行。授信有效期1年，自批复下发之日起计算。

18日，承德银监分局银行业高管人员培训考试系统正式上线。

24日，中行河北省分行批复核定承钢99450万元授信总量。

29日，建行河北省分行批准承德石油专科学校新校区建设项目贷款1.3亿元。

31日，根据河北银监局《关于同意承德市商业银行开业的批复》（银监冀局复〔2006〕60号），承德市商业银行股份有限公司行政印章正式启用，原承德市城市信用社股份有限公司行政印章同时废止。

6月

5日，省农联社办公室印发《河北省农村信用社数据移植管理办法》，全省农信社账务全部移植到综合业务网络系统。承德农信社结束了手工记账的历史，进入现代化电子网络时代。

13日，冀、辽、蒙三省（区）三县（市）人民银行在平泉县联合召开反洗钱暨反假货币协作会议，建立三省（区）三县（市）反洗钱暨反假货币网络。

27日，根据人行石家庄中心支行银支付〔2006〕121号批复，承德市商业银行接入人民银行全国支付系统，行号于2006年7月10日生效。原承德市城市信用社支付系统清算账户，于2006年6月28日销户，

30日，承德银监分局行文批准停业整顿的兴隆县东兴城市信用社、承德市钟鼓楼城市信用社、丰宁县燕山城市信用社、兴隆县金融服务所、滦平县金融服务所、承德市恒益城市信用社撤销并退出市场。

同月，农行河北省分行任命赵华杰为农行承德分行副行长，主持工作。

7月

1日，开始在全国实施《机动车交通事故责任强制保险》。这是中国第一个法定强制保险制度，承德各财险公司同步执行。

25日，建行承德分行接入人民银行企业征信系统，正式上线运行。

8月

14—18日，人保财险河北省分公司贾庆忠副总经理一行3人到承德分公司进行为期五天的工作调研，分别到双桥、营子支公司进行深入调研和工作指导，并就经营管理中存在的主要问题进行深入讨论。

17日，农行承德分行与承德电视台共同制作的电视专题片《银企合作创辉煌》，在承德电视台“今日聚焦”栏目首播。

同日，经河北保监局批准，泰康人寿保险股份有限公司承德中心支公司正式开业。营业地址设在承德市双桥区丽正门大街12号火神庙综合楼7至8层。首任总经理董元开。

同月，中行承德分行成立现金服务小组，上门为承德一中、旅游学院、师专等院校现场收取学费，累计收取学费3000多万元。

9月

6日，中行承德分行争取到承钢A股资金专

项存款1.5亿元。同时，争取到市交通局二级公路建设资本金1亿元，对增加和稳定企业存款发挥了积极作用。

29日，中华财险承德中支开展“解忧帮困，助学圆梦工程”活动，每年出资8000元，资助承德石油高等专科学校4名贫困大学生直至毕业。

同月，建行承德分行完成了网点电子银行服务区建设，各支行营业大厅全部配备自助银行终端、“95533”自助服务电话。

10月

10日，经河北保监局批准，大地财产保险股份有限公司承德中心支公司正式开业。营业地址设在双桥区狮子沟镇。首任总经理刘觉民。

26日，建行承德分行CLPM（对公信贷业务流程管理系统）业务系统成功上线。该系统为对公信贷业务管理提供真实、全面、准确的基础资料。

同月，平安人寿河北分公司任命陈功为平安人寿承德中支总经理。

11月

1日，人行承德市中心支行办公自动化系统正式上线运行。

2日，经河北保监局批准，安邦财产保险股份有限公司承德中心支公司正式开业。营业地址设在承德市西大街路北118号，首任总经理张力胜。

20日，建行承德分行接入全省金库远程监控系统。

同月，永安财险河北分公司任命胡晓松为永安财险承德中支总经理。

12月

6日，承德市9家农村信用联社完成了由联社、信用社两级法人向县级统一法人的过渡改革，各项考核指标达到规定标准。承德银监分局行文批准。

13日，外汇局新版国际收支统计监测系统在承德市成功上线运行。

18日，中央银行全国支票影像交换系统在承德上线运行。全国支票影像交换系统是综合运用影像技术和支付密码等技术，将纸质支票转化为影像和电子信息，实现纸质支票截留，利用网络技术将支票影像和电子清算信息传递至出票人开户行进行提示付款，实现支票全国通用的业务处理系统。全市银行机构同日接入人民银行全国支票影像交换系统。农村信用社支票影像业务通过县联社办理。

25日，农行承德分行与承德市住房公积金管理中心签订《住房公积金业务委托协议书》，与承德市住房置业担保有限公司签订《住房贷款担保协议书》，启动个人住房公积金委托贷款业务。

26日，人行石家庄中心支行银石复〔2006〕43号文批复，同意滦平县、宽城满族自治县、围场满族蒙古族自治县、兴隆县、平泉县、隆化县、丰宁满族自治县7个人民银行县支行撤销发行库。

同月，泰康人寿河北分公司任命徐亚峰为泰康人寿承德中支总经理。

同月，人保财险承德市分公司联合市政府各职能部门和承德市其他保险主体，共同学习《河北省人民政府关于保险业改革发展的指导意见》和省保监局下发的三项实施意见。参与市政府组织的调研工作，报送《关于开展采矿业雇主责任保险试点工作的调研报告》《关于开展农业保险试点工作的调研报告》《关于开展旅游保险的调研报告》。

2007年

1月

1日，承德银监分局接入中国银监会“银行业非现场监管信息系统”。

1—20日，建行承德分行ERPF财务管理系统上线运行，经费账务全部转移到ERPF系统进行核算。该系统的应用既能反映建行的经营成果和财务状况，又能为领导决策提供重要的信息来源，使建行财务管理更加科学高效。

14日，人保财险承德市分公司参加了承德

市委宣传部在围场满族蒙古族自治县开展的科技、文化、卫生“三下乡”大型宣传咨询活动。向当地群众介绍了家庭财产、车辆、金牛、金娃等保险产品，讲解了与百姓日常生活相关的保险知识，发放各类保险宣传单3万余份。

15日，人行承德市中心支行召开党的十七大代表选举工作会议，选举人行天津分行党代会代表3名，分别为杨建奎、李福德、杜凤荣。

2月

8日，中华财险承德中支与农发行承德分行、中兴农牧股份有限公司举行三方保险合作签约仪式，首批承保了该企业200头奶牛养殖保险、100余员工的人身意外伤害保险及企业财产保险，累计提供风险保障3400万元。

同月，泰康人寿河北分公司任命佟永红为泰康人寿承德中支总经理。

3月

5日，中华联合财产保险公司承德中心支公司更名为中华联合财产保险股份有限公司承德中心支公司。

7日，建行河北省分行任命陈比伦为建行承德分行党委书记、主要负责人。

4月

10日，农行承德分行开办“第三方存管业务”。凡在承德市陕西营街“中投证券营业部”开户且拥有农行借记卡的股民，可在农行任意网点办理“客户交易结算资金第三方存管”业务。

19日，人行承德市中心支行召开农村信用社改革试点专项票据考核评审专题会议。5月对农村信用社改革票据兑付工作进行现场检查。7月19日、10月19日，召开中心支行农村信用社改革资金支持领导小组会议，研究农村信用社改革票据兑付事项。

5月

1日，平安财险承德中支营业地址由火神庙综合楼迁至站前路武阳花园东区1号办公楼。

12日，中行承德分行营业部启用新装修的营业大厅。新大厅统一办理前台业务，启用叫号机，设置个人消费信贷中心、24小时自助银行等功能分区，服务设施更加完善。

14日，河北银监局银监冀局复〔2007〕78号文件《关于核准承德市商业银行股份有限公司修改章程及变更注册资本的批复》，核准承德市商业银行注册资本由11652.69万元变更为13381.19万元。

15日，经河北保监局批准，天安财产保险股份有限公司承德中心支公司正式开业。营业地址设在承德市双桥区武阳花园东区写字楼六楼，首任总经理师力民。

18日，中行河北省分行副行长常冰雁到承德分行调研。就网点布局转型、零售贷款发展、加强内控管理和做好做精承德分行工作提出具体意见。5月25日，由省农信联社部署，历时一年多的农村信用社撤销设在村级信用代办站的工作全部结束。全辖共撤销信用代办站1187个，信用代办站退出历史舞台。

28日，人行承德市中心支行自主开发的承德市财税库行系统二期成功上线运行，税款入库效率进一步提高。

同日，建行河北省分行聘任陈比伦为建行承德分行行长。

同月，农行承德分行顺利完成234项法律尽职调查，整理、审核纸质文书104卷，全部资料超过1万份，为中国农业银行股份制改革做好相应工作。

6月

18日，“承德银监分局农村合作银行机构信贷监管信息系统”上线运行并得到省局肯定。系统具备贷款户情况查询、迁徙分析、合规性分析、贷款集中度分析、统计分析等功能，并可对每笔贷款的贷前、贷中、贷后全部过程进行监测。

同月，泰康人寿河北分公司任命陈凡为泰康人寿承德中支总经理。

7月

20日，根据国税总局和保监会〔2007〕国税发98号文件，人保财险承德市分公司开办车船税代收代缴业务。

30日，建行承德分行对河北红松风力发电股份有限公司7.2亿元一般额度授信获得总行审批；滦河发电厂五期扩建项目24.5亿元固定资产贷款获得省分行审批，并在年内实现投放。

8月

16日，工行河北省分行副行长赵增学到承德宣布省行党委任命王爱东为工行承德分行党委书记、行长。

16—17日，保监会中介处处长姚庆海、河北保监局局长助理安秀宏等一行在人保财险河北省分公司副总经理李志辉的陪同下到承德分公司进行调研。调研期间，人保财险承德市分公司总经理汇报了承德近年来在业务发展、市场开拓、资源管理等方面所做的具体工作。河北保监局局长助理安秀宏详细询问了当地农村保险市场、县域网点建设、营销人员持证率、聘用制员工劳动合同签订等方面情况。对承德分公司在奶牛保险、大棚种植保险等方面所取得的成绩给予了充分肯定。

17日，中行承德分行实行支行公司业务经理派驻制，首批聘任派驻公司业务经理8名。

18—20日，人保财险河北省分公司副总经理李志辉赴承德调研督导，深入隆化等5个基层公司指导工作，走访了承德露露集团，听取了人保财险承德市分公司1—7月业务经营情况的汇报。通过座谈和了解，副总经理李志辉对承德分公司2007年以来的工作给予充分肯定。

23—26日，农行河北省分行行长王纬一行就“面向‘三农’，服务县域”到承德调研。其间先后召开市、县两级银、政、企部门领导参加的座谈会，走访了平泉县、丰宁满族自治县所属县域中小企业、个体工商户、种养大户等经济主体。

23—25日，中国人民银行汇达资产管理公司派员到承德，接收并变更金银专项贷款债权债务手续，其中贷款本金余额10824.15万元，应收未收利息10748.1万元。人行中心支行全辖金银专项贷款全部移交汇达资产管理公司。

9月

3日，人行承德市中心支行召开全辖县支行内设部门和岗位优化整合试点工作会议，县支行内设机构由6个股室整合为综合办公室、金融管理部、综合业务部、纪检监察办公室4个部室。

5日，中行河北省分行行长张志勇一行到承德分行、兴隆支行开展工作调研。听取工作汇报，考察部分营业网点。

15日，农行桥东支行成功堵截850万元假凭证式国债诈骗贷款案件，配合公安机关抓获2名犯罪嫌疑人。

19日，省联社结算中心正式开业，全省农村信用社综合业务系统上线运行。承德市各县区联社和辖内网点实现省内通存通兑。

26日，人保财险承德市分公司隆重举行首届客户节和全市人保财险系统保险车辆救援网启动仪式，邀请市政府、市保险行业协会、市交警支队和运管处、救援网络协作单位、部分客户代表参加。承德市各新闻媒体现场采访报道。

10月

承德市在“学、转、办、促”主题教育活动简报第9期，以《市农发行通过“十项治理”措施，加强和改进作风建设》为题对农发行承德分行作风建设工作做法予以转发，承德市委书记赵文鹤批示如下：市农发行“十项治理”内容很好，可发全市学习借鉴。

11月

8—11日，太平洋人寿保险公司“2008年全国银保条线工作会议”在承德盛华大酒店召开。主席潘燊昌、总监郑韫瑜、总经理白晓明以及35家分公司分管总经理参加了会议。

9日，农行承德分行营业部为承唐高速公路管理处成功堵截一起33.8万元假保函诈骗案件，赢得客户好评。

12月

12日，经河北保监局批准，合众人寿保险股份有限公司承德中心支公司正式开业。营业场所设在承德市南营子大街文化大厦北塔10层1002。首任总经理王皓昱。

26日，承德银监分局迁入承德市开发东区EGY-3号新址办公楼。

27日，财达证券有限责任公司承德火神庙街证券营业部迁址到都统府大街9号，营业部名称变更为财达证券有限责任公司承德都统府大街证券营业部。

同月，安邦财险河北省分公司任命许永强为安邦财险承德中支总经理。

同月，河北证券承德营业部变更为财达证券经纪有限责任公司承德火神庙街证券营业部。营业地址为承德市双桥区火神庙路南14号。

同月，经银监会批准，农发行承德分行开办农村基础设施建设贷款、农业综合开发贷款和农业生产资料贷款业务。

2008年

1月

3日，农行承德分行副行长王春光带领6名业务骨干，走进承德人民广播电台《百姓热线》节目直播间，向城乡居民直播农行开展的“大行德广，伴你成长，金钥匙春天行动”主要内容，解答听众对农行金融产品和金融服务咨询，听取承德百姓对农行工作的意见和建议。农行承德分行坚持每年一次通过《百姓热线》节目与听众保持交流。

7日，经河北保监局批准，民生人寿保险股份有限公司河北分公司承德营销服务部成立，首任总经理马建国。

8日，人保财险承德市分公司隆重举行展业能手表彰大会。受表彰的16位展业能手都是基层一线的营销精英，他们的业务总量达到4000万元，占全部业务规模的19%。市分公司总经理任宝林亲自为展业能手颁发荣誉证书，展业能手代表雷明军发表了获奖感言。

17—22日，中行承德分行为国电集团承德热电有限公司投放贷款5000万元，为京承高速投放贷款5000万元。

同月，平安财险河北分公司任命周闯为平安财险承德中支总经理。

2月

16日，河北围场龙源建投风力发电有限公司山湾子风电场3亿元贷款项目通过建行河北省分行审批，4月份实现投放。6月1日，河北围场龙源建投风力发电有限公司张家湾风电场3.9亿元贷款项目通过建行河北省分行审批，当月实现投放。

3月

19日，经河北保监局批准，渤海财产保险股份有限公司承德中心支公司正式开业。营业地址设在承德市双桥区紫晶花园C座8号。首任总经理谢福全。

28日，经河北银监局批准，中国邮政储蓄银行有限责任公司承德市分行开业。首任党委书记、行长刘晓东。

同月，平安人寿河北分公司任命刘宁为平安人寿承德中支总经理。

4月

21日，省联社印发《河北省农村信用社委派制会计管理暂行办法》，基层信用社会计岗位全部实行异地委派制。

5月

3日，经过艰苦努力，太保财险承德中支成功中标承保承朝高速公路（平泉至承德段）建筑工程一切险及第三者责任险，总保额8.22亿元，保费收入341万元。

5日，河北银监局党委书记、局长郭锦洲到承德调研，听取承德银监分局的工作汇报，与副科级以上干部进行座谈，约见地方政府主要领导。

9日，承德银监分局召开承德市金融债权管理行长联席会议，审议通过《承德市改制企业落实金融债务操作规程》，建立改制企业金融债务的确认机制。

23日，经河北保监局批准，中银保险有限公司承德中心支公司成立。公司营业地址设在承德市双桥区紫晶花园C7号底商。首任总经理刘玉。

26日，“5·12”汶川特大地震发生后，太保财险承德中支理赔科长黄五一作为总公司核赔工作组成员，迅速赶往四川灾区现场查勘定损。经过11天的昼夜奋战，圆满完成保险企业震后损失评估工作，受到总公司的表彰。

6月

2日，人行承德市中心支行召开农村信用社改革资金支持工作总结会议。到2008年5月，全市9家县区农村信用联社中央银行专项票据，分4批完成兑付，91022万元全部到位。相应置换了历年亏损、不良贷款。为农村信用社消化了历史包袱，提高了信贷资产质量。

4日，中国工商银行批准工行承德分行由四类行升格为三类行。

11日，邮储银行承德市分行开办对私即期结售汇业务，承德市已有工、农、中、建、邮储5家外汇指定银行开办外汇业务。

同月，根据人行石家庄中心支行《关于河北省农村信用社正式接入支付系统开办业务等相关事项的通知》，承德农村信用社基层社全部接入人民银行大、小额支付系统、支票影像交换系统，直接实现了全国范围的跨行支付结算。

同月，财达证券经纪有限责任公司承德都统府大街证券营业部总经理变更为杜秀河。

7月

1日，农行承德分行开始实行员工违规行为积分管理制度。

31日，人保财险承德市分公司从承唐高速公路建设工程立项开始，跟踪开展公关工作，经过不懈努力，承德分公司在7家保险主体中竞标成功，成为承唐高速公路建设工程一切险主承保商，提供了高达17.8亿元的风险保障，占总份额的50%。

8月

经河北保监局批准，中英人寿保险有限公司河北分公司承德营销服务部成立。营业地址设在承德市南营子大街文化大厦北塔十七层1703室、1704室，首任总经理张江江。

9月

农行河北省分行任命，赵华杰为农行承德分行党委书记、行长。

10月

8日，河北银监局任命陈学敬为承德银监分局局长。

13日，河北银监局任命陈学敬为承德银监分局党委书记。

20—22日，人保财险河北省分公司总经理查卫民赴承德分公司对“保效益”工作进展情况进行调研。调研期间，查卫民一行听取了人保财险承德市分公司总经理的工作汇报，与部门及部分基层单位的主要负责人进行了“一对一”谈话。到理赔中心和承德县支公司进行调研并看望干部员工。

11月

1日，承德市农村信用社正式向社会发行信通卡。

18日，建行河北省分行、承德分行组成调研小组赴丰宁、围场、平泉、滦平就中国建设银行发起设立村镇银行进行可行性调研。通过比较各方面优势，建议在丰宁满族自治县发起设立村镇银行。11月下旬完成可研报告上报中国建设银行。

20日，农行承德分行召开“代理城镇居民基本医疗保险启动工作会议”。承德市劳动局、市区医保中心、农行市区各支行行长、市分行相关部室负责人共40多人参加了会议。分行副行长马韬就农行代理城镇居民基本医疗保险业务提出了具体要求。

24日，农行承德分行全辖30358户、15.05亿元不良资产成功剥离。不良资产档案、权证、借据、实物资产移交工作顺利结束。

28日，农行河北省分行“服务‘三农’试点工作现场推进会议”在承德天宝假日酒店召开。省分行行长刘星、副行长赵增喜、行长助理孙希晨、省分行有关处室主要负责人、承德、张家口、沧州、唐山分行行长及所辖部分县支行行长参加会议。会议传达了农总行惠农卡和农户小额贷款工作视频会议精神，汇报了锁定服务“三农”目标客户情况，研究了惠农卡推进意见及有关具体问题，研究了服务“三农”试点工作目标及安排意见。刘星就有关问题发表重要讲话。

同日，河北省保监局向邮储银行承德市分行11家一级支行颁发保险兼业代理许可证。

12月

12日，农行围场满族蒙古族自治县支行作为“三农”工作试点行，向第一批10个农户发放惠农卡10张，由此推进惠农卡和农户小额贷款工作进入实质操作阶段。

23日，人行承德市中心支行组织对恒益城市信用社进行退市清算。按照清算方案清偿对公债务633.5万元，其中归还人民银行再贷款547.8万元。

31日，“95518”人保财险客户专线实行省集中。

同月，建行承德分行主营业务在全省二级分行等级评定中，由C档升入B档；关键业绩指标（KPI）考核跃居全省第二位。

同年，农发行承德分行全面落实各项强农惠农政策，优先支持还款资金来源纳入地市级及以上财政预算的非经营性项目，成功营销并发放了承德滦河干流秋窝至闫营子段综合治理与开发项目非经营性农村基础设施建设中长期贷款4亿元、承德武烈河上二道河子至双峰寺水库坝址段综合治理工程项目农村基础设施建设贷款4.8亿元。到12月末，非经营性贷款余额突破11亿元。

2009年

1月

11日，邮储银行承德市分行开办个人商务贷款业务，限额100万元。

2月

9日，中行承德分行成功营销对公单笔2000万元代理基金业务。

中旬，中行承德分行与宁夏交通银行成功叙做人民币1亿元同业存放业务，实现中间业务收入68万元。

19日，承德市政府下发市政字〔2009〕41号文件，同意承德市商业银行申报更名为承德银行。

28日，承德市商业银行召开第二届董事会第一次会议，会议选举单庆林为承德市商业银行第二届董事会董事长；选举张磊为承德市商业银行行长。

同月，安邦财险河北省分公司任命高嵩为安邦财险承德中支总经理。

3月

11日，市委书记杨汭在承德工行《立足当地发展，同舟共济渡难关》报告中批示：工商银行承德分行多年来为承德经济社会发展做出了突出贡献。尤其是面对2009年金融危机带来的各种不利影响，分行解放思想，迎难而进，超前谋划，充分准备，为我市城市建设和企业发展注入了大笔资金，极大地增强了广大干部和企业保持经济平稳较快发展的信心，极大地推进了“三年大变样”工作。对此表示感谢。望继续努力，再创佳绩。市委办可发一简报，以鼓励表彰。

12日，承德工行“IC卡电表售电系统（企业客户）”正式上线投产，成功办理企业IC卡自助售电业务。

24日，工行承德分行与承德文物局签订代

办市民牡丹卡避暑山庄年票业务协议书，避暑山庄牡丹卡年票正式启动。

26日，工行承德分行成功办理“网贷通”贷款1000万元，方便了企业。

31日，承德市副市长王克、农行承德分行行长赵华杰到围场满族蒙古族自治县四合永营业所参观“三农”课堂，了解“三农”业务开展情况，指导“三农”工作。

同日，中行承德分行为承钢集团叙做2亿元人民币融易达业务。

同月，合众人寿河北分公司任命刘志敏为合众人寿承德中支总经理。

4月

1日，人行承德市中心支行县域同城清算系统正式停运，国库资金采用“直接汇划模式”划转。

5日，《人民日报》报道：为农民致富“加油”——中国农业银行承德分行办“三农”课堂，帮助农民解决资金和技术难题。

12日，在中国工商银行公布的2009年经营绩效排名中，工行承德分行在全国283家二级分行中位列第50位。

19日，人保财险河北省分公司任命，米学贵为人保财险承德市分公司党委书记、主要负责人，主持工作。

29日，市委书记杨汭一行到农行承德分行考察工作。听取农行工作汇报后，杨汭书记作了重要讲话，要求农行进一步解放思想，抓住机遇，关注城市建设，办好“三农”课堂，加大贷款投放力度。

同月，中行承德分行成功收回帝贤公司不良贷款1100万元。

同月，泰康人寿河北分公司任命李占军为泰康人寿承德中支总经理。

6月

1日，承德银监分局会同承德市政府金融办举办中小企业贷款推介会。各县区主管领导、市直有关部门负责人、中小企业代表、各银行机构负责人200余人参加了推介会。承德市政府常务副市长宋立民参加会议并讲话。市政府金融办发布了66家企业15.35亿元的贷款需求，其中25家企业与银行签订了总额3.66亿元的融资合同。

4日，中国银监会银监复〔2009〕165号《关于承德市商业银行更名的批复》，同意承德市商业银行股份有限公司更名为承德银行股份有限公司，英文名称变更为BANK OF CHENGDE CO.LTD.（简称BANK OF CHENGDE）。

8日，农行围场满族蒙古族自治县支行农户小额贷款授信372户，金额1067万元，成为河北省此项业务首家突破千万元的县级行。

10日，建行承德分行与承德市金盾保安押运有限公司举行交接仪式，建行承德分行城区网点现金配送押运工作交由承德市金盾保安押运有限公司完成。

12日，由农行承德分行与承德电视台联合摄制的农行银行卡有奖促销活动电视专题片在承德电视台《财富车影》栏目播出。

29日，人保财险河北省分公司聘任米学贵为人保财险承德市分公司总经理。

30日，中行承德分行成功收回承德一中不良贷款本金1026万元。到9月末，中行承德分行化解清收不良资产14385.13万元。

7月

7日，农行承德分行副行长马韬带队，参加市金融办牵头组织的银企产品对接会。市分行营业部与承德市开发区富泉石油机械有限公司签订2700万元流动资金贷款意向，承德县支行与承德县建龙矿业有限公司签订4000万元流动资金贷款意向，宽城满族自治县支行与承德京承矿业有限公司东湾子铁矿签订3000万元流动资金贷款意向，总计9700万元。

10日，河北银监局银监冀局复〔2009〕193号文件批复，同意《承德银行股份有限公司章程》。

8月

1日，中国人民银行全国财税库银横向联网

系统（TIPS）在承德市正式上线运行。这是通过电子网络系统办理税款征缴、入库、退库、更正、对账等业务，实现税款征缴信息共享的业务处理系统。

4 日，“2009 环渤海金融合作论坛”在承德市召开。中国人民银行原行长、全国社保基金会理事长戴相龙发表重要讲话。环渤海各大区分行、省会中心支行、副省级中心支行代表进行大会交流。人行石家庄中心支行是本次会议的主办行，人行承德市中心支行为会议提供全程服务。

17 日，农行河北省分行任命，甄跃生为农行承德分行党委副书记、副行长，主持工作。

19 日，平安人寿“一账通”正式上线，推行“一个客户，一个账户，多个产品，‘一站式’服务”模式，三个月内注册用户突破 5 万个。为广大客户的投资理财和全方位账户管理带来方便。

21 日，中国建设银行印发建总函〔2009〕542 号文件，决定在丰宁满族自治县发起设立村镇银行，机构名称为河北丰宁建信村镇银行有限责任公司。

9 月

29 日，农行河北省分行行长刘星到承德农行现金中心，对安全保卫工作进行全面检查和指导，对“双节”期间安保工作作出指示。

同月，民生人寿承德营销部总经理变更为魏红霞。

10 月

7 日，中行承德分行接入中国银行全国 IT 蓝图系统，实现核心银行系统全行逻辑集中、联机处理、风险管理、成本控制。建立了功能完备的生产中心和灾备中心，构成了全新的信息中心布局。

8 日，农发行承德分行营业地址变更为：承德市开发东区大石庙镇庄头营村。

9 日，太保人寿总公司董事长金文洪到太保人寿承德中支调研并指导工作。总公司党委委员韩德、纪检书记周永平、河北分公司总经理崔顺心一同到访。

15 日，农行围场满族蒙古族自治县支行成功向龙源建投风力发电有限公司发放项目贷款 5000 万元。这是承德农行贷款业务首次介入风电领域。

23 日，中共河北省联社承德办事处召开第一次代表大会和纪律检查委员会第一次会议，选举张耀邦为省联社承德办事处党委书记，马月祥为省联社承德办事处纪委书记。

24 日至 11 月 6 日，承德银监分局组织全辖银行业金融机构高管人员，进行经济金融法律法规及业务知识考试。

同月，渤海财险承德中支迁址承德市双桥区大佟沟 28 号中银宾馆二楼。

同月，太保人寿河北分公司任命闫国林为太保人寿承德中支总经理。

11 月

12 日，市委常委、常务副市长宋立民带领政府办、发改委、交通局、地铁局、城建投公司、开发区等部门领导，到农行承德分行就重点项目对接进行调研、检查指导工作。

23 日，建行河北省分行任命刘彩桥为建行承德分行党委副书记、聘任副行长，主持工作。

12 月

4 日，工行承德分行与承德广通信息网络有限公司联合举行开通“数字电视银行”新闻发布会。数字电视银行为承德 60 万数字电视用户搭建了安全快捷的缴费平台。

8—11 日，人行承德市中心支行行长杨建奎带队，深入辖区各金融机构就货币政策执行、支付结算、人民币流通、外汇管理等情况开展综合调查研究。

9 日，邮储银行承德市分行与邮政局进行人事档案交接工作。

12 日，人行承德市中心支行三产最后遗留的海南寰岛集团以北海 30 亩土地抵顶贷款 210 万元问题得到解决，收回资金 152 万元。至此，中心支行投资北海房地产遗留问题得到全部解决。

18日，农行河北省分行行长刘星，在市分行副行长甄跃生陪同下，到滦平县支行调研。刘星听取滦平县支行领导班子工作汇报，对支行工作给予充分肯定，同时指出工作中存在的不足，对今后工作提出具体要求。

同日，经建设银行总行与承德市金融办、丰宁满族自治县政府沟通协调，确定丰宁建信村镇银行资本金总额3000万元（3000万股）。股份构成为：中国建设银行认购股份1530万股，占全部股份的51%；丰宁鑫源矿业有限责任公司认购股份291万股，占比9.7%；丰宁顺大工贸有限责任公司认购股份294万股，占比9.8%；范振喜认购股份297万股，占比9.9%；刘秀旺认购股份297万股，占比9.9%；房建峰认购股份291万股，占比9.7%。

同月，平安人寿河北分公司任命李建立为平安人寿承德中支总经理。

同月，渤海财险承德中支承保承朝高速公路建筑工程一切保险，实现签单保费收入50万元。

同年，建行承德分行向京承和承朝高速公路、新新钒钛、红松风电、龙源电力、承德市“城建投”和华峰房地产等重点项目投放信贷资金36.8亿元。

同年，农发行承德分行突出做好非经营性贷款项目，全年营销非经营性贷款项目9个，贷款金额14.3亿元，其中承德滨河产业聚集区基础工程项目从立项到贷款发放只用了29天，得到承德市委、市政府充分肯定，被赞誉为“农发行速度”。

2010年

1月

2日，农行承德分行成功向新新钒钛、国电承德热电、龙源建投风电发放流动资金及项目贷款4.1亿元。

同月，中国人寿河北省分公司任命王玉增为中国人寿承德分公司总经理。

同月，平安财险河北分公司任命张春青为平安财险承德中支总经理。

2月

5日，承德银监分局推动各银行、信用社在金融机构空白乡镇做好金融服务工作。通过增设网点、安装自助服务机具、提供定点定时便民服务等措施，到2011年11月25日，17个金融机构空白乡镇得到了金融服务有效弥补。

9日，农行承德分行储蓄存款余额突破百亿大关，达到101亿元。

26日，农发行承德分行向承德市外八庙周围城中村改造综合整治及开发工程建设项目发放贷款18亿元，该项目涉及外八庙周边罗汉堂、殊像寺、狮子沟等5个行政村的拆迁改造和道路、给水、污水、雨水、通信管线等基础设施建设，以及栽种阻燃树种面积157200平方米、绿化面积1394400平方米，营造优美的外八庙近山风景林、美化文化遗产周边景观环境。

同月，天安保险承德中支承保了“河北承德承秦高速公路管理处”建筑工程一切保险项目，实现签单保费收入135.91万元。

同月，中行承德分行首次办理两笔国内信用证福费廷（从其他银行或福费廷公司无追索权的买入未到期债权，具有信用风险低、利润较高等特点）转卖业务，金额3005万元。

3月

8日，中行承德分行对承德帝贤针纺股份有限公司贷款本金1931.75万元，利息574万元进行了呆账核销。

4月

经建设银行总行批准，建行承德分行对长城钢管有限责任公司770万元不良贷款进行了核销处置。至此，建行承德分行公司类不良贷款在全省建行系统率先清零，资产质量在全省系统和同业中保持领先水平，在全省建行系统年度风险管理考核评价中首次进入前三名。

5月

12日，工行河北省分行任命沈学勤为工行

承德分行党委书记。

上旬，中国银行批准平泉冀东水泥有限责任公司贷款25189万元，用于2500吨/日新型干法特种水泥项目建设。

13日，农行承德分行组织市分行员工、各支行主管行长、网点负责人、客户经理及部分柜员200多人，到河北省第五监狱接受警示教育。4名曾经在金融战线上工作的服刑人员分别讲述堕落成罪犯的过程和悔悟，在场人员受到深刻教育。

6月

3日，农行河北省分行行长刘星一行3人，在农行承德分行副行长甄跃生陪同下，到兴隆县支行进行工作调研。刘星利用中午时间听取兴隆县支行工作汇报，并与部分员工进行座谈，对兴隆县支行提出明确希望和具体要求。

同日，工行河北省分行聘任沈学勤为工行承德分行行长。

12—13日，人行石家庄中心支行党委书记、行长张文汇到人行平泉县支行、隆化县支行调研，行长杨建奎陪同调研。

29日，农行双桥支行"金钥匙理财中心"正式挂牌营业，成为承德农行第一家理财中心。

同月，平安人寿承德中支迁至承德市双桥区喇嘛寺3号水岸名居底商。

同月，由廊坊银行发起组建的滦平盛阳村镇银行股份有限公司。召开股东大会，选举产生第一届董事会、监事会，审议募集资本金事项。滦平盛阳银行原始实收资本金总额5000万元，其中，廊坊银行投入法人股本金2550万元，占51%；69户自然人投入股本金2450万元，占49%。

7月

7日，农行河北省分行向承德农行发来贺信："欣闻你行委托资产处置工作取得重大进展，截至6月30日，实现委托资产现金收回9567万元，完成省分行下达你行五年处置计划的60%，成绩斐然，谨此表示热烈祝贺！并向你行及奋战在资产处置第一线的全体员工致以亲切的问候！"

同月，中英人寿河北分公司任命杨国才为中英人寿承德营销部总经理。

同月，合众人寿河北分公司任命张辉为合众人寿承德中支总经理。

同月，发起人承德银行主持召开围场华商村镇银行第一届董事会议，审议通过资本金出资议案、筹建工作方案，上报筹建请示。

8月

10日，人行承德市中心支行组织召开承德市2010年上半年经济金融运行形势分析会议，承德市副市长李维、市金融办主任赵宇峰、各银行业金融机构主要领导和公司部经理参加会议。人民日报社河北记者站、承德日报社、承德电视台、承德电台等媒体到会采访。

18日，经河北银监局批准，丰宁建信村镇银行有限责任公司正式开业。办公营业地址设在丰宁满族自治县大阁镇新丰路丰和园小区5～7号底商，首任董事长孙福州（建行河北省分行副行长兼）、行长张士臣。

23日，经河北保监局批准，太平人寿保险有限公司承德中心支公司正式开业。营业地址设在承德市陕西营街1号华侨大厦第5层。首任总经理付玉刚。

同月，农行河北省分行任命甄跃生为农行承德分行党委书记、行长。

9月

27日，承德银监分局印发《承德市银行业金融机构营业网点八项服务公约》。

同月，中行承德分行柜员机交易量日网均175笔，超过全省日均40笔的平均水平。

10月

18日，根据中国银监会《关于承德银行开办公务卡业务的批复》，承德银行公务卡正式上线发行。

11月

2日，农行承德分行副行长马韬带领农村产

业金融部及部分县支行有关人员，参加市政府组织的中小企业银企签约活动，现场与具备贷款条件的3家企业签订贷款合作意向书金额4100余万元。

17日2时18分，承德市永兴商业中心一层商铺发生火灾，过火面积约150平方米，店铺内存货及房屋装饰严重受损。中华财险承德中支紧急抽调20余名业务骨干，对事故现场及损失物品进行清点和查勘。经承德市公安消防支队认定，此次事故起火原因为店铺顶棚内空调线路短路引起的火灾。中华财险承德中支共支付赔款160万元，这是公司成立以来支付金额最大的一笔财产险赔案。

18日，中国农业银行巡视组到农行承德分行检查指导工作。

23日，建行河北省分行任命刘彩桥为建行承德分行党委书记、聘任行长。

29日，农行承德分行理财中心挂牌成立。成立理财中心是实现零售业务转型的重要体现，标志着承德农行个人贵宾客户整体服务水平迈上一个新台阶。

同月，中行承德分行加大“工商验资E线通”产品的推广力度，截至11月10日，成功验资48户、入账验资金额3.76亿元。

12月

6日，人行承德市中心支行成立人民币咨询鉴定中心，举行揭牌仪式。人民币咨询鉴定中心的任务是：当银行柜台收缴假币遇客户提出异议时，客户可凭银行出具的假币收缴凭证，申请人民银行给予鉴定仲裁。

14日，人行承德市中心支行召开承德市农村信用体系建设工作经验推广会议，人行承德市中心支行党委书记、行长杨建奎参加会议并讲话。

30日，经河北保监局批准，百年人寿保险股份有限公司承德中心支公司正式开业。营业地址设在承德市双桥区文化大厦北塔18层。首任总经理吴长城。

31日，农行承德分行与承德电视台联合摄制的电视专题片《承德农行——新春的祝福》在承德电视台《民生直达》栏目播出。

同月，省联社承德办事处着手进行县联社改制农村商业银行准备工作。通过对全辖9家县级联社改制农商银行准入指标测算，确定围场、宽城、滦平3家联社为首批改制试点单位。

同年，建行承德分行对小企业业务按照“做大总量，唱响品牌”的要求，积极抢抓小企业客户，建立小企业项目库，突出“短、频、快”的特点，通过速贷通、成长之路、账易融、货易通、国内保理等项产品为小企业提供信贷支持3.56亿元，有力地支持了小企业的发展。

2011年

1月

4日，农行承德分行2010年各项贷款余额突破100亿元。

15日，中华财险承德中支与承德市文物局签订协议，承保2011年度避暑山庄及周围寺庙景区公众责任保险，承担持年票市民在景区内发生意外事故的保险责任，每人责任限额11万元，累计责任限额800万元。

18日，经河北银监局批准，滦平盛阳村镇银行正式开业。营业地址设在滦平县滦平镇宜兴路富强小区11号。首任董事长王永超、行长张涛。

27日，承德银监分局根据《中国银监会关于加快推进农村合作金融机构股权改造的指导意见》，督促农村合作机构加快推进股权改造工作。到6月末，承德9家农村信用联社按规定比例完成了资格股向投资股转换。

同月，中国人寿河北省分公司任命李明珠为中国人寿承德分公司总经理。

2月

24日，根据河北银监局批准，围场满族蒙古族自治县华商村镇银行股份有限公司正式成立。营业场所设在围场镇二街道木兰北路79号。首任董事长申振丹，行长张爱军。围场华商村镇银行原始实收资本金2580万元，其中：承德银行投入法人股本金1300万元，占总股本的50.387%；8名自然人持股1280万元，占总股本的49.613%。

25日，人行承德市中心支行召开银行、保险、证券机构负责人参加的金融管理与服务工作会议。人行承德市中心支行行长杨建奎作重要讲话，就人民银行对金融机构全面实施“两管理、两综合”工作进行安排部署。

28日，经河北保监局批准，中国人民人寿保险股份有限公司承德中心支公司正式开业。营业地址设在承德市双桥区滨河路世纪城三期华峰中心A座11层。首任总经理曾宪华。

3月

9日，经河北保监局批准，阳光财产保险股份有限公司承德中心支公司正式开业。营业地址设在承德市双桥区世纪城一期2#103商埠，首任总经理杨宝泉。

20日，中华财险承德中支通过统一考试、公开竞聘的方式，完成了“三定”工作，解决了员工身份不清、劳动关系繁杂、冗员过多的问题，对部分已签订正式劳动合同但不能胜任岗位工作的人员进行转岗分流，将优秀的劳务派遣用工转为正式员工。

26日，农行承德分行与承德电视台联合摄制的电视专题片《创新服务方式，促中小企业发展》，在承德电视台“今日聚焦”节目播出。

31日，承德银行借记卡“热河卡”累计发行量突破10万张，卡内存款余额达6.76亿元。

同月，平安人寿河北分公司任命马雪涛为平安人寿承德中支总经理。

4月

永安财险河北分公司任命于少健为永安财险承德中支总经理。

5月

5日，承德银监分局印发《2011年度推进“贷款新规”贯彻落实方案》，通过召开汇报会及现场检查等形式进行了督导。2009年7月至2010年2月，中国银监会相继发布实施《固定资产贷款管理暂行办法》《项目融资业务指引》《流动资金贷款管理暂行办法》《个人贷款管理暂行办法》，“三个办法一个指引”统称为“贷款新规”。按照贷款新规的规定，借款人支付贷款资金必须执行贷款人“受托支付”的方式，即在借款人需要对外支付贷款资金时，根据借款人的提款申请以及支付委托，将贷款资金通过贷款人受托支付等方式，支付给符合合同约定的借款人交易对象的过程。

27日，农行承德分行副行长马韬带领市分行农村产业金融部及部分县支行有关人员，参加市政府组织的银企对接产销衔接签约活动。与具备贷款条件的承德京城矿业集团有限公司、承德舒适家用品有限公司等5家企业签订银企合作意向书，意向金额2.66亿元，占现场签约率的35%。

同月，天安保险95505全国报案系统正式上线，天安保险承德中支实现理赔出险报案由总公司统一调度。

6月

2日，河北省人保财险系统通过视频会议，无记名差额投票选举人保财险总公司的职工代表，人保财险承德市分公司郑莲当选。

4日，承德银行双塔山支行成功堵截一起克隆假存单案件，涉案金额8.2万元。

10日，中行河北省分行任命曾卫为中行承德分行党委副书记、聘任行长。

23日，中行承德分行企业网银客户新增730户，完成全年任务的101.39%，企业网银覆盖率提高到55.39%。

29日，经河北保监局批准，阳光人寿保险股份有限公司承德中心支公司正式开业。营业地址设在承德市双桥区武烈路工商联大厦18层，首任总经理赵伟。

同月，阳光人寿承德中支接入总公司“快易保”系统，实行电子录入保单，提升了承保时效。

7月

8日，中国农业银行总行级“优秀共产党员”刘占伟，以“一先两优”代表身份赴京参加“庆祝建党90周年暨中国农业银行成立60周年大会”。他是参加大会的全国20名基层代表之一。

19日，经河北保监局批准，生命人寿保险股份有限公司承德中心支公司正式开业。公司营业地址设在承德市双桥区武烈路工商联大厦16层。首任总经理侯春萍。

同月，平安人寿承德中支接入总公司MIT（移动展业模式）二代系统，保单承办时间由5天缩减至0.5小时，纸张消耗由40张降低至4张。

同月，中国人民人寿保险股份有限公司河北分公司任命，连斌为中国人民人寿保险股份有限公司承德中心支公司总经理。

8月

19日，人行承德市中心支行举办承德市农村青年信用示范户授牌仪式。团市委以及各县区团委、人行承德市中心支行、市各银行业涉农金融机构及其县域分支机构、青年示范户代表等70余人参加了会议。

26日，承德银行唐山分行在唐山宾馆举行开业揭牌仪式。

9月

20日，中国农业银行信访工作表彰会议在北京隆重召开。农行承德分行行长甄跃生代表承德分行在大会作了经验介绍，成为全国农行二级分行唯一的先进单位代表。

22日，根据河北省银监局通知，承德银监分局要求各银行业金融机构进一步加强房地产信贷风险防控，对房地产开发企业贷款实行“名单”管理，建立房地产开发企业贷款台账。

同月，阳光人寿河北分公司任命叶会铁为阳光人寿承德中支总经理。

同月，根据建行河北省分行批复的《建行承德分行事业部改革实施方案》，建行承德分行完成了事业部改革。23日，召开公司业务和个人业务事业部成立大会并举行揭牌仪式，建行河北省分行副行长李春生参加大会。改革后，前台为公司、个人两大事业部及住房金融与个人信贷部3个部门；中后台减为6个部门。前台部门管理岗位人员由8人增加到17人，经办岗位员工由67人增加到107人；中后台管理岗位人员由26人减少到16人，经办岗位员工由124人缩减到85人。通过改革，压缩了管理层级，缩短了管理链条，业务流程得到优化。

同月，滦平盛阳村镇银行加入人民银行大小额支付系统。

10月

8日，经河北保监局批准，民生人寿保险股份有限公司承德中心支公司正式开业。营业地址设在承德市双桥区文化大厦北塔七层。袁秉昌任总经理。

18日，人行承德市中心支行召开承德金融学会第五届会员代表大会。会议审议了第四届学会理事会工作报告，通过了修订的承德金融学会章程，人行承德市中心支行行长杨建奎当选为第五届学会理事会会长。

同日，中国银行总行、省分行批准承德医学院附属医院新增3.55亿元中长期贷款，期限8年，用于新院区项目建设

同日，农行承德分行副行长马韬带领农村产业金融部及部分县支行有关人员，参加市政府组织的“中小企业融资洽谈签约会”。现场与具备贷款条件的围场鑫达商贸有限公司、承德怡阳兔业发展有限公司等5家企业签订银企合作意向书，签约金额6550万元。

30日，建行承德分行27个网点全部通过建总行“零售网点二代转型”验收。通过二代转型，建立了一支专职客户经理队伍，解决了网点理财中心“空心化”问题，促进了精细化管理。

11月

14日，承德银监分局印发《关于加强村镇银行监管工作的意见》，规定了严格股东资质审

查等4个方面14条具体监管标准。

同月，农发行承德分行开展“为民服务创先争优”活动，从接好每一个电话、说好每一句文明用语、接待好每一位顾客开始，让客户感受到农发行热情周到的服务。11月1日《粮油市场报》农发行视窗刊登了农发行承德分行为民服务的做法。

同月，永安财险承德中支迁址下二道河子汇丰园小区1号商业楼。

12月

10日，泰康人寿承德中支第一张电子化保单顺利承保。

21日，丰宁建信村镇银行召开2011年度第二次股东会和第一届董事会第六次会议，选举张士臣为董事长，聘任张小敏为行长。

22日，人行承德市中心支行召开承德市2011年“银企文”对接会议。承德市委宣传部、各银行业金融机构和20余家文化企业参加会议。

25日，中共承德市委任命王振廷为中共承德银行委员会书记，张磊为中共承德银行委员会副书记。

27日晚，农行承德分行组织全辖各营业网点统一开展以防爆炸、防抢劫为主题的安全保卫大型集中演练活动。承德银监分局、公安局领导莅临承德农行监控中心指导工作。

28日，中国银监会批复围场、宽城、滦平3家县联社筹建农村商业银行。

31日，工行承德分行全年实现拨备前利润5.43亿元，中间业务收入突破2亿元，在全省经营效益考评中位列第三名，创历史最好水平，荣获省行“二级分行经营绩效考评优胜单位”奖。

同月，中行承德分行城区12家分理处、县支行4家分理处升格为二级支行。至此，中行全辖所有C类支行全部升格为B类支行。

同月，中国建银投资证券有限责任公司承德陕西营路证券营业部更名为中国中投证券有限责任公司承德陕西营路证券营业部。

同年，建行承德分行通过电子银行进校园、建立党费电子银行缴费平台、开发财政公务卡辅助支付系统等手段，促进了全行电子银行业务的快速发展。当年个人网银客户新增42437户，手机银行客户新增43914户，短信客户新增63014户。

同年，据承德银监分局统计，辖内各银行业金融机构按贷款新规的“受托支付”要求，应受托支付贷款金额366.12亿元，实际受托支付贷款金额356.25亿元。受托支付贷款比例为97.3%，符合规定口径。

2012年

1月

8日，经河北保监局批准，光大永明人寿保险有限公司承德中心支公司正式开业。营业地址设在承德市双桥区南园路9号万方轿车修理厂4楼，首任总经理杨文军。

同月，阳光人寿承德中支接入总公司上线的官网保单贷款功能。投保人与被保人是同一人的客户，可以通过官网足不出户办理保单贷款、还款。

2月

2日，经河北保监局批准，民安财产保险有限公司承德中心支公司正式开业。营业地址设在承德市双桥区开发西区碧达园旺座大厦9层。

14日，农行承德分行驻围场满族蒙古族自治县老窝铺乡石人梁村帮扶工作组进村开展工作。

同日，承德银监分局召开全辖银行业金融机构主要负责人参加的2012年度监管工作会议，安排银行业机构开展不规范经营、贷款“七不准”、不合理收费专项整治。通过自查和检查，共梳理规章制度108项，完善制度13项，发现问题142个，清退不合理收费1，291.19万元。

同月，永安财险河北分公司任命李兴才为永安财险承德中支总经理。

3月

5日，人行石家庄中心支行增批承德支农再

贷款限额3亿元。至此，人行承德市中心支行支农再贷款限额达到11.9亿元，在河北省占比最高。

12—30日，中行承德分行与省分行密切联动，成功营销河北钢铁股份有限公司承德分公司13亿元投行业务。其中中银集富票据收益权3亿元、中银集富委托债权投资10亿元。

17日，承德银行召开2012年度股东大会，会议选举王振廷等11人为新一届董事会董事。同日，承德银行召开第二届董事会第一次会议，经全体董事投票，选举王振廷为承德银行董事长。

20日，河北银监局任命赵万峰为承德银监分局局长。

同月，根据中共河北省委、承德市委《关于开展基层建设年活动的意见》，人行承德市中心支行派出由助理调研员王惠民带队的工作组，进驻平泉县茅兰沟乡九神庙村开展工作。

4月

5日，河北银监局党委任命赵万峰为承德银监分局党委书记。

9日，农行承德分行根据省委、市政府关于做好“十二五”扶贫开发重点村定点帮扶工作安排，选派周燕山等优秀干部参加承德市扶贫工作队，进驻隆化县旧屯乡偏桥子村。

12日，人行承德市中心支行制定的《关于贯彻落实稳健货币政策、支持承德市经济实现稳中求进发展的意见》，承德市政府批转各县区执行。

18—20日，中华财险总公司承保部副总经理梁鑫杰、大项目部邱剑，陪同中国有色工程设计研究院尾矿库专家肖雪庭对承德市有代表性的尾矿库进行实地调研和风险评估。

5月

5日，人行承德市中心支行召集承德市银行业、证券业、保险业17家金融机构负责人，就对其开展2012年综合执法检查、综合评价工作进行集中约见谈话。

11日，中行承德分行成功营销承赤高速公路三个标段第三方付息贴现业务30312万元。

18日，承德银监分局批复，同意围场华商村镇银行增资扩股2720万元，股本金总额变更到5300万元。

26日，由中国建设银行开发的信贷风险管理系统在全国建信村镇银行正式上线，丰宁建信村镇银行同步接入，5月28日正式运行。

同月，农发行承德分行按照银监部门关于落实第二还款来源的要求，通过与承贷主体、当地政府及有关部门的沟通协调，到月末，完成了19个政策性中长期贷款项目第二还款来源落实工作，完成率为100%。

6月

4—19日，人行天津分行党委巡视一组对承德市中心支行领导班子近三年工作情况进行巡视，认为承德市中心支行党委能够认真贯彻落实金融方针政策和上级行工作部署，辖区金融秩序安全稳定，领导班子团结和谐，廉洁自律，切实履行“一岗双责”，能深入金融机构和基层开展调查研究，在地方威信逐步提高，各项工作稳步推进。

13日，太保人寿河北分公司党委书记、总经理周波一行3人到太保人寿承德中支进行考察调研。周波一行就承德中支的发展现状、当地市场竞争情况及制约机构发展的瓶颈进行了调研，听取了中支领导2012年下半年工作目标和举措的汇报。

25日，邮储银行承德市辖区10个支行开办对公结售汇业务。

同月，平安人寿河北分公司任命徐磊为平安人寿承德中支总经理。

7月

3日，人行承德市中心支行行长杨建奎到基层建设年帮扶村——平泉县茅兰沟乡九神庙村调研，就基层建设年活动促进社会稳定和经济发展等问题，与茅兰沟乡政府主要领导及村两委班子进行座谈。

11日，人行承德市中心支行自主研发的“承德市金融管理与服务信息系统”正式上线。该系统是人民银行对金融机构实施“两管理、两综合”的监测、分析、评估和数据传输的信息系统。

16日，外汇局承德市中心支局召开货物贸易外汇管理制度改革培训会议，承德市5家外汇指定银行和75家涉外企业100余人到会。

17日，中行承德分行上传省分行公积金发卡达到6.42万张，其中本年新增5.86万张，完成全年公积金发卡任务的160.4%。

31日，农行河北省分行行长助理李军、在农行承德分行副行长马韬陪同下，到平泉县支行现场办公，检查指导工作。于8月1日赴丰宁满族自治县参加省政府组织的重点项目现场办公会。

8月

渤海财险河北分公司聘任赵显峰为渤海财险承德中支总经理。

同月，经承德市司法局批准，正式成立人保财险承德市分公司人民调解委员会，负责对保险纠纷进行调解仲裁。同年9月12日，人保财险承德市分公司选调专职人伤调解员、理算员各一名组成调解室，进驻交警队事故处理处，开始履行人民调解员职责。主要任务是调解保险交通事故纠纷，化解社会矛盾，维护保险当事人的合法利益，准确把握保险事故合规赔付。

9月

11日，经河北保监局批准，平安养老保险股份有限公司承德中心支公司正式开业。营业地址设在承德市武阳东区武阳房地产开发有限公司1号办公楼三层，首任副总经理（主持工作）李旭红。

19日，工行河北省分行任命鲍振香为工行承德分行党委书记、聘任行长。

20日，经河北保监局批准，新华人寿保险股份有限公司承德中心支公司正式开业。营业地址设在承德市双桥区火神庙综合楼2段302、402、502号。首任总经理胡义。

26日，中国银行批复中行承德分行为河北北汽福田汽车部件有限公司核定6.7亿元授信总量，总量项下全部为中长期贷款，期限5年。

27日，人行承德市中心支行制作的《十年跨越铸辉煌—金融支持“三农”工作纪实》在承德电视台播出。

同月，安邦财险河北省分公司任命张侠为安邦财险承德中支总经理。

10月

9日，《金融时报》刊发人行承德市中心支行行长杨建奎撰写的《地方法人金融机构如何支持“三农”》一文。

同月，渤海财险承德中支迁址承德市双桥区福地花园东区B1幢115、215室。

11月

4日，人行承德市中心支行在承德市中心广场开展以“金融服务民生、银行卡走进芯时代”为主题的金融IC卡宣传活动月启动仪式。

18日，中行承德分行成功为承德路桥建设总公司叙做3亿元中银结构化投融通业务，期限2年。

28日，建行承德分行与承德市公交公司签订公交一卡通项目框架合作协议。

12月

10日，中行承德分行成功营销张承高速公路承德段临时筹建处招投标保证金，共吸收存款10.6亿元。

12日，接人保财险河北省分公司《关于机动车险核保有关工作安排的通知》，人保财险河北省公司实行车险全省统一核保。

18日，河北银监局批复农信宽城满族自治县联社、围场满族蒙古族自治县联社改制农村商业银行。

28日，河北银监局批复滦平县联社改制农村商业银行。

同月，永安财险河北分公司任命管利国为永安财险承德中支副总经理，主持工作。

同月，大地财险承德中支运用现代信息技术手段，配合智能手机和便携式蓝牙打印机，快速、准确地对事故进行现场定损，并实现现场上传理赔单证，最快3分钟可完成现场定损。

同年，中行承德分行累计为河北钢铁股份承德分公司、龙源风电、大唐丰宁风电等企业办理中银集富业务14笔，金额64.37亿元，增加中间业务收入3629万元，成为增收的新亮点。

同年，建行承德分行开展“开户总动员，存款上台阶”活动，全年净增开户单位742户，发行居民社会保障卡9.3万张。

2013年

1月

1日，中国银监会发布实施《中国银监会商业银行资本管理办法（试行）》，1月23日承德银监分局发文安排过渡期相关事项。

17日，由中国农业银行总行、省分行、市分行、丰宁满族自治县支行组成的8人营销团队，经过激烈答辩，从国网新源控股有限公司在北京召开的“项目融资方案敲定会”上，获得抽水蓄能项目40亿元银团贷款牵头行份额，成为承德农行营销最大的优质资产项目，受益期25年。

21日，河北宽城农村商业银行股份有限公司挂牌开业。

24日，河北围场农村商业银行股份有限公司挂牌开业。

27日，河北滦平农村商业银行股份有限公司挂牌开业。

2月

4日，农行河北省分行副行长赵增喜到双桥支行，看望并慰问困难员工，代表省分行发放慰问金，带来新春祝福。

6日，经河北保监局批准，英大泰和财产保险股份有限公司承德中心支公司正式开业。营业地址设在承德市双桥区火神庙德汇大厦B座2012号，首任总经理谢福全。

26日，围场华商村镇银行行长张爱军率领一行5人冒雪奔赴半截塔镇榆林子村、冯家店村，现场为51家农户发放贷款241万元。

28日，中行承德分行成功营销华夏基金13.34亿元企业年金协议存款，期限6个月。

同月，民生人寿河北省公司任命孙建峰为民生人寿承德中支总经理。

3月

15日，国务院发布的《征信业管理条例》施行首日，人行承德市中心支行召开《征信业管理条例》实施宣传会议，承德市银行业金融机构负责征信管理工作的100多名工作人员参加了会议。

27日，人行承德市中心支行会同承德市工商局双桥区分局市场监察大队，对非法使用人民币图像的冥币销售市场进行了检查制止。承德电视台“每日关注”栏目组对此进行了全程跟踪报道。

同月，根据中共河北省委、承德市委《关于开展基层建设年活动的意见》，人行承德市中心支行派出由副行长宋耐带队的工作组，进驻宽城县汤道河镇黄土坡村开展工作。

同月，平安养老险承德中支成功开拓唐山三友集团员工综福业务，实现保费收入217万元，首次开办跨地域承保大型企业员工综福业务。

4月

23日，经河北保监局批准，中国人寿财产保险股份有限公司承德中心支公司正式开业。营业地址设在承德市双桥区石洞子沟路北22号，首任总经理李贺奇。

5月

同月，平安人寿承德中支迁至承德市双桥区南营子大街文化大厦北塔8层。

6月

3日，中行河北省分行决定中行承德分行副行长李旭东主持工作，免去曾卫中行承德分行党委书记、行长职务。

4日，承德银监分局批复围场华商村镇银行

增资扩股 900 万元，其中：承德银行增资 700 万元，自然人刘立军增资 200 万元。增资后，围场华商村镇银行总资本由 5300 万元变更为 6200 万元，其中自然人股东 34 人，3060 万元，占总资本的 49.35%；法人股东承德银行 3140 万元，占总资本的 50.65%

13 日，建行河北省分行任命，赵昱辉为建行承德分行党委书记、聘任行长。

14 日，建行河北省分行副行长郭英辉代表省分行同承德市政府达成“助保贷”合作意向，启动了承德市本级及各县区的“助保贷”业务。

17—25 日，承德银监分局对中行承德分行和建行承德分行不规范经营专项整治进行“回头看”现场检查，针对检查情况提出了 5 条监管建议。年内对 21 家银行业机构不规范经营进行了“回头看”监管访查。

24 日，承德银监分局对邮政储蓄银行代理保险产品发生兑付风波进行了风险提示，年内会同唐山保监分局联合印发《关于进一步规范银行代理保险业务的通知》，对银行代理保险业务提出了规范要求。

26 日，承德银行新建办公大楼正式投入使用，位于迎宾路世纪城三期 5 号楼。

28 日，农行河北省分行副行长李军到农行承德分行调研，听取了农行工作汇报，对城区行机构类存款营销、目标客户专项营销、营销团队组建、安全生产等工作提出了具体要求。同时深入到围场县支行，与干部职工进行座谈，对人员结构、工资分配、业务发展、风险防范等进行了详细调研。

同月，由于总公司名称变更，天安保险股份有限公司承德中心支公司正式更名为天安财产保险股份有限公司承德中心支公司。

7月

4 日，中行河北省分行任命李旭东为中行承德分行党委书记。

同月，中英人寿河北分公司任命郑瑞杰为中英人寿承德营销部总经理。

8月

1 日，邮储银行承德市分行对各一级支行试行小额贷款独立审批人派驻制。

15 日，中行河北省分行聘任李旭东为中行承德分行行长。

28 日，中行承德分行成功营销华夏基金企业年金一年期协议存款 15.25 亿元。

同月，安邦财险河北省分公司任命沈毅为安邦财险承德中支总经理。

同月，光大永明人寿河北分公司任命刘亚斌为光大永明人寿承德中支总经理。

同月，生命人寿河北分公司任命李洪印为生命人寿承德中支总经理。

同月，合众人寿河北分公司任命夏少辉为合众人寿承德中支总经理。

9月

1—30 日，承德银监分局组织开展承德市银行业“金融知识进万家”宣传服务月活动。

10 日，农行兴隆县支行成功堵截一起结算诈骗案件，为客户追回诈骗款 2 万余元。

29 日，中行兴隆支行一次收缴 63 张 100 元面值的人民币假钞，其中，冠字号码为 RD61880418 的 11 张、RD6188049 的 9 张、RD61880124 的 18 张、RD61880146 的 25 张。

30 日，经承德银监分局审核，辖区 9 家农村合作金融机构五项风险管理指标全部达到规划要求，提前 3 个月完成既定目标。

同月，平安养老险承德中支签署农行承德分行员工综福项目，保费收入 34 万元；签署邮储银行承德市分行员工综福项目，保费收入 58.1 万元。为部分金融行业员工增添了医疗及意外保险保障。

11月

13 日，承德银监分局印发《关于强化农村中小金融机构非现场监管数据质量的监管意见》，对报表质量按季考核，受到省局肯定并在全省推广。

22日，经河北银监局批准，交通银行股份有限公司承德分行正式开业。办公营业地址设在承德市双桥区迎宾路35号，首任党委书记、行长王元盛。

25日，中行围场通祥街支行成功堵截一起电话诈骗案，为客户避免资金损失6.8万元。分行营业部成功堵截一起电信诈骗案，为客户避免资金损失3万元。

28日，承德和合基业投资发展有限公司在天津股权交易所发行首只私募债券，债券发行总额为2亿元人民币。

12月

13日，中行承德分行为河钢承德分公司开出5000万美元预付款保函，折合人民币3.1亿元。

同月，平安养老险承德中支承接承德医保职工高额保险项目，年度保费收入2265万元，赔付2433万元。

同月，大地财险承德中支实现赔款全国集中支付，即每一笔赔款都由总公司直接支付。相比传统的分级授权支付模式，明显提高了赔款支付的时效性和安全性。

同月，渤海财险承德中支与北京大地远通集团建立合作关系，承保工伤补充保险、车辆险、企财险，保费金额100万元。

同月，泰康人寿承德中支推出的一系列电子化服务，其中MSS功能有：客户付款信息变更、联系方式变更、红利领取方式变更、生存金领取方式变更、保费自动垫缴方式变更、万能险追加及复效业务。

同月，建行承德分行为承德石油高等专科学校、承德医学院安装的“校园一卡通”电子渠道系统正式上线运行。同时争取到了河北民族师范学院“校园一卡通”业务主办权。当年实现电子渠道银校转账交易10万余笔，拓宽了建行电子银行应用渠道。

同年，全市6个县的县政府与建设银行签订了“助保贷”合作协议，政府风险补偿金到位金额4500万元，当年为12户小企业发放贷款6320万元，较好地解决了小微企业因抵押品不足的融资难问题。

同年，发行承德市首支中小企业集合票据，为宽城县剑峰矿业和承德县绿丰农业一次性融资1.6亿元。

2014年

1月

同月，阳光人寿承德中支接入总公司“快易保”快速理赔系统，实现小额案件理赔款实时到账。

2月

24日，河北银监局任命宋有田为承德银监分局局长。

26日，人行承德市中心支行召开承德市金融管理与服务工作会议，总结3年来人民银行金融管理与服务工作，传达中央经济工作会议和中国人民银行工作会议精神，就2014年承德市金融管理与服务工作进行了全面安排部署。

同月，中国人寿河北省公司任命刘东升为中国人寿承德分公司总经理。

同月，交通银行承德分行办理了即期结售汇业务备案，成为承德市第6家外汇指定银行。

同月，按照中央统一部署，人行承德市中心支行、承德银监分局、各金融机构开展为期10个月的党的群众路线教育实践活动。

3月

17日，河北银监局党委任命宋有田为承德银监分局党委书记。

20日，中行承德分行为承德交通集团办理2年期中银结构化投融通3亿元人民币。

同月，根据中共河北省委、承德市委《关于开展基层建设年活动的意见》，人行承德市中心支行派出由副行长杨风华带队的工作组，进驻兴隆县半壁山镇八仙沟村开展工作，工作组查村情、访民意、定思路、选项目，认真谋划脱贫致富方案，切实解决百姓实际困难。经过积极协调，争取投资 110 万元，完成村级基础设施建设、村容村貌建设和产业项目建设等 15 件实事，促进帮扶村农业生产、农民生活和农村面貌得到较大改善。

同月，阳光人寿承德中支迁址承德市双桥区下二道河子碧达商务 10 层。

4 月

2 日，承德市政府成立承德市利用平安养老险资金参与项目建设工作领导小组，明确了平安养老险的专业性和品牌优势。

9 日，围场华商村镇银行召开第二届董事会第一次会议，选举申振丹为围场华商村镇银行第二届董事会董事长；聘任张爱军为行长。

15—16 日，河北银监局党委书记、局长郭锦洲到承德调研指导工作。其间，到兴隆县前雾灵山村调研并看望省局驻村工作组成员，到平泉县雨露花卉蔬菜专业合作社、民丰食用菌专业合作社调研。

30 日，1—4 月中行承德分行累计办理票据贴现 25.46 亿元。

同月，民生人寿河北分公司任命魏爱见为民生人寿承德中支总经理。

同月，生命人寿河北分公司任命侯春萍为生命人寿承德中支总经理。

5 月

3 日，中行承德云岭支行连续 3 天利用空闲和下班后时间，为一名客户清点硬币 43600 枚，金额 5890 元。

4 日，农行河北省分行任命马韬为农行承德分行党委书记。

18 日，经河北保监局批准，永诚财产保险股份有限公司承德中心支公司正式开业。营业地址设在承德市双桥区紫塞桃园小区 A2 号楼 2 层，首任总经理付玉刚。

22 日，邮储银行承德市分行与从业人员签订禁止参与非法集资活动承诺书。

29 日，建行承德分行成功为河钢股份承德分公司上游企业办理网络银行信贷业务，全年累计办理 6.35 亿元，服务客户 48 户。网络银行业务是指建设银行与核心企业进行电子信息交互，整合双方资源，为核心企业的供应商（申请人）提供全流程网上操作的网络保理服务。

同月，永安财险河北分公司任命杨晓波为永安财险承德中支副总经理，主持工作。

同月，百年人寿承德中支接入省公司百年通电子平板一期承保系统，明显提升了承保效率。

同月，建行承德分行成功营销京沈高铁重点项目，在争取到京沈高铁客运专线银团贷款份额的同时，承德区域沿途 8 个标段及分部全部落户建行实施资金监管。8 个标段总标的 160 亿元，年内涉及京沈项目的资金沉淀量近 9 亿元。中旬组织完成了京沈高铁项目资金监管系统上线现场培训，为京沈高铁项目整体落户建行提供支持保障。

6 月

16 日，农行河北省分行副行长李军到农行承德分行调研、督导工作。在听取工作汇报后，到双塔山、隆化县支行进行现场调研，深入到承德市开发区、双桥区现场走访当地棚户区改造情况。

20 日，农行河北省分行任命马韬为农行承德分行行长。

26 日，农行河北省分行副行长许树宝先后到市分行现金中心、双桥支行高校园区分理处进行实地检查，对两个单位安保工作给予充分肯定。

30 日，中行承德分行为承钢发放 2200 万美元流动资金贷款，这是以美元贷款置换人民币贷款的新型业务。

同月，民生人寿河北分公司任命李云飞为民生人寿承德中支总经理。

同月，滦平盛阳村镇银行召开第二届股东大会暨第二届第一次董事会，选举房玉民任董事长。经承德银监分局批准，9 月任职。

7月

3日，经河北证监局批准，国泰君安证券股份有限公司承德西大街证券营业部正式开业。注册地址为承德市双桥区西大街天泽嘉园104、204商埠，首任总经理侯霄鹏。

14日，经河北保监局批准，华夏人寿保险股份有限公司承德中心支公司正式开业。营业地址设在承德市双桥区天成大厦701、702号。首任总经理王金荣。

21日，农行平泉县支行成功堵截一起假存单冒领25万元存款案件，配合公安机关抓捕犯罪嫌疑人一人。

22日至9月5日，承德银监分局在对承德银行全面业务现场检查中，首次使用省局开发的EAST监管数据采集系统，建立模型5个，发现问题业务34笔、金额52502万元，模型准确率达到89%。

23日，人行石家庄中心支行行长陈建华到人行承德市中心支行调研指导工作，与中心支行行级领导、科室负责人进行了工作座谈。

24日，邮储银行河北省分行批复承德市分行2014年第一批呆账贷款核销22笔，100万元。

8月

同月，承德天成印刷科技股份公司在新三板挂牌，成为承德市首家新三板上市企业。

26日，交通银行承德分行接入承德市住房公积金系统。

31日，中华财险总公司农险部副经理刘广、河北分公司农险部经理何磊带领相关人员赶赴围场满族蒙古族自治县视察灾情。围场满族蒙古族自治县自7月以来持续遭受旱灾，中华财险承德中支承保的马铃薯受灾面积达2.27万亩。最终为受灾农户支付赔款335.47万元。

同日，中行承德分行助农取款点建点70家，借记卡发卡7878张，个人存款11877万元，点均存款170万元。

9月

11日，百年人寿承德中支迁址承德市双桥区都统府大街6号岁兴园宾馆6层。

13日，在上海陆家嘴举办的“中国银行家高峰论坛暨2014中国商业银行竞争力评价报告会”上，承德银行荣列全国城市商业银行（资产规模500亿元以下）综合竞争力排名第二位，并被评为最佳进步城市商业银行。

15日，农行河北省分行召开“神秘人”暗访通报会，在二季度对全辖350个网点服务质量暗访评比中，承德分行获得全省第一名，受到省分行表扬。农行承德分行副行长苗彦青代表承德分行作了经验介绍。

21日至10月20日，在围场满族蒙古族自治县文化惠民下乡活动期间，人保财险承德市分公司先后到克勒沟镇、半截塔镇等8个乡镇“驻点搭棚”进行保险宣传，参与群众3000余人，通过现场答疑和发放宣传资料，在基层农村传播了保险知识。

22日，中行承德分行办理“中银板栗通达”贷款业务，为4户收购企业提供1400万元贷款。

10月

10—14日，承德银监分局、人行承德市中心支行、承德市金融工作办公室、承德市保险业协会联合举办“承德市金融文化节”。

15日，中行承德分行结算账户总量达到5540户，较年初新增985户，增长21.62%，完成年任务的109.11%。

20日，新华人寿河北分公司决定由张伟主持工作，免去胡义的新华人寿承德中支总经理职务。

22日，农行省、市、县行组成两个服务队、三个服务小分队，深入“环首都扶贫攻坚示范区”滦平县，全方位对接村、户、企业开展帮扶活动。活动中签约帮扶合作项目3个、贷款金额3000万元，捐赠物资价值11.6万元，现金2.5万元。

25日，在“中国金融理财师上海年会”上，农行承德分行员工林立婷，现场接受了组委会颁发的“中国金融理财师大赛（2014年）百佳金融理财师证书”，成为河北省农行系统唯一获此殊荣的选手。

28日，民生保险承德中支迁址承德市双桥区都统府大街6号（原地税局办公楼三楼）。

31日，根据承德银监分局批复，张家口市商业银行承德分行正式开业。营业地址设在承德市双桥区紫晶花园D座103号。首任行长曹力兵。

同月，邮储银行承德市分行行长变更为赵庆民。

11月

18日，太保人寿总公司董事长徐敬惠到承德中支调研，太保人寿河北分公司总经理周波陪同调研。徐敬惠从传统营销成本、银保产品、法人客户获客能力、交叉销售发展、营运提效、合规管理、营销员管理等几个方面，同承德各级机构负责人深入沟通。就业务经营创新升级、可持续发展、基础管理和专业化建设等关键性工作，作出重要指示。

20日，邮储银行河北省分行批复承德市分行2014年第二批小额贷款呆账核销38笔，141万元。

26日，根据承德银监分局批复，河北银行股份有限公司承德分行正式开业。营业地址设在承德市双桥区新华路新华园小区C座。首任党委书记、行长宋永记。

12月

31日，农行河北省分行副行长李军在市分行行长马韬的陪同下，先后对双桥支行、滦平县支行进行慰问。

同月，建行承德分行小企业“五贷一透”业务拓展取得突破，当年新增小微企业客户15户，发放贷款609万元。“五贷一透”是指善融贷、创业贷、信用贷、“POS”贷、税易贷和结算透，是建行依托大数据开发的小微企业系列信贷产品。产品的创新点在于企业可以依靠自身在银行账户交易信息、特约商户银行卡收单量、纳税诚信情况、银行信用情况等基础信息，在建行获得一定额度的信用贷款（一般不超过200万元），其特点是：信用贷款免担保、循环额度随借随还，方便小微企业的融资需求。

同月，生命人寿保险股份有限公司承德中心支公司名称变更为富德生命人寿保险股份有限公司承德中心支公司。

同月，渤海财险承德中支与承德市新旅游汽车有限责任公司建立合作关系，承保车辆险和公路客运承运人责任险保险，保费金额达到106万元。

同月，阳光财险承德中支接入总公司开发的快易保APP移动录单系统，明显提升了承保时效。

同月，民生保险E行销系统上线，民生人寿承德中支实现电子投保。

同年，建行承德分行成功争办承德市本级、双桥区及宽城、滦平两县的社会保障卡发卡项目。共发放社保卡50万张，在实现客户数量快速增长的同时，为建设银行向县域、乡镇延伸服务触角搭建了较好的平台。

2015年

1月

15日，农行承德分行行长马韬带队，带着精心挑选的10个对接项目，到宽城满族自治县召开“项目对接启动会”。宽城满族自治县委、县政府高度重视，成立常务副县长为组长的项目对接团队，与农行建立战略合作伙伴关系，密切政银合作，实现银企双赢。

20日，根据中共河北省委、承德市委《关于开展基层建设年活动的意见》，人行承德市中心支行派出由副调研员李雅莲带队的工作组，进驻平泉县松树台乡苏杖子社区开展工作。

25日，丰宁建信村镇银行召开2014年度股东大会、董事会、监事会会议，同意范振喜辞去董事职务，将股权转让给刘立华女士。董事长张士臣退休离任，提名朱春林、刘立华为新任董事，由朱春林接任董事长。解散监事会，聘任杨贵柱为专职监事。

26日，农行河北省分行副行长施华强、在承德分行行长马韬陪同下，先后来到双桥支行、滦平县支行慰问困难职工，并与一线员工座谈。

同月，平安财险河北分公司任命韩晓丽为平安财险承德中支总经理。

同月，承德博琳包装制品股份公司在新三板挂牌。

2月

16—24日，人寿财产保险承德中支积极参与省保协组织的“河北保险高速春运客服活动”，抽调查勘骨干人员24小时驻守在承德县高速公路出口，为春运出行车辆提供更换机油、检修车辆、指引路线、更换轮胎、轮胎充气、胎压检测、提供热水、药品、毛巾等一系列服务。

同月，光大永明人寿河北分公司任命，贾晓平为光大永明人寿承德中支总经理。

3月

16日，人行承德市中心支行按照天津分行批复，调整内设机构。调整后内设机构设置如下：办公室（党委办公室、后勤服务中心）、货币信贷管理科、金融稳定科、调查统计科。会计财务科（反洗钱科）、支付结算科（营业室）、科技科、货币金银科、国库科、内审科、人事科（党委组织部）、征信管理科、外汇管理科、宣传群工部、纪委监察室、保卫科。对涉及人员进行工作岗位调整。

31日，经河北银监分局批准，中信银行承德分行正式开业。营业地址设在承德市双桥区武烈路工商联大厦，首任行长阚景良。

同月，天安财险承德中支推出环卫工人和餐饮酒店员工团体意外伤害险。该保险保费低、保额高、保障范围广，体现了公司对社会特殊群体的最大关爱。

4月

1日，根据3月31日国务院发布的《存款保险条例》（国务院令第660号），人行承德市中心支行组织召开承德市建立存款保险制度工作会议，会议向银行业金融机构传达人行石家庄中心支行关于建立存款保险制度工作电视电话会议精神，明确了各项具体工作的手续和责任。存款保险工作正式启动。

9日，农发行承德分行发放河北省首笔重大水利工程建设专项过桥贷款10亿元，用于支持双峰寺水库工程建设。

同月，泰康人寿河北分公司任命李俊为泰康人寿承德中支总经理。

同月，河北银行承德分行办理即期结售汇业务备案，成为承德市第7家外汇指定银行。

6月

3日，根据利率市场化改革要求，省联社印发《存款利率定价指导意见》。同月，郊区农村信用联社获得承德市市场利率定价自律机制基础成员资格。

4日，承德银监分局组织开展全市银行业案件隐患专项整治工作，年内抽查银行业金融机构53家，发现问题102个。

17日，省联社党委冀信联党字〔2015〕35号文，任命刘强为省联社承德办事处党委书记、聘任为省联社承德办事处主任。

19日，农行丰宁满族自治县支行大阁分理处成功堵截一起诈骗客户银行卡存款案件，为客户避免经济损失5000元。

23日，中国中投证券有限责任公司承德陕西营路证券营业部同城迁址翠桥路南6号，更名为中国中投证券有限责任公司承德翠桥路证券营业部。

同日，人行天津分行巡视一组进驻人行承德市中心支行，开展第二轮巡视工作。

24日，农行承德分行一改以往会场“灌输式”消防安全培训模式，特邀承德市消防专家走进本行办公场所，组织机关部室“消防员”进行场景培训。

29日，建行承德分行为河北省金融租赁有限公司办理首笔租赁保理业务6亿元，年内累计办理8亿元。租赁保理是指租赁公司向承租人提供融资租赁服务，并将融资租赁服务产生的未到期应收租金转让给建设银行，建行为租赁公司提供应收租金管理、保理预付款和信用风险担保等服务的综合性金融产品。

同月，太保人寿河北分公司任命吴鸿雁（女）为太保人寿承德中支总经理。

同月，围场天原药业股份公司在新三板挂牌。

7月

1日，以农行滦平县支行退休老干部张九伶343封家书内容为题材摄制的纪录片《兄弟情深》，在央视10套科教频道21时50分播出，通过一封封家书带来的历史回忆，感受革命传统教育。

20日，工行河北省分行任命张志斌为工行承德分行行长、党委书记。

27—28日，农行河北省分行行长杨光到农行承德分行调研指导工作。在听取农行工作汇报后，对新一届领导班子一年来取得的成绩给予充分肯定，要求保持良好的发展势头和“团结向上、永不服输”的精气神儿，保持发展定力、狠抓执行力建设、加强党建工作、注重人文关怀。其间，行长杨光一行到宽城满族自治县支行、围场满族蒙古族自治县支行营业室进行了实地走访和座谈。

同月，天安财险承德中支推出“天安车险大管家”系统，利用移动视频查勘事故现场。

8月

14日，经河北证监局批准，广发证券股份有限公司承德新华路证券营业部正式开业。注册地址为承德市双桥区新华路北1号双百购物广场二期301铺，首任总经理李响。

21日，人行承德市中心支行、市金融办、市商务局联合召开由17家外贸企业和承德市银行业金融机构参加的银企对接会，通过银行和外贸企业现场面对面交流洽谈，承德市银行业金融机构为7家企业授信14250万元。与2家企业达成初步合作意向，意向资金6500万元。

同月，闫高杰任国泰君安证券股份有限公司承德西大街证券营业部总经理。

9月

1日，承德银行首期同业存单在全国银行间同业拆借市场成功发行。

同日，人行承德市中心支行行长杨建奎带队赴扶贫村和基层平安建设联系点——平泉县松树台乡苏杖子社区调研，中心支行助理调研员、扶贫工作组组长李雅莲陪同调研。

12日，太保人寿总公司总经理钱仲华一行到承德中支调研。听取了承德中支总经理吴鸿雁的工作汇报，对承德中支的工作成绩给予肯定。希望今后注重向产能提升转型，进一步加大培训力度，用软实力与同业开展竞争。

16日，河北银监局副局长陈炳华到中信银行承德分行调研。

17日，承德银监分局承办2015年河北省“送金融知识下乡”工作推进会。河北银监局副局长陈炳华、共青团河北省委副书记商黎兵到会并讲话。会议代表在平泉县观摩了承德市银行业2015年“送金融知识下乡”专场宣传活动。

22日，中信银行承德分行接入承德市住房公积金系统。

25—26日，建行承德分行完成了“新一代”2.2期项目投产上线工作。“新一代”核心系统是基于网点标准化、流程简明化、营运集约化的整体思路，通过实施新一代核心系统工程，创新营运手段和作业模式，重构业务流程，建立“多渠道受理，总行集中，前中后台一体化”的集约运营服务体系。“新一代”将能够整合的功能和应用全部统一集中，避免了重复建设，实现了“一点维护，全局生效”，大幅提高了业务参数的管理和维护效率。这是中国建设银行自2011年起举全行之力研发的业务核心系统。

29日，邮储银行承德市分行上收个人贷款业务审批权限，由市分行审批中心统一审批。

30 日，承德银监分局局长宋有田参加承德电视台“推进京津冀协同发展”系列访谈节目，介绍引导银行业机构支持“京津冀协同发展”措施及取得的成效。

11 月

13 日，农行承德分行在滦平县支行召开“风险补偿基金担保农户贷款推动会”和“农户小额不良贷款清收经验交流会”。会上，滦平县支行介绍了与滦平县供销联社开办风险补偿基金担保农户贷款业务合作情况，介绍了农户不良贷款清收先进经验。市分行副行长孙士斌就风险补偿基金担保农户贷款业务在全市铺开，以及农户不良贷款清收工作作了具体部署。

25 日，承德银行在全国银行间债券市场成功发行期限 10 年、金额 10 亿元的二级资本债券，全部用于补充资本金。

12 月

6 日，河北银行承德分行朗诚风力发电 6 亿元授信项目获批。

21 日，承德银监分局批准滦平盛阳村镇银行增资扩股，新增自然人股东 12 人，新增股本金 830.4 万元。增资扩股后，实收资本金总额由 5000 万元变更为 5830.4 万元。

同月，平安养老险承德中支实现承德市农信社系统 9 家联社员工综福业务全覆盖，保费收入 126 万元，为农信系统员工送去了医疗及意外保险保障。同时开拓农信社 5 家联社长险业务，缴费 680 万元全部转移为个人健康保险账户。

同月，百年人寿总公司开发的百年通系统二期提升上线，百年人寿承德中支实现无纸化全程电子投保流程，100% 电子投保。

同月，阳光财险总公司开发的全能保 APP 上线，所有销售人员可以使用 APP 手机完成自助算价、自助承保、在线支付等所有承保功能。

同月，人寿财产保险承德中支开展了非事故道路救援增值服务、查勘员搭电救援活动。凡是在河北分公司辖内投保的 11 座（含）以下的非营业以及家庭自用的客车、轿车遇险需要救援的，施救车辆给予免费搭电救援。

同年，建行承德分行实现了保本理财对接非标资产，为国电承德热电有限公司等客户发放养老金理财产品 1.3 亿元，为隆化县中医院办理 1000 万元“医保贷”，为避暑山庄实业集团办理“智能现金池”。以上业务是建行承德分行对资产业务创新的持续深化。

同年，农发行承德分行全力做好重点建设基金投放工作，共支持资本金投资项目 13 个，总金额 3.87 亿元，涉及棚户区改造、养老服务设施、机场基础设施、城市供热供水设施、水利设施、增强核心竞争力设施、农产品流通设施等相关基础产业设施建设项目。

第一编

金融机构

第一编 金融机构

金融机构一般指从事金融中介活动的经济组织，包括银行、保险、证券、贷款公司等行业。金融机构是金融体系的组成部分。为了保证金融机构依法经营，有效防范金融风险，国家依法设立金融管理机构，对金融业履行宏观调控、风险监管、金融服务等领导管理职能，监督金融机构依法开展经营活动。1989—2015 年，承德市的金融机构设置发生了较大的变化。

金融管理机构。1997 年之前，中国人民银行承德分行是承德市唯一的金融管理机构，独立行使金融监管各项职责。地方政府对辖内金融业的综合协调管理工作，指派人民银行牵头组织。1998—2003 年，国家先后设立证监会、保监会、银监会，其中，证监会、保监会不在地市级设立机构。2003 年 12 月设立了承德银监分局。分业监管相应带来政府对金融工作的整体协调出现了缺位，于是各级政府相应成立金融工作办公室，负责辖内金融业的综合协调、管理、服务工作。

2002 年 12 月，成立承德市金融证券领导小组办公室，隶属于市政府办公室。2010 年 10 月，机构名称改为承德市金融工作办公室，是承德市政府办公室挂牌子单位。2012 年 6 月，调整为行政机构。2015 年 6 月，再次调整为市政府办公室挂牌子单位。

银行业机构。1989—1995 年，承德市已经设立工行、农行、中行、建行 4 家国有专业银行、农村信用社、城市信用社、邮政储蓄网点。1996 年，中国农业发展银行承德分行成立，作为国家政策性银行，专门办理农村政策性业务。2000—2001 年，城市信用社经过风险处置，于 2002 年重组承德市城市信用社股份有限公司，2009 年演变为承德银行股份有限公司。2005 年，河北省农村信用社承德办事处成立，确立了省级政府领导管理农村信用社的体制。2008 年，中国邮政储蓄银行承德市分行成立。2010—2011 年，由中国建设银行控股的丰宁建信村镇银行、廊坊银行控股的滦平盛阳村镇银行、承德银行控股的围场华商村镇银行先后设立。2013—2015 年，交通银行、河北银行、张建口市商业银行、中信银行先后入驻承德，设立分行机构。2015 年末，承德市设有国有政策性银行机构 1 家、国有股份制商业银行机构 7 家、地方法人商业银行（信用社）7 家，计 15 家。2008—2015 年末，经河北省政府金融办批准，承德市共设立小额贷款公司 54 家。

保险业机构。1989—1991 年，承德市保险市场由中国人民保险公司机构独家经营。1992 年，中国太平洋保险公司机构入驻承德。特别是 2002 年之后，多家保险公司陆续入驻承德设立机构。到 2015 年末，承德市设立保险公司市级机构 31 家，其中财险机构 15 家，寿险机构 16 家。

证券业机构。承德市的证券机构于 1995 年起步，最初的 2 家证券营业部，分别由农业银行、工商银行兼营，1997 年分别脱钩转让给南方证券公司、河北证券公司，此后多次易手转让。到 2015 年末，承德市设有 5 家证券营业部，分别隶属中投、财达、国泰君安、广发证券公司管辖。

第一章 金融管理机构

1989—1997年，中国人民银行承德分行是承德市唯一的金融管理机构，全面行使对银行、保险、证券业的监管职能。1998年证券业监管移交中国证监会河北监管局，2001年保险业监管移交中国保监会河北监管局，2003年银行业监管移交中国银监会承德监管分局。

第一节 人行承德市中心支行

一、机构沿革

中国人民银行承德市中心支行是中国人民银行设置的二级分支机构，依照《中华人民共和国中国人民银行法》的规定，在承德辖区行使中央银行职能。

1989年，机构名称为中国人民银行承德分行（以下简称人行承德分行），办公地址设在承德市裕华路北5号。人行承德分行党组、人事、业务工作隶属于中国人民银行河北省分行垂直领导。基层党建、纪检监察、工会、共青团工作以地方管理为主。人行承德分行下设承德县、兴隆县、平泉县、滦平县、隆化县、丰宁满族自治县、宽城满族自治县、围场满族蒙古族自治县8个县支行。

1996年4月29日，人行承德分行办公地址由裕华路迁至承德市东大街3号（后更名为都统府大街2号）。

1998年12月，中国人民银行天津分行（简称人行天津分行）挂牌成立，对河北、山西、内蒙古、天津4省区市人民银行行使领导管理权。同时，撤销中国人民银行河北省分行，改建中国人民银行石家庄中心支行（简称人行石家庄中心支行），负责河北省内一部分业务工作的领导管理。由此，形成了人行天津分行与人行石家庄中心支行双重领导管理的格局。

经人行天津分行批准，1999年1月1日起，中国人民银行承德分行更名为中国人民银行承德市中心支行（简称人行承德市中心支行）。中共中国人民银行承德分行党组更名为中共中国人民银行承德市中心支行党委。其基层党建、纪检监察、工会、共青团工作全部由地方收归人行天津分行垂直领导。人行承德市中心支行的人事管理、金融监管、会计财务、内部审计、货币信贷业务工作，划归人行天津分行领导管理。其余各项业务工作，划归人行石家庄中心支行领导管理。

2002年之后，人行承德市中心支行的会计财务、货币信贷陆续由人行天津分行划归人行石家庄中心支行领导管理。

2003年12月，中国银行业监督管理委员会承德监管分局由人行承德市中心支行分设。银行业金融监管、农村信用社管理工作划归承德银监分局。

经中国人民银行河北省分行批准，1987年5月设立国家外汇管理局承德分局（简称外汇局承德分局），与人行承德分行“一套机构、两块牌子”，合署办公，人行承德分行行长兼任外汇局承德分局局长，内设外汇管理科办理日常业务。

1999年1月，更名为国家外汇管理局承德市支局（简称外汇局承德市支局）。2001年5月，更名为国家外汇管理局承德市中心支局（简称外汇局承德市中心支局）。

二、内设科室

1989年内设14个科室，分别为办公室、金融管理科、综合计划科、会计科、出纳科（货币发行）、国库科、稽核科、人事科、外汇管理科、工会办公室、金融纪检组（监察室）、保卫科、金融研究室、行政科。

1997年9月，接收由农行承德分行划转市农金体改办5名在编人员，增设农村合作金融管理处，王国庆任处长;撤销综合计划科、稽核科、金融研究室、金融纪检组（监察室）；增设货币信贷科、调查统计科、科技科、内审科、宣传部、纪检监察综合科、人民银行纪检监察科、其他金融机构纪检监察科；出纳科更名为货币金银科；1992年7月增设的思想政治工作办公室于1999年撤销。

2000年4月，根据人行天津分行《关于规范地（市、盟）中心支行、县（市、旗）支行职能配置、内设机构和人员编制》（津银发〔1999〕450号)文件要求,对内设机构进行调整。调整后，人行承德市中心支行内设科室19个，分别为办公室（党委办公室）、货币信贷科、调查统计科、金融管理科（金融体改办合署办公）、农村合作金融管理处、会计科、科技科、货币金银科、国库科、内审科、人事教育科（组织部）、外汇管理科、宣传部（机关党委）、工会办公室（团委）、纪检监察综合科、人民银行纪检监察科、其它金融机构纪检监察科、保卫科、行政科。

2000—2003年期间，人行承德市中心支行对内设机构进行了调整，货币信贷科、调查统计科合并，设立货币信贷与统计科；撤销农村合作金融管理处，分设合作金融监管科、信用合作管理办公室；增设营业部、会计事后监督中心；金融管理科更名为银行监管科。调整后，2003年人行承德市中心支行内设科室21个。

2003年12月，承德银监分局分设。人行承德市中心支行银行监管科、合作金融监管科、信用合作管理办公室、其他金融机构纪检监察科4个科室整体划转承德银监分局。人行承德市中心支行按照人民银行“三定”方案，于2004年对内设机构进行调整，撤销货币信贷与统计科，分设货币信贷管理科、调查统计科；宣传部、工会办公室合并，设立宣传群工部;纪检监察综合科、人民银行纪检监科合并，设立纪检监察办公室；人事教育科、营业部、行政科分别调整为人事科、营业室、后勤服务中心。调整后,内设科室16个，分别为办公室（党委办公室）、货币信贷管理科、调查统计科、会计财务科、科技科、货币金银科、国库科、内审科、人事科（组织部）、外汇管理科、保卫科、营业室、事后监督中心、纪检监察办公室、宣传群工部、后勤服务中心。

2015年3月，根据中国人民银行修订的“三定”方案，人行承德市中心支行对内设机构进行调整，撤销后勤服务中心，并入办公室；撤销事后监督中心；增设金融稳定科、征信管理科；营业室更名为支付结算科；纪检监察办公室更名为纪委监察室。调整后，内设科室16个，分别为办公室（党委办公室、后勤服务中心）、货币信贷管理科、金融稳定科、调查统计科、会计财务科（反洗钱）、支付结算科（营业室）、科技科、货币金银科、国库科、内审科、人事科（党委组织部）、征信管理科、外汇管理科、宣传群工部、纪委监察室、保卫科。

三、分支机构

20世纪80年代中期，人民银行县支行经历了一度消失又再次恢复设立的过程。而且，消失之前和恢复之后的机构职能发生了根本性变化。

1984年以前，县支行是人民银行在县域内办理具体金融业务和管理金融事务的最基层分支机构。设在县以下的办事处、分理处、储蓄所，则作为派出机构，受县支行领导管理。

根据国务院1983年《关于中国人民银行专门行使中央银行职能的决定》，人民银行专门行使中央银行职能，工商信贷和城镇储蓄业务交由新成立的中国工商银行办理。

1984年底，经过近一年的酝酿筹备，承德辖区人行、工行分设工作宣告完成。自1985年1月1日起，承德人行、工行各自单立门户。同年，中国人民银行承德地区中心支行作为这次机构分设的母体，将自身的工商信贷、储蓄等科室整体划转工商银行后，保留了裕华路原址的机构、财产和大部分人员。机构名称变更为中国人民银行承德分行。原人民银行承德市支行、各县支行的机构、财产、人员，整建制划归工商银行。工商银行分设后，市级机构名称为中国工商银行承德中心支行、县级机构名称为中国工商银行XX县支行。此次机构分设，人民银行机构设置到二级分行，县级支行自然消失。

到1986年，为了弥补人民银行县域工作的空白，解决好实际工作中遇到的诸多问题，中国人民银行决定恢复设立县支行。到1987年年底，承德辖区8个县全部恢复设立中国人民银行县支行，在各自县域内依法行使中央银行职能。

1989—2015年，人行承德分行（人行承德市中心支行）下设8个县支行，分别为承德县支行（承德县下板城镇新兴路）、兴隆县支行（兴隆县兴隆镇革新路）、平泉县支行（平泉县平泉镇迎宾街）、滦平县支行（滦平县滦平镇新建东路北侧8号）、隆化县支行（隆化县隆化镇通站南街36号）、丰宁满族自治县支行（丰宁满族自治县大阁镇西街96号）、宽诚满族自治县支行（宽城满族自治县宽城镇新兴街167号）、围场满族蒙古族自治县支行（围场满族蒙古族自治县围场镇凤凰路204号）。其间，县支行机构保持稳定，未发生调整变化。

1990年5月24日，人行河北省分行发文规定，对于符合条件的县（市）可以申请设立外汇管理支局。经外汇局河北分局批准，承德市共有3个县设立国家外汇管理局支局，即1992年8月批准设立国家外汇管理局兴隆支局、国家外汇管理局围场支局，1993年5月批准设立国家外汇管理局平泉支局，与人民银行县支行“一套机构、两块牌子”，合署办公，历任行长兼任局长。

四、中心支行领导任职

1989—2015年人行承德市中心支行历任行长一览表

表1-1-1

姓名	任职时间	性别	民族	党派	文化程度	出生年月	籍贯	备注
程文甫	1989.01—1993.03	男	汉	中国共产党	大专	1931.01	河北滦平	离休
成永存	1995.01—1996.07	男	汉	中国共产党	高中	1944.01	河北隆化	病故
张景林	1996.12—1997.09	男	汉	中国共产党	高中	1948.11	河北青龙	代行长
	1997.09—2000.05							行长
朱志强	2000.05—2002.02	男	汉	中国共产党	本科	1963.01	天津市	调离
王会奇	2002.02—2005.12	男	汉	中国共产党	本科	1966.06	河北雄县	调离
杨建奎	2005.12—2015.12	男	汉	中国共产党	本科	1958.02	河北青龙	

1989—2015年人行承德市中心支行历任副行长一览表

表1-1-2

姓名	任职时间	性别	民族	党派	文化程度	出生年月	籍贯	备注
蔡惠芳	1989.01—1995.09	女	汉	中国共产党	大专	1935.02	广东罗定	退休
成永存	1989.01—1993.03	男	汉	中国共产党	高中	1944.01	河北隆化	
	1993.03—1995.01							主持工作
张景林	1993.03—1996.07	男	汉	中国共产党	高中	1948.11	河北青龙	
	1996.07—1996.12							主持工作
吴淑华	1993.03—1997.07	女	汉	中国共产党	大专	1950.08	北京市	调离
杨建奎	1996.12—2005.12	男	汉	中国共产党	本科	1958.02	河北青龙	提职
李福德	1996.12—2009.09	男	汉	中国共产党	中专	1951.10	河北平泉	提职级
李建国	1999.08—2003.12	男	满	中国共产党	大专	1959.08	河北滦平	调离
杨启明	2004.08—2013.12	男	汉	中国共产党	本科	1964.05	河北兴隆	调离
宋　耐	2010.06—2015.12	男	满	中国共产党	大专	1963.03	河北青龙	
杨风华	2010.06—2015.12	男	汉	中国共产党	大专	1962.12	辽宁建昌	
崔喜林	2014.03—2015.12	男	汉	中国共产党	本科	1959.04	河北乐亭	

1989—2015年人行承德市中心支行历任纪检组长（纪委书记）一览表

表1-1-3

姓名	任职时间	性别	民族	党派	文化程度	出生年月	籍贯	备注
白彦才（纪检组长）	1991.10—1997.07	男	蒙古	中国共产党	中专	1936.08	内蒙古宁城	退休
宋有田	2001.08—2003.12	男	满	中国共产党	本科	1959.07	河北青龙	调离
崔喜林	2004.08—2014.03	男	汉	中国共产党	本科	1959.04	河北乐亭	改任副行长
王金祥	2015.03—2015.12	男	汉	中国共产党	本科	1971.01	河北廊坊	

1989—2015年人行承德市中心支行历任工会主任、总稽核、总经济师一览表

表 1-1-4

姓名	职务	任职时间	性别	民族	党派	文化程度	出生年月	籍贯	备注
谢广银	工会主任	1989.05—1997.08	男	汉	中国共产党	中专	1939.07	河北滦平	病故
崔喜林	工会主任	2001.08—2004.08	男	汉	中国共产党	本科	1959.04	河北乐亭	改任纪委书记
王少云	工会主任	2007.02—2015.12	女	满	中国共产党	本科	1959.09	河北平泉	
杨万忠	总稽核	1989.01—1990.11	男	汉	中国共产党	初中	1930.01	河北围场	退休
陈广才	总稽核	1991.07—1995.09	男	汉	中国共产党	中专	1935.02	河北平泉	退休
邓鹤龄	总经济师	1989.01—1993.03	男	汉	中国共产党	初中	1930.09	河北平泉	退休

说明：人行承德分行历任总稽核统计时间为1989—1995年，总经济师统计时间为1989—1993年

1989—2015年人行承德市中心支行历任非领导职务人员一览表

表 1-1-5

姓名	职务	职级	任职时间	性别	民族	党派	文化程度	出生年月	籍贯	备注
张景林	监管员（调研员）	正处级	2000.05—2008.11（2000.05—2004.08任党委委员）	男	汉	中国共产党	高中	1948.11	河北青龙	退休
李福德	调研员	正处级	2009.09 — 2011.11	男	汉	中国共产党	中专	1951.10	河北平泉	退休
杨启明	监管员	副处级	2001.08—2004.08	男	汉	中国共产党	本科	1964.05	河北兴隆	提职
郭小伟	副调研员	副处级	2007.02—2015.12	女	满	中国共产党	本科	1957.07	河北滦县	
王惠民	副调研员	副处级	2010.06—2015.12	男	满	中国共产党	大专	1964.04	河北围场	
李雅莲	副调研员	副处级	2013.03—2015.12	女	汉	中国共产党	本科	1963.09	河北平泉	

1989—2015年人行承德市中心支行历任纪委副书记（正科级）一览表

表 1-1-6

姓名	任职时间	性别	民族	党派	文化程度	出生年月	籍贯	备注
王巨峰	2001.11—2004.12	男	汉	中国共产党	本科	1949.10	辽宁昌图县	调离
段立新	2004.12—2008.09	女	满	中国共产党	本科	1958.08	内蒙古宁城	调离
郭佳鸿	2015.09—2015.12	男	汉	中国共产党	本科	1968.01	承德鹰手营子矿区	

五、县支行领导任职

承德县支行历任领导成员

1989—2015年人行承德县支行历任行长一览表

表 1-1-7

姓名	任职时间	性别	民族	党派	文化程度	出生年月	籍贯	备注
沈　平	1989.01—1994.05	男	汉	中国共产党	小学	1932.10	黑龙江哈尔滨	离休
薛立国	1994.05—1997.07	男	汉	中国共产党	大专	1962.09	河北承德县	调离
杨风华	1997.07—2001.11	男	汉	中国共产党	大专	1962.12	辽宁建昌	调离
李金科	2001.11—2005.06	男	汉	中国共产党	大专	1958.05	河北兴隆	调离
刘永全	2005.12—2009.10	男	满	中国共产党	本科	1963.10	河北宽城	调离
赵耀军	2009.10—2015.05	男	满	中国共产党	本科	1966.02	河北平泉	调离
杜凤荣	2015.05—2015.12	男	汉	中国共产党	本科	1963.04	河北平泉	

说明：杜凤荣为副处级

1989—2015年人行承德县支行历任副行长一览表

表 1-1-8

姓名	任职时间	性别	民族	党派	文化程度	出生年月	籍贯	备注
薛立国	1989.01—1994.05	男	汉	中国共产党	大专	1962.09	河北承德县	提职
杨益华	1992.01—2004.09	女	汉	中国共产党	中专	1951.10	河北承德县	提职级
王世杰	1994.06—2003.12	男	汉	中国共产党	大专	1962.11	河北承德县	调离
高树平	2004.09—2013.09	男	汉	中国共产党	大专	1957.08	河北承德县	提职级
刘永全	2004.09—2005.06	男	满	中国共产党	本科	1963.10	河北宽城	
	2005.06—2005.12							主持工作
张　银	2005.12—2008.03	男	汉	中国共产党	大专	1957.10	河北兴隆	调离
王建国	2008.03—2015.12	男	汉	中国共产党	本科	1966.12	河北承德县	
翟　政	2013.09—2015.12	男	汉	中国共产党	本科	1968.03	河北承德县	

1989—2004年人行承德县支行历任纪检组组长一览表

表 1-1-9

姓名	任职时间	性别	民族	党派	文化程度	出生年月	籍贯	备注
武素清	1989.01—1992.01	女	汉	中国共产党	初中	1934.11	河北承德县	退休
高树平	1994.06—2004.09	男	汉	中国共产党	大专	1957.08	河北承德县	改任

兴隆县支行历任领导成员

1989—2015年人行兴隆县支行历任行长一览表

表1-1-10

姓名	任职时间	性别	民族	党派	文化程度	出生年月	籍贯	备注
王兆明	1989.01—1990.03	男	汉	中国共产党	高中	1930.02	辽宁沈阳	离休
舒印福	1990.03—1999.08	男	汉	中国共产党	大专	1946.07	河北兴隆	调离
王国庆	1999.08—2001.11	男	汉	中国共产党	硕士	1958.10	内蒙古赤峰	调离
杜凤荣	2001.11—2003.12	男	汉	中国共产党	本科	1963.04	河北平泉	调离
郭佳鸿	2004.02—2015.09	男	汉	中国共产党	本科	1968.01	承德鹰手营子矿区	调离
左利民	2015.09—2015.12	男	汉	中国共产党	本科	1969.07	河北隆化	

1989—2015年人行兴隆县支行历任副行长一览表

表1-1-11

姓名	任职时间	性别	民族	党派	文化程度	出生年月	籍贯	备注
李　鹏	1989.01—1993.03	男	汉	中国共产党	中专	1940.02	河北迁安	病故
李金科	1989.04—1997.07	男	汉	中国共产党	大专	1958.05	河北兴隆	调离
耿淑英	1991.08—1999.07	女	汉	中国共产党	中专	1952.05	河北兴隆	提职级
杜凤荣	1999.08—2001.11	男	汉	中国共产党	本科	1963.04	河北平泉	提职
刘忠清	1999.08—2001.11	男	蒙古	中国共产党	高中	1946.02	河北隆化	调离
董云光	2001.11—2003.12	男	汉	中国共产党	大专	1965.10	河北兴隆	调离
郭佳鸿	2001.11—2003.12	男	汉	中国共产党	本科	1968.01	承德鹰手营子矿区	
	2003.12—2004.02							主持工作
高　军	2004.09—2015.12	男	汉	中国共产党	本科	1962.05	河北兴隆	
张　银	2008.03—2013.09	男	汉	中国共产党	大专	1957.10	河北兴隆	提职级
张学俊	2013.09—2015.12	女	汉	中国共产党	大专	1965.10	河北兴隆	

1989—2004 年人行兴隆县支行历任纪检组组长一览表

表 1-1-12

姓名	任职时间	性别	民族	党派	文化程度	出生年月	籍贯	备注
于之河	1989.06—1993.03	男	汉	中国共产党	中专	1937.11	河北沧县	退休
莫桂清	1993.03—1996.07	男	满	中国共产党	高中	1951.08	河北兴隆	金融服务所任职
董云光	1998.01—2001.11	男	汉	中国共产党	大专	1965.10	河北兴隆	改任
高　军	2001.11—2004.09	男	汉	中国共产党	本科	1962.05	河北兴隆	改任

平泉县支行历任领导成员

1989—2015 年人行平泉县支行历任行长一览表

表 1-1-13

姓名	任职时间	性别	民族	党派	文化程度	出生年月	籍贯	备注
陈　彬	1989.01—1991.04	男	满	中国共产党	高中	1937.02	河北青龙	调离
孙金兰	1991.11—1992.11	女	汉	中国共产党	中专	1942.05	北京延庆	病故
卢凤呈	1992.11—1997.08	男	汉	中国共产党	大专	1942.12	河北平泉	转任
王国玉	1997.08—2002.11	男	回	中国共产党	中专	1956.03	河北平泉	病故
杜凤荣	2003.12—2015.05	男	汉	中国共产党	本科	1963.04	河北平泉	调离
赵耀军	2015.05—2015.12	男	满	中国共产党	本科	1966.02	河北平泉	

说明：杜凤荣 2010 年 6 月至 2015 年 5 月期间为副处级

1989—2015 年人行平泉县支行历任副行长一览表

表 1-1-14

<table>
<tr><th>姓名</th><th>任职时间</th><th>性别</th><th>民族</th><th>党派</th><th>文化程度</th><th>出生年月</th><th>籍贯</th><th>备注</th></tr>
<tr><td>孙金兰</td><td>1989.01—1991.11</td><td>女</td><td>汉</td><td>中国共产党</td><td>中专</td><td>1942.5</td><td>北京延庆</td><td>提职</td></tr>
<tr><td rowspan="3">卢凤呈</td><td>1989.01—1991.04</td><td rowspan="3">男</td><td rowspan="3">汉</td><td rowspan="3">中国共产党</td><td rowspan="3">大专</td><td rowspan="3">1942.12</td><td rowspan="3">河北平泉</td><td></td></tr>
<tr><td>1991.04—1991.11</td><td>主持工作</td></tr>
<tr><td>1991.11—1992.11</td><td>提职</td></tr>
<tr><td>王国玉</td><td>1992.11—1997.06</td><td>男</td><td>回</td><td>中国共产党</td><td>中专</td><td>1956.03</td><td>河北平泉</td><td>提职</td></tr>
</table>

续表 1-1-14

姓名	任职时间	性别	民族	党派	文化程度	出生年月	籍贯	备注
杜凤荣	1992.11—1999.08	男	汉	中国共产党	本科	1963.04	河北平泉	调离
王忠民	1995.10—1999.10	男	满	中国共产党	大专	1963.01	河北平泉	
	2002.11—2003.12							主持工作
赵耀军	2000.05—2004.12	男	满	中国共产党	本科	1966.02	河北平泉	调离
汪桂兰	2003.12—2012.02	女	满	中国共产党	大专	1959.12	河北平泉	提职级
朱承南	2004.12—2006.12	男	汉	中国共产党	大专	1964.09	江苏南通	调离
吴建国	2009.10—2015.12	男	汉	中国共产党	大专	1964.12	河北平泉	
王远新	2012.02—2015.12	男	满	中国共产党	本科	1970.02	辽宁凌源	

1989—2004 年人行平泉县支行历任纪检组组长一览表

表 1-1-15

姓名	任职时间	性别	民族	党派	文化程度	出生年月	籍贯	备注
吴世奎	1991.04—1999.10	男	汉	中国共产党	高中	1940.10	吉林集安	转任
汪桂兰	1999.10—2003.12	女	满	中国共产党	大专	1959.12	河北平泉	改任

滦平县支行历任领导成员

1989—2015 年人行滦平县支行历任行长一览表

表 1-1-16

姓名	任职时间	性别	民族	党派	文化程度	出生年月	籍贯	备注
王来印	1989.01—1994.12	男	满	中国共产党	初中	1937.11	河北滦平	转任
李春国	1994.12—2003.12	男	满	中国共产党	大专	1955.08	河北滦平	调离
常宏利	2004.10—2015.05	男	满	中国共产党	本科	1965.11	河北滦平	调离
刘振远	2015.05—2015.12	男	满	中国共产党	大专	1963.02	河北丰宁	

1989—2015年人行滦平县支行历任副行长一览表

表1-1-17

姓名	任职时间	性别	民族	党派	文化程度	出生年月	籍贯	备注
李春国	1989.01—1994.12	男	满	中国共产党	大专	1955.08	河北滦平	提职
缪如一	1994.12—2009.09	男	满	中国共产党	本科	1963.03	河北滦平	免职
常宏利	2000.05—2003.12	男	满	中国共产党	本科	1965.11	河北滦平	
	2003.12—2004.10							主持工作
胡　富	2004.10—2015.12	男	满	中国共产党	本科	1958.12	河北滦平	
戴明权	2009.09—2015.12	男	汉	中国共产党	本科	1965.11	河北卢龙	

1989—2004年人行滦平县支行历任纪检组组长一览表

表1-1-18

姓名	任职时间	性别	民族	党派	文化程度	出生年月	籍贯	备注
侯瑞兰	1989.01—1993.07	女	满	中国共产党	中专	1941.11	河北宽城	调离
缪如一	1993.07—1994.12	男	满	中国共产党	本科	1963.03	河北滦平	改任
胡　富	1994.12—2004.10	男	满	中国共产党	本科	1958.12	河北滦平	改任

隆化县支行历任领导成员

1989—2015年人行隆化县支行历任行长一览表

表1-1-19

姓名	任职时间	性别	民族	党派	文化程度	出生年月	籍贯	备注
孙万仓	1989.01—1996.10	男	汉	中国共产党	高中	1936.07	河北隆化	退休
高永林	1996.10—2004.09	男	满	中国共产党	中专	1951.08	河北宽城	调离
冀汉林	2004.09—2010.05	男	满	中国共产党	本科	1966.03	河北隆化	调离
王海珍	2010.05—2015.12	女	满	中国共产党	本科	1968.11	河北隆化	

1989—2015 年人行隆化县支行历任副行长一览表

表 1-1-20

姓名	任职时间	性别	民族	党派	文化程度	出生年月	籍贯	备注
吴廷辉	1989.01—1999.10	男	满	中国共产党	中专	1941.07	河北隆化	退休
苏仲民	1994.12—2003.12	男	满	中国共产党	中专	1955.09	河北隆化	调离
冀汉林	2000.04—2004.02	男	满	中国共产党	本科	1966.03	河北隆化	调离
陈福国	2004.09—2009.10	男	满	中国共产党	本科	1965.11	河北隆化	调离
	2010.05—2013.09							调离
程松峰	2004.12—2005.08	男	满	中国共产党	本科	1972.08	河北丰宁	调离
王海珍	2005.12—2010.05	女	满	中国共产党	本科	1968.11	河北隆化	提职
丁素华	2009.10—2012.03	女	满	中国共产党	大专	1966.06	河北围场	调离
郑　义	2012.03—2015.12	男	汉	中国共产党	大专	1962.11	河北隆化	

1989—2004 年人行隆化县支行历任纪检组组长一览表

表 1-1-21

姓名	任职时间	性别	民族	党派	文化程度	出生年月	籍贯	备注
卜国华	2000.04—2004.09	女	满	中国共产党	中专	1953.11	河北隆化	退休

丰宁满族自治县支行历任领导成员

1989—2015 年人行丰宁满族自治县支行历任行长一览表

表 1-1-22

姓名	任职时间	性别	民族	党派	文化程度	出生年月	籍贯	备注
韩雨廷	1989.01—1994.12	男	汉	中国共产党	高中	1934.05	河北丰宁	退休
竹国森	1994.12—1997.06	男	满	中国共产党	中专	1954.11	河北丰宁	调离
李金科	1997.06—2001.11	男	汉	中国共产党	大专	1958.05	河北兴隆	调离
李永生	2001.11—2003.12	男	汉	中国共产党	中专	1963.04	河北平泉	调离
刘振远	2004.02—2015.05	男	满	中国共产党	大专	1963.02	河北丰宁	调离
常宏利	2015.05—2015.12	男	满	中国共产党	本科	1965.11	河北滦平	

说明：韩雨廷 1993 年 2 月至 1994 年 12 月期间为副处级

1989—2015 年人行丰宁满族自治县支行历任副行长一览表

表 1-1-23

姓名	任职时间	性别	民族	党派	文化程度	出生年月	籍贯	备注
石景义	1989.01—1994.04	男	回	中国共产党	大专	1948.08	河北丰宁	调离
宋昌贞	1994.03—2004.09	女	满	中国共产党	大专	1953.09	河北丰宁	提职级
刘振远	2000.04—2003.12	男	满	中国共产党	大专	1963.02	河北丰宁	
	2003.12—2004.02							主持工作
张　虎	2004.02—2005.12	男	回	中国共产党	本科	1962.12	河北丰宁	
戴明权	2005.05—2009.10	男	汉	中国共产党	本科	1965.11	河北卢龙	调离
姜春芳	2009.10—2015.12	女	汉	中国共产党	大专	1963.02	河北丰宁	

1989—2004 年人行丰宁县支行历任纪检组组长一览表

表 1-1-24

姓名	任职时间	性别	民族	党派	文化程度	出生年月	籍贯	备注
郭九辅	1989.01—1998.12	男	汉	中国共产党	高中	1938.11	河北丰宁	退休
赵文瑞	2000.04—2003.12	男	满	中国共产党	大专	1965.09	河北丰宁	调离

宽城满族自治县支行历任领导成员

1989—2015 年人行宽城满族自治县支行历任行长一览表

表 1-1-25

姓名	任职时间	性别	民族	党派	文化程度	出生年月	籍贯	备注
方永明	1989.01—1996.03	男	汉	中国共产党	中专	1934.10	河北青龙	退休
宋有田	1996.03—2001.08	男	满	中国共产党	本科	1959.07	河北青龙	调离
段立新	2001.11—2004.04	女	满	中国共产党	本科	1958.08	内蒙古宁城	调离
高延民	2004.09—2004.12	男	汉	中国共产党	本科	1965.11	河北平泉	调离
赵耀军	2005.06—2009.10	男	满	中国共产党	本科	1966.02	河北平泉	调离
刘永全	2009.10—2012.10	男	满	中国共产党	本科	1963.10	河北宽城	调离
杨富友	2013.09—2015.12	男	满	中国共产党	本科	1966.08	河北宽城	

1989—2015 年人行宽城满族自治县支行历任副行长一览表

表 1-1-26

姓名	任职时间	性别	民族	党派	文化程度	出生年月	籍贯	备注
刘福成	1989.01—1990.04	男	汉	中国共产党	中专	1941.01	河北丰南	调离
刘宝云	1991.12—2001.08	女	满	中国共产党	中专	1948.06	河北保定	
	2001.08—2001.11							主持工作

续表 1-1-26

姓名	任职时间	性别	民族	党派	文化程度	出生年月	籍贯	备注
宋有田	1992.04—1996.03	男	满	中国共产党	本科	1959.07	河北青龙	提职
段立新	1996.03—2001.11	女	满	中国共产党	本科	1958.08	内蒙古宁城	提职
王克友	2001.11—2011.05	男	满	中国共产党	大专	1954.03	河北宽城	提职级
杨明东	2001.11—2003.12	男	满	中国共产党	大专	1965.12	河北宽城	调离
高延民	2004.04—2004.09	男	汉	中国共产党	本科	1965.11	河北平泉	主持工作
赵国强	2004.04—2011.05	男	汉	中国共产党	本科	1960.02	河北易县	辞去职务
赵耀军	2004.12—2005.06	男	满	中国共产党	本科	1966.02	河北平泉	主持工作
杨富友	2011.05—2012.10	男	满	中国共产党	本科	1966.08	河北宽城	
	2012.10—2013.09							主持工作
张建新	2011.05—2015.12	男	汉	中国共产党	本科	1969.11	河北平泉	
张晓维	2015.07—2015.12	女	满	中国共产党	本科	1972.05	河北宽城	

1989—2004 年人行宽城满族自治县支行历任纪检组组长一览表

表 1-1-27

姓名	任职时间	性别	民族	党派	文化程度	出生年月	籍贯	备注
高永林	1989.07—1996.11	男	满	中国共产党	中专	1951.08	河北宽城	调离
王克友	1996.11—2001.11	男	满	中国共产党	大专	1954.03	河北宽城	改任
赵国强	2001.11—2004.04	男	汉	中国共产党	本科	1960.02	河北易县	改任

围场满族蒙古族自治县支行历任领导成员

1989—2015 年人行围场满族蒙古族自治县支行历任行长一览表

表 1-1-28

姓名	任职时间	性别	民族	党派	文化程度	出生年月	籍贯	备注
胡汉廷	1989.01—1997.06	男	汉	中国共产党	初中	1937.09	河北围场	病故
孙学明	1997.06—2001.11	男	满	中国共产党	大专	1959.08	河北围场	调离
焦彦辞	2001.11—2003.12	男	汉	中国共产党	本科	1962.11	河北兴隆	调离
冀翰林	2004.02—2004.09	男	满	中国共产党	本科	1966.03	河北隆化	调离
刘文会	2005.02—2009.10	男	汉	中国共产党	中专	1953.06	河北围场	转任
高延民	2009.10—2010.10	男	汉	中国共产党	本科	1965.11	河北平泉	调离
白明星	2010.10—2013.09	男	汉	中国共产党	本科	1968.08	河北滦平	调离
陈福国	2013.09—2015.12	男	满	中国共产党	本科	1965.11	河北隆化	

1989—2015年人行围场满族蒙古族自治县支行历任副行长名录

表 1-1-29

姓名	任职时间	性别	民族	党派	文化程度	出生年月	籍贯	备注
邹　玉	1989.01—1997.06	男	汉	中国共产党	高中	1940.11	河北围场	免职
孙学明	1994.12—1997.06	男	满	中国共产党	大专	1959.08	河北围场	提职
柳淑珍	1997.06—2003.02	女	满	中国共产党	大专	1957.11	河北围场	调离
刘文会	2000.04—2003.12	男	汉	中国共产党	中专	1953.06	河北围场	
	2003.12—2004.02							主持工作
	2004.02—2004.09							
	2004.09—2005.02							主持工作
周荣国	2004.02—2006.06	男	汉	中国共产党	中专	1951.07	河北围场	提职级
杨富友	2005.02—2011.05	男	满	中国共产党	本科	1966.08	河北宽城	调离
刘　军	2006.06—2009.10	男	满	中国共产党	本科	1973.01	河北平泉	调离
陈福国	2009.10—2010.05	男	满	中国共产党	本科	1965.11	河北隆化	调离
张景玉	2011.05—2015.12	男	满	中国共产党	大专	1963.10	河北围场	
丁素华	2012.03—2015.12	女	满	中国共产党	大专	1966.06	河北围场	

1989—2004年人行围场满族蒙古族自治县支行历任纪检组组长一览表

表 1-1-30

姓名	任职时间	性别	民族	党派	文化程度	出生年月	籍贯	备注
刘文会	1989.09—1997.06	男	汉	中国共产党	中专	1953.06	河北围场	免职
周荣国	1997.06—2004.02	男	汉	中国共产党	中专	1951.07	河北围场	改任

六、在职员工

员工总量变化　1989—2015年期间，人行承德市中心支行全辖员工总数呈现由低到高、再由高到低的波动变化。其中，1989年至1998年10年间，全辖员工逐年增加，由396人增加到549人。1998年至2003年6年间，全辖员工总数比较平稳，保持在510～530人之间。2003年底银监局机构分设，划出员工60名，从2004年起，虽然每年补充少量毕业生，但由于退休减员逐年增加，总体呈现入不敷出、员工总数逐年下降。到2015年，全辖员工总数减少到388人，其中，市中心支行196人、县支行192人，每个县支行平均24人。

1989—2015年人行承德市中心支行及各县支行在职员工统计表

表1-1-31 单位：人

年份	中心支行	承德县支行	兴隆县支行	平泉县支行	滦平县支行	丰宁满族自治县支行	围场满族蒙古族自治县支行	隆化县支行	宽城满族自治县支行	总数
1989	125	32	37	39	30	35	33	32	33	396
1990	132	35	40	39	37	38	36	34	33	424
1991	132	35	42	41	38	41	38	39	36	442
1992	145	34	41	41	35	38	38	43	37	452
1993	160	39	42	42	38	41	40	44	39	485
1994	170	42	43	44	40	41	42	44	40	506
1995	168	43	44	45	42	41	40	43	42	508
1996	183	47	44	48	44	40	42	46	43	537
1997	188	49	44	47	43	44	40	50	43	548
1998	189	49	46	47	42	45	40	49	42	549
1999	179	44	49	44	42	42	43	46	44	533
2000	183	44	49	32	43	44	32	44	41	512
2001	188	43	46	41	44	44	42	47	40	535
2002	199	43	43	39	43	35	42	48	40	532
2003	212	41	41	41	40	33	39	38	38	523
2004	212	37	36	34	35	36	32	34	31	487
2005	209	34	33	33	31	36	31	33	31	471
2006	208	34	30	33	31	36	33	32	28	465
2007	210	34	28	30	31	35	33	31	27	459
2008	210	28	29	29	28	31	33	30	21	439
2009	205	31	27	29	29	30	32	28	21	432
2010	210	30	27	29	29	30	30	28	20	433
2011	209	30	26	29	28	29	27	26	22	426
2012	206	27	25	24	28	29	27	24	22	412
2013	202	26	27	25	28	27	24	24	22	405
2014	201	25	26	25	28	26	24	23	23	401
2015	196	25	27	24	25	21	22	24	24	388

说明：本表人员包括正式员工、临时工、劳务派遣工

员工结构变化 在员工总量统计表中包含临时工、劳务派遣工，而员工结构统计表中全部为正式员工。由于统计口径不一致，使得员工总数存在差异。

从性别结构看，1989年全辖正式员工391人，男女比例分别为72∶28。到1999年，员工总数增加到492人，男女比例分别为71∶29，基本未发生变化。到2015年，员工总数下降到322人，男女比例分别为76∶24，男性占比1999年上升了5个百分点。

从年龄结构看，1989年30岁以下、31～40岁、41～50岁、51～60岁4个年龄段的员工，分别占比52.9%、28.4%、8.7%、10%，40岁以下青年员工综合占比超过80%，队伍年轻化程度较高。到1999年，4个年龄段分别占比15%、52%、29.5%、3.5%，队伍年轻化程度有所下降。到2015年，4个年龄段分别占比为6.8%、6.3%、44.7%、42.2%，队伍的老龄化趋势明显。

从学历结构看，1989年，大学本科、大学专科、中专及以下员工各占2%、14.1%、83.9%。1999年各占11.8%、44.1%、44.1%。2015年新增硕士研究生5名，占1.6%，大学本科、大学专科、中专及以下各占44.1%、42.2%、12.1%。队伍学历结构明显提升。

从技术结构看，1989年高级、中级、初级职称、其他人员各占1%、11.3%、29.7%、58%。1999年各占1.2%、42.9%、23.2%、32.7%。2015年各占2.2%、50.6%、16.1%、31.1%。队伍技术结构呈上升趋势。

1989年人行承德分行在职员工结构统计表

表1-1-32 单位：人

项目 县区	性别结构			年龄结构					学历结构				职称结构				
	男	女	合计	30岁以下	31～40岁	41～50岁	51～60岁	合计	大学本科	大学专科	中专及以下	合计	高级职称	中级职称	初级职称	其他	合计
承德分行	86	36	122	69	30	11	12	122	6	27	89	122	4	16	40	62	122
承德县	22	10	32	23	7	—	2	32	1	—	31	32	—	1	7	24	32
兴隆县	28	9	37	16	14	3	4	37	1	5	31	37	—	4	11	22	37
平泉县	30	8	38	19	12	4	3	38	—	4	34	38	—	6	13	19	38
滦平县	20	10	30	15	9	3	3	30	—	2	28	30	—	3	7	20	30
隆化县	22	10	32	19	8	1	4	32	—	4	28	32	—	5	9	18	32
丰宁满族自治县	26	9	35	13	14	3	5	35	—	5	30	35	—	6	14	15	35
宽城满族自治县	25	8	33	19	7	6	1	33	—	8	25	33	—	1	8	24	33
围场满族蒙古族自治县	23	9	32	14	10	3	5	32	—	—	32	32	—	2	7	23	32
合计	282	109	391	207	111	34	39	391	8	55	328	391	4	44	116	227	391

1999年人行承德市中心支行在职员工结构统计表

表1-1-33　　单位：人

项目/县区	性别结构			年龄结构					学历结构				职称结构				
	男	女	合计	30岁以下	31～40岁	41～50岁	51～60岁	合计	大学本科	大学专科	中专及以下	合计	高级职称	中级职称	初级职称	其他	合计
中心支行	116	61	177	30	88	50	9	177	45	82	50	177	5	88	33	51	177
承德县	29	12	41	6	28	7	—	41	2	26	13	41	—	22	7	12	41
兴隆县	33	10	43	8	21	12	2	43	—	17	26	43	1	12	16	14	43
平泉县	27	12	39	6	20	12	1	39	2	17	20	39	—	18	8	13	39
滦平县	29	9	38	5	19	13	1	38	6	11	21	38	—	11	13	14	38
隆化县	29	12	41	4	23	14	—	41	—	22	19	41	—	23	7	11	41
丰宁满族自治县	28	8	36	4	16	16	—	36	2	19	15	36	—	16	8	12	36
宽城满族自治县	33	8	41	6	24	8	3	41	1	13	27	41	—	6	12	23	41
围场满族蒙古族自治县	26	10	36	5	17	13	1	36	—	10	26	36	—	15	10	11	36
合计	350	142	492	74	256	145	17	492	58	217	217	492	6	211	114	161	492

2015年人行承德市中心支行在职员工结构统计表

表1-1-34　　单位：人

项目/县区	性别结构			年龄结构					学历结构					职称结构				
	男	女	合计	30岁以下	31～40岁	41～50岁	51～60岁	合计	硕士研究生	大学本科	大学专科	中专及以下	合计	高级职称	中级职称	初级职称	其他	合计
中心支行	116	43	159	9	20	64	66	159	2	86	53	18	159	7	96	20	36	159
承德县	17	4	21	1	—	12	8	21	—	12	9	—	21	—	12	4	5	21
兴隆县	17	6	23	1	—	13	9	23	—	10	9	4	23	—	8	5	10	23
平泉县	17	4	21	2	—	12	7	21	1	6	14	—	21	—	9	4	8	21
滦平县	20	4	24	—	—	9	15	24	—	8	10	6	24	—	11	2	11	24
隆化县	15	5	20	2	—	11	7	20	—	5	11	4	20	—	8	6	6	20
丰宁满族自治县	14	3	17	2	—	4	11	17	1	4	9	3	17	—	9	3	5	17
宽城满族自治县	14	5	19	3	—	10	6	19	—	7	11	1	19	—	5	4	10	19
围场满族蒙古族自治县	15	3	18	2	—	9	7	18	1	4	10	3	18	—	5	4	9	18
合计	245	77	322	22	20	144	136	322	5	142	136	39	322	7	163	52	100	322

说明：本表人员均为正式员工，不含临时工、劳务派遣工

1989—2015年人行承德市中心支行高级专业技术职称人员一览表

表 1-1-35

姓名	单位	职称名称	获得时间	授予机关
程文甫	承德分行	高级经济师	1987年12月	中国人民银行经济系列高级专业技术职务评审委员会
邓鹤龄	承德分行	高级经济师	1988年5月	中国人民银行经济系列高级专业技术职务评审委员会
蔡惠芳	承德分行	高级经济师	1988年12月	中国人民银行经济系列高级专业技术职务评审委员会
刘文汉	承德分行	高级经济师	1993年3月	中国人民银行经济系列高级专业技术职务评审委员会
舒焕章	承德分行	高级经济师	1993年3月	中国人民银行经济系列高级专业技术职务评审委员会
陈广才	承德分行	高级经济师	1995年10月	中国人民银行经济系列高级专业技术职务评审委员会
张景林	承德分行	高级经济师	1995年10月	中国人民银行经济系列高级专业技术职务评审委员会
杨建奎	中心支行	高级经济师	1999年11月	中国人民银行经济系列高级专业技术职务评审委员会
侯继志	中心支行	高级经济师	2001年10月	中国人民银行经济系列高级专业技术职务评审委员会
蔡中泽	中心支行	高级经济师	2004年3月	中国人民银行经济系列高级专业技术职务评审委员会
成永存	承德分行	高级会计师	1993年8月	中国人民银行会计系列高级专业技术职务评审委员会
张桂馥	承德分行	高级会计师	1993年8月	中国人民银行会计系列高级专业技术职务评审委员会
任宇光	中心支行	高级工程师	2001年9月	中国人民银行工程系列高级专业技术职务评审委员会
刘晓峰	中心支行	高级工程师	2003年12月	中国人民银行工程系列高级专业技术职务评审委员会
张海旭	中心支行	高级工程师	2004年10月	中国人民银行工程系列高级专业技术职务评审委员会
吴淑华	承德分行	高级政工师	1994年4月	河北省高级政工专业职务资格评审委员会
王巨峰	承德分行	高级政工师	1994年4月	河北省高级政工专业职务资格评审委员会
谢广银	承德分行	高级政工师	1994年10月	河北省高级政工专业职务资格评审委员会
舒印福	兴隆县支行	高级政工师	1994年11月	河北省高级政工专业职务资格评审委员会
郭小伟	中心支行	高级政工师	2002年9月	中国人民银行政工系列高级专业技术职务评审委员会

第二节 承德银监分局

一、机构沿革

中国银行业监督管理委员会承德监管分局（简称承德银监分局）于2003年12月29日与人行承德市中心支行实行机构分设，2004年2月6日挂牌成立，是中国银行业监督管理委员会的二级派出机构。根据《中华人民共和国银行业监督管理法》的规定，负责承德辖内银行业金融机构的监督管理工作。其主要职责是审核银行业机构的设立、变更、终止及其业务范围；对银行业机构实施现场和非现场监管，依法查处违法违规经营行为，防犯和控制金融风险；对银行业机构高级管理人员实施任职资格管理；统一编制全市银行业监管数据报表；承办上级机关交办的其他事项。

2004年5月18日，承德银监分局办公地址由人行承德市中心支行东大街路南3号办公楼迁入南营子大街劳动大厦（租赁）。2007年12月26日，承德银监分局迁入承德市开发东区EGY－3号新址办公。

二、内设机构

2004年2月6日承德银监分局内设办公室、人事科、统计信息科、监管一科、监管二科、监管三科，计6个科室。

2005年7月18日，经河北银监局批准，增设财务会计科。

2009年11月5日，经河北银监局批准，增设纪检监察科。

到2015年12月，承德银监分局内设机构为，办公室、人事科、纪检监察科、财务会计科、统计信息科、监管一科、监管二科、监管三科，计8个科室。

三、分支机构

2004年2月6日，承德银监分局设置承德县、兴隆县、平泉县、滦平县、隆化县、丰宁满族自治县、宽城满族自治县、围场满族蒙古族自治县8个监管办事处。

2008年6月21日，将各县监管办事处人员全部集中到分局办公。整合宽城、平泉、兴隆、承德县设立南部监管办事处；整合围场、隆化、丰宁、滦平县设立北部监管办事处。

2009年3月23日，经河北银监局批准，撤销承德县监管办事处。12月，实行两个县合并设立监管办事处机构，调整后设立围场、隆化监管办事处，丰宁、滦平监管办事处，宽城、平泉监管办事处，兴隆、承德县监管办事处。

2012年12月25日，恢复设立兴隆、平泉、滦平、隆化、丰宁、宽城、围场7个监管办事处，仍在分局合署办公。

四、副局级以上领导任职

表1-1-36　**2004—2015年承德银监分局历任局长一览表**

姓名	任职时间	性别	民族	党派	文化程度	出生年月	籍贯	备注
李建国	2004.03—2008.10	男	满	中国共产党	大专	1959.10	河北滦平	调离
陈学敬	2008.10—2012.03	男	汉	中国共产党	大专	1956.10	河北顺平	调离
赵万峰	2012.03—2014.02	男	满	中国共产党	本科	1961.02	河北青龙	调离
宋有田	2014.02—2015.12	男	满	中国共产党	本科	1959.07	河北青龙	

2004—2015 年承德银监分局历任副局长一览表

表 1-1-37

姓名	任职时间	性别	民族	党派	文化程度	出生年月	籍贯	备注
宋有田	2004.02—2012.05	男	满	中国共产党	本科	1959.07	河北青龙	调离
杨静辉	2005.01—2006.02	男	汉	中国共产党	本科	1967.09	河北故城	调离
白同顺	2006.02—2008.02	男	汉	中国共产党	本科	1964.05	河北安新	调离
焦彦辞	2008.02—2015.12	男	汉	中国共产党	本科	1962.11	河北兴隆	
傅立军	2011.08—2014.02	男	汉	中国共产党	本科	1963.04	河北井陉	调离
杨明东	2014.02—2015.12	男	满	中国共产党	本科	1965.12	河北宽城	

2004—2015 年承德银监分局历任局长助理、纪委书记一览表

表 1-1-38

姓名	职务	任职时间	性别	民族	党派	文化程度	出生年月	籍贯	备注
杨静辉	局长助理	2004.02—2005.01	男	汉	中国共产党	本科	1967.09	河北故城	转任
李永生	纪委书记	2008.07—2013.04	男	满	中国共产党	本科	1963.04	河北平泉	调离
杨明东	纪委书记	2013.05—2014.02	男	满	中国共产党	本科	1965.12	河北宽城	转任
孙莉宁	纪委书记	2014.03—2015.12	女	汉	中国共产党	硕士	1968.09	吉林白城	

说明：承德银监分局历任纪委书记统计时间为 2008—2015 年

2004—2015 年承德银监分局历任非领导职务人员一览表

表 1-1-39

姓名	职务	职级	任职时间	性别	民族	党派	文化程度	出生年月	籍贯	备注
冯继英	副调研员	副处级	2006.03—2011.09	女	满	中国共产党	本科	1956.03	河北承德县	病故
杨明东	副调研员	副处级	2012.10—2013.05	男	满	中国共产党	本科	1965.12	河北宽城	转任

五、在职员工

2004 年建局时共有员工 61 人，其中承德银监分局机关 31 人，各县监管办事处 30 人。2004—2015 年，全辖员工总数保持在 57～67 人之间。2015 年，全辖员工 61 人。

从性别结构看，2004 年男 40 人，女 21 人，男女比例为 40 ∶ 21。2015 年男 38 人，女 23 人，男女比例为 38 ∶ 23，男性比例比 2004 年下降 3 个百分点。

从年龄结构看，2004 年，30 岁以下 7 人、31 ～ 40 岁 30 人、41 ～ 50 岁 23 人、51 ～ 60 岁 1 人，4 个年龄段的员工分别占比 11%、49%、38%、2%，40 岁以下青年员工占比超过 60%，员工队伍年轻化程度较高。2015 年，4 个年龄段的员工分别有 11 人、7 人、23 人、20 人，占比分别为 18%、11%、38%、33%，40 岁以下青年员工占比为 29%，员工队伍老龄化趋势明显。

从学历结构看，2004 年硕士研究生 0 人、大学本科 9 人、大学专科 39 人、中专及以下 13 人，员工占比分别为 0%、15%、64%、22%。2015 年硕士研究生 6 人、大学本科 40 人、大学专科 15 人、中专及以下 0 人，占比分别为 10%、66%、24%、0%。队伍学历结构明显提升。

从职称结构看，2004 年高级职称 1 人、中级职称 22 人、初级职称 5 人、其他人员 33 人，占比分别为 2%、36%、8%、54%。2015 年高级职称 1 人、中级职称 35 人、初级职称 6 人、其他人员 19 人，占比分别为 2%、57%、10%、31%。队伍职称结构较 2004 年呈上升趋势。

2004—2015 年承德银监分局高级专业技术职称人员共 1 人。宋有田，高级政工师，获得时间为 2002 年 9 月 27 日，授予机关为中国人民银行。

第二章 银行业机构

1989年，承德市的银行业机构包括工行、农行、中行、建行4家国有专业银行，城市信用社，农村信用社，邮政储蓄网点。1994年，国家设立中国农业发展银行、国家开发银行、进出口银行，工行、农行、中行、建行4家国有专业银行承担的政策性业务逐步移交国家政策性银行，同时打破专业分工，实行业务交叉，转变为国有商业银行。1996年，设立中国农业发展银行承德分行，机构性质为国有政策性银行，具体承担原由国有专业银行承担的粮食储备、扶贫开发等政策性业务。另外，国家开发银行、进出口银行不在市级设立机构，发生的相关业务，以直接或委托方式办理。2004—2009年，以中行、建行、工行、农行的先后顺序，4家国有商业银行完成了股份制改革。2005年，农村信用社河北省联社设立承德办事处，负责承德市农村信用社领导管理工作。2008年，在1986年开始设立邮政储蓄网点的基础上，历经22年的发展变化，中国邮政储蓄银行承德市分行开业。2009年，历经城市信用社风险处置、重组承德市城市信用社股份有限公司、承德市商业银行股份有限公司加快发展，承德银行股份有限公司宣告成立。2010—2011年，丰宁建信村镇银行、滦平盛阳村镇银行、围场华商村镇银行开业。2013—2015年，交通银行、张家口市商业银行、河北银行、中信银行先后在承德设立分行。2015年末，承德市共有银行业机构15家，其中政策性银行分行1家、全国性商业银行分行7家、地方性银行市级机构4家、村镇银行3家。

此外，小额贷款公司是以全部资本为资金来源、不吸收公众存款、经营小额贷款业务的有限责任公司或股份有限公司。2008年，承德市设立小额贷款公司10家。2015年末，共有小额贷款公司54家。

第一节 政策性银行

根据1994年国务院关于设立中国农业发展银行、进出口银行、国家开发银行3家政策性银行分别承担政策性业务的决定，中国农业发展银行于1996年11月设立市级分行，其他未设立市级分行。本节政策性银行专指农发行承德分行。

一、机构沿革

中国农业发展银行承德分行（以下简称农发行承德分行）是国有农业政策性银行机构。总行成立于1994年4月，实行一级法人、分级授权经营的管理体制。基本职能是以国家信用为基础，筹集农业政策性信贷资金，承担国家规定的农业政策性金融业务，代理财政支农资金的拨付，为农民、农业和农村经济发展服务。

农发行承德分行由农行承德分行分设，于1996年11月30日正式挂牌成立。原办公营业地址设在承德市双桥区下营房路北25号。2009

年10月8日迁到承德市开发东区大石庙镇庄头营村。

二、内设机构

1996年11月,内设5个部门,分别为办公室、计划信贷处、财务会计处、人事教育处、稽核监察处。

2006年9月，根据总行《关于明确省级分行和地（市）级分行内设机构有关问题的通知》,农发行承德分行内设8个部门，分别为办公室、资金计划部、信贷与风险管理部、客户部、财务会计部、信息技术部、人力资源部、稽核监察部。

2015年末，内设9个部门，分别为办公室、计划财务部、客户部、信贷管理部、风险管理部、会计信息部、人力资源部、内部审计部、监察部。

三、分支机构

1996年，农业发展银行在承德设置分支机构10个,其中分行1个,营业部1个,县支行8个。到2015年末，分支机构未发生变化。

四、副行级以上领导任职

1996—2015年农发行承德分行历任行长一览表

表1-2-1

姓名	任职时间	性别	民族	党派	文化程度	出生年月	籍贯	备注
徐凯得	1997.08—1999.12	男	满	中国共产党	本科	1955.08	河北丰宁	调离
冯会波	2001.03—2005.04	男	汉	中国共产党	本科	1958.10	河北赵县	调离
宋振民	2006.07—2011.07	男	蒙古	中国共产党	本科	1966.12	河北围场	调离
许树君	2011.07—2014.03	男	满	中国共产党	大专	1956.06	河北丰宁	二线
李希杰	2014.03—2015.12	男	汉	中国共产党	本科	1963. 04	河北围场	

1996—2015年农发行承德分行历任副行长一览表

表1-2-2

姓名	任职时间	性别	民族	党派	文化程度	出生年月	籍贯	备注
徐凯得	1996.11—1997.08	男	满	中国共产党	本科	1955.08	河北丰宁	主持工作
刘尔愚	1997.08—1998.11	男	汉	中国共产党	大专	1959.06	河北乐亭	调离
张　义	1997.12—2008.06	男	满	中国共产党	大专	1956.05	河北青龙	调离
冯会波	1999.12—2001.03	男	汉	中国共产党	本科	1958.10	河北赵县	主持工作
宋振民	2001.02—2005.04	男	蒙古	中国共产党	本科	1966.12	河北围场	
	2005.04—2006.07							主持工作
许树君	2006.07—2011.07	男	满	中国共产党	大专	1956.06	河北丰宁	提职
李希杰	2008.12—2014.03	男	汉	中国共产党	本科	1963.04	河北围场	提职
赵学功	2011.06—2015.12	男	汉	中国共产党	本科	1966.10	河北承德县	
张爱其	2014.01—2015.12	男	汉	中国共产党	本科	1973.02	河北元氏	

1996—2015 年农发行承德分行历任非领导职务人员一览表

表 1-2-3

姓名	职务	职级	任职时间	性别	民族	党派	文化程度	出生年月	籍贯
曲志强	高级业务副经理	副处级	2008.10	男	汉	中国共产党	本科	1961.03	河北隆化
白俊峰	高级业务副经理	副处级	2011.10	男	蒙古	中国共产党	大专	1956.12	河北隆化
王树峰	高级业务副经理	副处级	2011.10	女	汉	中国共产党	大专	1961.12	河北唐山
肖瑞琦	高级业务副经理	副处级	2011.10	男	满	中国共产党	本科	1962.08	河北围场
李长山	高级业务副经理	副处级	2011.10	男	满	中国共产党	本科	1964.02	北京怀柔
马伟志	高级业务副经理	副处级	2013.04	男	汉	中国共产党	大专	1956.02	河北兴隆
刘　健	高级业务副经理	副处级	2013.04	男	汉	中国共产党	中专	1957.02	天津市
李万民	高级业务副经理	副处级	2013.04	男	汉	中国共产党	本科	1959.07	河北平泉

五、在职员工

1996 年农发行承德分行在职员工结构统计表

表 1-2-4　　单位：人

项目 / 县区	性别结构			年龄结构					学历结构				职称结构			
	男	女	合计	30岁以下	31～40岁	41～50岁	51～60岁	合计	大学本科	大学专科	中专及以下	合计	中级职称	初级职称	其他	合计
市区	28	13	41	2	20	17	2	41	4	16	21	41	21	10	10	41
承德县	12	9	21	4	13	3	1	21	2	2	17	21	8	6	7	21
兴隆县	15	6	21	6	10	5	—	21	1	5	15	21	2	8	11	21
平泉县	15	8	23	6	11	4	2	23	2	7	14	23	9	6	8	23
滦平县	13	10	23	7	9	5	2	23	—	4	19	23	2	11	10	23
隆化县	11	12	23	5	12	6	—	23	—	4	19	23	5	11	7	23
丰宁满族自治县	15	7	22	3	13	5	1	22	—	4	18	22	7	12	3	22
宽城满族自治县	14	7	21	3	13	4	1	21	—	6	15	21	5	12	4	21
围场满族蒙古族自治县	12	10	22	10	10	2	—	22	—	7	15	22	1	11	10	22
合计	135	82	217	46	111	51	9	217	9	55	153	217	60	87	70	217

2015年农发行承德分行在职员工结构统计表

表1-2-5　　单位：人

项目 县区	性别结构			年龄结构					学历结构					职称结构			
	男	女	合计	30岁以下	31～40岁	41～50岁	51～60岁	合计	硕士研究生	大学本科	大学专科	中专及以下	合计	中级职称	初级职称	其他	合计
市区	40	13	53	4	3	17	29	53	3	28	18	4	53	37	5	11	53
承德县	9	9	18	8	2	3	5	18	—	8	9	1	18	4	3	11	18
兴隆县	11	6	17	5	—	4	8	17	—	6	7	4	17	4	6	7	17
平泉县	16	5	21	5	1	4	11	21	—	8	12	1	21	8	1	12	21
滦平县	10	6	16	5	—	7	4	16	—	11	4	1	16	8	2	6	16
隆化县	7	13	20	5	2	4	9	20	1	13	4	2	20	10	2	8	20
丰宁满族自治县	15	5	20	5	2	4	9	20	—	7	9	4	20	10	3	7	20
宽城满族自治县	8	5	13	6	—	3	4	13	—	6	4	3	13	4	1	8	13
围场满族蒙古族自治县	12	4	16	4	1	5	6	16	—	8	8	—	16	4	4	8	16
合计	128	66	194	47	11	51	85	194	4	95	75	20	194	89	27	78	194

第二节　全国性商业银行

一、中国工商银行股份有限公司承德分行

机构沿革　根据1983年9月17日国务院发布的《关于中国人民银行专门行使中央银行职能的决定》（国发〔1983〕146号）要求，人民银行专门行使中央银行职能，不再兼办工商信贷和储蓄业务。同年11月，中国人民银行召开全国分行行长会议，对人、工两行机构分设做出具体安排。1985年1月1日，中国工商银行承德中心支行（简称工行承德中心支行）正式成立。原中国人民银行承德市支行、市区各办事处、各县支行的机构、人员、财产、业务，整体划归工商银行承德中心支行。工行承德中心支行为县处级经济实体，人事、业务隶属工行河北省分行领导，党务工作接受中共承德市委领导。1998年12月，党务工作收归工行河北省分行垂直领导。1992年6月24日，中国工商银行承德中心支行更名为中国工商银行承德分行（简称工行承德分行）。中国工商银行于2005年4月1日完成股份制改革，重新登记更名为中国工商银行股份有限公司。2005年12月22日，工行承德分行及所辖42家分支机构名称变更，原名称统一增加“股份有限公司”字样。

工行承德分行原办公地址设在承德市双桥区太平桥。1985年7月25日迁至承德市双桥区西大街49号（以后街道门牌改为西大街13号）。

内设机构　1989年，工行承德中心支行内设18个科室，3个直属机构。科室分别为机关党委、纪检组、工会、办公室、行政科、人事科、

保卫科、科教科、基建科、会计科、出纳科、储蓄科、工业信贷科、商业信贷科、计划科、调查信息科、信托公司、稽核科。直属机构分别为工行承德疗养院、干部学校、劳动服务公司。

2005年12月，工行承德分行调整内部机构设置。调整后内设10个部室、8个直属机构。部室分别为办公室（党委办公室、宣传部）、财务会计部、人力资源部（组织部）、信贷业务部、个人金融业务部、结算与现金管理部、运行管理部、内控合规部、监察保卫部（纪委）、资产风险管理部。直属机构分别为现金营运中心、监督中心、会计业务处理中心、技术支持中心、银行卡业务中心、电子银行中心、消费信贷中心、员工培训中心。

2015年9月，工行承德分行再次调整内设机构，调整后内设12个部室、4个直属机构。部室分别为公司金融业务部、机构金融业务部、个人金融业务部、电子银行部、财务会计部、信贷与投资管理部、运行管理部、信息科技部、办公室（党委办公室、宣传部、工会办公室、安全保卫部）、内控合规部、人力资源部（组织部）、监察室。直属机构分别为银行卡中心、小企业经营中心、账务管理中心、现金运营中心。

分支机构 1989年，工商银行在承德设置分支机构130个，达到最高峰。其中中心支行1个、市区机构60个、各县机构69个，各县机构具体分布为承德县12个、兴隆县8个、平泉县12个、滦平县4个、隆化县10个、丰宁满族自治县10个、宽城满族自治县4个、围场满族蒙古族自治县9个。

2005年，经过机构改革，工行机构下降到46个，其中市级分行1个、市区机构28个、各县机构17个。

2015年，股份制改革促进机构设置进一步优化，工商银行在承德设置分支机构41个。其中中心支行1个、市区机构22个、各县机构18个，各县机构具体分布为承德县3个、兴隆县3个、平泉县2个、滦平县2个、隆化县2个、丰宁满族自治县2个、宽城满族自治县2个、围场满族蒙古族自治县2个。

副行级以上领导任职

1989—2015年工行承德分行历任行长名录

表1-2-6

姓名	任职时间	性别	民族	党派	文化程度	出生年月	籍贯	备注
霍振兴	1989.01—1990.02	男	汉	中国共产党	本科	1935.10	河北丰宁	调离
王恩源	1990.11—1997.05	男	满	中国共产党	大专	1942.12	河北承德县	内退
周增文	1997.05—1998.12	男	汉	中国共产党	本科	1955.12	河北固安	调离
王海祥	1998.12—2003.07	男	汉	中国共产党	大专	1947.04	河北安新	调离
王学勇	2005.04—2007.08	男	汉	中国共产党	研究生	1969.10	河北磁县	调离
王爱东	2007.08—2010.05	男	汉	中国共产党	研究生	1962.10	辽宁建昌	调离
沈学勤	2010.05—2012.09	男	汉	中国共产党	本科	1971.06	河北衡水	调离
鲍振香	2012.09—2015.07	男	汉	中国共产党	研究生	1960.01	河北青龙	调离
张志斌	2015.07—2015.12	男	汉	中国共产党	本科	1973.01	河北博野	

1989—2015年工行承德分行历任副行长一览表

表1-2-7

姓名	任职时间	性别	民族	党派	文化程度	出生年月	籍贯	备注
张景春	1989.01—1989.02	男	汉	中国共产党	高中	1929.02	吉林通化	离休
王恩源	1989.01—1990.02	男	汉	中国共产党	大专	1942.12	河北承德县	
	1990.02—1990.11							主持工作
孟彩兰	1989.01—1999.10	女	汉	中国共产党	大专	1940.07	河北平泉	退休
汪占奎	1989.01—1993.09	男	汉	中国共产党	大专	1933.06	河北平泉	退休
孙绍文	1989.01—1999.10	男	汉	中国共产党	高中	1949.10	河北承德市	退休
张振民	1990.01—1997.05	男	汉	中国共产党	高中	1938.02	河北正定	退休
吴文儒	1990.01—1990.02	男	汉	中国共产党	本科	1943.09	河北承德市	调离
陈　卿	1995.05—2004.12	男	汉	中国共产党	大专	1947.05	河北宽城	转非领导
孟庆浚	1995.09—1999.10	男	汉	中国共产党	本科	1950.07	河北张家口	调离
闫树文	1995.09—2000.06	男	汉	中国共产党	本科	1958.06	河北承德县	调离
范志贵	1999.10—2003.03	男	汉	中国共产党	本科	1960.08	河北邯郸	调离
田　甲	1999.12—2002.03	男	汉	中国共产党	本科	1962.07	河北石家庄	调离
张金来	1999.10—2001.04	男	汉	中国共产党	本科	1964.01	河北保定	调离
李晓盛	2000.03—2000.12	男	汉	中国共产党	本科	1963.05	河北邯郸	调离
裴行生	2001.10—2004.04	男	汉	中国共产党	本科	1963.07	河北沧州	调离
王学勇	2003.07—2005.04	男	汉	中国共产党	研究生	1969.10	河北磁县	主持工作
张　辉	2003.10—2008.07	男	汉	中国共产党	研究生	1963.09	广东兴宁	调离
鲍振香	2005.06—2006.10	男	汉	中国共产党	研究生	1960.01	河北青龙	调离
王爱东	2005.06—2006.08	男	汉	中国共产党	研究生	1962.10	辽宁建昌	提职
吕国学	2005.06—2008.06	男	汉	中国共产党	本科	1963.08	河北隆化	调离
朱守臻	2008.07—2009.02	男	汉	中国共产党	本科	1970.02	安徽萧县	调离
刘　刚	2008.07—2014.04	男	汉	中国共产党	本科	1972.03	河北任丘	调离
杨林青	2010.06—2015.12	女	汉	中国共产党	大专	1963.10	河北承德县	
芮丙立	2010.06—2015.12	男	汉	中国共产党	本科	1962.10	天津市	
张晓滨	2011.11—2015.12	男	汉	中国共产党	本科	1972.05	山东武城	
会利君	2011.11—2015.12	女	回	中国共产党	本科	1972.11	河北承德市	
张选举	2012.02—2013.07	男	汉	中国共产党	本科	1969.12	陕西眉县	调离
郭　亮	2012.12—2013.07	男	汉	中国共产党	本科	1977.05	安徽蚌埠	调离

1989—2015年工行承德分行历任纪检组组长（纪委书记）、工会主任、总稽核一览表

表1-2-8

姓名	职务	任职时间	性别	民族	党派	文化程度	出生年月	籍贯	备注
冯　贵	纪检组组长（纪委书记）	1989.01—1991.12	男	蒙古	中国共产党	高中	1932.08	内蒙古赤峰	退休
狄文忠	纪检组组长（纪委书记）	1997.05—2003.07	男	回	中国共产党	中专	1948.05	河北丰宁	转非领导
王　金	纪检组组长（纪委书记）	2003.10—2011.08	男	满	中国共产党	大专	1954.11	内蒙古化德	转非领导
杨永志	纪检组组长（纪委书记）	2011.10—2015.12	男	汉	中国共产党	本科	1965.04	河北宽城	
卫征祥	工会主任	1989.01—1992.03	男	蒙古	中国共产党	高中	1932.01	内蒙古林西	退休
刘福厚	工会主任	1992.05—1999.10	男	汉	中国共产党	中专	1942.08	河北承德市	内退
吴庆海	工会主任	1999.10—2008.08	男	满	中国共产党	大专	1953.07	河北围场	转任
杨林青	工会主任	2009.04—2010.06	女	汉	中国共产党	大专	1963.10	河北承德县	转副行长
庞凤祥	工会主任	2010.09—2015.12	男	汉	中国共产党	本科	1960.11	河北承德县	
高　均	总稽核	1995.09—2001.11	男	汉	中国共产党	中专	1942.11	河北承德市	内退
何树青	总稽核	2001.12—2006.04	男	汉	中国共产党	大专	1954.03	河北兴隆	转非领导

说明：工行承德分行历任总稽核统计时间为1989—2006年

1989—2015年工行承德分行历任非领导职务人员名录

表1-2-9

姓名	职务	职级	任职时间	性别	民族	党派	文化程度	出生年月	籍贯	备注
陈　卿	调研员	正处级	2004.12—2009.05	男	汉	中国共产党	大专	1949.05	河北宽城	退休
梁应权	调研员	副处级	1989.01—1990.11	男	汉	中国共产党	中专	1930.11	山西平遥	退休
严敖景	调研员	副处级	1989.01—1992.09	男	汉	中国共产党	大专	1932.06	江苏丹阳	退休
连　峰	调研员	副处级	1992.03—1995.08	男	汉	中国共产党	高中	1935.08	河北承德县	退休
张宗义	调研员	副处级	1993.08—1994.12	男	汉	中国共产党	高中	1934.10	山西太原	退休
白　羽	调研员	副处级	1995.12—1996.01	男	汉	中国共产党	高中	1936.10	河北青龙	退休
狄文忠	调研员	副处级	2003.07—2008.06	男	回	中国共产党	中专	1948.05	河北丰宁	退休

续表 1-2-9

姓名	职务	职级	任职时间	性别	民族	党派	文化程度	出生年月	籍贯	备注
何树青	高级经理	副处级	2006.04—2014.04	男	汉	中国共产党	大专	1954.03	河北兴隆	退休
马淑杰	调研员	副处级	2006.05—2008.05	女	回	中国共产党	大专	1959.02	河北固安	退休
潘景林	调研员	副处级	2007.07—2015.12	男	汉	中国共产党	高中	1956.03	河北承德市	
吴庆海	高级经理	副处级	2008.08—2013.07	男	满	中国共产党	大专	1953.07	河北围场	退休
王　金	高级经理	副处级	2011.08—2014.11	男	汉	中国共产党	大专	1954.11	内蒙古化德	退休
李　颖	高级经理	副处级	2011.12—2015.12	女	汉	中国共产党	本科	1963.02	河北唐山	
唐丽萍	高级经理	副处级	2011.12—2015.12	女	回	中国共产党	本科	1964.01	黑龙江密山	

在职员工　1989年在职员工1634人，其中男员工占52.88%，女员工占47.12%。中专及以下学历员工占88.62%。

2000年至2005年实行机构精简、买断工龄、提前内退等政策，2005年在职员工1042人，比1989年减少592人。

2015年在职员工1020人，其中男员工618人，占60.59%；女员工402人，占39.41%。大学专科及以上学历员工占85.59%。

1989年工行承德中心支行在职员工结构统计表

表 1-2-10　　单位：人

项目＼县区	性别结构			年龄结构					学历结构				职称结构				
	男	女	合计	30岁以下	31～40岁	41～50岁	51～60岁	合计	大学本科	大学专科	中专及以下	合计	高级职称	中级职称	初级职称	其他	合计
市区	420	448	868	441	263	94	70	868	7	99	762	868	5	166	393	304	868
承德县	59	41	100	55	28	9	8	100	2	5	93	100	—	10	44	46	100
兴隆县	59	46	105	62	28	9	6	105	1	12	92	105	—	12	63	30	105
平泉县	73	49	122	66	32	8	16	122	1	16	105	122	—	15	74	33	122
滦平县	39	33	72	39	20	7	6	72	1	6	65	72	—	8	39	25	72
隆化县	52	36	88	51	26	5	6	88	1	13	74	88	—	5	51	32	88
丰宁满族自治县	63	45	108	45	41	8	14	108	1	1	106	108	—	12	47	49	108
宽城满族自治县	42	29	71	45	17	6	3	71	1	11	59	71	—	6	40	25	71
围场满族蒙古族自治县	57	43	100	62	25	5	8	100	—	8	92	100	—	12	50	38	100
合计	864	770	1634	866	480	151	137	1634	15	171	1448	1634	5	246	801	582	1634

2005年工行承德分行在职员工结构统计表

表 1-2-11　　　　单位：人

项目/县区	性别结构			年龄结构					学历结构					职称结构				
	男	女	合计	30岁以下	31~40岁	41~50岁	51~60岁	合计	硕士研究生	大学本科	大学专科	中专及以下	合计	高级职称	中级职称	初级职称	其他	合计
市区	381	342	723	112	105	330	176	723	5	263	332	123	723	5	270	245	203	723
承德县	29	26	55	9	4	30	12	55	—	18	31	6	55	—	20	15	20	55
兴隆县	30	15	45	6	5	27	7	45	—	14	24	7	45	—	8	16	21	45
平泉县	35	11	46	7	4	27	8	46	—	15	23	8	46	—	15	19	12	46
滦平县	21	16	37	5	6	21	5	37	—	13	17	7	37	—	8	11	18	37
隆化县	25	18	43	6	7	22	8	43	—	12	26	5	43	—	12	18	13	43
丰宁满族自治县	37	12	49	8	12	18	11	49	—	17	24	8	49	—	10	17	22	49
围场满族蒙古族自治县	32	12	44	6	14	14	10	44	—	12	18	14	44	—	13	17	14	44
合计	590	452	1042	159	157	489	237	1042	5	364	495	178	1042	5	356	358	323	1042

2015年工行承德分行在职员工结构统计表

表 1-2-12　　　　单位：人

项目/县区	性别结构			年龄结构					学历结构					职称结构				
	男	女	合计	30岁以下	31~40岁	41~50岁	51~60岁	合计	硕士研究生	大学本科	大学专科	中专及以下	合计	高级职称	中级职称	初级职称	其他	合计
市区	398	292	690	50	84	279	277	690	10	278	312	90	690	10	281	212	187	690
承德县	31	18	49	7	1	27	14	49	—	17	25	7	49	—	22	10	17	49
兴隆县	31	13	44	6	5	17	16	44	—	13	25	6	44	—	7	17	20	44
平泉县	35	11	46	6	—	18	22	46	—	12	30	4	46	—	14	18	14	46
滦平县	21	15	36	7	6	15	8	36	—	16	10	10	36	—	6	9	21	36
隆化县	25	19	44	7	3	10	24	44	—	12	29	3	44	—	11	19	14	44
丰宁满族自治县	29	11	40	5	—	12	23	40	—	12	22	6	40	—	9	20	11	40
宽城满族自治县	20	9	29	19	1	4	5	29	—	20	4	5	29	—	4	4	21	29
围场满族蒙古族自治县	28	14	42	3	—	14	25	42	—	5	21	16	42	—	11	16	15	42
合计	618	402	1020	110	100	396	414	1020	10	385	478	147	1020	10	365	325	320	1020

1989—2015年工行承德分行高级专业技术职称人员一览表

表 1-2-13

姓名	单位	职称名称	获得时间	评审单位
霍振兴	承德分行	高级经济师	1987.12.24	中国工商银行
梁应权	承德分行	高级经济师	1987.12.24	中国工商银行
李瑞华	承德分行	高级经济师	1987.12.24	中国工商银行
付廷新	承德分行	高级经济师	1987.12.24	中国工商银行
张景春	承德分行	高级经济师	1987.12.24	中国工商银行
孟彩兰	承德分行	高级政工师	1992.11.05	河北省高级政工师评审委员会
龙来春	承德分行	高级政工师	1992.11.05	河北省高级政工师评审委员会
焦希贤	承德分行	高级政工师	1992.11.05	河北省高级政工师评审委员会
高　均	承德分行	高级经济师	1993.07.01	中国工商银行
陈　卿	承德分行	高级经济师	1993.07.01	中国工商银行
刘福厚	承德分行	高级经济师	1993.07.01	中国工商银行
滕自西	丰宁县支行	高级经济师	1993.07.01	中国工商银行
孙绍文	承德分行	高级经济师	1995.02.01	中国工商银行
张振民	承德分行	高级经济师	1995.02.01	中国工商银行
王万春	承德分行	高级经济师	1995.02.01	中国工商银行
张宗义	丰宁满族自治县支行	高级经济师	1995.02.01	中国工商银行
刘　毅	承德分行	高级经济师	1995.02.01	中国工商银行
王泽莲	承德分行	高级经济师	1995.02.01	中国工商银行
王淑芬	承德分行	高级会计师	1995.02.01	中国工商银行
贾云程	承德分行	高级工程师	1995.02.01	中国工商银行
汪秀珍	承德分行	高级政工师	1995.02.01	中国工商银行
王世莲	承德分行	高级经济师	1997.08.01	中国工商银行
陈志学	承德分行	高级讲师	1997.08.01	中国工商银行
梁　阁	承德分行	高级政工师	2005.10.25	中国工商银行
芮炳立	承德分行	高级经济师	2005.10.25	中国工商银行

续表 1-2-13

姓名	单位	职称名称	获得时间	评审单位
孙　刚	承德分行	高级经济师	2008. 03. 31	中国工商银行
魏利军	承德分行	高级经济师	2008. 03. 31	中国工商银行
杨林青	承德分行	高级经济师	2009. 12. 02	中国工商银行
唐丽平	承德分行	高级经济师	2012. 12. 06	中国工商银行
庞凤祥	承德分行	高级政工师	2012. 12. 06	中国工商银行
李　颖	承德分行	高级经济师	2012. 12. 06	中国工商银行
王云峰	热河支行	高级经济师	2014. 10. 29	中国工商银行
李　岩	太平桥支行	高级经济师	2014. 10. 29	中国工商银行
赵淑玉	承德分行	高级经济师	2014. 10. 29	中国工商银行
许东凯	开发区支行	高级经济师	2014. 10. 29	中国工商银行
李怀英	承德分行	高级经济师	2014. 10. 29	中国工商银行
周为兵	承德分行	高级工程师	2014. 10. 29	中国工商银行

二、中国农业银行股份有限公司承德分行

机构沿革　中国农业银行股份有限公司承德分行，是农行河北省分行领导下的二级分行。1985 年 9 月，农行地市机构合并，行名启用“中国农业银行承德中心支行”（简称农行承德中心支行）。1993 年 10 月 6 日，更名为“中国农业银行承德分行”（简称农行承德分行）。2009 年 6 月 4 日，更名为“中国农业银行股份有限公司承德分行”。1989—2015 年，组织机构经历了国家专业银行、国有商业银行、股份制商业银行三次变革。办公营业地址设在承德市双桥区南营子大街 17 号。

内设机构　1989 年，农行承德中心支行内设机构 17 个，分别为存款科、工商信贷科、农业信贷科、计划科、信息科、会计科、信用合作科、审计稽核科、人事科、教育科、监察室、保卫科、办公室、机关党委办公室、体制改革办公室、调研室、工会工作委员会。直属单位 3 个，分别为中国农业银行河北省分行承德招待所、中国农业银行承德中心支行信托投资公司、中国农业银行承德中心支行干部学校。

2015 年 12 月，农行承德分行内设机构 17 个，分别为零售银行业务部（零售产品部）、农村产业与城镇化金融部（“三农”政策与业务创新部）、公司业务部（对公产品部）、信用管理部（风险管理部、“三农”风险管理中心、“三农”信贷管理中心）、农户金融部、机构业务部、信用卡中心、资产处置部、财务会计部、运营管理部、科技与产品管理部、综合管理部、人力资源部、监察部、内控合规部（反洗钱中心）、安全保卫部、工会委员会办公室。

分支机构　1989 年，农业银行在承德设置分支机构 201 个，其中中心支行 1 个、中心支行营业部 1 个、城区办事处 2 个、分理处 1 个、县

支行8个、营业所93个、储蓄所95个。具体分布为市区37个、承德县20个、兴隆县20个、平泉县22个、滦平县18个、隆化县20个、丰宁满族自治县24个、宽城满族自治县9个、围场满族蒙古族自治县31个。

1994年，机构总数发展到211个，达到最高峰。

1996年开始实施机构撤并，2001年对机构设置进行了重新布局，机构总量逐年下降。

2008年农业银行在承德设置分支机构47个，其中1个市级分行、1个分行营业部、4个城区支行、8个县支行、2个单点支行、3个二级支行、28个营业所（分理处）。

2015年，农业银行在承德设置分支机构47个，其中市级分行1个、分行营业部1个、城区支行4个、县支行8个、二级支行16个、分理处17个。具体分布为市区17个、承德县5个、兴隆县3个、平泉县4个、滦平县2个、隆化县3个、丰宁满族自治县4个、宽城满族自治县5个、围场满族蒙古族自治县4个。

市区及以下机构按银监局统计，包含分行营业部。

副行级以上领导任职

1989—2015年农行承德分行历任行长一览表

表1-2-14

姓名	任职时间	性别	民族	党派	文化程度	出生年月	籍贯	备注
许鸿烈	1989.01—1993.07	男	汉	中国共产党	初中	1931.11	河北丰润	离休
夏云奇	1993.07—1997.01	男	汉	中国共产党	中专	1955.07	河北青龙	调离
高宗林	1997.01—2001.08	男	汉	中国共产党	中专	1953.10	河北遵化	调离
李　军	2001.08—2006.01	男	汉	中国共产党	大专	1960.10	河北三河	调离
赵华杰	2008.09—2009.08	男	汉	中国共产党	本科	1968.11	河北邢台	调离
甄跃生	2010.08—2014.05	男	汉	中国共产党	大专	1963.04	河北阜平	调离
马　韬	2014.06—2015.12	男	汉	中国共产党	高中	1965.02	河北承德	

1989—2015年农行承德分行历任副行长一览表

表1-2-15

姓名	任职时间	性别	民族	党派	文化程度	出生年月	籍贯	备注
赵洪林	1989.01—1990.01	男	汉	中国共产党	中专	1939.10	河北乐亭	调离
敖志海	1989.01—2003.02	男	满	中国共产党	初中	1945.04	河北丰宁	转副行待遇
徐凯得	1990.03—1996.11	男	汉	中国共产党	中专	1955.08	河北丰宁	调离
白景甫	1993.12—1997.01	男	汉	中国共产党	中专	1952.07	河北宽城	调离
顾振英	1997.01—1999.01	男	汉	中国共产党	高中	1950.11	河北涿鹿	调离
杨　和	1997.01—2006.01	男	汉	中国共产党	本科	1963.04	河北平泉	调离
白景甫	1999.01—2000.10	男	汉	中国共产党	中专	1952.07	河北宽城	调离

续表 1-2-15

姓名	任职时间	性别	民族	党派	文化程度	出生年月	籍贯	备注
史学军	2003.06—2010.08	男	汉	中国共产党	本科	1964.07	河北乐亭	调离
杨庆国	2003.10—2008.05	男	汉	中国共产党	高中	1952.09	河北围场	转副行待遇
赵华杰	2006.06—2008.09	男	汉	中国共产党	本科	1968.11	河北邢台	主持工作
王春光	2006.06—2013.05	男	汉	中国共产党	高中	1960.07	河北涞水	调离
马　韬	2006.06—2012.09	男	汉	中国共产党	高中	1965.02	河北承德	调离
甄跃生	2009.08—2010.08	男	汉	中国共产党	大专	1963.04	河北阜平	主持工作
平长兴	2010.07—2015.12	男	汉	中国共产党	中专	1961.10	河北馆陶	
苗彦青	2012.12—2015.12	男	汉	中国共产党	大专	1967.12	河南夏邑	
马　韬	2013.04—2014.05	男	汉	中国共产党	高中	1965.02	河北承德	
	2014.05—2014.06							主持工作
周志波	2013.12—2015.12	男	汉	中国共产党	本科	1968.07	湖北黄陂	农总行挂职交流干部
刘建宁	2014.06—2015.12	男	汉	中国共产党	本科	1970.06	辽宁朝阳	
孙士斌	2014.11—2015.12	男	汉	中国共产党	高中	1965.07	承德双滦	
王英武	2015.10—2015.12	男	汉	中国共产党	本科	1971.06	北京	农总行挂职交流干部

1989—2015 年农行承德分行历任纪检组组长（纪委书记）、总稽核、工会主任一览表

表 1-2-16

姓名	职务	任职时间	性别	民族	党派	文化程度	出生年月	籍贯	备注
杨庆国	纪检组长	1993.12—2003.10	男	汉	中国共产党	高中	1952.09	河北围场	转副行长
邱相宇	纪委书记	2009.02—2011.01	男	汉	中国共产党	中专	1960.12	河北围场	调离
马　健	纪委书记	2011.04—2012.09	男	汉	中国共产党	高中	1964.08	河北永清	调离
张宝庆	总稽核	1988.11—2001.04	男	汉	中国共产党	大专	1942.06	河北宽城	转调研员
赵统安	工会主任	1989.01—1991.11	男	汉	中国共产党	初中	1931.10	河北青龙	离休
刘士璞	工会主任	1991.11—1993.12	男	汉	中国共产党	中专	1933.12	河北承德	退休
刘绍武	工会主任	1993.12—2001.04	男	汉	中国共产党	高中	1943.12	辽宁本溪	转调研员

说明：农行承德分行历任总稽核、工会主任统计时间为 1989—2001 年

2006—2015 年农行承德分行历任农行河北省分行历任驻承德审计办主任、信贷业务独立审批人一览表

表 1-2-17

姓名	职务	任职时间	性别	民族	党派	文化程度	出生年月	籍贯	备注
刘 彬	农行河北省分行驻承德审计办主任	2006.05—2007.04	男	汉	中国共产党	中专	1964.06	河北肥乡	调离
平长兴	农行河北省分行驻承德审计办主任	2008.12—2010.07	男	汉	中国共产党	中专	1961.10	河北馆陶	转副行长
董 燕	信贷业务独立审批人	2009.04—2012.09	男	汉	中国共产党	本科	1966.09	河北张北	调离
惠利平	信贷业务独立审批人	2009.11—2012.09	男	汉	中国共产党	本科	1963.11	河北抚宁	调离
赵 杰	信贷业务独立审批人	2012.11—2015.12	男	汉	中国共产党	本科	1971.05	辽宁建昌	

说明：农行承德分行历任农行河北省分行驻承德审计办主任统计时间为 2006—2010 年，历任信贷业务独立审批人统计时间为 2009—2015 年

1989—2015 年农行承德分行历任非领导职务人员一览表

表 1-2-18

姓名	职务	职级	任职时间	性别	民族	党派	文化程度	出生年月	籍贯	备注
朱松林	农行河北省分行副行级调研员	副厅级	1990.12—1994.03	男	汉	中国共产党	中专	1932.06	内蒙古赤峰	离休
焦 理	调研员	正处级	1988.11—1989.07	男	汉	中国共产党	中专	1928.02	河北兴隆	离休
李富贵	调研员	副处级	1988.11—1990.11	男	汉	中国共产党	中专	1930.07	河南宝丰	离休
薛奎信	调研员	副处级	1988.11—1990.12	男	汉	中国共产党	高中	1931.03	河北安国	离休
刘耀轩	调研员	副处级	1992.05—1998.08	男	汉	中国共产党	中专	1945.03	河北承德县	退休
刘长海	调研员	副处级	1993.12—1994.08	男	汉	中国共产党	初中	1934.01	辽宁朝阳	离休
周梓安	调研员	副处级	1993.12—1998.08	男	汉	中国共产党	中专	1942.12	河北承德	退休
张宝庆	调研员	副处级	2001.04—2002.06	男	汉	中国共产党	大专	1942.06	河北宽城	退休
刘绍武	调研员	副处级	2001.04—2003.12	男	汉	中国共产党	高中	1943.12	辽宁本溪	退休
敖志海	副行级待遇	副处级	2003.02—2005.04	男	满	中国共产党	初中	1945.04	河北丰宁	退休
杨庆国	副行级待遇	副处级	2008.05—2012.09	男	汉	中国共产党	高中	1952.09	河北围场	退休

在职员工 1989年，职工总数1784人。1995年，职工总数2106人，达到最高峰。随着农行经营方针的调整，1996年开始实施营业机构撤并，2001年对营业机构重新布局，采取了买断工龄、内退等措施，职工总数大幅下降。2006年至2015年的10年间，职工总数一直徘徊在1000人左右。

1989年农行承德中心支行在职员工结构统计表

表1-2-19 单位：人

项目/县区	性别结构			年龄结构					学历结构				职称结构			
	男	女	合计	30岁以下	31～40岁	41～50岁	51～60岁	合计	大学本科	大学专科	中专及以下	合计	中级职称	初级职称	其他	合计
市区	257	126	383	200	111	41	31	383	8	46	329	383	66	212	105	383
承德县	135	43	178	94	37	17	30	178	—	8	170	178	15	110	53	178
兴隆县	125	55	180	85	50	22	23	180	—	12	168	180	21	71	88	180
平泉县	134	43	177	87	42	25	23	177	1	14	162	177	17	80	80	177
滦平县	102	51	153	59	51	15	28	153	2	6	145	153	17	85	51	153
隆化县	146	48	194	79	50	40	25	194	—	14	180	194	20	102	72	194
丰宁满族自治县	157	39	196	98	60	11	27	196	—	14	182	196	20	94	82	196
宽城满族自治县	80	34	114	69	22	15	8	114	—	12	102	114	14	78	22	114
围场满族蒙古族自治县	175	34	209	102	50	26	31	209	—	14	195	209	22	117	70	209
合计	1311	473	1784	873	473	212	226	1784	11	140	1633	1784	212	949	623	1784

2008年农行承德分行在职员工结构统计表

表1-2-20 单位：人

项目/县区	性别结构			年龄结构					学历结构					职称结构				
	男	女	合计	30岁以下	31～40岁	41～50岁	51～60岁	合计	硕士研究生	大学本科	大学专科	中专及以下	合计	高级职称	中级职称	初级职称	其他	合计
市区	273	124	397	35	201	157	4	397	1	151	198	47	397	3	180	92	122	397
承德县	68	30	98	1	32	65	—	98	—	26	59	13	98	—	18	70	10	98
兴隆县	40	20	60	1	25	34	—	60	—	17	30	13	60	—	10	24	26	60
平泉县	41	20	61	3	26	31	1	61	—	10	38	13	61	—	10	41	10	61

续表 1-2-20

项目 县区	性别结构			年龄结构					学历结构					职称结构				
	男	女	合计	30岁以下	31～40岁	41～50岁	51～60岁	合计	硕士研究生	大学本科	大学专科	中专及以下	合计	高级职称	中级职称	初级职称	其他	合计
滦平县	47	8	55	5	44	6	—	55	—	10	20	25	55	—	10	23	22	55
隆化县	41	15	56	1	29	26	—	56	—	20	24	12	56	—	13	21	22	56
丰宁满族自治县	67	14	81	1	41	37	2	81	—	22	42	17	81	—	20	38	23	81
宽城满族自治县	58	26	84	6	42	33	3	84	—	22	42	20	84	—	14	17	53	84
围场满族蒙古族自治县	38	18	56	3	25	27	1	56	—	24	17	15	56	—	10	6	40	56
合计	673	275	948	56	465	416	11	948	1	302	470	175	948	3	285	332	328	948

2015 年农行承德分行在职员工结构统计表

表 1-2-21　　单位：人

项目 县区	性别结构			年龄结构					学历结构					职称结构				
	男	女	合计	30岁以下	31～40岁	41～50岁	51～60岁	合计	硕士研究生	大学本科	大学专科	中专及以下	合计	高级职称	中级职称	初级职称	其他	合计
市区	322	207	529	73	64	326	66	529	21	309	153	46	529	21	304	132	72	529
承德县	50	20	70	13	5	34	18	70	—	28	23	19	70	—	5	58	7	70
兴隆县	40	22	62	5	3	49	5	62	1	14	37	10	62	—	12	32	18	62
平泉县	33	28	61	14	2	35	10	61	3	19	26	13	61	—	14	34	13	61
滦平县	45	14	59	9	4	35	11	59	—	23	29	7	59	—	9	37	13	59
隆化县	41	20	61	12	3	31	15	61	2	29	20	10	61	—	13	24	24	61
丰宁满族自治县	65	16	81	6	3	58	14	81	—	7	62	12	81	—	19	36	26	81
宽城满族自治县	64	26	90	8	10	32	40	90	1	32	42	15	90	—	14	40	36	90
围场满族蒙古族自治县	42	24	66	13	6	29	18	66	—	25	28	13	66	—	18	22	26	66
合计	702	377	1079	153	100	629	197	1079	28	486	420	145	1079	21	408	415	235	1079

1989—2015年农行承德分行高级专业技术职称人员一览表

表 1-2-22

姓名	单位	职称名称	获得时间	评审单位
许鸿烈	农行承德中心支行	高级经济师	1990.04	中国农业银行
王春洲	农行滦平县支行	高级政工师	1990.04	中国农业银行
于朝臣	农行宽城县支行	高级政工师	1990.04	中国农业银行
夏云奇	农行承德中心支行	高级经济师	1991.07	中国农业银行
敖志海	农行承德分行	高级政工师	1993.09	河北省高级政工专业职务资格评审委员会
刘长海	农行承德县支行	高级政工师	1993.09	河北省高级政工专业职务资格评审委员会
高宗林	农行承德分行	高级经济师	1994.06	中国农业银行
陈宝泉	农行承德分行	高级会计师	1994.06	中国农业银行
白景甫	农行承德分行	高级经济师	1995.06	中国农业银行
徐凯得	农行承德分行	高级经济师	1995.10	中国农业银行
张宝庆	农行承德分行	高级经济师	1996.12	中国农业银行
杨庆国	农行承德分行	高级政工师	1996.12	中国农业银行
杨　银	农行承德分行	高级讲师	1996.12	中国农业银行
刘　胜	农行承德分行	高级工程师	2003.12	中国农业银行
李鸿燕	农行承德分行	高级工程师	2005.12	中国农业银行
虞东明	农行承德分行	高级工程师	2006.12	中国农业银行
马玉波	农行承德分行	高级工程师	2006.12	中国农业银行
文　刚	农行承德分行	高级工程师	2008.05	中国农业银行
李鸿涛	农行承德分行	高级经济师	2008.12	中国农业银行
郑国兴	农行承德分行	高级政工师	2010.05	中国农业银行
马　韬	农行承德分行	高级经济师	2010.12	中国农业银行
王永平	农行承德分行	高级经济师	2011.12	中国农业银行
孟宪杰	农行宽城县支行	高级经济师	2011.12	中国农业银行
王子嗣	农行承德分行	高级经济师	2011.10	中国农业银行
王　健	农行承德分行	高级经济师	2011.12	中国农业银行
刘　峰	农行承德分行	高级经济师	2011.10	中国农业银行
于自洋	农行承德分行	高级经济师	2013.12	中国农业银行
邓晓光	农行承德分行	高级经济师	2013.12	中国农业银行
王春国	农行承德分行	高级经济师	2013.12	中国农业银行
王盛秋	农行承德分行	高级经济师	2013.12	中国农业银行
于绍礼	农行承德分行	高级政工师	2013.12	中国农业银行

三、中国银行股份有限公司承德分行

机构沿革　1984年6月，中国银行承德支行正式成立。是由中国人民银行承德地区中心支行、承德市支行分设而来。1988年8月8日，中国银行承德支行更名为中国银行承德分行（简称中行承德分行），隶属中国银行石家庄分行管辖。2004年初，国务院决定中国银行和中国建设银行实施股份制改革试点，动用450亿美元国家外汇储备为两家银行补充资本金（中行、建行各获注入资本金225亿美元）。2004年8月26日，经国务院、银监会批准，中国银行以中央汇金公司独家发起的方式，整体改建为中国银行股份有限公司，完成了股份制改革。2005年5月18日，中国银行承德分行更名为中国银行股份有限公司承德分行。所辖机构名称统一增加“股份有限公司”字样。办公营业地址设在承德市都统府大街3号。

内设机构　1989年内设9个科室，分别为办公室、信贷科、会计科、人事科、存汇科、计划科、保卫科、出纳兑换科、监察室。

2004年内设10个部室，分别为人力资源部、办公室、监察内审部、风险管理部、计财部、公司业务部、零售业务部、信息科技部、保卫部、营业部。

2015年内设13个部室，分别为综合管理部（党委办公室）、人力资源部（党委组织部）、监察部、内控与法律合规部、保卫部、信息科技部、渠道管理部、计财部、运营部、风险管理部、公司业务部、个人金融部、营业部。

分支机构　1989年，中国银行在承德设立机构17个，其中市级支行1个，平泉、围场县支行2个，德汇门、新华路、云岭、车站路分理处4个，储蓄所10个。具体分布为市区15个、平泉县1个、围场满族蒙古族自治县1个。（不含武云城市信用社）

1995年，中国银行在承德设立机构52个，其中市级分行1个，平泉、围场、兴隆、隆化、下板城5个县支行，2个城区办事处，6个分理处，38个储蓄所。

2015年，经过机构撤并整合，中国银行在承德设立机构29个，其中市级分行1个，分行营业部1个，一级支行11个，二级支行16个。具体分布为市区16个、承德县1个、兴隆县2个、平泉县2个、滦平县1个、隆化县2个、丰宁满族自治县1个、宽城满族自治县1个、围场满族蒙古族自治县3个。

副行级以上领导任职

1989—2015年中行承德分行历任行长一览表

表1-2-23

姓名	任职时间	性别	民族	党派	文化程度	出生年月	籍贯	备注
樊金声	1989.01—1991.02	男	汉	中国共产党	初中	1934.04	河北平泉	转非领导
马有禄	1992.06—1994.06	男	汉	中国共产党	高中	1945.08	河北蔚县	转非领导
王海智	1995.07—1999.05	男	满	中国共产党	大专	1954.02	河北围场	调离
张锡才	1999.05—2004.07	男	汉	中国共产党	本科	1947.04	河北廊坊	调离
郑文忠	2004.07—2011.06	男	汉	中国共产党	本科	1956.12	河北平泉	转非领导
曾　卫	2011.06—2013.06	男	汉	中国共产党	本科	1969.05	河北顺平	调离
李旭东	2013.08—2015.12	男	汉	中国共产党	本科	1972.11	河北保定	

1989—2015年中行承德分行历任副行长一览表

表 1-2-24

姓名	任职时间	性别	民族	党派	文化程度	出生年月	籍贯	备注
王英儒	1989.01—1990.08	男	汉	中国共产党	本科	1937.07	河北定州	转总稽核
王 玲	1989.02—1990.08	男	汉	中国共产党	中专	1943.02	河北平泉	调离
马有禄	1990.08—1991.02	男	汉	中国共产党	高中	1945.08	河北蔚县	
	1991.02—1992.06							主持工作
王志学	1990.09—2003.02	女	汉	中国共产党	本科	1949.10	河北献县	转非领导
王海智	1990.12—1994.06	男	满	中国共产党	大专	1954.02	河北围场	
	1994.06—1995.07							主持工作
刘章启	1994.06—1999.10	男	汉	中国共产党	本科	1955.11	河北保定	调离
郑文忠	1996.12—2004.07	男	汉	中国共产党	本科	1956.12	河北平泉	提职
范泽国	1999.10—2004.09	男	汉	中国共产党	本科	1963.06	河北保定	调离
孙瑞稳	2003.02—2015.12	男	汉	中国共产党	本科	1964.07	河北承德	
高雨波	2004.07—2007.11	男	汉	中国共产党	本科	1971.12	河北秦皇岛	调离
张秀伟	2005.02—2013.10	男	汉	中国共产党	本科	1964.10	河北丰宁	调离
李 岩	2006.01—2007.11	男	汉	中国共产党	本科	1969.06	河北衡水	调离
于文合	2007.11—2014.03	男	汉	中国共产党	本科	1962.10	河北平泉	调离
李志明	2007.11—2012.12	男	汉	中国共产党	本科	1963.09	河北滦县	调离
王 刚	2009.09—2015.12	男	汉	中国共产党	本科	1967.06	河北隆化	
李旭东	2012.11—2013.06	男	汉	中国共产党	本科	1972.11	河北保定	
	2013.06—2013.08							主持工作
冀梦尧	2012.11—2015.12	女	汉	中国共产党	本科	1970.05	河北三河	
张瑞军	2014.03—2015.12	男	汉	中国共产党	本科	1971.01	河北围场	
彭 涛	2014.10—2015.12	男	汉	中国共产党	本科	1970.08	河北秦皇岛	

1989—2015年中行承德分行历任纪委书记、总稽核、行长助理一览表

表 1-2-25

姓名	职务	任职时间	性别	民族	党派	文化程度	出生年月	籍贯	备注
孙瑞稳	纪委书记	2000.01—2003.02	男	汉	中国共产党	本科	1964.07	河北承德	转副行长
郑来珍	纪委书记	2003.02—2004.07	男	汉	中国共产党	本科	1948.10	河北滦南	调离
于文合	纪委书记	2015.10—2015.12	男	汉	中国共产党	本科	1962.10	河北平泉	
王英儒	总稽核	1990.08—1995.11	男	汉	中国共产党	本科	1937.07	河北定州	病故
朱　尊	总稽核	1997.02—1998.05	男	汉	中国共产党	中专	1947.06	河北三河	调离
郑文忠	行长助理	1994.12—1996.12	男	汉	中国共产党	本科	1956.12	河北平泉	提职
廖志刚	行长助理	2007.11—2009.03	男	汉	中国共产党	本科	1972.09	河北保定	调离

说明：中行承德分行历任纪委书记统计时间为2000—2015年，总稽核统计时间为1989—1998年，行长助理统计时间为1994—2009年

1989—2015年中行承德分行历任非领导职务人员一览表

表 1-2-26

姓名	职务	职级	任职时间	性别	民族	党派	文化程度	出生年月	籍贯	备注
樊金声	调研员	正处级	1991.02—1994.06	男	汉	中国共产党	初中	1934.04	河北平泉	退休
马有禄	调研员	正处级	1994.06—1996.02	男	汉	中国共产党	高中	1945.08	河北蔚县	病故
郑文忠	督导员	正处级	2012.07—2015.12	男	汉	中国共产党	本科	1956.12	河北平泉	
王志学	调研员	副处级	2003.02—2004.10	女	汉	中国共产党	本科	1949.10	河北献县	退休
唐海波	督导员	高级经理	2015.02—2015.12	男	汉	中国共产党	本科	1958.01	河北承德	

在职员工　1989年至1994年的5年间，职工总数由222人增加到449人。1995—2000年，中国银行撤并了下板城支行等部分机构，人员总量出现下降。1995年以后，校园选聘应届高校毕业生成为职工增长的主渠道，大学本科以上学历人员占比逐步上升。1999年6月，中行承德分行实施全员劳动合同制，全行470名员工在合同书上签字，实现了法律层面的身份转换。2004年，中行承德分行根据总行内退政策，内退了部分正式员工。2008年开始，每年通过对劳务派遣员工的考试考核，分批择优转为正式合同工。到2013年，劳务派遣工全部转为正式合同工。2015年底，全辖职工总数646人。

表 1-2-27

1989 年中行承德分行在职员工结构统计表

单位：人

项目 县区	性别结构			年龄结构					学历结构				职称结构				
	男	女	合计	30岁以下	31～40岁	41～50岁	51～60岁	合计	大学本科	大学专科	中专及以下	合计	高级职称	中级职称	初级职称	其他	合计
市区	126	75	201	130	60	7	4	201	5	32	164	201	1	8	35	157	201
平泉县	6	5	11	8	3	—	—	11	—	2	9	11	—	—	3	8	11
围场满族蒙古族自治县	6	4	10	7	3	—	—	10	—	1	9	10	—	—	3	7	10
合计	138	84	222	145	66	7	4	222	5	35	182	222	1	8	41	172	222

表 1-2-28

2004 年中行承德分行在职员工结构统计表

单位：人

项目 县区	性别结构			年龄结构					学历结构					职称结构				
	男	女	合计	30岁以下	31～40岁	41～50岁	51～60岁	合计	硕士研究生	大学本科	大学专科	中专及以下	合计	高级职称	中级职称	初级职称	其他	合计
市区	211	203	414	168	121	97	28	414	6	187	135	86	414	2	163	151	98	414
兴隆县	19	17	36	6	10	19	1	36	—	17	17	2	36	—	5	16	15	36
平泉县	20	16	36	5	11	14	6	36	—	18	12	6	36	—	5	15	16	36
隆化县	18	16	34	10	12	12	—	34	—	23	8	3	34	—	3	20	11	34
围场满族蒙古族自治县	22	22	44	11	13	18	2	44	—	22	12	10	44	—	7	20	17	44
合计	290	274	564	200	167	160	37	564	6	267	184	107	564	2	183	222	157	564

表 1-2-29

2015 年中行承德分行在职员工结构统计表

单位：人

项目 县区	性别结构			年龄结构					学历结构					职称结构				
	男	女	合计	30岁以下	31～40岁	41～50岁	51～60岁	合计	硕士研究生	大学本科	大学专科	中专及以下	合计	高级职称	中级职称	初级职称	其他	合计
市　区	219	206	425	86	105	156	78	425	27	207	136	55	425	2	181	168	74	425
承德县	5	5	10	7	—	3	—	10	—	9	1	—	10	—	1	4	5	10
兴隆县	19	18	37	6	10	18	3	37	—	17	17	3	37	—	5	16	16	37
平泉县	22	14	36	5	11	14	6	36	1	15	11	9	36	—	5	15	16	36
滦平县	10	4	14	13	—	1	—	14	—	14	—	—	14	—	3	5	6	14
隆化县	20	19	39	14	13	12	—	39	1	23	9	6	39	—	3	20	16	39
丰宁满族自治县	10	9	19	15	2	1	1	19	2	16	—	1	19	—	4	8	7	19
宽城满族自治县	9	7	16	8	5	3	—	16	1	11	4	—	16	—	4	6	6	16
围场满族蒙古族自治县	22	28	50	14	14	18	4	50	—	24	13	13	50	—	7	23	20	50
合计	336	310	646	168	160	226	92	646	32	336	191	87	646	2	213	265	166	646

1989—2015 年中行承德分行高级专业技术职称人员一览表

表 1-2-30

姓名	单位	职称名称	获得时间	评审单位
王英儒	承德分行	高级经济师	1989.01	中国银行经济专业技术职务资格评审委员会
崔恩桐	承德分行	高级政工师	1992.12	河北省高级政工专业职务资格评审委员会
樊金声	承德分行	高级政工师	1994.01	河北省高级政工专业职务资格评审委员会
刘廷枢	承德分行	高级会计师	1993.09	中国银行经济专业技术职务资格评审委员会
王永存	承德分行	高级工程师	1996.04	中国银行工程专业技术职务资格评审委员会
郑文忠	承德分行	高级经济师	1996.12	中国银行经济专业技术职务资格评审委员会
王海智	承德分行	高级政工师	1997.10	河北省高级政工专业职务资格评审委员会
马有信	承德分行	高级政工师	1997.10	河北省高级政工专业职务资格评审委员会

四、中国建设银行股份有限公司承德分行

机构沿革 1989—1993 年，建设银行为国有专业银行机构。主要经营“建”字号对公存贷款及个人储蓄业务，同时承担管理财政性基本建设投资业务。1994 年，建设银行将财政职能全部移交财政部门，转变为国有商业银行。2004 年，建设银行完成股份制改革，成为国有股份制商业银行。

1989 年 1 月，机构名称为“中国人民建设银行承德中心支行”（简称建行承德中心支行）。1994 年 6 月 15 日更名为“中国人民建设银行承德分行”（简称建行承德分行）。1996 年 3 月更名为“中国建设银行承德分行”。2004 年 12 月 8 日更名为“中国建设银行股份有限公司承德分行”。所辖机构名称统一增加“股份有限公司”字样。办公营业地址设在承德市双桥区南营子大街 32 号。

内设机构 1989—2015 年，建行承德分行为适应业务发展需要，对内设机构进行了多次调整。内设机构数量由 1989 年的 16 个减少到 2015 年的 12 个。

1989 年，建行承德中心支行内设机构 16 个，分别为办公室、机关工会、监察室、思想政治工作办公室、计划科、基建投资科、技措投资科、建筑经济科、人事科、会计科、出纳科、储蓄科、审计科、保卫科、计算机应用管理科、调研室。

2005 年，建行承德分行按照《中国建设银行河北省分行组织机构改革和设置方案》，将分行本部分为前台、中台、后台组织框架。内设机构 13 个，分别为办公室、计划财务部、人力资源部、风险管理部、会计部、公司业务部、个人金融部、住房金融与个人信贷部、信息技术管理部、安全保卫部、纪检监察部、系统工会、营业部。

2011 年，建行承德分行根据建行河北省分行《试点行事业部改革实施方案指导意见》，调整了内设机构。调整后内设机构为 11 个，分别为综合管理部、人力资源部、计划财务部、营运管理部、风险管理部、纪检监察部、公司业务事业部（内设综合部、大中型公司客户部、工程造价咨询中心、小企业客户部、国际业务部、信贷管理部、资金结算部）、个人业务事业部（内设综合部、产品营销部、信用卡部、电子银行部、

网点管理部）、住房金融与个人信贷部（下设个贷中心）、系统工会、营业部。

2015年，建行承德分行按照“设置合规、协同统一、精简集约”的原则，对分行本部内设机构进行了调整。调整后内设职能部门9个，直营机构3个。职能部门分别为综合管理部（安全保卫部、党委办公室、党委宣传部、工会）、人力资源部（党委组织部）、财务会计部、风险管理部、公司业务部、机构业务部、个人金融部、营运管理部、纪检监察部。直营机构分别为小企业业务中心、信用卡业务中心、个人贷款中心。

分支机构 1989—2015年，建行分支机构设置经历了发展扩张、撤并收缩、区域调整三个阶段，设置原则由按行政区划设置改为按经济金融资源设置，由注重网点数量向注重综合服务功能和集约经营转变。

1989年，建设银行在承德地区设置机构58个，其中市级分行1个、县支行8个、城区办事处4个、分理处1个、储蓄所44个。具体分布为市区24个、承德县4个、兴隆县3个、平泉县3个、滦平县5个、隆化县3个、丰宁满族自治县6个、宽城满族自治县4个、围场满族蒙古族自治县6个。

2005年，建设银行在承德地区设置机构28个。其中市级分行1个、分行营业部1个、城区综合型支行1个、单点型支行3个、网点型支行7个、分理处3个、储蓄所4个；县域综合型支行3个、单点型支行2个、分理处3个。

2015年，建设银行在承德地区设置机构28个。经过连续几年的机构布局调整，网点区域设置更趋合理，综合服务功能和集约经营水平不断提升。具体包括市级分行1个、分行营业部1个、城区综合型支行1个、单点型支行3个、网点型支行7个、分理处2个；县域综合型支行3个、单点型支行2个、网点型支行5个、分理处3个。具体分布为市区14个、承德县2个、兴隆县2个、平泉县2个、滦平县2个、隆化县1个、丰宁满族自治县1个、宽城满族自治县2个、围场满族蒙古族自治县1个。

副行级以上领导任职

1989—2015年建行承德分行历任行长一览表

表1-2-31

姓名	任职时间	性别	民族	党派	文化程度	出生年月	籍贯	备注
宋相甫	1989.01—1994.04	男	汉	中国共产党	初中	1934.02	河北丰宁	退休
张瑞兴	1994.04—1997.08	男	汉	中国共产党	中专	1949.02	河北迁西	调离
姚仲友	1997.08—1999.09	男	汉	中国共产党	本科	1963.05	河北唐山	调离
徐永成	2000.02—2001.12	男	汉	中国共产党	高中	1945.06	河北遵化	转非领导
马魁卿	2001.12—2007.03	男	汉	中国共产党	本科	1964.05	河北隆化	调离
陈比伦	2007.05—2009.11	男	回	中国共产党	本科	1971.02	河北大厂	调离
刘彩桥	2010.11—2013.06	男	汉	中国共产党	本科	1969.11	河北馆陶	调离
赵昱辉	2013.06—2015.12	男	汉	中国共产党	本科	1966.05	河北藁城	

说明：姚仲友于1996.5—1997.8任代行长，张瑞兴行长因病休养

1989—2015年建行承德分行历任副行长一览表

表 1-2-32

姓名	任职时间	性别	民族	党派	文化程度	出生年月	籍贯	备注
张　震	1989.01—1996.05	男	汉	中国共产党	本科	1936.03	河北平泉	退休
裴凤娟	1989.01—2000.02	女	汉	中国共产党	中专	1951.02	河北迁安	转工会主任
贺凤友	1994.01—1995.04	男	汉	中国共产党	中专	1950.08	河北承德县	病故去世
张士臣	1996.05—2010.06	男	汉	中国共产党	中专	1954.05	河北遵化	村镇银行任职
马魁卿	1997.06—2001.12	男	汉	中国共产党	本科	1964.05	河北隆化	提职
徐永成	1997.09—1999.09	男	汉	中国共产党	高中	1945.06	河北遵化	
	1999.09—2000.02							主持工作
西晓峰	2000.02—2009.03	男	汉	中国共产党	本科	1964.09	河北围场	调离
杨占林	2001.12—2015.12	男	汉	中国共产党	本科	1967.12	内蒙古赤峰	
王广洪	2009.04—2013.04	男	汉	中国共产党	本科	1976.02	湖北大悟	调离
刘彩桥	2009.11—2010.11	男	汉	中国共产党	本科	1969.11	河北馆陶	主持工作
李洪军	2011.07—2015.10	男	汉	中国共产党	大专	1960.11	河北承德	转非领导
陈宝军	2013.08—2014.05	男	汉	中国共产党	大专	1968.10	河北大城	调离
池景明	2013.08—2015.12	男	满	中国共产党	本科	1967.12	河北隆化	
何长军	2015.10—2015.12	男	满	中国共产党	本科	1967.03	河北丰宁	

1989—2015年建行承德分行历任工会主任、纪检组组长（纪委书记）、总稽核、行长助理、风险主管一览表

表 1-2-33

姓名	职务	任职时间	性别	民族	党派	文化程度	出生年月	籍贯	备注
丁殿学	工会主任	1989.01—1992.09	男	汉	中国共产党	初中	1932.08	北京昌平	离休
裴凤娟	工会主任	2000.02—2003.10	女	汉	中国共产党	中专	1951.02	河北迁安	转非领导
李洪军	工会主任	2004.01—2015.10	男	汉	中国共产党	大专	1960.11	河北承德	转非领导
徐永成	纪检组组长	1990.10—1997.08	男	汉	中国共产党	高中	1945.06	河北遵化	转副行长
董会林	纪委书记	1998.11—2002.12	男	汉	中国共产党	本科	1954.02	河北兴隆	内退

续表 1-2-33

姓名	职务	任职时间	性别	民族	党派	文化程度	出生年月	籍贯	备注
滕希武	纪委书记	2003.09—2009.02	男	汉	中国共产党	大专	1953.01	河北平泉	转非领导
李洪军	纪委书记	2009.02—2015.10	男	汉	中国共产党	大专	1960.11	河北承德	转非领导
王呈禄	纪委书记	2015.10—2015.12	男	满	中国共产党	本科	1968.06	河北围场	
滕希武	总稽核	1997.06—2003.09	男	汉	中国共产党	大专	1953.01	河北平泉	转纪委书记
马敬平	行长助理	2004.01—2006.09	男	汉	中国共产党	本科	1965.09	河北昌黎	调离
池景明	行长助理	2009.04—2013.08	男	满	中国共产党	本科	1967.12	河北隆化	转副行长
陈宝军	风险主管	2006.09—2013.08	男	汉	中国共产党	大专	1968.10	河北大城	转副行长

说明：建行承德分行历任总稽核统计时间为 1997—2003 年，风险主管统计时间为 2006—2013 年

1989—2015 年建行承德分行历任非领导职务人员一览表

表 1-2-34

姓名	职务	职级	任职时间	性别	民族	党派	文化程度	出生年月	籍贯	备注
赵文艺	调研员	正处级	1989.01—1992.10	男	汉	中国共产党	中专	1932.06	辽宁台安	退休
徐永成	调研员	正处级	2001.12—2005.07	男	汉	中国共产党	高中	1945.06	河北遵化	退休
滕希武	调研员	副处级	2009.04—2013.10	男	汉	中国共产党	大专	1953.01	河北平泉	退休
裴凤娟	调研员	副处级	2003.10—2006.03	女	汉	中国共产党	中专	1951.02	河北迁安	退休
朱春林	高级客户经理	副处级	2010.11—2015.02	男	蒙古	中国共产党	本科	1968.02	河北遵化	村镇银行任职
张青云	高级财务师	副处级	2010.11—2015.05	女	汉	中国共产党	本科	1962.02	河北承德县	转任
	高级专员	副处级	2015.06—2015.12	女	汉	中国共产党	本科	1962.02	河北承德县	
李洪军	高级专员	副处级	2015.10—2015.12	男	汉	中国共产党	大专	1960.11	河北承德	
张秋丽	高级客户经理	副处级	2015.10—2015.12	女	满	中国共产党	本科	1971.10	河北宽城	
陈胜强	高级客户经理	副处级	2015.10—2015.12	男	汉	中国共产党	本科	1973.01	河北涞源	

在职员工 1989年，建行承德中心支行全辖在职员工327人。随着网点数量的增加，1998年末，全行在职员工达到849人，其中正式员工708人，非正式员工141人，为历史最高峰。2003年，按照总行股份制改革的要求，建行承德分行对全辖网点进行了较大规模的撤并调整。2003年年末，在职员工数量减少到561人。随后根据上级行要求对非业务岗位短期用工进行清理，至2006年末，全行员工为542人。此后的十年中，全行在职员工数量、结构都发生了较大的变化，呈现了年轻化、高学历的特点。2015年在职员工达到632人。

1989年建行承德中心支行在职员工结构统计表

表1-2-35 单位：人

项目/县区	性别结构			年龄结构					学历结构				职称结构				
	男	女	合计	30岁以下	31～40岁	41～50岁	51～60岁	合计	大学本科	大学专科	中专及以下	合计	高级职称	中级职称	初级职称	其他	合计
市区	114	62	176	86	49	19	22	176	5	29	142	176	3	17	32	124	176
承德县	16	3	19	10	4	—	5	19	—	2	17	19	—	3	4	12	19
兴隆县	12	4	16	6	5	2	3	16	—	3	13	16	—	1	4	11	16
平泉县	12	7	19	14	3	1	1	19	1	2	16	19	—	1	2	16	19
滦平县	10	6	16	11	2	—	3	16	—	2	14	16	—	1	4	11	16
隆化县	14	5	19	9	7	1	2	19	—	3	16	19	—	1	7	11	19
丰宁满族自治县	15	8	23	11	7	2	3	23	—	4	19	23	—	2	1	20	23
宽城满族自治县	18	4	22	15	3	3	1	22	—	2	20	22	—	2	2	18	22
围场满族蒙古族自治县	12	5	17	8	5	2	2	17	—	2	15	17	—	3	3	11	17
合计	223	104	327	170	85	30	42	327	6	49	272	327	3	31	59	234	327

2005年建行承德分行在职员工结构统计表

表1-2-36 单位：人

项目/县区	性别结构			年龄结构					学历结构				职称结构				
	男	女	合计	30岁以下	31～40岁	41～50岁	51～60岁	合计	大学本科	大学专科	中专及以下	合计	高级职称	中级职称	初级职称	其他	合计
市区	235	172	407	76	214	81	36	407	128	158	121	407	9	128	132	138	407
承德县	23	11	34	2	29	2	1	34	8	19	7	34	—	6	15	13	34
兴隆县	16	12	28	2	18	4	4	28	1	11	16	28	—	3	10	15	28
平泉县	21	3	24	1	18	1	4	24	3	14	7	24	—	8	11	5	24
滦平县	20	5	25	1	22	2	—	25	4	7	14	25	1	3	10	11	25
宽城满族自治县	21	9	30	—	26	2	2	30	5	11	14	30	—	5	12	13	30
合计	336	212	548	82	337	92	47	548	149	220	179	548	10	153	190	195	548

2015 年建行承德分行在职员工结构统计表

表 1-2-37　　　　单位：人

项目／县区	性别结构			年龄结构					学历结构					职称结构				
	男	女	合计	30岁以下	31～40岁	41～50岁	51～60岁	合计	硕士研究生	大学本科	大学专科	中专及以下	合计	高级职称	中级职称	初级职称	其他	合计
市区	204	205	409	49	92	200	68	409	13	200	156	40	409	7	122	160	130	419
承德县	18	16	34	5	4	23	2	34	—	15	13	6	34	—	7	13	14	34
兴隆县	20	15	35	13	2	18	2	35	—	15	14	6	35	—	3	20	12	35
平泉县	24	11	35	15	3	16	1	35	—	20	12	3	35	—	4	25	6	35
滦平县	21	14	35	11	5	17	2	35	1	13	15	6	35	—	1	22	12	35
隆化县	11	6	17	12	1	4	—	17	—	14	2	1	17	—	—	14	—	14
丰宁满族自治县	9	7	16	13	—	3	—	16	2	13	1	—	16	—	1	11	—	12
宽城满族自治县	19	17	36	8	6	20	2	36	—	14	16	6	36	—	6	17	13	36
围场满族蒙古族自治县	9	6	15	12	1	2	—	15	—	15	—	—	15	—	1	11	—	12
合计	335	297	632	138	114	303	77	632	16	319	229	68	632	7	145	293	187	632

1989—2015 年建行承德分行高级专业技术职称人员一览表

表 1-2-38

姓名	单位	职称名称	获得时间	评审单位
赵文艺	承德分行	高级经济师	1987.11	中国建设银行
张　震	承德分行	高级经济师	1987.12	中国建设银行
宋相甫	承德分行	高级经济师	1987.12	中国建设银行
张瑞兴	承德分行	高级经济师	1994.12	中国建设银行
裴凤娟	承德分行	高级经济师	1995.12	中国建设银行
李　莉	承德分行	高级经济师	1996.12	中国建设银行
杨占林	承德分行	高级经济师	2000.12	中国建设银行
张彦军	滦平县支行	高级工程师	2000.12	中国建设银行
马敬平	承德分行	高级工程师	2001.12	中国建设银行
董会林	承德分行	高级政工师	2002.12	中国建设银行
西晓峰	承德分行	高级经济师	2002.12	中国建设银行
王呈禄	承德分行	高级经济师	2003.12	中国建设银行
马魁卿	承德分行	高级经济师	2004.12	中国建设银行
刘树兴	承德分行	高级经济师	2004.12	中国建设银行
程　岩	承德分行	高级经济师	2009.12	中国建设银行
李洪军	承德分行	高级政工师	2010.12	中国建设银行
孙卫国	承德分行	高级经济师	2013.12	中国建设银行

五、交通银行股份有限公司承德分行

机构沿革 交通银行始建于1908年。1958年交通银行撤销，国内业务分别并入中国人民银行和在交通银行基础上组建的中国人民建设银行。1986年7月，国务院批准重新组建交通银行。1987年4月1日，重新组建后的交通银行股份有限公司正式对外营业，成为中国第一家全国性国有股份制商业银行，总部设在上海。

经河北银监局批准，交通银行股份有限公司承德分行（简称交通银行承德分行）于2013年11月22日正式开业。办公营业地址设在承德市双桥区迎宾路35号。

内设机构 2013年11月，内设5个机构，分别为综合管理部、公司业务部、零售业务部、授信与风险管理部、营运管理部。至2015年内设机构无变化。

分支机构 2013年，设本部机构1个，未下设机构。2015年，设机构5个，其中市级分行1个，分行营业部1个，二级支行3个，分别为静雅山庄支行、祥业支行、万和城支行。

副行级以上领导任职

2013—2015年交通银行承德分行副行级以上领导一览表

表1-2-39

姓名	职务	任职时间	性别	民族	党派	文化程度	出生年月	籍贯	备注
王元盛	行长	2013.11—2015.11	男	汉	中国共产党	研究生	1973.10	河北辛集	调离
宋晓光	副行长	2013.12—2015.11	男	汉	中国共产党	本科	1965.04	河北滦平	
		2015.11—2015.12							主持工作
冯昭斌	行长助理	2013.11—2015.10	男	汉	中国共产党	本科	1971.04	河北唐山	调离
韩晓娟	行长助理	2013.12—2015.12	女	满	中国共产党	本科	1967.09	河北平泉	
李义凤	行长助理	2015.10—2015.12	女	汉	中国共产党	本科	1971.04	河北沧州	

在职员工 2013年在职员工36人，2015年在职员工51人。

从性别结构看，男22人、女14人；男25人、女26人。

从年龄结构看，2013年30岁以下20人、31～40岁8人、41～50岁7人、51～60岁1人；2015年30岁以下32人、31～40岁11人、41～50岁6人、51～60岁2人。

从学历结构看，2013年硕士研究生1人、大学本科34人、大学专科1人；2015年硕士研究生3人、大学本科44人、大学专科4人。

从职称结构看，2013年中级职称4人、初级职称2人、其他人员30人；2015年中级职称4人、初级职称2人、其他人员45人。

六、中信银行股份有限公司承德分行

机构沿革 1987年4月，在中信集团银行部的基础上改组成立中信实业银行。2005年11月，更名为中信银行股份有限公司。总行设在北京，是全国性股份制商业银行。

经河北银监局批准，中信银行股份有限公司承德分行（简称中信银行承德分行）于2015年3月31日正式开业，实行中信银行石家庄分行授权下的行长负责制。

办公营业地址设在承德市双桥区武烈路工商联大厦。

内设机构 2015年，内设办公室、财务会计部、公司银行部、零售银行部、风险管理部、营业部6个部门，设市场营销一部、市场营销二部、市场营销三部3个营销团队。

分支机构 2015年中信银行在承德设立2个机构，其中市级分行1个，分行营业部1个。

副行级以上领导任职

2015年中信银行承德分行副行级以上领导一览表

表1-2-40

姓名	职务	任职时间	性别	民族	党派	文化程度	出生年月	籍贯
阚景良	行长	2015.03—2015.12	男	汉族	中国共产党	研究生	1973.06	河北滦县
谢 铁	副行长	2015.03—2015.12	男	满	中国共产党	本科	1966.10	江苏泰州
朱浩然	行长助理	2015.03—2015.12	男	满	中国共产党	本科	1974.07	河北青龙
高国良	行长助理	2015.03—2015.12	男	汉	中国共产党	本科	1970.12	河北任丘

在职员工 2015年在职员工45人。从性别结构看，男27人、女18人。从年龄结构看，30岁以下24人、31～40岁13人、41～50岁8人。从学历结构看，硕士研究生11人、大学本科34人。从职称结构看，中级职称9人、初级职称6人、其他人员30人。

七、中国邮政储蓄银行股份有限公司承德市分行

机构沿革 中国邮政储蓄银行股份有限公司，是以邮电部门1986年恢复开办邮政储蓄为起点，逐步发展成为全国性股份制商业银行。2007年3月20日，由中国邮政总公司全资组建的中国邮政储蓄银行有限责任公司在北京成立。

经河北省银监局批准，2008年4月10日，中国邮政储蓄银行有限责任公司承德市分行（简称邮储银行承德市分行）正式挂牌开业。5月至7月，设在各县（区）的支行机构陆续挂牌成立。

2012年1月21日，中国邮政储蓄银行有限责任公司实现资本金重组，完成股份制改革，重新登记注册为中国邮政储蓄银行股份有限公司。承德邮储银行各级机构名称统一由“有限责任公司”变更为“股份有限公司”字样。

办公营业地址设在承德市双桥区南营子大街27号。

内设机构 2008年4月，邮储银行承德市分行内设9个部门，分别为办公室、人力资源部、财务会计部、综合业务部、信贷业务部、渠道与科技部、风险合规部、审计部、后勤服务部。

2015年12月，邮储银行承德市分行内设12个一级部、5个二级部。内设一级部，分别为个人金融部、三农金融部（小额贷款业务部）、公司业务部、风险管理部、授信管理部、会计与营运部、法律与合规部、办公室（党委办公室）/安全保卫部、计划财务部、人力资源部（党委组织部）、党群工作部（党委宣传部、纪检监察部、工会）、信息科技部。内设二级部，分别为电子银行部、小企业金融部、票据中心、资产保全部、审查审批中心。

分支机构　2008年邮储银行在承德设置分支机构31个，其中市级分行1个，支行30个。具体分布为市区12个、承德县3个、兴隆县3个、平泉县2个、滦平县2个、隆化县2个、丰宁满族自治县2个、宽城满族自治县3个、围场满族蒙古族自治县2个（机构数量不包含代理网点）。另外委托邮政设置代理网点59个（机构表不入统）。

2015年辖内邮储银行机构26个，其中市级分行1个，一级支行15个，网点10个。具体分布为市区5个、承德县3个、兴隆县3个、平泉县2个、滦平县3个、隆化县2个、丰宁满族自治县3个、宽城满族自治县3个、围场满族蒙古族自治县2个（机构数量不包含代理网点）。另外委托邮政设置代理网点69个（机构表不入统）。

副行级以上领导任职

2008—2015年邮储银行承德市分行历任行长、副行长一览表

表1-2-41

姓名	职务	任职时间	性别	民族	党派	文化程度	出生年月	籍贯	备注
刘晓东	行长	2008.03—2014.10	男	汉	中国共产党	本科	1963.10	辽宁建平	调离
赵庆民	行长	2014.10—2015.12	男	汉	中国共产党	本科	1960.03	河北滦南	调离
王金奎	副行长	2008.03—2015.12	男	满	中国共产党	本科	1963.12	河北丰宁	
李魁鹏	副行长	2008.03—2015.12	男	汉	中国共产党	本科	1969.09	河北承德	
杨艳杰	副行长	2008.03—2015.12	女	回	中国共产党	本科	1967.01	河北承德	

在职员工　1986年恢复开办邮政储蓄以后，员工基本呈上升趋势。1986年全辖43人，1990年增加到95人。2008年邮储银行承德市分行开业当年为434人。2013年高峰时为631人。2014—2015年基本维持在600人左右。

2008年邮储银行承德市分行在职员工结构统计表

表1-2-42　　单位：人

项目/县区	性别结构			年龄结构					学历结构				职称结构				
	男	女	合计	30岁以下	31～40岁	41～50岁	51～60岁	合计	大学本科	大学专科	中专及以下	合计	高级职称	中级职称	初级职称	其他	合计
分行机关	29	19	48	—	9	20	19	48	19	19	10	48	—	15	16	17	48
直属	22	73	95	2	41	32	20	95	22	48	25	95	—	1	6	88	95
双滦	4	9	13	—	2	5	6	13	2	7	4	13	—	—	1	12	13
营子	5	22	27	—	15	10	2	27	—	17	10	27	—	—	—	27	27
承德县	12	27	39	2	13	15	9	39	4	18	17	39	—	1	1	37	39
兴隆县	10	21	31	4	10	8	9	31	1	17	13	31	—	2	4	25	31
平泉县	16	43	59	3	27	22	7	59	4	15	40	59	—	—	—	59	59
滦平县	6	18	24	—	3	8	13	24	6	5	13	24	—	—	3	21	24
隆化县	8	15	23	—	7	9	7	23	—	9	14	23	—	1	—	22	23
丰宁满族自治县	9	11	20	—	2	9	9	20	—	11	9	20	1	1	3	15	20
宽城满族自治县	6	25	31	1	16	8	6	31	6	11	14	31	—	—	3	28	31
围场满族蒙古族自治县	7	17	24	—	6	11	7	24	—	6	18	24	—	—	—	24	24
合计	134	300	434	12	151	157	114	434	64	183	187	434	1	21	37	375	434

2015年邮储银行承德市分行在职员工结构统计表

表1-2-43　　单位：人

项目/县区	性别结构			年龄结构					学历结构					职称结构				
	男	女	合计	30岁以下	31～40岁	41～50岁	51～60岁	合计	硕士研究生	大学本科	大学专科	中专及以下	合计	高级职称	中级职称	初级职称	其他	合计
分行机关	56	85	141	41	42	40	18	141	3	119	19	—	141	1	13	31	96	141
直属	12	28	40	17	12	9	2	40	—	8	32	0	40	—	1	3	36	40
世纪城	4	21	25	11	11	2	1	25	—	6	17	2	25	—	—	—	25	25
西大街	5	23	28	13	12	3	—	28	—	9	14	5	28	—	—	2	26	28
双滦	10	14	24	13	3	6	2	24	—	4	14	6	24	—	—	1	23	24
营子	6	25	31	4	19	6	2	31	—	6	23	2	31	—	—	1	30	31
承德县	15	27	42	22	7	11	2	42	—	18	22	2	42	—	1	4	37	42

续表 1-2-43

项目 县区	性别结构			年龄结构					学历结构					职称结构				
	男	女	合计	30岁以下	31～40岁	41～50岁	51～60岁	合计	硕士研究生	大学本科	大学专科	中专及以下	合计	高级职称	中级职称	初级职称	其他	合计
兴隆县	13	26	39	12	15	8	4	39	—	12	25	2	39	—	2	4	33	39
平泉县	29	18	47	10	18	16	3	47	—	10	36	1	47	—	1	—	46	47
滦平县	14	24	38	21	5	9	3	38	—	27	7	4	38	—	—	7	31	38
隆化县	10	20	30	14	7	8	1	30	—	13	16	1	30	—	1	—	29	30
丰宁满族自治县	15	24	39	17	7	12	3	39	—	7	30	2	39	—	1	6	32	39
围场满族蒙古族自治县	11	26	37	17	8	9	3	37	—	12	25	—	37	—	—	1	36	37
合计	212	392	604	237	174	147	46	604	3	270	304	27	604	1	20	62	521	604

第三节 地方性银行机构及小贷公司

一、河北省农村信用社联合社承德办事处

机构沿革 承德农村信用合作组织诞生于1950年。最初是承德市第四区供销社信用部和平泉县党坝供销社信用部。1958年以前，信用社组织和业务活动由中国人民银行指导开展。1959年1月，信用社下放到人民公社，变更为人民公社信用部。1962年，信用社回归中国人民银行领导管理。1969年1月，根据中国人民银行天津座谈会精神，信用社再次下放到人民公社，信用社理事会改为贫下中农管理委员会。1977年11月，根据《国务院关于整顿和加强银行工作的几项规定》，中国人民银行颁布《关于农村金融机构的几点意见》。《意见》规定，在同一区域既有银行营业所，又有信用社的，将所社合并为一个机构，可挂两块牌子，使用两枚印章，实行统一领导。信用社资金纳入国家信贷计划，人员编制纳入集体劳动工资计划，由中国人民银行领导管理。

1979年农业银行恢复设立，承德市农村信用社由人民银行整体划转农业银行领导管理。1984年，分别成立承德县、兴隆县、平泉县、滦平县、隆化县、丰宁满族自治县、宽城满族自治县、围场满族蒙古族自治县、双桥区、双滦区、营子区11个农村信用社联合社，各联社主任由农行县支行、城区办事处分管负责人兼任。农行承德地区中心支行内设信用合作科，县支行、城区办事处内设信用合作股，具体负责农村信用社的领导管理。1989年，承德各农村信用社将原来的理事会、监事会改组为社务管理委员会，社主任由社务管理委员会提名选举，经县（区）联社考察后，报县（区）农行任命。1990年，承德各县（区）农村信用社通过清股、扩股的形式进行治理整顿，密切与社员之间的经济联系。经营管理机制向着自主经营、自担风险、自负盈亏的方向发展。1991年，人行承德分行批准各县（区）联社设立营业部。营业部对外办理金融业务，对内协调辖区内各社业务、办理信用社县辖支付结算和资金调剂。

由于农行、信用社都是经营金融业务的经济实体，但在行政关系上处于领导被领导地位，双方矛盾日渐突出，行、社业务范围、服务对象基本相同，但信用社的业务分工处于被动地位；信

用社资金纳入农行信贷计划，经营自主权受到限制；农行大量抽调借调信用社业务骨干，造成信用社干部队伍不稳定；农行、信用社财务关系划分不清，农行挤占信用社资金财产问题时有发生。

根据1996年8月国务院颁发的《关于农村金融体制改革的决定》精神，农村信用社管理体制改革是农村金融体制改革的重点。改革的步骤首先使农村信用社与中国农业银行脱离行政隶属关系，在此基础上，把农村信用社逐步改为由农民入股、社员民主管理、主要为入股社员服务的合作性金融组织。1996年年末，遵照国务院决定，承德市各县区农村信用社全部与农业银行“脱钩”，临时由承德市农村金融体制改革领导小组办公室领导管理。

1997年9月，人行承德分行根据人总行通知，收编承德市农金体改办及工作人员，内设农村合作金融管理处，具体负责全市农村信用社领导管理工作。1998年，根据人总行关于进一步做好农村信用社规范工作的指示精神，各县（区）联社分别召开社员代表大会，选举产生了联社理事会和监事会。联社与各信用社实行两级法人制。2001年初，人行承德市中心支行集中组织力量，对各县（区）联社领导班子进行全面考核、调整充实。实行理事长、主任分设，明确理事长为法人代表；对缺职数的联社领导班子，进行全面补充；对联社领导干部选拔任用，采取联社民主推荐、中心支行组织考核、中心支行党委确定推荐人选、提交联社理事会任职的程序。到2001年4月，全面健全了各联社领导班子。

2003年12月，承德银监分局成立，承德市农村信用社由人行承德市中心支行整体划转承德银监分局领导管理。

根据2004年9月国务院发布的《关于深化农村信用社改革试点方案的通知》（国发〔2003〕15号）和一系列配套文件中对农村信用社改革和发展提出的“明晰产权关系，强化约束机制，增强服务功能，国家适当扶持，地方政府负责”的总体目标，承德市各县（区）农村信用社一致选择了联社一级法人、统一核算、分级管理、授权经营的管理体制。2005年6月29日，由全省县级农信联社入股组成的河北省农村信用社联合社挂牌成立，隶属省政府领导。2005年11月3日，省联社在承德设立办事处，从承德银监分局整体接管了全市农村信用社的领导管理工作。

历经60多年的变化，农村信用社被定格为省级政府承担主体责任的地方性农村合作金融机构。

2011年9月，省农联社承德办事处正式启动分批筹建农村商业银行工作。经河北银监局批准，2013年1月，宽城满族自治、围场满族蒙古族自治、滦平县农村商业银行股份有限公司先后挂牌开业。

河北省农村信用社联合社承德办事处（简称省联社承德办事处）办公地址设在承德市双桥区火神庙综合楼。

内设机构 2005年11月，省联社承德办事处内设5个科室，分别为综合科、业务发展科、财务管理科、稽核监察保卫科和网络分中心。至2015年，对内设机构职能分工做过适当调整，名称和数量未发生变化。

分支机构 1989年，实行县（区）联社、信用社两级法人制，全市共有法人机构362家。其中县（区）联社11家，基层信用社351家。具体分布为市区13个、承德县53个、兴隆县43个、平泉县49个、滦平县39个、隆化县42个、丰宁满族自治县46个、宽城满族自治县27个、围场满族蒙古族自治县50个。

2006年，各县（区）联社完成一级法人制改制工作，即县（区）联社为独立法人机构，信用社为县（区）联社的基层营业网点。全市共有市级管理机构1家，独立法人县（区）联社9家，基层营业网点371家。

2013年1月，宽城满族自治县、围场满族蒙古族自治县、滦平县农信联社改制为农村商业银行股份有限公司。改制后的基层信用社更名为

xx农村商业银行xx支行。

2015年末，全市农村信用社系统机构总数383家。其中市级管理机构1家，县（区）联社6家，农商行3家、基层网点373家。具体分布为市区1个、承德县42个、兴隆县44个、平泉县47个、滦平县39个、隆化县39个、丰宁满族自治县43个、宽城满族自治县37个、围场满族蒙古族自治县54个、郊区37个。

主任、副主任名录 承德辖区于2005年11月设立河北省农村信用联社承德办事处之后，确定了农村信用社的现行管理体制。

1984年至1996年12月，从设立农村信用社县级联社到与农业银行实行“行社脱钩”期间，县级联社主要负责人均由农行分管领导兼任。1996年12月至2005年11月，承德辖区农村信用社先后由承德市农金体改办、人行承德分行、承德银监分局领导管理。因此，本节内容仅记述2005年11月以后省联社承德办事处历任主任、副主任信息。

2005—2015年省联社承德办事处历任主任、副主任一览表

表1-2-44

姓名	职务	任职时间	性别	民族	党派	文化程度	出生年月	籍贯	备注
张耀邦	主任	2005.11—2015.07	男	汉	中国共产党	本科	1956.06	河北围场	调离
刘　强	主任	2015.07—2015.12	男	汉	中国共产党	本科	1971.05	河北沧县	
王国庆	副主任	2005.11—2009.08	男	汉	中国共产党	本科	1958.10	河北承德	调离
马月祥	副主任	2009.08—2015.12	男	汉	中国共产党	本科	1960.05	河北张北	
张　东	副主任	2009.08—2014.06	男	汉	中国共产党	本科	1960.05	河北望都	调离
赵志刚	副主任	2014.06—2015.12	男	汉	中国共产党	本科	1966.12	河北抚宁	

在职员工 1989年全辖员工1893人，社平均5.2人。其中40岁以下青年员工1279人，占67.6%；大学专科以上学历10人，占0.53%，而且全辖无高级专业技术人员。

2006年全辖员工2614人，其中大学专科以上学历1438人，占55%。

2015年全辖员工2511人，社平均6.6人。其中40岁以下青年员工1069人，占42.6%；大学专科以上学历2182人，占86.9%，而且补充了一部分高级专业技术人员。

1989年农村信用社在职员工结构统计表

表1-2-45　　　　单位：人

项目/县区	性别结构			年龄结构								职称结构			
	男	女	合计	30岁以下	31～40岁	41～50岁	51～60岁	合计	大学专科	中专及以下	合计	中级职称	初级职称	其他	合计
双桥区	21	18	39	12	19	5	3	39	2	37	39	2	6	31	39
双滦区	16	15	31	9	13	6	3	31	1	30	31	1	3	27	31
营子区	6	4	10	2	4	3	1	10	—	10	10	—	2	8	10
承德县	193	63	256	54	72	62	68	256	2	254	256	10	46	200	256
兴隆县	182	69	251	139	56	20	36	251	—	251	251	12	48	191	251
平泉县	208	35	243	54	85	46	58	243	1	242	243	13	58	172	243
滦平县	136	56	192	86	56	35	15	192	—	192	192	12	49	131	192
隆化县	139	92	231	46	89	59	37	231	—	231	231	15	44	172	231
丰宁满族自治县	178	63	241	160	26	47	8	241	—	241	241	12	68	161	241
宽城满族自治县	109	29	138	54	48	14	22	138	—	138	138	3	24	111	138
围场满族蒙古族自治县	165	96	261	97	98	46	20	261	4	257	261	11	54	196	261
合计	1353	540	1893	713	566	343	271	1893	10	1883	1893	91	402	1400	1893

2006年农村信用社在职员工结构统计表

表1-2-46　　　　单位：人

项目/县区	性别结构			年龄结构					学历结构					职称结构				
	男	女	合计	30岁以下	31～40岁	41～50岁	51～60岁	合计	硕士研究生	大学本科	大学专科	中专及以下	合计	高级职称	中级职称	初级职称	其他	合计
承德办事处	11	10	21	8	9	4	—	21	3	14	3	1	21	—	10	2	9	21
承德县	235	82	317	81	86	90	60	317	—	—	20	297	317	—	11	59	247	317
兴隆县	213	91	304	8	81	150	65	304	—	40	155	109	304	—	32	134	138	304
平泉县	253	82	335	18	155	136	26	335	—	83	88	164	335	—	33	128	174	335
滦平县	149	81	230	20	117	76	17	230	—	54	110	66	230	—	38	131	61	230
隆化县	169	115	284	23	98	75	88	284	—	54	82	148	284	—	40	81	163	284
丰宁满族自治县	165	75	240	17	69	141	13	240	—	11	148	81	240	—	11	75	154	240
宽城满族自治县	145	63	208	50	37	76	45	208	—	46	81	81	208	—	14	87	107	208
围场满族蒙古族自治县	186	85	271	68	86	77	40	271	—	57	119	95	271	—	20	112	139	271
郊区	128	276	404	128	167	108	1	404	3	78	189	134	404	2	87	132	183	404
合计	1654	960	2614	421	905	933	355	2614	6	437	995	1176	2614	2	296	941	1375	2614

2015年农村信用社在职员工结构统计表

表 1-2-47　　单位：人

项目/县区	性别结构			年龄结构					学历结构					职称结构				
	男	女	合计	30岁以下	31～40岁	41～50岁	51～60岁	合计	硕士研究生	大学本科	大学专科	中专及以下	合计	高级职称	中级职称	初级职称	其他	合计
承德办事处	17	3	20	—	5	11	4	20	—	17	3	—	20	2	12	3	3	20
承德县	195	98	293	48	47	125	73	293	3	158	91	41	293	1	18	164	110	293
兴隆县	203	92	295	50	43	120	82	295	—	153	99	43	295	1	35	94	165	295
平泉县	225	73	298	43	44	137	74	298	—	160	82	56	298	—	30	98	170	298
滦平县	146	75	221	43	30	114	34	221	—	163	40	18	221	4	43	85	89	221
隆化县	151	87	238	4	60	105	69	238	—	101	107	30	238	—	76	88	74	238
丰宁满族自治县	165	62	227	35	35	107	50	227	—	149	60	18	227	—	23	74	130	227
宽城满族自治县	156	88	244	45	48	103	48	244	3	145	67	29	244	—	19	142	83	244
围场满族蒙古族自治县	190	88	278	74	80	114	10	278	1	158	91	28	278	—	16	70	192	278
郊　区	132	265	397	106	229	51	11	397	2	198	131	66	397	1	60	215	121	397
合　计	1580	931	2511	448	621	987	455	2511	9	1402	771	329	2511	9	332	1033	1137	2511

1989—2015年高级专业技术职称人员一览表

表 1-2-48

姓名	单位	职称名称	获得时间	评审单位
王国庆	省联社承德办事处	高级经济师	2007.12	河北省职称改革领导小组办公室
李　鸿	省联社承德办事处	高级经济师	2010.11	河北省职称改革领导小组办公室
冯军民	省联社承德办事处	高级政工师	2015.04	河北省职称改革领导小组办公室
夏志昶	郊区联社	高级经济师	2010.04	河北省职称改革领导小组办公室
赵大全	宽城县联社	高级经济师	2006.11	河北省职称改革领导小组办公室
张东阳	滦平县联社	高级经济师	2007.12	河北省职称改革领导小组办公室
胡月霞	承德县联社	高级政工师	2010.02	河北省职称改革领导小组办公室
栾志超	兴隆县联社	高级经济师	2010.11	河北省职称改革领导小组办公室
王亚松	滦平县联社	高级经济师	2010.12	河北省职称改革领导小组办公室
刘柏臣	滦平县联社	高级经济师	2011.12	河北省职称改革领导小组办公室

二、承德银行股份有限公司

机构沿革 承德银行股份有限公司（简称承德银行）的初始前身是城市信用社。历经承德市城市信用社联合社、承德市城市信用社股份有限公司、承德市商业银行股份有限公司等各个阶段的发展演变而来。

1984年至1989年期间，承德市区及各县先后成立了28家城市信用社（金融服务所），组建单位涉及人民银行、工行、农行、中行、建行4家国有专业银行、民主建国会、市县劳动服务公司等机构。1986年和1989年，人民银行先后两次对城市信用社进行规范整顿。经过整顿，对9家风险突出的城市信用社（所）实施关闭撤并。1989年保留了19家城市信用社（所）。

1997年4月，经中国人民银行批准，承德市19家城市信用社(所)分别与原组建单位脱钩，以每个社（所）入股10万元的形式，组建承德市城市信用社联合社，实行联社、信用社（所）两级法人制。至此分散管理的城市信用社纳入了统一管理体系。

2000年10月至2001年12月，针对部分城市信用社出现的严重金融风险，承德市人民政府成立处置地方金融风险领导小组，根据中国人民银行及天津分行对城市信用社风险实施分类处置的文件要求，分别对严重资不抵债、救助无望的6家城市信用社（所）实施停业整顿；对10家一般风险的城市信用社(所)改制为农村信用社，移交所在地农村信用联社领导管理；对经营基本正常的清风社、联谊社、太平社（含隆兴分社）、联社营业部，重组为承德市城市信用社股份有限公司，实行一级法人制。

2002年3月28日，经人行天津分行批准，重组的承德市城市信用社股份有限公司正式开业。总部设在承德市会龙大厦2楼。

2006年4月30日，经中国银监会批准，更名为承德市商业银行股份有限公司。总部设在承德市都统府大街10号。2009年6月4日，经中国银监会批准，更名为承德银行股份有限公司。2013年6月26日,公司总部迁至世纪城三期5号新建办公楼。

内设机构 2002—2006年承德市城市信用社时期,开业时内设机构按职能划分为4个部门，分别为综合部、业务部、计财部、稽核部。2004年10月，根据业务发展需要，增设三个部室，分别为客户经理部、科技部和清算中心。

2006—2009年承德市商业银行时期，2006年6月内设机构按职能划分为11个部门，分别为办公室、保卫部、人力资源部、业务部、计财部、业务拓展部、科技部、清算中心、稽核部、法律顾问室、营业部。2009年3月,因职能分工变化，撤销法律顾问室、清算中心和业务拓展部，增设风险控制管理部、个人金融部和业务运营部。

2009—2015年承德银行时期，2011年4月设立基建部，2013年4月设立物业管理部，2014年3月设立党群工作部、零售业务部、电子银行部、结算管理部、授信管理部、公司业务部，将风险控制管理部调整为风险合规部。到2015年末，内设机构按职能划分16个部门，分别为办公室、零售业务部、人力资源部、党群工作部、内审稽核部、风险合规部、电子银行部、结算管理部、物业管理部、基建部、计划财务部、保卫部、授信管理部、公司业务部、业务运营部、信息科技部。

分支机构 2002年3月28日，承德市城市信用社股份有限公司设总部1家,营业部5家(由原1家城市信用联社营业部、3家城市信用社、1家分社变更)。全部分布在承德市区。

2006年承德市商业银行股份有限公司设总部1家，支行8家。

2010年10月22日承德银行唐山分行经批复成立，2011年2月14日正式对外营业。

2015年承德银行股份有限公司设总部1家，分支行60家。具体分布为承德市区29个、唐山市14个、承德县2个、兴隆县1个、平泉县3个、滦平县2个、隆化县2个、丰宁满族自治县3个、宽城满族自治县5个。

管理层任职

2002—2015年承德银行历任管理层一览表

表1-2-49

姓名	职务	任职时间	性别	民族	党派	文化程度	出生年月	籍贯	备注
单庆林	董事长	2002.03—2012.03	男	汉	中国共产党	研究生	1950.11	辽宁黑山	退休
王振廷	董事长	2012.03—2015.12	男	满	中国共产党	研究生	1956.05	河北平泉	
张磊	行长	2002.03—2015.12	男	汉	中国共产党	本科	1964.10	辽宁锦州	
师文生	副行长	2002.03—2015.12	男	满	中国共产党	研究生	1957.07	河北丰宁	
张建军	副行长	2009.02—2015.12	男	满	中国共产党	本科	1970.03	河北平泉	
汪　泳	副行长	2014.01—2015.12	男	汉	中国共产党	本科	1968.06	辽宁锦州	
丁德民	副行长	2015.12—2015.12	男	满	中国共产党	研究生	1963.11	河北承德	
史文浩	纪委书记	2013.11—2015.12	男	满	中国共产党	本科	1966.08	河北承德	
马君慧	纪委书记	2015.12—2015.12	女	汉	中国共产党	本科	1965.06	河北承德	
姜　鹏	监事长	2002.03—2015.12	男	汉	中国共产党	研究生	1958.04	河北平泉	
赵广树	董事会秘书	2014.02—2015.12	男	汉	中国共产党	本科	1964.10	河北承德县	

说明：副行长师文生于2007.11—2015.12兼任工会主任

在职员工　2002年承德市城市信用社股份有限公司共有员工127人，基本来自当时参与重组的4家城市信用社。其中40岁以下青年员工占80%，本科以上学历员工约占8%。

2006年，承德市商业银行员工增加到157人，40岁以下青年员工占比71%，本科以上学历员工占比达到38%。此后，承德市商业银行、承德银行进入高速发展阶段，营业网点和经营规模迅速扩张，采取校园招聘、社会公开招聘等方式补充人员，员工数量快速增长。2015年，承德银行员工数量达到1375人，其中40岁以下青年员工占89.7%，本科以上学历员工占88.8%。

2002年、2006年、2015年承德银行在职员工结构统计表

表1-2-50　　单位：人

项目/年份	性别结构			年龄结构					学历结构					职称结构				
	男	女	合计	30岁以下	31～40岁	41～50岁	51～60岁	合计	硕士研究生	大学本科	大学专科	中专及以下	合计	高级职称	中级职称	初级职称	其他	合计
2002年	50	77	127	41	60	24	2	127	1	9	58	59	127	1	49	35	42	127
2006年	72	85	157	44	68	36	9	157	1	58	58	40	157	2	48	35	72	157
2015年	670	705	1375	1022	211	111	31	1375	158	1063	112	42	1357	3	122	128	1122	1375

2015 年承德银行在职员工结构分区域统计表

表 1-2-51　　单位：人

项目 县区	性别结构			年龄结构					学历结构					职称结构				
	男	女	合计	30岁以下	31～40岁	41～50岁	51～60岁	合计	硕士研究生	大学本科	大学专科	中专及以下	合计	高级职称	中级职称	初级职称	其他	合计
市区	370	372	742	495	143	77	27	742	76	559	77	30	742	2	79	83	578	742
唐山	165	179	344	293	23	24	4	344	74	245	18	7	344	1	30	5	308	344
承德县	16	21	37	31	5	1	—	37	—	36	1	—	37	—	2	5	30	37
兴隆县	15	16	31	24	5	2	—	31	—	29	2	—	31	—	2	9	20	31
平泉县	22	23	45	33	11	1	—	45	1	42	—	2	45	—	2	—	43	45
滦平县	15	20	35	31	3	1	—	35	4	30	—	1	35	—	2	8	25	35
隆化县	21	20	41	36	4	1	—	41	1	37	2	1	41	—	1	3	37	41
丰宁满族自治县	14	21	35	32	1	2	—	35	2	30	3	—	35	—	2	1	32	35
宽城满族自治县	32	33	65	47	16	2	—	65	—	55	9	1	65	—	2	14	49	65
合计	670	705	1375	1022	211	111	31	1375	158	1063	112	42	1375	3	122	128	1122	1375

2002—2015 年承德银行高级专业技术职称人员一览表

表 1-2-52

姓名	单位	职称名称	获得时间	评审单位
李新民	承德银行	高级政工师	1999.07	河北省高级政工专业职务资格评审委员会
张　磊	承德银行	高级经济师	2004.01	河北省高级经济专业职务资格评审委员会
高瑞清	承德银行唐山分行	高级经济师	2004.09	河北省高级经济专业职务资格评审委员会

三、河北银行股份有限公司承德分行

机构沿革　河北银行股份有限公司成立于1996年5月，是省级地方股份制城市商业银行。总部设在石家庄。

2014年7月23日，河北银监局批准筹建河北银行股份有限公司承德分行，开始机构筹建工作。经承德银监分局批准，同年11月26日，河北银行股份有限公司承德分行（简称河北银行承德分行）正式开业。办公营业地址设在承德市双桥区新华路新华园小区C座。

内设机构　2014年，河北银行承德分行内设8个机构，分别为办公室、财务会计部、个人银行部、公司银行部、风险管理部、业务发展一部、业务发展二部、营业部。至2015年末，内设机构未做调整变动。

分支机构　2015年12月，根据承德银监分局批准，河北银行双滦、平泉、丰宁、滦平4家支行先后开业。

2015年河北银行在承德地区共设置机构6家，其中市级分行1家、分行营业部1家、一级支行4家。

在职员工　2014年全行员工41人，其中正式员工34人，外包、劳务派遣员工7人。2015年全行员工75人，其中正式员工50人，外包、劳务派遣员工25人。

从性别结构看，2014年男28人、女13人；2015年男45人、女30人。

从年龄结构看，2014年30岁以下22人、31～40岁8人、41～50岁11人；2015年30岁以下51人、31～40岁11人、41～50岁13人。

从学历结构看，2014年硕士研究生4人、大学本科33人、大学专科4人；2015年硕士研究生7人、大学本科60人、大学专科8人。

从职称结构看，2014年高级职称1人、中级职称12人、初级职称9人、其他人员19人；2015年高级职称1人、中级职称11人、初级职称10人、其他人员53人。

2014—2015年河北银行承德分行高级专业技术职称人员共1人。李瑞敏，高级经济师，获得时间为2012年12月，评审单位为中国工商银行。

副行级以上领导任职

2014—2015年河北银行承德分行行长副行长一览表

表1-2-53

姓名	职务	任职时间	性别	民族	党派	文化程度	出生年月	籍贯
宋永记	行长	2014.11—2015.12	男	汉	中国共产党	研究生	1967.05	河北大城
徐晓晨	副行长	2014.11—2015.12	男	满	中国共产党	本科	1971.11	河北丰宁
李瑞敏	副行长	2014.11—2015.12	女	蒙古	中国共产党	研究生	1972.09	河北围场
罗士斌	副行长	2015.05—2015.12	男	汉	中国共产党	本科	1979.11	河北承德县

四、张家口市商业银行承德分行

机构沿革 张家口市商业银行股份有限公司成立于2003年3月8日，是地方股份制城市商业银行。总部设在张家口市。

2014年7月7日，河北银监局批准筹建张家口市商业银行股份有限公司承德分行（简称张家口市商业银行承德分行）。经承德银监分局批准，同年10月31日，张家口市商业银行承德分行正式开业。办公营业地址设在承德市双桥区紫晶花园D座103号。

内设机构 2014年10月，张家口市商业银行承德分行内设4个机构，分别为企业文化部、综合业务部、综合运营部、风险审计部。

分支机构 2015年，张家口市商业银行在承德设立2家机构，其中分行1家，营业部1家。

副行级以上领导任职

2014—2015年张家口市商业银行承德分行副行级以上领导一览表

表1-2-54

姓名	职务	任职时间	性别	民族	党派	文化程度	出生年月	籍贯	备注
曹力兵	行长	2014.11—2015.12	男	汉	中国共产党	本科	1971.04	北京门头沟	
李　建	副行长	2014.11—2015.05	男	汉	中国共产党	本科	1973.10	河北张家口	调离
单煜峰	副行长	2015.08—2015.12	男	汉	中国共产党	本科	1975.02	河北张家口	
陈景昊	工会主任	2015.09—2015.12	男	汉	中国共产党	本科	1983.07	河北张家口	

在职员工 2014年全行员工78人。2015年全行员工128人，其中正式员工68人，劳务派遣员工10人，实习员工50人。

从性别结构看，2014年男34人、女44人；2015年男54人、女74人。

从年龄结构看，2014年30岁以下64人、31～40岁6人、41～50岁8人；2015年30岁以下115人、31～40岁6人、41～50岁7人。

从学历结构看，2014年硕士研究生3人、大学本科46人、大学专科28人、中专及以下1人；2015年硕士研究生4人、大学本科90人、大学专科33人、中专及以下1人。

五、河北丰宁建信村镇银行有限责任公司

机构沿革 根据国务院国发〔2010〕13号《国务院关于鼓励和引导民间投资健康发展的若干意见》、中国银监会《村镇银行管理暂行规定》，由中国建设银行为主要出资人发起组建河北丰宁建信村镇银行有限责任公司（简称丰宁建信村镇银行）。经河北银监局批准，于2010年8月18日正式挂牌开业。丰宁建信村镇银行是具有独立法人资格的县域股份制商业银行，原始实收资本金总额3000万元，其中中国建设银行投入法人股1530万元，丰宁县2家企业法人入股585万元，3名自然人入股885万元。办公营业地址设在丰宁满族自治县大阁镇新丰路丰和园小区5—7号底商。

内设机构 2010年，内设3个部室，分别为综合管理部、业务发展部、财务会计部（含营业部）。至2015年末，内设机构未做调整。

管理层任职

2010—2015年丰宁建信村镇银行历任管理层一览表

表1-2-55

姓名	职务	任职时间	性别	民族	党派	文化程度	出生年月	籍贯	备注
孙福州	董事长	2010.08—2012.01	男	汉	中国共产党	本科	1954.12	河北唐山	调离
张士臣	董事长	2012.01—2015.01	男	满	中国共产党	本科	1954.05	河北遵化	退休
朱春林	董事长	2015.01—2015.12	男	蒙古	中国共产党	本科	1968.02	河北遵化	
张士臣	行长	2010.06—2012.01	男	满	中国共产党	本科	1954.05	河北遵化	改任董事长
张小敏	行长	2012.01—2015.12	男	汉	中国共产党	本科	1969.04	河北平泉	
张小敏	副行长	2010.06—2012.01	男	汉	中国共产党	本科	1969.04	河北平泉	提职
郭建峰	副行长	2010.06—2013.03	男	汉	中国共产党	本科	1970.11	河北大名	调离
韦长营	副行长	2012.01—2015.12	男	汉	中国共产党	本科	1968.03	河北承德	
魏建军	副行长	2013.08—2013.11	男	汉	群众	本科	1969.03	河北承德	辞职

在职员工　2010年全行员工18人，2015年全行员工24人。

从性别结构看，2010年男11人、女7人；2015年男11人、女13人。

从年龄结构看，2010年30岁以下12人、31～40岁0人、41～50岁5人、51～60岁1人；2015年30岁以下14人、31～40岁6人、41～50岁3人、51～60岁1人。

从学历结构看，2010年大学本科12人、大学专科6人；2015年大学本科21人、大学专科3人。

从职称结构看，2010年高级职称5人、初级职称1人、其他人员12人；2015年高级职称4人、初级职称2人、其他人员18人。

六、滦平盛阳村镇银行股份有限公司

机构沿革　滦平盛阳村镇银行股份有限公司（简称滦平盛阳村镇银行），是由廊坊银行股份有限公司作为主要出资人发起组建、河北银监局批准设立的县域股份制商业银行。盛阳银行原始实收资本金总额5000万元，其中廊坊银行投入法人股本金2550万元，69户自然人投入股本金2450万元。为适应业务规模不断扩大，2015年12月21日，承德银监分局批准盛阳银行增资扩股，新增自然人股东12人，新增股本金830.4万元。增资扩股后，实收资本金总额由5000万元变更为5830.4万元。

滦平盛阳村镇银行于2011年1月18日正式开业，具有独立法人资格。办公营业地址设在滦平县滦平镇宜兴路富强小区11号。

内设机构　2011年，内设机构6个，分别为营业管理部、业务发展部、计划财务部、信息技术部、风险合规部、综合办公室。至2015年12月，内设机构未发生调整变化。

管理层任职

2011—2015 年滦平盛阳村镇银行历任管理层一览表

表 1-2-56

姓名	职务	任职时间	性别	民族	党派	文化程度	出生年月	籍贯	备注
王永超	董事长	2011.01—2014.09	男	汉	群众	本科	1974.03	河北廊坊	调离
房玉民	董事长	2014.09—2015.12	男	汉	中国共产党	本科	1960.04	河北承德	
王永超	行长	2011.01—2012.11	男	汉	群众	本科	1974.03	河北廊坊	董事长兼任
房玉民	行长	2012.11—2014.09	男	汉	中国共产党	本科	1960.04	河北承德	改任董事长
张　涛	行长	2014.09—2015.12	男	汉	群众	本科	1982.09	河北廊坊	
	副行长	2011.01—2014.09	男	汉	群众	本科	1982.09	河北廊坊	提职
王士奎	副行长	2014.09—2015.12	男	汉	群众	本科	1981.09	河北廊坊	

在职员工　2011 年全行员工 20 人，2015 年全行员工 25 人。

从性别结构看，2011 年男 15 人、女 5 人；2015 年男 18 人、女 7 人。

从年龄结构看，2011 年 30 岁以下 19 人、31 ～ 40 岁 1 人、41 ～ 50 岁 0 人、51 ～ 60 岁 0 人；2015 年 30 岁以下 22 人、31 ～ 40 岁 2 人、41 ～ 50 岁 0 人、51 ～ 60 岁 1 人。

从学历结构看，2011 年硕士研究生 1 人、大学本科 14 人、大学专科 5 人；2015 年硕士研究生 0 人、大学本科 14 人、大学专科 11 人。

从职称结构看，2011 年高级职称 0 人、中级职称 1 人、初级职称 4 人、其他人员 15 人；2015 年高级职称 1 人、中级职称 0 人、初级职称 2 人、其他人员 22 人。

2011—2015 年滦平盛阳村镇银行高级专业技术职称人员共 1 人。房玉民，高级经济师，获得时间为 2008 年 10 月，评审单位为中国建设银行。

七、围场满族蒙古族自治县华商村镇银行股份有限公司

机构沿革　根据《国务院关于鼓励和引导民间投资健康发展的若干意见》、中国银监会《村镇银行管理暂行规定》，由承德银行发起组建的围场满族蒙古族自治县华商村镇银行股份有限公司（简称围场华商村镇银行），经河北银监局批准，于 2011 年 2 月 24 日正式成立。围场华商村镇银行是具有独立法人资格的县域股份制商业银行，原始实收资本金 2580 万元，其中承德银行投入法人股本金 1300 万元，占总股本的 50.39%；8 名自然人持股 1280 万元，占总股本的 49.61%。办公营业地址设在围场县围场镇木兰北路 79 号。

内设机构　2011 年，内设机构为办公室、信贷部、运营部、保卫部、计财部。

2015 年，内设机构调整为办公室、信贷部、运营部、稽核部、事后监督中心、技术保障部、保卫部、营业部。

分支机构 2011年围场华商村镇银行仅有1家总部。2013年11月增设凤凰支行。2014年12月增设前进支行、棋盘山支行、四合永支行。2015年12月增设朝阳湾支行、银窝沟支行、新拨支行、桃李支行、腰站支行。年末全辖机构总数10个，其中总部1个，支行9个。

管理层任职

2011—2015年围场华商村镇银行历任管理层一览表

表1-2-57

姓名	职务	任职时间	性别	民族	党派	文化程度	出生年月	籍贯
申振丹	董事长	2011.03—2015.12	男	满	中国共产党	本科	1963.03	河北承德
张爱军	行长	2011.03—2015.12	男	满	中国共产党	本科	1965.06	河北围场
桑福利	副行长	2011.09—2015.12	男	满	中国共产党	本科	1971.09	河北隆化
刘立军	副行长	2012.10—2015.12	男	满	中国共产党	本科	1972.01	河北围场

在职员工 2011年全行员工13人，其中高管3人。2015年全行员工115人，其中高管4人，中层17人，部室11人，基层83人。

从性别结构看，2011年男8人、女5人；2015年男55人、女60人。

从年龄结构看，2011年30岁以下10人、31～40岁1人、41～50岁2人、51～60岁0人；2015年30岁以下88人、31～40岁14人、41～50岁11人、51～60岁2人。

从学历结构看，2011年硕士研究生0人、大学本科10人、大学专科3人、中专及以下0人；2015年硕士研究生1人、大学本科62人、大学专科51人、中专及以下1人。

从职称结构看，2011年中级职称3人、初级职称1人、其他人员9人；2015年中级职称4人、初级职称4人、其他人员107人。

八、小额贷款公司

发展概况 2008年，承德市设立小额贷款公司10家，其中市区6家，隆化县、丰宁满族自治县、宽城满族自治县、围场满族蒙古族自治县各1家。2015年末，承德市设立小额贷款公司54家，其中承德市区14家、承德县7家、兴隆县4家、平泉县5家、滦平县4家、隆化县3家、丰宁县6家、宽城满族自治县5家、围场满族蒙古族自治县6家。

资本构成 承德市小额贷款公司资本来源主要为产业资本和民间资本两部分。其中，产业资本来源于一家有限责任公司或股份有限公司，并且全部为第一大股东；民间资本来源于2～4名自然人股东。2008年，10家小额贷款公司的产业资本占比均为20%。2015年末，54家小额贷款公司中，39家产业资本占比20%，10家产业资本占比40%，其余产业资本占比在15%～25%之间。54家小额贷款公司注册资本总额27.7亿元，从业人员525人。

公司章程 河北省金融工作办公室2011年7月印发县（市）小额贷款公司章程（草案）。章程主要内容是，小额贷款公司的设立要符合《中华人民共和国公司法》的要求。小额贷款公司资本金管理，要符合省金融办等六部门《河北省小额贷款公司试点工作审批及管理暂行办法》（冀金办〔2008〕17号）文要求的有关内容，小额贷款公司的股份可依法转让。但主投资人持有的股份原则上自小额贷款公司成立之日起3年内不得转让、质押，其他股东原则上在2年内不得转让、质押。小额贷款公司董事、监事、高级管理人员持有的股份，在任职期间内不得转让、质押。遇公司注销、当事人死亡等特殊情况需要转让、质押股份的，应报设区市试点部门批准，并报省试点部门备案同意后实施。信息披露要求为建立信息披露制度。按要求向公司股东、试点部门、提供融资的银行业金融机构、捐赠机构披露审计合规的财务报表和年度业务经营情况、融资情况、重大事项等信息，必要时应向社会披露。数据报送要求为小额贷款公司从事的发放贷款活动，应按照要求及时准确地向当地人民银行分支机构报备。小额贷款公司应在每个月初的5个工作日内，向县（市）、设区市小额贷款公司试点工作领导小组办公室、人民银行分支行、银监分局报送贷款业务经营情况、风险拨备情况、不良贷款催收与处置情况、财务报表、统计信息数据资料等。本章程草案自全体股东签字之日起执行。

小额贷款公司名录

2008—2015年承德市小额贷款公司机构一览表

表1-2-58

项目 县区	机构名称	开业时间	批准机关	注册营业地	从业人员（人）	注册资本金（亿元）	第一大股东	持股比例
市区	承德高新区盛宝隆小额贷款有限公司	2008.11	河北省金融办	承德市双桥区紫荆花园座6号底商	11	0.5	承德市恒瑞物资贸易有限公司	20%
	承德市双滦区兴通小额贷款有限公司	2008.11	河北省金融办	承德市双滦区双塔山镇朗奇园小区1幢2号底商	8	0.5	河北创远投资集团有限公司	20%
	承德市双桥区银信小额贷款有限公司	2008.11	河北省金融办	双桥区万华小区天泽佳园商业117号	13	0.5	承德瑞风新能源设备有限公司	20%
	承德市鹰手营子矿区汇众小额贷款有限责任公司	2008.11	河北省金融办	承德鹰手营子矿区久龙路红旗家园住宅楼底商楼2单元100号	14	0.5	营子矿区张庄煤矿	20%
	承德市双桥区助银小额贷款有限公司	2008.11	河北省金融办	承德市双桥区北兴隆街西区3号楼	6	0.5	承德市龙行商贸有限公司	20%
	承德市双滦区政通小额贷款有限公司	2008.12	河北省金融办	双滦区双塔山镇繁荣小区商住楼2.2号底商	16	0.5	隆化县广兴矿业有限责任公司	20%
	承德市高新技术产业开发区冠联科技小额贷款有限公司	2011.12	河北省金融办	承德市高新技术产业开发区雹神庙村露露花园底商	18	0.5	承德市塞外商贸有限公司	20%

续表 1-2-58

项目／县区	机构名称	开业时间	批准机关	注册营业地	从业人员（人）	注册资本金（亿元）	第一大股东	持股比例
市区	承德市双滦区海川科技小额贷款有限公司	2012.07	河北省金融办	承德市双滦区双塔山镇应营子村御水花园12幢105号房	6	0.5	承德秋硕经贸有限公司	16%
	承德市高新技术产业开发区六顺小额贷款有限公司	2012.11	河北省金融办	承德市新世家底商51.103	7	0.5	兴耀汽车销售服务有限公司	20%
	承德市双桥区祥皓小额贷款有限公司	2013.03	河北省金融办	承德市银领家园12号楼底商101号	9	0.5	中承华宇建设集团有限公司	20%
	承德市双桥区金升源小额贷款有限公司	2013.09	河北省金融办	承德市双桥区世纪城二期24幢109商业	14	0.5	承德中凯路桥建设有限公司	20%
	承德市高新技术产业开发区昌泰发科技小额贷款有限公司	2013.12	河北省金融办	承德市双桥区世纪城2期24号楼112底商	11	0.5	承德市新龙电子有限责任公司	20%
	承德市双桥区神元小额贷款有限公司	2014.07	河北省金融办	承德市双桥区翠桥路20号	10	0.5	承德市热河建设集团有限公司	20%
	承德高新区互生科技小额贷款有限责任公司	2014.09	河北省金融办	承德市开发区凤凰御景106.102室	7	0.5	承德大正筑业有限公司	20%
承德县	承德县广源小额贷款有限公司	2009.01	河北省金融办	承德县下板城镇珠源路	6	0.5	承德县建龙金源矿业有限公司	20%
	承德县荣成科技小额贷款有限公司	2011.12	河北省金融办	承德县下板城镇景泰星河国际23栋6号底商	14	0.5	承德铁成矿业集团有限公司	20%
	承德县友邦达小额贷款有限公司	2012.11	河北省金融办	承德县下板城镇承栗路东侧景泰商住楼A20幢35号	10	0.5	承德县龙源盛邦矿业有限公司	20%

续表 1-2-58

项目 县区	机构名称	开业时间	批准机关	注册营业地	从业人员（人）	注册资本金（亿元）	第一大股东	持股比例
承德县	承德县铁成扶贫小额贷款有限公司	2013.10	河北省金融办	承德县高寺台镇高寺台村	9	0.2	承德金得利工贸有限公司	40%
	承德县领航小额贷款有限公司	2013.12	河北省金融办	承德县下板城镇成立路景泰小区 A18 栋 26 号底商	9	0.5	承德县京通矿业集团有限公司	20%
	承德县超越扶贫小额贷款有限公司	2014.01	河北省金融办	承德县甲山镇山咀村（承德亿财制衣有限公司院内）	8	0.2	承德亿财制衣有限公司	40%
	承德县同利扶贫小额贷款有限公司	2014.11	河北省金融办	承德县甲山镇武场村	7	0.2	承德盛华公路工程建设有限公司	40%
兴隆县	兴隆县华通小额贷款有限责任公司	2010.09	河北省金融办	兴隆县兴隆镇迎宾路路西	6	0.5	承德天健医药有限公司	20%
	兴隆县滨达小额贷款有限责任公司	2011.11	河北省金融办	承德市兴隆县兴隆镇黄酒馆村 112 县路南	12	0.5	承德滨达运输有限公司	20%
	兴隆县惠商小额贷款有限责任公司	2013.06	河北省金融办	兴隆县兴隆镇西关村	15	0.5	兴隆县仟禧龙旅游服务有限公司	20%
	兴隆县金富安扶贫小额贷款有限公司	2013.07	河北省金融办	兴隆县兴隆镇北环城路	6	0.5	兴隆县拓宏矿业有限公司	25%
平泉县	平泉县瑞丰小额贷款有限公司	2010.11	河北省金融办	平泉县卧龙镇三十家子村	6	0.5	承德阔达矿业集团有限公司	20%
	平泉县乾丰贷款有限责任公司	2011.08	河北省金融办	平泉县平泉镇兴平北路金世纪嘉园 S7	6	0.5	隆泉减水剂公司	20%
	平泉县太平洋科技小额贷款有限公司	2012.01	河北省金融办	平泉县平泉镇金世纪 S9.8	8	0.5	太平洋饮品公司	20%
	平泉县山庄同兴小额贷款有限公司	2013.04	河北省金融办	平泉县平泉镇府前街丽水花都 15—102 号	5	0.6	承德避暑山庄企业集团有限责任公司	20%
	平泉县新一百扶贫小额贷款有限公司	2013.06	河北省金融办	平泉县福前花园 26.1.1 号	10	0.2	承德市新一百百货大楼有限公司	40%

续表 1-2-58

项目 县区	机构名称	开业时间	批准机关	注册营业地	从业人员（人）	注册资本金（亿元）	第一大股东	持股比例
滦平县	滦平县汇通小额贷款有限公司	2010.07	河北省金融办	滦平县滦平镇石头沟门商住楼4号1单元01室	13	0.5	承德市蓝泉贸易有限公司	20%
	滦平县鑫融小额贷款有限公司	2011.08	河北省金融办	滦平县滦平镇石头沟门村商住小区6号楼	10	0.5	驰盛矿业有限公司	20%
	滦平县信通科技小额贷款公司	2012.03	河北省金融办	滦平镇富强小区10楼底商	15	0.5	承德市瑞腾商贸有限责任公司	15%
	滦平县亿泰扶贫小额贷款有限公司	2014.07	河北省金融办	滦平县滦平镇祥源小区2号底商	5	0.2	承德万博建筑有限公司	40%
隆化县	隆化县鑫丰小额贷款有限责任公司	2008.11	河北省金融办	隆化县苔山路333号	7	0.5	承德中福矿业集团有限公司	20%
	隆化县鸿蚨科技小额贷款有限公司	2013.12	河北省金融办	隆化县隆化镇计划生育服务站综合楼下	9	0.5	承德鸿泰建设工程集团有限公司	20%
	隆化县泓源扶贫小额贷款有限公司	2013.12	河北省金融办	隆化县隆化镇计生服务站底商	5	0.2	隆化县万方商贸有限公司	23%
丰宁县	丰宁满族自治县金华小额贷款有限公司	2008.11	河北省金融办	丰宁县大阁镇裕丰路66号	9	0.5	承德丰宁远大矿业有限责任公司	20%
	丰宁满族自治县宏福小额贷款有限公司	2011.01	河北省金融办	丰宁县大阁镇胜利街丰宁行政服务中心东侧	10	2.5	丰宁顺达矿业集团有限公司	20%
	丰宁满族自治县金硅科技小额贷款有限公司	2013.04	河北省金融办	丰宁满族自治县水务家园底商	7	0.5	宏达矿业有限责任公司	20%
	丰宁满族自治县名城同惠扶贫小额贷款有限公司	2013.11	河北省金融办	丰宁满族自治县大阁镇胜利街水务家园底商（兴丰路东侧胜利街北侧）	9	0.2	承德润州建筑安装有限公司	40%
	丰宁满族自治县泰达扶贫小额贷款有限公司	2013.12	河北省金融办	丰宁县盛世龙源底商	11	0.2	丰宁得利矿业有限公司	25%
	丰宁满族自治县巨润扶贫小额贷款有限公司	2014.12	河北省金融办	丰宁县承德银行楼上15层	8	0.5	丰宁满族自治县亿达商贸有限公司	20%

续表 1-2-58

县区\项目	机构名称	开业时间	批准机关	注册营业地	从业人员（个）	注册资本金（亿元）	第一大股东	持股比例
宽城县	宽城满族自治县乾昇小额贷款有限公司	2008.11	河北省金融办	宽城满族自治县滨河街京城集团办公楼三楼	7	0.5	宽城满族自治县铧丰矿业有限公司	20%
	宽城满族自治县万荣小额贷款有限公司	2011.06	河北省金融办	宽城满族自治县宽城镇世纪路佳利底商	15	0.5	宽城华友矿业有限公司	20%
	宽城满族自治县宽泰科技小额贷款有限公司	2011.12	河北省金融办	宽城满族自治县滨河街 115 号	12	1	承德宽丰西沟矿业有限公司	20%
	宽城满族自治县中达扶贫小额贷款有限公司	2013.06	河北省金融办	宽城满族自治县龙须门镇龙须门村	2	0.2	宽城鑫择矿业有限公司	40%
	宽城满族自治县兆丰小额贷款有限公司	2013.07	河北省金融办	宽城满族自治县宽城镇民族街 390 号	14	2	宽城上院矿业有限公司	20%
围场县	围场满族蒙古族自治县华丰小额贷款有限公司	2008.06	河北省金融办	围场满族蒙古族自治县凤凰南路湖泗汰桥南 49 米	12	0.7	承德北雁商城商贸有限公司	20%
	围场满族蒙古族自治县聚薪小额贷款有限责任公司	2010.11	河北省金融办	围场满族蒙古族自治县通祥街 137 号佳禾种业底商	8	0.5	承德金丰建材有限责任公司	20%
	围场满族蒙古族自治立信小额贷款有限公司	2013.03	河北省金融办	围场满族蒙古族在县木兰中路 288 号	6	0.5	围场县新宇建筑安装有限公司	20%
	围场满族蒙古族自治县宝源扶贫小额贷款有限公司	2014.01	河北省金融办	河北省围场满族蒙古族自治县龙头山乡龙头山村	13	0.2	承德成城集团	40%
	围场满族蒙古族自治县龙飞扶贫小额贷款有限公司	2014.02	河北省金融办	河北省围场满族蒙古族自治县腰站镇边墙山村	15	0.2	承德鑫达食品有限公司	40%
	围场满族蒙古族自治县北金顺扶贫小额贷款有限公司	2014.05	河北省金融办	四合永镇营子村 14 组 1 号	16	0.2	北方汽车检测服务有限公司	40%

说明：各公司从业人员为 2015 年末人员总数

第三章 保险和证券机构

保险机构。1989年，承德市仅有中国人民保险公司承德中心支公司独家保险机构。1992年，中国太平洋保险公司北京分公司在承德设立代理处，1994年转正为中国太平洋保险公司承德办事处，1998年升格为中国太平洋保险公司承德分公司。1996年，原中国人民保险公司承德分公司完成产寿险机构分设，分设为中保财产保险有限公司承德分公司、中保人寿保险有限公司承德分公司。2002年太保承德分公司完成产寿险机构分设，分设为中国太平洋财产保险股份有限公司承德中心支公司、中国太平洋人寿保险股份有限公司承德中心支公司。2003—2014年，平安财险、平安人寿、中华财险、合众人寿等多家保险公司在承德设立分支机构。到2015年末，承德市共有保险机构31家，其中财产险机构15家、人寿保险机构16家。

证券机构。1995年农业银行承德信托投资公司证券营业部开业，是承德市的第一家证券机构，2015年更名为中国中投证券有限责任公司承德翠桥路证券营业部。1995年设立工商银行承德信托投资公司证券营业部，2015年更名为财达证券股份有限公司承德都统府大街证券营业部。2011年设立财达证券有限责任公司承德宽城金山街证券营业部。2014年设立国泰君安证券股份有限公司承德西大街证券营业部。2015年设立广发证券股份有限公司承德新华路证券营业部。到2015年末，承德市共有证券机构5家。

第一节 混业经营保险公司

一、中国人民保险公司承德分公司

机构沿革 1989年至1992年10月，中国人民保险公司承德中心支公司（简称人保承德中支）是承德市独家保险机构。机构地址设在承德市双桥区西大街路北27号。

1993年4月1日，中国人民保险公司承德中心支公司更名为中国人民保险公司承德分公司（简称人保承德分公司）。原名称的“中心支公司”变更为“分公司”字样。分公司经理、副经理改称总经理、副总经理；部门科长、副科长改称经理、副经理。

1994年12月办公地址迁至双桥区都统府大街7号。

1996年，根据国务院令，中国人民保险公司实行产寿险机构分设、分业经营。4月30日，人保河北省分公司派员来承，宣布人保承德分公司产寿险机构分设。分设中保财产保险有限公司承德分公司，总经理阎双彪。分设中保人寿保险有限公司承德分公司，副总经理杜凤义（主持工作）。分设后的产寿险机构分别运营，原中国人民保险公司承德分公司机构终止。

内设机构 1989年，人保承德中支内设机构9个，分别为行政科、审计科、计财科、办公室、人事科、工会办、业务科、监察科、人身险科。

1996 年 4 月产寿险机构分设前，人保承德分公司内设机构 13 个，分别为行政科、审计科、计财科、办公室、政工科、工会办、财险科、车险科、农险科、人身险科、计划统计科、电脑科、纪检组 / 监察科。

分支机构 1989 年，人保承德中支在承德市设置 11 个分支机构，分别为中支营业部、双滦办事处、营子办事处、承德县、兴隆县、平泉县、滦平县、隆化县、丰宁满族自治县、宽城满族自治县、围场满族蒙古族自治县支公司。

1993 年增设虹桥办事处、翠桥办事处。

1996 年 4 月产寿险机构分设前，人保承德分公司设置 13 个分支机构，分别为 1 个营业部、4 个城区办事处、8 个县支公司。

管理层任职

1989—1996 年人保承德分公司历任总经理、副总经理、非领导职务人员一览表

表 1-3-1

姓名	职务	任职时间	性别	民族	党派	文化程度	出生年月	籍贯	备注
阎双彪	总经理	1989.04—1996.04	男	汉	中国共产党	大专	1943.12	河北承德县	转财险任职
王继庭	副总经理	1989.01—1996.04	男	满	中国共产党	研究生	1956.03	河北平泉	转财险任职
阎应时	副总经理	1989.01—1996.04	男	汉	中国共产党	大专	1939.02	河北承德市	转财险任职
李　林	副总经理	1993.01—1996.04	男	汉	中国共产党	大专	1952.03	河北承德市	转寿险任职
王景德	调研员	1989.01—1990.10	男	汉	中国共产党	高中	1929.10	河北围场县	离休
刘秀芹	调研员	1989.01—1993.06	女	汉	中国共产党	小学	1940.10	河北滦南	退休

说明：1989 年 1—4 月由王景德主持工作

在职员工 1989 年在职员工 194 人。1995 年在职员工 379 人，比 1989 年增长 95.37%。其中 40 岁以下青年员工 181 人，大学专科以上学历 37 人。

1989 年人保承德中支在职员工结构统计表

表 1-3-2　　单位：人

项目 县区	性别结构			年龄结构					学历结构					职称结构				
	男	女	合计	30岁以下	31～40岁	41～50岁	51～60岁	合计	硕士研究生	大学本科	大学专科	中专及以下	合计	中级职称	初级职称	其他	合计	合计
市区	51	44	95	31	32	24	8	95	1	12	31	51	95	1	6	11	77	95
承德县	10	5	15	3	5	4	3	15	—	—	2	13	15	—	—	1	14	15
兴隆县	9	5	14	3	4	5	2	14	—	—	1	13	14	—	—	2	12	14
平泉县	9	6	15	4	4	5	2	15	—	—	1	14	15	—	—	2	13	15
滦平县	7	4	11	3	3	3	2	11	—	—	2	9	11	—	—	1	10	11
隆化县	6	4	10	2	3	2	3	10	—	—	1	9	10	—	—	2	8	10
丰宁满族自治县	7	5	12	4	3	2	3	12	—	—	2	10	12	—	—	2	10	12
宽城满族自治县	6	4	10	2	2	4	2	10	—	—	1	9	10	—	—	1	9	10
围场满族蒙古族自治县	7	5	12	4	3	2	3	12	—	—	1	11	12	—	—	1	11	12
合计	112	82	194	56	59	51	28	194	1	12	42	139	194	1	6	23	164	194

说明：市区 95 人包括中支 77 人，双滦支公司 9 人，营子支公司 9 人

1995 年人保承德分公司在职员工结构统计表

表 1-3-3　　单位：人

项目 县区	性别结构			年龄结构					学历结构					职称结构				
	男	女	合计	30岁以下	31～40岁	41～50岁	51～60岁	合计	硕士研究生	大学本科	大学专科	中专及以下	合计	中级职称	初级职称	其他	合计	合计
市　区	112	78	190	54	63	39	34	190	1	5	26	158	190	8	17	35	130	190
承德县	17	6	23	2	3	10	8	23	—	—	1	22	23	—	1	2	20	23
兴隆县	24	4	28	5	4	9	10	28	—	—	—	28	28	—	—	2	26	28
平泉县	21	2	23	3	4	10	6	23	—	—	—	23	23	—	—	3	20	23
滦平县	22	3	25	4	4	9	8	25	—	1	—	24	25	—	1	3	21	25
隆化县	18	4	22	4	4	9	5	22	—	—	—	22	22	—	1	2	19	22
丰宁满族自治县	20	3	23	4	4	6	9	23	—	—	1	22	23	—	2	3	18	23
宽城满族自治县	17	6	23	5	5	5	8	23	—	—	2	21	23	—	—	4	19	23
围场满族蒙古族自治县	18	4	22	4	5	5	8	22	—	—	—	22	22	—	2	2	18	22
合计	269	110	379	85	96	102	96	379	1	6	30	342	379	8	24	56	291	379

二、中国太平洋保险公司承德分公司

机构沿革 中国太平洋保险公司成立于1991年，是由交通银行发起组建的全国性股份制商业保险公司。总部设在上海。

经中国人民银行承德分行批准，1992年10月28日，中国太平洋保险公司北京分公司承德代理处（简称太保承德代理处）正式开业。营业地址设在承德市武烈路军分区招待所。1993年12月，承德市人民政府委派时任承德市委办公室副主任的嵇永明主持太保承德代理处工作。

经人民银行对太保承德代理处各项经营指标达标考核，1994年5月16日，中国人民银行（银发〔1994〕129号）批准，太保承德代理处转正为中国太平洋保险公司承德办事处（简称太保承德办事处）。机构转正后，继续由太保北京分公司管辖。同年5月18日营业地址迁至承德市武烈路19号。

1996年8月16日，中国人民银行（银复〔1996〕247号）批复，太保承德办事处由太保北京分公司移交石家庄分公司管辖。

1998年1月19日，中国人民银行（银复〔1998〕16号）批复，太保承德办事处升格为中国太平洋保险公司承德分公司（简称太保承德分公司）。同年5月8日迁至承德市丽正门大街2号。

2001年11月13日，根据保监会《关于中国太平洋保险公司地市及以下分支机构分设方案的批复》（保监复〔2001〕411号），太保承德分公司内部完成产寿险人员、业务的划分。

2002年3月15日，根据保监会石家庄特派员办事处（保监冀复〔2002〕9号）批复，分设中国太平洋财产保险股份有限公司承德中心支公司、中国太平洋人寿保险股份有限公司承德中心支公司。分设后的产寿险机构分别运营，原中国太平洋保险公司承德分公司机构终止。

内设机构 1994年太保承德办事处内设4个机构，分别为办公室、计划财务部、业务管理部、基层管理部。

1995年8月25日增设人身险部。

1997年1月，为落实太保总公司关于产寿险人员、业务、财务、资金、经营实行分开管理、单独核算的要求，在人身险部下设综合科、营销科、财务科。

2002年3月产寿险机构分设之前，太保承德分公司内设9个机构，分别为办公室、人事教育部、计划财务部、稽核室、电脑部、业务管理部、人身险部、业务一部、营业部。

代理机构 2002年3月产寿险机构分设之前，太保承德办事处、分公司未设立分支机构。

1995年，根据人行河北省分行（冀银复〔1995〕3号）批复，太保承德办事处在各县区设立11个代理处。

1997年10月6日，根据人总行（银发〔1997〕360号）、省分行（冀银发〔1997〕364号）文件，人行承德分行发文撤销太保承德办事处所属11个代理处。1998年清撤完毕。

管理层任职

1994—2002年太保承德分公司历任总经理一览表

表1-3-4

姓名	任职时间	性别	民族	党派	文化程度	出生年月	籍贯	备注
嵇永明	1994.05—1995.07	男	汉	中国共产党	研究生	1960.04	内蒙古赤峰	调离
侯宝玉	1995.07—1999.05	男	汉	中国共产党	大专	1951.09	河北承德县	免职

续表 1-3-4

姓名	任职时间	性别	民族	党派	文化程度	出生年月	籍贯	备注
侯平原	1999.05—2001.12	男	汉	中国共产党	本科	1957.10	山西寿阳	调离
姜跃利	2001.12—2002.03	男	汉	中国共产党	本科	1958.08	河北隆化	转财险任职

说明：本表从正式机构开始记载，不含承德代理处时期

1994—2002 年太保承德分公司历任副总经理一览表

表 1-3-5

姓名	任职时间	性别	民族	党派	文化程度	出生年月	籍贯	备注
卢纪瑞	1994.09—1997.05	男	汉	中国共产党	大专	1962.10	河北滦平	调离
侯宝玉	1994.09—1995.07	男	汉	中国共产党	大专	1951.09	河北承德县	提职
姜跃利	1999.05—2001.12	男	汉	中国共产党	本科	1958.08	河北隆化	提职
李景柱	1999.05—2000.11	男	汉	中国共产党	大专	1964.03	河北廊坊市	调离
刘兰松	1999.05—2002.03	男	汉	中国共产党	大专	1956.05	河北滦县	转寿险任职

1994—2002 年太保承德分公司纪委书记、总经理助理、工会主任一览表

表 1-3-6

姓名	职务	任职时间	性别	民族	党派	文化程度	出生年月	籍贯	备注
姜跃利	纪委书记	1999.09—2002.03	男	汉	中国共产党	本科	1958.08	河北隆化	兼任
高　燕	总经理助理、工会主任	1997.04—1999.03	女	满	中国共产党	大专	1964.09	河北丰宁	调离
刘兰松	工会主任	1999.06—2000.11	男	汉	中国共产党	大专	1956.05	河北滦县	兼任
张学良	工会主任	2001.11—2002.03	男	汉	中国共产党	大专	1962.10	河北围场	转财险任职

在职员工 1992年10月，承德行署办公室核定太保承德代理处员工编制8人。1993年增加到23人。

1994年太保机构转正，年末在职员工54人。从性别结构看，男37人、女17人。从年龄结构看，30岁以下17人、31～40岁26人、41～50岁11人。从学历结构看，大学本科6人、大学专科26人、中专及以下22人。从职称结构看，中级职称17人、初级职称14人、其他人员23人。

1997年在职员工148人。

1998年代理机构全部撤销，清退员工75人，年末在职员工73人。

2001年在职员工74人。从性别结构看，男45人、女29人。从年龄结构看，30岁以下26人、31～40岁29人、41～50岁19人。从学历结构看，大学本科18人、大学专科31人、中专及以下25人。从职称结构看，高级职称1人、中级职称17人、初级职称21人、其他人员35人。太保承德分公司内部完成产寿险人员划分，其中55人划分到太保财险，19人划分到太保人寿。

第二节 财产保险公司

一、中国人民财产保险股份有限公司承德市分公司

机构沿革 1996年4月30日，原中国人民保险公司承德分公司完成产寿险机构分设，分设后的中保财产保险有限公司承德分公司（简称中保财险承德分公司）正式成立，隶属中保财险河北省分公司管辖。机构地址设在承德市双桥区都统府大街7号。

1999年5月14日，根据国务院函〔1998〕85号精神，经冀人保发〔1999〕46号批准，中保财产保险有限公司承德分公司更名为中国人民财产保险有限公司承德分公司（简称人保财险承德分公司）。原名称的“中保”变更为“中国人民”字样。

2003年7月19日，人保财险总公司完成股份制改革。中国人民财产保险有限公司承德分公司名称变更为中国人民财产保险股份有限公司承德市分公司（简称人保财险承德市分公司）。原名称的“有限公司”变更为“股份有限公司”字样。人保财险承德市分公司所属机构名称统一变更。

内设机构 1996年内设机构11个，分别为办公室、人事处、计划财务处、纪检组（监察室）、机关党总支、稽核处、工会、运输工具险部、财产保险部、营业部、国际保险部。

2015年内设机构11个，分别为办公室、人力资源部（教育培训部）、财务会计部、出单中心（客户服务部）、车辆保险部、财产（责任信用保险部）、农业保险部（“三农”保险部）、销售管理部、信息技术部、法律部（监察部、合规部）、理赔中心。

分支机构 1996年，中保财险承德分公司下设12个支公司，即虹桥、翠桥、双滦、营子、承德县、兴隆县、平泉县、滦平县、隆化县、丰宁满族自治县、宽城满族自治县、围场满族蒙古族自治县支公司。

2012年1月—2015年10月，人保财险承德市分公司陆续设立15个营销服务部，即承德市大石庙、承德市滦河、承德市西地、兴隆县蓝旗营、兴隆县挂兰峪、滦平县虎什哈、隆化县韩麻营、隆化县张三营、丰宁满族自治县大滩、宽城满族自治县峪耳崖、宽城满族自治县板城、宽城满族自治县碾子峪、宽城满族自治县汤道河、宽城满族自治县龙须门、围场满族蒙古族自治县围场镇营销服务部。2015年5月26日，将开发区营销服务部改建为开发区支公司。

2015年辖内设立支公司12个，营销服务部35个。

管理层任职

1996—2015年人保财险承德市分公司历任总经理一览表

表1-3-7

姓名	任职时间	性别	民族	党派	文化程度	出生年月	籍贯	备注
阎双彪	1996.04—1996.05	男	汉	中国共产党	大专	1943.11	河北承德县	转调研员
王继庭	1997.01—2001.03	男	满	中国共产党	研究生	1956.03	河北平泉	调离
任宝林	2001.12—2009.04	男	汉	中国共产党	大专	1956.10	辽宁朝阳	转调研员
米学贵	2009.06—2015.12	男	汉	中国共产党	本科	1963.03	河北易县	

1996—2015年人保财险承德市分公司历任副总经理一览表

表1-3-8

姓名	任职时间	性别	民族	党派	文化程度	出生年月	籍贯	备注
王继庭	1996.04—1996.05	男	满	中国共产党	研究生	1956.03	河北平泉	
	1996.05—1997.01							主持工作
任宝林	1997.01—2001.03	男	汉	中国共产党	大专	1956.10	辽宁朝阳	
	2001.03—2001.12							主持工作
田　博	1997.01—2005.02	男	汉	中国共产党	大专	1955.08	陕西白水	调离
陈炳钦	1997.07—2001.03	男	汉	中国共产党	大专	1960.02	河北赤城	调离
米学贵	2001.03—2009.04	男	汉	中国共产党	本科	1963.03	河北易县	
	2009.04—2009.06							主持工作
范占平	2002.05—2006.07	男	汉	中国共产党	大专	1963.2.10	河北万全	调离
陈艳民	2006.01—2009.07	男	汉	中国共产党	大专	1959.1.20	河北宽城	调离
毕建春	2009.04—2011.06	男	汉	中国共产党	大专	1957.02	河北承德	调离
武军生	2009.04—2015.12	男	汉	中国共产党	大专	1964.04	河北滦南	
于志勇	2009.08—2015.12	男	汉	中国共产党	大专	1962.08	河北平泉	
尹东起	2011.06—2015.09	男	汉	中国共产党	本科	1973.04	河北南皮	调离
鲁振申	2013.11—2015.12	男	满	中国共产党	本科	1966.04	河北宽城	

1996—2015年人保财险承德市分公司历任非领导职务人员一览表

表1-3-9

姓名	职务	任职时间	性别	民族	党派	文化程度	出生年月	籍贯	备注
阎双彪	顾问	1996.05—2003.12	男	汉	中国共产党	大专	1943.12	河北承德县	退休
阎应时	调研员	1996.04—1999.02	男	汉	中国共产党	大专	1939.02	河北承德市	退休
任宝林	调研员	2009.04—2010.12	男	汉	中国共产党	大专	1956.10	辽宁朝阳	保险协会任职
徐大明	高级业务主管	2005.01—2009.02	女	汉	中国共产党	大专	1958.04	河北平泉	退休
樊立君	高级业务主管	2009.08—2015.08	男	汉	中国共产党	本科	1960.01	河北尚义	调离

在职员工　1996年4月在职员工223人。2015年增加到538人，增长1.41倍。其中40岁以下青年员工354人，占65.8%，比1996年提升10.2个百分点；大学专科以上学历员工470人，占88.3%，比1996年提升45.7个百分点。

1996年人保财险承德分公司在职员工结构统计表

表1-3-10　　单位：人

项目／县区	性别结构			年龄结构					学历结构					职称结构			
	男	女	合计	30岁以下	31～40岁	41～50岁	51～60岁	合计	硕士研究生	大学本科	大学专科	中专及以下	合计	中级职称	初级职称	其他	合计
市　区	58	50	108	28	32	38	10	108	1	20	32	55	108	34	36	38	108
承德县	8	6	14	3	4	4	3	14	—	2	5	7	14	2	5	7	14
兴隆县	10	8	18	4	5	5	4	18	—	1	7	10	18	1	6	11	18
平泉县	8	6	14	3	5	4	2	14	—	1	5	8	14	2	5	7	14
滦平县	7	5	12	4	4	2	2	12	—	1	4	7	12	1	4	7	12
隆化县	9	5	14	3	5	3	3	14	—	—	4	10	14	1	2	11	14
丰宁满族自治县	10	7	17	4	6	5	2	17	—	1	5	11	17	1	2	14	17
宽城满族自治县	8	5	13	3	5	4	1	13	—	1	2	10	13	1	4	8	13
围场满族蒙古族自治县	7	6	13	2	4	4	3	13	—	—	3	10	13	1	2	10	13
合计	125	98	223	54	70	69	30	223	1	27	67	128	223	44	66	113	223

2015 年人保财险承德市分公司在职员工结构统计表

表 1-3-11 单位：人

项目/县区	性别结构			年龄结构					学历结构					职称结构				
	男	女	合计	30岁以下	31～40岁	41～50岁	51～60岁	合计	硕士研究生	大学本科	大学专科	中专及以下	合计	中级职称	初级职称	其他	合计	合计
市　区	149	147	296	114	76	55	51	296	5	173	94	24	296	5	34	34	223	296
承德县	19	14	33	13	6	6	8	33	—	13	15	5	33	—	4	1	28	33
兴隆县	14	8	22	11	7	1	3	22	—	5	13	4	22	—	1	—	21	22
平泉县	15	8	23	8	4	6	5	23	—	8	10	5	23	—	1	3	19	23
滦平县	13	10	23	8	6	6	3	23	—	5	11	7	23	—	2	—	21	23
隆化县	18	10	28	14	6	3	5	28	—	15	8	5	28	—	1	5	22	28
丰宁满族自治县	17	7	24	12	5	2	5	24	—	8	12	4	24	—	—	2	22	24
宽城满族自治县	34	27	61	28	17	11	5	61	—	26	30	5	61	—	1	2	58	61
围场满族蒙古族自治县	12	16	28	15	4	4	5	28	—	9	15	4	28	—	—	—	28	28
合计	291	247	538	223	131	94	90	538	5	262	208	63	538	5	44	47	442	538

说明：市区 296 人包括分公司、双桥区、开发区、双滦区、营子区等机构

1996—2015 年人保财险承德市分公司高级专业技术职称人员一览表

表 1-3-12

姓名	单位	职称名称	获得时间	评审单位
毕建春	分公司	高级经济师	2000.05.27	总公司
任宝林	分公司	高级经济师	2003.04.01	总公司
米学贵	分公司	高级经济师	2011.10.31	总公司
樊立君	分公司	高级经济师	2009.08.27	总公司
郑　莲	分公司	高级经济师	2011.10.31	总公司

二、中国太平洋财产保险股份有限公司承德中心支公司

机构沿革　中国太平洋财产保险股份有限公司，是中国太平洋保险（集团）股份有限公司的子公司，总部设在上海。

2002 年 3 月 15 日，原中国太平洋保险公司承德分公司完成产寿险机构分设。分设后的中国太平洋财产保险股份有限公司承德中心支公司（简称太保财险承德中支），隶属太保财险河北分公司管辖。营业地址设在承德市丽正门大街2号。

内设机构　2002 年内设 8 个机构，分别为综合管理部、计划财务部、业务管理部、营业部、重点项目部、国内业务部、国内业务二部（营子）、国内业务三部（丰宁）。

2015 年内设 6 个管理部门，分别为综合管理部、财务部、车险部、非车险部、客户服务部、理赔部；内设 9 个职能部门，分别为车商业务部、电网销售事业部、交叉销售业务部、车险拓展部、

非车险拓展部、个人营销部、银行保险部、重大客户部、农险部。

分支机构　2002年开始，相继在县区设置8个营销服务部。2007—2015年先后在8个县、双桥区、营子区设置10个支公司。

管理层任职

2002—2015年太保财险承德中支历任总经理副总经理一览表

表1-3-13

姓名	职务	任职时间	性别	民族	党派	文化程度	出生年月	籍贯	备注
姜跃利	总经理	2002.03—2015.12	男	汉	中国共产党	本科	1958.08	河北隆化	
张学良	副总经理	2002.03—2002.08	男	汉	中国共产党	大专	1962.10	河北围场	调离
蔡　瑞	副总经理	2003.01—2004.12	男	汉	中国共产党	本科	1963.01	河北承德县	调离
高　燕	副总经理	2005.01—2008.01	女	满	中国共产党	大专	1964.09	河北丰宁	调离
王恩才	副总经理	2010.03—2013.03	男	汉	中国共产党	大专	1971.05	河北丰宁	调离
郝克云	副总经理	2010.09—2015.01	男	汉	中国共产党	本科	1965.04	河北廊坊市	调离
刘永林	副总经理	2012.07—2015.01	男	汉	中国共产党	本科	1976.11	河北承德县	调离
贾　梅	副总经理	2015.08—2015.12	女	满	群众	大专	1972.03	河北隆化	

2002—2015年太保财险承德中支总经理助理一览表

表1-3-14

姓名	任职时间	性别	民族	党派	文化程度	出生年月	籍贯	备注
李　良	2007.01—2010.01	男	汉	中国共产党	大专	1964.11	河北承德县	调离
王恩才	2007.01—2010.03	男	汉	中国共产党	大专	1971.05	河北丰宁	转副总经理
孟凡强	2015.08—2015.12	男	汉	群众	大专	1973.07	河北承德市	

2002—2015年太保财险承德中支历任纪委书记一览表

表1-3-15

姓名	任职时间	性别	民族	党派	文化程度	出生年月	籍贯	备注
姜跃利	2002.03—2002.08	男	汉	中国共产党	大学	1958.08	河北隆化	兼任
高　燕	2002.08—2005.01	女	满	中国共产党	大专	1964.09	河北丰宁	调离
毕世平	2005.01—2009.10	女	汉	中国共产党	大专	1954.01	河北丰南	退休
王恩才	2010.01—2013.03	男	汉	中国共产党	大专	1971.05	河北丰宁	兼任
刘永林	2013.11—2015.01	男	汉	中国共产党	大学	1976.11	河北承德县	兼任
姜跃利	2015.10—2015.12	男	汉	中国共产党	本科	1958.08	河北隆化	兼任

2002—2015 年太保财险承德中支历任工会主任一览表

表 1-3-16

姓名	任职时间	性别	民族	党派	文化程度	出生年月	籍贯	备注
张学良	2002.03—2002.08	男	汉	中国共产党	大专	1962.10	河北围场	兼任
毕世平	2005.05—2008.05	女	汉	中国共产党	大专	1954.10	河北丰南	兼任
李　良	2008.05—2010.01	男	汉	中国共产党	大专	1964.11	河北承德县	兼任
郝克云	2013.11—2015.01	男	汉	中国共产党	大学	1965.04	河北廊坊市	兼任
孟凡强	2015.10—2015.12	男	汉	群众	大专	1973.07	河北承德市	兼任
姜跃利	2015.10—2015.12	男	汉	中国共产党	本科	1958.08	河北隆化	兼任

在职员工　2002 年在职员工 62 人。男 36 人,女 26 人。30 岁以下 19 人,31 ～ 40 岁 22 人,41 ～ 50 岁 20 人,51 ～ 60 岁 1 人。大学本科 15 人,大学专科 26 人,中专及以下 21 人。高级职称 1 人,中级职称 20 人,初级职称 6 人,其他 35 人。

2015 年在职员工 138 人。其中 40 岁以下青年员工 88 人,大学专科以上学历 58 人。

2015 年太保财险承德中支在职员工结构统计表

表 1-3-17　　　　单位:人

项目 / 县区	性别结构			年龄结构					学历结构					职称结构			
	男	女	合计	30岁以下	31～40岁	41～50岁	51～60岁	合计	硕士研究生	大学本科	大学专科	中专及以下	合计	中级职称	初级职称	其他	合计
市　区	51	48	99	21	45	23	10	99	—	2	26	71	99	8	6	85	99
承德县	1	4	5	—	2	2	1	5	—	1	3	1	5	1	—	4	5
兴隆县	1	3	4	1	1	1	1	4	—	1	2	1	4	—	1	3	4
平泉县	1	3	4		1	2	1	4	—	—	3	1	4	—	—	4	4
滦平县	1	4	5	1	2	—	2	5	—	2	2	1	5	—	—	5	5
隆化县	3	3	6		5		1	6	1	1	3	1	6	—	—	6	6
丰宁满族自治县	3	3	6	1	3	1	1	6	—	1	3	2	6	1	—	5	6
宽城满族自治县	1	2	3	1	1	1	—	3	—	—	2	1	3	—	—	3	3
围场满族蒙古族自治县	3	3	6	2	1	1	2	6	—	—	5	1	6	—	1	5	6
合计	65	73	138	27	61	31	19	138	1	8	49	80	138	10	8	120	138

三、中国平安财产保险股份有限公司承德中心支公司

机构沿革 中国平安财产保险股份有限公司成立于2002年12月，是中国平安保险（集团）股份有限公司的子公司。总部设在深圳。

经河北保监局批准，中国平安财产保险股份有限公司承德市中心支公司（简称平安财险承德中支）于2003年9月30日开业，隶属平安财险河北分公司管辖。原营业地址设在承德市火神庙综合办公楼4楼，2007年5月1日迁至承德市站前路武阳花园东区1号办公楼。

内设机构 2003年公司内设机构5个，分别为总经理室、财务部、业管部、业务一部、业务二部。

2015年公司内设机构6个，分别为总经理室、综合管理部、业管部、客服理赔部、直销渠道部、代理渠道部。

分支机构 2015年平安财险承德中支在承德县、兴隆、平泉、滦平、隆化、丰宁、宽城、围场县设置8家县级支公司。

管理层任职

2003—2015年平安财险承德中支历任总经理一览表

表1-3-18

姓名	任职时间	性别	民族	党派	文化程度	出生年月	籍贯	备注
孙增产	2003.09—2005.01	男	汉	群众	本科	1960.01	河北承德县	调离
张旭东	2005.01—2006.02	男	汉	群众	本科	1962.01	河北兴隆县	调离
刘晓明	2006.02—2008.01	男	汉	群众	本科	1964.01	河北石家庄市	调离
周　闯	2008.01—2010.01	男	汉	群众	本科	1967.11	河北辛集	调离
张春青	2010.01—2015.01	男	满	群众	本科	1968.12	河北张家口	调离
韩晓丽	2015.01—2015.12	女	汉	中国共产党	本科	1973.09	内蒙古赤峰	

在职员工 2003年在职员工10人。男6人，女4人。30岁以下5人，31～40岁4人，41～50岁1人。大学本科2人，大学专科6人，中专及以下2人。

2015年在职员工95人，其中40岁以下青年员工86人，占90%；大学本科学历58人，占61%。

2015年平安财险承德中支在职员工结构统计表

表1-3-19　　单位：人

项目 县区	性别结构			年龄结构				学历结构			
	男	女	合计	30岁以下	31～40岁	41～50岁	合计	大学本科	大学专科	中专及以下	合计
市　区	31	32	63	44	16	3	63	42	16	5	63
承德县	1	2	3	1	1	1	3	—	2	1	3
兴隆县	2	1	3	1	1	1	3	1	2	—	3
平泉县	1	3	4	1	2	1	4	1	2	1	4
滦平县	4	1	5	2	1	2	5	3	1	1	5

续表 1-3-19

项目＼县区	性别结构			年龄结构				学历结构			
	男	女	合计	30 岁以下	31 ～ 40 岁	41 ～ 50 岁	合计	大学本科	大学专科	中专及以下	合计
隆化县	1	1	2	1	1	—	2	1	1	—	2
丰宁满族自治县	2	—	2	2	—	—	2	2	—	—	2
宽城满族自治县	3	3	6	2	3	1	6	5	—	1	6
围场满族蒙古族自治县	4	3	7	3	3	1	7	3	4	—	7
合计	49	46	95	57	28	10	95	58	28	9	95

四、中华联合财产保险股份有限公司承德中心支公司

机构沿革　原新疆生产建设兵团农牧业生产保险公司，始建于 1986 年 7 月，2002 年 9 月公司更名为中华联合财产保险公司，总部原设在新疆乌鲁木齐，2010 年迁北京。

经河北保监局（冀保监产险〔2005〕112 号）批准，中华联合财产保险股份有限公司承德中心支公司（简称中华财险承德中支）于 2005 年 12 月 6 日正式开业，隶属中华财险河北分公司管辖。公司营业地址设在承德市东环路福隆小区二号商业楼。

内设机构　2005 年内设 4 个部门，分别为业务管理部、客户服务部、计划财务部、办公室。

2015 年内设 9 个部门，分别为业务管理部、客户服务部、财务会计部、办公室、农业保险部、车商部（渠道部）、团体客户渠道部、个人客户渠道部、网电业务部。

分支机构　2006 年 8 月—2014 年 9 月，先后设立围场、平泉、兴隆、滦平、丰宁、承德县、宽城、营子、双桥、隆化计 10 个支公司。至 2015 年机构无变化。

管理层任职

2005—2015 年中华财险承德中支历任管理层一览表

表 1-3-20

姓名	职务	任职时间	性别	民族	党派	文化程度	出生年月	籍贯	备注
董建华	总经理	2005.12—2015.12	男	汉	中国共产党	本科	1966.05	河北承德市	
黎卫国	副总经理	2005.12—2014.09	男	汉	中国共产党	本科	1960.04	河北深泽	调离
王建军	副总经理	2011.06—2013.10	男	满	中国共产党	本科	1968.03	河北兴隆	调离
乔史律	副总经理	2014.09—2015.12	男	汉	中国共产党	本科	1968.02	河北承德市	
刘柏松	副总经理	2014.09—2015.12	男	满	中国共产党	本科	1977.12	河北平泉	
王建军	总经理助理	2010.03—2011.06	男	满	中国共产党	本科	1968.03	河北承德市	调离

在职员工　2005 年在职员工 24 人。男 15 人，女 9 人。30 岁以下 13 人，31 ～ 40 岁 7 人，41 ～ 50 岁 3 人，51 ～ 60 岁 1 人。大学本科 6 人，大学专科 13 人，中专及以下 5 人。中级职称 2 人。2013 以后维持在 130 ～ 160 人左右。2015 年在职员工 166 人，其中 40 岁以下青年员工 120 人，大学专科以上学历 144 人。

2015 年中华财险承德中支在职员工结构统计表

表 1-3-21　　单位：人

项目 / 地区	性别结构			年龄结构					学历结构				职称结构		
	男	女	合计	30岁以下	31～40岁	41～50岁	51～60岁	合计	大学本科	大学专科	中专及以下	合计	中级职称	其他	合计
市　区	38	42	80	33	28	11	8	80	41	32	7	80	2	78	80
承德县	5	4	9	3	3	1	2	9	0	9	0	9	—	9	9
兴隆县	6	3	9	3	2	1	3	9	2	5	2	9	—	9	9
平泉县	6	4	10	2	5	3	—	10	5	3	2	10	—	10	10
滦平县	9	8	17	6	6	3	2	17	4	10	3	17	—	17	17
隆化县	7	3	10	6	1	3	—	10	3	5	2	10	—	10	10
丰宁满族自治县	4	4	8	2	2	2	2	8	2	4	2	8	—	8	8
宽城满族自治县	8	4	12	7	3	2	—	12	2	6	4	12	—	12	12
围场满族蒙古族自治县	7	4	11	5	3	2	1	11	3	8	—	11	—	11	11
合计	90	76	166	67	53	28	18	166	62	82	22	166	2	164	166

五、永安财产保险股份有限公司承德中心支公司

机构沿革　永安财产保险股份有限公司成立于 1996 年，总部设在西安市。经河北保监局（冀保监产险〔2006〕3 号）批准，永安财产保险股份有限公司承德中心支公司（简称永安财险承德中支）于 2006 年 3 月 7 日正式开业，隶属永安财产保险股份有限公司河北省分公司管辖。原营业地址设在承德市双桥区石洞子沟路北 3 号，2011 年 11 月迁至双桥区下二道河子汇丰园小区 1# 商埠。

内设机构　2006 年内设机构 4 个，分别为人事行政部、财务部、业务部、理赔部。

2015 年内设机构 2 个，分别为综合管理部、理赔服务中心。

分支机构　到 2015 年在承德县设立 1 家营销服务部。

管理层任职

2006—2015 年永安财险承德中支历任总经理、副总经理一览表

表 1-3-22

姓名	职务	任职时间	性别	民族	党派	文化程度	出生年月	籍贯	备注
黄　冰	总经理	2006.03—2006.11	男	汉	中国共产党	本科	1974.12	黑龙江哈尔滨	调离
胡晓松	总经理	2006.11—2011.04	男	汉	中国共产党	本科	1964.08	河北承德市	调离
于少健	总经理	2011.04—2012.02	男	汉	中国共产党	本科	1964.09	河北石家庄市	调离
李兴才	总经理	2012.02—2015.12	男	汉	中国共产党	本科	1958.05	河北邢台市	调离
管利国	副总经理	2012.12—2014.05	男	汉	中国共产党	本科	1963.04	河北承德市	主持工作、调离
杨晓波	副总经理	2014.05.—2015.12	男	汉	中国共产党	本科	1971.09	河北承德市	主持工作

在职员工 2006年在职员工16人。2008年在职员工45人。2009年开始实行定岗定编定职，员工总数下降。2015年在职员工17人，其中40岁以下青年员工10人，大学专科以上学历17人。

2006年、2015年永安财险承德中支在职员工结构统计表

表1-3-23 单位：人

年份	项目	性别结构 男	性别结构 女	性别结构 合计	年龄结构 30岁以下	年龄结构 31～40岁	年龄结构 41～50岁	年龄结构 51～60岁	年龄结构 合计	学历结构 大学本科	学历结构 大学专科	学历结构 中专及以下	学历结构 合计	职称结构 中级职称	职称结构 初级职称	职称结构 其他	职称结构 合计
2006	市　区	5	7	12	8	4	—	—	12	2	8	2	12	1	2	9	12
2006	承德县	1	3	4	2	1	—	1	4	—	2	2	4	—	—	4	4
2006	合计	6	10	16	10	5	—	1	16	2	10	4	16	1	2	13	16
2015	市区	7	7	14	2	7	5	—	14	3	11	—	14	—	3	11	14
2015	承德县	1	2	3	—	1	2	—	3	—	3	—	3	—	—	3	3
2015	合计	8	9	17	2	8	7	—	17	3	14	—	17	—	3	14	17

六、中国大地财产保险股份有限公司承德中心支公司

机构沿革 中国大地财产保险股份有限公司是中国再保险集团公司旗下的财险公司，成立于2003年10月20日。总部设在上海。

经河北保监局（冀保监产险〔2006〕169号）批准，中国大地财产保险股份有限公司承德中心支公司（简称大地财险承德中支）于2006年10月10日正式开业。隶属大地财险河北分公司管辖。营业地址设在承德市双桥区北兴隆街小区16栋。

内设机构 2006年内设财务部、综合部、业管部、理赔部、营业部5个部门。

2015年内设财务部、综合部、业管部、理赔部、营业部、车商渠道业务部、销售管理部、电商渠道业务部8个部门。

分支机构 2015年下设围场支公司、平泉支公司。在双滦区、滦平、宽城、隆化设立4个营销服务部。

管理层任职

2006—2015年大地财险承德中支历任管理层一览表

表1-3-24

姓名	职务	任职时间	性别	民族	党派	文化程度	出生年月	籍贯	备注
刘觉民	总经理	2006.10—2015.12	男	汉	中国共产党	本科	1962.01	河北承德市	
杨宝泉	副总经理	2006.10—2010.8	男	汉	中国共产党	本科	1970.03	河北承德市	调离
张　颖	总经理助理	2015.01—2015.12	女	汉	群众	本科	1974.3	河北隆化	

在职员工 2006年在职员工28人。男15人，女13人。30岁以下14人，31～40岁10人，41～50岁4人。大学本科15人，大学专科11人，中专及以下2人。高级职称1人，中级职称2人，其他25人。

2015年在职员工77人，其中40岁以下青年员工56人，大专以上学历60人。

表1-3-25

2015年大地财险承德中支在职员工结构统计表

单位：人

项目 县区	性别结构			年龄结构					学历结构				职称结构		
	男	女	合计	30岁以下	31～40岁	41～50岁	51～60岁	合计	大学本科	大学专科	中专及以下	合计	中级职称	其他	合计
市　区	29	20	46	28	12	3	3	46	14	22	10	46	3	43	46
平泉县	3	4	7	1	4	1	1	7	2	4	1	7	—	7	7
滦平县	1	4	5	1	1	3	—	5	—	4	1	5	—	5	5
隆化县	2	1	6	—	3	2	1	6	1	4	1	6	—	6	6
宽城满族自治县	4	2	6	—	3	3	—	6	2	2	2	6	—	6	6
围场满族蒙古族自治县	3	4	7	1	2	3	1	7	2	3	2	7	—	7	7
合计	42	35	77	31	25	15	6	77	21	39	17	77	3	74	77

七、安邦财产保险股份有限公司承德中心支公司

机构沿革 安邦保险集团股份有限公司成立于2004年10月，总部设在北京。安邦财产保险股份有限公司是其子公司。

经河北保监局（冀保监产险〔2006〕157号）批准，安邦财产保险股份有限公司承德中心支公司（简称安邦财险承德中支）于2006年11月2日开业。隶属安邦财险河北分公司管辖。原营业地址设在承德市双桥区西大街路北118号，2009年迁至双桥区石洞子沟北口新泰家园24号楼205室。

内设机构 2006—2014年内设机构3个，分别为财务部、承保部、理赔部。

2015年内设机构4个，分别为办公室、客服部、财务部、理赔部。

管理层任职

2006—2015年安邦财险承德中支历任总经理一览表

表1-3-26

姓名	任职时间	性别	民族	党派	文化程度	出生年月	籍贯	备注
张力胜	2006.11—2007.12	男	汉	群众	本科	1962. 02	湖北武汉市	调离
许永强	2007.12—2009.02	男	汉	群众	本科	1965. 10	河北石家庄市	调离
高　嵩	2009.02—2012.02	男	满	群众	本科	1973. 12	河北承德市	调离
张　侠	2012.02—2013.08	女	汉	群众	本科	1979. 12	河北石家庄市	调离
沈　毅	2013.08—2015.12	男	汉	中国共产党	本科	1978. 06	河北石家庄市	

在职员工 2006年在职员工8名，2015年在职员工10名。

从性别结构看，2006年男4人、女4人；2015年男5人、女5人。

从年龄结构看，2006年30岁以下6人、31～40岁2人、41～50岁0人；2015年30岁以下2人、31～40岁7人、41～50岁1人。

从学历结构看，2006年大学本科0人、大学专科8人；2015年大学本科8人、大学专科2人。

八、天安财产保险股份有限公司承德中心支公司

机构沿革 天安保险股份有限公司成立于1995年，总部设在上海。

经河北保监局（冀保监产险〔2006〕166号）批准，天安保险股份有限公司承德中心支公司（简称天安保险承德中支）于2007年5月15日正式开业，隶属于天安保险河北省分公司管辖。营业地址设在承德市双桥区武阳花园东区写字楼六楼。

2013年6月，由于总公司名称变更，天安保险股份有限公司承德中心支公司更名为天安财产保险股份有限公司承德中心支公司（简称天安财险承德中支）。变更后名称增加“财产”字样。

内设机构 2007年内设机构4个，分别为行政人事部、计划财务部、业务管理部、理赔服务部。

2015年内设机构3个，分别为综合管理部、销售推动部、理赔服务部。

管理层任职 2007—2015年天安财险承德中支历任总经理共1人。师力民，任职时间2007.04—2011.11，女，满族，中国共产党，本科，1962年12月出生，籍贯河北承德市，调离。

2007—2015年天安财险承德中支历任副总经理共1人。张林，任职时间2011.11—2015.12，男，汉族，中国共产党，本科，1970年2月出生，籍贯甘肃兰州，主持工作。

在职员工 2007年在职员工12人，2015年在职员工15人。

从性别结构看，2007年男6人、女6人；2015年男7人、女8人。

从年龄结构看，2007年30岁以下8人、31～40岁2人、41～50岁2人、51～60岁0人；2015年30岁以下8人、31～40岁2人、41～50岁1人、51～60岁4人。

从学历结构看，2007年大学本科2人、大学专科9人、中专及以下1人；2015年大学本科3人、大学专科9人、中专及以下3人。

九、渤海财产保险股份有限公司承德中心支公司

机构沿革 渤海财产保险股份有限公司成立于2005年9月，是由天津泰达投资控股有限公司等5家国有股份制骨干企业发起成立的全国性财产保险公司。总部设在天津。

经河北保监局（冀保监产险〔2008〕38号）批准，渤海财产保险股份有限公司承德中心支公司（简称渤海财险承德中支）于2008年3月19日正式开业。隶属渤海财险河北分公司管辖。

原营业地址设在承德市双桥区紫晶花园C座8号。2009年10月迁至双桥区大佟沟28号中银宾馆二楼，2012年10月迁至双桥区福地花园东区B1幢115号、215号。

内设机构 2008年内设机构3个，分别为综合部、计财部、客户服务部。至2015年内设机构未发生变化。

分支机构 2008年在宽城、围场、兴隆县设立营销服务部。到2015年机构设置无变化。

管理层任职 2008—2015年渤海财险承德中支历任总经理共2人。谢福全，任职时间2008.03—2012.08，男，汉族，中国共产党，本科，1967年9月出生，籍贯河北兴隆，调离。赵显峰，任职时间2012.08—2015.12，男，汉族，中国共产党，研究生，1969年4月出生，籍贯河北承德市。

在职员工 2008年在职员工19人。2015年在职员工21人，其中40岁以下青年员工11人，大学专科以上学历17人。

2008 年渤海财险承德中支在职员工结构统计表

表 1-3-27　　　　单位：人

项目/县区	性别结构			年龄结构					学历结构		
	男	女	合计	30 岁以下	31 ～ 40 岁	41 ～ 50 岁	51 ～ 60 岁	合计	大学本科	大学专科	合计
市区	11	5	16	7	6	3	—	16	6	10	16
兴隆县	1	—	1	—	—	—	1	1	1	—	1
宽城满族自治县	1	—	1	—	1	—	—	1	—	1	1
围场满族蒙古族自治县	1	—	1	1	—	—	—	1	—	1	1
合计	14	5	19	8	7	3	1	19	7	12	19

2015 年渤海财险承德中支在职员工结构统计表

表 1-3-28　　　　单位：人

项目/县区	性别结构			年龄结构					学历结构				
	男	女	合计	30 岁以下	31 ～ 40 岁	41 ～ 50 岁	51 ～ 60 岁	合计	硕士研究生	大学本科	大学专科	中专及以下	合计
市区	6	7	13	4	3	5	1	13	1	5	7	—	13
兴隆县	1	1	2	1	—	1	—	2	—	—	2	—	2
宽城满族自治县	3	—	3	—	1	2	—	3	—	—	1	2	3
围场满族蒙古族自治县	—	3	3	1	1	1	—	3	—	—	1	2	3
合计	10	11	21	6	5	9	1	21	1	5	11	4	21

十、中银财产保险股份有限公司承德中心支公司

机构沿革　中银财产保险股份有限公司成立于 2005 年 1 月，是中国银行的全资子公司，是中国保监会批准设立的全国性财产保险公司。总部设在北京。

经河北保监局（冀保监产险〔2008〕54 号）批准，中银财产保险股份有限公司承德中心支公司（简称中银财险承德中支）于 2008 年 5 月 23 日开业，隶属于中银财险河北分公司管辖。公司营业地址设在承德市双桥区紫晶花园 C7 号底商。

内设机构　2008 年内设综合管理部、业务管理部 2 个部门。到 2015 年内设机构未发生变化。

管理层任职

2008—2015年中银财险承德中支总经理、副总经理一览表

表1-3-29

姓名	职务	任职时间	性别	民族	党派	文化程度	出生年月	籍贯	备注
刘　玉	总经理	2008.05—2015.12	男	汉	中国共产党	本科	1959.05	河北承德市	
宗　臣	副总经理	2013.12—2015.04	男	汉	群众	本科	1965.12	河北石家庄市	调离
柳春生	副总经理	2015.05—2015.12	男	汉	群众	本科	1971.01	河北承德市	

在职员工　2008年在职员工6人，2015年在职员工8人。

从性别结构看，2008年男4人、女2人；2015年男4人、女4人。

从年龄结构看，2008年31～40岁4人、41～50岁1人、51～60岁1人；2015年31～40岁6人、41～50岁1人、51～60岁1人。

从学历结构看，2008年大学本科5人、大学专科1人；2015年大学本科7人、大学专科1人。

十一、阳光财产保险股份有限公司承德中心支公司

机构沿革　阳光财产保险股份有限公司为阳光财产保险集团下设子公司，成立于2005年7月，总部设在北京。

经河北保监局（冀保监产险〔2011〕32号）批准，阳光财产保险股份有限公司承德中心支公司（简称阳光财险承德中支）于2011年3月9日正式开业。隶属阳光财险河北分公司管辖。营业地址设在承德市双桥区世纪城一期2#103商埠。

内设机构　2011年内设机构4个，分别为理赔服务部、综合管理部、企划财务部、销售管理部。

2015年内设机构5个，分别为理赔服务部、综合管理部、客户服务部、个人客户部、团体部（渠道客户部）。

分支机构　到2015年，设立滦平、平泉、宽城、丰宁、围场、兴隆6个县支公司。

管理层任职

2011—2015年阳光财险承德中支总经理、副总经理一览表

表1-3-30

姓名	职务	任职时间	性别	民族	党派	文化程度	出生年月	籍贯	备注
杨宝泉	总经理	2011.03—2015.12	男	汉	中国共产党	本科	1967.10	河北保定市	
尚俊峰	副总经理	2011.05—2014.06	男	汉	中国共产党	本科	1976.10	河北邢台	调离
刘计敏	副总经理	2014.06—2015.12	女	汉	中国共产党	本科	1974.12	河北石家庄市	

在职员工　2011年在职员工39人。男25人，女14人。30岁以下15人，31～40岁11人，41～50岁12人。大学本科7人，大学专科19人，中专及以下13人。

2015年在职员工100人，其中40岁以下青年员工68人，大学专科以上学历73人。

表 1-3-31　　2015 年阳光财险承德中支在职员工结构统计表　　单位：人

项目 / 县区	性别结构			年龄结构					学历结构			
	男	女	合计	30 岁以下	31 ～ 40 岁	41 ～ 50 岁	51 ～ 60 岁	合计	大学本科	大学专科	中专及以下	合计
市区	28	23	51	12	19	20	—	51	16	22	13	51
兴隆县	2	0	2	1	1	—	—	2	1	1	—	2
平泉县	5	8	13	2	7	4	—	13	3	5	5	13
滦平县	4	5	9	2	7	—	—	9	2	6	1	9
丰宁满族自治县	3	6	9	1	6	2	—	9	2	4	3	9
宽城满族自治县	5	4	9	1	7	1	—	9	2	4	3	9
围场满族蒙古族自治县	5	2	7	1	1	4	1	7	2	3	2	7
合计	52	48	100	20	48	31	1	100	28	45	27	100

十二、民安财产保险有限公司承德中心支公司

机构沿革　民安财产保险有限公司的前身是 1982 年在深圳设立的香港民安保险有限公司深圳分公司。2005 年获准改建为全国性综合财产保险公司。总部设在深圳。

经河北保监局（冀保监产险〔2011〕339 号）批准，民安财产保险有限公司承德中心支公司（简称民安财险承德中支）于 2012 年 2 月 2 日正式开业。隶属民安财险河北分公司管辖。营业地址设在承德市双桥区开发西区碧达园旺座大厦 9 层。

内设机构　2012 年内设部门 3 个，分别为综合支持室、运营管理室、销售管理室。至 2015 年公司内设部门无变化。

管理层任职　2012—2015 年民安财险承德中支总经理共 1 人。高嵩，任职时间 2012.02—2015.12，男，满族，中国共产党，本科，1973 年 12 月出生，籍贯河北平泉。

在职员工　2012 年 2 月在职员工 9 人，2015 年在职员工 7 人。

从性别结构看，2012 年男 4 人、女 5 人；2015 年男 4 人、女 3 人。

从年龄结构看，2012 年 30 岁以下 5 人、31 ～ 40 岁 4 人、41 ～ 50 岁 0 人；2015 年 30 岁以下 4 人、31 ～ 40 岁 1 人、41 ～ 50 岁 2 人。

从学历结构看，2012 年大学本科 6 人、大学专科 3 人；2015 年大学本科 4 人、大学专科 3 人。

从职称结构看，2012 年中级职称 1 人、初级职称 1 人、其他人员 7 人；2015 年中级职称 1 人、初级职称 1 人、其他人员 5 人。

十三、英大泰和财产保险股份有限公司承德中心支公司

机构沿革　英大泰和财产保险股份有限公司成立于 2008 年 10 月，由国家电网公司等 31 家国有大型企业发起成立，是全国性股份制财产保险公司。总部设在北京。

2013 年 2 月 6 日，经河北保监局（冀保监产险〔2013〕30 号）批准，英大泰和财产保险股份有限公司承德中心支公司（简称英大财险承德中支）正式开业，隶属英大财险河北分公司管

辖。营业地址设在承德市双桥区火神庙德汇大厦B座2012号。

内设机构 2013年内设机构4个，分别为综合部、业务及销售管理部、客户服务部、营销部。

到2015年12月内设机构未做调整。

管理层任职 2013—2015年英大财险承德中支总经理共1人。谢福全，任职时间2013.02—2015.12，男，汉族，中国共产党，研究生，1967年9月出生，籍贯河北兴隆。

在职员工 2013年在职员工14人，2015年在职员工14人。

从性别结构看，2013年男10人、女4人；2015年男10人、女4人。

从年龄结构看，2013年30岁以下3人、31～40岁8人、41～50岁3人；2015年30岁以下3人、31～40岁8人、41～50岁3人。

从学历结构看，2013年硕士研究生1人、大学本科9人、大学专科2人、中专及以下2人；2015年硕士研究生1人、大学本科9人、大学专科2人、中专及以下2人。

十四、中国人寿财产保险股份有限公司承德中心支公司

机构沿革 中国人寿财产保险股份有限公司，是中国人寿保险公司的子公司，成立于2006年12月30日，总部设在北京。

经河北保监局（冀保监产险〔2013〕104号）批准，中国人寿财产保险股份有限公司承德中心支公司（简称国寿财险承德中支）于2013年5月6日正式开业，隶属国寿财险河北分公司管辖。营业地址设在承德市双桥区石洞子沟路北22号。

内设机构 2013年内设机构5个，分别为办公室、理赔服务部、业务处理中心、互动电子业务部、重客业务部。

2015年内设机构9个，分别为办公室、财务会计部、业务处理中心、农业保险部、互动业务部（电子业务部）、责任意外险部、财产保险部（重客业务部）、车行银保业务部、销售管理部。

分支机构 2014年11月设立平泉县支公司、宽城满族自治县支公司。到2015年分支机构无变化。

管理层任职

2013—2015年国寿财险承德中支管理层一览表

表1-3-32

姓名	职务	任职时间	性别	民族	党派	文化程度	出生年月	籍贯
李贺奇	总经理	2014.04—2015.12	男	汉	中国共产党	本科	1963.01	河北唐山市
胡晓松	副总经理	2014.02—2015.12	男	汉	中国共产党	本科	1964.08	河北承德市
武瑞国	总经理助理	2015.08—2015.12	男	汉	中国共产党	本科	1968.10	河北承德市

在职员工 2013年在职员工48人。男34人，女14人。30岁以下7人，31～40岁20人，41～50岁16人，51～60岁5人。大学本科15人，大学专科31人，中专及以下2人。

2015年在职员工100人，其中40岁以下青年员工79人，大学专科以上学历92人。

2015 年国寿财险承德中支在职员工结构统计表

表 1-3-33　　单位：人

项目 县区	性别结构			年龄结构					学历结构			
	男	女	合计	30 岁以下	31 ～ 40 岁	41 ～ 50 岁	51 ～ 60 岁	合计	大学本科	大学专科	中专及以下	合计
市区	43	41	84	40	27	15	2	84	30	48	6	84
平泉县	5	3	8	5	1	1	1	8	1	6	1	8
宽城满族自治县	2	6	8	6	—	2	—	8	1	6	1	8
合计	50	50	100	51	28	18	3	100	32	60	8	100

十五、永诚财产保险股份有限公司承德中心支公司

机构沿革　永诚财产保险股份有限公司成立于 2004 年 9 月，是由国内大型电力企业集团和产业投资集团共同发起组建的全国性股份制财产保险公司。总部设在上海。

经河北保监局（冀保监许可〔2014〕151 号）批准，永诚财产保险股份有限公司承德中心支公司（简称永诚财险承德中支）于 2014 年 5 月 18 日正式开业。隶属永诚财险河北分公司管辖。营业地址设在承德市双桥区紫塞桃园小区A2号楼2层。

内设机构　2014—2015 年内设综合财务部、客服支持部。

管理层任职　2014—2015 年永诚财险承德中支总经理共 1 人。付玉刚，任职时间 2014.05—2015.12，男，满族，群众，本科，1972 年 1 月出生，籍贯河北承德市。

在职员工　2014 年在职员工 8 人，2015 年在职员工 11 人。

从性别结构看，2014 年男 4 人、女 4 人；2015 年男 5 人、女 6 人。

从年龄结构看，2014 年 30 岁以下 3 人、31 ～ 40 岁 4 人、41 ～ 50 岁 1 人；2015 年 30 岁以下 5 人、31 ～ 40 岁 4 人、41 ～ 50 岁 2 人。

从学历结构看，2014 年大学本科 8 人；2015 年大学本科 11 人。

第三节　人寿保险公司

一、中国人寿保险股份有限公司承德分公司

机构沿革　1996 年 4 月 30 日，原中国人民保险公司承德分公司完成产寿险机构分设。分设后的中保人寿保险有限公司承德分公司（简称中保人寿承德分公司）正式成立，隶属中保人寿河北省分公司管辖。

1999 年 5 月 14 日，中保人寿保险有限公司承德分公司更名为中国人寿保险有限公司承德分公司（简称中国人寿承德分公司）。原名称的“中保”字样变更为“中国”字样。

2003 年 6 月 30 日，总公司完成股份制改革，中国人寿保险有限公司承德分公司更名为中国人寿保险股份有限公司承德分公司，公司所属机构名称统一变更。原名称的“有限公司”字样变更为“股份有限公司”字样。

公司原办公营业地址设在承德市双桥区都

统府大街7号保险大楼6—8层，2003年7月迁至双桥区新华园A座。

内设机构 1996年公司内设6个部门，分别为业务科、办公室、人事科、财务科、审计科、业务管理科。

2015年公司内设9个部门，分别为综合管理部、计划财务部、人力资源部、教育培训部、监察部、个险业务部、团体业务部、银行保险部、业务管理中心。

分支机构 1996年，中保人寿承德分公司在双桥区、双滦区、营子区、承德县、兴隆县、平泉县、滦平县、隆化县、丰宁满族自治县、宽城满族自治县、围场满族蒙古族自治县设立11家支公司。

到2015年，中国人寿承德分公司除两次统一调整机构名称外，机构数量未发生变化。

管理层任职

1996—2015年中国人寿承德分公司历任总经理、副总经理、工会主任一览表

表1-3-34

姓名	职务	任职时间	性别	民族	党派	文化程度	出生年月	籍贯	备注
杜凤义	总经理	1996.06—1999.06	男	满	中国共产党	大专	1950.05	河北丰宁	调离
刘春晖	总经理	1999.06—2003.03	男	汉	中国共产党	大专	1944.08	河北承德市	退二线
李　林	总经理	2003.03—2010.01	男	汉	中国共产党	大专	1952.03	河北承德市	退二线
王玉增	总经理	2010.01—2011.01	男	汉	中国共产党	大专	1954.11	河北邯郸	调离
李明珠	总经理	2011.01—2014.02	男	汉	中国共产党	本科	1971.09	河北迁西	调离
刘东升	总经理	2014.02—2015.12	男	满	中国共产党	本科	1965.04	河北滦平	
杜凤义	副总经理	1996.04—1996.06	男	满	中国共产党	大专	1950.05	河北丰宁	主持工作
李　林	副总经理	1996.04—2003.03	男	汉	中国共产党	大专	1952.03	河北承德市	提职
金显义	副总经理	1997.06—2004.01	男	汉	中国共产党	大专	1944.01	河北平泉	退休
韩凤勤	副总经理	2001.01—2009.12	女	汉	中国共产党	本科	1957.08	河北隆化	退二线
张志军	副总经理	2001.01—2010.02	男	满	中国共产党	本科	1958.03	河北宽城	退二线
徐国林	副总经理	2003.03—2009.12	男	汉	中国共产党	本科	1963.02	河北隆化	调离
张玉为	副总经理	2010.08—2014.09	男	汉	中国共产党	本科	1960.10	河北丰润	退二线
张　彦	副总经理	2007.04—2011.12	男	汉	中国共产党	本科	1959.07	河北隆化	退二线
张立春	副总经理	2010.08—2016.12	男	汉	中国共产党	本科	1966.11	河北兴隆	调离
王秀梅	副总经理	2011.12—2015.12	女	满	中国共产党	本科	1966.05	河北隆化	
金红艳	副总经理	2014.08—2015.12	女	满	中国共产党	本科	1966.06	河北隆化	
侯　杰	副总经理	2014.08—2015.12	男	汉	中国共产党	本科	1980.02	河北滦县	
刘春晖	工会主任	1996.04—1999.06	男	汉	中国共产党	大专	1944.08	承德市	提职

说明：中国人寿承德分公司历任工会主任统计时间为1996—1999年

在职员工 1996年在职员工106人。2015年在职员工360人，其中40岁以下青年员工193人，大学专科以上学历341人。

2015年签约雇用个人代理人6481人，其中主管503人。（代理人不入统）

1996—2015年中国人寿承德分公司高级专业技术职称人员共2人。刘东升，高级经济师，获得时间为2009年12月，评审单位为中国人寿集团公司。钟玉国，高级经济师，获得时间为2011年12月，评审单位为中国人寿集团公司。

1996年中保人寿承德分公司在职员工结构统计表

表1-3-35 单位：人

项目 县区	性别结构			年龄结构					学历结构			职称结构				
	男	女	合计	30岁以下	31～40岁	41～50岁	51～60岁	合计	大学专科	中专及以下	合计	高级职称	中级职称	初级职称	其他	合计
双桥区	23	14	37	4	6	22	5	37	4	33	37	3	6	8	20	37
双　滦	3	—	3	1	1	1	—	3	—	3	3	—	—	1	2	3
营　子	6	1	7	2	2	3	—	7	—	7	7	—	—	1	6	7
承德县	7	4	11	2	3	5	1	11	—	11	11	—	1	3	7	11
兴隆县	8	3	11	3	4	4	—	11	—	11	11	—	—	2	9	11
平泉县	5	1	6	3	2	1	—	6	—	6	6	—	—	2	4	6
滦平县	9	1	10	3	4	3	—	10	2	8	10	—	1	5	4	10
隆化县	4	2	6	1	2	3	—	6	—	6	6	—	1	1	4	6
丰宁满族自治县	2	—	2	1	—	1	—	2	—	2	2	—	—	1	1	2
宽城满族自治县	6	2	8	2	4	2	—	8	—	8	8	—	1	2	5	8
围场满族蒙古族自治县	4	1	5	—	2	3	—	5	—	5	5	—	—	1	4	5
合计	77	29	106	22	30	48	6	106	6	100	106	3	10	27	66	106

2015年中国人寿承德分公司在职员工结构统计表

表1-3-36 单位：人

项目 县区	性别结构			年龄结构					学历结构					职称结构				
	男	女	合计	30岁以下	31～40岁	41～50岁	51～60岁	合计	硕士研究生	大学本科	大学专科	中专及以下	合计	高级职称	中级职称	初级职称	其他	合计
双桥区	71	108	179	17	79	49	34	179	5	121	48	5	179	2	23	20	134	179
双　滦	6	8	14	3	5	6		14		6	6	2	14			1	13	14
营　子	2	6	8		3	5		8		2	5	1	8				8	8

续表 1-3-36

项目 县区	性别结构			年龄结构					学历结构					职称结构				
	男	女	合计	30岁以下	31～40岁	41～50岁	51～60岁	合计	硕士研究生	大学本科	大学专科	中专及以下	合计	高级职称	中级职称	初级职称	其他	合计
承德县	11	15	26	3	7	14	2	26		16	9	1	26		3	1	22	26
兴隆县	7	14	21	1	12	5	3	21		11	7	3	21		1		20	21
平泉县	4	13	17	1	8	7	1	17		8	8	1	17		1	2	14	17
滦平县	7	11	18	3	9	5	1	18		11	7		18			1	17	18
隆化县	9	13	22	3	9	10		22		17	5		22		1	2	19	22
丰宁满族自治县	7	7	14	1	4	9		14		4	10		14				14	14
宽城满族自治县	9	12	21	4	10	6	1	21		9	11	1	21		1	1	19	21
围场满族蒙古族自治县	8	12	20	2	9	9		20		11	9		20		1	5	14	20
合计	141	219	360	38	155	125	42	360	5	216	125	14	360	2	31	33	294	360

二、中国太平洋人寿保险股份有限公司承德中心支公司

机构沿革 中国太平洋人寿保险股份有限公司，是中国太平洋保险（集团）股份有限公司的子公司，总部设在上海。

2002年3月15日，原中国太平洋保险公司承德分公司完成产寿险机构分设。分设后的中国太平洋人寿保险股份有限公司承德中心支公司（简称太保人寿承德中支），隶属太保人寿河北分公司管辖。营业地址设在承德市丽正门大街2号。

内设机构 2002年内设机构7个，分别为个险部、团险部、业管部、营销一部、核保核赔部、计财部、行政人事部。

2002—2015年，内设机构进行过6次调整。

2015年内设机构11个，分别为个险业务部、营销培训部、服务营销部、顾问营销部、新渠道业务部、行政人事部、财务会计部、营运部、团体业务部、健康险部、银行保险部。

分支机构 2002年设立7个营销服务部。

2010年营销服务部发展到17个，其中县级营销服务部11个，乡镇营销服务部6个。

2011年，11个县级营销服务部改建为支公司。

2012年12月，在双滦区设立避暑山庄支公司。

至2015年，设立12个县级支公司、6个乡镇营销服务部。

管理层任职

2002—2015 年太保人寿承德中支历任总经理、副总经理一览表

表 1-3-37

姓名	职务	任职时间	性别	民族	党派	文化程度	出生年月	籍贯	备注
刘兰松	总经理	2002.03—2004.05	男	汉	中国共产党	大专	1956.05	河北承德市	调离
朱景洲	总经理	2004.05—2006.03	男	汉	中国共产党	本科	1967.07	河北平泉	调离
于　晖	总经理	2006.03—2009.10	女	汉	中国共产党	大专	1965.08	河北隆化	调离
闫国林	总经理	2009.10—2015.06	男	汉	中国共产党	大专	1963.04	河北围场	调离
吴鸿雁	总经理	2015.06—2015.12	女	汉	中国共产党	大专	1968.10	河北承德市	
于振满	副总经理	2014.10—2015.12	男	满	中国共产党	大专	1971.08	河北宽城	
夏学伟	副总经理	2014.09—2015.12	男	汉	中国共产党	大专	1981.06	河北承德市	
王楠勋	副总经理	2015.10—2015.12	男	蒙古	中国共产党	大专	1982.04	河北承德市	

在职员工 2002 年在职员工 22 人。男 10 人，女 12 人。30 岁以下 15 人，31 ～ 40 岁 7 人。大学本科 5 人，大学专科 17 人。

2015 年在职员工 161 人，其中女员工 112 人，40 岁以下青年员工 120 人，大专以上学历 156 人。

2015 年太保人寿承德中支在职员工结构统计表

表 1-3-38　　单位：人

项目 / 县区	性别结构			年龄结构					学历结构				职称结构			
	男	女	合计	30岁以下	31～40岁	41～50岁	51～60岁	合计	大学本科	大学专科	中专及以下	合计	中级职称	初级职称	其他	合计
市　区	38	73	111	42	41	22	6	111	67	39	5	111	5	1	105	111
承德县	1	5	6	1	2	2	1	6	3	3	—	6	—	—	6	6
兴隆县	—	8	8	—	4	4	—	8	4	4	—	8	—	—	8	8
平泉县	2	4	6	1	3	2	—	6	6	—	—	6	—	—	6	6
滦平县	2	4	6	2	2	2	—	6	1	5	—	6	—	—	6	6
隆化县	1	4	5	1	4	—	—	5	2	3	—	5	—	—	5	5
丰宁满族自治县	1	5	6	2	4	—	1	6	3	3	—	6	—	—	6	6
宽城满族自治县	1	5	6	3	3	—	—	6	5	1	—	6	—	—	6	6
围场满族蒙古族自治县	3	4	7	2	3	2	—	7	3	4	—	7	—	—	7	7
合计	49	112	161	54	66	34	8	161	94	62	5	161	5	1	155	161

三、中国平安人寿保险股份有限公司承德中心支公司

机构沿革 中国平安人寿保险股份有限公司成立于2002年，是中国平安保险（集团）股份有限公司的子公司，总部设在深圳。

经河北保监局批准，中国平安人寿保险股份有限公司承德中心支公司（简称平安人寿承德中支）于2003年9月开业，隶属平安人寿河北分公司管辖。

原营业地址设在承德市双桥区陕西营街2号，2010年6月迁至双桥区喇嘛寺3号水岸名居底商，2013年5月迁至双桥区南营子大街文化大厦北塔8层。

内设机构 2003年内设5个部门，分别为财务室、人事行政室、营销培训室、客服部、保费部。2015年内设5个部门，分别为营销部、运营室、人事行政室、财务室、培训部。

分支机构 2003年9月平安人寿承德中支设1个营业部。2015年设1个营业部，滦平、隆化2个支公司，另设滦河、承德县2个营销服务部。

管理层任职

2003—2015年平安人寿承德中支历任总经理、副总经理一览表

表1-3-39

姓名	职务	任职时间	性别	民族	党派	文化程度	出生年月	籍贯	备注
孙　振	总经理	2003.09—2004.10	男	汉	群众	专科	1961.06	河北石家庄市	调离
于江宁	总经理	2004.10—2006.10	男	汉	群众	本科	1972.06	河北石家庄市	调离
陈　功	总经理	2006.10—2008.03	男	汉	群众	本科	1972.11	山东青岛	调离
刘　宁	总经理	2008.03—2009.12	男	汉	群众	本科	1978.09	河北廊坊	调离
李建立	总经理	2009.12—2011.03	男	汉	群众	本科	1978.08	河北石家庄市	调离
马雪涛	总经理	2011.03—2012.06	男	汉	群众	本科	1977.07	河北保定	调离
徐　磊	总经理	2012.06—2015.12	男	汉	群众	本科	1979.01	河北辛集	
孟宪鹏	副总经理	2006.04—2006.08	男	汉	群众	专科	1965.09	河北石家庄	调离
丁向阳	副总经理	2010.06—2015.12	男	汉	群众	专科	1970.06	河北石家庄	

在职员工 2003年在职员工10人。男5人，女5人。30岁以下6人，31～40岁3人，41～50岁1人。大学本科5人，大学专科5人。2015年在职员工30人，全部为40岁以下青年员工、大专以上学历。

2015 年平安人寿承德中支在职员工结构统计表

表 1-3-40　　单位：人

项目 县区	性别结构			年龄结构			学历结构		
	男	女	合计	30 岁以下	31～40 岁	合计	大学本科	大学专科	合计
市区	12	11	23	10	13	23	19	4	23
承德县	2	1	3	3	—	3	3	—	3
滦平县	2	1	3	1	2	3	3	—	3
隆化县	1	—	1	1	—	1	1	—	1
合计	17	13	30	15	15	30	26	4	30

四、泰康人寿保险股份有限公司承德中心支公司

机构沿革　泰康人寿保险股份有限公司成立于 1996 年 8 月，是经中国人民银行批准设立的全国性股份制人寿保险公司。2011 年完成外资募股，拥有中外企业股东 20 家。公司总部设在北京。

经河北保监局批准，泰康人寿保险股份有限公司承德营销服务部 2005 年 1 月开业。

经河北保监局（冀保监寿险〔2006〕108 号）批准，2006 年 8 月 17 日，机构升格为泰康人寿保险股份有限公司承德中心支公司（简称泰康人寿承德中支）。营业地址设在承德市双桥区丽正门大街 12 号火神庙综合楼 7 至 8 层。

内设机构　2006 年内设机构 6 个，分别为综合部、财务部、运营部、营销部、培训部、保费部。

2015 年内设机构 9 个，分别为公共资源部、客户服务部、计划财务部、银行保险部、团体保险部、营销部、续期收展部、培训部。

分支机构　2006 年下设承德县、平泉县 2 个支公司。

2015 年下设承德县、平泉、宽城、围场、隆化、滦平、丰宁、兴隆、营子 9 个支公司。另在市郊、承德县、滦平县、兴隆县、平泉县下设 8 个乡镇营销服务部。

管理层任职

2005—2015 年泰康人寿承德中支历任总经理一览表

表 1-3-41

姓名	任职时间	性别	民族	党派	文化程度	出生年月	籍贯	备注
董元开	2005.01—2006.12	男	汉	中国共产党	专科	1970.10	江苏南京	调离
徐亚峰	2006.12—2007.02	男	汉	中国共产党	专科	1970.05	湖北武汉	调离
佟永红	2007.02—2007.06	男	汉	中国共产党	专科	1969.02	辽宁沈阳	调离
陈　凡	2007.06—2009.04	男	汉	中国共产党	专科	1966.03	辽宁抚顺	调离
李占军	2009.04—2015.04	男	汉	中国共产党	本科	1977.03	河北承德市	调离
李　俊	2015.04—2015.12	男	汉	中国共产党	本科	1977.07	河南邓州	

2005—2015 年泰康人寿承德中支历任副总经理、总经理助理一览表

表 1-3-42

姓名	职务	任职时间	性别	民族	党派	文化程度	出生年月	籍贯	备注
刘闯	副总经理	2007.02—2007.06	男	汉	中国共产党	本科	1977.05	湖北襄樊	调离
董俊军	副总经理	2007.11—2008.07	男	汉	中国共产党	本科	1970.02	河北廊坊	调离
张磊	副总经理	2008.07—2009.03	男	汉	中国共产党	本科	1979.10	河北平泉	调离
石磊	副总经理	2008.09—2011.02	男	汉	中国共产党	本科	1978.	河北承德市	调离
鲍春燕	总经理助理	2014.06—2015.03	男	满	中国共产党	本科	1972.10	河北承德市	调离

说明：泰康人寿承德中支总经理助理统计时间为 2014—2015 年

在职员工 2006 年在职员工 31 人。另外签约雇用代理人 823 人。

2015 年在职员工 49 人，其中 40 岁以下青年员工 40 人，大专以上学历 49 人。另外签约雇用代理人 1082 人（代理人不入统）。

2006 年泰康人寿承德中支在职员工结构统计表

表 1-3-43　单位：人

项目／县区	性别结构			年龄结构				学历结构			
	男	女	合计	30岁以下	31～40岁	41～50岁	合计	大学本科	大学专科	中专及以下	合计
承德中支	12	10	22	12	6	4	22	5	14	3	22
市区	2	1	3	2	1	—	3	1	2	—	3
承德县	1	2	3	2	1	—	3	1	2	—	3
平泉县	2	1	3	2	1	—	3	1	2	—	3
合计	17	14	31	18	9	4	31	8	20	3	31

2015年泰康人寿承德中支在职员工结构统计表

表 1-3-44　　单位：人

项目／县区	性别结构			年龄结构					学历结构		
	男	女	合计	30岁以下	31～40岁	41～50岁	51～60岁	合计	大学本科	大学专科	合计
承德中支	14	11	25	11	10	3	1	25	9	16	25
市区	2	1	3	1	2	—	—	3	1	2	3
承德县	0	5	5	—	4	1	—	5	—	5	5
兴隆县	1	1	2	—	2	—	—	2	—	2	2
平泉县	2	1	3	—	2	1	—	3	1	2	3
滦平县	2	1	3	—	2	1	—	3	1	2	3
隆化县	1	1	2	—	2	—	—	2	—	2	2
丰宁满族自治县	1	1	2	—	1	1	—	2	—	2	2
宽城满族自治县	1	1	2	—	1	1	—	2	—	2	2
围场满族蒙古族自治县	1	1	2	—	2	—	—	2	—	2	2
合计	25	24	49	12	28	8	1	49	12	37	49

五、合众人寿保险股份有限公司承德中心支公司

机构沿革　合众人寿保险股份有限公司成立于2005年，由中发实业集团、日本太阳生命保险株式会社等国内外企业发起组建。总部设在北京。

经河北保监局（冀保监寿险〔2007〕69号）批准，合众人寿保险股份有限公司承德营销服务部于2007年4月27日成立。

经河北保监局批准，2007年12月12日机构升格为合众人寿保险股份有限公司承德中心支公司（简称合众人寿承德中支），隶属合众人寿河北分公司管辖。营业地址设在承德市南营子大街文化大厦北塔10层1002。

2012年2月，经中国保险监督管理委员会河北监管局唐山监管分局批准，地址变更为承德市双桥区南营子大街路西文化大厦北塔7层、10层。2013年4月，地址变更为承德市双桥区南营子大街路西文化大厦北塔10层。

内设机构　2007年内设机构4个，分别为营销培训部、人事行政部、财务部、运营部。

2015年内设机构6个，分别为营销部、培训部、人事行政部、财务部、运营部、保费部。

分支机构　2007年下设市区1家营销服务部。

2015年下设市区营销服务部、围场营销服务部。

管理层任职

2007—2015年合众人寿承德中支历任总经理一览表

表1-3-45

姓名	任职时间	性别	民族	党派	文化程度	出生年月	籍贯	备注
王皓昱	2007.04—2009.03	女	汉	群众	本科	1972.08	河北石家庄市	离职
刘志敏	2009.03—2010.07	男	汉	群众	本科	1963.08	河北石家庄市	调离
张　辉	2010.07—2013.08	男	汉	中国共产党	本科	1976.12	河北保定市	调离
夏少辉	2013.08—2015.12	男	汉	中国共产党	本科	1977.06	河北保定市	

在职员工　2007年在职员工10人。男4人，女6人。30岁以下6人，31～40岁4人。大学本科8人，大学专科2人。

2015年在职员工26人，其中40岁以下青年员工20人，大学专科以上学历26人。

2015年合众人寿承德中支在职员工结构统计表

表1-3-46　单位：人

项目／县区	性别结构			年龄结构					学历结构			
	男	女	合计	30岁以下	31～40岁	41～50岁	51～60岁	合计	大学本科	大学专科	中专及以下	合计
市区	14	9	23	13	4	1	3	21	19	2	—	21
围场满族蒙古族自治县	1	2	3	—	3	2	—	5	2	3	—	5
合计	15	11	26	13	7	3	3	26	21	5	—	26

六、太平人寿保险有限公司承德中心支公司

机构沿革　2001年12月，太平人寿保险有限公司恢复经营国内人身保险业务，列入中央管理企业。总部设在上海。

经河北保监局（冀保监寿险〔2010〕223号）批准，太平人寿保险有限公司承德中心支公司（简称太平人寿承德中支）于2010年8月23日正式开业，隶属太平人寿河北分公司管辖。营业地址设在承德市陕西营街1号华侨大厦第5层。

内设机构　2010年公司内设机构5个，分别为人事行政部、财务部、个人业务部、运营服务部、银行保险部。2015年增设保费部、教育培训部。

分支机构　2015年下设宽城满族自治县、承德县2个支公司。

管理层任职

2010—2015年太平人寿承德中支历任总经理副总经理一览表

表1-3-47

姓名	职务	任职时间	性别	民族	党派	文化程度	出生年月	籍贯	备注
付玉刚	总经理	2010.08—2012.05	男	满	群众	本科	1972.01	承德市	调离
李 莉	总经理	2013.01—2015.12	女	汉	中国共产党	本科	1967.03	承德市	
	副总经理	2010.08—2012.05	女	汉	中国共产党	本科	1967.03	承德市	
		2012.05—2013.01							主持工作
崔胜国	副总经理	2012.08—2015.12	男	满	中国共产党	本科	1968.10	承德市	

在职员工 2010年在职员工14人。男6人，女8人。30岁以下9人，31～40岁4人，41～50岁1人。大学本科8人，大学专科4人，中专2人。

2015年在职员工34人，其中40岁以下青年员工30人，大专以上学历33人。

2015年太平人寿承德中支在职员工结构统计表

表1-3-48　　单位：人

项目/县区	性别结构			年龄结构				学历结构			
	男	女	合计	30岁以下	31～40岁	41～50岁	合计	大学本科	大学专科	中专	合计
市区	14	15	29	15	11	3	29	24	4	1	29
宽城满族自治县	1	2	3	1	1	1	3	2	1	—	3
承德县	1	1	2	1	1	—	2	1	1	—	2
合计	16	18	34	17	13	4	34	27	6	1	34

七、百年人寿保险股份有限公司承德中心支公司

机构沿革 经中国保监会批准，百年人寿保险股份有限公司于2009年6月3日正式成立，是全国性人寿保险公司。总部设在大连。

经河北保监局（冀保监寿险〔2010〕195号）批准，百年人寿保险股份有限公司承德中心支公司（简称百年人寿承德中支）于2010年12月30日正式开业。隶属百年人寿河北分公司管辖。营业地址设在承德市双桥区文化大厦北塔18层，2014年9月11日迁至双桥区都统府大街6号岁兴园宾馆6层。

内设机构 2010年12月—2013年4月，内设综合管理部、营销培训部、银保部、团体业务部。2013年4月至2015年，内设综合管理部、营销培训部。

分支机构 2012—2013年设立宽城满族自治县、承德县、滦平县3个支公司。

管理层任职 2010—2015年百年人寿承德中支总经理共1人。吴长城，任职时间2010.12—2015.12，男，汉族，中国共产党，本科，1977年2月出生，籍贯河北承德市。

在职员工 2010年在职员工15人，2015年在职员工19人。

从性别结构看，2010年男8人、女7人；2015年男9人、女10人。

从年龄结构看，2010年30岁以下9人、31～40岁4人、41～50岁2人、51～60岁0人；2015年30岁以下10人、31～40岁3人、41～50岁4人、51～60岁2人。

从学历结构看，2010年大学本科7人、大学专科8人、中专及以下0人；2015年大学本科12人、大学专科6人、中专及以下1人。

八、中国人民人寿保险股份有限公司承德中心支公司

机构沿革 中国人民人寿保险股份有限公司于2005年11月成立，总部设在北京。

经河北保监局（冀保监寿险〔2011〕9号）批准，2011年2月28日，中国人民人寿保险股份有限公司承德中心支公司（简称国寿人寿承德中支）正式成立，隶属国寿保险河北分公司管辖。营业地址设在承德市双桥区滨河路世纪城三期华峰中心A座11层。

内设机构 2011年内设机构5个，分别为个人保险部、银行保险部、团体保险部（互动业务部）、综合管理部（财务部）、客户服务中心。

分支机构 2011年下设3个营销服务部。2015年下设2个支公司、6个营销服务部。

管理层任职

2011—2015年国寿人寿承德中支历任总经理、副总经理、总经理助理一览表

表1-3-49

姓名	职务	任职时间	性别	民族	党派	文化程度	出生年月	籍贯	备注
曾宪华	总经理	2011.02—2011.07	女	汉	中国共产党	本科	1956.08	河北秦皇岛市	调离
连　斌	总经理	2011.07—2012.07	男	汉	中国共产党	本科	1968.06	河北保定市	调离
刘金辉	副总经理	2012.07—2015.07	男	汉	中国共产党	本科	1970.01	河北唐山市	主持工作、调离
贾国伟	副总经理	2015.07—2015.12	男	汉	中国共产党	专科	1977.08	河北承德市	主持工作
贾国伟	总经理助理	2011.03—2012.07	男	汉	中国共产党	专科	1977.08	河北承德市	调离

在职员工 2011年在职员工8人。男5人，女3人。30岁以下6人，31～40岁2人。大学本科2人，大学专科6人。

2015年在职员工44人，其中40岁以下青年员工30人，大专以上学历44人。

2015 年国寿人寿承德中支在职员工结构统计表

表 1-3-50　　单位：人

项目 县区	性别结构			年龄结构					学历结构		
	男	女	合计	30 岁以下	31～40 岁	41～50 岁	51～60 岁	合计	大学本科	大学专科	合计
市区	12	17	29	14	9	5	1	29	14	15	29
承德县	—	2	2	1	—	1	—	2	1	1	2
兴隆县	—	3	3	1	—	2	—	3	2	1	3
平泉县	2	1	3	1	—	2	—	3	—	3	3
滦平县	—	—	—	—	—	—	—	—	—	—	—
隆化县	—	1	1	—	—	1	—	1	—	1	1
丰宁满族自治县	—	1	1	—	1	—	—	1	1	—	1
宽城满族自治县	—	4	4	2	1	1	—	4	—	4	4
围场满族蒙古族自治县	—	1	1	—	—	1	—	1	—	1	1
合计	14	30	44	19	11	13	1	44	18	26	44

九、阳光人寿保险股份有限公司承德中心支公司

机构沿革　阳光人寿保险股份有限公司是阳光保险集团股份有限公司下属子公司，成立于 2005 年 7 月，总部设在北京。

2011 年 6 月 29 日，经河北保监局（冀保监寿险〔2011〕172 号）批准，阳光人寿保险股份有限公司承德中心支公司（简称阳光人寿承德中支）正式开业，隶属阳光人寿河北分公司管辖。营业地址设在承德市双桥区武烈路工商联大厦 18 层。2014 年 3 月营业地址迁至双桥区下二道河子碧达商务 10 层。

内设机构　2011 年内设营销培训部、综合管理部、运营管理部。2015 年内设营销部、人力发展与培训部、财务部、综合管理部、运营管理部。

分支机构　2012 年设立宽城、平泉、滦平、围场支公司。2013 年增设兴隆支公司。2015 年增设承德县支公司。

管理层任职　2011—2015 年阳光人寿承德中支历任总经理共 2 人。赵伟，任职时间 2011.06—2011.09，男，汉族，中国共产党，本科，1974 年 9 月出生，籍贯河北沧州，调离。叶会铁，任职时间 2011.09—2015.12，男，满族，中国共产党，本科，1978 年 8 月出生，籍贯河北承德市。

在职员工　2011 年在职员工 11 人。男 5 人，女 6 人。30 岁以下 6 人，31～40 岁 3 人，41～50 岁 2 人。大学本科 7 人，大学专科 4 人。

2015 年在职员工 39 人，其中 40 岁以下青年员工 33 人，大专以上学历 36 人。

2015 年阳光人寿承德中支在职员工结构统计表

表 1-3-51 单位：人

项目 年份	性别结构			年龄结构				学历结构			
	男	女	合计	30 岁以下	31 ～ 40 岁	41 ～ 50 岁	合计	大学本科	大学专科	中专及以下	合计
市区	9	13	22	10	9	3	22	18	4	—	22
承德县	2	1	3	2	1	—	3	3	—	—	3
兴隆县	1	1	2	—	1	1	2	—	2	—	2
平泉县	3	1	4	3	1	—	4	3	—	1	4
滦平县	—	2	2	1	1	—	2	1	—	1	2
宽城满族自治县	2	1	3	1	1	1	3	2	—	1	3
围场满族蒙古族自治县	2	1	3	1	1	1	3	—	3	—	3
合计	19	20	39	18	15	6	39	27	9	3	39

十、富德生命人寿保险股份有限公司承德中心支公司

机构沿革 富德生命人寿保险股份有限公司是全国性寿险公司，成立于 2002 年 3 月 4 日，总部设在深圳。

2011 年 7 月 19 日，经河北保监局（冀保监寿险〔2011〕202 号）批准，富德生命人寿保险股份有限公司承德中心支公司（简称富德生命人寿承德中支）正式开业，隶属富德生命人寿河北分公司管辖。营业地址设在承德市双桥区武烈路工商联大厦 16 层。

内设机构 2011 年内设 8 个部门，分别为营销部、培训部、银保部、办公室、财务部、营运部、保费部、团险部。

分支机构 2011 年下设隆化支公司。2012 年增设平泉支公司。

管理层任职

2011—2015 年富得生命人寿承德中支历任总经理、副总经理一览表

表 1-3-52

姓名	职务	任职时间	性别	民族	党派	文化程度	出生年月	籍贯	备注
侯春萍	总经理	2011.07—2013.08	女	汉	群众	本科	1971.11	河北承德市	调离
李洪印	总经理	2013.08—2014.04	男	汉	群众	本科	1967.10	河北唐山市	调离
侯春萍	总经理	2014.04—2015.12	女	汉	群众	本科	1971.11	河北承德市	
李云飞	副总经理	2011.07—2014.05	男	汉	群众	本科	1972.08	河北承德市	调离
李天国	副总经理	2014.09—2015.07	男	汉	群众	本科	1970.07	河北平泉	调离

在职员工 2011年在职员工28人。2015年在职员工34人，其中40岁以下青年员工23人，大专以上学历33人，签约雇用代办营销员1002名（不入统）。

2011年富得生命人寿承德中支在职员工结构统计表

表1-3-53 单位：人

项目 县区	性别结构			年龄结构					学历结构		
	男	女	合计	30岁以下	31～40岁	41～50岁	51～60岁	合计	大学本科	大学专科	合计
市　区	12	12	24	1	10	11	2	24	9	15	24
隆化县	2	2	4	3	—	1	—	4	3	1	4
合　计	14	14	28	4	10	12	2	28	12	16	28

2015年富得生命人寿承德中支在职员工结构统计表

表1-3-54 单位：人

项目 县区	性别结构			年龄结构					学历结构			
	男	女	合计	30岁以下	31～40岁	41～50岁	51～60岁	合计	大学本科	大学专科	中专及以下	合计
市　区	12	16	28	11	7	8	2	28	22	5	1	28
平泉县	2	—	2	—	2	—	—	2	—	2	—	2
隆化县	2	2	4	3	—	1	—	4	3	1	—	4
合　计	16	18	34	14	9	9	2	34	25	8	1	34

十一、民生人寿保险股份有限公司承德中心支公司

机构沿革 民生人寿保险股份有限公司是全国性寿险公司，于2003年6月18日正式成立，总部设在上海。

2008年1月7日，经河北保监局（冀保监寿险〔2007〕279号）文件批准，民生人寿承德营销服务部成立。

2011年10月8日，经河北保监局批准，机构升格为民生人寿保险股份有限公司承德中心支公司（简称民生人寿承德中支），隶属民生人寿河北分公司管辖。营业地址设在承德市双桥区文化大厦北塔7层，2014年10月28日迁至双桥区都统府大街6号。

内设机构 2008—2015年，内设机构4个，分别为综合室、营销室、收展室、运营室。

分支机构 2008年在丰宁、兴隆、平泉、隆化、宽城设立5家营销服务部。

管理层任职

2008—2015年民生人寿承德中支历任总经理一览表

表1-3-55

姓名	任职时间	性别	民族	党派	文化程度	出生年月	籍贯	备注
马建国	2008.01—2009.09	男	汉	群众	大专	1955.05	河北晋州	调离
魏红霞	2009.09—2010.09	女	满	群众	大专	1970.03	河北承德市	调离
袁秉昌	2010.09—2013.02	男	汉	中国共产党	本科	1962.09	河北沧州	调离
孙建峰	2013.02—2014.04	男	汉	中国共产党	本科	1976.10	河北石家庄市	调离
魏爱见	2014.04—2014.06	男	汉	中国共产党	大专	1974.02	河北石家庄市	调离
李云飞	2014.06—2015.12	男	汉	群众	本科	1972.08	河北承德市	

在职员工　2008年在职员工18人。2015年在职员工14人，其中40岁以下青年员工10人，大专以上学历14人。

2008年民生人寿承德中支在职员工结构统计表

表1-3-56　　单位：人

项目 县区	性别结构			年龄结构				学历结构		
	男	女	合计	30岁以下	31～40岁	41～50岁	合计	大学本科	大学专科	合计
市　区	2	8	10	4	4	2	10	3	7	10
兴隆县	1	1	2	—	1	1	2	—	2	2
平泉县	1	1	2	—	1	1	2	—	2	2
隆化县	1	1	2	1	1	—	2	—	2	2
丰宁县满族自治	—	1	1	—	1	—	1	—	1	1
宽城县	1	—	1	—	1	—	1	—	1	1
合　计	6	12	18	5	9	4	18	3	15	18

2015 年民生人寿承德中支在职员工结构统计表

表 1-3-57 单位：人

县区＼项目	性别结构			年龄结构				学历结构		
	男	女	合计	30 岁以下	31 ～ 40 岁	41 ～ 50 岁	合计	大学本科	大学专科	合计
市　区	3	7	10	2	6	2	10	2	8	10
平泉县	1	1	2	—	1	1	2	—	2	2
丰宁满族自治县	—	2	2	1	—	1	2	—	2	2
合　计	4	10	14	3	7	4	14	2	12	14

十二、光大永明人寿保险股份有限公司承德中心支公司

机构沿革　光大永明人寿保险股份有限公司是中国光大集团的子公司，成立于2002年4月。总部设在天津。

2012 年 1 月 8 日，经河北保监局（冀保监寿险〔2011〕558 号）批准，光大永明人寿保险股份有限公司承德中心支公司（简称光大永明人寿承德中支）正式开业，隶属光大永明人寿河北分公司管辖。营业地址设在承德市双桥区南园路 9 号万方轿车修理厂 4 楼。

内设机构　2012 年公司内设银保部、财务部、运营部、综合部。

2015 年公司内设财务部、运营部。

管理层任职

2012—2015 年光大永明人寿承德中支历任总经理一览表

表 1-3-58

姓名	任职时间	性别	民族	党派	文化程度	出生年月	籍贯	备注
杨文军	2012.01—2013.08	男	汉	中国共产党	大专	1966.05	河北承德市	调离
刘亚斌	2013.08—2015.02	男	汉	中国共产党	本科	1960.04	山东临清	调离
贾晓平	2015.02—2015.12	女	汉	中国共产党	大专	1971.02	河北石家庄市	

在职员工　2012 年年在职员工 7 人，2015 年在职员工 3 人。

从性别结构看，2012 年男 2 人、女 5 人；2015 年男 0 人、女 3 人。

从年龄结构看，2012 年 30 岁以下 2 人、31 ～ 40 岁 3 人、41 ～ 50 岁 1 人、51 ～ 60 岁 1 人；2015 年 30 岁以下 0 人、31 ～ 40 岁 0 人、41 ～ 50 岁 3 人、51 ～ 60 岁 0 人。

从学历结构看，2012 年大学本科 3 人、大学专科 4 人；2015 年大学本科 3 人、大学专科 0 人。

十三、平安养老保险股份有限公司承德中心支公司

机构沿革　平安养老保险股份有限公司是平安集团子公司，2004 年 12 月在上海成立。

2012 年 9 月 11 日，经河北保监局（冀保监寿险〔2012〕234 号）批准，平安养老保险股份有限公司承德中心支公司（以下简称平安养老险承德中支）正式开业，隶属平安养老险河北分公司管辖。营业地址设在承德市武阳东区武阳房地产开发有限公司 1 号办公楼。

内设机构　2012 年内设 1 个营业部。

管理层任职　2012—2015 年平安养老险承德中支历任副总经理共 1 人。李旭红，任职时间 2012.09—2015.12，女，汉族，中国共产党，本科，1977 年 6 月出生，籍贯河北承德市，主持工作。

在职员工　2012 年在职员工 8 人，2015 年在职员工 8 人。

从性别结构看，2012 年男 5 人、女 3 人；2015 年男 5 人、女 3 人。

从年龄结构看，2012 年 30 岁以下 2 人、31 ～ 40 岁 4 人、41 ～ 50 岁 1 人、51 ～ 60 岁 1 人；2015 年 30 岁以下 4 人、31 ～ 40 岁 3 人、41 ～ 50 岁 1 人、51 ～ 60 岁 0 人。

从学历结构看，2012 年大学本科 1 人、大学专科 6 人、中专及以下 1 人；2015 年大学本科 3 人、大学专科 3 人、中专及以下 2 人。

十四、新华人寿保险股份有限公司承德中心支公司

机构沿革　新华人寿保险股份有限公司成立于 1996 年 9 月，总部设在北京。

2012 年 9 月 20 日，经河北保监局（冀保监寿险〔2012〕254 号）批准，新华人寿保险股份有限公司承德中心支公司（简称新华人寿承德中支）正式开业。隶属新华人寿河北分公司管辖。营业地址设在承德市双桥区火神庙综合楼 2 段 302、402、502 号。

内设机构　2012 年内设部门 6 个，分别为营销业务室、营销培训室、客服中心、银贷业务室、行政后援室、会计核算室。

2015 年内设部门 7 个，分别为营销业务室、营销培训室、客服中心、银贷业务室、法人业务室、行政后援室、会计核算室。

管理层任职

2012—2015 年新华人寿承德中支历任管理层一览表

表 1-3-59

姓名	职务	任职时间	性别	民族	党派	文化程度	出生年月	籍贯	备注
胡　义	总经理	2012.09—2014.10	男	汉	中国共产党	本科	1972.11	河北承德市	调离
张　伟	副总经理	2014.10—2015.12	男	汉	中国共产党	专科	1981.03	唐山市	主持工作
丁丽军	总经理助理	2012.09—2015.12	男	满	中国共产党	本科	1976.09	河北承德市	

在职员工　2012 年在职员工 22 人，2015 年在职员工 16 人。

从性别结构看，2012 年男 12 人、女 10 人；2015 年男 10 人、女 6 人。

从年龄结构看，2012 年 30 岁以下 16 人、31 ～ 40 岁 5 人、41 ～ 50 岁 1 人；2015 年 30 岁以下 11 人、31 ～ 40 岁 5 人、41 ～ 50 岁 0 人。

从学历结构看，2012 年硕士研究生 1 人、大学本科 16 人、大学专科 5 人；2015 年硕士研究生 0 人、大学本科 15 人、大学专科 1 人。

十五、华夏人寿保险股份有限公司承德中心支公司

机构沿革 华夏人寿保险股份有限公司成立于2006年12月，是由中国京安信用担保有限公司、天津港（集团）有限公司、天津市高速公路投资建设发展公司等6家大中型企业发起，经中国保监会批准设立的全国性人寿保险公司。总部设在北京。

2014年7月14日，经河北保监局（冀保监寿险〔2014〕316号）批准，华夏人寿保险股份有限公司承德中心支公司（简称华夏人寿承德中支）正式开业，隶属华夏人寿河北分公司管辖。营业地址设在承德市双桥区天成大厦701、702号。

内设机构 2014年内设机构6个，分别为运营管理部、财务管理部、银行业务部、营销业务部、人事行政部、本级营销服务部。

管理层任职 2014—2015年华夏人寿承德中支总经理共1人。王金荣，任职时间2014.07—2015.12，女，满族，中国共产党，本科，1976年1月出生，籍贯河北承德市。

在职员工 2014年在职员工14人，2015年在职员工10人。

从性别结构看，2014年男6人、女8人；2015年男4人、女6人。

从年龄结构看，2014年30岁以下12人、31～40岁2人；2015年30岁以下8人、31～40岁2人。

从学历结构看，2014年大学本科12人、大学专科2人；2015年大学本科8人、大学专科2人。

十六、中英人寿保险有限公司河北分公司承德营销服务部

机构沿革 中英人寿保险有限公司由中国中粮资本投资有限公司与英国英杰华集团合资组建，于2003年1月1日正式开业，总部设在北京。

2008年8月，经河北保监局（冀保监寿险〔2008〕257号）批准，中英人寿保险有限公司河北分公司承德营销服务部（简称中英人寿承德营销部）正式开业。营业地址设在承德市南营子大街文化大厦北塔十七层1703、1704室，2012年11月迁至车站路福地华园101号，2015年4月迁至马市街名都广场西塔14层。

管理层任职

2008—2015年中英人寿承德营销部历任总经理名录一览表

表1-3-60

姓名	任职时间	性别	民族	党派	文化程度	出生年月	籍贯	备注
张江江	2008.08—2010.07	男	汉	群众	本科	1975.12	河北承德市	调离
杨国才	2010.07—2013.07	男	汉	群众	本科	1963.01	河北承德市	调离
郑瑞杰	2013.07—2015.12	女	汉	群众	本科	1971.04	河北承德市	

在职员工 2008年在职员工2人，2015年在职员工6人。

从性别结构看，2008年男2人、女0人；2015年男2人、女4人。

从年龄结构看，2008年31～40岁1人、41～50岁1人、51～60岁0人；2015年31～40岁1人、41～50岁4人、51～60岁1人。

从学历结构看，2008年大学本科2人、大学专科0人；2015年大学本科4人、大学专科2人。

第四节 证券公司

一、中国中投证券有限责任公司承德翠桥路证券营业部

机构沿革 1995年1月18日，经人行承德分行批准，农业银行承德信托投资公司证券营业部开业，成为承德市首家证券交易机构。营业地址设在承德市陕西营街东口1号。

根据1996年末国务院出台的金融业实施“分业经营”的规定精神，证券机构与挂靠银行脱钩。通过农行承德分行与南方证券股份有限公司协商，承德农行信托投资公司证券营业部被南方证券股份有限公司整体收购。1997年7月1日更名为南方证券股份有限公司承德证券营业部。南方证券总部设在深圳市。

2004年1月2日，中国证监会和深圳市人民政府联合颁布《公告》称，鉴于南方证券股份有限公司违法违规经营，管理混乱，为保护投资者和债权人合法权益，决定自2004年1月2日起对南方证券公司实施行政接管。2005年9月28日，南方证券公司被中国建银投资证券有限责任公司整体收购。承德营业部变更隶属关系，更名为中国建银投资证券有限责任公司承德陕西营路证券营业部。

2011年12月，中国建银投资证券有限责任公司由中央汇金投资有限责任公司全资控股，名称变更为中国中投证券有限责任公司。注册资本金50亿元人民币，总部设在深圳市。承德营业部更名为中国中投证券有限责任公司承德陕西营路证券营业部。

2015年6月23日，营业部迁至翠桥路南6号，更名为中国中投证券有限责任公司承德翠桥路证券营业部（简称中投证券承德营业部）。营业部经营范围包括证券经纪、证券投资咨询、证券投资基金代销、期货中间介绍、融资融券、代销金融产品。营业部总面积1800平方米，包括一个散户交易大厅和16个大中客户室。其中散户交易大厅228平方米，配置80台客户自助委托终端、4台液晶电视屏显示行情走势。

内设机构 1995年，营业部内设电脑部、财务部、交易部。2005年，营业部内设电脑部、财务部、交易部、市场部、客户服务部。2015年12月，营业部内设运营支持部、财富管理部、创新业务部。

管理层任职

1995—2015年中投证券承德营业部历任总经理、副总经理、总经理助理一览表

表1-3-61

姓名	职务	任职时间	性别	民族	党派	文化程度	出生年月	籍贯	备注
汤　斌	总经理	1995.01—2004.01	男	汉	中国共产党	本科	1955.01	河北承德	辞职
马利生	总经理	2004.01—2005.07	男	汉	中国共产党	研究生	1968.05	陕西扶风	调离
宋立铭	总经理	2005.07—2015.12	男	满	中国民主建国会	本科	1962.11	河北平泉	
宋立铭	副总经理	1995.01—2002.12	男	满	中国民主建国会	本科	1962.11	河北平泉	调离

续表 1-3-61

姓名	职务	任职时间	性别	民族	党派	文化程度	出生年月	籍贯	备注
邵秉礼	副总经理	1997.08—2002.08	男	汉	中国共产党	高中	1950.05	吉林四平	调离
王占武	副总经理	2004.11—2015.12	男	满	中国共产党	本科	1968.12	河北丰宁	
朱丽春	总经理助理	2010.1—2015.12	男	满	中国共产党	本科	1978.11	河北滦平	
单　文	总经理助理	2014.5—2015.12	女	汉	中国共产党	本科	1974.01	河北承德	

在职员工　1995年在职员工11人，2015年在职员工36人。

从性别结构看，1995年男5人、女6人；2015年男15人、女21人。

从年龄结构看，1995年30岁以下8人、31～40岁3人、41～50岁0人、51～60岁0人；2015年30岁以下7人、31～40岁19人、41～50岁9人、51～60岁1人。

从学历结构看，1995年硕士研究生0人、大学本科3人、大学专科8人、中专及以下0人；2015年硕士研究生3人、大学本科18人、大学专科13人、中专及以下2人。

从职称结构看，1995年中级职称0人、初级职称5人、其他人员6人；2015年中级职称1人、初级职称5人、其他人员30人。

二、财达证券股份有限公司承德都统府大街证券营业部

机构沿革　经人行承德分行批准，1995年5月18日，工商银行承德信托投资公司证券营业部开业。营业地址设在承德市太平桥。

1997年，根据国务院关于证券机构与挂靠银行脱钩的规定，通过工行承德分行与河北证券有限责任公司协商，承德工行信托投资公司证券营业部被河北证券有限责任公司整体收购。1997年10月1日更名为河北证券有限责任公司承德营业部。

2006年1月31日—2007年2月28日，中国证监会对河北证券有限责任公司实施风险处置，处置期间承德营业部由广发证券公司托管。

2007年3月1日，财达证券经纪有限责任公司对河北证券有限责任公司予以收购接管。承德营业部改由财达证券经纪有限责任公司管辖。12月，承德营业部注册地址迁至双桥区火神庙路南14号。名称变更为财达证券经纪有限责任公司承德火神庙街证券营业部。

2010年1月20日，经中国证监会批准，总公司注册名称变更为财达证券有限责任公司，承德营业部名称相应变更，名称中减少了“经纪”二字。12月27日，营业部迁至都统府大街9号，名称变更为财达证券有限责任公司承德都统府大街证券营业部（简称财达证券承德营业部）。

2015年12月，财达证券有限责任公司变更为财达证券股份有限公司。名称中的“有限责任”变更为“股份有限”字样，承德营业部名称相应变更。营业部经营范围包括证券经纪、证券投资咨询、投资财务顾问、融资融券、投资基金代销、期货中间介绍、代销金融产品。营业部总面积2160平方米，楼层分布为一、四、五层，一层设有交易部柜台、业务洽谈室、保安监控室；四层设有交易大厅、客户服务部、电脑部；五层设有总经理室、总经理助理室、财务室、综合部、投资顾问室、会议室、贵宾室。其中散户交

易大厅150平米，配置80台客户自助委托终端、4块大屏和一块点阵屏。

内设机构　1997年内设电脑部、交易部、客户发展部、综合部、财务部。2010年，内设电脑部、交易部、客户发展部、综合部。

管理层任职

1995—2015年财达证券承德营业部历任总经理、总经理助理一览表

表1-3-62

姓名	职务	任职时间	性别	民族	党派	文化程度	出生年月	籍贯	备注
宋伟业	总经理	1995.05—1997.05	男	汉	群众	大专	1940.10	河北承德	留工行
唐晓明	总经理	1997.05—2008.05	男	蒙古	中国共产党	大专	1958.11	辽宁阜新	二线
杜秀河	总经理	2008.05—2015.12	男	汉	中国共产党	研究生	1962.09	河北魏县	
陈　放	总经理助理	1997.10—2008.05	男	汉	群众	大专	1957.04	重庆市	内退
贾方欣	总经理助理	2011.09—2015.12	男	汉	中国共产党	本科	1971.05	河北故城	

在职员工　1995年在职员工12人，2015年在职员工18人。

从性别结构看，1995年男5人、女7人；2015年男10人、女8人。

从年龄结构看，1995年30岁以下6人、31～40岁4人、41～50岁2人、51～60岁0人；2015年30岁以下5人、31～40岁5人、41～50岁6人、51～60岁2人。

从学历结构看，1995年硕士研究生0人、大学本科6人、大学专科4人、中专及以下2人；2015年硕士研究生1人、大学本科16人、大学专科1人、中专及以下0人。

从职称结构看，1995年中级职称2人、初级职称6人、其他人员4人；2015年中级职称4人、初级职称5人、其他人员9人。

三、财达证券股份有限公司承德宽城金山街证券营业部

机构沿革　2011年10月26日，经中国证监会河北监管局批准，财达证券有限责任公司承德宽城金山街证券营业部（简称财达证券宽城营业部）正式开业，隶属财达证券有限责任公司管辖。营业地址设在宽城满族自治县宽城镇佳利小区高层底商。

2015年12月，总公司名称中的“有限责任”变更为“股份有限”字样。营业部名称相应变更。营业部经营范围包括证券经纪、证券投资咨询、证券投资基金代销、融资融券、代销金融产品、证券投资活动有关的财务顾问。营业部总面积336平方米，一楼为营业厅，二、三楼设有贵宾室。具备网上交易、电话委托、手机炒股等多种服务手段。

内设机构　2015年，内设经理室、交易部、客户部、财务部、电脑部。

管理层任职　2011—2015年财达证券宽城营业部总经理共1人。秦峰，任职时间2011.09—2015.12，男，汉族，中国共产党，大学本科，1974年9月出生，籍贯河北丰宁。

在职员工　2011年在职员工7人，2015年

在职员工4人。

从性别结构看，2011年男5人、女2人；2015年男4人、女0人。

从年龄结构看，2011年31～40岁6人、41～50岁1人；2015年31～40岁3人、41～50岁1人。

从学历结构看，2011年大学本科3人、大学专科4人；2015年大学本科3人、大学专科1人。

四、国泰君安证券股份有限公司承德西大街证券营业部

机构沿革 国泰君安证券股份有限公司，是1999年8月由原国泰证券有限责任公司和原君安证券有限责任公司合并组建，大股东分别为上海国有资产经营有限公司、中央汇金公司、深圳市投资管理公司。总部设在上海。

2014年7月2日，经中国证监会河北监管局批准，国泰君安证券股份有限公司承德西大街证券营业部（简称国泰君安证券承德营业部）正式开业。营业部经营范围包括证券经纪、证券投资咨询、融资融券、证券投资基金代销、期货中间介绍、代销金融产品。注册地址设在承德市双桥区西大街天泽嘉园104、204商埠。

管理层任职 2014—2015年国泰君安证券承德营业部历任总经理共2人。侯霄鹏，任职时间2014.07—2015.08，男，汉族，中国共产党，研究生，1982年10月出生，籍贯河北唐山，调离。闫高杰，任职时间2015.08—2015.12，男，汉族，群众，本科，1988年5月出生，籍贯河北邯郸。

在职员工 2014年7月在职员工6人，2015年在职员工6人。

从性别结构看，2014年男4人、女2人；2015年男4人、女2人。

从年龄结构看，2014年30岁以下6人；2015年30岁以下6人。

从学历结构看，2014年大学本科6人；2015年大学本科6人。

五、广发证券股份有限公司承德新华路证券营业部

机构沿革 广发证券的前身是1991年9月8日成立的广东发展银行证券部，1996年改制为广发证券有限责任公司，2001年变更为股份有限公司，是综合类证券公司。2010年2月，公司在深圳实现借壳上市。到2012年9月，广发证券注册资本52亿元。总部设在广州。

2015年8月14日，经中国证监会河北监管局批准，广发证券股份有限公司承德新华路证券营业部（简称广发证券承德营业部）正式开业。经营范围包括证券经纪、证券投资咨询、投资财务顾问、融资融券、投资基金代销、金融产品代销。营业地址设在承德市双桥区新华路北1号双百购物广场二期三楼301铺。

2015年，营业部总面积142.84平方米，设有营业厅、理财室、会议室、办公室。装备了金融终端、电话委托、广发易淘金等多种交易软件。

内设机构 2015年，内设运营管理部、财富管理部。

管理层任职 2015年广发证券承德营业部总经理共1人。李响，任职时间2015.08—2015.12，男，汉族，群众，本科，1984年5月出生，籍贯河北唐山。

在职员工 2015年8月开业时在职员工10人。12月在职员工17人，男9人，女8人。30岁以下10人，31～40岁7人。大学本科11人，大学专科6人。

第二编

金融体制改革

第二编 金融体制改革

金融体制改革是一项庞大的系统工程，涉及金融体系的方方面面，改革由中央管控，分级实施。其中四个方面的改革对承德市具有直接影响，一是金融监管体制改革；二是设立中国农业发展银行承德分行，承担农村政策性业务；三是全国性商业银行改革对分支机构的影响；四是农村信用社改革。

第一章 人民银行管理体制改革

伴随金融体制改革的不断深入，我国形成“一行三会”金融监管格局，人民银行的职能定位更加明确。人行承德市中心支行作为中国人民银行的派出机构，在承德辖区履行执行货币政策、防范化解金融风险、提供金融服务的职能。2003年之后，陆续增加了反洗钱、征信管理、存款保险等职能，人民银行的职能进一步强化。

第一节 明确职能

一、确定法律地位

1983年9月17日，国务院发布《关于中国人民银行专门行使中央银行职能的决定》，明确了中国人民银行的中央银行职能定位。

1985年1月1日起，中国工商银行承德中心支行正式由人民银行分设，原中国人民银行承德地区中心支行工商信贷、储蓄科室的业务、人员，原中国人民银行承德市支行、各县支行的机构、人员、财产、业务，整建制划转中国工商银行承德中心支行。机构分设后，中国人民银行承德地区中心支行改称中国人民银行承德分行，不设立县级支行机构，在承德辖区专门行使中央银行职能。

人民银行不设立县级支行的体制，经过一年多的运转实践，逐步暴露出许多难以协调的矛盾。1986年，中国人民银行决定恢复设立人民银行县支行。当年，人行承德分行在8个县全部恢复设立人民银行县支行。

1995年3月，第八届全国人大第三次会议通过了《中华人民共和国中国人民银行法》，首次确立了中国人民银行作为中央银行的法律地位，规定人民银行承担“制定和执行货币政策、对金融业实施监督管理”的工作职责。

二、实行“一行三会”监管格局

1998年之前，中国人民银行是唯一的金融监管部门，全方位地履行金融监管职责。监管范围包括银行业、保险业、证券业。监管内容包括金融机构设立、撤并、变更，高级管理人员任职资格管理，金融业务风险性、合规性监管。

1998年6月，证券业监管移交河北证监局。2001年4月，保险业监管移交河北保监局。2003年12月，银行业监管移交承德银监分局。由此形成一行三会的金融监管格局。

三、强化工作职责

2003年12月，全国人大修订的《中国人民银行法》，规定人民银行承担“制定和执行货币政策、防范和化解金融风险、维护金融稳定”等工作职责。

2003年以后，为了进一步强化各级人民银行对系统性金融风险的有效监管，国务院先后向中国人民银行增加授权，增加了反洗钱、征信管理、存款保险等职责，同时强化了人民银行制定和执行货币政策、提供金融服务的职责。

2004—2015年，人行承德市中心支行依法履行货币政策、防范化解金融风险、提供金融服务的工作职责，实现了职能转换和工作重心转移。

第二节 执行货币政策

1989—2015年，货币政策先后经历了适度宽松、适度从紧、稳健、适度从紧、适度宽松、稳健六次调整变化。人行承德市中心支行根据不同时期的货币政策主基调，结合当地实际，在加强信贷规模管理、存款准备金管理、利率管理的同时，充分运用再贴现、再贷款、专项贷款等货币政策工具，灵活调剂资金，增加有效投入，促进了地方经济平稳较快发展。

一、短期再贷款

短期再贷款是人民银行为解决国有商业银行临时性支付不足而发放的再贷款，是人民银行调剂资金余缺、引导信贷投向的重要手段。1989—2001年，累计向国有商业银行发放短期再贷款227.3亿元，充分发挥了调剂资金余缺、引导信贷投向、解决临时性资金困难的灵活调控作用。2001年短期再贷款权力集中上收，人行承德市中心支行停止办理短期再贷款业务。

二、专项贷款

金银专项贷款。根据当时的政策规定，人民银行从1987年1月起，直接面向金银生产企业开办金银专项贷款业务，1987—2004年，人行承德市中心支行累计向23户金银生产企业发放金银专项贷款17469.3万元，2004年停止办理。2007年全部移交人总行汇达资产管理公司。

老少边穷、经济开发专项贷款。根据当时的政策规定，从1985年起，人民银行直接面向企业开办上述专项贷款业务，1989—1997年，人行承德分行累计向企业发放老少边穷专项贷款11695.5万元、经济开发专项贷款810万元，定向支持了一部分地方经济发展项目。1997年，上述专项贷款业务全部移交农发行承德分行，人民银行停止办理。

三、再贴现

人民银行对商业银行开办票据再贴现业务，目的是支持商业银行对已贴现的远期票据实现提前变现，从而增强流动性，适度缓解信贷规模紧张的压力。1989—2015年人行承德市中心支行累计为银行业金融机构办理票据再贴现71.8亿元。

四、支农再贷款

支农再贷款是人民银行扶持农村信用社缓解自有资金不足、解决农民“贷款难”、支持农村经济发展而发放的低利率的政策性再贷款。人行承德市中心支行于2000年开办支农再贷款业务。2000—2015年，累计向信用社发放支农再贷款92.8亿元。在2004年之前，再贷款重点支持一部分经营困难的信用社陆续增加了农村种植业、养殖业小额贷款投入，恢复了正常经营。2005年之后，再贷款继续支持信用社增加“三农”贷款的有效投入。

五、差别准备金和贷款规划管理

差别准备金。2004年，人民银行开始对银行业实施差别准备金率管理制度，2011年开始对银行业实施差别准备金动态调整制度。进一步强化了对银行业的风险管控。

贷款规划管理。2011年，人民银行开始对地方法人银行机构实施贷款规划管理。2011—2015年，人行承德市中心支行累计向地方法人银行机构下达贷款规划指标418.05亿元，其中在上级行核定指标的基础上，为地方法人银行机构多争取信贷增量指标70.41亿元，同时指导承德银行和各县区农村信用联社全部用于支持中小微企业和涉农经济发展。

2004—2015年，人行承德市中心支行根据不同时期货币政策调整，紧密结合承德经济发展实际，先后制定了《金融支持社会主义新农村建设指导意见》《对地方法人金融机构贷款规模监测指导意见》《贯彻落实货币政策协调机制实施方案》等指导性文件，指导银行业最大限度地争取信贷资金增量，有效支持经济发展。

第三节 防范化解金融风险

一、化解信用社风险

1989—1999年，人行承德分行采取现场监管与非现场监管相结合的方式，实行派驻监管员、风险周报等制度，重点加强了对高风险城市信用社、农村信用社的监管工作，为后续对城市信用社采取风险处置措施、对农村信用社采取风险救助化解措施，奠定了基础。

2000—2002年，人行承德市中心支行在市政府的有力支持下，对城市信用社风险进行了分类处置，其中对6家救助无望的高风险城市信用社，实施停业整顿，退出市场。对10家一般性风险的城市信用社，改制为农村信用社。对4家经营基本正常的城市信用社，重组承德市城市信用社股份有限公司。通过风险处置，维护了存款人的合法权益，维护了承德市的金融平安。（详见第三编第三章第一节城市信用社风险处置）

1997—2005年，人行承德市中心支行对农村信用社进行了全方位的风险救助和化解。通过为信用社讨债维权、把好信用社接收农村合作基金会的质量关、为信用社争取农行撤销机构移交存款、注入支农再贷款、完善县联社领导班子建设、落实信用社改革资金支持政策、撬动各级政府落实配套政策等一系列有效措施，使农村信用社风险得到了有效化解。（详见第三编第三章第二节农村信用社风险救助化解）

二、履行反洗钱监管职能

2004年开始，人行承德市中心支行依法履行反洗钱监管职能。通过非现场监管与现场检查两种方式，监督义务机构（即银行业、保险业、证券业、第三方支付机构的市级机构、地方法人机构）落实反洗钱责任，实现从源头上堵塞漏洞，控制洗钱行为的发生。2006年10月31日全国人大颁布《中华人民共和国反洗钱法》，规定了洗钱犯罪的主要形式、反洗钱监管部门和义务机构的法律责任。到2015年末，承德辖区承担反洗钱义务的金融机构达到52家，依法履行法定义务。

三、强化征信管理

2004年开始，人行承德市中心支行不断强化征信管理职能。以全国企业、个人信贷征信系统为支撑，采取征信检查及综合评价等方式，推进了金融业征信工作的开展，促进了社会信用体系建设。到2006年末，所有与金融机构有信用行为的组织机构和个人，均由全国集中统一联网的企业和个人信用信息数据库所覆盖，依法提供查询、汇总、分析、检测等服务。

2013年3月15日，国务院发布的《征信业管理条例》正式实施，《条例》规定中国人民银行及其派出机构对征信业进行监督管理。到2015年末，承德辖区金融机构接入征信系统信贷网点218个，其中开通企业征信系统查询用户270个，年累计查询量约3万次。开通个人征信系统查询用户1406个，年累计查询量约30万次。

四、建立金融风险监测制度

2008—2015年，人行承德市中心支行逐步建立完善金融风险监测报告制度、金融风险监测周报制度、金融机构重大事项报告制度、金融稳健性评估制度。定期分析、评估、反映金融运行稳定状况，分析影响因素，研究政策措施，提出政策建议。

五、实行存款保险制度

2015年5月1日，国务院发布的《存款保险条例》正式实施。按照属地管理原则，人行承德市中心支行组织完成辖区13家地方法人金融机构投保手续审核和办理工作。2015年7月，承德市完成13家地方法人金融机构的存款保费首次缴纳工作。实行存款保险的目的在于依法保护存款人的合法权益，及时防范和化解金融风险，维护金融稳定。

第四节 提供金融服务

一、保证正常有序的现金供应

1989—2015年期间，人行承德市中心支行全面完成了第四套和第五套人民币的发行工作。中心支库由不足200平方米的旧库改善为800平方米的新库，适应了业务发展的需要。在此基础上，陆续撤并工商银行代理库和人民银行县支库，收归中心支库集中管理，提高了安全管理水平。反假货币实行联席会议制度，银行柜台反假实行持证上岗制度，反假识别机具实现持续升级，对银行柜台支付假币实行“零容忍”，对银行柜台收缴假币发生的客户争议，配套实行仲裁制度。人行承德市中心支行持续加强执法检查，切实保障了银行现金安全和客户利益。2000—2015年，人行承德市中心支行累计调拨发行基金1211亿元，累计销毁残损人民币91亿元，提高了流通人民币的质量（1999年以前数据未入统）。

二、加快经理国库电子化进程

2002年3月，人行承德市中心支行自主开发的承德财税库行预算资金信息管理网络系统正式开通。该系统可以实现承德财税库行之间的信息共享及数据的实时通信，彻底解决以往数据重复录入、在途税款不能及时入库等问题，加快了税款的入库速度。被人民银行总行誉为“承德模式”。2009年，承德市加入全国国库信息处理系统（TIPS），通过TIPS缴税具有资金入库及时、准确、方便纳税人等优势，实现了部门间的信息共享。2015年，全国财政支出无纸化系统在承德市本级、丰宁满族自治县、宽城满族自治县上线，减少了财政资金在征收机关和预算单位的滞留时间，提高了财政资金的拨付效率。

三、加强支付体系建设

2005年5月，全国大额支付系统在承德辖区正式上线运行。2006年3月，全国小额支付系统在承德辖区正式上线运行。同年12月，全国支票影像交换系统在承德辖区正式上线运行。2008年，在全国初步建成了以人民银行现代化支付系统为核心，各银行支付系统为基础，票据支付系统、银行卡支付系统为重要组成部分的支付清算网络体系。2013年10月，现代化第二代支付系统在全国成功切换上线，为金融机构、企事业单位和个人提供了高效、便捷的支付结算服务。

第二章 设立农业发展银行

1993年12月，国务院发布《关于金融体制改革的决定》，决定成立国家开发银行、中国进出口银行、中国农业发展银行3家政策性银行，专门承担政策性金融业务。由于农业发展银行在地市级设立分支机构，国家开发银行、中国进出口银行不设立地市级分支机构，本章只记述农业发展银行的有关情况。

第一节 建立机构

一、过渡时期

中国农业发展银行成立于1994年11月，定位为国有农业政策性银行。1995年4月，农发行河北省分行成立。1995年4月至1996年11月，承德尚未设立农发行机构期间，其业务暂由农业银行承德分行代理。

二、机构组建

1996年11月，按照上级行规定和统一部署，在承德市政府、人行承德分行的主持下，对农发行承德分行与农行承德分行机构分设的人员、财产、业务进行了划分。全市农业银行划转农发行承德分行工作人员207名，财产、业务按规定划分。1996年11月30日，中国农业发展银行承德分行完成机构分设的各项工作，正式挂牌成立。农发行承德分行下设1个分行营业部、8个县支行。

三、明确职能

农发行实行一级法人、分级授权经营的管理体制。基本职能包括承担农业政策性金融业务，代理财政支农资金的拨付，为农业和农村经济发展服务。1996年农发行承德分行主要承担粮油收购、储备等政策性金融业务。2004年扩大信贷支持范围，承办粮油产业化龙头企业和加工企业贷款业务。2006年，扩大龙头企业贷款范围，开办农业科技贷款业务。2014年，增加了支持农业农村基础设施建设的职能，促进城乡一体化发展。

第二节 调整存贷款业务范围

一、调整贷款业务范围

1996年11月至1998年3月，农发行承德分行的业务范围包括粮油收购、农村扶贫、农业综合开发、粮食企业附营业务。

1998年3月，国务院决定将农发行承办的农村扶贫、农业综合开发、粮食企业附营业务等专项贷款业务划转到有关国有商业银行。同年5月，农发行承德分行将上述专项贷款合计46784.6万元，全部移交到农行承德分行。农发行承德分行重点加强粮油收购资金封闭管理。

2004年，根据《国务院粮食市场化改革的意见》，农发行贷款业务由国有粮油购销企业扩大到各种所有制的粮油购销企业。同年9月，银监会批准农发行开办粮油产业化龙头企业和加工企业贷款业务。

2006年7月，银监会批准农发行扩大龙头企业贷款范围，开办农业科技贷款业务，农发行形成了以粮油收购信贷为“主体”，以农业产业化信贷、中长期信贷为“两翼”的业务发展格局。

2014年9月，国务院审议通过了中国农业发展银行改革总体方案，确定农发行实施“两轮驱动”发展战略，重点支持粮棉油收储和农业农村基础设施建设，维护国家粮食安全，促进城乡一体化发展。

2015年末，农发行承德分行各项贷款余额78.58亿元，比1996年增加60.21亿元，增长3.28倍。

二、调整存款业务范围

按照《中国农业发展银行章程》规定，农发行不办理个人存款业务。仅办理在农发行开户的单位存款、农业政策性财政存款业务。

2004年以前，农发行主要资金来源为中央银行再贷款，各项存款仅处于资金来源的少量补充地位。2004年，农发行开始发行政策性金融债，中央银行再贷款比例逐年降低。各项存款仍然处于自然增长状态。

2005—2015年，随着粮油贷款业务范围扩展，以及产业化龙头企业和农业农村中长期贷款业务的开办，农发行开户单位逐年增加，存款业务发展较快。2015年末，农发行承德分行各项存款余额18.40亿元，较2004年末增加17.70亿元，增长25.41倍。农发行承德分行存贷款双方余额轧差，贷款大于存款60.18亿元，体现为大量占用上级行资金发放贷款。

第三章 全国性商业银行改革

四大国有商业银行都是垂直管理的全国性法人机构，各自的总行是改革的主体。而设在承德市的市级分行，作为总行的二级分支机构，处于主体改革的执行地位。

1993年以前，工行、农行、中行、建行的定位是国有专业银行，按照各自分工，分别服务于工商业、农业、国际业务、项目建设等领域。同时，这些银行还承担着各自领域的政策性业务，一旦国家有要求，银行必须予以支持。这显然不符合市场竞争的基本原则，也不利于金融业健康发展。

1993年，党的十四届三中全会通过了《关于建立社会主义市场经济体制若干问题的决议》，描绘了建立社会主义市场经济的基本框架，指出了专业银行改革的重点是改善公司治理结构、剥离政策性业务、向商业银行转型、转变为市场经济主体。同年12月，国务院发布《关于金融体制改革的决定》，决定成立国家开发银行、中国进出口银行、中国农业发展银行3家政策性银行，专门承担政策性金融业务。同时要求专业银行通过改革，逐步转变为国有独资商业银行，只承担商业性业务，不再按专业领域划分业务范围，相互之间可以交叉、竞争，以便改进服务。

1995年，《中华人民共和国商业银行法》出台，从法律上将4家专业银行正式定位为国有商业银行。由于长期的政企不分、产权模糊、管理低效等历史原因，金融机构积累了严重的系统性风险。突出表现在20世纪90年代末期，银行业贷款不良率高达30%（当时承德贷款不良率高达40%以上），积累了大量的不良资产，相当一部分金融机构经营困难，已经到了“技术性破产的边缘”。

1997年发生的亚洲金融危机，引起中央高度重视，为支持银行改革出台了一系列重大措施。同年召开的全国金融工作会议，对金融体系的组织结构作了一系列调整。明确人民银行和国有商业银行党组和人事不再由地方领导，加强垂直管理，减少地方干预。1998年，补充国有独资商业银行资本金。由财政部发行2700亿元特别国债，筹集资金补充4家银行资本金。同年下调银行税率，将国有商业银行55%的所得税外加7%的调节税下降至33%，以此提升商业银行利用内源动力补充资本金的能力。1999年，国务院决定成立信达、长城、东方、华融4家资产管理公司，分别接收4家国有银行剥离的不良资产，以债转股、拍卖、核销等多种方式予以处理。一方面减轻国企债务负担，一方面提升银行资产质量。

进入21世纪，银行业面临全面深刻的改革，改革的主题是建立规范化的金融规制标准，实现银行业的健康化。从引入国际标准的规范化会计准则和清理财务不健康问题入手，理清银行的真实家底，为后续改革发展奠定基础。2001年颁布了《金融企业会计制度》，吸收国际标准对会计准则进行了改进。在新的会计准则推动下，废除了银行贷款分类期限法（“一逾两呆”），开始实行贷款五级分类制度。长期存在的银行财务违规挂账、不讲成本争设机构、冗员较多、效率低下等问题，得到了较好的规范，金融财务状况迅速好转。

2002年2月召开的第二次全国金融工作会议提出，要对国有独资商业银行进行股份制改造，条件成熟的可以上市。银行上市除了筹集资本外，更重要的是按照现代企业制度建立公司治理结构，把银行置于股票市场投资者和战略投资者的监督约束之下，以此启发动力，加强财务和风险管理。

2003年9月，党中央、国务院原则通过了关于国有独资商业银行股份制改革的总体方案。在税收方面，财政部同意按照新的会计准则核销损失，解决国有商业银行养老退休、医疗、住房货币化等历史包袱，并暂缓银行营改增纳税，同时将营业税从8%降到5%。在注资方式方面，决定使用国家外汇储备注资大型国有商业银行。在战略投资者方面，决定国外商业银行、非银行机构都可以作为引进的战略投资者。

2003年以后，中行、建行、交行、工行、农行陆续进行股份制改革并成功上市，初步建立了相对规范的公司治理结构，内部管理和风险控制能力不断增强，资产规模和盈利水平均位居全球前列。2011年以后，中行、工行、农行、建行先后入选全球系统重要性银行。2015年末，银行业资本充足率13.3%、拨备覆盖率176.4%，资本充足率显著提高。

第一节 工行承德分行改革

一、改革过程

1989—1993年，工行承德分行是办理城市工商信贷、结算、居民储蓄业务的国有专业银行机构，同时承担着部分粮食企业等政策性信贷业务。1993年12月，国务院颁布《关于金融体制改革的决定》，明确规定将政策性业务与商业性业务分离，打破专业分工，实行业务交叉，实现国有专业银行向国有商业银行转轨。

1994年8月，工行承德分行粮食企业等政策性信贷业务全部划转农业发展银行。1997年6月，工行承德分行信托投资公司证券营业部整体出售给河北证券有限责任公司。同年10月，工行承德分行组建的太平、联谊、营子、南营子、平泉、清风城市信用社，全部移交承德市城市信用联社。2004年底，着手中国工商银行股份制改造的基层准备工作。

2005年10月，中国工商银行股份有限公司完成工商注册登记、依法成立。2006年10月，正式在上海和香港两地上市。这一时期，按照工总行、河北省分行的统一部署，工行承德分行积极推进体制改革，全面整合机构、人事、内控管理机制，调整网点布局，优化劳动组合，完善集约化经营机制，全面加快各项改革进程，建立较为完善的现代金融企业制度。

二、优化机构设置

内设机构 1989—1993年，国有专业银行时期。内设机构基本按照与省分行专业对口的原则确定。1989年内设机构18个，分别为机关党委、纪检组、工会、办公室、行政科、人事科、保卫科、科教科、基建科、会计科、出纳科、储蓄科、工业信贷科、商业信贷科、计划科、调查信息科、信托公司、稽核科。

1994—2005年，国有商业银行时期。内设机构逐步向适应商业银行运作模式转化。2005年内设机构18个，分别为办公室（党委办公室、宣传部）、财务会计部、人力资源部（组织部）、信贷业务部、个人金融业务部、结算与现金管理部、运行管理部、内控合规部、监察保卫部（纪委）、资产风险管理部、现金营运中心、监督中心、会计业务处理中心、技术支持中心、银行卡业务中心、电子银行中心、消费信贷中心、员工培训中心。

2006—2015年，股份制改造和股份制经营时期。内设机构突出扁平化管理，注重内部资源整合，适应外部竞争发展。2015年内设机构16个，分别为公司金融业务部、机构金融业务部、个人金融业务部、电子银行部、财务会计部、信贷与投资管理部、运行管理部、信息科技部、办公室（党委办公室、宣传部、工会办公室、安全保卫部）、内控合规部、人力资源部（组织部）、监察室、银行卡中心、小企业经营中心、账务管理中心、现金运营中心。

分支机构 1989年末，全辖分支机构130个。其中市级中心支行1个、市区办事处6个、县支行8个、分理处15个、储蓄所68个、联办储蓄所32个。

1995年末，全辖分支机构153个。其中市级分行1个、营业部1个、市区办事处6个、县支行8个、分理处18个、储蓄所87个、联办储蓄所32个。

1996—2005年，为适应商业银行改革，机构网点从外延扩张向内涵整合转变，通过对网点的撤并、升格、搬迁和改造等措施，撤并了一批规模小、低效亏损的支行（宽城满族自治县支行、寿王坟办事处、双塔山办事处）、分理处、储蓄所、联办储蓄所。2005年末，全辖分支机构46个。其中市级分行1个、营业部1个、市区支行5个、县支行7个、分理处5个、二级支行3个、储蓄所24个。

2006—2015年，按照工总行要求，支行机构实行两级设置，即一级支行、二级支行两个层次，取消分理处、储蓄所机构设置。2015年末，全辖分支机构41个。其中市级分行1个、市区支行6个、县支行8个、二级支行26个。

三、人事制度改革

干部管理改革 1989—1991年，工行承德分行实行“垂直领导、下管一级”的干部任命制。县级支行实行行长（主任）负责制，开始建立后备干部制度。

1992—2000年，推行领导干部聘任制。实行群众推荐、民主评议、组织考察、行长聘任制度。同时对县级支行行长（主任）实行任期目标责任制，把任期目标完成情况作为干部考核的主要依据。1996年开始实行领导干部交流制度，对在同一岗位连续任职满5年的，进行异地交流或岗位轮换。

2001—2015年，实行领导干部竞聘制。通过公开竞聘的方式，选拔聘任各级领导干部，每年对干部进行述职、员工划票、领导考评，一般任期三年。

人员录用制度改革 1989—1991年，在职员工分为编制内员工（包括固定职工、合同制职工）和储蓄代办员，编制内员工实行“垂直领导、分级管理”办法，新增员工通过社会招聘、干部商调、招录大中专毕业生、接收复转军人等方式进行招录。储蓄代办员为短期合同工，通过考试、考核、面试等形式招聘，工作表现优秀的可转为正式合同工。

1992—1997年，每年对员工“德、能、勤、绩”4个方面进行考核，划分优秀、合格、不合格3个档次。实行职业教育与业务培训相结合，提高员工综合素质。

1998—2015年，实行全员合同制。1998年12月，工行承德分行与在职的1320名编制内员工签订了劳动合同，合同分为固定期限和无固定期限两类，签订合同员工达到100%。

1999—2002年，为配合机构撤并整合，实现减员增效，工行承德分行先后对697名编制内员工、120名临时员工实行了减员分流措施。一是编制内员工内退分流。男员工满55岁或连续30年工龄，合同制之前的女干部满50岁、女工人满45岁或连续工龄满25年的，实行内退分流。因机构撤并下岗的员工，女年满42岁、男年满47岁的，实行内退分流。为全辖550名员工办理内退手续。二是编制内员工买断工龄分流。经依法制定公布买断工龄补偿标准，本人自愿报名，为全辖147名员工办理买断工龄手续。三是临时用工辞退分流。为全辖92名储蓄代办员、28名临时工办理了辞退手续。

2003年实行员工客户经理选聘制，通过笔试、面试、综合考核，确定70名员工取得客户经理资格，聘用上岗。

2006年，通过劳务派遣公司，公开向社会招聘一批25周岁以下的全日制大专以上毕业生，充实到一线业务前台。每年由工总行统一实行校园招聘大学本科以上毕业生，补充员工队伍。

2015年末，工行承德分行员工总数1020人，其中大学本科以上学历385人，占员工总数的37.75%，比1989年提高37个百分点。

工资薪金改革 1989—1993年，工行承德分行执行1985年国家机关事业单位人员工资制度。这一时期，工资总额包括基础工资、职务工资、工龄津贴、奖励工资四部分。

1994—1999年，按照1993年国家机关事业单位人员工资制度改革规定，将基础工资、职务工资、工龄津贴合并，实行行员等级工资套改，工资总额包括行员等级工资、责任目标津贴、岗位责任津贴、其他补贴等。

2000—2012年，根据中国工商银行行员制工资分配办法，工资总额包括保底工资、岗位责任津贴、效益工资、奖励工资四部分。实行绩效量化考核与收入挂钩。

2013—2015年，根据中国工商银行《薪酬改革实施办法》，实行薪酬绩效考核。工资总额包括基础工资、效益工资、激励工资和奖励工资四部分。各级领导干部和全员绩效考核与本行各项业务指标完成情况直接挂钩。

社会保障改革 1994年，工行承德分行实行养老保险系统内部统筹。1998年起，全辖编制内员工养老保险全部参加省级地方统筹。1998年，在职员工（包括银行员工、储蓄代办员、内退员工、劳务派遣人员，下同）开始缴纳住房公积金。2000年，在职员工开始参加失业保险。2002年，在职员工开始参加医疗保险。2008年，在职员工开始参加补充医疗保险。2006年，银行员工、内退人员开始缴纳企业年金。2009年，在职员工开始参加生育保险。2009年，在职员工开始参加工伤保险。

四、经营管理改革

储蓄承包 1989年，工行承德中心支行在平泉县支行储蓄承包责任制试点的基础上，在全辖储蓄网点实行储蓄承包责任制。把责、权、利交给储蓄承包人，由承包人选择人员优化组合，支行对其年度存款增长、文明服务、核算质量、安全保卫等工作进行综合考核，兑现奖惩。以此激励储蓄存款快速增长。

行长经营目标考核 1995年，制定了《中国工商银行承德分行支行行长经营目标责任制考核办法》，实行行长经营目标考核结果与费用指标分配直接挂钩。

绩效考核 1999年起，工行承德分行建立绩效考核制度，对机构、员工绩效实行分别考核。一是机构绩效考核。1999—2004年，重点考核各支行经营效益、资产质量、市场占比、客户基础工作的开展情况，考核结果与干部任免挂钩，与人力费用、经营费用、绩效工资分配挂钩。2005—2009年，制定《承德分行经营管理绩效考核办法》，对支行进一步细化经营管理考核指标，突出考核市场竞争力指标占比。2010—2015年，对支行突出了财务指标、资产质量、内部控制、经营效益的综合考核。二是员工绩效考核。员工绩效考核与机构绩效考核同步进行，按年度对员工业绩进行综合考核，划分优秀、合格、不合格三个档次，分别兑现奖惩。连续三年考核为优秀的员工晋升一级工资。

五、资金调控改革

信贷计划 1989—1993年，实行人民银行“统一计划、划分资金、实贷实存、相互融通”的信贷计划管理体制，以控制信贷规模作为总量调控的主要手段。1994—2004年，实行资产负债比例管理，执行指令性计划和指导性计划相结合的调控方式，逐级核定信贷总量指令性计划、结构指导性计划，上级行间接调控下级行的信贷总量。2005—2015 年，实行经济资本计划管理办法，按照经济资本确定分配系数，配置信贷规模，突出信贷投放重点，提升资产价值创造。

资金运用 1989—1993 年，利用资金和规模的行际差、季节差调剂资金余缺，调整资金结构。1994—2004 年，实行“统一管理、分级负责、确保支付”的资金管理办法，保证存款支付、资金清算和信贷计划顺利实施。2005—2015 年，实行“统一管理、集中运营、收支两条线”的资金管理模式。

六、信贷改革

信贷管理 1989—1993 年，按照工总行提出的“控制总量、保证重点、压缩一般、适时调节”的信贷政策，工行承德分行从盘活存量、优化增量入手，实行“行长负责、分级审批、集约经营、分级管理”模式，建立信贷管理责任制。

1994—2000 年，为落实人民银行对国有银行执行贷款限额控制下的资产负债比例管理制度，工行承德分行制定《资产负债比例管理实施细则》，成立资产负债比例管理委员会，逐步完善信贷管理组织体系建设。1996 年实行信贷员资格认定、等级考试制度。1998 年实行信贷授信管理制度。2000 年实行信贷资产授权管理制度。

2001—2015 年，完善信贷管理责任体系建设。2001 年建立贷款审查委员会，实行贷款风险责任追究制度。2002 年开通信贷管理系统（PCM2002），强化了信贷管理控制功能。2005 年开通了 PCM2003 个人信贷管理系统。2006 年成立消费信贷中心。2007 年按照银监会《节能减排授信工作意见》和工总行《关于推进“绿色信贷”建设的意见》，坚持环境不达标“一票否决”。2009 年成立小微企业金融业务中心，支持龙头企业、中小企业加快发展。

贷款质量分类。1989—1998 年，贷款质量实行四级分类，包括正常、逾期、呆滞、呆账。1999—2015 年，贷款质量实行五级分类，包括正常、关注、次级、可疑、损失。

风险管理 1989—1998 年，建立信贷质量监测体系。对不良贷款进行登记、考核、催收。把风险贷款率、风险贷款下降率、风险贷款收息率、资产收入率列入行长绩效考核目标。1995 年 7 月开始实行统一法人体制下的“行长转授权”制度。同年，人民银行颁发《贷款通则》，统一贷款操作规程。

1999—2000 年，1999 年资产保全处更名为资产风险管理处，继续强化贷款风险管理责任考核，按照国际惯例，全面推行贷款五级分类管理。

2001—2008 年，按照上级行“统一领导、机构单设”原则，2002 年 5 月成立“不良资产经营中心”，专司不良资产清收、转化、处置工作。

2009—2015 年，2009 年 7 月成立运行风险监控中心，2012 年 9 月成立个人违约贷款催收管理中心，实施贷款在线监控，信贷风险进入电子网络监控时代。

不良资产剥离 在工商银行股份制改革过程中，根据工总行制定的统一标准，于 1999 年、2005 年两批集中向华融资产管理公司剥离不良资产。工行承德分行两批合计剥离各类不良资产 437619 万元

1999 年，按照上级行部署，工行承德分行集中开展第一批不良贷款剥离工作。核准剥离各类企业不良贷款 361 户，合计剥离不良贷款本息总额 201074 万元，其中剥离不良贷款本金 152484 万元，剥离表内利息 6527 万元，剥离表外利息 42063 万元。

2005 年，工行承德分行集中开展第二批不良资产剥离工作。合计剥离不良资产总额 236545 万元。核准剥离各类企业不良贷款 182 户，合计剥离不良贷款本息 229342 万元。其中剥离不良贷款本金 148225 万元，剥离表内利息 2321 万元，剥离表外利息 78796 万元。核准剥离各类企业其他不良资产 80 户，本金 7203 万元。

七、财会制度改革

1989—1993年，财务核算实行收付实现制，财务经营实行行长（主任）“三包一挂”目标责任制，即包上缴利润、包宏观调控、包效益，与利润留成挂钩。支行实行总会计任期三年交流制。

1994—2000年，1994年财务核算改为权责发生制，财务经营继续实行行长目标责任制，以实现利润为核心目标。实行财会人员持证上岗，岗位定期轮换制。

2001—2005年，财务核算推行市分行集中管理，财务开支实行城区支行报账制，进一步加强目标考核，核定各支行净收入费用率、人力费用率、营业费用率、总费用增幅四项费用率，鼓励支行减费增效。会计核算推广“综合应用系统”，继续推行总会计轮岗交流制。

2006—2008年，工行承德分行市级财务管理信息系统上线运行，财务核算全面实行市分行集中管理，财务开支报账制扩大到全部支行。2006年起，工行承德分行建立内部资金监控信息系统，对大宗物品、物业装修、电子设备购置等大额采购，实行集中招标，集中采购。会计核算实现电子网络化应用系统操作，实行现场授权、财务监管重点检查、二级分行集中监督的管理体制。

2009—2015年，工行河北省分行省级财务管理信息系统上线运行，实现财务核算全省集中管理，财务开支全省报账制，财务经营推行经济资本管理和综合绩效考核。会计核算实现全国集中统一管理。2009年实行会计运行督导员监督制，独立行使对会计业务授权的监督控制。2012年取消总会计制，会计管理实行会计主管实时监督、远程集中授权、风险监控提示的“三位一体”管理体制。

八、稽核内控改革

1989—1996年，工行承德分行设立稽核科，县级支行选配一名专（兼）职稽核员，开展常规稽核、效益稽核、专项稽核，加大现场检查力度。1994年开展行长离任稽核，1995年开展行长经营管理稽核。

1997—1999年，工行承德分行上收县级支行稽核职能，实行集中统一管理，重点开展资产质量、经营效益、业务规范性、行长离任稽核。

2000—2004年，工行承德分行成立稽核联队，2002年开展县级支行内控评价稽核。2003年开展县级支行风险性、合规性、效益性稽核。

2005—2015年，工行承德分行成立内控合规部，全面开展合规经营、计算机非现场和现场稽核。对违规问题实行积分管理，纳入年度考核。

九、运营监督改革

集中会计事后监督。1997年，按照中国工商银行事后监督操作管理办法，工行承德分行设立会计事后监督中心，集中各支行事后监督日报，由市分行统一监督。重点对各机构日常业务的真实性、合规性、完整性进行全面审查，发现问题及时报告处理。

综合柜员制与监督。2002年，按照工总行会计综合柜员管理试点办法，工行承德分行逐步推行综合柜员制改革试点。综合柜员制是在严格授权管理下，以完善的内部控制制度和较高的人员素质为基础，实行单人临柜处理会计、出纳、储蓄、代理业务等面向客户的全部业务的劳动组合形式。到2005年，全辖全面实行综合柜员制。电子远程监控系统覆盖综合柜员处理业务全过程，实施全程监控。

第二节 农行承德分行改革

一、改革过程

1989—1993 年国有专业银行时期。国务院赋予农业银行“统一管理支农资金，集中办理农村信贷，领导农村信用合作社，发展农村金融事业”的专业职能。这一时期，农行承德中心支行作为专门提供支农服务的国家专业银行，建立了完整的“三农”金融服务和营销体系。农村金融市场形成农业银行统一管理、行社分工协作的二元化农村金融服务体制。

1994—2008 年，国有商业银行时期。1993 年 12 月，国务院颁布《关于金融体制改革的决定》，将政策性业务与商业性金融分离，国有专业银行向国有商业银行转轨。这一时期，农行承德分行经历了 1994 年 7 月至 1996 年 11 月为农业发展银行代理业务。1996 年 9 月城市信用社脱钩，同年 11 月农业发展银行机构分设，同年 12 月农村信用社脱钩，信托投资公司并账。1998 年 5 月，农发行扶贫开发性专项贷款回拨农行，常规业务、专项业务分账经营。2002 年 12 月，常规业务、专项业务合并。2006 年 1 月，着手股份制改革的基层配套工作。

2009—2015 年，股份制商业银行时期。2009 年 1 月 15 日，中国农业银行股份有限公司完成工商注册登记、依法成立。2010 年 7 月 15 日、16 日，正式在上海和香港两地上市。这一时期，农行承德分行推进“三农”事业部改革，深化“三农”金融服务，提升综合竞争实力。

按照农业银行总行、河北省分行的统一部署，农行承德分行积极推进体制改革，全面整合机构、人事、内控管理机制，调整网点布局，优化劳动组合，完善制约机制，为业务经营保驾护航。

二、优化机构设置

内设机构 农行承德分行根据业务发展和内控管理需要，本着“精简、合理、高效”的原则，积极调整和优化内设机构（不含附属机构）。

1989 年，内设机构 17 个，分别为存款科、工商信贷科、农业信贷科、计划科、信息科、会计科、信用合作科、审计稽核科、人事科、教育科、监察室、保卫科、办公室、机关党委办公室、体制改革办公室、调研室、工会工作委员会。

1990—1993 年期间，按照决策、执行、监督、反馈的不同职能设置内部机构，讲究专业对口，侧重内部管理，具有明显的计划经济特点，内设机构 17 个，分别为资金组织科、工业信贷科、商业信贷科、农业信贷科、会计科、计划科、信息电脑科、信用合作科、稽核科、人事科、保卫科、行政科、办公室、监察室、机关党委办公室、工会工作委员会办公室、教育培训中心。

1994—2005 年，国家推行金融体制改革，农业银行向商业银行转轨，内设机构突出向经营转型，侧重内部控制，其间进行了多次整合。2005 年，内设机构 10 部 1 室，分别为个人业务部、公司业务部、信贷管理部、银行卡部、国际业务部、风险资产管理部、计划财会部、科技部、审计部、人事部（监察部、工会、共青团、机关党委）、办公室（保卫部、党委办公室）。

2006—2015 年，农行进入股份制改革和股份制经营时期，实行扁平化管理，推行“三农”金融事业部制，完善内控合规体系建设。2015 年，内设机构 17 个，分别为零售银行业务部（零售产品部）、农村产业与城镇化金融部（“三农”政策与业务创新部）、公司业务部（对公产品部）、信用管理部（风险管理部、三农风险管理中心、“三农”信贷管理中心）、农户金融部、机构业务部、信用卡中心、资产处置部、财务会计部、运营管理部、科技与产品管理部、综合管理部、人力资源部、监察部、内控合规部（反洗钱中心）、安全保卫部、工会委员会办公室。

分支机构 1989年，农行在承德设置分支机构201家，其中中心支行1家、中心支行营业部1个、城区办事处2个、分理处1个、县支行8个、营业所93个、储蓄所95个。

1990—1994年期间，农行承德中心支行注重追求外延扩张，网点机构发展较快。1994年末，机构总数211个，其中市分行1个、分行营业部1个、城区办事处3个、县支行8个、营业所96个、储蓄所102个。

1995—2000年，农行承德分行网点机构从外延发展向内涵整合转变，注重质量，讲求效能，撤并了一批规模小、低效亏损的营业所、储蓄所（存款余额不足300万元的储蓄所、贷款余额不足1000万元的营业所）。2000年末，机构总数146个，其中市分行1个、分行营业部1个、城区办事处3个、县支行8个、营业所66个、储蓄所67个。

2001—2005年，农行承德分行大力撤并县以下基层网点，全面调整网点布局，丰宁、隆化、滦平无县以下网点，平泉、宽城1个网点，围场、兴隆、承德县2个网点。2005年末，机构总数51个，其中市分行1个、分行营业部1个、城区支行4个、县支行8个、单点支行2个、二级支行2个、分理处32个、储蓄所1个。

2006—2015年，农行承德分行继续进行机构整合。2015年末，机构数量47个，其中市分行1个、分行营业部1个、城区支行4个、县支行8个、二级支行16个、分理处17个。

三、人事制度改革

干部管理改革 1989—1991年，实行干部任命制。按照革命化、年轻化、知识化、专业化要求，选拔、调整、充实县级行领导班子和机关中层干部。县级行实行党政分开，推行行长（主任）负责制，确立行长中心地位，赋予行长干部任免、职工奖惩、机构增减、业务经营、资金调度、财务开支、留利分配等权利。撤销隆化县“一长三师”（行长、总经济师、总会计师、总稽核师）试点。实行领导干部回避制度，解决领导干部与子女、配偶、亲属在同一单位工作问题。完善后备干部制度，加强后备干部队伍建设。

1992—2000年，实行干部聘任制。打破领导干部能上不能下、职务终身制的“铁交椅”管理体制，实行群众推荐、民主评议、组织考察、行长聘任制度。对县级行行长（主任）实行任期目标责任制，把任期目标完成情况作为干部业绩的主要依据。建立干部考核制度，采取组织考核与民主评议、定性考核与定量考核相结合方式，对德、能、勤、绩四个方面进行考核。实行领导干部交流制度，对在同一岗位工作超过5年的，进行异地交流或岗位轮换。实行领导干部培训制度，定期组织在职干部参加总、分行培训班，提高干部队伍政治、业务素质。

2001—2015年，实行干部竞聘制。按照“党管干部、公平竞争、注重实绩、群众公认”的原则，通过公开竞聘方式，选拔聘任科级干部，聘期一般三年。

人员录用制度改革 1989—1991年，在职人员分为银行员工（包括固定职工、合同制职工、临时职工）和储蓄代办员，二者在行政级别、个人身份、用工管理等方面存有严格界定。银行员工实行“垂直领导、分级管理”办法，新增员工通过社会招聘、分配大中专毕业生、接收复转军人等方式进行招录。储蓄代办员为集体所有制合同职工。

1992—1998年，实行聘用制。打破一般干部能进不能出、干好干坏一个样“铁饭碗”管理体制，对一般干部和专业技术人员实行聘用制。建立行员年度考核制度，采取领导与群众、平时与定期、定性与定量相结合方式，对工作人员德、能、勤、绩进行考核，划分优秀、合格、不合格三个档次。实行分层次、多形式的职工培训制度，提高从业人员综合素质。

1999—2015年，实行全员合同制。1999年12月，全行在职的1577名银行员工签订了劳动合同，合同期限分为固定期限和无固定期限两类。其间，2000—2003年，实行内退分流制度（男员工满55周岁、女干部满50周岁、女工人满45周岁或连续工龄满30年），先后有534名员工办理内退。2004年，实施自愿离岗制度（流动客户经理），有63人办理离岗流动。2007年，实行劳务派遣制度，招聘25周岁以下全日制大专以上学历，经济、金融、财会、计算机类专业毕业生，以劳务派遣方式充实到业务前台。2015年，完成最后6名业务岗劳务派遣人员转换银行合同工工作。

工资薪金改革　1989—1993年，执行1985年国家机关事业单位工作人员工资制度，工资总额包括基础工资、职务工资、工龄津贴、奖励工资四部分。

1994—1999年，按照1993年国家机关和事业工作人员工资制度规定，将基础工资、职务工资、工龄津贴合并，实行行员等级工资套改。工资总额包括行员等级工资、责任目标津贴、岗位责任津贴、其他补贴等。

2000—2012年，根据总、分行工资分配办法，进行工资分配制度改革，实行保底工资、绩效工资相结合的分配方式。工资总额包括员工保底工资、岗位责任津贴、效益工资和奖励工资四部分。期间为促进业务发展，提高竞争能力，推行产品计价工资制度。

2013—2015年，根据总、分行《薪酬改革落地实施方案》，实行薪酬体系、绩效考核分配方式。工资总额包括基数工资、效益工资、战略激励工资和奖励工资四部分。

社会保障改革　1991年，银行员工率先实行养老保险系统内统筹。1998年，银行员工基本养老保险参加省级地方统筹。1999年，为储蓄代办员补缴养老保险（从1996年1月补起）。1994年，银行员工和储蓄代办员开始参加失业保险。1998年，在职员工（包括银行员工、储蓄代办员、内退员工、劳务派遣人员，下同）开始缴纳住房公积金。2003年，在职员工参加医疗保险。2009年，在职员工开始参加补充医疗保险。2010年，在职员工开始参加生育保险和工伤保险。2012年，银行员工、储蓄代办员和内退人员开始缴纳企业年金。

四、资金改革

信贷计划　1989—1993年，实行人民银行“统一计划、划分资金、实贷实存、相互融通”计划管理体制，采取“限额管理、以存定贷”管理办法，以信贷总规模的大小体现货币政策的松紧，以贷款总规模作为信贷计划调控的主要手段。

1994—2008年，实行存贷款增量比例管理和资产负债比例管理，采取指令性计划和指导性计划相结合方式，逐级核定信贷计划，包括总量指令性计划和结构指导性计划，下级行接受上级行的监督检查。

2009—2015年，实行经济资本计划管理办法，按经济资本分配系数，合理配置信贷规模，坚持“绩效挂钩、战略导向、动态调整、公开透明”的信贷计划配置原则，突出信贷投放重点，提升资产价值创造。

资金营运　1989—1993年，实行“以存定贷、自求平衡”“划分资金，实贷实存”的资金管理办法，利用资金和规模的行际差、项目差、季节差，灵活调度资金余缺，合理调整资金结构。

1994—2008年，实行全面性、制约性、流动性、重点性、联动性相结合的资金管理办法，坚持“统一管理，分级负责；加强调控，确保支付；讲求核算，提高效益”的资金管理原则，对全行资金总量、结构进行主动调节和量化控制，合理引导资金流向，保证存款支付、资金清算和信贷计划的顺利实施。

2009—2015年，实行资金全额计价、利率导向、集中调控、集中管理、实时监测和控制全行资金流的管理办法，遵循“全额集中、统一调配、分类计价、及时监控”的资金管理原则，实施信贷资金统一管理、集中运营、“收支两条线”管理。

五、信贷改革

信贷管理 1989—1995年，信贷管理实行行长负责、分级审批、集约经营。贷款实行分级经营管理，建立健全信贷工作岗位责任制和行长离职审计制度。

1996—2000年，完善信贷管理组织体系建设。期间，1996年实行贷款调查、审查、审批、经营管理“四岗分离”制度。1997年实行信贷员资格认定、等级考评制度。1998年实行信贷资产授信管理制度。1999年实行客户经理制度。2000年实行信贷资产授权管理制度。

2001—2008年，完善信贷管理责任体系建设。其间，2001年实行主责任人与经办责任人制度、责任追究制度、贷款审查委员会制度、信贷业务报备制度。2003年实行贷款新规则。2006年设立城区行贷款营销中心、审贷中心。2008年信贷管理系统（CMS）上线运行。

2009—2015年，完善县域“三农”信贷体系建设。严格客户信用等级准入、行业产业政策准入、“两高一剩”行业准入标准，坚持环保“一票否决”制；成立“三农”金融部管理委员会，搭建“三农”金融部组织架构，围绕农总行确立的“3510”战略目标，实施全面发展、重点营销战略，支持农业产业化龙头企业、中小企业发展，落实金融扶贫政策。

贷款分类。1989—1998年实行四级分类（正常、逾期、呆滞、呆账）。1999—2005年实行四级、五级分类（正常、关注、次级、可疑、损失）并行。2006—2008年实行五级分类。2009—2015年在继续实行五级分类的基础上，把五级分类细化为十二个等级，即正常类分为正常一、二、三、四级；关注类分为关注一、二、三级；次级类分为次级一、二级；可疑类分为可疑一、二级；损失类对应为损失级。

风险管理 1989—1995年，实行信贷资产承包经营责任制。建立和完善贷款质量监测制度，对不良贷款进行分类、登记、考核和催收，采取“四包”“六定”“三不变”管理办法，即包发放、包回收、包管理、包效益，定管辖范围、定信贷资产、定信贷计划、定贷款权限、定经营指标、定责权奖惩，信贷资产归国家所有权不变、逐级审批权不变、计划管理权不变。

1996—2000年，实行信贷资产“新老划段、分别考核”管理办法。对1995年底以前老贷款和1996年以后新发放贷款，确定不同的资产质量和效益考核指标，分别考核，兑现奖惩。期间，1996年实行贷款风险度管理，1997年实施不良资产“复活工程”。

2001—2008年，实行《贷款逾期责任追究办法》。2001年1月1日起，新放贷款（包括收回再贷改变对象的贷款）发生逾期的，严格追究主责任人和经办责任人的责任。其间，2001年成立风险资产管理部，专司不良资产清收管理；2004年城区双塔山支行、市分行营业部不良资产集中双桥支行管理，2006年将双桥支行管理的不良资产移交市分行资产经营部集中管理。

2009—2015年，实行风险经理派驻制，设立风险管理委员会、市场营销委员会、贷款审查委员会，建立贷款在线监控制度、信贷风险分析与报告制度、资产质量监测报告制度、绩效考核制度、信贷回避制度、信贷重要岗位轮岗交流制度等，实施精细管理，严控信贷风险。

不良资产剥离 在中国农业银行股份制改革过程中，根据农总行规定的统一政策标准，农行承德分行于2000年7月向中国长城资产管理公司剥离不良贷款，2008年11月向财政部剥离不良贷款（代为清收、管理）。两批合计剥离各类不良资产257820万元。

2000年7月，农行承德分行向中国长城资产管理公司剥离各类企业不良贷款1965户，本息合计96934万元，其中贷款本金83434万元，表内利息5980万元，表外利息7520万元。

2008年11月，农行承德分行向财政部剥离信贷不良贷款资产6230户，本息合计160886万元，其中贷款本金146163万元，表内利息26万元，表外利息14697万元。

六、财会体制改革

财务经营　1989—1993年，财务核算实行收付实现制，财务经营实行行长承包经营责任制，采取“三包一挂”管理办法，即包上缴利润、包宏观调控、包经济效益、与利润留成挂钩。

1994—2000年，财务核算实行权责发生制。财务经营实行经营目标责任制，遵循“统一领导、分级管理、自主经营、自负盈亏、集中清算”的管理体制，坚持以业务经营为中心，以利润为目标。

2001—2005年，财务核算实行城区支行财务集中制。财务经营实行目标考核责任制，遵循“统一领导、分级管理、自负盈亏、目标考核、集中分配”的管理体制，坚持讲求效益、集中管理、监督制约、依规办事。

2006—2008年，财务核算推广财务管理信息系统。财务经营实行绩效考核责任制，遵循“归口管理、内容完备、统一规范、风险可控、确保效率”的管理原则，坚持财务授权、分级审批、分项管理、监督使用。

2009—2015年，财务核算实行财务集中制。财务经营推行经济资本管理和综合绩效考核办法，遵循“依法合规、稳健审慎、价值核心、统筹兼顾”的管理原则，坚持严格管理、明确责任、规范操作、强化控制。

会计运营　1989—1993年，会计核算采取资金收付记账法，依据资金来源与运用项目严格匹配和限定，编制资金平衡表。会计管理实行营业单位坐班主任制度，开展会计工作达标升级活动。

1994—2000年，会计核算采取借贷记账法，按照资产、负债、所有者权益设置会计科目，编制资产负债表。会计管理实行财会人员持证上岗制、财会岗位轮换和强制休假制，开展会计基础工作规范化管理活动。

2001—2005年，会计核算推广“综合应用系统”。会计管理实行营业单位会计主管委派制、临柜业务综合柜员制，开展“抓典型、树标兵”“抓培训、提素质”活动。

2006—2008年，会计核算实现电子化、网络化。会计管理实行运营主管现场授权、财会监管重点检查、滞后复核集中监督“三位一体”管理体制，开展运营工作“比、学、赶、超”竞赛活动。

2009—2015年，会计核算实现全国集中、统一管理。会计管理实行主管实时监督、远程集中授权、风险监控提示“三位一体”管理体制，开展“学制度、守规则、做标兵”和“三化三铁”创建活动。

七、审计稽核体制改革

1989—1996年，围绕“加强、改进、发展、提高”的内审工作八字方针，坚持以常规稽核为基础，效益稽核为中心，专项稽核为重点，加大稽核力度，提高稽核效能。其间，1994年开展举报稽核、电脑稽核，1995年开始离任干部经营责任稽核，1996年开始营业机构负责人经营管理责任稽核。

1997—1999年，改革稽核管理体制，上收城区行稽核职能，对8个县支行实行派驻制，配备驻县稽核办主任。坚持从严治行方针，围绕“防违规、防案件、防经营风险”的总体要求，突出规范管理，强化内控监督，注重风险防范。其间，重点开展资产质量、经营效益、业务真实性、行长任期经营责任和离任稽核，查处违规违纪问题和弄虚作假行为，防范和化解金融风险，推进内控体系建设。

2000—2005年，理顺稽核管理体制，撤销驻县支行稽核办公室，改设县支行稽核部。市分行成立稽核大队，推行稽核工作责任制和全面稽核办法，加大后续稽核力度，注重稽核成果利用。2001年，开始县级行内控评价工作。2002

年，开展业务部门自律监管职责履行情况审计，推广应用计算机审计。2003年，实行审计人员资格认定制度，颁发“审计证”，完善审计工作制度。2004年，突出风险性、合规性、效益性审计，改进审计方法，规范审计行为。2005年，开始计算机非现场审计、问题整改后续审计。

2006—2009年，农行进行审计体制改革，审计职能上收，实行省分行派驻制，设立农行河北省分行驻承德审计办事处。围绕省分行安排的县级行内控评价、业务经营真实性、非现场疑点线索进行现场核实。接受驻在行委托，开展县级行行长经营责任审计工作，开展合规检查，实施精细管理。

2010—2015年，理顺内审管理体制，省分行派驻承德审计办事处改为市分行内设“内控合规部”。围绕“抓合规、控风险、促发展”的总体要求，开展合规经营检查，深化合规文化教育，加强转授权、反洗钱和违规积分管理，为业务发展提供内控保障。

第三节　中行承德分行改革

一、优化机构设置

内设机构　1989—1993年，中行承德分行作为国有专业银行，内设机构按业务种类设置，具有明显的行政色彩。1993年内设机构10个，分别为办公室、信贷科、会计科、人事科、存汇科、计划科、保卫科、出纳兑换科、稽核科、监察室。

1994—2003年，中行承德分行按照商业银行改革框架要求，对内设机构本着突出内部控制、整合业务资源、淡化行政色彩的原则，进行了多次整合。2003年内设机构10个，分别为人力资源部、办公室、监察内审部、风险管理部、计财部、公司业务部、零售业务部、信息科技部、保卫部、营业部。

2004—2015年，根据中总行批准的《河北省分行流程整合和机构改革分类方案》，按照股份制商业银行经营管理原则，内设机构突出“以客户为中心”、按照前、中、后台的原则设置。2015年内设机构13个，分别为综合管理部、人力资源部、监察部、内控与法律合规部、保卫部、信息科技部、渠道管理部、计财部、运营部、风险管理部、公司业务部、个人金融部、营业部。

分支机构　1989年，设置分支机构17家，其中承德分行1家、县支行2家、分理处4家、储蓄所10家。

1989—1995年，分支机构处于扩张期。到1995年末，分支机构达到52家，其中市分行1家、县支行5家、市区办事处2家、分理处6家、储蓄所38家。

1996—2003年，为适应商业银行改革，把经济效益作为设立分支机构的重要标准，分支机构建设由数量型向质量型转变。通过对网点的撤并、升格、搬迁和改造等工作，提高资源配置效率。2003年末，共有分支机构33家，其中分行1家、支行6家、分理处和储蓄所26家。

2004年起，对分支机构推行两级设置模式，即一级支行、二级支行两个层次。其中具有一定管理权限的县级支行、城区办事处统称为一级支行；仅有经营功能的分理处、较大储蓄所改建为二级支行。到2012年末，按照两级模式完成了机构改建工作。

2015年末，分支机构共29家，其中分行1家、分行营业部1家、一级支行12家、二级支行15家。按地域统计，市区机构16家、县域机构13家，服务范围涵盖承德市各县区。

二、人事制度改革

员工招录及身份转换　1989—1998年，中行承德分行的员工招录采取商调干部、录用大中专应届毕业生、接收军队转业干部和复员战士等形式。职工队伍以干部为主体、由干部、工人、合同制工人、计划外用工人员构成。人事管理比照党政机关的模式进行，在行政级别、个人身份、工资等级方面有着严格的界定。

1999年起，全面推行全员劳动合同制改革，实现了员工身份的转换。按照省分行统一部署，劳动合同期限分为有固定期限和无固定期限两类。1999年6月12日，中行承德分行举行全员劳动合同制签字仪式，全行470名员工在合同书上签字，在册正式员工签约率达到100%，实现了法律层面的身份转换。

2000年之后，录用新员工以校园选聘应届毕业生为主渠道，大学本科以上学历人员占比大幅增加。到2015年末，员工总数646人，其中大学本科及以上学历人员368人，占员工总数的57%。

实行聘任制 1988年之前，中行承德分行实行“垂直领导，分级管理”体制下的干部任命制，科级以上干部实行下管一级，一般干部由本行管理。

1989年起，逐步探索对市分行本部内设机构负责人、支行负责人实行聘任制。聘任制比任命制增加了聘任期限和任期目标考核，对于不称职或考核不达标的干部，可以提前解聘。

1999年，为适应专业银行向商业银行转换，把中层干部聘任制推向公开竞聘上岗，首先在市分行公司业务部试点，采取公开条件、个人报名、考试答辩、组织考核、党委审定的程序，聘任了公司业务部见习副经理。2005年，竞聘上岗的机制逐步完善，实行了全员竞聘上岗。市分行机关选拔27名德才兼备的干部走上管理岗位，其中3名副职提为正职，2名后备干部提为副职，6名干部落聘，2名正职降为副职。支行股级干部由56人降至50人。一般员工实行“双向选择、择优聘用”，实现了人岗匹配。1999—2015年，累计有127名干部通过公开竞聘走上管理岗位。打开了干部能上能下、能进能出的大门，拓宽了人才选用通道。

推行干部岗位轮换制 1997年，省分行明确规定支行行长、办事处主任在一个单位任职满4年的全部进行交流，中层干部和票据交换、会计、联行、密押、资金管理等重要岗位人员必须进行岗位轮换。1997年，市分行对机关中层干部和支行行长、副行长全部进行了岗位交流，各支行调整了22名中层干部的工作岗位，分支行有52名一般员工进行了岗位轮换。

实施内部退养制度 2005年，中行承德分行实施内部退养制度。根据中国银行的退养规定，年龄50岁或工龄25周年的在编员工，可申请办理内部退养，保留原工资待遇不变。2005年12月23日，27人与分行签订内部退养合同。通过实行内部退养制度，承德中行员工的年龄结构和专业结构得到了调整。

职称评审制度改革 1989—2005年，中行承德分行专业技术类职称评审工作由中行系统内组织进行。2006年以后，专业技术职称评审纳入社会化管理。2006年7月，制定《中国银行承德分行组织架构及职位设置方案》和《专业技术与技能操作竞聘实施方案》，按照公开平等、竞争择优、人岗匹配、双向选择、党委决定的聘任程序，对市分行本部聘任中级职位35人，初级职位56人，技能操作员职位89人。辖内各支行经理、助理、操作员采取同等竞聘方式。

转换劳务派遣用工形式 2005年起，规范临时用工管理，按每年10%淘汰率不断优化一线员工队伍，淘汰业务岗短期用工8人，公开招聘7人补充，实现了短期用工社会化管理。为规范劳动用工管理，调动劳务派遣员工的积极性，从2008年起，每年开展优秀派遣员工选聘工作，通过考试测评的方式选拔优秀的派遣制员工转换为合同制员工。特别是2014年，根据总行要求，顺利完成全辖劳务派遣员工身份转换工作，38名派遣工全部转换为合同制员工。

收入分配制度改革 1989—1992年，中行承德分行的工资体系执行国家机关和事业单位系列标准。

1993—1999年，按照中国银行部署，中行承德分行全面推行行员等级工资制度，行员分为7个等级、15个工资档次。工资由等级工资和责任目标津贴两部分构成。责任目标津贴按照责任大小和工作业绩拉开分配档次，体现多劳多得。

2000年，将员工工资分为基础工资和绩效工资两部分，基础工资划分档次，绩效工资根据绩效考核结果发放，并根据员工级别扣留一定的风险金，与经营成果挂钩，按季考核，分类返还。

2008年5月开始，中行承德分行实行以岗位绩效工资为主体的员工薪酬制度。员工工资由岗位工资、绩效奖金、津贴福利三部分构成。中行承德分行制定了《绩效考核方案》，从“财务、持续发展、内部控制、稳定及附加类指标”四个维度对分支机构进行考核，考核结果直接与职工的收入挂钩。

保障制度改革 1994年1月起，编制内员工全部参加基本养老保险行业统筹。1998年起全辖编内员工的基本养老保险全部参加省级地方统筹。1996年1月起，编制内员工参加承德市就业局失业保险统筹。2001年1月起，全辖员工参加承德市社会保障局工伤保险统筹。同年9月1日起，全辖员工参加承德市社会保障局计划生育保险、基本医疗保险和补充医疗保险统筹。同年全辖员工参加承德市住房公积金管理中心住房公积金统筹。2004年1月起，根据《中国银行建立补充医疗保险的指导意见》，全辖员工参加中国银行补充医疗保险统筹，对员工住院超出基本医疗保险和补充医疗保险报销范围的费用，给予适当报销，以减轻重大疾病人员医疗费用的负担。

三、管理方式改革

中行承德分行管理方式改革是指由机关式管理方式向现代金融企业管理方式的演变。

储蓄承包责任制 1988年开始，中行承德分行持续完善落实储蓄承包责任制，把责、权、利交给承包人，实行优化组合，以“包纯增余额，包文明服务、包核算质量、包安全保卫”为主要内容，严格考核，兑现奖惩，奖金分配打破了“大锅饭”。

目标责任制 1989年起实行目标责任制。1994年修订和完善了《中国银行承德分行目标管理责任制考核办法》，采取信贷资产质量与奖惩挂钩、与信贷规模分配挂钩、与行长政绩挂钩的“三挂钩”措施，以目标管理统揽全局，推动各项工作的开展。在目标的奖惩上，全行人均每月拿出50元，其中科股长168元、行长188元作为目标完成情况奖惩基金。

绩效考核管理 1999年起，中行承德分行建立了绩效管理体制。绩效管理包括对机构的绩效管理和对员工的绩效管理两个部分。

支行（部室）绩效管理。1999年，中行承德分行对辖属支行、各部室全面实施绩效管理。对支行的绩效管理突出支行实现经营效益目标和提升市场竞争力，对各部室的绩效管理突出反映条线经营效益、资产质量、市场份额、客户基础和重点业务发展。考核结果与费用分配、单位评先、干部任免及绩效工资直接挂钩。2000—2001年，制定了《中行承德分行经营管理绩效考核管理办法》和《经营风险金管理试行办法》，进一步细化考核指标，并对经营目标完成情况按季度进行考核通报。2002—2003年，对支行的绩效考核进一步细化经济效益、资产质量、业务发展和综合管理等指标，对一线部门的绩效考核加重了对市场竞争力的考核。2004—2009年，实行定量与定性相结合的考核办法，重点突出效益指标在考核指标中的地位，权重占到60%以上。2010—2015年，对支行的考核管理，适当降低财务指标权重，突出考核“负债、中间业务、客户基础”等持续发展能力，从“财务、持续发展、内部控制、稳定及附加类指标”4个维度进行考核排队，兑现奖惩。

员工绩效管理。中行承德分行员工绩效管理遵循“分类管理、分级负责、实事求是、客观公正”的基本原则。员工考核范围为各部门专业技术人员和技能操作人员。考核方式采取季度考核、年终总评的方式进行。员工绩效考核结果划分为六个基本等级，包括A+（显著超出要求）、A（超出要求）、B+（较好达到要求）、B（达到要求）、C（离要求有差距）、D（离要求有较大差距）。总体上，考核等级为A+、A和B+的人数不超过同层次职位参加考核人数的5%、25%和8%。

四、信贷管理体制改革

信贷资金管理　1989—1993年，中行承德分行实行在省分行核准的贷款最高限额内，依靠自行组织存款来实现信贷计划的管理体制。实行系统内存款准备金制度，按各月存款余额的一定比例，向省分行上缴二级存款准备金，以增强总行的信贷调控能力。外汇信贷实行“统一计划、分级管理、余额控制、周转使用”，在省分行核定的余额计划内，批用衔接、收放挂钩。

1994—1997年，实行人民银行对国有商业银行贷款限额控制下的资产负债比例管理制度。中行承德分行成立了资产负债管理委员会，制定了《资产负债比例管理办法实施细则》，建立操作性较强的指标考核体系，适当集中贷款规模，支持重点项目的资金需求。

1998年1月1日起，人民银行取消对国有商业银行贷款限额控制，全面推行资产负债比例管理和风险管理，实行“计划指导，自求平衡，比例管理，间接调控”的管理体制。中行承德分行逐步形成了以风险管理为基础的资产负债管理体系。实行“总量控制、期限管理、适量挂钩、综合平衡”，按新增存款余额10%比例保留挂钩规模，主要用于增强自身调剂能力，推动小额贷款业务的开展。按照资产负债管理要求，推进资产结构调整。建立信贷业务准入退出机制，实施了“三个一批”的发展战略。即择优发展一批，盘活清收一批，剥离核销一批。

不良贷款剥离　2000年3月，进行第一次集中剥离。一是人民币不良贷款剥离，共核准剥离各类不良贷款企业107户，向东方资产管理公司剥离人民币不良贷款本息25232.94万元，其中，剥离贷款本金19346.65万元，剥离表内利息635.92万元，表外利息5250.37万元。二是外汇不良贷款剥离，共核准剥离各类不良贷款企业5户，向东方资产管理公司剥离外汇不良贷款本息818.90万美元，其中，剥离贷款本金628.89万美元，表内利息97.41万美元，表外利息92.61万美元。

当月，对承德钢铁公司的部分贷款进行了债转股，其中人民币贷款本金2939.34万元，全部为正常贷款；外汇贷款本金1040万美元，含不良贷款本金70万美元。

2004年5月，进行第二次集中剥离。一是人民币不良贷款剥离。共核准剥离各类不良贷款企业47户，合计剥离人民币不良贷款本息43262.27万元，其中，向东方资产管理公司剥离各类不良贷款企业33户，剥离贷款本金22064.34万元，利息8694.21万元；向信达资产管理公司剥离各类不良贷款企业14户，剥离贷款本金11761.08万元，利息742.64万元。二是外汇不良贷款剥离。向东方资产管理公司剥离美元各类不良贷款企业8户，合计剥离贷款本息1164.48万美元，其中贷款本金848.67万美元，利息315.81万美元；向信达资产管理公司剥离欧元不良贷款企业1户，剥离贷款本金97.30万欧元。

贷款质量分类改革　中行承德分行贷款分类经历了“一逾两呆”（1989—1996年）、“五级分类”试点（1997—2000年）、两种分类并轨运行（2001—2003年）阶段后，2004年1月1日起，正式实施贷款五级分类法。贷款五级分类把贷款分为正常、关注、次级、可疑和损失五类，后三类合称为不良贷款。

审贷分离与统一授信管理　1995年起，贷款业务实行审贷分离制度。将原信贷科分设为信贷科和信贷审批科，信贷科负责贷款的事前调查，信贷审批科负责贷款的审批，加强内部控制。按照《贷款通则》和中行河北省分行《人民币流动资金贷款风险管理办法（试行）》，逐步建立起审贷分离操作管理程序。

1996年，在“三级审批，两级集体会审”的基础上，首次将大额固定资产项目纳入集体审批权限。

1997年起，按照“统一授信、审贷分离、分级审批、责权分明”的方针，成立信贷管理委员会，实施与《贷款通则》相配套的实施细则和规程，实行集中授信和分级审批制度。

1999年，将信贷管理部整合为风险管理部，承担资产管理、信贷审批、业务授信、资产保全等职责。

2002年，信贷管理系统成功上线，中行承德分行授信审批权限上收省分行，实现了由单笔授信审批管理向总量授信管理的转变。

信贷资产风险管理 2001年成立风险管理与内部控制委员会，主要审议授信风险管理及资产保全的年度工作计划，确定工作目标和重点。在总行《关于进一步完善尽职调查和授信评审机制的通知》基础上，进一步完善尽职调查、风险评审、审批问责“三位一体”的授信决策体系，建立了资产管理委员会例会制度、授信资产质量监控汇报会制度，将贷款发放、贷款质量考核等纳入信贷管理人员问责范畴，加强对信贷风险的防范。

2006年起，加强风险监控、预警、提示管理，推行授信风险质量汇报制度，严格落实“授信风险重大事项报告制度”“预警预报制度”“大额授信客户风险监测制度”，重点对关注类贷款逐户制订贷款管理方案，跟踪防范风险；对次级、可疑、损失类贷款制订催收保全方案或清收方案，最大限度收回授信资产。

2010年起，积极推进授信业务提高审批效率，扩大转授权，推行重大项目信息沟通机制，支持一线授信业务发展。

五、财会制度改革

财务核算方式改革 1998年中行承德分行成立财务中心，将城区、县支行纳入财务中心核算，上收分支机构的费用开支权，由中行承德分行统一负责全辖的财务管理。2003年推行省级财务集中管理模式，将全辖固定资产、递延资产和财务管理的审批权、核算权上交到省分行。

财会预决算管理改革 2003年实行财务预决算改革。由中行承德分行编制年度财务计划，上报省分行核定下达费用指标，在指标内安排各项开支，年末进行决算。2004年起，财务管理向全面风险管理迈进，实行分产品、分部门、分客户核算风险、成本和收益。成本核算贯穿每个经营环节，成本控制深入到每个部门和员工。

费用分配管理改革 2003年起，中行承德分行对各支行实行净收入费用率、补贴净收入费用率、人事费用率、总费用增幅上限四项费用率管理。遵循有效激励的原则，统筹使用激励费用。体现了“多挣、多花、多贡献”的指导思想。2012年起，中行承德分行根据总行的内生动力方案，将预算目标与资源配置挂钩，从成本费用、贷款规模、固定资产和经营资本四项资源配置出发，通过成本收入比、费用利润率、贷存比、固定资产挂钩率等驱动指标，引导分支机构多挣多得。

推行内部资金精细化管理 2006年起，中行承德分行内部资金由分级管理改为集中管理，重点强化资金备付管理，加强头寸监控和预报，提高流动性监控的精准度，突出精细化管理。在保支付的前提下，合理安排内部资金，提高资金收益水平。

实行集中采购管理 2000年起，中行承德分行制定了《集中采购管理暂行办法实施细则》，成立了集中采购评审委员会，对大额采购、电子设备配置、物业装修、广告宣传，实行集中管理和招投标机制。

六、运营管理体制改革

实行会计事后监督制度 2005年，按照中国银行事后监督操作流程管理办法，中行承德分行设立会计事后监督中心，制定了《承德分行事后监督管理实施细则》，确定了事后监督工作机构、人员任职资格、业务操作流程、工作质量目标。对辖属机构网点的柜面业务集中进行合规审查。

实行业务经理派驻管理制 2007年，中行承德分行在全辖范围推行业务经理派驻制，实行对派驻机构的业务发展和风险控制双线管理。业务经理的编制隶属市分行，实行单独考核，独立行使柜面业务授权和监督控制职责。业务经理派驻制解决了分支机构负责人既管理行政事务、又负责柜面业务授权的问题，加强了依法合规经营。

推行综合柜员模式 2010年，为适应股份制银行经营需要，中行承德分行在一级支行全部推行综合柜员管理模式。柜员制是银行专设的接柜员在受理业务的同时，兼办出纳、记账等项工作的劳动组织形式，从服务端提高了柜面窗口的利用率。

第四节 建行承德分行改革

一、改革过程

1985年以前，建设银行单一履行财政职能，主要办理建设项目财政投资的监督拨付，审查建设项目概算、预算、决算，为建筑安装企业办理开户结算。当时的建设银行，虽有银行机构的部分特征，但不是真正意义的银行机构。

为适应经济体制和银行体制改革的需要，加强金融工作统一管理，1985年9月，国务院批转《中国人民银行关于控制一九八五年贷款规模的若干规定的通知》（国发〔1985〕51号），规定国务院批转《中国人民银行关于控制一九八五年贷款规模的若干规定的通知》（国发〔1985〕51号）自1985年11月21日起，建设银行的信贷收支，同各专业银行一样，全额纳入国家综合信贷计划，实行“统一计划、划分资金、实贷实存、相互融通”的信贷资金管理办法。同年9月，中国人民银行印发《关于建设银行实行〈信贷资金管理试行办法〉后有关帐户划转及同业往来等问题的联合通知》（银发字〔1985〕第359号），相应对各级建设银行的账户划转、同业往来、结算资金划拨、现金收付、代理人民银行账务等有关问题，做出明确规定。建行承德中心支行经过1985年的改革，由单一的财政职能演变为办理基本建设信贷业务的国有专业银行，但同时承担着财政职能的政策性业务。

1994年3月，国家开发银行成立。原由建设银行承担的国家重点建设项目政策性业务，全部移交国家开发银行。同年6月15日，“中国人民建设银行承德中心支行”更名为“中国人民建设银行承德分行”。经过本次改革，建设银行演变为国有独资商业银行，具备了市场主体资格，与其他国有独资商业银行一道，打破了专业领域分工，实行业务交叉竞争。

2003年4月，中国建设银行全面启动股份制改革各项工作，经过剥离不良资产、一次注资和两次发债补充资本金、土地房屋资产勘查确权、中央汇金公司等5家发起人签署《发起人协议》、财政部核准资产评估报告、批准国有股权管理方案等一系列工作，2004年9月21日，中国建设银行股份有限公司正式成立。同年12月8日，“中国建设银行股份有限公司承德分行”正式更名。至此，建行承德分行经历3次重大改革，引入现代企业管理制度，实现财政体制向银行体制的彻底转变。

二、优化机构设置

1989—2015年，建行承德分行按照商业银行经营原则，对内设机构和营业机构进行了多次调整改革。

内设机构 1989—2015年，建行承德分行对内设机构进行了多次调整，内设机构数量由1989年的16个减少到2015年的12个（均不含附属机构）。

1989年内设机构16个，分别为办公室、机关工会、监察室、思想政治工作办公室、计划科、基建投资科、技措投资科、建筑经济科、人事科、会计科、出纳科、储蓄科、审计科、保卫科、计算机应用管理科、调研室。

1996年内设机构15个，分别为办公室、机关工会、监察室、思政办、财会处、保卫处、筹资储蓄处、审计处、计算机应用管理处、行政处、老干部处、信用卡部、国际业务部、资金清算中心、房地产信贷部。

1998年，中央各金融机构党组织由地方党组织领导转变为金融机构党组织垂直领导，建行承德分行党组改建为建行承德分行党委，同时成立建行承德分行纪委。

2002年，根据建行河北省分行《关于二级分行及所辖分支机构内设部门改革的指导意见》，建行承德分行内设17个职能部门，分别为行长办公室、计划财务部、人力资源部、风险管理部、会计结算部、公司业务部、个人银行业务部、中间业务部、资产保全部、信息技术管理部、保卫部、监察部、总务部、党委宣传部、系统工会、房地产金融业务部、国际业务部。

2005年，建行承德分行按照建行河北省分行《组织机构改革和设置方案》，将分行本部分为前台、中台、后台的组织框架。体现了压缩中后台、充实前台、以客户为中心的原则。调整后内设机构13个，分别为办公室、计划财务部、人力资源部、风险管理部、会计部、公司业务部、个人金融部、住房金融与个人信贷部、信息技术管理部、安全保卫部、纪检监察部、系统工会、营业部。

2011—2012年，根据建行河北省分行《试点行事业部改革实施方案指导意见》，内设机构调整为11个，分别为综合管理部、人力资源部、计划财务部、营运管理部、风险管理部、纪检监察部、公司业务事业部、个人业务事业部、住房金融与个人信贷部、系统工会、营业部。

2015年，为进一步体现中后台为前台、前台为客户的服务理念，建行承德分行再次调整内设机构。调整后内设9个职能部门，3个直营机构。职能部门即综合管理部（安全保卫部、党委办公室、党委宣传部、工会）、人力资源部（党委组织部）、财务会计部、风险管理部、公司业务部、机构业务部、个人金融部、营运管理部、纪检监察部。直营机构即小企业业务中心、信用卡业务中心、个人贷款中心。

分支机构 1989—2015年，建设银行在承德的分支机构经历了发展扩张、撤并收缩、区域调整三个阶段，机构设置由注重行政区划转变为注重经济金融资源，由注重机构数量转变为注重机构质量（综合服务功能和集约经营度），基本构建了以城区单点型支行、网点型支行、县域综合型支行、单点型支行、网点型支行、分理处等机构合理分布的业务经营网络。

1989—1993年，建行承德中心支行按行政区划设置机构，网点扩张较快。1993年末营业机构70个，其中分行本部1个、城区办事处2个、城区储蓄所29个、县支行8个、县域储蓄所30个。

1994年起，建行承德分行积极顺应商业银行改革的发展要求，对全辖机构进行了梳理整合，将金融资源匮乏、单产低、经营亏损的营业机构，进行了撤并与调整。1994年至2003年间，共撤并低产、低效营业机构42个，其中包括鹰手营子办事处、隆化县、围场满族蒙古族自治县、丰宁满族自治县3个支行及其下辖网点。2004年末，建设银行在承德设分支机构28个，其中分行本部1个、城区综合性支行1个、城区单点型支行3个、城区网点型支行3个、城区分理处3个、城区储蓄所9个、县域综合型支行3个、县域单点型支行2个、县域分理处3个。

2005—2015年，建行承德分行重点对机构的区域布局及设置模式进行了调整，即不再设立单一功能的储蓄所，网点设置类型为城区单点型支行、城区综合型支行、城区网点型支行、城区分理处、县域综合型支行、县域网点型支行、县域分理处等，调整升格后的营业机构既可以办理个人业务、也可以办理对公业务，服务功能更加完善。此期间，新设县域网点型支行1个；撤并了2个低产低效城区储蓄网点，将城区3个网点型支行分别迁至围场、丰宁、隆化，填补了3个县域机构空白点；将城区1个分理处、7个储蓄所升格为网点型支行，其中将一个储蓄所升格为网点型支行后迁址至兴隆县；将平泉、兴隆2个单点型县支行升格为综合型支行。2015年末，建设银行在承德共有分支机构28个，其中分行本部1个、营业部1个、城区单点型支行3个、综合型支行1个、网点型支行7个、分理处2个、县域综合型支行5个、网点型支行5个、分理处3个。

三、人事体制管理改革

实行干部聘任制 1989—1999年，建行承德分行管理人员全部实行任命制。正副处级管理人员由省分行任命，科级以下管理人员由市分行任命。1996年，建设银行总行印发《关于选派本科以上学历年轻干部到县级支行任职锻炼的通知》，提出在全系统选拔3000名具有大学本科学历的优秀年轻干部到县级支行挂职锻炼（简称“三千人工程”）。根据这一精神，建行承德分行本着“公开、公平、竞争、择优”的原则，经民主推荐、组织考察、党组批准，选拔11名年轻干部到基层行处领导岗位挂职锻炼两年。

2000年起，为深化干部人事制度改革，建行承德分行干部任命制改为任期聘任制，同时推行干部交流、岗位轮换制度。

2002—2004年，建行承德分行对部门正、副经理及基层行处的会计主管岗位实行了竞聘上岗，向县级支行派驻了专兼职纪检监察员。

2005—2015年，建行承德分行根据《中国建设银行人事与激励约束机制改革方案》，积极推进人事与激励约束机制改革，按照设定的聘期目标责任（聘期三年），对受聘者进行定期考核；管理人员的职务、职等按照绩效考核结果适时调整，实现管理人员职务、职等能上能下的要求。建行承德分行按照《支行和部门管理人员考核办法》，定期对分行部门和支行班子实行目标完成度、内控严密度、客户满意度、团队认同度、任务执行度、工作创新度“六维”全方位考核。在考核的基础上稳步推进聘任工作，先后有48人进行了岗位交流，21人被提拔任用。

员工录用管理体制改革 1989—1993年，建行承德中心支行员工主要包括全民所有制干部、全民所有制工人、合同制工人、少量的临时性用工4种身份。员工来源为统一分配的全日制大中专毕业生、接收复员转退军人、系统外调入人员、招收录用劳动合同制工人。

1994—2004年，为适应商业化经营的需要，积极落实岗位培训、技术职务聘用、转干、聘干、转工、评先等激励措施，对会计岗位、分理处（储蓄所）主任实行双向竞聘上岗，多角度鼓励员工争先创优。此期间员工身份主要包括全民所有制干部、聘任制干部、全民所有制工人、合同制工人及少量的临时工。员工主要来源为统一分配的全日制大中专毕业生、接收复员转退军人、招收录用劳动合同制工人。1999—2003年，针对部分机构网点撤并而出现的人员富余，积极疏导人员出口，根据上级行有关政策制定了《建行承德分行员工劳动管理办法》，经广泛征求意见，慎重决策，先后与302人解除劳动关系。根据《建行河北省分行2002年度员工内部退养实施办法》，对58名员工实施了内部退养。

2005—2015年，建行承德分行根据建总行人事与激励约束机制改革要求，淡化员工个人原始身份，在职员工全员签订劳动合同，员工身份统一称为劳动合同制员工。建行承德分行员工身份按照来源不同分为中长期劳动合同制员工、短期劳动合同制员工、定向招聘劳动合同制员工。员工的主要来源是建行河北省分行按年度统一招聘的全日制本科及以上毕业生。建行承德分行员工岗位类别分为专业技术职务、经办岗位职务。专业技术人员岗位级别由高到低分为专业技术五级至十级；经办职务人员岗位级别由高到低分为一级至六级业务员。根据建设银行总行、河北省分行制定印发的管理办法，由建行承德分行负责组织实施。2005—2007年，制定印发了《建行承德分行客户经理队伍建设实施方案》等10个配套文件，4人被聘为五级专业技术岗位职务，21人聘为六级专业技术岗位职务，63人聘为七级客户经理，7人聘为八级客户经理。2008—2015年，按照建设银行总行、省分行的部署，根据新劳动合同法的要求，与全辖符合条件员工重新签订了劳动合同，同时建立了劳动合同台账。根据《建设银行河北省分行二级分行经办岗位职务聘任管理指导意见》，制定了《建行承德分行经办岗位职务聘任管理实施细则》，对全辖298名经办岗位员工进行了职务聘任，聘任一级业务员106人，二级业务员41人，三级业务员46人，五级业务员8人，六级业务员97人。印发了《建行承德分行柜员等级管理办法》，对柜员等级定期考核和认定，实施差别化管理。先后对266名柜员等级进行了认定调整。持续加强专业技术岗位员工队伍建设，先后有2人被聘为四级专业技术岗位职务，4人聘为五级专业技术岗位职务，29人聘为六级专业技术岗位职务，128人聘为七级专业技术岗位职务，5人聘为八级专业技术岗位职务。

薪酬分配制度改革 1989—1993年，建行承德中心支行员工薪酬分配执行国家机关事业单位工资分配制度。在工资构成上，主要包括基本工资、各种津补贴。

1994—2004年，国有商业银行时期，建行承德分行员工薪酬分配逐步向商业银行过渡，工资构成包括行员等级工资、责任目标津贴、绩效工资三部分。1994—1997年，建行承德分行员工薪酬分配制度处于过渡期，分配差距较小。1998年起，先后制定印发《建行承德分行财务管理办法》《财会指标体系及考核办法》，逐步加大员工绩效工资与业务指标的挂钩力度。2002—2004年，建行承德分行在全行推行以经营业绩为核心的绩效考评与工资分配办法，加大对盈利能力强、贡献度大的网点费用支持力度。围绕经济增加值这一核心指标，改进财务资源配置结构和效率。制定了《县级支行、直管网点绩效考评及工资分配办法》和《等级行评定办法》，在办法中对考评指标进行明码标价，使绩效考评公开、公正、透明。考评办法的实施，大幅拉开支行、部门员工的收入差距。

2005—2015年，股份制商业银行时期，建行承德分行在全行进一步实施薪酬制度改革，主要包括六个方面。

改革工资总额管理办法。将工资总额分为基本工资、岗位工资、绩效工资三部分，加大绩效挂钩的成分。

改革员工工资分配办法。原行员等级工资转为档案工资，取消各项津补贴。基本工资按照员工所在职等对应的工资级别所对应的薪点计算，按人头进行分配，保持相对稳定。岗位工资依据员工岗位类别确定，各支行、部门人数由市分行根据实际情况实行定岗定编。绩效工资与员工的岗位责任、贡献及员工所在单位的整体绩效挂钩。各支行、部门员工的整体绩效与各支行、部门经营业绩、目标完成情况挂钩，体现激励功能，增效增资、减效减资。实行按季预考核、年底统一清算的办法。

实行管理人员单独考核。建设银行承德分行行级领导人员（六、七职等）执行年薪制，由建行河北省分行依据考核结果进行分配。各营业机构及部门正副职、会计主管（八、九职等）人员由市分行制定相应考核办法，依据其考核结果进行兑现。

实施住房分配货币化。按照“统一零点、分别起步、终点找平、补偿服务”的原则，建立与绩效挂钩的薪酬性货币化住房分配制度，把住房补贴纳入整个薪酬体系之中。员工当年所得住房补贴金额与员工上年度薪酬水平挂钩，做到贡献与回报对称，发挥住房分配货币化的激励约束作用。

实行企业年金制度。将员工在职期间的贡献与其退休后的保障水平紧密联系起来。在依法履行基本养老保险义务的前提下，根据单位经济承受能力，由单位和员工双方共同缴费，建立个人账户基金和共同账户基金。

实行补充医疗保险制度。在员工享受基本医疗保险和大额医疗费用补助待遇的基础上，对个人负担的医疗费用给予适当补贴，保障员工合理的医疗待遇水平。

四、财务管理体制改革

1989—1993年，建行承德中心支行财务实行市县两级分级管理，上级行对下级行费用开支实行指标控制，经营成果与费用指标关联度不高。由于受企业经济效益差、信贷资产质量不高、自身费用支出过大等因素影响，建行承德分行财务状况欠佳。

1994年起，建行承德分行加大了财务管理力度，对基层行处实行按月预拨费用的办法，对附属企业实行独立核算，自负盈亏，充分调动全行开源节流、增收节支的积极性。

1996—1997年，建设银行总行印发《关于改变利润考核口径，严格控制表内应收利息增长的通知》，要求对经营效益的考核由账面利润改为实际利润。建行承德分行在集中力量清收应收未收利息的同时，试行各级机构费用定额与利润指标完成情况挂钩。根据上级行关于将各财务单位的财务收支纳入本级财会部门进行统一核算和管理的要求，组建了会计核算中心、财务管理中心和会计稽核中心，横向实现了行政部门财务职能向财会部门的顺利移交，纵向对支行实行了报账制及送审制。

1998—2002年，按照建设银行总行、省分行的统一部署，建行承德分行将原计划处，财会处合并，成立计划财务会计处，实现了资金、计划、财务、会计的统一管理，统一调配，在全辖实行财务报账制和领用制相结合的管理模式。

2003年起，落实建设银行总行推行年度综合经营计划管理和实行二级分行统一核算的要求，围绕经济增加值这一核心指标，全面推行成本管理，改进财务资源配置结构。

2007年，根据总分行管理要求，建行承德分行财务核算中心更名为经费共享中心。

2008—2012年，根据《中国建设银行财务管理暂行办法（修订版）》，从制度上加强对费用支出、集中采购和资本性支出的管理，实行“集中为主、分管为辅、归口负责、总量控制”的管理原则，有效控制成本开支。同时加强财务授权管理，继续实行费用指标按月控制和报账审批制度。

2013—2015年，建行承德分行费用支出由省分行统一核算、发票合规性由省分行直接审核，承德分行定期向省分行报送发票等相关凭证，实行建行财务全省集中管理。

五、资金管理体制改革

1989—1993年，建设银行既是经营信贷业务的国家专业银行，又承担着重点建设项目的政策性业务。当时建设银行经办的财政基建“拨改贷”资金和财政预算拨款资金，实行“实拨实存、先拨后贷、存大于支”的管理原则，不得挤占信贷资金。建设银行的信贷计划管理，是由人民银行总行给建设银行总行核定年度存差或借差计划。核定的差额为指令性指标，存差必须完成，借差不得突破。建设银行总行对省级以下分支行的信贷资金管理实行“统一计划、分级管理、差额控制、实借实存、存差上缴”的办法。

1994 年，建设银行信贷资金管理实行限额指导下的资产负债比例管理。按照存款计划的一定比例向省分行上缴“二级存款准备金”，根据固定资产贷款回收计划上缴回收资金，上借资金和上缴资金实行“两条线”管理，即在上缴资金的同时可以向省分行借款。

1996 年，总行在分清资金集中与资金供应渠道的基础上，推行资金来源制约资金运用的管理机制，强化总行一级法人统一调度资金的要求，增强财务约束，深化营运资金监管。取消了“存借差”和“二级准备金”，建立省级“经营调节基金”。进一步简化资金上缴、下借的渠道和方式，取消专项借款，二级分行成为头寸调剂中心。强化内部利率价格导向作用，实行“上存资金”和“临时借款”制度。

2000 年，总行与省分行之间执行上存下借的差额资金管理模式，取消二级分行“长期借款”和“周转借款”科目，改为七天以内借款和七天以上借款。建行承德分行对基层行处实行二级准备金制度，通过实时监控现金备付率和资金备付率水平，继续压缩低效无效资金占用。

2007—2015 年，总行调整了人民币内部资金计价方式和转移价格水平，对分支行资金实行“全额计价”管理。人民币内部资金转移价格由建设银行总行按季调整并向全行公布，每季度结息时根据当季转移价格计算转移收支。建行承德分行重点加强对支行同城清算系统监测及报告情况、大额资金报备制度执行情况及资金备付率、现金备付率执行情况的管理，以提高资金运营效率。

六、信贷管理体制改革

信贷资金管理 1989—1993 年，建行承德中心支行贷款业务主要以基本建设及建筑企业为基本服务对象，重点支持基础设施建设及重点企业技术改造等基本建设项目。在信贷管理体制上，建设银行对分支机构实行“信贷收支平衡、贷款总量控制”的调控模式，二级分行信贷计划的实现取决于资金自给程度。

1994 年，建行承德分行坚持“审贷分离、分级管理、集体决策审批”的原则，贷款投放首先保证国家重点项目、大中型项目以及由建设银行贷款支持的大中型投产项目的流动资金需求。

1995 年，建行信贷管理体制推行第一步改革。建行承德分行按照总行提出的“大行业、大企业”（简称“双大战略”）客户经营战略，信贷资源着重向产品有市场、经济效益好、还款有保障的大中型企业倾斜，贷款投向开始打破行业界限。

1997 年，建行推行第二步信贷管理体制改革。强化信贷业务集中统一管理，在全面实行信贷授权管理的基础上，实现本外币信贷业务一体经营。分离信贷部门的经营与管理职能，建立前台业务与后台业务分开操作、相互支持、相互制约的运行体系。取消县级支行、办事处的信贷决策权。企业存款和房地产经营性业务由信贷管理处归口管理。呆滞、呆账贷款由信贷管理处移交资产保全处，实施盘活、保全、核销。建行承德分行设立信贷管理委员会，负责全行本外币信贷经营管理的最后决策。信贷综合管理处负责全行信贷管理、对公存款、收贷收息等具体工作。把贷款规模进一步上收到市分行，加强统一调度。

1999 年，建设银行推行第三步信贷管理体制改革。实施信贷审批、信贷经营、信贷监管相分离，建立责、权、利相结合的贷款审批与经营责任制，加强信贷风险监管，强化责任约束，开拓信贷市场。建行承德分行根据上级行部署，实行审贷分离，信贷经营部门不参与贷款审批，由信贷管理委员会任命贷款审批人，统一组织贷款审批人审批贷款。发放每笔贷款都明确一名经营主责任人和一名审批主责任人，贷款全过程的各层次、各环节，都明确认定到有关责任人，强化责任约束。

2006年，建行承德分行有序推进资产分类和风险监测，实行资产项目风险会商制。对退出客户、不良贷款大户实施重点监管，对重大风险事项及时预警报告。在信贷投放上坚持“区别对待、有保有压”的原则，推进个人住房贷款电子化审批、县级支行个贷业务异地实时审批。实施专职贷款审批人向个贷中心派驻制，增加部门经理级个人类贷款牵头审批人，提高审批效率。

2009年，认真落实总行和省分行信贷策略，抓好信贷退出、问题客户处理和常态化管理。坚持风险会诊、平行作业和贷后管理跟踪例会等制度，严格把好新增贷款准入关、存量贷款监测关、到期贷款回收关和不良贷款处置关。

2014—2015年，建行承德分行进一步强化贷后管理，从钢铁、房地产等过剩行业及上下游行业中主动退出，压缩小企业客户中的大额授信，发展依托建行大数据的小企业信贷品种。

不良资产剥离及处置　在中国建设银行股份制改革过程中，建行承德分行按照上级行统一部署，对不良资产进行过三次剥离，一次集中核销处置，一次划转上级行统一出售。合计处置各类不良资产64715万元。

1999年，建行承德分行对不良资产进行第一次剥离。共剥离不良贷款272户，本息合计29547万元，其中本金23048万元，表内应收利息1696万元，表外催收利息4803万元。

2000年，进行第二次剥离，本次共剥离不良贷款69户，本息合计5030万元。其中本金2573万元，表内应收利息544万元，表外催收利息1913万元。

2004年，进行第三次剥离。本次共剥离不良贷款442户，本息合计30138万元，其中本金23179万元，表内应收利息11万元，表外催收利息6948万元。

2003年，建行承德分行对不良资产进行集中核销处置。共核销不良贷款315户，本息合计11433万元，其中本金8488万元，表内应收利息431万元，表外催收利息2514万元。

2007年，建行承德分行按照河北省分行指示，对承德帝贤集团旗下两户不良贷款，划转省分行金泉支行统一出售处置。划转本息合计20122万元，其中本金16980万元，表外催收利息3142万元。

第四章 农村信用社改革

从20世纪50年代初期到1996年，农村信用社（简称“农信社”）的管理关系在人民公社、人民银行、农业银行之间不断变化。一度既是集体金融组织，又是国家银行在农村的基层机构。历史上，农业银行历经三次设立，两次撤销。只要农业银行存在，农信社都一直由农业银行领导管理。

1996年，国务院发布《关于农村金融体制改革的决定》，对农村金融架构进行重新设计。当年年末，农信社与农业银行脱离行政隶属关系，史称“行社脱钩”，农信社管理工作由承德市农村金融体制改革领导小组办公室（简称“农金体改办”）负责，主要工作人员由农业银行承德分行划转而来。“农金体改办”形成了全国性上下对口的机构设置，构成了农信社全国性垂直管理体系。

1997年9月，人行承德分行根据人总行通知，正式接收“承德市农金体改办”及工作人员，内设农村合作金融管理处，承担全市农信社领导管理工作。

2003年末，承德银监分局从人民银行分设，全市农信社整体划转承德银监分局领导管理。2004年10月，根据国务院关于农村金融体制改革的总体部署，全市农信社开始推行县联社一级法人制改革，支持改革的各项配套政策相应启动。

2005年7月，由全省农信社县级联社入股组成的河北省农村信用社联合社挂牌成立，隶属省政府领导。同年10月，河北省农村信用社联合社承德办事处成立，从承德银监分局接收了农信社领导管理工作。至此，农信社由全国性垂直管理体系，变成了省级政府承担管理责任。

第一节 改革方案

一、相关文件

2002年，中共中央、国务院出台《关于进一步加强金融监管，深化金融企业改革，促进金融业健康发展的若干意见》，对农村信用社改革和发展提出了“明晰产权关系，强化约束机制，增强服务功能，国家适当扶持，地方政府负责”的总体要求，对农信社改革的重点、产权制度、内部管理、监督管理体制以及政策支持做出了明确规定。这是农信社改革的纲领性文件。

2003年6月，国务院印发《深化农村信用社改革试点方案》（国发〔2003〕15号），对农信社改革做出了全面部署。试点方案明确指出，深化农村信用社改革要重点解决好两个问题。一是以法人为单位，改革信用社产权制度，明晰产权关系，完善法人治理结构，区别各类情况，确定不同的产权形式。二是改革信用社管理体制，将信用社的管理交由地方政府负责。人总行相继印发了《农村信用社改革试点专项中央银行票据操作办法》《农村信用社改革试点专项借款管理办法》《农村信用社改革试点资金支持方案实施与考核指引》等文件，就农信社改革资金支持政策及操作，提出了具体政策措施，确定了“花钱买机制”的改革思路。

二、改革信用社产权制度

在明晰信用社现有产权，妥善处理历史积累和包袱的基础上，构建新的产权关系，完善法人治理结构。按照股权结构多样化、投资主体多元化的原则，根据不同地区情况，分别进行不同产权形式的试点。有条件的地区可以进行股份制改造；暂不具备条件的地区，可以比照股份制的原则和做法实行股份合作制；股份制改造有困难而又适合搞合作制的，也可以进一步完善合作制。

在产权制度改革的同时，因地制宜确定信用社的组织形式。在经济比较发达、城乡一体化程度较高、信用社资产规模较大且已商业化经营的少数地区，可以组建股份制银行机构。在人口相对稠密或粮棉商品基地县，可以县为单位将信用社和县联社各为法人改为统一法人。其他地区，可在完善合作制的基础上，继续实行乡镇信用社、县联社各为法人的体制。采取有效措施，通过降格、合并等手段，加大对高风险信用社的兼并和重组步伐。

不论采取何种产权制度和组织形式，都要在原有股权范围的基础上，做好清产核资工作，扩大入股范围，调整股权结构，提高入股额度，广泛吸收辖内农民、个体工商户和其他各类经济组织入股；都要按照现代企业制度的要求，完善法人治理结构，建立决策、执行、监督相制衡，激励和约束相结合的经营机制；都要坚持服务“三农”的经营方向，其信贷资金大部分要用于支持本地区农业和农民。

要切实强化约束机制，按照“自主经营、自我约束、自我发展、自担风险”的“四自”原则，建立健全信用社激励和约束机制，切实加强内部管理，进一步健全完善贷款审批、财务收支、风险控制等内控制度，降低不良贷款，压缩人员，减少成本，努力扭亏增盈，防范和控制新的经营风险。

要从农村经济发展和农民的实际需要出发，进一步增强和完善信用社服务功能。立足社区，面向“三农”，拓宽服务领域，创新服务品种，增强服务手段，充分发挥信用社在农村的机构网点优势，积极开办政策性银行和商业银行委托业务，适当增加为农民服务的金融业务品种。

三、管理权交由地方政府

按照“国家宏观调控、加强监管，省级政府依法管理、落实责任，信用社自我约束、自担风险”的监督管理体制，确定了省级人民政府对信用社管理的主要职责：一是督促信用社贯彻执行国家金融方针政策，引导信用社坚持为“三农”服务的经营宗旨，地方党委要加强对信用社党的领导和思想政治工作。二是依照国家有关法律法规，指导本地区信用社加强自律性管理，督促信用社依法选举领导班子和聘用主要管理人员。三是统一组织有关部门防范和处置辖内信用社金融风险，今后对高风险机构的处置，在省级人民政府承诺由中央财政从转移支付中扣划的前提下，中央银行可以提供临时支持。四是帮助信用社清收旧贷，打击逃废债，查处信用社各类案件，建立良好的信用环境，维护农村金融秩序稳定。

试点地区可本着精简、高效的原则，简化管理层次，结合当地实际情况，成立省级联社或其他形式的省级管理机构，在省级人民政府领导下，具体承担对辖内信用社的管理、指导、协调和服务功能。省级人民政府应坚持政企分开的原则，对信用社依法管理，不干预信用社的具体业务和经营活动，不把信用社的管理权下放给地（市）和县、乡政府。地（市）级不再设立联社或其他形式的独立管理机构。

第二节 配套政策

一、各级政府配套扶持政策

根据国务院办公厅《关于进一步深化农村信用社改革试点的意见》(国办发〔2004〕66号)、河北省政府《关于河北省深化农村信用社改革实施方案》(冀政〔2006〕52号)、承德市政府办公室印发的《承德市深化农村信用社改革工作实施方案》(承市政办〔2006〕52号)等文件，各级政府制定了支持农村信用社改革配套扶持政策。

对1994年至1997年期间亏损的农村信用社，因执行国家政策开办保值储蓄而多支付的保值贴补利息，经财政部驻河北省监察专员办事处核实，报请财政部批准后，由国家财政在3年内分期予以拨补。

从2003年1月1日至2005年底，对西部地区试点的农村信用社一律暂免征收企业所得税；对其他地区试点的信用社，一律按其应纳税额减半征收企业所得税；从2003年1月1日起，对试点地区所有信用社的营业税按3%的税率征收。

从2005年起至2008年底，由省、市、县财政按4：3：3的比例安排专项资金，对亏损农村信用社入股社员的股金红利给予补贴。

从2005年起至2008年底，对农村信用社征收的3%营业税，按实际征收的数额以财政拨付的方式用于支持农村信用社改革。其中省分成的部分和市、县分成部分的50%，由市、县财政采取按月即征即返的方式，拨付给农村信用社联社，帮助信用社消化历史包袱。在改革期间，各级工商行政管理部门对农村信用社变更登记，只收取100元变更登记费。农村信用社改制前已取得“金融经营许可证”的，在有效期内，重新登记时不再办理前置审批手续。

从2005年起至2008年底，各级财税、房管、土地等部门对亏损的农村信用社，经申请可免缴房产税、城镇土地使用税、车船使用税；对农村信用社在清收、处置抵债土地、房屋等资产，发生权属转移时，免征契税，免收土地登记费、房产登记费等一切行政事业性收费。

各级人民法院对农村信用社为债权人的案件，在立案环节，依照最高人民法院的有关规定，符合条件的减、缓、免缴诉讼费用；在案件审理中，做到快审快结；在执行环节，符合条件的予以减、缓、免缴执行费。

帮助农村信用社清收盘活不良贷款。各市、县（区）政府按照省委办公厅、省政府办公厅下发的《关于帮助农村信用社清收不良贷款，依法打击逃废债的意见》要求，制定清收盘活农村信用社不良贷款的计划和支持措施，层层分解清收任务，落实清收责任，加大清收工作力度，并采取以土地、房产等优良资产置换信用社不良贷款。对在清理整顿农村合作基金会和城市信用社过程中，各级政府为弥补农村信用社接受有关债权债务，而承诺给予农村信用社的扶持政策，按照有关承诺，及时、足额落实到位。

废止有关部门限制机关及企事业单位到农村信用社开户和存款的政策，不再限制各类涉农资金、教育资金、财政预算外资金等存入农村信用社。鼓励和引导有关部门将代收、代付业务委托农村信用社办理。引导投资收益稳、风险小、效益好的优质项目，优先从农村信用社申请贷款。

切实帮助农村信用社做好增资扩股工作。各市、县（市、区）政府要按照《河北省农村信用社增资扩股指导意见》的要求，认真抓好增资扩股工作，广泛动员和引导广大农户、个体工商户、企业法人和其他各类经济组织向农村信用社入股，使农村信用社的资本充足率达到专项票据兑付条件。

为切实落实好各级政府的配套扶持政策，承德市政府将目标责任具体分解到各县区政府和有关部门，并实行定期考核通报制度。各级政府的有力支持，为农村信用社改革提供了有力保障。

二、中央银行资金支持政策

中央银行对农村信用社改革的资金支持政策，包括五方面主要内容。

锁定额度。即分县（市）以农信社法人为计算单位，以2002年末金融监管数据中的实际资不抵债数据为准，按省汇总核定后进行锁定，不能变动。承德市锁定农信社实际资不抵债数据为18.2亿元。

资金支持方式。对试点地区的农信社，按照锁定额度的50%，由中央银行发行专项票据或安排专项借款两种方式予以资金支持。按照“每个县（市）只能选择一种方式，一旦选定不能更改”的文件要求，承德市9个县级联社一致选定申请发行中央银行专项票据的资金支持方式。

中央银行专项票据的置换顺序。中央银行安排的专项票据资金，一律按照不良贷款、历年亏损挂账的顺序进行置换。

中央银行专项票据发行。票据发行是中央银行根据农信社锁定额度的50%而做出的书面置换承诺。为促进农信社经营机制的转换，中央银行针对不同的法人形式，为专项票据的发行设置了相应的条件。根据承德市9家农信社县级联社全部选定统一法人的经营体制，对应条件是在专项票据发行时，以县为单位的资本充足率必须达到2%。

中央银行专项票据兑付。票据兑付是中央银行以赎回票据的方式，对农信社给予的资金支持。为促进农信社经营机制的转换，中央银行针对不同的法人形式，为专项票据兑付设置了相应的条件。在专项票据兑付时，以县级联社为单位的资本充足率必须达到4%；按“一逾两呆”口径考核的不良贷款，较2002年末的降幅不低于50%；必须与增资扩股、提高资本充足率、落实各级政府配套扶持政策挂钩。经人民银行考核，对没有达到条件的县级农信社联社，不能发行和兑付中央银行专项票据。

第三节　改革内容

一、成立领导小组

2004年10月29日，承德市召开全市农村信用社改革动员大会，各县（区）政府主要领导和分管领导出席会议。会议由市政府、人民银行、银监局分别部署了改革的总体安排和具体任务，明确了各部门承担的具体责任，标志着全市农村信用社改革全面启动。随后，市、县两级农村信用社改革领导小组相继成立，落实配套支持政策，实事求是地帮助农信社解决了一些实际问题。

二、清收盘活不良贷款

成立不良贷款清收组织，加大清收力度。各县（区）在市深化改革领导小组的统一领导下，从纪委、组织部、人事局、宣传部、公安局、检察院、法院、财政局、人民银行、银监局等部门抽调骨干人员，设立清收办公室，组成清收工作组，实行集中清收。

按照省“两办”《关于帮助农村信用社清收不良贷款，依法打击逃废债的意见》，市政府制订了《承德市农村信用社清收“双呆”贷款奖励办法》，各县也结合各自实际制定《清收不良贷款实施方案》，大力支持全市农村信用社清收不良贷款。

各县区在摸清底数的基础上，制定方案、一户一策、分类处置、积极清收。针对全市各级政府及其有关部门借款、担保形成的不良贷款6252万元问题，通过责任清收、督促清收，至2005年7月末，累计清收1244万元。针对党政干部、国家公职人员借款、担保形成的不良贷款

3479万元问题，各级政府对责任人实行“三停五不”政策，即停职、停岗、停薪和不提拔、不调动、不加薪、不评先、不晋级等一系列强制措施，到2005年7月末，累计收回2021万元针对农村信用社职工借款及担保形成的不良贷款577万元问题，通过扣发本人工资、下岗收贷等措施，至2005年7月末，累计清收548万元。

各县区政府在支持农信社清收不良贷款工作中，积极落实目标责任制，实施责任清收；充分发挥法律的强制作用，加强依法收贷。2004年全市农信社最大的20户不良贷款余额为35948万元，大部分为关、停、并、转企业。各级政府支持农信社因户制宜、对症施策，通过处置抵贷资产，使用土地、房屋、设备等有效资产进行置换，政府协调、依法执行收贷和实行驻厂跟踪清收等措施，至2005年7月末，累计清收4674万元。

各级政府在帮助农村信用社清收不良贷款工作中，定目标、定责任、抓落实，支持农信社较好地实现了不良贷款清收目标。同时，其他各项配套扶持政策也得到较好落实。

三、增资扩股

增资扩股是农村信用社改革的一项重要工作。1996年农村信用社与农业银行脱钩之后，在人民银行的政策扶持下，农信社经营状况和资产质量有了明显提升。特别是积极推行“推广农户小额贷款、创建信用村镇”工作以后，农信社形象得到了有效改善，农村各阶层对农村信用社改革增强了信心，给予了广泛支持，使增资扩股工作得到有效推进。到2005年7月末，全辖农村信用社股本金余额达到81856万元。其中资格股为78090万元，占股本金总额的95.40%（自然人股72827万元，占资格股的93.26%；法人股5263万元，占资格股的6.74%）；投资股为3766万元，占股本金总额的4.60%（自然人股3692万元，占投资股的98.04%;法人股74万元，占投资股的1.96%）。全辖农村信用社增资扩股工作的有效开展，使资本充足率得到迅速提升，较好地实现了增资扩股考核指标。

四、落实扶持政策

国务院办公厅《关于进一步深化农村信用社改革试点的意见》（国办发〔2004〕66号）规定的各级财政扶持政策，经信用社统计申报，各级财政审查核实，四项财政扶持政策于2005—2008年得到普遍落实，全市信用社合计得到财政扶持补贴资金33804万元。

全市1994—1997年亏损的信用社，因执行国家政策开办保值储蓄，多支付保值贴补利息6299万元。经财政部驻河北省监察专员办事处核实，报请财政部批准并在3年内分期拨补，到2008年全部拨补到位。

按照“从2003年1月1日至2005年底，除西部地区之外的试点地区信用社，一律按其应纳税额减半征收企业所得税”的规定，税务部门合计为全市信用社落实减半征收所得税22116万元。

按照“从2005年起至2008年底，对农村信用社征收的3%营业税，由市、县财政采取按月即征即返的方式，拨付给农村信用社联社，帮助信用社消化历史包袱”的规定，税务部门合计为全市信用社返还营业税5230万元。信用社已按规定全部用于消化历史包袱。

按照“从2005年起至2008年底，由省、市、县财政按4∶3∶3的比例安排专项资金，对亏损农村信用社入股社员的股金红利给予补贴”的规定，各级财政部门合计为全市信用社拨付股金分红补贴159万元。信用社已按规定分配到入股社员。

五、落实中央银行资金支持

按照农信社锁定额度的50%计算，确定中央银行支持承德市农信改革资金支持总额为91022万元。经过申请发行和申请兑付两个阶段的指标考核达标之后，全市中央银行专项票据发行和兑付工作得到全面落实。

2004年10月至2005年9月末为中央银行

专项票据发行阶段，人行总行分三批共对承德辖区 9 家农村信用联社发行专项票据 91022 万元，共置换出呆账贷款 64702 万元、呆滞贷款 3246 万元、逾期贷款 157 万元、历年亏损 22917 万元。

第一批专项票据发行时间是 2005 年 3 月 30 日，其中围场满县联社 3951 万元、承德县联社 5025 万元。

第二批专项票据发行时间是 2005 年 6 月 1 日，其中丰宁县联社 6047 万元、隆化县联社 7089 万元、兴隆县联社 12464 万元、宽城县联社 8552 万元。

第三批专项票据发行时间是 2005 年 9 月 1 日，其中滦平县联社 10870 万元、平泉县联社 12666 万元、承德市郊区联社 24358 万元。

中央银行专项票据发行结束后，工作重点转入清收不良贷款、增资扩股、落实配套扶持政策、完善法人治理结构阶段。在各级政府大力支持下，各部门密切协作、农信社积极努力、人民银行按照规定指标进行考核指导。经过一年多坚持不懈地努力工作，使全市 9 家县级联社，分期分批达到了中央银行专项票据兑付的考核标准。经逐级上报人行石家庄中心支行、人总行审查批准，先后分 4 批兑付中央银行专项票据 91022 万元 。

第一批专项票据于 2007 年 2 季度兑付，其中围场县联社 3951 万元、承德县联社 5025 万元。

第二批专项票据于 2007 年 3 季度兑付，其中丰宁县联社 6047 万元、隆化县联社 7089 万元、兴隆县联社 12464 万元、宽城县联社 8552 万元。

第三批专项票据于 2007 年 4 季度兑付，其中滦平县联社 10870 万元、承德市郊区联社 24358 万元。

第四批专项票据于 2008 年 1 季度兑付平泉县联社 12666 万元。

至此，人行承德市中心支行全面完成了农信改革资金支持工作。历时 4 年的农信改革也就此告一段落。

在各级政府鼎力推动、央行资金支持、财政政策扶持、监管部门依法监督、农信社自身努力的共同作用下，改革后的农信社实现了县联社一级法人制，理顺了省级政府负责的管理体制，全市农信社进入了健康快速发展的轨道。以 2002 年锁定全市农信社各项数据为基础，与改革基本完成的 2008 年相比较，主要经营指标发生了根本性的变化。2008 年各项存款余额 1730236 万元，比 2002 年增加 1164505 万元，增长 2.06 倍；各项贷款余额 1075651 万元，比 2002 年增加 746324 万元，增长 2.27 倍；不良贷款占比 15.82%，比 2002 年下降 32.73 个百分点；资本充足率 18.82%，2002 年为 －74.21%；实现当年结益 26460 万元，2002 年为当年亏损 3789 万元。

2005 年 10 月河北省农村信用社承德办事处成立后，在巩固改革成果的基础上，分期分批推进县级农村商业银行的组建工作。到 2015 年末，宽城满族自治县、围场满族蒙古族自治县、滦平县联社成功组建为县级农村商业银行。

第三编

金融监管

第三编 金融监管

1985—1998 年，人行承德分行在辖区内全面履行对银行业、保险业、证券业各类金融机构的监管职能。1998—2003 年，随着中央对金融监管体制的调整，证监会、保监会、银监会相继设立，形成“一行三会”金融监管格局。承德市的金融监管分工同步相应调整，1998 年对证券业的监管工作移交证监会河北监管局。2001 年 4 月对保险业的监管工作移交保监会石家庄保监办。2003 年 12 月对银行业的监管工作移交承德银监分局。金融监管分工调整后，人行承德市中心支行继续在辖区内履行防范化解系统性金融风险、维护金融稳定的监管职能。

为了进一步强化各级人民银行对系统性金融风险的有效监管，2003 年以后，国务院先后向中国人民银行增加授权，逐步强化了反洗钱职能、征信职能和存款保险职能。

反洗钱职能。2003 年 9 月，国务院将反洗钱职能由公安部移交中国人民银行，批准设立反洗钱局，全面建立金融机构反洗钱管理制度。2003 年 12 月修订的《中华人民共和国中国人民银行法》，以法律形式确定了中国人民银行反洗钱管理职责。2006 年 10 月 31 日，全国人大第二十四次会议发布《中华人民共和国反洗钱法》，对反洗钱作出专门的法律规定。

征信职能。2003 年，国务院赋予中国人民银行对信贷征信业的管理职责，批准设立征信管理局，信贷征信管理工作开始起步。2008 年，国务院授权中国人民银行全面履行对社会征信业的管理职责。2013 年 1 月，国务院发布《征信业管理条例》，明确中国人民银行及其派出机构依法对征信业进行监督管理。

存款保险职能。2015 年 10 月，历时 20 年的利率市场化改革基本完成。为有效配合利率市场化改革，依法保护存款人利益，2015 年 3 月 31 日，国务院发布《存款保险条例》，自 2015 年 5 月 1 日开始施行。在国家尚未设立存款保险专门机构之前，存款保险的各项工作，由各级人民银行具体承担。

第一章 金融机构监管

金融机构监管包括机构的市场准入退出管理、高级管理人员任职资格管理、资本金管理、重大事项报告及变更等，1989年起由人民银行履行监管职责，2004年银行业机构的监管职责移交承德银监分局。

2008年至2014年4月，小额贷款公司的审批管理由承德市工业和信息化局承担，2014年4月以后调整到承德市金融工作办公室。

第一节 保险、证券业机构监管

一、保险业

中国人民保险公司承德中心支公司 1989年，中国人民保险公司承德中心支公司营业地址设在承德市双桥区西大街路北27号。下设中心支公司营业部、双滦办事处、营子办事处、8个县级支公司。以上机构均为1984年人保公司由人民银行分设时设立的初始机构，1985年经人民银行重新登记确认，由人行河北省分行颁发“经营金融业务许可证”，继续经营保险业务。1993年4月1日，中国人民保险公司承德中心支公司更名为中国人民保险公司承德分公司。原名称的“中心支公司”变更为“分公司”字样。1994年10月，人保承德分公司及分公司营业部由西大街路北27号迁至东大街（后变更为都统府大街）7号，原址增设人保虹桥办事处。同时增设人保翠桥办事处，该办事处初期租住车站路承德大厦，后迁至石洞沟路中段路北自建营业楼。

根据国务院关于财产保险、人寿保险分业经营的决定，1996年4月，人保承德分公司完成了产、寿险机构分设工作。分设后的机构分别为中保财产保险有限公司承德分公司、中保人寿保险有限公司承德分公司。4月之后，原人保承德分公司隶属的营业部、支公司、办事处机构陆续完成产、寿险机构分设工作。1999年5月，中保财产保险有限公司承德分公司变更为中国人民财产保险有限公司承德分公司，中保人寿保险有限公司承德分公司变更为中国人寿保险有限公司承德分公司。两公司隶属机构名称相应变更。

中国太平洋保险公司承德分公司 1992年，中国太平洋保险公司北京分公司派员来承，会见承德地区行政公署办公室、人行承德分行有关负责人，协商在承德设立代理机构事宜，遂达成一致意见。经人行承德分行发文并颁发“代理金融业务许可证”，批准设立中国太平洋保险公司北京分公司承德代理处，于1992年10月28日正式开业。营业地址设在承德市武烈路承德招待所。1994年5月，经中国人民银行批准，原保险代理处转正为中国太平洋保险公司承德办事处，营业地址变更为武烈路19号，隶属太保北京分公司管辖。1996年8月，太平洋保险公司按行政区划调整分支机构隶属关系，承德办事处由北京分公司移交石家庄分公司管辖。1998年1月，中国人民银行批复，中国太平洋保险公司承德办事处升格为中国太平洋保险公司承德分公司。

1998年5月，营业地址由武烈路19号变更为丽正门大街2号自建营业楼。

上述各项机构设立、变更、分设事项，各级人民银行依照管理权限和有关规定，对其履行了监督检查和换发“经营金融业务许可证”等职责。

2001年1月19日，中国保险监督管理委员会石家庄特派员办事处成立（2004年更名为中国保险监督管理委员会河北分局）。根据人行天津分行通知，2001年4月28日，人行承德市中心支行派员向石家庄保监办移交承德辖区保险监管档案，人民银行对保险业监管正式移交保险监管机构。

到2001年4月，承德市共有中国人民保险公司承德中心支公司市级机构1家、分支机构13家；中国人寿保险有限公司承德分公司市级机构1家，分支机构10家；中国太平洋保险公司承德分公司市级机构1家。机构总计26家。

二、证券业

南方证券有限责任公司承德营业部 1995年1月，经人行承德分行批准，中国农业银行承德信托投资公司证券营业部（简称农行证券）正式开业，营业地址设在承德市南营子大街农行大楼。根据国务院关于银行业、证券业分业经营的决定，1997年7月，农行证券与农行承德分行脱钩，由南方证券有限责任公司整体收购。人行承德分行对其脱钩、转让的主要工作实施了现场监督，批准其隶属关系变更、名称变更、营业地址变更。变更后的名称为南方证券有限责任公司承德营业部，营业地址变更为承德市陕西营街东口。

河北证券有限责任公司承德营业部 1995年5月，经人行承德分行批准，中国工商银行承德信托投资公司证券营业部（简称工行证券）正式开业，营业地址设在承德市太平桥街。根据国务院关于银行业、证券业分业经营的决定，1997年10月，工行证券与工行承德分行脱钩，由河北证券有限责任公司整体收购。人行承德分行对其脱钩、转让的主要工作实施了现场监督，批准其隶属关系变更、名称变更、营业地址变更。变更后的名称为河北证券有限责任公司承德营业部，营业地址变更为承德市西大街东口路南。

1998年6月，人行河北省分行发文向河北证监局移交证券类机构监管职责，不再担负对证券类机构的监管工作。省内各二级分行接到省分行文件后，亦不再履行对当地证券机构的监管职责。

第二节 银行业机构监管

一、人民银行监管

两次统一颁发“经营金融业务许可证” 1985年，人行承德分行依据中国人民银行发布的《金融机构管理暂行规定》，对1985年以前设立的各级各类银行机构，进行重新审核登记，报人行河北省分行批准，为承德辖区532家银行机构统一颁发“经营金融业务许可证”。其中，工商银行72家，农业银行97家，中国银行1家，建设银行12家，农村信用社350家。当时工商银行组建的10家金融服务所，尚待清理整顿，暂缓发证。经1986年人民银行对金融服务所清理整顿，撤销6家，保留的清风、营子、滦河、平泉4家金融服务所统一定名为城市信用社，并颁发“经营金融业务许可证”。

1994年8月5日，中国人民银行发布《金融机构管理规定》，规定人民银行批准设立金融机构，实行筹建、开业两步走的程序。同时更换“经营金融业务许可证”新版本，在全国统一换发。根据规定，人行承德分行为全辖882家银行机构统一换发“经营金融业务许可证”，其中工商银行115家，农业银行202家，中国银行36家，建设银行72家，城市信用社20家，农村信用社

357家，邮政储蓄网点80家。同时全面规范了银行机构证、照、牌、章“名称四相符”问题。

银行业机构审批 1989年，承德辖区经人民银行批准颁发“经营金融业务许可证”的银行业机构包括工商银行130家、农业银行201家、中国银行18家、建设银行58家、农村信用社453家（含分社91家）、城市信用社13家、邮政储蓄网点74家，年末各级银行机构共计947家。1989—2003年，各类银行业机构的总量变化情况是。

中国农业发展银行承德分行。1996年11月，中国农业发展银行承德分行由农业银行分设，增设市级分行1家、营业部1家、县级支行8家。

农村信用社。1989—1993年，农村信用社机构总量保持在450～460家（含分社）左右。1994年以后机构总量呈下降趋势。农村行政区划实行撤乡并镇，一部分信用社随着行政区划变更实行了撤并调整。对一部分业务量小、长期亏损的信用社及分社，适度实施了撤并措施。1995年7月，农村信用社双桥、双滦、营子3家联社机构合并，设立承德市郊区农村信用联社。全市县级农村信用联社由11家减少为9家。在上述因素影响下，1994—2003年，农村信用社机构总量减少到350～400家（含分社）。2003年末，全市农村信用社机构384家（含分社50家），比1989年下降69家。

城市信用社。1989年，全市城市信用社13家，1996年发展到19家。1997年4月，中国人民银行批准设立承德市城市信用社联合社，全市19家城市信用社与原组建单位脱钩，加入联社管理。1997年全市城市信用社20家。2000—2002年人民银行划分三类对城市信用社风险进行分别处置。对严重资不抵债、救助无望的兴隆县东兴城市信用社、承德市钟鼓楼城市信用社、丰宁满族自治县燕山城市信用社、兴隆县金融服务所、滦平县金融服务所、承德市恒益城市信用社6家城市信用社，经人行天津分行批准，于2000年10月27日至2001年12月4日，陆续实施停业整顿，清算各项债务。对一般风险的10家城市信用社，于2000年12月改制划转县区农村信用联社管理。对经营管理基本正常的4家城市信用社予以保留，于2002年3月重新组建承德市城市信用社股份有限公司。4家城市信用社和1家分社，变更为城市信用社股份有限公司的5家营业部。2003年批准增设营业部2家。2003年末，城市信用社股份有限公司总部1家，营业部7家，共8家。

邮政储蓄网点。1989年，全市邮政储蓄网点74家，2003年发展到81家。是属于邮政部门接受人民银行委托，单一办理个人储蓄业务的金融机构网点。人民银行对其实行“经营金融业务许可证”管理。

国有银行机构。1989年，工行、农行、中行、建行在承德市设立机构407家。1989—1994年期间，4家国有银行被统称为专业银行，即按专业分工划分对公业务范围。但个人储蓄业务的分工边际难以划清，出现了各家银行不计成本、争设机构、激烈竞争的局面。人民银行虽然采取了一系列机构管理的控制措施，但各家银行争相设立机构的热情不减。在此期间，全市国有银行机构始终保持在400家以上，1992年最高时达到455家，其中储蓄所296家，占65%。1994年以后，根据国务院统一部署，国有银行开始进入商业化改革，打破了专业分工，经济效益原则上升为主导地位，国有银行主动提出理性调整机构设置的请求。1994—2003年，经人民银行批准陆续对一部分效益差的县级支行、城市办事处、分理处、农村营业所、城乡储蓄所实施撤并，同时对一部分业务量大的城市储蓄所升格为二级支行。调整之后，机构总量明显下降，服务功能得到完善，存在了几十年的单一功能储蓄所，逐渐淡出了人们的视线。2003年末，全市4家国有银行机构183家，比1989年减少224家。其中工商银行机构54家，减少76家；农业银行机构69家，减少132家；中国银行机构32家，增加

14 家；建设银行机构 28 家，减少 30 家。

高级管理人员任职资格管理 1996 年 9 月 13 日，中国人民银行发布《金融机构高级管理人员任职资格管理暂行规定》，把国有银行县支行以上、地方独立法人银行机构高管人员的任职资格管理，纳入机构监管范围，使金融机构管理更具有权威性和规范性。根据规定，金融机构拟任或调整的高管人员，必须事先报人民银行，经考试考核合格，发文予以确认，否则不得任职。1996 年之后，人民银行对银行机构高管人员的任职资格逐步进入常规化管理。1999 年，人行承德分行对《金融机构高级管理人员任职资格管理暂行规定》发布之前的 67 名商业银行高管人员、264 名农村信用社高管人员补办了任职资格审查登记。2003 年 12 月 27 日，第十届全国人大常委会第六次会议通过修订《中华人民共和国中国人民银行法》和《中华人民共和国商业银行法》的决定，通过《中华人民共和国银行业监督管理法》，以法律形式厘清了人民银行与银监会的工作职责。2003 年 12 月末，承德市银行业金融机构管理工作移交承德银监分局负责。

承德市银行业金融机构增减变化情况见表 3-1-1。

1989 年承德市银行业金融机构统计表

表 3-1-1　　单位：个

机构名称	市级机构	县支行	营业部办事处	县辖办事处	分理处	营业所	储蓄所、联办所、邮政储蓄网点	信用社	合计
工商银行	1	8	7	4	10	—	100	—	130
农业银行	1	8	3	—	1	93	95	—	201
中国银行	1	2	—	—	4	—	10	—	17
建设银行	1	8	2	2	1	—	44	—	58
农村信用社	—	—	—	—	—	—	—	362	362
城市信用社	—	—	—	—	—	—	—	13	13
邮政储蓄网点	—	—	—	—	—	—	74	—	74
合计	4	26	12	6	16	93	323	376	856

说明：1989 年农村信用社县级联社 11 家，信用社 351 家，共计 362 家。不包括农村信用社分社

数据来源：承德市金融统计资料（1985—1993）

2003 年承德市银行类金融机构统计表

表 3-1-2　　单位：个

机构名称	市级分行（独立法人）	营业部	支行	网点	合计
农业发展银行	1	1	8	—	10
工商银行	1	1	52	—	54
农业银行	1	1	67	—	69
中国银行	1	1	30	—	32
建设银行	1	1	26	—	28
农村信用社	384	—	—	—	384
城市信用社股份有限公司	1	7	—	—	8
邮政储蓄网点	—	—	—	81	81
合计	390	12	183	81	666

说明：1. 2003 年农村信用社联社 9 家，信用社 375 家，共计 384 家，不包括农村信用社分社
2. 本表不含实施停业整顿的 6 家城市信用社
数据来源：承德市金融统计资料（2003）

二、银监局监管

2004 年 1 月以后，依据《中华人民共和国银行业监督管理法》，承德银监分局负责承德辖内银行业机构的行政许可管理。具体事项包括银行业机构的设立、变更、终止管理，业务范围调整管理，董事和高级管理人员任职资格管理，地方法人银行机构资本金管理。为保证行政许可工作的规范开展，承德银监分局成立行政许可审核委员会，根据银监会、河北银监局的有关法规，制订了具体管理制度。2014 年 12 月 21 日，根据银监会通知，将银行分支机构变更营业场所、设立自助银行等 9 项行政审批事项改为备案报告制。向市级分局下放中资商业银行设立支行的筹建审批等 10 项行政审批事项。

地方法人银行机构管理　承德银行。2005 年 11 月 15 日，河北银监局批复承德市城市信用社股份有限公司筹建承德市商业银行股份有限公司。2006 年 4 月 30 日，河北银监局批准承德市商业银行股份有限公司开业。2009 年 6 月 4 日，中国银监会批准承德市商业银行股份有限公司更名为承德银行股份有限公司。2011 年 8 月 26 日，河北银监局批复承德银行唐山分行开业。2015 年末，承德银行共有机构 61 家，其中地方法人总行 1 家，异地分行 1 家、总行营业部 1 家、一级支行 47 家、一级支行以下网点 11 家。较 2003 年末增加机构 52 家。

农村信用社。2005 年 11 月 3 日，河北省农村信用社联合社承德办事处正式成立，开始履行行业管理职责。2006 年 12 月，承德市 9 家农村信用合作联社完成了县级统一法人社筹建工作，河北银监局批复开业。2011 年 12 月 30 日至 2012 年 3 月 14 日，中国银监会批准宽城、滦平、围场县农村信用合作联社筹建农村商业银行。2012 年 12 月，河北监管局批准围场、宽城、滦平农商行开业。2015 年末，农村信用社共有机构 383 家，其中河北省农村信用联社承德办事处

1家、县级法人机构9家、支行（信用社）及以下机构373家。比2003年末减少1家。

村镇银行。2010年8月18日，由建设银行总行发起组建的河北丰宁县建信村镇银行有限责任公司开业。2011年1月18日，由廊坊银行发起组建的滦平县盛阳村镇银行股份有限公司开业。2011年2月24日，由承德银行发起组建的围场满族蒙古族自治县华商村镇银行股份有限公司开业。2013年11月至2015年12月增设9家支行。2015年末，村镇银行共有机构12家，其中法人机构3家、分支机构9家。

市场退出机构。2006年6月30日，承德银监分局行文批准承德市6家停业整顿城市信用社退出市场，分别为兴隆县东兴城市信用社、承德市钟鼓楼城市信用社、丰宁满族自治县燕山城市信用社、兴隆县金融服务所、滦平县金融服务所、承德市恒益城市信用社。经承德银监分局审核，到2006年6月30日之前，上述停业整顿机构的各项债务已经清算完毕。

国有银行、域外银行分支机构管理 工商银行承德分行。2005年12月22日，鉴于中国工商银行完成股份制改革，承德银监分局批复中国工商银行股份有限公司承德分行及所辖42家分支机构变更名称，原名称统一增加“股份有限公司”字样。2015年末，工商银行承德分行共有机构41家，其中市级分行1家、一级支行16家，一级支行以下网点24家。比2003年减少13家。

农业银行承德分行。2009年6月4日，鉴于中国农业银行完成股份制改革，承德银监分局批复中国农业银行承德分行及所辖45家分支机构变更名称，原名称统一增加“股份有限公司”字样。2015年末，农业银行承德分行共有机构47家，其中市级分行1家、分行营业部1家、一级支行12家，一级支行以下网点33家。比2003年减少22家。

中国银行承德分行。2005年5月18日，鉴于中国银行完成股份制改革，承德银监分局批复中国银行承德分行及所属29家分支机构变更名称，原名称统一增加“股份有限公司”字样。2002年11月22日至2015年11月26日，承德银监分局批复中国银行承德分行通过机构增设、迁址等方式，设立丰宁、滦平、宽城、承德县支行。2015年末，中国银行承德分行共有机构29家，其中市级分行1家、分行营业部1家、一级支行12家，一级支行以下网点15家。比2003年减少3家。

建设银行承德分行。2004年12月8日，鉴于中国建设银行完成股份制改革，承德银监分局批复中国建设银行承德分行及所属27家分支机构变更名称，原名称统一增加“股份有限公司”字样。2013年11月14日至2014年11月28日，承德银监分局批复建设银行承德分行通过机构迁址的方式，设立隆化、围场、丰宁3家县支行。2015年末，建设银行承德分行共有机构28家，其中市级分行1家、分行营业部1家、一级支行12家，一级支行以下网点14家。比2003年持平。

邮储银行承德市分行。2008年3月28日，承德银监分局批复中国邮政储蓄银行有限责任公司承德市分行开业。2008年5月28日、6月6日，承德银监分局批复邮储银行承德市分行直属支行等30家支行开业。2008年末，邮储银行承德市分行共有机构90家，其中分行1家、支行30家，邮政储蓄专柜59家。2009年11月13日、12月23日，承德银监分局批复邮储银行将59家邮政储蓄专柜统一更名为代理营业所。2012年6月21日，鉴于中国邮政储蓄银行完成股份制改革，承德银监分局批复邮储银行承德市分行及所辖机构变更名称，原名称的“有限责任公司”统一变更为“股份有限公司”。同年，经承德银监分局清理，将名不符实的邮储银行火神庙支行等11家支行变更为代理营业所。2015年末，邮储银行在承德辖区共有机构95家，其中市级分行1家、一级支行15家，一级支行以下网点10家，代理营业所69家。

交通银行承德分行。2013年11月22日，河北银监局批复交通银行股份有限公司承德分行开业。2015年末，交通银行承德分行共有机构5家，其中市级分行1家、分行营业部1家、二级支行3家。

中信银行承德分行。2015年3月3日，河北银监局批复中信银行承德分行开业。2015年末，中信银行承德分行共有机构2家，其中市级分行1家、分行营业部1家。

张家口市商业银行承德分行。2014年10月23日，承德银监分局批复张家口市商业银行承德分行开业。2015年末，张家口市商业银行承德分行共有机构2家，其中市级分行1家、分行营业部1家。

河北银行承德分行。2014年11月20日，承德银监分局批复河北银行承德分行开业。2015年12月29日，承德银监分局批复河北银行双滦、平泉、丰宁、滦平4家支行开业。2015年末，河北银行共有机构6家，其中市级分行1家、分行营业部1家、一级支行4家。

2015年12月，承德辖区银行业金融机构共计721家，比2003年增加55家。增减变动的主要因素是，2013—2015年交通银行、中信银行、河北银行、张家口市商业银行先后入驻承德。2010—2011年先后设立3家村镇银行。带动机构增长27家；承德银行机构扩张迅速，网点数量比2003年增加53家；邮储银行承德市分行开业，增加机构14家；工行、农行、中行、建行4家国有商业银行按照商业化和股份制改革的要求，优化机构设置，调整机构布局，减少机构38家；农村信用社减少机构1家。

2015年承德市银行业金融机构统计表

表3-1-3　　单位：个

机构名称	市级分行（独立法人总行）	法人机构异地分行	分行营业部	县级法人	一级支行	一级支行以下网点	合计
农业发展银行	1	—	1	—	8	—	10
工商银行承德分行	1	—	—	—	16	24	41
农业银行承德分行	1	—	1	—	12	33	47
中国银行承德分行	1	—	1	—	12	15	29
建设银行承德分行	1	—	1	—	12	14	28
交通银行承德分行	1	—	1	—	—	3	5
邮储银行承德市分行	1	—	—	—	15	79	95
河北省农村信用社承德办事处	1	—	—	9	—	373	383
中信银行承德分行	1	—	1	—	—	—	2
河北银行承德分行	1	—	1	—	4	—	6
承德银行	1	1	1	—	47	11	61

续表 3-1-3

机构名称	市级分行（独立法人总行）	法人机构异地分行	分行营业部	县级法人	一级支行	一级支行以下网点	合计
张家口市商业银行承德分行	1	—	1	—	—	—	2
丰宁建信村镇银行	—	—	—	1	—	—	1
围场华商村镇银行	—	—	—	1	—	9	10
滦平盛阳村镇银行	—	—	—	1	—	—	1
合计	12	1	9	12	126	561	721

说明：1. 以上数据包括农村信用社分社
2. 邮储银行承德市分行一级支行以下网点包含 69 家代理网点

高级管理人员任职资格管理 2004 年 1 月以后，承德银监分局依法履行对银行业金融机构的董事及高级管理人员任职资格管理。2004—2013 年执行有关法规，2013 年 12 月 18 日以后，执行中国银监会发布的《银行业金融机构董事（理事）和高级管理人员任职资格管理办法》。任职资格管理是指金融监管当局规定任职条件，核准和终止任职资格，对金融机构董事（理事）和高级管理人员是否符合任职资格条件进行全过程监管。任职资格条件是指金融机构拟任、现任董事（理事）和高级管理人员在品行、声誉、知识、经验、能力、财务状况、独立性等方面应当达到的监管要求。任职资格审查是指金融监管当局根据任职资格条件，对金融机构拟任、现任董事（理事）和高级管理人员，做出的核准、终止、取消任职资格的决定。承德银监分局依法履行辖内金融机构拟任、现任董事（理事）和高级管理人员任职资格管理职责，具体做出受理申请、审核调查、考试考核、核准批复等行政行为。未经核准或已终止、取消任职资格的人员，在金融机构任职无效。

2009 年 2 月 16 日，承德银监分局印发《承德市银行业机构高级管理人员履职行为监管实施办法（试行）》。10 月 24 日至 11 月 6 日，承德银监分局分期分批组织全辖银行业金融机构高管人员，进行经济金融法律法规、业务知识考试、考核。

2011 年 9 月 27 日，承德银监分局印发《国有商业银行高管人员准入“三考三承诺”办法》。“三考”是指监管部门在高管人员准入许可前，按照规定的程序考察拟任人三个方面内容，一是通过材料审查，考察拟任人职业记录；二是通过笔试方式，考察拟任人理论知识和专业技能；三是通过面试，考察拟任人的综合素质、履职责任心。“三承诺”是指监管部门在高管人员准入许可前，拟任人按规定的要求对相关事项进行书面承诺，一是承诺无违法违纪行为，无故意犯罪记录，无提供虚假材料等违反诚信原则行为，无违反社会公德的不良行为，个人或配偶无数额较大的到期未偿还的负债或正在从事的高风险投资明显超过家庭财产的承受能力；二是承诺诚实信用、守法守规、依法经营、履职尽责；三是承诺遵守监管规定，加强与监管部门的信息沟通，积极配合监管工作，并按照监管部门规定及时报告履职情况。同年 11 月 14 日，承德银监分局印发《关于加强村镇银行监管工作的意见》，规定了股东资质审查等 4 个方面 14 条具体监管要求。

2004—2015 年，承德银监分局依法对地方法人银行、农村信用社县联社董事（理事）、各银行县级支行以上的行长（主任）、副行长（副主任）履行任职资格管理。其间因高管人员本人涉案或对案件负有领导责任，取消任职资格 14 人。

地方法人银行机构资本金管理 资本金是投资者为获取利润而投入的货币资金，是衡量金融机构安全性的重要监管指标。根据有关法律法规及 2013 年 1 月 1 日实施的《中国银监会商业银行资本管理办法（试行）》，承德银监分局依法监管地方法人银行资本充足率和资本金变化。一是持续强化资本充足率指标硬性约束，推进中长期资本补充规划。承德银监分局通过定期检查资本充足率真实性，督促地方法人金融机构定期测算资本充足率指标，定期报送自查分析报告，提交资本差额补充措施。二是加强日常监管，通过建立资本管理监测台账、监管谈话、专题会议等措施，推进资本管理办法落到实处。三是分级举办专题培训班，为地方法人机构培养专业化管理队伍。

一是承德银行资本金变动。2004—2015 年，承德银行根据业务发展需要，先后 8 次增加股本金，股本金由 2003 年的 3614 万元，增长到 2015 年的 238214 万元，增长 65 倍。2015 年 11 月 25 日，承德银行在全国银行间债券市场发行 10 亿元二级资本债券，资本金总额达到 338214 万元。

2003—2015 年承德银行资本金变动统计表

表 3-1-4　　单位：万元

年份	股本金	二级资本债	资本金总额	资本充足率	备注
2003	3613.87	—	3613.87	9.03%	资本旧办法计算
2004	3613.87	—	3613.87	13.59%	资本旧办法计算
2005	11652.69	—	11652.69	11.91%	资本旧办法计算
2006	13381.19	—	13381.19	9.68%	资本旧办法计算
2007	13381.19	—	13381.19	9.58%	资本旧办法计算
2008	44309.53	—	44309.53	17.16%	资本旧办法计算
2009	44309.53	—	44309.53	16.13%	资本旧办法计算
2010	67945.10	—	67945.10	15.17%	资本旧办法计算
2011	67945.10	—	67945.10	17.02%	资本旧办法计算
2012	129095.69	—	129095.69	15.49%	资本旧办法计算
2013	161369.61	—	161369.61	12.29%	资本新办法计算
2014	196870.93	—	196870.93	11.70%	资本新办法计算
2015	238213.83	100000.00	338213.83	13.89%	资本新办法计算

二是农村信用社及农村商业银行资本金变动。在2004年10月启动农村信用社改革时，人民银行为农村信用社改革分别设置了两级法人、一级法人、农商行三种法人体制，并对应的设置了三种不同的资本充足率考核指标，与中央银行专项票据的发行和兑付直接挂钩。由农村信用社自行选择。当时承德市9家县级农信联社全部选择以县为单位的统一法人体制，对应"在专项票据发行时，以县为单位的资本充足率必须达到2%；在专项票据兑付时，以县为单位的资本充足率必须达到4%"的考核指标。上述资本充足率考核指标，人民银行与银监局标准一致。

2004—2005年，农村信用社扎实开展了增资扩股工作，通过广泛宣传、改进服务等措施，增资扩股工作得到有效推进。截至2005年7月末，全辖农村信用社股本金余额81856万元。其中资格股为78090万元，占股本金总额的95.40%（自然人股72827万元，法人股5263万元）；投资股为3766万元，占股本金总额的4.60%（自然人股3692万元，法人股74万元）。达到了资本充足率2%的规定条件，全部完成了票据发行工作。

2006年，全辖各县区联社资本充足率均达到4%，陆续完成了由两级法人向一级法人的改革。

2010年，农村信用社确定了分期分批组建农村商业银行的改革目标，银监会规定农村商业银行的资本充足率标准为不低于8%。

2011年，宽城满族蒙古族自治县、滦平县、围场满族蒙古族自治县农村信用联社第一批启动农村商业银行筹建工作。经考核资本充足率及各项指标达到监管要求之后，2012年12月经银监会批准分别开业。

截至2015年末，全辖农村信用社经过多次增资扩股，股本金总额达到184，876万元，是2003年的11.6倍。承德银监分局对农村信用社增资扩股工作，进行了全程监管。

2003—2015年承德市农信机构资本金变动统计表

表3-1-5　　　　单位：万元

年份	围场农商行		丰宁满族自治县联社		滦平农商行	
	股本金	资本充足率	股本金	资本充足率	股本金	资本充足率
2003	1346.32	—	1510.88	—	1578.09	—
2004	2444.19	—	2618.76	—	7559.38	—
2005	2590.73	17.22%	4137.71	13.53%	9731.22	9.05%
2006	2987.16	11.14%	4756.35	-2.28%	9801.82	4.23%
2007	3253.71	13.73%	4355.93	-13.95%	9785.72	3.76%
2008	3171.91	11.32%	4355.93	-1.98%	9785.72	7.22%
2009	3171.91	12.21%	4356.48	4.07%	9785.72	8.84%
2010	3388.91	17.36%	8856	9.55%	10936.37	10.36%
2011	6869.91	17.2%	9856	10.72%	20155.72	13.05%
2012	6528.14	18.68%	17643.23	12.79%	20155.72	13.31%
2013	6528.14	13.12%	17643.23	10.34%	20155.72	11.45%
2014	6528.14	13.87%	17643.23	10.64%	20155.72	11.59%
2015	6528.14	15.05%	19760.42	12.88%	22792.95	10.64%

续表 3-1-5

年份	宽城农商行		承德县联社		郊区联社	
	股本金	资本充足率	股本金	资本充足率	股本金	资本充足率
2003	1346.41	—	1087.76	—	3149.82	—
2004	4973.74	—	5145.83	—	8091.98	—
2005	6237.24	9.18%	6423.38	8.25%	18706.54	6.64%
2006	6493.61	7.1%	6743.38	-3.69%	19765.44	0.26%
2007	6471.61	9.64%	6608.05	-3.63%	25281.77	6.6%
2008	6471.61	8.74%	6591.58	1.95%	24844.37	7.31%
2009	6472.31	9.53%	8212.93	4.53%	24084.67	8.06%
2010	10573.86	11.46%	12584.57	8.2%	26249.91	10.31%
2011	14748.92	13.57%	15584.32	10.06%	26249.91	11.74%
2012	14748.92	16.7%	22123.5	11.55%	26299.91	11.9%
2013	14748.92	10.74%	22123.5	8.71%	26299.91	7.31%
2014	14748.92	13.05%	22123.5	9.16%	26299.91	7.78%
2015	16935.99	14.05%	24114.62	6.86%	28666.91	3.07%

年份	兴隆联社		平泉联社		隆化联社	
	股本金	资本充足率	股本金	资本充足率	股本金	资本充足率
2003	2278.08	—	2500.11	—	1122.38	—
2004	10736.89	—	10138.58	—	4138.02	—
2005	15482.83	4.53%	14144.77	8.44%	7732.38	10.11%
2006	15860.66	-2.23%	14672.68	-0.87%	7751.97	0.67%
2007	15603.72	-6.26%	14672.68	3.01%	7751.97	-6.55%
2008	14340.71	-6.2%	14672.68	5.68%	7751.97	4.12%
2009	14481.89	-2.26%	14672.68	6.32%	7751.97	7.22%
2010	14943.02	1.96%	18693.26	9.01%	8874.68	9.55%
2011	15854.53	-4.03%	18763.26	9.56%	8874.68	10.37%
2012	15854.53	2.95%	26663.26	12.05%	18008	12.23%
2013	15854.53	2.46%	26663.26	9.1%	18008	9.22%
2014	15854.53	3.96%	26663.26	8.54%	18008	9.39%
2015	17119.74	5.2%	29328.94	0.53%	19628.72	6.85%

三是村镇银行资本金变动。丰宁建信村镇银行初始股本金3000万元，开业后至2015年保持不变。

围场华商村镇银行初始股本金2580万元，分别于2012、2013、2015年3次合计增加股本金4860万元，2015年末实收股本金7440万元。承德银监分局按照规定进行了审批。

滦平盛阳村镇银行初始股本金5000万元，于2015年增加股本金830.4万元，2015年末实收股本金5830.4万元。承德银监分局按照规定进行了审批。

2003—2015年承德市村镇银行资本金变动统计表

表3-1-6　　单位：万元

年份	丰宁满族自治县建信村镇银行		围场满族蒙古族自治县华商村镇银行		滦平县盛阳村镇银行	
	股本金	资本充足率	股本金	资本充足率	股本金	资本充足率
2010	3000	64.33%	—	—	—	—
2011	3000	30.29%	2580	28.56%	5000	81.04%
2012	3000	23.68%	5300	23.62%	5000	9.72%
2013	3000	19.76%	6200	24.46%	5000	20.37%
2014	3000	19.7%	6200	17.87%	5000	22.08%
2015	3000	22.93%	7440	18.36%	5830.4	23.13%

第三节 小额贷款公司监管

一、政策依据

为改善农村金融服务，支持社会主义新农村建设。2008年5月，中国人民银行、中国银监会联合发布《关于小额贷款公司试点的指导意见》（以下简称《指导意见》），为小额贷款公司的设立和经营提供了政策依据。

小额贷款公司是由自然人、企业法人与其他社会组织投资设立、不吸收公众存款、经营小额贷款业务的有限责任公司或股份有限公司。

小额贷款公司享有独立的法人财产权，以全部财产对其债务承担民事责任。小额贷款公司股东依法享有资产收益、参与重大决策和选择管理者等权利。以其出资额或股份额为限，对公司承担责任。

申请设立小额贷款公司的注册资本全部为实收资本，由出资人或发起人一次足额缴纳。有限责任公司的注册资本不得低于500万元，股份有限公司的注册资本不得低于1000万元。

小额贷款公司自主选择贷款对象，坚持“小额、分散”的原则，同一借款人的贷款余额，不得超过小额贷款公司资本净额的5%。

小额贷款公司贷款利率上限，不得超过同期银行贷款利率的4倍；下限为中国人民银行公布的贷款基准利率的0.9倍。具体浮动幅度按照市场原则自主确定。

省级政府明确一个主管部门（金融办或相关机构）负责对小额贷款公司的监督管理，并承担小额贷款公司风险处置责任。

《指导意见》还对小额贷款公司申请设立的条件步骤、业务管理、风险控制、基本义务做出了规定。

二、审批管理

2008年至2014年4月，承德市设立小额贷款公司机构，由承德市工业和信息化局负责审核，报河北省金融办审批。

2014年4月，根据《承德市机构编制委员会关于调整小额贷款公司管理职能的通知》（承市机编〔2014〕9号），将承德市工业和信息化局承担的设立小额贷款公司机构审核及监管职能，调整到承德市金融工作办公室。

第二章 金融风险监管

金融风险监管是根据金融监管法律法规体系、风险指标监测体系，通过现场检查或非现场监测等手段,针对金融机构存在的违法违规经营、重大案件、风险隐患，依法采取的警告、限制、处罚、救助、托管、行政接管、停业整顿等行政措施。目的在于防范和化解金融风险，有效维护金融稳定。人行承德市中心支行、承德银监分局主要采取稽核及行政处罚、监管检查、受理举报等方式，维护金融消费者的合法权益，规范金融机构的经营行为。

第一节 稽核及行政处罚

一、金融稽核检查

1989—1998 年期间，稽核检查是人民银行对金融机构实施现场监管、维护正常金融秩序的重要手段。人行承德分行设立稽核部门，每年针对金融机构存在的突出性问题，确定年度稽核项目，深入现场进行稽核检查，纠正了大量的违规违法经营问题。1989—1998 年，人行承德分行共完成稽核检查项目 263 项，查出各种违规资金 23.6 亿元，罚款 105 万元，划回财政性存款 1300 万元，追缴存款准备金 3445 万元，追收利息 3.75 万元。督促被查单位清收风险贷款 2780 万元。稽核检查手段的运用，对规范金融机构依法合规经营，起到了重要作用。

1999 年之后，人民银行不再承担对金融机构的现场稽核检查任务，转变为人民银行内部审计。

1989—1998 年承德市现场稽核检查情况统计表

表 3-2-1　　单位：万元

年份	稽核项目	违规资金	罚款	划回财政性存款	追缴存款准备金	追收利息及手续费
1989	11 个	6933	—	—	—	—
1990	84 个	—	5.39	451.9	594.9	1.73
1991	10 个	617.6	2.23	—	86.4	1.5
1992	16 个	15231.79	4.75	293.2	351.8	—
1993	16 个	42376.8	19.71	82.1	171.1	0.52

续表 3-2-1

年份	稽核项目	违规资金	罚款	划回财政性存款	追缴存款准备金	追收利息及手续费
1994	16 个	74696	22.8	473	1533	—
1995	14 个	65606	—	—	708	—
1996	2 个	—	1.4	—	—	—
1997	18 个	31043	49.3	—	—	—
1998	76 个	—		—	—	—
合计	263 个	236504.19	105.58	1300.2	3445.2	3.75

二、违法违规查处

1989—2003 年，人行承德分行通过受理举报、专项检查、突击检查等手段，重点检查处理金融机构“利息贴水”、发放纪念品等形式的高息揽储行为、非金融机构擅自办理金融业务等行为。

1989 年，人行承德分行对严重违反金融政策法规的问题进行查处。全年先后对中国银行未经批准擅自发行大额存单、工商银行滦河办事处职工之家联办储蓄所吸收存款滥发实物奖品、专业银行擅自用流动资金贷款发放固定资产贷款、向“十不贷”企业或项目发放贷款、转移财政性存款、延压国库款、吸收不属于储蓄范围的公款等问题给予罚款处理。对围场满族蒙古族自治县供销社擅自办理保险业务、丰宁满族自治县教委擅自经营人身保险业务、兴隆县茅山镇农村资金服务社非法经营金融业务等问题进行查处，停办违法业务，查处违法收入，并处以罚款。

1990 年，人行承德分行对 13 家城市信用社合规经营进行全面检查，对各银行储蓄机构利率执行情况进行重点抽查，及时查处违章、违纪、违法的金融活动 6 起。1993 年，人行承德分行先后对农业银行承德分行、建设银行承德分行擅自开办特种大额储蓄业务进行了检查和处理，责令其立即停办业务，并责令农业银行承德分行对屡犯的营业部进行内部通报。查处了农业银行系统超规模放款 2000 万元问题。1994 年，人行承德分行对农村合作基金会问题进行全面调查，向市政府报送专题调研报告，指出存在问题，向政府提示了可能承担的风险责任。1996 年，人行承德分行针对邮政储蓄违规经营行为进行检查，对其公款私存套取人行利息、高息揽储问题进行处理纠正。同年 7 月，人行承德分行强化对彩票市场的管理，依法制止了围场县工业局制药厂和县供销社以有奖销售和清仓大甩卖形式，变相销售彩票的非法行为。纠正市民政局溢价发行福利彩票问题。

1999 年，为落实对金融机构的监管责任，人行承德市中心支行实行行级领导分片承包责任制，成立了由行长、副行长、监管部门负责人组成的金融监管领导小组，明确了承德市辖内 104 名监管人员的监管范围、监管职责和监管目标，实行定期考核。2000 年，人行承德市中心支行进一步加大了对金融机构经营管理的监管力度。对中国银行承德分行违规签发银行汇票、购入假票据和违规操作银行卡等问题进行了依法处理；对城市信用社系统增量存贷款比例控制不力、“两呆”贷款压缩任务完成不好的问题进行了通报；

对鹰手营子城市信用社账外经营问题进行通报批评，对责任人予以记大过处分；对承德钢铁集团公司内部集资问题进行专项调查。2002年，根据《中国人民银行关于全面清理银行系统“小金库”的通知》，人行承德市中心支行抽调26人，组成12个检查组，对承德市辖内政策性银行、国有商业银行41家支行以上机构进行“小金库”情况的重点检查。

三、行政处罚

2004年1月金融监管分工调整后，承德银监分局依法履行银行业风险监管职责。同年8月23日成立金融行政管理事项审核及处罚委员会，印发了工作职责。2006年11月27日承德银监分局单独设立行政处罚委员会。2007年7月12日，承德银监分局印发《行政处罚委员会议事规则》。

2004—2015年，承德银监分局共办理金融行政处罚事项17起，其中处罚银行业机构3起，均罚款50万元以上，总金额160万元，没收违法所得49950元；取消高管人员任职资格处罚14起，其中取消5年以上任职资格5起。

2004—2015年承德银监分局行政处罚（机构）统计表

表3-2-2

处罚文号	处罚时间	单罚/双罚	处罚机构	处罚类型	处罚金额（万）	违法事项
银监承局罚决字〔2005〕1号	2005年10月31日	单罚	承德市郊区汪家庄农村信用社	罚款	50	未经批准擅自迁址、金融许可证丢失
银监承局罚决字〔2006〕2号	2006年7月21日	单罚	承德市双滦区邮政局	罚款、没收违法所得	50	发放超权、异地等违规贷款共计19笔，112.6万元
银监承分局罚决字〔2007〕1号	2007年1月29日	单罚	承德市郊区农村信用合作联社	罚款、责令机构内部问责	60	通过“贴水”吸储形式，利用“应付利息”科目在2006年1月至10月期间，支付一年期定期储蓄存款法定利率以外费用22526笔，金额757.35万元

第二节 监管检查

一、现场监管

2004年，承德银监分局开展了国有商业银行内控管理、农村信用社最大10户贷款、城市信用社风险检查等19项大型检查，提出整改意见247条，跟踪监督落实整改，各项风险指标向好发展。

2005年，承德银监分局开展对国有商业银行贷款偏离度和城市信用社贷款五级分类等现场检查38项，向银行业机构提出整改建议710条，落实整改677条。同年，承德银监分局开展监管统计现场检查，印发《关于控制和防范农村信用社贷款集中风险的监管意见》《关于加强农村信用社非现场监管工作有关问题的通知》，向被查机构发出《统计现场检查建议书》并进行约见谈话，通报存在问题，提出监管建议。

2006年，承德银监分局组织各类现场检查23项，向银行业机构提出整改建议697条，落实整改561条。按照河北银监局安排，对辖内工行、农行、中行、建行4家国有商业银行承德分行集团客户授信业务进行现场检查。重点检查对集团客户授信政策、程序和限额的适当性，集团客户授信风险管理、监测和报告情况，对集团客户授信的内部监督检查情况，集团客户授信业务风险情况等内容。检查集团客户17户，发现问题29个，提出监管建议24条，对4家国有银行集团客户授信业务提出风险警示。

2007年，承德银监分局对各类银行业机构开展现场检查32项，提出整改建议236条，落实整改191条。对中国银行承德分行进行了票据业务现场检查。当年中行承德分行的票据承兑业务总量占全辖银行业的90%、票据贴现业务总量占全辖银行业的60%。检查组重点检查票据业务的制度建设与执行、业务流程与操作、风险控制与防范。现场检查发现问题9个，提出监管建议10条。对承德市商业银行营业部及联谊支行全面业务、对双滦支行票据业务、中天支行案件风险排查进行现场检查，针对存在的问题提出监管意见16条，突出强调规范经营和风险防控问题。

2008年，承德银监分局开展对国有银行的案件风险隐患清查、房地产贷款现场检查等5项现场检查，向银行业机构提出整改意见64条。根据河北银监局关于《邯郸魏县白仕望信用社赵爱军挪用侵占资金案件情况的通报》，在安排农村信用社自查的基础上，承德银监分局检查组于2008年5月27日至6月12日对平泉县农信联社城北、平房、松树台等15个机构风险隐患进行排查，发现问题3项，提出整改意见5条。根据河北银监局印发的《河北省银行业机构案件风险隐患清查工作抽查方案》，于11月11日至12月9日，对邮储银行围场县、隆化县、双塔山、滦河支行开展案件风险隐患现场检查。发现5个方面问题，提出14条监管意见，印发现场检查意见书一份。督促邮储银行对存在问题认真整改，完善规章制度，健全风险管控机制。该项现场检查被河北银监局评为2008年度优秀现场检查项目。

2009年，承德银监分局对国有商业银行开展5个方面的案件风险抽查，发现各类违规问题187项。

2010年，承德银监分局开展现场检查项目69项，发现各类问题160项，下达检查意见书64份。重点开展了四项工作。一是对邮储银行、邮储代理网点业务库和营业网点安保工作的检查报告，抄报了河北省邮政集团公司，引起省邮政管理部门重视。二是对大型银行代理保险业务现场检查。通过非现场监管数据分析发现，承德4家国有商业银行存在代理保险手续费收入快速增加、代理保险业务发展迅猛、客户针对银行代理保险业务的投诉增多的现象。承德银监分局对工行、农行、中行、建行4家银行2009年代理保险业务存在问题整改情况进行后续跟踪检查，发现问题31个，提出整改意见20条。该现场检查项目被河北银监局评选为优秀项目。上报的《银行代理保险业务存在问题及建议》，被《河北银行业监管简报》第316期和银监会《监管工作信息》第485期采用。三是对农发行承德分行开展商业性中长期贷款（包括政府融资平台“项目包”打开工作）现场检查。检查机构7家，发现2个方面问题，提出4条监管意见，印发了现场检查意见书。农发行承德分行针对存在问题进行整改，通过完善第二还款来源、加强平台贷款管理、强化了贷后检查。四是对承德银行三季度贷款新规执行情况开展现场检查。发现4个方面问题，提出5条监管意见。承德银行认真进行整改，加强对贷款新规的学习，完善支付手续，调整部门职责，加强贷后管理。

2011年，承德银监分局开展各类现场检查22项，发现各类违规问题127项，下达现场检查意见书16份。2012年，承德银监分局派出21个现场检查组，对贷款合规性进行重点检查，发现违规贷款金额5.98亿元，提出整改意见83条。2011—2012年，对银行机构案件防控压力传导机制建设情况进行现场检查。检查国有商业银行市级分行、城区支行、县支行、二级支行、分理处共20家，发现违规问题14个，提出监管建议15条，并针对现场检查情况印发《关于辖内国有商业银行分支机构案件防控压力传导机制现场检查情况的通报》，对发现的风险进行警示，防止同质同类问题发生。

2013年，承德银监分局派出现场检查组5个，提出整改意见32条。根据河北银监局《现场检查项目后评价办法》，对农村合作金融机构内控制度建设及执行力情况进行现场检查。承德银监分局派出9个检查组、36人，历时一个月，检查业务29125笔、金额1466023万元，发现7类64项问题，查出违规笔数1566笔，金额165777万元。印发监管意见书9份，共提出监管意见64条。

2014年，利用科技手段实施现场监管，共派出检查组41个，提出整改意见107条。对农行承德分行、交通银行承德分行进行理财业务现场检查。重点检查理财业务风险管理、制度建设、业务操作流程、内部控制等情况，以及对中国银监会《关于规范商业银行理财业务投资运作有关问题的通知》《关于完善银行理财业务组织管理体系有关事项的通知》的落实情况，检查发现问题8个，提出监管意见7条。交通银行总行根据承德银监分局的监管意见，进一步完善了理财产品销售制度。

6月17—27日，对邮储银行承德市分行监管统计业务开展现场检查。通过对非现场监管报表、客户风险统计报表、房地产监测情况统计表等相关报表开展全面检查，查出统计数据质量管控能力不足、统计管理不完善、统计工作基础设施薄弱、统计队伍建设薄弱以及统计报表数据质量5个方面14个问题，经深入分析数据流程环节，剖析影响报表质量的原因，提出针对性的监管要求和整改建议。

7月22日至9月5日，对承德银行2013—2014年上半年全面业务进行现场检查。检查组通过查前分析、调查问卷、进点会谈、调阅资料、抽查原始凭证及监控录像等手段，发现4个方面问题，提出6条监管意见。承德银行对检查发现的问题及时整改并报送整改报告。对围场、滦平、宽城3家农村商业银行进行全面业务现场检查。按照项目检查要点，派出3个检查组、12人，检查历时40天，印发监管意见书3份，提出监管意见6条。

同年，河北银监局印发《河北银监局EAST数据采集平台运行管理办法（试行）》，承德银监分局督促承德银行完成EAST系统数据报送工作，开展EAST系统应用技能培训。在对承德银行业务全面检查中，承德银监分局首次使用EAST系统，建立模型5个，核实问题34笔、金额52502万元，模型准确率89%。

2015年，承德银监分局派出现场检查组44个，印发检查意见书25份，提出监管意见75条。继续开展EAST系统推广应用工作。指导承德银行进行数据规范化处理及数据上报工作，及时解决数据标准化中存在的问题。组织开展“提高监管效能，提升管理能力”EAST系统应用劳动竞赛活动，承德银监分局获得省局系统应用优秀组织单位。

二、非现场监管

2004年3月，承德银监分局印发《关于规范银行业监管统计报表的通知》，实行按月采集银行业机构贷款质量五级分类、客户大额授信、零售贷款违约客户情况统计报表。同年11月，银监会发布《银行业监管统计管理暂行办法》，明确规定了银行业监管统计工作任务要求。承德银监分局印发《监管统计工作考评办法》，对银行业金融机构统计制度执行、统计报表报送、统计分析质量进行考评。承德银监分局印发《非现场监管操作规程》，根据被监管机构报送的监管数据，按月刷新监管台账，并对各项指标进行分析、对比、判断。根据监测指标变化，发出风险预警。同年完成了对全辖农村信用社的风险评价。

2005年7月，银监会印发《银行开展小企业贷款业务指导意见》，明确了商业银行建立小企业贷款利率风险定价、独立核算、高效审批、激励约束、专业化人员培训、违约信息通报等六项机制。10月，银监会印发《小企业授信情况统计表》，对小企业贷款非现场数据采集工作做了明确规定，承德银监分局开始对辖内银行业机构小企业授信情况进行统计监测。

2006年，根据《河北省小企业贷款违约信息通报机制的实施意见》，承德银监分局组织了小企业贷款违约客户管理信息系统培训，补充收集城市商业银行统计数据，将小企业授信统计工作推广至农村信用社。

2007年，银行业非现场监管信息系统上线运行。承德银监分局按要求完成数据补录和数据审核工作，利用系统数据的审核分析、发出风险预警，以非现场监管启示现场检查。

2008年，根据河北银监局《关于调整客户风险统计制度的通知》，承德银监分局指导辖内银行业机构完成关联客户信息筛选、交叉校验、预警分析，提高报送数据的准确性和有效性。

2009年，承德银监分局印发《承德市银行业金融机构监管统计工作考评办法》，从统计制度的执行、非现场监管报表的报送、非现场监管分析的质量等方面对辖内银行业机构进行考评。客户风险预警系统数据入统由国有商业银行扩大到所有银行业机构，授信或贷款余额从5000万元下调到3000万元。

2010年7月，承德银监分局组织银行业机构参加全省应用竞赛活动，1人获得河北省“防风险信息体系”竞赛个人突出贡献奖。组织国有商业银行参加银监会与国家质检总局举办的银码共享系统培训班，系统同时上线，方便了大客户机构代码的查询与核对。

2011年，银监会印发《银行监管统计数据质量管理良好标准（试行）》，承德银监分局从3月起全面推行客户风险数据审核分析软件系统应用，定期登陆“校验反馈系统”，查看待核实信息，及时修改和反馈核查结果，客户风险统计数据质量得到进一步提升。承德银监分局推出房地产企业“名单式”管理实施意见，督促各银行业金融机构跟踪监测、建立全市房地产开发企业“名单”和“黑名单”两个台账，全面掌握房地产市场形势和房贷风险状况。

2012年，承德银监分局对监管统计月报内容进行改版修订，增加了县域金融机构重要指标统计数据。组织开展“非现场监管信息系统、客户风险监测预警系统、银行风险早期预警系统应用质效提升年”竞赛活动，推动三大监管统计系统扩大应用范围。

2013年，承德银监分局完成新版客户风险统计系统、房地产监测系统上线运行。针对新增报表、变更报表、人员变更等情况，建立新版客户风险统计系统联系人制度。

2014年，承德银监分局印发《承德银监分局提升监管统计数据质量实施意见》并建立了报表报送台账，各银行业机构“一把手”出具《监管统计数据质量承诺书》，承诺做到各类监管统计数据、资料报送“真实、准确、及时、完整”。承德银监分局印发《承德银监分局加强产能过剩行业信贷风险跟踪监测实施方案》，建立产能过剩行业信贷风险跟踪监测台账，明确各银行与监管部门职责，加强产能过剩行业信贷风险防控。

2015年，承德银监分局强化房企“名单制”管理，高度关注重点企业运行及信贷风险变化，提前制定处置预案，切实防范单体和区域风险事件发生。加大对产能过剩行业特别是铁矿采选行业风险的排查和预警，实施差异化授权授信制度，避免“一刀切”式的抽贷、压贷，造成企业资金链断裂。

2004—2015年，辖内银行业机构各项存款、贷款、资产总额、负债总额基本保持健康增长。不良贷款于2005年经剥离减少后，2007年反弹到55.09亿元，2014年减少到16.65亿元，2015年增加到39.76亿元。辖内银行业利润稳步增长，2014年达到39.61亿元，2015年有所减少。

2004—2015年承德市银行业机构主要指标统计报表

表3-2-4 单位：亿元

年份	不良贷款	资产总额	负债总额	利润总额
2004	40.62	350.27	355.79	0.39
2005	35.75	409.68	409.03	2.00
2006	52.31	475.37	461.60	5.40
2007	55.09	598.47	579.68	8.24
2008	36.72	736.75	711.22	13.00
2009	27.1	1024.1	992.84	13.67
2010	24.07	1241.83	1201.9	18.88
2011	20.3	1390.66	1336.18	25.20
2012	18.52	1589.01	1529.48	20.78
2013	17.7	1851.12	1776.49	24.32
2014	16.65	2036.31	1943.95	39.61
2015	39.76	2327.5	2225.75	34.26

第三节 维护消费者权益

一、健全制度

2007年，承德银监分局开始办理消费者权益维护工作。2014年9月，根据中国银监会有关规定，制定印发《银行业消费者投诉处理实施细则》《信访工作实施细则》，维权工作进一步规范化。

二、受理投诉

2007—2015年，承德银监分局受理信访投诉173件，全部做到了妥善处理。

案例一 因办理银行卡引发的投诉。2012年6月，张先生来电反映某银行网点以无纸质存款折为由，强制客户办理银行卡（每卡收取年费10元）。经承德银监分局调查核实，是属于工作人员解释不到位，造成客户误解，引发投诉。要求该银行主动与张先生取得联系，向客户道歉，做出正确解释，争取客户谅解。

案例二 因代理保险引发的投诉。2014年6月，杨先生致电承德市“961890”群众服务热线，反映杨先生的母亲在某行存钱，工作人员告知其办理的是零存整取，但实际却是购买了保险产品。杨先生查看单证后，即到该行办理退保，但工作人员态度不好。经承德银监分局调查核实，属于工作人员违背客户意愿推销保险产品。要求该行对责任人进行问责处理，并向投诉人反馈处理结果。

第三章 金融风险处置

高风险金融机构的处置，关系到存款人的切身利益，涉及千家万户。1998年，承德市钟鼓楼社、兴隆县东兴社等城市信用社出现了严重的支付困难，多年积累的风险开始暴露。人行承德分行在市政府和天津分行领导下，积极组织风险救助。2000年，对全市20家城市信用社风险实行分类处置，其中对6家救助无望的城市信用社实施停业整顿，对10家一般风险的城市信用社改制为农村信用社，对4家低风险的城市信用社重组单一法人社。风险处置工作历时6年，保护了存款人的合法权益，维护了社会稳定。

农村信用社点多面广，是支农主力军。但由于历史原因，多年积累的风险非常突出，1997年统计数据显示，亏损面高达98%，不良资产占比高达67%。一部分风险突出的信用社，随时可能引发风险爆发的恶性事件。人行承德分行通过为农村信用社讨债维权、提供再贷款支持、全面推进体制改革等多项措施，实行全方位的风险救助，终于使风险得到有效化解，转入正常经营。

第一节 城市信用社风险处置

1997年9月，西方十国集团在瑞士巴塞尔制定的《有效银行监管核心原则》（巴塞尔协议）发布后，引起中央和地方对金融风险监管的高度重视。当时，承德市的金融风险集中在城市信用社。在人行天津分行和承德市政府的领导下，人行承德分行对城市信用社风险进行了有效处置。

一、城市信用社的设立和发展

1984年，承德市农业银行恢复设立不久，建设银行还没有改制，中国银行和工商银行正在筹备分设组建，而人民银行还经办着工商信贷等城市金融业务。当时，发展经济成为主旋律，各种所有制的经济实体如雨后春笋般出现，国家机关和事业单位也纷纷办起了经济实体，人民银行亦自发地兴办集体性质的金融组织。于是，人民银行承德地区中心支行、承德市支行、部分县支行，在一年之间组建了10家金融服务所，不仅在信贷体制之外支持了各种经济实体的资金需求，而且安排了一部分本单位待业青年。从总体上看，这是经济发展和金融改革的初期产物。年末，工商银行分设，人民银行专门行使中央银行职能。金融服务所全部移交工商银行管理。

1986年7月5日，中国人民银行发布第一个有关城市信用社的规范性文件——《城市信用合作社管理暂行规定》。规定城市集体金融组织统一定名为“城市信用社”，并且明确城市信用社是中国人民银行领导下的合作金融组织。人行承德分行对城市信用社（以下简称城信社）进行第一次整顿规范。主要是针对《暂行规定》发布之前建立的金融服务所，由组建单位负责整顿，由人民银行负责验收，符合条件的上报人行河北省分行，颁发“经营金融业务许可证”。经过整顿规范，原10家金融服务所撤销了6家，保留了承德市清风、滦河、营子、平泉县4家，并定名为城市信用社，报经人行河北省分行颁发了“经营金融业务许可证”。对城信社整顿规范之后，人行河北省分行把设立城信社的审批权下放到二级分行。

1986—1988年，人行承德分行陆续批准承德市和部分县增设11家城信社，全市城信社由4家发展到15家。

1989年，国务院发布关于清理整顿公司的决定，中国人民银行发布修订的《城市信用社管理规定》，人行承德分行据此对城信社开展第二次清理整顿。先后对资本金不足且不能限期补足的、严重亏损或严重资不抵债的2家城信社，实施了关闭撤并措施，分别为中国银行承德分行组建的武云桥城信社、建设银行承德县支行组建的建银城信社。本着“谁的孩子谁抱”的原则，由组建单位负责撤销关闭机构的清算和善后工作。1989年末全市城信社13家。

1990—1992年，人行承德分行批准增设城信社4家，批准围场、兴隆、滦平县级金融市场变更金融服务所3家。1992年末全市城信社17家、金融服务所3家，共20家。

为规范推进城信社行业管理，1996年6月20日，中国人民银行发布《城市信用合作社联合社管理规定》，人行承德分行成立承德市城市信用社联合社筹建工作领导小组，着手城市信用社联合社筹建工作。同年7月，承德市南营子城信社整体并入裕华城信社。年末全市城信社16家、金融服务所3家，共19家(以下统称城信社)。

1997年4月，中国人民银行批准承德市城市信用社联合社成立（以下简称城信联社），刘国文任主任。全市19家城信社均与原组建单位彻底脱钩，以各自入股10万元的形式，加入城信联社行业管理序列。各城信社继续保留独立法人资格，实行城信联社、城信社两级法人体制。城信联社下设1个营业部，经营自身金融业务。1997年4月，全市城信社法人单位由19家增加到20家。

1998年3月6日，中国人民银行发布《城市信用合作社联合社管理办法》，提出设在县城及以下的城信社划归农村信用社县级联社管理，为城信社进一步改革厘清范围。当年，承德市共有8家城信社设在县城。其中，兴隆县东兴城信社的风险已经开始显露，兴隆县农信联社拒绝接收，只好继续保留在城信联社管理。其余7家城信社划归所在县农信联社管理，城信联社继续对12家城信社和1个营业部行使管理职责。1998年末统计资料显示，全市城信社各项存款余额93112万元，各项贷款余额75868万元，当年亏损2703万元。

二、风险显现和初期救助

从1998年开始，承德市钟鼓楼社、兴隆县东兴社等个别城信社出现严重的支付困难，多年积累的风险开始暴露。为了维护金融稳定，城信联社、人行承德分行启动风险救助行动。同年10月，人行承德分行向承德市政府报送《关于进一步规范城市信用社经营、切实防范和化解支付风险的监管方案》，随之对城信社强化非现场监管，建立风险日报、周报制度。同时，市县两级人民银行向兴隆县东兴社、承德市钟鼓楼社派驻专职监管员，加强现场风险监管。

1999年11月，人行承德市中心支行针对承德市钟鼓楼社、兴隆县东兴社的风险突出问题，向人行天津分行申请紧急救助再贷款额度9000万元，以城信联社为债务人，陆续向钟鼓楼社、东兴社投入再贷款保支付。到2000年3月累计投入紧急救助再贷款5433.5万元，其中投入钟鼓楼社5120万元，投入兴隆东兴社313.5万元，全部用于保支付。2000年3月，人行天津分行认定钟鼓楼社、东兴社已经救助无望，随即抽回尚未发放的城信社紧急救助再贷款额度3566.5万元，停止救助。

1998年12月至2000年12月，在紧急救助再贷款到位之前和停止发放之后，城信联社动用各城信社备付金，陆续拆借给钟鼓楼社6178万元，用于保支付。恒益社（原承德市典当行）发行的典当融资券，于1997—1998年发生兑付困难。城信联社又从人民银行陆续借入短期再贷款2900万元，全部投入恒益社保支付。到2000年末，城信联社合计向高风险社投入保支付资金14511.5万元。但是，大量的资金投入犹如杯水车薪，支付压力继续蔓延，严重威胁到承德市的金融安全。进一步对城市信用社风险做出妥善处置，已经迫在眉睫。为确保金融平安，防止突发群体事件，人行承德市中心支行积极做好三项关键工作。依靠地方党委政府积极清收贷款，维持存款支付；及时向中国人民银行、天津分行、河北省政府工作报告风险状况；研究制定《承德市防范和化解地方金融风险工作方案》《停业整顿实施方案》《停业整顿操作手册》，做好风险处置的前期准备工作。

三、实施风险处置

为妥善处置城信社风险，承德市委、市政府高度重视，于2000年6月成立了承德市处置地方金融风险领导小组，由承德市政府副市长韩志远挂帅任组长，承德市政府副秘书长丁伟、人行承德市中心支行副行长李福德任领导小组办公室主任、副主任。拉开了处置地方金融风险的序幕。

人行承德市中心支行在系统内抽调大批人力，组成20个工作组，逐一对城信社进行彻底的清产核资，摸清风险底数。在此基础上，分别制定出整体和个体风险处置方案，报承德市委常委会审议通过后，上报河北省政府和人行天津分行审批。在此期间，人行承德市中心支行行长朱志强等领导多次陪同承德市副市长韩志远到河北省政府、中国人民银行、人行天津分行作专题汇报。人行天津分行先后4次派工作组到承德调查核实风险状况。最终，河北省政府、人行天津分行批准承德市对城信社风险划分三类，分别实施处置。

第一类，实施停业整顿、关闭退市 对于严重资不抵债、不能偿还到期债务、救助无望的兴隆县东兴社、承德市钟鼓楼社、丰宁满族自治县燕山社、滦平县金融服务所、兴隆县金融服务所、承德市恒益社果断实施停业整顿。

兴隆县东兴城市信用社。兴隆县东兴城信社于1988年8月由兴隆县劳动人事局劳动服务公司组建。2000年10月27日，人行天津分行批准对兴隆县东兴城信社实施停业整顿。

承德市钟鼓楼城市信用社。承德市钟鼓楼城信社于1992年由承德市民主建国会组建。2000年12月26日，人行天津分行批准对钟鼓楼城信社实施停业整顿。

丰宁满族自治县燕山城市信用社。丰宁满族自治县燕山城信社于1990年4月由人行丰宁县支行组建。2001年6月1日，人行天津分行批准对丰宁满族自治县燕山城信社实施停业整顿。

滦平县金融服务所。滦平县金融服务所前身是滦平县金融市场，1992年6月由人行滦平县支行组建。2001年5月25日，人行天津分行批准对其实施停业整顿。

兴隆县金融服务所。兴隆县金融服务所前身是兴隆县金融市场，于1992年4月由人行兴隆县支行组建。2001年6月15日，人行天津分行批准对其实施停业整顿。

承德市恒益城市信用社。承德市恒益城市信用社的前身是承德市典当商行，1992年12月由人行承德分行组建。2001年12月4日，人行天津分行批准对其实施停业整顿。

从2000年10月27日关闭第一家兴隆县东兴社开始，至2001年12月4日关闭最后一家承德市恒益社结束，时间跨越14个月。在每个社的关闭首日，由人行天津分行、承德市、县处置地方金融风险领导小组分别张贴公告，向存款人做出3个月之内兑付存款的承诺。然后，由停业整顿工作组接收账务，锁定数据，清产核资，对各项贷款进行全面依法清收，最终核定资不抵债及各项债务数据。

按照清偿债务责任划分，钟鼓楼社由承德市民主建国会组建，东兴社由兴隆县劳动人事局组建，由市、县政府负责筹资清算。市、县政府先后两次借用中央政府专项借款 19390.27 万元，用于清偿承德市钟鼓楼社和兴隆县东兴社各项债务。

投入钟鼓楼社 17253 万元，其中第一次政府举债 5953 万元，全部用于兑付居民储蓄存款本息；第二次政府举债 11298 万元，其中 6178 万元用于归还拆借城市信用联社资金，5120 万元用于归还人民银行紧急救助再贷款。

投入兴隆东兴社 2576.77 万元，其中第一次政府举债 2263.27 万元，全部用于兑付居民储蓄存款本息；第二次政府举债 313.5 万元，全部用于归还人民银行紧急救助再贷款。

其余 4 家停业整顿社（所）均为人民银行自办，由人民银行负责筹资清算。经批准借用中央银行风险处置类专项再贷款 5064.66 万元，分别投入兴隆县金融服务所 960.5 万元，滦平县金融服务所 718.16 万元，丰宁县燕山城信社 1221 万元，承德市恒益城信社 2165 万元，全部用于兑付居民储蓄存款本息。

各项债务清偿完毕后，河北银监局于 2006 年 3 月 31 日、6 月 29 日两次行文，批准承德市 6 家高风险城信社全部退出市场。

处置城市信用社金融风险付出了巨大代价。承德市政府、兴隆县政府和人民银行两项专项借款投入 24454.93 万元，再加上人民银行前期投入保支付的短期再贷款 2900 万元，合计投入资金 27354.93 万元，维护了存款人的合法权益和承德市的金融平安。

第二类，改制移交当地农村信用联社管理 对于一般性风险，经过适当救助和加强内部管理可以转化为正常经营的市裕华社、竹林寺社、东大街社、小佟沟社、营子社、滦河社、平泉社、平泉兴业社、宽城振兴社、围场金融服务所等 10 家社（所），于 2000 年 12 月 23 日全部改制为农村信用社，正式移交当地农村信用联社管理。其中围场金融服务所直接并入围场镇农村信用社，其余 9 家社改制后继续保留独立法人资格。

第三类，重组承德市城市信用社股份有限公司 对于经营管理基本正常的承德市城信联社、清风社、联谊社、太平社，由市财政局发起并控股，重组单一法人的承德市城市信用社股份有限公司。经过对原有股金和收益重新量化分配，由市财政局、城市信用社工会、8 家企业法人、129 名自然人入股，募集实收资本金 3614 万元。其中市财政局投入股金 500 万元，为最大股东。由股东代表大会选举产生董事会、监事会，再由董事会聘任高管人员，实行“一级法人、分级管理、授权经营”体制。人行天津分行于 2002 年 3 月正式批准成立承德市城市信用社股份有限公司，同时明确其地方法人股份制金融机构的性质。

承德市城市信用社股份有限公司经过逐步发展，第二步演变为承德市商业银行股份有限公司，第三步演变为承德银行股份有限公司。

四、风险处置特别记事

承德市城信联社为高风险社保支付期间投入的大量资金和借款，随着钟鼓楼社、兴隆东兴社的停业关闭，全部形成资金损失，使城信联社遭受连带风险，形成严重资不抵债，濒临关闭边缘。

城信联社动用各城信社存款备付金 6178 万元，已经形成资金损失。当 2000 年 12 月市裕华、竹林寺、东大街、小佟沟、滦河、营子 6 家城信社改制移交市郊区农信联社转移开户时，城信联社无钱给付，只好分别打了“白条”；城信联社使用人民银行紧急救助再贷款 5433.5 万元，已经形成资金损失。两项合计资金损失 11611.5 万元。承德市政府第一次举债 8216.27 万元，只是解决了兑付钟鼓楼社、东兴社停业整顿当日余额的居民存款本息，而影响城信联社生死攸关的 11611.5 万元资金损失问题，悬而未决。

2001年4月，人行天津分行副行长何成玉（正厅级）专程到承德，会见承德市委书记赵文鹤等领导，具体协商解决城信联社风险处置问题。何成玉代表人行天津分行明确指出，鉴于承德市城信联社的实际资产损失已经达到严重资不抵债的程度，必须在关闭城信联社或政府增加举债弥补损失两者之间做出选择。最后市领导做出了增加举债、保住城信联社的决定。这才促成市政府第二次举债 11611.5 万元，为城信联社弥补了资金损失，清算了债务，得到了保留，并参与组建承德市城市信用社股份有限公司。

分类处置城市信用社风险工作，在人行天津分行和承德市政府的坚强领导下，在人行承德市中心支行和有关部门的鼎力配合下，从 2000 年初开始制定处置方案，2000 年 10 月进入实质性处置，到 2006 年完成最后的清算，先后历时 6 年。

第二节 农村信用社风险救助化解

据 1997 年末统计资料显示，全市 297 家独立法人信用社，各项存款余额 279297 万元，各项贷款余额 168263 万元，所有者权益—24998 万元，当年亏损 3842 万元，亏损面高达 98%，不良资产占比高达 67%。由于长期积累的大量资产坏账，形成严重资不抵债，滦平等县出现了严重的流动性困难，长期依靠同业调剂资金勉强维持支付。多年积聚的风险随时可能爆发。面对严峻形势，人行承德分行多措并举，对信用社风险实施了全方位的救助化解。

一、讨债维权

信用社与农行脱钩之后，各县区农村信用联社纷纷反映，在行社脱钩过程中，承德市各级农业银行向信用社“甩包袱”1.7 亿余元，主要是九十年代初期实行农行营业所与信用社合署办公期间，农业银行通过信用社“绕规模”发放贷款形成的坏账损失。不仅侵犯了信用社的合法权益，而且进一步加剧了信用社的风险程度。

为了有效帮助信用社解决维权讨债问题，人行承德分行投入大量人力，组成若干工作组，以各县区农信联社反映的问题为线索，深入现场逐一检查核实。在事实清楚、证据充分、分清责任的基础上，人民银行以县为单位与农业银行协商交涉，实行逐县清收。经过历时 4 年的不懈努力，人行承德分行帮助全市农村信用社从农业银行讨回债务 1.4 亿元。特别是问题比较集中的承德市郊区联社讨回债务 4700 多万元、宽城县联社讨回债务 3400 多万元之后，资产流动性得到有效改善，经营困境得到明显缓解。

2000 年 5 月，人行天津分行副行长何成玉到承德检查工作时了解到这一情况后，表扬人行承德市中心支行维护信用社正当权益工作抓得扎实，在人行天津分行所辖 35 个中心支行中是最突出的。

二、按标准接收农村合作基金会

1999 年 5 月 11 日，按照国务院部署，河北省统一时间对农村合作基金会（以下简称农金会）实施停业整顿。当时，承德市 7 个县和营子区（丰宁满族自治县、双桥区、双滦区未开办）开办农金会 106 家，吸收存款化股金余额 3.88 亿元，发放贷款余额 3.07 亿元。主管机关为市县（区）农业局。

依照国务院规定，农金会统一时间停业后，由政府、信用社、人民银行组成联合工作组，对农金会进行全面清产核资。对资能抵债的农金会，由信用社整体接收；政府能够对农金会资不抵债差额注入资金补齐的，由信用社整体接收；对政府不能注资补齐资不抵债差额的农金会，信用社不予接收，由政府负责善后处置。

在清产核资过程中，银行、信用社与部分

县乡政府分歧较大，分歧的焦点是对农金会资产质量真实性的认定。部分县乡政府给银行、信用社施加压力，试图把无效资产认定为有效资产，尽量把包袱甩给信用社。面对压力，人民银行始终坚持准确执行有关政策标准，实行银行、信用社清产核资工作人员认定签字责任制，即一经签字认定即视为发放贷款，实行终身责任追究。由于双方分歧较大，全市农金会清产核资工作一度陷于停滞状态。

同年7月28日，在中共承德市委召开的“承德市督促农金会清产核资进度工作会议”上，人行承德市中心支行主管领导汇报了全市农金会清产核资工作进展情况，指出了存在的主要问题，旗帜鲜明地强调了执行政策标准、维护各方正当权益的重要性。会议收到了预期效果，农金会清产核资工作迅速回归正确轨道。从而，有效维护了信用社接收农金会的政策标准，为信用社避免了两亿多元的资产损失。

同年8月，人行天津分行在河北、山西、内蒙、天津4省区市抽调500多名人民银行和信用社干部，组成11个工作组，对河北省11个市的农金会清产核资工作进行交叉验收。经工作组验收确认，承德市执行政策准确，基础工作扎实，数据资料完整，未发现弄虚作假等问题，顺利通过了验收。

通过对全市104家（不含2家弃权的农金会）参与清理整顿的农金会清产核资，人行天津分行工作组现场验收，最终认定符合信用社接收条件的农金会8家，并入信用社有效资产6914万元，接收储蓄存款5149万元。其余98家农金会实施关闭，合计资不抵债总额20300万元，由承德市政府同额借入中央专项借款，用于兑付98家农金会的个人存款。自1999年8月25日开始兑付，至2001年11月15日兑付完毕，历时两年。至此，承德市农金会正式退出历史舞台。

三、争取移交存款

2000年，农行承德分行根据商业化改革的要求，主动申请撤销农村营业所59家。按规定，撤销机构的存款业务就地移交当地金融机构，贷款业务收回所辖县支行管理。当时，信用社资金短缺的矛盾相当突出，各县农村信用联社纷纷要求人民银行出面协调农业银行，争取把撤销机构的存款业务就地移交信用社。

当时，邮政储蓄机构出于自身利益考虑，主动承诺给予农业银行优惠条件，极力争取得到农业银行撤销机构的全部存款。人行承德市中心支行考虑到，由于信用社、邮政储蓄两家的资金管理体制不同，如果将存款移交信用社，不仅资金可以继续保留在当地发挥作用，而且可以缓解信用社资金困难。如果移交邮政储蓄，即作为中央银行基础货币全额上收中央，地方无权动用。为此，人行承德市中心支行主管领导出面，与农行承德分行领导当面协商，得到农行的充分理解和积极配合，将撤销机构的各项存款79600万元，全部就地移交信用社，使全市信用社资金紧张局面得到有效缓解。另外，一部分营业条件较差的信用社，主动提出购买撤销机构营业场所的，农业银行一律按固定资产净值计价，大力支持了信用社的发展。

四、争取支农再贷款

2000年人行天津分行为承德市下达支农再贷款限额1亿元，专门用于支持信用社发放小额农贷。2000年12月26日起，人行承德市中心支行开始面向农村信用社开办支农再贷款业务，支持农村种植业、养殖业的发展。随后，人行承德市中心支行陆续申请上级行增批限额。截至2005年，支农再贷款限额达到5.9亿元。人行承德市中心支行将支农再贷款先后发放给150多家资金短缺的信用社周转使用，支持其发放小额农贷，为一批陷入经营困境的信用社注入了活力，很快恢复了正常经营，为急需资金的农户提供了资金支持。同时，信用社经营状况的好转，使广大农户对信用社恢复了信任感，信用社各项业务相应稳定增长，步入了良性循环。由于支农再贷款执行优惠利率，信用社使用支农再贷款发放贷款，可以得到5～6个百分点的利差收入，5.9亿元的支农再贷款，一年可以为信用社增加盈利2000多万元，支持信用社改善了经营状况。

据2005年统计，承德市农村信用社通过使用支农再贷款，累计支持13万户农民发展生产，支持了养牛、养羊、养猪、大棚蔬菜、时差蔬菜、食用菌等特色产业，有的产业形成了规模经营、定向供应市场的格局，不仅增加了农民收入，而且加快了农村产业结构调整。支农再贷款的有效投入，收到了“农民增收，信用社增效，政府满意”的三赢效果。

五、落实改革资金支持政策

承德市于2004年10月启动农村信用社改革，中央银行资金支持政策配套启动。经过专项票据发行、兑付两个阶段的达标考核，承德市9个县级农信联社91022万元中央银行专项票据资金全部到位，分别置换信用社呆账贷款64957万元，呆滞贷款2911万元，逾期贷款157万元，历年亏损22917万元。信用社多年积累的历史包袱得到了有效化解。

在中央银行资金支持政策的带动下，市、县区政府积极采取法律手段和行政手段，大力支持信用社清收不良贷款和增资扩股工作，效果显著。国务院规定扶持信用社的保值储蓄利息补贴、减半征收所得税、营业税即征即返、入股社员红利补贴4项财政政策得到全面落实，全市信用社得到各级财政扶持资金33804万元，全部用于消化历史包袱。在此基础上，实现了信用社两级法人制向一级法人制的转变，改善了法人治理结构。

六、完善县联社领导班子

1996年农村信用社与农业银行脱钩初期，全市9个县区联社领导班子均不健全，各联社只有1～2名领导干部。社员代表大会、理事会、监事会等民主管理组织名存实亡，县联社对信用社的行业管理陷于应付状态。人行承德分行党委把完善县联社领导班子建设列入重要日程，逐步为各县联社选拔领导干部，配齐了领导班子。

2001年年初，人行天津分行召开会议并发出文件，对县联社实行理事长、主任分设及加强县联社班子建设做出全面部署。人行承德市中心支行党委及时作出具体安排，派出工作组集中精力深入各县区联社考核干部。经过民主推荐、组织考核、人行党委提名、联社理事会聘任的法定程序，先后选拔30多名德才兼备的优秀干部，陆续为各县区联社配齐了1名理事长、1名监事长、1名主任、2名副主任组成的领导班子，同时恢复了社员代表大会、理事会、监事会民主管理组织，健全了决策、经营、监督三套班子。新班子在人行承德市中心支行领导下，积极推进信用社加强管理、改善经营、完善制度建设，为信用社扭转局面、走出困境，发挥了重要的领导作用。

人行承德市中心支行对信用社的风险救助，从1997年起步，到2005年基本结束，历时8年全方位开展工作，先后帮助信用社减少和避免资金损失3.4亿多元，以不同形式投入和争取资金25亿元，为农村信用社逐步化解风险，转入正常发展的快车道，发挥了积极作用。据2005年统计资料显示，全市农村信用社各项存款余额888485万元，各项贷款余额572661万元，分别比1997年增长3.18倍和3.40倍；不良资产占比由67%下降到9.75%；所有者权益由-24998万元，转变为58521万元；经营效益由1997年当年亏损3842万元，转变为当年盈利15010万元，彻底摆脱了长期亏损、资不抵债的被动局面。

第四章 金融风险监测

金融风险监测包括金融风险指标体系、区域性风险监测报告制度、金融机构风险监测报告制度、重大事项报告制度4个组成部分。其中金融风险指标体系由最高监管当局制定颁布，各项监测报告制度由分支机构具体执行。2006年人行承德市中心支行建立了金融风险监测制度，增强风险的早期预警。2012年实施金融机构稳健性评估，强化了应急管理。推进贷款五级分类，提高风险识别的科学化水平。

第一节 风险监测报告制度

一、区域性风险监测报告制度

2006年，人行承德市中心支行成立了金融稳定分析小组，负责组织部署承德市金融风险监测报告的撰写工作。具体职责是制定撰写方案和提纲、拟定专栏和专题、分配各成员的撰写任务、到政府部门及金融机构调查研究、汇总编纂年度风险监测报告。

同年起，人行承德市中心支行每半年报送《承德市金融风险监测报告》，2008年以后改为年度报送《承德市金融风险监测报告》。截至2015年，人行承德市中心支行共向上级行、地方政府报送《承德市金融风险监测报告》13份。

《承德市金融风险监测报告》的内容包括承德市经济金融运行状况；影响经济金融平稳健康发展的因素；评估承德市金融体系稳定状况；研究维护承德市金融稳健运行政策措施；提出维护金融稳定的政策建议。

二、金融机构风险监测报告制度

2008年9月22日起，人行承德市中心支行开始实行金融机构风险监测周报制度，同年11月调整为双周报制度，2009年6月调整为月报制度，一直延续至2015年。

《金融机构风险监测月报》涵盖银行业、证券业和保险业金融机构。通过按风险指标体系进行调研分析，对金融机构的风险程度和抗风险能力作出判断。重点关注地方法人金融机构的风险状况。

人行承德市中心支行通过执行金融机构风险监测报告制度，定期监测金融机构的风险状况，研判各类风险点和苗头性问题，预测风险发展趋势。

三、重大事项报告制度

2008年，人行承德市中心支行开始建立承德市金融机构重大事项报告制度，规定辖区内各银行业、证券业、保险业金融机构的重大事项，必须在规定时间向属地人民银行分支机构报告。报告内容包括经营地址变更、高级管理人员调整、自然灾害对金融机构的影响、业务经营中出现的风险等重大事项。

2011年，根据中国人民银行印发的《关于进一步做好银行业金融机构重大事项报告有关工作的通知》，人行承德市中心支行对金融机构重大事项实行“零”报告，做到有事报事，无事报平安，紧急重大事项按照规定时限及时报告，一般重大事项在金融风险监测月报中报告。同年2月，中国人民银行出台对金融机构实施“两管理、两综合”监管措施后，将重大事项报告制度归并为对金融机构营业管理的内容之一。截至2015年末，人行承德市中心支行共接到重大事项报告65份，未发生紧急重大事项。

第二节 稳健性评估及应急管理

一、金融机构稳健性评估

2012年12月，人行承德市中心支行对平泉县农村信用联社（简称平泉联社）进行了稳健性现场评估。通过评估，平泉联社在评估期内稳健性良好，法人治理架构完善，但执行机制和激励机制需进一步加强；内部职能机构设置合理，制衡机制比较完善；业务监管指标良好，但存在客户集中、行业集中、同行业联保互保及倒贷风险隐患；传染性风险较小，损失拨备管理规范，风险处置能力较强；金融监管政策执行效果较好，但金融生态环境有待改善。评估等级为A级。

2013年8月，人行承德市中心支行对承德银行进行了稳健性现场评估。承德银行在评估期内稳健性较好，法人治理结构比较完善，但内部制约和制度执行需进一步加强；内部职能机构设置合理，制衡机制较为完善；业务监管指标良好，但存在倒贷、对股东贷款、对政府平台贷款等风险隐患；业务同质化，创新性业务发展慢，高风险信贷业务占收入比重大，中间业务占收入比重低；传染性风险较小，损失拨备管理规范，风险处置能力较强；金融监管政策执行效果好，但金融生态环境有待加强。评估等级确定为A级。

2014年6月，人行承德市中心支行对围场华商村镇银行进行了稳健性现场评估。围场华商村镇银行总体经营稳健，法人治理结构完善，但组织结构需进一步完善；内部职能机构设置合理，制衡机制比较完善；业务监管指标良好，但核心负债依存度和流动性覆盖率略低于监管标准，存在一定的流动性风险隐患；传染性风险较小，损失拨备管理规范，但应急预案有待完善；金融监管政策执行效果较好，但金融生态环境有待加强。评估等级确定为A级。

同年8月，人行承德市中心支行对中国人寿承德分公司进行了稳健性现场评估，同时对该公司“满期给付”事件进行了专项评估。中国人寿承德分公司经营基本稳健。高级管理层配备合理，管理能力较强，能够对公司内部各部门和各分支机构进行有效管理，但公司业务拓展缓慢，市场份额下降，高级管理层风险管理水平有待提高；公司内部未设置审计部门，风险防控部门力量弱化；金融管理政策执行较好，内部监管有效，但司法环境有待改善。受到“满期给付”事件的影响，主要经营指标欠佳。该公司自我评估结果为满分，缺乏客观性。检查评估等级为B级。

二、建立应急管理制度

2005年，人行承德市中心支行发布《金融机构突发事件应急预案》，规定了金融机构突发事件的种类、分级、报告程序和时限，明确了启动应急预案响应、应急处置程序，以及各部门在应急处置中的职责。

2007年，人行承德市中心支行代承德市政府拟定了《承德市金融突发事件应急预案》，内容分为总则、组织体系与职责分工、预防预警、金融突发事件的分级、应急响应、后期处置、应急保障、附则8个部分，以及相关联络表、流程图。经承德市政府办公室印发执行。

2012年，根据领导小组部分成员单位要求，人行承德市中心支行对应急预案进行了修订，将领导小组办公室设在人行承德市中心支行，对领导小组及办公室部分组成人员进行了调整。经承德市政府办公室印发。

2015 年，人行承德市中心支行再次对领导小组及办公室部分组成人员进行了调整。

三、突发事件应急演练

《金融机构突发事件应急预案》制定后，为了检验预案的适用性，增强相关部门应急响应的及时性，人行承德市中心支行组织了多次模拟应急演练活动。

2007 年，人行承德市中心支行组织承德县支行开展应急演练。2013 年，人行承德市中心支行选定承德市郊区某信用社开展应急演练，对演练过程进行全程录像。该影像资料被人行石家庄中心支行在网站展示，提供全省人民银行系统参考。2015 年，人行承德市中心支行组织平泉县支行开展多点并发突发事件应急演练。

几次演练都是设定金融机构发生挤兑事件，通过演练检验了应急预案的适用性，熟悉了工作程序，锻炼了队伍。

四、处置化风险案例

事件由来 中国人寿承德分公司于 2002 年开办了“国寿鸿丰”“国寿鸿泰”等分红型家庭两全保险品种(简称两全保险),期限以 5 年为主。两全保险产品直接受资本市场影响，到期收益率存在很大的不确定性。由于 2007 年资本市场状况较好，形成 2007 年满期的两全保险收益率高于银行 5 年定期存款利率，直接刺激了 2008 年以后的销售量大幅度增加。

在 2008 年以后的两全保险推销中，保险、银行、邮储销售人员片面追求销售额和佣金收入，把 2007 年两全保险的收益率当作招牌，过分地宣传两全保险可以带来高收益，而未尽风险提示义务，误导了保险消费者。

2008 年销售的两全保险，在 2013 年集中到期，全年累计到期金额 47428 万元，比上年增长 146.62%。由于当年资本市场行情下滑，两全保险收益率未能达到投保人的预期，引起投保人不满，持续出现了投保人围堵保险、银行机构，要求给出说法的群体行为，由此酿成“满期给付”事件。

“满期给付”事件，使中国人寿承德分公司在客户中的信誉受到直接影响，引起退保大幅增加。2013 年分红寿险退保金额 16607 万元，是上年同期的 2.15 倍；2014 年上半年分红寿险退保金额 20166 万元，上升到上年同期的 3.85 倍。如果处理不得当，有可能引发群体上访事件。

处置化解措施 “满期给付”事件发生后，引起中国人寿承德分公司高度重视，全力以赴地采取了处置化解措施。一是制定《承德分公司应对 2013 年“满期给付”专项工作方案》。成立了以总经理为组长的专项工作领导小组，领导小组下设综合协调、银保协调、个险协调、客户工作 4 个小组，明确了各小组的工作职责，立即按分工开展工作；二是继续加强与银行、邮储合作。在应对客户纠纷、群体事件、借助银行转账等方面加强工作配合;三是开展专项工作。建立《“满期给付”客户清单》和《重要客户清单》，提前一个月收集满期客户联系信息，确保专人负责将满期通知及时送达客户；关注重点客户，提前拜访，正面引导；对 2013 年满期的客户，年内转保购买四款保险产品及组合的，给予手续费率下调 3% 的优惠待遇；四是做好财务支持工作，及时调拨资金确保给付；五是做好客户服务。设置“满期给付”绿色通道，按客户意愿引导客户快速办理；六是做好舆情工作。主动与地方主流媒体联络沟通，提供正面宣传材料，做好正面宣传引导。最终结果是，给付 2013 年满期客户 17261 户 18020 件，金额 46321 万元。给付 2014 年上半年满期客户 7349 户 7601 件，金额 23036 万元。

通过上述有效工作，2013 年和 2014 年给付高峰得到平稳度过，工作秩序逐步恢复正常。

第三节 银行贷款风险分类

一、“一逾两呆”分类阶段

1989—1996年期间，信贷资产风险分类沿袭1988年财政部《金融保险企业财务制度》，界定不良资产的标准是贷款本息拖欠超过180天以上的为“逾期”，逾期三年的为“呆滞”，借款人走失逃亡或经国务院批准核销的为“呆账”。统称“一逾两呆”。

1996年8月，中国人民银行发布《贷款通则》，对“逾期”和“呆滞”贷款的定义作了调整。规定贷款过期一天即为“逾期”，逾期一年为“呆滞”，或逾期虽未满一年，但企业停产或项目停建的，也划为“呆滞”贷款。

二、“五级分类”试点阶段

1997—2000年，贷款五级分类标准是。

正常类。借款人能够履行合同，一直能正常还本付息，不存在任何影响贷款本息及时全额偿还的消极因素，贷款损失的概率为零。

关注类。尽管借款人有能力偿还贷款本息，但存在一些可能对偿还产生不利影响的因素，贷款损失的概率不会超过5%。

次级类。借款人的还款能力出现明显问题，需要通过处置资产或对外融资乃至执行抵押担保来还款付息。贷款损失的概率在30%～50%。

可疑类。借款人无法足额偿还贷款本息，即使执行抵押或担保，也肯定要造成一部分损失，贷款损失的概率在50%～75%。

损失类。借款人已无偿还贷款本息的可能，无论采取什么措施和履行什么程序，贷款都注定要损失了。贷款损失的概率在75%～100%。

1997年，全国金融工作会议要求，国有商业银行必须实行贷款五级分类。

1998年5月，人民银行在广东开始“清分”银行资产，为贷款五级分类做试点准备。同年下半年开始，承德市国有商业银行陆续在内部试行贷款五级分类，但继续按照“一逾两呆”提取贷款损失保证金。人民银行要求商业银行上报两套分类数据，仍然以“一逾两呆”为主进行考核，五级分类只作为备案数据，没有设定为监管指标。

1999年7月，中国人民银行发布《关于全面推行贷款五级分类工作的通知》《贷款风险分类指导原则（试行）》，明确要求到2000年底前完成五级分类工作。但是，对国有商业银行的考核、会计处理等均没有作出相应调整，仍然继续按照“一逾两呆”为主进行贷款分类，五级分类的结果仅作为统计参考值。

三、两种分类方法过渡阶段

2001年中国证监会发布《公开发行证券公司信息披露编报规则》明确规定，准备上市的银行要对公众披露贷款五级分类结果。同年12月，中国人民银行再次发布《关于全面推行贷款质量五级分类管理的通知》《贷款风险分类指导原则》，要求从2002年起，对国内所有银行机构全面施行贷款质量五级分类管理。

2003年末，承德辖区商业银行停止按“一逾两呆”划分贷款及报送报表。期限管理只作为银行内部的参考数据，无须上报监管当局。2004年1月1日起，承德辖区所有商业银行正式实施贷款五级分类。

2004—2010年末，农村信用社继续实行“一逾两呆”与“五级分类”并行。2011年，农村信用社停止向人行承德市中心支行报送“一逾两呆”报表，正式实施贷款“五级分类”。

第五章 支付结算监管

支付结算监管包括对支付结算业务的行政管理和合规监管。其中行政管理包括对人民币结算账户的审批管理、对提供支付服务的非金融机构的备案管理。合规监管包括对金融机构的支付合规监管、对提供支付服务的非金融机构的支付合规监管、查处非法办理支付业务。

第一节 人民币结算账户审批管理

一、执行《银行账户管理办法》

1989—1993年，人行承德分行执行人总行1977年颁布的《银行账户管理办法》，规定银行账户分为基本账户、专用账户和辅助账户，分别核算不同性质的资金。1989年至1991年6月，人行承德分行对各银行开立的账户实行台账登记管理；1991年6月以后开立的账户一律报人行批准，并颁发开户许可证正副本。1989—1993年，全辖共开立银行账户9544个。

二、执行修订后《银行账户管理办法》

1994年10月至1998年期间，执行中国人民银行1994年10月颁布的《银行账户管理办法》。《银行账户管理办法》对存款账户进行重新分类，把存款账户分为基本存款账户、一般存款账户、临时存款账户和专用存款账户，对各类账户的开立和使用做出了明确界定，并对账户管理和责任做出规定。1994年，人行承德分行根据新办法对承德辖区银行结算账户进行了大清理，对账户的开立和使用进行全面规范，初步遏制了企事业单位多头开户、银行随意为存款人开户、银行结算账户混乱的状况。1996年，人行承德分行开发的单机版账户管理系统投入使用，开户许可证实现机器打印，提高了开户审批的工作效率。1998年底承德市银行业存量账户15168户。

1999年至2003年8月，继续执行中国人民银行1994年10月颁布的《银行账户管理办法》。2000年4月对全辖账户进行了全面检查，对长期不动户进行了清理，对违规开立、使用账户的存款人及银行机构进行了处罚。进一步遏制了存款人频繁开户、银行机构乱拉户的现象。2002年7月对账户管理系统进行了升级，实现承德市财税库行联网。2003年8月承德市银行业存量账户22436户。

三、执行《人民币银行结算账户管理办法》

2003年9月至2007年，根据中国人民银行2003年9月颁布的《人民币银行结算账户管理办法》，建立以基本存款账户为龙头的账户管理体系，增设了个人银行结算账户种类，同时将个体工商户开立的银行结算账户纳入单位银行结算账户管理；规范了账户开户条件和审批手续，进一步明确银行结算账户各方当事人的责任，加大对违规开立和使用银行结算账户行为的处罚力度。

2006年上线的“人民币银行结算账户管理系统”，实现全国联网，结束了单机操作。新系统具有直接查询、统计、监测等功能，人民银行对银行开户实现了全国联网监控。2007年承德市银行业存量账户36571户。

2008—2012年，继续执行中国人民银行2003年9月颁布的《人民币银行结算账户管理办法》。2008年6月，中国人民银行对“人民币银行结算账户管理系统”进行了系统升级，升级后系统更加完善，运行更加稳定。2012年承德市银行业存量账户43355户。

2013—2015年，继续执行中国人民银行2003年9月颁布的《人民币银行结算账户管理办法》，2015年底承德市银行业存量账户51679户。

第二节 非金融机构支付服务备案管理

一、管理依据

提供支付服务的非金融机构指在中华人民共和国境内从事部分或全部支付清算业务的非金融法人机构及其分支机构。

2009年，中国人民银行发布〔2009〕第7号公告，规定对从事支付清算业务的非金融机构进行登记管理。

2010年6月21日，中国人民银行发布《非金融机构支付服务管理办法》，规定未经中国人民银行批准，任何非金融机构和个人不得从事或变相从事支付业务。

2011年3月，中国人民银行办公厅发布《关于非金融机构支付监督管理工作的指导意见》，规定自2010年12月1日起，人民银行不再按照〔2009〕第7号公告办理非金融机构支付业务登记事宜。

二、已备案

截至2015年末，在人行承德市中心支行备案提供支付服务的非金融机构共11家。

河北一卡通电子支付服务有限公司承德分公司。成立于2012年10月29日，于2013年3月向人行承德市中心支行备案，从事预付卡发行与受理业务。

通联支付网络服务股份有限公司承德分公司。成立于2014年11月，于2015年6月向人行承德市中心支行备案，从事银行卡收单业务。

银联商务河北分公司承德业务部。成立于2008年5月，2014年1月更名为银联商务承德分公司，2015年7月向人行承德市中心支行备案，从事银行卡收单及专业化服务。

杉德电子商务服务有限公司天津分公司。于2013年在承德市开展银行卡收单业务。2015年9月向人行承德市中心支行备案。截至2015年末，该公司停止新的商户拓展，只进行存量商户的维护工作。

上海汇付数据服务有限公司石家庄分公司。成立于2012年9月，于2013年在承德开展银行卡收单业务。2015年9月向人行承德市中心支行备案。

渤海易生商务服务有限公司石家庄分公司。于2011年6月成立，从事多用途预付卡业务。2015年9月向人行承德市中心支行备案。

拉卡拉支付有限公司石家庄分公司。于2012年2月成立，2015年8月在承德开展业务，主要从事银行卡收单、便利支付网点的运行维护工作，业务类型包括信用卡还款、手机话费充值、淘宝交易号付款、支付宝账号充值、财务通账号充值、公益捐款、拉卡拉账单号付款、手机号收款、游戏点卡购买。2015年9月向人行承德市中心支行备案。

乐富支付有限公司石家庄分公司。于2013年7月注册成立，主要从事银行卡收单业务，其代理商为承德市永利通行投资咨询有限公司。2015年9月向人行承德市中心支行备案。

深圳瑞银信息技术有限公司河北分公司。于2012年12月成立，主要从事银行卡收单业务。

2015年10月向人行承德市中心支行备案。

北京钱袋宝支付技术有限公司石家庄分公司。于2012年2月成立，2014年在承德开展业务，主要从事银行卡收单业务。2015年9月向人行承德市中心支行备案。

随行付支付有限公司河北分公司。于2013年12月成立，主要从事银行卡收单业务，其代理商为承德市财富数据科技服务有限公司。2015年9月向人行承德市中心支行备案。

三、未通过备案

承德达盟企业信息技术服务有限责任公司。于2009年6月11日成立，注册资金600万元，主要从事“多用途储值卡的发行与清算”。2009年11月，向人行承德市中心支行申报登记，2009年12月上报人行石家庄中心支行。由于该公司技术安全认证证明不符合银支付〔2009〕86号通知中的规定，申报登记未获人民银行批准。

第三节 支付服务监管

支付服务是指金融机构和提供支付服务的非金融机构在收付款人之间以中介形式提供的货币资金转移服务，包括网络支付、预付卡的发行与受理、银行卡收单、人民银行确定的其他支付服务。

人民银行对支付服务实时开展非现场检查，不定期开展现场检查。对支付服务市场的非现场检查，是人民银行通过应用程序对各金融机构和非金融机构实行非现场监督管理。主要分为三种监管模式。

通过电子对账系统和ACS综合前置系统对辖区各机构每日账务余额核对情况进行核准和监督，确保各机构账务与人民银行账务保持一致。

通过账户管理系统，对法人企业的账户开立、变更、撤销进行核准。

通过支付管理信息系统，对各机构使用人民银行大小额支付系统、网上支付跨行清算系统和支票影像交换系统是否出现违反结算纪律情况进行实时监测。

一、金融机构支付监管

人行承德市中心支行依法对各银行业金融机构进行支付结算检查，规范银行结算账户的合规使用。

1989年5月，人行承德分行对48家银行业金融机构7848户结算账户全面检查，查出多头开立现金结算账户420个。人行承德分行及时对截留人行资金、超范围开户、不正当争抢业务等问题进行了处理，撤销多头现金结算账户373个。

1990年，人行承德分行通过组织账户清理整顿，共清理勾兑账户16565个，清理出多头开户单位1525个，多头账户4059个。最终认定撤销多头账户1020个，划转多头存款2603万元，多头贷款2542万元。同年10月，人行承德分行重点抽查31个银行机构账户情况，查出1008笔违规问题，违规金额3449万元。人行承德分行按照有关结算管理制度进行了处理。

1993年，人行承德分行组织各金融机构对压汇压票问题进行分类排队，分别“轻重缓急”解决重点问题。通过人行承德分行的协调，督促云山饭店归还建设银行贷款1000万元。督促建设银行集中清算了延压工商银行的全部票据。7月24日，工商银行营业部压票1751万元、20余天，通过人民银行统一调度资金集中清算，8月12—13日集中两天清理压票1500多万元。同时，人行承德分行设立了结算监督举报电话，对各银行机构加强监督约束。

1996年1—6月，人行承德分行查处银行机构压汇压票违规问题15个，对违规银行机构给予经济处罚。下半年压汇压票和无理退票现象基本解决。

1999年11月，人行承德市中心支行对市区67家银行机构、15495个账户进行检查，对检查发现的948个多头开立的基本账户，采取“银行自裁、企业选择、人行仲裁”相结合的办法，依法处理。同年在全市实行了结算证和预留印鉴卡制度。以结算证识别单位会计人员真实身份，以预留印鉴卡与支票、借据印鉴对角折叠核对，鉴别印鉴真假。此举有效防范了结算案件的发生。

2000年，人行承德市中心支行对承德市各银行业金融机构账户开立使用情况进行全面清查。对16800个账户进行勾对、修改和调整，清理撤销各类非法账户3000余户，补录账户1000余户。

2001年3月，人行承德市中心支行对国有商业银行承兑汇票及贴现、银行卡、信用证重要空白凭证、对外担保等业务进行现场检查。

2003年3月，人行承德市中心支行重点对承德辖内违规问题较多的银行业金融机构进行支付结算检查，发现农行双桥支行存在结算压票违规问题，给予了相应处罚。

2005年9月5日，承德辖区银行结算账户管理系统正式上线运行。经人行承德市中心支行清理核实，核准单位银行结算账户33046户，核准个人银行结算账户3113539户，账户信息全部导入银行结算账户管理系统，从根本上解决了银行多头开户问题。

2008年11月，人行承德市中心支行通过会议部署、银行自查、重点抽查等方式，对承德辖区存量银行结算账户身份信息真实性进行了全面核实。

2010年3月，根据《中国人民银行关于组织开展2010年全国银行卡市场专项检查工作的通知》，人行承德市中心支行对辖区工行承德分行、建行承德分行银行卡业务进行现场检查。同年11月，为加强票据业务的真实性和安全性，人行承德市中心支行对工行承德分行、承德银行的商业汇票承兑和贴现业务进行了专项检查。各行能够认真贯彻落实各项规章制度，严把资金安全关，业务档案封存完整。

2011年5—7月，人行承德市中心支行按照人行石家庄中心支行工作安排，对工行承德分行、农行承德分行、承德银行及所辖部分分支机构，开展支付结算综合执法检查。要求问题单位狠抓落实整改，严肃支付结算纪律。

2012年5—7月，为进一步净化支付结算环境，人行承德市中心支行对中行承德分行营业部、中行围场满族蒙古族自治县支行、围场满族蒙古族自治 县农村信用社、郊区农信联社营业部、承德县农村信用社5家机构的2011年账户、票据、银行卡、支付系统等支付结算业务进行综合执法检查。发现问题20个，形成执法检查认定书5份，提出整改意见10条。

2013年5—7月，人行承德市中心支行对邮储银行承德市分行3家支行、建行承德分行3家支行和中行承德分行进行支付结算综合执法检查。现场调阅支付结算规章制度、操作规程192份，查阅会计传票、总分户账、会计报表、登记簿等2629份，核对结算账户2547户。查出问题11处，下发事实确认书4份，执法检查意见书2份，提出整改建议11条。

2014年5—7月，人行承德市中心支行对农发行承德分行、建行承德分行2013年度落实央行支付结算规定情况进行综合执法检查。针对农发行承德分行账户年检通过率83.6%的问题，提出了整改意见。

2015年4—9月，人行承德市中心支行抽取建行承德分行、农村信用合作联社、承德银行和农村商业银行22个网点，对存量个人人民币银行存款账户身份信息真实性核实情况进行验收。现场验收账户20357个、调阅分户账1100户、登记簿66本、凭证7700本、报表62份，查阅管理制度83份。按评分标准逐项对每个网点核实工作进行评分，客观反映各银行核实工作开展情况，形成对被验收单位核实工作的基本评价。

二、非金融机构监督管理

2014 年 4 月，按照《关于开展河北省 2014 年银行卡收单业务专项执法检查的通知》，人行承德市中心支行对随行付支付有限公司河北分公司银行卡收单业务开展情况进行检查。通过调阅 10 家商户申请资料、实地走访，对随行付公司银行卡收单业务的总体评价为“较差”，对该机构管理混乱、虚假商户、违规布放移动 POS 机、市场风险监测不到位、风险隐患严重等突出问题进行了依法处理。

同年 5 月，人行承德市中心支行对上海汇付数据服务有限公司石家庄分公司银行卡收单业务进行检查。通过调阅 17 家商户的申请资料、实地走访，对上海汇付公司在承德地区银行卡收单业务评价为“较好”。对违规布放 POS 机、POS 机回收不及时、手续费执行不合理、单位使用个人银行结算账户作为收单账户的违规行为给予纠正和处罚。

同年 12 月，人行承德市中心支行对河北一卡通电子支付服务有限公司承德分公司的客户备付金情况进行了现场检查。对检查发现的未严格按规定办理各项业务、违规开立备付金专用存款账户、未按规定及时缴存客户备付金等问题，进行了依法处理。

三、查处非法支付活动

2015 年 4 月，人行承德市中心支行接到店连店科技股份有限公司承德分公司未经批准擅自销售预付卡的举报，立即进行现场调查，将调查情况上报承德市政府和人行上级行的同时，将案件线索移交承德市公安局经侦科。经市公安局侦察核实，承德店连店实际发展商户 40 余家，违法发售预付卡 2141 张 850 多万元。公安部门对店连店公司法人代表及承德店连店负责人采取了强制措施，迅速追缴了店连店违法发售预付卡的备付金。

第六章 反洗钱监管

《中华人民共和国反洗钱法》规定的反洗钱定义是，为了预防通过各种方式掩饰、隐瞒毒品犯罪、黑社会性质的组织犯罪、恐怖活动犯罪、走私犯罪、贪污贿赂犯罪、破坏金融管理秩序犯罪、金融诈骗犯罪等犯罪所得及其收益的来源和性质的洗钱活动，依照《中华人民共和国反洗钱法》规定采取相关措施的行为。

2003 年，中国人民银行正式履行反洗钱工作职责，相继发布《金融机构反洗钱规定》《人民币大额和可疑支付交易报告管理办法》《金融机构大额和可疑支付外汇资金交易报告管理办法》。

最初的反洗钱管理由各级人民银行保卫部门负责。2004 年，中国人民银行将反洗钱监管职能调整到各级人民银行外汇管理部门。2006 年 6 月，人行石家庄中心支行设立了反洗钱处，统一行使河北省本外币反洗钱管理职责。各地市中心支行本外币反洗钱主管部门统一设在会计财务科。同年 10 月 31 日，全国人大通过了《中华人民共和国反洗钱法》，反洗钱工作全面步入法治化轨道。人民银行发布了一系列配套的行政法规，逐步完善了反洗钱法律法规体系，为反洗钱工作提供了强有力的法律支持。

2015 年末，承德市承担反洗钱义务的金融机构达到 52 家（简称义务机构，即银行业、保险业、证券业、第三方支付机构的市级机构、地方法人机构）。人行承德市中心支行通过非现场监管与现场检查两种方式，监督义务机构落实反洗钱责任，在客户风险等级划分、反洗钱监测与分析、大额和可疑交易报送、客户身份识别和资料保存、银行账户管理、新系统上线、开展反洗钱稽核审计等重要节点，分层级的监督检查风险管理措施落实情况，进而实现从源头上堵塞漏洞，控制洗钱行为的发生。

第一节 非现场监管

一、手工阶段

2004 年至 2008 年 7 月，人行承德市中心支行主要通过手工收集并上报义务机构的非现场监管年报、季报。

2004 年，人行承德市中心支行对承德市城市信用社、全辖农村信用社 2003 年至 2004 年 6 月的 7000 余笔大额交易数据进行逐笔统计分析，编制报表上报人行石家庄中心支行，为上级行采集反洗钱基础数据提供了原始资料。

2005 年，人行承德市中心支行建立了反洗钱举报制度，设立了反洗钱举报箱。建立了承德辖区人民银行、城乡信用社系统负责反洗钱大额资金交易监测的信息员队伍。

2007 年，人行承德市中心支行重点督促证券业、保险业、承德市商业银行按照新的路径和工作规范，在规定时间内向反洗钱监测中心上报大额和可疑交易信息。

二、信息化初期阶段

2008年8月开始，人行承德市中心支行通过反洗钱综合信息管理系统收集并上报非现场监管年报、半年报。

2009年，人行承德市中心支行按规定收集、汇总、上报各义务机构反洗钱非现场监管信息，按时向反洗钱综合管理信息系统导入反洗钱资料数据。

2010年2月，人行承德市中心支行按照《反洗钱非现场监管办法》，对各银行、证券、保险业上报的反洗钱内控制度建设情况进行督察，对17家内控制度不健全的义务机构要求限期整改，向人民银行报备。年内配合人行石家庄中心支行办理反洗钱案件调查2次，在规定时间内完成了调查任务。同年10月开始，人行承德市中心支行通过反洗钱监管交互平台系统和反洗钱管理信息系统收集并上报反洗钱非现场监管年报、半年报。

三、信息化阶段

2012年6—10月，人行承德市中心支行推广机构信用代码引入反洗钱领域，全部完成了机构信用代码证换发工作，将反洗钱身份识别融入社会征信体系。

2014年，人行承德市中心支行督促4家证券、27家保险机构完成了金融机构编码工作，对“黄金佳投资集团公司”在辖内金融机构开户情况、账务处理情况进行核查，向上级行报告了核查信息。

同年6月，人行承德市中心支行按照《河北省金融机构反洗钱工作考核办法（试行）》，对金融机构履行反洗钱义务进行百分制考核。考核内容是组织机构建设及内控制度落实情况、客户身份识别和交易记录保存情况、大额和可疑交易报告情况、风险控制管理情况、配合反洗钱监管工作情况。通过对42家义务机构2013年履行反洗钱义务情况考核评级，考核结果为A级12家、B级25家、C级5家。

同年12月17日开始，人行承德市中心支行通过反洗钱管理信息系统收集并上报反洗钱非现场监管年度报告及附表。

2015年，人行承德市中心支行对47家义务机构2014年履行反洗钱义务情况进行了考核评级，考核结果为A级18家、B级28家、C级1家。

第二节 现场检查

一、银行业检查

2004年，在市区各国有商业银行全面自查的基础上，人行承德市中心支行重点对中国银行、建设银行市区6家支行进行了现场检查，下发《现场检查意见书》，提出整改要求。

2005年，人行承德市中心支行组成10个检查组，对承德市城市信用社系统、农村信用社系统、农业银行系统、部分邮政储蓄机构等109家机构进行反洗钱现场检查，对问题机构给予20.75万元经济处罚，并责令整改。

2006年，人行承德市中心支行对农业发展银行、工商银行、邮政储蓄26个营业网点进行检查，检查单位、个人结算账户23482户，检查交易笔数16772笔。人行承德市中心支行针对被查单位存在的漏登“大额支付交易登记簿”、单位开户资料保存不完整等5个方面的问题，责令限期整改。

2007年9月，人行承德市中心支行抽取中国银行和建设银行的4个营业机构进行反洗钱现场检查。检查单位银行结算账户868户，交易笔数20018笔，交易金额6559万元，针对被查单位存在的问题，责令限期整改。

2008年5月，人行承德市中心支行对农村信用社系统、承德市商业银行4家分支机构进行反洗钱现场检查。

2009年5月20日至6月15日，人行承德市中心支行对郊区农村信用联社进行反洗钱现场检查。共检查人民币银行结算账户开（销）户资料310份、人民币大额交易3731笔、人民币可疑交易210笔。针对被查单位存在的问题，责令限期整改。

2012年9—11月，人行承德市中心支行对滦平县、平泉县、宽城满族自治县农村信用联社进行反洗钱执法检查。共检查人民币银行结算账户开（销）户资料6338份，银行卡、特约商户资料1794份。针对被查单位存在的问题，责令限期整改。

2014年3月，人行承德市中心支行对9家金融机构进行反洗钱综合评价。4—5月，对建行承德分行、营业部、住房城建支行、双滦支行进行反洗钱专项检查。9月，对围场华商村镇银行、丰宁建信村镇银行、滦平盛阳村镇银行进行反洗钱执法检查。10月对承德县农信联社、宽城农商行进行反洗钱执法检查。检查历时116个工作日，查阅被查单位反洗钱相关制度173份，会计凭证526本，分户账40本，人民币银行结算账户开（销）户资料2710户，银行卡、特约商户资料1916份，司法部门查冻扣资料127份。人行承德市中心支行针对被查单位内控制度不健全、未按规定履行客户身份识别义务、保存客户身份资料、报送大额交易和可疑交易报告4个大类问题提出整改处罚意见。

2015年5月，人行承德市中心支行对邮储银行承德市分行进行反洗钱检查。6月，对交通银行承德分行进行反洗钱检查。9月，对邮储银行承德市分行、交通银行承德分行开展了综合执法检查和综合评价，对金融机构反洗钱工作中存在的问题进行了风险提示。

二、保险业、证券业检查

2007年9月，人行承德市中心支行抽取承德市2家证券机构、2家保险机构进行反洗钱现场检查。检查保险、证券业尽职调查情况的客户档案674份，会计凭证358本。针对被查单位存在的问题，责令限期整改。

2009年5月20日至6月15日，人行承德市中心支行对太平洋人寿保险、泰康人寿保险进行反洗钱现场检查。共检查反洗钱相关制度39本、会计凭证289本、分户账72本、投保资料291份、退保资料291份、理赔资料48份、保险兼业代理协议9份。指出制度不健全等问题10个，并提出整改建议和处罚意见。

2010年5月，人行承德市中心支行对承德市平安财险、太平洋财险、平安寿险、永安财险公司进行反洗钱现场检查，历时48个工作日，查阅反洗钱制度6本、会计凭证216册、分户账14本、投保资料1070份、退保资料170份、理赔资料316份、保险兼业代理协议30份。检查后对各被查单位进行了总体评价。鉴于各被查单位对存在的问题能够认真对待，查漏补缺，积极整改，对检查发现的问题限期整改，免于处罚。

2011年5月，人行承德市中心支行对平安寿险、天安保险、大地财险进行反洗钱现场检查。检查组现场调阅反洗钱机构设立、业务运行、规章制度、操作规程、宣传培训、审计报告等646份，查阅会计传票、总分账户、会计报表1596本，风险等级划分、大额和可疑交易登记簿592本，保险公司投保资料836份、退保资料124份、理赔资料420份、承保台账12本。针对被查单位内控制度不健全、未按规定履行客户身份识别义务、未按规定保存客户身份资料、未按规定报送大额交易报告4个大类问题提出整改处罚意见。

2012年5月，人行承德市中心支行对承德市财达证券、人保财险公司、人保寿险公司、泰康人寿、安邦人寿2011年度反洗钱法律制度执行情况进行综合评价。5—6月，对中华联合财险、民生人寿、中银保险、中英人寿4家保险机构进行了反洗钱执法检查。9—11月，对财达证券宽城金山街营业部、财达证券双滦滨河大街营业部（2010年10月设立，2014年12月撤销）、财达证券承德市都统府大街营业部进行反洗钱执法检查。共查阅被查单位反洗钱机构设立、业务运行、规章制度、操作规程、宣传培训、审计报告等制度222份，会计凭证744本，分户账18本，保险公司投保资料1954份、退保资料218份、理赔资料1809份、保险兼业代理协议6份；证券机构转托管、撤销指定交易资料261份；开通网上委托、电话交易等非柜面交易方式资料2045份；变更交易密码资料154份；客户风险等级划分资料2045份；司法部门查冻扣资料5份。人行承德市中心支行针对被查单位内控制度不健全、未按规定履行客户身份识别义务、未按规定保存客户身份资料、未按规定报送大额交易报告4个大类问题进行了整改处罚。

2013年6—7月，人行承德市中心支行对渤海财险、民安财险、阳光财险、阳光寿险、太平洋寿险公司进行反洗钱现场检查，历时43个工作日，共查阅被查单位反洗钱机构设立、业务运行、规章制度、操作规程、宣传培训、审计报告等制度63份，会计凭证53本，保险公司投保资料4943份、退保资料155份、理赔资料219份。人行承德市中心支行针对被查单位内控制度不健全、未按规定履行客户身份识别义务、未按规定保存客户身份资料3个大类问题提出整改处罚意见。

2015年8月，对新华人寿、人民人寿、人寿财险、英大泰和财险、河北一卡通承德分公司开展反洗钱执法检查。检查用时56个工作日，现场调阅反洗钱机构设立、业务运行、规章制度、操作规程、宣传培训、审计报告等制度67份、会计凭证23本、投保资料1058份、退保资料746份、理赔资料661份、保险兼业代理协议9份。检查结束后，人行承德市中心支行针对被查单位内控制度不健全、未按规定履行客户身份识别义务和保存客户身份资料、未按规定报送大额交易和可疑交易报告3个大类问题提出整改意见。

第三节 其他监管措施

一、信息补录

2011年6月，人行承德市中心支行组织各金融机构，集中时间登录“河北省金融机构反洗钱风险监管评估系统”，完成了2007—2010年反洗钱信息资料补录工作。

二、风险提示

2012—2015年，向金融机构发出反洗钱风险提示26期。2015年8月，对丰宁建信村镇银行3—4月大额交易零报告问题进行调查分析，制定整改时间表，跟踪监督反洗钱系统升级改造，解决了大额和可疑交易不能通过系统上报问题。

三、培训

2006—2015年，为提高金融机构反洗钱工作质量，人行承德市中心支行组织全辖银行、保险、证券、支付机构反洗钱工作人员，采取参加上级行培训、本地培训、远程培训、上岗资格培训、考试检测等多种方式强化培训工作。先后举办培训班14期，培训反洗钱工作人员1300多人次。

四、宣传

为提高全社会的反洗钱意识，人行承德市中心支行组织全辖金融机构，通过街头、媒体、柜台、大屏幕、拉横幅等多种形式，开展经常化的反洗钱宣传活动。10年来发放宣传材料近8万份，解答咨询 1.2 万人次，使广大居民对反洗钱有了基本认识，营造了良好社会氛围。群众主动配合金融机构开展客户身份识别，选择合法金融机构办理金融业务；群众提高了保护自身合法权益的意识，在不出租或出借自己的账户、银行卡、U 盾，不用自己的账户替他人提现，不通过网银、电话等方式向陌生账户汇款或转账，珍惜信用记录等方面，提高了防范能力；部分群众通过合法渠道举报涉嫌洗钱行为。

第七章 征信管理

征信是指依法采集、整理、保存、加工自然人、法人及其他组织的信用信息，并对外提供信用报告、信用评估、信用信息咨询等服务，帮助客户判断、控制信用风险，进行信息管理的活动。征信从20世纪90年代的信贷征信起步，2013年1月21日国务院发布的《征信业管理条例》对征信活动进行了规范，并明确中国人民银行及其派出机构依法对征信业进行监督管理。人行承德市中心支行负责承德市信贷征信的组织和监管，开展了征信体系建设、征信检查和社会信用体系建设管理等工作。

第一节 征信体系建设

为适应市场经济发展需要，推动社会信用体系建设，节约社会调查成本，人行承德市中心支行于1992年起步，持续推动征信体系建设。先后经历了贷款证管理阶段、银行信贷登记咨询系统建设运行阶段、银行信用信息征信系统建设运行阶段。历经20年的发展，征信体系日趋完善，为促进社会进步和经济发展发挥了重要作用。

一、贷款证管理

1992—1998年实施贷款证管理。贷款证是人民银行发给注册地法人企业向国内金融机构申请借款的资格证明书。贷款证内容包括发证记录和年审记录、企业概况、银行存款户开户记录（分人民币账户和外币账户）、贷款余额情况统计表、贷款发生情况和异地贷款情况登记表、企业提供经济保证情况登记表、企业资信等级记录等。专业银行打破专业分工，引入竞争机制，向综合性商业银行转变，是金融改革的重要成果。但同时出现了企业多头开户、多头贷款、逃废债务的信用问题。1992年，为维护正常信用秩序，增加贷款信息透明度，防范信用风险，中国人民银行深圳分行率先推出了贷款证制度。贷款证是银行间共享信贷信息的早期形式，是建立征信体系的最初萌芽。

1995年11月30日，中国人民银行出台《贷款证管理办法》，作为重要制度推向全国。《贷款证管理办法》规定，在实行贷款证管理制度的城市内的企业，拟申请借款或已与金融机构存在信贷关系者，必须申领贷款证。人民银行是贷款证的发证和管理机关。

1996年5月，人行承德分行根据上级行部署，印发了《承德市贷款证管理实施细则》，对贷款证发放程序、年审、使用、检查和违规处罚等作了明确的规定。同时编印发放了宣传材料，拉开了贷款证管理工作的序幕。同年7月初，人行承德分行开始正式签发贷款证，截至1996年底，承德市共发放贷款证560份。

贷款证制度的实施，为金融机构提供了信贷共享信息，发挥了防范信贷风险的监测作用。使得企业利用一家银行贷款作为自有资金，再向另一家银行骗贷，利用虚假信用证明到多家银行骗取贷款问题得到了有效控制。

二、银行信贷登记和咨询系统管理

1997年至2006年期间，贷款证制度升级为银行信贷登记和咨询系统。

由于纸质的贷款证容量小，使用不方便，难以全面记录企业的信用信息，不便于信息的及时更新。1997年，中国人民银行决定废止纸质贷款证制度，借助现代信息技术，建立以贷款卡为依托的“银行信贷登记咨询系统”，通过一张贷款卡将企业和金融机构联系起来。贷款卡是人民银行发给注册地借款人的磁条卡，是借款人向金融机构申请办理信贷业务的资信证明。登记的主要内容是借款人基本信息、财务信息、信用行为信息、重大事件信息等。

1999年，中国人民银行发布《银行信贷登记咨询管理办法（试行）》，规范了贷款卡发放及管理、信贷登记管理等行为。《办法》规定，凡与金融机构发生信贷业务的借款人，应当向注册地人民银行申领贷款卡，人民银行是贷款卡的发证和管理机关。金融机构在办理信贷业务时，要通过银行信贷登记咨询系统查询借款人贷款卡记载的资信状态，不得对被暂停、注销贷款卡的借款人发生新的信贷业务。

银行信贷登记咨询系统于1999年实现以城市为单位的联网查询，2000年实现以省为单位的联网查询，2001年实现全国联网查询。该系统以地市、省市、总行三级分布式数据库联网运行为特征，实现了金融信贷信息和企业经济信息共享，为商业银行提供了信贷咨询服务，是增强金融业整体防范风险的一项基础性工程。

到2003年末，人行承德市中心支行通过银行信贷登记咨询系统共发放贷款卡2982张，各金融机构上报信贷数据182亿元，信贷数据入库率达到98%，基本覆盖了承德辖区企事业单位和其他经济组织的信贷信息。

三、金融信用信息基础数据库管理

2004—2015年，为金融信用信息基础数据库的建设及运行阶段，这是银行信贷登记和咨询系统的升级版本。

企业征信系统建设 银行信贷登记咨询系统是三级分布式数据库，信息分散在300多个地市，很难实现全国范围内的高效共享。2004年，人民银行启动银行信贷登记咨询系统升级改造工程，将原来分布在337个城市的三级分布式数据库升级为全国集中统一的企业征信系统，实现数据在全国的大集中，统一对外提供服务。

2004年至2009年5月，是银行信贷登记咨询系统与企业征信系统并行运转过渡期。2009年5月，银行信贷登记咨询系统停止运行，由全国集中统一的企业征信系统独立运行。

2005年，中国人民银行发布《关于企业信用信息基础数据库试运行有关问题的通知》（银发〔2005〕400号），对企业征信系统的功能与管理、借款人信用信息报送、查询、使用、异议处理以及信息安全管理等做出了规范规定。同年12月，企业征信系统实现主要商业银行的全国联网运行，并在天津、上海、浙江、福建开通查询用户试运行。

2006年6月末，企业征信系统实现所有中资、外资商业银行和有条件的农村信用社的全国联网运行。

全国集中统一的企业征信系统的建成，减少了数据流转环节，加快了数据流转速度，同时解决了分布式数据库各级统计汇总数据不一致的问题，提高了数据更新的及时性和一致性，扩大了企业信息的覆盖面。

个人征信系统建设 个人征信系统是以个人身份证为标识，采集、整理、保存个人信用信息，为金融机构和个人提供信用报告查询服务，为法律法规规定的其他用途，提供有关信息服务的征信系统。

为维护金融稳定，适应全国集中统一的个人信贷市场发展的需要，防范住房贷款、消费贷款、信用卡业务的信用风险，2004年初，人民银行开始组织商业银行建设全国集中统一的个人征信系统，于2004年12月中旬实现了15家全国性商业银行和8家城市商业银行在全国7个城市的成功联网试运行。

2005年，中国人民银行发布《个人信用信息基础数据库管理暂行办法》（人民银行令〔2005〕第3号），办法规定了金融机构用户管理、异议处理、信用报告本人查询的相关管理措施，为规范金融机构报送、查询和使用个人信用信息、促进个人信贷业务的发展、保障个人信用信息的安全和合法使用提供了制度保障。同年8月，中国人民银行完成了个人征信系统与全国所有商业银行和部分有条件的农村信用社的联网运行。经过试运行后，个人征信系统于2006年1月正式运行。

截至2006年末，所有与金融机构有信用行为的组织机构和个人，均由全国集中统一联网的企业和个人信用信息数据库所覆盖，提供查询、汇总、分析、检测等服务。同时作为宏观管理工具，为防范金融风险、加强宏观调控、促进经济发展提供信用报告服务。

提供社会服务 征信系统的显著功能是节约社会调查成本，直接为各类社会组织和个人提供便捷的调查服务，推动诚信社会建设。

2006—2015年，人行承德市中心支行持续加强企业和个人征信系统的运行管理，通过检查和抽查的方式，监督金融机构严把数据管理质量关，切实在数据录入、报送、核对、修改等关键环节落实责任制，建立保障数据质量的长效机制，为企业和个人做好查询服务。

2015年11月以前，征信查询主要通过人工方式。2015年12月，个人信用报告自助查询机分别在人行承德市中心支行一楼大厅、承德县支行、滦平县支行启用，查询机通过“人像识别”和身份证读取技术完成身份验证。查询人员根据语音提示平均在1分钟内完成自助查询并打印个人信用报告。查询效率明显提高。

到2015年末，承德辖区金融机构接入征信系统信贷网点218个。其中开通企业征信系统查询用户270个，年累计查询量约3万次。开通个人征信系统查询用户1406个，年累计查询量约30万次。

第二节 征信检查及综合评价

一、征信检查

1996—1997年，人行承德分行对23个金融机构执行贷款证制度情况进行检查，对存在问题的工行太平桥办事处等14个机构予以通报批评；对农行双塔山办事处等8个机构分别处以0.1万～0.3万元的罚款。

1998年，人行承德分行对全辖37个银行机构进行了贷款证执行情况检查，共查出24家机构漏登贷款证号126笔，漏登担保单位贷款证号11笔、无证放款4笔。对问题突出的5家银行机构进行了通报批评，对2家银行机构处以罚款1.7万元。

2001年6月，人行承德市中心支行对辖内各金融机构的部分信贷业务网点执行银行信贷登记咨询管理办法情况进行检查。对工商银行承德市山庄支行、丰宁满族自治县支行等28个机构提出表扬；对工商银行平泉县支行等17个机构提出批评。

2002年，人行承德市中心支行制定《承德市银行信贷查询管理制度》《承德市银行信贷数据核对办法》，全年开展2次银行信贷登记咨询系统管理办法执行情况检查，检查机构39家。办理贷款卡年审723个，占应审贷款卡的40%。

2004年，人行承德市中心支行对工行、农行、建行下属30个网点进行了检查，检查面33%。

2005年，人行承德市中心支行对工行、农行、建行16个市区网点进行了检查，对为暂停卡企业办理票据贴现业务的7个网点、为暂停卡企业办理承兑汇票签发业务的8个网点进行了通报批评。

2008年，人行承德市中心支行对1061户企业办理贷款卡年审，对中国银行避暑山庄支行个人征信业务进行现场检查。

2009年，人行承德市中心支行对1235户企业办理贷款卡年审，对承德银行股份有限公司所属13个机构进行现场检查。

2010年，人行承德市中心支行对承德银行征信系统升级进行初评和验收。先后7次完成了地方性金融机构企业、个人征信数据质量季度量化评分工作，其中，承德银行个人征信数据及时性在全省排名第一。

2011年，制定中国人民银行承德市中心支行《信贷征信管理办法（试行）》《个人信用报告查询业务操作规程》《个人征信异议处理子系统操作规程》。

2012年，人行承德市中心支行督促金融机构依托当地工商、税务部门完成了企业基本存款账户久悬户的清理工作，印发《企业征信管理业务指导手册》《个人征信管理业务指导手册》，对辖区部分金融机构进行检查。

2013年，人行承德市中心支行印发《承德市征信从业人员资格证管理实施办法（试行）》。

2013—2015年，人行承德市中心支行先后对承德银行、郊区农村信用联社、农发行承德分行、建行承德分行、邮储银行承德市分行及其直属支行、交通银行承德分行、农行承德分行征信管理工作实施现场检查。检查中发现个别机构存在先查询后授权、凭无效授权查询、业务文本不规范、数据漏报和用户管理不规范等问题。提出了限期整改意见，督促金融机构逐条整改落实。

二、征信综合评价

2013年人行承德市中心支行根据《征信管理条例》的规定，对金融机构开展了征信综合评价。承德市辖内各金融机构评价分数均在93分以上，综合评价结果均为一类金融机构。

在制度建设方面，承德市各金融机构均能够根据人民银行相关文件要求，建立企业、个人征信系统操作规程及管理办法，明确企业、个人征信用户管理、查询管理、安全管理等方面的工作要求。

在用户管理方面，承德市各金融机构均能够按照人民银行监管制度的要求，对数据库用户进行管理。遇到企业和个人征信系统管理员、普通用户发生变更的情况，能及时向人行承德市中心支行征信管理科备案。

在安全管理方面，承德市各金融机构能够遵守保密制度，做到征信用户专人专用，及时更改密码，登陆征信系统的台式计算机与互联网隔离。信用信息查询结果不用于规定以外的其他用途。未发现未经信息主体同意向第三方提供信用信息查询的问题。

《征信管理条例》实施以来，承德市各金融机构受理的客户异议，基本能够按照要求将处理结果书面答复异议人。

第三节 社会信用体系建设管理

根据国务院办公厅《关于社会信用体系建设的若干意见》《社会信用体系建设规划纲要（2014－2020）》提出的“政府推动，社会共建；健全法制，规范发展；统筹规划，分步实施；重点突破，强化应用”的社会信用体系建设基本原则，人行承德市中心支行积极推进工作进展。

一、建言献策

2010年5月5日人行承德市中心支行向市政府金融办公室提交了《关于加快推进承德市社会信用体系建设的建议》。

2011 年，人行承德市中心支行起草了《加强承德市社会信用体系建设的实施意见》《承德市社会信用体系建设工作方案（2011—2012）》，由承德市政府批转执行。人行承德市中心支行与承德市发改委共同起草了《关于加快承德市社会信用体系建设的实施意见》，由承德市政府以承市政字〔2014〕61 号文件印发。

二、推动农村信用体系建设

2014 年，人行承德市中心支行选择宽城县作为试点单位，以点带面推动承德市农村信用体系建设。制定了《承德市农村信用体系试验区建设工作方案》，明确了工作目标和重点。督导省农村信用联社承德办事处召开承德全辖农村信用社征信建设工作培训会议，为顺利开展农村信用体系试验区建设奠定基础。针对农村客户分散、流动性大、外出打工农户多、联系方式不固定、取得授权书及规范信息压力大的问题，积极采取责任到人、批量和个别复查相结合等方式，规范了客户基础信贷信息。在实际工作中，利用公民信息联网核查系统，联合公安、村民委员会下乡入户开展了身份证、姓名、住址等批量复查和个别复查工作。对一人多笔或跨县、跨市信贷信息，采取到上一级联社办事处合并处理等方式规范了信贷信息，确保了阶段性重点工作顺利完成。截至 2015 年 7 月底，宽城试验区完成了 26737 户农村贷款客户基础信息和贷款信息的规范工作，规范率 100%，达到了接入个人征信系统的标准。在其带动下，承德市农村信用社系统共完成了 152516 户农村贷款客户信息的规范工作，规范率均达到了 100%。

同年，人行承德市中心支行选择平泉县作为农户信用档案建设试点。创建以征信系统为载体、以农户信用档案为基础、以信用评价为手段的“征信＋信贷”的支农模式。通过试点总结了“五个机制”工作经验。建立农村信用体系县乡村三级联动机制，形成工作合力；建立农户信息征集更新长效机制，夯实工作基础；建立科学合理的农村信用评价机制，规范评价行为；建立相应的保障机制，强力推动农村信用体系建设；建立农村信用文化培育机制，营造良性互动工作氛围。在试点基础上，组织召开“承德市农村信用体系建设工作现场推广会”，向全市推广平泉县的“五个机制”工作经验。在平泉经验的推动下，到 2015 年底，承德市累计建立农户信用档案 60.77 万户，评定信用乡镇 64 个、信用村 733 个，信用农户 290232 个。

三、推广应收账款融资服务平台

中征应收账款融资服务平台（以下简称平台），是由中国人民银行征信中心（简称征信中心）组建的服务于应收账款融资的金融基础设施。平台通过为应收账款的债权人、债务人和资金提供方等参与机构提供信息，方便更多的应收账款机构通过服务平台融资，盘活应收账款存量，进而推动中小微企业融资难问题的解决。该平台于 2013 年 12 月在天津试点应用，2014 年开始在全国推广。人行承德市中心支行将平台应用作为缓解中小企业“融资难”、支持承德经济发展的重点举措，积极开展推广工作。与金融机构建立对接机制，通过平台的宣传培训工作，全辖区银行业金融机构 67 家分支行注册加入平台，实现了应收账款融资业务的金融机构全覆盖。重点抓好核心企业对接，深入辖区核心企业河北钢铁股份有限公司承德分公司进行宣传和辅导，借助核心大企业带动作用，加快推广进程，成功引领其上游客户进行注册，截至 2015 年 12 月末，围绕核心企业注册的中小企业 10 家，通过平台完成应收账款融资业务 38 笔，累计融资金额 15 亿元，在河北省排名第一，率先在河北省范围内取得突破性进展。

第八章 外汇管理

外汇管理是指国家外汇管理局对外汇的收支、买卖、借贷、转移以及国际结算、外汇汇率和外汇市场等实行的控制和管制的行为。外汇管理的内容包括外汇市场准入管理、外汇业务管理、国际收支统计与监测、外汇检查核查等。

1987年5月，国家外汇管理局承德分局成立，与人行承德分行合署办公，人行承德分行行长兼任外汇管理分局局长，在承德辖区专门行使外汇管理职能。

第一节 外汇市场准入管理

一、对金融机构经营外汇业务的审批管理

1989—1999年7月，国家外汇管理局对金融机构经营外汇业务准入管理实行《经营外汇业务许可证》制度，按照金融机构提出申请、省市分局审核、上报国家外管局批准的程序办理审批发证。

1999年7月31日，根据中国人民银行《关于国家外汇管理局分支局金融机构外汇业务监管职能划入人民银行分支行的通知》，规定金融机构“经营外汇业务许可证”纳入“经营金融业务许可证”实行统一准入管理。金融监管体制实行分业监管后，外汇业务准入移交证券会、保监会、银监会分别管理。

银行业 1989年起，中国银行独家经营外汇业务的局面逐渐打破，经国家外管局批准，其他银行陆续经营外汇业务。1989年，批准工行承德中心支行经营外汇业务。1993年3月，批准农行承德中心支行经营外汇业务。1994年2月，批准建行承德中心支行经营外汇业务。截至1999年7月，共批准承德中行、工行、农行、建行4家银行的20个营业机构经营外汇业务。

保险业 1992年3月，批准中国人民保险公司承德分公司经营涉外保险业务。1996年4月，中国人民保险公司实行产寿险机构分设，变更为中国人民财产保险公司承德分公司经营涉外保险业务。

1997年，批准中国太平洋保险公司承德分公司经营涉外保险业务。2002年3月，中国太平洋保险公司实行产寿险机构分设，变更为中国太平洋财产保险公司承德中心支公司经营涉外保险业务。

证券业 2001年，批准南方证券有限公司承德营业部为客户开立B股保证金账户。该营业部于2015年6月变更为中国中投证券有限责任公司承德翠桥路营业部，

2001年，批准河北证券有限公司承德营业部为客户开立B股保证金账户。该营业部于2010年12月变更为财达证券有限责任公司承德都统府大街营业部。

二、对银行结售汇市场实行备案管理

依据《中国人民银行关于结售汇业务管理工作的通知》，从2004年3月25日起，国家外

管局承德中心支局对银行分支机构经营结售汇业务实行备案管理。截至2004年6月30日，为工行、农行、中行、建行4家外汇指定银行的19个营业机构办理即期结售汇业务备案手续。

2007年，国家外管局发布《关于调整银行即期结售汇业务市场准入和退出管理方式的通知》（汇发〔2007〕20号），对银行结售汇市场准入分主体类型实行核准制和备案制管理。因承德市暂无大型银行总行和外国银行分行机构准入，故全部执行备案制管理。

到2015年末，外汇局承德市中心支局共为工、农、中、建、交、邮储、河北银行7家外汇指定银行的66个分支机构办理即期结售汇业务备案，其中办理远期及掉期结售汇营业机构5家，期权结售汇营业机构3家（详见表3-8-1）。

2004—2015年承德市办理结售汇业务新增备案情况表

表3-8-1　　单位：个

年份	中行	工行	农行	建行	交行	邮储银行	河北银行	合计
2004	8	5	5	1	—	—	—	19
2006	—	—	—	1	—	—	—	1
2008	11	—	—	2	—	4	—	17
2009	1	—	—	—	—	5	—	6
2011	—	—	—	—	—	1	—	1
2012	—	1	—	—	—	2	—	3
2013	7	9	—	1	—	—	—	17
2014	—	—	—	—	1	—	—	1
2015	—	—	—	—	—	—	1	1

三、外币兑换代理机构管理

外币兑换代理机构是指外汇指定银行委托境内企业法人代理外币兑换业务。外管局对其实行备案管理。

2003年11月起，根据国家外管局规定，外汇指定银行与代理机构必须签订《委托代理协议书》，并向所在地外管局分支局备案。代理机构必须根据协议书规定的授权、责任、义务代理外币兑换业务。

2004年，中行承德分行分别授权承德云山饭店、山庄宾馆、乾阳大酒店、盛华大酒店、瀚明大酒店5家机构代理外币兑换业务，分别于同年2月、7月、11月向外管局承德市中心支局办理了备案手续。

2015年末，承德市共有承德锦江（文冠）饭店、承德云山饭店、承德山庄宾馆、承德京城大酒店、承德市乾阳大酒店、承德市盛华大酒店、承德嘉和国际饭店7家外币兑换代理机构。

第二节　经常项目外汇管理

一、货物贸易外汇管理

货物贸易外汇管理是指对出口贸易、进口贸易的各项外汇收支管理。1987年5月设立外汇局承德分局，开始负责承德辖区贸易外汇管理。

经历了外汇额度留成管理、进出口核销管理、总量核查分类监管三个阶段。

外汇额度留成管理阶段 外汇额度留成是为鼓励企业出口创汇，提高生产收购出口商品的积极性而制定的管理制度。1987年外汇局承德分局从省局接转外汇留成额度账户209户，金额538万美元。外汇局承德分局建立了账务处理程序，并对每个单位核发了对账单，更正户名不符15户，合并重复名称27户，纠正金额不符75户。1991年1月1日起，国家取消出口供货单位的留成外汇，只对自营出口单位和地方政府继续按规定比例分拨留成。出口单位的贸易外汇留成额度经批准可自行使用，也可通过调剂中心有偿调剂。1994年1月1日，国家取消外汇留成和上缴，实行银行结售汇制度。1994年8月31日，外汇局承德分局将留成外汇余额152万美元，通过省调剂中心调出，完成了留成外汇收尾工作。

1987—1994年承德货物贸易外汇留成分拨情况表

表3-8-2　　单位：万美元

年份	贸易留成金额	年份	贸易留成金额
1987	562	1991	419
1988	554	1992	179
1989	469	1993	90
1990	607	1994	73

进出口核销管理阶段 1991年1月开始实施出口收汇核销制度，1994年下半年开始实施进口付汇核销制度。

出口收汇核销。1991年1月开始实施的出口收汇核销制度，是以出口货物价值为标的，事后核对是否有相应的外汇收回境内的管理方法。当时承德辖区共有创汇企业200余家，主要出口农副产品和部分工业品。1991—1995年，国家外汇局承德分局累计向出口企业发放核销单1196张，办理核销业务1132笔，核销金额3494万美元，年均核销226笔，699万美元。2003年，为进一步简化出口核销手续，国家外汇局推广使用“出口收汇核报系统”，提高了科技含量，简化了核销手续。2005年，国家外汇局为完善货物贸易收结汇管理，实行出口待结汇账户管理措施。国家外汇局承德市中心支局对35家出口企业进行了推广培训，邀请新闻媒体做了专门报道，促进了网上核销工作的全面推广。截至2005年末，办理网上开户37家，办理网上核销业务172批次，网上核销收汇4046万美元，占同期核销收汇总额的100%，大幅度提高了核销工作效率。2006年，国家外汇局出台结汇关注企业管理措施，重点加强对贸易收汇与外贸出口明显不符的“关注企业”收汇和结汇管理。国家外汇局承德市中心支局从提高真实核销率入手，重点关注逾期情况严重的企业，实行控制发单、随时通报、跟踪调整关注企业名录等措施，全年发出“催核通知单”113份，金额4500万美元。逾期和涉案严重的承德帝贤时装公司，被列为出口收汇“关注企业”进行监管。2007年，对出口企业进行了全面数据核定，对贸易收汇与出口偏差较大、结汇逾期严重、发生重大违规的企业，纳入关注名单，实施重点监管。全年办理出口核销492批次，签发核销单3163份，核销金额22645万美元，同比增长53%，核销率96%。年内发放出口“催核通知书”145份，金额11909万美元，向外汇检查部门移交逾期收汇业务293笔，金额1976万美元，对承德帝贤公司虚假核销、逾期未核销等违法违规行为立案处理。2008年发放出口“催核通知书”37份，金额14863万美元，向外汇检查部门移交逾期外汇1笔，涉案金额84.15万美元，对逾期严重的企业进行立案查处。2008年末，承德市出口贸易企业60家。1991—2008年，总计出口核销3187份，620批次，核销金额36708万美元，核销率99%。2008年修订的《外汇管理条例》淡化了“核销管理”的表述，2012年取消了出口收汇核销制度。

进口付汇核销。1994年下半年开始实施的进口付汇核销制度，是以进口足额到货为标的，对贸易付汇的真实性进行事后甄别，强调报关单金额与付汇金额大致相等，相关单证要素保持一致。国家外汇局承德分局制定了《关于明确审批进口用汇程序》《承德企事业单位进口用汇核销办法》。1998年，国家外汇管理局、海关总署联合推出“进口报关单联网核查系统”，使银行在办理进口付汇时可以通过电子数据逐笔核验报关单真伪，进一步提升了进口付汇核销管理的科技水平，加强了对无贸易背景资金流出的管理。1999年，外汇局承德市支局加大了进口报关金额与付汇金额不符行为的管理力度，对承德帝贤时装公司违规对外付汇10920万日元（97.14万美元）问题进行了立案处理。2006年实行进口付汇备案与到货核销挂钩管理。2008年办理进口到货付汇核销6543万美元，进出口逾期未核销外汇总计60笔1686万美元，逾期未核销外汇明显减少。2010年取消了进口付汇核销制度。

总量核查、动态监测、分类管理阶段 2012年8月，货物贸易全面取消了进出口核销制度，实行总量核查、动态监测、分类管理。具体做法是外汇管理部门根据核查结果对企业进行分类，分类名单实行动态化发布管理，对A类企业实行便利化审核措施，对B、C类企业实行较为严格的审核措施。B、C类企业的监测指标好转达标，可以上升为A类企业。国家外汇局承德市中心支局多措并举，推动分类管理制度在承德辖区顺利实施。制定了实施方案并将各项工作细化落实；做好货物贸易改革基础工作，累计清理贸易出口历史数据119笔，金额1135万美元；逐笔审核企业贸易信贷与融资报告172笔，金额662万美元；完成对23家企业的非现场核查和4家企业的现场核查工作；对98家名录企业进行了分类考核管理，做好业务系统运行前的各项准备工作；做好政策宣传和培训工作，对货物贸易改革中涉及的85家企业和5家外汇指定银行进行了政策解读和工作任务部署。

二、服务贸易外汇管理

服务贸易（非贸易）外汇管理的特点是宽进严出，即对支出管理的规定比较严格。对10万美元以上大额付汇业务实行事前审批，主要涉及的项目有捐赠款、技术服务费、钢铁协会会费、广告费等。服务贸易管理主要经历了非贸易管理阶段、收支均衡管理阶段。

非贸易外汇管理阶段 非贸易外汇管理是指对经常项目中除贸易及其从属费用以外的外汇收支进行的管理，主要包括旅游、交通运输、侨汇、银行、保险、个人外汇和政府机构间往来费用等方面的外汇收支。这一阶段的非贸易外汇管理主要包括四个方面。

一是非贸易外汇留成管理。1994年1月1日，取消了外汇留成管理。1987年至1994年1月，外汇局承德分局共为承德市非贸易创汇单位核拨外汇留成514万美元，为改善服务业经营条件发挥了积极作用。

1987—1994 年承德非贸易外汇留成分拨情况表

表 3-8-3 单位：万美元

年份	非贸易留成金额	年份	非贸易留成金额
1987	38	1991	25
1988	47	1992	170
1989	35	1993	173
1990	12	1994	14

二是旅游外汇管理。旅游外汇收入主要来源于旅行社收入的综合服务费和涉外旅游接待的宾馆、饭店、商店收取的外汇。国家外汇局承德分局对旅游外汇收支采取经常性检查和定期年审，奖优罚劣，建立平等竞争的旅游外汇市场。同时适当扩大留成对象，保护旅游企业收汇积极性。

1987—1994 年承德非贸易外汇留成分拨情况表

表 3-8-4

年度	床位（张）	外宾（人）	外汇券收入（万元）	结汇（万美元）	留成（万美元）	指定收券单位（家）	涉外旅行社（家）
1987	2153	16277	180.0	32.8	23.3	7	3
1988	2959	15729	241.3	94.0	21.6	25	4
1989	4270	8454	209.0	36.8	26.7	29	4
1990	3037	11384	300.1	36.2	12.4	29	4
1991	3037	22508	664.7	72.2	34.4	23	4
1992	3037	32302	800.0	91.4	41.3	27	4
1993	3037	40270	1073.8	—	—	30	7

三是外汇兑换券管理。外汇兑换券（简称外汇券）是国家在特定时期发行的特殊货币，在国内特定场合与人民币等值流通。国务院授权中国银行于 1980 年 4 月 1 日开始发行，1995 年 1 月 1 日停止流通。1987 年外汇局承德分局针对外汇券管理使用混乱问题，通过外汇券收支现场检查，与中行承德支行共同研究解决办法。为收券单位核定库存限额和业务周转限额，超过限额部分，由中国银行按季自动结汇；从 1989 年起，对承德辖区内 29 家外汇券收券单位实行年检，发放“核准收取外汇兑换券许可证”；监督各收券单位建立健全管理制度。

四是出国用汇管理。1987—1995 年，外汇局承德分局共为 242 个因公出国团组批汇 193.9 万元，为 184 个因私出国团组核销用汇 155.8 万元。

收支均衡管理阶段 1996 年，国家外汇局发布《结汇、售汇及付汇管理规定》（汇发〔1996〕210 号），规定对于服务贸易外汇流入，境内机构凭申报信息可直接办理入账或结汇。1999 年，国家外汇局、国家税务局联合发文规定，服务贸易外汇支付需提交税务证明。2010—2015 年，服务贸易实行均衡管理，税务证明实行备案制。国家外汇局服务贸易非现场监管系统在全国上线，实现对服务贸易交易行为的事后管理。外汇局承德市中心支局通过系统对发生大额资金流出流入的涉外企业，开展现场或非现场核查，对违规问题立案查处。2013 年 9 月 1 日起，对 5 万美元以上外汇收支业务保留 11 个审查项；对 5 万美元以下外汇收支不再审核相关单证。工作重心由事前转变为事后，由“看单证”转变为“看系统”。2010—2013 年，对 10 万美元以上的服务贸易支出和超比例转口贸易进行事前审批，2010 年，对承德三北种业违规汇入服务费行为进行立案查处，收缴罚款 10 万元，并作为典型案例上报外汇局河北分局。2015 年，承德市服务贸易收支总计 12037 万美元，同比增长 39%。其中个人项下雇员工资收入和境外留学支出合计 7567 万美元，占比 63%，同比增长 22%，成为服务贸易收支增长的主要动力。2015 年，承德市境内居民个人出境留学涉外支出 5674 万美元，同比增长 14%；雇员工资收入 1893 万美元，同比增长 52%。

第三节 资本项目外汇管理

资本项目是对国际收支平衡表中资本和金融账户的总称，划分为直接投资、证券投资、信贷（外债）业务、其他投资 4 个部分。资本项目外汇管理主要是事前审批和事后备案。

一、直接投资外汇管理

直接投资是投资者为了获取长期的股权收益，直接参与的企业投资和经营管理活动。管理的重点是统计监测外商直接投资跨境资本流动，包括外商投资企业外汇管理、境外直接投资管理。

外商投资企业外汇管理 1989 年，国家外汇局承德分局对辖内外商投资企业实行外汇报表制度，主要包括“外商投资企业外汇收支报告表”“外币资金情况表”“年度财务报表”。通过报表分析掌握企业的外汇收支和生产经营情况，进而采取相应的监管措施。1990 年末，承德全辖设立“三资”企业 8 家，投资总额 560 万美元，协议注册资本 554 万美元。

1991—1992 年，承德市建立“三资”企业 49 家，投资总额 8493 万美元，协议注册资本 6328 万美元，协议利用外资 2311 万美元。中外合作领域扩大到农业、建材、制药、仪器仪表、纺织服装、饮料、皮革、木材加工、文体用品制造、印刷业、房地产、旅游等行业。

1993 年开始，对外商投资企业实行计算机（单机版）管理，将企业的基本情况、外汇收支报告表等资料输入计算机。

1994 年 6 月，国家外汇局承德分局开始实行“外商投资企业外汇登记证”制度，截至 1995 年末，累计核发“外商投资企业外汇登记证”53 个。

1997 年，商务部、国家外汇局等 7 部委联合发文规定，对外商投资企业上一年度有关事项实行联合年检制度。

2000 年，承德新开办外商投资企业外汇登记 12 家（其中合资企业 8 家、合作企业 3 家、独资企业 1 家），投资总额 571 万美元，注册资本 435 万美元，协议利用外资 321 万美元。截至 2000 年末，承德市办理外汇登记的外商投资企业 131 家，投资总额 36246 万美元，注册资本 28823 万美元。

2001—2005 年承德市新增外资企业 63 家，注销 72 家。2005 年末共有外商投资企业 122 家，投资总额 90874 万美元，注册资本 70385 万美元。2005 年年检参检率达到 100%。2004 年，国家开始对外资企业资本金实行支付结汇制管理。

2006—2010 年，承德市新增外资企业 42 家，累计实际利用外资 15045.45 万美元，比“十五”时期增长 1.86 倍。外资来源地主要有美国，外资流入的行业主要集中在资源能源开采及食品加工业。2008 年，全国“直接投资外汇业务信息系统”推广上线，完成承德市71家外商投资企业历史数据信息采集、录入和IC卡登记证换发工作。2010年末承德市存量外资企业68家，投资总额17205万美元，协议利用外资10103万美元。

2012年，国家外汇局进一步简化外商投资企业验资询证手续，通过外汇局监管系统报送电子材料取代纸质材料。2013年，全国“资本项目外汇业务系统”推广上线，银行通过该系统办理资本项目外汇业务，外汇分支局通过该系统开展非现场业务监管。2015年4月，取消直接投资外汇年检，改为实行存量权益登记。同年6月1日起，实行银行直接审核办理境内直接投资项下外汇登记，国家外汇局通过银行对直接投资外汇登记实施间接监管。企业自主选择外汇资本金结汇方式。2015年末承德市正常经营外商投资企业37家，投资总额9070.78万美元，协议注册资本8507.59万美元。

境外直接投资管理 中国从1989年开始建立境外投资外汇管理制度。

1990年，国家外汇局河北分局批复中国北方塑料编织工业集团在美国设立华明国际有限公司境外投资登记。

1998年，国家外汇局河北分局批复河北露露集团有限责任公司在越南合资设立非贸易性公司—露露维高联营有限责任公司境外投资登记。

2006年，国家外汇局承德市中心支局为兴隆县化工厂在老挝投资的中乾艮泽矿业有限公司办理境外投资外汇登记。

2008年，国家外汇局承德市中心支局为平泉金泰矿业有限公司和平泉宝利矿业有限公司在印尼成立的柏春矿业有限公司办理境外投资登记。

2009年7月，国家外汇局发文取消境外投资来源审核，实行登记备案制度。2012年11月，国家外汇局发文取消境内机构向境外投资前期费用核准。2014年1月，国家外汇局发文放宽境内机构境外直接投资前期费用管理。

2015年，由国家外汇局和有关部门联合实施境外投资年检制度，改为存量权益登记，对未办理登记的市场主体，国家外汇局在资本项目信息系统中对其进行业务管控，银行不得为其办理资本项下外汇业务。同年，工行承德分行为承德金龙集团有限公司在美国设立承德金龙美国有限公司办理境外投资登记，协议投资总额500万美元，是承德市第一家由银行登记办理的境外投资企业。

2015年末，承德市共有11家企业在境外设立11家境外投资企业，协议投资总额5740.02万美元，其中，中方协议投资总额5506.16万美元，占全部登记投资总额的95.93%。11家境外投资企业涉及采矿和采石业2家，批发与零售业3家，制造业4家，投资业2家。实际完成投资1887.68万美元，占中方协议投资总额34.28%，其中实物投资170万美元，占实际完成投资的9.01%，现汇投资1717.68万美元，占实际完成投资的90.99%。

二、信贷（外债）业务

外债是指中国境内机构对境外机构或个人承担的各类债务。国家外汇局负责核定短期外债余额指标、外债统计监测、对外担保审批，实行外债登记制度。

1987—1995年，国家外汇局及其省级分支机构为外债登记管理部门。国家外汇局承德分局的主要任务是做好统计监测、核对债务情况、对漏登的债务进行补登记。到1995年末，承德市有47家企业签约75笔外债，签约金额12113万美元，外汇债务余额5968万美元。

1996年外债登记下放至分支局管理，国家外汇局承德分局对外债资金的流入流出实行专户管理，实施对外汇（转）贷款登记和偿还核准。

2001年，国家外汇局承德市中心支局完成了全市外汇不良贷款剥离、核对、注销工作，全市共剥离外汇不良贷款本金2241万美元，利息

566 万美元。2001 年末，承德市外汇贷款余额 2511.25 万美元。

2003 年，根据省局汇冀发〔2002〕122 号通知，开展国内外汇贷款清理工作，共清理国内外汇贷款 39 笔，金额 3250.42 万美元，其中本金 2233.32 万美元、利息 1017.10 万美元。

2007 年 5 月，对承德市外债数据进行全面清理，共计清理外债转贷款 9 笔，修改外债转贷款 2 笔，保留原系统数据 4 笔，清理未偿还本金 1969.68 万美元。

2008 年 5 月，经国家外汇局河北分局批准，四海科技实业集团有限公司为河北四海发展有限责任公司提供对外担保，担保金额 525 万欧元，期限 8 年。2010 年，为康达（承德）水泥有限公司等 3 家关联公司办理一次性偿还境外关联方外债本息 5608 万美元，为唐山冀东水泥有限公司收购上述三公司外方股权 4313 万美元，办理资金汇出核准登记。

2013 年国家外汇局出台《外债登记管理操作指引》，进一步简化办理外债登记、变更、注销的行政审批程序，强化外债统计监测，防范外债风险。同年，国家外汇局承德市中心支局首笔为承德遵小铁路有限公司办理外债登记，金额 2075 万元人民币。2013 年开展了外债资金结汇业务专项检查，对承德宽平铁路公司外债资金违规结汇问题立案查处，收缴罚没款 50 万元。

2008—2015 年，承德市外债流入 87 笔，金额合计 6274.8 万美元；外债流出 13 笔，金额合计 7745.85 万美元。截至 2015 年末，全市外债余额 1900.5 万美元，其中中长期外债 1708.7 万美元，占比 89.91%，短期外债 191.8 万美元。

三、贸易信贷登记管理

外汇管理中的贸易信贷专指跨境贸易中企业之间发生的贸易信贷。贸易信贷是一种短期融资行为，其中预收货款和延期付款属于对外负债，预付货款和延期收款属于对外债权。

2009—2012 年，国家外汇局承德市中心支局积极支持企业利用贸易信贷解决资金需求，改进企业贸易信贷登记管理，规范审核程序，缩短审批时间，减少企业因等候审批造成的资金滞留，以及连带发生的企业汇率损失和资金紧张。总计为企业办理预收预付款特殊审批业务 56 笔，4075 万美元。及时解决了部分外贸企业临时性资金短缺问题。

第四节　个人外汇管理

一、个人经常项目外汇管理

1989—1990 年，国家外汇局承德分局按照《对个人外汇管理施行细则》和《关于居民外币存款汇出境外的审批规定》实施管理。

1991 年 11 月，国家外汇局发布《关于境内居民外汇和境内居民因私出境用汇参加调剂的暂行办法》，国家外汇局承德分局从 1991 年 12 月 1 日正式委托中国银行代办居民外汇调剂业务。

1993 年，国家停止发行侨汇券。外籍人士必须将所持外币在中国银行兑换成外汇券，并在指定的宾馆、友谊商店、免税店等与人民币等值使用。

1994 年，中国实现经常项目下人民币有条件的可兑换。国家外汇局承德分局按照《结售汇及付汇暂行管理规定》，把个人外汇纳入银行结售汇系统，实行年度总额管理，由各外汇指定银行负责监督。

2001 年 12 月起，境内居民个人 2000 美元以下因私用汇可到银行直接办理。

2002 年 5 月，国家外汇局承德市中心支局在承德市推广上线“境内居民个人购汇管理信息系统”，取消了由中国银行一家银行办理个人结售汇业务的限制。

2003年10月，居民出境购汇限额提高到3000美元（出境时间在半年以内）和5000美元（出境时间在半年或半年以上），新政允许居民个人在境外使用外币卡消费返回境内后补购外汇。

2006年，对居民个人购汇实行年度2万美元总额管理。

2007年2月，正式实施《个人外汇管理办法》《个人外汇管理办法实施细则》，对个人结汇和境内个人购汇均实行等值5万美元年度总额管理。个人可凭身份证件直接办理年度总额以内的购结汇业务，不再区分现钞和现汇账户。银行通过“个人结售汇系统”在申请人当年用汇额度内办理。

2009年，国家外汇局发布《关于进一步完善个人结售汇业务管理的通知》（汇发〔2009〕56号），从个人结售汇、个人手持外币现钞结汇、个人分拆外汇逃避监管认定标准等方面，进一步完善了管理措施。

2010年，国家外汇局先后允许各外汇指定银行开办电子银行个人结售汇业务，丰富银行和个人办理结售汇业务的渠道，进一步简化个人业务办理手续。

2011年，国家外汇局发布《关于银行开办电子渠道个人结售汇业务试行个人分拆结售汇“关注名单”管理的通知》（汇发〔2011〕41号），实行“关注名单”个人主体分类监管，并由各银行自行负责筛查和发布“关注名单”。

2015年，承德市个人项下结售汇总额13642.7万美元，同比增加19.56%。其中个人售汇10518.37万美元，同比增长27.84%；个人结汇3124.33万美元，同比下降1.83%。个人项下结汇来源主要是职工报酬、赡家款、旅游项下收入结汇，其中居民旅游580.26万美元，职工报酬和赡家款2283.08万美元，投资收益18.83万美元。售汇用途主要为自费出境学习和因私旅游，其中因私旅游6634.07万美元，自费出境学习3198.65万美元。承德市个人购汇、结汇金额在5万美元以下的占比超过90%，较以前年度均有所提高，便利化政策的惠及度不断提升。国家外汇局承德市中心支局通过个人外汇业务非现场监管系统，每年核查个人结售汇数据2万余笔，金额9000万美元，及时监测大额分拆等违规行为，2015年查处辖内赵某等23人利用网上银行分拆购付汇、逃汇案件，打击了异常外汇资金流动。

二、个人资本项目外汇管理

个人资本项下外汇管理主要包括个人财产对外转移、境内个人参与境外上市公司员工持股计划、境内上市外资股（B股）、个人特殊目的公司返程投资管理。承德市主要有境内个人参与境外上市公司员工持股计划、境内上市外资股（B股）两类业务。

境内上市外资股（B股） B股即人民币特种股票，是指在中国境内注册的股份有限公司向境外投资者发行并在中国境内证券交易所上市的股票。

2001年2月19日，B股市场向境内持有外汇账户的居民个人开放。B股市场建立了包括发行者管理、投资者管理、证券经营机构管理为内容的B股管理制度框架。

承德帝贤针纺股份有限公司经中国证监会“证监发行字121号”文批准，于2000年9月19日发行境内上市外资股（B股）1亿股，于深圳证券交易所上市。其中85.10万股为公司董事长个人持有。

2010年以后，国家外汇局陆续对个人资本项下业务简政放权，允许个人通过合格境内机构投资者（QDII）进行境外投资，但仍不允许境内个人直接从事境外证券、基金等资本项下投资。

2015年末，承德B股开户数量1285个，其中美元账户438个，账户余额37万美元。2015年交易额1255万美元。

第五节 国际收支统计与监测

一、国际收支统计申报与核查

承德市于2000年1月1日开始实施国际收支统计申报制度。

中国居民通过境内金融机构与非中国居民发生的涉外收付款，应当通过该金融机构向国家外汇局分支局全面申报其国际收支交易情况。

2001年，国家外汇局承德市中心支局共采集国际收支申报数据1728笔，金额7515万美元，其中收入5149万美元，支出2366万美元，申报率99%。

2003年3月，国家外汇局修订《国际收支统计申报办法实施细则》，涉外收入申报时限由10个工作日缩短为5个工作日。2006年12月，新版国际收支统计监测系统在全国推广上线，实现各家银行从自身业务系统中直接产生报送数据，通过数据接口统一接入各级外汇局统计监测系统。

2008年，承德市跨境涉外收支总计52992万美元，其中涉外收入43268万美元，涉外支出9724万美元，国际收支顺差33544万美元。顺差持续扩大。

2009年，完成金宏网上申报系统（国际收支应急系统）在承德市5家银行的上线推广工作。

2011年7月，承德推广国际收支网上申报模式。当年全辖225家开户单位中，有168家开通“网上申报”业务，开通率73%。对公涉外收入业务网上申报率100%。网上申报方式确保了国际收支基础数据顺利采集。

2015年，国家外汇局修订颁布《通过银行进行国际收支统计申报业务实施细则》《国际收支统计间接申报核查制度》，规定国际收支申报数据核查采取非现场核查和现场核查相结合的方式。

2011—2015年，国家外汇局承德市中心支局共采集国际收支间接申报数据38795笔，通过非现场核查和现场核查发现并纠正各类申报错误数据1150笔。对外汇指定银行开展现场核查20次，对申报主体进行现场核查5次，对邮政储蓄银行结售汇漏报问题给予处罚。

2000—2015年承德市跨境涉外收支情况表

表3-8-5　　单位：万美元

年份	涉外收入	涉外支出	国际收支总额
2000	4588	2108	6696
2001	5149	2366	7515
2002	5669	3625	9294
2003	6549	8228	14777

续表 3-8-5

年份	涉外收入	涉外支出	国际收支总额
2004	10056	10330	20386
2005	12852	9081	21933
2006	14417	3712	18129
2007	23374	3448	26822
2008	43268	9724	52992
2009	15901	14608	30509
2010	29814	16557	46371
2011	20269	6700	26969
2012	18358	6337	24695
2013	33198	9701	42899
2014	47409	27762	75171
2015	43373	20258	63631

二、银行结售汇统计

银行结售汇统计内容包括银行自身和代客即期、远期和掉期结售汇数据。由外汇指定银行进行统计，定期报送国家外汇局。

2000 年，国家外汇局承德分局开始结售汇统计工作，银行结售汇统计数据通过“银行结售汇统计联网系统”传输方式报送。

2005 年 12 月 16 日，全国“新版结售汇统计系统”在承德市试运行。2011 年 10 月，全国银行结售汇统计系统应用门户整合推广上线。2012 年 12 月，对新版结售汇统计系统进行了升级。

2015 年，承德市银行代客结售汇总额 45206 万美元，比 1995 年增长了 11 倍。其中结汇 27257 万美元、售汇 17949 万美元，分别比 1995 年增长了 7.3 倍和 38.5 倍。承德市 2000—2015 年银行结售汇规模及变化情况见表 3—8—6：

2000—2015 年承德市结售汇数据统计表

表 3-8-6　　单位：万美元

年份	结汇	售汇	结售汇总额
2000	5006	2699	7705
2001	6691	2112	8803
2002	3975	2773	6748
2003	4929	6121	11050
2004	12350	10293	22643
2005	10817	7871	18688
2006	14094	5264	19358
2007	24033	5128	29161
2008	41087	7756	48887
2009	16435	15522	31957
2010	26805	13765	40570
2011	20678	6700	27378
2012	16835	7227	24062
2013	18614	9189	27803
2014	32491	12721	45212
2015	27257	17949	45206

三、跨境人民币结算业务监测

2011 年 9 月 23 日，人行承德市中心支行加入中国人民银行人民币跨境收付信息管理系统（RCPMIS）。2012 年 4 月起，全面监测跨境人民币结算业务。通过有效利用 RCPMIS 系统平台，按月与商业银行核对跨境人民币结算数据。帮助涉外企业规避汇率风险，掌握跨境人民币收支变化。

2012 年 4 月 17 日，工行承德分行首笔办理由柬埔寨中国工商银行金边支行跨境电汇的 300 万元人民币。

2013 年，承德市政府以承市政办字〔2013〕226 号文件，转发人行承德市中心支行制定的《关于加快承德市跨境人民币发展的指导意见》。《指导意见》要求，各银行建立重点企业联系制度，指导涉外企业树立本币优先意识，改变传统结算习惯，在对外贸易活动中主动使用人民币计价结算。同年，人行承德市中心支行对商业银行跨境人民币业务进行逐笔检查，并将检查结果纳入“两管理、两综合”考核内容。

2012—2015 年，承德市共办理人民币跨境收入业务 493 笔，金额 32.78 亿元；人民币跨境支出业务 95 笔，金额 10.46 亿元，其中，人民币跨境预收付款——物流关联业务 20 笔，金额 1.54 亿元；人民币跨境信贷融资业务 39 笔，金额 8.51 亿元。

2012—2015 年承德市跨境人民币收入、支出业务量统计表

表 3-8-7　　单位：笔、亿元

年份	跨境人民币收入业务		跨境人民币支出业务	
	业务笔数	业务金额	业务笔数	业务金额
2012	35	1.4818	3	0.0593
2013	116	9.1010	11	1.4462
2014	111	8.3938	41	4.9255
2015	231	13.7950	40	4.0310

第六节 外汇检查考核与服务

一、外汇监督检查

外汇局承德市中心支局在辖内全面行使外汇监督检查职责。2009 年 3 月，总局统一颁发“国家外汇管理局执法证”，外汇执法人员实行持证执法。

1989—2015 年，国家外汇局承德市中心支局依照有关法律法规，累计开展现场检查 110 次，其中金融机构 51 次，企业 58 次，个人 1 次；涉及金融机构 95 家次，企业 201 家次，个人 23 人。立案 43 起。处理大案 2 起，其中银行 8 起，企业 34 起，个人 1 起；收缴罚款 234.4 万元，其中银行 20.8 万元，企业 200.1 万元，个人 13.5 万元。特别是成功处理了国家外汇局河北省分局移交的承德帝贤股份有限公司及其关联企业（简称承德帝贤）违法违规案件和个人外汇分拆案件。

二、银行业外汇管理考核

为规范银行业贯彻实施外汇管理法规，依法合规经营，2008 年 8 月，国家外管局印发《银行执行外汇管理规定情况考核办法（试行）》（汇发〔2008〕40 号），规定自 2008 年起国家外汇局及其分支局对银行执行外汇管理规定情况按年度进行考核，考核周期为每年 1 月 1 日至 12 月 31 日，考核内容包括业务合规、数据质量、内控制度和其他四个大项，涵盖了国际收支、经常项目、资本项目和外汇检查等各方面的外汇业务。

2008 年开始，国家外管局承德市中心支局通过建立非现场监管、现场检查、银行自评、外管局考核通报相结合的“外汇指定银行执行外汇管理政策监督工作机制”，督促银行业合规经营外汇业务，防范异常资金跨境流动。对监管过程中发现的问题，分别采取限期整改、经济处罚、约见谈话等措施，为督促银行合规经营、评估外汇管理政策的有效性发挥了积极作用。

2015 年，外管局承德市中心支局对工、农、中、建、交、邮储6家外汇指定银行外汇管理规定执行情况进行年度考核，评定建行承德分行为A类，中行承德分行、邮储行承德市分行为B+类，农行承德分行、交行承德分行为B类，工行承德分行为B—类。

2008—2015年度承德市各银行执行外汇管理规定情况考核结果统计表

表3-8-8

年份	中国银行	工商银行	农业银行	建设银行	邮政储蓄	交通银行
2008	B	B	A	B	—	—
2009	A	B	B	B	—	—
2010	A	A	B	B	B	—
2011	A	A	B	B	B	—
2012	A	A	B	B	B	—
2013	B	A	A	B	B	—
2014	A	A	B	B	B	—
2015	B+	B—	B	A	B+	B

说明：河北银行2015年办理结售汇业务不满一年，不参与考核

三、加强服务

1988年全面推行外贸承包责任制，外汇调剂成为配合外贸体制改革、调节外贸盈亏的主要手段。同年5月批准成立了承德外汇调剂所，办理地方、部门、国有、集体企事业单位留成外汇和外商投资企业自有外汇的调剂业务，并与省中心及省辖各地市外汇调剂所联成外汇调剂网络。逐步扩大外汇调剂范围，允许地方政府的留成外汇、华侨和港澳台同胞的捐赠外汇、国内居民外汇进入市场参加调剂；允许国营、集体、企事业单位同外商投资企业之间进行外汇调剂。

1988—1992年，外汇调剂数量不断增加。承德市总计成交4428万美元，其中买卖居民美元现汇2.37万美元，现钞14.52万美元，一定程度上抑制了外汇黑市。放开了外汇调剂价格，取消了外汇调剂的最高限价，允许在规定的价格内上下浮动。制定了调剂投向指导序列。引导90%以上调剂外汇用于进口设备、原辅材料、农用物资和人民生活必需品，其余用于偿还外汇贷款及出国考察等费用。承德外汇调剂所先后从域外买入938万美元，卖出1081万美元，缓解了外汇供求矛盾。

1993年，建立了河北省外汇调剂公开市场，承德外汇调剂所作为公开市场会员，于当年4月2日实现了电脑联网跨地区竞价交易，全年成交1786万美元，形成了区域性的外汇市场。

1994年，人民币汇率并轨后，在全国范围内建立了统一的银行间外汇市场，中资企业全部纳入银行结售汇市场，实行银行结售汇制。

1995年，承德市调剂外汇成交额1659万美元，其中通过银行结汇802万美元，售汇368万美元。

1998年12月，由于全国银行间外汇市场得到成熟发展，承德外汇调剂所撤销。

2005年7月21日，人民币汇率形成机制改革后，将银行对客户美元现汇、现钞挂牌汇价改为最大买卖价差，允许一日多价，取消银行对客户非美元货币挂牌汇价的价差幅度限制。

2007年，国家外汇局承德市中心支局建立涉农产业出口快速通道，在领单、核销等环节，做到三个“不过夜”,即企业申领核销单发放“不过夜”、企业报审核销审核“不过夜”、企业提出问题答复“不过夜”。

2008年四季度，受国际金融危机影响，承德市进出口企业订单减少，出口贸易大幅下降。针对形势变化，国家外汇局承德市中心支局积极贯彻国务院一系列政策措施,采取简化审批手续、取消省内异地付汇备案管理、适当放宽出口收汇远期备案条件、提高贸易信贷审核比例等有效措施，总计办理企业出口收汇核销8139笔50292万美元，出口远期备案57笔534万美元，差额核销7笔17万美元；总计办理预收预付款特殊审批业务56笔4075万美元。特别是积极支持富泉石油机械有限公司出口大型成套设备，多方采取措施帮助企业渡过了难关，使该公司出口业务用汇顺利核销。同年，国家外汇局承德市中心支局坚持节假日值班，24小时开通网上核销系统，进出口企业全部实现网上核销及无纸化退税，明显提高了企业核销速度。

2009年，国家外汇局承德市中心支局为康达（承德）水泥有限公司等3家关联公司，办理一次性偿还境外关联方外债本息5608万美元、转让股权4313万美元资金汇出核准登记。为河北四海啤酒有限公司办理转让股权对价收入1420万美元结汇核准。积极支持天宝机械境外上市运作，核准汇出上市咨询费10万美元，并提供相关政策咨询。

2011年，国家外汇局承德市中心支局为承德市森林旅游有限公司提供业务咨询服务，帮助企业解决转制过程中存在的遗留问题，顺利完成该公司700万美元的外债签约登记工作。

2015年，国家外汇局承德市中心支局认真落实《外汇管理行政审批管理规定》，做到统一受理申请、一次性告知申报要件、张贴告知审批事项表和流程图，实行阳光审批。共受理出口单位行政许可业务13笔，出口收汇事前审核行政许可业务2笔，全部当日办结。

第九章 存款保险制度

存款保险制度是指以存款类金融机构作为投保人，按存款的规定比例向存款保险机构缴纳保险费，以此建立存款保险准备金。当投保银行发生经营危机或破产倒闭时，存款保险机构向其提供救助，支付部分或全部存款，从而保护存款人利益，维护银行信用，稳定金融秩序。中国的存款保险制度从1993年开始论证设计，历时20年。2013年党的十八届三中全会和2014年全国人大政府工作报告将“建立存款保险制度”列入深化金融改革的一项重要任务。2015年3月31日，国务院发布《存款保险条例》，自2015年5月1日开始施行。在国家尚未设立存款保险专门机构之前，存款保险的各项工作由各级人民银行具体办理。

第一节 保障事项

一、保障范围

《存款保险条例》规定存款保险具有强制性。在中华人民共和国境内设立的商业银行（含外资法人银行）、农村合作银行、农村信用合作社等吸收存款的银行业金融机构，都应投保存款保险。投保机构在中华人民共和国境外设立的分支机构，以及外国银行在中华人民共和国境内设立的分支机构的存款，原则上不纳入存款保险。但是，中华人民共和国与其他国家或者地区之间对存款保险制度另有规定的除外。

被保险存款范围，包括投保机构吸收的人民币存款和外币存款。不包括金融机构同业存款、投保机构的高级管理人员在本投保机构的存款、存款保险基金管理机构的存款、规定不予保险的其他存款。

二、偿付限额

存款保险实行限额偿付。人民银行会同国务院有关部门根据经济发展、存款结构变化、金融风险状况等因素调整最高偿付限额，报国务院批准后公布执行。同一存款人在同一家投保机构所有被保险存款账户的存款本金和利息合并计算的资金数额，在最高偿付限额以内的，实行全额偿付；超出最高偿付限额的部分，依法从投保机构清算财产中受偿。目前中国将存款保险偿付限额确定为50万元，能够为99.63%的存款人（包括各类企业）提供全额保护。

第二节 保险基金管理

一、保费

存款保险基金由存款类金融机构缴纳的保费组成，充分体现市场约束的原则。存款保险投保机构每6个月缴纳一次保费，作为存款保险基金。存款保险实行基准费率与风险差别费率相结合的制度。费率标准由存款保险基金管理机构根据经济金融发展状况、存款结构情况以及存款保险基金的累积水平等因素制定和调整，报国务院批准后执行。各投保机构的适用费率，则由存款保险基金管理机构根据投保机构的经营管理和风险状况等因素确定。综合考虑金融机构承受能力和风险处置需要等因素，中国存款保险从低费率起步。2015 年实施的存款保险制度，确定存款保险基准费率为年万分之 1.6。

二、基金管理职责

《存款保险条例》规定了存款保险基金管理机构的主要职责是制定并发布与其履行职责有关的规则；制定和调整基准保险费率标准，报国务院批准；确定各投保机构的适用费率；归集保费；管理和运用存款保险基金；依照本条例的规定，采取早期纠正措施或风险处置措施；在本条例规定的限额内，及时偿付存款人的被保险存款；国务院批准的其他职责。

存款保险基金管理机构负责基金的管理，保证基金的保值、增值。基金运用以安全性为首要原则，初期基金主要限于购买国债、存放人民银行获取利息、购买高等级债券及国务院批准的其他资金运用形式。

三、风险核查

存款保险基金管理机构发现有下列情形之一的，可以进行核查。一是投保机构风险状况发生变化，可能需要调整适用费率的，对涉及费率计算的相关情况进行核查；二是投保机构保费交纳基数可能存在问题的，对其存款的规模、结构以及真实性进行核查；三是对投保机构报送的信息、资料的真实性进行核查。对核查中发现的重大问题，应当告知银行业监督管理机构。

第三节 制度实施

一、建立组织

2015 年 4 月，人行承德市中心支行成立了以行长为组长的执行存款保险制度领导小组，领导小组办公室设在人行承德市中心支行金融稳定科。同时，承德市各银行业金融机构和人行各县支行成立了相应的组织机构，向人行承德市中心支行报送了联络员名单。

二、投保

2015 年 6 月，人行承德市中心支行组织辖区 13 家地方法人金融机构开展对缴纳保费数据资料的“预申报”工作，对地方法人金融机构“投保机构存款账户统计表”等报表数据进行认真核对、汇总。6 月 5 日，人行承德市中心支行向人行石家庄中心支行报送预申报汇总资料，并反映数据审核中存在的问题。6 月 25 日，人行承德市中心支行对各存款类地方法人金融机构五年（2010—2014 年）“1104”监管报表进行收集和核对，并向人行石家庄中心支行报送了承德辖区光盘介质的全套报表。6 月 30 日，按照属地管理原则，依据办理投保手续的有关要求，人行承德市中心支行完成了承德辖区投保机构投保手续的审核和办理工作。

同年 7 月，承德市完成 13 家地方法人金融机构的保费缴纳工作。

三、数据审核

2015 年 9 月 16 日至 10 月 26 日，人行承德市中心支行对辖内 13 家地方法人金融机构进行了存款保险数据的真实性核查，核查内容涉及地方法人金融机构首次缴纳存款保险保费金额的准确性、程序的规范性。人行承德市中心支行将发现的问题上报人行石家庄中心支行。

第十章 “两管理、两综合”

2011年2月，中国人民银行出台对金融机构实施“两管理、两综合”监管措施，进一步完善了中央银行对各类金融机构的金融监管手段。“两管理”即对金融机构实施开业管理、营业管理，“两综合”即对金融机构实施综合评价、综合执法检查。为有效配合“两管理、两综合”工作，提升人民银行对金融机构业务监测数据的综合分析能力，人行承德市中心支行于2011年6月组织开发“金融管理与服务综合管理信息系统”。同年12月，人行承德市中心支行组织承德市银行业金融机构对信息系统上线测试。2012年1月，该系统在承德市银行业试运行，7月正式运行。2013年，信息系统实现了人行各县支行联网运行，完善了电子印章功能。12月，信息系统正式在承德辖区投入使用。

第一节 开业与营业管理

一、开业管理

开业管理是指人民银行依据法定管理职责，指导新设立金融机构加入人民银行金融管理与服务体系（以下简称管理与服务体系）的行为。主要包括加入管理与服务体系准入指导、申请受理、审核批复，由人行承德市中心支行金融稳定部门统一受理。

2011年，人行承德市中心支行在认真落实上级行文件的基础上，制定印发《承德市新设金融机构加入人民银行金融管理与服务体系管理制度（试行）》。2012年，为支持农村信用社改制农村商业银行工作，制定印发《农村信用联社改制为农村商业银行加入人民银行金融管理与服务体系操作流程》，以提高开业审批工作效率。

2011—2015年，人行承德市中心支行按照开业管理的规定程序和属地管理原则，批准42家新设立金融机构加入管理与服务体系。其中银行类35家、证券类1家、保险类6家。

二、营业管理

金融机构营业管理是指人民银行根据金融消费者权益保护、货币信贷、金融稳定、金融统计、反洗钱、支付结算、金融科技、人民币管理、国库管理、征信管理、外汇管理等管理法规，对金融机构日常营业行为进行的管理活动。主要包括重大事项报告制度和金融风险提示制度。

2011年，人行承德市中心支行制定《承德市金融机构金融风险提示通报制度（试行）》。2012年，制定印发《承德市金融机构重大事项报告制度》《承德市人民银行系统“两管理、两综合”工作报告制度》，为金融机构提供有效指引。

金融机构重大事项报告制度 金融机构发生重大事项时，应按规定时间向当地人民银行如实报告，报告内容主要是发生违规经营、投资失误、被诈骗、抢劫、盗窃等事件；因IT系统故障导致金融业务中断事件；因自然灾害、事故灾难、公共卫生等原因引起无法正常经营的事件；

重大涉诉案件；控股股东以及高级管理人员等变更事项。如发现金融机构瞒报、漏报、迟报、错报重要事项的，人民银行视情节和影响采取约见谈话、通报批评、处罚等措施责令改正。

2011 年，承德市金融机构及人行各县支行共报告重大事项 5 项，均为高管人员调整。

2012 年，承德市金融机构及人行各县支行共报告重大事项 26 项，其中高管人员调整 24 项，自然灾害影响 1 项，业务经营风险事件 1 项。

2013 年，承德市金融机构及人行各县支行共报告重大事项 12 项，其中高管人员调整 10 项，自然灾害影响 1 项，业务经营风险事件 1 项。

2014 年，承德市金融机构及人行各县支行共报告重大事项 15 项，其中高管人员调整 7 项，机构迁址 2 项，增设分支机构 5 项，变更经营范围 1 项。

2015 年，承德市金融机构及人行各县支行共报告重大事项 12 项，其中高管人员调整 8 项，机构迁址 1 项，增设分支机构 2 项，机构名称变更 1 项。

金融机构风险提示制度 金融机构风险提示制度，是指人民银行以金融风险提示函、情况通报和约见谈话等形式，对出现风险隐患和苗头的银行业、证券业、保险业金融机构作出的风险提示。风险提示主要针对的是地方法人金融机构的资产流动性、资本充足率、资产安全、盈利状况等指标，持续偏离正常值范围的；金融机构因内控机制不健全，影响或可能影响到金融稳定的；金融机构在金融创新或业务发展中潜藏风险隐患的；金融机构违规使用人民银行服务系统，有可能出现重大失误或故障的；金融机构执行人民银行金融管理与服务法规制度较差，有可能出现风险隐患的。

人行承德市中心支行通过金融风险监测月报、季报、年报，对银行业、证券业、保险业金融机构开展定期风险监测和评估，全面掌握各类金融机构的风险状况。根据人行石家庄中心支行的工作安排，及时向金融机构下发报告模板和撰写提纲，保证金融机构准确、及时地报告辖内风险情况。对地方法人金融机构风险实施按月监测、按月报告。对国有银行业机构、证券业、保险业机构风险状况，实施按季监测、按季报告。对有问题大型企业、上市公司营运情况开展风险状况调查摸底，上报监测报告。2012—2015 年，针对信贷资产质量、信贷总量控制等金融风险进行了风险提示，市县两级人民银行共下发《金融风险提示函》25 份、对金融机构主要负责人约见谈话 36 次。

第二节 综合评价与综合执法检查

一、综合评价

综合评价是指人民银行对金融机构执行法律法规、政策规定、稳健性经营情况进行的综合评价。综合评价是建立在金融机构重大事项报告、综合执法检查基础上的考评制度。

2011 年，人行承德市中心支行围绕货币信贷、金融稳定、金融统计、支付结算、金融科技、国库业务、征信管理、反洗钱、人民币管理及反假货币 10 个方面内容，对辖区金融机构进行综合评价。评价分金融机构自评和人民银行评价两个阶段。在承德全辖 81 家金融机构自我评价的基础上，人行承德市中心支行及各县支行对 26 家金融机构进行了综合评价，评价面占 30%，共发现 9 大类 61 项问题，提出整改建议 23 条。综合评价等级为 A 级的金融机构 17 家，B 级 9 家。其中，人行县支行按照不低于全部金融机构 20% 的比例，对 18 家县域金融机构进行了综合评价。

2012 年，人行承德市中心支行和各县支行对 39 家金融机构实行现场评估和非现场评估，其中 12 家银行业机构、1 家证券业机构和 14 家保险业机构被评为A级。4家银行业机构、8家保险业机构被评为B级。

2013年5月，人行承德市中心支行和各县支行，采取自我评价、现场评价、综合评价相结合的方式，对34家金融机构进行综合评价，其中13家银行业机构、1家证券业机构、15家保险业机构被评为A级。2家银行业机构、3家保险业机构被评为B级。

2014年初，人行承德市中心支行开展了2013年度金融机构综合评价工作，评价金融机构91家，其中市级机构15家，县级机构76家，被评价金融机构的综合评价平均分数98.11分。同年4月，人行承德市中心支行组织对40家市、县级金融机构的现场评价，其中银行业机构17家、证券业机构1家、保险业机构22家。评价结果为银行业机构、证券业机构和16家保险业机构被评为A级，6家保险业机构被评为B级。

2015年初，人行承德市中心支行开展2014年度金融机构综合评价工作，评价金融机构91家，其中市级机构15家，县级机构76家，全辖平均分数98.35分。

二、综合执法检查

综合执法检查是指人民银行在法定职责权限内，整合内部执法资源，统一对金融机构执行金融管理法律法规和各项政策集中进行现场检查的行政执法活动。综合执法检查涉及金融机构18项业务行为（略）。人民银行根据检查结果，分别作出处理。一是金融机构提交整改报告；二是约见金融机构主要负责人谈话，给予金融机构行政处罚；三是给予金融机构高管人员纪律处分；四是依法移送有关部门处理。

2011年，人行承德市中心支行抽调业务骨干500余人次，围绕金融统计、征信管理、支付结算、反洗钱、国库业务、人民币管理及反假货币7个方面内容，对3家银行业和3家保险业金融机构及其分支机构进行综合执法检查，共查出问题41项，提出整改措施34条，金融机构落实整改32条。

2012年5月，人行承德市中心支行组织对银行业、保险业分支机构及地方法人金融机构进行综合执法检查，内容涉及金融统计、反洗钱、支付结算、人民币收付管理、反假币、国库业务、外汇业务7个方面内容，共查出问题36项。均要求限期整改。

2013年4月，人行承德市中心支行对中国银行、邮储银行开展综合执法检查，内容涉及货币信贷、金融稳定、金融统计、征信管理、金融科技、人民币管理、国库业务、跨境人民币业务8个方面内容，共检查出41项具体问题。均要求限期整改。

2014年4月，人行承德市中心支行对农发行、建行开展综合执法检查，内容涉及货币信贷、金融稳定、金融统计、征信管理、金融科技、人民币管理、国库业务7个方面内容，共查出5类25项具体问题。均要求限期整改。

2015年4月，人行承德市中心支行对邮储银行承德市分行、交通银行承德分行等18家银行业机构、6家保险业机构开展综合执法检查。内容涉及消费者权益保护、货币信贷、金融稳定、金融统计、会计财务、反洗钱、支付结算、金融科技、人民币管理、国库业务、征信管理、外汇管理12个方面，共查出9类57项具体问题。均要求限期整改。

第十一章 纪检监察与案件风险防控

金融机构的纪检监察工作经历了由人行承德市中心支行统一管理，到各金融机构系统内垂直管理的转变。2003年之后，银行业机构的案件风险防控工作由承德银监分局负责。

第一节 金融系统纪检监察

1989—2003年，人行承德市中心支行全面负责承德金融系统的监察工作。1989年4月20日，承德地区行署监察局、承德市监察局和人行承德分行联合印发《关于设立承德金融系统监察机构的通知》（〔1989〕承银发字18号），决定由人行承德分行和各县支行全面负责辖内金融系统的监察工作。2003年12月，金融系统各机构实行党委、纪委垂直管理，人行承德市中心支行不再承担金融系统纪检监察工作。

一、廉政教育与案件防范

1989—1993年，金融系统监察机构开展了纪律教育，进行了大案要案查处工作，促进党风行风进一步好转，普法教育达到标准，廉政建设落到实处。

1994年，金融系统监察机构组织平泉、隆化等4个县金融系统近500名职工到河北省第五监狱进行警示教育，通过在押的经济金融犯罪服刑人员“现身说法”，以活教材警示职工珍惜现有岗位，遵章守纪，做好本职工作，构筑拒腐防变的思想防线。

1998年，金融系统监察机构协助检察院在承德市举办打击预防职务犯罪活动图片展览，承德辖区各单位、各县区6万余人进行了观摩。

2001年7月15日，金融系统纪检监察机构会同承德市检察院反贪局组成培训组，对8个县金融系统的基层干部、纪检监察专职人员进行巡回培训。

2002年3月，金融系统监察机构进一步调整完善了银检联合惩治金融职务犯罪领导小组成员，建立了金融系统与检察机关联席会制度。5月16日，金融系统监察机构组织召开了全市金融系统纪检监察工作现场经验交流会，由工行、中行纪委做了经验介绍。9月24日，金融系统监察机构组织全市金融系统干部职工，听取了河北省金融系统党风廉政建设先进事迹巡回报告团的报告。9月27日，金融系统监察机构举办全市金融系统纪检监察干部培训班，60人参加了培训。

二、信访工作

1989—1997年，金融系统监察机构受理群众信访55件，其中受理来信11件，受理上级行转办信9件，受理举报电话9件，接待来访群众26人次。年终结案率100%。

1998—2003年，金融系统监察机构共收到信访来信13件，其中反映人行系统4件，经调查核实，向天津分行做了情况反馈。其他9件，中心支行纪委直接查处1件，转给有关单位处理8件。同时，接待来访5人次，来电12人次，均进行了回复。

2001年5月22—24日，金融系统监察机构会同兴隆县检察院，对兴隆县牛圈子信用社原职工闻占峰因不服兴隆县联社对其开除公职处分决定（两次盗用客户资金），多次上访、申请复议一案，进行联合复议。采取传唤证人、提取证据、证言等形式，对其开除公职处分的合法性进行复查复议，做出了《维持兴隆县联社关于开除闻占峰公职决定的批复》。

三、案件查处

1989—1994年，金融系统监察机构查结4起农行营业所发生的2000元以上经济案件。

1995年，金融系统监察机构立案查处各类案件27起，涉案金额71万元。

1996年，金融系统监察机构查处2000元以上经济犯罪案件9起，涉案金额83.8万元，涉案人员17人。其中贪污2起、诈骗1起、渎职1起、挪用5起。发案单位农行2起、中行1起、建行5起、财险1起。截至当年12月11日，结案8起，挽回经济损失72.8万元。追究政纪处分13人，追究领导责任2人。

1997—2003年，金融系统监察机构查处各类违法违纪案件27起，涉案金额300万元，追回资金256万元，处理25人。其中大案4起，涉案金额169万元。

第二节 案件风险防控

一、案件专项治理

2004年起，银行业的案件风险防范工作由承德银监分局负责。

2005年4月5日起，承德银监分局根据中国银监会印发的《商业银行和农村信用社案件专项治理工作方案》，集中半年时间在银行业机构开展案件专项治理，消除了部分案件隐患。工商银行总结推行了灌输疏导法、约束警示法、典型示范法、案例剖析法。

2006年，根据中国银监会统一安排，继续开展银行业案件专项治理工作，承德银监分局安排银行业金融机构专项案件督查1次，要求各银行业机构在授权卡和柜员卡等8个方面加强内控管理。同年9月19日起，承德银监分局联合市公安局对照《银行业金融机构安全评估办法》开展了安全评估。确定每两年开展一次评估工作。同年12月28日，承德银监分局联合市公安局开展了2007年元旦、春节期间全市银行业金融机构安全大检查。

2007年1月11日至2月5日，承德银监分局根据河北银监局《关于开展银行业金融机构案件和风险排查工作的紧急通知》，开展全市银行业机构案件和风险隐患排查工作。发现承德市城市信用社和农村信用社在大额支付管理、重要凭证管理方面存在问题较多，大多银行业机构存在要害岗位未按规定的任期轮岗、未执行强制休假制度。同年5月9—16日，由承德银监分局领导带队，对银行业金融机构案件防控及专项治理工作进行督导。发现了有章不循、执行力弱化、现金寄库、业务协议责任划分不清、硬件设备缺失等问题。同年5月24日，根据河北银监局《关于实施河北省银行业金融机构案件防控“四项行动”的通知》，承德银监分局开展了以矫治行动、对缝行动、补漏行动、整肃行动为内容的案件防控“四项”行动。

2008年9月19日至12月9日，根据河北银监局《关于开展河北省银行业机构案件风险隐患清查工作的通知》，承德银监分局组成4个检查组，用时1323个工作日，全面清理了农村信用社、城商行和邮储银行案件风险隐患。

2009年4月16日至4月25日，根据河北银监局《关于排查案件风险的紧急通知》，对承德市商业银行进行了案件风险抽查，发现对公存款、储蓄存款与票据业务3个方面7个问题，提出了监管意见。同年9月1—30日，以《银行业金融机构安全评估办法》为检查依据，会同市公安局对全辖银行业金融机构进行了安全保卫工作大检查。

2010年6月1日至11月30日，承德银监分局开展银行业内控和案防制度执行年活动，组织了对农发行承德分行、各国有银行承德分行、邮储银行承德市分行、郊区农村信用联社的重点抽查，针对问题印发了检查意见书。同年7月31日至8月31日，承德银监分局对邮储银行承德市分行及所属机构（含邮政局管辖的二类网点与代理网点）、农村信用社进行安全保卫大检查。发现邮储代理网点安保工作不到位、人力财力投入不到位、内控制度执行力不到位等13个问题，印发了监管意见书。发现大部分农村信用社业务库内未安装声光同时报警装置等8个问题，印发了监管意见书。

2014年8月4日，承德银监分局对银行业金融机构网点及自助银行管理情况进行了抽查，共发现自助设备安装不合规、加钞间管理混乱且没有降温设备、营业厅连接门未加地锁及地锁安装错误等3个方面问题，下发了监管意见书。

2015年4月9—24日，承德银监分局对邮储银行承德市分行开展了案件风险检查工作。发现了硬件设施不达标、支行行长履职不到位等10个方面问题，下达了现场检查意见书。

二、案件查处

2005年，中国银行查处了李某某挪用资金案（未形成损失）。建设银行对案件责任人实施行政处罚97人次，经济处罚5人。城市信用社重新制定及修订内控制度30项。农村信用社对34名案件责任人进行了查处。

2006年，农村信用社先后发现兴隆县黄酒馆信用社主任王某某涉嫌诈骗贷款案、兴隆县北水泉信用社主任石某某违规放贷案和兴隆县孤山子信用社原主任曹某涉嫌违规经营案，均移送司法机关处理。

2011年4月，承德银行“4·14”假支票案发生后，承德银监分局快速反应，控制负面舆情，配合有关部门加大案件侦破力度，使涉案人员全部归案，追回现金、金条、沃尔沃轿车计1565万元。（案例附后）

三、典型案例

郊区农村信用联社原理事长贺某受贿案 2007年1月，承德市郊区农村信用联社原理事长贺某因收受贿赂118万元，被围场满族蒙古族自治县检察院拘留。2月12日实施逮捕。5月30日被承德市法院判处有期徒刑15年，剥夺政治权利3年。承德银监分局对贺某处以终身取消高管人员任职资格的行政处罚。

兴隆县孤山子信用社李某某挪用客户资金案 2004年至2008年8月期间，兴隆县孤山子信用社出纳员李某某利用存款不入账的手段累计挪用客户资金276笔，金额2387万元。李某某被移交司法机关依法处理。承德银监分局对兴隆县农村信用联社主任任某某取消任职资格2年；对兴隆县孤山子信用社主任常某某终身取消任职资格。

承德银行“4·14”假支票案 2010年10月15日，北京嘉德恒信环保投资有限公司到承德银行承德县支行开户，10月19日由北京转入账户3000万元。当天由孟某某等2人（孟某某为承德县庆丰镁业有限公司法定代表人）用盖有北京嘉德恒信环保投资有限公司印章（经鉴定为假印章）的转账支票转出190万元，收款人为孟某某。11月5日再次以同样手段转出2780万元，收款人为承德图尔斯食品有限责任公司。两次共转出资金2970万元。此案于2011年4月14日被发现，案发后共被警方追回资金1565万元。承德银监分局对承德银行承德县支行行长赵某给予取消 3 年高管人员任职资格的行政处罚；给予承德银行承德县支行副行长兼营业室主任马某某取消 2 年高管人员任职资格的行政处罚。承德银行对承德县支行 11 名责任人做出了处理。

农发行平泉县支行原副行长姚某某挪用公款案 2014 年 11 月 10 日，承德银监分局接到农发行承德分行报告称，农发行平泉县支行副行长姚某某涉嫌贪污挪用公款 355.55 万元。资金挪用总体情况是：2009 年 2 月至 2014 年 11 月，姚某某通过“经费存款”账户提现挪用资金，案发时“经费存款”资金亏空 355.55 万元。姚某某多次通过挪用客户存款和占用本行内部资金弥补亏空，其中占用平泉县农业政策性金融担保中心活期存款 300 万元、本行经费存款账户周转资金 18.06 万元、本行内部账户其他应收款项账户资金 37.49 万元。案件暴露出该行内控管理不严，执行制度不力，行长王某某对姚某某贪污挪用公款案负有直接领导责任。承德银监分局对该支行行长王某某做出取消 2 年高管人员任职资格的行政处罚。

第四编

宏观调控与金融服务

第四编 宏观调控与金融服务

本编主要记述3个方面内容，一是1989—2015年期间的承德市宏观经济金融运行概况，展示跨越27年的经济金融运行质量；二是紧密围绕不同时期国家货币政策，积极发挥货币政策工具的调控作用，实现控制信贷总量的调控目标；三是中央银行通过现金、结算、统计、征信、外汇管理、现代科技等手段，为金融业搭建运行高效的服务平台，为全社会提供便捷高效的服务。

第一章 经济金融运行

经济的发展离不开金融的支持，而经济又是金融发展的基础。2015年末全市银行业金融机构人民币各项贷款余额达到1496.0亿元，是1989年末全市贷款余额的69.34倍，年均增长速度达到17.7%。2015年承德市全部财政收入163.5亿元，较1989年增长51.8倍，年均增速为16.5%。实现了经济、金融同步增长。

第一节 经济运行概况

一、经济增长特点

1989—2015年期间，承德市经济持续快速增长，其中仅1989年、1995年、1999年、2000年4个年度增速低于5%，总共27个年度中有15个年度增速高于10%；最高增速为2006年和2007年的20.2%和20.4%。按照增速的波动情况划分，增长主要分为三个阶段。一是1989年至2000年的增长不稳定阶段，二是2001年至2011年10年间的稳定快速增长阶段，三是2012年至2015年，传统动力衰减、增速放缓阶段。从结构上分析，第二产业对经济运行具有稳定的支撑作用。2001年至2008年间第二产业增加值占比处于持续上升阶段，与整体经济运行走势一致。尤其是在GDP整体增速最高的2006和2007年，二产增加值占比也达到了52.5%和56.3%，接近2008年的阶段性高点。2009年开始，二产增加值占比有所下降，但整体走势平稳，下行趋向不明显。因此，承德市经济结构以第二产业为主，并且在经济提速增长阶段，第二产业的主导作用在逐渐强化。

图4—1—1 1989—2015年承德市GDP增速走势图

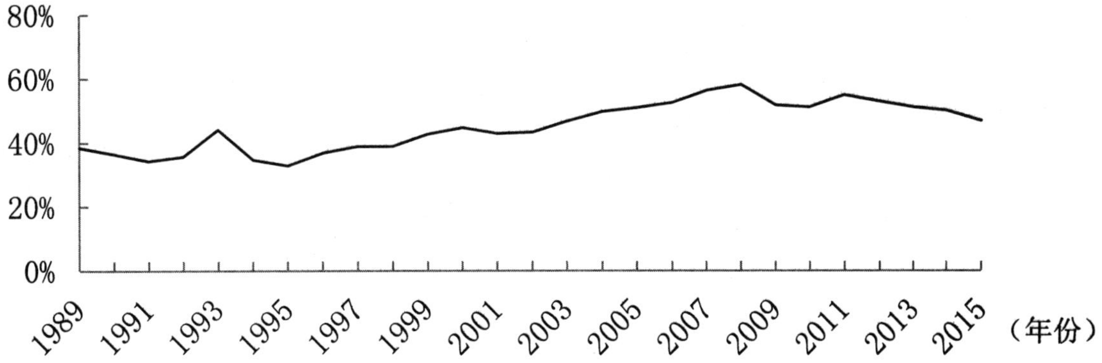

图 4-1-2　1989—2015 年承德市第二产业占比情况图

二、投资与消费

2015 年承德市全社会固定资产投资总额 1535.1 亿元，经计算年均增速为 23.4%。从走势上看，1989—1998 年，投资增长处于不稳定阶段，增速最高的 1992 年达到 86.4%，1990 年则为 -8.9%。1999—2002 年则出现了阶段性的低迷期，2003—2010 年为稳步快速增长阶段，这个时期也为全市整体经济增长提供了有效支撑。2011 年以后逐渐进入增速平稳放缓期。2015 年承德市社会消费品零售总额实现 490.8 亿元，经计算年均增速为 13.7%。消费总体走势相对平缓，经过 1999 年至 2003 年的低增速阶段之后，消费逐渐企稳，增速基本保持在 10% 以上，消费总额得以保持稳步增长。

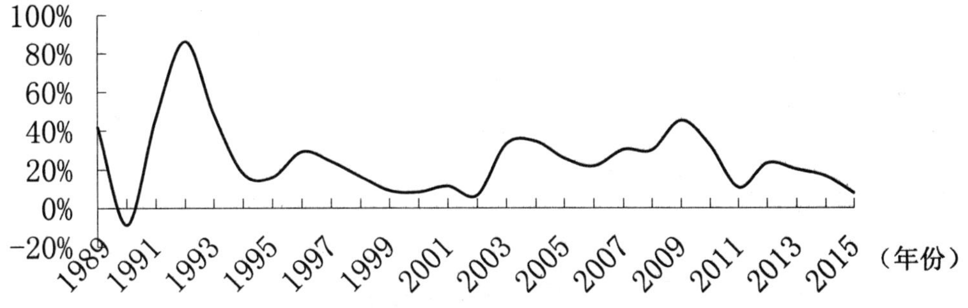

图 4-1-3　1989—2015 年承德市固定资产投资增速走势图

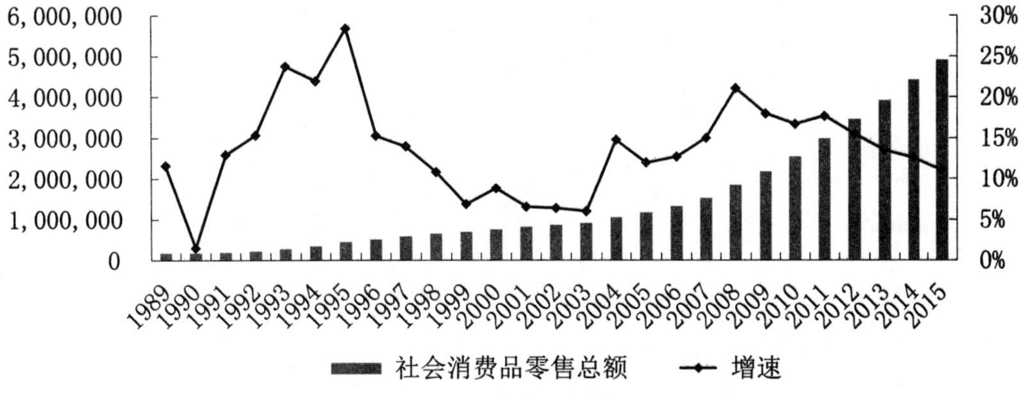

图 4-1-4　1989—2015 年承德市社会消费品零售总额情况图

三、财政收入

2015年承德市全部财政收入163.5亿元，较1989年末增长51.8倍，年均增速为16.5%。2015年承德市一般财政支出292.1亿元，较1989年增长81.6倍，年均增速为18.5%，高出财政收入增速2个百分点。财政收入走势上，波动性较大，在1994年、2009年、2015年出现了财政收入负增长的状况，一定程度上反映出经济发展存在一定的结构性不足，造成特定阶段的财政收入下滑。支出整体走势与收入走势基本一致，差别主要反映在增速的幅度上。

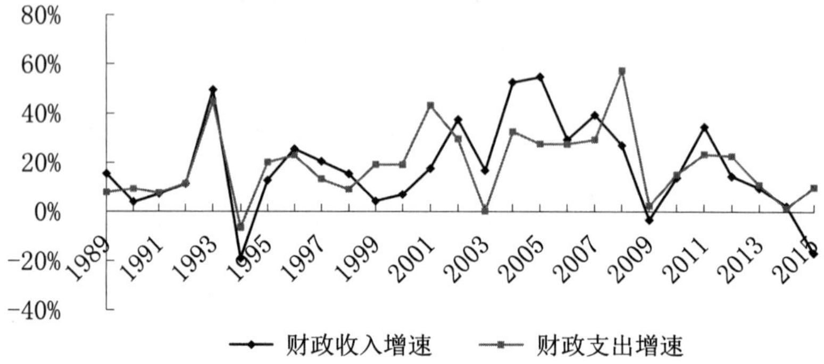

图4-1-5　1989—2015年承德市财政收入支出增速走势图

第二节　金融运行概况

一、存贷款发展

1989—2015年期间，承德市银行业金融机构抓住全市经济快速发展的历史机遇，实现了信贷投放的巨大飞跃，为全市经济发展提供了强劲的支撑。2015年末全市银行业金融机构人民币各项贷款余额达到1496亿元，是1989年末全市贷款余额的69.34倍。在此期间，累计增加人民币贷款1474.4亿元，年均增长速度达到17.7%。全市银行业金融机构人民币各项存款余额达到1932.9亿元，是1989年末全市存款余额的147.94倍。在此期间，累计增加人民币存款1919.9亿元，年均增长速度达到21.2%，实现持续较快发展。

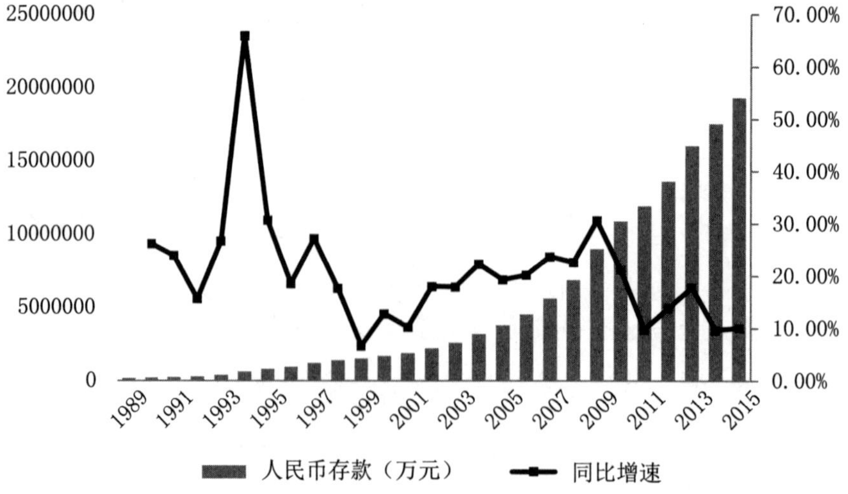

图4-1-6　1989—2015年承德市人民币存款统计图

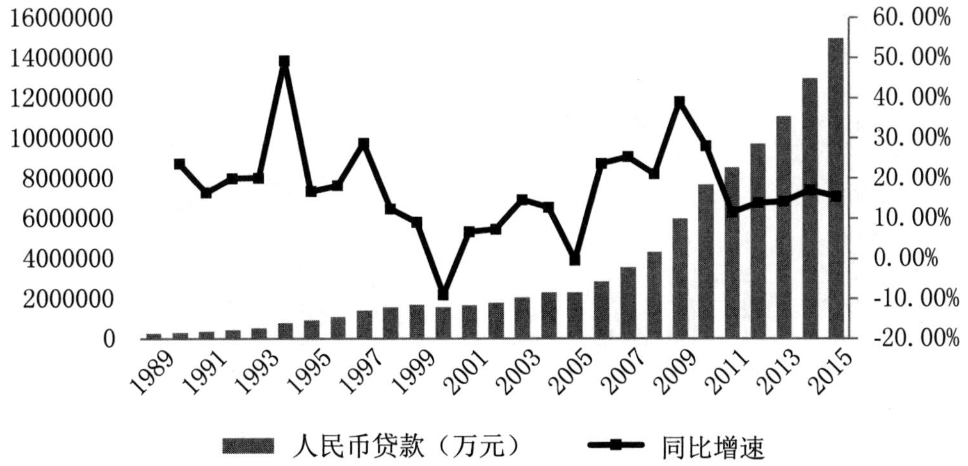

图 4-1-7 1989—2015 年承德市人民币贷款统计图

二、储蓄存款发展

1989—2015 年，受居民收入持续稳步增长等影响，全市储蓄存款实现了稳定快速增长，为银行业信贷投放等业务提供了可靠支持。2015 年末全市银行业金融机构人民币储蓄存款余额达到 1274.4 亿元，是 1989 年末余额的 157.7 倍。在此期间，累计增加人民币储蓄存款 1266.4 亿元，年均增长速度达到 21.5%。从走势看，1989 年至 1996 年，储蓄存款增速较快，增速保持在 20% 以上，最高的 1994 年增速达到 116.6%，此后增速基本稳定，其中 2000 年出现阶段性低点，增速为 7.9%，其余时段都在 10% 以上。

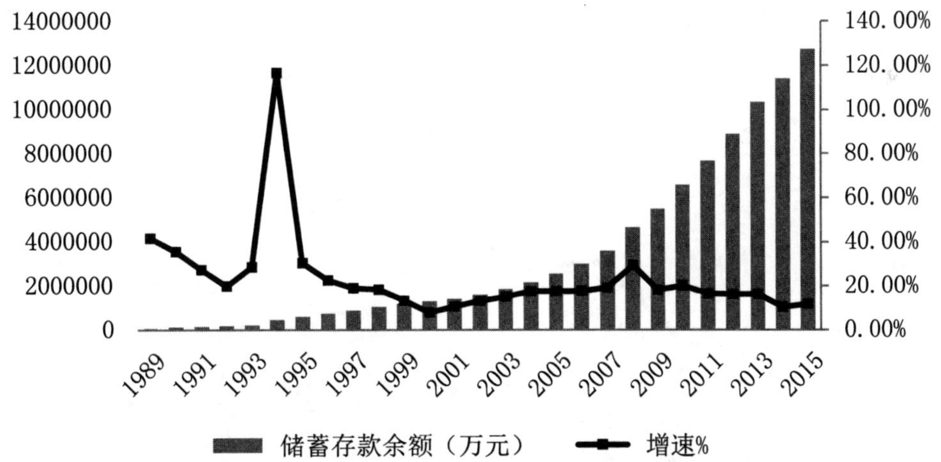

图 4-1-8 1989—2015 年承德市储蓄存款情况图

三、信贷投放重点

贷款投放支持“三农”。1989—2015 年，全市银行业金融机构认真贯彻国家各项支农惠农信贷政策，积极推进金融产品和服务方式创新，大力增加对“三农”的信贷投入，全力支持现代化农业发展和社会主义新农村建设，取得了明显成效。2015 年末全市涉农贷款余额达到 799.1 亿元，比 2007 年末入统时增加了 654.5 亿元，增长了 4.52 倍。农村贷款余额达到 750.9 亿元，比 2007 年末增加了 624.4 亿元，增长了 4.94 倍。农户贷款余额达到 245.4 亿元，比 2007 年末增加了 3.04 倍。涉农、农村、农户贷款年均增速分别达到 23.8%、24.9% 和 19.1%。

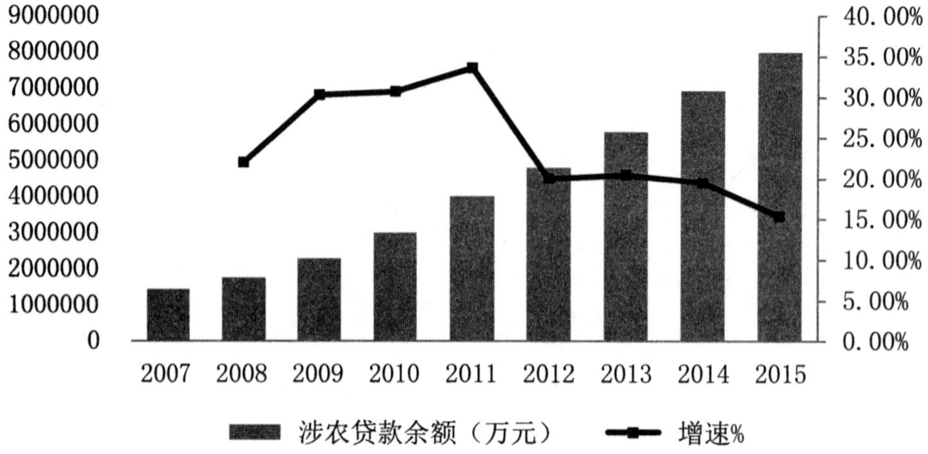

图 4-1-9　2007—2015 年承德市涉农贷款变动图

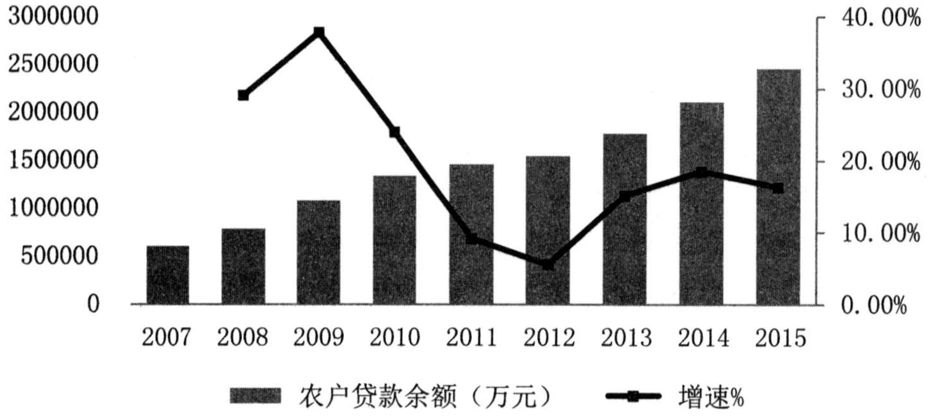

图 4-1-10　2007—2015 年承德市农户贷款变动图

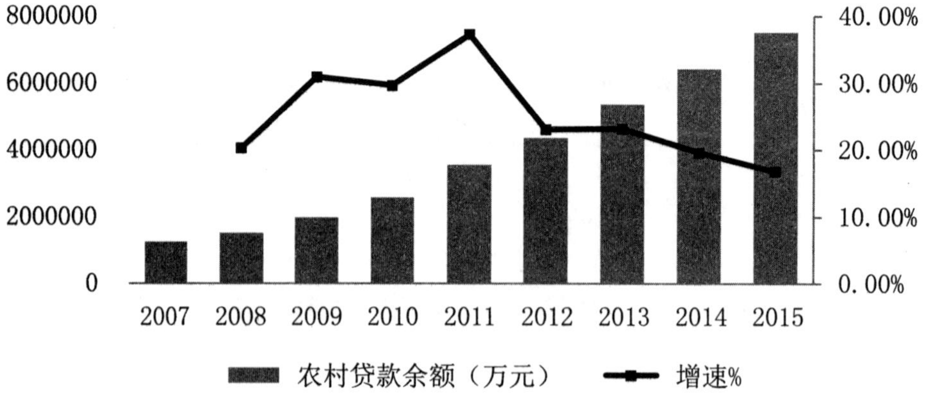

图 4-1-11　2007—2015 年承德市农村贷款变动图

贷款投放支持中小企业。2015 年末全市中小企业贷款（不含票据融资，下同）余额达到 629.2 亿元，比入统时的 2009 年增加 428.6 亿元，增长了 213.6%，年均增速达到 20.9%。中小企业贷款占全部企业贷款的比重从 2009 年的 66.2% 提高到 2015 年的 86.5%，提高 20.3 个百分点。对中小企业信贷资金的增加，为促进全市实体经济的发展、增加微观主体的活力起到了积极的作用。

贷款投放支持基础设施建设与主导产业。2015年末全市贷款行业投向中，存量贷款所占份额较大的主要是交通运输仓储和邮政业、制造业、采矿业、批发零售业、建筑业，余额分别为212.5亿元、188.6亿元、143.6亿元、90.1亿元和71.2亿元，分别占全部贷款余额的14.2%、12.6%、9.6%、6.0%和4.7%。增量规模上，自开始入统的2003年末至2015年期间，交通运输仓储和邮政业、采矿业、制造业、建筑业、电力热力燃气及水生产和供应业、批发零售业、水利环境公共设施管理业，分别较期初增加202.6亿元、134.3亿元、113.7亿元、67.8亿元、61.7亿元、59.7亿元和51.5亿元，分别占全部贷款增量的15.7%、10.4%、8.9%、5.3%、4.8%、4.6%和4.0%。其中基础设施行业投入较多，交通运输仓储和邮政业、电力热力燃气及水生产和供应业、水利环境公共设施管理业合计占比达到了24.5%。受基数因素影响，增速较快的主要为金融业、水利环境公共设施管理业、电力热力燃气及水生产和供应业、住宿和餐饮业，期末余额分别较期初增长了302.9倍、84倍、32.8倍和22.5倍。

贷款投放支持房地产业。1989—2015年，全市银行业金融机构抓住居民改善居住条件热情高涨的机遇，不断增加对房地产开发和居民住房消费的信贷支持。2015年末全市房地产开发贷款余额为53亿元，比开始入统的2006年末增加47.4亿元，增加了8.4倍，年均增速为28.2%；个人住房消费贷款余额达到190.8亿元，比开始入统的2006年末增加了171.5亿元，增长了8.9倍，年均增速为29.0%。从走势上看，个人住房贷款持续保持稳定增长态势，而房地产开发贷款至2010年阶段性见顶后增长势头有所减弱，并且出现增长相对不稳定的趋势，即涨跌现象并存。

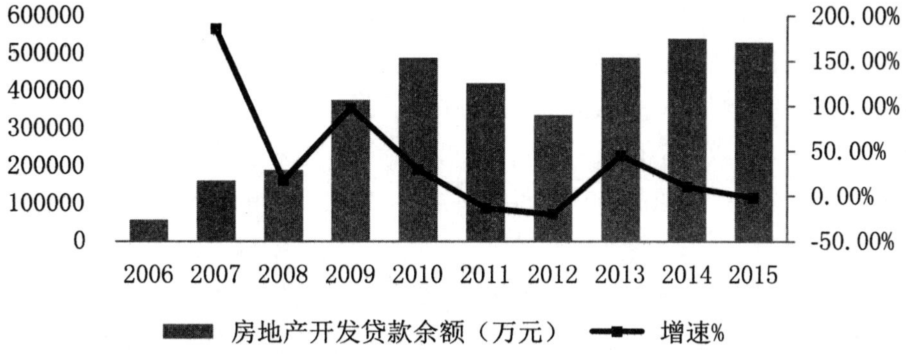

图4-1-12 2006—2015年承德市房地产开发贷款变动图

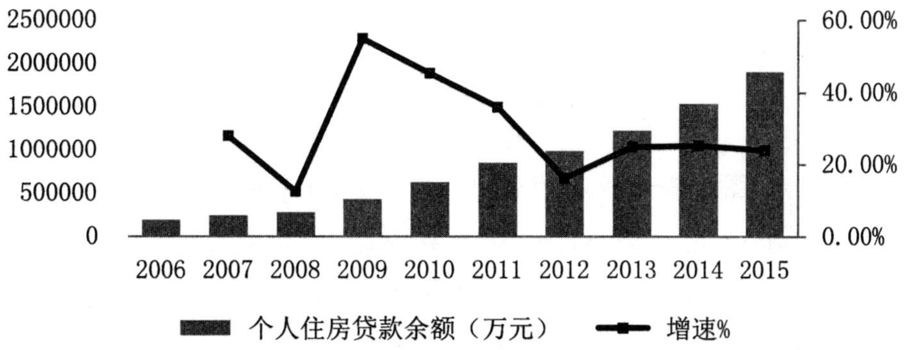

图4-1-13 2006—2015年承德市个人住房贷款变动图

第二章 贯彻执行货币政策

中国人民银行在国务院领导下依法独立执行货币政策。中国货币政策目标是保持货币币值的稳定，并以此促进经济增长。中国人民银行就年度货币供应量、利率、汇率做出决定，报国务院批准后执行。为执行货币政策，人行承德市中心支行根据上级行规定，运用货币政策工具实施宏观调控。综合运用的货币政策工具包括执行存款准备金率、根据基准利率或浮动幅度管理市场利率、为金融机构办理再贴现、向商业银行提供贷款、实施窗口指导、其它货币政策工具。同时努力争取上级行在资金总量分配上给予适当倾斜。

第一节 货币政策变化

一、适度宽松时期

1989年9月以前，实施适度从紧的货币政策。9月起，为有效扭转当时全国出现的“经济疲软”现象，货币政策调整为适度宽松，多次降低存贷款利率，增加社会需求，刺激经济增长。人行承德分行通过“点贷”方式直接向国有大中型企业注入资金，重点支持承德辖区大中型工业生产骨干企业、农业生产、节日物资供应、旺季主要农副产品收购等项目的资金需要。

1990年，中国人民银行进一步放松银根，以增加信贷投入推动经济增长。人行承德分行认真贯彻执行“控制总量、调整结构、保证重点、压缩一般”的货币政策。针对承德市工业生产效益较差、产成品占压过多、产品技术含量低、产品结构不合理、外欠资金难以收回等实际情况，人行承德分行主动向上级行请调资金规模，充分利用时间差、行际差、季节差灵活调度资金，及时调整专业银行的资金占用。根据农业生产—农副产品收购—工业储备原材料的资金排序，在农业生产季节适时压缩工商银行贷款，增加对农业银行的投入，支持春耕生产。在农副产品收购旺季，相应增加收购资金的投入，保证收购资金需要。同时运用中国人民银行短期再贷款实施定向调剂，支持商业部门购入节日物资2000万元，支持推广地膜玉米种植技术1000万元。

1991—1992年，人行承德分行执行“控制总量、调整结构、强化管理、盘活存量”的货币政策，一方面积极争取信贷规模，支持地方经济重点需要；一方面认真履行中央银行职责，对信贷规模执行情况进行跟踪监测。

二、适度从紧时期

1993年，中央加强宏观调控措施，实行适度从紧的货币政策。中国人民银行于5月、7月连续两次大幅度上调存贷款利率，一年定期存款利率由2年前的7.56%提高到11.34%，增幅达50%。同时对3年以上的定期存款再次实行保值贴补政策。存款利率的大幅度上调，使一度滑坡的居民储蓄明显回升，并连续数月保持稳定增长。当时考虑到企业的承受能力，贷款利率的上调幅度相对较小。9月，国务院发布加强金融宏观调控16条措施，主要内容是“严格控制货币信贷总量、规范信贷资金拆借行为”，这次金融宏观调控以清理整顿违规拆借资金、查处各种非法“乱集资”为重点。下半年，随着国家宏观调控措施的逐步实施，整顿金融秩序工作取得显著成绩，金融形势出现好转。突出表现在存款大幅度增长，信贷投入增加，货币投放增势减缓，混乱的金融秩序趋于稳定。

1994—1996年，继续实行“适度从紧”的货币政策。人行承德分行认真贯彻落实“继续整顿金融秩序、稳步推进金融改革，严格控制信用总量，切实加强金融监管”的金融工作方针，妥善处理改革、发展、稳定的关系，坚持在宏观调控的大环境下，紧中求进，稳中发展，为地方经济发展创造宽松有序的金融环境。

三、稳健时期

1997年，亚洲金融危机爆发。国务院提出实行稳健的货币政策。人行承德分行以“优化信贷结构”为重点，全年指导商业银行增加贷款4640万元，重点支持骨干企业、农业生产、住房安居工程。同时，积极探索“以龙头企业为桥梁、以银行扶持为杠杆、以包扶部门为依托、以乡村自律互助组织为保障”的四位一体扶贫新路。

1998年，国有商业银行各省分行核定承德市各银行新增存贷比例较低、资金供应持续紧张。人行承德分行及时召开行长联席会议，牵头组织发放银团贷款800万元，支持安远庙大桥建设。引导各行开办个人住房信贷业务，支持新的经济增长点。累计向承钢、露露等骨干优势企业发放贷款6.5亿元，办理银行承兑汇票2.8亿元。同时积极支持了中小企业的发展。人行承德分行协助承德市政府召开银企合作发展洽谈会，落实信贷支农倾斜政策，优先支持“两高一优”农业、农村种养业和“菜篮子”工程，优先支持实用科技的推广运用。

2000年，人行承德市中心支行发放再贷款42笔39800万元，办理再贴现141笔31247万元，支持各银行调整信贷结构，促进中小企业贷款、住房贷款和个人消费贷款业务的发展，各银行全年共发放住房、助学、购车等个人消费贷款34856万元。同年，人行承德市中心支行在市政府领导下，全面启动高风险城市信用社的风险处置工作，积极维护承德市金融稳定。

2002年，人行承德市中心支行通过支农再贷款，扶持农村信用社发放农户小额信用贷款、建设信用村镇工作。当年累计发放农户小额信用贷款4.1亿元。

2003年，人行承德市中心支行制定《承德市就业再就业小额担保贷款管理办法》，12月5日，按照城镇下岗职工再就业小额贷款工作会议的要求和金融机构的申请，人行承德市中心支行确定建设银行为办理再就业小额担保贷款业务的试点单位。

2004年起，人行承德市中心支行充分利用信息资源，定性分析和定量分析相结合，按季对承德市经济金融形势进行全面分析，针对经济金融运行中存在的问题，提出具体措施和意见。

2006年，人行承德市中心支行制定了《金融支持社会主义新农村建设指导意见》，就优化农业产业结构，增强综合竞争力，提出指导性意见。同时修改完善了《承德市就业再就业小额担保贷款实施办法》。

四、适度从紧时期

2007年，货币政策由稳健转为适度从紧。人行承德市中心支行重点开展三项工作。在深入调研的基础上，抓住节能环保这个关键环节，制定了《关于改进和加强节能环保领域金融服务的指导意见》，明确了信贷准入实行企业环保不达标“一票否决”；加强对地方法人金融机构贷款规模的监测。通过召开信贷工作会议、约见地方法人金融机构法人代表等形式，及时传达国家宏观调控政策措施，就落实国家抑制中小金融机构贷款过快增长精神进行重点提示；与承德市金融办联合召开了金融支持新农村建设工作会议，制定了《承德市金融机构支持社会主义新农村建设实施意见》，并以市政府名义印发各县（区）政府和金融机构执行。会议还明确了市级各金融机构支持新农村建设的主管领导和相关部门，确定了三年工作目标，提出了具体的工作措施和考核办法。

2008年，针对国际、国内经济形势的变化，中央银行对货币政策做出“从紧→适度灵活→适度宽松”的调整。人行承德市中心支行重点引导金融机构调整经营策略和信贷结构，印发《信贷政策导向效果评价报告制度》，组织银行业机构开展信贷政策导向效果评估工作。完成了《关于承德市金融机构信贷政策导向效果评估报告》《关于承德市金融支农信贷政策效果评估报告》《关于承德市房地产信贷政策导向效果评估报告》，上报上级行。

五、适度宽松时期

2009年，人行承德市中心支行综合运用各种货币政策工具，指导各银行加大信贷投放力度，优化信贷结构。起草了《承德市贯彻落实货币政策协调机制实施方案》，该方案以承市政办字〔2009〕100号印发各县、区政府和市直各部门执行。

2010年，人行承德市中心支行印发《关于正确贯彻落实适度宽松货币政策，促进全市经济平稳较快发展的措施》，确定了2010年承德市货币政策调控的总体目标，并就促进信贷合理有效增长、优化信贷结构、提高金融服务水平等方面提出了具体措施，加深了政府各部门和金融机构对适度宽松货币政策的理解，被市政府转发各部门和金融机构执行。

六、再次稳健时期

2011年起，人行承德市中心支行负责直接调控辖区地方法人金融机构的信贷目标。根据上级行核准的信贷增量，逐级下达。当年上级行核定承德市地方法人信贷增量54.38亿元，全部下达给承德银行、各县区农村信用联社、村镇银行，指导其全部用于支持中小微企业和涉农经济发展。

2012年，人行承德市中心支行增强窗口指导的针对性，引导地方法人金融机构将信贷资金优先投入产业结构升级和经济转型的支撑产业。建立了“地方法人金融机构←→人行承德市各县支行←→人行承德市中心支行”的信贷目标逐级下达和信贷调剂逐级上报机制，统一了信贷需求申请书和调控目标通知书制式，规范了工作程序，明确了工作责任。充分考虑农业生产的季节性因素，有针对性地做好各县区之间信贷规划目标调剂，为基层金融机构留足资金摆布时间，避免信贷目标的突破或浪费。当年上级行下达承德地方法人金融机构信贷增量68.60亿元，实现了充分运用。

2013年，人行承德市中心支行出台《承德市地方法人金融机构域外分支机构信贷规划管理办法》，采取召开专门会议和约见谈话等形式，督促指导地方法人金融机构在本地和域外分支机构之间，合理分配人民银行下达的信贷规划，严肃执行信贷调控目标。人行承德市中心支行向地方法人金融机构下达信贷增量80.19亿元，其中“环首都扶贫攻坚示范县”专项规划6.1亿元，重点支持丰宁、滦平、兴隆3县的扶贫项目，支持了肉禽养殖、农产品加工运输、农机制造、农村基础设施建设等46个项目、420个种养殖大户发展。

2014年，人行承德市中心支行制定《金融支持地方经济发展的指导意见》《金融支持“三农”的指导意见》，引导地方法人金融机构将上级行核定的信贷增量105.11亿元全部投入重点项目、支柱产业、新兴行业、“三农”、小微企业、扶贫开发，促进经济增长和转型升级。

2015年，人行上级行对地方法人金融机构的贷款规划，采取年初一次性核定下达到市，由中心支行管理调控的方式。人行承德市中心支行及时召开全辖地方法人金融机构信贷工作座谈会，明确贷款目标的测算方法和调控政策要求，维护贷款规划的严肃性。全年向地方法人金融机构下达信贷增量 103.77 亿元，人行承德市中心支行注重掌控各类信贷资金需求变化，及时调剂县域间、机构间的资金余缺，指导地方法人金融机构把握合理的信贷投向节奏，保障对实体经济的支持力度。

对地方法人金融机构实施信贷目标直接调控的同时，人行承德市中心支行持续推动国有商业银行加大信贷投放力度，争取将更多的项目列入上级行的支持目标，综合运用银团贷款、联合贷款、同业合作等方式，保证对承德市重大项目、在建项目和竣工投产项目资金支持的连续性。

关于上述货币政策的六大阶段，是对各个时期货币政策主体基调的大致划分，但不排除各个时期首尾发生的交叉性变化。这样划分的目的在于既尊重历史又便于阅读。

第二节 综合运用货币政策工具

一、信贷总量调控

1989—2015 年，中国人民银行先后采用控制信贷规模为主与控制资产负债比例为主两种方式的信贷管理体制。信贷规模是指中央银行为了实现一定时期内的货币政策目标而确定的贷款投放的最高限额，又称贷款总限额。具有指令性特点。资产负债比例管理是指以金融机构的资本及负债来制约资产总量及结构。资产负债比例管理是通过监测一系列指标来实现的。

信贷规模为主 1989—1997 年，由于商品经济欠发达，经济主体还没有形成充分的硬预算约束。存款准备金率、利率对信贷供需的调控作用尚不明显。主要通过指令性计划的手段，调节信贷规模扩张或收缩，达到控制货币供应总量的目的。

1989 年起，中国人民银行把贷款规模称为贷款最高控制限额，实行“限额管理，以存定贷”。贷款最高控制限额为贷款的总“笼子”，依靠金融机构组织存款得到实现；对贷款最高限额实行“全年亮底、按季监控、按月考核、适时调节”。中国人民银行核批的季度贷款最高限额为指令性指标，分别由各专业银行总行和人民银行省级分行分系统、分地区实施监控。在执行过程中，专业银行分行如需超过核批的季度贷款最高限额，报专业银行总行批准。专业银行总行如需超过季度贷款最高限额，报中国人民银行批准。

1994 年 2 月 15 日，中国人民银行发布《关于商业银行实行资产负债比例管理的通知》，对商业银行实行规模控制下的资产负债比例管理。同年，中国人民银行发布《城市信用社资产负债比例管理办法》。对国有商业银行、城市信用社的管理逐步由规模控制向资产比例管理转变，人行承德分行及各县支行主要负责监测指标的采集上报。

人行承德分行负责承德辖区银行业金融机构贷款限额监测工作。对国有商业银行、城市信用社贷款限额监测延续至 1994 年，对农村信用社延续至 1997 年。

资产负债比例管理为主 1998 年起，中国人民银行对信贷总量调控由直接调控向间接调控转变，建立了以资产负债比例管理为核心、以法人机构为对象的信贷调控体制。人行承德分行重点对地方法人金融机构实施监测管理。

一是商业银行资产负债比例管理。1998 年 1 月 1 日起，中国人民银行取消对国有商业银行贷款限额控制，推行资产负债比例管理和风险管理，实行“计划指导，自求平衡，比例管理，间接调控”的管理体制。这是由直接调控向间接调控转变的重要标志。

对国有商业银行贷款增量，由按年分季下达指令性计划改为按年下达指导性计划。中国人民银行不再下达贷款分项计划。信贷资金投向主要通过信贷政策加以引导，商业银行按市场原则进行选择。至此，信贷计划的指令性管理只限于三家国有政策性银行。

商业银行以法人为单位对资金来源与资金运用实行自求平衡。各商业银行根据中国人民银行发布的信贷政策、资产负债比例管理规定和可用资金等要求，编制全行全年分季度资金计划，向中国人民银行备案后，逐级下达分支行执行。商业银行对全行资金统一调度，采取定存定贷或存贷挂钩等办法，随时调度资金头寸，调控分支行的资金增量。

商业银行以法人为单位实行资产负债比例管理。从1998年开始，各商业银行以法人为单位编制资金营运计划、成本利润计划等综合经营计划。中国人民银行则以资本充足率、贷款质量比例、单户贷款比例、存贷款比例等指标，对商业银行贷款总量实施监测控制。

由直接调控向间接调控转变。中国人民银行不再以信贷规模作为操作目标，不再依靠行政手段控制贷款限额。改为综合运用存款准备金率、利率、再贷款、再贴现、公开市场业务等货币政策工具，适时调控基础货币，保持贷款适度增长。

二是城市信用社资产负债比例管理。1994年，中国人民银行发布《城市信用社资产负债比例管理办法》。人行承德分行正式开始对城市信用社实行资产负债比例管理。主要措施是：对存贷比例指标实行分段管理，即对上年形成的存贷比例，仍按贷款余额不超过各项存款余额加自有资本金之和80%以内掌握，不采用新指标硬性规范，而是要求城市信用社通过大力吸收存款来达到新的指标要求。对于新增贷款则严格按新办法执行；按月编制城市信用社资产负债执行情况监测表，按月检查城市信用社比例执行情况；通过不定期重点检查，对超比例发放贷款的机构进行处罚。

三是农村信用社资产负债比例管理。1998年1月1日起，依据中国人民银行1997年制定的《农村信用合作社资产负债比例管理暂行办法》，对农村信用社实施资产负债比例管理。管理指标为：1. 资本充足率，资本净额与加权风险资产总额的比率不得低于8%；2. 贷款质量，逾期贷款比例不得超过8%、呆滞贷款比例不得超过5%、呆帐贷款比例不得超过2%；3. 单户贷款比例，对最大的一家客户贷款余额不得超过资本总额的30%，对最大的10家客户贷款余额不得超过资本总额的1.5倍；4. 备付金比例，备付金余额与各项存款余额的比例不得低于3%；5. 拆借资金比例，拆入资金余额与各项存款余额的比例不得高于4%，拆出资金余额与各项存款余额的比例不得高于8%；6. 存贷款比例，各项贷款余额与各项存款余额的平均比例不得高于80%；7. 中长期贷款比例，一年期以上中长期贷款余额与一年期以上存款余额的比例不得高于120%；8. 贷款利息收回率，实收贷款利息占应收贷款利息的比例不低于90%；9. 资产利润率，利润总额与全部资产的比例不低于0.5‰。

人行承德市中心支行及各县支行主要负责下列工作：监督辖区农村信用社按规定计算、填报各项指标；按月考核贷款质量、备付金比例、拆借资金比例、存贷款比例指标；按季考核核心资本充足率、单户贷款比例、中长期贷款比例；每半年监测贷款利息收回率、资产利润率指标；督促农村信用社联合社根据监控指标和本地农村信用社的现状，逐社制定年度指标，并进行严格考核；对违反资产负债比例管理规定的农村信用社进行处罚。

对各项指标的过渡性安排。对部分农村信用社短期内难以达到全部指标规定的，制订分步实施计划。其中备付金比例、拆借资金比例、中长期贷款比例要在一年内达到规定比例；单户贷款比例、存贷款比例要在三年内达到规定比例；资本充足率、呆滞、呆账贷款比例要在五年内达到规定比例。

二、再贴现

1989年至1993年期间，人行承德分行累计办理再贴现460万元。

1994年，人行承德分行累计办理再贴现6424.9万元，重点用于“五行业，四产品”（煤炭、电力、冶金、化工、铁道五行业以及棉花、生猪、烟叶、食糖四种农副产品），对调整产业结构发挥了重要作用。

1995年，《中华人民共和国票据法》的颁布对票据和贴现业务的推广提供了法律保障。

1996年，再贴现业务得到迅速发展，由国家支持的“五行业、四产品”辐射到各行各业，成为基层人民银行解决商业银行临时性资金困难的重要工具。

1997年，中国人民银行发布《商业汇票承兑、贴现与再贴现暂行办法》，进一步规范了票据业务。

1998年3月，中国人民银行单独发布再贴现利率，与再贷款利率脱钩，使之上升为独立融资项目，强化了再贴现作为货币政策工具的作用。

1999年，中国人民银行印发《关于改革和完善再贴现业务管理的通知》，人行承德市中心支行将推广使用商业汇票作为改善金融服务的重要措施，及时支持商业银行解决临时性资金困难。

2000—2008年，人行承德市中心支行累计办理再贴现132139.7万元，缓解金融机构临时性资金不足的压力。

2009年，人行石家庄中心支行为承德调增再贴现限额3亿元，全部发放给承德银行。通过再贴现的支持，承德银行增强了对中小企业的支持力度。

2010年，中国人民银行印发《关于上调金融机构人民币存贷款基准利率和人民银行对金融机构再贷款（再贴现）利率的通知》，中国人民银行对金融机构再贴现利率由1.8%上调至2.25%。人行承德市中心支行再贴现限额达到7.3亿元。当年累计办理再贴现371笔，金额13.6亿元，在河北省处于较高水平。

2011年，中国人民银行会计财务司印发《关于增设再贴现明细账户的通知》，要求在“124再贴现”科目下，增加“买断式再贴现”和“回购式再贴现”明细账户。人行承德市中心支行在加强再贴现管理基础上，积极争取限额，合理调配使用。全年累计为工商银行和承德银行办理再贴现10.98亿元，全部用于支持中小微企业的发展。

2012年，人行承德市中心支行为工行承德分行办理再贴现6.5亿元。

2013年，人行承德市中心支行为工行承德分行和邮储银行承德市分行办理再贴现2.84亿元。

2014年，人行承德市中心支行全年累计办理再贴现74笔，金额2.9亿元，全部为中小微企业签发的票据。

2015年，人行承德市中心支行协调成立了河北省金融票据协会承德市办事处、承德市小额票据贴现中心，进一步为缓解小微企业融资压力提供支持。人行承德市中心支行全年累计办理再贴现25笔4942万元。

1989—2015 年承德市再贴现办理情况统计表

表 4-2-1　　单位：万元

年度	再贴现发放	再贴现收回	余额
1988			178.7
1989	229.7	408.4	0
1990	39.7	39.7	0
1991	190.6	119.4	71.2
1992	0	71.2	0
1993	0	0	0
1994	6424.9	0	6424.9
1995	10668.8	12621.9	4471.8
1996	29328.5	24402.5	9397.8
1997	42059.8	41404.6	10053
1998	37319.8	31121.4	16251.3
1999	56189.7	54784.4	17656.6
2000	31246.7	31260.7	17642.6
2001	51861	51807.6	17696
2002	11217	28113	800
2003	25988	7864	18924
2004	4627	23551	0
2005	1200	1200	0
2006	0	0	0
2007	6000	6000	0
2008	0	0	0
2009	30000	0	30000
2010	135703.5	93282.5	72421
2011	109820	148391	33850
2012	65009.6	90859.6	8000
2013	28390	36390	0
2014	29039.2	19300.2	9739
2015	4942	14681	0
合计	717495.5	717674.1	

三、再贷款

短期再贷款 短期再贷款是中国人民银行为解决国有商业银行临时性支付不足而发放的再贷款，有日拆性贷款、季节性贷款和年度性贷款。在上级行下达的限额内掌握发放短期再贷款，发挥了调剂余缺、引导信贷投向、解决银行业机构临时性资金困难的积极作用。1985年人行承德分行开办短期再贷款业务。

1989年，人行承德分行采取季节调剂、定向调剂、应急调剂的方法灵活运用再贷款，支持了骨干企业、农业生产、节日物资供应、旺季农副产品收购等资金需求。1991—2001年，人行承德分行根据不同季节的资金需求重点，实现短期再贷款在银行之间的合理流动，灵活调剂行际之间的信贷资金余缺。2001年，中国人民银行改变资金调控方式，人行承德市中心支行停办短期再贷款。

1989—2001年，人行承德市中心支行累计对国有商业银行发放短期再贷款227.3亿元，累计收回237.6亿元，期末余额结零。

在国有商业银行之外，恒益信用社（原承德市典当行）于1997—1998年发生支付困难。城信联社先后分9笔从人行承德分行借入短期再贷款2900万元，全部转借给恒益信用社保支付。该社于2001年12月4日实施停业整顿，2900万元短期再贷款全部形成挂账待处理。

在恒益信用社停业整顿期间，停业整顿清算组通过处置该社变现资产归还短期再贷款351.5万元。2008年12月，挂账待处理短期再贷款余额2548.5万元。

1988—2001年承德市人民银行对国有商业银行短期再贷款情况统计表

表4-2-2 单位：万元

年度	本年发生额		本年余额
	借方	贷方	借方
1988	—	—	102623.9
1989	175671	159052	119242.9
1990	140565	137403	122404.9
1991	230025	201663	150766.9
1992	376659	361980	165445.9
1993	503984.9	495378.9	174051.9
1994	389759.1	558057	5754
1995	35054	33454	7354
1996	103072	99654	10772
1997	122104	124068.5	8807.5
1998	120595	127002.5	2400
1999	21740	21740	2400
2000	39800	39800	2400
2001	14000	16400	0
合计	2273029	2375652.9	

支农再贷款 支农再贷款是中国人民银行为扩大支农信贷投入，扶持农村信用社发放的低利率政策性再贷款。1999年，在国有商业银行撤并县乡一级机构、上收基层贷款审批权的背景下，中国人民银行为缓解农村信用社自有资金不足和农民贷款难的矛盾，经国务院批准，适时出台了支农再贷款政策。

人行承德市中心支行于2000年开办支农再贷款。支农再贷款限额由2000年的1亿元增加到2015年的17.9亿元。再贷款限额占河北省总限额的18.84%，居河北省各市首位。

2004年，根据《中国人民银行对农村信用合作社贷款管理办法》，在认真总结的基础上，出台了《中国人民银行承德市中心支行支农再贷款管理及操作规程》（承银发〔2004〕76号）。对支农再贷款实行“限额控制、周转使用、规定用途、设立台账”的管理规则。

2009年，对《中国人民银行承德市中心支行支农再贷款管理及操作规程》做了补充修订。

2014年，中国人民银行货币政策司印发银货政〔2014〕4号文，要求执行更加优惠的支农再贷款利率，加大贫困地区的金融支持力度，支农再贷款利率再降低1个百分点。同年，中国人民银行货币政策司印发银货政〔2014〕8号文，要求农村金融机构借用支农再贷款发放的涉农贷款加权平均利率，要低于同期同档次涉农贷款加权平均利率，指导其整体涉农贷款利率水平较前期下降。当年，中国人民银行印发银发〔2014〕396号文，要求使用支农、支小再贷款发放的涉农、小微企业贷款利率，一般可在各期限档次上加3个百分点，最高分别不得超过5个百分点和4个百分点。

2015年，中国人民银行制定了《支农再贷款管理办法》（银发〔2015〕395号）。支农再贷款实行“限额管理、规定用途、设立台账”的管理规则。

2000—2015年，人行承德市中心支行累计向承德市农村信用社发放支农再贷款96.91亿元，有效地支持经营困难的农村信用社恢复正常经营和贷款能力，通过发放小额农贷，支持农村种植业、养殖业的发展，实现了农民增收、信用社增效的双盈目标。

2000—2015年承德市支农再贷款情况统计表

表4-2-3　　单位：笔、万元

项目/年份	支农再贷款发放		支农再贷款收回		支农再贷款	
	笔数	累计发放	笔数	累计收回	余额	限额
2000	2	1300	—	—	1300	10000
2001	2	31190	3	31990	500	10000
2002	45	38200	33	18000	20700	25000
2003	39	43908	58	26332	38276	45000
2004	30	71224	25	56000	53500	59000
2005	11	31260	41	38993	45767	59000
2006	6	16710	19	45767	16710	59000

续表 4-2-3

项目 年份	支农再贷款发放		支农再贷款收回		支农再贷款	
	笔数	累计发放	笔数	累计收回	余额	限额
2007	4	15500	9	31310	900	59000
2008	5	15000	6	15900	0	59000
2009	5	11000	5	11000	0	59000
2010	10	66000	1	9000	57000	89000
2011	18	119000	10	77000	99000	99000
2012	25	114000	16	119000	94000	119000
2013	32	139760	23	94000	139760	139760
2014	33	156000	30	139760	156000	164000
2015	24	99000	32	157000	98000	179000
合计	291	969052	311	871052		

金融稳定再贷款 金融稳定再贷款是经国务院批准，由中国人民银行发放的用于救助和处置金融风险的再贷款。经上级行批准，人行承德分行先后向7家金融机构发放3类金融稳定再贷款15798.16万元。具体分类、发放、收回、核销情况如下：

第一类，风险处置类。2001年8月至2002年1月，人行承德市中心支行向自办的恒益、燕山、滦平、兴隆停业整顿城信社（所）发放风险处置类再贷款5064.66万元。2010年末，经4家停业整顿清算工作组通过处置资产变现，合计归还再贷款本金739.92万元，再贷款余额4324.74万元。2013年2月至3月，经人行石家庄中心支行认定损失，同年12月30日全部核销。

承德市恒益城市信用社。2002年1月31日，人行承德市中心支行对承德市恒益城市信用社发放自办金融机构风险处置类再贷款2165万元。至2008年12月，处置资产变现资产累计归还本金268.22万元，再贷款余额1896.78万元。2013年2月被人行石家庄中心支行认定为损失，同年12月30日全部核销。

丰宁满族自治县燕山城市信用社。2001年8月22日，人行承德市中心支行对丰宁县燕山城市信用社发放自办金融机构风险处置类再贷款1221万元。至2008年12月，处置资产变现累计归还本金26.62万元，再贷款余额1194.37万元。2013年3月被人行石家庄中心支行认定为损失，同年12月30日全部核销。

滦平县金融服务所。2001年8月，人行承德市中心支行对滦平县金融服务所发放自办金融机构风险处置类再贷款718.16万元。至2009年5月20日，处置资产变现累计归还本金107.69万元，再贷款余额610.46万元。2013年2月被人行石家庄中心支行认定为损失，同年12月30日全部核销。

兴隆县金融服务所。2001年8月，人行承德市中心支行对兴隆县金融服务所发放自办金融机构风险处置类再贷款960.5万元。至2009年

5月21日，停业整顿清算工作组通过处置资产变现，累计归还再贷款本金337.39万元，再贷款余额623.11万元。2013年2月被人行石家庄中心支行认定为损失，同年12月30日全部核销。

第二类，紧急救助类。1999年11月至2000年3月，承德市钟鼓楼、兴隆县东兴城信社发生支付危机。人行承德分行以城信联社为债务人，发放紧急救助类再贷款5433.5万元，其中由城信联社转借给钟鼓楼城信社5120万元、转借给东兴城信社313.5万元，用于存款保支付的紧急救助。两家城信社停业关闭后，由承德市政府举债全部归还了再贷款。

第三类，其他类。1992年12月7日至1993年4月23日，人行承德分行向承德融资中心发放其他类金融稳定再贷款6笔，共计4800万元。再贷款发放后，共收回本金3189.11万元，再贷款余额1610.89万元。承德融资中心于2002年正式撤销。到2015年，未收回贷款继续挂账待处理。

1994年4月，人行丰宁满族自治县支行向燕山城市信用社发放其他类金融稳定再贷款500万元，累计收回87.26万元，再贷款余额412.74万元。该社于2001年8月实施停业整顿，2013年2月人行石家庄中心支行认定上述再贷款为损失，同年12月30日全部核销。

四、存款准备金管理

存款准备金率 存款准备金是指金融机构为保证存款支付而存放在中央银行的法定存款。存款准备金占存款总额的比例是存款准备金率，由中央银行适时调整并发布。中央银行通过调整存款准备金率，抑制或释放资金的流动性，控制信贷投放总量。人行承德市中心支行负责监督辖区银行业金融机构依法缴纳存款准备金。1988—2015年存款准备金率调整情况见下表4-2-4。

1988—2009年存款准备金率调整表

表4-2-4

次数	时间	调整前	调整后	调整幅度
1	1988年9月	12%	13%	+1个百分点
2	1998年3月21日	13%	8%	-5个百分点
3	1999年11月21日	8%	6%	-2个百分点
4	2003年9月21日	6%	7%	+1个百分点
5	2004年4月25日	7%	7.5%	+0.5个百分点
6	2006年7月5日	7.5%	8%	+0.5个百分点
7	2006年8月15日	8%	8.50%	+0.5个百分点
8	2006年11月15日	8.5%	9%	+0.5个百分点
9	2007年1月15日	9%	9.5%	+0.5个百分点

续表 4-2-4

次数	时间	调整前	调整后	调整幅度
10	2007 年 2 月 25 日	9.5%	10%	+0.5 个百分点
11	2007 年 4 月 16 日	10%	10.5%	+0.5 个百分点
12	2007 年 5 月 15 日	10.5%	11%	+0.5 个百分点
13	2007 年 6 月 5 日	11%	11.5%	+0.5 个百分点
14	2007 年 8 月 15 日	11.5%	12%	+0.5 个百分点
15	2007 年 9 月 25 日	12%	12.5%	+0.5 个百分点
16	2007 年 10 月 25 日	12.5%	13%	+0.5 个百分点
17	2007 年 11 月 26 日	13%	13.5%	+0.5 个百分点
18	2007 年 12 月 25 日	13.5%	14.5%	+1 个百分点
19	2008 年 1 月 25 日	14.5%	15%	+0.5 个百分点
20	2008 年 3 月 25 日	15%	15.5%	+0.5 个百分点
21	2008 年 4 月 25 日	15.5%	16%	+0.5 个百分点
22	2008 年 5 月 20 日	16%	16.5%	+0.5 个百分点
23	2008 年 6 月 25 日	17%	17.5%	+0.5 个百分点
	2008 年 6 月 15 日	16.5%	17.5%	+1 个百分点
24	2008 年 9 月 25 日	（大型金融机构）17.50%	17.5%	—
25	2008 年 10 月 15 日	（大型金融机构）17.50%	17.0%	-0.5 个百分点
26	2008 年 12 月 5 日	（大型金融机构）17.00%	16.00%	-1 个百分点
27	2008 年 12 月 25 日	（大型金融机构）16.00%	15.50%	-0.5 个百分点
28	2009 年未调整存款准备金率			

2010—2015 年存款准备金率调整表

表 4-2-5　　　　　　　　　　　　　　　　　　　　单位：%

年度	调整次数	调整时间	政策性	股份制	城商行	农商行	外资银行	工、农、中、建、交、邮储	财务公司	租赁公司	农合行	农村信用社
2010年度	1	1.18	14	14	14	14	14	16	11	11	11	11（10）
	2	2.25	14.5	14.5	14.5	14.5	14.5	16.5（17）	11.5	11	11	11（10）
	3	5.10	15	15	15	15	15	17（17.5）	12	11.5	11.5	11（10）
	4	11.16	15.5	15.5（16）	15.5	15.5	15.5	17.5（18.5）	12.5	12	12	11.5（10.5）
	5	11.29	16	16（16.5）	16	16	16	18（18.5）	13	12.5	12.5	12（11）
	6	12.20	16.5	16.5（17）	16.5	16.5	16.5	18.5（19）	13.5	13	13	12.5（11.5）
2011年度	1	1.20	17	17（17.5）	17	17	17	19（19.5）	14	13.5	13.5	13（12）
	2	2.24	17.5	17.5（18）	17.5	17.5	17.5	19.5（20）	14.5	14	14	13.5（12.5）
	3	3.25	18	18（18.5）	18	18	18	20（20.5）	15	14.5	14.5	14（13）
	4	4.21	18.5	18.5（19）	18.5	18.5	18.5	20.5（21）	15.5	15	15	14.5（13.5）
	5	5.18	19	19（19.5）	19	19	19	21（21.5）	16	15.5	15.5	15（14）
	6	6.20	19.5	19.5（20）	19.5	19.5	19.5	21.5（22）	16.5	16	16	15.5（14.5）
	7	12.05	19	19	19	19	19	21	16	15.5	15.5（14.5）	15（14）
2012年度	1	2.24	18.5	18.5	18.5	18.5	18.5	20.5	15.5	15	15（14）	14.5（13.5）
	2	5.18	18	18	18	18	18	20	15	14.5	15.5（14.5）	14（13）
2014年度	1	4.25	18	18	18	16（15）	18	20	15	14.5	14（13）	14（13）
	2	6.16	18	18	17.5	16（15）	18	20	15	14.5	14（13）	14（13）

续表 4-2-5

年度	调整次数	调整时间	政策性	股份制	城商行	农商行	外资银行	工、农、中、建、交、邮储	财务公司	租赁公司	农合行	农村信用社
2015年度	1	2.05	13.5	17.5	17	15.5（14.5）	17.5	19.5	14.5	14	13.5（12.5）	13.5（12.5）
	2	4.10	13.5	17.5	17	15.5（14.5）	17.5	19.5	14.5	14	13.5（12.5）	13.5（12.5）
	3	4.20	10.5	16.5（16）	16.5（16）（15.5）	14.5（13.5）	16.5（16）	18.5	11.5	11.5	11.5（10.5）	11.5（10.5）
	4	6.28	10.5	16（15.5）	16.5（15.5）	14.5（13.5）	16（15.5）	18.5（17.5）	8.5	11.5	11.5（10.5）	11.5（10.5）
	5	9.06	10	16（15）	16（15）	13.5（12.5）	16（15）	18（17）	8	8	10.5（9.5）	10.5（9.5）
	6	10.24	9	15（14）	15（14）	12.5（11.5）	15（14）	17（16）	7.5	7.5	9.5（8.5）	9.5（8.5）

传统存款准备金管理　1989—2003年，中国人民银行发布的存款准备金率相对稳定，调整较少，差别准备金率尚未实行，存款准备金管理处于传统阶段。人行承德市中心支行重点开展3个方面工作。

一是明确责任，分工负责。货币信贷部门负责存款准备金管理、监督和处罚工作，会计财务部门负责存款准备金交存范围的会计科目审定工作，营业室负责存款准备金的报表审查、资金收缴和日常考核工作。二是严格审查存款准备金交纳范围。1989年至1998年10月，人行承德分行按月考核辖内银行业金融机构交纳存款准备金，规定月后8日内汇总一般存款余额表，上报人行承德分行。1998年10月起，执行按旬（旬后5日内）报送一般存款余额表，对各金融机构法定存款准备金按旬考核。对辖内金融机构开办新业务、开发新产品获得的资金，是否属于交纳存款准备金的范围，由货币信贷、会计财务、营业室调查分析，提出认定意见上报上级行裁定。三是按规定条件和权限办理金融机构动用法定存款准备金。2001年，承德市钟鼓楼城市信用社发生支付风险，经人行天津分行批准，动用存款准备金保支付。

差别存款准备金率制度及动态调整　差别准备金率制度，是中央银行根据金融机构资本充足率、资产质量状况等指标，核定并指令其挂钩实行有差别的存款准备金率，从而限制资本充足率不足、资产质量差的金融机构贷款扩张。

2004年，为了完善货币政策传导机制，督促金融机构达到资本充足率指标、降低不良贷款比例，经国务院批准，印发《中国人民银行关于实行差别存款准备金率制度的通知》（银发〔2004〕60号），决定从2004年4月25日起实施差别存款准备金率制度。这是中央银行有效实施货币政策，引导金融机构合理安排信贷投放，加强审慎管理的需要。根据各银行资本充足率、拨备率、杠杆率、流动性等监管指标，中国人民银行按季测算、核定、实施差别存款准备金率，有针对性地回收过多的流动性，引导金融机构合理、适度、平稳投放信贷资金，优化信贷结构。

2011 年，为有效落实稳健的货币政策，规范地方法人金融机构信贷调控，人行石家庄中心支行印发《河北省地方法人金融机构差别准备金动态调整监测实施办法（试行）》（银石发〔2011〕106 号）。差别准备金率动态调整，是根据金融机构信贷偏离度、稳健性程度，指定其执行有差别准备金率。可以约束金融机构切实执行宏观审慎政策，自我调整信贷行为，改善资本充足率和资产质量，防范顺周期系统性金融风险。当金融机构达到监管指标后，可以反向调整，适当释放差别准备金。差别准备金动态调整的政策导向是，引导金融机构按照经济增长的正常需要安排信贷投放。动态调整的目标确定后，调整的重点是具体金融机构对整体偏离度的影响。商业银行为避免被要求交纳差别准备金，一般会主动将贷款增速调整到央行确定的 GDP+CPI 目标增速水平之内。

农行激励政策 根据中国人民银行印发《2011 年中国农业银行"'三农'金融事业部"改革试点差别化存款准备金率暂行办法》（银发〔2010〕367 号）等规定，2011 年起人行承德市中心支行实施对农行县级"'三农'金融事业部"的考核监督工作。《2011 年中国农业银行"'三农'金融事业部"改革试点差别化存款准备金率暂行办法》明确了存款准备金的优惠政策。"'三农'金融事业部"是中国农业银行根据股份制改革的要求，为实施县域"三农"金融服务专业化经营，采取的内部管理模式。在治理机制、经营决策、财务核算、风险管理、激励约束等方面具有一定的独立性。2011 年，根据《中国人民银行关于扩大中国农业银行"'三农'金融事业部"改革试点范围等有关事项的通知》（银发〔2011〕231 号），承德市各县农行全面纳入"'三农'事业部"改革工作。

人行承德市中心支行对农行县级"三农金融事业部"实施按季监测、按年考核的方式，对考核达标的机构实行存款准备金率下调 2 个百分点的优惠政策，增强了金融服务"三农"的能力。

2011 年，承德县、宽城满族自治县、兴隆县、平泉县、围场满族蒙古族自治县、丰宁满族自治县、滦平县、隆化县考核达标；

2012 年，兴隆县、围场满族蒙古族自治县、丰宁满族自治县、滦平县、隆化县考核达标；

2013 年，宽城满族自治县、兴隆县、平泉县、围场满族蒙古族自治县、丰宁满族自治县、隆化县考核达标；

2014 年，承德县、宽城满族自治县、兴隆县、平泉县、围场满族蒙古族自治县、丰宁满族自治县、滦平县、隆化县考核达标；

2015 年，承德县、宽城满族自治县、兴隆县、平泉县、围场满族蒙古族自治县、丰宁满族自治县、滦平县考核达标。

县域法人金融机构激励政策 2010 年起，人行承德市中心支行认真执行"鼓励县域法人金融机构将新增存款一定比例用于当地贷款的激励政策"，对达标的金融机构实施优惠 1 个百分点的法定存款准备金率政策。

2010—2015 年县域农村机构考核结果统计表

表 4-2-6

机构名称	2010 年	2011 年	2012 年	2013 年	2014 年	2015 年
承德县农村信用社	达标	达标	未参与	未参与	未参与	未参与
兴隆县农村信用社	未参与	未参与	未达标	未达标	达标	达标
平泉县农村信用社	达标	达标	达标	达标	达标	达标

续表 4-2-6

机构名称	2010 年	2011 年	2012 年	2013 年	2014 年	2015 年
滦平县农村信用社	达标	达标	达标	达标	达标	达标
隆化县农村信用社	达标	达标	达标	达标	未达标	达标
丰宁满族自治县农村信用社	达标	达标	未达标	达标	达标	达标
宽城满族自治县农村信用社	达标	达标	未参与	未参与	未参与	未参与
围场满族蒙古族自治县农村信用社	达标	达标	未达标	未达标	未达标	达标
滦平村镇银行	未参加	未参加	未参加	达标	达标	达标
丰宁村镇银行	未参加	达标	达标	达标	达标	达标
围场村镇银行	未参加	未参加	未参加	达标	达标	达标

五、利率管理与改革

利率检查与管理 1993 年，人行承德分行对全市利率执行情况进行大检查，共自查金融机构 740 个，重点抽查 129 个，对利息计算不准、基准利率执行有误、利率浮动不合规、违反加罚息制度等利率执行中存在的问题进行了处理和纠正。

1996 年，人行承德分行组织承德市各银行业金融机构签订《储蓄同业公约》，再次组织全市利率大检查。对变相提高存款利率揽储的违规行为给予经济处罚，检查处理情况通报全市各金融机构。

1997 年，人行承德分行组织召开了承德市国有商业银行、农业发展银行、城市信用社、农金体改办、市邮政储汇局主要负责人参加的会议，签订了《承德市利率管理同业公约》，进一步规范了利率管理。

1999 年，人行承德市中心支行对全市 145 家金融机构和邮政储蓄机构的利率执行情况进行检查，对问题严重的裕华城市信用社、平泉县邮政储蓄、宽城满族自治县峪耳崖邮政储蓄进行了处罚。同时印发《严禁非法提高或降低存贷款利率的有关规定》，统一制作了利率举报牌，悬挂在各金融机构营业网点，加强社会监督。

2000 年，人行承德市中心支行对全市 230 家银行、邮储机构进行利率大检查，对利率政策执行不准，计算差错、执行罚息政策不严肃、未执行个人存款实名制等问题提出了限期整改意见，并在承德辖内通报。

2001 年起随着利率市场化改革的推进，人民银行逐步放宽利率管制。2002 年，贷款利率实行浮动管理后，部分金融机构出现了一浮到顶的问题。人行承德市中心支行深入金融机构现场检查，有针对性地进行政策指导。

2008 年 1 月起，人行承德市中心支行按月对金融机构利率执行情况实施监测。

2009 年，人行承德市中心支行根据人行石家庄中心支行《关于河北省利率监测报备系统上线运行的通知》要求，组织人行县支行和金融机构进行设备配备、人员培训，保证了系统的上线运行。

2012 年 8 月 14 日，人行承德市中心支行对承德市郊区、滦平县、丰宁满族自治县、隆化县、围场满族蒙古族自治县农村信用联社及基层营业机构利率监测统计数据的真实性进行现场检查。

2015 年 3 月 31 日，人行承德市中心支行举办了利率报备监测分析系统业务培训班。人行承德市各县支行、各银行业金融机构、辖内地方法人金融机构 40 余人参加了培训。

1989—2015年存款利率调整表

表4-2-7　　单位：（年利率）%

调整时间	活期存款	定期存款利率						
		三个月	半年	一年	二年	三年	五年	八年
1989年2月1日	2.88	7.56	9.00	11.34	12.24	13.14	14.94	17.64
1990年4月15日	2.88	6.30	7.74	10.08	10.98	11.88	13.68	16.20
1990年8月21日	2.16	4.32	6.48	8.64	9.36	10.08	11.52	13.68
1991年4月21日	1.80	3.24	5.40	7.56	7.92	8.28	9.00	10.08
1993年5月15日	2.16	4.86	7.20	9.18	9.90	10.80	12.06	14.58
1993年7月11日	3.15	6.66	9.00	10.98	11.70	12.24	13.86	17.10
1996年5月1日	2.97	4.86	7.20	9.18	9.90	10.80	12.06	—
1996年8月23日	1.98	3.33	5.40	7.47	7.92	8.28	9.00	—
1997年10月23日	1.71	2.88	4.14	5.67	5.94	6.21	6.66	—
1998年3月25日	1.71	2.88	4.14	5.22	5.58	6.21	6.66	—
1998年7月1日	1.44	2.79	3.96	4.77	4.86	4.95	5.22	—
1998年12月7日	1.44	2.79	3.33	3.78	3.96	4.14	4.50	—
1999年6月10日	0.99	1.98	2.16	2.25	2.43	2.70	2.88	—
2002年2月21日	0.72	1.71	1.89	1.98	2.25	2.52	2.79	—
2004年10月29日	0.72	1.71	2.07	2.25	2.70	3.24	3.60	—
2006年8月19日	0.72	1.80	2.25	2.52	3.06	3.69	4.14	—
2007年3月18日	0.72	1.98	2.43	2.79	3.33	3.96	4.41	—
2007年5月19日	0.72	2.07	2.61	3.06	3.69	4.41	4.95	—
2007年7月21日	0.81	2.34	2.88	3.33	3.96	4.68	5.22	—
2007年8月22日	0.81	2.61	3.15	3.60	4.23	4.95	5.49	—
2007年9月15日	0.81	2.88	3.42	3.87	4.50	5.22	5.76	—
2007年12月21日	0.72	3.33	3.78	4.14	4.68	5.40	5.85	—

续表 4-2-7

调整时间	活期存款	定期存款利率						
		三个月	半年	一年	二年	三年	五年	八年
2008 年 10 月 9 日	0.72	3.15	3.51	3.87	4.41	5.13	5.58	—
2008 年 10 月 30 日	0.72	2.88	3.24	3.60	4.14	4.77	5.13	—
2008 年 11 月 27 日	0.36	1.98	2.25	2.52	3.06	3.60	3.87	—
2008 年 12 月 23 日	0.36	1.71	1.98	2.25	2.79	3.33	3.60	—
2010 年 10 月 20 日	0.36	1.91	2.20	2.50	3.25	3.85	4.20	—
2010 年 12 月 26 日	0.36	2.25	2.50	2.75	3.55	4.15	4.55	—
2011 年 2 月 9 日	0.40	2.60	2.80	3.00	3.90	4.50	5.00	—
2011 年 4 月 6 日	0.50	2.85	3.05	3.25	4.15	4.75	5.25	—
2011 年 7 月 7 日	0.50	3.10	3.30	3.50	4.40	5.00	5.50	—
2012 年 6 月 8 日	0.40	2.85	3.05	3.25	4.10	4.65	5.10	—
2012 年 7 月 6 日	0.35	2.60	2.80	3.00	3.75	4.25	4.75	—
2014 年 11 月 22 日	0.35	2.35	2.55	2.75	3.35	4.00	—	—
2015 年 3 月 1 日	0.35	2.10	2.30	2.50	3.10	3.75	—	—
2015 年 5 月 11 日	0.35	1.85	2.05	2.25	2.85	3.50	—	—
2015 年 6 月 28 日	0.35	1.60	1.80	2.00	2.60	3.25	—	—
2015 年 8 月 26 日	0.35	1.35	1.55	1.75	2.35	3.00	—	—
2015 年 10 月 24 日	0.35	1.10	1.30	1.50	2.10	2.75	—	—

说明：1. 1996 年 5 月 1 日取消八年期存款档次
　　　2. 2014 年 11 月 22 日取消五年期存款档次

保值储蓄贴补率　1988 年 9 月 6 日，根据中国人民银行银传〔1988〕35 号文，决定从 1988 年 9 月 10 日起开办保值储蓄，对三年期以上城乡居民定期储蓄存款实行保值贴补。保值储蓄贴补率是物价指数高于储蓄利率的补贴比率。由中国人民银行定期公布，银行业金融机构具体执行。这是中央银行在物价上涨的特定时期，对三年期以上定期储蓄存款在规定期限内实行的特定补贴方式；1991 年 11 月 27 日，根据中国人民银行银传〔1991〕60 号文，决定从 1991 年 12 月 1 日起停止办理保值储蓄。

1993 年 6 月 29 日，根据中国人民银行银发〔1993〕185 号文，决定从 1993 年 7 月 11 日起重新开办保值储蓄。1996 年 3 月 31 日，根据中国人民银行银传〔1996〕23 号文，决定从 1996 年 4 月 1 日起，停止办理保值储蓄。

1988—1997 年保值储蓄补贴率统计表

表 4-2-8 单位：%

月份	1988 年	1989 年	1990 年	1991—1993 年	1994 年	1995 年	1996 年	1997 年
1 月	—	（16.13）12.71	0.9	0	0	9.84	11.31	2.87
2 月	—	12.71	1.46	0	0	10.38	10.83	2.09
3 月	—	12.71	0	0	1.19	11.87	11.29	0.94
4 月	—	12.59	1.42	0	1.5	11.47	9.00	0.17
5 月	—	12.59	1.38	0	2.7	12.27	7.61	—
6 月	—	12.59	0	0	3.38	12.92	7.23	—
7 月	—	13.64	0	0	4.58	13.01	6.24	—
8 月	—	13.61	0	0	4.27	12.99	4.75	—
9 月	—	13.64	0	0	4.96	12.64	3.61	—
10 月	（7.28）3.86	8.36	0	0	5.62	12.07	3.62	—
11 月	（7.28）3.86	8.36	0	0	6.57	12.07	4.04	—
12 月	（7.28）3.86	8.36	0	0	8.79	13.24	3.72	—

说明：括号内数字为当年当月调高利率前公布的贴补率，括号外数字为当年当月调低利率后调整公布的贴补率。凡在调高利率日前到期的保值储蓄存款均按括号内数字计算

利率市场化改革过程 1993 年以前，中国继续实行利率管制政策。即经营存贷款业务的金融机构，统一执行中国人民银行规定利率。

党的十四大《关于金融体制改革的决定》提出，中国利率改革的长远目标是，建立以市场资金供求为基础、以中央银行基准利率为调控核心、由市场资金供求决定各种利率水平的市场利率管理体系。确定改革的总体思路是，“先外币、后本币，先贷款、后存款，先长期大额、后短期小额”，形成了利率市场化改革的初步构想。

1996 年 6 月 1 日，中国人民银行印发《关于取消同业拆借利率上限管理的通知》，明确规定银行间同业拆借利率由拆借双方根据市场资金供求自主确定。此举被视为利率市场化的突破口。

1997 年 6 月，银行间债券市场正式启动，同时放开了债券市场债券回购和现券交易利率。中国人民银行印发的《关于银行间债券回购业务有关问题的通知》，规定银行间债券回购利率和现券交易价格同步放开。

1998 年 3 月，中国人民银行改革贴现利率生成机制，规定贴现利率和转贴现利率在再贴现利率的基础上加点生成，在不超过同期贷款利率（含浮动）的前提下由商业银行自主决定。同年 10 月，金融机构（不含农村信用社）对小企

业的贷款利率最高上浮幅度由10%扩大到20%；农村信用社贷款利率最高上浮幅度由40%扩大到50%。

1999年4月1日，中国人民银行规定，各金融机构（不含农村信用社）县以下（不含县城）营业机构贷款利率最高上浮幅度扩大到30%，最低下浮幅度10%不变；农村信用社贷款利率浮动幅度不变。同年9月1日，商业银行对中小企业的贷款利率最高上浮幅度扩大为30%，对大型企业的贷款利率最高上浮幅度为10%，贷款利率下浮幅度为10%。农村信用社浮动利率政策保持不变。同年10月，中国人民银行批准中资商业银行法人与中资保险公司法人的大额定期存款（最低起存金额3000万元，期限在5年以上，不含5年），可由双方协商确定利率。这是中国人民银行进行存款利率改革的初步尝试。

2000年9月21日，中国人民银行部分放开外币存款利率，规定300万美元以上的大额外币存款利率由金融机构与客户协商确定。300万美元以下的小额外币存款仍执行中国人民银行统一利率。

2001年12月中国加入世贸组织之后，根据政府的承诺，利率市场化改革开始步入实质性阶段。

2003年8月，中国人民银行允许试点地区农村信用社的贷款利率上浮不超过贷款基准利率的2倍。同年11月，中国人民银行放开小额外币存款利率下限，对美元、日元、港币、欧元小额存款利率实行上限管理，商业银行可根据国际金融市场利率变化，在不超过上限的前提下自主确定。

2004年1月1日，中国人民银行再次扩大金融机构贷款利率浮动区间。商业银行、城市信用社贷款利率浮动区间扩大为0.9～1.7倍；农村信用社贷款利率浮动区间扩大为0.9～2倍。贷款利率浮动区间不再根据企业所有制性质、规模大小分别制定。另外，扩大商业银行自主定价权，提高贷款利率市场化程度，企业贷款利率最高上浮幅度扩大到70%，下浮幅度保持10%不变。同年10月29日起，中国人民银行放开商业银行贷款利率上限，城乡信用社贷款利率浮动上限扩大到基准利率的2.3倍。同时建立了人民币存款利率下浮制度，中国人民银行决定放开人民币存款利率的下限。

2005年7月21日，中国人民银行决定实行以市场供求为基础、参考一篮子货币、有管理的浮动汇率制度。汇率制度改革之后，为了有效衔接汇率和利率在货币市场的沟通渠道，加快了利率市场化改革的进程。

2008年10月，中国人民银行规定商业性个人住房贷款利率下限扩大到基准利率的0.7倍。

2012年6月8日，中国人民银行宣布，将金融机构存款利率浮动区间的上限调整为基准利率的1.1倍，将金融机构贷款利率浮动区间的下限调整为基准利率的0.8倍。

2013年7月19日，经国务院批准，中国人民银行决定，自7月20日起全面放开金融机构贷款利率管制，取消金融机构贷款利率0.7倍的浮动下限，由金融机构根据商业原则自主确定贷款利率水平；取消票据贴现利率管制，改变贴现利率在再贴现利率基础上加点确定的方式，由金融机构自主确定；对农村信用社贷款利率不再设立上限。

2015年10月24日，中国人民银行宣布放开存款利率浮动上限。至此，由中央做出决定、中国人民银行主导的利率市场化改革，循序渐进地经历了22年的改革过程，终于落地生根。与利率市场化改革相配套的存款保险制度，同样经历了22年的反复酝酿，同年出台。2015年3月31日，国务院发布《存款保险条例》（国务院令第660号），于2015年5月1日起正式施行。《存款保险条例》的发布施行，目的在于存款利率放开后，充分保障存款人的利益。

承德市利率市场化主要工作 人行承德市

中心支行按照中国人民银行利率市场化改革的统一部署，积极做好政策传导，有序推进具体落实。

1997 年，利率市场化改革进入初期阶段，各金融机构竞争加剧，出现了一些利率违规问题。人行承德分行及时组织召开承德市各国有商业银行、农发行、城市信用社、农金体改办、市邮电局主要负责人会议，传达了国家利率市场化改革的总体思路，强调利率市场化改革是一项政策性较强的工作，要求各金融机构严格遵守国家统一的改革安排。在利率放开前，不得擅自提高存贷款利率。并制定了《承德市利率管理同业公约》，从制度上约束了利率违规行为。

2002 年，贷款利率实行浮动管理后，部分金融机构出现了一浮到顶的问题。人行承德市中心支行深入金融机构现场检查，有针对性地进行政策指导。

2007 年 10 月 17 日，为适应利率市场化改革，人行承德市中心支行印发了《农村信用社人民币贷款利率定价指引》，规范农村信用社人民币贷款利率定价行为，指导农村信用社建立适合实际、科学合理的利率定价机制，更好地履行服务“三农”的职责。

2008 年，根据《中国人民银行关于按月填报利率监测报表有关事宜的通知》（银发〔2008〕26 号）文件要求，各金融机构从 2008 年 1 月起按月报备利率监测报表，并将报表上传中国货币网利率监测板块，对不同类型银行建立了规范化报备机制。人行承德市中心支行组织各县支行、辖内金融机构认真学习贯彻《通知》精神，落实《通知》规定的各项工作，建立报备工作的应急机制和相应预案，保证了报备工作顺利开展。

2009 年，根据人民银行石家庄中心支行《关于河北省利率监测报备系统上线运行的通知》（银石办发〔2009〕149 号）要求，人行承德市中心支行检查督促各金融机构利率报备部门与科技部门，协调落实报备用计算机与城市金融网连接工作，组织人行县支行和金融机构人员进行报表填报、上报培训，保证了系统的正式上线运行。“河北省利率监测报备系统”按照金融机构类型，划分为 9 大类，实施利率报备监测。

2012 年，随着利率市场化改革逐步深入，地方法人金融机构利率定价不规范问题比较突出。人行承德市中心支行在充分调研的基础上，具体指导地方法人金融机构细化利率定价规则，加强利率定价制度化建设。同年 8 月，深入承德市郊区、滦平县、丰宁满族自治县、隆化县和围场满族蒙古族自治县农村信用联社及其基层营业机构，对利率监测统计数据真实性进行现场检查，对存在问题实施现场指导规范。

2015 年，为切实加强利率市场化的监测工作，中国人民银行开发了“人民银行利率报备监测分析系统”，将利率监测划分为人民币贷款利率、个人住房贷款利率、民间借贷利率、小额贷款公司利率、消费金融公司贷款利率等 25 个模块，使利率监测更加科学化、系统化。人行承德市中心支行认真组织做好系统培训上线工作，及时指导人行各县支行和金融机构引起高度重视，落实专人管理，按时准确上报数据，做好新旧系统的衔接工作。同年 3 月 31 日，人行承德市中心支行举办了利率报备监测分析系统业务培训班。人民银行承德市各县支行、承德市各银行业金融机构、辖内地方法人金融机构相关工作人员共 40 余人参加了培训。同年 7 月 1 日，“人民银行利率报备监测分析系统”正式上线运行，原“河北省利率监测报备系统”停止使用。利率监测工作进入规范化的管理轨道。

同年 8 月 17 日，承德市市场利率定价自律委员会正式成立，由承德市 24 家银行业金融机构组成（会员名单附后），人行承德市中心支行行长杨建奎兼任名誉主任，副行长杨风华兼任副主任。构建了委员会的组织框架，确定了委员会的工作职责，明确了委员会的权利和义务，实行委员会成员轮值制度。自律委员会以《河北省市场利率定价自律委员会工作指引》《河北省市场利率定价自律委员会自律公约》《承德市市场利率定价自律委员会自律公约》为指导，扎实履行职责，对成员单位实施有效的自律约束，营造公开、公正、公平的利率市场环境。

2015 年 8 月承德市市场利率定价自律委员会成员单位一览表

表 4-2-9

序号	成员单位名称
1	中国农业发展银行承德分行
2	中国工商银行股份有限公司承德分行
3	中国农业银行股份有限公司承德分行
4	中国银行股份有限公司承德分行
5	中国建设银行股份有限公司承德分行
6	交通银行股份有限公司承德分行
7	中信银行股份有限公司承德分行
8	中国邮政储蓄银行股份有限公司承德市分行
9	承德银行股份有限公司
10	河北银行股份有限公司承德分行
11	张家口银行股份有限公司承德分行
12	河北省农村信用联社承德办事处
13	围场满族蒙古族自治县农村商业银行
14	滦平县农村商业银行
15	宽城满族自治县农村商业银行
16	平泉县农村信用联社
17	兴隆县农村信用联社
18	丰宁满族自治县农村信用联社
19	隆化县农村信用联社
20	承德县农村信用联社
21	承德市郊区农村信用联社
22	丰宁建信村镇银行
23	滦平盛阳村镇银行
24	围场华商村镇银行

六、窗口指导

1989—1995年，人行承德分行通过建立“行长联席会制度”，制定《信贷资金管理意见》《银团贷款办法》等措施，使窗口指导收到较好效果。

1996—1999年，人行承德分行积极引导商业银行信贷投放向骨干企业和大项目建设倾斜，通过《个人住房担保贷款管理办法》的宣传推动，支持房地产业加快发展。1998年，积极引导商业银行向承钢、露露等骨干优势企业发放贷款6.5亿元，办理银行承兑汇票2.8亿元；1999年，通过制定《支持经济发展，改进金融服务的意见》，积极开办“封闭贷款”，重点帮助有销路、有效益，有出口订单的产品生产。

2000年，人行承德市中心支行印发《承德市农村信用社农户小额贷款管理暂行办法》，大力推进“农户小额贷款证”“农户联保”等贷款方式，方便农户借款，推进信用村镇建设。2000—2002年，全市农村信用社共发放小额信用贷款证10万个，累计发放农户小额信用贷款4.1亿元，建立信用村234个，信用乡1个。2003年，人行承德市中心支行制定印发《承德市下岗失业人员小额担保贷款管理办法》《城镇职工小额信用贷款管理办法》，确定建设银行为办理城镇职工小额信用贷款业务的试点单位，有力支持了下岗职工再就业工作。2006年，人行承德市中心支行制定《金融支持社会主义新农村建设指导意见》，重点支持“三农”新增长点发展。

2008年，人行承德市中心支行建立了《信贷政策导向效果评价报告制度》，组织开展对银行业金融机构“信贷政策导向效果评估”“支农信贷政策效果评估”“房地产信贷政策导向效果评估”工作。制定了《承德市政、银、企协调联席会信息共享实施方案》，搭建了政、银、企三方信息共享平台。2009年，人行承德市中心支行、承德市政府金融办公室共同搭建“政、银、企交流电子网络平台”，通过平台推介项目177个，各银行业金融机构从中选择项目137个，发放贷款334616万元。同时，人行承德市中心支行通过“政、银、企联席会议制度”，促成60家企业与银行签订贷款协议9.73亿元，进一步加大了信贷资金对实体经济的支持力度。

2010年，人行承德市中心支行在全市组织开展了农村金融产品与服务方式创新活动，共探索实施创新金融产品15项，有效支持了农业产业化龙头企业、农业生产和农民增收。2011年，加强对金融机构的督促指导，全年共约见承德银行、省农村信用联社承德办事处、郊区联社和各村镇银行的负责人现场谈话9次，分别就专项票据兑付后续监测、支农再贷款使用、加大春耕备耕信贷支持等问题提出具体要求。同时组织地方法人金融机构开展了中小企业和涉农信贷政策导向效果评估工作。

2014年，人行承德市中心支行先后制定了《金融支持地方经济发展的指导意见》《金融支持“三农”指导意见》，引导金融机构加大对重点项目、支柱产业、新兴行业等重点领域和“三农”、小微企业、扶贫开发等薄弱环节的支持力度，促进经济增长和转型升级。2015年，为落实《关于全面做好扶贫开发金融服务工作的指导意见》，人行承德市中心支行引导金融机构加大对片区扶贫开发的支持力度。《金融时报》采访了承德市金融扶贫开发的典型事例，编入“燕山—太行山连片特困地区金融扶贫系列报道”，在《金融时报》头版刊发。

七、专项贷款

金银专项贷款　为贯彻国务院关于加快发展黄金生产的指示精神，保证国家金银生产重点项目的建设，人行承德分行从1987年1月1日起开办金银专项贷款。该项贷款主要用于发展黄金、白银生产的基本建设和技术改造项目。2004年停办金银专项贷款业务。

1987—2004年，人行承德市中心支行累计向23户金银生产企业发放金银专项贷款

17469.3万元，按用途划分为固定资产贷款11171.2万元，流动资金贷款6298.1万元；按产品划分为黄金专项贷款13130.3万元，白银专项贷款4339万元。累计收回贷款本金6645.15万元，收回贷款利息2618.41万元。至2004年12月31日，金银专项贷款余额10824.15万元，应收利息10748.1万元。

2007年，根据中国人民银行部署，人行承德市中心支行对全市23户金银生产企业贷款进行了全面清理。将清理结果上报人行石家庄中心支行，将债权债务关系全部移交中国人民银行汇达资产管理公司。

老少边穷地区发展经济贷款 老少边穷地区发展经济贷款主要用于国务院确定的革命老区、少数民族地区、边远落后山区和贫穷地区加快经济发展、增强经济实力的重点建设项目。

1985年，人行承德分行开办老少边穷地区发展经济专项贷款。1985—1997年，累计发放老少边穷专项贷款11696万元，先后支持了承德市悬挂输送机厂、丰宁满族自治县酒厂、滦平县火斗山铁选厂、平泉县造纸厂的续建项目。

1997年末，中国人民银行停办老少边穷专项贷款业务。根据中国人民银行通知，将老少边穷专项贷款余额4161.3万元全部划转农发行承德分行。

1989—1997年承德市老少边穷贷款发放收回情况统计表

表4-2-10 单位：万元

年份	累计发放	累计收回	贷款余额
1988			463.0
1989	758.3	254.8	966.5
1990	463.0	223.2	1206.3
1991	1236.8	742.9	1700.2
1992	2574.1	2225.4	2048.9
1993	3677.8	2945.7	2781.0
1994	1616.5	723.8	3673.7
1995	996.0	878.4	3791.3
1996	0	3.0	3788.3
1997	373.0	0	4161.3
合计	11695.5	7997.2	

地方经济开发贷款 地方经济开发贷款是中国人民银行根据地方经济开发总体规划和国家产业政策，重点用于振兴地方经济、支持优势建设项目的专项贷款。

1985年，人行承德分行开办地方经济开发贷款。1989—1994年，累计发放地方经济开发贷款810万元。重点支持了承德商业机械公司的阻燃阻热保温板、丰宁县天保食品有限公司杏仁粉开发等基建项目。

1997年末，中国人民银行停办地方经济开发贷款业务。根据中国人民银行通知，将地方经济开发贷款余额307万元全部划转农发行承德分行。

1989—1997 年承德市地方经济开发贷款情况统计表

表 4-2-11

年份	累计发放	累计收回	贷款余额
1988			165
1989	—	32	133
1990	5	25.5	112.5
1991	200	62.7	249.8
1992	170	150.2	269.6
1993	305	316.6	258
1994	130	70	318
1995	0	0	318
1996	0	11	307
1997	0	0	307
合计	810	668	

八、中央银行专项票据

按照国务院和河北省政府总体部署，承德市农村信用社改革于 2004 年 10 月全面启动。人行承德市中心支行负责农村信用社改革的资金支持工作。具体工作分为中央银行专项票据发行、专项票据兑付、后续监测考核 3 个阶段。

票据发行阶段　2004 年 10 月至 2005 年 9 月 1 日为中央银行专项票据发行阶段。按照中国人民银行要求，统一锁定承德市农村信用社 2002 年末的年度决算数据，计算出农村信用社各项资产损失总额为 18.2 亿元，中央银行按损失总额的 50% 发行专项票据予以置换。分三批对承德辖区 9 家农村信用联社发行了专项票据。

第一批于 2005 年 3 月 30 日发行央行专项票据 8976 万元，其中围场满族蒙古族自治县联社 3951 万元、承德县联社 5025 万元。

第二批于 2005 年 6 月 1 日发行央行专项票据 34152 万元，其中丰宁满族自治县联社 6047 万元、隆化县联社 7089 万元、兴隆县联社 12464 万元、宽城满族自治县联社 8552 万元。

第三批于 2005 年 9 月 1 日发行央行专项票据 47894 万元，其中滦平县联社 10870 万元、平泉县联社 12666 万元、承德市郊区联社 24358 万元。

对承德市农村信用社共发行中央银行专项票据 91022 万元，其中置换呆账贷款 64702 万元、呆滞贷款 3246 万元、逾期贷款 157 万元，历年亏损 22917 万元。

票据兑付阶段　2005 年 9 月 1 日至 2008 年 3 月 31 日为中央银行专项票据兑付阶段。

第一批专项票据于 2007 年 2 季度兑付，其中围场满族蒙古族自治县联社 3951 万元、承德县联社 5025 万元。

第二批专项票据于 2007 年 3 季度兑付，其中丰宁满族自治县联社 6047 万元、隆化县联社 7089 万元、兴隆县联社 12464 万元、宽城满族自治县联社 8552 万元。

第三批专项票据于 2007 年 4 季度兑付，其中滦平县联社 10870 万元、承德市郊区联社 24358 万元。

第四批专项票据于 2008 年 1 季度兑付平泉

县联社 12666 万元。

后续监测考核 专项票据兑付后，按照中国人民银行统一安排，自 2010 年起，人行承德市中心支行按年对农村信用社进行后续非现场监测考核。同时，每年对农村信用社县联社进行一次现场检查。目的是监督农村信用社巩固改革成果。

监测考核及现场检查的要点是，监测考核材料报送、资本约束能力增强、资产质量改善、盈利能力提升、内控管理制度落实、法人治理结构完善、支农服务功能增强、重大事项报告、农村信用社省级管理机构履行职责、地方政府对农村信用社承诺的扶持政策落实等情况。按年度向人行石家庄中心支行报送检测报告。

第三节 金融市场

一、融资中心机构演变

承德融资中心的前身称为承德金融市场，是人行承德分行于 1990 年开办的经济实体。1990—1991 年，买入卖出国库券 700 多万元，调剂融通资金 5 亿元。1992 年，为增加金融市场的覆盖面，人行承德分行试办了县级金融市场：4 月组建兴隆县金融市场；6 月组建滦平县金融市场；7 月组建隆化县金融市场；9 月组建平泉县金融市场。全年融通资金 15 亿元，调剂外汇资金 1600 万美元。

1992 年前后，全国范围内金融机构之间出现了混乱的拆借行为，助长了房地产和股票投机，加剧了通货膨胀。中国人民银行着手规范同业拆借市场。1993 年 7 月，中国人民银行在全国范围内取消了各种形式的资金市场。根据冀银发〔1993〕198 号文件，承德金融市场和 4 家县级金融市场停止了业务。

1994 年 7 月，根据人行河北省分行《关于设立河北省融资中心承德办事处的批复》（冀银复〔1994〕74 号），在原承德金融市场的基础上，设立河北省融资中心承德办事处，行政挂靠人行承德分行，为事业法人单位，主要负责办理辖区内跨县、跨系统资金拆借业务，代理中国人民银行融资券业务，办理资金拆借的报价、信息、咨询业务。

1996 年 1 月，全国银行间同业拆借中心成立。根据当时的体制安排，由商业银行总行、城市商业银行、各地融资中心组成全国同业拆借一级网络，直接通过设在上海的全国银行间同业拆借中心提供的电子交易网络进行资金拆借交易，中国人民银行对各商业银行拆借资金的期限和额度进行限制。其余金融机构参加当地融资中心的拆借业务，组成二级网络，各地融资中心在二级网络中占有重要地位，交易量占 70%。

1997—1998 年，全国各地融资中心明显暴露存在的问题，主要是不具备自我承担风险的能力，存在大量的逾期拆借资金。1997 年第四季度，中国人民银行决定停止融资中心的自营业务。1998 年决定集中精力清理融资中心的逾期债务，并决定撤销融资中心。

河北省融资中心承德办事处于 1997 年 10 月停办业务，进入清理整顿阶段。2002 年，根据《中国人民银行石家庄中心支行关于撤销河北省融资中心承德办事处的批复》（银石复〔2002〕226 号），融资中心正式撤销。

二、银行间拆借市场

1999 年，同业拆借市场出现了市场信息难以沟通，金融机构之间难以了解资金供需情况等新问题。中国人民银行在充分研究论证的基础上，确定了全国银行间同业市场发展的总体思路是，建立面向所有金融机构、全国统一、分层次的同业市场，中央银行与公开市场一级交易商构成同业市场的核心，信用良好的商业银行构成信用拆借市场的骨干，众多中小金融机构之间及其与商业银行之间的交易，更多地通过代理业务和债券回购等交易形式相联结。

2006年11月，在人行承德市中心支行指导下，承德市商业银行提出了《关于加入银行间同业拆借市场的请示》。2007年4月，中国人民银行上海总部综合管理部下发了《关于承德市商业银行股份有限公司进入全国银行间同业拆借市场的批复》（银总部综函〔2007〕12号），承德市商业银行正式加入全国银行间同业拆借市场。

2009年6月，滦平县农村信用合作联社提出了《关于加入银行间同业拆借市场的申请》。2009年11月，人行石家庄中心支行下发《关于滦平县农村信用合作联社加入全国银行间同业拆借市场的批复》（银石复〔2009〕28号），滦平县农村信用合作联社正式加入全国银行间同业拆借市场。

三、银行间债券市场

1997年6月以前，商业银行主要是通过证券交易所进行债券买卖。由于风险问题突出，国务院统一部署商业银行退出了交易所债券交易。与此同时，中国人民银行决定建立银行间债券市场。同年6月，各商业银行所持有的国债、中央银行融资券和政策性金融债统一托管在中央国债登记结算公司，可以进行债券回购和现券买卖。这标志着银行间债券市场正式启动。

为了推动银行间债券市场的发展，中国人民银行在1998年首先推动以国家开发银行为代表的政策性金融债的市场化发行。1998年9月，国家开发银行在银行间债券市场首次成功进行了市场化发债。同年11月，进出口银行也在银行间市场成功实现了债券市场化发行。在政策性银行债券市场化发行成功的影响下，1999年10月21日，财政部首次在银行间债券市场实行利率招标发行国债。2000年之后，财政部在银行间债券市场发行的国债已全部采用市场化招标方式发行。

中国人民银行在银行间债券市场建立初期，颁发了《银行间市场回购暂行规定》《银行间市场债券交易规则》《银行间市场债券结算规则》，在政策性金融债市场化发行改革之前，制定了《政策性金融债发行管理暂行办法》，在证券公司和证券基金管理公司加入银行间市场之前，发布了《证券公司进入银行间同业市场管理规定》《基金管理公司进入银行间同业市场管理规定》，随后又公布了《银行间债券市场债券交易管理办法》《债券回购主协议》等规范性文件，保证了银行间债券市场的操作和管理有法可依。

2007年5月，承德市商业银行在加入全国同业拆借市场的同时，在中央国债登记结算有限责任公司开立债券托管乙类账户，加入银行间债券市场，开始开展债券回购业务。人行承德市中心支行按月对承德银行的同业拆借和债券回购业务进行监测，并于每年年底开展对承德银行当年银行间市场业务开展情况的现场检查。指导承德银行规范交易行为，使资金交易形式和运用方式更加灵活。承德银行的债券回购业务已经成为调配资金和增加收益的重要手段。

2007—2015年承德银行银行间债券市场业务统计表

表4-2-12　　　　单位：亿元

年份	正回购（资金融入）	逆回购（资金融出）
2007	0.5	17.67
2008	21.03	43.04
2009	17.39	4.92

续表 4-2-12

年份	正回购（资金融入）	逆回购（资金融出）
2010	183.59	309.36
2011	31.65	815.26
2012	80.01	1111.57
2013	2.5	1935.1
2014	457.3	1133.73
2015	9825.8	813.2
合计	10619.77	6183.85

2009 年 12 月，滦平县农村信用合作联社在加入同业拆借市场的同时，在中央国债登记结算有限责任公司开立债券托管乙类账户，加入银行间债券市场。该联社加入银行间债券市场以后，只办理了一笔买断式回购，金额 2000 万元，并于 2011 年 12 月在中央国债登记结算公司注销账户，退出银行间债券市场，期间未办理其他业务。

第四节 引导金融服务实体经济

一、服务小微企业

2012 年中国银监会发布《关于深化小微企业金融服务的意见》，明确金融机构年内小微企业贷款增速不低于全部贷款平均增速、贷款增量不低于上年同期（即两个不低于）。同年 1 月起，承德银监分局对小微企业信贷数据纳入统计，实行定期报送、定期考核评价制度。积极推动小微企业金融服务宣传月活动。制作宣传展板 106 块，设立咨询台 50 多个，发放宣传资料近 5 万份，制作专题片 3 部。同年 6 月 7 日，与承德市金融办，市工信局联合召开“承德市中小微企业银企对接洽谈会”，8 家银行与 41 家企业签订了贷款意向协议，签约金额 6.63 亿元。据 2012 年末考核，全辖小微企业贷款余额 237 亿元，较年初增加 49 亿元，增长 26.5%。小微企业贷款增速高出全部贷款平均增速 12.71 个百分点。但贷款增量为上年的 93.81%，未完成增量目标任务。

2013 年，承德银监分局制定《承德市银行业金融机构 2013 年小微企业金融服务工作方案》，按季召开小微企业金融服务通报会，对“两个不低于”完成进度按季通报。继续开展小微企业金融服务宣传月、银企洽谈会、先进单位评选活动。2013 年末，全辖小微企业贷款余额 359 亿元，比年初增加 70 亿元，全年贷款增量比上年提升 45 个百分点；贷款增速高于全部贷款平均增速 9.95 个百分点。完成了小微企业贷款增量和增速两个“不低于”的目标任务。

丰宁满族自治县丰鑫实业有限公司是一家集种猪繁育、生猪养殖、屠宰、分割、储存、冷链物流配送为一体的省级农业产业化龙头企业。2013 年投资 3000 多万元扩建基地和新建冷库，公司发生流动资金不足。承德银行通过深入企业调查，认为企业发展前景良好，及时为企业发放3000万元贷款，缓解了企业资金困难。

2014年10月起，承德银监分局按月对“两个不低于”完成情况进行通报，随机走访各县（区）60余家小微企业。对于未完成“两个不低于”目标的银行机构，于12月份采取暂缓批复新机构、新业务准入等措施，促其落实任务目标。2014年末，全辖小微企业贷款余额435亿元，比年初增加78亿元，增长21.97%。增速高于各项贷款平均增速4.94个百分点，增量比上年提高8亿元，完成了“两个不低于”的目标。

2015年，“两个不低于”调整为“三个不低于”，即小微企业贷款增速、贷款户数、申贷获得率不低于上年水平。同年，承德银监分局与市国家税务局、地方税务局联合开展“银税互动”助力小微企业活动。到2015年末，辖区银行业金融机构为366家AB级小微企业发放贷款70亿元，为204家AB级其他企业发放贷款121亿元，缓解了企业融资困难。同年10月，承德银监分局在平泉县召开银企对接洽谈会，有6家银行与23家企业达成了贷款意向，意向金额1.5亿元。

承德菲时博特自动化设备有限公司是2003年成立的一家工业仪器仪表科技型生产企业。2015年在经济不景气大环境影响下，该企业销售连续出现下滑，经营出现困难。承德银行累计为企业发放贷款68笔，10037万元，帮助企业缓解了资金紧张局面。

2015年末，全辖小微企业贷款余额511亿元，比年初增加76亿元，增长17.58%，增速高于全部贷款平均增速2.33个百分点；小微企业贷款户数30132户，比上年同期增加3980户；小微企业申贷获得率95.98%，高于上年同期0.22个百分点。全辖完成了“三个不低于”工作目标。

2012—2015年承德市银行业小微企业贷款情况表

表4-2-13　　单位：亿元

项目＼时间	2012年	2013年	2014年	2015年
小型企业贷款	232.37	292.81	355.11	422.59
微型企业贷款	6.96	6.64	9.86	12.85
个体工商户贷款	41.25	49.65	53.14	58.84
小微企业主贷款	8.81	10.15	16.49	16.73
小微企业贷款汇总	289.39	359.25	434.60	511.00

二、服务农村经济

承德银监分局积极引导银行业机构推进金融服务空白乡镇网点建设、加强涉农信贷资金投入、大力发展普惠金融服务。

2010年，承德辖区8家银行业机构与26家农业产业化龙头企业签订贷款协议，签约金额2.6亿元。在4个乡布放了ATM存取款一体机，在13个乡安排定时定点流动金融服务。

2011年，全辖涉农贷款余额401亿元，比年初增加88亿元，增长28.18%，高于全部贷款平均增速16.93个百分点。

2013年，全辖涉农贷款余额580亿元，比年初增加19亿元，增速20.49%，高于同期各项贷款增速5.78个百分点。2013年9月，中国银行承德分行推出“板栗通达”产品，引入河北省农业信贷担保有限责任公司，形成“银保企”合作的模式，为宽城满族自治县 8 户板栗合作社每户核定 200 万元流动资金贷款授信。

2014 年，全辖涉农贷款余额 693.71 亿元，比年初增加 15.45 亿元，增速 19.67%，高于同期各项贷款增速 5.29 个百分点。

2015 年，全辖涉农贷款余额 799.13 亿元，比上年增加 105.42 亿元，增速为 15.20%，高于上年各项贷款增速 1.89 个百分点。

各银行业机构积极扩大网点覆盖面，全辖物理网点 702 个，其中县域网点 541 个，社区支行、小微支行等创新型机构 163 家，离行式自助银行 240 个，其中县域离行式自助银行 138 个。布放 ATM、CRS 机 1481 台，布放 POS 机、EPOS 机 18992 台，其他结算工具 7256 台。实现了银行业机构、机具在城市社区和乡镇全覆盖，方便了广大客户。

三、发展绿色信贷

2012—2015 年，承德银监分局监督辖内银行业机构依据承德市环保局发布的企业环境保护情况通报作为授信审查条件，严格贷款审批、发放和监督管理。建立企业“黑名单”并定期向银行业进行信息通报和风险提示，实行“绿色信贷统计报表”和专项指标考核。辖内银行业机构绿色信贷余额呈现逐年增长趋势。

承德华净活性炭有限公司注册成立于 2003 年，主营活性炭制造、销售。企业在承德银行 1600 万元贷款支持下，改良新型碳化转炉，该炉无公害利用杏壳，解决了生物质气化发电联产活性炭的关键技术，实现了活性炭、绿色能源的清洁生产，增加了经济效益。

2012—2015 年承德市银行业绿色信贷情况统计表

表 4-2-14

机构名称	2012 年	2013 年	2014 年	2015 年
农业发展银行	2.99	2.33	2.15	1.73
工商银行	1.68	1.75	4.73	10.10
农业银行	24.54	24.86	25.52	34.02
中国银行	9.83	9.39	9.83	14.86
建设银行	3.29	17.70	18.57	18.64
交通银行	0	0	14.47	15.63
中信银行	0	0	0	0
承德银行	12.74	16.57	22.45	27.06
张家口银行	0	0	0	0
河北银行	0	0	0	0.30
农合机构	13.86	22.71	24.35	21.50
邮政储蓄	10.00	16.44	28.30	30.35
丰宁建信	1.58	2.12	2.67	3.19
滦平盛阳	1.03	2.04	2.83	3.43
围场华商	0.36	0.44	0.80	1.35

第三章 人民币与金银管理

发行人民币、管理人民币流通是《中华人民共和国中国人民银行法》赋予中国人民银行的法定职能。人行承德市中心支行通过加强发行库建设、合理调拨发行基金、实施人民币管理、开展反假货币工作，保证了流通中人民币的质量，满足了社会需求。

第一节 人民币发行

一、人民币

1948年12月1日到2015年，中国先后发行了五套人民币。除第一套人民币没有硬币外，每套人民币都由不同券别的纸币和硬币组成。由于政治、经济、技术等原因，每套人民币都对其中的一些券别做过版面修改，由此又形成了不同的版别。

1989年，第四套人民币处于发行之初的延续期，与第三套人民币等值混合流通。银行对第三套人民币实行分阶段只收不付。

1999年，中国人民银行发布公告，宣布第三套人民币于2000年7月1日起停止流通。公众持有的第三套人民币，可以到办理现金收付业务的金融机构按1∶1兑换成第四套人民币。1999年10月1日以后，第五套人民币陆续发行，市场上长期处于第五套人民币与第四套人民币混合流通的局面。

1989—2015年期间，先后涉及第三套、第四套、第五套人民币交替发行和混合流通，呈现出种类较多、相对密集、防伪性能不断增强的特征。

第四套人民币 1987年4月25日，国务院发布《关于发行新版人民币的命令》，决定于1987年4月27日起陆续发行新版人民币，即第四套人民币。1987年发行的第四套人民币，比第三套人民币增加了50元、100元大面额券别，其票面印有“1980”年号，称为1980版。当时，这两个券别没有金属安全线，防伪等级稍差一些。1992年8月发行了嵌有固定金属安全线的新版50元、100元券，其票面印有“1990”年号，是为1990版。

第四套人民币大体分为1980、1990两个版别。纸币分为100元、50元、10元、5元、2元、1元、5角、2角、1角9种券别，硬币分为1元、5角、1角3种券别。

1980年版第四套人民币。1987年4月27日，人行承德分行奉命发行第四套人民币50元和5角纸币。随后，又于1988年陆续发行了100元、10元、5元、2元、1元、2角和1角纸币。至此，1980版第四套人民币的9种券别纸币在承德地区全部发行。

1990年版第四套人民币。1992年8月，人行承德分行奉命发行1990年版100元和50元纸币，并陆续发行改版的2元、1元纸币和1元、5角、1角硬币。到1992年底，第四套人民币的各版别、各券别全部发行面世，历时近五年。

从2010年开始，各银行根据中国人民银行通知，对第四套人民币只收不付。到2015年，市场流通中基本绝迹，但中国人民银行未公告其停止流通。

第五套人民币 第五套人民币于1999年10月1日起陆续发行，与第四套人民币等值混合流通。这套人民币取消了2元券，主要是因为2元券的可替代性强而使用频率低；但增加了20元券，新发行了1元、5角、1角硬币，主要是考虑到券别结构的合理搭配以及流通强度。

2015年底，第五套人民币已经发行1999年版、2005年版和2015年版3种版别，纸币分为100元、50元、20元、10元、5元、1元6种券别，硬币分为1元、5角、1角3种券别。

第五套人民币分为1999年版、2005年版和2015年版3种版别。纸币分为100元、50元、20元、10元、5元、1元6种券别，硬币分为1元、5角、1角3种券别。第五套人民币采用了多项成熟的具有国际先进水平的防伪技术。主要包括光变油墨印刷、隐形面额数字、横竖双号码、双色横号码、阴阳互补对印图案、胶印缩微文字、红蓝彩色纤维、凹印手感线、防复印标记、白水印等多项防伪技术。

1999年版第五套人民币。根据中国人民银行命令，人行承德市中心支行对第五套人民币采取了“一次公告，分次发行”的方式。1999年10月1日，承德地区首先发行第五套人民币100元纸币；2000年10月16日，承德地区发行了20元纸币、1元和1角硬币；2001年9月1日，承德地区发行了50元、10元纸币；2002年11月18日，承德地区发行了5元纸币、5角硬币；2004年7月30日，承德地区发行了1元纸币。

2005年版第五套人民币。根据中国人民银行命令，2005年8月31日起，人行承德市中心支行统一发行2005年版第五套人民币，面额有100元、50元、20元、10元、5元纸币和1角硬币。2005年版第五套人民币有三个特点：进一步提高了第五套人民币的综合印制质量。通过改进生产工艺，印制质量再次提高，票面线条更加清晰，钞纸更加耐磨；形成系列化防伪功能。在1999年版第五套人民币中，100元券和50元券属于同一防伪技术水平，10元券和5元券的防伪技术相对高于100元券和50元券。2005年版第五套人民币的发行，使人民币真正形成系列化的防伪技术，达到了世界现代货币的标准，居世界领先水平；体现出人民币走向国际化的特征。人民币各券别票面都增加了汉语拼音“YUAN”，这是根据全国人大代表的提议而增加的一项内容。通过在钞票背面增加汉语拼音“YUAN”这一国际上公认的货币单位，便于人民币走出国门。

2015年版第五套人民币。根据中国人民银行命令，2015年11月12日，人行承德市中心支行发行2015年版第五套人民币100元纸币。该版100元纸币在保持2005年版100元纸币规格、正背面主图案、主色调、“中国人民银行”行名、国徽、盲文、汉语拼音行名、民族文字等不变的前提下，取消或增加了部分防伪特征，调整了部分防伪特征在票面所处的位置，对整体防伪性能进行了再次提升。

二、流通纪念币、纪念钞

流通纪念币是指具有一定纪念意义的人民币，与人民币等值流通。它具有选用特定题材、限量发行、侧重于收藏、一般不参与流通等特点。

1984年10月1日，中国人民银行发行了中华人民共和国成立以后第一套流通纪念币——中华人民共和国建国成立35周年流通纪念币，开启了流通纪念币的发行之旅。到2015年底，中国人民银行历年发行流通纪念币累计89套、101枚；累计发行纪念钞4种、4张。

流通纪念币涵盖了政治、历史、文化、科技、体育、杰出历史人物、珍稀动物、贺岁等广泛题材，而且镌刻精美、质量上乘，一直受到人民群众的广泛欢迎和收藏界的追捧。从历年纪念币发行信息可以看出，各种纪念币的发行数量存在明显差异。1984—2011年发行的纪念币，发行量大多在600万～3000万枚（张）之间。2012年发行的龙年贺岁纪念币，面值1元，发行量首次达到8000万枚。2015年发行的中国航天纪念币，面值10元，发行量10000万枚；同年发行的中国航天纪念钞，面值100元，发行量30000万张。首次由中国人民银行委托商业银行采取网上预订的方式公开发行。2013年之前发行的纪念币，由于存世量较少，加之市场炒作等原因，身价上涨到几倍甚至几十倍。2014年之后发行的纪念币，由于存世量大增，社会升值预期相对减弱。

三、外汇兑换券

外汇兑换券又称“外汇券”，全称中国银行外汇兑换券，为中国银行发行，曾在中华人民共和国境内特定场合流通使用，面额与人民币等值的一种特定货币。从1980年4月1日开始发行，至1995年1月1日停止流通，历时近15年。它是特定历史时期的特殊货币。

改革开放之后，来华观光旅游的外国人，回国投资探亲的华侨、港澳同胞，驻华的外交机构、民间机构、国际组织及其常驻人员等日益增多，他们在华使用货币问题被提上议事日程。同时，改革开放初期，国内生产力水平低，创汇能力低，国家需要集中有限的外汇资源办大事。

为了满足来华、驻华人员的消费需求，也为了加强外汇管理，集中有限的外汇资源，国家外汇管理局于1980年3月19日发出了《关于中国银行发行外汇兑换券的通知》。国家外汇局承德分局遵照执行，主要内容是，国务院授权中国银行从1980年4月1日起发行外汇兑换券；凡持有可自由兑换的外汇现钞、能立即付款的外汇票据、外币支付凭证和汇入款等，均可到当地的中国银行或其指定的兑换点兑换成外汇券，外汇券与人民币等值；外汇券只限于短期来华的外国人，短期回国的华侨、港澳同胞，驻华外交、民间组织、国际组织及其常驻人员等，在中国境内指定的范围内使用，不准挂失；在六个月内，可凭本人的“兑换证明”，将持有的外汇券向中国银行办理转存人民币特种存款、外币存款，或兑回外币、或携出汇出境外；外汇券不得私自买卖，严禁投机倒把和伪造，违者按中华人民共和国刑法第三章关于破坏社会主义经济秩序罪论处。此外，通知还附发了《中国银行外汇兑换券暂行管理办法》。

20世纪80年代市场商品供应尚不丰富，部分短缺商品依然供不应求。而当时设在承德市两宫门广场一带的“友谊商店”，是官方指定的外汇券收券商。凡市场短缺的商品，该店几乎样样俱全，而且价格便宜，但只收外汇券，不收人民币。这就给外汇券戴上了神秘的光环，产生了极大的诱惑力。伴随出现了留用坐支、私下买卖、价格不公平、收券网点混乱、套取外汇等一系列问题，国家有关部门和外汇管理部门曾多次予以整顿规范。

随着国民经济快速发展，国内市场发生巨大变化，外汇券已经逐渐失去了特定时期的功能。根据国务院决定，中国人民银行于1993年12月28日发出《关于进一步改革外汇管理体制的公告》，决定从1994年1月1日起停止发行外汇券。已经发行流通的外汇券，继续流通使用，银行只收不付，逐步收回。

到1994年11月末，以前发行的外汇券已在流通中逐步收回，社会存量已经很少。中国人民银行认为，已经有条件按原定计划完成停止外汇券流通、在境内机构与境外来华人员支付结算中统一使用人民币的改革任务。遂于1994年11月22日发布了《关于外汇兑换券停止流通和限期兑换的公告》，宣布从1995年1月1日起，外汇券停止在市场流通。所有持有外汇券的机构和个人，应在1995年6月30日前，到中国银行或其指定的兑换点，按1993年12月31日公布的国家外汇牌价折成美元，或结汇，或存入外汇账户，或兑换成美元现钞，或兑换成人民币。至此，外汇券完成了历史使命。

1980—1995年，外汇管理部门共核准承德辖内外汇券收券单位29家，并颁发“核准收取外汇兑换券许可证”，依照有关规定进行管理。外汇券虽然已经退出了历史舞台，但它在特定时期发挥的作用功不可没。出于对历史的回忆和纪念，也由于存世量很少，外汇券早已成为收藏界追捧的珍品。

第二节 发行库建立与变迁

1989年，承德辖内人民币发行库形成了以人行承德市中心支库为中心，以人行8个县支库为支撑，以工商银行鹰手营子支行、寿王坟支行、热河支行（原称南营子办事处）、太平桥支行（原称太平桥办事处）、山庄支行5家代理库为补充的发行库体系。

一、撤并工商银行代理库

随着人行县支库的恢复建立和完善，以及业务发展和控制风险的要求，经人行河北省分行批准，1994年，承德市区内的工商银行热河支行、太平桥支行、山庄支行代理库被撤销；1997年10月，工商银行鹰手营子支行、寿王坟支行代理库被撤销。至此，原工商银行代理库的业务全部就近并入人民银行发行库管理

二、撤并人行县支库

1989—2000年，人行各县支库直接到人行承德市中心支库取送发行基金。为此，人行承德分行为人行各县支行配备了人员、武器、车辆等。但由于各县道路状况差、车辆性能差、人员不足等原因，人行承德市各县支库到人行承德市中心支库取送发行基金存在着风险隐患。

根据上级行指示和承德实际，2000年11月30日，人行承德县支库撤销；2004年9月，人行宽城、滦平、围场3个县支库实行“零库存”，暂停办理发行基金业务；2005年9月，人行兴隆、平泉、隆化、丰宁4个县支库实行“零库存”，暂停办理发行基金业务。2006年12月，承德辖区实行零库存的人民银行县支库全部撤销，只保留了中国人民银行承德市中心支库。

三、人行承德市中心支库

1996年4月以前，人行承德市中心支库位于人行承德分行原裕华路办公楼一楼及院内配套建筑内。发行库由2个库房组成，合计使用面积不足200平方米，不能适应业务发展的需要。

1996年5月1日，人行承德分行迁入承德市东大街南3号（后更名为都统府大街2号）新建办公楼，新建发行库同时启用。地点位于新建办公楼负一层，库区整体面积近800平方米，分为完整券库和损伤券库，基本适应了发行库业务的实际需要。

第三节 发行库管理

一、发行库制度

人行承德市中心支库建库以后，不断加强发行库制度的建立和完善，确保发行库管理工作连续40多年安全无差错。

严格执行《中国人民银行人民币发行库管理办法》《中国人民银行人民币发行库达标升级考核办法》《中国人民银行人民币发行库达标升级考核实施细则》《中国人民银行人民币发行库检查办法》《中国人民银行残损人民币销毁管理办法》《中国人民银行人民币发行基金调拨管理办法》《中国人民银行残缺污损人民币兑换办法》等规章制度。

根据自身实际情况，相继制定和完善了《承德市中心支行货币金银科岗位分工和岗位职责》《承德市中心支行人民币发行库内控管理规定》《承德市中心支行人民币发行库实物操作风险环节安

全防范制度》《承德市中心支行货币金银科内控管理自查实施细则》《承德市中心支行货币金银业务印章管理使用制度》《承德市中心支行货币金银业务内部控制指引》等操作规程和内部控制制度。

制定和完善了以发行库安全管理为主要内容的《中国人民银行承德市中心支行货币金银安全管理突发事件应急处置预案》，并经常组织相关人员进行模拟演练活动，提高了处置应急情况的能力和防范风险的意识。

二、发行库设施建设

人行承德市中心支行不断加强发行库设施建设。2000 年 5 月至 2001 年 11 月，人行承德市中心支行先后完成了承德市中心支库和兴隆、平泉、隆化、丰宁 4 个县支库的封闭式改造，累计投入资金 630 万元。2005 年上半年，人行承德市中心支行再次投入资金对 4 个县支库进行了升级改造，使县支库的安全标准得到较大提升。

人行承德市中心支行不断加强中心支库机具配备和更新工作，先后配备电动叉车 6 台、手动叉车 5 台、应急照明灯 12 个、除臭器 8 台、除湿机 1 部、金库掌型机 3 台，并且对金库货梯、办理业务通道、除湿机等相关设施设备进行了多次更换和升级。到 2015 年末，中心支库硬件配备完备，基本达到了机械化水平，符合人行上级行发行库管理的要求。

三、发行库管理创新

2012 年，经过充分调研和论证，人行承德市中心支行与天津科技公司合作开发了发行基金物流管理信息系统，并于当年 5 月 30 日在人行承德市中心支库与开户办理存取款业务的金融机构之间正式上线运行。

发行基金物流管理信息系统即在人行承德市中心支库与商业银行现金中心之间通过系统建立联系，商业银行交款前通过专用设备将款项信息录入袋外专用芯片中，通过系统传送给人行承德市中心支行。人行承德市中心支行收到商业银行交来的款项实物时，用专用设备扫描袋外芯片，将信息读入系统之中，并进行比对。发行基金物流管理信息系统的上线，提高了办理业务的速度和效率，节约了时间和人力，降低了差错率，实现了发行基金出入库的信息化管理。这一创新工作受到人行石家庄中心支行的关注、肯定和推广，并且成为中国人民银行货币金银局研发第二代货币金银管理信息系统的重要参考。

第四节 发行基金调拨、投放与回笼

一、发行基金调拨

人民币发行基金调拨是指中国人民银行根据国家现金投放计划和各地经济发展的需要，以行政命令的形式在发行库之间进行发行基金调度的业务行为。人行承德市中心支库发行基金调拨业务总体分为两个阶段。

第一阶段为 1989—2005 年期间，包括承德市辖外调款和辖内调款。辖外调款是指人行承德市中心支库根据上级行的调拨命令，到省内外其他城市取送发行基金的业务行为。辖内调款是指人行承德市中心支库直接开具调拨命令，对辖内人行各县支库取送发行基金的业务行为。

1989 年，人行承德市中心支库完成库款调出调入任务 18 次，累计 19.4 亿元。之后，随着业务量的增长，调拨发行基金数量总体呈现增长趋势。2000 年，人行承德市中心支库全年调运发行基金 40 次，累计 84.9 亿元。与 1989 年相比，调入调出金额增加了 65.5 亿元、增长了 338%，年均增长率为 31%。

2000—2005 年期间，累计调拨 225 次，累计调拨金额达到 362.4 亿元。第一阶段发行基金调拨情况见表 4-3-1。

2000—2005 年承德市发行基金调拨情况统计表

表 4-3-1 单位：亿元

年份	调运次数	调运金额	同比变化量	同比增幅
2000	40	84.9	—	—
2001	42	82.5	-2.4	-3%
2002	30	35.5	-47	-57%
2003	35	39.8	+4.3	+12%
2004	42	61.2	+21.4	+54%
2005	36	58.5	-2.7	-4%
合计	225	362.4		

说明：2000 年货币发行管理信息系统上线运行，开始系统统计发行基金调拨数据

第二阶段为 2006—2015 年期间。2006 年，承德辖区人行各县支库全部撤销，调拨任务完全变为辖外调拨。但是，由于投放业务量的增加、100 元回笼完整券需要调入石家庄钞票处理中心清分，加之硬币投放任务和损伤人民币销毁任务的增加等原因，发行基金调拨任务依然繁重。2011 年开始，人行石家庄中心支行基本取消了回笼完整券送石家庄钞票处理中心进行清分的要求，因而调拨金额明显下降。

2006 年至 2015 年期间，累计调拨 185 次，累计调拨金额达到 916.3 亿元，发行基金调拨情况见下表：

2006—2015 年承德市发行基金调拨情况统计表

表 4-3-2 单位：亿元

年份	调拨次数	调拨金额	同比变化量	同比增幅
2006	15	70.8	+12.3	+21%
2007	18	106	+35.2	+50%
2008	19	132.4	+26.4	+25%
2009	24	165.6	+33.2	+25%
2010	18	128.5	-37.1	-22%
2011	18	78.7	-49.8	-39%
2012	22	63.3	-15.4	-20%
2013	19	76	+12.7	+20%
2014	15	27.1	-48.9	-64%
2015	17	67.9	+40.8	+151%
合计	185	916.3		

二、货币投放与回笼

1989—2015年承德市人民币投放回笼情况，按统计口径不同分为以下两个阶段。第一阶段为1989—1998年，投放回笼统计数据来源于由人行承德分行编制的《承德市金融机构货币信贷统计月报》，该统计报表的基础数据来源于各商业银行机构，由人行承德分行汇总生成。由于统计数据包括商业银行柜台流入流出现金，其数据要远大于人行承德分行对商业银行投放或回笼的现金数据。第二阶段为1999—2015年，投放回笼统计数据直接来源于中国人民银行“货币发行管理信息系统”。其投放数据是指人民银行发行库投放到商业银行的现金，其回笼数据是指商业银行交存人民银行发行库的现金，两者轧差即为现金净投放或净回笼。它不包括商业银行柜台流入流出现金。由于上述两个阶段的统计口径不同，货币投放回笼数据差距较大。

第一阶段 1989—1998年，承德市货币投放、回笼和净投放3项指标总体呈增长趋势。10年间，承德市累计投放货币1260.11亿元，回笼货币1171.46亿元，净投放货币88.65亿元。承德市货币投放年均增长率为27.7%，货币回笼年均增长率为27.2%，货币净投放年均增长率为126.9%。

1989—1998年承德市金融机构货币投放回笼情况统计表

表4-3-3 单位：万元

年份	货币投放	同比增幅	现金回笼	同比增幅	货币净投放	同比增幅
1989	340250	+11.6%	338827	+11.3%	1423	+197%
1990	365654	+7.5%	354981	+4.8%	10673	+650%
1991	438960	+20%	421073	+18.6%	17887	+67.6%
1992	611967	+39.4%	564569	+34.1%	47398	+165%
1993	857520	+40.1%	808476	+43.2%	49044	+3.5%
1994	1194546	+39.3%	1094887	+35.4%	99659	+103.2%
1995	1549022	+29.7%	1439061	+31.4%	109961	+10.3%
1996	1805243	+16.5%	1664743	+15.7%	140500	+27.8%
1997	2131941	+18.1%	1921244	+15.4%	210697	+50%
1998	3306030	+55.1%	3106767	+61.7%	199263	-5.4%
合 计	12601133		11714628		886505	

第二阶段 1999—2015年，人行承德市中心支库依据“货币发行管理信息系统”生成货币投放回笼数据。1999—2015年的17年间，人行承德市中心支行累计向银行业金融机构投放货币1459.5亿元，年均增长率为10.6%，货币投放总体呈上升趋势，到2013年达到阶

段性顶点，金额为156.2亿元，之后小幅回落。人行承德市中心支行累计回笼银行业金融机构交存现金936.5亿元，年均增幅12.1%，货币回笼总体呈上升趋势，到2013年达到阶段性顶点，回笼金额为110.3亿元，之后小幅回落。17年间，人行承德市中心支行累计净投放货币523亿元，净投放货币总体呈上升趋势，2011年为阶段性的顶点，金额为53亿元，呈现出中间高、两边低的特点。

1999—2015年承德市金融机构货币投放回笼统计表

表4-3-4　　单位：亿元

年份	货币投放	同比增幅	货币回笼	同比增幅	货币净投放	同比增幅
1999	45.7	+10.5%	21.2	+8.3%	24.5	+11.2%
2000	44.7	-2.2%	24.1	+13.7%	20.6	-15.9%
2001	44.3	-0.9%	25.4	+5.4%	18.9	-8.3%
2002	44.3	0	29.7	+16.9%	14.6	-22.8%
2003	57.7	+30.2%	38.9	+31%	18.8	+28.8%
2004	70.3	+21.8%	49.6	+27.5%	20.7	+10.1%
2005	69.6	-1%	43.3	-12.7%	26.3	+27.1%
2006	52.1	-25.2%	28	-35.3%	24.1	-8.4%
2007	61.3	+18%	34.1	+22%	27.2	+13%
2008	79.4	+29%	35.5	+4%	43.9	+61%
2009	99.4	+25.2%	47.2	+33%	52.2	+19%
2010	110.2	+10.8%	59	+25.1%	51.2	-2.1%
2011	135.4	+22.9%	82.4	+39.5%	53	+3.7%
2012	144.9	+7.1%	98.3	+19.3%	46.6	-11.9%
2013	156.2	+7.7%	110.3	+12.3%	45.9	-1.8%
2014	120.6	-23%	104.3	-5%	16.3	-64%
2015	123.4	+2%	105.2	+1%	18.2	+12%
合计	1459.5		936.5		523	

三、现金流通量

现金流通量是指一定时期、一定区域内的流通中的现金总量。指中国人民银行发行库以外的全部现金，包括银行业金融机构的库存现金。现金流通量是研判宏观经济走势的参考数据之一。

测算某区域一定时期的现金流通量，传统做法是通过现金流通量调查得出推算结果，即以若干选点银行、单位、家庭在基期内的现金收支记录为基础数据，加减跨地域流出流入现金量，剔除不可比因素，推算而成的现金流通量近似数据。

1999—2015 年承德市现金流通情况划分 3 个阶段，分别记述。

第一阶段 1999—2003 年，承德市经济发展虽然有所起色，但仍属欠发达地区。第一阶段的 5 年，承德市的 GDP 由 158.7 亿元增加到 235 亿元，仅增加了 0.5 倍，GDP 的年平均增长率只有 7.5%。

1999—2003 年，承德市现金流通量分别为 25.4 亿元、28.5 亿元、31.3 亿元、33.5 亿元和 36.3 亿元，5 年时间流通中的现金增加了 0.67 倍、年均增长率为 10.8%，高于 GDP 3 个百分点。1999—2003 年，承德市各年的现金流通量与 GDP 的比率分别是 16%、17.5%、17.1%、16.8% 和 15.4%，比率围绕在 16% ～ 17% 的水平波动，总体变化不大。这一阶段，由于多数日用商品承德本地不能生产，或者无法满足需求等原因，使得承德市的日用商品多以现金外地采购为主。加之因公因私外出携带了大量现金的原因，导致现金大量外流。现金流向的主要地区为石家庄、北京、天津、以及周边城市和地区。

1999—2003 年承德市累计净投放现金 97.4 亿元，扣除留存在本区域内流通中的现金 14.6 亿元外，其余的 82.8 亿元全部流到了域外。1999 年，承德市流通中现金量为 25.4 亿元，人均持现 726 元，比全国人均持现少 284 元，相差幅度为 28%；2003 年承德市流通中现金量为 36.3 亿元，人均持现 1037 元，比全国人均持现少 447 元，相差幅度为 30%。

第二阶段 2004—2008 年，承德市经济进入快速发展时期，现金外流放缓。由于房地产业、矿产采掘和加工业、旅游业等行业的兴起，承德市的资源优势得到了很好的发挥，经济发展进入繁荣时期。这一阶段大量资金以现金的形式流入，同时外流现金也趋于缓和，区域内的现金流通量有较明显增加。根据测算，这一阶段承德市每年约有 25% 的净投放现金留在本地，现金外流部分减少到 75% 以下。此阶段承德市的 GDP 由 300 亿元增加到了 714.9 亿元，增加了 1.4 倍，GDP 的年平均增长率高达 21.9%，比第一阶段的年均增幅高出 2 倍。

2004—2008 年承德市现金流通量分别为 41.5 亿元、48.1 亿元、54.1 亿元、60.9 亿元和 71.9 亿元，5 年时间流通中的现金增加了 0.73 倍、年均增幅 15%，明显高于第一阶段的现金增长速度。2004—2008 年承德市各年的现金流通量与 GDP 的比率分别是 13.8%、13.4%、12.7%、11% 和 10.1%，比率呈现逐年下降的趋势。主要原因是，结算工具的多样性和普及，相应降低了现金需求；现金流通速度加快，形成了以流通速度补充流通量的效果；GDP 的基数较大，所以流通中的现金总量与 GDP 的比率只能逐渐缩小。

2004—2008 年承德市累计净投放现金 142.2 亿元，在扣除留存在本区域内流通中的现金 35.6 亿元外，其余的 106.6 亿元流到了域外。2004 年，承德市流通中现金量为 41.5 亿元，人均持现 1186 元，比全国人均持现少 428 元，相差幅度 26.5%；2008 年承德市流通中现金量为 71.9 亿元，人均持现 2054 元，比全国人均持现少 499 元，相差幅度缩小到 19.5%。

第三阶段 2009—2015 年，承德市经济进入平稳发展时期，现金外流进一步放缓。除房地产业、矿山采掘和加工业，以及传统的农业能够将大量的现金留在当地以外，还吸收了大量的外来资金。同时，此阶段旅游业已成为承德市的支柱产业，大量游客的涌入给承德市带来了相当可观的现金回笼，对于冲减外流现金起到了一定作用。另外，随着本地生产商品的逐渐丰富和网购的快速发展，使得携带现金外出采购出现了一定程度的降低，投放现金的更多部分留在了当地货币流通之中。据分析，此阶段承德市每年约有35%的净投放现金留在本地，现金外流部分减少到65%以下。这一阶段，承德市的GDP由760.1亿元增加到了1358.6亿元，增加了近0.8倍，GDP的年平均增长率达11.2%，增速高于第一阶段，低于第二阶段。

2009—2015年，承德市现金流通量分别为90.1亿元、108亿元、126.6亿元、142.9亿元、159亿元、164.7亿元和171亿元，7年时间流通中的现金增加了0.9倍，略高于经济增长速度。2009—2015年，承德市各年的现金流通量与GDP的比率分别是11.8%、12.1%、11.5%、12.1%、12.5%、12.4%和12.6%，总体围绕着12%的比率上下波动，但是波动幅度很小。可以看出，第三阶段经济增速总体趋于平稳，流通中现金总量的增幅有增大的趋势，因而现金流通量与GDP的比率出现了小幅度反弹。

2009—2015年，承德市累计净投放现金283.4亿元，扣除留存在本区域内流通中的现金99.2亿元后，其余的184.2亿元流到了域外。2009年，承德市流通中的现金量为90.1亿元，人均持现2503元，比全国人均持现少372元，相差幅度12.9%；2015年承德市流通中现金量为171亿元，人均持现4750元，比全国人均持现的4648元多出102元，首次超过全国人均持现水平。

第五节 人民币管理与反假货币

根据《中华人民共和国中国人民银行法》《中华人民共和国人民币管理条例》的规定，人行承德市中心支行作为基层人民银行，除不具有设计和印制人民币的职责外，拥有其他一切管理人民币的职责。

一、损伤人民币处置

保证人民币的正常流通、提高流通中人民币的整洁度，是中国人民银行货币发行的重要工作之一。当流通中的人民币回笼到承德辖区的商业银行时，要求必须按标准挑出残缺污损的人民币，经过整点符合标准后交存给人行承德市中心支行，经过复点、打洞、再抽查等环节后，按照上级行的命令对残缺污损的人民币予以销毁。

2000年以前，由于货币流通量相对较小，回笼损伤人民币的数量也相对较小。人行承德市中心支行每年销毁损伤人民币的次数一般为2～4次，金额一般不超过2亿元。如1989年，人行承德分行分2次销毁损伤人民币7003.8万元。

自2000年开始，承德地区货币流通量迅猛增加，回笼损伤人民币的数量也有大幅增长，加之上级行下达指令性销毁任务，对销毁工作进行考核，使损伤人民币的销毁数量大幅度增加。2009年开始，人行承德市中心支行按照上级行要求，将回笼的100元、50元损伤人民币调给石家庄钞票处理中心销毁，承德基本不再销毁大面额损伤人民币，所以销毁金额下降。但每年销毁损伤人民币的张数总体呈上升趋势。2000—2015年期间，人行承德市中心支行各年度销毁损伤人民币的次数和金额如下：

2000—2015 年承德市中心支库销毁损伤人民币情况统计表

表 4-3-5

年份	销毁次数（次）	销毁金额（万元）
2000	4	41537.7
2001	8	33873.2
2002	4	104403.8
2003	6	94398.6
2004	6	108161.6
2005	6	96118.7
2006	4	66877.8
2007	4	50122
2008	4	56668.5
2009	4	39027.5
2010	6	42676.5
2011	7	30789.6
2012	7	31200
2013	6	25500
2014	7	29340
2015	8	54845.5
合计	91	905541

说明：2001 年销毁次数中含销毁损伤硬分币

二、辅币硬币化

节约货币流通成本、实现辅币硬币化一直是中国人民银行探索和追求的目标。但辅币硬币化的真正实施，是从 2005 年第五套人民币发行开始的。在此之前，虽然第二套人民币发行了 1 分、2 分、5 分硬币，第三套人民币发行了 1 角、2 角、5 角和 1 元硬币，第四套人民币发行了 1 角、5 角和 1 元硬币，第五套 1999 年版人民币发行了 1 角、5 角和 1 元硬币，但是，由于各套人民币硬币的发行量相对较小，并且同面额小额人民币在发行硬币的同时、也发行了纸币，出现了同面额纸、硬币同时流通的局面。所以，辅币硬币化只是时有提议，并未真正实施。2005 年版第五套人民币一改之前发行方式，1 角、5 角面额人民币取消了纸币、只发行硬币，而且发行量大幅增长。

2005—2015 年 11 年间，人行承德市中心支行累计投放 5 角硬币 8244 万枚，4122 万元；累计投放 1 角硬币 34573 万枚，3457.3 万元；合计投放硬币 42817 万枚，7579.3 万元。如不考虑硬币流入流出、流通中损耗等因素，到 2015 年末，承德市人均（承德市全辖按 360 万人口统计）持有硬币数量为 119 枚，与经济发达国家人均持有硬币数量较为接近，基本实现了辅币硬币化的目标，满足了流通需要。

2005—2015 年承德市中心支库投放硬币情况统计表

表 4-3-6　　单位：万元

年份	5 角硬币	1 角硬币	合计金额
2005	0.4	4.6	5
2006	48	175.7	223.7
2007	360.8	301	661.8
2008	596.8	333	929.8
2009	227.6	161	388.6
2010	342.4	324	666.4
2011	93.2	496	589.2
2012	1224.6	762	1986.6
2013	265.8	281	546.8
2014	686.4	393	1079.4
2015	276	226	502
合计	4122	3457.3	7579.3

三、人民币冠字号码查询和全额清分

2012 年，人行承德市中心支行积极按照中国人民银行下发的《关于开展银行业金融机构对外误付假币专项治理工作的通知》（银办发〔2012〕78 号）和《关于银行业金融机构对外误付假币专项治理工作的指导意见》（银办发〔2013〕14 号），开展银行业金融机构误付假币的专项治理工作。督促银行业金融机构履行应尽的社会责任，全面提高银行业金融机构假币识别和堵截能力，坚决消除对外支付假币现象，切实维护和保障人民币持有者的合法权益，维护国家货币信誉。该项工作的基本原则是，开展专项治理工作，必须落实“假币零容忍”的原则，即中国人民银行对银行业金融机构缴存到人民银行发行库的回笼券中夹带假币的现象不予容忍；对银行业金融机构对外付出假币现象不予容忍。

实现银行业金融机构对外付出人民币“零假币”的目标，除了人员管理、制度建设需要改进和完善以外，最重要的是要依靠机具和电子化系统的概念，加快建立全国统一的银行业金融机

构涉假投诉机制，推进具备冠字号码识别、记录和存储功能的现金处理电子设备的应用，尽快解决在调查假币纠纷时责任难以认定的问题。逐步实现银行业金融机构涉假纠纷由投诉人举证转为银行业金融机构举证，维护金融机构和持币人双方正当的合法权益。

2013年，人行承德市中心支行按照人行石家庄中心支行下发的《关于进一步推进冠字号码查询管理工作的通知》（银石办发〔2013〕61号），对人民币冠字号码查询和人民币清分工作做出了安排部署，制定了工作时间表。承德市银行业金融机构按照人行承德市中心支行的部署，加快了人民币冠字号码查询及与之相关的人民币全额清分工作。

到2015年底，承德市银行业金融机构累计布放的450台自动取款机和432台存取款一体机，按照要求进行了分类贴标（在自助设备上粘贴中国人民银行统一制作的标识），全部实现了冠字号码可查询功能。实现了缴存中国人民银行发行库款项、自助取款设备加钞100%的清分要求；在柜台对外付出款项方面，100元、50元实现了100%清分的要求，20元及以下人民币实现了对外付出部分清分的要求，基本实现了银行业金融机构对外付出人民币“零假币”的目标。

四、查处非法使用人民币图样

2000年以后，为了贯彻落实国务院颁布的《中华人民共和国人民币管理条例》，人行承德市中心支行不断加大人民币的管理工作力度，单独或联合工商管理等部门针对非法使用人民币图样行为，进行了多次检查和清理。按照《中华人民共和国中国人民银行法》第十九条“禁止在宣传品、出版物或者其他商品上非法使用人民币图样”，《中华人民共和国人民币管理条例》第二十七条“未经中国人民银行批准，不得在宣传品、出版物或者其他商品上使用人民币图样”等规定，人行承德市中心支行将检查和清理的重点确定为承德温州小商品批发城、承德附属医院和承德市中心医院周边、承德市中小学校周边等部位的摊点和商店。

到2015年末，人行承德市中心支行累计组织专项检查20余次，累计收缴印有人民币图案的“冥钞”和小卡片等商品共计50多万份。

五、反假货币工作联席会议制度

1995年，为加强承德市反假货币工作和各有关部门反假货币协调机制，承德市反假货币工作联席会议成立。1995年至2015年期间，先后组织召开各级反假货币工作联席会议、联络员会议、反假货币专题会议等300多场次；组织建立农村反假货币网络1900多个，培训和聘请义务宣传员2300多人；建立城市社区和农村反假货币工作站300多个；组织反假货币宣传月活动16次；组织“进广场、进社区、进学校、进商场、进集市、进农户”等反假货币集中宣传活动1000余场次，发放反假货币宣传品200多万份；组织各种形式反假货币知识培训900多场次，累计培训人员40000多人次；累计收缴假人民币500多万元；协助公安机关破获假币案件40多起，抓获犯罪嫌疑人60人，没收假币50多万元。

六、反假货币上岗资格证书

2003年，人行承德市中心支行根据《中国人民银行假币收缴、鉴定管理办法》及上级行的有关要求，开始组织辖区金融机构相关从业人员进行“反假货币上岗资格证书”的培训和考试工作。由于培训和考试形式的变化，人行承德市中心支行的该项工作可分为三个阶段。

2003—2009年，“反假货币上岗资格证书”培训、考试工作由人行承德市中心支行组织实施。采取商业银行报名，人民银行或商业银行进行培训，人行承德市中心支行制定考试试题和组织现场考试，对考试合格者颁证的形式。第一阶段没有规定资格证年检的要求，一经考过可以长期使用，所以报名考试人员基本呈逐年递减趋势。2003年报名考试人数为3125人，以后各年报名考试人员基本在1000人以内，至2009年承德市全市金融机构累计报名参加考试人数为5000多人次，总体考试通过率为95%。

2010—2014年，“反假货币上岗资格证书”的培训、考试工作由人行承德市中心支行和中标的济南新丰泽科技有限公司共同实施。人行承德市中心支行主要负责组织商业银行的报名、协调考务工作和证件的发放；济南新丰泽科技有限公司负责考场的选定、考试系统维护、考前业务培训、考试现场组织和制证工作。由于增加了持有资格证人员每2年要参加年检考试的要求，所以第二阶段报名考试人员相比第一阶段有所增加。2010—2014年，承德市金融机构报名参加“反假货币上岗资格证书”培训、考试人数分别是2383人、750人、1719人、1097人和1754人，各年平均考试通过率为85%。

2015年，“反假货币上岗资格证书”培训、考试工作增加了挑假币实物测试环节，考生要在规定时间内将人民币中夹杂的假币挑出，并将假币的冠字号码和假币制作特征录入系统之中，以此考察从业人员识别假币的能力。2015年，是承德市采取这种考试形式的第一年，反假币考试报名人数为1219人，考试通过率为86%。

第六节 金银管理

1989年，中国人民银行对黄金、白银等贵金属继续实行统一收兑、统一配售的专营政策。承德作为金银生产大市，金银收兑业务在各项业务中占有相当重要的地位。人行承德分行收兑的贵金属按其性质划分主要分为黄金和白银（包括银圆）。1999年10月18日，中国人民银行印发《关于白银管理改革有关问题的通知》（银发〔1999〕350号），从2000年1月1日起，中国人民银行不再办理白银收兑、配售业务。2003年底中国人民银行下发通知，于2003年底停止黄金收兑业务，黄金收兑销售实行市场化。

一、黄金收兑价格

1989年至2003年期间，承德市的黄金收兑价格按照人总行公布的黄金收兑价格执行。

1989年至2000年期间，黄金收兑价格基本稳定，调整次数较少。1989年黄金收购价格调价2次、1998年调价1次。1989年初，黄金收兑价格由每克38.40元提高到48元；同年2月23日，黄金收购价格调整为每克82.10元。1998年8月18日起，黄金收兑价格再次调整，由每克82.10元下调为79.15元。1999—2000年，人总行未对黄金收兑价格进行调整。

2001—2003年期间，人总行对黄金收购价格调整频繁，2001年调价30次，2002年调价109次，2003年调价249次。期间的价格波动范围一般在每克人民币70～90元之间。2003年12月31日，人总行最后一次公布的黄金收兑价格为每克93.26元，是历史最高值。

二、白银收购价格

与黄金相比，白银的收兑价格始终保持稳定。1994年，中国人民银行发布《关于调整白银经济政策问题的通知》规定，白银成色不足99.9%的，收兑价格为每克1.33元人民币；白银成色在99.9%以上的，收兑价格为每克1.35元人民币。直至2000年1月1日中国人民银行停止白银收购为止，收兑价格没有调整变动。

三、黄金、白银收购业务量

1989—2003年间，人行承德市中心支行累计收兑黄金、白银、银圆折合人民币385488.52万元。

1989—1997年间，承德市金银收兑呈上升趋势，1997年达到最高点。统计数据显示，1990年，承德市共收兑黄金710897克，完成年计划的178%；收兑白银501760克，完成年计划的672%，收兑银圆1879枚；1997年，承德市全年收兑黄金410万克，白银1000万克，金银收兑分别完成全年任务的1.9倍和25倍。

1997年以后，承德市金银收兑逐年下滑。1998年，承德市全年收兑黄金300万克，白银400万克；2000年，承德市全年收兑黄金160.9万克，白银收兑实行市场化，中国人民银行停止收兑；2001年，承德市全年收兑黄金157.4万克；2002年，承德市全年收兑黄金8.8万克；2003年8月，人行承德市中心支行停止黄金收兑业务。

1989—2003年承德市金银收兑业务量统计表

表4-3-7　　单位：万元

年份	金银收兑金额
1989	3322. 20
1990	7135. 26
1991	9587. 56
1992	12161. 23
1993	18302. 29
1994	24482. 03
1995	43406. 61
1996	41923. 00
1997	71682. 32
1998	61535. 71
1999	36709. 82
2000	27000. 83
2001	25093. 71
2002	3144. 41
2003	1. 54
合计	385488. 52

第四章 经理国库

国库体制是指对国库资金的保管、出纳、运作及相关事项的组织管理与程序安排。中国的国库体制是中国人民银行经理国库制。人行承德市中心支行积极适应财税体制改革，根据业务发展需要对国库机构设置、运行机制、核算体系做出调整。

第一节 国库管理体系

1985 年 7 月发布的《中华人民共和国国家金库条例》规定，“中国人民银行具体经理国库。组织管理国库工作是人民银行的一项重要职责”。这是第一次使用了“中国人民银行经理国库”的法律描述。随后，1995 年颁布的《中国人民银行法》规定，“中国人民银行履行经理国库职责”，首次以立法形式明确了“经理国库”是中国人民银行的职责之一。2014 年新《中华人民共和国预算法》规定，“中央国库业务由中国人民银行经理，地方国库业务依照国务院的有关规定办理。”

一、法规体系

1989—2015 年，中国逐渐形成以《中华人民共和国预算法》《中华人民共和国中国人民银行法》《国家金库条例》为核心的现代国库管理法律体系。同时，中国人民银行先后制定了《国库会计核算管理与操作的规定》《关于加强国库监管工作的通知》《商业银行、信用社代理国库业务管理办法》等 300 多项规章制度。

人行承德市中心支行从会计核算、内控建设、监督管理等方面，不断完善国库制度体系，持续推动国库工作法治化、制度化、规范化。

二、组织体系

中国国库分为中央国库、地方国库。中央设立总库，由中国人民银行经理。省、自治区、直辖市设立分库，由人民银行各分行、省会中心支行经理；省辖市、自治州、地区设立中心支库，由人民银行中心支行经理；县和相当县的市、区设立支库。

1989 年初，承德市共设有 235 个国库，其中，人行承德分行设立中心支库 1 个，人行各县支行设立县支库 8 个；委托工商银行设立双桥区、双滦区、营子区代理支库 3 个；委托农业银行、农村信用社设立乡镇代理库 223 个。

1993 年 6 月，设立承德市开发区支库，委托工行太平桥支行代理。

2003 年 1 月，解除工行山庄支行对双桥区支库、太平桥支行对开发区支库的代理关系，收归人行承德中心支行经理。

随着县乡财税体制改革和国库集中收付制的实施，到 2010 年末，承德辖区 223 个乡镇国库全部撤销。

2012 年 1 月 4 日，解除工行双滦支行对双滦区支库、营子支行对营子区支库的代理关系，双滦区支库收归人行承德市中心支行经理，营子区支库收归人行兴隆县支行经理。

2015 年底，承德市共设置国库 13 个，分别为承德市中心支库、双桥区支库、双滦区支库、营子区支库、开发区支库、围场满族蒙古族自治县、丰宁满族自治县、隆化县、承德县、平泉县、滦平县、宽城满族自治县、兴隆县支库。全辖国库工作人员 80 人。

三、支持财税体制变革

1994 年，中国实行分税制财政体制改革，人行承德分行相应对运行机制和核算体系做出调整。1995 年开始，将国家税务局和地方税务局的税款分别编制报表进行报解核算；取消总额分成表，国税、地税征收的地方固定收入全额划入市财政地方预算内存款账户，不再按比例上划；建立税收返还制度，增加税收返还表。

1996 年，人行承德分行、市财政局联合转发上级《关于从预算外资金征收重点建设项目资本金基金的实施办法》，规定凡在承德市辖区有预算外资金收支的机关、团体和事业单位（不含中直驻冀单位），都应缴纳重点建设项目资本金基金。

1998 年，人行承德分行、承德市财政局联合转发中国人民银行、财政部《关于农村信用社办理乡镇国库和国库经收处业务的管理规定》，要求各机构从代理资格、人员业务培训、岗位设置要求、账务科目设置等方面进行严格统一的规范。

2010 年，承德市市、县两级库开始办理工会经费代收代划业务。

2011 年，承德市地方税务局撤销征收局，并将原征收局下辖的三个征收分局划归开发区局和双桥区局管辖。该划分涉及国库预算收入入库业务的变更，人行承德市中心支行先后两次组织召开人民银行、地税局、商业银行（社）协调会议，完成了 TIPS、TCBS 系统中的相关参数设置、变更及报表反馈等工作。

2013 年 7 月下旬起，人行承德市中心支行组织辖内国库部门，完成交通运输业、服务业营业税改征增值税的前期准备工作，保证了承德市 8 月 1 日“营改增”收入业务正常办理。“营改增”是指以前缴纳营业税的应税项目改成缴纳增值税，增值税只对产品或者服务的增值部分纳税，减少了重复纳税的环节。

2014 年 11 月 7 日至 12 月底，人行承德市中心支行按照河北省国库集中支付电子化改革工作安排，承德市财政局本级、丰宁满族自治县财政局、宽城满族自治县财政局作为第一批集中支付电子化上线单位，于 2015 年 1 月 1 日正式上线运行。

2015 年 8 月 12 日，人行承德市中心支行配合承德市地税部门完成“金税三期征收管理”系统上线，完成 TIPS 系统征收机关信息核对及维护工作。保障了承德市国税、地税局于 9 月 8 日统一启用“金税三期征收管理系统”的顺利实施。“金税三期征收管理”是国家电子政务建设的重要组成部分，该系统搭建了统一的纳税服务平台，实现了全国税收数据大集中，对于进一步规范全国税法、优化纳税服务具有重要意义。同年 12 月，承德市海关正式开业，纳入国库系统核算。

第二节 预算收支科技化

一、预算资金收支管理

随着国民经济的迅速发展，承德市、县两级政府预算收支规模逐年扩大，人行承德市中心支行较好地完成了国家预算收支执行任务。承德市预算收入（包括中央级收入、省级收入、地方级收入）从 1989 年的 32583.2 万元，增加到 2015 年的 2360128.61 万元，增长 72.4 倍。

1989—2015 年承德市中心支库预算收支情况统计表

表 4-4-1　　　　单位：万元

年份	中央级收入	省级收入	地方级收入	地方级收入同比增幅	地方级支出	地方级支出同比增幅
1989	5450.00	6653.90	24423.00	-9.06%	38635.20	17.71%
1990	1924.00	7040.19	24761.00	1.38%	38646.20	0.03%
1991	1891.53	7740.00	26814.00	8.29%	38742.50	0.25%
1992	536.25	7076.00	38388.40	43.17%	47131.56	21.65%
1993	1812.00	6381.00	57392.00	49.50%	61718.61	30.95%
1994	26231.00	14212.00	26713.00	-53.46%	57583.71	-6.70%
1995	25328.00	8074.96	32666.63	22.29%	87928.56	52.70%
1996	26558.15	9573.15	43746.03	33.92%	126633.87	44.02%
1997	33344.85	10503.55	54364.20	24.27%	150142.14	18.56%
1998	35795.71	11039.58	63893.51	17.53%	148286.56	-1.24%
1999	37418.73	11676.31	67386.93	5.47%	189861.87	28.04%
2000	41046.40	11487.53	70874.33	5.18%	216863.16	14.22%
2001	50654.96	13107.98	84027.69	18.56%	350478.51	61.61%
2002	53570.47	20211.80	110609.08	31.63%	252065.62	-28.08%
2003	78364.00	22155.80	119841.97	8.35%	390244.86	54.82%
2004	138840.05	35016.61	161238.26	34.54%	505587.01	29.56%
2005	229061.79	55340.46	220330.81	36.65%	613489.89	21.34%
2006	280717.34	68338.65	311616.91	41.43%	834682.11	36.05%
2007	410708.36	101158.88	482039.78	54.69%	1223219.96	46.55%
2008	537963.30	168333.19	695773.14	44.34%	1760136.56	43.89%
2009	433508.21	144419.21	767863.11	10.36%	2088246.26	18.64%
2010	489860.20	166460.98	1101818.01	43.49%	2921257.96	39.89%
2011	664796.73	227964.67	1472491.25	33.64%	3735274.96	27.87%
2012	745629.06	272316.56	1425471.84	-3.19%	3645935.73	-2.39%
2013	711343.51	284486.10	1887258.94	32.40%	4102237.52	12.52%
2014	695318.84	272882.48	1879574.53	-0.41%	3987410.48	-2.80%
2015	523586.62	196026.90	1640515.09	-12.72%	5885510.52	47.60%

2015年承德市中心支库地方级预算收入统计表

表 4-4-2　　单位：万元

科目代码	科目名称	地方级收入
101	税收收入	697152.34
102	社会保险基金收入	223383.20
103	非税收入	719979.54
	收入合计	1640515.09

2015年承德市中心支库地方级预算支出分科目统计表

表 4-4-3　　单位：万元

科目代码	科目名称	地方级支出
201	一般公共服务支出	2200134.92
203	国防支出	8421.89
204	公共安全支出	60695.62
205	教育支出	225558.18
206	科学技术支出	6454.47
207	文化体育与传媒支出	35075.06
208	社会保障和就业支出	229042.01
209	社会保险基金支出	26397.85
210	医疗卫生与计划生育支出	130971.97
211	节能环保支出	154357.54
212	城乡社区支出	352174.39
213	农林水支出	258163.23
214	交通运输支出	314771.21
215	资源勘探信息等支出	29301.65
216	商业服务业等支出	11514.59
217	金融支出	575.46
219	援助其他地区支出	43.00
220	国土海洋气象等支出	64812.52
221	住房保障支出	140129.23
222	粮油物资储备支出	6273.77
228	国债还本付息支出	5359.41
229	其他支出	1242237.36
231	债务还本支出	381241.35
232	债务付息支出	1803.84
	支出合计	5885510.52

二、电子化建设

国库电子化建设的全面推进，为保障财政资金安全高效运行，提供了重要的技术支撑。

1989 年，国库核算陆续配置微型计算机，开始改变手工操作方式。

1991 年，经人行河北省分行验收批准，人行承德分行自主开发的微机记账程序正式投入使用，结束了国库业务手工操作，实现了业务核算电算化，被评为“同行业同类软件国内先进水平”。

1992 年，人行承德分行在使用人行河北省分行“国库业务核算系统”的同时，自主开发了“国库业务复核系统”。系统作为人行河北省分行国库核算程序的补充，加强了总分账目的核对检查，解决了分表与汇总表数据误差问题。同年，对原有国库记账程序进行了修改，于 1993 年实现了收付记账法到借贷记账法的顺利过渡。

1996 年 2 月 1 日，人民银行承德市通信联网报解库款系统投入使用，承德市国库预算收入业务全部实现点对点通讯报解上划入库。

1997 年，人行承德分行自主开发的承德市同城电子实时清算系统正式开通，除税票以外的票据清算实现了票据截留、信息传递、实时清算。

1998 年，人行承德分行进行了承德区域支付系统的开发和建设，1999 年正式投入运行。承德区域支付系统在承德辖区内通过电子计算机网络系统，办理乡、县、市三级企事业单位、个人同城、异地结算及银行之间的资金清算。该系统的运行成功解决了城、乡信用社无汇路、结算难的问题，较好地实现了区域支付系统与全国电子联行的对接，加快了乡镇税款入库速度。

2002 年，人行承德市中心支行进一步扩大“承德电子清算系统”成果，开发承德财、税、库、行预算资金信息管理网络系统。该系统于 2002 年 3 月底模拟运行，经过 17 次大规模测试之后正式开通。实现了财税库行之间的信息共享及数据的实时通信，彻底解决以往数据重复录入及在途税款不能及时入库等问题，加快了税款的入库速度。承德市财税库行横向联网系统于 2004 年通过河北省科技厅科技成果技术鉴定，被中国人民银行誉为“承德模式”。

2009 年，县域同城清算系统正式停运，国库资金采用“直接汇划模式”划转。同年承德市加入全国国库信息处理系统（TIPS）。通过 TIPS 缴税具有资金入库及时、准确、方便纳税人等优势，实现了部门间的信息共享。

2010 年 9 月 1 日，全国国库管理信息系统（TMIS）在承德市集中上线运行。TMIS 是整合 TIPS、TBS 各类国库系统的数据信息资源，实现全国国库信息快速交换和全面共享的集中管理系统。该系统包含运行管理、收支统计、国债管理、纳税分析等子模块，进一步提高国库业务数据的准确性和时效性。

同年 11 月 1 日，承德市加入全国国库会计数据集中系统（TCBS）。TCBS 是实现国库会计业务统一处理、数据集中存储、信息共享使用的计算机网络应用系统。TCBS 的运行使国库资金能够直接计入相应国库和最终收款人账户，实现了预算收入零在途、支出及时到账。

2013 年完成二代支付系统上线切换工作。同年，承德市完成全国国库管理信息系统（TMIS）基础信息子系统上线。

2015 年，财政支出无纸化系统在承德市本级、丰宁满族自治县、宽城满族自治县上线，减少了财政资金在征收机关和预算单位的滞留时间，提高了财政资金的拨付效率。

第三节 国债管理

一、种类

无记名国债 无记名国债是一种实物债券，以实物券的形式记录债权，面值不等，不记名，不挂失，可上市交易。无记名国债投资者可在发行期内直接到销售国债的各大银行柜台购买。在证券交易所设立账户的投资者，也可委托证券公司通过交易系统申购。无记名国债的面值一般为100元、500元、1000元等。发行期结束后，实物券持有者可在柜台卖出，也可交证券交易所托管，再通过交易系统卖出。1997年停止发行无记名国债。

储蓄国债 储蓄国债主要向个人投资者发行，不向机构投资者发行。采用实名制，不可流通转让。购买储蓄国债需要开立国债账户并指定相应的资金账户后，方可到网点购买。储蓄国债按照记录和管理方式划分为凭证式和电子记账式两种。到期后，储蓄国债（电子式）承办银行自动将投资者应收的本金和利息转入其资金账户，储蓄国债（凭证式）须投资者持收款凭证前往柜台办理。

一是凭证式储蓄国债。1994年正式发行凭证式储蓄国债。凭证式储蓄国债可记名、挂失，不能上市流通，从购买之日起计息。发售和兑付通过各大银行的储蓄网点、邮政储蓄网点以及财政部门的国债服务部办理。持券人如遇特殊情况，可到购买网点提前兑付，除偿还本金外，按实际持有天数及相应的利率档次计息，经办机构按兑付本金的1‰收取手续费。

二是电子式储蓄国债。2006年，财政部、中国人民银行印发了《储蓄国债（电子式）代销试点管理办法（试行）》的通知，正式推出储蓄国债（电子式）。同年，中国人民银行、财政部印发《储蓄国债（电子式）质押管理暂行办法》的通知，规定借款人以储蓄国债为质押品，可向试点银行取得人民币贷款。借款人申请办理质押贷款业务时，应向原购买银行提出申请。经审核批准后，由借贷双方签订质押贷款合同。作为质押的储蓄国债的债权由贷款人予以冻结，贷款人同时向借款人出具债权冻结证明。

记账式国债 1994年发行记账式国债。记账式国债以记账形式记录债权，可记名、挂失。购买记账式国债可到证券公司和试点商业银行柜台购买。通过银行购买记账式国债，可开通网上银行购买。通过证券公司购买国债，必须在证券公司开立证券账户或国债专用账户，委托证券机构代理进行。由于记账式国债的发行和交易均为无纸化，所以效率高、成本低，较为安全。2002年，中国人民银行发布《商业银行柜台记账式国债交易管理办法》，明确规定记账式国债是由财政部指定、经人民银行批准后可在商业银行柜台进行交易的债券。

二、管理体制

1988年，分两批在61个城市进行了国债流通转让试点，初步形成了场外交易市场。1990年以后国债开始在交易所交易，形成了国债的场内交易市场。1991年，国库券在国家批准的转让中介机构上市转让，以场外柜台交易市场为主、场内集中交易市场为辅的国债二级市场格局基本形成。1992年，《中华人民共和国国库券条例》规定，国库券发行采取承购包销、认购等方式。国家下达的国库券发行计划应当按期完成。国库券按期偿还本金，国库券利息在偿还本金时一次付给，不计复利。国库券可以用于抵押，但是不得作为货币流通。国库券可以转让，但是应当在国家批准的交易场所办理。

2005年，中国人民银行启用国债收款单兑付管理程序，即在办理国家债券收款单兑付业务时，各级国库部门应加强对国债收款单和相关资料的审验，确保资料合法有效，手续完备。对于相关证明不全、未列入应兑未兑收款单移交清单的，一律不得办理兑付。此举加强了国债收款单的兑付管理工作，确保了国债收款单资金安全。

2007年，发布《中国人民银行无记名国债兑付业务操作规程》，逐步推广由人民银行分支机构直接办理无记名国债兑付业务。

三、发行与兑付

国债发行。1989—1997年发行的无记名国债（国库券），承德主要由工行、农行、中行、建行、农村信用社承销。1994年之后发行的储蓄国债，具体分为凭证式和电子式两种，实行记名发行，承德陆续有工行、农行、中行、建行、交行、邮储银行、中信银行、河北银行8家机构承销，农村信用社退出承销。1989—2015年，各承销机构定期向人行承德市中心支行报送无记名国债、储蓄国债的发行数据。

国债兑付。国债兑付划分两种方式，一是国债收款单、国库券到期兑付时，实行兑付机构向人行承德市中心支行报送兑付数据，并清算兑付资金。二是储蓄国债到期兑付时，由中国人民银行与承销机构的总行办理资金清算，兑付数据不纳入地方统计。因此，国债兑付统计数据仅为在当地兑付的无记名国债和国债收款单，国债兑付数据明显小于发行数据。

1994年开始发行的记账式国债，发行兑付数据均不纳入地方统计。

1989—2015年承德市发行及兑付国债情况统计表

表4-4-4　　单位：万元

年度	发行金额	兑付金额
1989	1515.00	314.05
1990	2600.00	1543.00
1991	2300.00	4140.00
1992	4500.00	2136.25
1993	672. 00	2059.99
1994	13432.00	1731.99
1995	18400.00	7046.73
1996	4350.00	6814.23
1997	14169.00	852.6
1998	14690.00	482
1999	16131.00	3213.68
2000	17577.00	120.51
2001	15569.00	200.17
2002	8009.00	178

续表 4-4-4

年度	发行金额	兑付金额
2003	19400.00	14.11
2004	18246.00	3.05
2005	18967.00	2.34
2006	23841.00	7.3
2007	21341.00	5.54
2008	26057.00	0.48
2009	48398.00	0.24
2010	71048.55	0
2011	59227.18	0
2012	22223.92	0.45
2013	38334.30	0.02
2014	23338.82	0.02
2015	21181.32	0
合计	545518.09	30866.75

第五章 支付结算管理

支付结算主要由支付结算体系和支付环境建设组成，中央银行的会计核算为支付结算提供支撑。人行承德市中心支行把改善支付结算作为提高金融服务质量的重要手段。1990 年自主开发了区辖电子联行系统，实现了辖内不同银行间的资金划拨当日入账。2002 年之后，承德与全国同步加入了人总行开发的跨行支付结算服务体系、第二代支付系统，支付结算实现了现代化。银行卡的推广、农村支付环境的改善，优化了承德市的支付环境。

第一节 体系建设

承德市的支付结算体系建设与全国同步发展，逐步形成了以人民银行为核心、银行业金融机构为主体、支付结算组织为补充的支付结算组织体系；以人民银行跨行支付系统为核心，银行业金融机构本行支付系统为基础,票据支付系统、银行卡支付系统、境内外币支付系统等为重要组成部分的支付结算网络体系；以票据、银行卡为主要载体，以电子支付工具为发展方向的非现金支付工具体系；以支付结算法规制度保障“安全高效”目标的支付结算监督管理体系。

1989—2015 年，人行承德市中心支行积极推进了三大阶段的支付结算体系建设。第一阶段，人行承德市中心支行推进了区辖电子联行系统的自主开发运行工作；第二阶段，人行承德市中心支行与全国电子联行系统建设保持同步发展，接入了包括全国大额实时支付系统、小额批量支付系统、支票影像交换系统、境内外币支付系统、电子商业汇票系统、中央银行会计集中核算系统在内的完整的跨行支付清算服务体系；第三阶段，人行承德市中心支行积极落实中国人民银行部署，全力建设更加统一、安全、高效的第二代支付系统。于 2013 年 10 月正式上线运行。

一、区辖电子联行系统

1990 年，人行承德分行为深化结算改革，促进商品经济发展，根据地区行署和市政府要求，投入大量的人力物力，自主开发区辖电子联行系统。同年，人行承德分行向中国人民银行申请，完成了卫星地面站的建设，成为第二批办理全国电子联行业务的城市。全国电子联行系统是中国人民银行在支付系统现代化建设中的第一次尝试，以攻克传统的纸质票据传递迟缓、清算流程过分烦琐、造成大量在途资金为突破口，进而实现加速资金周转、减少支付风险的目标。全国电子联行系统采用 VSAT 卫星通信技术，在位于北京的全国总中心主站与各地人民银行分（支）行的小站之间传递支付指令。该系统主要处理跨行贷记支付交易。承德市各金融机构通过该系统完成异地资金的划拨，加快了开户单位和个人的资金划拨速度。

1991 年 1 月 1 日，承德区辖电子联行正式开通运行，使银行账户之间的资金划拨，从原始的手工填写联行报单、银行委托邮局寄信方式，转变为通过计算机技术和专用有线通信方式划拨，使手工联行方式需要3～4天的资金在途，一改当日入账结清，实现了颠覆性的转折，明显提高了资金的使用效益和社会效益。同年6月，在加快区辖电子联行开发的同时，人行承德分行在平泉县试办了县辖通用转账汇票结算。通过半年的实践，银行和企业普遍反映该办法方便、迅速、通用、安全，使承德辖内异地结算变成同城结算，商品交易和资金结算同步进行，对减少现金投放，加速资金周转，起到了积极作用。

1997年6月1日，承德市同城电子清算系统正式投入运行。同城清算业务是对市区内不同银行之间相互代收、代付的凭证，进行资金轧差和清算的过程。而原始的手工操作，是由人民银行规定时间和场所，每天进行2次人工现场交换来实现的。同城电子清算系统则以网络为依托，连接市区各金融机构及其营业网点，实时办理同城票据资金清算业务，改变了同城票据交换长期依靠手工操作、效率低、安全性差、票据抵用率低、在途时间长、周转速度慢等落后状态。人行承德分行还积极向中国人民银行申请，将同城电子清算系统与全国电子联行卫星系统进行对接，使承德市内各金融机构开户单位的全国异地资金收付业务，直接通过同城电子清算系统办理。同年11月，中国人民银行在承德市召开“中国人民银行同城清算系统与支付系统关系讨论会”。人民银行总行副行长尚福林和支付与科技司、会计司、清算总中心、金融电子化公司、部分省市分行的专家出席会议。在人行河北省分行领导陪同下，对人行承德分行同城清算电子化进行考察。

1998年，人行承德分行对同城电子清算系统实施“二期”工程，即在同城贷记业务（付款行向指定收款行发起的付款业务）的基础上开发借记业务（收款行向付款行发起的收款业务），并将连接县域之间的区辖联行业务并入同城电子清算系统。

1999年6月，承德市区域支付系统投入运行，并分批次向人行各县支行推广延伸。即设立市、县两级清算中心，将同城清算业务、区辖联行业务、全国联行业务融于一体，在承德区域内形成多级清算系统。有效解决了县辖结算难和电子联行到县等问题。同时，承德区辖电子联行系统停止运行。

2000年，承德区域支付系统被中国人民银行确定为“承德模式”，并在人行天津分行工作会议上做典型经验介绍。10月，中国人民银行推广全国电子联行“中继行”系统。承德市以人行承德市中心支行为“转接中继”，通过网络将全国电子联行业务延伸至人行各县支行，承德辖内8个县的全国电子联行系统正式开通并运行，人行各县支行可直接办理全国电子联行业务。

二、跨行支付结算服务体系

2005年5月23日，全国大额支付系统在承德辖区正式切换上线。大额支付系统是指以电子方式实时处理异地、同城每笔金额在规定起点以上的大额贷记支付和紧急金额在规定起点以下的小额贷记支付的应用系统。大额实时支付系统以全额的方式清算资金。大额支付系统的运行标志着承德市银行业跨行、跨区域资金汇划跨入了现代化支付清算的“高速公路”，实现了跨行资金清算的“零在途”，其功能和效率达到了国际先进水平。因大额支付系统具备全国电子联行的业务处理功能，运行将近10年的全国电子联行系统正式停运。

2006年3月27日，承德市4家直接参与者（指商业银行机构，下同）和104家间接参与者成功登录全国小额支付系统，在承德市成功上线运行。小额支付系统是指以电子方式批量处理异地、同城纸张截留的借记支付以及每笔金额在规定起点以下的小额贷记支付的应用系统。小额批量支付系统以净额方式清算资金。

同年12月18日，经过一个多月的联调测试、模拟运行，全国支票影像交换系统在承德试点上线运行。全国支票影像交换系统是综合运用影像技术和支付密码等技术，将纸质支票转化为影像和电子信息，实现纸质支票截留，利用网络技术将支票影像和电子清算信息传递至出票人开户行进行提示付款，实现支票全国通用的业务处理系统。

2008年3月4日，人行承德市中心支行经过多次测试，全国支付管理信息系统正式在承德切入运行。支付管理信息系统是全国现代化支付系统的支持系统，包括基础数据管理、行名行号管理、运行控制、计费管理，以及支付业务统计分析、支付业务监控等系统，是一个多功能模块的分散式的管理信息系统。至此，全国现代化支付系统初步建成。它是以人民银行现代化支付系统为核心，各银行支付系统为基础，票据支付系统、银行卡支付系统为重要组成部分的支付清算网络体系。其中，现代化支付系统包括大额实时支付系统和小额批量支付系统、全国支票影像交换系统三个业务应用系统，以及清算账户管理系统、支付管理信息系统两个辅助支持系统。

承德市同城电子清算系统与全国现代化支付系统相比，全国现代化支付系统业务范围更加广泛，系统运行更加安全稳定，资金流动更加方便快捷，功能更加强大完善，在作用和规模上远远超越了承德市同城电子清算系统。2011年4月1日，经过充分调研论证，人行承德市中心支行决定承德市同城电子清算系统停止运行，跨行资金清算业务全部纳入全国现代化支付系统处理。

三、第二代支付系统

2013年10月，全国第二代现代化支付系统在承德成功切换上线。第二代支付系统在第一代支付系统成功经验基础之上，进行了较大的改进和完善，能够充分适应新兴电子支付发展需要，具有一定的前瞻性和先进性，是一个功能更完善、架构更合理、技术更先进、管理更科学的支付系统。具备灵活的接入方式和清算模式、全面的流动性风险管理、支撑新兴电子支付、健全的系统备份、支付报文标准国际化等特点。

2014—2015年，以大小额支付系统为核心的第二代支付系统平稳运行。2015年显示，全市支付系统共处理业务104万笔，金额40250亿元，是当年承德市GDP的29.62倍，为社会资金划转提供了安全、高效的服务，成为经济金融健康发展的重要支撑。

第二节 支付环境建设

2015年末承德市已形成以汇票、支票、本票和银行卡（“三票一卡”）非现金支付工具为主体，汇兑、电子银行、个人跨行转账、个人跨行通存通兑、定期借记、定期贷记等结算方式为补充的非现金支付工具体系，为承德市提供了更加高效、便捷、安全、灵活的支付清算服务。银行卡是2006年之后重点推广的结算工具。

一、银行卡的推广

2006年8月，根据中国人民银行《关于促进银行卡产业发展的若干意见》《河北省银行卡产业发展指导意见》精神，人行承德市中心支行起草了《承德市银行卡产业发展实施意见》，被承德市政府正式批转实施。《实施意见》确定了承德市银行卡产业发展的总体目标，一是壮大用卡客户群体；二是银行卡受理环境得到不断完善。

2009年8月，人行承德市中心支行与中国银联河北分公司联合各发卡银行、承德市银联商务，共同创建的“承德市银行卡刷卡无障碍优秀示范街区”活动，在承德市中心广场隆重举行揭牌仪式。推动银行卡受理提升服务质量，营造和谐的支付环境，吸引银行卡持卡人持卡消费，使其感受到刷卡消费的安全、方便和快捷。

二、整治银行卡违法犯罪

2009年8月，根据中国人民银行、公安部关于开展联合整治银行卡违法犯罪有关文件精神，人行承德市中心支行联合承德市公安局、各银行业金融机构、承德银联商务，成立了承德市联合整治银行卡违法犯罪专项行动办公室，负责专项行动的组织协调、联合防控工作。专项行动促进各银行机构加强了安全防范，加大了银行卡违法犯罪的打击力度。同时增强了社会公众安全用卡的意识。

2010年5月，根据银石办发〔2010〕164号文件，人行承德市中心支行联合承德市公安局、工商管理局、税务局等部门，举办了防范银行卡违法犯罪宣传活动。

2015年3月，人行承德市中心支行联合承德市通信管理局、公安局、工商行政管理局、银监局、互联网信息办公室，在承德市开展了联合整治银行卡网上非法买卖专项行动。成立专项行动领导小组，协调承德市整治银行卡网上非法买卖专项行动。制定专项行动方案，召开联席会议，听取意见反馈，集中部署专项行动。人行承德市中心支行做客承德广播新闻网“891——乐说生活”节目，宣讲《提高金融交易意识，杜绝银行卡网上非法买卖》专题，并与听众对话互动，现场答疑解惑。相继联合承德银行，在中心广场面对面向市民宣传普及银行卡防骗知识。

三、改善农村支付环境

2009—2010年，人行承德市中心支行按照《承德市农村支付服务环境建设改善工作规划暨示范县工作目标及实施方案》的规划，确定宽城、滦平两县作为辖区改善农村支付环境建设示范县，获得人行石家庄中心支行给予的3万元奖励资金。为全面掌握承德市改善农村支付环境工作进度，全面推广了人行石家庄中心支行开发的“农村支付服务环境改善工作考评系统”，以2009年12月末作为基期数据，每半年统计一次工作进度。

2011年，隆化县在推进农村改善支付环境工作中取得突出实效，被人行石家庄中心支行授予“河北省第二批农村支付服务环境示范基地”称号。

2012年末，承德辖区实现乡镇支付服务全覆盖。县域389个农村信用社营业网点全部加入大、小额支付系统，比2009年增加92个；发放银行卡353.2万张，较2009年增长150%，人均持卡达到1.1张；布放ATM机308台，较2009年增长115%；POS机具和电话转账POS机总量达9120台，较2009年增长201%；发展特约商户4548户，较2009年增长468%；使用支票办理业务51.69万笔，金额达995亿元，分别比2009年增长51.09%、51.98%；使用电话银行、手机银行和网上银行的用户数量分别达到15万户、13万户和31万户，分别比2009年增长265.85%、983.3%、255.88%。

四、推进银行卡助农取款服务

2011—2013年，人行承德市中心支行根据《中国人民银行关于推广银行卡助农取款服务的通知》，制定了《承德市银行卡助农取款服务推广实施方案》，确定了承德市银行卡助农取款服务的基本目标是，大力改善银行网点覆盖不到的农村地区的支付环境。2012年，人行承德市中心支行批复农村信用社、邮政储蓄银行、农业银行3家机构开办银行卡助农取款服务业务。2013年底实现所有的农村乡镇基本覆盖。切实构建起一条支农、惠农、便农的“支付绿色通道”。

2014—2015年，根据《中国人民银行关于全面推进深化农村支付服务环境建设的指导意见》，对银行卡助农取款服务点的业务功能进一步完善。银行卡收单机构可根据实际需求，通过服务点新增办理现金汇款、转账汇款、代理缴费。分别采用专门交易类型，由银行卡清算机构统一设置。本行交易和跨行交易均应遵循该设置，确保交易可识别、可统计、可控制。现金汇款是指服务点收取汇款人小额现金，并通过扣划服务点的银行账户（包括银行借记卡账户和存折账户）资金，将等额款项转入汇款人指定的银行账户。转账汇款是指服务点直接扣划汇款人的银行账户资金，将相应款项转入汇款人指定的银行账户。代理缴费是指服务点通过现金汇款或转账汇款方式，为缴费人办理缴纳水电气费、通信费，“新农合”、“新农保”等账单出账的费用业务。规定服务点办理助农取款或现金汇款业务，原则上单卡单日累计金额均不得超过 2000 元。各银行业金融机构根据风险防范能力自行对转账汇款进行限额管理，并向人民银行副省级城市中心支行以上机构报备。

2014 年，人行承德市中心支行批复中国银行、建设银行开办银行卡助农取款服务业务。

2015 年 3 月，人行承德市中心支行批复承德银行开办银行卡助农取款服务业务。同年 4 月，人行石家庄中心支行批复通联支付河北分公司在承德开办银行卡助农取款服务。

2012—2015 年承德市助农取款服务点情况统计表

表 4-5-1

年份	服务点数量（个）	服务点交易笔数（笔）	服务点交易金额（万元）
2012	2234	83559	2，608.14
2013	2569	1171125	15，433.92
2014	3712	4325899	20，508.47
2015	3931	9749077	344，111.42

第三节 会计核算管理

一、会计核算系统沿革

1989—1995 年，人行承德分行会计核算处于手工操作向自主开发的区域性会计核算系统逐步过渡时期。

1996 年，承德辖区开始使用中国人民银行推广的中央银行会计核算系统（单机版），人行承德市中心支行和各县支行均以会计核算主体身份加入系统，进行会计业务处理，会计核算工作效率得到提升。原自主开发的会计核算系统停止运行。

1999 年 5 月，中央银行会计核算系统与“全国电子联行系统”进行对接，使全国联行数据自动记入会计核算系统，提高了记账的速度和准确性。

2002 年 11 月，为全面提高会计管理水平，防范资金风险，根据中国人民银行会计核算实现“四个集中”的工作规划，人行承德市中心支行按照“统一领导、内设柜组、集中监督、集中保管”的原则，完成了中央银行会计核算“四集中”系统建账工作，正式接入运行。该系统将人行县支行会计核算主体上收，对承德全辖的会计核算数据集中统一处理。“四集中”

即会计核算集中、联行清算集中、会计事后监督集中、会计档案管理集中。该系统横向连接“承德市同城电子清算系统”“全国电子联行系统”，纵向连接各县支行柜台业务，实现了会计核算资金、同城清算资金、全国联行资金集中统一处理。

2005年1月，中央银行会计核算四集中系统升级为中央银行会计集中核算系统（ABS）。中央银行会计集中核算系统以人行承德市中心支行为基本会计核算单位，成立核算中心，人行承德市中心支行本级营业部及所属各县支行营业网点为核算中心设置的综合柜、联行柜，通过中心服务器连接各专柜和营业网点终端，自动处理承德全辖账务。同年5月，大额支付系统上线后，中央银行会计集中核算系统通过连接支付系统，为金融机构提供资金清算服务。中央银行会计集中核算系统和大额支付系统取代了全国电子联行的业务功能，全国电子联行系统正式停运。

2013年9月，中央银行会计核算数据集中系统升级为ACS，在承德辖区正式上线运行。ACS在处理流程上较原中央银行会计集中核算系统ABS时期得以简化。即通过合理分解业务流程，将前台受理和后台处理严格分离，各地营业网点仅作为前台负责业务受理，中国人民银行设立业务处理中心作为后台集中处理全国账务。各网点发出的业务，经业务受理人员对凭证扫描，网点主管审核上传影像信息后，由中国人民银行后台业务处理中心录入、切片、比对进行业务处理，无误后返回记账成功标志。ACS的上线简化了网点人员的工作流程和岗位设置，实现了会计核算数据集中化、流程科学化、管理信息化、服务综合化和监督过程化，为优化资源配置，确保资金安全发挥了重要作用。

2014年起，中央银行会计核算数据集中系统综合前置子系统，先后在承德市银行业金融机构成功上线。该系统是开户金融机构通过金融网间互联平台实现与中央银行会计核算数据集中系统ACS的信息交互，以电子方式办理账务核对、缴存存款准备金、电子报表报送、流动性查询、电子回单接收以及电子回单对账等业务的信息化系统。该系统是人民银行柜台向金融机构的延伸，客户可以通过综合前置，办理到人民银行柜台办理的相关业务。减少了人力资源占用，提高了工作效率，打破了人民银行会计核算即有的封闭服务模式，实现了人民银行会计核算业务的“居家服务”。

到2015年末，承德市共有工商银行、农业银行、中国银行、建设银行、邮政储蓄银行、中信银行、交通银行、河北银行、承德银行、张家口银行10家银行机构连接上线了ACS综合前置子系统。

二、制度建设

2003年4月，为保证中央银行会计集中核算系统安全运行，防范资金风险，中国人民银行印发了《中央银行会计集中核算系统管理办法（试行）》。人行承德市中心支行相应制定印发了《会计核算工作奖罚实施细则》《会计业务“四集中”管理办法实施细则》等相关文件。

2013年，人行承德市中心支行针对ACS上线后业务变化，重新梳理制定了《中心支行营业室岗位责任制》《中心支行营业室风险防范责任制》《中心支行ACS应急处置预案》《中心支行营业室会计核算工作奖惩办法》等内控制度33项，形成了按制度管人、按制度办事的安全工作格局。特别是出台的《承德市中心支行中央银行会计核算数据集中系统（ACS）运行管理及考评办法》，健全了业务考评问责机制。建立的通信业务群能实时进行业务指导，使承德全辖ACS业务处理成功率得到大幅度提升。该办法被人行石家庄中心支行转发全省各市推广。

三、规范管理

为完善中央会计核算集中系统功能，人行

承德市中心支行于2004—2012年期间做了如下工作：第一，多次组织中央银行会计核算系统升级换版、服务器更换等工作；第二，为应对中央银行会计集中核算系统遭遇突发事件的处置能力，积极组织开展承德辖区中央银行会计集中系统手工核算应急演练工作；第三，加大会计核算工作检查力度，强化会计监督管理。每年对人行承德市中心支行营业室、8个县支行的会计核算进行认真检查，同时接受人民银行上级行多次会计核算检查。均认定人行承德市中心支行内控制度健全，会计核算管理规范，各项制度执行到位，资金安全无事故。

第六章 金融统计与管理

金融统计是对各项金融业务活动的数据和资料进行的收集、整理和分析，是宏观调控和防范化解金融风险的重要基础性工作。中国人民银行负责金融统计。承德市的金融统计工作经历了“项目电报”“全科目”和“标准化”阶段，实现了由手工向计算机化、由项目电报向全科目的转变，统计的内容更加丰富，并逐步实现了标准化。人行承德市中心支行加强了统计检查，开展了企业财务数据和企业家问卷调查、商品交易价格调查工作，不断提高统计工作的质量。

第一节 金融统计

一、“项目电报”阶段

1989—1996 年，延续执行中国人民银行规定的统计项目和统计口径，是金融统计的《项目电报》阶段。基本特征是，由商业银行对应的会计科目数据合并生成统计项目数据，以电报电话报送人民银行，经人民银行手工汇总后，再以密码电报逐级汇总上报，以此生成全省、全国数据。各级人民银行根据上报数据，手工编制本辖区《金融机构信贷现金收支统计月报》，俗称“检查表”，作为“机密”资料登记印发当地政府、有关部门、本行领导查阅使用。

1993 年 7 月，人行承德分行成立调查统计科，自主开发《本外币信贷现金收支统计管理系统》，配合中国人民银行《金融统计监测管理信息系统（原版）》开始运行。有史以来的手工汇总数据和编制《金融机构信贷现金统计月报》，向计算机操作和手工备份双轨转变。为保证及时准确地编制和上报金融统计各项报表，制定了金融统计工作考核评比办法，加强统计数据复核，开展统计业务技术比赛等活动。当年集中搜集整理历年统计资料，完成了《1985—1993 年金融统计资料汇编》的整理编纂工作。

二、“全科目”阶段

1997 年，中国人民银行全面推行“全科目统计”，基于商业银行会计全科目资产负债表的统一指标体系，取代沿用多年的《项目电报》，形成全科目的《承德金融机构信贷现金收支统计月报》。这是规范金融统计制度的重大变革。“全科目统计”增加了银行业金融机构季报，实行新旧指标体系双轨统计上报。人行承德分行自主开发了《金融统计数据结转程序》，对 1996 年数据进行结转对接，以保证金融统计数据的可比性和衔接性。1998 年，人行承德分行继续对信贷现金收支实行全科目统计上报，汇总编制《承德市全部金融机构信贷现金收支统计月报》《承德市分机构存贷款统计月报》。同年完成了《1994—1997 年统计资料》整理汇编工作。

1999 年，中国人民银行开发的《金融统计监测管理信息系统（升级版）》试点运行，2000 年全面推开。新系统相应建立了服务货币政策的统计、服务信贷政策的统计、服务金融稳定的统计制度20余项，统计指标由原来的几百个增加到上万个。2001年实行贷款按行业分类统计、人民币贷款累放累收统计（2010年终止)。2003年，根据修订的《中国人民银行法》，进一步强化中国人民银行宏观调控职能，新增中长期贷款、助学贷款、下岗失业人员小额贷款、房地产贷款、涉农贷款、中间业务等专项统计，较好地满足了各部门对统计信息的需要。

2004年，《承德市金融统计月报》实现了由印刷厂排版印制，使金融统计月报质量得到提升，更便于查阅保管。当年完成了承德市第一次金融业经济普查。

2005年增加中长期贷款按实际投向分类统计。

2006年7月，针对人行县支行统计人员老化的现状，人行承德市中心支行创新性地对辖区金融统计数据施行集中管理，实现了金融数据采集处理集中、信息披露集中、检查监督集中。得到上级行的肯定。

2007年，人行承德市中心支行重点指导农村信用社安装“农信数据集中报送接口程序”“金融统计数据集中上报程序”，督促城市商业银行完成了数据集中接口软件的开发工作。其间组织各银行业机构完成了1999—2007年金融统计历史数据的补录、整理、导入，数据初始化维护，建立统计项目与会计科目归并关系和金融机构定义表及新旧地区对照表等项工作。制定了《调查统计业务突发事件应急演练方案》。当年增加农村信用社专项统计季报。

2008年，对金融统计监测系统校验关系进行补充与完善，对新旧金融统计监测系统会计数据转换归并关系进行维护，完成了金融机构2008年1—11月各期数据的修改确认、1999—2008年新旧系统数据核对及历史数据迁移上报工作，保证了金融统计数据集中报送的数据质量。组织完成了市、县两级金融统计数据集中上报程序统一安装工作。完成了数据集中主系统新增模块“文件集委托处理”自定义、历史数据转换新旧系统地区编码核对、资产负债数据处理、金融统计数据集中系统两次真实性测试工作。统一建立了“金融统计系统数据集中报送风险应对机制”“中小金融机构数据报送风险应对机制”，顺利完成了金融统计数据集中系统双轨运行工作。在第二次全国经济普查期间，完成了辖区金融机构及其分支机构638个单位的名录审核、汇总、上报工作。当年增加县级及市辖区非法人金融机构统计。

2009年，中国人民银行实施金融统计数据全国大集中，金融统计管理模式由分散管理改为数据采集、存储、生产、共享、使用诸环节均集中中国人民银行统一管理，再次提高了金融统计的生产和管理效率。人行石家庄中心支行将承德市中心支行制定执行的《金融统计监测管理信息系统操作流程》印发省内各地市中心支行学习参考，充分肯定了承德市中心支行为规范和推进全省金融统计工作所做的积极努力。

同年根据《小额贷款公司金融统计制度》，将全市12家小额贷款公司纳入“金融统计监测管理信息系统”，以后批准设立的小额贷款公司陆续纳入统计系统。同时增加境内大中小型企业贷款专项统计。同年4月起，建立并实施了《承德市金融统计信息快报制度》。于每月7日前对上月承德市存贷款增减变化、存贷款类别、区域和机构分布等情况进行分析，编写反映承德市金融运行基本情况的《承德市金融统计信息快报》，第一时间报送市县两级党政领导机关，抄送市金融办、发改委、统计局、人民银行各县支行，为各级领导提供了方便快捷的金融信息服务。

三、“标准化”阶段

2009—2010年，中国人民银行先后发布《金融机构编码规范》《贷款统计分类及编码标准》

《存款统计分类及编码标准》《理财、资金信托相关统计制度与标准》，在全国推行金融统计标准化。金融统计标准化的规范对象是金融机构、金融工具和各项金融业务的计值标准，通过50～60个不同编码的表示形式，使每个编码对象获得一个唯一代码，具体规范从数据录入信息发布的各个环节，以此搭建结构合理、层次分明、便于扩充的金融统计体系，实现对金融体系的全面监测、预警。

2010年，人行承德市中心支行完成了辖内银行业金融机构名称编码的标准化工作，及时维护到金融统计前置系统。为建立金融统计数据质量长效保障机制，制定了《金融统计数据质量保障管理办法》。推出了贷款投向报告制度。

2011年，成立了承德市金融统计标准化工作推进领导小组，组织完成了辖内地方法人金融机构名称编码标准化的验收、承德银行业存贷款统计分类标准化的梳理工作。将全市银行业金融机构的各项标准化编码维护到金融统计数据管理监测系统中。同年，停止执行《现金收支统计制度》，金融机构报送的现金收支统计指标（表单A1450）全部终止；增加地方政府融资平台贷款专项统计；创新开展承德市社会融资总量监测工作，按季编报《承德市社会融资总量监测季报》和监测报告。全面反映社会融资规模结构发展趋势；完成了《2005—2010年承德市金融统计资料汇编》的编撰、审核、印制工作；随着改革开放的不断深入，《金融统计月报》的密级亦发生相应变化，2008年12月以前为机密，2009年改为公布以前为机密，2011年取消密级。

2012年增加保障性安居工程贷款专项统计。

2013年，人行承德市中心支行根据金融统计标准化的工作要求，汇总承德辖区地方法人金融机构、网点和53家小额贷款公司的14位标准化机构编码信息，然后按照原机构编码与标准化机构编码的对照关系，将机构名称及对应的14位标准化机构编码等信息准确维护到《金融统计监测管理信息》系统中，完成了金融机构标准化编码维护工作。在2013年经济普查期间，组织承德市金融机构完成了名录底册中金融机构代码、组织机构代码、机构分类及普查机构性质等9项重要基础信息的核对、修正、确认工作。

2014年，进一步完善了14位实体机构编码与人行承德市中心支行接收数据的对应关系，指导承德辖区小额贷款公司、村镇银行顺利安装接口程序。同年6月，人行承德市中心支行印发《标准化存贷款综合抽样统计监测制度（试行）》。在承德银行宽城支行、东大街支行及宽城农商行开展存贷款综合抽样统计试点工作。试点单位每月将存贷款综合抽样报文上报人行承德市中心支行，接收到《标准化存贷款综合抽样统计监测》系统中。经过人行承德市中心支行及上级行对数据信息的核对，共发现数据报文错误、利息与期限不匹配等10多项问题，及时进行了修正。年末，承德辖区地方法人银行机构和53家小贷公司全部按14位金融机构编码上报金融统计月报一批、二批、季报及年报数据。全市金融统计标准化工作全面开通运行。2014年开始，按年度编辑《承德金融年鉴·银行业》，以此替代历年统计资料汇编，并且增加了重要工作记事内容。同年增加表外业务专项统计、委托贷款专项统计。

2015年，为促进高效履职，在银行业金融机构大力推进“数文化”建设活动。针对个别机构出现统计数据错报问题，印发了《关于进一步全面做好金融统计工作，保证数据安全生产的通知》，明确了“四个层面责任”的落实考核。制定《2015年承德市银行业金融统计业务竞赛实施方案》，举办了辖内银行业机构金融统计业务竞赛活动，牢固树立“实数求是，唯数独尊，循数管理”的“数文化”理念。制定《承德市金融统计数据质量年实施方案》，加强数据质量管控考核。落实人行县支行统计岗位A、B角设置，实行双人复核、数据差错通报制度。每年有针对性开展统计培训。包括新的统计程序、升级程序、接口程序、报文程序培训；新的制度培训；标准化培训；服务业统计培训；统计检查培训；点对点培训。对金融统计系统不同时期的程序维护、项目维护、数据备份、数据结转、历史数据迁移加强事后监督检查，及时纠正存在问题。同年增加贷款变动因素专项统计。

第二节 检查与调查

一、检查

1989年1月至1993年6月。人行承德分行综合计划科负责金融统计工作。检查重点是统计规范，重点针对以下两个方面：一是针对人行县支行统计队伍不稳定、统计数据不准确、不规范等问题，重点加强县支行统计队伍建设，指导县支行与专业银行和有关部门加强工作配合，促进县支行金融统计工作步入规范化轨道。二是针对金融机构存在的统计项目串项、错项、归属不准确、错报漏报、擅自设置统计项目等问题，采取现场检查、重点指导、通报批评等一系列措施，促进各入统单位实现统计工作规范化。

1993年7月，人行承德分行设立调查统计科，专门负责承德辖区金融统计工作，使统计工作规范化再上新台阶。特别是1995年中国人民银行《金融统计管理规定》正式颁布，为中国人民银行依法统计提供了具体规范。

1997年，为落实“全科目统计”制度改革，人行承德分行在全市开展了金融统计大检查。在辖内446个机构全面自查的基础上，对46个机构进行了现场检查，共发现两个方面5个问题，提出纠改措施3条。对农发行承德分行拒不执行人行承德分行要求格式上报统计数据问题，处以1万元罚款。

1998—2002年，人行承德市中心支行每年开展信贷现金收支统计制度执行情况检查和重点抽查，有效保证了金融统计工作规范开展。2002年，中国人民银行对《金融统计管理规定》进行了修订，进一步提升了《金融统计管理规定》的科学性和有效性。

2003—2015年，人行承德市中心支行累计开展统计检查11次，其中包括省内地市中心支行交叉检查3次、人行石家庄中心支行抽查1次。在此期间，重点抽查126个机构，发现问题51个，提出整改措施31条，实现了统计系统对中小法人机构的全覆盖。

二、企业财务数据和企业家问卷调查

1991年，中国人民银行调查统计司建立了5000户工业企业调查制度。根据总行部署，人行承德分行开展了企业财务数据调查和企业家问卷调查工作。为中国人民银行判断、分析、预测经济运行情况，研究宏观金融决策，制定货币政策提供信息。1991年以后，由于样本企业破产兼并等原因，承德市的调查样本多次调整。1992年至2015年期间，承德市先后加入和退出样本的企业情况见表4-6-1。

2015 年承德市中心支库地方级预算支出主要科目统计表

表 4-6-1

进入时间	企业名称	退出时间
1992 年	河北汽车挂车制造厂	2001 年 10 月
	承德华一机械车库集团公司	2008 年 6 月
	承德曲轴连轩公司	2003 年 2 月
	承德江钻石油机械有限公司	—
	承德市计量仪器公司	2003 年 2 月
	河北滦宝装备制造有限公司	—
	承德钢铁集团有限公司	—
	承德新恒基钢铁水泥公司	2002 年 1 月
	河北承德胶鞋总厂	2003 年 12 月
	承德华富玻璃器皿有限公司	—
	承德市丝绸厂	2000 年 11 月
	承德黄麻化纤纺织集团	2002 年 2 月
	承德露露股份有限责任公司	—
	承德市汇丰皮件厂	2000 年 11 月
	承德达优真空工程有限公司	2003 年 2 月
	华北制药天星有限公司	2014 年 6 月
2000 年 11 月	承德新畅远酿造食品有限公司	—
	承德克罗尼仪表有限公司	—
2004 年 6 月	承德建龙矿业有限公司	—
	承德宽丰矿业有限公司	—
	承德峪耳崖黄金矿业有限公司	—
	承德帝贤针纺股份公司	2008 年 6 月
	河北怡达食品公司	—
	承德避暑山庄酒业公司	—
	承德乾隆醉酒业有限公司	—
2007 年 6 月	丰宁鑫源矿业有限公司	—
	承德亿财制衣有限公司	—
2014 年 6 月	承德御室金丹药业有限公司	—

说明：退出时间空格的，为继续参加样本调查的现有企业

三、商品交易价格调查

为强化宏观定量分析手段，中国人民银行建立了商品价格调查制度。2008 年 3 月至 6 月，人行承德市中心支行按中国人民银行规定共承担 17 种规格品的调查任务，每月上旬、中旬、下旬对 17 种规格品价格进行调查上报。具体情况见下表 4—6—2。

规格品价格调查情况统计表（1）

表 4-6-2

商品名称	规格型号	企业名称
羊	羊——活羊、估净肉	围场满族蒙古族自治县宏远食品有限公司
鸡蛋	鸡蛋——新鲜	承德市裕华市场建设服务有限公司
鲜冻羊肉	鲜冻羊肉——净肉一级	承德市裕华市场建设服务有限公司
钢带	钢带——普碳热轧	承德钢铁集团有限公司
活性炭	活性炭——XT-GW15 型颗	承德兴华活性碳集团公司
活性炭	活性炭	承德兴华活性碳集团公司
螺纹钢	螺纹钢——20 毫米	承德钢铁集团有限公司
金精（块）矿	金精（块）矿——折 100% 金属	宽城铧尖金矿有限公司
活性炭	活性炭——XT-GW16 型颗	承德兴华活性碳集团公司
鲤鱼	鲤鱼——0.5 千克以上	承德市裕华市场建设服务有限公司
鲜冻牛肉	鲜冻牛肉——净肉一级	承德市裕华市场建设服务有限公司
普碳钢锭	普碳钢锭——镇定钢	承德钢铁集团有限公司
活性炭	活性炭——XT-GW19 型颗	承德兴华活性碳集团公司
钢管	钢管——普通电焊管	承德钢铁集团有限公司
鲜冻猪肉	鲜冻猪肉——精肉	承德市裕华市场建设服务有限公司
生姜	生姜——干	承德市裕华市场建设服务有限公司
元钢	元钢——12 毫米	承德钢铁集团有限公司

2008 年 6 月至 2015 年，按中国人民银行规定，人行承德市中心支行的调查上报任务增加至 41 个规格品，包括白酒、饮料、肉蛋类副食、活羊、蔬菜、活性炭、钢材、铁精粉、金精粉、钼精粉等品种。具体情况见下表 4-6-3。

规格品价格调查情况统计表（2）

表 4-6-3

商品名称	规格型号	企业名称
白酒（50 度以下）	山庄老酒〔铁帽子〕——〔浓香型白酒〕38 度	承德避暑山庄企业集团公司
白酒（50 度以下）	山庄老酒〔铁帽子王〕——〔浓香型白酒〕38 度	承德避暑山庄企业集团公司

续表 4-6-3

商品名称	规格型号	企业名称
白酒（50 度以下）	山庄老酒〔铁 300——〔浓香型白酒〕38 度	承德避暑山庄企业集团公司
白酒（50 度以下）	山庄老酒〔福星——〔浓香型白酒〕38 度	承德避暑山庄企业集团公司
白酒（50 度以下）	山庄老酒〔极品——〔浓香型白酒〕38 度	承德避暑山庄企业集团公司
白酒（50 度以上）	白酒	承德九龙实业股份有限公司
白酒（50 度以下）	白酒——38 度	承德九龙实业股份有限公司
白酒（50 度以下）	白酒——42 度	承德九龙实业股份有限公司
白酒（50 度以下）	白酒——38 度	承德乾隆醉酒业有限责任公司
白酒（50 度以下）	白酒——42 度	承德乾隆醉酒业有限责任公司
露露	露露——地产名牌	河北承德露露股份有限公司
果丹皮	果丹皮	河北怡达食品集团有限公司
糖水黄桃	糖水黄桃——地产名牌	河北怡达食品集团有限公司
活性炭	活性炭——XT-GW15 型颗	承德兴华活性碳集团公司
活性炭	活性炭——XT-GW16 型颗	承德兴华活性碳集团公司
活性炭	活性炭——XT-GW19 型颗	承德兴华活性碳集团公司
活性炭	活性炭	承德兴华活性碳集团公司
钼精粉	钼精粉——含钼 43%	丰宁鑫源矿业有限责任公司
铁精矿粉	铁精粉——含铁量 65%	承德建峰矿业集团有限公司
铁精矿粉	铁精粉——含铁量 66%	承德建峰矿业集团有限公司
金精（块）粉	金精（块）粉——折 100% 金属	宽城铧尖金矿有限公司
羊	羊——活羊、估净肉	围场满族蒙古族自治县宏远食品有限公司
西红柿	西红柿	承德市裕华市场建设服务有限公司
黄瓜	黄瓜	承德市裕华市场建设服务有限公司
胡萝卜	胡萝卜	承德市裕华市场建设服务有限公司
卷心菜	卷心菜	承德市裕华市场建设服务有限公司
大白菜	大白菜	承德市裕华市场建设服务有限公司
韭菜	韭菜	承德市裕华市场建设服务有限公司
生姜	生姜——干	承德市裕华市场建设服务有限公司

续表 4-6-3

商品名称	规格型号	企业名称
辣椒	辣椒——统货，干椒	承德市裕华市场建设服务有限公司
蘑菇	蘑菇——香菇	承德市裕华市场建设服务有限公司
鸡蛋	鸡蛋——新鲜	承德市裕华市场建设服务有限公司
鲤鱼	鲤鱼——0.5 千克以上	承德市裕华市场建设服务有限公司
鲜冻猪肉	鲜冻猪肉——精肉	承德市裕华市场建设服务有限公司
鲜冻牛肉	鲜冻牛肉——净肉一级	承德市裕华市场建设服务有限公司
鲜冻羊肉	鲜冻羊肉——净肉一级	承德市裕华市场建设服务有限公司
螺纹钢	螺纹钢——20 毫米	承德钢铁集团有限公司
钢带	钢带——普碳热轧	承德钢铁集团有限公司
普碳薄钢板	普碳薄钢板——热轧卷 Q195—2	承德钢铁集团有限公司
线材	线材——高线 8 ～ 12 毫米	承德钢铁集团有限公司
螺纹钢	螺纹钢——28 ～ 32	承德钢铁集团有限公司

第五编

存　款

第五编 存款

存款业务是银行经营活动的基础，也是最重要的信贷资金来源。1989年末，承德市人民币各项存款余额22.15亿元，与地方经济同步处于欠发达水平，直接限制着承德市的信贷投放在低水平徘徊。随着改革开放的不断深入，承德市国民经济和居民收入稳定增长，银行存款业务相应实现了快速增长。2015年末，承德市本外币各项存款余额1936.03亿元，比1989年末增长86.4倍，为银行业扩大信贷资金来源提供了可靠支撑。

存款业务按币种划分为人民币存款和外币存款。1989—2001年，外币存款未纳入人民银行统计范畴，存款余额只体现人民币存款。2002年，人民银行实行本外币分别统计，年末外币存款余额2575万美元，折合人民币2.13亿元，占比为0.96%。2015年末，外币存款余额4781万美元，折合人民币3.10亿元，占比0.16%。

1989—1995年，承德市人民币存款业务分布在工商银行、农业银行、中国银行、建设银行、农村信用社、城市信用社、邮政储汇局和金融信托投资公司。其中邮政储汇局存款是为人民银行代理业务。在各银行机构中，工商银行、农村信用社、农业银行存款业务量占有较大比重。

1996—2015年，承德市银行业金融机构发生较大变化，先后经历了1996年农业发展银行分设、农村信用社与农行“行社脱钩”、金融信托投资公司机构撤销；2000—2002年城市信用社经过风险处置向城市商业银行转变；2004—2009年四大国有商业银行陆续完成股份制改革；2008年邮政储蓄银行成立；2013—2015年4家商业银行分支机构先后入驻承德。2015年末，承德市国有银行和域外银行市级机构、地方法人银行业机构发展到15家，农村信用社、承德银行、农业银行的存款业务量占有较大比重。

1989—2015 年承德市本外币存款余额分项统计表

表 5-0-1　　单位：万元

年份	本外币存款	人民币存款	占比	外币存款	占比
1989	221454	221454	100.00%	—	—
1990	278183	278183	100.00%	—	—
1991	344950	344950	100.00%	—	—
1992	414697	414697	100.00%	—	—
1993	491640	491640	100.00%	—	—
1994	604799	604799	100.00%	—	—
1995	790321	790321	100.00%	—	—
1996	936524	936524	100.00%	—	—
1997	1190987	1190987	100.00%	—	—
1998	1400930	1400930	100.00%	—	—
1999	1493716	1493716	100.00%	—	—
2000	1684251	1684251	100.00%	—	—
2001	1856524	1856524	100.00%	—	—
2002	2211503	2190189	99.04%	21314	0.96%
2003	2602586	2582015	99.21%	20571	0.79%
2004	3183245	3157180	99.18%	26065	0.82%
2005	3785538	3766047	99.49%	19491	0.51%
2006	4543757	4526307	99.62%	17450	0.38%
2007	5610308	5599066	99.80%	11242	0.20%
2008	6880934	6865996	99.78%	14938	0.22%
2009	8987062	8969876	99.81%	17186	0.19%
2010	10891541	10875752	99.86%	15789	0.14%
2011	11955588	11933918	99.82%	21670	0.18%
2012	13611467	13591231	99.85%	20236	0.15%
2013	16041463	16012558	99.82%	28905	0.18%
2014	17576593	17555081	99.88%	21512	0.12%
2015	19360307	19329261	99.84%	31046	0.16%

数据来源：《承德市金融统计资料》（1989—2015）

说明：1989—1993 年《承德市金融统计资料》未设立汇总的“全金融机构信贷收支分月统计表”，其间的存款余额为各银行业机构分别统计的合计数

1989—2015 年承德市存款余额分机构统计表（人民币）

表 5-0-2　　单位：万元

年份	工行	农行	中行	建行	农信社	城信社	承德银行	农发行	邮储储蓄	邮储银行	村镇银行	交行	张家口银行	河北银行	中信银行	信托
1989	68856	54109	7264	13518	56458	2759	—	—	3178	—	—	—	—	—	—	3064
1990	86311	65305	11570	19124	69899	3882	—	—	5412	—	—	—	—	—	—	3581
1991	105369	80981	14648	23184	86444	6699	—	—	8188	—	—	—	—	—	—	3001
1992	127596	94136	21612	27938	101341	8864	—	—	10016	—	—	—	—	—	—	6764
1993	142765	123498	33071	35109	110810	10099	—	—	15055	—	—	—	—	—	—	6242
1994	158941	102485	49962	55740	174031	14707	—	12546	22816	—	—	—	—	—	—	5453
1995	208112	129169	68355	84590	208441	25161	—	5543	35639	—	—	—	—	—	—	5383
1996	242605	161233	85332	102002	235704	34065	—	9182	44244	—	—	—	—	—	—	—
1997	282088	194566	95507	137581	279297	76550	—	11929	52511	—	—	—	—	—	—	—
1998	343975	237001	114405	160334	312514	93112	—	7225	64485	—	—	—	—	—	—	—
1999	395731	260908	131608	183605	335876	104538	—	2742	81554	—	—	—	—	—	—	—
2000	461038	287068	147112	202459	434282	39486	—	3823	97306	—	—	—	—	—	—	—
2001	438225	286989	181181	246901	492433	58924	—	4362	129324	—	—	—	—	—	—	—
2002	512258	352990	223740	295810	565731	—	60436	7696	151973	—	—	—	—	—	—	—
2003	578124	419388	279233	363051	633003	—	94961	9186	181647	—	—	—	—	—	—	—
2004	656227	534927	334519	409083	743797	—	157799	6965	215040	—	—	—	—	—	—	—
2005	731825	642948	415094	491345	888485	—	196440	12213	269675	—	—	—	—	—	—	—

续表 5-0-2

年份	工行	农行	中行	建行	农信社	城信社	承德银行	农发行	邮储储蓄	邮储银行	村镇银行	交行	张家口银行	河北银行	中信银行	信托
2006	770676	868240	496935	572899	1065628	—	296313	14375	299162	—	—	—	—	—	—	—
2007	893694	1134749	477001	654173	1350222	—	568200	33560	328738	—	—	—	—	—	—	—
2008	1057343	1258937	701163	810734	1730236	—	736367	29167	—	400554	—	—	—	—	—	—
2009	1440677	1476322	1028844	1113133	2110610	—	1049387	50907	—	515489	—	—	—	—	—	—
2010	1696490	1742006	1304933	1287113	2499595	—	1462792	85944	—	651504	7724	—	—	—	—	—
2011	1778095	1893319	1142329	1347474	2974034	—	1739607	49650	—	829327	40161	—	—	—	—	—
2012	1730393	2031742	1486766	1464704	3565286	—	2066939	62027	—	972262	81764	—	—	—	—	—
2013	2020523	2339965	1684720	1499820	4228320	—	2694173	63670	—	1093034	142035	56054	—	—	—	—
2014	1858414	2344787	1610665	1668733	5012282	—	3388179	90045	—	1051878	178669	137627	28182	17165	—	—
2015	1915211	2377729	1683983	1913320	5112561	—	4264184	183973	—	969439	247361	135810	72013	124429	154115	—

数据来源：《承德市金融统计资料》（1989—2015 年）

说明：

1. 1984 年 6 月、1984 年 12 月、1988 年 6 月分别有承德工、农、建行组建信托投资公司，1996 年全部撤销

2. 1989—2001 年的城信社数据至城信社风险处置完毕。其中 2000—2001 年数据与以前年度变化较大，是由于高风险城信社停业整顿和一部分城信社改制划转农信社所致

3. 2002 年以后的承德银行数据，包括承德市城市信用社股份有限公司、承德市商业银行、承德银行 3 个阶段的数据

4. 1994—1995 年农发行数据为农行代理农发行业务数据，1996 年以后为农发行自营业务数据。不包括财政性存款

5. 2010 年村镇银行数据为丰宁建信村镇银行存款；2011—2015 年村镇银行数据包括：丰宁建信村镇银行、围场华商村镇银行、滦平盛阳村镇银行存款

第一章 农发行承德分行存款

按照章程规定，作为国有政策性银行，中国农业发展银行不办理个人存款业务，仅办理开户单位存款，存款业务以派生存款和活期存款为主。2004 年以前，农发行主要资金来源为中央银行再贷款，各项存款是少量补充。2004 年开始发行的政策性金融债逐渐成为农发行的主要资金来源，中央银行再贷款比例逐年降低，各项存款仍然是少量补充。2015 年末，农发行承德分行单位存款余额18.40亿元，其中定期存款17.2亿元、活期存款 1.2 亿元。

第一节 存款种类

一、单位活期存款

1996 年开办。开户单位不约定存款期限，可以随时存取，办理转账业务，银行按期付息的存款。

二、单位定期存款

2007 年开办。期限分为三个月、半年、一年、二年、三年和五年 6 个档次，起存金额 1 万元，多存不限。

三、财政存款

农发行的财政存款主要指政府用于调控粮食市场的专项资金，即粮食风险基金存款、国家储备粮油补贴存款、退耕还林还草补贴存款、粮食政策性挂账补贴存款以及财政部门其他存款。

第二节 单位存款

一、对粮油资金实行封闭管理

1996—1997 年，农发行承担粮油收购资金封闭管理和扶贫开发贷款任务，单位存款主要为粮油企业贷款和扶贫开发贷款派生存款。粮油收购资金封闭管理是指粮油收购资金贷款在粮油收购、调销等活动中，货币资金和商品资金都运行在特定的范围和渠道中，以保证粮油销售货款全部回笼。1997 年末，农发行承德分行单位存款余额 1.20 亿元。

1998—2003 年，农发行集中精力加强粮油收购资金封闭管理。这一阶段，单位存款主要为粮油企业存款。由于粮油经营是微利行业，企业自有资金普遍匮乏，业务经营主要依靠银行贷款。为保障贷款安全，农发行严格执行粮油购销资金封闭运行，控制企业销售货款全部回笼到存款账户，在两个工作日内分割完成收贷收息。受此影响，企业存款账户资金停留时间短，波动大。2003 年末，单位存款余额 9186 万元。1998—2003 年，单位存款保持相对稳定。

二、存款业务范围逐步扩大

随着粮油贷款业务范围扩展，以及产业化龙头企业和农业农村中长期贷款业务的开办，农发行开户单位逐年增加，存款业务发展较快。

2004—2005年，中国农业发展银行根据国务院粮食市场化改革的意见，贷款业务扩大到各种所有制的粮油购销企业、产业化龙头企业和加工企业，存款对象也相应扩大。在此背景下，农发行承德分行继续加强企业账户管理，督促企业货款回笼，杜绝资金体外循环，落实储备粮油贷款风险保证金和准备金制度。2005年末，单位存款余额1.22亿元，比2003年末增加3027万元，增幅32.95%。

2006—2009年，银监会批准中国农业发展银行扩大产业化龙头企业贷款业务范围，增开农业科技贷款、农村基础设施建设贷款、农业综合开发贷款等业务。农发行承德分行以新开办业务为契机，大力推动“以贷引存”，积极争取属于农发行业务范围的企业到农发行开户，办理结算业务，并于2007年开办单位定期存款。2009年末，单位存款余额5.09亿元，比2006年末增加3.65亿元，增长2.54倍。

三、主动营销

2010—2015年，中国农业发展银行确定了以粮油收购信贷为主体，以农业产业化信贷为一翼，以农业和农村中长期信贷为另一翼的“一体两翼”业务发展战略，存款对象进一步扩大。2013年，农发行承德分行引入“存款立行”理念，先后开展组织存款“红五月”“首季开门红”“百日竞赛”“春天行动”等专项活动，存款工作由被动的自然增长向主动挖掘营销转变。2015年末，单位存款余额18.40亿元，比2009年末增加13.31亿元，增长2.61倍。比1996年末增加17.48亿元，增长19.04倍。

1996—2015年农发行承德分行单位存款定活期结构统计表（人民币）

表5-1-1　　单位：万元

年度	单位存款	单位活期存款		单位定期存款及其他	
		年末余额	占比	年末余额	占比
1996	9182	9182	100.00%	—	—
1997	12011	12011	100.00%	—	—
1998	7186	7186	100.00%	—	—
1999	2574	2574	100.00%	—	—
2000	3820	3820	100.00%	—	—
2001	4319	4319	100.00%	—	—
2002	7665	7665	100.00%	—	—
2003	9186	9186	100.00%	—	—
2004	6965	6965	100.00%	—	—
2005	12213	12213	100.00%	—	—
2006	14375	14375	100.00%	—	—

续表 5-1-1

年度	单位存款	单位活期存款		单位定期存款及其他	
		年末余额	占比	年末余额	占比
2007	33561	33205	98.94%	356	1.06%
2008	29171	26141	89.61%	3030	10.39%
2009	50907	47779	93.86%	3128	6.14%
2010	85944	79404	92.39%	6540	7.61%
2011	49650	34847	70.19%	14803	29.81%
2012	62027	42477	68.48%	19550	31.52%
2013	63670	41907	65.82%	21763	34.18%
2014	90045	66661	74.03%	23384	25.97%
2015	183973	172203	93.60%	11770	6.40%

第三节 财政性存款

由于具有代理拨付职责，财政支农资金成为农发行财政存款的主要来源。同时，受财政政策影响，财政性存款运行呈现较明显的波动性。

一、低位运行期

1996—1998 年，农发行承德分行财政存款余额徘徊在 1000 万元左右。

1999—2003 年，随着政策性粮食财务挂账贷款增加，财政部门在农发行开户增加，带动财政专项存款同步增加。2003 年末，财政存款余额 4670 万元，比 1998 年末增加 3740 万元，增长 4.02 倍。

二、高位运行期

2004 年，财政各项涉农补贴资金增长幅度较大，带动农发行代理拨付财政资金的种类和存款额快速增加。2004 年末，财政存款余额 30578 万元，比 2003 年末增加 25908 万元，增长 5.55 倍。

2005—2012 年，财政存款相对稳定。2012 年末，财政存款余额 35647 万元，较 2004 年末增长幅度不大。

三、下滑期

2013—2015 年，各级政府开展政府债务清理工作，导致农发行财政存款下滑。2015 年末，财政存款余额 16888 万元，比 2012 年末减少 18759 万元。

1996—2015 年承德农发行财政存款统计表（本外币）

表 5-1-2　　单位：万元

年度	财政存款年末余额	比年初增减额	年度	财政存款年末余额	比年初增减额
1996	158	158	2006	38676	5373
1997	1185	1027	2007	38422	-254
1998	930	-255	2008	26264	-12158
1999	921	-9	2009	33023	6759
2000	1478	557	2010	26326	-6697
2001	3847	2369	2011	39318	12992
2002	2401	-1446	2012	35647	-3671
2003	4670	2269	2013	18684	-16963
2004	30578	25908	2014	23778	5094
2005	33303	2725	2015	16888	-6890

第二章 工行承德分行存款

工行承德分行的存款业务划分为个人存款、单位存款和其他存款。

1989—1993年国家专业银行时期，工行承德分行吸收个人存款主要采取加强宣传、扩大网点建设、加强监督检查、实行承包责任制等方式。吸收单位存款主要采取争取企业开户、增设单位存款专管员、聘请企业单位资金联络员等方式。经过全行积极抓存款，取得了较好成效。1993年末，各项存款余额14.28亿元，比1988年末增加8.31亿元，增长1.39倍。其中个人存款9.04亿元，占比63.3%，单位存款5.24亿元，占比36.7%，单位存款中工商企业存款占主导位置。

1994—2004年国有商业银行时期，工行承德分行经营机制向商业化转变，吸收存款的工作格局相应调整。个人存款更加注重经济核算、讲求经济效益。1994年，撤并7个低效能储蓄所，对80个储蓄网点进行内部整合，同时采取精简内部机构、优化人员结构、充实一线储蓄内外勤人员等措施，提升服务效能。通过建立激励机制，完善个人存款承包经营责任制，将储蓄成本核算引入储蓄承包机制，保证储蓄工作正常开展。1997年，全部储蓄所的前台业务及事后监督全部实现了微机处理。1998年9月1日，开通市辖储蓄存款通存通兑业务。2001年6月，在8个支行试点的基础上，全面推行综合柜员制，逐步加快电子化建设。单位存款把考核激励、提升服务作为工作重点。逐步建立健全单位存款考核指标体系，落实单位存款激励制度；积极推进代收代付、以贷引存等配套业务，以此稳定企业开户，增加企业存款；大力营销公司类、机构类客户，建立存款大户和系统性客户重点联系制度。由分行机构业务部负责全辖存款大户的维护挖掘，建立单位存款业务台账和存款大户档案，采集存款大户高管及财务人员信息资料，定期分析存款信息；监测协调各支行对单位存款的营销与管理。这些措施的狠抓落实推动了各项存款的快速发展，2004年末，各项存款余额66.42亿元，比1993年末增加52.14亿元，增长3.65倍。其中个人存款余额44.72亿元，占比67.32%，单位存款余额21.70亿元，占比32.68%。

2005—2015年股份制商业银行时期，工行承德分行各部室与各支行加强协作，主动出击，利用存贷结合等有效方式充分挖掘客户潜力，主动为客户理财，提升客户星级，提高客户贡献度。将指标任务分解到支行，以指标考核挂绩效、挂费用，按季兑现，鼓励多劳多得。同时加强行容行貌综合治理，加大营业网点自助设备布放更新，为客户提供优良的服务环境。通过改善工作机制促进了各项存款的稳定增长。2015年末，各项存款余额192.44亿元，比2004年末增加126.02亿元，增长1.89倍。

1989—2015年，工行承德分行各项存款增加186.47亿元，增长31倍。

第一节 存款种类

一、个人活期存款

个人活期储蓄存款是指不规定存款期限、储户可以随时存取的存款。此项业务主要有人民币活期储蓄、定活两便储蓄、定活通、外汇活期储蓄4种。（各银行同类存款说明从略）

人民币活期储蓄 储户开户时1元起存，多存不限，可以随时存取，由银行发给活期储蓄存折或借记卡，凭折或卡支取。

定活两便储蓄 50元起存，多存不限，储户可以随时支取。实际存期不足三个月按活期储蓄计息，存期三个月以上的，按同档次整存整取定期存款利率打六折计息；存期一年以上的，一律按支取日定期整存整取一年期利率打六折计息。1989年6月开办。

“定活通” 即定活互转储蓄。是银行根据客户意愿，约定互转金额和存期，当客户活期储蓄余额高于约定的一倍以上时，银行即按约定为其办理转存定期储蓄。当活期账户存款不足约定余额时，定期存款即自动转为活期。1989年6月开办，1992年4月并入定活两便储蓄核算。

外汇活期储蓄 是指居民个人将自有的外汇资金存入银行，不规定存期，银行开具存折或借记卡作为凭证，个人可随时凭存折续存或取款、存取金额不限的外币储蓄存款。1998年开办，起存金额为等值人民币20元的外汇。

二、个人定期存款及其他个人存款

个人定期存款是约定存期，一次或分次存入，一次或多次取出本金或利息的储蓄存款。此项业务主要有整存整取储蓄、零存整取储蓄、存本取息储蓄、整存零取储蓄、华侨人民币定期储蓄、保值储蓄、有奖储蓄、外币定期储蓄、个人通知存款、大额定期存单、教育储蓄和个人结构性存款10种（各银行同类存款说明从略）。

整存整取储蓄 存期有半年、一年、二年、三年、五年、八年6个档次。1996年5月取消八年期档次。2014年11月取消五年期档次。

零存整取储蓄 一次性存入本金，分次支取利息，到期支取本金，5000元起存，存期有一年、三年、五年3个档次。

整存零取储蓄 约定存款期限，本金一次存入，固定期限分次支取本金，1000元起存，存期分一年、三年、五年3个档次，支取期分1个月、3个月、半年支取1次。

华侨人民币定期储蓄 起存金额50元，开户时凭“外汇兑换证明”或“侨汇证明书”办理存款手续。存期分一年、三年、五年，实行优惠利率。到期只能支取人民币。

保值储蓄 中国人民银行决定，1988年9月10日起，对3年以上定期存款开办保值储蓄。1991年11月因物价基本稳定，保值贴补率为零，1991年12月1日停办。1994年7月11日起，对3年以上定期存款重新开办保值储蓄。1996年4月1日停办。

有奖储蓄 存款利息以奖金或实物形式支付给中奖储户的储蓄方式，采取定期定额形式，存单面额5元、10元、20元等，每期采用同等面额。奖金分配以1～10万个号码为一组，每组设一等奖至末等奖5～6个档次。1990年开办，当年停办。

外币定期储蓄 是指储户将持有的外币存入银行，约定存期的一种储蓄方式。1990年部分网点开办。

个人通知存款 个人通知存款需一次性存入，支取可分一次或多次。按存款人提前通知银行的期限长短，划分为一天通知存款和七天通知存款两个品种，最低起存金额5万元，最低支取金额5万元。1996年9月开办。

大额定期存单 大额定期存单是一种固定面额、固定期限、可以转让的大额存款凭证。中国人民银行于1989、1996、2015年先后三次出台《大额定期存单管理办法》。三次规定对个人发行的最低面额分别为500元、1万元、30万元。期限分别为1～12个月5个档次、3～12个月3个档次、1个月～5年9个档次。利率分别执行在中国人民银行公布的最高限度之内确定的利率、存单开户日银行挂牌公布的浮动利率、以市场化方式确定的利率。1997年开办。1998年7月停办。2015年6月重新开办。

教育储蓄 教育储蓄是指个人为其子女接受非义务教育积蓄资金，每月固定存额，到期支取本息的一种定期储蓄。最低起存金额为50元，本金最高限额为2万元，存期分为一年、三年、六年。凭本人或学生身份证办理开户，凭存折和有关证明办理到期支取。1999年9月开办。

个人结构性存款 结构性存款是传统存款与利率、汇率相挂钩的存款新品种，也可称为收益增值产品。该产品适用于对收益要求较高、对外汇汇率及利率走势有一定认识、并有能力承担一定风险的客户。2011年开办。

三、单位活期存款

单位活期存款是指存款单位不约定存款期限，可以随时办理存取、转账业务，银行按期付息的存款。此项业务有7项。一是企业活期存款，在专业银行时期主要是工商企业单位存款，商业化改革后扩展到所有企业；二是事业单位存款；三是农村存款，于1989年开办，1994年划转农发行；四是机关团体部队存款，于1997年开办；五是社会保险机构存款，于2003年开办；六是住房公积金机构存款，于2003年开办；七是其他经济组织机构存款，于2003年开办。

四、单位定期存款及其他单位存款

单位定期存款是指存款单位约定存款期限，到期支取的存款。此项业务主要包括企业定期存款、事业单位定期存款、机关团体部队定期存款、单位通知存款、保证金存款、单位协议存款、单位结构性存款7种。其中机关团体部队定期存款1997年开办。

单位通知存款 是指存款人在存款时不约定存期，支取时提前通知银行，约定支取日期和金额方能支取的存款。划分为一天通知存款和七天通知存款两个品种，账户留存金额不得低于50万元，一次最低支取金额10万元。2011年开办。

保证金存款 是银行为客户出具具有结算功能的信用工具，或提供资金融通时，为约束客户履行相关义务，而与其约定将一定数量的资金存入特定账户所形成的保证性存款。2011年开办。

单位协议存款 通过与存款人签订协议，约定存款金额、期限、利率的存款。起存金额最低人民币3000万元，存期5～10年。2013年开办。

单位结构性存款 是在普通存款的基础上嵌入金融衍生工具（主要是各类期权），通过与利率、汇率、指数等的波动挂钩，或与某实体的信用情况挂钩，从而使存款人在承受一定风险的基础上，可能获得较高收益的金融产品。2015年开办。

五、其他存款

其他存款包括应解汇款及临时存款。主要是客户结算过程中的在途资金和临时性存款，属于结算业务中暂时滞留的过渡性资金。

第二节 个人存款

一、国家专业银行时期

加强储蓄业务宣传。1989年，按照中国工商银行庆祝“储蓄存款超两千亿”和河北省分行庆祝“储蓄存款超百亿”的统一部署，工行承德分行组织大型宣传活动，设立宣传站点26个，发放各类业务宣传单3万余张，解答客户咨询700余条，收到了明显的宣传效果。

优化网点建设，提高服务质量，积极开展“双十佳”优质服务百日竞赛等活动。重点对城区储蓄网点装修改造45个，增加营业窗口24个，缓解了当时因手工操作导致的营业窗口客户排队问题。通过开办新业务吸引客户，1989年，开办定活两便储蓄、定活通储蓄。1990年，发行有奖储蓄13期1281348张，增加储蓄存款1275万元。推出了流动吸储、预约上门吸储等服务项目，吸收储蓄存款2530万元。

加强监督检查，规范业务行为。1990年10月，按照河北省分行要求，抽调22名业务骨干，对全辖八个县支行、六个办事处的68个储蓄所、5个储蓄专柜进行全面的业务制度执行情况检查，包括账务证表核对、领缴现金手续、有价单证管理、重要空白凭证管理、事后监督、库存现金、安全防范、公私印章管理、利息及保值补贴计算等九个方面，查堵安全漏洞，督促全行储蓄业务管理达标升级。1990年末，省级达标储蓄所53个，省级达标率78%。1991年，对全辖联办、代办所进行了全面检查，清理了有价单证和挂失申请书，摸清了底数，确保储蓄业务健康发展。

推行承包经营，聘用代办人员。1993年，全面实行“包任务，包增长”的储蓄承包经营责任制。以招聘专兼职储蓄代办员的方式，解决储蓄岗位人员不足问题，全行聘用专职代办员380人，兼职代办员155人。

1993年末，个人存款余额9.04亿元，比1988年末增加5.50亿元，增长1.55倍。其中个人活期存款1.66亿元，个人定期及其他存款7.38亿元。

二、国有商业银行时期

1994年，工行承德分行把提升储蓄网点服务功能作为工作重点，撤并7个低效储蓄所，对80个储蓄所进行内部整合，将储蓄成本核算引入储蓄承包机制，以完成存款任务定工资、定奖金，进一步调动员工的积极性。为提高储蓄网点办理业务速度，减少客户等候时间，加大投入，使营业网点上机率达到48%，事后监督上机率达到50%，服务效率大幅提升。全年储蓄存款增加2.51亿元。

1995年1月，在全辖开展储蓄小指标竞赛，分解下达季度存款任务1亿元。同时采取精简内部机构、优化人员结构、充实一线储蓄内外勤人员等措施，广泛吸收个人存款。年末个人存款余额14.98亿元，全年增加3.44亿元。

1997年10月31日，全辖80家储蓄所的前台业务及事后监督全部实现了微机处理，储蓄微机网点覆盖面达到了100%。

1998年6月17日，实现市辖储蓄存款通存通兑。8月，市区25家储蓄所推出牡丹灵通卡。1998年末，全行储蓄代发工资单位达到231个，代发工资额0.87亿元，留存率35%，通过代发工资吸收储蓄存款3000余万元。个人存款余额24.46亿元。

2000年3月，根据河北省分行《自动柜员机现金管理实施办法》，工行承德分行强化自动柜员机现金管理，准确、及时、合理、安全办理自动柜员机现金供应、整点、反假、账款核对、钞箱检查和现金入库等，确保自动柜员机现金安全。

2001年6月，根据河北省分行《关于进行综合柜员制试点的通知》，工行承德分行在8个支行开展综合柜员制试点工作。全年增加储蓄存款4.12亿元。

2004年末，个人存款余额44.72亿元，较1993年末增加35.68亿元，增长3.95倍。其中个人活期存款14.91亿元，个人定期及其他存款29.81亿元。

三、股份制商业银行时期

2005年，中国工商银行完成了股份制改革。在此背景下，工行承德分行吸储工作顺应新体制，突出了商业化的原则。一方面，进一步提升服务水平，深入挖掘客户资源；另一方面，发挥考核机制的激励作用，制定《个人高端客户营销奖励办法》《机关员工综合营销考核办法》，按月考核存款增长、同业占比、服务评优等，实行综合考核与绩效工资挂钩，促进了储蓄存款大幅度增长，全年储蓄存款增加4.38亿元。

2008年，工行承德分行积极拓宽储蓄网点综合服务功能。提高网点竞争力，在储蓄网点推行综合服务一体化试点。利用网络技术和自助设备为客户提供快捷、安全的服务，全辖网点配备ATM机174台，安装智能设备18台。配合代发工资业务，积极营销“教师校园卡”“白衣天使卡”，当年代发工资业务320户，代发额1.24亿元，间接促进了储蓄业务的开展。2008年末，个人存款余额71.06亿元。

2013年4月，工行承德分行印发《关于推进2013年个人存款工作机制的意见》，在落实组织领导和各业务部门责任分工的基础上，进一步完善个人存款工作奖罚责任机制。

2014年，工行承德分行进一步落实存款工作奖罚责任机制，设立计划指标季度奖、单项指标完成任务奖等奖项，继续完善指标考核。

2015年，为了进一步提高各网点的综合竞争实力，工行承德分行采取三项措施，对老旧营业网点进行室内外装修，增加室内服务设施；在全辖设置54家自助银行，7家离行式自助服务区，布放ATM总量达到330台，为客户存取款提供优质服务；增加营业室服务区个人客户经理，向客户介绍存款、理财、投资、保险等知识，宣传反洗钱和远离非法集资的重要性。

2015年末，个人存款余额132.35亿元，较1988年末增加128.81亿元，增长36.34倍。其中个人活期存款余额57.66亿元，个人定期及其他存款余额74.69亿元。

1989—2015年工行承德分行个人存款定活期结构统计表（本外币）

表5-2-1　　单位：万元

年度	个人存款	个人活期存款		个人定期存款及其他	
		年末余额	占比	年末余额	占比
1989	44572	8306	18.64%	36266	81.36%
1990	56496	9390	16.62%	47106	83.38%
1991	68305	10512	15.39%	57793	84.61%
1992	78357	12685	16.19%	65672	83.81%
1993	90404	16614	18.38%	73790	81.62%

续表 5-2-1

年度	个人存款	个人活期存款		个人定期存款及其他	
		年末余额	占比	年末余额	占比
1994	115459	19700	17.06%	95759	82.94%
1995	149833	24704	16.49%	125129	83.51%
1996	180437	32321	17.91%	148116	82.09%
1997	199540	35127	17.60%	164413	82.40%
1998	244642	46144	18.86%	198498	81.14%
1999	276924	64726	23.37%	212198	76.63%
2000	286882	78625	27.41%	208257	72.59%
2001	313438	88620	28.27%	224818	71.73%
2002	354620	105677	29.80%	248942	70.20%
2003	403859	129300	32.12%	274559	67.98%
2004	447160	149088	32.51%	298072	67.49%
2005	490926	172378	35.12%	318548	64.88%
2006	515974	191506	37.12%	324468	62.88%
2007	564005	232204	41.17%	331801	58.83%
2008	710575	272750	38.39%	437825	61.61%
2009	850857	347049	40.79%	503807	59.21%
2010	1002013	473990	47.31%	528024	52.69%
2011	1065448	494874	46.45%	570574	53.55%
2012	1228445	545673	45.19%	682772	55.58%
2013	1321104	573971	45.41%	747133	56.55%
2014	1309639	576724	44.04%	732915	55.96%
2015	1323503	576558	43.56%	746945	56.44%

第三节 单位存款

一、国家专业银行时期

1989—1993年，行政事业单位存款统一划归人民银行管理，工商银行办理企业存款和其他存款。1989年末，工行承德分行企业存款和其他存款余额2.43亿元，占全部存款的35.27%。

用活用好政策，积极争取企业开户。1989年，工行承德分行全部单位存款户1086户，其中工商企业760户、事业单位110户、其他单位216户。经过全行积极抓存款，争取企业开户等措施，1993年末，增加企业新开户211户，单位存款增加4400万元。

全辖增设单位存款专管员15名，专门负责单位存款工作，同时派驻大企业驻厂专管员6名，对大企业客户存款和贷款实行专人负责、专户管理。

实行单位存款承包制。1992年5月，印发《工行承德分行单位存款奖惩办法》，层层签订承包协议，逐级考核单位存款月平均增加基数，按月兑现奖惩，促进单位存款工作的开展。

从企业单位聘请资金联络员563名，分期分批定期召开资金联络员会议，研究分析企业资金动向，提高工作的针对性，推动单位存款业务稳定发展。

建立存款大客户档案台账，定期反馈信息。帮助企业清理“三角债”129万元，增进银企之间信任了解，稳定增加存款。

1993年末，单位存款余额5.24亿元，其中单位活期存款4.12亿元，单位定期存款及其他存款1.12亿元。

二、国有商业银行时期

1994年，河北省分行印发《信贷人员揽存、收息管理暂行规定》，要求信贷员存款、贷款统一管理、双重考核。工行承德分行提出“抢抓存款、增加占比”的工作目标，通过大力吸收企事业单位存款，不断优化负债结构，向低成本资金要效益。相应发展代收代付、以贷引存等业务，培植存款来源。

1997年，人民银行调整存款管理口径，部分由工商银行代理的财政性预算外资金及自收自支单位存款划归工商银行自营存款范畴。管理口径的调整增加存款2595万元。

1998年，企业开户不再受专业银行分工限制。通过采取多种措施，持续加大争取各类企业开户的力度，效果明显。1998年末，工行承德分行全部单位存款户980户，其中工商企业574户、事业单位141户、其他单位265户，工商企业占全部存款户的比重由1989年的70%下降到58%，企业开户结构发生明显变化。单位存款余额9.93亿元，比1993年末增加4.70亿元。

1999—2004年，工行承德分行组织单位存款推行三项措施，一是建立单位存款大户和系统性客户重点联系制度。分别确定行长、部门经理和外勤人员为联系人，实行责任到人、分类管理。二是大力营销公司类、机构类客户。一方面关注大项目建设，以大项目为依托争取基本账户和资本金账户，成功营销承钢、露露、交通、电力、市政建设项目等共计12个。另一方面通过奖罚措施，进一步提高非信贷客户占比，增加存款户46个。三是成立机构业务部，负责全辖单位存款大户的维护挖掘，监测协调辖内各支行单位存款营销与管理，继续助推单位存款的稳定增长。2004年末，单位存款余额21.70亿元，比1993年末增加16.47亿元。

三、股份制商业银行时期

2005年，工行承德分行大力推介现金管理平台，发挥其对单位存款的促进作用。现金管理平台是工商银行利用自身的人才、信息、技术、设备优势，协助大客户科学地分析现金流量，确定合理的现金余额，腾出多余的现金（包括库存现金、活期存款和银行本票、银行汇票等货币资金）用于短期投资，从而增加企业收益。这项业务的开展，既增加了企业的效益，也增强了工商银行对客户的吸引力，起到了稳定老客户、吸引新客户的作用，促进了存款的稳定增长。全年引入新建企业、新项目开户 12 个，营销全额保证金承兑汇票 1.6 亿元，单位存款增加 2.39 亿元。

2006 年，工行承德分行成立单位存款营销团队，对高端客户制定整体营销方案，明确责任人重点营销。当年吸收各类财政专户资金 2200 万元、住房公积金 5800 万元、托管养老金专户资金 3200 万元。

2007 年，工行承德分行按月发布机构存款余额占比、时点占比、日均余额占比、日均增量占比、客户拓展情况等数据，按月通报单位存款考核指标完成情况，以此激励各支行持续做好单位存款工作。

2010 年，工行承德分行对单位客户群体，实行资产负债和中间业务多方位、多产品组合营销的策略，分行领导带头营销重点大户，带动单位存款增长。

2013 年，跟踪做好企业开户验资工作，利用现金管理服务平台、军人住房公积金专用账户等产品优势，大力吸收低成本公司类存款。进一步加强机关、部队存款营销，适时利用节假日开展联谊活动。针对不同网点类型，确定差别化营销指标和奖罚措施，确保单位存款稳中有升。

2015 年，单位存款竞争日趋激烈。工行承德分行制定单位存款奖罚实施细则，实行百分考核。考核以 CS2002 系统数据为准，根据机构存款、同业存款、机构客户营销、日常业务、重点项目营销五项指标完成情况，考核任务完成率，奖励前三名，处罚后三名。全年增加存款 5.21 亿元。

2015 年末，单位存款余额 60.09 亿元，较 1988 年末增加 57.66 亿元，增长 238 倍。

1989—2015 年工行承德分行单位存款定活期结构统计表（本外币）

表 5-2-2　　单位：万元

年度	单位存款	单位活期存款		单位定期存款及其他	
		年末余额	占比	年末余额	占比
1989	24284	19705	81.14%	4579	18.86%
1990	29815	22722	76.21%	7093	23.79%
1991	37064	28784	77.66%	8280	22.34%
1992	49239	39266	79.75%	9973	20.25%
1993	52361	41151	78.59%	11210	21.41%
1994	43482	39748	91.41%	3734	8.59%
1995	58279	53232	91.34%	5047	8.66%
1996	62168	56452	90.81%	5716	9.19%

续表 5-2-2

年度	单位存款	单位活期存款		单位定期存款及其他	
		年末余额	占比	年末余额	占比
1997	82548	73231	88.71%	9317	11.29%
1998	99333	66062	66.51%	33271	33.49%
1999	118807	79291	66.74%	39516	33.26%
2000	174156	129183	74.18%	44973	25.82%
2001	124887	100550	80.51%	24337	19.49%
2002	161570	101557	62.86%	60013	37.14%
2003	177750	107823	60.66%	69927	39.34%
2004	217023	140903	64.93%	76120	35.07%
2005	240899	199523	82.82%	41376	17.18%
2006	254702	176737	69.39%	77965	30.61%
2007	329689	252515	76.59%	77174	23.41%
2008	346768	273234	78.79%	73534	21.21%
2009	591304	390840	66.10%	200464	33.90%
2010	694477	627283	90.32%	67193	9.68%
2011	712647	600087	84.21%	112560	15.79%
2012	501948	421781	84.03%	80167	15.97%
2013	699419	586282	83.82%	113137	16.18%
2014	548775	417950	76.16%	130825	23.84%
2015	600866	440003	73.23%	160863	26.77%

1989—2015 年工行承德分行单位活期存款分类统计表（本外币）

表 5-2-3　　单位：万元

年度	企业存款	机关团体存款	农村存款
1989	19001	—	704
1990	21834	—	888
1991	27564	—	1220
1992	37213	—	2053
1993	39605	—	1546
1994	39748	—	—
1995	53232	—	—
1996	56452	—	—
1997	73231	0	—
1998	66062	0	—
1999	79291	0	—
2000	129183	0	—
2001	80535	20015	—
2002	80217	21340	—
2003	83293	24530	—
2004	114153	26750	—
2005	165674	33849	—
2006	143412	33325	—
2007	202094	50420	—
2008	208298	64935	—
2009	390840	123613	6
2010	485295	141825	164
2011	432672	167415	—
2012	295381	126400	—
2013	442882	143400	—
2014	296490	121460	—
2015	294603	145400	—

1989—2015 年工行承德分行单位定期及其他存款分类统计表（本外币）

表 5-2-4 单位：万元

年度	单位定期存款	通知存款	保证金存款	结构性存款	其他存款
1989	735	—	—	—	3844
1990	1521	—	—	—	5572
1991	1485	—	—	—	6795
1992	1729	—	—	—	8244
1993	1338	—	—	—	9872
1994	3649	—	—	—	85
1995	4886	—	—	—	161
1996	5182	—	—	—	534
1997	6722	—	—	—	2595
1998	7947	—	—	—	25324
1999	13880	—	—	—	25636
2000	12291	—	—	—	32682
2001	14453	—	—	—	9884
2002	17391	—	—	—	42622
2003	17610	—	—	—	52317
2004	16750	—	—	—	59370
2005	16785	—	—	—	24591
2006	26441	—	—	—	51525
2007	45472	—	—	—	31702
2008	26040	—	—	—	47494
2009	35651	—	—	—	164813
2010	37733	—	—	—	29461
2011	48772	32950	17898	—	12940
2012	35907	5100	19258	—	19903
2013	44731	5300	14711	—	48395
2014	49061	670	39701	—	41394
2015	54567	0	36845	48900	20552

第四节 其他存款

其他存款包括应解汇款及临时存款。主要是客户结算过程中的在途资金和临时性存款，属于结算业务中暂时滞留的过渡性资金。

1989—2015年工行承德分行应解汇款及临时存款统计表

表 5-2-5　　单位：万元

年度	年末余额	年度	年末余额
1988	560	2002	3084
1989	680	2003	1091
1990	720	2004	1374
1991	640	2005	10
1992	1120	2006	40
1993	710	2007	1766
1994	1020	2008	5115
1995	720	2009	1342
1996	674	2010	7569
1997	850	2011	2455
1998	940	2012	256
1999	1345	2013	208
2000	2420	2014	380
2001	3101	2015	11

第三章 农行承德分行存款

农行承德分行1989—2015年的存款业务，按照不同时期的核算方式和管理体制，主要发生以下阶段性变化：

1989—1993年国家专业银行时期，积极组织单位存款，大力吸收储蓄存款，广泛发展农村存款。1993年末，各项存款余额12.38亿元，比1988年末增加7.72亿元，增长1.66倍。

1994—2008年国有商业银行时期，开始向综合性国有商业银行转变，不再局限于农村阵地和农业存款。2008年末，各项存款余额126.02亿元，比1993年末增加113.64亿元，增长9.18倍。各项存款余额全市占比为18.31%。

2009—2015年股份制商业银行时期，银行卡、网上银行、电话银行、手机银行、微信银行等现代化支付工具广泛应用，步入存款业务发展的快车道。2015年末，各项存款余额238.08亿元，比2008年末增加112.06亿元，增长88.92%。各项存款余额全市占比为12.30%。

27年间，农行承德分行各项存款增加233.42亿元，增长50倍，为承德社会经济发展和自身经营实力壮大，提供了稳定的资金保障。

第一节 存款种类

一、个人活期存款

此项业务主要有人民币活期储蓄、定活两便储蓄、定额保付支票储蓄、外汇活期储蓄、本外币活期一本通5种。其中外汇活期储蓄于1998年7月开办，本外币活期一本通于2012年10月开办。

定额保付支票储蓄 定额保付支票是银行签发的有价凭证，交由农副产品收购部门用于支付农副产品的收购价款，面额有30元、50元、100元3种。农民交售农副产品时，由收购部门采用整数付支票、零头付现金的方式支付。在定额保付支票签发10日后，农民可持票向银行兑付现金，其利率按照定活两便储蓄利率计付。10日后未兑付，则直接转为定活两便储蓄，不记名、不挂失。1992年12月停办。

二、个人定期存款及其他个人存款

此项业务共有整存整取储蓄、零存整取储蓄、存本取息储蓄、整存零取储蓄、保值储蓄、有奖储蓄、大额定期存单、贺卡储蓄、香港回归祖国定期储蓄纪念存单、信用卡质押定期存款、外汇整存整取定期储蓄、教育储蓄、个人通知存款和惠农定期储蓄14种。其中有奖储蓄于1994年10月停办；大额定期存单于1990年开办，1998年7月停办，2015年6月再次开办；贺卡储蓄于1992年12月开办，1994年12月停办；香港回归祖国定期储蓄纪念存单于1997年5月开办，1998年7月停办；信用卡质押定期存款于1997年2月开办，2001年停办；外汇整存整取定期储蓄于1998年7月开办；教育储蓄于2000年4月开办；个人通知存款于2001年1月开办；惠农定期储蓄于2010年6月开办。

贺卡储蓄 存单集艺术贺卡与储蓄存单于一体，分为“祝寿贺卡”“新婚贺卡”“友谊贺卡”“生日贺卡”“节日贺卡”“奖励贺卡”6种。面值分为10元、20元、40元三种票面。为整存整取半年期储种。

香港回归祖国定期储蓄纪念存单 定期一年，利率7.47%，1000元起存，不得提前支取。

信用卡质押定期存款 农行以质押存款方式发行信用卡，允许持卡人在规定的限额和期限内进行消费用途的透支，透支限额为金卡1万元、普通卡5000元。

惠农定期储蓄 50元起存，多存不限。存取分三个月、六个月、一年、二年、三年、五年6个档次。

三、单位活期存款

此项业务主要有企业存款、事业单位存款、机关团体存款、社会保险存款、住房公积金存款、其他组织机构存款6种。其中事业单位存款于1994年12月开办。

四、单位定期存款及其他单位存款

此项业务主要有单位人民币定期存款、单位外汇定期存款、单位信用卡抵押存款、单位通知存款、单位协议存款、单位大额存单6种。其中单位通知存款于1998年12月开办，单位协议存款于2013年6月开办，单位大额存单于2015年6月开办。

单位人民币定期存款 企事业、机关团体等单位将短期闲置资金存入银行，并事先与银行约定存期、利率，到期支取本息的存款方式。存期有半年、一年、二年、三年、五年、八年共6个档次。1989年6月增设三个月档次。1996年5月取消八年期档次。

单位外汇定期存款 境内单位、驻华机构在农行办理的约定期限、整笔存入，到期一次性支取本息的外汇存款。存期有一个月、三个月、六个月、一年、二年共5个档次。1993年开办。

单位信用卡抵押存款 根据《金穗信用卡章程》吸收的单位信用卡抵押保证金存款。1997年开办，2001年6月停办。

五、农村及其他存款

农村存款 特指农村信用社存入农业银行的资金款项，包括农村信用社转存款、农村信用社存款准备金和农村信用社定期存款。

应解汇款及临时存款 主要是客户结算中的在途资金和临时性存款，总体上余额不多，升降无规律，属于结算业务中暂时滞留的过渡性资金。

保证金存款 保证金主要是核算外汇业务所受理的进口开证或国外汇入信用证项下押金等形成的保证性资金。

第二节 个人存款

一、国家专业银行时期

1989年，开始推行储蓄所（柜）承包经营责任制，调动营业网点的积极性。农行承德中心支行营业部大楼储蓄所在全市首家开办“储蓄夜市”，年末储蓄余额437万元，当年增加390万元，超过承包任务2.25倍。广泛发展储蓄代办业务，全年全行聘用专职储蓄代办员330人，兼职储蓄代办员185人，设立储蓄代办所、村庄代办站163个，年末代办储蓄余额1.57亿元，占全行储蓄余额的69%。

1992—1993年，适时增加储蓄品种，在全辖分3期发行个人大额可转让定期存单1.15亿元。在此期间，面临农民购买城市户口、有奖储蓄到期、企业发行债券、企业改革职工投资入股、基层代办机构减少等造成的不利局面，农行承德分行积极开办代发工资、工资转储、贺卡储蓄、定期定额“张张红”有奖有息储蓄等新业务，开展流动吸储、预约上门吸储和优质服务百日竞赛活动。1993年末，农行承德分行储蓄存款余额6.31亿元，其中活期储蓄1.31亿元，定期储蓄5.01亿元。

二、国有商业银行时期

1994年，继续完善储蓄存款承包经营责任制，将储蓄成本引入储蓄承包机制。精简内部机构、优化人员结构，充实一线储蓄内外勤人员。年末个人存款余额8.37亿元，全年增加2.06亿元。

1997年，鼓励全员揽存，增强员工“行兴我荣我富，行衰我耻我穷”的荣誉感，全辖干部职工累计吸存约2000万元；实行领导干部公关引存责任制，领导干部累计吸存4000万元。

2001年，农行承德分行组织全员开展“营销储蓄存款，增加市场份额”的储蓄营销活动。

2002年，全行共营销“有钱人”3492人，增加存款2.37亿元;营销各类门店商铺4429个，增加存款1.25亿元。

2003年，创建高品位、高素质、高产所22个。

2008年，在迎奥运文明规范服务活动中，农行承德分行把活动细划为37项具体任务，促进储蓄存款的快速增长。年末储蓄存款余额84.17亿元，其中活期储蓄38.44亿元，定期储蓄45.73亿元。

三、股份制商业银行时期

2009—2015年，中国农业银行完成了股份制改革。在此背景下，农行承德分行吸储工作顺应新体制，突出了商业化的原则。一方面进一步提升服务水平，挖掘客户资源，一方面发挥考核机制的激励作用，制定《个人高端客户营销奖励办法》，设立计划指标季度奖、单项指标提前完成任务奖等奖项。制定《机关员工综合营销考核办法》，确定10项金融产品营销考核目标。制定出台《进市场、增份额综合营销活动方案》《个人客户价值提升营销方案》《金融产品进乡村综合营销活动方案》《承德分行金钥匙专家理财支持系统（CFE）登录使用考核办法》《营业网点争先创优方案》等，效果显著。

2015年末，农行承德分行个人存款余额157.43亿元，较1988年末增加155.91亿元，增长102.42倍。其中个人活期存款余额69.40亿元，个人定期存款余额88.03亿元。

1989—2015年农行承德分行个人存款定活期结构统计表（本外币）

表5-3-1　　单位：万元

年度	个人存款	个人活期存款		个人定期存款及其他	
		年末余额	占比	年末余额	占比
1989	22770	4969	21.82%	17801	78.18%
1990	31264	6209	19.86%	25055	80.14%
1991	40504	7510	18.54%	32994	81.46%
1992	48074	9662	20.10%	38412	79.90%
1993	63103	13076	20.72%	50027	79.28%
1994	83671	16407	19.61%	67264	80.39%

续表 5-3-1

年度	个人存款	个人活期存款		个人定期存款及其他	
		年末余额	占比	年末余额	占比
1995	109373	21533	19.69%	87840	80.31%
1996	138818	25358	18.27%	113460	81.73%
1997	169137	30479	18.02%	138658	81.98%
1998	194645	33419	17.17%	161226	82.83%
1999	222343	43742	19.67%	178601	80.33%
2000	241328	55153	22.85%	186175	77.15%
2001	224959	52886	23.51%	172073	76.49%
2002	237118	71279	30.06%	165839	69.94%
2003	285271	107395	37.65%	177876	62.35%
2004	350337	148062	42.26%	202275	57.74%
2005	424710	185834	43.76%	238876	56.24%
2006	514315	247755	48.17%	266560	51.83%
2007	667765	319883	47.90%	347882	52.10%
2008	841749	384421	45.67%	457328	54.33%
2009	960470	456603	47.54%	503867	52.46%
2010	1121199	586790	52.34%	534409	47.66%
2011	1232483	620810	50.37%	611673	49.63%
2012	1373586	668743	48.69%	704843	51.31%
2013	1534301	775304	50.53%	758997	49.47%
2014	1490269	669371	44.92%	820898	55.08%
2015	1574308	693968	44.08%	880340	55.92%

第三节 单位存款

一、国家专业银行时期

1989年，农行承德中心支行单位存款工作实行各部门分工负责的管理方式。1991年，转变为“重点突破，逐步展开”的工作方式，通过采取农用资金归口管理、清理“三角债”、抓存贷比例控制、抓现金管理等措施，单位存款工作逐步打开局面。1992年，推行单位存款承包责任制。1993年末，农行承德分行单位存款余额1.75亿元，其中单位活期存款1.72亿元，单位定期存款244万元。

二、国有商业银行时期

1994年，农行承德分行向商业化经营转轨，提出“巩固农村，挤占城市”的工作目标。通过大力吸收企事业单位存款，不断优化负债结构，向低成本资金要效益，单位存款稳步增长。1994年末，单位存款余额1.87亿元。

1998年，对存款大户和系统性客户开始建立重点联系制度，分别确定行长、部门经理和外勤人员为联系人，实行责任到人、分类管理。

2002—2008年，大力营销公司类、机构类客户，促进企事业存款大幅度增长。关注大项目建设，争取基本账户和资本金账户，遵小铁路、承德天宝、隆化首隆等5个项目落户农行，增加资本金存款1.5亿元；稳定重点企业，加快客户资金周转，提高资金回行率。挖掘重点建设项目，项目贷款、项目资金实现农行体内循环，增加派生存款；营销和维护资源垄断行业，将供电部门作为突破口，进一步扩大业务合作领域；提高非信贷客户占比，公司类非信贷客户存款占比80%以上；做好代理企业安全生产风险抵押金业务。

2008年末，农行承德分行单位存款余额41.60亿元，其中单位活期存款37.99亿元，单位定期存款3.61亿元。

三、股份制商业银行时期

2009年，中国农业银行完成股份制改革之后，农行承德分行稳定巩固老客户，重点介入新建企业、新上项目，广泛推介现金管理平台业务，大力营销全额保证金承兑汇票、代客理财、网上银行交易产品。成立营销团队，重点营销各类财政专户资金、托管养老金业务，对高端客户制定整体营销方案，重点营销。

2011年末，全行单位存款客户5193户，比年初增加1857户。制定《承德分行“扩户”工程营销奖励管理办法》，大力发展单位业务客户群，实行资产、负债和中间业务多方位、多产品综合营销，带动存款业务增长。跟踪做好注册验资企业、新成立企业的开户工作。充分利用农行单位理财、现金管理平台等产品优势，大力吸收低成本公司类存款。

2012年，完善和落实《“扩户”工程营销奖励管理办法》《保户扩户工作考核办法》《单位业务营销管理考核办法》等制度办法，明确任务和营销责任人，依靠“关系+产品”渗透营销，确保存量客户不丢失、余额稳增长。针对不同网点类型，确定差别化营销指标，奖励和处罚并举，抓大不放小，抓公司不放机构，最大限度地实现客户资金在农行系统内循环。

2015年末，农行承德分行单位存款余额77.02亿元，较1988年末增加76.00亿元，增长316倍。其中单位活期存款65.72亿元，单位定期存款11.30亿元。

1989—2015年农行承德分行单位存款定活期结构统计表（本外币）

表5-3-2 单位：万元

年度	单位存款	单位活期存款		单位定期存款及其他	
		年末余额	占比	年末余额	占比
1989	11442	11010	96.22%	432	3.78%
1990	13728	13094	95.38%	634	4.62%
1991	15014	14507	96.62%	507	3.38%
1992	15693	15345	97.78%	348	2.22%
1993	17483	17239	98.60%	244	1.40%
1994	18690	18406	98.48%	284	1.52%
1995	20256	18749	92.56%	1507	7.44%
1996	21556	20764	96.33%	792	3.67%
1997	25407	23318	91.78%	2089	8.22%
1998	41740	38105	91.29%	3635	8.71%
1999	37167	34114	91.79%	3053	8.21%
2000	43908	38840	88.46%	5068	11.54%
2001	60448	55210	91.33%	5238	8.67%
2002	109876	101025	91.94%	8851	8.06%
2003	131257	121542	92.60%	9715	7.40%
2004	178221	165232	92.71%	12989	7.29%
2005	206861	182194	88.08%	24667	11.92%
2006	344790	271692	78.80%	73098	21.20%
2007	459920	423683	92.12%	36237	7.88%
2008	416047	379901	91.31%	36146	8.69%
2009	514939	458806	89.10%	56133	10.90%
2010	606888	554112	91.30%	52776	8.70%
2011	655868	594247	90.60%	61621	9.40%
2012	645295	572185	88.67%	73110	11.33%
2013	786285	676242	86.00%	110043	14.00%
2014	823847	684338	83.07%	139509	16.93%
2015	770175	657221	85.33%	112954	14.67%

1989—2005 年农行承德分行单位活期存款分类统计表 1（本外币）

表 5-3-3　　单位：万元

年度	农业存款	工业存款	商业存款	乡镇企业存款	机关团体存款	银行卡存款	私营个体存款	其他单位活期存款
1989	3104	811	3469	903	—	—	101	2622
1990	3970	535	3881	1154	—	—	93	3461
1991	4126	747	4408	1461	—	—	120	3645
1992	3639	1374	3202	1835	—	—	219	5076
1993	3073	1139	5018	1561	—	—	261	6187
1994	3413	1138	1915	2251	—	6	210	9473
1995	3775	928	1053	2340	—	281	—	10372
1996	3108	1041	1415	1616	—	1778	—	11806
1997	3869	830	973	1521	—	4683	—	11442
1998	3899	1256	1101	1544	1796	5806	—	22703
1999	4537	1402	2348	1113	2662	920	—	21132
2000	5118	1654	1649	781	5926	655	—	23057
2001	6331	2036	1356	1227	7436	564	—	36260
2002	7484	2698	5428	911	19329	263	—	64912
2003	9162	4869	910	858	13755	42	—	91946
2004	11165	7221	1430	1226	22301	1814	—	120075
2005	10423	5773	2203	998	48652	1748	—	112397

2006—2015 年农行承德分行单位活期存款分类统计表 2（本外币）

表 5-3-4　　单位：万元

年度	企业单位存款	事业单位存款	机关团体存款	住房公积金存款	社会保险资金存款	单位银行卡存款	农村义务教育存款	其他组织机构存款
2006	85855	99449	83949	286	—	1788	—	365
2007	160304	152838	106807	187	—	2958	586	3
2008	140931	128128	104354	1038	1374	3696	380	0
2009	180691	119650	148934	3590	414	3700	1827	0
2010	221913	178829	148586	1325	755	119	1015	1570
2011	230229	199795	148026	2010	6645	19	4483	3040
2012	193302	220717	133890	2297	17081	17	3056	1825
2013	218440	259022	161623	3064	30763	14	2102	1214
2014	194359	180508	190195	609	104852	40	2814	10961
2015	203704	148295	199557	5373	73593	16	2494	24189

说明：由于单位活期存款科目调整，划分两个时间段分列表 1、表 2 统计

1989—2009 年农行承德分行单位定期及其他存款分类统计表（本外币）

表 5-3-5 单位：万元

年度	单位定期存款	年度	单位定期存款
1989	432	2000	4705
1990	634	2001	5238
1991	507	2002	8851
1992	348	2003	9715
1993	244	2004	12989
1994	284	2005	24667
1995	1507	2006	73098
1996	792	2007	35956
1997	1756	2008	36046
1998	1887	2009	55376
1999	2588		

备注：1. 农行承德分行 1997 年—2000 年单位信用卡抵押存款余额分别为 333 万元、1748 万元、465 万元、363 万元，其余年份为零。

2. 农行承德分行 2008 年、2009 年单位通知存款余额分别为 100 万元、757 万元。

2010—2015 年农行承德分行单位定期及其他存款分类统计表（本外币）

表 5-3-6 单位：万元

年度	单位通知存款	企业定期存款	事业单位定期存款	机关团体定期存款	保险机构定期存款	其他组织定期存款	单位大额存单
2010	1400	37090	9540	4598	—	148	—
2011	400	12330	16085	32765	—	41	—
2012	7950	21945	18215	14910	4000	10090	—
2013	1100	23980	11624	12746	22000	38593	—
2014	14000	18188	12000	34050	42000	19271	—
2015	2630	15412	9559	21540	32800	16913	14100

第四节 农村及其他存款

一、农村存款

1989—1995 年，农村信用社在农行的转存款和存款准备金逐年增加。1995 年末，农村信用社存入农业银行的农村存款余额 5.95 亿元，比 1989 年末增加 3.83 亿元，增长 1.85 倍。其中农村信用社转存款 3.42 亿元，增加 2.22 亿元，增长 1.85 倍；农村信用社存款准备金 2.53 亿元，增加 1.81 亿元，增长 2.51 倍。

1996 年 12 月 25 日，按照国务院颁布的《关于农村金融体制改革的决定》，全辖区 357 个农村信用社正式与农行承德分行脱钩。至此，农行承德分行的农村存款业务成为历史，与农村信用社资金往来转变为同业往来。

1989—1995 年农行承德分行农村存款分类统计表

表 5-3-7　　单位：万元

年度	余额计	农信社转存款	农信社存款准备金	农信社定期存款
1989	19196	10894	8264	38
1990	19296	10728	8548	20
1991	24822	13879	10398	545
1992	29073	16929	12144	0
1993	42371	27550	14821	0
1994	58980	38655	20325	0
1995	59450	34200	25250	0

二、应解汇款及临时存款

这部分存款主要是客户结算中的在途资金和临时性存款，总体上余额不多，升降无规律，属于结算业务中暂时滞留的过渡性资金。

1988—2015 年农行承德分行应解汇款及临时存款统计表

表 5-3-8　　单位：万元

年度	年末余额	年度	年末余额	年度	年末余额	年度	年末余额
1988	453	1995	714	2002	231	2009	1122
1989	562	1996	671	2003	227	2010	453
1990	680	1997	283	2004	973	2011	1257
1991	522	1998	619	2005	1031	2012	354
1992	1276	1999	1007	2006	627	2013	10424
1993	882	2000	1387	2007	326	2014	5537
1994	1055	2001	290	2008	383	2015	336

三、保证金存款

按照1988年会计科目使用范围界定，“保证金”科目核算外汇业务经办行受理的进口开证或国外汇入信用证项下押金等外汇业务的保证金。1989—1993年，受专业银行职责定位的影响，保证金存款此阶段持续为零。1994年，随着农业银行商业化经营机制的转换，保证金账户核算范围扩大，保证金存款业务实现“零”突破，存款余额199万元。此后，保证金业务逐年扩大，保证金存款逐年波动上升。2015年末，农行承德分行保证金存款余额3.60亿元，其中银行承兑汇票保证金存款余额7746万元，信用证保证金存款余额5003万元，贷记卡交易保证金存款余额70万元，个人信贷业务保证金存款余额1.52亿元，开出保函保证金存款余额1198万元，其他保证金存款余额6765万元。

1999—2015年农行承德分行保证金存款分类统计表

表5-3-9　　单位：万元

年度	银行承兑汇票保证金	信用证保证金	交易保证金	担保保证金	开出保函保证金	其他保证金	合计
1999	521	—	—	—	—	2	523
2000	551	—	—	—	—	3	554
2001	1362	—	—	—	—	38	1400
2002	3058	2804	—	—	—	41	5903
2003	2634	2	—	—	—	240	2876
2004	2652	986	—	—	—	3192	6830
2005	7329	1856	276	—	—	1938	11399
2006	5500	60	311	—	—	3689	9560
2007	2702	0	141	—	—	5007	7850
2008	0	0	0	—	—	2061	2061
2009	0	0	0	80	100	2392	2572
2010	10258	0	0	582	0	4839	15679
2011	216	0	0	1485	0	6246	7947
2012	0	0	0	8614	84	773	9471
2013	3223	1000	52	8422	182	2177	15056
2014	8508	3752	105	11926	285	3236	27812
2015	7746	5003	70	15225	1198	6765	36007

说明：农行承德分行1994年—1998年保证金存款余额分别为199万元、38万元、329万元、0万元、63万元。

第四章 中行承德分行存款

中行承德分行存款业务按存款币种划分为外币存款和人民币存款；按存款对象划分为个人存款、单位存款和其他存款；按存款期限划分为活期存款（定活两便存款）、定期存款。

1989—1993 年国家专业银行时期，中行承德分行吸收存款主要采取发展网点、改善服务等措施，网络化服务开始起步。在存款管理考核上，试行储蓄承包责任制、企业存款目标管理，将完成任务与个人收入直接挂钩，促进了存款的增长。1993 年末，本外币存款余额 3.73 亿元，其中人民币存款余额 3.31 亿元；外币存款余额 738 万美元。

1994—2003 年国有商业银行时期，中行承德分行存款业务经历了两个主要发展阶段。第一阶段是 1994—1997 年向国有商业银行转换时期，把存款放在各项工作的首位，开办代发工资、个人支票等业务；继续实行目标经营责任制，完善存款激励机制；把重点行业、重点客户作为工作重点，努力挖掘存款增长点。1997 年末，本外币存款余额 10.06 亿元，比 1993 年末增加 6.33 亿元，增长 1.69 倍。第二阶段是 1998—2003 年向股份制商业银行过渡时期，存款业务建立公司、零售运行新机制，强化市场营销和目标管理，积极营销房改、财政、社保和生态建设等重点客户，大力开发代收代付、代理保险、基金、代客外汇买卖等代理业务，扩大基础客户群，促进了存款业务的持续快速发展。2003 年末，本外币存款余额 29.63 亿元，比 1997 年末增加 19.57 亿元，增长 1.94 倍。

2004—2015 年股份制商业银行时期，中行承德分行个人存款继续完善激励考核机制，推动第三方存管业务发展，做好理财产品和基金产品营销，做大存款“蓄水池”，增强发展能力。单位存款继续扩大财政、住房公积金、社保基金的存款份额，扩大理财业务规模，实现较快增长。2015 年末，中行承德分行本外币存款余额 170.17 亿元，比 2003 年末增加 140.54 亿元，增长 4.74 倍。

1989—2015 年中行承德分行本外币存款结构统计表

表 5-4-1　　单位：万元

年度	存款合计	人民币存款		外币折人民币存款	
		余额	占比	余额	占比
1989	7501	7264	96.84%	237	3.16%
1990	12077	11570	95.80%	507	4.20%
1991	15691	14648	93.35%	1043	6.65%
1992	23823	21612	90.72%	2211	9.28%

续表 5-4-1

年度	存款合计	人民币存款		外币折人民币存款	
		余额	占比	余额	占比
1993	37290	33071	88.69%	4219	11.31%
1994	53737	49962	92.98%	3775	7.02%
1995	74334	68355	91.96%	5979	8.04%
1996	90537	85332	94.25%	5205	5.75%
1997	100555	95507	94.98%	5048	5.02%
1998	121790	114405	93.94%	7385	6.06%
1999	140716	131608	93.53%	9108	6.47%
2000	160266	147112	91.79%	13154	8.21%
2001	196095	181181	92.39%	14914	7.61%
2002	240932	223740	92.86%	17192	7.14%
2003	296275	279233	94.25%	17042	5.75%
2004	350460	334519	95.45%	15941	4.55%
2005	427183	415094	97.17%	12089	2.83%
2006	509710	496935	97.49%	12775	2.51%
2007	485423	477001	98.27%	8422	1.73%
2008	711039	701163	98.61%	9876	1.39%
2009	1039874	1028844	98.94%	11030	1.06%
2010	1313791	1304933	99.33%	8858	0.67%
2011	1152298	1142329	99.13%	9969	0.87%
2012	1499144	1486766	99.17%	12378	0.83%
2013	1695889	1684720	99.34%	11169	0.66%
2014	1622281	1610665	99.28%	11616	0.72%
2015	1701685	1683983	98.96%	17702	1.04%

1989—2015年中行承德分行人民币存款分类统计表

表 5-4-2

单位：万元

年度	存款合计	个人存款	单位存款	其他存款（非存款类金融机构）
1989	7264	4439	2825	0
1990	11570	7488	4082	0
1991	14648	10576	4072	0
1992	21612	15444	6168	0
1993	33071	23240	9831	0
1994	49962	34272	15690	0
1995	68355	49082	19273	0
1996	85332	62944	22388	0
1997	95507	69157	26350	0
1998	114405	82939	31466	0
1999	131608	93724	37884	0
2000	147112	101503	43498	0
2001	181181	120276	60905	0
2002	223740	140723	83017	0
2003	279233	167025	112208	0
2004	334519	204649	129870	0
2005	415094	242059	173035	0
2006	496935	283280	213654	1
2007	477001	307891	169109	1
2008	701163	405276	295415	472
2009	1028844	514759	513971	114
2010	1304933	609158	630681	65094
2011	1142329	672632	404551	65146
2012	1486766	744622	677084	65060
2013	1684720	803147	816446	65127
2014	1610665	843496	702034	65135
2015	1683983	873879	810015	89

第一节 存款种类

一、外币个人存款

此项业务共有六项。一是外币活期储蓄，起存金额为等值人民币15元的外币，多存不限，于1993年6月开办；二是定活两便储蓄，于1993年开办；三是活期一本通，可将人民币和外币存于一本存折，通存通兑，于2012年10月开办；四是整存整取定期储蓄，起存金额为等值人民币15元的外币，于1984年10月开办；五是外币通知存款，最低起存和支取金额为等值人民币5000元的外汇，于1997年开办；六是信用卡备付金，指持卡人使用银行卡存入外币现金的存款业务，2013年起纳入外币个人存款科目核算管理。

二、外币单位存款

单位活期存款　起存金额为等值人民币100元的外币，多存不限。

单位定期存款　单位客户将外币存入银行时，与银行约定存期、利率的存款。划分为小额、大额外币定期存款两种，执行不同的存期档次。存款金额300万美元或等值其他外币以下的（不含300万美元），作为小额外币定期存款，存期分为1个月、3个月、6个月、1年、2年共5个档次。存款金额300万美元或等值其他外币以上的（含300万美元），作为大额外币定期存款，存期分为7天、14天、1个月、2个月、3个月、6个月、1年、2年共8个档次。

七天通知存款　指单位客户在存款时不约定存期，提前7天以书面形式通知银行，约定支取日期和金额，到期支取的一种存款方式。开办的货币种类为美元、港币、日元、英镑、瑞士法郎、澳大利亚元、加拿大元等。

大额外币无固定期限公司定期存款　是客户将300万美元等值或以上外币（含300万美元）存入银行时，约定分档次计息的存款。存期分为1个月、3个月、6个月、1年共4个档次。

三、人民币个人存款

此项业务包括个人活期存款和个人定期存款及其他个人存款两类。其中个人活期存款包括活期储蓄和定活两便储蓄2种。个人定期存款及其他个人存款共有10项，一是整存整取储蓄；二是零存整取储蓄；三是存本取息储蓄；四是整存零取储蓄；五是保值储蓄；六是大额定期存单，于1998年7月停办，2015年6月再次开办；七是通知存款，于1997年开办；八是教育储蓄，于2000年4月开办；九是保证金存款，于2013年开办；十是结构性存款，于2015年开办。

四、人民币单位存款

单位活期存款　企业活期存款。1989—1995年，企业活期存款按照“进出口企业存款”“外事企业存款”“外商投资企业存款”“其他企业存款”核算。1996—2015年，工业、商业、建筑业、乡镇企业、三资企业等统一核算为“企业活期存款”。

农业存款。1996年设置“农业存款”科目，是指国营、集体农业企业的存款，2011年取消。

单位定期存款及其他单位存款　此项业务有6项。一是整存整取存款，于1989年1月开办；二是保证金存款，于1998年开办；三是单位协定存款，是指客户在银行开立单位人民币结算账户的基础上，与银行约定存款起存金额，银行对超出起存金额的存款按协定存款利率计息，对起存金额以内的存款按活期利率计息。合同分为固定期限与无固定期限两种，固定期限有效期分为1年、2年、5年等。无固定期限指银行与客户任何一方没有提出终止或修改合同即视为合同长期有效；四是单位通知存款，于2003年开办；五是单位协议存款，于2013年开办；六是临时性存款。

五、人民币其他存款

非存款类金融机构存款、机关团体存款。

第二节 外币存款

历经多次外汇政策调整、经营方式改变，中行承德分行外币存款业务在承德市始终占据主要市场份额。2015年末，外币存款余额2726万美元，占中行本外币存款总额的1.04%，占承德市外币存款的57.02%。

一、外币个人存款

1989—1993年国家专业银行时期 境内居民外币存款业务分为“汇户”和“钞户”两种，从国外汇入款存入“汇户”，汇出境外不受限制。外币现钞则存入“钞户”，支取外币现钞不受限制，汇出境超过1000美元的，须经外汇管理部门批准。“汇户”和“钞户”均可支取人民币，并享受侨汇待遇。1989—1993年，是中行承德分行外币储蓄存款增长培育期，在此期间仅设立一个外币专柜办理外汇业务。1993年末，外币存款余额281万美元。

1994—2003年国有商业银行时期 1994年，国家改革外汇管理体制，官方汇率和市场汇率并轨，实现了经常项目下人民币有条件可兑换，促使大量的民间外币存入银行。1994—2003年，中行承德分行各网点相继开办外币储蓄存款和兑换业务，同时纳入了业务发展目标考核，促进了外币储蓄存款业务的发展。2003年末，外币储蓄存款余额1875万美元，比1993年末增加1594万美元，增长5.67倍。

2004—2015年股份制商业银行时期 2004—2008年，中行承德分行外币储蓄存款呈现下降趋势。承德市各家商业银行实行多元化经营，打破了中行独家经营外汇的局面。2008年末，外币储蓄存款余额1237万美元，比2003年末减少638万美元，减幅38.60%。

2009—2015年，中国银行国际化程度的提升和人民币跨境贸易结算业务的拓展，推动了中行承德分行外币储蓄业务市场竞争力的提升，存款处于增长态势。2015年末，外币储蓄存款余额2540万美元，为历史最好水平，同业市场占比67.63%。

1989—2015年中行承德分行个人外币存款定活期结构统计表

表5-4-3 单位：万美元

年度	存款余额	活期存款		定期存款及其他	
		年末余额	占比	年末余额	占比
1989	23	0	0.00%	23	100.00%
1990	49	0	0.00%	49	100.00%
1991	80	0	0.00%	80	100.00%
1992	137	0	0.00%	137	100.00%
1993	281	0	0.00%	281	100.00%
1994	395	0	0.00%	395	100.00%
1995	492	0	0.00%	492	100.00%
1996	428	1	0.23%	427	99.77%

续表 5-4-3

年度	存款余额	活期存款		定期存款及其他	
		年末余额	占比	年末余额	占比
1997	520	25	4.81%	495	95.19%
1998	837	63	7.53%	774	92.47%
1999	1062	102	9.60%	960	90.40%
2000	1431	122	8.53%	1309	91.47%
2001	1705	139	8.15%	1566	91.85%
2002	1956	185	9.46%	1771	90.54%
2003	1875	200	10.67%	1675	89.33%
2004	1653	228	13.79%	1425	86.21%
2005	1441	257	17.83%	1184	82.17%
2006	1543	416	26.96%	1127	73.04%
2007	1124	237	21.09%	887	78.91%
2008	1236	363	29.37%	873	70.63%
2009	1394	409	29.34%	985	70.66%
2010	1286	384	29.86%	902	70.14%
2011	1377	577	41.90%	800	58.10%
2012	1443	642	44.49%	801	55.51%
2013	1679	830	49.43%	849	50.57%
2014	1859	1017	54.71%	842	45.29%
2015	2540	1426	56.14%	1114	43.86%

二、外币单位存款

1989—1993 年国家专业银行时期 1989—1993 年，是中行承德分行外币单位存款发展较快时期。存款余额从 1989 年的 40 万美元，发展到 1993 年的 457 万美元，增长 10 倍。在此期间，开办了外汇人民币（外汇券）存款业务，主要对象是承德市友谊商店等享有外汇留成的企业，将外汇券以人民币特种存款的形式存入银行。

1994—2003 年国有商业银行时期 1994—2003 年，中行承德分行的外币单位存款呈下降趋势。受 1994 年外汇业务实行多家银行开办所导致的存款分流和 1997 年以来外币贷款下降造成的派生存款减少两方面因素的影响，2003 年末，外币单位存款余额 184 万美元，比 1993 年末减少 273 万美元，降幅 59.74%。

2004—2015 年股份制商业银行时期 2004—2007 年，中行承德分行单位外币存款连续下降，2007 年末余额仅 29 万美元。2008—2015 年，呈不稳定波动的运行态势，2015 年末，单位外币存款余额 186 万美元。

1989—2015 年中行承德分行单位外币存款定活期结构统计表

表 5-4-4　　单位：万美元

年度	单位存款	单位活期存款		单位定期存款及其他	
		年末余额	占比	年末余额	占比
1989	40	40	100.00%	0	0.00%
1990	57	57	100.00%	0	0.00%
1991	116	116	100.00%	0	0.00%
1992	264	264	100.00%	0	0.00%
1993	457	457	100.00%	0	0.00%
1994	43	37	86.05%	6	13.95%
1995	224	223	99.55%	1	0.45%
1996	198	180	90.91%	18	9.09%
1997	89	81	91.01%	8	8.99%
1998	55	54	98.18%	1	1.82%
1999	38	36	94.74%	2	5.26%
2000	158	120	75.95%	38	24.05%
2001	247	84	34.01%	163	65.99%
2002	121	40	33.06%	81	66.94%
2003	184	178	96.74%	6	3.26%
2004	273	267	97.80%	6	2.20%
2005	57	51	89.47%	6	10.53%
2006	93	87	93.55%	6	6.45%
2007	29	23	79.31%	6	20.69%
2008	209	203	97.13%	6	2.87%
2009	222	216	97.30%	6	2.70%
2010	52	46	88.46%	6	11.54%
2011	205	205	100.00%	0	0.00%
2012	526	78	14.83%	448	81.17%
2013	150	118	78.67%	32	21.33%
2014	39	39	100.00%	0	0.00%
2015	186	175	94.09%	11	5.91%

1989—2015年中行承德分行外币存款分类统计表

表 5-4-5

年度	存款余额（万美元）	折人民币（万元）	个人存款		单位存款	
			余额（万美元）	折人民币（万元）	余额（万美元）	折人民币（万元）
1989	63	237	23	87	40	150
1990	106	507	49	234	57	273
1991	196	1043	80	426	116	617
1992	401	2211	137	755	264	1456
1993	738	4219	281	1606	457	2633
1994	438	3775	395	3404	43	371
1995	716	5979	492	4109	224	1870
1996	626	5205	428	3559	198	1646
1997	609	5048	520	4310	89	738
1998	892	7385	837	6930	55	455
1999	1100	9108	1062	8793	38	315
2000	1589	13154	1431	11846	158	1308
2001	1802	14914	1705	14111	97	803
2002	2077	17192	1956	16190	121	1002
2003	2059	17042	1875	15519	184	1523
2004	1926	15941	1653	13681	273	2260
2005	1498	12089	1441	11629	57	460
2006	1636	12775	1543	12049	93	726
2007	1153	8422	1124	8210	29	212
2008	1445	9876	1236	8448	209	1428
2009	1615	11030	1393	9514	222	1516
2010	1337	8858	1286	8516	52	342
2011	1582	9969	1377	8677	205	1292
2012	1969	12378	1443	9071	526	3307
2013	1832	11169	1682	10255	150	914
2014	1898	11616	1859	11376	39	240
2015	2726	17702	2540	16494	186	1208

第三节 人民币个人存款

一、国家专业银行时期

1989—1993年，是存款“扩点展业”时期。中行承德分行加快网点建设步伐，先后新建了平泉支行、围场支行、兴隆支行、新华办事处、下板城办事处，成立储蓄所（储蓄专柜）16家。

在管理上，从1989年起实行储蓄承包制，即包任务、包质量、包服务，把承包指标全部落实到每个储蓄所。对建立较早、基础较好的储蓄所，实行费用含量包干办法，将全部个人收入纳入费用，核定增储万元费用率，按此提取承包费；对新开业和条件较差的储蓄所，实行单项任务承包；对联办储蓄所实行委托代办形式承包，按完成承包指标提取规定比例代办费。储蓄承包责任制将完成任务指标与个人物质利益直接挂钩，打破分配上的平均主义，凝聚全行合力，实现共同关心储蓄经营的效果。

在服务上，开展“‘学雷锋、学二兰、迎亚运’文明优质服务竞赛”活动，修订下发《文明优质服务规则》，开展优美环境、优良秩序、优质服务的“三优”活动。

在业务产品创新上，推出全辖储蓄网点储蓄转账业务、定期储蓄到期自动转存业务、上门服务业务、有息有奖出国旅游储蓄业务等多项新业务。1989年4月，首次发行人民币长城万事达信用卡。长城个人卡起存金额为1000元，存款余额按活期利率计息。长城卡打破了存款定点存取的惯例，持卡人能在国内各地中国银行通兑现金，能到特约单位（主要是宾馆、饭店、商店、民航等服务单位）购物消费，能办理异地结算和异地存款。1989年，共发行长城卡325张，吸收存款162万元。1990年，全辖所有营业网点都开办了长城卡存取现金业务。1992年，设立信用卡科，加强对信用卡业务的管理。1993年3月8日，推出ATM自动柜员机服务，促进了信用卡业务发展。

1993年末，人民币储蓄存款余额2.32亿元，比1988年末增加2.20亿元，增长18倍。其中信用卡存款余额达到1766万元。

二、国有商业银行时期

1994—1997年，处于向商业银行转换时期，中行承德分行确立“存款立行”指导思想，从人员配置、后勤保障等方面实行倾斜，竭尽全力抓存款。在储蓄承包试点取得经验的基础上，全面推行储蓄万元工资含量承包。把储蓄活期比例作为考核指标，与各级行、处、储蓄所（柜）签订责任书。

电子化建设取得阶段性成果。接入省行DDN专线，市区10个储蓄网点上线运行，全辖网点实现电算化。添置OL8000网络交换机，实现信用卡业务全辖联网。推出金融图文及语音电话系统，客户随时可以看到自己的银行账户信息，为客户提供了方便快捷的服务。

1997年11月18日，中行承德分行实现储蓄存款同城通存通兑。通过开展“星级服务”，服务内容得到细化、拓展、丰富，文明优质服务进一步提升。1997年末，人民币储蓄存款余额6.92亿元，比1993年末增加4.59亿元，增长1.97倍。

1998-2003年，处于向股份制银行过渡时期。期间建立了良好的公司治理机制，完成了股份制银行改造，“存款立行”理念得到贯彻，“服务兴行”意识逐步确立。渠道建设和网点整合力度不断加大，撤并低效储蓄网点，优化结构布局，将围场支行第一储蓄所等升格为分理处，不断提高资源配置效率。在资金投入上实施倾斜政策，开展达标网点、亿元网点和精品网点建设，提升网点标准化建设水平。逐步完善储蓄存款考核体系，建立日均与余额相结合的考核机制，使考核更加科学严谨。在基础客户群拓展，以业务产品为抓手，以抢抓源头性客户为重点，积极开展代收代付等代理业务，不断扩大基础客户群，提升竞争能力。1998-2003 年，人民币储蓄存款呈现跨越式发展的特点。2003 年末，人民币储蓄存款余额 16.70 亿元，比 1997 年末增加 9.79 亿元，增长 141.52%。比 1993 年末增加 14.38 亿元，增长 6.18 倍。其中个人活期存款 4.71 亿元，个人定期存款 11.99 亿元。

三、股份制商业银行时期

2004 年，中行承德分行修订《储蓄存款业务考核办法》，推行《储蓄网点绩效挂钩考核分配办法》，在储蓄一线实行绩效工资同工同酬，将工资与存款考核挂钩金额由人均 300 元提高到 600 元。在全辖开展优化网点布局、提升网点功能工作。以市区网点调整为重点，把部分位置偏僻、竞争力不强的网点迁至繁华路段，实现了地域分布合理化，一批多年低产所（柜）一跃成为高产网点。迁址后的商城分理处、永兴分理处 3 个月超额完成全年任务。按照河北省分行对低产网点撤并的指导方针，完成对兴隆支行欣宏所、围场支行第二所、市区竹林寺所 3 个低产网点的撤并工作。网点“瘦身”后，平均存款余额由整合前的 5937 万元增加到 6952 万元。2004 年末，全辖人民币储蓄存款余额 20.46 亿元。

2005—2007 年，中行承德分行按照储蓄机构网点三年规划，先后对 4 个支行、分行营业大厅与理财工作室的功能分区改造，选址搬迁网点 6 个，分理处升格为二级支行 2 个，撤并县支行网点 4 个，撤并市区网点 4 个，县支行实现“一柜一所”机构配置，在推进城市化经营、扁平化管理和网点功能转型上迈出了重要一步。2006 年 6 月 1 日，储蓄业务由分行事后监督中心负责监督。2007 年末，全辖储蓄存款余额突破 30 亿元。

2008—2011 年，中行承德分行强化网点智能化建设。2008 年，纳入河北省分行标准化改造的16个网点中，14个网点当年投入使用。2009 年，推进中高端客户发展战略，大力发展代发工资业务。网均新增存款4760万元，高于全省平均水平200万元。2010 年，加大中高端客户拓展力度，成功争取到为城镇医疗保险中心投保人员开立理赔借记卡业务，营销承德医学院附属医院联名卡业务。2011 年，成功营销承德市工信局、承德技师学院、兴隆中医院等单位的薪金代发业务，全年累计营销代发薪金客户 8719 户，月增代发金额 1500 万元。2011 年末，储蓄存款余额达到 67.26 亿元。

2012 年，中行承德分行网点转型扎实推进，顺利完成 1 家机构复业、4 家机构新建任务。年末全行个人有效客户 341566 户，新增 65824 户；个人中高端客户 14857 户，新增 754 户。储蓄存款余额 74.46 亿元，全年增加 7.20 亿元。

2013 年，中行承德分行突出抢抓热点资金，累计营销燃油补助、拆迁补偿等代付款项 8000 万元。与电信、联通等公司签署个人资金代管协议，实现联通精彩在沃联名卡发卡 1700 余张。营销平泉县 43 家财政单位 1500 人工资代发业务。企业年金代发签约客户 2464 户，新增个人中高端客户 3281 户，新增个人基础客户 21533 户。继续优化网点布局，行政新区支行迁址更名为宽城支行。商城支行迁址更名为迎宾路支行。商城离行式自助银行建成并投入使用。丰宁、滦平、双滦、滦阳路、隆化建设街 5 家新建机构储蓄存款新增 38764 万元，占全行储蓄存款新增额的 73.3%。同年开办个人外汇买卖保证业务，设置“个人保证金外汇买卖保证”科目核算管理，当年保证金存款余额 179 万元。

2014 年，中行承德分行个人有效客户增长 33552 户，个人中高端客户增长 4354 户。同时，将业务向农村市场延伸，全年建成银行卡助农服务点 114 家，增加存款 2.41 亿元。年末人民币储蓄存款余额 84.32 亿元。

2015 年，中行承德分行继续在农村市场扩点布局。在兴隆、宽城、平泉、滦平、承德县等有板栗、食用菌、矿业等特色经济的重点村镇优先建设助农服务点，加强社区定向营销，维护存量客户不流失。全年新增个人有效客户41989户，年末人民币储蓄存款余额83.42亿元。

1989—2015年，中行承德分行人民币个人存款业务经历了转型发展、跨越发展和快速发展的过程。2015年末，人民币个人存款余额87.39亿元，占中行人民币各项存款余额的51.89%。较1989年末增加86.94亿元，增长196倍。其中活期储蓄31.53亿元，信用卡存款5259万元，定期储蓄存款余额51.77亿元，保证金及结构性存款3.56亿元。

1989—2015年中行承德分行个人存款定活期结构统计表（人民币）

表5-4-6　　单位：万元

年度	个人存款	个人活期存款		个人定期存款及其他	
		年末余额	占比	年末余额	占比
1989	4439	650	14.64%	3789	85.36%
1990	7488	1027	13.72%	6461	86.28%
1991	10576	1398	13.22%	9178	86.78%
1992	15444	2686	17.39%	12758	82.61%
1993	23240	4918	21.16%	18322	78.84%
1994	34272	6774	19.77%	27498	80.23%
1995	49082	8384	17.08%	40698	82.92%
1996	62944	12440	19.76%	50504	80.24%
1997	69157	11801	17.06%	57356	82.94%
1998	82939	15096	18.20%	67843	81.80%
1999	93724	18063	19.27%	75661	80.73%
2000	101503	24061	23.70%	77442	76.30%
2001	120276	32035	26.63%	88241	73.37%
2002	140723	38002	27.00%	102721	73.00%
2003	167025	47113	28.21%	119912	71.79%
2004	204649	59666	29.16%	144983	70.84%
2005	242059	67961	28.08%	174098	71.92%
2006	283280	83115	29.34%	200166	70.66%

续表 5-4-6

年度	个人存款	个人活期存款		个人定期存款及其他	
		年末余额	占比	年末余额	占比
2007	307891	97191	31.57%	210700	68.43%
2008	405276	115176	28.42%	290100	71.58%
2009	514759	151201	29.37%	363558	70.63%
2010	609158	197989	32.50%	411169	67.50%
2011	672632	235269	34.98%	437363	65.02%
2012	744622	256173	34.40%	488449	65.60%
2013	803147	299200	37.25%	503947	62.75%
2014	843496	316881	37.57%	526615	62.43%
2015	873880	320579	36.68%	553301	63.32%

第四节 人民币单位存款

一、国家专业银行时期

1989 年，中行承德分行单位存款工作试行承包责任制和目标管理责任制，制定奖罚条例。1990 年，受人行承德分行清理财政性存款和多头开户影响，单位存款减少 980 万元。但在加大存款工作力度的对冲下，企业存款余额仍然达到 4082 万元。此后，采取以贷吸存、以国际结算吸存等措施，千方百计争取和稳定大客户、基本户存款，将任务完成情况与贷款规模挂钩，做到凡贷款户必须有存款；制定《中国银行承德分行吸收企业单位存款奖励办法》，办法规定了企业存款专管人员配备、岗位职责、存款台账、奖惩制度、月报制度、计划执行情况等，对企业存款工作起到了推动作用。1993 年末，人民币单位存款余额 9831 万元，较 1989 年末增加 7006 万元，增长 2.48 倍。其中单位活期存款 9459 万元，单位定期存款 372 万元。

二、国有商业银行时期

1994—1997 年，向商业银行转轨时期，中行承德分行企业存款大幅增长。期间推行单位存款承包制，支行行长直接对分行行长承包，双方签订承包合同，明确对支行行长承包指标考核的奖惩标准，奖金全部奖给承包者个人；收取的罚金，由承包者个人支付。各承包单位硬件抓投入，软件抓服务。成立企业存款机构，配备专职企业存款副科长、专职工作人员；配专车，专门用于为重点客户接送现金；拨专款，用于开展宣传。各支行设立大厅值班经理，重点管理窗口工作人员服务规范。这些措施收到了显著成效。1997 年末，企业存款余额 2.64 亿元，比 1993 年末增加 1.65 亿元，增长 1.68 倍。

1998—2003 年，向股份制商业银行过渡时期，中行承德分行实施大公司和大零售并重、以科技为依托的发展战略。1999年，成立公司业务部，专职负责全辖企业存款工作。2000年，及时调整吸存策略，全行形成合力，争大户攻难点，步调一致抓存款，企业存款实现大幅增长。2000年末，企业存款余额4.56亿元，比1997年末增加1.93亿元，增长73%。

2001年，中行承德分行拿出一块专项费用，用于促进对公存款业务的发展。把财政、院校、医保、社保等行业作为各支行吸揽存款的主攻目标。辖内各支行创造性地开展工作，争取到市收费局收入及支出专户、财政局社保科等系统客户，全年共吸收财政性存款1.6亿元。与劳动和社会保障局签订《养老金社会化发放协议》，成为养老金发放代理行，吸收稳定存款2000余万元。

2002年，中行承德分行制定《公司业务客户经理制管理办法》及其实施细则，加强规范化管理。

2003年，中行承德分行单位存款实现跨越发展。年初制定印发全辖存款工作指导意见，部署全年增存计划。进入第四季度，适时出台奖励竞赛方案，激发各支行争揽存款的积极性。2003年末，单位存款余额11.22亿元，较1993年末增加10.24亿元，增长10.41倍。

三、股份制商业银行时期

2004年，重点扩大业务合作，充分利用个人消费贷款与承德市住房公积金中心的合作关系，实现其在中行开户并存款1亿元。同年，正式实施公司客户经理制。

2005年，中行承德分行每季度召开全辖公司业务调度会，发挥整体优势，加大对重点行业和重点客户的跟进力度，大项目营销工作取得较大进展。年末单位存款余额17.30亿元。

2006年，中行承德分行稳定和挖潜社保专项存款2700万元，归集上下游客户资金2亿元。根据掌握的公路建设资本金即将到位的消息，主动出击，上门服务，争取到交通局7亿元的公路资本金存款，全年累计营销公路建设资本金近10亿元。年末人民币单位存款余额21.37亿元。

2007—2008年，中行承德分行单位存款出现了较大波动。2007年末，存款余额16.91亿元，比2006年末减少4.45亿元，市场占比下降9.79个百分点。2008年，通过上下联动，重点营销交通、承钢等客户，存款增幅列全省中行第一。2008年末，单位存款余额29.54亿元。市场占比22.16%。

2009年，中行承德分行充分发挥授信的拉动作用，加强派生存款管理，实现了企业存款的快速增长。2009年末，单位存款余额51.40亿元，同比增长74%。

2010年，中行承德分行成立热点资金营销领导小组，分支行上下联动，部门间密切配合，重点对“一条高速、两条铁路”项目进行持续跟踪营销，取得了明显效果。仅承赤高速项目在11月份就增加对公存款20亿元。抓住国库资金商业化运作的契机，成功争取财政存款2亿元。2010年末，单位存款余额62.04亿元，同业市场占比23.08%。

2011年，中行承德分行在交通存款大幅下滑的压力下，加大对重点客户的挖潜，成功营销了北汽福田承德发动机部件制造中心项目，吸收存款4.40亿元。对承张高速项目持续跟进，累计办理人民币存款21亿元。由于交通存款下降幅度较大，年末存款余额40.46亿元，同业市场占比10.07%，下降13个百分点。

2012年，中行承德分行继续抓好重点行业、重点项目的营销，成功营销华夏基金97000万元协议存款，带动存款增加14亿元。紧盯承德市重大基础设施建设和招商引资工程，成功营销天岭矿化、承张高速、承平高速等企业存款7.5亿元。利用“工商验资E线通”系统，全年新增验资账户296户，验资存款5.60亿元；新增对公基础客户446户，新增对公有效客户158户。年末单位存款余额67.71亿元，全年增加27.25亿元。

2013年，上半年营销华夏基金半年期协议存款13.34亿元，到期后再次营销一年期存款15.25亿元，为全行存款的稳定增长、降低存贷比例起到了关键作用。对财政、社保、交通、公积金等行政事业单位加大营销和维护力度，行政事业单位存款日均新增5.76亿元，进步率19%。紧盯重点项目进展，营销承张高速开立标段户和监理户19个，新增存款1.3亿元。年末单位存款余额81.64亿元，全年增加13.94亿元。

2014年，中行承德分行利用“工商验资E线通”系统，派专人常驻工商行政审批大厅，做好客户开户咨询和引导工作。以突出日均增量为导向，把到期理财作为增加时点存款的重要手段。年末单位存款余额70.20亿元。

2015年，中行承德分行争取棚户区改造资金、住建局农民工工资预储金，以及高速公路、海关、烟草等客户，使有效客户迅速增加。年末全辖有效账户达4846户，全年新增1215户，完成省行下达任务的270%，全省排名第2位。新增了宽城神栗、丰宁九龙集团、山庄酒业、宽广集团等一批优质企业客户。

2015年末，中行承德分行单位存款余额81.00亿元，相较1989年末增加80.72亿元，增长286倍。其中单位活期存款60.72亿元，单位定期存款15.45亿元，保证金存款4.83亿元。

1989—2015年中行承德分行单位存款定活期结构统计表（人民币）

表5-4-7　　单位：万元

年度	单位存款	单位活期存款		单位定期存款及其他	
		年末余额	占比	年末余额	占比
1989	2825	2686	95.08%	139	4.92%
1990	4082	4048	99.17%	34	0.83%
1991	4072	4038	99.17%	34	0.83%
1992	6168	5981	96.97%	187	3.03%
1993	9831	9459	96.22%	372	3.78%
1994	15690	14137	90.10%	1553	9.90%
1995	19273	17681	91.74%	1592	8.26%
1996	22388	20564	91.85%	1824	8.15%
1997	26350	23080	87.59%	3270	12.41%
1998	35655	22936	64.33%	12719	35.67%
1999	37884	26671	70.40%	11213	29.60%
2000	45609	41061	90.03%	4548	9.97%
2001	60905	52746	86.60%	8159	13.40%
2002	83017	71408	86.02%	11609	13.98%
2003	112208	94980	84.65%	17228	15.35%

续表 5-4-7

年度	单位存款	单位活期存款		单位定期存款及其他	
		年末余额	占比	年末余额	占比
2004	129870	103041	79.34%	26829	20.66%
2005	173035	133179	76.97%	39856	23.03%
2006	213654	148772	69.63%	64882	30.37%
2007	169109	115990	68.59%	53119	31.41%
2008	295415	234760	79.47%	60655	20.53%
2009	513971	448642	87.29%	65329	12.71%
2010	630492	594567	94.30%	35925	5.70%
2011	404551	282758	69.89%	121793	30.11%
2012	677084	471219	69.60%	205865	30.40%
2013	816446	556438	68.15%	260008	31.85%
2014	702034	539972	76.92%	162062	23.08%
2015	810014	607151	74.96%	202863	25.04%

1989—1995 年中行承德分行单位活期存款分类统计表（人民币）

表 5-4-8　　单位：万元

年份	进出口企业存款	外事企业存款	外商投资企业存款	其他企业存款
1989	529	232	19	1906
1990	1914	139	6	1989
1991	573	171	193	3090
1992	563	256	483	4679
1993	505	298	229	8427
1994	652	541	333	12611
1995	233	294	429	16725

1996—2015 年中行承德分行单位活期存款分类统计表（人民币）

表 5-4-9　　单位：万元

年份	企业活期存款	农业存款	年份	企业活期存款	农业存款
1996	20564	0	2006	148772	0
1997	23080	0	2007	115990	0
1998	22936	0	2008	234760	0
1999	26671	0	2009	446889	1753
2000	41061	0	2010	592463	2104
2001	52746	0	2011	282758	—
2002	71408	0	2012	471219	—
2003	94980	0	2013	556438	—
2004	103041	0	2014	539972	—
2005	133179	0	2015	607151	—

1989—2015 年中行承德分行单位定期及其他存款分类统计表（人民币）

表 5-4-10　　单位：万元

年份	单位定期存款	临时性存款	保证金存款	通知存款、信托存款
1989	139	—	—	—
1990	34	—	—	—
1991	34	—	—	—
1992	187	—	—	—
1993	372	—	—	—
1994	1553	—	—	—
1995	1592	—	—	—
1996	1824	—	—	—

续表 5-4-10

年份	单位定期存款	临时性存款	保证金存款	通知存款、信托存款
1997	3071	—	—	199（信托）
1998	7856	4189	674	0
1999	9834	0	1379	0
2000	3690	0	858	0
2001	5108	0	3051	0
2002	5100	0	6509	0
2003	6871	0	10357	0
2004	11232	0	15597	0
2005	27969	0	11887	0
2006	45240	0	19642	0
2007	38372	0	14747	0
2008	50137	0	10518	0
2009	52847	0	12482	0
2010	27926	0	7999	0
2011	64541	41634	14618	1000（通知）
2012	76848	79923	46094	3000（通知）
2013	77608	144116	38284	0
2014	117731	0	44331	0
2015	154535	0	48328	0

1998—2015年中行承德分行保证金存款分类统计表

表5-4-11　　单位：万元

年度	合计	银行承兑汇票保证金	信用证保证金	其他贸易融资保证金	非融资性保函保证金	外汇买卖保证金	其他保证金	保理保证金
1998	674	109	363	0	0	0	202	0
1999	1379	0	1052	25	23	0	279	0
2000	858	459	99	0	0	0	300	0
2001	3051	50	1181	0	988	0	832	0
2002	6509	1001	3182	155	1077	0	1094	0
2003	10357	4025	2017	0	1171	0	2144	0
2004	15597	5250	3382	0	2282	0	4683	0
2005	11887	4318	4224	0	1527	0	1818	0
2006	19642	8838	6220	101	2019	9	2455	0
2007	14747	6029	4811	58	1887	0	1960	0
2008	10518	4402	4069	20	521	0	1506	0
2009	12482	5385	4354	0	703	0	2040	0
2010	7999	185	2848	60	1757	0	3149	0
2011	14618	7049	723	320	2862	4	3660	0
2012	46094	27841	4429	0	3598	0	5326	4900
2013	38284	27344	1340	0	3118	27	6450	5
2014	44331	34064	153	0	2656	27	7431	0
2015	48328	33808	425	0	2651	27	11417	0

第五节 人民币其他存款

一、非存款类金融机构存款

中行承德分行境内非存款类金融机构的存款业务专指保险公司存款，设置“保险公司存款”科目核算管理。按照人民银行存款统计口径，2006年，将此类存款划归“其他存款”科目。2015年，人民银行将其划归“非存款类金融机构存款”科目。2010—2014年，其他类存款进入高峰期，2014年末余额达到6.51亿元，到2015年末迅速下滑至89万元。

2006—2015年中行承德分行非存款类金融机构存款统计表（人民币）

表5-4-12　　单位：万元

年度	年末余额	年度	年末余额
2006	1	2011	65146
2007	1	2012	65060
2008	472	2013	65127
2009	114	2014	65135
2010	65094	2015	89

二、机关团体存款

机关团体存款指党政机关、团体、部队、事业单位的存款。1996年前由人民银行统管，未纳入自有存款统计范畴。1996年，设置“机关团体存款”科目。此后，机关团体存款持续处于0余额状态，仅2010年存款余额189万元。2011年，中行撤销“机关团体存款”科目，相关存款纳入“企业存款”科目核算管理。

1989—2010年中行承德分行机关团体存款统计表（人民币）

表5-4-13　　单位：万元

年度	年末余额	年度	年末余额
1989	249	2000	0
1990	326	2001	0
1991	316	2002	0
1992	527	2003	0
1993	1931	2004	0
1994	200	2005	0
1995	279	2006	0
1996	0	2007	0
1997	0	2008	0
1998	0	2009	0
1999	0	2010	189

第五章 建行承德分行存款

1989—2015年，按照不同时期管理体制和核算方式的不同，建行承德分行存款业务主要划分三个阶段：

1989—1993年国家专业银行时期。建设银行代理行使财政职能，主要立足于组织基本建设及建筑企业存款、其他资金存款，积极吸收居民储蓄存款。1993年末，各项存款余额3.51亿元，比1988年末增加2.37亿元，增长2.1倍。

1994—2004年国有商业银行时期。1994年，建设银行实现了政策性业务的分离和财政职能的移交，开始向综合性国有商业银行转变。建行承德分行顺应专业银行向商业银行转轨的需要，努力拓宽吸存渠道，在巩固扩大基本建设存款、建筑企业存款、储蓄存款份额的同时，积极吸收其他行业及单位的存款。2004年末，各项存款余额40.9亿元，比1993年末增加37.39亿元，增长10.7倍。

2005—2015年股份制商业银行时期。随着银行卡、网上银行、手机银行、自助银行、微信银行等现代化支付工具的广泛应用，以及新产品、新业务的不断推出，建行承德分行吸收存款的空间不断扩大，手段进一步完善，存款业务实现了健康快速发展。2015年末，各项存款余额191.5亿元，比2004年末增加150.6亿元，增长3.7倍。

27年间，建行承德分行始终坚持“存款立行”不动摇，不断优化调整网点布局，创新业务品种，提升服务手段，存款规模和市场份额不断扩大。2015年末，建行承德分行各项存款余额比1988年末增加190.4亿元，增长173.1倍，实现了社会效益与经济效益双丰收。

第一节 存款种类

一、个人活期存款

个人活期存款主要有三种，一是人民币活期储蓄，二是定活两便储蓄，三是外币活期储蓄。其中外币活期储蓄于1994年开办。

二、个人定期存款及其他个人存款

此项业务主要有整存整取储蓄、保值储蓄、大额定期存单、零存整取储蓄、存本取息储蓄、整存零取储蓄、个人通知存款和教育储蓄8种。其中大额定期存单于1990年开办，1998年7月停办，2015年6月再次开办；个人通知存款和教育储蓄均于2001年开办。

三、单位活期存款

单位活期存款共有9项。一是基建及建筑企业存款，包括建安企业、房地产开发企业、对外承包企业、基建企业的存款；二是工业企业存款，主要是国营或私营工业企业的存款；三是商业企业存款，主要是国营或私营商业企业和供销社的存款；四是机关团体存款，机关、社会团体、部队的存款；五是个体存款，主要是个体经营户的存款；六是其他资金存款，主要是其他单位存款；七是农业存款，包括国有、集体农业及专业户、承包户的存款，于2001年开办；八是住房资金存款，即住房公积金存款，于2005年开办；九是社保资金存款，即社会保险机构的资金存款，于2007年开办。

四、单位定期存款及其他单位存款

此项业务主要有单位定期存款、单位保证金存款、单位通知存款3种。其中单位保证金存款于1995年开办；单位通知存款于2005年开办。

第二节 个人存款

一、国家专业银行时期

1989年，建行承德分行储蓄业务处于发展初期，主要围绕三方面开展工作，一是合理规划布局，加强网点建设，增强竞争实力，当年新增网点2个，网点总数达到58个，储蓄从业人员由年初的114人增加到215人。二是开展优质服务，树立“以信誉求生存，以服务求发展”的指导思想，在网点提供花镜、等候椅等，使客户宾至如归。三是增加储蓄种类，吸引客户，先后推出“摸奖储蓄”“存期累进储蓄”等吸收存款。1989年末，储蓄存款余额5835万元，较1988年末增加3604万元，增长1.62倍。

1990年，全面推行存款目标责任制和储蓄承包责任制，明显调动了储蓄人员积极性，储蓄存款全年增加3026万元，余额达到8861万元。

1991—1992年，以抓管理上水平、提高网点单产为中心，推动储蓄存款稳步上升。一是认真落实目标责任制和奖罚制度，奖优罚劣。二是广泛开展技术比赛、岗位练兵和达标升级活动，努力提高服务质量和效率。三是在全系统试行“储蓄人员技术等级与工资奖金挂钩制度”，促进储蓄人员业务技术水平的提高。1992年末，储蓄存款余额1.53亿元，较1990年末增加6455万元，增长72.8%。

1993年，制定出台《承德建行储蓄承包办法》《承德建行储蓄承包奖励办法》，以“五包一挂钩”为主要内容，权责利有机结合，体现多劳多得。5月，召开储蓄承包大会，全辖12个所(柜)全部采用招标形式、竞争承包，经过激烈的竞争，投标数额比标底高出258万元。储蓄承包后效果明显，承包前5个月储蓄存款新增2113万元，承包后5个月储蓄存款新增4210万元，年末余额达到2.32亿元，较1992年末增加7872万元，增长51.4%。

二、国有商业银行时期

1994年，承德市存款市场竞争激烈。建行承德分行成立筹资工作领导小组，对储蓄存款继续推行承包责任制，加大奖惩力度。当年恰逢建设银行成立40周年，建行承德分行利用行庆的有利时机，通过组织员工上街宣传，在当地新闻媒体刊发或播出新闻稿件、刊登形象广告等丰富多彩的宣传活动，有效地提高了建设银行的知名度。同时装修改造网点，对吸存潜力不大的网点实施搬迁，在储源丰富地段新建网点。当年装修改造网点31个，新建6个，搬迁6个，年末储蓄存款余额3.83亿元，全年增加1.51亿元，增幅65.1%。

1995—1996年，建行承德分行实行存款“一把手”工程，层层签订责任状，分解落实增存目标，继续实行目标考核“工效挂钩”。出台《实行万元储蓄存款费用含量包干办法》，对筹资一线员工实施政策倾斜。根据中国建设银行《关于在储蓄柜台推广限时服务的通知》，在所有网点中推行限时服务，赢得客户好评。1996年末，储蓄存款余额7.12亿元，同比增长29.98%，全年增加1.64亿元。

1997年，建行承德分行针对利率下调、股市活跃等对市场的影响，确定“硬化基础，强化管理，优化服务、占比上位”的16字方针。首先抓行级领导分工包点，做到中心不移位，将全体员工的思想定位到“存款立行”上来。其次突出实施三项工程，即网点建设坚持高标准，对不符合要求的限期整改；储蓄人员培训工程，树立样板所（柜），以典型引路；加快储蓄卡发卡进程，全年发行储蓄卡4280张，卡均存款1599元。同年建设银行全国计算机城市综合网络正式开通，市区所属19个储蓄所，10个会计柜台、1个信用卡业务柜台及4个特约商户的会计、储蓄、信用卡业务全部实现网上操作，实时清算。推出便民夜市储蓄、短信提醒服务、代发工资、代收水电费、上门收款业务，为不同层次的客户提供多项选择。1997年末，储蓄存款余额8.50亿元，同比增幅为19.4%，全年增加1.38亿元。

1998—2000年，建行承德分行以“一卡三代”为突破口，加大市场营销力度，促进筹资工作的集约化发展。开展“用龙卡消费优惠联谊”“储蓄卡宣传营销月”活动，采取公交车流动广告、印制宣传单、悬挂条幅、街头宣传咨询等措施，开展储蓄卡全国联网的宣传推介工作，不断扩大龙卡品牌的知名度。利用计算机城市综合网络的技术优势，积极发展各项代理业务。与河北证券承德营业部、南方证券承德营业部共同开通代股民结算业务系统。积极组织联网储蓄所及自动柜员机测试，确保储蓄卡顺利加入全国网，使建行零售业务竞争实力明显提高。2000年，共发行储蓄卡（含生肖卡）14.82万张，卡均存款为1497元。全年代发工资单位达到851个，代发户数61237人户，代发金额2.72亿元。代股民结算户数2105户，金额5283万元，投入运行的柜员机12台。2000年末，储蓄存款余额13.31亿元，比1997年末增加4.81亿元，增长56.6%。

2001年，政府工资银行代发业务取得重大成果，全市60%以上的政府机关人员工资由建行承德分行代发，促进储蓄存款的有效增长。年末储蓄存款余额15.40亿元，同比增长15.7%，全年增加2.08亿元。

2002—2004年，每年推出“首季营销”“金秋十月”等系列营销活动，强化资源配置作用，加大对分支机构的考核力度，确保储蓄存款与个人客户的有效增长。其间，龙卡贷记卡、速汇通、网上银行、电话银行等业务得到快速发展，相继推出客户免填凭条、证券系统上线、代理基金、网上银行银证通、银证转账、财讯通等新的业务品种。2004年末，储蓄存款余额23.98亿元，较2001年末增加8.58亿元，增长55.7%。

三、股份制商业银行时期

2005—2006年，建行承德分行将工作重点投向优质客户，出台《承德分行个人优质客户营销服务实施办法》《承德分行个人客户分层维护营销实施方案》，建立客户理财中心，开发“VIP客户服务系统”，增设“企信通”短信服务业务，开办面向中高端客户的“理财专刊”，并向VIP客户进行邮发。适时推出“吉祥存单”“利得赢”“账户金”“汇得赢”“乐当家理财卡”等理财新产品，对客户的吸引力、亲和力进一步提升。2006年末，个人存款余额31.58亿元，较2004年末增加7.61亿元，增长31.72%。

2007—2009年，建行承德分行在全辖27个网点推行“一代转型”工作。制定《承德分行营业机构环境、服务规范考核办法》，定期考核通报。依托理财中心和专家理财团队，组织理财知识讲座和联谊活动，大力拓展和维护高端客户，实现由抓存款向抓客户转变。以龙卡通为载体，狠抓资金流量大的教育、商贸、结算等市场；以联名卡为突破口，抢抓优质代发工资户，促进了个人存款的快速增长。2009年末，个人存款余额61.68亿元，较2006年末增加30.10亿元，增长95.3%。

2010—2011年，在全行推行零售网点“二代转型”（是在一代转型基础上，借鉴美国银行在中高端客户管理、服务、营销等方面的先进理念、工具、方法和流程，通过规范客户经理主管工作，为VIP客户提供高标准、专业化服务的又一项系统工程）。建立33人的专职客户经理队伍，制定《承德分行客户经理考核实施方案》《承德分行个人业务绩效考核实施方案》，按季考核兑现。利用转型优势，抢抓代发工资客户，依托OCRM系统，抢抓高端优质客户和CTS签约客户。密切关注资本市场变化，持续抓好股市回流资金和理财产品到期兑付资金，实现结算资金体内循环，促进个人存款稳定增长。2011年末，个人存款余额76.00亿元，较2009年末增加14.31亿元，增长23.21%。

2012—2015年，建行承德分行零售业务网点全面实现成功转型，形成一套比较成熟的管理体系。抓考核机制，逐年出台《个人业务条线绩效考核办法》，明码标价，优化资源配置方式。适时开展业务竞赛，打造比学赶超的活动氛围。如每年一季度的“旺季营销活动”、二三季度的“客户拓展活动”、四季度的“冲刺活动”等等。调整优化网点布局。四年新建网点1个，异地迁址6个，将城区发展潜力不大的网点搬迁至围场、隆化、丰宁等地，形成城区、县域全覆盖的网点布局。不断推出新产品、新业务，满足不同客户需求。

2012年，以金融IC卡为载体，通过全面落实IC卡项目营销，实现客户数量与存款有效增长。11月，建行承德分行与承德市公交公司签订公交一卡通项目框架合作协议。

2013年，重点推进结算通卡、金融IC卡和京津冀旅游一卡通等特色卡的发行，借助结算通卡全年3000笔转账免收手续费以及金融IC卡安全性能高、附加功能多的特点，向客户重点推介，增加客户的存款沉淀。依托自动理财在产品收益、交易便捷等方面的优势，吸引客户归集他行资金，助推个人存款增长。

2014年，建行承德分行在全行开展“代发工资、结算通卡、商户规模”提升工程，通过提高基本结算户代发比例以及存量代发户的资金沉淀率，扩大商户规模，实现个人存款在建行体内的良性循环。通过发放结算通卡，抢抓结算市场资金，推介聚财宝和特色储蓄业务，持续吸引多方资金，提高个人存款增长的内生动力。

2015年，成功营销承德市本级和双桥区社保卡的发放权，拓展社保客户群体。成功实现与公积金系统的对接，确保公积金发卡业务正常运行。利用车友会、旅行社等资源，加快京津冀一卡通发卡。利用燕赵卡条件优惠的优势，为拆迁客户、农民工群体办卡签约理财。稳步推动助农服务，拓宽县域市场，建设助农点31个，促进个人存款稳步增长。2015年末，个人存款余额101.14亿元，较1988年末增加100.92亿元，增长452倍。其中活期存款40.14亿元，定期存款61.00亿元。

1989—2015年建行承德分行个人存款定活期结构统计表（本外币）

表5-5-1　　单位：万元

年度	个人存款	个人活期存款		个人定期存款及其他	
		年末余额	占比	年末余额	占比
1989	5835.1	1542.2	26.43%	4292.9	73.57%
1990	8861.2	1904	21.48%	6957.2	78.52%
1991	11856.1	2636.4	22.24%	9219.7	77.76%
1992	15316	3783.9	24.71%	11532.1	75.29%

续表 5-5-1

年度	个人存款	个人活期存款		个人定期存款及其他	
		年末余额	占比	年末余额	占比
1993	23188.3	6000	25.88%	17188.3	74.12%
1994	38287	9911.5	25.89%	28375.5	74.11%
1995	54750.9	12402	22.65%	42348.9	77.35%
1996	71164	14445.1	20.30%	56718.9	79.70%
1997	84994	18731.9	22.04%	66262.1	77.96%
1998	102156	26213.7	25.66%	75942.3	74.34%
1999	118098	34430.9	29.15%	83667.1	70.85%
2000	133140	49017.9	36.82%	84122.1	63.18%
2001	153982.1	60467	39.27%	93515.1	60.73%
2002	184039.1	74969.2	40.74%	109069.9	59.26%
2003	201610	88807.2	44.05%	112802.8	55.95%
2004	239790	110537.8	46.10%	129252.2	53.90%
2005	267799.1	120235.7	44.90%	147563.4	55.10%
2006	315849	149205.7	47.24%	166643.3	52.76%
2007	358346.1	174957	48.82%	183389.1	51.18%
2008	491725	221563.4	45.06%	270161.6	54.94%
2009	616825	283256.9	45.92%	333568.1	54.08%
2010	696310	336840.3	48.38%	359469.7	51.62%
2011	759969	363364.9	47.81%	396604.1	52.19%
2012	847778	371064	43.77%	476714	56.23%
2013	888449	408055.7	45.93%	480393.3	54.07%
2014	922494	403937.6	43.79%	518556.4	56.21%
2015	1011446	401439.4	34.75%	610006.6	65.25%

第三节 单位存款

一、国家专业银行时期

1989—1992 年，建行承德中心支行单位存款日常管理工作由储蓄科负责。此时期建设银行代理行使财政职能，以吸收“建”字号单位存款和其他资金存款为主。

1989 年，由于压缩基建规模、紧缩银根，单位存款出现负增长。

1990—1991 年，建行承德中心支行采取措施积极吸收单位存款。及时掌握国家固定资产投资信息，抓住时机，组织资金。与计委、财政、审计等部门协作配合，统一管理自筹基建资金，坚持“先存后批，先批后用”的原则。配合计委实行预备项目制度，促进基建单位提前落实资金并交存。印发《关于加强自筹资金管理工作安排意见》，促使基层行、处加强对单位自筹资金的管理。1991 年末，单位存款余额 1.13 亿元，较 1988 年末增加 3553 万元，增长 45.7%。

1992 年，继续发挥“自筹资金来源审批表”的作用，加大与计委的配合力度，实现表中所列大部分资金的吸存。及时掌握信息，主动出击，积极吸收“边缘性”存款。

1993 年，随着金融体制改革的深化，建设银行原有的政策性业务优势逐步降低，建行承德中心支行审时度势，制定《单位存款奖励办法》，把吸存任务分配到行处、科室、个人，按旬考核，兑现奖惩，有效遏制了单位存款的下滑。同时在辖内实现会计柜台电算化，开办条形码查账系统，方便了单位客户。1993 年末，单位存款余额 1.19 亿元，较 1991 年末增加 592 万元，增长 5.2%。

二、国有商业银行时期

1994—1995 年，建行承德分行把存款作为向商业银行转轨的基础工作来抓。“以贷引存”，凡不开户的企业原则上不考虑放贷；与贷款企业签订开户协议书，要求贷款企业开立结算户，提高贷款吸存率；在贷款投放上向效益好的邮电、交通、电力等重点行业倾斜，利用贷款投放优势，吸引优质行业基本结算户；抓住“基建计划”这一源头，狠抓“建”字号企业存款，确保传统阵地不流失。1995 年末，单位存款余额 2.98 亿元，比 1993 年末增加 1.79 亿元，增长 1.5 倍。

1996—2000 年，建行承德分行落实总行“双大”战略，坚持在经济效益好、信誉度高、资金回存多的重点行业和大企业中培植基本客户群体和“存款基地”。相继与承德钢铁公司、市交通局、承德石油高等专科学校、承德医学院等单位建立了良好的合作关系。按照“抓大不放小”的原则，积极吸收无贷款客户和行政事业单位客户，抓住行政事业单位开户重新划分和政府工资银行化的有利时机，加大公关力度，2000 年末，320 个行政事业单位开立基本账户，为单位存款的稳定增长提供了可靠的资金来源。年末单位存款余额 6.96 亿元，较 1995 年末增加 3.98 亿元，增长 1.33 倍。

2001—2004 年，建行承德分行充分发挥网络优势，积极开展单位存款营销。2001 年，为太保承德分公司安装企业银行系统，开通查询、转账等全部功能，使其全辖子公司均到建行开户。协助市财政局筹建集中支付中心并在建行开户。2002 年，与河北电信公司承德分公司签订查询和划缴四方协议书，与联通、铁通承德分公司达成合作协议。2003 年，在全辖开展“公司业务吸存问贷”大营销活动，通过以贷引存稳定了一批企业存款客户，如承德石油学校、承德阪合化纤仿真织物、承德兴业造纸有限公司等。2004 年，利用建行会计结算系统和资金清算系统的优势，拓展社保、土地管理、医院、军队等政府及集团类客户，在全行组织开展“单位基本结算账户”营销活动，扩大基本结算账户群体。2004

年末，单位存款余额 17.02 亿元，较 2000 年末增加 10.06 亿元，增长 1.45 倍。

三、股份制商业银行时期

2005—2006 年，建行承德分行抢抓“双节”资金回流的有利时机，以大客户、大行业和结算性稳定资金为营销重点，在全行组织开展单位存款“拼抢大户，提比占位”竞赛活动，利用网银和重客系统平台，不断提升资金网络结算水平。抓住人民银行“账户系统上线”的契机，开展对公账户营销工作。重点做好承德石油学校新校区建设项目、承德医学院新校区建设项目、承朝承唐高速公路项目、华峰世纪城房地产开发项目和红松风电二期项目的营销工作，通过重点项目拉动、定期召开支行调度会等措施，取得明显效果。2006 年末，单位存款余额 25.71 亿元，比 2004 年末增加 8.69 亿元，增长 51.1%。

2007—2010 年，建行承德分行“以稳定存量客户为基础深挖市场潜力；以优质客户和专项资金为主线拓展存款增量”，全力提升对公存款市场份额。开展“对公优质客户攻坚战”“黄金客户争夺战”“奋战二季度，对公存款上台阶”等活动，加大对支行、部门考核通报力度。通过组建任务型团队，集中优质资源，加强重点及优质客户的走访力度，成功营销市公安局、承德烟草等一批优质客户以及大唐国际风电、龙源建投电力、承德建投天然气等一批优质基本结算账户。2010 年末，单位存款余额 59.08 亿元，比 2006 年末增加 33.38 亿元，增长 1.3 倍。

2012 年，建行承德分行针对 2011 年因客户结构不尽合理、对大客户依赖性强导致的单位存款负增长问题，在全行开展“拓中小企业客户，抢抓基本结算户”活动，将全市上年度纳税额 10 万元以上客户、小企业“扫街”行动筛选出的优质客户，列入对公账户营销目标储备库，下发给各机构开展针对性营销，成功拓展一批中小企业结算账户，客户结构初步得到优化。2012 年末，单位存款余额 61.69 亿元，比 2010 年末增加 2.61 亿元，增长 4.4%。

2013—2015 年，建行承德分行强化考核机制建设，逐年制定完善《承德分行对公条线绩效实施考核方案》《承德分行对公条线营销费用配置办法》《承德分行对公条线客户经理考核办法》，加大考核力度，适时开展专项业务活动。2013 年，开展“有效客户拓展年”活动，以“挖潜力、扩规模”为主题，分行部门与支行形成联动团队，围绕重点项目、重点客户、重点空白领域实施专项营销。运用验资平台，明确结算账户拓展人人有责，激励约束并重。通过“宽开户、严销户”，提升结算客户规模。从贷款投放、回收关键点把控入手，强化对贷款户结算量的要求，挖掘有贷户的增存潜力。2014 年，将存款作为全年经营的核心全力推进，通过会议、培训等方式自上而下进行全方位传导。通过“一人一表、人人挂指标”，提升各部门、各岗位对存款业务的关注，从任务与考核两方面推进职责落实，集中条线 40%—50% 的资源用于存款激励。突出主攻目标，围绕京沈客运专线实施重点营销，在争取到京沈客运专线银团贷款份额的同时，实现承德区域沿途八个标段全部落户建行实施资金监管，成功营销市级与平泉客运专线地方征地拆迁账户。2015 年，强化产品组合运用，拓展增存空间。以“双百双千”作为经营目标，借助“五项工程”，加强对重点项目、拆迁项目、同业客户及农民工预储金、安监保证金等专项资金的渗入营销。突出传导“以贷吸存、以存定贷”的经营理念，提升有贷客户的存款产出率。利用“一户通”产品的特殊功效，成功营销承德避暑山庄实业集团签约省内首笔智能理财池业务，解决双滦区公共资源交易中心 50 余家招投标单位的开户难题，在增存方面效果显著。

2015 年末，单位存款余额 90.06 亿元，较 1988 年末增加 89.29 亿元，增长 114.8 倍。其中活期存款 70.56 亿元，定期存款 19.51 亿元。

1989—2015 年建行承德分行单位存款定活期结构统计表（本外币）

表 5-5-2　　　　单位：万元

年度	单位存款	单位活期存款		单位定期存款及其他	
		年末余额	占比	年末余额	占比
1989	7683.1	7640.0	99.43%	43.1	0.57%
1990	10263.0	10105.0	98.46%	158.0	1.54%
1991	11328.0	11238.7	99.21%	89.3	0.79%
1992	12622.0	12606.7	99.88%	15.3	0.12%
1993	11920.0	11671.6	97.92%	248.4	2.08%
1994	17534.0	15969.8	91.08%	1564.2	8.92%
1995	29804.0	26056.9	87.43%	3747.1	12.57%
1996	30838.0	26012.0	84.35%	4826.0	15.65%
1997	52587.0	44394.9	84.42%	8192.1	15.58%
1998	58178.0	49563.5	85.19%	8614.5	14.81%
1999	65507.0	57471.2	87.73%	8035.8	12.27%
2000	69574.0	60234.8	86.58%	9339.2	13.42%
2001	92919.0	82709.2	89.01%	10209.8	10.99%
2002	111821.0	97769.3	87.43%	14051.7	12.57%
2003	161506.8	145933.5	90.36%	15573.3	9.64%
2004	170170.3	145557.6	85.54%	24612.7	14.46%
2005	223544.7	193110.4	86.39%	30434.3	13.61%
2006	257050.0	231837.2	90.19%	25212.8	9.81%
2007	295824.1	262517.0	88.74%	33307.1	11.26%
2008	319009.0	276563.6	86.69%	42445.4	13.31%
2009	498084.0	442585.5	88.86%	55498.5	11.14%
2010	590804.0	536991.9	90.89%	53812.1	9.11%
2011	587505.0	515673.5	87.77%	71831.5	12.23%
2012	616926.0	529809.7	85.88%	87116.3	14.12%
2013	611372.0	510521.1	83.50%	100850.9	16.50%
2014	746239.5	557440.6	74.70%	188798.9	25.30%
2015	900643.1	705579.5	78.34%	195063.6	21.66%

1989—2015年建行承德分行单位活期存款分类统计表（本外币）

表5-5-3　　　　单位：万元

年度	基建及建筑企业存款	工业企业存款	商业企业存款	机关团体存款	个体存款	其他资金存款	农业存款	住房资金存款	社保资金存款
1989	4227.7	13.4	—	7.3	0.3	3391.3	—	—	—
1990	6232.7	49.2	—	16.9	7.6	3798.6	—	—	—
1991	6947.3	16.2	—	48.4	15.1	4211.7	—	—	—
1992	8392.1	85	—	30	53.5	4046.1	—	—	—
1993	7863.2	215.6	—	35.4	36.2	3521.2	—	—	—
1994	8868.1	1726.3	—	41.1	52.3	5282	—	—	—
1995	10669.2	5739.4	—	145.2	77.6	9425.5	—	—	—
1996	12481	4926.1	—	1102	182	7320.9	—	—	—
1997	19199.6	2111.8	453.5	2361	321	19948	—	—	—
1998	19045.5	2570.3	310.3	4131.2	497.5	23008.7	—	—	—
1999	23859.2	2208.7	271.2	9025	284.8	21822.3	—	—	—
2000	21408.1	2490	556	10624.3	740.4	24216	—	—	—
2001	6837.4	4303.9	1941.6	20572	1041.4	46698.6	1314.3	—	—
2002	11156.4	6551.5	1763.4	22346.3	1331.6	53005.5	1614.6	—	—
2003	16618.8	9388	2453.8	45038.5	841.3	69187.7	2405.4	—	—
2004	17028.8	12247	3320.9	51051.4	1849	57421.2	2639.3	—	—
2005	24546	8290.4	4819.7	75310	1112.7	69837.7	2869.4	6324.5	—
2006	24914.1	16228.6	4203.5	114774	1652.6	59320.5	2101.8	8642.1	—
2007	28627.8	9934.7	4124.1	143272	1031	40606.6	183.1	26731	8009.7
2008	23433.5	11071.1	9115	153845	1275.8	57201.9	326	9691.8	10603.5
2009	72796.9	22944.2	11272	238463.2	1685	72886.2	1450.3	10379.6	10708.1
2010	87315.5	20522.4	9886.8	341824	1576.2	50126.9	1060.9	12351.8	12327.4
2011	69501.1	30098.9	11881.1	265189	1882.1	83941.1	1534.5	19195.7	32450
2012	47474.9	18846.3	12696.8	263581.5	2304.2	126701	1831	22705.8	33668.2
2013	54859.9	33061.6	11524.4	272716.7	2968.3	67982.8	1237.3	23724.1	42446
2014	66472.8	29750.3	9277.3	281445.9	3509.2	105694	1817.7	17676	41797.4
2015	119865	57557	13923	312201	3361	125253	4344	26324.3	42751.2

1989—2015 年建行承德分行单位定期及其他存款分类统计表（本外币）

表 5-5-4　　单位：万元

年度	定期存款	保证金存款	单位通知存款
1989	43.1	—	—
1990	158	—	—
1991	89.3	—	—
1992	15.3	—	—
1993	248.4	—	—
1994	1564.2	—	—
1995	2423.6	1323.5	—
1996	3652	1174	—
1997	7017.3	1174.8	—
1998	7166.8	1447.7	—
1999	6041.7	1994.1	—
2000	7203.7	2135.5	—
2001	8901.4	1308.4	—
2002	9200	4851.7	—
2003	7770.5	7802.8	—
2004	12735.8	11876.9	—
2005	22110.7	6823.6	1500
2006	20487.5	4425.3	300
2007	25532	7775.1	0
2008	33410	9035.4	0
2009	31969.7	17007.8	6521
2010	35225	18607.1	0
2011	36257	23046.3	12528.2
2012	36961	15661.3	34494
2013	40929	17166.9	42755
2014	109299	32531.9	46968
2015	119293	19219	56551.6

第六章 交通银行承德分行存款

2013年11月开业后，交通银行承德分行把发展存款放在各项工作的首位，全行上下联动，不断完善软硬件平台建设，全面提升服务水平。外抓形式多样宣传营销，努力提升品牌效应，推动客户群建设；内抓管理制度执行，加强规范管理，落实目标考核激励机制，促进存款业务健康发展。2015年末，各项存款余额13.5亿元，比2013年末增加7.9亿元，增长1.4倍。

第一节 存款种类

一、个人活期存款

人民币活期储蓄、定活两便储蓄

二、个人定期存款及其他个人存款

整存整取存款、个人通知存款、大额定期存单、保证金存款。

三、单位活期存款

企业活期存款、机关团体存款、社保基金存款、住房公积金存款、单位协定存款。

四、单位定期存款及其他单位存款

企业定期存款、住房公积金定期存款、单位通知存款、机关团体定期存款、保证金存款。

第二节 个人存款

一、加强硬件设施建设

开业初期，交通银行承德分行在较短时间内完成营业部建设，开设个人业务窗口5个，自助区配置ATM自动柜员机4台、网银体验机2台、ITM远程智能柜员机1台、自助发卡机1台、查询机1台，为客户提供了功能完善的服务平台。2015年末，拥有营业网点4家，初步实现对双桥区、双滦区、高新区的服务覆盖。业务种类日趋丰富，大力推广网上银行、手机银行业务。加强网点建设，提升网点服务效能，推进厅堂自助设备向电子化、人性化、便捷化转变。

二、开展营销活动

开业以来，交通银行承德分行持续开展广泛宣传，着力打造“交通银行您的财富管理银行”品牌形象，提升知名度，存款营销不断取得新突破。2014年1月，举办“迎新春　客户观影”活动，实现新增客户85户，吸收存款500万元。3月，邀请10个8～12岁的儿童及其家长参加“小小金融家”普及理财知识竞赛活动，以理财业务带动存款增长。6月，举办“绿色社区”活动，拓展新开银行卡客户510户，理财客户30户。10月，举办“市区惠民”活动，拓展手机银行客户105户，信用卡客户56户，个人资产10万以上的客户39户。11月，举办“惠聚双十一”活动，实现代理保险销售30万元、贵金属销售8.9万元，吸收存款350万元。2015

年，调整存款营销重点，目标客户转向私营业主、企业高管、高级公职人员等中高收入人群。通过提供理财规划、高标准个性化服务等，聚集吸引高端客户群。4月，组织高端客户“古北水镇一日游”活动，吸收客户存款1000余万元。5月，举办“百年交行、百年母亲节、百年老爷车”贵金属大型展销会，实现贵金属销售39.87万元。7月，举办“高端客户投资交流会”，拓展高端客户8户，新增存款2800万元。8月，举办“收单商户在身边”活动，拓展POS商户86户，信用卡客户40户。全年举办“社区行”活动60余次，推介产品、解答咨询，品牌形象稳步提升，为零售客户规模不断扩大打下基础。

三、建立内部激励机制

为充分调动员工积极性，提高服务水平和工作效率，交通银行承德分行建立争先进位激励机制，通过定期检查、重点辅导、多频培训等，对营业网点加强督导，落实奖惩。2013年，抓住开业至年终仅有的一个月时间，发动全行员工开展“我爱交行我的家”存款竞赛活动，年末个人存款余额达到9476.3万元。其中活期存款余额5612.4万元，定期存款余额3863.9万元。2014年，组织“我营销我成长”年底收官营销竞赛活动，增加新客户103户，储蓄存款增长4500万元。2015年1—3月，推出“开门红”存款营销竞赛活动，进行全员指标分解，开展营销存款大排名，直接促进储蓄存款增长9000万元。6—7月，以“稳添利”理财产品为抓手，通过开展“激情夏日，火热销售”劳动竞赛活动，实现借记卡开卡700余张，带动储蓄存款提升5000余万元。2015年末，个人存款余额31901万元，较2013年末增加22424.7万元，增长2.36倍。

2013—2015年交通银行承德分行个人存款定活期结构统计表（本外币）

表5-6-1　　单位：万元

年度	个人存款	个人活期存款		个人定期存款及其他	
		年末余额	占比	年末余额	占比
2013	9476.3	5612.4	59.22%	3863.9	40.78%
2014	23112.8	7058.3	30.50%	16054.5	69.50%
2015	31901	5751.4	18%	26149.6	82%

第三节 单位存款

交通银行承德分行单位存款主要依托现金管理、产业链、代发工资等业务，拓展机构类优质客户，树立单位品牌形象，拉动存款业务增长。

一、争取政府支持

开业之初，交通银行承德分行与承德市人民政府签订战略合作协议，积极围绕承德市经济和社会发展大局，加大资金支持力度。承德市政府协调各部门在财政、住建、社保等存款上给予一定倾斜，消除存款规模小制约信贷投放的瓶颈。

同时，在承德市政府的支持下，成功发展市移动公司、营子区城建投、红松发电、双桥区北区办等客户。2014年，获得住房公积金归集支付资质，2015年末，住房公积金活期存款余额472万元、定期存款余额3.76亿元。

二、依托系统平台

2015年，交通银行“531工程”核心业务系统升级，业务流程全面实现电算化、网络化，银行承兑汇票出票环节由原来客户手工填写汇票改为系统打印票据，网银等电子渠道实现功能优化，整体服务效率大幅提升。2015年，为河北省烟草公司承德分公司卷烟订货提供跨行直达结算，升级结算方式，有效减少资金在途，带动了企业存款增加。

三、推广特色产品

在传统的单位存款业务基础上，积极推广交通银行财富管理品牌“蕴通财富”。“蕴通财富”是以“统筹企业所有财富管理活动，用金融智慧为企业创造价值”为宗旨，以做企业年度综合指标的财务顾问为目标，为广大企业客户提供全方位、“一站式”、专业化、个性化的财富管理解决方案。其中蕴通账户企业现金管理是“蕴通财富”的重要业务。2015年共为承钢、住房公积金、河北省烟草公司承德分公司开立蕴通账户3个，吸收企业存款5.2亿元，为企业增收节支约18万元。商票保贴是“蕴通财富”产业链金融业务之一，通过为承钢及其上游企业提供商票贴现融资服务，将资金注入相对弱势的上下游中小企业，从而提升供应链企业的信任度，有效扩大了企业开户存款。发展投行业务，带动对公存款发展。2015年，针对承钢购置关键设备的资金缺口，成功撮合承钢与交银租赁6亿元的融资租赁业务，以派生存款促进单位存款增长。

四、提升专业水准

加强与交通银行总行、省分行的联动，通过跟岗实践学习等方式，定制式培养专业人才，提升整体服务能力。建立培训与考核相结合的运行机制，定期举办产品学习和业务能力提升培训，不断提升营销人员的业务素质，强化营销意识，提高综合服务能力，树立良好的服务形象。

2015年末，交通银行承德分行单位存款余额10.32亿元，较2013年末增加5.66亿元，增长1.2倍。

2013—2015年交通银行承德分行单位存款定活期结构统计表（本外币）

表5-6-2　　单位：万元

年度	单位存款	单位活期存款		单位定期存款及其他	
		年末余额	占比	年末余额	占比
2013	46577.86	35377.86	75.95%	11200.00	24.05%
2014	114513.76	75598.54	66.02%	38915.22	33.98%
2015	103199.88	58594.99	56.78%	44604.89	43.22%

2013—2015 年交通银行承德分行单位活期存款分类统计表（本外币）

表 5-6-3　　单位：万元

年度	企业活期存款	机关团体存款	社保基金存款	住房公积金存款	非居民存款	协定存款
2013	7682.97	27694.89	0	0	0	0
2014	48731.30	20391.14	0	2242.63	0	4233.47
2015	7748.19	42324.13	7610.16	472.48	0.03	440

2013—2015 年交通银行承德分行单位定期及其他存款分类统计表（本外币）

表 5-6-4　　单位：万元

年度	企业存款	住房公积金存款	单位通知存款	机关团体存款	保证金存款
2013	2000	0	0	9200	0
2014	2000	32400	400	0	4115.22
2015	2000	37600	0	0	5004.89

第七章 中信银行承德分行存款

2015年3月，中信银行承德分行开业后，牢固树立存款立行理念，以改革创新为动力，打造全行抓存款的氛围，推动存款规模、效益、质量协调发展。2015年末，各项存款余额15.41亿元，其中单位存款余额12.06亿元，个人存款余额3.35亿元。

第一节 存款种类

一、个人基础存款产品

此项业务主要有活期储蓄、定期储蓄、大额定期存单和贺禧存单4种。其中定期储蓄包括整存整取、零存整取、存本取息、个人保证金存款和通知存款；大额定期存单于2015年6月15日开办；贺禧存单是指具有贺礼或收藏功能的定期储蓄存单，分“福星高照”“财运亨通”“益寿延年”“吉祥如意”“风调雨顺”“家和万事兴”“生肖类（12张）”“贺喜类（4张）”8个主题。

二、个人特色存款产品

存贷宝 借款人还款账户可关联10个中信银行卡持有人，关联人不承担还款义务。如果11个账户（含借款人）的日均存款总额大于3万元，那么大于3万元且小于等于贷款本金的部分可享受定期存款1.2倍的利息收益，所得收益按各个账户存款金额比例分摊。该产品是中信银行推出的贷款还款方式优惠服务。将个人贷款客户或小企业法人贷款客户实际控制人的借记卡账户和关联账户内的活期存款总额，按照一定的标准视同抵扣部分贷款本金，定期将因视为抵扣这部分贷款本金而产生的抵扣收益返还至相应账户，以减少客户实际贷款利息支出。

增利煲 是中信银行2015年12月推出的人民币智能存款产品，客户在约定期限内可全部或部分提前支取。按实际存期确定对应利率，计付利息。

三、单位活期存款

包括企业活期存款、机关团体活期存款、住房公积金活期存款。

四、单位定期存款及其他

包括企业定期存款、机关团体定期存款、住房公积金定期存款、单位保证金存款、单位通知存款、单位大额定期存单。

第二节 个人存款

一、夯实基础

执行网点统一规划，实现多业态、科学布局，提升服务和营销水平。拓宽渠道，批量获取客户，通过与大型旅游公司、知名餐饮企业、酒店、大型商超及医药零售公司开展合作，实现客户信息资源的互补与交换，批量获取有效客户200户。

重点培育基础客户，积极拓展和挖掘代发工资、POS商户等储源，加强存量客户维护，降低中高端客户流失率。组建渠道外拓团队，具体负责代发工资、特惠商户建立、POS商户签约以及零售产品外拓工作；配备移动电子设备，向客户多角度展示各项产品的优势；经过努力，累计营销代发工资12户，签约POS商户30户。组织员工开展“开门红”存款营销竞赛和青年员工创业大赛，直接带动储蓄存款增长1.18亿元。

二、突出特色

坚持以中高端个人客户为核心，做细客户群，完善由私人银行、贵宾、大众客户组成的分层经营体系，形成广覆盖、有重点的客户群体。通过为私人银行客户提供家庭清洁、擦玻璃等家政服务，以及为贡献大的理财、贵宾客户提供健康体检等，提升客户黏性，全面提升客户贡献度。2015年，实现新增贵宾客户138户，私人银行客户13户，大众客户298户。

全面推进零售二次转型，打造“客户体验一流、盈利增长一流、品牌形象一流”的零售银行。加强服务品质考核、评优等，定期开展日常检查、培训工作，持续完善服务品质体系建设。组织开展分行营销服务大赛，通过树标杆打造服务星级网点和服务明星，强化榜样带头作用。以“厅堂服务十个一”为载体，推进网点服务从标准化向精细化转变。推广6S管理，锻造员工服务素养，统一客户视觉，提升服务效率。

三、开展主题营销

2015年5—6月，组织开展“六一”儿童节、父亲节、端午节等节日主题营销活动，有效扩大零售客户数量和存款规模。7月，联合河北省电视台共同举办承德市第一届中信银行杯“幸福跳起来”广场舞电视大赛，活动历时3个月，招募报名队伍48支，参赛人员800余人，直接带动借记卡开卡680张，储蓄存款提升500万元。10月起，组织开展“我是菁英，梦想开跑”活动，每月一个跑步主题，共设六大主题，招募参跑人数450余人，带动储蓄存款提升300余万元。

2015年末，中信银行承德分行个人存款余额3.35亿元，其中个人活期存款1.12亿元，占比33.27%；个人定期存款0.43亿元，占比12.83%；保证金存款1.61亿，占比48.15%；结构性存款0.19亿元，占比5.75%。

第三节 单位存款

一、培育基础客户群

坚持以客户为中心，以做大做实对公基础客户群为基础，依托基础“链式”批量获取优质中小客户群，实现中小客户风险有效防控和客户经营的协调发展。聚焦并重点营销承德双承生物科技股份有限公司、承德泉力工贸集团有限公司、承德天原药业有限公司等拟“新三板”上市的优质企业。围绕承德京城矿业集团、承德天宝矿业集团、承德建龙特殊钢有限公司等大型企业，辐射发展培育客户群，通过为上述公司办理银行承兑汇票业务，年末形成保证金存款6.05亿元；同时，深入挖掘供应链上下游中小微企业客户，批量获取开采、运输、配件销售等行业企业，如隆化县双盈矿业有限公司、承德优安矿山设备检测服务有限公司、承德兆丰预拌商品混凝土有限公司等优质中小客户。积极组织开展“公司客户破零行动”“公司客户收获金秋”等新客户营销竞赛活动，增加单位客户数量，推动单位存款稳步增长。2015年末，实现150余户企业开户，涵盖金融、制造、商贸、旅游、餐饮、地产开发等多个行业。

二、积极拓展新业务

针对经济下行导致的企业成品单价下降、销售收入下滑、闲置资金减少的状况，大力推广“流动管家”产品（流动管家是中信银行为中小企业客户量身定制的专属理财产品，在保持资金流动性的同时提高企业的资金收益，具有门槛低、在线申购和赎回、T+0到账、收益高、安全性高等优势特点），在不影响企业资金周转的前提下，为企业增加部分利息收入，减少经营成本，在与企业客户互利双赢的同时，吸引企业存款。积极探索，成功办理石家庄市分行首单企业大额存单业务，2015年6月15日，为承德中天建设工程检测试验有限公司办理大额存单业务，金额1000万元，期限6个月。

三、广泛开展合作

2015年9月，开始办理住房公积金归集、支取业务，当年公积金业务办理笔数超“百笔”，在为企业缴存和个人支取提供便利的同时，增加了单位存款。11月，承德市财政局同意新增中信银行承德分行非税资格，通过对财政执收单位非税收入的吸纳以及提供的增值运作服务，带动增加机关团体存款。2015年末，中信银行承德分行争取到隆化县财政局、承德市中小企业信用担保服务中心、承德市避暑山庄及周围寺庙景区管理委员会、宽城满族自治县农业投资公司等客户。

2015年末，中信银行承德分行单位存款余额12.06亿元，其中活期存款余额3.27亿元，占比27.10%；单位定期存款及其他存款余额8.79亿元，占比72.90%。

第八章 邮储银行承德市分行存款

承德市邮政储蓄于1986年恢复开办。1989—2015年的存款业务，主要发生以下阶段性变化：

1986—1989年邮政储蓄恢复时期。这一时期，承德市邮电局为人民银行代办储蓄存款业务，发展上表现为逐步增设网点。1989年末，邮政储蓄存款余额3137万元，比1988年末增加683万元，增长27.86%。

1990—2007年邮政储蓄自办时期。这一时期，人民银行对邮储存款的政策规定，先后发生4次较大调整：1990年1月1日，邮储业务由代办转为自办。同年7月1日，邮储存款由缴存人民银行改为转存人民银行，在人民银行开立长期和活期两个存款账户。活期户按2.16%计息；长期户7月1日之前按9%计息，7月1日（含）之后按10.8%计息。1997年1月1日，邮政储蓄在人民银行的转存款账户，合并为一个账户，不再区分长期和活期账户。2003年8月1日，人民银行对邮储存款实行“新老划段”。承德市8月1日以前的邮政储蓄老存款18亿元，继续按转存人民银行存款计息（当时为4.131%）；8月1日（含）以后邮政储蓄转存人民银行的新增存款，改按金融机构同业存款利率计息（当时为1.89%），并允许新增存款由国家邮政储汇局自主运用。2005年9月21日，为逐步实现邮储资金全部自主运用，邮储在人民银行的“老存款”，按照10%、15%、20%、25%、30%的比例，由人民银行分5年转入邮储自身账户。1998年邮政、电信机构分业经营后，邮政储蓄业务成为邮政的支柱业务。2007年末，邮政储蓄存款余额32.87亿元，比1989年末增加32.56亿元，增长103倍。

2008—2015年邮政储蓄银行时期。2008年，邮储银行承德市分行成立后，随着对公存款业务、理财业务、基金业务、支付结算业务的陆续开办，以及银行卡、网上银行、电话银行、手机支付等现代化支付工具的广泛应用，邮储银行承德市分行步入存款业务发展的快车道。2015年末，各项存款余额96.97亿元，比2007年末增加64.10亿元，增长1.95倍。

第一节 存款种类

一、个人活期存款

包括活期储蓄、定活两便储蓄。

二、个人定期储蓄

此项业务主要有整存整取、零存整取、存本取息、整存零取、个人通知存款、协议存款6种。其中个人通知存款于2012年开办；协议存款于2013年开办。

三、单位活期存款

包括企业活期存款、社保基金存款。

四、单位定期存款及其他

包括单位定期存款、协定存款、通知存款、单位大额存单。

第二节 个人存款

一、邮政储蓄恢复时期

1986—1989年，邮政储蓄以增加储蓄网点为主，1989年末，邮储网点达到75个，专兼职储蓄业务员150余人，储蓄存款余额3137万元。

二、邮政储蓄自办时期

1990年，邮政储蓄业务改为邮电自办之后，开始考核存款结构，强调成本核算，活期存款比例逐步达到20%以上。

1996年，承德市邮政储蓄开始推行计算机网络处理业务，在网络的带动下，通过全员揽储，储蓄存款余额上升较快。

1998年，承德市邮电机构完成分业经营，邮政储蓄成为邮政局的支柱业务，进一步促进了邮政储蓄快速发展。开办代发工资，代收电话费、电费、有线电视费、交通违章罚款、移动通信费等代收代付业务。提升网点标准化建设，扩大营业面积，增加POS机和柜员机布放，为储户提供存取款的便利。同时强化礼仪服务、规范化服务。

2002年12月，邮储绿卡完成银联卡改造，实现了跨行取款、查询和消费。网络的便利支付优势，拓宽了邮储在农村地区的支付渠道，方便了农民工的资金往来。邮政储蓄以网络为依托，开始尝试为财政部门代发粮食直补款、退耕还林款，土地补偿款、老城区改造拆迁补偿款等业务。

2007年7—8月，丰宁邮政局在大阁镇等8个乡镇代发粮食直补款计4万余户，281万元，占丰宁全县粮食直补户的44%。12月，又为13个乡镇代发退耕还林款1803万元，转化为存款500多万元。年末邮政储蓄存款余额32.87亿元，比1989年末增加32.56亿元，增长103倍。

三、邮政储蓄银行时期

2008年4月，邮储银行承德市分行成立后，迅速采取一系列配套措施，推动吸储工作向新体制转变。

建立邮储银行网点与邮政代办网点相结合的机构体系。理清自营机构与代办机构之间的管理模式、任务考核、责任划分、利益关系，使自营和代办机构形成合力。

加大网点升级资金投入，迅速提升营业窗口的硬件设施和科技水平。2009年末，邮储银行在全市设立1个市级分行、13个一级支行、130多个机构网点，全面完成升级改造。全市新增全功能网点13处，理财专区20余处，布放ATM机超过50台，POS机超过100台。

深入挖掘客户资源，根据员工级别下达揽储任务。平泉和直属支行坚持每天到定点商家服务，主动上门揽储，开展亲情服务。

在同业竞争中争取稳定发展。2014—2015年，市场竞争加剧，邮政储蓄存款余额连续两年下降，2014年下降1.88亿元，2015年下降9.02亿元。邮储银行承德市分行面对不利形势，通过对外提供优质服务，落实网络升级改造，畅通支付渠道;对内挖掘内部潜力，提高客户经理待遇，实行任务考核等一系列措施，稳定了存款局面。

2015年末，邮储银行承德市分行个人存款余额79.51亿元，比2007年末增加46.63亿元，增长1.42倍。

1986—2015 年邮储银行承德市分行个人存款定活期结构统计表（本外币）

表 5-8-1　　　　单位：万元

年度	个人存款	个人活期存款		个人定期存款及其他	
		年末余额	占比	年末余额	占比
1989	3137	557.44	17.77%	2579.56	82.23%
1990	5412	714.93	13.21%	4697.07	86.79%
1991	8188	1450.91	17.72%	6737.09	82.28%
1992	10016	2164.46	21.61%	7851.54	78.39%
1993	15055	3033.58	20.15%	12021.42	79.85%
1994	22816	4791.36	21.00%	18024.64	79.00%
1995	35639	7662.39	21.50%	27976.62	78.50%
1996	44244	9733.68	22.00%	34510.32	78.00%
1997	52511.53	12240.44	23.31%	40271.09	76.69%
1998	64484.86	12658.38	19.63%	51826.48	80.37%
1999	81553.33	17289.31	21.20%	64264.02	78.80%
2000	97305.96	18653.55	19.17%	78652.41	80.83%
2001	129324.01	27145.11	20.99%	102178.90	79.01%
2002	151972.85	34148.30	22.47%	117824.55	77.53%
2003	181646.92	39671.69	21.84%	141975.23	78.16%
2004	215039.97	51609.59	24.00%	163430.38	76.00%
2005	269676.85	65558.44	24.31%	204118.41	75.69%
2006	299162.85	87654.72	29.30%	211508.13	70.70%
2007	328738.06	116504.77	35.44%	212233.29	64.56%
2008	394160.53	145563.48	36.93%	248597.05	63.07%
2009	475936	193896.33	40.74%	282039.67	59.26%
2010	560993	238814.72	42.57%	322178.28	57.43%
2011	685635.93	262941.38	38.35%	422694.55	61.65%
2012	798187.27	299479.86	37.52%	498707.41	62.48%
2013	904026.16	356547.92	39.44%	547478.24	60.56%
2014	885236.93	330016.33	37.28%	555220.60	62.72%
2015	795061.52	331779.17	41.73%	463282.35	58.27%

第三节 单位存款

一、增设服务机构

邮储银行承德市分行组建之后开办单位存款业务。2008 年 7 月，直属支行首先开办单位存款业务。2013 年，13 个一级支行全部开办单位存款业务。

二、以代理业务促进单位存款的增长

2008 年，争取市社保局开立基金专户，用于存储代发的养老金，日均余额 9000 万元左右，月累计代发养老金 3 万余户。

2010 年 2 月，邮储银行承德市分行争取到双桥区 1600 多个单位的工伤保险基金代收业务。2015 年末，全市缴纳户数达到 5400 余户，日均余额保持在 8000 万元以上。

2011 年，邮储银行承德市分行成功开办工伤保险基金归集业务，日常存放资金超过 2 亿元。在城乡居民社会养老保险经办银行招标中，成功取得承德县、隆化、围场、滦平 4 个县的城乡居民养老保险基金归集资格，归集城乡居民社会养老保险基金 1.13 亿元。统计显示，工伤保险基金、城乡居民社会养老保险基金日均余额超过 3.13 亿元。

承德邮储银行对重点企业提供“一揽子金融服务”，取得较好效果。2014 年，通过以贷引存，邮储银行承德市分行与承钢分公司及其上下游企业建立合作关系，开立结算账户 37 户，存款日均余额约 1 亿元。2015 年末，单位存款余额 17.47 亿元，其中活期存款占 82%，定期存款占 18%。

2008—2015 年承德市邮储银行承德市分行单位存款定活期结构统计表（本外币）

表 5-8-2　　单位：万元

年度	单位存款	单位活期存款		单位定期存款及其他	
		年末余额	占比	年末余额	占比
2008	6394.79	6394.79	100%	—	—
2009	39555.65	39355.65	99.50%	200	0.50%
2010	90501.05	71971.05	79.53%	18530	20.47%
2011	143700.43	133887.43	93.17%	9813	6.83%
2012	174085.87	148034.94	85.04%	26050.93	14.96%
2013	189022.48	171769.55	90.87%	17252.93	9.13%
2014	166659.98	130379.63	78.24%	36280.35	21.76%
2015	174674.67	142894.67	81.81%	31780	18.19%

第九章 农村信用社存款

1989—1996 年农业银行领导时期，农村信用社存款以个人储蓄存款为主，单位存款仅限于短期临时性存款，占比较少。1996 年末，农村信用社各项存款余额 23.57 亿元，比 1989 年末增加 17.92 亿元。其中个人储蓄存款余额 22.54 亿元，占全部存款的 95.62%；单位存款余额 7180 万元，占 3%。

1997—2005 年人民银行、银监局领导时期，农村信用社继续加大宣传力度，努力改善服务环境，增加对软硬件服务设施的投入，促进了各项存款的增长。一是以提高支付结算效率和质量为抓手，发展单位存款。1997 年，农信社的跨行结算业务，直接与人民银行同城电子联行对接，开通了跨行结算渠道，为营销单位存款提供了技术保障。同年，农信社计算机单机版系统软件代替传统手工记账，提高了工作效率。2005 年末，农信社各类单位存款账户 1380 个，单位存款余额 9.01 亿元，比 1996 年末增加 8.29 亿元，增长 12.6 倍，占全部存款的 10.17%。二是加大储蓄宣传力度。农信社通过发放储蓄宣传单、宣传册，悬挂宣传标语，设立宣传台等形式，大力宣传存款业务。平均每年发放各类宣传材料 500 余万份，在乡村集市、城镇社区广场开展宣讲活动 1300 余场次，有效提升了社会知名度。2005 年末，个人储蓄存款余额 78.87 亿元，比 1996 年末增加 56.33 亿元，增长 3.5 倍。三是在人民银行主导下，接收了农行撤销营业所的全部存款。2000—2001 年，农业银行按照商业化改革要求，先后集中两批撤销规模小、效益差的农村营业所 59 家。当时，邮政储蓄与农信社在接收撤销机构存款问题上竞争激烈。在人民银行的主导支持下，农行承德分行撤销的 59 家营业所各项存款全部就地移交农信社。农信社合计接收各项存款 7.96 亿元，其中单位存款 8300 万元、个人存款 7.13 亿元。存款得到大幅度提升。2005 年末，各项存款余额 88.85 亿元，比 1996 年末增长 3.77 倍。

2006—2015 年省联社领导时期，农信社把加强基础设施建设、提升服务质量作为抓存款的主要措施。一方面加大科技投入，加强业务处理系统的电子化建设，另一方面对全辖营业网点统一标识，统一服务设施，统一门面装修，整体提升外在形象。2007 年 4 月 6 日，全省农信社综合业务系统上线，前台业务由原来的双人复核制改为综合柜员制，加快了资金结算速度。2008 年 9 月 27 日，通过综合业务系统实现个人账户的全省通存通兑。同年 11 月，开始发行“信通卡”。在开办“信通卡”业务的同时，综合业务网络中的“农信银”支付清算系统正式开通，实现全国农信企业账户实时电子汇兑和个人账户通存通兑。2010 年，ATM 自助存取款机在网点分批布放，实现 24 小时不间断为客户提供存取款服务。2012 年，上线网上银行、手机银行业务，使信通借记卡客户办理业务更加便捷，从而推动银行卡发行量大增，信通卡余额大幅提升。2015 年末，信通卡发行量 118.28 万张，卡内存款余额 59.14 亿元，占各项存款余额的 11.57%。各项存款余额 511.26 亿元，比 2005 年末增长 5.75 倍。

第一节 存款种类

一、个人活期存款

包括活期储蓄、定活两便储蓄。

二、个人定期存款及其他个人存款

此项业务主要有整存整取、零存整取、保值储蓄、大额定期存单、个人通知存款和教育储蓄6种。其中大额定期存单于1992年开办，1994年停办，2015年6月重新开办；个人通知存款于1997年12月开办；教育储蓄于2000年5月开办。

三、单位活期存款

企业活期存款 主要包括集体农业存款、乡镇企事业存款。

国家单位存款 指农村信用社驻地的乡镇政府、工商、税务、公安派出所等行政机构经费存款。

财政性存款 农村信用社1998年开设财政性存款账户，包括财政性存款、待结算财政款项、地方财政库款、财政预算外存款、财政预算专项款项。

四、单位定期存款

此项业务共有3项。一是农村集体定期存款，是指农村集体农业和其他集体产业事先约定存期的存款；二是企事业单位定期存款；三是机关团体定期存款。

五、其他存款

包括应解汇款、保证金存款。

第二节 个人存款

一、农业银行领导时期

1989年上半年，全辖农村信用社个人存款出现不同程度的下滑。以围场满族蒙古族自治县为例，5月末，个人储蓄存款比年初下降330万元。主要原因是国家实施适度紧缩的货币政策，银行信贷收紧，社会高息集资借贷分流了一部分存款，加之个别农信社出现支付困难，影响了储户存款的积极性。为遏制储蓄存款的下滑，施行多种形式的广泛宣传，提示引导民众存款受国家法律保护、提高安全意识、不受高息利诱、避免上当受骗。同时加强服务支撑，层层制定吸存目标，落实吸收存款任务。9月，货币政策适度松动，农信社个人存款回暖。年末个人储蓄存款余额5.21亿元，比上年末增加9935万元，增长19.05%。

1990—1993年，各项惠农政策逐年完善落实，农民土地收入、外出务工收入不断增加。农信社抓住秋收和春节期间农民工返乡两大吸存旺季，加强吸收存款工作。1991年，以庆祝承德农行、农信社存款突破10亿元为契机，通过板报、橱窗、彩车、放电影、发传单等形式，广泛宣传农信社储蓄存款政策，收到良好的宣传效应。1993年末，农信社个人存款余额10.40亿元，占各项存款总额的93.87%，比1989年末增加5.19亿元。

1994—1996年，农信社个人储蓄存款受到特殊因素的影响，1994年，承德地区大面积遭受洪涝灾害，农民减产减收；受到农村合作基金会高息揽存的冲击，部分农信社储源分流。为稳定储蓄存款，各联社均开展了有奖储蓄活动，吸引了一部分储蓄存款。同时发挥1100个驻村信用代办站的优势，通过信用代办员的人脉基础，捕捉信息，挖掘储源，稳定了一部分储蓄存款。1996年末，全辖信用代办站存款余额8.74亿元，其中200万元以上存款的信用站80余个。农信社个人存款余额22.54亿元，占各项存款的95.62%，比1993年末增加12.14亿元，增长1.16倍。

二、人民银行、银监局领导时期

1997年“行社脱钩”初期，存款竞争激烈，位于城镇的农信社储蓄存款受到一定的冲击。如承德市郊区联社，1997年上半年存款增长基本停滞，6月末，储蓄存款余额为2.1亿元，与年初持平。为扭转被动局面，农信社统一行动，改善服务质量。采取根据季节性变化延长营业时间、业务高峰期增设临时窗口等便民措施，为储户提供贴心服务，减少等待时间。开展“进村、入户、联民”活动，通过电话预约、上门服务等营销方式，推销储蓄产品。开展“四讲一服务”“不讲服务忌语、倡导文明用语”活动，以及“双十佳”“金融双先”等劳动竞赛活动，全面提高服务质量。年末，全辖农信社个人存款余额26.42亿元，占全部存款余额的94.59%，比1996年末增加3.88亿元，增长17.22%。

1998—1999年，加大科技投入力度，加快业务受理电子化进程。从选拔人才和集中培训入手，培养计算机操作骨干和计算机专业管理员。有计划的装备计算机，进行单机版装机测试。经过两年多努力，全市农信社全部实现业务受理单机版电子化操作，结束了手工记账的历史。计算机技术的应用，提升了工作效率和服务质量，促进了储蓄业务的开展。

1999年，清理整顿农村合作基金会过程中，农信社合法权益得到人民银行的有力保护。根据河北省政府令，河北省内农村合作基金会（简称农金会）于5月11日停业整顿。由县乡政府、县人行、县联社组成联合工作组，对农金会进行清产核资，资能抵债的并入农村信用社。经清产核资和人民银行工作组验收，批准农信社接收资能抵债的农金会8家，并入有效资产6914万元，接收储蓄存款5149万元。在清理整顿农金会过程中，为防范农金会风险向农信社转嫁，人民银行承德市中心支行高度重视，采取积极措施，坚持政策标准，有效避免了风险转嫁，保护了农村信用社的合法权益。一是坚持政策标准。在清产核资过程中排除各方面压力，实事求是地认定农金会资产质量，坚决抵制农金会风险向农信社转嫁。二是建立应急机制。对农信社实行支付头寸监测日报，制定现金调拨应急预案。严防发生挤兑事件。三是确定存款支付保障措施。在农信社出现支付困难时，依次采取同业调剂、人民银行再贷款、运用准备金等方式，确保存款支付。年末农信社个人存款余额32.00亿元，占全部存款余额的95.28%；比1997年末增加5.58亿元，增长21.13%。

2000—2001年，在人民银行承德市中心支行的主导协调下，农村信用社接收农业银行撤销机构的个人存款7.13亿元。

2005年末，农信社个人存款余额78.87亿元，占全部存款余额的88.76%。比1999年末增加46.86亿元，增长1.46倍。

三、省联社领导时期

2006年，进一步加强储蓄存款电子化营销力度。

2007年4月，农信社全省综合业务系统上线。系统涵盖前台业务处理、综合柜员管理、业务授权和事后监督等业务环节。储蓄业务实现由单机版向联网操作的转变，在此基础上实行柜员制，提高了储蓄服务质量和效率。各县区联社深入开展“二次创业”和“农信进万家”活动，通过电视媒体播放农信社专题宣传片，做客交通广播电台、报纸杂志等宣传媒介，广泛宣传产品和发展状况。充分利用奖惩机制，给员工定任务、压担子，8小时以外吸存揽储成为全体员工的自觉行动。同时增强储蓄营销的针对性。面对股票、基金、各种理财产品等对储蓄存款业务的冲击，农信社按照“增加总量、优化结构、降低成本、提高效益”的原则，通过对重点客户和潜在客户分层公关，引导客户调整储蓄理财结构，稳定和扩大客户群。年末个人存款余额121.18亿元，占全部存款余额的89.75%。

2008年9月，综合业务系统实现了储蓄“一本通”，储户可以在省内任意一家农信社存取现金。10月，河北省农村信用社“信通借记卡”面世。省联社承德办事处下达年度“信通卡”发行指标，各县区联社层层分解，明确员工的“信通卡”发行任务。经过全员努力，年末，信通卡发行量突破5万张，卡内存款余额3.27亿元。

2009—2011年，加大ATM自助存取款服务设施的布放力度，“信通卡”的用卡设施进一步改善。2011年末，全市农信社共安装330余台存取款一体机，实现服务网点24小时不间断提供存取款自助服务，使城乡居民办理存取款业务更加便捷。集中开展“农信服务进万家”活动，定期组织职工广泛深入农户、商户、企业、乡村集市、城镇社区广场发放农信业务宣传单、农信产品宣传手册等，对农信社业务发展、新上业务、网络优势进行了全方位宣传。2011年末，农信社个人存款余额257.30亿元，占全部存款余额的86.51%，比2008年末增长29.93亿元。其中银行卡存款余额33.21亿元。

2012年，人行承德市中心支行批复农信社开办银行卡助农取款服务业务。农信社大力发展POS、EPOS特约商户，继续以普及银行卡业务、推广手机银行为突破口，制定各项指标考核办法，严格兑现奖惩，促进了储蓄存款的增长。

2013年，农信社以“全省存款突破7000亿”“承德存款突破400亿”为契机，统一组织“金融知识进万家”等主题活动，为组织存款宣传造势，取得良好的宣传效果。年末个人存款余额354.42亿元，占全部存款总额的83.82%。其中银行卡存款余额50.71亿元。

2014—2015年，农信社继续多渠道开辟新储源。借全省农信社存款突破1万亿主题宣传活动之机，开展送金融知识下乡，送农信产品下乡活动，全面展示新时期农信社新形象。通过发展特约商户，延伸服务触角，利用“信通卡”系列产品免费开卡用卡等惠民服务吸引客户，广拓储源。2015年，在辖内3373个行政村发展特约服务商户3373户，持卡居民足不出村即可享受到日常存取款或持卡消费服务。2015年末，全辖“信通卡”系列卡产品发行量73.92万张，卡内存款余额59.14亿元。个人存款余额443.12亿元，较1989年末增加437.91亿元，增长83.98倍。

1989—2015年农村信用社个人存款定活期结构统计表（人民币）

表5-9-1　　　　单位：万元

年度	个人存款	个人活期存款		个人定期存款及其他	
		年末余额	占比	年末余额	占比
1989	52147	11903	22.83%	40244	77.17%
1990	64402	12678	19.69%	51724	80.31%
1991	80140	15909	19.85%	64231	80.15%
1992	94443	19428	20.57%	75015	79.43%
1993	104016	18242	17.54%	85774	82.46%
1994	162569	28800	17.72%	133769	82.28%
1995	195050	34997	17.94%	160053	82.06%

续表 5-9-1

年度	个人存款	个人活期存款		个人定期存款及其他	
		年末余额	占比	年末余额	占比
1996	225384	32512	14.43%	192872	85.57%
1997	264195	41102	15.56%	223093	84.44%
1998	298747	46385	15.53%	252362	84.47%
1999	320023	57420	17.94%	262603	82.06%
2000	420184	95740	22.79%	324444	77.21%
2001	457732	84901	18.55%	372831	81.45%
2002	520939	111025	21.31%	409914	78.69%
2003	582957	134297	23.04%	448660	76.96%
2004	670840	156119	23.27%	514721	76.73%
2005	788652	185008	23.46%	603644	76.54%
2006	959600	221466	23.08%	738134	76.92%
2007	1211775	293805	24.25%	917970	75.75%
2008	1556232	367028	23.58%	1189204	76.42%
2009	1733865	485176	27.98%	1248689	72.02%
2010	2123101	683980	32.22%	1439121	67.78%
2011	2572966	746605	29.02%	1826361	70.98%
2012	3023188	806907	26.69%	2216281	73.31%
2013	3544238	932039	26.30%	2612199	73.70%
2014	4023008	948454	23.58%	3074554	76.42%
2015	4431230	967228	21.83%	3464002	78.17%

第三节 单位存款

一、农业银行领导时期

1989年，农村信用社单位存款主要是一些集体农业和小微企业的临时性存款，单位账户较少，单位存款占比较低。农信社办理异地和跨系统结算业务均需通过农业银行完成，结算渠道不畅、结算速度缓慢，客观上制约了单位存款的发展。1989年末，农信社单位存款余额4311万元，占各项存款余额的0.76%。

1990—1992年，农信社单位存款年均增长12%，1992年末，单位存款余额6898万元，比1990年末增加1401万元。

1993年，农信社单位存款整体出现负增长，年末全辖单位存款余额6794万元，减少104万元。为扭转单位存款下滑局面，各县联社、农信社领导组成目标公关小组，对辖内乡镇企业、行政事业单位进行走访，以优先满足单位客户信贷服务和利率优惠等措施，稳固原有单位客户，开发新的单位客户。

1994年，单位存款开始回升，年末单位存款余额7506万元，比1993年末增加712万元。

1995年，乡镇企业发展迅猛，带动了单位存款的增长。如宽城、滦平、兴隆等县抓住铁精粉价格上涨的有利时机，大力支持发展铁矿采选业，使企业存款增加。同时，通过上门服务，信贷扶持等举措，全力推动对公业务发展。1995年末，单位存款账户5300个，比1989年末增加2500个，单位存款余额1.08亿元，比1994年末增加3293万元，增长43.87%。

1996年末，单位存款余额7180万元，比1989年末增加2869万元。

二、人民银行、银监局领导时期

重点加大对支农财政专款、农村种植养殖合作单位、民营采矿企业的对公存款营销力度，继续通过上门服务、以贷引存等方式，发展单位开户，扩大单位存款规模。

1997年，各县区农村信用联社接入人民银行承德分行开发的承德市同城电子联行，打通了同城跨行结算渠道。

1999年末，农信社各类企事业单位账户5500个，比1996年末增加1300个。单位存款余额1.45亿元，比1996年末增长1倍。

2000—2005年，是农信社存款高速增长阶段。2000—2001年，在人民银行承德市中心支行主导支持下，农信社接收农行撤销机构的单位存款账户1700个，接收单位存款8300万元。2004年10月，承德市启动农信社改革工作，改革化解了农信社多年积累的风险，为单位存款的稳定增长奠定了基础。到2005年9月，9个县级联社91022万元的央行专项票据全部发行到位，消除了部分单位对农信社存款安全性的顾虑，从而带动了单位存款的增长。2005年5月，全辖农信社接入人民银行大额支付系统，实现了全国跨系统结算，为发展单位客户提供了科技保障。全辖农信社充分选择优势产业项目，优先给予信贷支持，吸引各类乡镇民营企业开户存款。如宽城县联社通过以贷引存，营销京城矿业、天宝矿业、兆丰钢铁等40余家企业开户，账户余额年均保持在2.3亿元以上。2005年末，单位存款余额9.01亿元，比1996年末增长12.55倍。

三、省联社领导时期

农村信用社加大科技投入，重点开展国家和地方财政专项支农惠农资金营销。同时各县区联社根据省联社承德办事处制定的《存款业务考核办法》，建立健全激励机制，把存款任务层层分解到联社包社科室、基层农信社直至个人，按月考核，按季兑现奖惩，以此推动单位存款业务开展。

2006年3月，接入人民银行小额支付系统，进一步畅通了跨系统结算的渠道，困扰农信社多年的结算汇路不通问题得到彻底解决。

2007年2月6日，全省农信社全面启动综合业务网络系统开发建设。全市各联社及270个基层社集中60天时间，配合全省完成了施工、验收、测试、一次上线成功。综合业务网络系统是一套集前台业务处理、综合柜员管理、业务授权、事后监督等银行业务操作于一体的综合业务操作系统。系统上线后，实现了省内农信社对公业务实时清算，省辖联行实时到账，明显加快了结算速度。全市农信社以综合业务系统上线为契机，继续推动落实经营目标责任制。各联社领导班子成员带头，主动与县乡政府、财政、交通、社保等部门协调沟通，大力营销支农惠农财政资金、城乡规划建设专用款项、粮食直补、农村社保基金等专项资金，取得较好成效。年末专项资金存款达到4.24亿元，占全部单位存款余额的31.49%。全辖农信社单位存款余额13.45亿元，比2006年末增加3.01亿元。

2008—2011年，农信社抓住承唐、承秦、承赤高速公路建设时机，将高速公路占地拆迁补偿款作为重点营销目标，利用一切可利用的信息和人力资源，积极与补偿对象、政府、项目单位沟通协调，争取补偿款代发业务。如承唐、承秦、承赤高速公路均过境承德县，承德县联社组织精干力量成立营销队伍，积极与征地拆迁移民负责单位、工程建设单位协调，组织工程项目沿线的各农信社，为工程项目施工建设做好服务，成功争取征地拆迁移民补偿款项、工程建设款项到农信社开户。2011年，承德县联社争取到高速公路征地补偿款、工程建设款共4.6亿元。隆化、围场、兴隆县联社均在各自县域内高速公路工程项目中争取到亿元以上的土地补偿款和工程建设款。2011年末，单位存款余额39.37亿元，其中拆迁占地补偿和工程建设款18.24亿元，占全部单位存款的46.34%。

2012年，随着网络化办公和网上银行业务的普及，农信社通过规范操作、科学管理、产品多元化开发、现代化服务等方式，大力发展单位客户群。继续开展以贷引存，支持企业发展，促进单位存款的增长。宽城满族自治县联社长期与承德兆丰钢铁、京城矿业、天宝矿业等大型优质企业保持良好的业务合作关系，企业发展的关键期和转折点均得到了农信社的信贷支持，促进了企业做大做强，形成了企业信贷需求首选农信社、开户存款首选农信社的良好局面。2012年，全市农信社通过为企业提供信贷融资，吸收企业流动资金存款22.46亿元，占全部单位存款余额的42.47%。省联社承德办事处、县联社协力攻关，继续争取农村社保、地补、粮食直补、退耕还林补贴等专项资金的吸存、代理发放。2012年，农信社吸收国家财政支农惠农专项资金存款15.84亿元，占全部单位存款余额的29.96%。年末单位存款余额52.88亿元，比2011年末增加13.51亿元，增长34.32%。

2013—2014年，针对承德市实体经济由矿业为主向休闲旅游等多元化发展转型的战略调整，农村信用社及时转换工作重点。把生态绿色可持续发展项目作为营销目标。对旅游资源及配套服务设施开发建设、特色休闲度假项目、特色文化产业项目给予信贷支持，如承德鼎盛王朝文化产业园项目、隆化县温泉度假休闲产业项目、兴隆县雾灵山风景区旅游资源开发项目等。通过以贷引存形成单位存款23.53亿元，占全部单位贷款余额的24.78%。大力营销城乡基础工程建设项目。营销承张高速公路建设占地拆迁补偿款、双峰寺水库移民占地补偿款和工程工段项目建设款22.85亿元，占全部单位存款余额的24.07%。继续做好农村社保、退耕还林补贴、粮食直补等支农惠农专项资金的代发工作，吸收专项资金存款19.87亿元，占全部单位存款余额的20.93%。吸引其他财政预算类存款16.97亿元，占全部单位存款余额的17.88%；吸引其他企事业单位存款11.70亿元，占全部单位存款余额的12.33%。2014年末，农信社各项单位存款余额94.93亿元。

2015年，受经济下行和“两高一剩”企业被限产或关停转型影响，农信社单位存款大幅下降。年末，全辖单位存款余额62.85亿元，比2014年末减少32.08亿元，下降33.79%。

1989—2015年农村信用社单位存款定活期结构统计表（人民币）

表5-9-2　　单位：万元

年度	单位存款	单位活期存款		单位定期存款及其他	
		年末余额	占比	年末余额	占比
1989	4311	4232	98.20%	79	1.80%
1990	5497	5360	97.50%	138	2.50%
1991	6304	6173	98%	131	2%
1992	6898	6675	96.80%	223	3.20%
1993	6794	6579	96.84%	215	3.16%
1994	7506	7371	98.20%	135	1.80%
1995	10799	10718	99.25%	81	0.75%
1996	7180	7035	97.98%	145	2.02%
1997	12406	12188	98.24%	218	1.76%
1998	11998	11510	95.93%	488	4.07%
1999	14485	13593	93.84%	892	6.16%
2000	13523	12163	89.94%	1360	10.06%
2001	30541	28052	91.85%	2489	8.15%
2002	40107	36182	90.21%	3925	9.79%
2003	44540	40714	91.41%	3826	8.59%
2004	64855	60005	92.52%	4850	7.48%
2005	90080	82839	91.96%	7241	8.04%
2006	104353	94627	90.68%	9726	9.32%
2007	134450	125219	93.13%	9231	6.87%
2008	166891	155174	92.98%	11717	7.02%
2009	370624	359920	97.11%	10704	2.89%
2010	370911	344126	92.78%	26785	7.22%
2011	393664	360770	91.64%	32894	8.36%
2012	528760	473412	89.53%	55348	10.47%
2013	663561	584000	88.01%	79561	11.99%
2014	949259	830697	87.51%	118562	12.49%
2015	628466	502907	80.02%	125559	19.98%

第四节 其他存款

一、应解汇款

应解汇款是指未在农村信用社开户的单位外来汇入款，通过农信社解付给收款方的临时性存款。农信社于1994年开办此项业务。1994—2015年承德市农村信用社应解汇款情况见附表：

1994—2015年农村信用社应解汇款统计表

表5-9-3　　单位：万元

年度	年末余额	年度	年末余额
1994	3956	2005	9753
1995	2592	2006	1675
1996	3140	2007	3309
1997	2696	2008	7113
1998	1769	2009	6121
1999	1368	2010	5583
2000	575	2011	7404
2001	4160	2012	13312
2002	4685	2013	8099
2003	5506	2014	15333
2004	8102	2015	17345

二、保证金存款

承德市农村信用社于2012年开办保证金存款业务。2012—2015年承德市农村信用社保证金存款情况见表5-9-4。

2012—2015年农村信用社保证金存款统计表

表5-9-4　　单位：万元

年度	年末余额
2012	26
2013	12422
2014	24682
2015	35520

第十章 承德银行存款

承德银行2002—2015年的存款业务，按照不同时期的核算方式和管理体制，主要发生以下阶段性变化：

2002—2005年单一法人社时期。承德市城市信用社处于重组开业初期，服务结算能力有待提升。城市信用社大力推进业务联网系统的对接和建设，完善相关业务制度和管理办法，积极营销存款业务。2005年末，各项存款余额19.64亿元，比2002年末增加13.6亿元，增长2.3倍。

2006—2008年承德市商业银行时期。承德市商业银行开始在县域设置分支机构，并与承德市人社局、住建局、热力集团等部门开展合作，带动单位存款及储蓄存款增长。2008年末，各项存款余额73.64亿元，比2005年末增加54亿元，增长2.8倍。

2009—2015年承德银行时期。承德银行发展定位逐步由地方银行向区域性银行转变，银行卡、网上银行、自助设备等业务快速发展，机构网点增长迅速，并逐步对存款结构进行了调整。2015年末，各项存款余额426.42亿元，比2008年末增加352.78亿元，增长4.8倍。

14年间，承德银行各项存款增加420.38亿元，增长近70倍，为支持承德地方经济发展提供了有效的资金来源。

第一节 存款种类

一、个人活期存款

包括个人活期储蓄、定活两便储蓄。

二、个人定期存款及其他个人存款

包括整存整取储蓄、零存整取储蓄、存本取息储蓄、整存零取储蓄、个人通知存款。

三、单位活期存款

包括工业商业存款、建筑企业存款、行政事业单位存款、机关团体存款。

四、单位定期存款及其他单位存款

此项业务主要有三项，一是单位定期存款；二是单位通知存款，于2008年开办；三是住房公积金定期存款，即住房公积金管理中心存入的定期存款，期限有三个月、三年、五年3个档次，于2015年开办。

五、其他存款

包括应解汇款及临时存款、保证金存款。

第二节 个人存款

一、单一法人社时期

2002年3月，承德市城市信用社重组开业，当时个人存款余额2.28亿元，主要为居民储蓄存款。2003年，设置储蓄科，负责具体管理储蓄业务，印发《储蓄业务制度（试行）》，以规范储蓄业务流程。2004年，在借鉴外地银行客户经理制的基础上，承德市城市信用社开始实行客户经理制，有效激励了员工营销热情，当年存款增加 1.3 亿元。2005 年，接入人民银行大额支付系统，提高了资金结算的服务能力。印发《储蓄业务管理办法（试行）》，以加强储蓄业务管理，规范前台业务操作。2005 年末，承德市城市信用社个人储蓄存款余额 6.91 亿元，其中活期储蓄 7219 万元，定期储蓄 6.19 亿元。

二、承德市商业银行时期

2006 年，承德市城市信用社改制为承德市商业银行。为提高结算服务能力，建设新一代的综合业务网络处理系统，实现全辖联网、通存通兑。接入人民银行小额支付系统，实现跨系统的资金实时汇划，结算能力达到国有商业银行的同等水平。相继出台《储蓄业务管理办法》《综合柜员制储蓄业务操作流程》等规范性文件，对改制后的储蓄业务进行了相应的调整和规范。

2007 年，正式发行热河借记卡，全年发卡 16366 张，卡内存款余额 3909 万元，POS 机累计交易金额 454 万元。同时延伸服务网点，在宽城县设立第一家县级支行，当年吸收储蓄存款 5271 万元。

2008 年，借助股市和楼市低迷、储蓄利率较高的有利时机，承德市商业银行对外加大热河卡费用减免、缴费功能完善等优势宣传，对内加强考核激励，促进了储蓄存款的快速增长。2008 年末，承德市商业银行个人储蓄存款余额 23.34 亿元，全年增加 9.20 亿元。其中活期储蓄 4.31 亿元，定期储蓄 19.02 亿元。

三、承德银行时期

2009 年，承德市商业银行更名为承德银行，重新规划负债业务结构调整战略，侧重发展储蓄存款营销，制定储蓄存款增存计划和考核措施，相继在平泉县、滦平县设立支行，继续拓展县域市场。当年全行储蓄存款增加 8.70 亿元，增幅 37.28%。

2010 年，承德银行推出储蓄产品“巧得利”，当年完成签约 1289 户，存款余额 1.92 亿元。同年推出热河公务卡业务，并增加了热河卡“在省内各城市商业银行的柜面通兑”功能，当年卡内存款余额 6.51 亿元，比年初增加 2.16 亿元。利用河北省三年大变样和城中村改造的有利机遇，营销一部分拆迁款，当年储蓄存款新增 13.74 亿元。

2011—2015 年，承德银行不断提升自身的结算服务能力，完善银行卡业务功能，增加自助设备的布放，“网上支付跨行清算系统”、热河借记卡“支付宝”快捷支付功能、全国柜面通业务、“银联手机支付”功能陆续上线，实现了热河借记卡全国范围内 ATM 跨行取款手续费全部免收。县域支行的代发工资业务实现较大突破，为储蓄存款的增长提供了有利的条件。继续加快网点建设步伐，2015 年末，承德银行在承德市范围内机构网点数量达到 46 家，其中市区 28 家，县域 18 家。

2015 年末，承德银行个人储蓄存款余额 248.33 亿元，较 2002 年末增加 246.06 亿元，增长 108 倍。其中活期储蓄 35.46 亿元，定期储蓄 212.88 亿元。

2002—2015 年承德银行个人存款定活期结构统计表（人民币）

表 5-10-1　　单位：万元

年度	个人存款	个人活期存款		个人定期存款及其他	
		年末余额	占比	年末余额	占比
2002	22771	2588	11.37%	20183	88.63%
2003	34701	3498	10.08%	31203	89.92%

续表 5-10-1

年度	个人存款	个人活期存款		个人定期存款及其他	
		年末余额	占比	年末余额	占比
2004	47642	4784	10.04%	42858	89.96%
2005	69070	7219	10.45%	61851	89.55%
2006	100453	11488	11.44%	88965	88.56%
2007	141398	25262	17.87%	116136	82.13%
2008	233388	43142	18.49%	190246	81.51%
2009	320387	72301	22.57%	248086	77.43%
2010	457793	95061	20.77%	362732	79.23%
2011	643467	110610	17.19%	532857	82.81%
2012	888404	131318	14.78%	757086	85.22%
2013	1345810	230664	17.14%	1115146	82.86%
2014	1869512	289333	15.48%	1580179	84.52%
2015	2483345	354570	14.28%	2128775	85.72%

第三节 单位存款

一、单一法人社时期

2002 年，承德市城市信用社单位存款以小微企业和个体工商户存款为主。2003 年，认真执行人民银行关于银行账户管理的有关规定，规范对公账户的管理。2004 年，推行客户经理制，激励全体员工的营销积极性，对各项存款的增长起到了推动作用。2005 年，城市信用社接入人民银行大额支付系统，实现了全国跨系统结算服务，为营销单位存款提供了有利条件。经过三年多的发展，2005 年末，单位存款余额 11.55 亿元，是 2002 年末的 3 倍，其中单位活期存款 10.50 亿元，单位定期存款 1.06 亿元。

二、承德市商业银行时期

2006 年，承德市城市信用社改制为承德市商业银行，对自身综合业务系统进行全面升级改造，接入人民银行小额支付系统，结算服务能力进一步提升。制定《银企对账管理办法》，规范对公账户的对账工作。承接承德市 1.6 万名离退休人员的代发工资业务，对存款的稳定增长起到了积极作用。

2007 年，与承德市人社局签订《养老保险业务合作协议》，与社保基金开展全面业务合作，负责社保资金的代收、代发、结算等，同时提供各项手续费减免等优惠条件。银企对账系统、代收热力集团暖气使用费系统上线运行，有效拉动了单位存款的增长。

2008年，与市各级住建部门开展业务合作，为承德市住建局住房维修资金业务提供系统维护、账户管理、资金结算、上门收款等服务。2008年末，单位存款余额48.22亿元，其中单位活期存款47.17亿元，单位定期存款1.05亿元。

三、承德银行时期

2009年，承德市商业银行更名为承德银行，总行设立公司业务部，专门负责单位存款业务。同年，接入中央银行财税库银横向联网系统，提升了缴税退税的服务能力。各县域支行的成立也吸引了部分县域中小企业，促进了单位存款的增长。

2010年，通过企业链信息跟踪、加强与政府职能部门沟通协调、举办银企对接联谊座谈等方式，及时跟踪掌握承德市路网建设、市政工程、三年大变样、“城中村”拆迁改造等重点项目信息，抢先介入营销。当年成功营销各类专项资金、行政事业单位存款28.15亿元，各类拆迁补偿款项近10亿元，对存款的稳定增长起到了重要作用。在服务的支撑上，工商验资E线通、财政零余额支付系统、绩效考核系统陆续上线，支付结算能力再上新台阶。

2011年，通过开办银行承兑汇票、保兑仓、担保公司担保贷款、委托贷款等新业务，增强对保证金存款及第三方企业存款的吸引力。

2012年，重点加强对拆改建工程款项、征地补偿专款、社保资金、企事业单位代发工资等资金的营销力度，提高资金留存率。全年共计营销各类拆迁补偿资金15.88亿元，营销代发工资户181户，沉淀资金近6.45亿元。与住房公积金合作取得积极进展，当年与100多家企业达成合作意向，营销公积金账户存款2.07亿元。

2014年，与市科技局签署《战略合作框架协议书》，共同举办科技型企业与承德银行投融资洽谈会，通过搭建政银企合作平台，把更多的优惠服务投向高新技术产业，同时拉动存款增长。

2015年，全面推动向零售业务转型的发展战略，更加注重低成本对公存款营销。承德银行微贷中心成立后，吸纳了一批发展趋势较好的小微企业客户和个体工商户。2015年末，单位存款余额163.06亿元，较2002年末增加159.40亿元，增长43.5倍，其中单位活期存款129.27亿元，单位定期存款33.79亿元。

2002—2015年承德银行单位存款定活期结构统计表（人民币）

表5-10-2　　单位：万元

年度	单位存款	单位活期存款		单位定期存款及其他	
		年末余额	占比	年末余额	占比
2002	36626	34485	94.15%	2141	5.85%
2003	58885	50466	85.70%	8419	14.30%
2004	110157	103074	93.57%	7083	6.43%
2005	115530	104975	90.86%	10555	9.14%

续表 5-10-2

年度	单位存款	单位活期存款		单位定期存款及其他	
		年末余额	占比	年末余额	占比
2006	184297	173397	94.09%	10900	5.91%
2007	412950	405159	98.11%	7791	1.89%
2008	482164	471656	97.82%	10508	2.18%
2009	687018	643001	93.60%	44017	6.40%
2010	900602	819972	91.05%	80630	8.95%
2011	1011785	917503	90.68%	94282	9.32%
2012	1089663	950886	87.26%	138777	12.74%
2013	1214158	996637	82.08%	217521	17.92%
2014	1350255	1016841	75.31%	333414	24.69%
2015	1630642	1292705	79.28%	337937	20.72%

2002—2015 年承德银行单位活期存款分类统计表（人民币）

表 5-10-3　　单位：万元

年度	工业存款	商业存款	行政事业单位存款	机关团体存款	建筑企业存款	其它企业存款	其他单位活期存款
2002	6569	3229	3345	219	3427	15259	2437
2003	9613	4726	4895	320	5016	22258	3638
2004	19700	4727	10034	658	10279	51760	5916
2005	8084	2743	13602	1777	7421	63391	7957
2006	11700	3508	81155	5765	6929	56225	8115
2007	32322	8362	172217	15401	19650	143376	13831
2008	23990	13389	161980	123592	31503	88054	29148
2009	54060	24073	223348	172292	36460	112271	20497

续表 5-10-3

年度	工业存款	商业存款	行政事业单位存款	机关团体存款	建筑企业存款	其它企业存款	其他单位活期存款
2010	47755	19879	281543	191437	74441	164374	40543
2011	54733	33692	379007	182587	44287	183897	39300
2012	56065	93401	398431	182730	30051	169579	20629
2013	54025	67568	442531	184789	44399	186506	16819
2014	63061	110228	276046	153907	72367	137761	203471
2015	112657	49690	398385	178974	75971	235100	241928

2002—2015 年承德银行单位定期及其他存款分类统计表（人民币）

表 5-10-4　　单位：万元

年度	单位定期存款	单位通知存款	住房公积金存款
2002	2141	—	—
2003	8419	—	—
2004	7083	—	—
2005	10555	—	—
2006	10900	—	—
2007	7791	—	—
2008	8438	2070	—
2009	35357	8660	—
2010	68481	12149	—
2011	88482	5800	—
2012	132779	5998	—
2013	209541	7980	—
2014	329059	4355	—
2015	230011	30336	77590

第四节 其他存款

一、应解汇款及临时存款

该项存款主要是客户结算中的在途资金和临时性存款，波动变化较大，属于结算业务中暂时滞留的过渡性资金。

2002—2015年承德银行应解汇款及临时存款余额表

表5-10-5　　单位：万元

年度	年末余额	年度	年末余额
2002	0	2009	1175
2003	1000	2010	6348
2004	0	2011	12014
2005	5800	2012	5158
2006	0	2013	10563
2007	50	2014	17585
2008	990	2015	6310

二、保证金存款

2005年开始办理承兑汇票业务，年末保证金存款余额6039万元。2006年以后，陆续开办担保公司保证贷款、非融资类保函等业务，保证金存款余额逐年上升。2015年末，保证金存款余额14.35亿元，其中承兑汇票保证金存款余额11.08亿元，担保保证金存款余额6614万元，保函保证金存款余额1717万元，担保公司保证金存款余额2.44亿元。

2005—2015年承德银行保证金存款分类统计表

表5-10-6　　单位：万元

年度	承兑汇票保证金	担保保证金	保函保证金	担保公司保证金	其他保证金	合计
2005	4526	1513	—	—	—	6039
2006	9142	2420	—	—	—	11562
2007	11940	1864	—	—	—	13804
2008	15477	3790	0	560	0	19827
2009	29011	5950	2285	3560	0	40806
2010	73415	17117	2404	5000	140	98076
2011	62381	2052	2685	5220	0	72338
2012	74766	1686	740	6520	0	83712
2013	108679	6047	896	8020	0	123642
2014	128700	5692	1147	15235	52	150826
2015	110775	6614	1717	24433	0	143539

第十一章 河北银行承德分行存款

自2014年11月开业起，河北银行承德分行内抓制度建设，提升服务质量，加强目标考核；外抓宣传营销，树立企业品牌形象，促进存款工作迅速融入承德市场。2015年末，各项存款余额12.44亿元，其中单位存款余额8.69亿元，个人存款余额3.75亿元。

第一节 存款种类

一、个人活期存款

包括人民币活期储蓄、定活两便储蓄。

二、个人定期存款及其他个人存款

包括整存整取储蓄、零存整取储蓄、个人通知存款、结构性存款。

三、个人特色存款产品

易生钱 指一次性签约，系统自动判断并生成签约子账户，同时客户使用资金时能实现自动支取的新型通知存款。该存款无需提前预设期限，实现系统自动判断，并根据实际存续天数按照一天或七天通知存款利率进行计息。签约时不需选择期限，需设置活期账户最低留存金额。最低留存金额可根据客户需求进行选择，最低为1000元（含）。最低留存金额用于满足日常支付。2015年2月开办。

步步高 指不需约定存期、整笔存入，根据实际存期，靠档计息的储蓄存款产品。50元起存，靠档期限分为三个月、六个月、一年三个档次。开户时不需约定存期，存期不满三个月时支取的，按支取日挂牌公告的储蓄活期存款利率计付利息；存期满三个月、不满六个月的，整个存期按开户日挂牌公告的三个月整存整取利率计付利息；存期满六个月、不满一年的，整个存期按开户日挂牌公告的六个月整存整取利率计付利息；存期一年及以上的，整个存期按开户日挂牌公告的一年期整存整取利率计付利息。2015年3月开办。

多利宝 指一次性签约，系统自动判断并生成签约子账户，同时客户使用资金时能实现自动支取的新型通知存款。该存款无需提前预设期限，实现系统自动判断，并根据七天一个周期进行复利计息。签约时不需选择期限，需设置活期账户最低留存金额。最低留存金额可根据客户需求进行选择，最低为1000元（含）。最低留存金额用于满足日常支付。2015年4月开办。

四、单位活期存款

单位活期存款是指存款不约定存款期限，可以随时办理存取、转账业务，银行按期付息的存款。

五、单位定期存款及其他单位存款

单位定期存款是指存款单位约定存款期限，到期支取的存款。其他单位存款主要为单位通知存款。

第二节 个人存款

一、加强制度建设

2015年，河北银行承德分行制订《服务规范》《营业网点服务质量实施细则（试行）》《个人条线重点产品考核方案》《季度展业方案》等，规范服务标准，细化指标考核，落实奖惩兑现，形成定期通报制度，激励员工深入挖掘客户资源。注重业务培训，先后组织多期零售业务培训班，积极参加总行各类专业培训，推动大堂经理和条线人员快速熟悉业务，落实规范营销。树立"从理财中要存款"的营销思路，依据安全性、流动性、收益性相结合的理财产品配置标准，严格落实理财经理上岗基本资质，针对不同对象进行风险提示，因人而异引导资产配置，减少因盲目逐利不果造成的客户流失。

二、强化营销推广

宣传工作首先确定目标市场和目标社区，实行分解备案，定位宣传责任制，形成多渠道宣传造势。通过网点LED屏实时变化信息内容，突出宣传时效和重点；在市区核心地带建立大屏幕定点宣传造势，扩大受众群体；各营业网点采取面对客户即时宣传，效果明显；抓住妇联年会、民建年会、房地产年会、供货会等时机，对个体商户开展重点营销。加强微信宣传渠道建设，成立微信宣传小组，发布微信管理办法，精心打造承德分行微信家园。先后开展电子银行激活有礼、春节大礼包、圣诞节进店有礼、存款理财抽奖、温馨母亲节、"六一"小小银行家、父亲节观影、端午节系红绳送粽子等营销活动，促进个人存款业务迅速发展。

三、提升服务质量

丰富业务种类，先后开办结构性存款、个人免预约通知存款、个人理财通知存款、个人"定活通"、易生钱、步步高、多利宝等业务，满足不同需求。其中结构性存款、易生钱以其灵活、收益高等优势特点得到广泛认可。2015年末，结构性存款余额6476.96万元，易生钱存款余额8798.48万元。同时，依托代理、支付、理财等中间业务带动存款发展。代理业务以代发征地拆迁款和补偿资金为重点，采取细化发放流程、紧盯发放环节、提供优质服务等措施，有效提升资金留存率。2015年，代发金额约1800万元，年末留存金额约1000万元。支付业务以聚合支付产品为切入点，迅速拓展移动支付结算市场，全力打开工作局面，促进储蓄开户数增加。理财业务以做大做强中高端客户群为抓手，树立"河北银行为老百姓理财的银行"的品牌形象，带动存款增长约3000万元。

2014年末，河北银行承德分行个人存款余额4780万元，其中个人活期存款3472万元，占个人存款比重72.64%，个人定期存款及其他1308万元，占个人存款比重27.36%。

2015年末，河北银行承德分行个人存款余额3.75亿元，比年初增加3.27亿元。其中个人活期存款余额1.99亿元，占比53.09%，个人定期及其他存款余额1.76亿元，占比46.91%。

第三节 单位存款

一、任务考核

推动全员开展对公存款营销，层层落实目标任务，实行绩效挂钩。双桥区移民办、市政府稳定解困办、武烈河道管理处成为河北银行承德分行最初的存款开户单位。年末单位存款余额1.24亿元。

二、营销发展

深入分析市场形势，锁定重点，推出多项特色产品，多次深入走访，与住建局、人社局建立合作关系，签订农民工工资预储金和安措费监管资格协议，成功争揽客户4户，日均存款211万元。与市中小企业担保公司签约合作，争取到额度存款2亿元，运用利滚利通知存款和保本保收益理财产品等特色增值服务，吸引担保中心和睿索固废处理公司存款7840万元、购买理财850万元。与双桥区政府签约合作，获得“国开行棚户区改造资金”监管资格，成功营销偿债基金存款近5亿元，年底留存余额2.45亿元。与水务局签约合作，实现网银代缴水费存款3.3亿元。

三、改进服务

通过视频点评会、抽查巡检等方式，对网点服务逐条检查登记，落实整改责任。加强与公积金管理中心的业务沟通，促成双方签约合作，取得公积金委托业务承办资格，全面展开公积金缴存、委托贷款、存款增值运作等业务，2015年末，公积金存款余额1980万元。适时推出对公免预约存款、对公智能存款等产品，促进单位存款的增长。2015年末，对公免预约存款余额500.95万元、对公智能存款余额3720万元。

2014末，河北银行承德分行单位存款余额1.24亿元，其中单位活期存款1.24亿元，占比100%，单位定期存款及其他为零。

2015年末，河北银行承德分行单位存款余额8.69亿元，其中单位活期存款7.98亿元，占比91.8%，单位定期及其他存款7127万元，占比8.20%。

第十二章 张家口市商业银行承德分行存款业务

自2014年10月开业起，张家口市商业银行承德分行秉承优优良传统，坚守服务中小企业、服务社区居民、服务县域经济的市场定位，充分运用灵活的结构化存款政策，借助网上银行、电话银行、手机银行等，存款业务得到快速发展。2015年末，张家口市商业银行承德分行各项存款余额7.20亿元，较年初增加4.38亿元。其中单位存款3.04亿元，较年初增加2.61亿元；个人存款4.17亿元，较年初增加1.78亿元。

第一节 存款种类

一、个人活期存款

包括个人活期储蓄、定活两便储蓄。

二、个人定期存款及其他个人存款

包括整存整取、零存整取、存本取息、整存零取、个人通知存款。

三、单位活期存款

单位活期存款是指存款不约定存款期限，可以随时办理存取、转账业务，银行按期付息的存款。

四、单位定期存款及其他单位存款

包括单位人民币定期存款、单位通知存款、协议存款。

第二节 个人存款

2014-2015年，张家口市商业银行承德分行积极落实总行的发展战略，立足承德市场，突出自身特色，积极开展工作，个人存款业务稳步发展。2015年末，个人存款余额4.17亿元，其中活期存款余额0.77亿元，定期及其他存款余额3.39元。

一、健全管理机制

制定出台《张家口银行个人结算账户分类管理办法》《张家口银行挂失业务管理办法》《张家口银行人民币结算账户管理系统突发事件应急预案》《张家口银行联网核查公民身份信息业务管理办法》等，搭建、完善内部管理体系。制定《2015年综合经营绩效考核办法》《2015年客户经理管理办法》，建立完善绩效考核体系，将绩效考核宗旨、理念和细节传达到每位员工，推进考核体系的构建和实施。建立符合地区实际的全员客户经理制度，依托本地行员的人脉资源以及对当地经济及人文环境的了解，迅速打开市场，拓宽渠道，建立良好口碑，提高知名度。

组织员工开展外部培训，提升服务能力、业务操作能力以及金融技能。邀请专家开展2次礼仪培训。定期组织全行员工开展内部业务培训，每周一次，内容涵盖会计制度、银行从业、反洗钱、柜面结算业务等。组织员工到承德市第五监狱开展警示教育，通过服刑人员现身说法等，提高员工案防意识，确保警钟长鸣。

二、创新存款产品

推出“和合承德”主题系列借记卡，其中普通借记卡“好运和合卡”卡面以避暑山庄“康乾景色”为主题背景；“好运金卡”面向贵宾客户，附带理财功能，可以满足客户闲置资金稳定增值的需求。在主题借记卡业务的带动下，2014年开业初期即实现活期储蓄存款新增7000余万元。根据客户年龄结构、资金闲置周期、风险承受能力等差别，研发推出“本息宝”系列个人定期存款产品。产品分档次规定了存款期限、起存金额、利率、提前支取等条件，具有更大的灵活性，拓宽了营销渠道。该产品同时接入总行全省内部网络，实现全省通存通兑，得到了客户的广泛关注和认可。2015年末，个人客户总量达到6299户，其中个人资产10万元以上的客户858户。

2014年末，张家口市商业银行承德分行个人存款余额2.39亿元，其中个人活期存款7844万元，占比32.84%，个人定期存款及其他1.60亿元，占比67.16%。

2015年末，张家口市商业银行承德分行个人存款余额4.17亿元，其中个人活期存款7708万元，占比18.51%，个人定期存款及其他3.39亿元，占比81.49%。

三、加强宣传影响

积极参与“2015年金融知识进万家”大型公益宣传活动，《承德日报》《承德晚报》《河北工人报》等多家媒体对活动进行专题报道。与龙头零售企业联合开展“迎新春，送好礼”活动，与承德市老年大学联合举办书画、摄影大赛活动，开展“缤纷好礼、清凉一夏”90天夏季营销活动、分行成立一周年献礼存款营销活动，迅速提升了影响力，为存款业务稳步发展奠定基础。

四、提升服务质量

按照《星级网点评价标准》，建立统一的服务标准。完善自动化服务设备，分期分批上线存单自助打印机、自助转账机、自助填单机等自助设备。简化业务办理流程，为不同年龄段的客户提供特色优质服务。以优质服务作为提升竞争力的有效手段，持续强化服务管理，与日常工作、创城工作、作风建设工作等要求相结合，全面梳理网点柜面操作流程、大堂服务流程，制定柜面操作规范，印发《持续深化网点转型，提升服务质量的方案（2015年）》等。加强服务窗口环境建设，做到配置标准化、张贴规范化、摆放定位化、整体环境整洁有序化。

第三节 单位存款

2014—2015年，张家口市商业银行承德分行大力推动开展对公存款全员营销，推行全员客户经理制度，激励全体员工营销积极性，单位存款实现良好开局。2014年末，单位存款余额4293万元，其中单位活期存款4293万元，占比100%，单位定期存款及其他余额为零。2015年末，单位存款余额3.04亿元，其中活期存款余额0.89亿元，占比29.19%，，定期及其他存款余额2.15亿元，占比70.81%。

一、完善内部管理

坚持制度先行、内控优先的方针，切实加强制度体系建设，根据总行出台的各项规章制度，结合当地监管部门要求，及时出台实施细则，保证单位存款业务处理的规范性、准确性和及时性。推行全员客户经理制。制定出台《张家口市商业银行承德分行吸收企业单位存款奖励办法》，通过奖惩，激励客户经理发展营销新客开户、存量低效户激活、重点机构类客户开户、新客代发等业务，激发全行员工吸收单位存款的积极性。专门成立单位存款营销小组，按周督导，按旬晒单，按月复盘，按季考核。践行“质量型”发展道路，将存款成本控制在目标范围内，对公存款产品定价执行“一事一议”，引导员工在控制成本基础上开展业务。做好同业调研，提高产品议价能力，合理控制成本，综合考量客户等级、客户类型以及本行经营管理要求等，采取差别化定价模式。

二、大力营销客户

实行精准营销战略，结合各县区的特色产业，形成专攻一业、纵深发展的客户布局，围绕重点行业将业务做深、做广。利用多方面的产品和服务，不断增强与客户的黏性，打造立行客户。开展“承德市特色产业营销活动”，先后对宽城县矿产企业、平泉县农业企业、双桥区房地产企业等进行走访、重点营销。

开展深度营销，深入企业、行政事业单位等，向客户推介金融产品，开拓“以产品营销客户，以产品开拓市场，以产品促进对公业务快速增长”新局面。对于已建立联系的客户做好客户后期维护，指派专人进行日常维护、经常走访。尤其重视对存量无贷客户的信息捕捉，抓住一次存款证明的开立、一次增资业务的办理、一次增加提现额度的申请、一次企业打印资金流水账的需求、一次与企业财务人员闲谈获得的信息等细微且易被忽视的营销机会，有计划、有步骤、有系统的营销客户，打好长期稳定合作的基础。

开展公私联动延伸营销。拓宽营销渠道，利用代发工资、社区服务等业务，获得一批个体客户和企业客户的同时推动大零售业务发展，提升对公客户产品体验，实现公私联动。通过吸收发展冯营子建筑安装公司、庞大奥兴汽车销售有限公司、中诚鸿泰集团等开立对公账户、开办代发工资，带动新增对公存款4000万元、新开立个人储蓄卡530张、新增个人储蓄存款600万元。

2015年末，张家口市商业银行承德分行对公账户开户数227户，较2014年末增加133户，涉及制造业、农业、服务业、房地产等行业。其中重点农业产业化龙头企业20户，知名旅游业客户8户，重点制造业客户32户。经过持续的营销，存款余额千万元以上客户3户，百万元以上客户5户。年末单位存款余额3.04亿元，其中单位活期存款8862万元，单位定期及其他存款余额2.15亿元，较2014年末增加单位存款2.6亿元。

三、提供便捷服务

最大限度为对公客户办理业务提供便利。网点设置独立的单位存款业务柜台，配备专业的对公业务大堂经理。为客户办理结算开户提供便利。企业开户前，为客户提前准备开户资料；企业账户变更，可根据客户需求提供远程视频核实服务；日常提供上门、邮寄银企对账单或网上对账服务。积极拓展企业网银业务，在面向对公账户和企业网银客户的定期走访中，为客户推介网银业务、讲解使用方法及相关业务产品。为减轻客户负担、提升吸引力，为对公客户提供企业网银无年费和免费转账；为办理POS机商户简化手续、减免费用。

第十三章 村镇银行存款

村镇银行是2010年以后建立的新型金融机构，存款是其各项业务发展的基础。3家村镇银行通过开展宣传、加大科技投入、建立内部激励机制、提供优质服务等手段，推动存款工作开展。丰宁建信村镇银行开展大客户营销，争取到了中铁十七局为期5年的铁路施工项目上下游企业，促进了单位存款的增长。滦平盛阳村镇银行注重激励机制建设，调动存款营销的积极性。围场华商村镇银行以2013年11月正式上线的“木兰借记卡”为依托，通过实行免收开卡工本费、短信通知费、ATM跨行取款手续费等优惠措施，带动个人存款的增长。2015年末，3家村镇银行的各项存款余额合计为24.74亿元。

第一节 河北丰宁建信村镇银行存款

丰宁建信村镇银行自2010年8月18日开业起，坚持“服务三农、支农支小”的市场定位，在工作实践中不断创新产品、简化流程、延伸触角，实现速度、质量、效益协调发展的同时，助推了地方经济发展。2015年末，各项存款余额3.51亿元，其中单位存款余额1.75亿元，占存款总额的49.76%；个人存款余额1.76亿元，占存款总额的50.24%。

一、存款种类

主要有4类，一是个人活期存款；二是个人定期存款及其他个人存款，包括整存整取、零存整取、存本取息、整存零取、通知存款5种；三是单位活期存款，包括企业活期存款和机关团体活期存款；四是单位定期存款及其他单位存款，包括企业定期存款、机关团体定期存款、单位通知存款。

二、个人存款

2010—2011年，丰宁建信村镇银行充分利用电视、网络、图册等媒体资源，加强业务宣传。鼓励员工利用人脉资源，广泛吸收各项存款。

2012年，把发展存款放在全行发展各项目标的首位。定目标、定方案、抓营销。全年存款发展目标确定后，相应制定《旺季营销活动方案》《绩效考核管理办法》，推行绩效工资挂钩，变“发工资”为“挣工资”，充分调动员工吸收存款积极性，责任意识得到强化。抓窗口服务。推出大堂经理服务，健全服务设施，美化服务环境，统一服务标识，规范服务用语，把规范服务落实到每个岗位，以亲和、温馨、舒适的优质服务吸引客户。抓督导落实。采取按月公布存款进度、跟进考核、定期督导等多种方式，确保完成存款业务发展目标。

2013年，通过走访慰问客户、推出多种形式的广告宣传等，进一步拉近与客户的距离。在争取到张承高速项目、村民委员会、公司客户群等单位客户的同时，带动一部分个人客户到建信银行开户存款。

2014年，丰宁建信村镇银行以定期储蓄和高端客户为重点，发挥内部激励机制的作用，积极争取市场份额。开展了“激情创佳绩，马年开门红”首季营销活动，全行上下形成了“你追我赶、力争第一”的良好揽存氛围。以动员大会等形式，引导刺激员工丰富营销思路，落实目标任务。设立存款客户经理岗，以县城周边农户为揽存重点，开展常态化的上门服务。以公开监督电话、强化技能培训、丰富考核内容、表彰先进员工等形式，全方位优化服务，提高工作效率。

2015年，免费为个人客户提供短信提醒服务，方便客户随时掌握账户资金变动。通过《魅力丰宁》等媒体宣传，全面提升建信银行的社会知名度。年末个人存款余额1.76亿元，较2010年末增加1.56亿元，增长7.5倍。

2010—2015年丰宁建信村镇银行个人存款定活期结构统计表（人民币）

表5-13-1　　单位：万元

年度	个人存款	个人活期存款		个人定期存款及其他	
		年末余额	占比	年末余额	占比
2010	2057.28	1687.42	82.02%	369.86	17.98%
2011	3471.8	1346.04	38.77%	2125.76	61.23%
2012	7467.2	2624.19	35.14%	4843.01	64.86%
2013	8718.76	2214.15	25.40%	6504.61	74.60%
2014	11593.79	2034.44	17.55%	9559.35	82.45%
2015	17622.04	2057.81	11.68%	15564.23	88.32%

三、单位存款

2010—2011年，丰宁建信村镇银行把客户群体建设作为首要任务，以此拉动大项目上下游客户到建信银行开户，办理结算业务。通过行领导带头积极营销，争取到中铁十七局为期5年的铁路施工项目上下游企业。在大客户群体带动下，大阁镇、南关乡所属村委会先后在建信银行开户、存放征地补偿款，对公存款业务得到初步发展。

2012年，丰宁建信村镇银行继续加大存款营销工作。与财政加强合作，争取到农户补偿资金、项目占地资金和土地指标流转资金的发放和存储工作，为增加存款、改善结构起到了重要作用。成功营销丰宁县华融中小企业担保有限公司验资款5000万元。与中铁十七局张唐铁路项目经理部建立合作关系。

2013年，成功营销张承高速公路项目部6个标段在建信银行开户。商贸公司、奶牛养殖、农业种植户等客户存款增长较快，进一步打开了对公存款的新局面。通过举办“建信杯”乒乓球赛、组织健康财富知识讲座、开展建信银行成立三周年系列宣传、在承德日报举办“金融知识有奖问答”等一系列宣传活动，向社会展示了丰宁建信银行惠及民生、支持经济发展的良好形象。

2014年，继续做好公路、铁路、财政资金和项目征地款等高端客户的营销工作，巩固与县农业政策性担保中心的合作，营销保证金存款1500万元。

2015年，确立打造“精品村镇银行”的目标，通过持续的营销活动，存款客户稳定增长，客户质量同步提升。在稳定县城周边村镇客户群的基础上，向边远的村镇客户发展。

2015 年末，丰宁建信村镇银行单位存款余额 1.75 亿元，比 2010 年末增加 1.18 亿元，增长 2.1 倍。

2010—2015 年丰宁建信村镇银行单位存款定活期结构统计表（人民币）

表 5-13-2　　单位：万元

年度	单位存款	单位活期存款		单位定期存款及其他	
		年末余额	占比	年末余额	占比
2010	5666.61	2666.61	47.06%	3000	52.94%
2011	13923.18	9759.65	70.10%	4163.53	29.90%
2012	18366.08	13239.09	72.08%	5126.99	27.92%
2013	27068.4	21895.69	80.89%	5172.71	19.11%
2014	30596.76	22492.23	73.51%	8104.53	26.49%
2015	17455.34	13683.88	78.39%	3771.47	21.61%

第二节 滦平盛阳村镇银行存款

2011 年 9 月，滦平盛阳村镇银行加入人民银行大小额支付系统，开通了跨系统支付结算。2013—2015 年，滦平盛阳村镇银行开通了网银渠道，开始办理电汇、网银转账业务。服务功能的多样化带动了各项存款业务的较快发展。2015 年末，各项存款余额 3.51 亿元，较 2012 年末增加 1.56 亿元，增长 79.91%。

一、存款种类

主要有 4 类，一是个人活期存款；二是个人定期存款及其他个人存款，包括整存整取、零存整取、存本取息和整存零取；三是单位活期存款；四是单位定期存款。

二、个人存款

2011—2013 年，滦平盛阳村镇银行注重激励机制建设，树立员工“行兴我荣，行衰我耻”的荣誉感，调动存款营销的积极性。实行领导干部引存责任制，累计吸存 4000 万元。通过公交车流动广告，宣传盛阳银行的品牌和业务优势。不断提升服务水平，用优质服务吸引客户资源。加强目标考核，落实奖惩。适时出台各项营销方案，确定营销考核目标，制定《个人高端客户营销奖励办法》《综合营销考核办法》，设立计划指标季度奖、单项指标任务奖，按季落实奖惩。2013 年末，滦平盛阳村镇银行个人存款余额 1.44 亿元，其中个人活期存款 6049 万元，个人定期存款 8388 万元。

2014—2015 年，加快服务硬件建设，开通网上银行、转账汇兑业务，进一步完善了服务功能，拓宽了业务领域。2015 年末，滦平盛阳村镇银行个人存款余额 2.42 亿元，其中个人活期存款余额 4831 万元，个人定期存款余额 1.93 亿元。

2011—2015 年滦平盛阳村镇银行个人存款定活期结构统计表（人民币）

表 5-13-3　　单位：万元

年度	个人存款	个人活期存款		个人定期存款及其他	
		年末余额	占比	年末余额	占比
2011	2345.4	1722.49	73.44%	622.91	26.56%
2012	5472.42	1482.34	27.08%	3990.08	72.92%
2013	14437.24	6048.85	41.89%	8388.39	58.11%
2014	17507.62	3999.08	22.84%	13508.54	77.16%
2015	24170.96	4831.49	19.98%	19339.47	80.02%

三、单位存款

2011—2013 年，滦平盛阳村镇银行开业初期，单位存款业务发展缓慢。从 2014 年开始，滦平盛阳村镇银行对大客户建立重点联系制度，分别确定行长、部门经理和客户经理为联系人，实行责任到人、分类管理，使单位存款业务初步打开局面。

2015 年，大力营销公司类、机构类客户，积极争取基本账户和保证金账户。滦平县中医院、滦平县土地储备中心等大客户的落户，在增加 5000 多万元存款的同时，树立了正面形象，带动了单位存款业务的发展。年末单位存款余额 1.09 亿元，其中单位活期存款 8420 万元，单位定期存款 2504 万元。

2011—2015 年滦平盛阳村镇银行单位存款定活期结构统计表（人民币）

表 5-13-4　　单位：万元

年度	单位存款	单位活期存款		单位定期存款及其他	
		年末余额	占比	年末余额	占比
2011	1715.5	1715.5	100%	0	0%
2012	14034.89	5784.89	41.21%	8250	58.79%
2013	11353.15	10803.01	95.15%	550.14	4.85%
2014	11419.49	8807.78	77.13%	2611.71	22.87%
2015	10924.46	8420.26	77.08%	2504.2	22.92%

第三节 围场华商村镇银行存款

2011—2015年，围场华商村镇银行集中力量推进存款业务，采取广泛宣传、全员营销、特色服务、科技保驾、网点建设等一系列有效措施，较好地树立了社会形象。2015年末，各项存款余额17.72亿元，比2011年末增加15.84亿元，增长8.5倍。其中个人存款余额6.72亿元，单位存款余额10.99亿元。

一、存款种类

主要有4类，一是个人活期存款；二是个人定期存款及其他个人存款，包括整存整取、零存整取储蓄、存本取息储蓄、整存零取储蓄和通知存款5种；三是单位活期存款；四是单位定期存款。

二、个人存款

2011年，针对因结算手段单一、品牌知名度低导致的储蓄存款增长缓慢问题，围场华商村镇银行采取一系列有效措施。按年推动储蓄存款全员营销。充分发挥大堂经理与窗口员工服务客户、营销客户、维护客户的作用。开展走商户、进社区、入乡镇的“扫街式”营销活动。按月组织各支行客户经理分组划片进行外拓宣传，广泛介绍围场华商村镇银行存款产品及服务特色，树立了良好的社会形象。

2013年9月，储蓄“一本通”成功上线，实现了存款定活两便功能。11月，“木兰借记卡”正式上线，实行免收开卡工本费、短信通知费、ATM跨行取款每月前10笔手续费等优惠措施，使“木兰卡”在全县迅速推广，带动了存款业务的快速增长。加快全功能网点建设。2013年新建支行1家，2014年新建支行3家，2015年新建支行5家，网点覆盖面快速延伸，方便客户就地办理存取款业务。

2015年末，个人存款余额6.72亿元，比2011年末增加6.44亿元，增长22.5倍。

2011—2015年围场华商村镇银行个人存款定活期结构统计表（人民币）

表5-13-5 单位：万元

年度	个人存款	个人活期存款		个人定期存款及其他	
		年末余额	占比	年末余额	占比
2011	2857.09	2492.63	87.24%	364.46	12.76%
2012	5361.88	3078.24	57.41%	2283.64	42.59%
2013	20041.11	13612.81	67.92%	6428.3	32.08%
2014	39059.92	22128.19	56.65%	16931.73	43.35%
2015	67229.51	28107.9	41.81%	39121.61	58.19%

三、单位存款

2011—2015 年，围场华商村镇银行为迅速打开单位存款营销局面，全面加强与地方政府有关部门的沟通联系，大力营销对公存款，不断提高市场占有率。

积极参与社会公益活动。开业 5 年来，先后赞助全县篮球赛、歌手大奖赛、全县十大新闻人物评选等多项社会公益活动，与县委、县政府及各部门密切了关系。

不断加大科技投入。各项结算业务均与人民银行、承德银行支付结算系统实现对接，为对公客户提供了优质、快捷、高效的服务。

坚持“全行联动”的经营战略，层层明确责任目标。重点客户由行领导跟进落实，一般客户由支行跟进落实。通过全行联动的营销战略，县财政、住建、林业、水务、交通、法院、医院、教育等单位与 15 家乡镇农经服务站相继到围场华商村镇银行开立账户，并保持良好的合作关系，推动了单位存款的快速发展。

2015 年末，单位存款余额 10.99 亿元，比 2011 年末增加 9.40 亿元，增长 5.9 倍。

2011—2015 年围场华商村镇银行单位存款定活期结构统计表（人民币）

表 5-13-6　　单位：万元

年度	单位存款	单位活期存款		单位定期存款及其他	
		年末余额	占比	年末余额	占比
2011	15844.32	5794.32	36.57%	10050	63.43%
2012	30856.16	15906.16	51.55%	14950	48.45%
2013	58123.6	36723.6	63.18%	21400	36.82%
2014	66012.21	29612.21	44.86%	36400	55.14%
2015	109888.47	65175.67	59.31%	44712.8	40.69%

承德市志·金融志

（1989—2015）

下　卷

承德金融志编纂委员会　编

方志出版社
Publishing House of Local Records

图书在版编目（CIP）数据

承德市志．金融志：1989—2015 / 承德市金融志编纂委员会编．-- 北京： 方志出版社，2021.12
ISBN 978-7-5144-4952-5

Ⅰ．①承… Ⅱ．①承… Ⅲ．①承德—地方志②地方金融事业—概况—承德—1989-2015 Ⅳ．① K292.23
② F832.722.3

中国版本图书馆 CIP 数据核字 (2021) 第 276415 号

承德市志·金融志（1989—2015）

编　　者： 承德金融志编纂委员会
责任编辑： 张　颢

出 版 者： 方志出版社
地址　北京市朝阳区潘家园东里 9 号（国家方志馆 4 层）
邮编　100021
网址　http://www.zgfzcb.cn
发　　行： 方志出版社图书营销中心
电话（010）67110500
经　　销： 各地新华书店
印　　刷： 承德金鼎源彩色印刷有限公司

开　　本： 889×1194　1/16
印　　张： 72.75
字　　数： 1863 千字
版　　次： 2021 年12月第1版　2021年12月第1次印刷
印　　数： 0001～1000 册

ISBN 978-7-5144-4952-5　**定价：** 450.00 元

·版权所有　翻印必究·

承德市地方志编纂委员会

名誉主任：柴宝良　市委书记
主　　任：王亚军　市委副书记、市政府市长
副 主 任：卢　健　市委常委、市政府常务副市长
　　　　　傅海旺　市委常委、市委秘书长
　　　　　董正国　市人大常委会副主任
　　　　　王利华　市政协副主席
委　　员：杨玉甫　市政府秘书长
　　　　　李　勇　市委副秘书长、市委办公室主任
　　　　　薛莲蒂　市政府副秘书长、地方金融监管局局长
　　　　　房宝占　市委组织部常务副部长
　　　　　王亚君　市委宣传部常务副部长
　　　　　孙　立　市委保密机要局局长
　　　　　林国华　市财政局局长
　　　　　杨海涛　市委党史研究室主任
　　　　　何元武　市发改委主任
　　　　　王成军　市教育局局长
　　　　　苏艳华　市科技局局长
　　　　　刘树华　市民政局局长
　　　　　王泽辉　市人社局局长
　　　　　唐秋华　市旅游和文化广电局局长
　　　　　王东利　市国资委主任
　　　　　马广春　市市场监管局局长
　　　　　遇建军　市统计局局长
　　　　　任溧馨　市档案馆馆长
　　　　　杨　振　承德军分区政治工作处主任
　　　　　奚晓红　市地方志办公室主任

承德市志部门志专业志编辑部

总　　编：奚晓红

副 总 编：迟卫国

编　　审：兰　岚

责任编辑：蔡国栋　路海红　李连山　焦廷勤　郝洪喜　袁　芳

摄　　影：曹　静

承德金融志第一届编纂委员会

主　　任：杨建奎

副 主 任：杨风华　崔喜林　焦彦辞　任宝林

委　　员：

银 行 业：李希杰　张志斌　马　韬　李旭东　赵昱辉　王元盛
阚景良　刘晓东　刘　强　王振廷　宋永记　曹力兵
王俊臣　杨林青　刘建宁　于文合　马学东　谢　铁
冯　琦　赵广树

保 险 业：吴静云　米学贵　姜跃利　韩晓丽　董建华　李兴才
刘觉民　沈　毅　张　林　赵显峰　刘　玉　杨宝泉
高　嵩　谢福全　李贺奇　付玉刚　刘东升　吴鸿雁
徐　磊　李　俊　夏少辉　李　莉　吴长城　贾国伟
叶会铁　侯春萍　李云飞　贾晓平　李旭红　张　伟
王金荣　郑瑞杰

证 券 业：宋立铭　杜秀河　秦　峰　闫高杰　李　响

承德金融志第二届编纂委员会

主　　任：夏俊峰
副 主 任：王惠民　杨明东　任宝林
委　　员：
银 行 业：徐泽湖　赵洪瑕　王冬生　张拥军　葛国锋　韩晓娟
徐　毅　吕延伟　刘　强　王振廷　徐晓晨　姚力余
保 险 业：吴静云　王　青　贾　梅　杜　玮　王建军　董广智
赵清泽　刘柏松　李振华　史颖新　王　洋　杨宝泉
徐新新　谢福全　王朝生　张伟浩　张立春　任翔洲
蒋海涛　孙海静　李庆元　李　莉　师登强　贾国伟
吴翔宇　李博箭　崔胜国　贾晓平　李旭红　陈立佳
马志慧　马春景
证 券 业：宋立铭　贾方欣　杨大猛　闫高杰　李　响

编辑部（设在人民银行）

主　　编：李福德
主　　任：郭佳鸿
副 主 任：路　勇（兼）
编　　辑：王　欢

主要撰稿与搜集整理资料人员

人民银行： 牛志鹏　高延民　张海旭　杨君圣　刘永全　孙　英
郭金奎　李东福　张立新　武　杰　王志德　白明星
魏雪梅　赵宇航　滕　凯　吴显明　唐士普　杨　洋
吴冠宇　侯安琪　苑成强　高凤和　杨晓芳　鲁　迪

银监分局： 魏剑锋　范士兴　马秀玲　赵弘岁　侯明辉　王宝瑞
徐晓强　代　飞　李凤文　王守权　董云光　赵文瑞
王世杰　姜源资　郝艳慧　冀淑芝

银　行　业： 吴利国　任志伟　李延林　高占勇　尚玉壮　胡献义
付　黎　王　才　王贺刚　张青云　徐国华　殷键凯
辛永利　王润卉　刘文军　甄树山　李树均　李海波
王振宇　李长龙　贾小川　韩玉虎　高云鹏　张金龙

保　险　业： 赵　璇　那　娜　朱多多　于大鹏　王昆鹏　冯程程
杨　利　胡　蕊　董艳菊　王　莹　高　阳　李　爽
彭　鑫　汪颀涵　于洪源　徐良燕　伊丽娜　孙彦东
王　娟　吴春晖　白跃龙　张　阳　张　薇　宋艳姬
李冠楠　赵亚军　胡　健　袁炳昌　薛雅娟　邢轶美
应　峰　辇笑飞　刘　波

证　券　业： 王占武　张　超　梁彬彬　郑晓雪　王　正

目　录

第六编　贷 款

第七编　中间业务

第八编　保　险

第九编　证　券

第十编　社团组织

第十一编　先进集体和先进个人

附录　人行承德市中心支行历任行长讲话选编

第六编

贷　款

第六编 贷款

贷款业务是银行业的主要资产业务。1989年承德市银行业本外币各项贷款余额29.96亿元。1989—2015年，承德市银行业抓住经济持续快速发展的历史机遇，实现了信贷投放的飞跃发展，为快速发展的承德经济提供了强劲的资金支持。2015年承德市银行业本外币各项贷款余额1495.98亿元，比1988年末增长65倍。

经过27年的发展，承德市银行业存贷款结构发生了本质性的变化。1999年之前，承德市一直是贷差地区，即贷款余额大于存款余额，1989年全市存贷款比例（贷款余额与存款余额的比值）135.28%。持续的贷差局面，限制了承德市的贷款投入，这是承德经济长期欠发达的明显特征之一。2000年，承德市历史性的首次由贷差地区转变为微量存差地区，当年显示存差12.1亿元，存贷款比例为92.82%。以后年份逐年向合理的结构调整转变。2001—2015年，全市存贷款比例大多在60%～80%的区间浮动。2015年实现存差440.05亿元，当年存贷款比例为77.27%。基本实现了信贷资金自求平衡。这是承德经济向好发展的明显信号。

1989年，承德市人民币贷款业务分布在工商银行、农业银行、中国银行、建设银行、农村信用社、城市信用社等机构，邮政储汇局不办理贷款业务。金融信托投资公司于1995年全部撤销，其贷款业务与主办银行并账。在各银行机构中，工商银行、农业银行、农村信用社的贷款总量占比较大。1989—2015年，承德市各银行业金融机构认真贯彻执行国家信贷政策，在保持贷款总量稳步增长的基础上，信贷投放重点扶持“三农”产业、特色产业、主导产业、中小企业、基础设施建设的发展，为承德市经济发展提供了可靠支撑。在2015年承德市各银行机构的贷款分布中，农村信用社、承德银行、工商银行、农业银行、建设银行的贷款总量占较大比重。

1989—2015年承德市本外币贷款余额统计表

表6-0-1　　单位：万元

年份	人民币贷款	人民币业务占比	外币贷款	外币业务占比	本外币贷款
1989	299590	100.00%			299590
1990	372486	100.00%			372486
1991	435579	100.00%			435579
1992	532720	100.00%			532720
1993	636122	100.00%			636122
1994	790677	100.00%			790677
1995	922845	100.00%			922845
1996	1090594	100.00%			1090594
1997	1403826	100.00%			1403826
1998	1576843	100.00%			1576843
1999	1719118	100.00%			1719118
2000	1563266	100.00%			1563266
2001	1666961	100.00%			1666961
2002	1787696	98.36%	29832	1.64%	1817528
2003	2047715	98.68%	27347	1.32%	2075062
2004	2307416	98.92%	25276	1.08%	2332692
2005	2296489	99.11%	20629	0.89%	2317118
2006	2838982	99.70%	8605	0.30%	2847587
2007	3558276	99.85%	5201	0.15%	3563477
2008	4307296	99.92%	3370	0.08%	4310666
2009	5985995	99.97%	1584	0.03%	5987579
2010	7662458	99.98%	1437	0.02%	7663895
2011	8534779	99.99%	878	0.01%	8535657
2012	9712400	100.00%	253	0.00%	9712653
2013	11087927	99.97%	2787	0.03%	11090714
2014	12969537	99.89%	13757	0.11%	12983294
2015	14959502	100.00%	256	0.00%	14959758

数据来源：《承德市金融统计资料》（1989—2015年）

说明：1989—1993年金融统计未设立汇总的“全金融机构信贷收支分月情况表”，贷款数据为分类统计的合计数。1994—2015年贷款数据为“全金融机构信贷收支分月情况表”报表数

1989—2015年承德市银行存贷款比例统计表

表 6-0-2 单位：万元

年份	本外币存款	本外币贷款	存差（+）、贷差（—）	存贷比（%）
1989	221454	299590	-78136	135.28
1990	278183	372486	-94303	133.90
1991	344950	435579	-90629	126.27
1992	414697	532720	-118023	128.46
1993	491640	636122	-144482	129.39
1994	604799	790677	-185878	130.73
1995	790321	922845	-132524	116.77
1996	936524	1090594	-154070	116.45
1997	1190987	1403826	-212839	117.87
1998	1400930	1576843	-175913	112.56
1999	1493716	1719118	-225402	115.09
2000	1684251	1563266	120985	92.82
2001	1856524	1666961	189563	89.79
2002	2211503	1817528	393975	82.19
2003	2602586	2075062	527524	79.73
2004	3183245	2332692	850553	73.28
2005	3785538	2317118	1468420	61.21
2006	4543757	2847587	1696170	62.67
2007	5610308	3563477	2046831	63.52
2008	6880934	4310666	2570268	62.65
2009	8987062	5987579	2999483	66.62
2010	10891541	7663895	3227646	70.37
2011	11955588	8535657	3419931	71.39
2012	13611467	9712653	3898814	71.36
2013	16041463	11090714	4950749	69.14
2014	17576593	12983294	4593299	73.87
2015	19360307	14959758	4400549	77.27

1989—2015年承德市银行人民币贷款余额分机构统计表

表 6-0-3　　单位：万元

年份	工行	农行	中行	建行	农信社	城信社	承德银行	农发行	邮储储蓄	邮储银行	村镇银行	交行	张家口银行	河北银行	中信银行	信托
1989	145957	77212	13489	10851	32086	3212										8980
1990	178605	92388	18944	13445	43586	4089										9030
1991	202386	109645	24144	15982	54558	4477										8942
1992	236921	129824	32374	21991	68019	6755										16899
1993	280032	157171	39086	30736	83031	8360										15042
1994	300098	141756	46371	41212	114267	10676		96422								12627
1995	326751	158492	56872	68122	140529	17700		117071								14095
1996	373286	175999	75374	76549	153059	24363		183680								
1997	419213	199763	88647	140439	168263	56510		261783								
1998	487925	306780	97908	123669	188457	75868		211913								
1999	536730	333695	106265	132433	201808	74751		232751								
2000	497680	279521	107260	136290	268999	34385		228274								
2001	510786	280261	129166	191508	289886	37419		217111								
2002	527834	318983	169664	181740	329327		39303	209221								
2003	492404	378552	193054	270246	404203		61841	217667								
2004	541077	471374	232892	230917	503909		109118	207305								
2005	428116	526849	256147	174677	572661		116288	221751								

续表 6-0-3

年份	工行	农行	中行	建行	农信社	城信社	承德银行	农发行	邮储储蓄	邮储银行	村镇银行	交行	张家口银行	河北银行	中信银行	信托
2006	434704	751794	326594	241453	691272		174853	218312								
2007	512997	845749	394427	328755	868019		267321	340144	863							
2008	575945	741518	524056	524459	1075651		414914	440623		10130						
2009	887720	814031	949795	816522	1363213		552998	574567		27150						
2010	1351238	990689	1023938	1139394	1702321		696239	704275		50271	4092					
2011	1497070	1067128	1057968	1147507	2021501		871412	766177		84751	21265					
2012	1679113	1178058	1211476	1220245	2363155		1134754	737230		133955	54414					
2013	1895148	1310601	1254084	1379708	2775537		1408639	761128		214124	88957					
2014	2114532	1553611	1371877	1581298	3256913		1769620	802416		246997	121338	144899	2800	3238		
2015	2138569	1833929	1569044	1821615	3661516		2170536	785787		397511	153667	159019	73575	54459	140275	

数据来源：《承德市金融统计资料》（1989—2015 年）

说明：1. 1989—2001 年的城信社数据截至城信社风险处置完毕为止。2002 年以后的承德银行数据，包括承德市城市信用社股份有限公司、承德市商业银行、承德银行 3 个阶段的数据

2. 2010 年村镇银行数据为丰宁建信村镇银行贷款；2011—2015 年村镇银行数据包括：围场华商村镇银行贷款、丰宁建信村镇银行贷款、滦平盛阳村镇银行贷款

第一章 农发行承德分行贷款

农发行承德分行的贷款体现明显的政策性特征。1996—2004 年，主要为粮油和仓储设施贷款，用于政策性粮油储备和粮食收购。2005 年起，农发行承德分行的贷款范围逐步扩大。2005 年开办产业化龙头企业贷款，支持农、林、牧、副、渔业产业化龙头企业。2007 年开办农业小企业贷款、农业综合开发贷款、农村基础设施建设贷款，加大了对农田水利基本建设和改造、农业生产基地开发与建设、农业生态环境建设、农业技术服务体系和农村流通体系建设的支持力度。2010 开办农业科技短期贷款、县域城镇建设贷款，支持农业科技企业的发展和农业农村基础设施建设项目。2011 年开办农村土地整治贷款，支持农用土地整治。2012 年开办水利建设贷款，支持农田水利、防洪工程、水资源配置、水土保持、水生态保护建设等水利工程。2013 年开办其它涉农贷款。2015 年开办重点水利工程建设过桥贷款、改善农村人居环境建设贷款。

第一节 粮油储备、收购贷款

一、中央储备粮油贷款

中央储备粮油贷款是保证中央政府调节全国粮食供求总量、稳定粮食市场、应对重大自然灾害或突发事件，集中储备粮油而发放的贷款。农发行承德分行按照国家粮油收购调控政策，及时足额供应资金，确保了中央粮油储备、库存轮换和临时储备计划在承德辖区的顺利实施。

1996—2015 年，累放中央储备粮油贷款 49.31 亿元，2015 年末余额 8.19 亿元。

1996—2015 年农发行承德分行中央储备粮油贷款统计表

表 6-1-1　　单位：万元

年度	中央储备粮油贷款		年度	中央储备粮油贷款	
	累放	余额		累放	余额
1996	—	53528	2001	4137	70246
1997	40641	82098	2002	35609	88264
1998	32025	74280	2003	24707	91674
1999	18240	73838	2004	47118	91407
2000	13006	71334	2005	15287	92240

续表 6-1-1

年度	中央储备粮油贷款		年度	中央储备粮油贷款	
	累放	余额		累放	余额
2006	12198	94492	2012	29331	77131
2007	39720	118577	2013	34292	85202
2008	29722	129799	2014	23129	88692
2009	12822	115615	2015	15278	81945
2010	22084	98435			
2011	43738	84889	合计	493084	

二、地方储备粮油贷款

地方储备粮油贷款是为保障国家粮食安全，落实分级储备制度，按国务院规定的规模标准，对承担地方储备粮油购销调存任务的粮食企业发放的贷款。农发行承德分行认真履行政策职能，积极支持粮食风险基金充裕、纳入当地财政预算、能够落实利费及价差损失补贴来源的粮食企业，大力开展地方粮油储备业务，支持地方政府充实粮油储备。

1996—2015 年，累放地方储备粮油贷款 6.21 亿元，2015 年末余额 3.05 亿元。

1996—2015 年农发行承德分行地方储备粮油贷款统计表

表 6-1-2　　单位：万元

年度	地方储备粮油贷款		年度	地方储备粮油贷款	
	累放	余额		累放	余额
1996	—	4203	2007	200	5703
1997	14378	10651	2008	8380	14003
1998	14670	13481	2009	7347	21350
1999	—	12250	2010	638	21988
2000	495	11161	2011	—	21988
2001	—	6218	2012	4788	26776
2002	890	2928	2013	1617	28393
2003	1205	1688	2014	2032	30425
2004	2196	3807	2015	636	30466
2005	1074	4880			
2006	1573	5968	合计	62119	

三、粮食收购贷款

1996—1997年，农发行承德分行围绕“既不给农民打白条，又要防止资金流失”的目标，按照购得进、销得出、随行就市的原则，对粮食收购企业积极给予贷款支持。

1998年，认真贯彻国家“粮改”政策，对粮食收购贷款实施收购资金封闭运行管理，按照“库贷挂钩”“收多少粮、贷多少款”的原则，逐张核打收购凭证码单，按收购进度发放贷款；对保护价、非保护价两种不同性质的粮食购销贷款实施分类管理；贷款实行“库卡管理”模式，通过查仓垛、查库存值、查企业报表等途径，加强对企业库存的动态和静态管理。

2002年，面对部分粮食品种退出保护价收购范围、贷款风险管理难度增大、粮食收购贷款规模下降的趋势，积极支持国有粮食企业搞活经营，全年累计发放非保护价粮油收购贷款1.42亿元，支持企业收购玉米1.48亿千克。

2003—2004年，由于粮食企业改制，粮食收购贷款的支持对象主要为改制后继续从事粮食经营的国有粮食购销企业和粮食产业化龙头企业。

2005年，按照“区别对待、择优扶持、有进有退、严控风险、保收购不保企业”的原则，逐一审核认定企业秋粮收购资格，进一步加强收购资金的供应与管理。

2007年，坚持按粮食收购进度发放贷款的原则，根据企业风险承受能力、评级授信情况、抵押担保情况，采取一次申报审批、一次或分次发放贷款的措施，督促企业边收购边销售，同时支持产业化龙头企业和粮食加工企业提高收购份额，实现了粮食收购贷款业务的稳健运行。

2010年以后，全国建立了比较完善的粮食市场体系、粮食储备体系，农民卖粮难问题得到解决，粮食安全有了保障，粮食收购贷款业务逐渐下降。农发行承德分行按照“保收购、保优质企业”的原则，继续择优支持资信好、抗风险能力强、在区域市场有影响力的龙头加工企业和收储企业。

2015年，支持购销企业粮食收购贷款5家，累计发放贷款1.57亿元，收购粮食4317.5万千克，支持优质企业做大做强。

1996—2015年，累放粮食收购贷款96.40亿元，2015年末余额8050万元。

1996—2015年农发行承德分行粮油收购贷款统计表

表6-1-3　　单位：万元

年度	累放	余额	年度	累放	余额
1996	—	71454	2003	20499	25939
1997	143699	94620	2004	32176	12897
1998	125984	94609	2005	53903	15853
1999	53403	64381	2006	64079	14770
2000	106331	58066	2007	73428	28247
2001	20174	53862	2008	86180	33770
2002	16592	28830	2009	12830	39590

续表 6-1-3

年度	累放	余额	年度	累放	余额
2010	26950	13835	2014	6700	3900
2011	31620	7000	2015	15700	8050
2012	40400	12850			
2013	33400	7700	合计	964048	

第二节 农业企业短期贷款

一、产业化龙头企业短期贷款

产业化龙头企业短期贷款是农发行面向市级以上人民政府认可的农、林、牧、副、渔业产业化龙头企业发放的流动资金贷款。

2005 年，农发行承德分行经调查摸底，当年审批发放贷款项目 7 个、金额 2250 万元，重点支持了围场佳禾种业有限公司、丰宁驸马山庄农业生态综合开发有限公司等龙头企业。

2006—2008 年，积极营销具有竞争优势和地方产业特色的优质农业产业化龙头企业，支持隆泉米业、山庄饲料、中兴农牧、河北怡达等同业领先且经营良好的优质企业做大做强。2008 年 4 月，平泉县支行开办全辖第一笔商业承兑汇票贴现业务。当年全辖共办理商业承兑汇票贴现业务 115 笔、金额 2275.78 万元。

2009—2013 年，抓住农发行业务范围拓展的有利时机，探索实施了“政府推荐项目并落实风险防范措施、相关职能部门确认、农发行独立审贷、企业自我规范和完善”的信贷支农模式，积极支持“肉、蛋、奶、果、菌、粮”等 10 余个领域具有显著社会效益的农业产业化龙头企业。

2014 年，继续推行客户优选战略，以获得国家农业产业化专项资金支持的龙头企业为重点，对承德避暑山庄企业集团饲料有限公司等优势企业，扩大授权授信，予以信贷支持，努力为企业节约融资成本，提高资金使用的灵活性。

2015 年，农业产业化龙头企业短期贷款科目停止使用，调整到涉农企业流动资金循环贷款科目核算。继续对承德神栗食品有限公司、承德避暑山庄企业集团饲料有限公司、承德牧原生态食品开发有限责任公司、承德可大毛纺织有限公司、丰宁丰鑫实业有限公司 5 家企业扩大授权授信，给予信贷支持。农发行与承德神栗食品股份有限公司于 2006 年建立信贷关系，到 2015 年末，累计发放产业化龙头企业流动资金贷款 4.13 亿元，主要用于购买原材料等流动资金需求。经过多年的金融支持，目前，神栗食品已远销日本、泰国、美国、德国、加拿大、新加坡等 26 个国家和地区，在国内 21 个省份设立了销售网点，搭建了中国板栗交易网电子商务平台，在京东、淘宝等多家电商平台建立了神栗食品官方旗舰店，跻身河北省电子商务 30 强。

2005—2015 年，累放产业化龙头企业短期贷款（涉农企业流动资金循环贷款）24.32 亿元，2015 年末余额 2.78 亿元。

2005—2015 年农发行承德分行产业化龙头企业短期贷款统计表

表 6-1-4　　单位：万元

年度	累放	余额	年度	累放	余额
2005	2250	2230	2011	37120	33760
2006	2285	700	2012	38400	37900
2007	4750	4750	2013	34000	39250
2008	12900	10900	2014	31200	42250
2009	18200	18200	2015	35100	27800
2010	26950	25150	合计	243155	

说明：2015 年，农业产业化龙头企业短期贷款科目停止使用，调整到涉农企业流动资金循环贷款科目核算。此表中 2015 年数据为涉农企业流动资金循环贷款统计情况

二、农业科技短期贷款

农发行承德分行发放的农业科技短期贷款主要是向农业科技企业投放的短期流动资金循环贷款。

2010—2015 年，为支持农业科技企业发展，推进农业科技成果转化，先后向承德森源绿色食品有限公司和京北缘天然农牧有限责任公司提供了农业科技流动资金贷款支持，贷款期限均为 1 年，到期后由企业根据生产经营和资金需求状况申请续贷或增加授信。到 2015 年末，累计向森源公司发放贷款 8800 万元。2009 年，森源公司被中国食用菌协会评为全国食用菌行业十大龙头企业，“森源”“菇芳源”商标分别是河北省著名商标和名牌产品。通过多年的信贷支持，该公司不断扩大生产能力，带动了平泉县食用菌产业发展壮大。6 年间累放农业科技短期贷款 2.10 亿元，2015 年末余额 6800 万元。

2010—2015 年农发行承德分行农业科技短期贷款统计表

表 6-1-5　　单位：万元

年度	累放	余额
2010	800	800
2011	800	800
2012	1800	1800
2013	4800	1800
2014	6000	6800
2015	6800	6800
合计	21000	

三、农业小企业贷款

2007 年，农发行承德分行开办农业小企业贷款业务。通过举办“农业产业化龙头企业金融服务推介会——伴百家中小企业共成长”活动，筛选涉农中小企业择优扶持。同时促请各县(区)相继成立了政策性担保中心（公司），解决中小企业担保难问题。

2007—2012 年，累放农业小企业贷款 3.45 亿元，重点支持了具有地方特色、发展潜力较大的农业小企业 35 家，涉及肉、蛋、奶、果、蔬、菌六大主导产业。2012 年末贷款余额 2950 万元。2013 年农业小企业贷款科目停止使用，调整到其他涉农贷款科目核算。

2007—2012 年农发行承德分行农业小企业贷款统计表

表 6-1-6　　单位：万元

年度	累放	余额
2007	6350	6250
2008	6000	6000
2009	6700	6700
2010	6200	6200
2011	4400	3400
2012	4800	2950
合计	34450	

四、其他涉农贷款

其他涉农贷款支持对象是生产经营规模较小、对增加居民就业及农户增收具有带动作用的涉农企业。农发行承德分行严控准入标准，强化担保，审慎支持各级财政资金扶持的涉农企业。对风险贷款采取早发现、早压缩、早退出的措施。

2007 年，与承德宇航人高山植物应用技术有限责任公司建立信贷关系。到 2015 年末，累计向宇航人公司发放其他涉农企业流动资金贷款（原农业小企业贷款）3800 万元，用于企业扩大生产规模的流动资金需求。几年间，公司不断发展壮大，先后取得河北省农业产业化重点龙头企业、河北省林果产业重点龙头企业、河北省省级企业技术中心、河北省创新型企业、河北省工程技术研究中心等称号。

2013—2015 年，累放其他涉农贷款 7150 万元，2015 年末贷款客户共 5 家，贷款余额 1850 万元。

2013—2015 年农发行承德分行其他涉农贷款统计表

表 6-1-7　　单位：万元

年度	累放	余额
2013	2900	2900
2014	2400	2100
2015	1850	1850
合计	7150	

第三节 农业企业中长期贷款

一、仓储设施贷款

仓储设施贷款主要是为解决借款人购建粮油仓储设施的资金需要而发放的贷款，原为简易建仓贷款，后更名为仓储设施贷款。

1998—2003 年，承德地区粮食收购量与收储企业仓容紧张的矛盾十分突出，农发行承德分行积极申请信贷规模，累放贷款 7453 万元，及时支持粮食企业简易仓房、晾晒地坪等设施的建设维修。

2013 年，发放仓储设施贷款 1000 万元，支持中央储备粮兴隆直属库新建储备仓 4 栋，总仓容 2.84 万吨。

1998—2015 年，累放仓储设施贷款 8453 万元，2015 年末仓储设施贷款余额 150 万元。

1998—2015 年农发行承德分行仓储设施贷款统计表

表 6-1-8　　　　单位：万元

年度	累放	余额	年度	累放	余额
1998	4456	3433	2004	—	2176
1999	605	3599	2005—2012	—	0
2000	540	3979	2013	1000	850
2001	859	4363	2014	—	500
2002	745	4915	2015	—	150
2003	248	4211	合计	8453	

二、产业化龙头企业贷款

2007 年，农发行承德分行开办产业化龙头企业贷款业务。

2007—2013 年，累计向宽城佳禾畜牧有限公司、京北缘天然农牧有限公司、丰宁满族自治县丰鑫实业有限公司、承德巨鑫农牧发展有限公司发放产业化龙头企业中长期贷款 1.70 亿元，用于购买奶牛等生物性固定资产，支持了奶牛养殖行业发展。2013 年末产业化龙头企业中长期贷款余额 3850 万元。2014 年全部收回，贷款余额为零。

2007—2014 年农发行承德分行产业化龙头企业贷款统计表

表 6-1-9　　　　单位：万元

年度	累放	余额	年度	累放	余额
2007	6000	6000	2012	—	7500
2008	3000	6000	2013	—	3850
2009	—	5300	2014	—	0

表 6-1-9

年度	累放	余额	年度	累放	余额
2010	3000	6600			
2011	5000	9750	合计	17000	

三、农业科技贷款

2012 年，农发行承德分行开办农业科技贷款业务。同年，为提升龙头企业的产业带动作用，累计向京北缘天然农牧有限公司发放 5 年期农业科技贷款 5000 万元，支持该公司奶牛养殖改扩建项目，新增 4000 头奶牛养殖规模。改扩建后奶牛养殖能力达到 8000 头，大幅度提升了企业的养殖能力。2015 年末农业科技贷款余额 2000 万元。

2012—2015 年农发行承德分行农业科技贷款统计表

表 6-1-10　　单位：万元

年度	累放	余额
2012	5000	5000
2013	—	4000
2014	—	3000
2015	—	2000
合计	5000	

第四节 农业农村基础设施建设贷款

一、农业综合开发贷款

农业综合开发贷款用于支持农田水利基本建设和改造、农业生产基地开发与建设、农业生态环境建设、农业技术服务体系和农村流通体系建设。

2007—2009 年，农发行承德分行累放农业综合开发贷款 8.32 亿元，支持武烈河、滦河、潮河、瀑河流域干流生态综合治理。2009 年 2 月 20 日，向滦平瑞丰农业综合开发有限公司发放 1 亿元农业综合开发中长期贷款，用于支持滦平县潮河流域生态综合治理，该项目主要建设内容为河道治理、生态林带和农业基础设施工程，有利于潮河两岸植被生长，每年可减少泥沙入库量 8 万～10 万吨，有效阻止由潮河河道进入首都的沙尘暴，改善首都大气环境质量，具有良好的环境和社会效益。同年，部分农村基础设施建设贷款调整到农业综合开发贷款科目核算。

2011 年末农业综合开发贷款余额 12.66 亿元。2012 年以后，农业综合开发贷款转入水利建设贷款、农村基础设施建设贷款等科目进行核算。

2007—2011 年农发行承德分行农业综合开发贷款统计表

表 6-1-11　　单位：万元

年度	累放	余额
2007	23200	15600
2008	—	13700
2009	60000	184675
2010	—	155925
2011	—	126575
合计	83200	

二、农村基础设施建设贷款

2007—2015 年，围绕承德市“大避暑山庄”构想和“十一五”规划，优先支持还款资金来源纳入地市级及以上财政预算的非经营性项目，累放贷款 25.12 亿元，先后支持了承德滨河产业聚集区基础设施、风力发电、8 个县农村饮水工程、卫生设施、道路改造工程等项目建设。其中承德滨河产业聚集区基础设施项目从立项到贷款发放只用了 29 天，得到了承德市委市政府充分肯定，被赞誉为“农发行速度”。

2008 年 4 月 22 日，农发行向河北红松风力发电股份有限公司发放农村基础设施建设贷款 2 亿元，用于风力发电场工程（四期）建设。项目位于围场县塞罕坝，建设内容为安装风力发电机组及附属设施，并配建箱式变电站。同年 5 月，该风电项目全部建成，于 6 月正式并网发电。

2009 年，部分农村基础设施建设贷款调整到农业综合开发贷款科目核算，导致贷款余额下降。

2015 年，部分农村基础设施建设贷款转入农村路网及贫困地区公路建设贷款核算，年末贷款余额 1.73 亿元。

2007—2015 年农发行承德分行农村基础设施建设贷款统计表

表 6-1-12　　单位：万元

年度	累放	余额	年度	累放	余额
2007	46000	46000	2012	30900	49340
2008	81000	121250	2013	—	39060
2009	83000	24000	2014	—	33580
2010	39000	59000	2015	20000	17250
2011	6500	60020	合计	306400	

三、县域城镇建设贷款

县域城镇建设贷款是用于支持县域（包括县级市、城市郊区）城镇化建设的中长期贷款。按照政府主导、实体承贷、政策性支农资金支持的贷款运作模式，重点支持中央和省级政府关注、承贷主体可持续、支农成效显著的县域城镇建设项目。

2009—2014 年，先后贷款支持了宽城满族自治县医院新建门诊楼、承德市外八庙周围城中村改造等重点项目。2010 年 2 月 26 日，农发行发放县域城镇建设中长期贷款 18 亿元，用于承德市外八庙周围城中村改造综合整治工程项目。改造工程整理土地 2900 亩，使 5 个城中村顺利搬迁，1.4 万人居住条件得到改善。同时改善了承德避暑山庄及外八庙作为世界文化遗产的整体面貌。6 年间累放县域城镇建设贷款 32.59 亿元，2014 年末余额 14.66 亿元。

2015 年，县域城镇建设贷款转入改善农村人居环境建设贷款科目核算。

2009—2014 年农发行承德分行县域城镇建设贷款统计表

表 6-1-13　　单位：万元

年度	累放	余额
2009	48000	48000
2010	157900	199900
2011	110000	191620
2012	10000	171590
2013	—	154810
2014	—	146580
合计	325900	

四、农村土地整治贷款

农村土地整治贷款是投入县域（包括城市郊区）农村土地复垦开发、村庄整治、土地收储开发、农村建设用地复耕和城市扩容所占农用土地整治等方面的中长期贷款。

2011—2015 年，对符合贷款主体资格的优质土地收储项目积极营销、重点支持。向双桥区土地收购储备中心发放贷款 3.9 亿元，用于对双桥区庄头营村、上二道河子村和殊像寺村 1202 亩农村土地进行收储整治。向高新区上板城片区土地整治项目发放贷款 2 亿元，对 490 多户农民进行了征地补偿。向承德市双峰寺村、老西营村、平房沟村等 8 宗农村土地整治项目，投放贷款 1.8 亿元，为双桥区争取项目落地提供了土地支撑。5 年间累放农村土地整治贷款 29.30 亿元，2015 年末余额 18.19 亿元。

2011—2015 年农发行承德分行农村土地整治贷款统计表

表 6-1-14　　单位：万元

年度	累放	余额
2011	67000	155200
2012	39000	159414
2013	64000	182689
2014	65200	199264
2015	57800	181889
合计	293000	

五、水利建设贷款

水利建设贷款主要用于支持农田水利、防洪工程、水资源配置、水土保持、水生态保护建设等水利工程。2012 年以前在农业综合开发贷款科目核算，2012 年单设水利建设贷款科目进行核算。

2012—2015 年，累放水利建设贷款 6.48 亿元，2015 年末余额 7.69 亿元。贷款重点支持了围场满族蒙古族自治县自来水公司实施县城周边农村饮水安全项目、御道口牧场小滦河及支流如意河水利建设治理项目、宽城满族自治县偏山子—瀑河大桥段防洪及水环境综合整治工程等项目，累计修缮疏浚河道沟渠近 300 千米。贷款支持加固滦河、武烈河、瀑河、老牛河、潮河等干流堤坝近 150 公里，有效提升了主要河道的防洪能力。

2015 年 10 月 13 日，向围场满族蒙古族自治县自来水公司发放非经营性水利建设中长期贷款 2 亿元，用于县城周边“四镇一乡”农村饮水安全工程项目。该项目涵盖棋盘山镇、四合永镇、腰站镇、龙头山乡、哈里哈乡、大唤起乡、广发永乡、朝阳湾乡、蓝旗卡伦乡等地，辐射区域总人口 15 万人。

2012—2015 年农发行承德分行水利建设贷款统计表

表 6-1-15　　单位：万元

年度	累放	余额
2012	—	104725
2013	4800	83675
2014	40000	97225
2015	20000	76850
合计	64800	

六、重点水利工程建设过桥贷款

重点水利工程建设过桥贷款主要为重点水利建设提供过渡性资金，以保证纳入国家投资计划和地方政府预算投资的重点水利工程及时启动和不间断施工。2015 年，农发行承德分行重点水利工程建设过桥贷款累放 10 亿元，年末余额 10 亿元。

2015 年 4 月 9 日，发放重点水利工程建设专项过桥贷款 10 亿元，用于承德市双峰寺水库工程项目。双峰寺水库是一座以防洪为主、结合供水、兼顾发电和生态环境综合利用的大型水利枢纽工程，通过过桥贷款支持，在财政预算资金到位之前，保证了水库淹没区拆迁的顺利完成。

七、农村路网及贫困地区公路建设贷款

2015 年，农发行承德分行新增农村路网及贫困地区公路建设贷款科目，核算涉农公路、水路、县域城镇道路及道路附属设施等项目建设方面的贷款。2015 年末余额 2.82 亿元，来自农村基础设施建设贷款科目的部分结转贷款。

八、改善农村人居环境建设贷款

2015 年，农发行承德分行新增改善农村人居环境建设贷款科目，核算用于解决农民基本生活条件保障、村庄环境整治、宜居乡村建设等改善农村人居环境建设的项目贷款。2015 年末余额 5.91 亿元，来自县域城镇建设贷款结转贷款。

第五节 其他贷款

一、扶贫开发专项贷款

1996 年 11 月，农发行承德分行成立时，接收由农行承德分行划转的农业综合开发、林业治沙等扶贫开发专项贷款 2.54 亿元。1997 年累放 5.52 亿元，年末余额 4.88 亿元。1998 年 5 月，按照国务院关于划转扶贫开发专项贷款的通知精神，将 4.68 亿元扶贫开发专项贷款全额划回农业银行。农发行集中精力开展粮油收购信贷业务。

二、挂账及不合理占用贷款

按其产生的时间不同，农发行挂账及不合理占用贷款分为 1991 粮食年度财务挂账、新增粮食财务挂账，1998 年 6 月 1 日以后发生的亏损挂账，分别称为老挂账、第二轮挂账、第三轮挂账。

老挂账　1994 年，国务院组织财政、审计、粮食、银行等部门，对粮食企业 1992 年 3 月 31 日以前发生的亏损挂账进行清理认定。根据产生的原因不同分为政策性挂账、企业自补挂账和其他挂账。

第二轮挂账　1998 年，根据国务院要求，省级审计、财政、农发行等部门，对粮食企业在 1992 年 4 月 1 日至 1998 年 5 月 31 日期间发生的新增财务挂账和其他不合理占用贷款情况，再次进行了专项审计认定。农发行承德分行按照国务院有关部门和农发行总行文件要求，于 1999 年设立“财务挂账及不合理贷款占用”科目，同年 12 月 10 日全面完成新增财务挂账和其他不合理资金占用贷款复核和账务结转工作，年末挂账余额为 7.71 亿元。

第三轮挂账　2000 年以后，国家多次提高粮食收购价格，而销售价格没有相应提高，粮食购销价格逐渐拉平，以至倒挂，粮食企业出现大量亏损。在此阶段，全国粮食总产逐年提高，出现了阶段性、结构性的供大于求，国家要求粮食购销企业按保护价敞开收购农民手中余粮，而顺价销售不能实现，造成财务挂账亏损剧增。

2004 年，由于粮食丰收及当时粮食流通体制的弊端，全国各地出现了粮食库存大量积压、顺价销售难以实现、粮食陈化严重等问题，造成了粮食财务挂账和粮食企业经营性亏损挂账占用

大量贷款。同年根据国务院的规定，由省政府组织清理审计，按照“分清责任、分类处理”的原则，对尚未处理消化的老挂账和第二轮挂账再次进行重新清理认定，同时对1998年6月1日至放开收购价格、实行市场化改革之前发生的亏损，分为陈化粮价差亏损挂账、销售保护价粮食价差亏损挂账、其他政策性亏损挂账进行了审计认定，形成了第三轮挂账。当年承德市政府清审办对1998年6月1日至2004年5月31日全市粮食购销企业财务挂账进行了认定，年末挂账余额9.62亿元。

挂账贷款核销处理 1999—2010年发生的挂账贷款收回额及核销额，因不属于政策性集中处理的范围，本节不作具体论述。政策性集中处理的挂账贷款损失共有以下三项：

2011年，根据《财政部关于拨付粮食政策性财务挂账消化款的通知》，按照农发行总行、省分行工作安排，由中央财政拨补挂账损失，农发行承德分行收回“新增粮食财务挂账贷款”4.86亿元。

2012年，根据《承德市财政局关于拨付一九九八年粮食新增财务挂账本金的通知》，由市县财政拨补挂账损失，收回挂账贷款1436万元。

2014年，根据《中国农业发展银行呆账核销管理办法（2012年修订）》、财政部《金融企业呆账核销管理办法（2013年修订）》等文件规定，按照农发行河北省分行第三批呆账贷款核销项目名单，对隆化县安州粮食储备有限公司等14户企业5088万元粮油附营业务停息挂账占用贷款申报呆账认定并核销。

经上述两次财政拨补挂账损失，一次集中核销，合计处理粮食挂账贷款损失5.52亿元。2015年结存待处理呆账贷款余额4.72亿元。

1999—2015年农发行承德分行挂账及不合理占用贷款统计表

表6-1-16 单位：万元

年度	新增额	收回额	核销额	余额
1999	77072	0	—	77072
2000	13100	7730	—	82442
2001	—	1655	—	80787
2002	125	—	—	80912
2003	8408	488	—	88832
2004	7340	20	—	96152
2005	5371	—	—	101523
2006	3002	1257	941	102327
2007	—	—	—	102327
2008	—	—	—	102327

续表 6-1-16

年度	新增额	收回额	核销额	余额
2009	—	—	—	102327
2010	—	—	—	102327
2011	—	48635	—	53692
2012	—	1436	—	52256
2013	—	—	—	52256
2014	—	—	5088	47168
2015	—	—	—	47168

三、其他贷款

其他贷款包括调控贷款、调销贷款、粮油流转贷款等用于支持国家临储、最低价收购和粮油企业其他用途的贷款。2015 年末其他贷款余额 11.63 亿元。

1996—2015 年农发行承德分行其他贷款统计表

表 6-1-17　　单位：万元

年度	余额	年度	余额
1996	29142	1997	25622
1998	26110	2007	6690
1999	1611	2008	2874
2000	1293	2009	8810
2001	1638	2010	14115
2002	3372	2011	17483
2003	5321	2012	27997
2004	865	2013	74693
2005	5025	2014	100930
2006	56	2015	116302

第二章 工行承德分行贷款

1989—1993年国家专业银行时期。按照专业银行的分工定位，工商企业是工行单位贷款的主体。单位贷款累放占全部贷款累放的99.6%，其中工商企业贷款占比89.7%；个人贷款累放占比0.4%。1989—1992年仅办理个人经营贷款，1993年开始办理个人住房贷款和信用卡透支业务。在信贷管理中，全面推行行长（主任）目标责任制，把资金利用率、贷款结构调整率、贷款利息增长率、风险贷款回收率、资金损失率、成本率、利润增减率、人均利润增减率等指标作为主要考核内容。信贷业务重点支持钢铁、水泥、机械、轻纺、商贸等大中型骨干企业的正常生产经营。5年间累放各项贷款70.30亿元，1993年末各项贷款余额28.00亿元，比1988年增加21.31亿元，增长2.29倍。

1994—2004年国有商业银行时期。1994年1月全国金融工作会议后，根据中国人民银行《关于对商业银行实行资产负债比例管理的通知要求》，工总行发布《中国工商银行实行资产负债比例管理办法（试行）》，确立了以资金来源制约资金运用、防止超负荷经营的信贷管理体制。同年6月30日，根据《国务院关于组建中国农业发展银行的通知》，按照上级行部署，向农发行承德分行划转粮棉油等各类贷款2.19亿元。根据1995年7月1日颁布实施的《中华人民共和国商业银行法》，工商银行实行总行统一法人体制下的“行长转授权”制度。1998年10月，工商银行全国信贷管理台帐系统正式上线，工行承德分行全辖接入台帐系统，信贷管理由电子化工具取代了手工操作。1998年末各项贷款余额48.79亿元，其中单位贷款余额47.81亿元，个人贷款余额9820万元。

1999年，工行承德分行完成了五项信贷管理改革工程，全面推行贷款五级分类管理，完成了贷款质量清分工作；推行企业信用等级、授信限额的评定工作。按照总行制订的评定标准，对所辖890户企业全部进行信用等级评定。评定A级企业57户，BBB级企业50户，BBB级以下企业783户；对107家BBB级以上企业核定了授信限额，对57家超授信企业向省分行申请特别授信，加强了风险控制；对全部客户筛选分类，确定基本客户群。共选定优秀客户19户，基本客户63户，一般客户59户，限制及解除信贷关系的劣质客户729户。开始对劣质客户实施信贷退出，做好第一批集中剥离不良贷款工作。合计剥离不良贷款本息201074万元，建立借款人基本信息档案库，与信贷管理台账系统连接，增加“通用查询”功能，全面实行动态管理。

2002年9月，在原信贷综合管理系统（CMIS）的基础上，新的信贷管理系统（CM2002）升级开通，实现全系统信贷数据集中管理。2003年开通个人信贷管理系统（PCM2003），实现了个人信贷全流程管理。2004年，依据《中华人民共和国商业银行法》实行审、贷分离制度，分支机构贷款审批权全部上收到工行承德分行。

11年间工行承德分行累放各项贷款432.19亿元，其中单位贷款累放占比93%，个人贷款累放占比7%，个人信贷业务有了较大幅度的增长。

在单位贷款中，工商业贷款累放占比55.6%，比国有专业银行时期下降34.1%，固定资产、房地产、票据贴现等业务有了大幅增长，由专业银行向商业银行转轨取得明显成效。2004年末各项贷款余额54.11亿元，比1993年末增加26.10亿元，增长0.93倍。

2005—2015年股份制商业银行时期。2005年4月，国务院批准中国工商银行股份制改革试点方案，贷款的重点向基础设施建设项目转移，对风电项目、市政项目、信息网络项目、高速公路项目给予信贷支持。同年集中开展第二批剥离不良资产工作，共计剥离不良资产总额236545万元。2006年，工行承德分行成立公司法人业务部，集中管理公司法人客户信贷业务。同年工行承德分行成立消费信贷业务中心，细化个人消费贷款业务品种与管理。2007年，根据银监会《节能减排授信工作意见》和工总行《关于推进“绿色信贷”建设的意见》，实行企业环保指标“一票否决制”，对信贷客户进行标识分类。2009年7月，将城区支行、县支行的法人客户信贷业务全部上收分行集中管理，实行“分行直管、支行配合、上下联动、提升服务”的管理模式。同年9月，实施个人信贷业务电子化审批，贷款签批后相关纸质资料移交分行贷后管理中心监督。同年，成立小企业贷款管理中心，启用小企业贷款科目，集中管理小企业贷款。2010年，工总行出台《法人客户信贷资产质量十二级分类标准》，指标体系通过信贷管理系统参数进行考评，使评价结果更具客观性。工行承德分行依照十二级分类标准，将交通、电力、钢铁矿业、房地产、医药、食品等行业优质客户列为重点支持对象。

1989—2015年，工行承德分行历经国有专业银行转型、商业银行市场化运作和股份制改革，贷款总量稳定增长，整体贷款结构持续优化。累放各项贷款2149亿元，2015年末各项贷款余额213.86亿元，比1989年增加199.26亿元，增长13倍。

第一节 工业贷款

工业贷款是银行对工业生产企业、交通运输企业及物资供销企业贷款的总称。按照贷款对象划分为国有工业贷款、集体工业贷款和其他工业贷款。1989—2005年，工行承德分行累放工业贷款285.64亿元。2005年末贷款余额16.01亿元，比1988年末增加9.31亿元，增长1.39倍。

一、国有工业企业贷款

国有工业企业贷款按贷款用途分为流动资金贷款、生产周转贷款、临时贷款、结算贷款、物资供销贷款。

1989—1993年国家专业银行时期 1989—1993年，工行承德分行按照专业银行业务分工，把国有工业企业作为信贷投放的重点。千方百计筹措资金，重点支持钢铁、水泥、煤炭、机械、轻纺等效益好的大中型国有工业企业的发展。

重点支持承钢集团、承德地区钢铁水泥总厂、兴隆矿务局、小寺沟铜矿、寿王坟铜矿等重型钢铁矿山企业提高产能。这一时期重点对6户国有钢铁矿山企业累放贷款118367万元，1993年末贷款余额4.95亿元。承德钢铁有限公司成立于1954年，主营钒钛磁铁矿冶炼和矾提取，是国家主要钒钛生产企业，在职员工1万余名。1989年该公司有2座200立方米高炉，2条线材生产线，主要生产出口产品HRB350、HRB400型优质螺纹纲。工行承德分行重点对企业原材料采购给予贷款支持，5年间累放流动资金贷款7.10亿元，促进企业经营效益大幅度提升，为1994年承钢钒钛股改上市奠定了基础。

重点支持承德市丝绸、麻纺、针织、服装等轻纺企业，有效丰富了市场商品供应，增强了银行资金回笼能力。这一时期，重点向10户国有轻纺企业累放贷款73979万元，1993年末贷款余额3.10亿元。承德麻纺厂成立于20世纪70年代初期，1989年有职工3000余人，产品以麻袋和麻纺织品系列为主，是当时承德市国有轻工骨干企业，产品有一定市场竞争力。为了保持宽幅地毯均衡生产，工行承德分行5年间累计发放流动资金贷款2.50亿元，持续对企业集中储备黄麻给予贷款支持。

重点对承德露露、承德悬挂输送机总厂、承德曲轴连杆厂、承德九龙醉酒厂、承德避暑山庄酒厂等13户名优企业给予资金支持，5年间累放贷款10.36亿元，1993年末贷款余额4.33亿元，及时解决了企业生产资金短缺问题。承德九龙醉酒厂，其前身是1953年丰宁县政府整合烧酒作坊组建的地方国有酒厂，1968年县财政投资9000万元进行了扩建，1978年年产白酒1000吨。经过30多年的发展，企业产能持续升级，产品质量好，天然小白桦饮料、中华沙棘酒在31街布鲁塞尔国际食品博览会上获得二金一银奖，具有很强的市场竞争力和发展潜力。1991年，该厂二期扩建扩大了生产能力，急需补充流动资金。工行承德分行5年间累计发放流动资金贷款4.10亿元，支持九龙醉系列产品提高产能，企业经济效益稳定增长。

5年间，工行承德分行累计发放国有工业贷款29.59亿元，1993年末国有工业企业贷款余额12.38亿元，比1988年末增加5.69亿元，增长0.46倍。

1994—2004年国有商业银行时期　1994年1月，中国工商银行发布《资产负债比例管理办法（试行）》，确立了以资金来源制约资金运用的信贷管理体制，将信贷、投资、外汇、内部资产等全部纳入风险管理范围，全面实行资产风险管理。根据工总行《关于防止企业在改制中逃废银行债务的紧急通知》，工行承德分行积极采取与贷款担保公司加强合作、完善企业信用等级评估等措施，将企业划分为基本客户、一般客户、限制及解除信贷关系客户，明确信贷支持和压缩对象，积极控制不良贷款的产生。

1994—1998年，工行承德分行主要向重点支持的钢铁、水泥、机械、制造、轻纺等效益好的大中型骨干企业投放贷款。

向承钢集团和承德钢铁水泥总厂等7户钢铁、矿山企业累放贷款26.57亿元，1998年末贷款余额9.12亿元。承德新新钒钛有限公司是承德钢铁集团的子公司，于1994年6月18日成功上市。该公司是国家第二大钒钛磁铁矿冶炼和矾钛提取生产企业，主要生产出口产品HRB600型抗震螺纹纲和矾钛特殊钢，1994年该公司三条线材生产线改造扩建，提高产量，扩大出口，流动资金缺口较大。工行承德分行连续5年间累计向该企业发放流动资金贷款15.94亿元，1998年贷款余额5.50亿元。

重点支持承德市丝绸、麻纺、针织、服装等11户企业发展名优产品生产。5年累放轻纺工业贷款11.81亿元，1998年贷款余额4.06亿元。

重点支持承德露露、兴隆山楂集团、宽城陶瓷扩产等15户名优企业，及时解决了企业生产资金短缺的问题。5年累放贷款20.66亿元、1998年贷款余额7.10亿元。承德露露集团由6万吨扩大到10万吨扩产项目，是承德市重点项目，总投资1.15亿元，企业自筹4100万元，工商银行支持技改贷款2500万元，专项贷款2500万元，流动资金贷款2367万元。项目完成后，露露集团杏仁露生产能力提高近一倍。

1994—1998年，累放贷款59.03亿元，1998年贷款余额20.28亿元，比1993年增加7.89亿元，增长0.64倍。

1999—2004年，工行承德分行实施“双优”发展战略，对停产企业及时采取措施，降低贷款损失。对兼并重组企业落实债务关系及清偿方案。贷款全部投向A级企业，重点向14户优质钢铁、矿山企业发放贷款，解决企业生产资金短缺问题。

承德钢铁公司是国家重点A级企业。1999年扩大热轧带钢和焦化生产规模，急需补充生产资金。工行承德分行及时对热轧带钢增加贷款3.50亿元、对焦化项目增加贷款2.70亿元、对矾钛铁精粉储备增加贷款2亿元、对优质螺纹钢增加贷款2.70亿元，支持企业扩产项目如期投产。5年间累计向该企业发放流动资金贷款35.98亿元，2004年末贷款余额7.10亿元。

重点支持了13户电力、食品加工、机械制造等优质企业。5年间累放贷款29.99亿元，2004年贷款余额5.87亿元。其中对滦河电厂30万千瓦机组提供流动资金贷款5亿元，对四海发展有限公司20万吨麦芽酿造项目提供流动资金贷款3亿元，对承德悬挂输送机提供流动资金贷款1.20亿元，对承德曲轴连杆厂提供流动资金贷款8000万元，对隆化高压泵厂提供流动资金贷款6000万元，对承德石油机械厂提供流动资金贷款4000万元，对宽城陶瓷提供流动资金贷款3000万元。

受企业改制的影响，工商银行重点支持的国有轻纺企业由11户减少为8户，贷款累放9.99亿元，2004年贷款余额1.95亿元。

1999—2004年，累放国有工业贷款99.95亿元，2004年贷款余额19.55亿元，比1998年末减少了7233万元。

2005年股份制商业银行时期 2005年，累放国有工业贷款12.45亿元，年末余额12.81亿元，较上年下降6.75亿元。一方面是优化贷款质量，2005年剥离不良资产14.82亿元。另一方面更是优化贷款结构，交通、电力、医药、食品等行业成为重点支持对象。

1989—2005年，累放国有工业贷款201.03亿元，2005年末贷款余额12.81亿元。2006年国有工业贷款科目停止使用，纳入公司法人贷款科目核算。

1989—2005年工行承德分行国有工业贷款统计表

表6-2-1　　单位：万元

年度	国有工业贷款		年度	国有工业贷款	
	累放	余额		累放	余额
1989	45140	63469	1998	154630	202765
1990	48679	87881	1999	167860	213521
1991	56870	97087	2000	132840	167751
1992	68340	106269	2001	146450	172445
1993	76890	123826	2002	189520	171917
1994	87470	142432	2003	191450	172794
1995	98640	161499	2004	171420	195532
1996	101014	188439	2005	124500	128076
1997	148590	209749	合计	2010303	

二、集体工业企业贷款

集体工业企业贷款是对集体所有制工业企业发放的流动资金贷款。

1989—1993年国家专业银行时期 1989—1993年，工行承德分行重点支持承德市二轻系统企业、“五小”（即小钢铁、小化肥、小水泥、小煤窑、小水电）企业的生产发展。将年利润50万元以上的35家集体企业作为支持对象，包括承德市汽车仪表厂、钢板弹簧厂、制革厂、通用机械厂、二塑三塑四塑、隆化铝制品厂等。

承德市制革厂是加工各类皮革制品的集体企业，隶属承德市二轻系统。产品有市场、还贷有保障。企业每年集中储备原材料，均发生季节性流动资金缺口。工行承德分行以企业土地做抵押，支持企业原材料储备流动资金贷款4500万元，保证了企业正常生产经营。

5年间累放集体工业企业贷款7.10亿元，1993年末贷款余额1.49亿元，比1988年末增加9627万元，增长18.37%。

1994—1999年国有商业银行时期 1994—1999年，工行承德分行继续贯彻择优扶持的原则，重点支持制革、白酒、罐头、丝绸、服装面料、啤酒等30余种地方特色产品的生产。6年间累放集体工业企业贷款15.21亿元，1999年末贷款余额2.41亿元。

随着多数二轻企业关闭、改制、转型、破产，集体工业企业贷款逐步萎缩，部分不良贷款在1999年第一次核销中处理完毕。其中以抵贷形式收回1笔，金额41万元；清收不良贷款3笔，金额202万元；剥离不良贷款122笔，金额2.39亿元。剥离中前10名的集体工业企业为承德宏盛商贸有限公司金额17404万元（齐志远案）、承德市制革厂金额1016万元、承德市钢板弹簧厂金额990万元、承德市鹰手营子通用机械厂金额496万元、隆化县铝制品厂金额351万元、平泉县针织厂金额298万元、承德市鹰达篷布厂金额293万元、承德市兴宝建筑陶瓷厂金额287万元、宽城满族自治县服装厂金额284万元、隆化县五金厂金额251万元。以上10户企业合计剥离不良贷款2.17亿元，占剥离总数的90%。

1999年以后，随着企业转制、兼并、破产，原有的集体工业企业贷款逐渐退出。2005年“集体工业企业贷款”科目停止使用，统归“公司法人”贷款科目核算。

1989—2005年工行承德分行集体企业贷款统计表

表6-2-2　　单位：万元

年度	集体企业贷款		年度	集体企业贷款	
	累放	余额		累放	余额
1989	7580	7240	1996	26530	21234
1990	13140	10845	1997	28720	22640
1991	15450	12140	1998	26350	23960
1992	16320	12645	1999	27200	24100
1993	18540	14867	2000	—	0
1994	19760	16704			
1995	23540	19864	合计	223130	

三、其他工业企业贷款

其他工业企业贷款是银行向国营和集体工业企业以外的其他工业企业发放的贷款，分为流动资金贷款、临时贷款、结算贷款等。1989—2005年，工行承德分行累放其他工业企业贷款62.30亿元。

1989—1993年国家专业银行时期 1989—1993年，承德分行工商银行利用有限的信贷资金，重点支持了承德市铸石厂、承德地区机床厂、承德华峰钢铁水泥总厂、承德市啤酒厂、承德市陶瓷厂、承德市水泥厂及地方煤炭生产企业，以此带动地方工业发展。5年间累计发放其他工业企业贷款8.77亿元，1993年末余额1.62亿元，解决了一些企业临时性和结算过程的资金需求。

1994—2004年国有商业银行时期 1994—1998年，集中资金向“效益好、信誉高”的民营企业倾斜。承德帝贤针纺集团公司始建于1986年，是在原承德县下板城针织厂的基础上发展起来的民营企业。5年间工行承德分行累计投入贷款9亿元，到1996年，支持其形成拥有资产1.3亿元、年销售收入2.1亿元、出口创汇2000万美元的大型民营企业，信用等级为AA级，成为承德分行的黄金客户，带动了当地经济发展和2000多人就业。5年间累放其他工业企业贷款15.95亿元，1998年贷款余额3.53亿元。

1999—2004年，继续支持承德其他工业企业资金需求，贷款支持承德黑山铁矿2.50亿元、长城化工1.40亿元、福达矿业1.40亿元、龙泰矿业1.35亿元、承德板城烧锅酒厂5900万元、丰宁九龙醉酒厂8000万元、承德冀东水泥4500万元、宽城双隆矿业3000万元。为企业解决临时性和结算资金困难。6年间累放其他工业企业贷款32.60亿元，2004年末贷款余额4.89亿元，比1993年末增加3.27亿元，增长2.02倍。

2005年股份制商业银行时期 2005年，累放其他工业贷款4.97亿元，贷款余额3.20亿元，比2004年下降1.69亿元。主要是受贷款规模控制和不良贷款剥离因素的影响。

2006年，“其他工业企业贷款”科目停止使用，纳入“公司法人”贷款科目核算。

1989—2005年工行承德分行其他工业企业贷款统计表

表6-2-3　　单位：万元

年度	其他工业贷款		年度	其他工业贷款	
	累放	余额		累放	余额
1989	16230	12854	1998	43140	35331
1990	15430	11125	1999	45630	36826
1991	18190	12132	2000	48660	41938
1992	17960	13992	2001	46730	43112
1993	19930	16180	2002	68140	58922
1994	22990	18905	2003	63420	50782
1995	25673	20511	2004	53460	48884
1996	30340	25876	2005	49700	32020
1997	37330	29797	合计	622953	

第二节 商业、建设业、“三资”企业贷款

一、商业贷款

商业贷款包括粮食、贸易、国有商业、集体商业、医药系统及其他商业性质的批发零售贷款业务。

1989—1993 年国家专业银行时期 工行承德分行积极支持供销、商业、贸易、粮食企业经营发展，成功推行了《资金使用契约书》制度，将银行与企业借贷关系以契约形式法律化，为依法收贷奠定基础。对承德市国有商业、粮食、医药批发企业，分别按资金占用、信用状况进行分类排队，贷款形式仍以信用贷款为主，贷款基本集中在粮食储备供应、二三类商业批发企业和大型商业零售企业，贷款以支持商品流通为主。4 年间累放商业贷款 17.56 亿元，1993 年末贷款余额 7.40 亿元，比 1988 年末增加 2.96 亿元，增长 0.66 倍。

1994—2004 年国有商业银行时期 1994 年，工行承德分行针对商业系统实行“四放开”（经营、价格、用工、分配）的新形势，主动参与企业改革过程，落实企业担保和商业连保，澄清企业资产负债状况及资金“水分”和“潜力”底数，监督企业落实债权债务。同年，商业信贷业务受商业企业转制的影响，新发生的商业贷款基本集中于二级以上批发企业和大型零售商业。同年 6 月 30 日，工行承德分行按照政策要求，向农发行承德分行划转粮棉油等政策性信贷业务（当时农发行业务由农行承德分行代理），共划转贷款余额 2.19 亿元。全年累放商业贷款 2.42 亿元，贷款余额 4.61 亿元，比上年下降 2.79 亿元。

1998 年，工行承德分行严格落实贷款抵押担保手续，集中资金支持商业批发及大型零售商业企业。全年累放商业贷款 2.42 亿元，贷款余额 6.18 亿元。2000 年以后商业贷款逐步压缩。

1994—2004 年，累放商业贷款 17.60 亿元，2004 年末贷款余额 2.68 亿元，比 1993 年末减少 4.71 亿元，下降 63.72%。

2005 年股份制商业银行时期 2005 年，工行承德分行进行第二次不良贷款剥离，商业贷款进一步压缩，新型的批发零售公司取代传统的商业模式。年末商业贷款余额降至 1535 万元。

1989—2005 年，累放商业贷款 35.32 亿元，其中粮贸贷款累放 12.08 亿元，贸易贷款累放 8.82 亿元，一般商业贷款累放 14.42 亿元。2006 年“商业贷款”科目停止使用，纳入“公司法人贷款”科目核算。

1989—2005 年工行承德分行商业贷款统计表

表 6-2-4 单位：万元

年度	合计		粮贸贷款		贸易贷款		一般商业贷款	
	累放	余额	累放	余额	累放	余额	累放	余额
1989	35450	48986	17350	21371	7432	3210	10668	24405
1990	35245	51120	15420	27077	6540	4320	13285	19993
1991	36321	57212	16540	30189	5620	6570	14161	20453

续表 6-2-4

年度	合计		粮贸贷款		贸易贷款		一般商业贷款	
	累放	余额	累放	余额	累放	余额	累放	余额
1992	45326	66550	18632	35240	6987	7862	19707	23398
1993	23251	73969	12034	45614	7650	8620	3567	19735
1994	24235	46079	9432	23310	7650	10200	7153	12569
1995	23654	46179	8765	20450	5630	11240	9259	14489
1996	25265	44411	7865	20100	6473	14353	10927	9958
1997	26230	45499	8653	13020	8763	18362	8814	14117
1998	24230	61840	2340	735	9650	24310	12240	36795
1999	15360	46373	2451	2168	7763	23430	5146	20775
2000	24874	15477	1342	787	1423	1160	22109	14317
2001	3200	20368	—	—	1700	6530	1500	13838
2002	4300	25205	—	—	2310	15360	1990	9845
2003	2340	24693	—	—	1400	12320	940	13373
2004	2300	26835	—	—	1200	13410	1100	13425
2005	1600	1535	—	—	—	0	1600	1535
合计	353181		120824		88191		144166	

二、建筑业贷款

建筑业贷款是支持建筑企业施工过程中所需资金的贷款。贷款对象主要有建筑安装企业、工程承包公司、城市综合开发公司、建材加工企业。1989—2005 年，累放建筑业贷款 11.80 亿元。

1989—1993 年国家专业银行时期　1989—1993 年，工行建筑业贷款只限于对建筑企业发放流动资金贷款。1989—1993 年工行承德分行累放建筑业贷款 3921 万元，1993 年贷款余额 1910 万元。

1994—2004 年国有商业银行时期　1994 年 12 月，人民银行批准商业银行开办房地产开发流动资金贷款业务，其中包括商品房开发贷款、法人商业用房贷款、学生公寓建设贷款、建筑安装企业的设备维修贷款等。工行承德分行积极发展建筑企业贷款业务，成立业务部室配备专业人员，积极争取效益好、有实力的建筑企业开户。根据国家房地产开发政策和市政规划，加大对建筑企业贷款的支持力度。1994—1998 年累放建筑企业贷款 5.36 亿元，1998 年贷款余额 1.81 亿元，比 1993 年末增加 1.68 亿元。

1999 年以后，工行承德分行先后为承德天工建筑安装工程有限公司、承德振龙建筑材料集团有限公司、北方公路工程建设有限责任公司、承德隆兴防水建筑材料制造有限公司、滦平远通建筑工程有限公司等建筑企业提供资金周转贷款4.05亿元，重点支持市政府五片联动工程、承钢经济适用房、富华山庄房地产二期开发等项目。1999—2004年累放建筑业贷款6.05亿元，2004年末贷款余额4000万元。

2005年股份制商业银行时期 2005年，清收建筑企业贷款3000万元，年末贷款余额1000万元。2006年起“建筑业贷款”科目停止使用，纳入“公司法人贷款”科目核算。

1989—2005年工行承德分行建筑业贷款统计表

表6-2-5　　单位：万元

年度	建筑企业		年度	建筑企业	
	累放	余额		累放	余额
1989	401	401	1998	24600	18100
1990	630	450	1999	24500	22340
1991	550	650	2000	32000	33059
1992	840	1086	2001	—	0
1993	1500	1910	2002	3	3
1994	6840	5300	2003	—	0
1995	8630	6000	2004	4000	4000
1996	7500	4200	2005	—	1000
1997	6000	5700	合计	117994	

三、“三资”企业贷款

“三资”企业贷款是对中外合资经营企业、中外合作经营企业、外资经营企业发放的本、外币短期流动资金贷款。1989—2005年“三资”企业贷款累放9.51亿元。

1989—1993年国家专业银行时期 1989年，工行承德中心支行“三资”企业贷款余额1555万元，市场占有率较低。为适应商业化改革，工行积极争取三资企业服务领域。同年4月，经外管局河北分局批准，建立了国际业务代理处，确定太平桥支行、南营子支行、平泉县支行、中支营业部（汇通支行）为试点单位，开办“三资”企业融资业务。1990年新建“三资”企业现汇存款帐户1个，外汇贷款账户2个，发放“三资”企业贷款1410万元，初步探索办理外汇业务。4年间累放“三资”企业贷款8595万元，1993年贷款余额2001万元。

1994—2004年国有商业银行时期 1994年，重点支持出口创汇“三资”企业，对承钢集团特殊钢出口提供贷款2240万元。

1996年，对国际业务所需人民币资金实行全额保障，向承钢集团投放贷款4940万元，支持优质螺纹钢出口创汇2000万美元。

1998年，向承德华富玻璃器皿有限公司、热河克罗尼仪表有限公司、兴怡罐头食品有限公司、丰宁木制品有限公司、平泉新兴电子有限公司等5户“三资”企业,累放打包贷款1.34亿元。

1999年至2004年期间，实行“三资”企业外汇业务与贷款、银行承兑汇票、贴现等业务捆绑挂钩经营，鼓励在本行外汇业务占比较高的企业，优先安排打包贷款和外汇配套人民币贷款。对承德新新钒钛、华富玻璃、天星药业等优质客户提供综合服务，使“三资”企业在本币业务支撑下获得稳步发展。同时出台国际业务目标管理考核办法，集中力量打开外汇业务发展局面。

11年间累放三资企业贷款8.53亿元，2004年贷款余额2262万元，有效缓解了企业流动资金需求，促进了外汇业务发展。

2005年股份制商业银行时期 2005年继续对“三资”企业给予贷款支持,全年累放“三资”企业贷款1300万元，年末贷款余额1590万元。2006年起“‘三资’企业贷款”科目停止使用，纳入“公司法人贷款”科目核算。

1989—2005年工行承德分行“三资”企业贷款统计表

表6-2-6 单位：万元

年度	“三资”企业		年度	“三资”企业	
	累放	余额		累放	余额
1989	1755	1555	1998	13100	15828
1990	1410	1785	1999	13840	17434
1991	1360	1703	2000	16360	25921
1992	1430	1766	2001	24260	14787
1993	2640	2001	2002	3500	3161
1994	2240	4071	2003	2350	3736
1995	2720	4226	2004	1600	2262
1996	2530	8489	2005	1300	1590
1997	2750	12890	合计	95145	

第三节 固定资产贷款

固定资产贷款是指银行为借款人新建、扩建、改造、购置固定资产提供的本外币贷款。2005年以前划分为技术改造、基本建设、科技开发贷款，2006年以后划分为项目融资、银团贷款、一般固定资产贷款。1989—2005年，累放固定资产贷款342.25亿元，2005年末贷款余额70.46亿元。

一、技术改造贷款

技术改造贷款是银行对企业进行固定资产技术改造、设备更新发放的贷款，具有折旧基金垫支和增加投资双重性质。

1989—1993年国家专业银行时期 1989年，重点支持工业企业设备更新、技术改造项目，为承钢、露露、帝贤等骨干企业累放技术改造贷款463万元，年末贷款余额780万元。

1993年，承德钢铁集团3座200立方米炼钢高炉存在烟尘排放超标、高耗能、产量低等问题，申请银行贷款支持技术改造。工行承德分行为企业发放技术改造贷款7200万元，支持企业解决了存在问题，提高了产能效益。

1989—1993年，累放技术改造贷款2.98亿元，1993年贷款余额2.26亿元。

1994—2004年国有商业银行时期 1994年，先后为承德钢铁集团、承德帝贤针纺股份有限公司、承德露露股份有限公司、新新钒钛股份有限公司及石油、电力等累放技术改造贷款2.12亿元，年末贷款余额3.54亿元。

1998年，陆续对兴隆山楂集团饮料技改、宽城陶瓷高炉技改、承绅印刷厂制版技改、输送机总厂的“八五”技改等5个重点技改项目发放贷款2.31亿元，支持企业按计划形成生产能力。1998年末技术改造贷款余额5.65亿元。

1999—2004年，加大对网络通信重点项目的贷款投入。为承德广通信息网络有限公司、河北省电信公司承德分公司新增技术改造贷款7000万元。为支持河北省电信公司承德分公司GSM数字移动通信五期扩容工程项目，工行承德分行于1999年10月发放技术改造贷款5000万元，贷款期限5年。承德市有线电视综合信息网络市县联网及市区网络改造项目，预算总投资5637万元，其中中信国安信息产业股份有限公司投入2875万元，企业自筹762万元，贷款2000万元。工行承德分行及时落实了贷款支持。

11年间累放技术改造贷款36.91亿元，2004年末贷款余额7.45亿元。

2005年股份制商业银行时期 全年累放技术改造贷款4.33亿元，其中为围场红松风力发电（二期）技改项目增加贷款1.50亿元。

1989—2005年，累放技术改造贷款44.22亿元，2005年末贷款余额7.28亿元。

1989—2005年工行承德分行技术改造贷款统计表

表6-2-7　　单位：万元

年份	技术改造贷款		年份	技术改造贷款	
	累放	余额		累放	余额
1989	463	780	1998	34280	56500
1990	1100	876	1999	41320	74545
1991	1530	986	2000	44250	72760
1992	14500	14200	2001	45300	72600
1993	12200	22600	2002	37560	48900
1994	21200	35400	2003	41200	49750
1995	23100	41200	2004	42530	74545
1996	19630	43500	2005	43250	72760
1997	18750	45630	合计	442163	

二、基本建设贷款

基本建设贷款是指对各级政府批准立项的基础设施、市政工程、服务设施、新建或扩建生产性工程等基本建设项目的贷款。

1989—1993 年国家专业银行时期 工行承德分行重点对承钢、承德市水泥厂、承德市丝绸厂、承德市麻纺厂发放基本建设贷款 1.50 亿元，支持企业按计划形成生产能力。4 年间累放基本建设贷款 2.13 亿元，1993 年末贷款余额 2.13 亿元。

1994—2004 年国有商业银行时期 1994—1998 年，工行承德分行积极支持京承高速公路、承钢经济适用房、承德附属医院综合住院楼建设。5 年间累放基本建设贷款 3.10 亿元，1998 年贷款余额 4.27 亿元。

1999—2004 年，工行承德分行完成京承高速公路 7 亿元项目贷款投入，投入承钢热轧带钢、焦化等重点项目贷款 7000 万元，支持重点项目按期交付使用。6 年间累放基本建设贷款 13.24 亿元，2004 年末贷款余额 6.65 亿元。

2005 年国有股份制银行时期 基本建设贷款重点支持京承、承朝、承秦、承赤高速公路和风电水电建设，累计增加贷款 3.24 亿元。

1989—2005 年，累放基本建设贷款 18.60 亿元，2005 年末贷款余额 5.40 亿元。

1989—2005 年工行承德分行基本建设贷款统计表

表 6-2-8 单位：万元

年份	基本建设贷款		年份	基本建设贷款	
	累放	余额		累放	余额
1989	1767	10492	1998	18020	42723
1990	2230	12228	1999	21880	51107
1991	3890	18313	2000	19070	59185
1992	4440	18097	2001	8170	68694
1993	8950	21251	2002	5940	48767
1994	2220	23317	2003	12290	55026
1995	2140	18647	2004	34070	66494
1996	5000	21397	2005	32380	54033
1997	3590	21565	合计	186047	

三、科技开发贷款

科技开发贷款是对企业研发新技术和新产品发放的贷款。

1991—1993 年国家专业银行时期 工行承德中心支行 1991 年开办科技开发贷款，初期用于承钢钒铁新项目研发，到 1993 年末累放科技开发贷款 200 万元。

1994—2004年国有商业银行时期 1994—1998年，工行承德分行逐步扩大科技开发贷款的支持范围，重点支持当地名优产品研发，先后为承德露露、医药、食品、酿酒等企业发放科技开发贷款600万元。到1998年末，累放科技开发贷款600万元，贷款余额800万元。

1999—2004年，先后为隆化阀门厂引进“美荷式”高压阀门新产品、兴隆希力制药厂项目、平泉酒厂轻啤酒项目、承德市挂车厂介质泵产品提供贷款支持。隆化阀门厂是高端控制阀制造企业，专门从事控制阀研制与生产，主要生产各种计量泵、高压往复泵、立卧式管道离心泵、WQ排污泵等产品。2000年该厂引进国外新技术。工行承德分行提供贷款1500万元，支持企业产品得到升级换代。5年间工行承德分行累放科技开发贷款2150万元。

1991—2004年，累放科技开发贷款2950万元。到2004年末，工行承德分行历年发放的科技开发贷款全部收回。

1991—2004年工行承德分行科技开发贷款统计表

表6-2-9　　单位：万元

年份	科技开发贷款		年份	科技开发贷款	
	累放	余额		累放	余额
1991	100	100	1999	—	800
1992	100	200	2000	2000	2800
1993	—	200	2001	—	2800
1994	—	200	2002	—	2800
1995	100	300	2003	150	2950
1996	—	300	2004	—	0
1997	—	300			
1998	500	800	合计	2950	

四、项目融资贷款

项目融资是为了建设新项目、收购现有项目，或者对现有项目进行债务重组的融资活动。

2006年，工行承德分行成立公司业务部，集中管理项目融资信贷业务。项目融资业务主要投向钢铁、交通、旅游、建材、水电、市政及房地产开发等基础设施建设。

钢铁行业 2006—2015年，向河北钢铁股份有限公司承德分公司发放项目融资61.20亿元，2015年末余额14.44亿元，重点支持钒产品扩能改造项目。钒产品是该公司的特色产品，市场供不应求，扩能改造项目在河北省发改委立项。工行承德分行发放项目贷款2.80亿元，支持该公司新建1.60万吨V205生产线二条、5000

吨／年80钒铁生产线二条、5000吨／年氮化钒生产线二条及其辅助设施，形成年产3.2万吨钒产品（折合V205）的生产能力，取得良好的经济效益。

交通行业 2006年起，工行承德分行抓住国家加大高速交通网建设的时机，对高速公路建设提供贷款支持，先后对京承、承秦、承唐、承朝、承赤5条高速公路贷款86.40亿元，2015年末贷款余额34.50亿元。5条高速的是河北省高速公路网“五纵、六横、七条线”的重要组成部分，建成后改变了承德市交通不便的落后面貌。

电力行业 2006年起，重点支持了河北红松风力发电等10余个建设项目，累放贷款16.50亿元。对改善能源结构起到了助推作用。

市政基础设施建设 2009年起，向承德市城市建设投资有限责任公司贷款13.06亿元，用于城市基础设施建设。到2015年末，收回贷款11.56亿元。

房地产开发及其他 2006年起，工行承德分行为承德市银泰、天行、燕东、晨都、富华、鹏程、唐山兴盛、秦皇岛吉星等房地产开发公司项目融资46000万元。为承德信通首承、宽城隆丰、宽城宽丰、宽城兆朋、丰宁鑫源、丰宁建宇、隆化明达等矿业项目融资3.83亿元。

2006—2015年，累放项目融资252.86亿元，2015年末项目融资余额52.32亿元。

2006—2015年工行承德分行项目融资贷款统计表

表6-2-10 单位：万元

年份	项目融资贷款		年份	项目融资贷款	
	累放	余额		累放	余额
2006	76430	99296	2012	475400	278411
2007	114000	94808	2013	353620	324465
2008	125000	109154	2014	312400	511694
2009	41960	10634	2015	424300	523192
2010	224230	191547			
2011	381300	171329	合计	2528640	

五、银团贷款

银团贷款系由一家银行牵头，多家银行参与组成银行集团，采用同一贷款协议规定的条件，向同一借款人提供融资的贷款方式。

2006—2015年，工行承德分行大力跟进银团贷款项目，先后向承赤高速公路贷款4.33亿元、塞罕坝林场防沙造林贷款600万元、河北围场御景新能源风力发电项目贷款2.5亿元，承德鼎盛文化产业投资有限公司大型实景演出项目贷款1亿元。至2015年末，上述贷款全部收回并取得良好的经济效益。

2006—2015 年工行承德分行银团贷款统计表

表 6-2-11　　单位：万元

年份	累放	余额	年份	累放	余额
2006—2008	—	0	2013	—	72966
2009	15000	15000	2014	—	72966
2010	60000	75000	2015	—	0
2011	6265	81265			
2012	—	77075	合计	81265	

六、一般固定资产贷款

一般固定资产贷款是指银行为借款人新建、扩建、改造、购置固定资产提供的本外币贷款。

2009 年，累放一般固定资产贷款 16.84 亿元，重点支持了河北红松风力发电等 10 余个重点建设项目。

2012 年，向克腾朗诚瑞风风电项目发放一般固定资产贷款 1.30 亿元。该项目是内蒙古风电研究所研发的绿色环保项目，预算投资 141.39 亿元，装机容量 249.14 万千瓦，覆盖内蒙古、辽宁、河北省等 11 个地区，缓解电力紧张问题。

2009—2015 年，累放一般固定资产贷款 18.14 亿元，2015 年末贷款余额 18.14 亿元。

2009—2015 年工行承德分行一般固定资产贷款统计表

表 6-2-12　　单位：万元

年份	一般固定资产贷款		年份	一般固定资产贷款	
	累放	余额		累放	余额
2009	168400	168400	2013	—	181400
2010	—	168400	2014	—	181400
2011	—	168400	2015	—	181400
2012	13000	181400	合计	181400	

第四节　公司法人贷款

公司法人贷款是指对公司法人机构发放的贷款。2006 年，工行承德分行成立公司法人业务部，设置营运资金贷款、周转限额贷款、临时贷款、搭桥贷款、备用贷款、法人账户透支、网络循环贷款等贷款品种。从重点项目和重点客户入手，突出加强对新兴产业、先进制造业、现代服务业、文化产业等“四大新兴市场”客户的融资服务，重点支持了承德市钢铁制造、交通、水电、城市建设等支柱产业的发展。2006—2015 年，累放公司法人贷款 311.84 亿元，2015 年末贷款余额 26 亿元，占全部贷款业务的 12.16%。

一、钢铁制造、采矿业贷款

2006—2010年，累放钢铁企业贷款34.71亿元。其中承德新新钒钛股份有限公司2.37亿元、河北钢铁股份有限公司承德分公司13.88亿元、承德钢铁集团有限公司1.43亿元、承德燕山带钢有限公司2.89亿元、承德金龙冶金建材集团有限公司2.27亿元。

2011—2015年，累放钢铁企业、采矿企业贷款43.25亿元，呈现钢铁企业贷款增量减缓、矿山企业贷款增量加快的贷款分布。其中，河北钢铁股份有限公司承德分公司5.60亿元、承德金龙冶金建材集团有限公司2.79亿元、宽城隆丰矿业有限公司9783万元、宽城富华矿业有限公司7830万元、宽城宽丰矿业有限公司1亿元、宽城兆朋矿业有限公司4680万元、宽城板城矿业有限公司6300万元、丰宁鑫源矿业有限公司7000万元、丰宁建宇铁矿有限公司6000万元、承钢双福矿业有限公司2亿元。

2006—2015年，累放钢铁、采矿业贷款77.96亿元，2015年末贷款余额6.50亿元。

2006—2015年工行承德分行钢铁制造、采矿业贷款统计表

表6-2-13 单位：万元

年度	钢铁制造、采矿业贷款		年度	钢铁制造、采矿业贷款	
	累放	余额		累放	余额
2006	65850	50330	2012	78655	58955
2007	67525	51283	2013	87025	61908
2008	70050	51705	2014	89338	64125
2009	70350	54325	2015	92103	65006
2010	73303	55078			
2011	85405	55935	合计	779604	

二、交通运输贷款

2006—2010年，工行承德分行向交通行业累放贷款62.47亿元，重点支持了高速公路建设。其中河北京承高速公路建设管理处1笔贷款7亿元、河北承唐高速公路管理处3笔贷款9亿元、承德市交通运输局3笔贷款4亿元、河北承秦高速公路管理处1笔贷款13.42亿元、河北承朝高速公路管理处1笔贷款6亿元。

2011—2015年，工行承德分行继续保持对高速公路的贷款支持，累放贷款77.85亿元，其中新增京沈高铁承德段项目贷款15亿元、河北省高速公路管理局贷款5.76亿元、河北承秦高速公路管理处贷款6.32亿元、河北京承高速公路建设管理处贷款2.82亿元、河北承赤高速公路建设管理处贷款8.50亿元、河北高速公路管理局贷款1.20亿元（不含票据贴现）。

2006—2015年，累放交通运输业贷款140.33亿元，2015年末贷款余额11.70亿元，积极支持了承德高速公路、高速铁路建设。

2006—2015 年工行承德分行交通运输贷款统计表

表 6-2-14　　　　　　　　　　　　　　　　　　　　　　　单位：万元

年度	交通运输贷款		年度	交通运输贷款	
	累放	余额		累放	余额
2006	118530	90594	2012	141579	106119
2007	121545	92308	2013	156645	111434
2008	126090	93069	2014	160807	115425
2009	126630	97785	2015	165784	117011
2010	131944	99139			
2011	153729	100683	合计	1403283	

三、电力贷款

2006—2010 年，工行承德分行加大对绿色能源的信贷支持，5 年间累放电力贷款 27.77 亿元，其中新增河北红松风力发电股份有限公司 8500 万元、三河发电有限责任公司 7900 万元、国电承德热电有限公司 3 笔 3.89 亿元、龙源建设（承德）风力发电有限公司 2 笔 1 亿元、龙源建设（承德围场）风力发电有限公司 6000 万元。

2011—2015 年，继续对绿色能源增加信贷投入，工行承德分行累放电力贷款 34.60 亿元。新增丰宁抽水蓄能电站项目 16 亿元、围场华润风电 8 亿元、上板城热电联产工程项目 4 亿元、宽城宽兴水利建设有限公司 3 亿元、河北红松风力发电股份有限公司 2.97 亿元、克什克腾旗朗诚瑞风电力发展有限公司 2.60 亿元、承德热电有限责任公司 5700 万元、河北北辰电网建设股份有限公司 4000 万元。

2013 年，成功营销了丰宁抽水蓄能电站项目。该项目分两期完成，第一期工程投资 99.84 亿元，使丰宁抽水蓄能电站装机容量达到 360 万千瓦，建成世界上装机容量最大的抽水蓄能电站；第二期工程投资 87.5 亿元，是国家电网公司推进特高压电网建设、服务清洁能源发展的重点工程，项目建成后，可以有效提高系统调峰能力，满足河北省风电快速增长所增加的部分调峰需求，每年可节煤 48 万吨，减排二氧化碳 114 万吨。该项目于 2013 年 5 月第一期开工建设，预计工期 63 个月，由中国能建集团葛洲坝二公司中标。工行承德分行经过不懈努力，取得了工总行批准授信额度 25 亿元，3 年间累计对该项目投入贷款 16 亿元。

2006—2015 年，累计发放电力贷款 62.37 亿元，2015 年末贷款余额 5.20 亿元。

2006—2015 年工行承德分行电力贷款统计表

表 6-2-15　　单位：万元

年度	电力贷款		年度	电力贷款	
	累放	余额		累放	余额
2006	52680	40264	2012	62924	47164
2007	54020	41026	2013	69620	49525
2008	56040	41364	2014	71470	51300
2009	56280	43464	2015	73682	52005
2010	58642	44062			
2011	68324	44748	合计	623682	

四、其他行业贷款

2006—2015 年，公司法人贷款支持的其他行业重点项目有市政建设（含土地储备）15.39 亿元、承德银泰房地产开发有限公司及宽城京承房地产开发有限公司等 9 家房地产贷款 8.45 亿元、承德德丽旅游发展有限公司 1.44 亿元、高新技术开发项目 1.36 亿元、承德鼎盛文化产业投资有限公司 1 亿元、承德避暑山庄及周围寺庙景区管理委员会 7200 万元、承德冀东水泥 5000 万元、兴隆民爆器材 5000 万元。10 年间累放其他行业贷款 31.18 亿元，2015 年末贷款余额 2.60 亿元。

2006—2015 年工行承德分行其他行业贷款统计表

表 6-2-16　　单位：万元

年度	其他行业贷款		年度	其他行业贷款	
	累放	余额		累放	余额
2006	26340	20132	2012	31462	23582
2007	27010	20513	2013	34810	24763
2008	28020	20682	2014	35735	25650
2009	28140	21730	2015	36841	26003
2010	29321	22031			
2011	34162	22374	合计	311841	

第五节 房地产贷款

房地产贷款包括个人住房开发贷款、商住房开发贷款、城市土地开发贷款、土地储备贷款等房地产信贷业务（不包括个人住房按揭贷款）。

一、国有商业银行时期

1993—1996年，工行累放房地产贷款3035万元，房地产信贷业务处于起步阶段。

1997年，工行承德分行积极支持承德市“五片联动”安居工程，当年发放安居工程贷款5000万元，住房信贷业务有了新发展。

1998—2004年，是工行承德分行房地产业务的成长期，支持了中房集团、经济适用房发展中心、城市建设开发公司、市政府房屋综合开发公司及丰宁满族自治县、平泉县、承德县、隆化县4个县房地产开发公司所开发的8个经济适用房开发项目。先后与热河大厦、双滦医药综合楼、双滦顺达公寓综合楼、峰鹤公园等房地产项目开发商签订了按揭协议及房地产合作意向，给予贷款支持。7年间累计支持开发商品房62万平方米，累放房地产贷款20.32亿元，2004年贷款余额1.42亿元。

二、股份制商业银行时期

2005年，分别为承钢经济适用房投放贷款4000万元，富华山庄二期开发项目投放贷款5000万元，燕东房地产万华小区B区项目投放贷款2900万元。分别与双滦医药综合楼、双滦顺达公寓综合楼、峰鹤公园等29个房地产项目开发商签订了开发协议。

2010年，由承德市繁荣房地产有限责任公司开发的生态家园住宅1号、2号、5号、6号楼工程，共28层，商业面积57000平方米，工行承德分行对18～26层住宅部分给予信贷支持。

2005—2015年，累放房地产开发贷款87.86亿元，2015年末贷款余额6.41亿元，比2004年末增加4.99亿元。累计支持开发商品房149万平方米。

1993—2015年工行承德分行房地产贷款统计表

表6-2-17　　单位：万元

年度	房地产贷款		年度	房地产贷款	
	累放	余额		累放	余额
1993	385	385	2005	26130	12551
1994	1290	1675	2006	25640	22150
1995	580	1820	2007	35100	43600
1996	780	1960	2008	46230	46300
1997	5000	6210	2009	124600	135240
1998	4430	4430	2010	224610	248350
1999	24310	12400	2011	195300	212952
2000	15600	16400	2012	46700	130364
2001	45300	33583	2013	52300	100064
2002	47640	48700	2014	56400	88346
2003	33520	27286	2015	45600	64123
2004	32400	14155	合计	1089845	

第六节 其他单位贷款

一、票据融资

票据融资是指票椐持有人将未到期商业票据转让给银行，银行向票据转让人提前贴现融资的贷款业务。

1989—1993 年国家专业银行时期 工行承德分行 1989 年开办票据融资业务，当时仅限于银行汇票。1989—1993 年办理贴现业务 1068 万元，业务发展比较缓慢。

1994—2004 年国有商业银行时期 1994 年贴现业务主要集中在大中型工矿、建材、交通、制造等企业。

1995 年《中华人民共和国票据法》颁布以后，工行承德分行的票据融资业务打破了单一的银行汇票，对信誉优良的工商企业逐步开办了银行承兑汇票融资业务，但限制条件较严格，业务量较小。

1997 年 1 月，印发了《中国工商银行承德分行银行承兑汇票管理办法》。规定了企业申办银行承兑汇票的范围、条件和审批程序，同时实行保证金制度。

2002 年 4 月，工行承德分行成立票据业务中心，办理银行承兑汇票和贴现业务的范围基本限制在电力、交通、邮电、石油等大系统和承钢、露露等重点骨干企业。

1994 年至 2004 年期间，累计办理票据贴现 53.89 亿元，2004 年末票据贴现余额 1.34 亿元。

2005—2015 年股份制商业银行时期 2005—2009 年票据贴现业务进入快速发展时期，业务主要集中在钢铁、交通、建材等 A 级企业。这一时期累计办理票据贴现 196.02 亿元，2009 年末票据贴现余额 2.79 亿元。

2010 年至 2015 年期间，工行承德分行主动营销票据贴现业务，做到手续简便、服务热情，得到客户认可。承德建龙特殊钢有限公司是一家大型民营钢铁企业。企业每年发生几亿元票据业务，为解决融资急需，经常跑唐山办理贴现业务，非常不便。为方便企业的融资需求，鹰手营子支行就地为企业提供票据贴现服务，建立了长期合作关系。2015 年，工行承德分行仅用三天时间为承钢购置铁粉办理 9.2 亿元的票据融资支持，快速为企业解决了资金难题。6 年间，累计办理票据贴现融资 339.86 亿元，2015 年末余额 9.22 亿元。

1989—2015 年工行承德分行票据融资业务统计表

表 6-2-18 单位：万元

年度	票据融资		年度	票据融资	
	累计	余额		累计	余额
1989	53	0	1994	1164	0
1990	450	0	1995	2450	0
1991	565	0	1996	3420	1586
1992	0	0	1997	7860	0
1993	0	0	1998	18670	0

续表 6-2-18

年度	票据融资		年度	票据融资	
	累计	余额		累计	余额
1999	52198	1980	2008	426645	27060
2000	48300	2640	2009	548787	27863
2001	64500	4540	2010	551959	0
2002	86540	10630	2011	344486	900
2003	115939	12465	2012	565002	17395
2004	137840	13400	2013	676685	5601
2005	245941	14919	2014	608150	44694
2006	335223	16042	2015	652285	92233
2007	403620	46647	合计	5898732	

二、国际贸易融资

国际贸易融资是银行为进出口商或往来银行提供的与进出口贸易密切相关的中短期资金融通或信用。工行承德分行于1989年4月建立国际业务代理处，开办代理个人外币存款、外币兑换、外汇票据汇兑，代理外汇贷款业务。

1990—1993年国有专业银行时期 1990年办理外汇贷款2笔、金额66.5万美元。建立“三资”企业现汇存款账户1个，外汇贷款账户2个，当年为承钢集团优质螺纹钢出口产品提供国际贸易融资1500万元。4年间累计办理国际贸易融资4412万元，1993年贷款余额2001万元。

1994—2004年国有商业银行时期 1994年积极支持企业出口创汇，累放国际贸易融资贷款2070万元。1995年支持承钢集团出口创汇，发放贷款4940万元。1996年坚持优化贷款投向与支持出口创汇大户并重的方针，对国际贸易人民币贷款实行全额保障，支持承德帝贤针纺集团出口创汇贷款6432万元。1998年为支持帝贤公司外贸出口，首次开办出口打包贷款1411万元。2000年强化国际业务市场营销，取得快速发展，为出口创汇企业累计发放贸易融资贷款2.25亿元，其中打包贷款6791万元。2004年，国际业务重点加强对高端客户的营销，适时调整国际业务客户的分项授信，为承德四海公司20万吨麦芽酿造项目提供贷款支持4995万元。

11年间累放国际贸易融资17.17亿元，2004年末贷款余额1705万元。

2005—2015年股份制商业银行时期 2005年承钢进出口有限公司一度出现融资困难，工行承德分行为其办理代付方式出口打包贷款9笔、累计3100万元，解决了企业的燃眉之急。

2009年工行承德县支行成功营销梦幻陪都（中国）有限公司开立资本金账户。热河支行争取到了大润发超市外方利润境内再投资业务。对凯达铸造、雅歌包装、平泉吉美、七彩石矿业等首次办理外贸业务的企业，提供了出口、收汇、结汇、国际收支申报“一条龙”服务，赢得企业信赖。

2013年，承钢进出口有限公司受到宏观调控影响，一度面临融资困境。分行国际业务中心及时转变营销模式，为其办理代付方式下出口打包贷款9笔1.50亿元，同时为其开立了2410万美元的远期进口信用证，及时解决了企业的融资困难。

2015年，针对人民币离岸市场价格不断上扬的行情，国际业务主推“风险参贷+结算交单+人民币跨境结算”组合服务产品，主要围绕承钢物流，推介结构风险参贷业务，办理票据融资业务。

2005—2015年，累计办理国际贸易融资18.26亿元，2015年末贷款余额1450万元。

1990—2015年工行承德分行国际贸易融资统计表

表6-2-19　　单位：万元

年度	国际贸易融资		年度	国际贸易融资	
	累放	余额		累放	余额
1990	2520	1785	2004	1240	1705
1991	456	1703	2005	3100	1590
1992	540	1766	2006	1250	791
1993	896	2001	2007	2356	1420
1994	2070	4071	2008	2764	1262
1995	4940	4226	2009	3240	1340
1996	22797	8489	2010	1833	3173
1997	8675	12890	2011	5210	3866
1998	8889	15828	2012	5290	3789
1999	7721	17434	2013	22603	17915
2000	22519	25921	2014	102091	1500
2001	69606	25921	2015	32842	1450
2002	16893	42814			
2003	6394	3736	合计	358735	

三、小企业贷款

小企业贷款是指银行向小企业法定代表人或控股股东发放的，用于补充企业流动资金周转等指定用途的贷款。2009年4月，工行承德分行成立小企业贷款管理中心，启用小企业贷款科目，集中反映小企业贷款业务。主要采取四项服务措施。

实行分行小企业中心客户经理“包行制”。将部分业务骨干派驻支行，重点抓人员培训、业务指导，协助支行提高服务小微企业的能力和水平。

精简小企业信贷业务处理环节。针对小微企业“短、小、频、急”的融资特点，加大操作流程的整合，构筑小企业信用评级、审查、授信到贷款发放的直通“绿色通道”，提高办贷效率。

丰富小微企业融资担保方式。对不能提供有效抵押的小微企业，实行产业集群客户联保，解决小微企业抵押物不足造成的贷款难问题。

扩大小微企业受益群体。对暂不具备融资条件的潜在客户，通过提供个人经营贷款进行前期培育，待其发展成熟后，按照小微企业条件核定授信额度，助力企业发展壮大。

2011 年，累放小企业贷款 18.88 亿元，年末贷款余额 10.75 亿元。工行承德分行在系统内升格为小企业信贷业务一类行。

2012 年 5 月 10 日，《承德日报》头版头条刊发《承德工行注资 23 亿元支持小微企业“强身健体”》的新闻报道。报道了工行承德分行多措并举、全力支持小企业发展的做法。

2009—2015 年，累计发放小企业贷款 107.80 亿元。到 2015 年末，工行承德分行贷款支持小企业 135 户，贷款余额 11.44 亿元，占全部贷款的 5.35%。其中批发零售业贷款余额 5.37 亿元，占 46.95%；制造业贷款余额 3.50 亿元，占 30.63%；采矿业贷款余额 1.56 亿元，占 13.62%；交通运输业、服务业、建筑业、农林牧渔业贷款都有较大幅度增长。

2009—2015 年工行承德分行小企业贷款统计表

表 6-2-20　　单位：万元

年度	小企业贷款		年度	小企业贷款	
	累放	余额		累放	余额
2009	15860	15860	2013	218338	154857
2010	52436	47205	2014	218626	114206
2011	188809	107531	2015	182571	114377
2012	201328	111092	合计	1077968	

第七节　个人经营贷款

个人经营贷款是指银行向个人发放的用于流动资金周转、购置或更新经营设备、支付租赁经营场所租金、商用房装修等生产经营活动的贷款。包括私营企业及个体贷款、个人助业贷款、个人商用房贷款、个人商用车贷款、个人房抵贷经营贷款等。1989—2015 年累放个人经营贷款 36.55 亿元，2015 年末个人经营贷款余额 11.88 亿元。

一、私营及个体贷款

私营及个体贷款是为满足私营企业和个体工商户融资需求的个人经营贷款。

1989—1993 年，工行承德分行个人经营贷款处于起步阶段，重点支持信用良好的个人客户发展生产经营。5 年间累放个人经营贷款 2405 万元，1993 年末贷款余额 530 万元。

1994—1998 年，工行承德分行本着择优扶持的原则，选择诚实守信的个人经营者提供贷款支持。这一阶段累放个人经营贷款 6370 万元，1998 年末贷款余额 4350 万元。

1999—2004 年，工行承德分行持续加大对私营及个体工商户的支持力度，6 年间累放私营及个体贷款 6.35 亿元，2004 年末贷款余额 4320 万元，比 1993 年末增加 3790 万元，增长 7.15 倍。

2005 年，累放私营及个体贷款 1.02 亿元，贷款余额 3540 万元。2006 年“私营企业及个体贷款”科目停止使用。

1989—2005 年工行承德分行私营及个体贷款统计表

表 6-2-21　　单位：万元

年度	私营及个体贷款		年度	私营及个体贷款	
	累放	余额		累放	余额
1989	195	180	1998	1780	4350
1990	340	240	1999	3900	5320
1991	480	360	2000	7400	6120
1992	650	420	2001	10200	6450
1993	740	530	2002	10340	7320
1994	890	650	2003	14010	2130
1995	920	870	2004	17620	4320
1996	1200	1100	2005	10200	3540
1997	1580	2130	合计	82445	

二、个人商业用房贷款

个人商业用房贷款是银行向借款人发放的用于购买营业用房、办公用房或商住两用房的贷款。包括一手商业用房贷款和二手商业用房贷款。

2003 年工行承德分行开办个人商业用房贷款，实行贷款业务面谈、面签、核实、足额抵押保证等基本制度。2003—2004 年累放个人商业用房贷款 1.56 亿元，2004 年贷款余额 5780 万元。

2005 年，工行承德分行建立了个人贷款审批中心和贷后管理中心，PCM2003 个人贷款管理系统上线运行，进一步完善了管理手段。所有城区、县支行的个人商业用房贷款审批权集中上收分行个人贷款审批中心。明确规定个人商业用房贷款条件，必须有房证、独立门面、独立通道、地理位置优越。必须从开发商直接购买的个人商用房。落实足额抵押保证。

2005—2010年，累放个人商业用房贷款7.88亿元，2010年末贷款余额5.32亿元。

2011—2015年，个人商业用房贷款业务在加强管理的基础上持续发展，5年间累放个人商用房贷款13.43亿元，2015年末贷款余额10.58亿元。2015年郭某向工行开发区支行申请个人商用房贷款600万元，用于购买承德铂悦山商业用房。该客户系本市人，本科学历，某公司经理，公司注册资金1500万元，月收入63万元，工作收入稳定，家庭总资产1400万元，无不良记录。该房产已付50%首付款且手续齐全，整幢楼已全部售出，地理位置优越。工行承德分行发放10年期贷款540万元，利率上浮15%，约定按月等额还款62678元。客户一直按期正常还款。

2003—2015年，累放个人商业用房贷款22.88亿元，2015年末贷款余额10.58亿元。贷款服务了一批个人优质客户，带动了存款、银行卡、网上银行、理财产品等业务的发展。

2003—2015年工行承德分行个人商用房贷款统计表

表6-2-22　　单位：万元

年度	个人商用房贷款		年度	个人商用房贷款	
	累放	余额		累放	余额
2003	8200	6340	2010	21798	53155
2004	7430	5780	2011	13841	61893
2005	2150	2980	2012	54876	101747
2006	13474	10100	2013	32631	114560
2007	12007	14184	2014	18751	110900
2008	11108	37401	2015	14215	105830
2009	18285	43257	合计	228766	

三、个人房产抵押贷款

个人房产抵押贷款（简称“个人房抵贷”）是指借款人以名下的房产作抵押，向银行申请一次性或循环使用的经营性贷款。

2008年，工行承德分行开办个人房抵贷业务，当年发放个人房抵贷8214万元，贷款余额7973万元。2008—2015年个人房抵贷业务发展较快，8年间累计发放个人房抵贷7.43亿元，2015年末贷款余额1.30亿元。

2008—2015年工行承德分行个人房产抵押贷款统计表

表 6-2-23 单位：万元

年度	个人房抵贷贷款		年度	个人房抵贷贷款	
	累放	余额		累放	余额
2008	8214	7973	2013	12015	58397
2009	6642	13678	2014	6475	14998
2010	7856	12104	2015	7540	12970
2011	12320	34593			
2012	13214	48751	合计	74276	

第八节 个人消费贷款

一、个人住房贷款

个人住房贷款包括个人一手房贷款、个人二手房贷款、个人住房非交易转按揭贷款等。

1993年，工行承德分行房地产信贷部正式营运，与房地产贷款部合署办公，全年累计发放个人住房贷款620万元，余额380万元。

1994—1998年，逐步开办个人一手房贷款、二手房贷款、个人住房按揭贷款、个人住房抵押贷款，先后为承钢经济适用房贷款4000万元和富华山庄贷款5000万元，解决了近2000户居民住房难问题，促进了个人住房贷款业务的发展。1998年贷款余额5340万元。

1999年，根据《中国工商银行个人住房贷款管理办法》和省工行《个人住房贷款风险预警系统实施细则》，工行承德分行配套制定了《个人住房家居组合贷款管理办法》《个人商品房首付贷款管理办法》，成立住房信贷业务处，将住房信贷经营与管理职能分开，理顺了经营机制。个人住房信贷运营机制初步建成。

2000年，争取了承德市“五片联动”、热河大厦等一批房地产优质项目。

2001年，以发展批量住房按揭贷款为重点，在隆化县支行进行住房按揭贷款业务试点培训，隆化县支行现场介绍了住房按揭贷款业务操作流程及工作经验，全辖50余人参加了会议。

2004年，争揽按揭项目13个，发放个人住房按揭贷款2.20亿元，支持1400户居民解决了住房问题。

2005年，工行承德分行建立了个人贷款审批中心和贷后管理中心，PCM2003个人贷款管理系统上线运行，个人贷款业务档案统一上收分行集中管理。分行对各支行营销个人住房按揭贷款业务实行指标考核，各支行纷纷加班为客户办理个人住房贷款手续，快速完成了燕东房地产开发公司万华小区住房贷款的发放工作。工行承德分行分别与双滦医药综合楼、双滦顺达公寓综合楼、峰鹤公园等29个房地产项目开发商签订了按揭协议，培育按揭资源4.20亿元。开展了市场拓展“双月攻坚”“牵手工行、梦圆金秋”等个人住房贷款专项促销活动，取得明显成效。2005

年工行承德分行住房贷款余额突破10亿元。

2011年，开展个人住房信贷市场拓展“旺季攻坚”主题营销活动。实行支行“一把手”工程，抓住精品工程不放松；完善考核激励机制，调动团队整体积极性;抓好贷后管理，严控不良贷款。确保个人住房信贷稳健发展。

2012年积极营销住房按揭贷款，争取到了承德富华山庄二期5000万元、承德鹰手营子幸福家园小区9500万元、承德峰鹤公园小区1.60亿元、承德阳光四季城2亿元、承德万华B区7900万元、承德佳禾小区9500万元、承德五羊小区1.10亿元、承德未来城小区1.95亿元，支持2万余户居民解决了住房困难。

2015年，推动贷款量价质分类管理，完善考核激励机制，按贡献决定分配绩效，促进个人贷款收益综合提升。

1993—2015年，工行承德分行贷款帮助62763户居民解决了住房困难（剔除已结清户，2015年末结存40931户），累放个人住房贷款119.28亿元，2015年末个人住房贷款余额72.89亿元。

1993—2015年工行承德分行个人住房贷款统计表

表6-2-24　　单位：万元

年度	个人住房贷款		年度	个人住房贷款	
	累放	余额		累放	余额
1993	620	380	2005	39139	102062
1994	1820	1260	2006	26051	78764
1995	2130	1346	2007	32651	95437
1996	3540	2230	2008	37600	115605
1997	6341	4100	2009	103712	196429
1998	5540	5340	2010	92262	260607
1999	14300	12400	2011	84606	313352
2000	18509	22573	2012	103471	382544
2001	24500	33583	2013	179121	512662
2002	22657	48867	2014	160691	620394
2003	29347	66837	2015	175718	728929
2004	28482	81452	合计	1192808	

二、个人助学贷款

个人助学贷款包括国家助学贷款和一般助学贷款。国家助学贷款是指对符合中央和地方财政贴息规定的高校在校学生发放的人民币贷款；一般助学贷款是指对高校在校学生和新录取学生发放的无贴息的人民币贷款。

2000年，工行承德分行开办助学贷款。对生活困难、品学兼优、申请助学贷款的学生给予贷款支持。经深入学校调查走访、对符合国家助学贷款条件的申请人进行公示，做到公开、公平、公正。2000—2004年，累放国家助学贷款49万元，2004年贷款余额15万元。

2005年，工行承德分行在各高校的配合下，建立了贫困学生贷款档案，使助学贷款管理规范化。

2005—2014年，累计发放个人助学贷款138.9万元。其中中央财政贴息国家助学贷款4.5万元，地方财政贴息国家助学贷款71.4万元，一般助学贷款63万元，三种助学贷款支持了177名贫困学生完成了学业。到2014年末，助学贷款全部收回。

2000—2015年工行承德分行个人助学贷款统计表

表6-2-25　　单位：万元

年度	合计		国家贴息贷款		地方贴息贷款		一般助学贷款	
	累放	余额	累放	余额	累放	余额	累放	余额
2000	2	2					2	2
2001	5	5					5	5
2002	11	11					11	11
2003	16	15					16	16
2004	15	15					15	15
2005	10	10					10	10
2006	29	29	2	2	27	27	—	0
2007	25	25	2	2	23	23	—	0
2008	14.9	14.9	0.5	0.5	14.4	14.4	—	0
2009	7	7	—	—	7	7	—	0
2010	3	3	—	—	—	—	3	3
2011	—	0	—	—	—	—	—	0
2012	—	0	—	—	—	—	—	0
2013	1	1	—	—	—	—	1	1
2014	—	0	—	—	—	—	—	0
2015	—	0	—	—	—	—	—	0
合计	138.9		4.5		71.4		63	

三、个人汽车贷款

个人汽车贷款是向购买汽车的借款人发放的人民币担保贷款。

2001年，工行承德分行在隆化县支行试点开办汽车贷款，逐步在全辖推开。2001—2004年，累放个人汽车贷款140万元，2004年末贷款余额41万元。

2005年，为规范开展个人汽车贷款业务，确定了定点汽车销售商25家。选择行政事业单位贷款申请人进行资格认定和还款能力评估。

2001—2015年，累放个人汽车贷款3758万元，2015年末贷款余额3万元，为承德市568位购车客户提供了贷款服务。

2001—2015年工行承德分行个人汽车贷款统计表

表6-2-26　　单位：万元

年度	个人汽车贷款		年度	个人汽车贷款	
	累放	余额		累放	余额
2001	15	10	2009	840	764
2002	35	24	2010	1519	1725
2003	42	32	2011	1064	1802
2004	48	41	2012	39	820
2005	56	46	2013	—	210
2006	70	54	2014	—	10
2007	20	7	2015	—	3
2008	10	0	合计	3758	

四、个人房屋装修贷款

个人房屋装修贷款是向已在工行办理购房按揭贷款的自然人发放的，用于其所购住房装修、购置家具家电等消费用途的贷款。2000年，工行承德分行开办房屋装修贷款业务。全年累放5978万元，年末贷款余额4938万元。2000—2005年，累放贷款4.64亿元，2005年末贷款余额3644万元。2006年房屋装修贷款科目停用，纳入个人“房抵贷消费贷款科目”核算。

2000—2005年工行承德分行个人房屋装修贷款统计表

表6-2-27　　单位：万元

年度	个人房屋装修贷款		年度	个人房屋装修贷款	
	累放	余额		累放	余额
2000	5978	4938	2004	4418	6517
2001	2320	11405	2005	5192	3644
2002	13582	9567			
2003	14918	12300	合计	46408	

五、个人房抵贷消费贷款

个人房抵贷消费贷款是指借款人以本人或家庭成员的房产作抵押从银行获得授信额度，借款人在授信额度和期限内一次性或循环使用的生活消费贷款。

2006年，为了满足借款人购房、购车、房屋装修、购买耐用消费品、旅游、教育、婚嫁等各种消费性资金需求，工行承德分行开办个人房抵贷消费贷款业务。成立个人消费贷款团队，按月实行业绩考核通报，绩效与个人收入直接挂钩，促进个人房抵贷消费贷款业务快速稳定增长。2006-2010年累放个人房抵贷消费贷款8.36亿元，2010年贷款余额5.57亿元。

2011—2015年，个人房抵贷消费贷款业务进入快速发展期。工行承德分行进一步规范了管理和营销，分行个贷中心制定年度工作规划和考核目标，并将以贷引存、控制不良贷款列入考核，任务分解到支行，按季考核并落实绩效挂钩。提高效率、改善服务质量，要求各支行对客户资料审查合格后，通过电子流程扫描上传分行审批并做好抵押登记，一周内将一切贷款手续处理完毕。2011—2015年，累放个人房抵贷消费贷款12.15亿元，2015年贷款余额3.23亿元。

2006—2015年工行承德分行个人房抵贷消费贷款统计表

表6-2-28 单位：万元

年度	个人房抵贷消费贷款		年度	个人房抵贷消费贷款	
	累放	余额		累放	余额
2006	1759	3854	2012	24392	92162
2007	6378	8423	2013	20216	86351
2008	12340	15905	2014	11580	68967
2009	28124	33638	2015	12084	32262
2010	34968	55685			
2011	53258	90076	合计	205099	

六、信用卡透支

信用卡透支是持卡人在银行授予的信用额度内，以透支方式形成的银行信贷资产。

1993年5月1日，工行承德分行信用卡业务部正式成立并发行牡丹信用卡，全年累计透支额62万元，年末余额22万元。

1994—1999年，信用卡累计透支额1376万元，1999年透支余额150万元。

2000—2004年，信用卡累计透支1.52亿元，2004年余额574万元。其中准贷记卡累计透支7751万元，余额551万元；贷记卡累计透支7450万元，余额23万元。

2005—2009年，信用卡累计透支3.79亿元，2009年末余额8310万元。其中准贷记卡累计透支1.72亿元，余额3050万元；贷记卡累计透支2.07亿元，余额5251万元。

2010—2015年，信用卡累计透支128.93亿元，2015年末余额2.18亿元。

1993—2015年工行承德分行信用卡透支统计表

表6-2-29　　单位：万元

年度	合计		准贷记卡透支		贷记卡透支	
	累计透支	年末余额	累计透支	年末余额	累计透支	年末余额
1993	62	22	—	—	62	22
1994	98	34	—	—	98	34
1995	120	63	—	—	120	63
1996	134	75	—	—	134	75
1997	220	112	—	—	220	112
1998	352	130	—	—	352	130
1999	452	150	—	—	452	150
2000	920	195	240	35	680	160
2001	3800	393	600	393	3200	210
2002	4372	226	1252	224	3120	130
2003	3060	532	2780	461	280	71
2004	3049	574	2879	551	170	23
2005	3050	724	2840	704	210	20
2006	3340	1304	2990	1233	350	71
2007	5604	3316	3864	2058	1740	1258
2008	13420	8450	3490	2918	9930	5532
2009	12504	8310	4051	3050	8453	5251
2010	136450	14854	4230	2863	132220	11991
2011	246300	25717	6430	2590	239870	23127
2012	132100	17743	5621	2129	126479	15614
2013	245200	20569	6354	1873	238846	18696
2014	249300	27957	4624	1738	244676	26219
2015	225400	21775	4714	755	220686	21020
合计	1289307		56959		1232348	

说明：2015年准贷记卡755万元是公司透支，贷记卡21020万元是个人透支

七、不良资产剥离

在工商银行股份制改革过程中，根据工总行统一标准，于1999年、2005年两批集中向华融资产管理公司剥离不良资产。工行承德分行两批合计剥离各类不良资产437619万元。

1999年第一批集中剥离不良资产 1999年按照上级行部署，工行承德分行集中开展第一批不良贷款剥离工作。核准剥离各类企业不良贷款361户，合计剥离不良贷款本息总额201074万元，其中剥离不良贷款本金152484万元，剥离表内利息6527万元，剥离表外利息42063万元。

2005年第二批集中剥离不良资产 2005年按照上级行部署，工行承德分行集中开展第二批不良资产剥离工作。合计剥离不良资产总额236545万元。

核准剥离各类企业不良贷款182户，合计剥离不良贷款本息229342万元。其中剥离不良贷款本金148225万元，剥离表内利息2321万元，剥离表外利息78796万元。

核准剥离各类企业其他不良资产80户，本金7203万元。

第三章　农行承德分行贷款

农行承德分行贷款业务，按照核算方式和管理体制不同，大体分为五个时期。

1989—1993年国家专业银行时期。农行承德分行发挥银行和信用社的整体优势，把“三农”作为基本服务对象，推行信贷资产承包经营责任制，建立贷款质量监测考核制度，集中资金支持农业科技推广，支持农村工商业发展，支持农林牧副渔多种经营，促进农民脱贫致富。1989—1993年累放贷款86.27亿元，办理贴现0.08亿元。1993年末贷款余额15.72亿元，比1989年初增加8.75亿元，增长1.26倍。

1994—1996年向商业银行转轨时期。农行承德分行推行贷款分级管理责任制，实行信贷资产“新老划段、分别考核”，促进信贷结构不断调整，管理水平稳步提高。1994年7月农行、农发行业务实行分开经营，划转农发行粮食及扶贫等专项贷款3.58亿元。3年间累放贷款37.58亿元，办理贴现0.68亿元。1996年末贷款余额19.03亿元，比1993年末增加3.31亿元，增长21.06%。

1997—2005年国有商业银行时期。农行承德分行确立“巩固农村、拓展城市”的发展战略，管好用活贷款规模，加大信贷投放力度，积极支持地方经济发展。1998年5月、12月，农发行分两次回拨专项贷款6.39亿元，2000年7月向中国长城资产管理公司剥离不良贷款8.34亿元。1997—2005年累放贷款153.81亿元，办理贴现86.25亿元，信用卡透支1.56亿元。2005年末贷款余额53.05亿元，比1996年末增加34.02亿元，增长1.79倍。

2006—2008年股份制改造时期。贷款不再按照传统的农业、工业、商业、乡镇企业等分类核算管理，而是采用现代商业银行管理模式，按照公司类贷款、个人类贷款核算管理。农行承德分行迅速转变经营思路，优化信贷结构，提升管理水平，统筹支持地方经济发展。2008年向财政部剥离不良资产14.6亿元，并代为清收管理。2006—2008年累放贷款132.11亿元，办理贴现86.65亿元，信用卡透支18.30亿元。2008年末贷款余额74.20亿元，比2005年末增加21.15亿元，增长39.87%。

2009—2015年股份制商业银行时期。农行承德分行以科学发展观为指导，执行农总行“3510”发展战略，重大资产项目营销和个人信贷业务实现突破性开拓创新。2009—2015年累放贷款571.56亿元，办理贴现75.25亿元，信用卡透支206.28亿元。2015年末贷款余额183.45亿元，比2008年末增加109.25亿元，增长1.47倍。

第一节　农业贷款、“三农”法人贷款

1989—2005年，农业贷款主要包括一般农业贷款、专项贷款、信用社贷款。2006年会计核算不再设置“农业贷款”“专项贷款”科目，统归“‘三农’法人贷款”科目核算管理。

一、一般农业贷款

1989—1993年，农行承德分行把发展农业生产、夺取农业丰收作为头等大事，发放贷款做到“三及时一优先”，即及时了解资金需求情况、及时匡算资金头寸、及时安排信贷计划，优先确保支农贷款及时到位。1992年起，每年统筹安排支农计划，优先配置农业资金。

支持国有农业企业开展多种经营。1989—1991年发放国有农业贷款1.08亿元，支持企业实现农林牧副渔全面发展，农工商综合经营，向贸工农集团化发展。1992年集中资金支持国有农业企业科技进步，支持投资少、见效快的短平快项目，取得较好的经济效益。全年发放国有农业贷款6723万元，扶持企业124个，实现产值8179万元，利税1066万元。1993年发放国有农业贷款4783万元，支持企业调整产业结构，发展商品生产。1994年之后不再单独设立国有农业贷款科目。

保证集体农业季节性资金需求。1989—1993年累放集体农业贷款9112万元，主要用于购买化肥、农药、种子、地膜、机柴油等农业生产资料，适时支持了集体农业生产。

大力支持“菜篮子”工程建设。1989—1993年，农行承德分行印发《关于城市副食品基地贷款管理的几项规定》，下达副食品基地贷款计划700万元，支持农业各类经济组织发展肉、禽、蛋、奶、菜、鱼等副食品生产。对提供产前、产中、产后服务的企业，同时给予贷款支持。

支持农业科技升级。1989年根据国务院“科技兴农”决定，支持围场、滦平、兴隆、平泉、承德县扩种水稻9.25万亩，支持隆化县滦河、蚁蚂吐河流域14个乡水稻开发工程，支持丰宁满族自治县接坝地区试验开发500亩水稻项目。1990年重点支持以地膜玉米为龙头的农业常规技术推广，优先评估论证、优先安排资金、优先发放贷款、优惠贷款利率。划出地膜玉米专项贷款指标800万元，支持八县一区稻麦扩种11.5万亩，增加稻麦产量2412.5万千克。1990年隆化县支行发放贷款3万元，支持河东村在日本水稻专家和农业部门指导下，培育水稻旱育稀植试验田186亩取得成功，最高单产874千克，平均亩产679.5千克，每亩增产179.5千克。在全省乃至全国引起轰动效应，开拓了北方冷凉区域水稻增产的新途径。承德地区行署授予农行承德分行支持“农业科技26推”先进单位。1991年围绕承德地市“八五”农业规划，继续支持“农业科技26推”。支持地膜玉米覆盖技术由平地向山坡地、二阴地、下洼地发展延伸。扩种地膜覆盖玉米51.44万亩，平均亩产624.2千克，亩均增产211.28千克，亩纯增收60.11元。发放贷款400万元，推广水稻旱育新技术8万亩。1992年促进“农业科技26推”向效益型发展。全年发放地膜玉米覆盖贷款600万元，支持种植地膜玉米60万亩，平均亩产651.8千克，亩均增产230.8千克，亩纯增收46.11元，总增收1900余万元。支持平泉、隆化、滦平、丰宁4县水稻旱育稀植技术推广，发放贷款415万元，种植21万亩。支持小麦种植由平作向平作+间作两种形式发展，发放贷款800万元，推广30万亩，亩均增产34.6千克，亩纯增收入20.3元，总增收600余万元。平泉县支行发放贷款268万元，重点支持“县北万亩小麦丰产栽培示范区”“瀑河两岸4万亩米麦间作综合增产示范区”“大凌河上游双万亩米麦豆三间作增产示范区”“城镇周围万亩麦菜复种示范区”，平均单产由230千克上升到340千克。1993年继续支持“两高一优”农业发展，提高农业整体效益。

支持农业“星火计划”实施。根据农总行、国家科委《关于实施国家“星火计划”项目有关问题的通知》，积极支持农业名特优产品开发、支农产业技术装备开发。1989—1993年支持农业“星火计划”项目10个，发放贷款1000万元。

1994年，发挥信贷在抗灾减灾中的作用，加大“菜篮子工程”信贷支持力度。7月承德普遍遭受特大洪水灾害，灾情严重的兴隆县、营子区、承德县、宽城满族自治县，造成72人死亡、9人失踪、80多人受重伤。全市受灾乡镇157个，占72%。冲毁民房6万间，冲毁公路桥涵371处，冲毁大量供水供电基础设施，直接经济损失4.7亿元。受灾农作物202万亩，成灾面积142万亩，占耕地的26%，直接经济损失1.46亿元。在农行开户的706家受灾企业，直接损失达1.3亿元。农行25个营业所、2个储蓄所营业用房遭到破坏，直接经济损失1900万元。78个信用社、24个信用分社营业用房、8户职工家属宿舍严重受损，直接经济损失1240万元。农行承德分行立即部署救灾工作，组织干部深入灾区调查灾情。当年发放抗洪救灾贷款8000万元，支持农业补种秋粮，修复水利设施，购买耕畜和农机具。支持重点受灾企业恢复生产，大力开展生产自救。同年按照农总行《关于进一步做好工作的通知》，农行承德分行加强领导，狠抓落实，全年发放“菜篮子”贷款4107万元，实现产值8.4亿元，利润1.1亿元。丰宁满族自治县支行发放贷款44万元，支持坝上及接坝地区4个乡镇新建大棚92个，分别建成芹菜、韭菜、豆角、胡萝卜等初具规模的商品化蔬菜种植区。让更多农民走上致富道路。平泉县小寺沟、南五十家子乡（镇）无霜期140天，被省市确定为亩产千斤、亩收入千元的示范点，平泉县支行适时发放贷款40万元，实施玉米套种小麦，获得玉米亩产千斤、小麦亩产300千克的高产效益，人均收入由300～500元升至800～1000元。

1995年，全面实施“118”战略工程，信贷投入重点支持11条龙型经济项目、11个小康村建设、800个典型户建设。围场满族蒙古族自治县支行发放贷款50万元，支持以山湾子淀粉厂为龙头，带动全乡农户种植土豆84480亩，实现土豆总产量1689.5万千克，平均亩产2000千克，户均收入5500元。平泉县支行发放贷款20万元，支持西崖门子新房子村购进架子牛70头、小尾寒羊50只、制种600亩，实现全村总收入104万元，人均收入1700元，创该村历史最好水平。承德县支行发放贷款0.4万元，支持六沟镇个人开发河滩15亩，收获水稻1万多千克，纯收入3万多元，按时归还了贷款本息。同年，根据农总行《优质高效农业示范区贷款管理办法》，分别支持平泉县淀粉厂项目贷款200万元、黄土梁子镇养殖1.2万只羊贷款100万元、畜牧局养殖场1000头肉牛育肥项目贷款100万元、6000头仔猪项目贷款100万元。当年继续发放以“农业科技26推”为中心的农业贷款1015万元，支持全市种植优质高效农作物52万亩，其中稻麦开发20万亩、两杂制种10万亩，实现粮食总产1亿千克，平均亩增收300元。支持12个乡镇60个村发展立体种植6.4万亩，每亩纯收入800元。贷款1500万元，支持全市种植蔬菜40万亩，时差蔬菜30万亩，日光温室3万亩，全年商品菜上市量突破6亿千克，总收入4.8亿元。

1996年，发放贷款1.07亿元，支持种子产业化生产收购，实现产值2.1亿元，创利4200万元；贷款1.04亿元，支持丰宁三鹿乳业公司等117家农业企业实现产值1.32亿元，创利2000万元。当年落实“两高一优”发展经济贷款750万元，其中支持平泉县种子公司果菜冷藏保鲜项目220万元，平泉县8个乡农户日光温室时差蔬菜项目280万元，食用菌生产开发项目贷款250万元。

1997年，在规模和资金双紧的情况下，落实省分行扶持粮棉大县发展经济专项贷款740万元，其中支持肉羊基地建设贷款360万元，平泉县种子公司果菜恒温库改建项目贷款380万元。发放贷款1.70亿元，支持农资部门购进化肥9.43万吨，种子2828吨，地膜375吨，农药220吨，农机具2.70万多件（台）、机柴油1685吨，打井配套设施85眼，满足农业生产物资供应。

1999年，全市11个县区普遍遭受严重旱灾，农作物受灾面积381万亩，占总播种面积

71.8%，成灾面积369万亩，绝收202万亩，粮食因灾减产8.3亿千克，干鲜果品减产3亿千克，造成直接经济损失18.7亿元，其中农业直接经济损失14.8亿元，农民人均纯收入比上年减少590元，成灾人口220万人，占农业总人口77%。30万脱贫人口因灾返贫。农行承德分行及时下发《大力支持抗旱救灾的紧急通知》，发放专项贷款1500万元，支持农民打井369眼，铺设低压管道8.3万米，购置喷灌设施140套，增加水浇地11300亩。

2000年，继续发放扶贫抗旱贷款4485万元，支持打井846眼，修复旧机井162眼，扩大水浇地面积8300亩，为减灾抗灾发挥了积极作用。

2001—2005年，农行承德分行累放一般农业贷款1.49亿元，2005年末贷款余额1.50亿元，比2001年初减少3330万元，下降18.22%。农业信贷继续支持农业综合开发、农业示范区、农产品生产基地建设，发展高附加值特色产品。建立农业信贷项目库，对丰宁奶牛、平泉食用菌、围场马铃薯、滦平时差蔬菜等产业化项目进行调查评估，录入项目库，为投放贷款提供信息储备。对农业产业化龙头企业实施重点营销，做到成熟一个，支持一个。做好客户维护工作，与格林食品、怡达食品、三北种业、隆泉米业、红源果业、绿洲乳业等高价值农业产业化龙头企业建立稳固的信贷关系，实现自身效益和社会效益的双提升。2001年平泉县支行以“公司+农户”模式，重点支持绿源食用菌总公司、润隆食用菌有限公司、四海杏仁露、国强杏仁露等客户发展生产，带动食用菌栽培专业村向区域化发展，共发展菌农2万多户，食用菌产量1万多吨，实现产值1.2亿元；依托小寺沟种兔场、瑞达肉牛养殖有限公司、润隆有限公司，贷款支持种兔、蜗牛、药材等特色养殖、种植业发展。

1989—2005年，累放一般农业贷款19.77亿元，占同期全部累放贷款的5.49%。2005年末一般农业贷款余额1.50亿元，比1989年初增加1.25亿元，增长5.05倍。

1989—2005年农行承德分行一般农业贷款统计表

表6-3-1　　　　单位：万元

年份	一般农业贷款		年份	一般农业贷款	
	累放	余额		累放	余额
1989	3094	3210	1998	31082	39730
1990	4158	3428	1999	32271	27321
1991	6038	4697	2000	1243	18272
1992	9942	6973	2001	2763	15873
1993	8576	9411	2002	758	13372
1994	15531	15430	2003	3148	12939
1995	17301	18986	2004	2481	11992
1996	22134	24739	2005	5784	14972
1997	31370	28102	合计	197674	

二、专项贷款

专项贷款是国家为扶持重点贫困地区经济发展和农村贫困人口脱贫致富而设立的若干政策性贷款。1994年7月根据国务院通知，农业银行将专项贷款划转农业发展银行核算管理。1998年5月根据国务院决定，农发行第一批将46784万元专项贷款回拨农业银行。

农田水利贷款　1989—1992年，发放水利贴息贷款760万元，支持打井1205眼、配套1414眼、修防渗垄沟管道5.3万米。1993年4月，为支持“一抗双保”，发放水利贴息贷款120万元，用于“两高一优”项目打井配套、引水灌溉等资金不足。1998年12月，发放节水灌溉贷款900万元，支持节水灌溉22.7万亩。

1989—2005年农行承德分行农田水利贷款统计表

表6-3-2　　单位：万元

年度	农田水利贷款		年度	农田水利贷款	
	累放	余额		累放	余额
1989	50	120	2000	—	300
1990	130	220	2001	—	300
1991	230	415	2002	—	300
1992	350	658	2003	—	300
1993	120	725	2004	—	300
1994—1997	—	—	2005	—	300
1998	900	900			
1999	—	300	合计	1780	

农业综合开发贷款　农业综合开发贷款是农行支持中低产田改造、开垦宜农荒地、推广农林科技成果的贷款。

1989—1991年，发放开发贷款1378万元，支持开发陆地蔬菜面积1.04万亩、日光温室158亩、中低产田（产园）改造20.3万亩、平泉县1000头肉牛饲养项目、滦平县1707亩水库养鱼项目、宽城县网箱养鱼10亩、河滩稻田开发1万亩、林果改造1万亩。

1992年，发放开发贷款1092万元，促进农业开发向商品化生产基地发展。修防渗垄沟管道3.2万米，开发荒山2.82万亩，改造中低产田51.9万亩。营子办事处发放贷款22万元，支持老爷庙村开垦林区1200亩，种植干鲜果树4.4万多棵，建50吨蓄水池2座、打机井1眼。初步形成了“围山转”综合农业生产基地。

1993—1994年，发放开发贷款1898万元，支持滦平、兴隆、宽城、承德县中低产田改造、兴隆县茅山果品加工厂扩大再生产、承德市滦河镇杏仁保健系列食品加工。支持兴隆县“承德皇苑”食品厂、滦平县西地乡生物制品厂扩大生产经营。

1998年5—12月，发放开发贷款5051万元，支持多种经营项目15个、山区开发项目4个、改造中低产田6260亩。

1999—2000年，累放开发贷款1.21亿元，支持宽城县第一缸瓦厂等22个优良客户扩大生产经营，开发建设双塔山自然动物园等旅游项目8个，支持农业产业化龙头企业18个。

2001—2005年，农行承德分行累放农业综合开发贷款1596万元，继续支持农业产业化发展。

1989—2005年农行承德分行农业综合开发贷款统计表

表6-3-3　　单位：万元

年度	农业综合开发贷款		年度	农业综合开发贷款	
	累放	余额		累放	余额
1989	191	403	1999	6659	10435
1990	492	572	2000	5460	10039
1991	695	548	2001	569	7700
1992	1092	1322	2002	17	6575
1993	1398	1892	2003	610	6166
1994	500	0	2004	400	6372
1995—1997	—	—	2005	—	6035
1998	5051	8581	合计	23134	

林业治沙贷款　林业治沙贷款是农行支持三北防护林建设，恢复草场，保护自然环境，促进农村经济持续发展而发放的贷款。

1989—1992年，发放林业贴息贷款610万元，支持兴隆县六里坪林场生产低糖果脯；发放林业扶贫贷款360万元，支持平泉、兴隆、丰宁、隆化林业部门、围场塞罕坝机械林场、孟滦林管局实施中幼林抚育，扶持围场满族蒙古族自治县木炭厂、隆化县林业五金厂发展生产。

1993年，发放林业项目贷款460万元，主要支持林业多种经营项目。其中承德地区林业局林调队招待所改造项目20万元，兴隆县林业局森茂食品厂原浆生产线建设项目50万元，围场满族蒙古族自治县林业局木材加工厂建设项目50万元，丰宁满族自治县林业局县木材厂生产线建设项目60万元，承德市林业局“三八”杏仁保健食品加工项目10万元；同时支持了一批中幼林抚育项目。其中兴隆县林业局中幼林抚育5万亩50万元，河北省塞罕坝林场中幼林抚育4万亩40万元，孟滦林管局中幼林抚育2.5万亩25万元，雾灵山保护区中幼林抚育2.5万亩25万元，丰宁满族自治县林业局中幼林抚育4万亩40万元。

1994年，发放林业贴息贷款390万元、治沙贴息专项贷款100万元，支持县域恢复草场建设。丰宁满族自治县支行根据县政府建立万头母牛基地的规划，贷款206万元，支持鱼儿山、大滩、大阁三镇购进基础母牛1480头。隆化县支行贷款支持张三营镇肉牛繁育项目，促进全镇发展养牛专业户1126户。支持后街村何国林夫妇建起两个肉牛养殖场，年出栏1000多头，存栏978头，成为全市首屈一指的养牛大户。

1998年5—12月，发放林业贴息贷款2019万元、治沙贴息贷款100万元，支持造林治沙29500亩。

1999—2000年，发放林业治沙贷款2996万元，支持营造速生丰产林、发展经济林、中幼林抚育等多种生产经营项目。

2001—2005年，以农总行林业治沙贷款管理办法为依据，以增加贷款有效投入为重点，发放林业治沙贷款1807万元，支持林业产业结构调整。

1989—2005年农行承德分行林业治沙贷款统计表

表6-3-4　　单位：万元

年度	林业、治沙贷款		年度	林业、治沙贷款	
	累放	余额		累放	余额
1989	179	297	1999	1748	8045
1990	151	351	2000	1248	8581
1991	280	586	2001	469	8006
1992	360	765	2002	245	7731
1993	460	925	2003	923	7227
1994	490	0	2004	0	6714
1995—1997	—	—	2005	170	6305
1998	2119	7023	合计	8642	

法人扶贫贷款　1986年，国务院确定，五年内每年安排10亿元专项贴息贷款，由农业银行发放，期限一般1～3年，最长5年，利率2.1‰，重点扶持贫困县发展商品生产，解决群众温饱问题，利差由中央财政补贴。同年，人、农两总行印发的《扶持贫困地区专项贴息贷款管理暂行办法》明确专项贴息贷款由人民银行专项安排，农业银行实行专项管理，承贷主体是贫困户，也可以是乡镇企业或其他经济组织。

1989年1月至1994年6月，农行承德分行以支持扶贫实体为突破口，累计发放扶贫贷款1.06亿元，支持铁选、煤矿、金矿、膨润土、硅沙等企业发展，带动当地采矿和运输业发展；搞好保水、保肥、保土的基本农田建设，提高抗御自然灾害能力；积极支持发展多种经营，建设区域性支柱产业，加快农民脱贫致富步伐。

1994年7月至1998年4月，扶贫贷款由农发行管理。

1998年5—12月，发放扶贫贷款1.69亿元。支持24个科技含量高的农业项目，受益农田2.48万亩，当年亩均增收316元；支持28个农副产品加工项目，带动贫困户就业8978人，为社会新增产值4486万元，创利税718万元；支持宽城缫丝公司、承德大亨家具公司、兴隆莽源食品有限公司等重点扶贫企业15个，取得较好经济效益。

2001年，积极运作扶贫基础设施项目，为宽城县大桑园水电站申请扶贫贷款960万元，为平泉县交通局申请扶贫贷款6000万元修建国道101线。全年发放一般扶贫贷款1.07亿元，年末贷款余额3.56亿元，比年初减少2358万元，下降6.28%。

2002—2005年，累放法人扶贫贷款10.52亿元。坚持不因政策性业务而降低贷款标准，重点支持农业产业化龙头企业，实现由直接扶贫向间接扶贫转变。

1989—2005年，农行承德分行累放法人扶贫贷款18.15亿元，一般扶贫贷款9.06亿元、扶贫贴息贷款9.06亿元、部门贴息贷款395万元。2005年末法人扶贫贷款余额5.00亿元，比1989年初增加4.99亿元，增长304倍。

1989—2005年农行承德分行法人扶贫贷款统计表

表6-3-5　　　　单位：万元

年份	合计		扶贫贷款		扶贫贴息贷款		部门贴息贷款	
	累放	余额	累放	余额	累放	余额	累放	余额
1989	267	227	93	67	170	104	4	56
1990	1153	656	401	265	752	364	—	27
1991	737	922	283	487	303	268	151	167
1992	3018	3160	2116	2228	812	703	90	229
1993	3129	4661	1889	2708	1090	1643	150	310
1994	2321	4538	2321	4538	—	0	—	—
1995—1997	—	—	—	—	—	—	—	—
1998	16873	24162	8289	11801	8584	12361	—	—
1999	20840	29521	19684	18355	1156	11166	—	—
2000	17264	37949	12881	24668	4383	13281	—	—
2001	10693	34939	9592	23185	1101	11754	—	—
2002	44381	47214	1315	9136	43066	38078	—	—
2003	36930	49992	19161	37361	17769	12631	—	—
2004	19705	52464	12230	47320	7475	5144	—	—
2005	4215	50021	320	44651	3895	5370	—	—
合计	181526		90575		90556		395	

教育贷款 1991年12月，根据河北省政府《关于支持职教贷款的通知》，经有关县财政局承借，地区财政局担保，有关县支行分别向丰宁县财政局、隆化县财政局、兴隆县财政局、承德县财政局各发放贷款150万元，合计600万元，支持筹建职业技术学校。前三年贷款利息由省财政和省教委分别贴息50%，以后年度由县财政还本付息。

1992年12月，根据河北省政府《关于支持职教贷款的通知》，围场满族蒙古族自治县支行向围场满族蒙古族自治县财政局发放贷款50万元，支持围场满族蒙古族自治县兴建职业技术学校。

1998年5月，承德县财政局全部还清承借的150万元贷款，兴隆县财政局归还70万元，围场满族蒙古族自治县财政局归还30万元，发生逾期拖欠。1998年9月承德市财政局下发《关于抓紧归还职教逾期贷款的通知》，经市县农行、财政部门共同努力，职教贷款全部还清。

1999年，向师资力量雄厚、高考升学率较高、归还贷款有保证的丰宁满族自治县一中和平泉县蒙古族中学分别发放专项贷款180万元和90万元，用于校舍改造，支持县域教育事业发展。

1991—2001年农行承德分行教育贷款统计表

表6-3-6　　单位：万元

年度	教育贷款		年度	教育贷款	
	累放	余额		累放	余额
1991	600	600	1999	270	270
1992	50	650	2000	—	270
1993	—	650	2001	—	270
1994—1998	—	0	合计	920	

粮食附营企业贷款 根据国务院部署，1998年12月25日，农行承德分行第二批接收农发行承德分行回拨粮食附营企业96个，贷款1.53亿元（其中正常贷款1400万元、逾期贷款2354万元、呆滞贷款4629万元、呆账贷款6891万元），表内应收未收利息2348万元，表外应收未收利息4863万元。

1999—2000年，累放贷款1306万元，支持承德粮油集团有限公司附营企业扩大生产，发展商品经济。

2001—2005年，加强粮油附营企业信贷管理，活化不良资金占用。5年累计压回粮食附营企业贷款72万元，2005年末贷款余额1.52亿元。2006年粮食附营企业贷款纳入“三农”法人贷款科目核算管理。

1998—2005年农行承德分行粮食附营企业贷款统计表

表 6-3-7　　单位：万元

年份	合计		粮油加工企业贷款		粮棉油企业贷款	
	累放	余额	累放	余额	累放	余额
1998	0	15274	—	784	—	14490
1999	1156	15598	—	1698	1156	13900
2000	150	15226	—	2340	150	12886
2001	—	15217	—	2340	—	12877
2002	—	15213	—	2340	—	12873
2003	—	15161	—	2340	—	12821
2004	—	15154	—	2340	—	12814
2005	—	15154	—	2340	—	12814
合计	1306		0		1306	

人行专项贷款 根据国务院通知，1998年5月14日，农发行承德分行将接收的人行专项贷款划转农行承德分行管理，合计接收人行专项贷款1.29亿元，当年收回686万元，年末余额12168万元。1999—2005年，收回671万元，2005年末个人划转贷款余额1.15亿元。

1998—2005年农行承德分行人行划转贷款统计表

表 6-3-8　　单位：万元

年份	余额	年份	余额
1998	12168	2002	11796
1999	11894	2003	11581
2000	11889	2004	11497
2001	11869	2005	11497

三、信用社贷款

1989—1996年，农行承德分行累放农村信用社贷款11698万元，主要支持资金来源不足的农村信用社发展信贷业务，搞活农村经济。1996年12月农村信用社与农行脱钩，农行停办信用社贷款。

1989—1997年农行承德分行农村信用社贷款统计表

表6-3-9　　　　单位：万元

年度	农村信用社贷款		年度	农村信用社贷款	
	累放	余额		累放	余额
1989	1107	1209	1994	456	577
1990	2662	1412	1995	206	82
1991	3263	1656	1996	28	26
1992	2978	1694	1997	—	0
1993	998	1021	合计	11698	

四、三农法人贷款

2006年，农行将农业贷款、专项贷款纳入“三农法人贷款”科目核算管理。

2006—2008年，农行承德分行累放涉农贷款4.84亿元，积极支持中粮集团承德长城种子有限公司等12家省级农业龙头企业，承德避暑山庄酒业有限责任公司等4家市级农业龙头企业，大力发展特色产业，带领农民脱贫致富。2008年末“三农”法人贷款余额1.68亿元，比2006年减少8.71亿元，主要是向财政部剥离不良资产因素影响。

2009年，继续抓住农业产业化龙头企业不放松，重点支持承德舒适家用品、丰宁宏森木业、丰宁玉龙养殖、隆化杏之芗食品、承德三融畜牧、承德兴伊罐头食品、承德露兴杏仁加工、承德隆翔食品蔬菜等27户企业发挥龙头带动作用。全年累放“三农”法人贷款4.48亿元，年末贷款余额2.95亿元，比年初增加1.27亿元，增长75.45%。

2010年，围绕市委、市政府经济建设发展布局，抓住环京津、环首都绿色经济圈建设有利时机，继续支持辐射面广、带动力强的农业产业化龙头企业。对存量客户符合继续授信条件的，在落实好收回再贷条件后全力扶持。全年发放“三农”法人贷款4.94亿元，重点支持承德五谷农庄食品、承德亿隆农业、隆化华丰种业、承德慧谷农业科技、承德红源果业、承德格林食品、承德久酒威龙酒业、宽城酿酒等26户农业产业化龙头企业增强产业带动能力。年末“三农”法人贷款余额4.00亿元，比年初增加1.06亿元，增长35.79%。

2011年，按照省分行《关于搞活县域支行，加快提升市场竞争能力的意见》，结合县域特点制定了《环首都绿色经济圈建设营销服务方案》，实施四个调整，即根据发展模式调整贷款结构、根据管理水平调整贷款额度、根据客户经营周期调整贷款期限、根据收益覆盖风险和成本调整贷款定价水平。全年累放贷款4.89亿元，其中支持国家级龙头企业承德怡达食品贷款3000万元，支持三北种业等8户省级龙头企业贷款1.09亿元，支持承德格林食品等25户市级龙头企业贷款3.50亿元。年末“三农”法人贷款余额4.55亿元，比年初增加5425万元，增长13.55%。

2012年，发放“三农”法人贷款5.02亿元，重点支持了承德怡达、三融食品、承德五谷农庄、承德乐野、丰宁平安高科等一批农业产业化龙头企业扩大生产规模。为承德怡达增加授信6000万元，为承德三融增加授信2500万元。通过大力支持，推动一批品牌优势明显、辐射带动能力强、发展前景好的龙头企业走上快速发展之路。年末“三农”法人客户11户、贷款余额3.99亿元，比年初减少5589万元，下降12.30%。

2013年，围绕“环首都绿色经济圈”“蔬菜示范县建设”“经济园区建设”等一系列政府规划，认真谋划抓重点。全年支持丰宁宏森木业、格林食品、平泉亿园生物、承德兴伊罐头等农业产业化龙头企业贷款5.85亿元。年末“三农”法人客户15户、贷款余额5.87亿元，比年初增加1.90亿元，增长47.96%。

2014年，围绕现代农业、规模农业、新型城镇化、工业转型升级、金融扶贫、产品模式创新等六个领域制定具体营销目标。制定《农行承德分行集中连片特困区金融服务方案》，保证金融扶贫工作整体推进。确定丰宁、围场2县支行为金融产品创新“示范县”，认真研究产品创新和金融服务创新方案，以点带面推动县域经济持续健康发展；抓住省民委“三下乡”机遇，组织银企项目对接，争取民族地区优先照顾；支持龙头企业有效对接生产基地，建设种养基地为重点的产业链；积极争取信贷规模，加大“三农”法人贷款投入。全年发放“三农”法人贷款6.25亿元，重点支持承德怡达、承德味来食品、承德巨鑫农牧、承德乐野、格林食品、丰宁宏森木业、滦平银都园林等一大批农业龙头企业。年末“三农”法人客户15户，贷款余额5.50亿元，比年初减少3707万元，下降6.31%。

2015年，对4个国家级、38个省级、40个市级农业产业化龙头企业进行筛选，增加国家级龙头企业1户、省级4户、市级5户，继续维护存量龙头企业15户，新增授信3.2亿元。结合省委、省政府重点打造燕山食用菌产业带、错季蔬菜、马铃薯、中药材等优势产业基地等工程规划，为龙头企业量身设计特色金融服务方案，支持龙头企业成为推动特色农业发展的主力军，把精准扶贫政策落到实处。全年发放“三农”法人贷款7.96亿元，新增承德避暑山庄酒业集团、承德金稻田生物、隆化富华乳业、兴隆鹏生热力等一批优良客户。年末“三农”法人客户15户、贷款余额6.70亿元，比年初增加1.20亿元，增长21.72%。

2006—2015年，累放“三农”法人贷款44.23亿元，占同期信贷资产投放额的4.06%。

2006—2015年农行承德分行“三农”法人贷款统计表

表6-3-10　　单位：万元

年度	累放	余额	年度	累放	余额
2006	22700	103929	2012	50200	39861
2007	14000	115498	2013	58500	58712
2008	11700	16800	2014	62500	55005
2009	44800	29475	2015	79600	66950
2010	49400	40025			
2011	48900	45450	合计	442300	

第二节 商业贷款

农业银行商业贷款是以商业企业为支持对象的若干贷款。2006年不再单独设置“商业贷款”科目，统归“流动资金贷款”科目核算管理。

一、粮食贷款

1989—1990年，认真落实粮食收购贷款专户管理，及早调查匡算收购资金需求，两年间累放粮食收购贷款5.84亿元，保证资金及时到位，未出现给农民“打白条”问题。

1991年，由于长期存在的粮食系统贷款企业龙头在工行（县直粮库）开户，龙尾在农行（基层粮站）开户，部分县粮食局以统一调度资金为名，违规设置“内部银行”，悬空银行债务。农行果断停止向粮食“内部银行”发放贷款，恢复农行营业所向基层粮站直接贷款，理顺了银企关系。全年发放粮食储备贷款4049万元、粮食收购贷款2.42亿元，保证了收购资金供应。

1993年8月，农行承德分行集中一个月时间，全面清理粮食企业家底。到1993年6月，粮食企业在农行开户的独立核算单位124个，其中盈利54个、亏损70个，总资产2.68亿元，总负债2.19亿元，资产大于负债4979万元。清理发现挤占挪用银行贷款9810万元，其中粮食部门挤占4324万元、财政挤占5486万元。农行承德分行及时采取措施，限期落实清收。同年，农行承德分行推行粮食预购定金贷款库贷挂钩，实行专户管理，保证粮食收购资金供应。全年发放粮食储备贷款4864万元、粮食收购贷款2.50亿元，年末粮食贷款余额3.15亿元，比年初增加1.01亿元，增长47.43%。

1994年7月1日，根据国务院（国发〔1994〕25号）《关于组建中国农业发展银行的通知》，农行承德分行向农发行划转粮食贷款125户，贷款余额2.98亿元。

1989—1994年农行承德分行粮食贷款统计表

表6-3-11　　单位：万元

年份	合计		粮食储备贷款		粮食收购贷款		粮食其他贷款	
	累放	余额	累放	余额	累放	余额	累放	余额
1989	23102	13111	—	—	21418	12081	1684	1030
1990	39982	18155	—	—	36946	17330	3036	825
1991	29816	22365	4049	3536	24237	18149	1530	680
1992	35298	21384	4789	2572	29644	18552	865	260
1993	30453	31526	4864	3793	24953	27380	636	353

续表 6-3-11

年份	合计		粮食储备贷款		粮食收购贷款		粮食其他贷款	
	累放	余额	累放	余额	累放	余额	累放	余额
1994	4752	0	—	0	4752	0	—	0
合计	163403		13702		141950		7751	

二、供销社贷款

1989—1993 年，大力支持供销社发挥农村商品流通主渠道作用。支持供销企业以销定贷，落实农业生产资料专营，强化贷款管理。5 年间累放供销社贷款 26.03 亿元，支持供销企业扩大城乡物资交流，促进农村商品流通。其中发放农业生产资料贷款 30080 万元，购进化肥 65.23 万吨，农药 2686 吨，农膜 7203 吨，以及种子、农机具等农业生产资料，保证农业生产的物资供应。

1994—1996 年，承德供销社系统推行经营体制改革，分别实施了“大包干、租赁、拍卖、股份制、兼并”等多种经营形式，形成了银行贷款悬空风险。农行承德分行采取了一系列风险化解措施。坚持“债随物走”的原则落实债务，对拍卖、租赁企业贷款，采取“收回一块、转贷一块、抵押一块”的办法分散贷款风险。进行贷款合规普查，补办担保抵押手续。对供销社实行店组二级承包的，把债务落实到承包店组，化“大契约”为“小契约”，以个人财产与集体财产组合抵押，降低贷款风险。1994 年全辖 302 个基层社拍卖 72 个，农行承德分行通过拍卖金收贷 316 万元，其余债务用供销社固定资产抵押。经重新落实资产抵押，给经营者提供贷款 917 万元。经重新落实债务，1994 年末供销社担保抵押贷款占贷款余额的 73%，降低了风险系数。

1995 年，实施贷款“优化滚动”战略。通过投入适量贷款，激活微亏企业。1995 年发放“优化滚动”贷款 9700 万元，处理资金包袱 386 万元，落实倒闭企业债务 90 万元。承德县土产公司是县社系统盈利大户，县支行给其增加了带动亏损企业消化亏损的条件。1995 年 1 月，县支行向该企业发放贷款 200 万元，用以支持高寺台、六沟供销社收购议价玉米，土产公司统一销售并承担利息，盈利全部用于处理历史包袱，实现减亏 20 多万元。1996 年，平泉县支行对畜产公司发放“优化滚动”贷款 400 万元，支持该企业收购羊毛 450 吨，销售获利 80 万元，除全部归还贷款本息外，归还以前年度欠息 45 万元，弥补以前年度亏损 15 万元。隆化县支行与县供销社达成《关于加强管理，搞活经营，提高效益的协议》，供销社系统 90% 的企业撤销了在其他银行的账户，与农行恢复了正常信贷关系，得到农行的重点扶持，归还陈欠贷款 160 万元，陈欠利息 40 万元，搞活企业 4 个，盘活贷款 120 万元。

1997—2000 年，面对全市 350 个供销社企业占用银行贷款 5 亿多元、80% 企业亏损包袱近 3 亿元、企业经营举步维艰的局面，农行承德分行争取市政府印发了《关于搞活供销企业和信贷资金的意见》，从理顺银企关系、解决企业多头开户、逃避农行监督入手，经过 4 年努力，支持供销社盘活企业 18 个，活化沉淀贷款 2349 万元，帮助 19 家供销企业实现扭亏或减亏，得到农总行、省分行的充分肯定。

2001—2005 年，供销社系统经营体制改革全部落地，农行承德分行集中精力落实存量贷款有效担保抵押，基本未增加新贷款。

1989—1993 年农行承德分行供销社贷款统计表

表 6-3-12　　单位：万元

年份	供销社贷款		年份	供销社贷款	
	累放	余额		累放	余额
1989	44650	20001	1991	66465	22860
1990	63805	21667	1992	60173	25199
1993	25157	23706	2000	2446	19007
1994	22456	13536	2001	131	18442
1995	14266	17816	2002	—	15195
1996	9580	21391	2003	—	21385
1997	7289	18869	2004	—	21241
1998	3773	19669	2005	—	21217
1999	5740	19065	合计	325931	

三、贸易贷款

贸易贷款包括国有商业、国有农办商业、国有其他商业、集体商业、乡镇企业供销公司、农机公司、种子公司等贷款。1994 年统归“贸易贷款”科目核算管理。

1989—1993 年，农行承德分行大力支持国有、集体商业企业组织工业品下乡，促进城乡物资交流。如发放贷款 200 万元，支持滦平县、宽城县、营子区建立农贸市场 3 个，为邻地商业部门和流动商贩提供交易场所，促进商品流通。5 年间累放国有商业贷款 1.41 亿元、集体商业贷款 2.83 亿元、其他商业贷款 6413 万元。

1994—1998 年，面对商业企业经营体制改革出现的新情况，农行承德分行实行“优化滚动”“一把一清”“一贷三挂钩”等贷款方式，推行“新老划段”管理办法，强化贷款风险管控。5 年累放贸易贷款 5.13 亿元。

1999—2000 年，贯彻国务院“扩大内需”的经济政策，落实农总行“保、限、压”信贷措施，坚持以“双优”客户为主的市场定位，注重培植新的效益增长点。累放贸易贷款 7382 万元，保证了商业企业合理资金供应。

2001—2005 年，坚持“以客户为中心、以市场为导向、以效益为目标”的经营理念，在落实有效担保抵押的基础上，累放贸易贷款 4244 万元，支持商业企业活跃商品流通。

1989—2005 年农行承德分行贸易贷款统计表

表 6-3-13　　单位：万元

年份	合计		国有商业贷款		集体商业贷款		其他贸易贷款	
	累放	余额	累放	余额	累放	余额	累放	余额
1989	4488	2785	533	297	3190	1921	765	567
1990	7655	3618	1534	452	5190	2580	931	586
1991	11425	4675	2621	815	7919	3261	885	599
1992	13815	6816	3908	1183	7430	4246	2477	1387
1993	11411	8537	5494	2258	4562	4916	1355	1363
1994	11888	8598	3824	3778	—	—	8064	4820
1995	10032	10040	3560	6477	—	—	6472	3563
1996	8812	12712	4080	8607	—	—	4732	4105
1997	9976	13317	—	—	—	—	9976	13317
1998	10556	19314	—	—	—	—	10556	19314
1999	5461	15446	—	—	—	—	5461	15446
2000	1921	12086	—	—	—	—	1921	12086
2001	888	9839	—	—	—	—	888	9839
2002	1000	8908	—	—	—	—	1000	8908
2003	1006	8491	—	—	—	—	1006	8491
2004	200	7893	—	—	—	—	200	7893
2005	1150	8621	—	—	—	—	1150	8621
合计	111684		25554		28291		57839	

四、农副产品收购贷款

1985 年，国务院改革农产品统购派购制度，实行合同定购和市场收购。农业银行相应对大宗农副产品收购贷款实行专项管理。

1989—1993 年，坚持“统筹兼顾、专款专用、钱物结合、确保收购”的原则，落实贷款专户管理制度，突出保证重点农副产品收购。对收购价格高、风险大的品种，规定“四不贷”，即没有销售合同的不贷、合同价格低于市场价格的不贷、结算期超过一个月的不贷、用商业承兑汇票方式结算的不贷。5年间累计发放国有商业农采贷款2.63亿元、国有农场农采贷款2575万元、供销社农采贷款13.32亿元，保证了大宗及出口创汇农副产品收购资金供应，保证对农民不赊不欠。

1994—1996年，本着“积极支持、把握重点”的原则，保证重点农采资金及时供应。1994年发放农副产品收购贷款3.49亿元，支持商业企业收购种子4869万元，油料555万千克，板栗416万千克，中药材及干鲜果品846万千克。1995年发放农副产品收购贷款3.38亿元，支持商业企业收购羊绒毛1080吨、桑茧199吨、板栗460吨、良种6.50万吨。1996年发放农副产品收购贷款2.61亿元，如平泉县支行发放贷款385万元，支持供销社收购绒毛560吨、蜂蜜120吨、杏仁400吨，仅3个多月时间，企业获利80万元，处理以前年度亏损挂账40万元。兴隆县支行发放贷款540万元，支持县副食果品公司收购板栗430吨，及时销给外贸部门，获利116万元，处理历史包袱100万元。

1997—2000年，坚持“以销定贷”，重点支持优质客户的收购资金需求。4年间累放农副产品收购贷款6.44亿元，支持商业企业收购中药材、羊绒毛、桑茧、干鲜果品等大宗农副产品。

2001—2005年，重点加强优质客户营销服务，支持企业消化财务包袱。5年累放农采贷款1.97亿元，支持企业完成适销农副产品收购。

1989—1993年农行承德分行贸易贷款统计表

表6-3-14　　单位：万元

年份	合计		国商农采		国农农采		供销社农采	
	累放	余额	累放	余额	累放	余额	累放	余额
1989	24670	9905	3210	1300	21	10	21439	8595
1990	27053	11986	4630	2563	—	10	22423	9423
1991	36610	15900	5309	3571	3	10	31301	12329
1992	44404	20637	9918	4245	1321	1258	34486	16392
1993	26816	23739	3269	1931	1230	2319	23547	21808
合计	159553	82167	26336	13610	2575	3607	133196	68547

1994—2005 年农行承德分行贸易贷款统计表

表 6-3-15　　单位：万元

年份	合计		年份	国商农采	
	累放	余额		累放	余额
1994	34868	37187	2001	3283	16853
1995	33834	45888	2002	7990	20366
1996	26118	50347	2003	2987	13873
1997	29751	56102	2004	5480	12061
1998	15772	51210	2005	0	10914
1999	15162	38070			
2000	3760	18847	合计	179005	

第三节 工业、乡镇企业及其他贷款

一、工业贷款

1989—1996 年,“工业贷款”科目核算国有、集体工业贷款。1997—2005 年，“工业贷款”科目核算内容包括交通运输、电力、制造、采矿、建筑等各种工业贷款。2006 年以后不再单独设置“工业贷款”科目，统归“流动资金贷款”科目核算。

1989—1993 年，农行承德分行认真执行国家产业政策，重点支持宽城豆子沟铁矿、三道河铁矿、北大岭铁矿、滦平周台子铁矿、平泉小寺沟冶炼厂、兴隆硫化总厂等符合国家产业政策的基础原材料重点企业发展生产。支持滦平轴承套圈厂、营子橡胶厂、围场棋盘山电机厂、平泉精细化工厂等企业促进产品结构调整。5 年间累放工业贷款 7.39 亿元，1993 年末贷款余额 1.46 亿元,比 1989 年初增加 1.02 亿元,增长 2.34 倍。

1994—1996 年，累放工业贷款 3.80 亿元，1996 年末贷款余额 2.38 亿元，比 1994 年初增加 9268 万元，增长 63.61%。建立以市场为导向、以经营为中心、以效益为目标的信贷管理机制，推行驻厂信贷员制度，开展风险度管理和审贷分离试点。

根据国务院批转国家经贸委《关于 1996 年国有企业改革工作实施意见》，支持企业兼并，降低贷款风险。支持承钢集团对承德锌厂实施兼并，承德锌厂所欠平泉县支行贷款 2620 万元，重新签订借款合同，由承德钢铁集团承担，分 5 年归还。积极参与承德矿山机械厂对双塔山矿机铸造厂实施兼并，使停产一年多濒临倒闭的双塔山矿机铸造厂贷款 375 万元、利息 23 万元，全部落实了债务，而且偿还了全部陈欠利息。

促进企业联营，增强还贷能力。承德县支行促使承德玛钢厂与六沟农机厂联营，新增有效担保资产35万元。

狠抓破产清偿，保全信贷资产。平泉县黑山口水泥厂破产，欠银行贷款960万元，利息128万元。平泉县支行抢抓时机，果断扣收担保单位平泉县化肥厂账户存款141万元，处理设备收回贷款150万元。

全面开展工业普查。普查核实与农行有贷款关系的工业企业102户、贷款24449万元，其中国有工业35户、贷款1.74亿元；集体工业47户、贷款3588万元；国有农办工业20户、贷款3426万元。在摸清底数的基础上，对盈利100万元以上大户给予倾斜支持，对亏损100万元以上企业实行重点监控。

1997—2000年，实施贷款向“双优”产业倾斜。累放工业贷款7.82亿元，2000年末贷款余额3.87亿元，比1997年初增加1.49亿元，增长62.53%。新增贷款主要投向能源、交通等基础设施、承德大麦芽有限公司、滦平万达集团、热河钢铁厂等重点优良客户。向国家产业政策鼓励的优势产业倾斜。向承秦出海路、国道112线滦平段改造、承德市五烈河治理项目发放贷款2290万元。向信用等级A级以上、改制后债务落实、信誉好的客户倾斜。全行对信用等级A级以上客户新增贷款9177万元。向盘活有望的企业倾斜。向宽城豆子沟铁矿、承德商厦、承鸿有限公司等7家救助有望的企业发放贷款2215万元，支持企业恢复正常经营。

2001—2005年，全面开展市场调查，摸清产业政策调整趋势，优选目标客户。贷款重点投向京承高速公路、宽丰矿业、承德新新钒钛、国电滦电、华泽水电、承德名城建筑安装等优良客户。5年间累放工业贷款32.90亿元，2005年末贷款余额17.42亿元，比2001年初增加12.27亿元，增长2.38倍。

1989—2005年农行承德分行工业贷款统计表

表6-3-15 单位：万元

年份	合计		国有工业贷款		集体工业贷款		其他工业贷款	
	累放	余额	累放	余额	累放	余额	累放	余额
1989	6765	5126	3732	2174	2296	2433	737	519
1990	13515	6198	10455	4516	2287	1264	773	418
1991	16393	7946	12466	5674	3089	1820	838	452
1992	21654	10732	16667	7367	4404	2673	583	692
1993	15586	14570	10092	9089	3634	4122	1860	1359
1994	12600	15343	8067	8414	—	—	4533	6929
1995	11058	18033	11016	10351	—	—	42	7682
1996	14389	23838	10368	13444	—	—	4021	10394
1997	14848	24557	—	—	—	—	14848	24557
1998	20341	32117	—	—	—	—	20341	32117

续表 6-3-15

年份	合计		国营工业贷款		集体工业贷款		其他工业贷款	
	累放	余额	累放	余额	累放	余额	累放	余额
1999	24058	43130	—	—	—	—	24058	43130
2000	18978	38745	—	—	—	—	18978	38745
2001	37576	51562	—	—	—	—	37576	51562
2002	44146	60399	—	—	—	—	44146	60399
2003	51923	75298	—	—	—	—	51923	75298
2004	61725	95402	—	—	—	—	61725	95402
2005	133591	174248	—	—	—	—	133591	174248
合计	519146		82863		15710		420573	

二、乡镇企业贷款

专业银行时期的农行乡镇企业贷款包括乡镇企业短期贷款、乡镇企业长期贷款。2006 年不再单独设置“乡镇企业贷款”科目，统归“流动资金贷款”科目核算管理。

1989—1993 年，积极支持符合国家产业政策、经济效益好的骨干乡镇企业发展生产。抓好乡镇企业利润分配，增强“造血”机能，规定凡有贷款关系的乡镇企业，利润分配方案必须报开户银行审批，必须留存一定比例的积累，用于企业发展;抓好乡镇企业治理整顿，坚持以压促保、收旧贷新，落实择优扶持。5 年间累放乡镇企业贷款 5.63 亿元，搞活乡镇企业 4 个，拍卖乡镇企业 3 个、落实担保 120 个、落实主办单位 210 个，重点支持了承德县头沟铁矿、兴隆茅山果品加工厂、平泉黑山口暖气片厂、隆化灯泡厂、滦河杏仁脱苦等骨干乡镇企业健康稳定发展。

1994—1996 年，贷款向经济效益好、科技含量高、自有资金比率高的骨干乡镇企业倾斜。1994 年发放贷款 2890 万元，支持滦平县西地生物制品厂、承德县孟家院服装厂、营子区营子镇高频焊管厂、兴隆县孤山子球团厂、洞庙河水泥厂等骨干乡镇企业实现产业升级。1995 年，在普查摸清企业家底的基础上，对利税百万以上企业给予重点扶持，对亏损百万以上企业实行重点监控。1996 年，对搞活有望的企业实施“复活工程”。对关停倒闭企业，依法收缴土地财产、抵贷资产变现，尽力化解贷款风险。

1997—2000 年，支持复活关停乡镇企业 17 家。双塔山办事处坚持“债随物走”原则，7 家企业的 1267 万元贷款债务全部得到落实，典型经验在《中国城乡金融报》上刊发。

2001—2005 年，乡镇企业贷款低位运行，贷款余额保持在 2500 万元左右。5 年间累放乡镇企业贷款 1.36 亿元，主要支持科技含量高、负债率底、经济效益好的乡镇企业正常资金需求。

1989—2005 年农行承德分行乡镇企业贷款统计表

表 6-3-16　　单位：万元

年度	乡镇企业贷款		正常贷款				不良贷款
			短期贷款		中、长期贷款		
	累放	余额	累放	余额	累放	余额	余额
1989	6466	13496	6010	10069	456	3427	
1990	10716	14326	9830	10834	886	3492	
1991	12728	15245	11779	11869	949	3376	
1992	14604	16418	13008	12598	1596	3820	
1993	11795	18298	10558	13694	1237	4604	
1994	12559	22920	11546	7242	1013	2366	13312
1995	12674	23932	12444	5005	230	1695	17232
1996	9723	27885	9542	5380	181	1090	21415
1997	10614	28676	10573	7322	41	465	20889
1998	13621	32768	12412	8460	1209	1373	22935
1999	7897	32820	7897	6232	—	700	25888
2000	3756	12963	3756	3673	—	—	9290
2001	3625	12725	3625	2834	—	—	9891
2002	1120	13201	1120	1643	—	—	11558
2003	1745	13035	1745	2302	—	—	10733
2004	1680	12540	1680	2320	—	—	10220
2005	5380	13149	5380	3160	—	—	9989
合计	140703		132905		7798		

三、其他贷款

其他贷款包括特种贷款、抵押贷款、以资抵贷等。2006 年会计核算不再设置“其他贷款”科目，统归“流动资金贷款”核算管理。

1989—2005 年农行承德分行其他贷款统计表

表 6-3-17 单位：万元

年度	其他贷款		年度	其他贷款	
	累放	年末余额		累放	年末余额
1989	1318	470	1998	5470	6528
1990	1384	1354	1999	18231	13486
1991	1209	1406	2000	3074	18734
1992	580	1184	2001	669	14847
1993	33	1049	2002	6366	4633
1994	1942	9983	2003	628	3600
1995	16947	12009	2004	2685	4352
1996	19938	12932	2005	4983	4418
1997	8061	13234	合计	93518	

第四节 固定资产贷款

农业银行固定资产贷款分为三个时期，1989—1993 年是企业设备贷款、技术改造贷款、科技开发贷款、基本建设贷款；1994—2005 年是技术改造贷款、科技开发贷款、基本建设贷款；2006—2015 年是项目融资、银团贷款、一般固定资产贷款。

一、企业设备贷款

1989—1993 年，为推动农村工商企业改变设备简陋、技术落后的状况，先后发放中短期设备贷款 1274 万元，支持企业改进生产工艺，提升经济效益。1994 年企业设备贷款纳入“工业贷款”“贸易贷款”科目核算管理。

1989—1993 年农行承德分行企业设备贷款统计表

表 6-3-18 单位：万元

年份	合计		国有农办企业		国有商办企业		城镇集体企业	
	累放	余额	累放	余额	累放	余额	累放	余额
1989	60	524	0	174	60	203	—	147
1990	110	431	42	145	68	199	—	87

续表 6-3-18

年份	合计		国有农办企业		国有商办企业		城镇集体企业	
	累放	余额	累放	余额	累放	余额	累放	余额
1991	377	533	140	133	237	317	—	83
1992	242	618	30	116	212	419	—	83
1993	485	839	43	116	202	440	240	283
合计	1274		255		779		240	

二、技术改造贷款

1989—1993 年，累放技改贷款 2784 万元，重点支持宽城北大岭铁矿二期技改、滦平县铸造厂轧辊堆焊项目、平泉小寺沟冶炼厂金属锌项目等 13 家企业进行技术改造。

1994—2001 年，累放技改贷款 2854 万元，重点支持河北峪耳崖金矿等企业改进生产技术、更新生产设备，发展适销对路产品。

2002—2005 年，技术改造贷款处于停顿状态。2015 年末贷款余额 1410 万元，比 1989 年初增加 848 万元，增长 150.89%。

1989—2005 年农行承德分行技术改造贷款统计表

表 6-3-19　　单位：万元

年度	技术改造贷款		年度	技术改造贷款	
	累放	余额		累放	余额
1989	45	513	1998	840	2126
1990	193	593	1999	600	1816
1991	498	672	2000	—	1050
1992	334	822	2001	600	1410
1993	1714	1722	2002	—	1410
1994	224	1791	2003	—	1410
1995	520	2261	2004	—	1410
1996	70	2303	2005	—	1410
1997	—	2297	合计	5638	

三、科技开发贷款

1990年起，人民银行决定在国家信贷计划中安排一定数量的科技开发贷款规模，促进科技成果及时转化为生产力。一部分由农业银行发放管理。

1991—1993年，累放科技开发贷款800万元，支持企业与科研单位合作，改进生产工艺，促进技术进步。

1996年，发放科技开发贷款1500万元，支持承德四海公司年产3万吨麦芽项目。当年累计发放科技开发贷款2358万元。

1998年，发放科技开发贷款500万元，支持科技开发企业购置设备、软件、仪表仪器等固定资产。

2004年，农行承德分行收回科技开发贷款1100万元，年末余额结零。

1989—2005年农行承德分行科技开发贷款统计表

表6-3-20　　单位：万元

年度	科技开发贷款		年度	科技开发贷款	
	累放	余额		累放	余额
1989	—	0	1998	500	1600
1990	—	0	1999	—	1500
1991	—	0	2000	—	1500
1992	100	100	2001	—	1100
1993	700	800	2002	—	1100
1994	478	820	2003	—	1100
1995	100	589	2004	—	0
1996	2358	2180			
1997	—	1700	合计	4236	

四、基本建设贷款

1989—1993年，积极支持农村工业企业基础设施建设，累放农村电力贷款161万元、集体工业企业固定资产贷款196万元。1993年末基本建设贷款余额249万元。

1997—2000年，实施“双优”发展战略，向交通、市政建设发放基本建设贷款1.86亿元，支持围场、丰宁、隆化、滦平、兴隆、宽城6个县国道、省道改造、承秦出海路及承德市武烈河治理等重点项目。2000年末基本建设贷款余额9550万元，比1996年增加9307万元，增长38.3倍。

2001—2005年，重点支持高速公路建设，先后发放基本建设贷款1.08亿元。2005年末基本建设贷款余额8100万元，比1989年初增加7706万元，增长20倍。

1989—1993 年农行承德分行基本建设贷款统计表

表 6-3-21　　单位：万元

年份	合计		农村电力		集体工业	
	累放	余额	累放	余额	累放	余额
1989	15	186	15	132		54
1990	31	148	21	129	10	19
1991	121	206	44	118	77	88
1992	92	245	32	97	60	148
1993	98	249	49	97	49	152
合计	357	1034	161	573	196	461

1994—2005 年农行承德分行基本建设贷款统计表

表 6-3-22　　单位：万元

年度	技术改造贷款		年度	技术改造贷款	
	累放	余额		累放	余额
1994	—	287	2001	—	8845
1995	—	287	2002	6855	8200
1996	—	243	2003	3900	8990
1997	3190	2943	2004	—	9000
1998	11460	11313	2005	—	8100
1999	3990	10613			
2000	—	9550	合计	29395	

五、项目融资

2006 年，农业银行技术改造贷款、基本建设贷款纳入“项目融资”科目核算管理。

高速公路项目　2006—2008 年，抽调精兵强将，确定营销主责任人，及时介入交通类项目前期准备、中期调查、后期上报工作。三年累计向承德市交通局、平泉县交通局、承朝高速、承唐高速、京承高速发放贷款 30.18 亿元，2008 年末高速公路项目融资贷款余额 23 亿元。

2009—2014 年，农行承德分行继续做好承朝、承唐、京承三条高速公路项目融资维护工作。2009 年承唐高速收回再贷 4.6 亿元。2011 年办理了承唐、承朝两条高速公路收费权质押手续。2014 年末高速公路项目融资贷款余额 15.12 亿元。

2015 年，农行承德分行承贷的承朝、承唐、京承高速公路划归省高速公路管理局。2015 年末高速公路项目融资贷款余额14.31亿元，其中承唐高速9.36亿元，京承高速4.95亿元。

风电、水电、热电项目 2009年推行重点营销战略。围场满族蒙古族自治县支行首笔向龙源建投风力发电有限公司发放项目融资贷款5000万元，当年累计向龙源建投风力发电发放项目融资贷款1.1亿元，年末贷款余额1.1亿元。

2010年，抓住京津冀一体化和环境治理两大主题，深化营销大唐风电、龙源建设风电等重点项目，完成以大唐国际丰宁风电为代表的大客户、大项目授信审批工作。3月26日，丰宁满族自治县支行向河北大唐国际丰宁风电有限责任公司发放项目融资贷款2亿元，全年发放风力发电项目贷款4亿元。年末辖内电力项目融资余额4.5亿元，比年初增加3.4亿元，增长3倍。

2012年，成功向国电集团公司滦河发电厂发放项目融资贷款1亿元。年末贷款余额5.34亿元。

2013年，发放国电滦河热电有限公司项目融资贷款2亿元。年末电力项目融资贷款余额6.21亿元，比年初增加0.87亿元，增长16.29%。

2015年，通过深层营销，成功向河北丰宁抽水蓄能有限公司发放项目融资贷款1.5亿元、向新天绿色能源（丰宁）有限公司发放项目融资贷款0.9亿元、向建投承德热电有限责任公司发放项目融资贷款0.85亿元。年末电力项目融资余额7.07亿元，比年初增加0.86亿元，增长13.85%。

供热项目 2010年，农行承德分行向承德市城市建设投资有限责任公司发放项目融资贷款2亿元，用于支持城市供热工程项目建设。年末贷款余额1.87亿元。

2015年末，供热项目融资贷款余额1.20亿元。

2006—2015年农行承德分行项目融资情况统计表

表6-3-23　　单位：万元

年份	项目融资		年份	项目融资	
	累放	余额		累放	余额
2006	24755	22665	2012	10000	231395
2007	209700	209700	2013	20000	238483
2008	67300	230000	2014	—	213239
2009	57000	188470	2015	33540	225776
2010	96000	234165			
2011	—	227030	合计	518295	

六、银团贷款

2008年，为支持高速公路建设，农行承德分行与其他国有商业银行合作，发放承唐高速公路银团贷款4亿元。

2010年，农行承德分行新增承朝高速公路银团贷款2.65亿元，年末银团贷款余额6.65亿元。

2015年，银团贷款余额6.44亿元，其中承唐高速3.83亿元、承朝高速2.61亿元。

2008—2015 年农行承德分行银团贷款统计表

表 6-3-24　　单位：万元

年度	银团贷款		年度	银团贷款	
	累放	余额		累放	余额
2008	40000	40000	2013	—	64528
2009	—	40000	2014	—	64472
2010	26530	66530	2015	—	64416
2011	—	65679			
2012	—	64584	合计	66530	

七、一般固定资产贷款

2008 年，成功向大唐国际发电股份有限公司发放承蒙煤运铁路贷款 3.4 亿元。

2014 年，成功向河北兴安民用爆破器材有限公司发放一般固定资产贷款 1.2 亿元。

2015 年，成功向内蒙古锡多铁路股份有限公司发放一般固定资产贷款 4.88 亿元；积极借力承德市发改委、承德市京津冀协同发展办公室等政府职能部门，与国家电网公司、大唐集团公司等央企总部主动对接，成功营销大唐国际风电和国电新能源等优质贷款项目，向河北大唐国际丰宁风电有限责任公司发放一般固定资产 3.1 亿元，向国电承德华御新能源有限公司发放一般固定资产 2 亿元。年末一般固定资产贷款余额 11.18 亿元，比年初增加 9.98 亿元，增长 8.3 倍。

第五节　流动资金贷款

2006 年，农行将“工业贷款”“商业贷款”“乡镇企业贷款”“其他单位贷款”纳入“流动资金贷款”科目核算管理。

一、钢铁业

2006—2008 年，农行承德分行累放贷款 39.70 亿元。确定承德新新钒钛和承德建龙钢铁（兴隆）为重点目标经营客户，不断加大营销和维护力度，开展深度合作。2008 年末钢铁业客户 2 户，贷款余额 14.23 亿元。

2009 年，贷款累放 18.90 亿元。为承德新新钒钛追加流动资金贷款 4.60 亿元，积极支持企业发展生产、扩大产能。当年根据总、分行钢铁行业“择优限劣、有保有压”的信贷政策，退出对承德建龙钢铁有限公司的信贷投入。年末钢铁业客户 1 户，贷款余额 18.70 亿元，比年初增加 4.47 亿元，增长 31.39%。

2010—2015 年，农行承德分行保持与河钢承德分公司紧密合作，6 年间贷款累放 122.10 亿元。2011 年新增短期流动资金贷款 2.3 亿元；2013 年提供综合授信 27.5 亿元，发放短期流动资金贷款 17.7 亿元，中期流动资金贷款 2.95 亿元。支持企业实现可持续发展。2015 年末钢铁业贷款余额20.65亿元。

2006—2015年，累计发放钢铁业贷款180.70亿元，占同期流动资金贷款累放额的49.8%。

2006—2015年农行承德分行钢铁业贷款统计表

表6-3-25 单位：万元

年度	钢铁业贷款		年度	钢铁业贷款	
	累放	余额		累放	余额
2006	187000	188680	2012	205000	202000
2007	145000	183470	2013	210000	206500
2008	65000	142320	2014	206500	206500
2009	189000	187000	2015	206500	206500
2010	185000	183500			
2011	208000	206500	合计	1807000	

二、采矿业

2006—2008年，把营销矿业客户、扩大优质资产、提高市场份额放在突出位置，积极拓展优良客户群体。发放贷款1.57亿元，重点支持了承德信通首承矿业、承德县建龙矿业、宽城建龙矿业、宽城上院矿业、隆化新村矿业、滦平伟源矿业及天宝、京城矿业集团等客户，实现资产业务快速发展。2008年末采矿业客户15家，贷款余额3.87亿元。

2009—2010年，确定采矿业贷款实行“调整存量、优化增量”的经营思路，大力支持矿业公司扩大产能、提高效益。新增承德京城东湾子矿业、承德新源矿业、宽丰北大岭矿业、宽城马道沟矿业、滦平源通矿业、宽城龙泉矿业、平泉鑫达矿业等7家矿业公司。累计发放采矿业贷款11.40亿元。2010年末采矿业客户12家、贷款余额5.47亿元。

2011—2015年，建立经营责任制和激励机制，继续实施重点营销。拓展丰宁顺大工贸、丰宁鑫源矿业、滦平驰盛矿业、承德县聚源矿产品、河北峪耳崖黄金矿业、宽城宝山矿业等一批重点矿业客户，同时对存量客户提供优质服务，注重维护工作。5年间累放采矿业贷款67.54亿元，2015年末采矿业客户17家、贷款余额13.86亿元。

2006—2015年，累放采矿业贷款80.51亿元，占同期流动资金贷款累放额的22.2%。

2006—2015 年农行承德分行采矿业贷款统计表

表 6-3-26　　　　单位：万元

年度	累计发放	年末余额	年度	累计发放	年末余额
2006	5600	83364	2012	134500	121840
2007	4500	88129	2013	134115	132000
2008	5600	38714	2014	148550	132700
2009	48651	32364	2015	156450	138600
2010	65390	54715			
2011	101745	92240	合计	805101	

三、批发零售业

2006 年，农行取消“贸易贷款”“供销社贷款”“农副产品收购贷款”等贷款科目，统一纳入“流动资金贷款”科目核算管理。

2006—2008 年，累放批发零售业贷款 2.87 亿元。2008 年向财政部剥离不良资产之后，年末批发零售业客户仅有围场大地农机有限公司 1 户，贷款余额 300 万元。

2009—2010 年，累放批发零售业贷款 5.53 亿元。重点支持了围场北雁商城、围场鑫达商贸、围场福满家商贸、丰宁宏江工贸、丰宁宏瑞物资工贸、隆化嘉禾商贸、承德美神服装、承德傅氏工贸、承德开发区日佳工贸、承德双丰工贸、承德双百购物广场、承德益盛源商贸、承德金南物资商贸等企业正常经营资金需求。2010 年末批发零售业客户 24 户，贷款余额 2.15 亿元。

2011—2015 年，坚持“深层营销”，提升发展质量和经营效益。5 年间累放批发零售业贷款 33.52 亿元，重点支持河北福满家商贸、承德双百购物广场、承德宽广超市集团、承德益盛源商贸、承德博泽商贸、承德食必乐商贸、围场百货、隆化鸿兆商贸、宽城华宇商贸、营子华宇物资经销等规模化、集团性客户扩大经营规模，增强发展后劲。2015 年末批发零售业客户 14 户，贷款余额 6.25 亿元。

2006—2015 年，累放批发零售业贷款 41.91 亿元，占同期流动资金贷款累放额的 11.5%。

2006—2015 年农行承德分行批发零售业贷款统计表

表 6-3-27　　　　单位：万元

年度	累计发放	年末余额
2006	14962	39865
2007	7401	45658
2008	6325	300

续表 6-3-27

年度	累计发放	年末余额
2009	19800	7300
2010	35450	21465
2011	35600	22150
2012	56290	32300
2013	52150	25290
2014	94520	66450
2015	96612	62545
合计	419110	

四、建筑业

2008—2010 年，重点支持建筑企业融入房地产开发建设，改善民居质量。支持了承德鸿泰建设工程集团、承德名城建设集团、承德热河建设集团、宽城恒旭市政建设工程集团、承德程源建筑工程、隆化县富兴建筑安装工程等企业的资金需求。2010 年末建筑业客户 6 家，贷款余额 2.30 亿元。

2011—2015 年，落实分层营销和包户到人机制，对优质客户实行挂单作业，积极拓展。成功营销承德九方建筑安装工程、承德国鑫建筑工程、承德振龙建筑材料集团、承德恒旭建设集团、围场鑫亚建筑安装、隆化景怡建筑安装、宽城建华公路等一批建筑业客户。2015 年末建筑类客户 8 家，贷款余额 4.55 亿元。

2006—2015 年，累放建筑业贷款 21.84 亿元，占同期流动资金贷款累放额的 6.0%。

2008—2015 年农行承德分行建筑业贷款统计表

表 6-3-28　　单位：万元

年度	累计发放	年末余额	年度	累计发放	年末余额
2008	3000	2200	2013	36800	36900
2009	0	1800	2014	45850	46420
2010	23000	23000	2015	42350	45480
2011	21800	30280			
2012	45600	45320	合计	218400	

五、其他行业

其他行业指制造业、电子热力、交通运输、石油化工、医药卫生等行业。

2006年，实行重点营销目标领导到位、项目到组、责任到人。通过全力营销，成功向河北大唐国际华泽水电开发有限公司发放流动资金贷款1.20亿元。发放承唐高速公路流动资金贷款2.20亿元、京承高速公路流动资金贷款6.50亿元。向中国石油化工股份有限公司发放贷款1.50亿元。

2007—2010年，实施“重点发展、优质服务”两大战略，5年累放电力热力贷款7亿元，其中国电滦河热电公司5亿元、城市供暖工程2亿元。累放医药卫生贷款1.36亿元，对兴隆希力药业、承德合鑫医药、承德天原药业、承德附属医院、承德中心医院给予了信贷支持。2008年向承德张双铁路有限公司发放流动资金贷款5000万元。向承德开发区富泉石油机械、承德开发区隆升电力、承德保通铸铁型材、承德北雁铸造、围场天宇机械制造5家客户，发放贷款5400万元，适时解决流动资金需求。

2011—2015年，积极谋划资产业务新的增长点，继续支持企业解决短期流动资金需求。累放制造业贷款10.02亿元，重点支持承德正兴彩钢、承德绍淇科技发展、承德华远自动化设备、承德荣茂铸钢、承德博乔金属制品、承德相一机械、承德本特生态能源、承德泓泰鑫科技电子等一批制造业客户，2015年末制造业客户9家，贷款余额3.11亿元。2012年对国电承德热电增加贷款1.4亿元。2013年向河北兴安民用爆破器材有限公司发放贷款1亿元，向承德天原药业发放贷款4500万元、向河北兴隆希力药业发放贷款2500万元。2014年向承德中滦煤化工有限公司发放贷款3亿元。2015年向承德医学院附属医院发放贷款1亿元。

2006—2015年，累放其他行业贷款37.92亿元，占全部流动资金贷款的10.5%。

2006—2015年农行承德分行其他行业贷款统计表

表6-3-29　　单位：万元

年度	累放	余额	年度	累放	余额
2006	114000	112250	2012	26600	40800
2007	6000	27460	2013	33800	32100
2008	53400	75102	2014	53200	59050
2009	26100	58405	2015	45600	77950
2010	8500	31250			
2011	12000	26400	合计	379200	

第六节　房地产开发贷款

农行承德分行房地产开发信贷业务起步于1998年。根据“自求平衡、稳健经营”的信贷方针，审慎拓展房地产开发项目。

一、房产开发贷款

1998年，农行承德分行向承德祥业房地产开发公司发放第一笔住房开发贷款1600万元，期限一年半，支持魁福园住宅小区开发建设。年末房产开发贷款余额1600万元。

1999—2005年，对优势项目、优良客户及时介入，主动营销。先后向承德祥业房地产、承德富华房地产、承德市建筑开发公司等企业发放房产开发贷款2.15亿元，2005年末房产开发贷款余额1911万元。

2006—2008年，加大房产项目营销力度，成功营销承德露露房地产开发“露露花园”、承德市银泰房地产开发“银泰花园”、承德鸿泰集团房地产开发“龙骧商住小区”、承德富华房地产开发“富华新天地”、承德凤凰山房地产开发“凤凰御景”项目，以及支持承德玉宇房地产、承德天宝房地产开发项目。累计发放房产开发贷款3.94亿元。2008年末房产开发贷款余额2.21亿元，比2006年初增加2.02亿元，增长10.6倍。

2009年，向承德市银泰房地产“银星丽苑”项目发放房产开发贷款7000万元。年末房产开发贷款余额7300万元，比年初减少1.99亿元，下降74.81%。

2010—2012年，房地产市场不断升温，风险逐步加深，农行承德分行连续三年未发放房产开发贷款，积极收回到期贷款。

2013—2015年，重点对资质高、信誉好、开发业绩优良的开发商积极营销。选择承德鸿泰集团房地产（隆化）“龙镶南苑—东区”项目、滦平中诚房地产“金色阳光小区”作为重点营销对象，组织精干客户经理，配合省分行评估组完成项目评估，3年间累计向两家公司发放房产开发贷款5.42亿元。2015年末房产开发贷款余额1.35亿元。

1998—2015年农行承德分行房产开发贷款统计表

表6-3-30 单位：万元

年度	房地产贷款		年度	房地产贷款	
	累放	余额		累放	余额
1998	1600	1600	2008	5480	22102
1999	2005	2105	2009	7000	7300
2000	1170	1655	2010	—	—
2001	3189	4631	2011	—	—
2002	5895	6325	2012	—	—
2003	3200	7575	2013	21500	21500
2004	4700	4040	2014	19200	19200
2005	1300	1911	2015	13500	13500
2006	12500	9855			
2007	21395	23644	合计	123634	

二、地产开发贷款

2006 年，大力营销承德市高新技术产业开发区“土地储备”贷款项目，当年发放土地开发贷款 6000 万元。

2009 年，抓住市区“三年大变样”的有利时机，重点营销城市土地储备项目。发放土地储备贷款 3.20 亿元，支持承德市土地储备交易中心收储承德石油高等专科学校老校区土地 2 亿元、承德市大石庙镇太平庄土地 1.2 亿元。2009 年末地产开发贷款余额 3.68 亿元。

2010 年，发放土地开发贷款 4 亿元，支持高新区土地储备中心按规划收储建设用地。年末地产开发贷款余额 7.20 亿元。

2014 年，再次向高新区土地收购储备中心发放贷款 4 亿元。年末土地开发贷款余额 4 亿元。

2015 年，追加高新区土地储备中心贷款 3 亿元。年末地产开发贷款余额 7 亿元。

2006—2015 年农行承德分行地产开发贷款统计表

表 6-3-31　　　　单位：万元

年度	地产贷款		年度	地产贷款	
	累放	余额		累放	余额
2006	6000	6000	2011—2013	—	—
2007	—	5500	2014	40000	40000
2008	—	4500	2015	30000	70000
2009	32000	36800			
2010	40000	72000	合计	148000	

第七节　其他单位贷款

一、小企业贷款

2006—2008 年，农行承德分行坚持以创新为动力，以价值最大化为目标，积极运用简式快速贷款、自助循环贷款等金融产品，全面支持小企业健康快速发展。3 年间累放小企业贷款 1.63 亿元，2008 年末存量小企业 9 户，贷款余额 4380 万元。

2009 年，成立“小企业金融服务中心”，制定印发《支持中小企业发展意见》，组织开展法人客户全面普查，对锁定的小企业客户，实行台账管理，定期督导调度。重点支持承德北雁铸造、承德乐达耐火铸造、兴隆孤山子鑫兴铁选厂、围场东方建筑安装、承德龙乡建筑安装、承德富丽建筑安装、承德富豪制衣、承德新兴服装服饰、承德县永升塑料制品等一批小企业客户生产经营。年末存量小企业19户，贷款余额7465万元，比年初增加3085万元，增长70.43%。

2010年，严格落实农总行《小企业金融服务工作八项措施》，重点抓好优质中小企业综合服务，重点支持承德金南物资、承德益盛源商贸、围场福满家商贸、承德露美达饮料、滦平恒大建筑装饰、承德康硒食品、承德童乐玩具、兴隆鑫安红金属物资等小企业健康发展。年末小企业存量客户19户，贷款余额1.09亿元，比年初增加3467万元，增长8.14%。

2011年，将50强小企业作为支持重点，将有房地产抵押、担保公司担保、条件稳固的老客户担保的优质小企业列入贷款投放对象，并提供多元化金融服务。全年累计向小企业授信6亿元，累计发放贷款4.54亿元，重点支持隆化景怡建筑安装、滦平瑞隆达建筑工程、滦平恒大建筑装饰、兴隆宏阳矿业、承德宏达盛业商贸、承德高鹏商贸、河北杏芝香食品等小企业持续发展。年末小企业存量客户63户，贷款余额3.50亿元，比年初增加2.40亿元，增长2.2倍。

2012年，继续提升小企业金融服务水平。全年发放小企业贷款6.16亿元，重点支持承德大清猎苑酒业、承德荣信超市、承德赢达建筑安装、承德伊逊山泉饮品、滦平远通建筑工程、承德县会吉商贸、承德银阔商贸、隆化绿色家园商贸、承德大资商贸、承德县鑫霖经贸、宽城弘也物资、承德益泽顺钢材销售、宽城鸿泰金属钢结构、平泉老赔购物中心等一批骨干小企业健康快速发展。年末小企业存量客户53户，贷款余额5.31亿元，比年初增加1.81亿元，增长51.88%。

2013年，对优质小企业实行信贷倾斜，全年发放小企业贷款5.95亿元，重点支持宽城亚旺建筑安装、隆化复兴广告、承德伊逊山泉饮品、承德恒邦商贸、承德高鹏商贸、承德县鑫霖经贸中心、承德怡阳兔业、围场鑫亚建筑安装、承德京通百汇商贸、滦平美绿源现代农业产业园、承德博大通信器材、承德明德建材制造等小微企业实现快速发展。年末小企业存量客户50户、贷款余额4.94亿元，比年初减少3730万元，下降7.03%。

2014年，对小企业进行全景资料调查，细化小企业考核，优化信贷产品经济成本和产品定价。全年发放小企业贷款5.27亿元，重点支持平泉天程运输、承德荣信建筑工程、承德平安建材、宽城满山商贸、承德博创商贸、承德维豪商贸、隆化绿色家园商贸、平泉宏翔物资经销、承德胜隆装饰工程、承德智宏电子、承德泓泰鑫科技、承德华成种养科技、承德东鑫彩钢、承德永益生态农业、承德天健医药等新兴小企业加快发展。年末小企业存量客户42户、贷款余额4.85亿元，比年初减少870万元，下降1.76%。

2015年，将小企业客户营销定位于产业集群、工业园区、商圈、产业链、特色资源五大方面，制定小企业信贷产品组合方案，对风险苗头及时采取有效化解措施。全年发放小企业贷款7.33亿元，重点支持河北温泉物流、承德可得电子、承德砼友商贸、承德邦华商贸、滦平通泰贸易、承德御金鸿假日酒店、承德菁苑园林、承德欧中进出口贸易、承德燕青轮胎、宽城盛隆生态科技、承德本特生态能源等小企业扩大市场份额，提高竞争实力。年末小企业存量客户54户，贷款余额6.64亿元，比年初增加1.79亿元，增长36.93%。

2006—2015年，累放小企业贷款33.51亿元，占同期信贷资产投放额的3.07%。

2006—2015 年农行承德分行小企业贷款统计表

表 6-3-32　　单位：万元

年度	累放	余额	年度	累放	余额
2006	3600	2500	2012	61600	53090
2007	5200	3300	2013	59500	49360
2008	7500	4380	2014	52671	48510
2009	13700	7465	2015	73289	66423
2010	12620	10932			
2011	45400	34955	合计	335080	

二、票据贴现

1989—1993 年，通过积极营销票据贴现业务，努力帮助企业解决临时资金周转困难。5 年间累计办理票据贴现 762 万元，1993 年末 0 余额。

1994—1996 年，认真落实农总行加强商业汇票管理的规定，严格票据业务真实性审查，全面规范票据贴现行为。3 年间累计办理票据贴现 6816 万元，1996 年末 0 余额。

1997—2005 年，采取划分类别、上门收票、即时查询、限时入账的“一条龙”服务，通过制定考核办法，完善奖励机制，实现贴现业务持续发展。9 年间累计办理贴现 86.25 亿元，2005 年末贴现余额 7.30 亿元。

2006—2007 年上半年，采取专门建立票据营销组织、设立专项奖励、灵活执行贴现利率等措施，票据贴现业务快速增长。2007 年下半年贴现规模受到限制，贴现利率收窄，部分票源流失。2006-2008 年累计办理贴现 86.65 亿元，2008 年末贴现余额 4.66 亿元，比 2005 年末减少 2.64 亿元，下降 36.20%。

2009—2015 年，本着“审慎规范、授权授信、讲求效益”的原则，大力拓展票据贴现业务。7 年间累计办理贴现业务 75.25 亿元，2015 年末贴现余额 4.48 亿元，比 2009 年初减少 1716 万元，下降 3.69%。

1989—2015 年农行承德分行票据贴现业务统计表

表 6-3-33　　单位：万元

年度	票据贴现		年度	票据贴现	
	累计贴现	余额		累计贴现	余额
1989	47	0	2003	130357	70038
1990	463	0	2004	268394	118661
1991	252	0	2005	303693	72976
1992	—	0	2006	319280	85873
1993	—	0	2007	347151	30361
1994	465	0	2008	200106	46562

续表 6-3-33

年度	票据贴现		年度	票据贴现	
	累计贴现	余额		累计贴现	余额
1995	827	148	2009	223141	75292
1996	5524	0	2010	105702	40024
1997	10581	839	2011	78186	31166
1998	12808	2115	2012	134924	15157
1999	13120	2020	2013	33811	23616
2000	28658	8547	2014	74668	44468
2001	25439	4326	2015	102023	44846
2002	69441	32621	合计	2489061	

三、贸易融资

农行承德分行贸易融资业务，始于1990年利用外资国内配套专项贷款，逐步拓展到外事企事业贷款、“三资”企业贷款、打包贷款、出口押汇、国内保理融资、国际国内信用证项下自营福费廷、出口商业发票融出资金等业务品种。

1990年3月，根据河北省计划经济委员会下达的1990年第一批利用外资技术改造项目，向承德三塑发放首笔利用外资国内配套人民币贷款70万元，支持年产4200吨塑胶改质剂项目实施技术改造。

1991—1996年，向龙华不干胶、汇丰皮件、华荣转印制品、承鸿塑料制品、滦平宏远工艺毯、隆兴包装等三资企业发放贷款5305万元，支持经营转型，取得明显效果。1996年末贸易融资余额1643万元，比1990年增加1573万元，增长22倍。

1997—2000年，积极支持外向型经济发展，向隆兴包装制品、龙华不干胶等10多个中外合资企业发放贷款6719万元。2000年末贸易融资余额1166万元，比1997年初减少407万元，下降25.87%。

2001—2005年，积极拓展出口押汇、打包贷款等信贷业务，成功为河北四海、承德亿财制衣、承德建龙钢铁、承钢进出口有限公司等外向型企业办理贸易融资2.16亿元。2005年末贸易融资余额2490万元，比2001年初增加1324万元，增长113.55%。

2006年，贸易融资全面推进，全年办理打包贷款4845万元，出口押汇8910万元，国内保理5272万元，出口商业发票融出资金1984万元，出口贴现512万元，其他贸易项下融出资金垫款349万元。年末国际贸易融资余额3006万元。

2007—2010年，密切关注进出口趋势，积极支持外向型企业出口创汇。4年累计办理打包贷款、出口押汇、出口商业发票融出资金等贸易融资业务2.81亿元，2010年末贸易融资余额1376万元。

2011年，充分利用上级行大力拓展国际贸易融资业务的有利契机，加大本外币一体化营销，为平泉舒适佳等发展前景良好的客户适时增加贸易融资贷款，为承德亿财制衣有限公司办理打包贷款。全年办理打包贷款2455万元、出口贴现1111万元、出口押汇196万元。年末国际贸易融资余额1044万元。

2012年，不断充实国际业务项目储备，重点营销新开户企业、进出口超百万美元企业发展生产。成功为承德市创远矿业等企业办理国内有追索权保理融资 7000 万元、出口押汇 1.16 亿元、打包贷款 550 万元。年末国际贸易融资余额 7150 万元。

2013 年，国内信用证、福费廷等业务实现新突破。为河钢集团承德分公司办理国内信用证延期 5000 万元，为其上游客户承德信通首承矿业办理国际信用证项下福费廷业务 1 亿元。为承德市创远矿业等企业办理国内有追索权保理融资 6.2 亿元、信用证项下打包贷款 2025 万元，出口贴现 139 万元，出口押汇 54 万元。年末国际贸易融资余额 25910 万元。

2014 年，面对贸易融资乏力的新情况，根据进出口企业需求开展针对性营销。年末国际贸易融资余额 3.60 亿元。其中为承德创远矿业、承德创远工贸办理国内有追索权保理融资 2.70 亿元和 3000 万元，为承德创远矿业办理国际信用证项目下自营福费廷 6000 万元。

2015 年，将信贷规模与优质客户适度对接，合理提升议价底线，积极拓展国内信用证 + 福费廷组合产品。全年为承德市创远矿业办理国内有追索权保理融资 5.46 亿元、国际信用证项下自营福费廷 1 亿元。为承德燕山带钢办理国内自营福费廷 1 亿元。年末国际贸易融资余额 3.46 亿元。

1990—2015 年农行承德分行贸易融资统计表

表 6-3-34　　单位：万元

年度	贸易融资		年度	贸易融资	
	累放	余额		累放	余额
1990	70	70	2004	4838	1525
1991	—	0	2005	5480	2490
1992	20	20	2006	21872	3006
1993	603	623	2007	14075	2745
1994	3039	3419	2008	5094	1525
1995	1627	1627	2009	3117	1713
1996	16	1643	2010	5771	1376
1997	2741	3446	2011	3762	1044
1998	1135	3751	2012	19161	7150
1999	2751	2476	2013	79218	25910
2000	92	1166	2014	66705	36000
2001	220	1166	2015	74600	34600
2002	267	1166			
2003	10745	1194	合计	327019	

第八节“三农”个人贷款

“三农”个人贷款是农业银行面向农户发放的个人农业贷款、个人扶贫贷款、“三农”特色个人贷款。

一、个人农业贷款

1989—1993年，农行承德分行大力支持农村承包户发展农业生产，开展多种经营，累放个人农业贷款2.76亿元。其中农业贷款1.58亿元、林业贷款77万元、牧业贷款325万元、渔业贷款3万元、工业手工业贷款484万元、商业服务业贷款1289万元、生产服务业贷款255万元、生活贷款140万元、其他行业贷款9162万元。1993年末个人农业贷款余额7072万元，比1989年初增加2623万元，增长58.96%。

1994—2000年，支持以“农业科技26推”为重点的科技农业生产，7年间累放个人农业贷款3.30亿元。1994年支持隆化县唐三营乡东大坝村232户农户搞玉米制种，制种面积1050亩，人均收入1600元，成为全县第一个以制种致富的富裕村。1995年围场满族蒙古族自治县支行发放贷款90万元，支持腰站乡3000农户种植时差蔬菜10172亩，总收入1540万元，人均增加收入1200元，个别示范户收入达到1万多元。1997年平泉县支行贷款支持食用菌生产，帮助2800多户农民致富，21个村奔小康。

2001—2009年，支持农户依托农业产业化龙头企业大力发展食用菌、时差蔬菜等特色农业，支持养兔、蜗牛、药材等特色养殖业发展。2001年平泉县支行支持台头山、沙坨子、黄土梁子等乡镇建立大棚种植时差蔬菜，安置农村剩余劳动力6800多人，增加产值3500万元。9年间累放贷款2628万元，支持农民发展多种经营，加快脱贫致富。

2009年之后，停止使用“个人农业贷款”科目。

1989—2009年农行承德分行个人农业贷款统计表

表6-3-35 单位：万元

年度	个人农业贷款		年度	个人农业贷款	
	累放	余额		累放	余额
1989	4309	5002	2000	1875	3525
1990	5869	5913	2001	525	2895
1991	5980	6678	2002	280	2055
1992	5740	6431	2003	425	1826
1993	5686	7072	2004	355	1652
1994	5980	7268	2005	415	1468
1995	6225	6587	2006	609	1837
1996	5482	5576	2007	19	1775
1997	4982	5218	2008	—	4
1998	4522	4865	2009	—	1
1999	3896	4226	合计	63174	

二、个人扶贫贷款

个人扶贫贷款包括一般扶贫贷款和扶贫贴息贷款。

1989年，把信贷扶贫作为支农重点。全年发放一般扶贫贷款276万元，受益7113户，脱贫1294户，致富397户。发放扶贫贴息贷款210万元，扶持围场、丰宁25个乡镇、63个村1818户农民发展养殖业，购买羊6812只、牛1146头、优种雏鸡2000只，促进农户脱贫致富。

1990年，在有关部门积极配合下。对贷款适宜集中发放的乡村，采取集中发放、给予重点扶持。如对围场县杨家湾乡、郭家湾乡7个村发放扶贫贷款，支持种子基地建设，制种7500亩，实现产值800万元，人均增收260元。全年发放扶贫贷款1060万元，支持2.7万农户脱贫、690户致富。

1991年，继续发放扶贫贷款981万元，支持农户7550户，实现脱贫户4474户，致富户313户。“八五”期间，承德有围场、丰宁2个国家级重点扶贫县，隆化、滦平、平泉、宽城4个省级重点扶贫县，承德县1个省级一般扶贫县，信贷扶贫任务艰巨。围场满族蒙古族自治县支行累放扶贫贴息贷款600万元，扶持49个乡镇、80个村、5623户，户均贷款1067元，支持农户养奶牛、基础母牛、养羊等养殖业，实现总产值1200万元，解决温饱5067户，占被扶户90%。丰宁满族自治县支行发放草地围栏贷款23万元，建设草籽田800亩，草地灭鼠10.5万亩，使部分沙化的草地得到恢复，草地生态环境明显好转。

1992年，信贷扶贫重点改善贫困户生产条件、应用科学技术、开发自然资源。全年发放扶贫贷款1661万元，扶持35296户贫困户改善生产条件。

1993年，积极落实扶贫到户，扶持农户利用冬闲时机发展多种经济。全年发放扶贫贷款1657万元，重点支持贫困户发展大鹏蔬菜等经济农业。

1994—1997年，扶贫贷款由农发行管理。

1998年5—12月，累放扶贫贷款3210万元，支持22005户贫困户发展种养业。

1999—2001年，发放农户扶贫贷款17169万元，扶持50554个贫困户发展种养业、加工业等多种经营，解决温饱问题。2001年积极扩大小额扶贫贷款的覆盖面，对没有覆盖过的贫困户，只要具备基本生产条件，即给予贷款支持；对覆盖过的农户，贷款实行存单质押。

2002—2005年，对小额到户扶贫贷款实行存单质押、户贷企保、门店抵押、户联保等多种保证形式。累放扶贫贷款4064万元，支持贫困户开展多种经营。

2006—2010年，按照国家扶贫贴息政策和贷款条件，累放个人扶贫贴息贷款1198万元。2010年末扶贫贷款全部收清。

1989—2010年农行承德分行个人扶贫贷款统计表

表6-3-36　　单位：万元

年份	合计		一般扶贫贷款		扶贫贴息贷款	
	累放	余额	累放	余额	累放	余额
1989	486	469	276	265	210	204
1990	1060	1140	658	580	402	560
1991	981	1462	685	706	296	756
1992	1661	1880	896	985	765	895

续表 6-3-36

年份	合计		一般扶贫贷款		扶贫贴息贷款	
	累放	余额	累放	余额	累放	余额
1993	1657	2631	1052	1425	605	1206
1994—1997	—	—	—	—	—	—
1998	3210	9150	1650	5025	1560	4125
1999	6352	11922	4832	7826	1520	4096
2000	5924	14145	4508	9824	1416	4321
2001	4893	14274	3678	10289	1215	3985
2002	1458	16385	602	12696	856	3689
2003	1293	15890	568	12065	725	3825
2004	1023	14453	365	11968	658	2485
2005	290	13913	165	11362	125	2551
2006	564	7236	—	6650	564	586
2007	579	6436	—	6089	579	347
2008	—	55	—	5	—	50
2009	55	55	—	0	55	55
2010	—	0	—	0	—	0
合计	31486		19935		11551	

三、"三农"特色个人贷款

"三农"特色个人贷款包括农户小额贷款、农村个人生产经营贷款。

2009 年，针对农户小额贷款客户分布广、到期催收难度大的现状，相应设立农户小额贷款贷后服务中心，规范贷后管理，防控信贷风险。全年农户小额贷款授信 14206 户，累放贷款 4.83 亿元，年末贷款余额 4.29 亿元。

2010 年，积极推进"两卡一户"（惠农卡、惠农信用卡 + 农户），方便农户通过信用卡随时办理小额贷款。全年发放小额贷款 5.64 亿元，年末贷款余额 4.40 亿元，比年初增加 1129 万元，增长 2.63%。

2011 年，推进农户贷款结构调整，围绕"公司 + 农户"、专业村"整村推进"的模式开展农户贷款业务，逐步压缩散户贷款占比，坚决退出"散、远、乱、差"农户贷款，新增贷款规模首先满足模式内的贷款农户。全年发放农户小额贷款 6.10 亿元，年末贷款余额 4.57 亿元，比年初增加 1759 万元，增长 4.00%。

2012 年，调整农户贷款管理思路，做实"惠农通"工程，采取了四项措施。一是整村推进贷款模式，新增贷款村距农行网点距离控制在30公里以内。对于非模式散户贷款，原则上不再介入。“公司+农户”“专业村+农户”等模式内业务，在空间距离上不作限制；二是根据县支行人员配备、管理能力和贷款不良率等情况，合理确定额度权限，对网点新增单笔业务额度受理权限加以限制；三是根据客户经营周期确定授信期限，杜绝农户贷款授信期限均为一年的现象；四是根据收益覆盖风险和成本的原则，提升贷款定价水平，同年新增业务（包括续授信）利率下限确定为基准利率上浮50%。全年发放农户小额贷款5.45亿元，年末贷款余额4.33亿元，比年初减少2424万元，下降5.30%。

2013年，积极营销农村个人生产经营贷款。全年发放农村贷款1463万元，年末余额1393万元。促进农户经营转型，持续控制不良贷款。全年发放农户小额贷款4.94亿元，年末贷款余额4.22亿元，比年初减少1083万元，下降2.50%。

2014年，继续优化结构、控制风险，确保农户贷款健康发展。加大新型农业经营主体的支持力度，全年发放农村个人生产经营贷款1.02亿元，年末贷款余额9541万元，比年初增加8148万元，增长5.85倍。继续深化农户小额贷款经营转型，优化贷款结构。全年发放农户贷款4.36亿元，年末余额3.83亿元，比年初减少3943万元，下降9.33%。

2015年，继续深化农户贷款经营转型，开启“政银企户保”扶贫新模式。与兴隆县富兴担保有限公司和滦平财信担保公司成功达成合作协议，实现融资担保。政府出资承保、农行调查放贷的农户风险补偿机制实现“破题”。促成财政、扶贫办、供销社共同出资设立风险补偿基金。隆化、滦平两县支行当年办理210户、金额1050万元农户风险补偿贷款业务。全年发放农村个人生产经营贷款6638万元，年末余额7982万元，比年初减少1559万元，下降16.34%；发放农户小额贷款39467万元，年末余额37085万元，比年初减少1213万元，下降4.29%。

2009—2015年农行承德分行三农特色个人贷款统计表

表6-3-37　　　　单位：万元

年度	合计		农户小额贷款		农村个人生产经营贷款	
	累放	年末余额	累放	年末余额	累放	年末余额
2009	48289	42860	48289	42860		
2010	56383	43989	56383	43989		
2011	60979	45748	60979	45748		
2012	54460	43324	54460	43324		
2013	50898	43634	49435	42241	1463	1393
2014	53779	47839	43613	38298	10166	9541
2015	46105	45067	39467	37085	6638	7982
合计	370893		352626		18267	

第九节 个人经营贷款

个人经营贷款包括个体及私营贷款、小额质押贷款、个人生产经营贷款、个人商业用房贷款、个人助业贷款、个人房产抵押贷款、个人商用车贷款、小额担保就业贷款等。

一、个体及私营贷款

个体及私营贷款主要支持个体工商户短期融资需求。

1989—2005 年，累放个体及私营贷款 5155 万元，2005 年末贷款余额 445 万元。平泉县小寺沟仓子村王雨山，于 1992 年与朋友合伙养鸡，因不懂技术，几百只鸡全部损失。1993 年自己经营，经过一年多经验积累，成活率达 98%。1994 年经当地营业所实地考察，发放贷款 2.2 万元，帮其建鸡舍 350 平方米，饲养量 2500～3500 只，产蛋年纯收入 4 万余元。2000 年，平泉县支行择优支持私营企业 16 个，个体工商户 128 户。被承德市委市政府命名为“支持个体私营经济先进单位”。

2006 年，不再设置“个体及私营贷款”科目，统归“个人生产经营贷款”科目核算管理。

1989—2005 年农行承德分行个体及私营贷款统计表

表 6-3-38　　单位：万元

年度	个体及私营贷款		年度	个体及私营贷款	
	累放	余额		累放	余额
1989	139	158	1998	605	195
1990	56	140	1999	122	70
1991	107	163	2000	123	3
1992	155	158	2001	286	271
1993	359	186	2002	922	955
1994	451	195	2003	571	601
1995	0	0	2004	500	516
1996	0	0	2005	475	445
1997	284	284	合计	5155	

二、小额质押贷款

小额质押贷款是以未到期的本外币定期存单、凭证式国债、人寿保险保单等权证作质押，银行对个人提供的贷款。

1994—2005 年，累放小额质押贷款 25.05 亿元，2005 年末贷款余额 1.34 亿元。1997—

1999年把小额质押贷款业务作为新的效益增长点，实行重点倾斜。基层支行规模不足的可以随时申请，保证小额质押贷款资金供应。

2006年，不再单独设置“小额质押贷款”科目，统归“个人生产经营贷款”“个人一般消费贷款”科目核算管理。

2013年，为满足个人客户生产经营资金需求，增设“短期个人存单质押经营贷款”科目。2013—2015年累放个人存单质押生产经营贷款7.17亿元，2015年末贷款余额2741万元。

1994—2015年农行承德分行小额质押贷款统计表

表6-3-39　　单位：万元

年度	小额质押贷款		年度	小额质押贷款	
	累放	余额		累放	余额
1994	300	102	2003	24045	6235
1995	573	207	2004	47815	15681
1996	1413	184	2005	96726	13387
1997	228	79	2006—2012	—	—
1998	156	10	2013	1779	1779
1999	25265	10787	2014	27285	10177
2000	20748	8835	2015	42635	2741
2001	19480	5708			
2002	13786	3987	合计	322234	

三、个人生产经营贷款

个人生产经营贷款是银行对私营企业、个体工商户发放的流动资金、租赁商铺、购置设备等用途的贷款。1997—2009年，农行承德分行累放个人生产经营贷款1.46亿元，支持信用良好、经营稳定的个人客户发展生产、自主创业。2009年个人生产经营贷款划入“个人助业贷款”科目核算。

1997—2009年农行承德分行个人生产经营贷款统计表

表6-3-40　　单位：万元

年度	个人生产经营贷款		年度	个人生产经营贷款	
	累放	余额		累放	余额
1997	900	0	2006	2474	3286
1998—2002	—	—	2007	3265	4025
2003	1551	1319	2008	1223	1904
2004	1749	2251	2009	730	0
2005	2686	3281	合计	14578	

四、个人商业用房贷款

个人商业用房贷款是银行向借款人发放的购买营业用房、办公用房、商住两用房的贷款，包括一手商用房和二手商用房贷款。2006—2015年农行承德分行积极鼓励个体私营业主投资创业，累放个人商业用房贷款1.92亿元，2015年末贷款余额4125万元。不仅维系了一批个人优质客户，而且带动了存款、银行卡、网上银行、理财产品等业务的发展。

2006—2015年农行承德分行个人商用房贷款统计表

表6-3-41　　单位：万元

年度	个人商用房贷款		年度	个人商用房贷款	
	累放	余额		累放	余额
2006	10529	10402	2012	604	1915
2007	2801	9803	2013	1117	2245
2008	120	6649	2014	936	2548
2009	382	4882	2015	2363	4125
2010	270	3390			
2011	83	2168	合计	19205	

五、个人助业贷款

个人助业贷款是银行向个体工商户、小微企业发放的生产经营贷款。2009—2015年农行承德分行累放个人助业贷款3.65亿元，2015年末贷款余额1.22亿元。支持一批优质个人客户自主创业、发展生产。

2009—2015年农行承德分行个人助业贷款统计表

表6-3-42　　单位：万元

年度	个人助业贷款		年度	个人助业贷款	
	累放	余额		累放	余额
2009	992	992	2013	11523	10397
2010	313	547	2014	12800	14912
2011	201	276	2015	9670	12197
2012	983	1066	合计	36482	

六、个人房产抵押贷款

个人房产抵押贷款（简称“房抵贷”）是以借款人名下的房产作抵押，向银行申请一次性或循环使用的经营贷款。2013 年农行推出“房抵贷”业务，满足了部分客户群体的信贷需求。2013—2015 年农行承德分行累放房抵贷 2246 万元，2015 年末贷款余额 1585 万元。

2013—2015 年农行承德分行个人房抵贷贷款统计表

表 6-3-43　　单位：万元

年度	个人房抵贷贷款		年度	个人房抵贷贷款	
	累放	余额		累放	余额
2013	168	1142	2015	677	1585
2014	1401	1758	合计	2246	

七、个人商用车贷款

个人商用车贷款是银行向借款人发放的用于购买营利性汽车并以所购车辆为抵押的贷款（不含二手车）。2011 年农行推出“个人商用车贷款”业务。为促进个人商用车业务发展，农行承德分行积极向省分行申请降低个人商用车贷款首付款比例。同时组织召开全辖《个人商用车贷款规范经营分析会》，分析潜在风险，规范业务经营，提高管理水平。2013—2015 年累放个人商用车贷款 1094 万元，2015 年末贷款余额 166 万元。

2013—2015 年农行承德分行个人商用车贷款统计表

表 6-3-44　　单位：万元

年度	个人商用车贷款		年度	个人商用车贷款	
	累放	余额		累放	余额
2013	528	938	2015	90	166
2014	476	445	合计	1094	

八、个人小额担保就业贷款

个人小额担保就业贷款是由借款人申请、社区推荐、劳动保障部门审查、贷款担保机构承诺担保，农行向借款人发放的用作自主创业、合伙经营的贷款。贷款期限一般不超过 2 年。2013 年农行推出“个人小额担保就业贷款”业务。年内发放贷款 48 万元，同年，农行承德分行收回 40 万元；2014 年收回 8 万元。余额结零。

第十节 个人消费贷款

一、个人住房贷款

个人住房贷款包括个人一手房贷款、二手房贷款、住房循环贷款、置换式住房贷款、住房非交易转按揭贷款、直客式住房贷款、住房接力贷款等。

1997年，农行承德分行开办个人住房信贷业务。全年发放贷款100万元，年末余额100万元。

1998—2005年，积极支持国家住房制度改革，拓展个人住房信贷业务，8年间累放个人住房贷款8.69亿元，2005年末个人住房贷款余额4.90亿元。

2006—2010年，把个人住房贷款作为营销重点，抓信息、跑市场，5年间累放贷款15.47亿元，2010年末贷款余额13.02亿元。

2011—2015年，积极推介个人住房贷款新品种，全面扩户增贷，提高住房信贷市场份额。5年间累放个人住房贷款48.71亿元，2015年末贷款余额47.90亿元，比2011年初增加34.88亿元，增长2.68倍。

1997—2015年农行承德分行个人住房贷款统计表

表6-3-45　　　　单位：万元

年度	个人住房贷款		年度	个人住房贷款	
	累放	余额		累放	余额
1997	100	100	2007	30867	64951
1998	1519	1200	2008	6289	58821
1999	2117	1599	2009	25382	73008
2000	5887	5837	2010	73421	130172
2001	13838	13215	2011	92575	203999
2002	6681	15521	2012	60377	242594
2003	8412	19790	2013	76909	292614
2004	21175	31289	2014	114192	375368
2005	27315	48972	2015	143024	478958
2006	18774	46311	合计	728854	

二、信用卡透支

信用卡透支是指信用卡持卡人在信用额度内先消费后还款形成的银行信贷资产，包括金穗准贷记卡透支和金穗贷记卡透支。

农行承德分行金穗准贷记卡透支始于1997年，1997—2015年累计透支60.32亿元；金穗贷记卡透支始于2006年，2006—2015年累计透支166.00亿元。2015年末，信用卡透支余额5.63亿元，占全部贷款余额的3.07%，其中金穗准贷记卡透支5385万元，金穗贷记卡透支5.09亿元。

表6-3-46

1997—2015年农行承德分行信用卡透支统计表

单位：万元

年度	金穗准贷记卡透支		金穗贷记卡透支		合计	
	累计透支额	年末余额	累计透支额	年末余额	累计透支额	余额
1997	986	0	—	—	986	0
1998	1007	207	—	—	1007	207
1999	866	160	—	—	866	160
2000	64	60	—	—	64	60
2001	101	17	—	—	101	17
2002	8	10	—	—	8	10
2003	208	45	—	—	208	45
2004	257	35	—	—	257	35
2005	13952	2615	—	—	13952	2615
2006	55878	5071	504	293	56382	5364
2007	70679	3655	4118	483	74797	4138
2008	44661	1611	7126	672	51787	2283
2009	34399	2544	13632	1718	48031	4262
2010	46861	3435	87233	12909	134094	16344
2011	64014	4617	151895	17910	215909	22527
2012	64760	4632	202903	24781	267663	29413
2013	66482	4918	314480	35175	380962	40093
2014	67715	5485	424674	49365	492389	54850
2015	70296	5385	453416	50928	523712	56313
合计	603194		1659981		2263175	

三、其他个人消费贷款

个人一般消费贷款 2000年6月，农总行推出“个人一般消费贷款”业务。到2012年，农行承德分行累放个人一般消费贷款11.13亿元。2013年取消“个人一般消费贷款”科目，改按贷款品种分科目核算管理。

个人助学贷款 根据农总行《助学贷款实施细则》，2000年开办个人助学贷款业务。贷款对象是符合贷款条件的高校在校生或当年录取的新生。个人助学贷款分为国家助学贷款、一般助学贷款两种。2000年7月开办一般助学贷款，一般助学贷款无贴息。2002年开办国家助学贷款，国家助学贷款由中央和地方财政贴息。2000—2012年向承德石油高等专科学校等贫困在校生累放个人助学贷款1107万元，其中国家贴息贷款32万元、地方贴息贷款404万元、一般助学贷款671万元。2012年贷款全部收回，余额结零。

汽车消费贷款 2000年7月农总行推出“汽车消费贷款”业务。是银行向申请购买汽车的借款人发放的担保贷款。2001年6月，农行河北省分行批复承德双桥办事处开办汽车消费贷款业务。2001—2015年累放个人汽车贷款9.28亿元。

农机消费贷款 2000年7月农总行推出“农机消费贷款”业务。是县级农业银行向申请购买农用机械的借款人发放的担保贷款。农用机械指单位台（套）价值在2000元至20万元、使用寿命在三年以上的耕种、排灌、收割、运输机械设备。2001年9月，围场满族蒙古族自治县支行与大地农机公司和鸿泰机动车销售有限公司签订了贷款购车合作协议，同年发放农机消费贷款281万元。2001—2005年累放个人农用机械消费贷款5364万元。2006年不再单独设置“农用机械消费贷款”科目，统归“个人一般消费贷款”科目核算管理。

房屋装修贷款 2000年农总行推出“房屋装修贷款”业务。是向已在农行办理按揭贷款的自然人发放的、用于其所购住房装修、购置家具家电等消费用途的贷款，简称“家装贷”。农行承德分行于2001年开办。2001—2015年累放个人房屋装修贷款6833万元

个人综合消费贷款 2000年农总行推出“个人综合消费贷款”业务。是银行向借款人发放的不限定具体消费用途的贷款。农行承德分行于2001年开办。2001—2005年累放个人综合消费贷款6909万元。2006年不再单独设置“综合消费贷款”科目，统归“个人一般消费贷款”科目核算管理。

房抵贷消费贷款 2010年3月农总行推出“房抵贷消费贷款”业务，是指借款人以本人或家庭成员的房产作抵押，从农行获得授信额度，在授信额度期限内一次性或循环使用的生活消费贷款。农行承德分行2013年开办。2013—2015年累放房抵贷消费贷款3132万元。

个人存单质押消费贷款 2013年，农总行推出“个人存单质押消费贷款”“个人其他质押消费贷款”业务，是指借款人以资产权证作质押，从农行取得贷款用于消费。2013—2015年累放个人质押消费贷款2.48亿元，其中个人存单质押消费贷款5396万元，个人其他质押消费贷款1.94亿元。

2000—2015年，累放其他个人消费贷款25.22亿元，2015年末贷款余额3849万元。

2000—2015 年农行承德分行其他个人消费贷款统计表

表 6-3-47　　单位：万元

年度	其他个人消费贷款		年度	其他个人消费贷款	
	累放	余额		累放	余额
2000	825	740	2009	22369	15115
2001	4905	3336	2010	27848	17767
2002	3620	4345	2011	13226	10541
2003	2389	3491	2012	16799	6504
2004	13178	12877	2013	22893	3442
2005	19672	19116	2014	4344	2516
2006	49436	21994	2015	3874	3849
2007	29412	20641			
2008	17450	13690	合计	252240	

四、不良资产剥离

在中国农业银行股份制改革过程中，根据农总行规定的统一政策标准，农行承德分行于 2000 年 7 月向中国长城资产管理公司剥离不良贷款，2008 年 11 月向财政部剥离不良贷款（代为清收、管理）。两批合计剥离各类不良资产 257820 万元。

第一批剥离不良资产　2000 年 7 月，农行承德分行向中国长城资产管理公司剥离不良贷款。共剥离各类企业不良贷款 1965 户，不良贷款本息合计 96934 万元，其中贷款本金 83434 万元，表内利息 5980 万元，表外利息 7520 万元。

第二批剥离不良资产　2008 年 11 月，农行承德分行向财政部剥离信贷不良资产 6230 户，剥离不良贷款本息合计 160886 万元，其中贷款本金 146163 万元，表内利息 26 万元，表夕卜利息 14697 万元。

第四章 中行承德分行贷款

中行承德分行贷款业务，按币种划分为人民币贷款、外汇贷款；按贷款主体划分为单位贷款、个人贷款。1989—2015 年，中国银行核算方式和经营体制几经变化，贷款业务同时呈现阶段性变化。

1989—1993 年国家专业银行时期。中行承德分行贷款投向的重点，以支持外贸企业增加出口创汇为主。1993 年末各项人民币贷款余额 3.91 亿元，外汇贷款余额 2498 万美元。

1994—2003 年国有商业银行时期。中行承德分行信贷业务表现为支持对象扩大、资产质量明显提升两大特征。

在中总行“支持大外贸”战略指引下，中行承德分行贷款投向开始打破专业银行分工界限，逐步向效益好的各类产业调整，把交通、能源等基础设施建设项目作为重点支持对象，促进资产结构、客户结构向多元化调整，整体效益大幅提升。1994—2003 年，累放本外币贷款 68.99 亿元。2003 年末本外币贷款余额 20.68 亿元，比 1993 年末增加 15.33 亿元，增长 2.86 倍。

运用好不良贷款剥离核销政策，提升信贷资产质量。商业化改革过程中，外贸企业暴露了巨额的不良贷款，加之企业亏损严重，严重影响到中行承德分行的生存与发展。1999 年末本外币资产不良率分别为 44.49% 和 51.25%。而且资产质量持续下滑。根据中国银行统一安排部署，中行承德分行在股份制改革过程中，全力抓好不良资产剥离工作，市分行及各支行均成立剥离工作领导小组，制定了实施细则，先后于 2000 年、2004 年分两批集中进行不良资产剥离及债转股。其中，剥离人民币不良贷款本息 68495.21 万元；剥离外汇美元不良贷款本息 1983.49 万美元，剥离欧元不良贷款本金 92.30 万欧元。此外，2000 年，除对部分不良资产进行剥离划转外，还对部分贷款实行债转股，债转股给承德钢铁公司人民币贷款 2939.34 万元；外汇贷款 1040 万美元，其中不良贷款 70 万美元。通过不良资产剥离及债转股，中行承德分行资产质量得到提升，经营状况明显改善。2003 年末，本外币不良资产比率 9.23%，比 2000 年下降 35.07 个百分点。

2004—2015 年股份制银行时期。在国家宏观调控政策指引下，中行承德分行认真贯彻省中行授信指引，将交通、电力、教育、医疗、文物旅游及优质制造业客户，作为新增授信的营销重点。同时，加大个人贷款营销力度。围绕扩大规模抓投放，资产业务实现跨越式增长，资产结构持续优化。

2015 年末，中行承德分行本外币贷款余额 156.93 亿元，其中人民币贷款余额 156.90 亿元，外汇贷款余额 32 万美元。在全部人民币贷款中，单位贷款余额 126.63 万元，占人民币贷款总额的 80.70%；个人贷款余额 30.28 亿元，占人民币贷款总额的 19.30%。授信资产整体保持高质量运行，本外币不良资产比率 0.50%。

1989—2015 年中行承德分行贷款余额统计表（本外币）

表 6-4-1　　　　单位：万元

年度	贷款余额	年度	贷款余额
1989	14415	2003	206752
1990	20422	2004	247351
1991	26944	2005	271061
1992	36725	2006	328974
1993	53478	2007	395333
1994	68070	2008	525771
1995	89114	2009	950331
1996	109512	2010	1024468
1997	102756	2011	1058217
1998	130486	2012	1211640
1999	108819	2013	1254365
2000	121903	2014	1385601
2001	142268	2015	1569252
2002	180946		

第一节 外汇贷款

中行承德分行外汇贷款对象，主要是具有创汇能力的进出口企业、“三资”企业。对于本身不创汇，但具有外汇收入来源的单位，也可以申请使用外汇贷款。

一、贷款种类

中行承德分行单位外汇贷款按贷款用途分类，划分为流动资金贷款和固定资产贷款；按企业性质分类，划分为工业企业贷款、商业企业贷款、“三资”企业贷款；按贷款利率和自主程度分类，划分为优惠利率贷款、浮动利率贷款、特种外汇贷款、政府贷款、进口买方信贷等。

二、期限和利率

1985 年 3 月，中行承德分行开办短期外汇贷款业务，期限一般为 1 年，年息大多定为 7%，使用范围是生产企业引进国内短缺的技术、设备、原材料。以后逐渐扩大到流通领域，期限也延长为 2 ～ 3 年。在利率执行上，短期贷款执行优惠利率和浮动利率，中长期贷款执行人民银行规定利率。

三、业务发展

1989—1993年国家专业银行时期 中行承德分行发挥外汇外贸专业银行作用，通过贷款扶持，积极促成了华美、承志、祥业、安民电器、宝励电子、普兰电子、兴中制笔、福兴金属配件有限公司等合资项目建成投产。这期间，贷款支持承德地区塑料厂引进香港聚乙烯发泡机器设备，开发聚乙烯系列产品，实现年产值380万元以上，使该企业被评为省级先进企业。还重点支持承德市挂车厂引进反光薄膜生产设备、友谊商店营业厅扩建等项目。1993年末外汇贷款余额2498万美元，折算人民币贷款1.44亿元，占全部贷款余额的26.91%。1989—1993年累计投放外汇贷款6451万美元。

1994—2003年国有商业银行时期 1994—1996年，中行承德分行外汇信贷重点支持交通、纺织、医药等行业技术改造和引进设备的用汇需要。先后向河北兴巍食品有限公司等中外合资企业投放贷款1100万美元，解决企业生产资金不足问题。

1997—1999年，外汇贷款呈现上升趋势，1999年末外汇贷款余额2724万美元。2000—2003年，外汇贷款持续下降。2003年末外汇贷款余额1655万美元，比1993年减少843万美元，下降33.75%。主要是各银行均开办外汇贷款业务，中行的垄断地位受到冲击。

2004—2015年股份制银行时期 2004—2015年，外汇贷款业务不再是中行承德分行的主要信贷业务。2006年为四海公司进口押汇增加79.5万美元，解决了企业流动资金不足问题。随着“三资”企业逐年减少，外汇贷款的需求不断下降。到2015年末，中行承德分行外汇贷款余额下降到32万美元。

1989—2015年中行承德分行单位外汇贷款统计表

表6-4-2 单位：万元

年度	外汇贷款		年度	外汇贷款	
	累放	余额		累放	余额
1989	35	246	2003	1312	1655
1990	552	309	2004	2070	1747
1991	981	526	2005	2605	1848
1992	1080	789	2006	112	420
1993	3803	2498	2007	41	124
1994	3439	2596	2008	11	251
1995	5677	3861	2009	—	78
1996	6018	4106	2010	1	80
1997	2070	1702	2011	—	39
1998	5300	3935	2012	2	26
1999	3215	2724	2013	2	46
2000	1329	1690	2014	2218	2243
2001	1541	1583	2015	2	32
2002	1899	1363	合计	45315	

1989—2015年中行承德分行外汇贷款折算人民币贷款统计表

表6-4-3 单位：万元

年度	外汇贷款折算人民币贷款		年度	外汇贷款折算人民币贷款	
	汇率	折算后		汇率	折算后
1989	3.7659	926	2003	8.2767	13698
1990	4.7838	1478	2004	8.2765	14459
1991	5.3227	2800	2005	8.0702	14914
1992	5.5149	4351	2006	7.8087	3280
1993	5.7619	14393	2007	7.3046	906
1994	8.6187	22374	2008	6.8346	1716
1995	8.3507	32242	2009	6.8282	533
1996	8.3142	34138	2010	6.6227	530
1997	8.2898	14109	2011	6.3009	246
1998	8.2791	32578	2012	6.2855	163
1999	8.2796	22554	2013	6.0969	280
2000	8.2784	13990	2014	6.1190	13725
2001	8.2766	13102	2015	6.4936	208
2002	8.2773	11282			

第二节 流动资金贷款

1989—1995年，中行承德分行主要对企业组织商品流通发放周转性流动资金贷款。1995年末人民币流动资金贷款余额5.05亿元，占全部人民币贷款余额的88.78%。7年间年累放人民币流动资金贷款40.43亿元。

按照核算方式划分，1989—1995年中行承德分行流动资金贷款设置“进出口企业贷款”“外商投资企业贷款”“外事企业贷款”“其他企业贷款”核算科目。1996年之后，流动资金贷款分别划入“工业贷款”“商业贷款”“‘三资’企业贷款”“乡镇企业贷款”等科目核算。

一、进出口企业贷款

进出口企业贷款，也称外贸企业贷款，主要服务对象是承德地市外贸工矿产品出口公司、粮油食品出口公司、土畜产品出口公司、基础建设公司、出口商品开发公司、承德市服装纺织公司及所属加工厂、仓储等单位，主要支持上述单位解决经营过程中的流动资金。

1989—1993年国家专业银行时期 1989年，中行承德分行全力支持外贸企业收购计划内的出口产品。对板栗、纺织品等名、优、特产品的收购，通过划出专项贷款、压缩其他企业贷款、争取新增贷款规模等措施，集中资金给予支持。全年向进出口企业累放贷款1.63亿元，占全部累放额的74.9%，年末进出口企业贷款余额9355万元。当年支持承德地市外贸系统完成收购总值2.13亿元，完成省外贸分配计划的167.36%。

1990年，继续优先支持外贸企业完成出口商品收购计划和出口创汇，当年支持地区外贸系统完成出口商品收购总值1.35亿元，占年计划的150%；支持市外贸系统完成出口商品收购总值2.13亿元，占年计划的153%。承德市针织一厂生产各种袜子出口创汇效益良好，中行承德分行于当年6月发放流动资金贷款54万元，用于支持企业购买外汇额度、从国外引进高筒袜机支付海关税。

1991年，按照省中行《外贸信贷工作目标考核办法》，帮助外贸企业减少亏损50万元，清理三项资金120万元。当年向承德地市外贸系统累计投放贷款2.33亿元，支持市外贸完成出口商品收购总值3.31亿元；支持地外贸完成出口商品收购总值1.92亿元。

1992年，针对承德市外贸公司收购玉米等农副产品出口的资金需求，明确“出口优先、保障重点”，当年累计投放人民币进出口贷款2.52亿元，贷款余额1.08亿元。支持承德地市外贸企业完成进出口总额6.32亿元。

1993年，集中资金，择优支持兴隆县板栗出口业务。兴隆县是“京东板栗”主产区，板栗主要出口日本等国，是兴隆县的拳头出口商品。中行承德分行采取“封闭式贷款管理”模式，向企业派驻专项资金信贷员，保证板栗收购资金专款专用，投放板栗专项贷款2100万元，完成板栗收购1800吨，实现经济效益530万元。同年中行承德分行开办出口打包贷款业务。有出口业务经营权的生产企业，在接到国外开来信用证后，按信用证所列商品的销售收入额向出口企业发放贷款，帮助企业按期完成出口生产和交货。中行承德分行先后为承德县外贸玛钢厂等企业续做多笔打包贷款，解决企业流动资金需求问题。年末进出口企业人民币贷款余额1.22亿元，比1988年增加7633万元，增长1.68倍。1989—1993年，累放进出口企业人民币贷款11.37亿元，占全部流动资金贷款投放总额的52.20%。

1994—1995年国有商业银行时期 1994年，中行承德分行对企业收购板栗、红小豆、玉米等出口商品，坚持以销定购，对合同不落实和出口亏损的商品收购，不予贷款支持。全年累放进出口企业贷款2.66亿元，贷款余额1.25亿元。

1995年，中行承德分行在农副产品旺季收购中，拨出3300万元专项贷款规模支持板栗收购，实行专款专用，跟踪管理，为承德市及兴隆县、宽城县外贸企业增加盈利1100万元。同年面对外贸企业经营亏损面扩大的问题，积极支持优势企业兼并、重点清收等措施，消化不良资产，全年消化不良资产2556万元，占中行承德分行不良资产总额的16.58%。年末进出口企业人民币贷款余额1.21亿元，与1993年基本持平，占同期人民币流动资金贷款余额的24.56%。

1989—1995年，累放进出口企业人民币贷款16.18亿元，占同期流动资金贷款投放总额的40.03%。

1989—1995 年中行承德分行进出口企业贷款统计表

表 6-4-4 单位：万元

年度	进出口企业贷款		年度	进出口企业贷款	
	累放	余额		累放	余额
1989	16330	9355	1993	19654	12176
1990	29461	13388	1994	26630	12533
1991	23348	10622	1995	21195	12146
1992	25220	10783	合计	161838	

二、外商投资企业贷款

外商投资企业贷款是为支持中外合资企业、外商投资企业正常经营而发放的人民币流动资金贷款和结算贷款。2000 年划入"'三资'企业贷款"科目核算管理。

1989—1993 年国家专业银行时期 1989—1993 年，先后促成宝励电子有限公司、普兰电子有限公司等 7 个中外合资企业形成生产能力。1993 末外商投资企业人民币贷款余额 2725 万元，比 1991 年增加 2408 万元，占全部人民币流动资金贷款余额的 7.78%。

1994—1995 年国有商业银行时期 中行承德分行信贷业务确定了支持 10 个重点企业、抓 10 个扭亏增盈企业、抓 10 个依法收贷企业的"三个十"带动战略。通过贷款支持重点企业，达到了预期效果。实现扭亏为盈的兴伊罐头食品有限公司，是以出口栗子鸡罐头为主要产品的中日合资企业，产品常年出口日本市场。1994—1995 年中行承德分行投入信贷资金 1800 万元，支持企业年出口规模由 1200 万元扩大到 2600 万元，每年实现经济效益 800 万元以上。

1989—1995 年，中行承德分行累放外商投资企业贷款 3.62 亿元，1995 年末外商投资企业贷款余额 1.06 亿元，比 1993 年增加 7838 万元，增长 2.87 倍，占同期人民币流动资金贷款余额的 20.92%。

1989—1995 年中行承德分行外商投资企业贷款统计表

表 6-4-5 单位：万元

年度	外商投资企业贷款		年度	外商投资企业贷款	
	累放	余额		累放	余额
1989	213	107	1993	4156	2725
1990	198	108	1994	6682	4230
1991	537	317	1995	21780	10563
1992	2625	1712	合计	36191	

三、外事企业贷款

外事企业贷款是指为核准收汇的商业企业发放的临时周转贷款。

1989—1993 年国家专业银行时期 中行承德分行最初贷款支持承德华侨商店等两户外事企业，到 1993 年发展到 18 户。其中云山饭店是重点外事企业，中行承德分行累计投入 330 万元信贷资金支持企业扩大接待规模，每年增加外汇收入 180 万元。中国北方塑编集团是为进出口企业服务的塑料编织企业，中行承德分行为其扩大产能发放贷款 200 万元，产值提高 20%。1991—1993 年，国家控制贷款规模，外事企业贷款大幅下降，1993 年贷款余额 1085 万元，比 1989 年末下降 60.62%。

1994—1995 年国有商业银行时期 中行承德分行逐渐抽回效益差的企业贷款，停止了中国北方塑编集团、旅游服务商场等外事企业的信贷投放；将云山饭店、华侨商场等外事企业列入风险贷款对象。

1995 年末外事企业贷款户减少到 11 户，外事企业贷款余额 1106 万元，比 1988 年下降 59.85%，贷款余额占人民币流动资金贷款余额的 1.94%。

1989—1995 年中行承德分行外事企业贷款统计表

表 6-4-6　　单位：万元

年度	外事企业贷款		年度	外事企业贷款	
	累放	余额		累放	余额
1989	4188	2415	1993	2319	1085
1990	5244	2811	1994	3833	1182
1991	120	934	1995	2517	1106
1992	2252	1210	合计	20473	

四、其他企业贷款

贷款范围包括工业生产贷款、商业流通贷款、物资供销贷款等。

1989—1993 年国家专业银行时期 1989—1992 年，对承德市第二化工厂、承德市露露食品厂、承德市啤酒厂等工业企业累计投放贷款 5.14 亿元。1992 年末其他企业贷款余额 1.49 亿元。

1993 年，中行承德分行先后贷款支持承钢中宽带钢项目流动资金贷款 417.5 万元，承德化纤总厂贷款 1000 万元，先后贷款支持了京承科工联合机械总厂等中小企业。

1989—1993 年，累放人民币其他企业贷款 8.20 亿元。1993 年末贷款余额 1.90 亿元，比 1988 年增加 1.81 亿元，增长 19 倍。

1994—1995 年国有商业银行时期 中行承德分行继续支持承德华一集团、承钢集团等重点企业，促进企业扩大再生产，两年间累计投放其他企业贷款 10.38 亿元。在扩大投放的同时，中行承德分行对其他企业贷款逐渐暴露的资产质量问题引起高度重视，加强了贷后管理、清收和盘活工作。对贷款企业分为五类，实行一类积极保证、二类量力支持、三类只收不贷、四类坚决清户、五类依法收贷的贷款分类管理方法。运用综合手段，扎实有效地清收逾期贷款。对承德市露露食品厂、承德市啤酒厂等已形成风险贷款的企业采取法律手段坚决清收。确定了“保一块、活一块、砍一块”的信贷管理思路，帮助企业处理积压商品1700万元，盘活信贷资金1400万元。

1989—1995年，累计投放其他企业贷款18.58亿元，占同期人民币流动资金贷款累计投放额的45.96%。1995年末其他企业贷款余额2.67亿元，占全部流动资金贷款余额的52.83%。

1989—1995年中行承德分行其他企业贷款统计表

表6-4-7 单位：万元

年度	其他企业贷款		年度	其他企业贷款	
	累放	余额		累放	余额
1989	1070	632	1993	30552	19029
1990	2150	1054	1994	57228	23140
1991	19325	10194	1995	46592	26675
1992	28893	14895	合计	185810	

五、工业贷款

1996—1999年，中行承德分行人民币工业贷款包括国有工业企业贷款、集体工业企业贷款。中行承德分行面对企业深化改革和兼并重组，按照《中华人民共和国担保法）规定，对61家企业抵贷资产进行重新评估登记，重新办理抵押手续，涉及抵押贷款1.63亿元。同时对6家企业1166.2万元呆滞呆账贷款集中申报核销，减轻了“包袱”。

1996—1997年，为平泉巨兴集团、承钢集团、承德华一机械集团、承德化工总厂等大中型企业累放贷款6.43亿元，优先支持了重点企业资金需求。1996年继续扩大“打包贷款”业务，对承钢集团等企业累计投放“打包贷款”56笔、金额9688万元。两年间累计投放工业贷款9.96亿元。1997年末工业贷款余额3.66亿元。

1998—1999年，继续支持重点客户。由于受大环境的影响，避暑山庄集团曾一度陷入困境。1998年中行承德分行为其发放封闭贷款600万元，使企业起死回生。平泉支行针对绿源公司的食用菌、乐乐食品公司的杏仁露、小寺沟铜矿的铜铁等产品在国外市场畅销的情况，积极为3家企业提供贷款支持。1999年，共为以上企业发放贷款1819万元，签发承兑汇票360万元，使企业顺利完成出口任务，实现出口创汇315万美元。

1996—1999年，累计投放工业贷款17.99亿元。1999年末工业贷款余额4.13亿元，占同期人民币贷款余额的38.90%。2000年“工业贷款”划入“批发贷款”科目核算管理。

1996—1999 年中行承德分行工业贷款统计表

表 6-4-8　　单位：万元

年度	累放	余额
1996	59227	28032
1997	40336	36629
1998	41990	36491
1999	38338	41341
合计	179891	

六、商业贷款

中行承德分行人民币商业贷款包括国有外贸贷款、国有商业贷款、集体商业贷款、物资供销贷款。

继续支持外贸企业出口创汇。在 1996 年的人民币贷款中，有 16.53％投向了外贸企业。1996—1997 年，累计发放商业贷款 5.12 亿元，支持承德市外贸企业完成收购总值 3.96 亿元。同时，为支持外贸企业扭亏增盈，针对 1990 年底以前的企业亏损挂账，为企业减息 310 万元。1997 年，中国银行信贷管理体制改革后，以外贸贷款为主的商业贷款逐年降低，1999 年末，商业贷款占人民币贷款总额下降至 12.13%。2000 年，随着中国银行“大公司、大零售”战略的实施，外贸贷款等商业贷款不再是主要贷款业务。

调整贷款结构。1997 年，中行承德分行加大清收力度，全辖共盘活人民币商业贷款 3259 万元。对外贸企业转制实行全程参与，清收外贸企业不良贷款 1811 万元。1998 年清收商业不良贷款 1285 万元，盘活人民币商业贷款 5644 万元。1999 年，中行承德分行对全辖外贸企业贷款进行摸底分类清收，共清收 2550 万元。在此基础上，建立了信贷管理第一责任人制度，推行审贷分离和统一授信制度。

1999 年末商业贷款余额 1.20 亿元，占同期人民币贷款余额的 12.13%。1996—1999 年累放商业贷款 9.94 亿元。2000 年划入“批发贷款”科目核算管理。

1996—1999 年中行承德分行商业贷款统计表

表 6-4-9　　单位：万元

年度	累放	余额
1996	21776	12197
1997	29440	14868
1998	22535	15495
1999	25680	11961
合计	99431	

七、“三资”企业贷款

1996—1999年，中行承德分行信贷投放重点向“三资”企业转型。对效益好的三资企业，千方百计筹集资金大力支持。共支持华隆公司钢琴外壳、华意集团墙地砖抛光等5个较大项目，投放信贷资金5830万元。其中，华隆公司是兴隆县重点“三资”企业，钢琴外壳项目以北京市场为主，产品以销定产。中行承德分行投放贷款1800万元，帮助企业购置进口设备，促成该企业钢琴外壳项目顺利投产，当年实现产值2300万元，实现经济效益650万元。

优先支持重点企业资金需求。确定10家“三资”企业为信贷支持重点企业，兴隆支行重点支持兴伊、兴桦等重点“三资”企业生产创汇，累放贷款9122万元。1998年1—9月，下板城支行发放流动资金贷款400万元，重点支持华澳服装有限公司扭亏为盈，当年创利税50余万元，收到了较好的经济效益。

建立第一责任人制度，推行审贷分离和统一授信，压缩不良贷款比重。1996—1999年，共清收“三资”企业不良贷款3829万元，核销呆账贷款9836万元。

1996—1999年中行承德分行三资企业贷款统计表

表6-4-10　　单位：万元

年度	累放	余额
1996	23450	11141
1997	21822	19843
1998	38115	25046
1999	36840	27531
合计	120227	

八、乡镇企业贷款

1997—1999年，中行承德分行乡镇企业贷款主要是乡镇企业流动资金贷款。2000年划入“批发贷款”科目核算管理。

中行承德分行于1997年起，开始对乡镇企业给予信贷支持。其间，为承德市狮子沟镇加油站等乡镇企业累放贷款7790万元，用于企业日常生产经营。

1997—1999年中行承德分行乡镇企业贷款统计表

表6-4-11　　单位：万元

年度	累放	余额
1997	2883	2215
1998	2610	2435
1999	2297	2800
合计	7790	

九、其他短期、中期流动资金贷款

1996—1999年，中行承德分行其他短期贷款包括国有其他贷款、集体其他贷款，统归“其他短期贷款”“中期流动资金贷款”科目。2000年划入“批发贷款”科目核算管理。

中行承德分行在支持国营、集体企业发展的同时，贷款投放逐步向农业等行业扩展。1999年末其他短期、中期流动资金贷款余额5861万元，占同期人民币贷款总额的5.52%，其中其他短期贷款余额4561万元，中期流动资金贷款1300万元。

1996—1999年中行承德分行其他短期、中期流动资金贷款统计表

表6-4-12　　单位：万元

年度	其他短期贷款		中期流动资金贷款	
	累放	余额	累放	余额
1996	28336	15791	—	—
1997	6977	4433	—	—
1998	8498	4278	800	800
1999	7259	4561	500	1300
合计	51070		1300	

第三节 固定资产贷款

1989—1995年，中行固定资产贷款专指专项贷款，按照核算方式划分，设置“出口商品生产贷款”“进口设备配套贷款”“外商投资企业贷款”“能源贷款”等核算科目。1996—1999年，设置“基本建设贷款”“技术改造贷款”“其他中长期贷款”科目。2000年划入“批发贷款”科目核算管理。

一、国有专业银行时期

中行承德分行贷款130万元支持承德市化工二厂进行设备更新改造，扩大氯酸钾生产能力，促进了企业技术升级。贷款140万元支持承德市针织一厂引进粗针距织袜机，解决了关键设备。

兴隆天泉果汁有限公司是一家中日合资果汁饮料生产企业，每年出口果汁饮料1000吨，年出口总额1500万元。中行承德分行投放信贷资金2000万元，帮助企业新上无菌包装生产线扩大生产能力，当年实现产值1550万元，实现利润130万元。

1989—1993年，累计发放专项固定资产贷款4690万元。1993年末贷款余额3515万元，比1988年末增加3203万元。

二、国有商业银行时期

中行承德分行抓住商业银行改革契机，快速发展优质客户，努力扩大优质信贷资产总量。

全力保重点企业。承德市县两级中行机构确定将承德巨兴有限公司、兴伊罐头食品有限公司、兴桦木制品有限公司等7家大中型企业为信贷支持重点企业，累放进口设备配套贷款3347万元，基本保证了重点企业基本建设和技术改造的资金需求。平泉巨兴集团主要产品有酒精、优质酒、食品、饮料等7大类70余种产品，年综合生产能力9万吨，年实现产值1.20亿元，年利税2000余万元。1996年平泉支行向巨兴集团投放技改贷款700万元，期限6年，用于兴建铁道专用线，提升了企业运输能力。

按照国家产业政策，对企业实行分类管理，压缩外贸等企业固定资产贷款比例，扩大对承德钢铁厂等骨干企业的支持力度，地方骨干重点工业企业固定资产贷款比重提升到80%以上。

1989—1999年，累放固定资产贷款1.97亿元。1999年末贷款余额9152万元，比1995年增加4332万元，增长89.88%，占同期人民币贷款余额的8.61%。

1989—1995年中行承德分行固定资产贷款统计表

表6-4-13　　单位：万元

年度	合计		出口商品生产贷款		进口设备配套贷款		外商投资企业贷款		能源贷款	
	累放	余额	累放	余额	累放	余额	累放	余额	累放	余额
1989	310	570	255	470	55	70	—	30	—	—
1990	418	1075	270	782	148	218	—	15	—	—
1991	998	1715	998	1482	—	218	—	15	—	—
1992	1633	3215	533	1887	—	213	100	115	1000	1000
1993	1331	3515	1071	1941	260	459	0	115	—	1000
1994	2608	4020	1628	1948	980	1257	0	115	—	700
1995	1199	4820	1199	2748	—	1257	0	115	—	700
合计	8497		5954		1443		100		1000	

1996—1999年中行承德分行固定资产贷款统计表

表6-4-14　　单位：万元

年度	合计		技术改造贷款		基本建设贷款		其他中长期贷款	
	累放	余额	累放	余额	累放	余额	累放	余额
1996	6610	6610	6610	6610	—	—	—	—
1997	1732	7237	—	5505	1090	1090	642	642
1998	2889	10126	—	5505	—	1090	2889	3531
1999	—	9152	—	5379	—	1090	—	2683
合计	11231		6610		1090		3531	

第四节 批发贷款

批发贷款也称公司贷款。2000年中行承德分行设置“批发贷款”科目，将原人民币工业贷款、商业贷款、三资企业贷款、乡镇企业贷款等全部纳入此科目核算管理。2000—2015年，中行承德分行将基础设施建设项目作为重点支持对象，贷款向交通、电力、能源等重点项目及大企业集团倾斜，保证了10多户重点客户的资金需求。2015年末人民币批发贷款余额110.02亿元，占全部人民币贷款余额的70.12%。

一、交通贷款

交通贷款是指向公路、铁路等交通建设项目发放的人民币贷款，有流动资金贷款和固定资产贷款两种。

2000—2003年国有商业银行时期 大额贷款主要投向市县两级国道项目建设。其中，2000年为承德市交通局提供8年期固定资产贷款1.50亿元，用于承德至平泉路段101线改造项目。2002年，投放长期贷款6500万元，用于兴隆县至密云县“京建线”国道公路建设。实现了提速升级。2003年末交通贷款余额5亿元，占同期批发贷款余额的31.41%。

2004—2015年股份制银行时期 这期间是承德市交通建设高速发展时期，公路项目以高速公路建设为主，主要项目有京承高速、承唐高速、承朝高速、承赤高速、承张高速等；铁路项目主要有张唐铁路、京沈高铁等建设项目。中行承德分行及早介入，将其作为新增授信的调整方向和营销重点，有力地支持了承德交通建设，提升了信贷业务市场竞争能力。

2004年，京承高速8亿元授信额度获得省分行批准，同年首期投放5000万元，累计投放1亿元。2006年，向京承高速项目投放中长期贷款5000万元；省分行批准承唐高速授信总量8亿元。2008—2011年向承秦高速、承唐高速投放中长期贷款25.1亿元；向京承高速投放中长期贷款1.5亿元；向承唐高速和承德市交通局投放流动资金贷款11亿元。2012—2014年累放交通贷款50.2亿元，其中，向承唐高速新增中长期贷款5.1亿元；叙作承唐、承朝高速短期搭桥贷款11亿元置换业务；向承秦高速投放中长期贷款20亿元。向承朝高速投放中长期贷款10亿元。向承赤高速投放中长期贷款4.1亿元。2015年中行承德分行统筹交通贷款规划，建立重点项目投放进度“一览表”，实行“挂图作战”，明确每个项目的责任人，细化每个环节的时间要求，提高审批投放效率。全年累计向承赤高速、承唐高速投放中长期贷款3亿元。

从2010年开始，中行承德分行责成专人跟进京沈高铁、张唐铁路承德段进展情况，加强与省分行联动营销。2014年，在持续努力下，京沈高铁项目获得中国银行总行60亿总量的授信批复，河北省分行向北京市分行出具同意联办切分20亿元的意见函，由中行承德分行承办。

2000—2015年，累放交通贷款105.26亿元。2015年末贷款余额62.93亿元，比2003年增加57.93亿元，余额占批发贷款余额的57.20%。

2000—2015年中行承德分行交通贷款统计表

表 6-4-15　　单位：万元

年度	交通贷款		年度	交通贷款	
	累放	余额		累放	余额
2000	15000	15000	2009	251000	371000
2001	—	15000	2010	110000	451000
2002	6500	21500	2011	18051	469051
2003	50000	50000	2012	161000	536877
2004	10000	60000	2013	200000	507185
2005	20000	80000	2014	141000	600299
2006	5000	85000	2015	30000	629312
2007	20000	105000			
2008	15000	120000	合计	1052551	

二、钢铁贷款

中行承德分行2004年开办钢铁贷款业务。根据不同时期钢铁产业发展特点，对重点授信客户实行“绿色通道”管理，重点支持承德钢铁集团、承德建龙特殊钢有限公司等企业，保持了钢铁贷款适度投放。

2004—2006年，在保持已投放流动资金贷款份额基本稳定的前提下，对重点企业以及新上项目，通过多种方式予以支持。2004年，为承德钢铁集团投放贷款5000万元。2006年就承德钢铁集团钒钛资源综合利用项目建设与授信支持进行专题汇报，争取省分行批复核定承德钢铁集团99450万元授信总量。同年向平泉杨树岭铁矿投放贷款1323万元。

2007—2011年，中行承德分行为企业提供贷款及贸易融资、理财等综合性金融服务。2008年为承德钢铁集团进出口公司办理人民币专项贷款2.95亿元。2009年通过中国银行总行和河北省分行为承德钢铁集团新新钒钛股份有限公司批准授信总量28亿元，全年投放流动资金贷款12.60亿元。2010年，加大对河北钢铁股份有限公司承德分公司的支持力度，35亿元授信总量获得中国银行总行批复。

2012—2015年，中行承德分行继续加大对河北钢铁股份有限公司承德分公司、承德建龙特殊钢有限公司的支持力度。2012年向河钢承德分公司办理收回再贷业务3.10亿元。同年完成承德建龙特殊钢有限公司、河钢承德分公司授信总量的申报和切分工作。同年在“承德市中小微企业银企对接洽谈会”上，与承德天意矿业、骥腾矿业等企业签订了1.03亿元授信合作协议。2014年为河钢公司承德分公司叙作美元贷款置换人民币贷款业务，共发放2200万美元流动资金贷款，全部置换成人民币贷款。

2000—2015年，累计投放钢铁贷款76.77亿元，2015年末钢铁贷款余额25.93亿元，占批发贷款余额的23.57%。

2000—2015 年中行承德分行钢铁贷款统计表

表 6-4-16　　单位：万元

年度	钢铁贷款		年度	钢铁贷款	
	累放	余额		累放	余额
2004	5000	5000	2011	51950	205950
2005	—	5000	2012	25550	223050
2006	1323	6323	2013	183050	293450
2007	—	6323	2014	190522	268845
2008	29500	35823	2015	104800	259300
2009	126000	161823			
2010	50040	198920	合计	767735	

三、电力贷款

电力贷款是指向电力生产企业发放的人民币贷款，有流动资金贷款、固定资产贷款。

2004 年，将电力作为新增授信的营销重点，争取到红松洼风电二期贷款投放 6000 万元。

2006 年 4 月，向承德国电热电公司投放固定资产贷款 8000 万元；5 月省分行批复为大唐承德赤峰塞罕坝风力发电有限责任公司核定 1 亿元授信总量，全部为新增中长期贷款，专项用于东山风电场一期工程，期限 15 年，利率按同期基准利率下浮 10% 执行，同年 10 月实现投放。8 月将“红松风电”纳入省分行“因客授权”客户名单；10 月为河北红松风力发电股份有限公司四期风力发电项目出具 4.3 亿元贷款承诺，当年实现投放 2500 万元。

2007 年，为围场建投风力发电广永发、竹子下项目分别出具 3 亿元贷款意向书。

2008 年，向国电承德热电有限公司投放贷款 2.5 亿元，向大唐赤峰新能源投放贷款 9000 万元;密切跟踪营销华能风电、龙源风电等项目。

2009 年一季度，总行批复大唐赤峰新能源有限公司授信总量 5.8 亿元、国电承德热电授信总量 3 亿元，当年累计实现投放 3.5 亿元。

2010 年，向建投承德热电投放贷款 1 亿元，向河北龙源风电投放贷款 2.16 亿元，向国电承德热电投放短期贷款 1.5 亿元。

2012 年，河北龙源风电 1.1 亿元、国电承德华御新能源 3 亿元、华润电力 4 亿元授信获批；向大唐国际丰宁风电等企业新发放电力贷款 1.5 亿元。

2013 年，向河北龙源风力发电有限公司、河北大唐国际丰宁风电有限责任公司、华润电力风能（承德御道口）有限公司、国电承德华御新能源有限公司共投放电力贷款 1 亿元。

2014 年，累计向河北龙源风电、国电承德华御新能源、华润电力等投放电力贷款 1 亿元。

2015 年，向建投承德热电项目贷款 4200 万元；向河北丰宁抽水蓄能有限公司投放项目贷款 1000 万元；为建投承德热电项目申请 10.42 亿元授信总量。

2004—2015 年，累计投放电力贷款 21.15 亿元，2015 年末电力贷款余额 8.40 亿元，占批发贷款总额的 7.64%。

2004—2015 年中行承德分行电力贷款统计表

表 6-4-17　　单位：万元

年度	电力贷款		年度	电力贷款	
	累放	余额		累放	余额
2004	6000	6000	2011	25000	122764
2005	2000	8000	2012	15000	110776
2006	20500	28500	2013	10000	98448
2007	2000	30500	2014	10000	98110
2008	34000	48500	2015	5420	84042
2009	35000	83500			
2010	46600	120720	合计	211520	

四、其他贷款

中行承德分行人民币其他贷款主要包括教育、医疗、房地产、农业及中小企业的贷款业务。

2000—2003 年国有商业银行时期　中行承德分行将教育、房地产等单位及优质工商客户，作为新增授信的营销重点，争取了一批优质贷款投放。先后累计为承德民族师范高等专科学校投资 1000 万元，用于教学楼、学生宿舍的改造。对承德中房、承德金汇房地产开发公司，投放房地产贷款 5000 万元。2003 年与四海发展股份有限公司签订了 9600 万元的授信协议

2004—2015 年股份制银行时期　2004—2008 年，投放重点放在医疗及其他生产企业。2006 年为四海科技股份有限公司申报 16795 万元授信总量。同年为围场满族蒙古族自治县医院申请 1630 万元授信总量，全部为中长期贷款，期限 8 年，用于该医院整体迁建；向承德医学院附属医院投放 2000 万元中长期贷款，用于购买医疗设备；叙作承德天星制药厂 800 万元借新还旧业务。

2009—2010 年，继续支持医疗、房地产、制造业等行业扩大产能，同时支持中小企业发展。

2011 年，为承德医学院附属医院新增 3.55 亿元中长期贷款，用于医院扩建，期限 8 年。

2012 年，向金源房地产投放 1.5 亿元长期贷款，向隆基泰和实业有限公司投放 2 亿元房地产开发贷款，完成对承德华峰房地产开发有限公司承德世纪城项目五期工程的前期营销，完成对燕东房地产公司万华小区 C、D 区项目的跟进，介入华峰、燕东、银泰、富华、武阳等有实力的开发企业。为开源肉类加工有限公司申请 1.15 亿元授信额度，主要用于扩大再生产。同年 9 月，为河北北汽福田汽车部件有限公司核定 6.7 亿元授信总量，全部为中长期贷款，期限 5 年。为支持中小企业发展，2012 年在“中银信贷工厂模式”下发放小企业贷款 10 户，金额 3610 万元。

2013 年，以中小企业新模式和相关公司产品为依托，大力拓展中小企业客户，全年共向 37 家中小企业下达 12.94 亿元授信总量。

2014 年，针对宽城满族自治县板栗企业“短、频、快”的融资需求，创新推出“板栗通达”业务，为 4 户收购企业提供 1400 万元贷款，以宽松的准入政策和灵活的担保方式，解决板栗收购过程中的资金需求。新增中小企业授信客户 24 户，新增授信 1.08 亿元。

2015年，以“三农”企业项目为重点，抓住时机营销拓展了丰宁九龙实业、宽城神栗食品等一批农业企业。全行支持“三农”企业34户，“三农”批发贷款新增投放2.95亿元。在成功营销承德宽广超市集团新增5000万授信基础上，投放流动资金贷款4500万元，借势营销龙头农业企业及上下游客户。为河北海西岸房地产开发有限公司发放项目贷款6500万元。为承德附属医院新城发放流动资金贷款4500万元。与碧桂园长城河谷项目合作，199亿元授信总量获总行批复。主动参与廊坊5.18中东欧中小企业贸易洽谈会，为承德绿天生物、丰宁丰鑫实业等19家产业客户搭建“走出去”对接平台。推荐亚欧果仁、味来食品等6家企业参与中澳跨境投资与贸易合作洽谈会，持续为企业提供全球投资撮合服务。

2000—2015年，累计投放其他贷款163.17亿元，2015年末其他贷款余额12.76亿元，占批发贷款余额的11.59%。

2000—2015年中行承德分行其他贷款统计表

表6-4-18　　单位：万元

年度	其他贷款		年度	其他贷款	
	累放	余额		累放	余额
2000	107733	82618	2009	113720	143165
2001	142695	102969	2010	52620	49726
2002	117520	129452	2011	48665	30114
2003	98920	109162	2012	70642	68351
2004	80135	79863	2013	40480	36712
2005	99895	84627	2014	37290	51731
2006	153550	127803	2015	82339	127574
2007	182533	146711			
2008	202915	177348	合计	1631652	

第五节 其他单位贷款

一、贸易融资

中行承德分行2000年设置“贸易融资”科目，将贸易融资业务纳入此科目核算管理。

2000—2003年国有商业银行时期 2000年，中行承德分行推出贸易融资新产品——福费廷业务。该业务是银行应收款人或持票人的请求，无追索权的买入本行或他行承兑的远期信用证项下的承兑汇票，为客户提供短期融资。然后将买入票据通过二级市场出售变现。2000—2003年，累计办理人民币贸易融资585万元。

2004—2015年股份制银行时期 2004—2008年，中行承德分行继续开办出口押汇融资业务，增加了出口商业发票贴现、进口汇利达等贸易融资新业务。2007年为承德华药公司开办的出口商业发票贴现业务，是银行保留追索权购入的银行承兑或保付的远期汇票，为客户提供短期融资。由于该业务即能满足企业的融资需求，又不占用授信额度，得到了客户的认可。2008年为承钢进出口公司开办进口汇利达业务，以客户提交的保证金或人民币定期存单作为质押，为其办理进口押汇或汇出汇款项下融资，帮助企业顺利实现对外支付。2008年人民币贸易融资余额1605万元，比2003年增加1509万元。2004—2008年累计办理人民币贸易融资3.95亿元。

2009—2012年，贸易融资业务继续保持多种产品，满足客户融资需求。2009年，以融易达业务为切入点，采取占用上下游企业授信额度的方式，累计为承德燕山带钢有限公司、承钢集团进出口公司办理融易达业务5.48亿元，福费廷业务4775万元。2010年，累计为29户企业办理融易达等供应链融资业务91笔，累计融资5.81亿元。其中为承德建龙特殊钢有限公司办理本币达业务433万元，福费廷转卖业务3461万元。2011年，为承钢进出口有限公司办理全额质押汇出汇款融资2480万元。2012年累计为承钢进出口有限公司、华药公司办理融资类保函、融易达业务7.44亿元，支持企业上游供应商提升整体实力。2012年贸易融资余额6.41亿元，比2008年增加6.25亿元。2009—2012年累计办理贸易融资26.29亿元。

2013—2015年，相继开办信利通、贸易融资收回再贷、保理融资等多项融资新业务。2013年为承钢公司办理供应链融资业务55笔，累放额突破20亿元，吸揽有效客户34户。2014年为宽城建华公路办理贸易融资收回再贷3000万元，解决了公路建设流动资金不足问题。2015年，为承钢分公司上游供应商办理4户6笔融易达业务。全年累计办理贸易融资业务5.29亿元，其中办理国内商业发票贴现3.90亿元，融易达业务1.40亿元。

2015年末贸易融资余额5.03亿元，其中融易达1.40亿元，保理融资1.49亿元，包买票据1.65亿元，其他融资产品4913万元，贸易融资余额占全部人民币贷款总额的3.21%。2000—2015年累计办理贸易融资68.51亿元。

2000—2015年中行承德分行贸易融资统计表

表6-4-19　　　　单位：万元

年度	贸易融资		年度	贸易融资	
	累放	余额		累放	余额
2000	243	47	2009	59575	37263
2001	86	10	2010	61903	31478
2002	46	0	2011	67027	35139
2003	210	96	2012	74363	64118
2004	2310	554	2013	231664	78133
2005	4270	867	2014	97555	33461
2006	1507	210	2015	52937	50300
2007	783	168			
2008	30613	1605	合计	685092	

二、银团贷款

银团贷款是指由两家或两家以上银行基于相同贷款条件，依据同一贷款协议，按约定时间和比例，通过牵头行向借款人提供贷款或授信业务。2009 年中行承德分行与工、农、建三行共同参与承唐高速公路建设项目，中行承德分行参与投放贷款 1 亿元。2010 年继续为承唐高速公路参与投放银团贷款 3 亿元。

2009—2015 年，累放银团贷款 4 亿元。2015 年末贷款余额 3.83 亿元，占同期人民币贷款余额的 2.44%。

2009—2015 年中行承德分行银团贷款统计表

表 6-4-20　　单位：万元

年度	银团贷款		年度	银团贷款	
	累放	余额		累放	余额
2009	10000	10000	2013	—	38422
2010	30000	40000	2014	—	38382
2011	—	39231	2015	—	38342
2012	—	38462	合计	40000	

三、票据融资

1994 年 12 月，中行承德分行开办票据贴现业务。

1994—2003 年，累计办理票据贴现业务 2.76 亿元。2003 年末票据贴现余额 4788 万元。

2004—2008 年，中行承德分行根据市场信息及行业动态，及时调整发布票据贴现指导价。2005 年全辖票据直贴 16.29 亿元。2006 年为四海股份有限公司办理商业票据贴现 550 万元。2004—2008 年累计办理票据贴现 79.60 亿元。2008 年末票据贴现余额 9.12 亿元，比 2003 年增加 8.38 亿元，增长 11 倍，占同期人民币贷款余额的 17.41%。

2009—2013 年，同北京工行、石家庄商行、中信实业银行建立同业合作关系，积极拓展票据拆分业务。5 年间累计办理票据贴现 118.34 亿元，2013 年末票据贴现余额 8233 万元。

2014 年，中行承德分行开办电子汇票贴现业务，依托核心客户，向规模要效益。

2015 年，累计办理票据贴现业务 36.65 亿元，贴现业务量排名全省第三位。

1994—2015 年，累计办理票据贴现 21.35 亿元，2015 年末票据贴现余额 7.7 亿元，占同期人民币贷款余额的 4.93%。

1994—2015 年中行承德分行票据融资统计表

表 6-4-21　　单位：万元

年度	票据融资		年度	票据融资	
	累计贴现	贴现余额		累计贴现	贴现余额
1994	35	0	2006	92430	35701
1995	100	0	2007	159540	60150
1996	709	0	2008	269276	91249
1997	3031	985	2009	220786	53059
1998	338	771	2010	213246	11863
1999	19	94	2011	54184	23666
2000	9250	3396	2012	477110	30647
2001	121	144	2013	218050	8233
2002	2088	609	2014	540070	42389
2003	11907	4788	2015	366450	77412
2004	111820	41460			
2005	162916	43216	合计	2913476	

第六节　个人消费贷款

个人消费类贷款主要产品有个人住房贷款、个人购车贷款、个人教育助学贷款。2015 年末个人消费类贷款余额 18.46 亿元，占个人贷款余额的 60.97%。

一、个人住房贷款

个人住房贷款包括个人一手住房贷款、个人二手住房贷款。2000—2015 年，个人住房贷款业务纳入“住房贷款”科目核算管理。

2001 年，中行承德分行开始在部分支行开办个人住房贷款业务。2002 年，把住房贷款列入零售贷款考核。2003 年，通过对大型楼盘现场服务，推出个人住房转按揭、贷款重整等服务措施，稳妥推进住房贷款发展。2003 年末个人住房贷款余额 1.09 亿元。

2004—2008 年，设立零售贷款中心，先后与承德市银城、木兰、广园等 8 家房地产开发公司签订了住房贷款合作协议。中行承德分行城区支行、各县支行相继开办了住房贷款业务。2006

年4月30日，在全辖开办二手房贷款业务。陆续出台了《关于防范“虚假按揭”贷款的操作指导意见》《零售贷款贷后管理实施细则》，建立起零售贷款监控网络、楼盘跟踪调查和贷后检查报告制度、房屋抵押登记落实情况报告制度、不良贷款催收登记制度。使监控行为日常化、制度化。2005—2006年，根据省行《网点直销个人住房按揭贷款业务控制要点》《“理想之家”个人住房贷款业务操作暂行办法》等指导性文件，积极与土地管理、计委、开发商联系，从源头抓信息。建立项目营销责任制，将项目分解到支行，及时掌握进度，进行督导。开展“把理想贷回家”系列营销活动和零售贷款百日竞赛活动，实现了直客式营销模式。

2009年，个人住房贷款业务进入快速发展时期。出台了《消费贷款产品费用分配方案》，实行费用与贷款业务挂钩，引导各支行加大项目营销力度，成功营销枫林绿洲小区、凤凰御庭小区、致爽家园、围场龙涛小区二期、光明小区、安泰花园小区、兴隆福星小区等项目。2009年末个人住房贷款余额4.53亿元，比2003年增加3.44亿元，增长3.16倍。

2011年，与房屋经纪公司建立合作关系，将二手房贷款业务作为中行住房贷款业务新的增长点。通过争取省行增批贷款规模，促进零售贷款的健康发展。同时做好风险控制工作，不良率一直控制在0.05%以内，排在全省中行系统前列。

2012年，中行承德分行抢占优质高端客户市场，提升住房贷款议价能力，认真开展住房贷款风险专项治理。

2013年，全力搜集预售楼盘项目信息，做好按揭贷款的项目储备工作。同时认真审核交易真实性，做好风险控制工作。全年共签约楼盘按揭项目23个，合作金额15亿元。个人住房贷款不良率为0.04%，

2014年，制定住房贷款利率定价方案，列入储备库住房项目80个。

2015年，组建个人贷款授信团队，当年个人住房贷款入库楼盘29个，累放贷款25.16亿元。

2000—2015年，累放个人住房贷款121.20亿元，2015年末个人住房贷款余额18.42亿元，占全部人民币贷款余额的11.74%。

2000—2015年中行承德分行个人住房贷款统计表

表6-4-22　　单位：万元

年度	个人住房贷款		年度	个人住房贷款	
	累放	余额		累放	余额
2000	188	120	2006	39690	21038
2001	1010	599	2007	47411	23730
2002	5788	3080	2008	57651	27844
2003	19264	10874	2009	75444	45287
2004	25289	15465	2010	94011	57238
2005	32114	18831	2011	116502	72370

续表 6-4-22

年度	个人住房贷款		年度	个人住房贷款	
	累放	余额		累放	余额
2012	133371	80960	2015	251615	184210
2013	150750	88648			
2014	161882	108298	合计	1211980	

二、个人购车贷款

个人购车贷款是指向个人借款人发放的，用于购买消费类自用车、个人商用车的贷款。中行承德分行2000年开办汽车消费贷款业务，指定冀东机电承德分公司为国产汽车特约经销商。对于在冀东机电承德分公司购买国产汽车的用户，交纳车辆总价（含牌照费、车辆附加费）40%作为首付款，由冀东机电承德分公司提供第三者连带责任担保，向中行承德分行申请汽车消费贷款，贷款限额为车总价的60%，贷款期限最长为2年，采用按月分期还款的方式。

2005年，根据省行《关于适度调整营运车贷款条件的通知》《关于开展低速货车牌照的货运汽车贷款业务试点工作的通知》等指导性文件，将汽车贷款纳入消费信贷中心，实行在线审批。年末个人购车贷款余额3357万元。

2009—2010年，为稳定汽车贷款合作质量，与承德市主要汽车经销商庞大汽贸、金时汽贸、双联汽贸、日盛汽贸签订了信用卡分期付款合作协议。教师节期间，中行承德分行与承德金时汽贸合作，推出了教师节信用卡汽车分期付款团购月活动。2010年末个人购车贷款余额3638万元。

2011—2015年，中行承德分行出台个人贷款展业激励制度，按汽车自营贷款万分之三配置业务费用，提高定价水平，实行差别利率。综合运用常态化催收、自主清收、诉讼清收和盘活重组等多项措施，化解个人购车不良资产825万元。

2000—2015年，累放个人购车贷款7.71亿元，2015年末个人购车贷款余额302万元。

2000—2015年中行承德分行个人购车贷款统计表

表 6-4-23　　单位：万元

年度	个人购车贷款		年度	个人购车贷款	
	累放	余额		累放	余额
2000	90	90	2004	8342	5436
2001	660	608	2005	9098	3357
2002	3990	2996	2006	7518	4125
2003	6288	4033	2007	5043	2941

续表 6-4-23

年度	个人购车贷款		年度	个人购车贷款	
	累放	余额		累放	余额
2008	6842	2766	2013	982	513
2009	9405	3306	2014	899	412
2010	5004	3638	2015	794	302
2011	5959	2820			
2012	6220	1592	合计	77134	

三、个人助学贷款

中行承德分行开办的个人助学贷款，专属个人出国留学相关费用的人民币及外币贷款。2002—2015 年，中行承德分行出国留学贷款纳入“其他零售贷款”科目核算管理。

2002 年，中行承德分行根据《中国银行河北省分行出国留学教育贷款直通车操作办法》，增加了出国留学保证金贷款，为借款人提供包括申请贷款、开具存款证明、换汇、代办长城国际信用卡等内容的“一条龙”服务。同年 10 月 8 日开办首笔出国留学贷款，新闻媒体给予报道，公众咨询踊跃。

2002—2015 年，累放助学贷款 3.18 亿元，2015 年末助学贷款余额 88 万元。

2002—2015 年中行承德分行个人助学贷款统计表

表 6-4-24　　单位：万元

年度	个人助学贷款		年度	个人助学贷款	
	累放	余额		累放	余额
2002	20	18	2010	3037	93
2003	223	106	2011	3625	110
2004	469	122	2012	3727	0
2005	569	12	2013	3988	212
2006	942	164	2014	4141	154
2007	1517	7	2015	4295	88
2008	2386	342			
2009	2878	94	合计	31817	

四、个人房屋装修贷款

个人房屋装修贷款是指向已在中行承德分行办理按揭贷款的自然人发放的，用于其所购住房装修、购置家具家电等消费用途的贷款。2004年，中行承德分行为满足客户所购住房装修、购买家电等消费需求，开办房屋装修贷款业务。2004—2008年累放房屋装修贷款8952万元，2008年末贷款余额22万元。

2004—2008年中行承德分行个人房屋装修贷款统计表

表6-4-25 单位：万元

年度	个人房屋装修贷款		年度	个人房屋装修贷款	
	累放	余额		累放	余额
2004	1660	953	2007	1310	82
2005	2912	1267	2008	50	22
2006	3020	488	合计	8952	

第七节 个人经营类贷款

个人经营类贷款是指银行向借款人发放的用于经营性资金周转的贷款。贷款对象包括农村承包经营户、个体工商户。中行承德分行个人经营类贷款包括私营企业及个体贷款、个人质押贷款、个人投资经营贷款、个人营运类汽车贷款、个人商用房贷款。2015年末个人经营类贷款余额7.74亿元，占个人贷款总额的25.57%。

一、私营企业及个体贷款

中行承德分行1997年开办私营企业及个体贷款。1997—1999年纳入“个体贷款”科目核算管理；2000年会计核算不再单独设置“个体贷款”科目，纳入“零售贷款”科目核算管理。

1997—2009年，累放私营及个体贷款1509万元，2009年末私营企业及个体贷款余额59万元。

1997—2009年中行承德分行私营企业及个体贷款统计表

表6-4-26 单位：万元

年度	私营企业及个体贷款		年度	私营企业及个体贷款	
	累放	余额		累放	余额
1997	558	334	2000—2008	—	—
1998	430	236	2009	59	59
1999	462	200	合计	1509	

二、个人质押贷款

个人质押贷款是借款人以未到期的资产权证作质押的贷款。包括个人存单、人寿保单、国债质押贷款业务。1995—2015年纳入“质押贷款”科目核算管理。

1995年，中行承德分行开办定期存单质押贷款业务。1995—1996年累放贷款7108万元，1996年末贷款余额1603万元。

2004年，推出了他行储蓄存单质押贷款、人寿保单质押贷款。避暑山庄支行办理了首笔76万元的人寿保单质押贷款业务。中行承德分行根据《中国银行河北省分行个人存单、凭证式国债质押贷款业务操作办法》，强化贷款合规经营。

1995—2015年，累放个人质押贷款20.47亿元，2015年末贷款余额323万元。

1995—2015年中行承德分行个人质押贷款统计表

表6-4-27　　单位：万元

年度	个人质押贷款		年度	个人质押贷款	
	累放	余额		累放	余额
1995	1820	1033	2006	19594	2500
1996	5288	1603	2007	16487	1882
1997	6876	2188	2008	13579	2193
1998	9728	2197	2009	12490	2083
1999	15220	7247	2010	3434	36
2000	13212	3194	2011	443	4
2001	21880	5967	2012	447	4
2002	19931	4841	2013	965	13
2003	16258	2753	2014	5446	119
2004	9649	3424	2015	6553	323
2005	5391	1311	合计	204691	—

三、个人经营贷款

个人经营贷款是指对私营企业业主和个体工商户发放的贷款。2004—2015年，纳入“其他零售贷款”科目核算管理。

2004年，中行承德分行根据《中国银行河北省分行个人投资经营贷款业务操作管理实施细则》，陆续开办个人经营贷款。

2005年，中行股改上市后，省行在审查审批环节严格控制高风险业务品种，适当提高了贷款利率和首付款比例，上收了支行个人经营贷款的审批权。

2009年，中行承德分行推出个人投资经营、商铺、抵质押贷款（合称三个特色贷款），出台《承德分行三个特色贷款奖励方案》，核定各支行三个特色贷款专项任务指标，引导各支行重点发展特色贷款。

2013年，出台个人经营贷款激励政策，按经营贷款万分之六配置业务费用，推动个人经营贷款的营销力度。个人经营贷款新增1.17亿元。

2014年，安排分行尽职经理到支行驻点帮扶，推动个人经营贷款业务发展。为平泉县食用菌产业提供2亿元贷款方案，签约食用菌专业合作社10家，全年累计发放食用菌种植贷款4860万元，范围覆盖13个乡镇、23个食用菌专业合作社、116户社员。

2015年，丰宁支行引入农业政策性金融担保中心为涉农贷款提供担保支持，破解涉农产业融资难题。顺利投放涉农个人经营贷款7笔，累计金额1080万元。

2004—2015年，累放个人经营贷款19.15亿元，2015年末个人经营贷款余额3.55亿元，占个人贷款总额的11.71%。

2004—2015年中行承德分行个人经营贷款统计表

表6-4-28　　单位：万元

年度	个人经营贷款		年度	个人经营贷款	
	累放	余额		累放	余额
2004	1649	912	2011	7443	2657
2005	1491	717	2012	9447	5303
2006	2994	1347	2013	31465	17032
2007	6487	1593	2014	51446	37730
2008	2579	980	2015	66553	35465
2009	5490	1684			
2010	4434	1005	合计	191478	

四、个人商用房贷款

个人商用房贷款是向借款人发放的用于购买营业、办公、商住两用房的贷款。2002—2015年纳入“其他零售贷款”科目核算管理。

2002年，根据《中国银行河北省分行关于试办个人商业用房贷款业务的实施意见》《中国银行河北省分行个人商业用房贷款管理暂行办法》，中行承德分行开办个人一手商业用房贷款业务。2003年推出二手商业用房贷款业务。

2004年，中行股改上市过程中，上收了支行贷款审批权。出台了防范“虚假按揭”贷款措施，建立了楼盘跟踪调查和贷后检查报告制度、房屋抵押登记落实情况报告制度、不良贷款催收登记制度。

2005—2015年，对支行个人商用房贷款实行专项指标管理，筛选营销，重点支持特色产业。

2002—2015年累放个人商用房贷款32.75亿元，2015年末贷款余额2.92亿元，占个人贷款余额的9.65%。

2002—2015年中行承德分行个人商用房贷款统计表

表6-4-29 单位：万元

年度	个人商用房贷款		年度	个人商用房贷款	
	累放	余额		累放	余额
2002	2852	1885	2010	25333	16478
2003	5537	3662	2011	36794	25274
2004	5747	3602	2012	42158	25795
2005	7073	3801	2013	50333	29020
2006	8175	5130	2014	51153	28959
2007	8791	4343	2015	56715	29213
2008	10705	5056			
2009	16149	8987	合计	327515	

五、个人营运类汽车贷款

个人营运类汽车贷款是指银行向借款人发放的用于购买营利性汽车的人民币贷款。2000—2015年纳入“零售贷款”科目核算管理。

2000年，中行承德分行开办营运类汽车贷款业务。指定冀东机电承德分公司为国产汽车特约经销商，业务品种以货运车、工程机械为主，采用按月分期还款的方式。根据《中国银行河北省分行汽车消费贷款操作规程》，实行“抵押加债权转让”操作模式。推进先购车、后贷款的直客式流程。

2005年，根据省行《关于适度调整营运车贷款条件的通知》《关于开展低速货车贷款业务试点工作的通知》等指导性文件，将汽车贷款纳入消费信贷中心管理。

2010年，对个人商业用车贷款推出了信用卡分期付款业务。

2000—2015年，累放个人营运类汽车贷款16.16亿元，2015年末贷款余额1514万元，占个人贷款余额的0.5%。

2000—2015年中行承德分行个人营运类汽车贷款统计表

表 6-4-30　　单位：万元

年度	个人营运类汽车贷款		年度	个人营运类汽车贷款	
	累放	余额		累放	余额
2000	1988	1050	2009	16149	19295
2001	5271	3004	2010	25333	26632
2002	6325	4102	2011	36794	11717
2003	9895	5230	2012	4158	3502
2004	5747	7011	2013	5333	2443
2005	7073	3967	2014	5153	3138
2006	8175	7167	2015	4715	1514
2007	8791	9931			
2008	10705	9552	合计	161605	

六、其他个人经营贷款

中行承德分行其他个人经营贷款包括个人抵质押循环贷款、个人无抵质押循环贷款。2006年，中行承德分行开办个人抵质押循环贷款业务，当年投放贷款590万元。2007年7月根据总行出台的《个人循环贷款管理办法》，开办个人无抵押循环贷款业务。为房天公司和恋家中介公司办理了10万元和15万元的个人无抵押循环贷款。2006—2015年累放其他个人经营贷款24.49亿元，2015年末贷款余额1.09亿元，占个人贷款余额的3.6%。

2006—2015年中行承德分行其他个人经营贷款统计表

表 6-4-31　　单位：万元

年度	其他个人经营贷款		年度	其他个人经营贷款	
	累放	余额		累放	余额
2006	1417	590	2008	3582	527
2007	2730	663	2009	13514	7672
2010	24996	15078	2014	45528	15627
2011	33313	17092	2015	30358	10907
2012	47724	21037			
2013	41768	22993	合计	244930	

七、不良资产剥离

在中国银行股份制改革过程中，根据总行统一标准，中行承德分行先后于2000年3月、2004年5月，集中两批对不良贷款进行剥离。其中，剥离人民币不良贷款本息68495.21万元，剥离美元不良贷款本息1983.49万美元，剥离欧元不良贷款本金972.30万欧元。

2000年3月，对承德钢铁公司人民币贷款2939.34万元，外汇贷款1040万美元，进行了债转股。

1、不良贷款剥离情况

2000年3月第一次集中剥离。

人民币不良贷款剥离。共核准剥离各类不良贷款企业107户，向东方资产管理公司剥离人民币不良贷款本息25232.94万元，其中，剥离贷款本金19346.65万元，剥离表内利息635.92万元，表外利息5250.37万元。

外汇不良贷款剥离。共核准剥离各类不良贷款企业5户，向东方资产管理公司剥离外汇不良贷款本息818.90万美元，其中，剥离贷款本金628.89万美元，表内利息97.41万美元，表外利息92.61万美元。

2004年5月第二次集中剥离。

人民币不良贷款剥离。共核准剥离各类不良贷款企业47户，合计剥离人民币不良贷款本息43262.27万元，其中，向东方资产管理公司剥离各类不良贷款企业33户，剥离贷款本金22064.34万元，利息8694.21万元；向信达资产管理公司剥离各类不良贷款企业14户，剥离贷款本金11761.08万元，利息742.64万元。

外汇不良贷款剥离。向东方资产管理公司剥离美元各类不良贷款企业8户，合计剥离贷款本息1164.48万美元，其中，贷款本金848.67万美元，利息315.81万美元；向信达资产管理公司剥离欧元不良贷款企业1户，剥离贷款本金97.30万欧元。

2、“债转股”情况

2000年3月，对承德钢铁公司的部分贷款进行了债转股。其中人民币贷款本金2939.34万元，全部为正常贷款；外汇贷款本金1040万美元，含不良贷款本金70万美元。

第五章 建行承德分行贷款

1989—1993年国家专业银行时期。建行继续承担部分财政职能。银行业务以建筑企业为基本服务对象，信贷资金重点支持基础设施建设、重点企业技术改造及基本建设项目。5年间累计发放各项贷款9亿元，1993年末各项贷款余额3.1亿元，比1988年末增加2.2亿元，增长2.4倍。

1994—2004年国有商业银行时期。1994年，建行实现了财政职能和政策性业务的分离，开始向商业银行转轨。建行承德分行积极调整信贷结构，在支持建筑企业、国家重点建设项目、大中型投产项目资金需求的同时，业务范围逐步扩大。到1995年底，两年间累计发放各项贷款10.1亿元，贷款余额达到6.8亿元，较1993年增加3.8亿元，增长1.2倍。

1996—2004年，建行承德分行按照建总行提出的“大行业、大企业”经营战略，信贷资源向管理能力强、产品有市场、经济效益好、还款有保障的大行业、大企业倾斜，重点支持了承德市骨干企业和优质项目建设。9年间累计发放各项贷款112.2亿元，2004年末贷款余额23.1亿元，较1995年增加16.3亿元，增长2.4倍。

2005—2015年股份制商业银行时期。建行承德分行在重大资产项目营销和个人信贷业务拓展上实现了重大突破。11年间累计发放各项贷款663.3亿元，2015年贷款余额182.2亿元，比2004年增加159.1亿元，增长6.9倍。

1989—2015年，建行承德分行贷款业务经过三次剥离、一次核销、一次出售，贷款总量依然保持快速增长态势。累计发放各项贷款801亿元，贷款余额增加181亿元。期间，先后推出了一系列新的信贷业务，重点支持了交通、钢铁、电力、通信、清洁能源、城市基础设施等一大批国家、省、市重点建设项目和大中型国有企业的生产建设。

第一节 技术改造、基本建设贷款

一、技术改造贷款

1989—1993年国家专业银行时期 1989—1993年，建行承德中心支行信贷管理实行计划与资金分开、上级行不包下级行资金供应，即“信贷收支平衡、贷款总量控制”的调控模式。建行立足支持大中型企业技术改造，在用足用好信贷规模上下功夫，先后支持了承德市水泥厂、丰宁杏仁脱苦、宽城药厂、围场酒厂、兴隆县造纸厂等一批技术改造项目。1993年在资金供应紧张，金融形势严峻的情况下，建行承德中心支行全力以赴抓收贷，努力盘活资金存量，利用收回再贷支持了承德市自动化计量仪器厂、承德市试验机厂等一批效益较好的技改项目。5年间累计发放技术改造贷款14611万元，1993年末贷款余额5167万元，比1988年增加2534万元，增长96%。

1994—2004年国有商业银行时期 1994—1995年，建行积极适应职能转变，在做好原有企业技改项目资金支持的基础上，成功支持了承德市5个县邮电行业引进日本富士通程控交换机设备的资金需求。利用收回再贷支持了隆化造纸厂、丰宁萤石选矿厂等一批老企业的技术改造。两年间累计发放技改贷款2.07亿元，1995年末贷款余额1.14亿元，比1993年末增加6219万元，增长1.2倍。

承德国投水泥有限公司成立于1994年5月，前身为承德市水泥厂。由承德市水泥厂与国家投资公司北京节能公司投资组建，各占50%股份，注册资金3023.5万元。1995年，公司拟对回转窑进行改造，北京节能公司出资890万元（后转资本金），向建行申请贷款730万元，企业自筹177万元，经评估为其发放贷款730万元，该公司成功将中空回转窑改造为五级旋风预热旋窑。

1996—2000年，总行大行业、大企业“双大”战略实施后，建行承德分行积极适应上级行信贷体制管理要求，优先支持电力、交通、邮电、冶金等大行业和承德钢铁公司业务的发展。重点支持了承德钢铁集团有限公司、承德国投水泥有限公司及电信等大企业的资金需求，5年间累放技术改造贷款3.71亿元，2000年末贷款余额1579万元。

承德钢铁公司始建于1956年，曾作为攀枝花含钒钛钢铁的试验工厂，1984年达到年产钢铁10万吨的水平。以此为基础，公司经过两次大规模的升级建设，一期工程主要是矿山建设、20吨转炉炼钢、轧钢生产线等技术改造，达到50万吨钢生产能力。二期工程主要是连铸连轧、带钢生产线、焊管生产线、焦化厂、6000立方米制氧机等技术改造，具备了100万吨钢的生产能力。1994年12月12日经河北省政府批准成立承德钢铁集团有限公司，注册资本8.5亿元。是国家大一企业，河北省重点钢铁企业。1997—1999年，该公司再次实施大规模生产技术改造，建行承德分行在对技改项目充分评估的基础上，先后为其发放技术改造贷款5笔，总额1.27亿元。通过信贷支持，承德钢铁集团有限公司的经营规模和生产能力不断扩大。

承德国投水泥有限公司于1997年向建行申请贷款2570万元，完成了机立窑改造，企业年生产规模达到30万吨。

2001—2004年，建行承德分行重点支持了承德市邮政局、承德市电信局、承德钢铁集团有限公司等客户的资金需求，期间累计发放技术改造贷款5.62亿元，2004年末贷款余额8900万元。

2005—2006年股份制商业银行时期 2005年，建行承德分行对承德钢铁公司发放技术改造贷款1600万元。2006年末贷款余额为6000万元。按照总行会计科目核算要求，2007年初将技术改造贷款并入基本建设贷款科目核算。

1989—2006年建行承德分行技术改造贷款统计表

表6-5-1　　单位：万元

年度	技术改造贷款		年度	技术改造贷款	
	累放	余额		累放	余额
1989	2636	2821	1993	5661	5167
1990	1728	3071	1994	8061	7761
1991	1635	3482	1995	12682	11386
1992	2951	3818	1996	10350	10496

续表 6-5-1

年度	技术改造贷款		年度	技术改造贷款	
	累放	余额		累放	余额
1997	17832	22804	2003	9200	11500
1998	3534	4153	2004	7200	8900
1999	2832	2242	2005	1600	8000
2000	2548	1579	2006	0	6000
2001	23325	25627			
2002	16510	26000	合计	130285	

二、基本建设贷款

1989—1993年国家专业银行时期 1989—1993年，建行承德中心支行以服务建筑企业、支持地方基本建设与基础设施建设为重点，在上级行实行“信贷收支平衡、总量控制”的调控下，努力扩大资金总量，争取信贷规模，先后支持了承德市罐头食品厂、承德县上板城建材厂、承德电力、兴隆煤矿、石油机械厂、滦河电厂扩建工程等项目建设。5年间累计为以上企业发放贷款2.96亿元，1993年末贷款余额1.26亿元，比1988年增加1.08亿元，增长5.8倍。

1994—2004年国有商业银行时期 1994—1995年，建行承德分行顺应形势变化，积极拓展业务范围。两年间相继支持了承德钢铁公司、丰宁邮电局、承德水泥厂、承德金鹰镁碳砖厂等企业的项目建设。两年间累放贷款2.75亿元，1995年末贷款余额2.32亿元，较1993年增加1.05亿元，增长83%。

1996—2000年，建行承德分行按照总行客户管理要求，积极调整信贷投向，全力支持经济效益好、信誉程度高、资金回存多的重点行业和大集团、大企业的资金需求。重点支持了承德市交通局、承德市路桥公司、承德建龙钢铁水泥有限公司、承德钢铁集团有限公司等客户的资金需求。五年累放基本建设贷款4.77亿元，2000年末贷款余额7212万元。

自1996年起，承德市交通局先后承建承秦出海公路项目，承德境内路线全长23.49千米，二级公路标准，总投资9572万元，资金缺口3200万元；隆化—丰宁凤山公路项目，路线全长59.48千米，总投资14，448万元，资金缺口3540万元；112线丰宁—滦平陈栅子公路，路线全长128.41千米，二级公路标准，总投资6.71亿元，资金缺口4078万元；隆化韩麻营—郭家屯线路段，二级公路标准，总投资4000万元，资金缺口2000万元；蓟县邦均镇—宽城县路段，承德境内全长41千米，二级公路标准，总投资2.24亿元，资金缺口4070万元。到2000年，建行承德分行累计向以上项目发放贷款1.60亿元。

2001—2004年，建行承德分行积极优化信贷结构，把新增和稳定优质贷款作为工作重点，重点支持了承德市交通局、承德钢铁集团有限公司等项目建设。四年累放基本建设贷款2.97亿元，2004年末贷款余额8849万元。

此期间，承德市交通局组织新建和改建107

国道、地方公路主干线112线陈栅子至丰宁段、平铁线平泉至铁门关段等一大批省市重点公路建设项目，建行承德分行累计向其发放贷款1.70亿元（承德市公路工程二处4000万元、承德市交通局材料供应处5000万元、承德市旅游公路管理处4000万元、承德市承秦旅游公路管理处4000万元），形成了以市区为中心，京承、承秦旅游公路和国道309为十字轴的五纵五横公路网。

2001—2003年，承德市交通局修建孟家院—仓子线、承赤东线隆化中关—内蒙古干线公路，由于资金短缺影响工期，建行承德分行先后向其发放基本建设贷款4笔、4400万元、期限3年。2003年10月，该局完成了新建省干线公路4条，合计93.6千米。完成了宫兴线、下大线、头汤线、孟仓线等公路改建工程149.3千米，承建的工程全部完工。该单位信誉良好，是重点支持的客户之一。

2005—2015年股份制商业银行时期 2005—2007年，建行承德分行面对不断变化的市场竞争形势，及时捕获市场信息，对承德市“十一五”期间重点建设项目、五十强企业进行市场调研，明确重点业务营销区域和营销目标，项目营销取得实质性突破。重点支持了承德医学院新校区、承德石油高等专科学校新校区、承德钢铁集团有限公司、风电等项目建设。3年间累放贷款9.35亿元，2007年末贷款余额7.13亿元，较2004年增加6.25亿元，增长7.1倍。

承德石油高等专科学校是国家教委首批“全国示范性普通高等工程专科重点建设学校”，面向全国20余个省市自治区招生。2005年新校区建设资金出现缺口，向建行申请基本建设贷款。新校区建设项目是河北省重点建设项目，位于承德市冯营子镇，项目占地1144亩，建筑面积17.40万平方米，主要包括教学楼、图书馆、实验楼、行政办公楼、学生公寓、食堂等。一期项目总投资48，824.52万元，资金来源为学校自筹3.58亿元，申请银行贷款1.3亿元，项目建设期二年。建行承德分行评估论证后，报省分行批准，2006年给予该校1.3亿元基本建设贷款支持，期限9.9年。帮助学校顺利完成了新校区建设，为其扩大招生提供了有力支持。

河北红松风力发电股份有限公司成立于2001年2月，公司主营风力发电，属于承德地区优质大型民营企业。2005年4月该公司二、三期风电场项目出现资金短缺，建行给予2.2亿元贷款支持。

2008—2012年，建行承德分行在细分市场和深入调研的基础上，围绕承德市基础设施建设、民生工程等重点项目进行认真梳理，针对承唐、承朝等5个高速公路项目，遵小、蓝丰等4个铁路项目、红松风电、龙源电力等4个电力项目和3个城市建设项目，制定了重点营销计划，树立“早营销、早申报、早审批、早投放”的经营思路，使信贷投入适时支持了重点项目建设。5年间累放贷款92.83亿元，2012年末贷款余额64.36亿元，较2007年增加57.23亿元，增长8倍。

河北红松风力发电股份有限公司陆续实施四、五、六、八期风电场项目建设。2008—2012年，建行承德分行累计为其发放贷款12.70亿元。通过对其项目的支持，河北红松风力发电股份有限公司共在围场建设9期风电场，总装机容量401.4兆瓦，同期配套建设了5座110千伏升压变电站和1座220千伏升压变电站。所有设备机组运行稳定，正常并网发电。

2013—2015年，建行承德分行继续加大对大中型客户的挖掘和拓展力度，持续跟踪营销辖内重点建设项目，重点支持了承德市城镇化建设、承德医学院附属医院新院区、东润风电、龙源风电、承德新新钒钛、滦河电厂及民用兴安等项目建设。三年累放贷款37.29亿元，2015年末贷款余额65.38亿元。

承德高中压阀门管件集团有限公司始建于1958年，其前身为河北省承德高压阀门管件厂，

2005年3月由国有改制为民营企业，注册资本10398万元。该公司集阀门设计开发、生产销售、服务为一体，生产规模为7000吨/年，主要产品包括高中压阀门、管件、紧固件以及水冷器、波纹管等150个系列共2000余品种。该公司市场竞争能力强，自主品牌“LH”被认定为河北省著名商标，产品广泛应用于煤化工、化肥、石化、炼油、热电站等领域，下游客户分布在东北、河北、山东、长江中下游、内蒙古、新疆和广西等地，并出口远销东南亚、欧美、俄罗斯和阿联酋等国家。该公司为隆化县支柱企业，是承德区域内唯一的生产高中压阀门企业。2013年因原厂址被规划为居住区，该公司开始在隆化镇二道营村建设阀门工业园项目。该项目为迁建扩能项目，占地面积137亩，总建筑面积2万平方米，是公司扩大生产规模、提高企业竞争力的必然选择，符合规划及行业政策。项目建设中公司因资金出现困难向建行提出融资申请。经建行承德分行组建项目评估小组评估，同意为其授予信用额度5000万元，有效期一年，全部用于阀门工业园项目建设，2014年5000万元贷款正式投放。在建行支持下，该公司顺利完成了园区项目建设，实现年产高中压阀门7500吨、管件4500吨、水冷器800吨的生产能力，市场竞争实力进一步提升。

1989—2015年建行承德分行基本建设贷款统计表

表6-5-2　　单位：万元

年度	基本建设贷款		年度	基本建设贷款	
	累放	余额		累放	余额
1989	3520	1683	2003	5500	6500
1990	2830	2083	2004	11200	8849
1991	3645	3235	2005	6000	3000
1992	6082	5819	2006	26000	27000
1993	13546	12641	2007	61500	71300
1994	12846	15226	2008	243500	254600
1995	14632	23154	2009	224800	394057
1996	12942	27725	2010	138900	518000
1997	21683	35373	2011	164300	577427
1998	6033	16158	2012	156800	643622
1999	2950	8374	2013	122100	654425
2000	4100	7212	2014	141000	663130
2001	6500	4030	2015	109800	653804
2002	6500	5500	合计	1529209	

第二节 建筑及基建企业贷款

一、建安企业流动资金贷款

建安企业流动资金贷款包括国营建安企业流动资金贷款和集体建安企业流动资金贷款。

1989—1993年国家专业银行时期 1989—1993年，建安企业流动资金贷款主要投向于国有建安企业，重点支持了承德市建筑安装总公司。5年间累放贷款1.90亿元，1993年末贷款余额5172万元，较1988年增加2522万元，增长95.2%。

承德市建筑安装总公司建筑资质为一级，职工11000余人，企业性质为国有。1989—1992年，该公司承担承德会龙大厦及车站路建行承德分行办公楼建设工程，施工中因流动资金紧张，向建行提出贷款需求，建行承德分行累计向其发放贷款8600万元，帮助其解决了资金周转困难，使会龙大厦及建行办公楼建设工程得以顺利完工。

1994—2004年国有商业银行时期 1994—1998年，建行承德分行继续支持建筑安装企业流动资金贷款需求。五年间累放流动资金贷款5.89亿元，1998年末贷款余额1.05亿元，较1993年增加5337万元。

承德市建筑安装总公司承揽承德机械大厦建设工程，因项目工程量较大、施工期较长，企业多次发生资金周转困难。1995—1997年，建行承德分行累放流动资金贷款1.34亿元。为企业解决了购买原材料等资金周转需求，使承德机械大厦工程得以按期完工，交付甲方使用。

1999—2003年，建行承德分行本着“抓大不放小”的原则，继续做好传统业务，支持承德市建筑安装企业的发展。其间累放建筑企业贷款4.20亿元，2003年末贷款余额8230万元。

承德机械建筑安装工程公司隶属于承德商机集团有限责任公司，成立于1973年，企业性质为国有，有职工140人，是以道桥修建，工民建筑为主的二级施工企业。1999—2000年，该公司承揽承秦公路铺设工程，一度因流动资金紧张影响正常施工，建行承德分行先后为其发放流动资金贷款5笔，总金额3800万元，使工程得以顺利完成。

2004年，建设银行进入股份制改造时期，建安企业贷款除少部分收回外，大部分剥离给信达公司或做核销处理。截至2004年末贷款余额只有350万元。

2005年末，建行承德分行建安企业流动资金贷款余额170万元，2006年全部核销。此科目不再使用。

1989—2005年建行承德分行建安企业流动资金贷款统计表

表6-5-3 单位：万元

年度	建安企业流动资金贷款		年度	建安企业流动资金贷款	
	累放	余额		累放	余额
1989	4217	3155	1992	4694	4428
1990	3208	3797	1993	4755	5172
1991	2135	4061	1994	5842	5703

续表 6-5-3

年度	建安企业流动资金贷款		年度	建安企业流动资金贷款	
	累放	余额		累放	余额
1995	6968	6763	2001	1350	7019
1996	8142	7235	2002	1430	6972
1997	22434	21884	2003	1680	8230
1998	15544	10509	2004	—	350
1999	22750	25927	2005	—	170
2000	14828	28560	合计	119977	

二、房地产业流动资金贷款

1989—1993 年国家专业银行时期 1989—1990 年，按照承德市政府规划，中房集团承德房屋开发公司承担清风街仿古改造，面临资金紧张停工局面。建行承德中心支行两年间累计为其提供贷款 1114 万元，支持其完成了清风街建设。

1991—1993 年，承德市城市开发公司对花园街小区进行改造，面积 3.2 万平方米；中房集团承德房屋开发公司对南园小区、中兴路小区进行旧城改造，合计面积 15.6 万平方米。建行承德中心支行分别给予两单位资金支持 680 万元和 2243 万元，使 2800 余户居民改善了住房条件，美化了承德市主城区环境。

1989—1993 年，累放房地产企业流动资金贷款 4037 万元，1993 年末贷款余额 1565 万元，较 1988 年增加 535 万元，增长了 52%。

1994—2004 年国有商业银行时期 1994—1995 年，承德市房地产开发处于初期发展时期，建行承德分行两年间累放房地产流动资金贷款 1687 万元，1995 年末贷款余额 1497 万元。

1996—2000 年，随着承德市统一规划步伐的推进，房地产开发加快发展，建行承德分行房地产信贷业务逐步扩大。5 年间累放房地产流动资金贷款 3.45 亿元，2000 年末贷款余额 9600 万元，较 1995 年增加 8103 万元，增长 541.3%。

中房集团承德房屋开发公司开发陕西营小区，总面积 7.5 万平方米。1996—1998 年，建行提供贷款支持 1.25 亿元，改善了 1000 余户居民的住房条件。1999—2000 年，中房集团承德房屋开发公司开发佟王府小区，总面积 15 万平方米，建行提供贷款支持 8400 万元，建设住宅 1800 套。

2001—2004 年，伴随着房地产商业化进程的推进，承德市房地产市场逐步放开，建行承德分行房地产信贷业务得到较快发展。4 年间累放房地产流动资金贷款 3.06 亿元，2004 年末贷款余额 3335 万元。

中房集团承德房屋开发公司承担德汇大厦、于家沟小区、两宫门区域、小溪沟小区、粮市北山小区五片联动改造工程，总面积 62 万平方米。建行承德分行先后提供贷款支持 2.16 亿元，解决住宅房屋 1.2 万套。2001—2002 年承德市祥业房地产开发公司开发佟温小区二期居民小区，总面积 18 万平方米，由于流动资金短缺，建行承德分行先后提供贷款支持 8100 万元，解决居民住房 2570 套。

2005—2015 年股份制商业银行时期 2005

年，承德市房地产市场全部放开，建行承德分行充分发挥上市大银行的作用，积极支持地方房地产建设。先后为承德市祥业房地产、荣信房地产、华峰房地产、武阳房地产、城建房地产、清山房地产、嘉裕房地产、唐山建科房地产等多家企业提供了资金支持，建设了帝景园、新华园、世纪城、欣雅山庄、武阳小区、紫晶花园、御龙瀚府、嘉和广场等一大批标志性住宅小区，总面积达460万平方米，提供居民住房3.28万套。

2005—2009年，建设银行承德分行努力顺应股份制商业银行的发展要求，迅速转变经营思路，积极拓展房地产市场业务，5年间累放房地产流动资金贷款9.77亿元，2009年末贷款余额5.21亿元，较2004年增加4.88亿元，增长14.6倍。华峰房地产开发公司开发“世纪城”项目，因流动资金紧张影响工期，建行承德分行累计为其提供贷款4.6亿元，支持完成楼盘建设面积近百万平方米、居民住宅8000套。

2010—2013年，建行承德分行房地产信贷业务平稳发展，累放贷款13.71亿元，2013年末贷款余额3.72亿元，较2009年减少1.49亿元。2011—2013年，承德嘉裕房地产开发公司开发“嘉禾广场”项目，建行为其提供贷款3.4亿元，支持其完成楼盘建设面积28万平方米、居民住宅2000余套。

2014—2015年，建行信贷政策调整，对房地产市场持审慎态度，房地产贷款放缓。两年间累放贷款6000万元，2015年末贷款余额1.03亿元，较2013年较少2.69亿元。重点支持了华峰房地产公司“世纪城”五区项目建设。

1989—2015年，建行承德分行累放房地产流动资金贷款31.15亿元，2015年末贷款余额1.03亿元，较1989年增加9258万元，增长8.88倍。

1989—2015年建行承德分行房地产业流动资金贷款统计表

表6-5-4 单位：万元

年度	房地产业流动资金贷款		年度	房地产业流动资金贷款	
	累放	余额		累放	余额
1989	914	1042	1997	8496	11203
1990	200	1098	1998	8157	11769
1991	635	1141	1999	9532	12474
1992	985	1116	2000	3636	9600
1993	1303	1565	2001	11921	10075
1994	725	1513	2002	4421	9405
1995	962	1497	2003	8100	14679
1996	4632	3821	2004	6120	3335

续表 6-5-4

年度	房地产业流动资金贷款		年度	房地产业流动资金贷款	
	累放	余额		累放	余额
2005	9500	10610	2011	52700	79780
2006	3400	11466	2012	7600	57558
2007	11200	15755	2013	13500	37203
2008	38200	28000	2014	3200	12300
2009	35400	52100	2015	2800	10300
2010	63300	81660	合计	311539	

三、基建物资企业流动资金贷款

1989—1993 年国家专业银行时期 对基建物资生产及销售企业提供了贷款支持。其间，向承德市物资局木材公司累放贷款 1500 万元，向承德市物资局金属公司累放贷款 1280 万元，解决经营中资金周转困难。5 年间累放贷款 4568 万元，1993 年末贷款余额 1725 万元，较 1988 年增加 1486 万元，增长 6.2 倍。

1994—1999 年国有商业银行时期 建行承德分行持续为基建物资生产及销售企业提供贷款支持。其间承德市基建物资供销公司多次出现经营资金周转困难，建行承德分行累计提供贷款支持 6090 万元，帮助其正常经营。6 年间累放贷款 1.65 亿元，1999 年末贷款余额 4575 万元，比 1993 年增加 2850 万元，增长 1.7 倍。2000 年起该科目不再使用，相应余额并入工商业流动资金贷款科目。

1989—1999 年建行承德分行基建物资企业流动资金贷款统计表

表 6-5-5　　单位：万元

年度	基建物资企业贷款		年度	基建物资企业贷款	
	累放	余额		累放	余额
1989	830	746	1995	8750	10195
1990	936	1156	1996	1530	7478
1991	452	1055	1997	1830	8813
1992	1523	2002	1998	1576	8740
1993	827	1725	1999	417	4575
1994	2393	2494	合计	21064	

第三节 工业商业流动资金贷款

一、工商业流动资金贷款

1989—1993 年国家专业银行时期 建行承德中心支行工商企业流动资金贷款主要投向了承德市麻纺厂、承德市食品厂、承德市针织厂、承德市外贸公司等单位。5年间累放贷款1.24亿元，1993年末贷款余额3111万元，较1988年增加2838万元，增长10.4倍。

1994—1996 年国有商业银行时期 建行承德分行逐步调整信贷结构，继续加大对工商企业支持力度。3年间累放贷款3.98亿元，1996年贷款余额1.97亿元，比1993年增加1.66亿元，增长5.3倍。1997年此科目不再使用，拆分到工业企业、商业企业流动资金贷款科目核算。

1989—1996 年建行承德分行工商业流动资金贷款统计表

表 6-5-6　　　　单位：万元

年度	工商企业流动资金贷款		年度	工商企业流动资金贷款	
	累放	余额		累放	余额
1989	1402	493	1994	9748	7633
1990	1210	1322	1995	11054	13673
1991	1936	2211	1996	18976	19710
1992	3034	3011			
1993	4801	3111	合计	52161	

二、工业流动资金贷款

1997—2004 年国有商业银行时期 1997—2001年，建行承德分行按着总行“双大”客户的发展要求，积极拓展优质信贷客户，抢抓优质客户市场，信贷资金优先向电力、交通、电信、石油、冶金等大行业和承德钢铁公司等大企业倾斜。5年间累放工业流动资金贷款18.68亿元，2001年末贷款余额6.07亿元。

承德新新钒钛股份有限公司是承德钢铁集团有限公司的核心控股子公司，主导产品为五氧化二钒、钒钛合金及含钒螺纹钢，生产的五氧化二钒大部分销往国外，年生产能力4000吨，占国家总产量的30%；含钒螺纹钢具有焊接性强、韧性好、强度高等特点，广泛应用于三峡工程、黄河小浪底、北京机场等国家大型项目，在市场上有一定的竞争优势。2000—2001年，该公司因流动资金紧张，建行承德分行先后发放工业流动资金贷款7笔，4.10亿元，使企业得以正常生产和经营。

2002—2004年，在持续抢抓优质行业及企业客户的同时，努力支持承德市地方支柱企业的发展，重点支持了承德兴业造纸有限公司、承德建龙钢铁水泥有限责任公司、兴隆恒远有限责任公司、承德四海集团等地方支柱企业的资金需求。

3年间累放工业流动资金贷款10.44亿元，2004年末贷款余额8.00亿元，较2001年增加1.92亿元，增长31.7%。

承德麦芽有限公司组建于1996年，2000年12月经省政府批准整体变更为四海发展股份有限公司。公司位于承德市高新技术产业开发区西区11号，占地面积5.3万平方米，是一家集研制、开发、生产于一体的麦芽生产专业厂家，大型二档民营企业，拥有总资产1.6亿元，年生产加工麦芽7万吨。1996年该公司大麦芽技改项目列入省“九五”规划重点，总规划投资4.5亿元。分期建设年产啤酒大麦芽27万吨、年销售收入10亿元、利税1.28亿元的生产基地；建设80万亩大麦种植基地，使其发展成为农业产业化龙头企业。2003年该公司因购入原材料出现资金紧张，建行承德分行累计提供4000万元贷款支持，帮助企业解决了资金困难。

2005—2015年股份制商业银行时期 2005—2009年，建行承德分行抓住承德市基础设施建设的后发优势，信贷投放坚持“区别对待、有保有压”原则，优先支持交通、洁净能源、钢铁及城市基础设施行业，大力支持A级（含）以上客户新增贷款。坚持早申报、早审批、早投放，重点为承德久长建筑、北汽福田、承钢上下游、平泉舒适用品等企业提供了贷款支持，5年间累放工业企业流动资金贷款7.43亿元，2009年末贷款余额5.40亿元。

2010—2013年，建行承德分行以任务型团队为抓手，在加大重点行业、重点项目支持力度的同时，积极推动了资产业务的快速发展。先后为承德避暑山庄企业集团饲料有限公司、承钢上下游等企业解决了经营中出现的流动资金紧张问题。四年累放工业企业流动资金贷款24.74亿元，2013年末贷款余额13.04亿元，较2009年增加7.64亿元，增长1.42倍。

承德避暑山庄企业集团饲料有限公司（简称山庄集团饲料公司）成立于2003年1月，主营酒精、蛋白饲料的生产销售，年产酒精10万吨，蛋白饲料10万吨，是河北省最大的酒精和蛋白饲料生产企业，全国十大食用酒精生产企业之一，生产工艺居于国内先进水平，产品具有较强竞争力。2012年，公司出现流动资金困难，建行承德分行为其办理了经营周转类信用额度项下的流动资金贷款业务，由承德避暑山庄企业集团酒业有限公司提供最高额保证。累计为其发放流动资金贷款3.15亿元，用于采购原煤、玉米等原材料，帮助公司解决了资金周转困难。

2014—2015年，建行承德分行将大中型企业“两拓展”、小企业“四新增”作为资产业务的工作目标，通过业务创新、政策对接、结构调整，多角度、多渠道实现业务转型的同时，较好地支持了地方企业的发展。两年间累放工业流动资金贷款34.43亿元，2015年末贷款余额16.63亿元，较2013年增加3.59亿元。

承德巨龙建筑工程有限公司成立于2004年，主营建筑施工，注册资本2828万元。该公司是区域内的龙头建筑企业，拥有国家二级房屋建筑施工总承包资质、钢结构和起重设备两个专业承包三级资质，有各种施工机械设备500余台套，施工技术在区域内处于先进水平。2014年该公司订单量大幅上升，经营周转资金出现缺口。建行承德分行当年为其授信4000万元，授信期内发放贷款3900万元，用于购买原材料、支付工资等经营周转。2015年贷款到期全部收回。获得贷款支持后，该公司的生产能力明显提升，具备了跨区域获取订单能力，业务范围进一步拓展至市政建设、地方重点项目等。2015年底公司总资产3.25亿元，营业收入2.85亿元，净利润2909万元。

河北滦平华都食品有限公司成立于2007年3月，坐落于滦平县滨河路，是在国务院扶贫办、国家开发银行共同牵头下，由北京华都集团有限责任公司、观唐投资控股有限公司、北京齐物阳光投资有限公司共同投资兴建的集种鸡饲养、饲料加工、肉鸡孵化、商品鸡放养，肉鸡屠宰加工、熟食制品加工、调味料生产、食品安全检测、冷链物流配送、国内外销售于一体的开发性金融扶贫试点项目，注册资本5000万元。公司产品销售覆盖全国20多个省市，并出口日本、韩国、中东、中亚等国家和中国香港地区。华都集团全国市场占有率为1.5%，其中北京市场占有率达到了40%，市场覆盖率超过80%。2014年5月建行承德分行根据企业经营周转的需要，为其授予经营周转类信用额度8000万元，有效期2年。2014—2015年累计为其发放流动资金贷款1.60亿元。

1997—2015年建行承德分行工业流动资金贷款统计表

表6-5-7　　单位：万元

年度	工业流动资金贷款		年度	工业流动资金贷款	
	累放	余额		累放	余额
1997	38450	36232	2007	12630	61310
1998	86540	65735	2008	38215	61150
1999	13400	72360	2009	7864	53950
2000	15832	66258	2010	64830	106420
2001	32600	60725	2011	31350	80600
2002	9720	62588	2012	54620	106030
2003	63408	98370	2013	96590	130396
2004	31300	79970	2014	104260	173731
2005	8720	66430	2015	240016	166280
2006	6840	59780	合计	957185	

三、商业流动资金贷款

1997—2004年国有商业银行时期 1997年，建设银行开始对商业流动资金贷款进行单独核算。1997—2001年，建行承德分行从实际出发，择优选择了粮食外贸业、旅游业、石油业、纺织业、批发零售业等一批企业给予资金支持。五年累放商业流动资金贷款2.82亿元，2001年末贷款余额6083万元。

围场木兰宾馆位于塞罕坝机械林场场区，隶属于围场满族蒙古族自治县旅游局，主营餐饮住宿服务。1998年宾馆建设后期，由于资金不足，无法正常营业。建行承德分行向其发放流动资金贷款200万元。贷款到位后，该宾馆得以顺利开张营业。

承德市胶鞋总厂隶属于承德监狱，是承德市鞋类生产基地，销售市场由国内和国际市场两部分组成，国际市场以东南亚等地区为主。1999—2001年因流动资金紧张致使购买原材料受阻，面临停产危险。建行承德分行累计为其发放商业企业流动资金贷款2730万元，帮助企业渡过难关得以正常生产。

2002—2004年，建行承德分行商业流动资金贷款业务基本处于停滞状态，3年间累放贷款245万元，2004年末余额为420万元。

2005—2015年股份制商业银行时期 2005—2008年，建行承德分行商业流动资金贷款业务持续保持停滞状态，4年间累放贷款850万元，2008年末贷款余额为零。

2009—2013年，建行承德分行本着“抓大不放小”的原则，对从事商业批发零售业务的一批中小企业客户提供了资金支持。5年间累放贷款2.30亿元，2013年末贷款余额4345万元。

承德越波商贸有限公司成立于2011年1月，注册资本500万元。注册地址平泉镇喧哗街，公司主营建筑材料、五金、机电产品销售，规模为小型企业。2013年因流动资金不足向建行申请流动资金贷款，用于向唐山冀东水泥股份有限公司采购水泥。建行承德分行累计向其发放流动资金贷款2080万元。该公司在贷款支持下，实现销售收入1.28亿元，实现利润2234万元，向张承高速、中铁五局京石改扩建项目以及承德地区部分施工企业供应冀东水泥近70万吨。

2014—2015年，建行承德分行对公资产业务突出轻型化，突出产品创新，根据“以小为主、以微为重”的客户定位和贷款小额化要求，有效地支持了年产值500万元以下小微企业客户的发展。两年间累放商业流动资金贷款3.45亿元，2015年末贷款余额7857万元，较2013年增加3512万元，增长80.8%。

承德市晶鑫玻璃贸易有限公司成立于2001年3月7日，注册资本1270万元。公司位于承德市开发东区阪禾公司西区院内，主营玻璃幕墙、玻璃门窗等玻璃制品制造。2015年3月，公司储备主要型号的平板玻璃及铝型材出现资金不足，建行于2015年3月向该公司发放流动资金贷款500万元。企业获得贷款支持后扩大了生产规模，增加了下游客户订单，销售利润较上一年增长12%。

滦平县天辰商贸有限公司成立于2014年7月，前身为滦平县天辰水利物资经销部，注册资金1000万元。经营场所位于滦平县工贸城，主营销售给排水设备、灌溉机械设备及管材，主要客户为滦平县域范围的矿山企业和机关单位。2014年该公司承接滦平县水务局给排水管及配件工程，出现流动资金紧张状况。建行于2014—2015年累计向该公司发放流动资金贷款1000万元，用于公司经营周转。公司获得贷款支持后增加了销售收入，销售利润增长15%。

1997—2015年建行承德分行商业流动资金贷款统计表

表6-5-8　　单位：万元

年度	商业流动资金贷款		年度	商业流动资金贷款	
	累放	余额		累放	余额
1997	2350	2288	2002	120	1230
1998	8860	3011	2003	80	664
1999	3995	2919	2004	45	420
2000	2165	6984	2005	—	145
2001	10850	6083	2006	350	326

续表 6-5-8

年度	商业流动资金贷款		年度	商业流动资金贷款	
	累放	余额		累放	余额
2007	500	510	2012	7900	3490
2008	—	0	2013	6100	4345
2009	1900	1900	2014	11100	9267
2010	600	1100	2015	23363	7857
2011	6540	1400	合计	89818	

第四节 其他流动资金贷款、票据贴现

一、其他流动资金贷款

1989—1993 年国家专业银行时期 1989—1993 年，建行承德中心支行贷款规模较小，5 年间累放其他流动资金贷款 96 万元，1993 年末贷款余额 20 万元。

1994—2004 年国有商业银行时期 1994—2000 年，建行承德分行重点对华北地勘“五一四”队和华北地勘“地质四队”提供了资金支持，帮助两企业解决了经营中存在的资金短缺问题。累计向其发放贷款 1.42 亿元，2000 年末贷款余额 6930 万元，较 1993 年增加 6910 万元。

2001—2004 年，建行承德分行业务领域扩大到农业、服务业、公共企业、事业等各个领域，4 年间累放贷款 9.73 亿元。2004 年末贷款余额 1.78 亿元，较 2000 年增加 1.09 亿元，增长 1.6 倍。

承德市京承旅游公路管理处是建行重点支持的“双优”客户之一。该企业主要担负着京承旅游公路 96.03 千米的公路养护、路政管理和通行费征收工作。2001 年拟对京承旅游公路进行养护工作，但由于资金严重匮乏影响工程正常进行。2001—2002 年，建行累计为其发放流动资金贷款 4 笔、总额 8000 万元。在信贷支持下，承德市京承旅游公路管理处顺利完成公路养护施工任务，经营业绩良好。

宽城满族自治县交通局工程队被河北省交通厅评为省二级资质公路施工单位，承建的公路曾多次被上级评为优质工程。2001 年承揽宽凌公路续建工程期间，出现流动资金紧张问题影响正常施工，建行宽城满族自治县支行对其给予 2600 万元的贷款支持；2003 年又为其发放贷款 3200 万元，用于承秦出海路建设。由于建行及时给予资金支持，使两项工程都得以顺利完成，按期交工。

2005—2015 年股份制商业银行时期 2005—2008 年，建行承德分行按照股份制商业银行的管理要求，不断拓宽业务领域。持续做好对农业、服务业、公共企事业等单位服务跟进，4 年间累放贷款 3.18 亿元，2008 年末贷款余额 1.11 亿元。

2009—2012 年，建行承德分行在持续为大客户提供优质服务的同时，不断调整优化信贷结构。先后对宽城、隆化、围场中医院，承德市政建设、承德福霖园艺绿化工程、平泉恒盛燃气等单位提供资金支持。4年间累放贷款11.67亿元，2012年末贷款余额2.44亿元，较2008年增加1.33亿元，增长1.2倍。

2013—2015年，建行承德分行在做大做强传统业务的基础上，针对承钢上下游企业推出了定向融资保理（即以单位应收账款做质押发放6个月左右短期贷款）业务，重点支持了承德信通首承矿业、承德远通矿业、河北省金融租赁公司等单位的资金需求。3年间累放贷款45.18亿元，2015年末贷款余额23.11亿元，较2012年增加20.67亿元，增长8.5倍。

滦平县医院成立于1949年5月，是滦平县唯一的二级甲等公立综合医院。2015年建行为其授信3000万元，全部为流动资金贷款，用于购买药品、医用材料、耗材等经营周转支出，有效期二年，有效地缓解了医院流动资金周转紧张。

丰宁地泉绿化园林服务中心成立于2005年3月，注册地址丰宁满族自治县大阁镇，主营园林苗木种植、园林设计施工，注册资金1200万元，为个人独资企业。2015年企业接到大量绿化工程合同，需批量采购苗木、不锈钢产品、建材产品。因资金缺口向建行提出借款需求，建行为其办理助保贷380万元，期限一年。在建行资金的支持下，企业连续三年销售收入、利润都有较大增长。

承德天龙乳业有限公司注册于2002年6月，法定代表人韩雪松，公司位于平泉县七沟镇经济开发区，主营果汁系列饮品制造销售。该公司2013年9月因生产流动资金不足，向建行平泉支行申请助保贷流动资金贷款，用于原材料采购。2013—2015年建行累计向其发放流动资金贷款510万元。该公司在建行贷款支持下，3年内累计实现销售收入2482万元，实现利润392万元。也为抵押担保不足的优质小微企业提供贷款起到了示范作用。

承德信通首承矿业有限责任公司成立于2005年8月，注册地滦平县金沟屯镇滦河沿村，注册资金10000万元。该公司主要生产氧化球团，年生产能力400万吨，为北方最大球团生产企业。该公司依托当地丰富的矿山资源和采用国内先进的连蓖机—回转窑—环冷机生产工艺，产品质量稳定，市场认知度高，生产的氧化球团主要销售到首钢总公司、河北钢铁股份有限公司承德分公司、天津荣程钢铁公司、上海顺顺公司、宣化钢铁公司、鞍钢股份有限公司等大型钢铁公司。客户原料供应有保证，产品销售渠道通畅，上下游企业经营情况正常，企业具有稳定的发展前景。2014年，企业由于经营周转的需要，向建行承德分行提出短期融资申请。根据客户经营特点，以该公司对河钢承德分公司赊销形成应收账款进行受让，提供不超过受让应收账款80%的保理预付款额度。2014—2015年，建行累计为其发放保理预付款8.50亿元，及时解决了客户流动资金周转不足的问题，同时提高了客户对建行的忠诚度。

1997—2015年建行承德分行商业流动资金贷款统计表

表6-5-9　　单位：万元

年度	合计		农业贷款		服务业贷款		公共企业贷款		事业单位贷款		其他企业贷款	
	累放	余额	累放	余额	累放	余额	累放	余额	累放	余额	累放	余额
1989	5	5	—	—	—	—	—	—	—	—	5	5
1990	46	36	—	—	—	—	—	—	—	—	46	36
1991	32	60	—	—	—	—	—	—	—	—	32	60

续表 6-5-9

年度	合计		农业贷款		服务业贷款		公共企业贷款		事业单位贷款		其他企业贷款	
	累放	余额	累放	余额	累放	余额	累放	余额	累放	余额	累放	余额
1992	13	20	—	—	—	—	—	—	—	—	13	20
1993	0	20	—	—	—	—	—	—	—	—	—	20
1994	0	0	—	—	—	—	—	—	—	—	—	0
1995	630	500	—	—	—	—	—	—	—	—	630	500
1996	0	0	—	—	—	—	—	—	—	—	—	0
1997	822	724	—	—	—	—	—	—	—	—	822	724
1998	4820	2213	—	—	—	—	—	—	—	—	4820	2213
1999	310	304	—	—	—	—	—	—	—	—	310	304
2000	7，591	6930	—	—	—	—	—	—	—	—	7591	6930
2001	75721	66072	—	—	7825	4825	54950	54905	4230	1230	8716	5112
2002	5，150	56487	350	350	3100	2800	1200	49865	500	1560	—	1912
2003	15270	56280	—	340	1630	3400	6240	46790	6600	5550	800	200
2004	1120	17808	—	—	820	3100	300	14708	—	—	—	0
2005	2895	9585	—	—	0	3100	2600	6240	—	—	295	245
2006	2500	7704	—	—	0	3000	1100	3300	—	—	1400	1404
2007	15600	14030	—	—	1200	2000	14200	11750	—	—	200	280
2008	10800	11084	—	—	—	1184	10800	9900	—	—	—	0
2009	48100	55186	—	—	—	—	30600	39180	—	—	17500	16006
2010	22800	56653	—	—	—	—	900	31000	—	—	21900	25653
2011	43700	86690	—	—	—	—	1100	31500	800	600	41800	54590
2012	2070	24416	500	500	750	750	320	500	—	—	500	22666
2013	117220	99955	—	—	120	800	55800	45500	6600	1600	54700	52055
2014	81390	139180	—	—	10230	695	10950	45500	1000	2000	59210	90985
2015	253143	231123	15	15	3058	740	200	45000	3170	3635	246700	181733
合计	711748		865		28733		191260		22900		467990	

二、票据贴现

建行承德分行2003年开办票据贴现业务。票据贴现业务开办后，企业凭不到期商业票据提前向银行融通资金，可以维持资金正常周转，有效缓解年终压缩信贷规模形成的资金短缺矛盾。到2015年末累计办理票据贴现236.17亿元，2015年末余额15.67亿元。

2003—2015年建行承德分行贴现票据统计表

表6-5-10　　单位：万元

年度	贴现票据		年度	贴现票据	
	累放	余额		累放	余额
2003	75071	43743	2010	150316	176600
2004	138043	81706	2011	144187	42086
2005	146224	40643	2012	158672	39608
2006	205449	66471	2013	183626	33945
2007	231248	92036	2014	209296	59578
2008	220346	79243	2015	239948	156665
2009	259252	122864	合计	2361678	

第五节　个人贷款

一、个人住房贷款

1989—1993年国家专业银行时期　建行承德中心支行1987年起开办个人住房贷款业务，核算科目为住宅储蓄贷款，1997年更名为个人住房贷款。5年间累计发放贷款3800万元，支持580户居民购房2.7万平方米。1993年末贷款余额765万元，较1988年增加了530万元，增长了2.2倍。

1994—2004年国有商业银行时期　1994—1998年，建行承德分行努力拓展个人住房信贷业务，叫响“要住房，找建行”的品牌。5年间累放贷款1.52亿元，支持近2000户居民购房16万平方米。1998年末贷款余额1380万元，较1993年增加615万元，增长80%。

1999年起，单位福利分房全部取消，全面实行住房商品化，建行承德分行个人住房贷款业务得到较快发展。到2004年末累放贷款7.73亿元，支持3000余户居民购房29万平方米。2004年末贷款余额1.63亿元，较1993年增加1.49亿元，增长10.8倍。

2005—2015年股份制商业银行时期　2005年起，个人住房贷款成为建行承德分行的重要业务。建行承德分行对房地产项目实行全封闭管理，凡是由建行资金支持的楼盘开发项目，个人购房贷款全部由建行办理。2005—2009年累放贷款18.07亿元，支持3200户居民购房32万平方米。2009年末贷款余额8.47亿元，较2004年增加6.85亿元，增长4.2倍。

2010—2015年，个人住房贷款成为各家银行竞争的焦点，建行承德分行凭着多年的服务品牌，着力抢抓市场份额，个人住房贷款业务得到了迅猛发展。6年间累放贷款96.76亿元，支持近1.2万户居民购房近100万平方米。2015年末贷款余额47.79亿元，较2009年增加39.31亿元，增长4.6倍。

1989—2015年建行承德分行个人住房贷款统计表

表6-5-11　　单位：万元

年度	个人住房贷款		年度	个人住房贷款	
	累放	余额		累放	余额
1989	525	510	2003	15012	14628
1990	682	569	2004	17652	16267
1991	713	666	2005	11722	22331
1992	817	767	2006	32354	40539
1993	1063	765	2007	16829	47325
1994	2356	892	2008	54568	48706
1995	2478	949	2009	65212	84739
1996	2735	1339	2010	92489	130455
1997	3234	2086	2011	185421	202304
1998	4374	1380	2012	123221	246612
1999	7086	3259	2013	175782	310857
2000	9849	8145	2014	187453	407072
2001	17356	9299	2015	203254	477850
2002	10352	7385	合计	1244589	

二、个人消费贷款

个人消费贷款是银行向自然人发放的用于个人消费的贷款。包括住房装修、购买汽车、大额耐用消费品等。建行承德分行2000年开办。

2000—2004年，建设银行承德分行累放个人消费贷款2.06亿元，为2000余人提供了包括住房装修、购买汽车、大额耐用品等消费需求，2004年末贷款余额7936万元。

2005—2010年，个人消费贷款发展比较平稳，累放贷款2.40亿元，满足了近1600人的消费需求，2010年末贷款余额5831万元，较2004年减少2105万元。

2011—2015年，随着人们消费观念的转变，个人消费贷款业务得到较快发展，5年间累放贷款12.02亿元，为近6000人提供了消费资金需求。2015年末贷款余额1.68亿元，较2010年增加1.10亿元，增长1.9倍。

2000—2015年建行承德分行个人消费贷款统计表

表6-5-12 单位：万元

年度	个人消费贷款		年度	个人消费贷款	
	累放	余额		累放	余额
2000	1321	1020	2009	1154	4508
2001	3852	4095	2010	3650	5831
2002	5701	4705	2011	15721	8076
2003	6538	9830	2012	20750	12628
2004	3154	7936	2013	26132	12501
2005	2794	6018	2014	27368	13927
2006	6315	8679	2015	30211	16781
2007	2977	8507			
2008	7102	5750	合计	164740	

三、个人商业用房贷款

个人商业用房贷款是建设银行向自然人发放的用于个人购买商铺、办公用房、公寓和写字楼的贷款。建行承德分行2001年4月开办。

2001—2007年，该项业务发展比较均衡，累计发放贷款2.80亿元，满足了150余人的购房需求，总面积1.6万平方米。2007年末贷款余额1.48亿元。

2008—2015年，随着房屋价格的上涨，个人商用房贷款业务得到较快发展，截至2015年累放贷款15.99亿元，为350余人提供了购买商用房的资金支持，总面积近8万平方米。

2001—2015 年建行承德分行个人商业用房贷款统计表

表 6-5-13　　单位：万元

年度	个人商业用房贷款		年度	个人商业用房贷款	
	累放	余额		累放	余额
2001	3182	1134	2009	9148	20536
2002	926	1021	2010	13436	28042
2003	5031	5455	2011	17541	34134
2004	3162	5287	2012	18619	47270
2005	2725	7123	2013	20543	52703
2006	7913	12837	2014	31086	61217
2007	5032	14773	2015	38417	61209
2008	11127	15679	合计	187888	

四、个人住房最高额抵押贷款

个人住房最高额抵押贷款是建设银行向自然人发放的以借款人个人住房做最高额抵押的经营消费贷款。不得用于购房、不得流向资本市场。建行承德分行 2007 年开办。到 2015 年，累计发放个人住房最高额抵押贷款 3758 笔，金额 11.10 亿元，为 3755 名借款人解决了经营及消费中遇到的资金短缺问题。2015 年末贷款余额 2.14 亿元。

2007—2015 年建行承德分行个人住房最高额抵押贷款统计表

表 6-5-14　　单位：万元

年度	个人住房最高额抵押贷款		年度	个人住房最高额抵押贷款	
	累放	余额		累放	余额
2007	3132	2876	2012	11916	32826
2008	26843	20014	2013	10149	32576
2009	10452	26517	2014	8182	27551
2010	16354	34545	2015	6254	21432
2011	17738	34180	合计	111020	

五、信用卡透支

建设银行承德分行2001年开办信用卡透支业务。由于资金成本较高，加之个人贷款品种较多，透支额一直不高。到2015年末，累计透支额813万元，2015年末余额1万元。

2001—2015年建行承德分行信用卡透支统计表

表6-5-15　　单位：万元

年度	信用卡透支		年度	信用卡透支	
	累放	余额		累放	余额
2001	112	51	2009	44	1
2002	131	85	2010	24	2
2003	103	33	2011	27	4
2004	63	7	2012	33	1
2005	45	7	2013	25	2
2006	72	3	2014	14	1
2007	61	2	2015	23	1
2008	36	4	合计	813	

六、个人其他贷款

建行承德分行的个人其他贷款包括个人助学贷款、个人助业贷款、下岗失业人员小额担保贷款等。其中2015年的其他贷款为个人存单质押贷款，2014年以前的个人存单质押贷款按贷款用途并入个人相应贷款科目中。

2002年起，建行承德分行响应国家政策号召，为承德石油高等专科学校、承德医学院贫困学生发放了国家助学贷款。2002—2011年，累计为两院校贫困生发放助学贷款468万元，帮助1800名学生顺利完成学业。

2004年起，按照人民银行要求，积极承办下岗失业人员小额担保贷款业务，到2006年末累放贷款448万元，支持224名下岗职工自主创业。

2011—2015年，累计向小微企业主和个体工商户发放助业贷款826笔、金额5.45亿元，为312名借款人解决了生产经营中短期流动资金紧缺问题。

2001—2015年，累放个人其他贷款5.73亿元，其中发放个人助学贷款468万元，下岗失业人员小额担保贷款448万元，个人助业贷款5.45亿元，个人其他贷款1902万元。2015年末贷款余额1.83亿元。

2001—2015 年建行承德分行个人其他贷款统计表

表 6-5-16　　单位：万元

年度	合计		个人助学贷款		下岗失业小额担保贷款		个人助业贷款		其他	
	累放	余额	累放	余额	累放	余额	累放	余额	累放	余额
2001	385	325							385	325
2002	208	360	98	95					110	265
2003	142	344	51	115					81	229
2004	385	419	33	80	352	339			—	—
2005	124	423	62	115	62	308			—	—
2006	133	468	99	195	34	273			—	—
2007	61	330	61	235	—	95			—	—
2008	27	226	27	223	—	3			—	—
2009	14	161	14	161	—	—			—	—
2010	13	84	13	84	—	—			—	—
2011	1782	825	10	37	—	—	1782	788	—	—
2012	6421	6182	—	20	—	—	6421	6162	—	—
2013	16716	10798	—	7	—	—	16716	10791	—	—
2014	13423	14341	—	4	—	—	13423	14337	—	—
2015	17504	18312	—	—	—	—	16178	15661	1326	2651
合计	57338		468		448		54520		1902	

七、不良资产剥离及处置

在中国建设银行股份制改革过程中，建行承德分行按照上级行统一部署，对不良资产进行过三次剥离，一次集中核销处置，一次划转上级行统一出售。合计处置各类不良资产 64715 万元。

三次剥离　1999 年，建行承德分行对不良资产进行第一次剥离。本次共剥离不良贷款 272 户，本息合计 29547 万元，其中本金 23048 万元，表内应收利息 1696 万元，表外催收利息 4803 万元。

2000 年，按照上级行统一部署，建行承德分行对不良资产进行第二次剥离，本次共剥离不良贷款 69 户，本息合计 5030 万元。其中本金 2573 万元，表内应收利息 544 万元，表外催收利息 1913 万元。

2004年，建行承德分行对不良资产进行第三次剥离。本次共剥离不良贷款442户，本息合计30138万元，其中本金23179万元，表内应收利息11万元，表外催收利息6948万元。

集中核销处置 2003年，建行承德分行对不良资产进行集中核销处置。本次共核销不良贷款315户，本息合计11433万元，其中本金8488万元，表内应收利息431万元，表外催收利息2514万元。

划转上级行统一出售 2007年，建行承德分行按照河北省分行指示，对承德帝贤集团旗下两户不良贷款，划转省分行金泉支行统一出售处置。划转本息合计20122万元，其中本金16980万元，表外催收利息3142万元。

第六章 交通银行承德分行贷款

交通银行股份有限公司承德分行自2013年11月开业后，大力发展单位信贷业务，重点支持高速公路、钢铁、电力、食品等行业，推进票据融资业务，解决企业的短期资金需求。2015年末，单位贷款余额15.63亿元，个人信贷业务处于起步阶段，个人贷款余额0.27亿元。

第一节 固定资产贷款

一、公路贷款

2014年，交通银行承德分行承接河北省分行发放的基础设施项目贷款3.72亿元，其中承唐高速公路管理处贷款1.76亿元，承朝高速公路管理处贷款1.96亿元。

承唐高速。长深高速公路承德至承唐界段，路线起自大栅子，接北京至承德高速公路承德段，经刘杖子、白马川、王杖子，止于甘渣峪，接承德至唐山公路唐山段，路线全长83.6千米，双向四车道。根据项目融资需求，2009年交通银行河北省分行给予承唐高速5亿元授信额度，根据资本金到位比例，为其发放贷款2亿元。2011年因项目已完工，将其授信额度调整为1.96亿元。2014年，交通银行承德分行承接河北省分行发放给承唐高速的项目贷款1.76亿元。2015年收回800万元，年末余额1.68亿元。

承朝高速。路线东起河北与辽宁交界的许杖子，与长深高速公路辽宁段相接，终点大栅子与长深高速公路承德至唐山段相接，路线全长127.1千米，双向四车道。项目总投资50.49亿元，其中银行贷款32.82亿元，占总投资的65%。长深高速公路冀辽界至承德段建设项目贷款是国家开发银行作为牵头行和代理行，交通银行股份有限公司河北省分行等金融机构作为参加行组成的银团贷款。2014年，交通银行承德分行承接河北省分行发放给河北承德承朝高速公路管理处的项目贷款1.96亿元。2015年收回12万元，年末余额1.96亿元。

二、风电贷款

河北围场龙源建投风力发电有限公司（以下简称龙源建投公司）成立于2006年8月25日，由龙源电力集团股份有限公司和河北建投新能源有限公司共同出资组建，注册地址为河北省围场县围场镇，以风力发电项目建设、风力发电设备制造、风力发电知识咨询服务为主营业务。龙源建投公司投资建设的山湾子49.5兆瓦风电场工程建设项目，总投资4.77亿元，其中对外融资3.79亿元。

2008年7月，交通银行华北授信审批中心批准，同意向龙源建投公司发放项目贷款7879万元，授信期限10年，用于该项目建设。2015年该项目贷款执行属地化管理，贷款余额部分由交通银行河北省分行移交至交通银行承德分行2479万元。到2015年末，围场龙源建投风力发电有限公司项目贷款余额1579万元。

三、房地产贷款

唐山市兴盛房地产开发有限责任公司（以

下简称兴盛公司）成立于1998年9月，原为隶属于唐山市路北区计经委的国有企业，2000年2月进行改制。主要经营房地产开发、钢材、木材陶瓷制品批发、零售等业务。2014年，交通银行承德分行公司业务部通过对承德市房地产开发市场的广泛调研，积极介入正在建设的汇水湾三期项目。兴盛公司承德汇水湾项目A区总投资3.62亿元，其中对外融资需求1.3亿元，全部向交通银行承德分行申请项目贷款。同年11月，经省分行审批，交通银行承德分行给予唐山市兴盛房地产开发公司房地产开发贷款授信额度1.3亿元，用于汇水湾三期项目建设，当年发放贷款6000万元，保证了项目的正常开工建设。

2014—2015年交通银行承德分行固定资产贷款分类统计表

表6-6-1　　单位：万元

类别	2014年		2015年	
	累放	余额	累放	余额
公路贷款	0	37269	0	36457
风电贷款	0	0	0	1579
房地产贷款	0	0	6000	6000
合计	0	37269	6000	44036

第二节　流动资金贷款

交通银行承德分行流动资金贷款重点投向钢铁、电力、食品等行业，主要支持客户解决季节性、临时性资金需求。2014—2015年累放流动资金贷款24.71亿元，2015年末贷款余额11.23亿元。

一、大中型企业贷款

交通银行承德分行开业后，紧抓京津冀协同发展的历史机遇，积极加强与河北钢铁股份有限公司承德分公司的合作，探索多种途径助力企业发展，积极创新融资方式，为企业制定特色化金融服务方案，提升服务重点企业能力。2015年末，大中型企业贷款余额7.3亿元。

河北钢铁股份有限公司承德分公司是承德市的骨干企业，作为中国钒钛磁铁矿高炉冶炼技术的发祥地，依托承德地区特有的钒钛磁铁矿资源，坚持创新驱动，不断探索、完善和发展钒钛矿高炉冶炼技术、钒提取和加工应用技术、含钒钢材冶炼轧制技术，成为中国钒钛产业化先导企业，是国内唯一一家具备全品种、全规格螺纹钢筋生产能力的企业。企业生产经营中需要大量的流动资金，2014—2015年，交通银行承德分行累计为承钢发放流动资金贷款16.7亿元，用于缓解企业流动资金紧张问题，支持企业转型发展。

二、小微企业贷款

2014—2015年，交通银行承德分行累放小微企业贷款3860万元，为29户小微企业解决流动资金困难，2015年年末贷款余额1430万元。

承德露兴杏仁加工有限责任公司（以下称露兴公司）注册成立于2001年，注册资本500万元。2014年，露兴公司因扩大业务规模，季节性大批量收储杏仁、杏核，自有资金无法满足企业收储、生产需求，向交通银行承德分行提出流动资金贷款申请。交通银行承德分行第一时间组卷上报省行进行审批，及时向露兴公司提供1600万元短期流动资金贷款额度，解决企业的燃眉之急。

三、票据融资

2014年，交通银行承德分行开办商业承兑汇票贴现业务，重点围绕承钢分公司供应链开展业务，帮助企业缓解支付压力，为上游中小供应商开拓融资渠道。2014—2015年累计办理贴现7.66亿元，2015年末票据贴现余额3.79亿元。

承德新新机械制造有限公司（以下称新新机械）主要向承钢分公司供应其所需的铸铜件等零配件，两家企业保持多年的业务联系，贸易背景真实可靠。2014年，由于承钢分公司结算方式转变为商业承兑汇票，加大了供应商企业的货款变现的难度，交通银行承德分行积极为该企业办理电子商业承兑汇票贴现业务，大大增加企业资金的周转能力，为企业更健康有序的发展提供良好的保证。

2014—2015年交通银行承德分行流动资金贷款分类统计表

表6-6-2　　单位：万元

类别	2014年		2015年	
	累放	余额	累放	余额
大中型企业贷款	87600	76600	79000	73000
小微企业贷款	2430	2430	1430	1430
票据贴现	28373	28373	48261	37880
合计	118403	107403	128691	112310

第三节 个人贷款

一、个人住房贷款

2014年，交通银行承德分行开办个人住房贷款业务，以个人一手住房贷款为主。个人一手住房贷款实行合作商准入机制，同年与承德尚诚房地产开发有限公司、永盛房地产开发有限公司建立合作关系，2015年合作商发展到5户，两年间累放一手房贷款725万元，支持客户购房28户、2890平方米，2015年末贷款余额673万元。业务开展期间，交通银行承德分行通过定期驻点营销，同时结合信用卡和理财等优势产品，为客户提供全方位资产管理方案和优质服务，提升客户对交通银行承德分行的满意度。

二、个人消费贷款

2015年，交通银行承德分行逐步推动消费贷款发展，开办“得利宝”个人理财产品质押贷款业务。通过无贷户挖掘、数据筛选分析、重点客户走访等方式，利用交通银行消费贷款优势与特色吸引客户。同年11月开展“营销线上个人消费贷产品推广”活动，在走访客户时得知一名私银客户刘先生急需一笔资金。承德分行主管行长和客户经理本着满足客户需求为上的服务理念，主动向刘先生介绍理财质押贷款，使客户充分了解交通银行质押贷款的产品特征及优势，最终为刘先生办理了3笔质押贷款，金额合计2000万元，解决了客户的资金紧张问题。

2014—2015年交通银行承德分行个人贷款分类统计表

表6-6-3　　单位：万元

类别	2014年		2015年	
	累放	余额	累放	余额
个人住房贷款	240	227	485	673
个人消费贷款	—	—	2000	2000
合计	240	227	2485	2673

第七章 中信银行承德分行贷款

中信银行承德分行2015年3月开业后，相应组建了市场营销一部、二部、三部，其中一部、三部负责开展公司贷款业务，二部负责开展个人贷款业务。实行了业务发展和风险防控紧密结合的考核制度，推进各项贷款业务稳步发展。2015年开业当年，实现各项贷款余额14.03亿元，其中单位贷款余额13.65亿元，个人贷款余额3795万元。

第一节 贷款营销与管理

一、以培育优质客户群拓展信贷业务

通过有效的信贷支持，引导承德双承生物科技股份有限公司、承德京城矿业集团、承德天宝矿业集团等大型企业，积极带动隆化县双盈矿业有限公司、承德优安矿山设备检测服务有限公司、承德兆丰预拌商品混凝土有限公司等优质中小客户，彼此建立相互依存的优质客户群，为拓展信贷业务奠定良好基础。

二、积极开展个人信贷业务

注重建立以中高端个人客户为核心、广覆盖、有重点的客户群体，形成分层次的信贷经营体系，重点发展单体授信200万元以下的优质私营客户。

三、加强信贷业务风险管理

中信银行承德分行十分重视人才队伍培养，通过建立重点人才库，实施人才引进储备、岗位资格认证、绩效考核等措施，保持了员工队伍的活力和竞争力。全行各项制度建设取得较好成果，当年基本形成了覆盖客户接洽、渠道搭建、风险防控、资源配置等环节的制度体系，实现了信贷客户统一授信、集中审批、集中发放、集中催收和集中档案管理。实现了信贷业务发展和风险控制双推进。

第二节 单位贷款

一、铁矿采选、炼钢行业贷款

中信银行承德分行开业后，按照总行关于授信客户属地管理要求，承接了中信银行石家庄分行、唐山分行的承德地区贷款业务11.85亿元。均为承德市铁矿采选、炼钢行业的流动资金贷款。

2015年受经济周期下行、铁精粉行业低迷等不利因素影响，承德京城集团、天宝集团、剑锋集团、永辉矿业等铁矿采选企业和承德建龙特殊钢有限公司面临生产经营压力。以上企业在当地吸纳大批人员就业，税收贡献率占县域的20%以上，企业经营状况对当地金融市场、就业形势和社会稳定影响重大。中信银行承德分行在上级行支持下，对上述企业的11.85亿元流动资金贷款余额保持稳定。

二、市政设施管理行业贷款

中信银行承德分行开业后，积极争取总行、

石家庄分行的政策支持，积极参与市政基础设施建设项目的融资合作。2015 年向高新区政府融资平台发放贷款 1.8 亿元，支持高新区市政设施建设，助力经济发展。年末贷款余额 1.8 亿元。

三、票据融资

票据融资业务是指企业以未到期的商业汇票向银行办理贴现，从而取得资金的票据行为，具有手续简便、融资成本低的特点。中信银行承德分行积极支持当地规模较大的矿业、钢铁企业发展，通过商业票据保贴等票据融资产品代替部分流动资金贷款业务，在支持企业发展的同时更好地分担风险。通过积极开展“开门红营销竞赛”“贴现业务竞赛”“流动管家及现金管理推动竞赛”等业务竞赛活动，加大票据业务推广力度，服务企业发展。2015 年累计办理票据贴现 17.17 亿元，年末全部收回，余额结零。

2015 年中信银行承德分行单位贷款分类别统计表

表 6-7-1　　单位：万元

类别	累放	余额
铁矿采选、炼钢行业贷款	0	118500
市政设施管理行业贷款	18000	18000
票据融资	171670	0
合计	189670	136500

第三节　个人贷款

中信银行个人贷款是向个人发放的用于解决客户生产经营所需的贷款，主要包括个人经营贷款、个人住房贷款、个人汽车贷款、个人助学贷款、个人综合消费贷款。

一、个人经营贷款

2015 年，中信银行承德分行制定抵押房产准入“白名单”，围绕“白名单”开展个人房产抵押经营贷款业务。全年累放个人经营贷款 125 万元，年末贷款余额 125 万元。

二、个人住房贷款

中信银行个人住房贷款是向借款人发放的用于购买住房的担保贷款，包括个人一手房贷款和个人二手房贷款。

2015 年先后与承德燕东房地产、承德乐业房地产、河北香江房地产开发有限公司进行业务洽谈，开展按揭贷款合作，并成立专项服务团队，上门服务，驻场营销。在深入调研承德二手房中介市场的基础上，向石家庄分行报送了二手房合作业务白名单。同承德“1+2”房地产中介、承德佳佳房地产中介、58 同城承德分公司建立了合作关系。全年累放个人住房贷款 1323 万元，年末贷款余额 1317 万元。

三、个人汽车贷款

中信银行个人汽车贷款是向购买非营运汽车（7 座及以下，含新车与二手车）的借款人发放的贷款。2015 年中信银行承德分行积极拓展汽车贷款业务渠道，宣传推介中信银行厂家贴息的优惠政策，围绕承德庞大汽贸城及双滦区开发园区汽车城开展贷款营销活动，先后与承德美宝行、承德庞大奥兴、承德福江、承德弘冀行丰田、承德兴蓝汽车销售有限公司建立业务合作关系。通过品牌共建、客户互动、高端私享会等形式，推动汽车贷款业务打开局面。全年累放个人汽车贷款 676 万元，年末贷款余额 621 万元。

四、个人助学贷款

中信银行个人助学贷款是向个人发放的一般助学贷款,包括商业助学贷款和出国留学贷款。商业助学贷款是用于支付境内高等院校困难学生学费、住宿费和就读期间基本生活费的商业贷款。出国留学贷款是用于出国留学期间支付学杂费和生活费，或在申请出国留学签证过程中所需保证金的人民币贷款。2015 年中信银行承德分行深入校园了解贷款需求，为一名符合条件的赴美留学生办理了 30 万元出国留学贷款。

五、个人综合消费贷款

中信银行个人综合消费贷款是向个人发放的用于装修、教育、医疗、旅游、日常消费的个人消费贷款。2015 年中信银行承德分行开办了“房抵贷”消费贷款业务，全年累放个人综合消费贷款 1702 万元，年末贷款余额 1702 万元。

2015 年中信银行承德分行个人贷款分类别统计表

表 6-7-2　　单位：万元

类别	累放	余额
个人经营贷款	125	125
个人住房贷款	1323	1317
个人汽车贷款	676	621
个人助学贷款	30	30
个人综合消费贷款	1702	1702
合计	3856	3795

第八章 邮储银行承德市分行贷款

2007年7月23日，承德市邮政局首次开办个人存单质押贷款。2008年4月，邮储银行承德市分行开业后，陆续在全市11个一级支行开办个人小额贷款业务。2007—2015年，邮储银行承德市分行累计发放贷款145.32亿元，2015年末各项贷款余额39.75亿元，其中个人贷款余额14.93亿元，单位贷款余额24.82亿元。

第一节 小企业贷款

2012年5月，邮储银行承德市分行开办小企业贷款，迎来了一大批中小企业优质客户，2012—2015年累放小企业贷款44.83亿元，2015年贷款余额6.22亿元。

一、小企业农业贷款

2012年起，邮储银行承德市分行积极支持奶牛、食用菌、蔬菜大棚等农村小企业的发展。2012—2015年累放小企业农业贷款8.81亿元，2015年贷款余额5790万元。

2012—2015年邮储银行承德市分行小企业农业贷款统计表

表6-8-1　　单位：万元

年度	累放	余额
2012	31005	29116
2013	21560	19794
2014	24500	20127
2015	10985	5790
合计	88050	

二、小企业制造业贷款

2012—2014年，邮储银行承德市分行积极支持水泥构件、粮食加工等小企业加快发展。2012—2014年累放小企业制造业贷款9.60亿元，2015年贷款余额9622万元。

2012—2015 年邮储银行承德市分行小企业制造业贷款统计表

表 6-8-2 单位：万元

年度	累放	余额
2012	12150	10803
2013	22416	17177
2014	43220	26469
2015	18200	9622
合计	95986	

三、小企业其他贷款

2012 年开办小企业其他贷款，重点支持小企业临时性流动资金需求。同年，邮储银行河北省分行开展全省小企业贷款户创富大赛，丰宁秸秆艺术品公司法人代表郭凤芝作为承德选手，获得邮储银行河北省分行创富大赛决赛三等奖。同年 5 月，邮储银行承德市分行与市妇联组织女企业家联谊会，女企业家纪春艳介绍了邮储银行支持企业发展的事迹，得到了与会者的一致好评。

2012—2015 年累放小企业其他贷款 26.42 亿元，2015 年贷款余额 4.68 亿元。

2012—2015 年邮储银行承德市分行小企业其他贷款统计表

表 6-8-3 单位：万元

年度	累放	余额
2012	28450	17385
2013	67540	39500
2014	79600	34401
2015	88650	46788
合计	264240	

第二节 钢铁冶炼贷款

一、钢铁冶炼业贷款

2015 年，邮储银行承德市分行开办钢铁冶炼业贷款。同年为承钢分公司贷款 10 亿元，解决了承钢流动资金缺口。2015 年贷款余额 10 亿元。

二、供应链贷款

2015 年，开办供应链贷款，全部为承钢分公司上下游企业提供的贷款支持。同年为承钢 10 户上游企业授信 6.6 亿元，累计发放贷款 4.27 亿元，年末贷款余额 2.18 亿元。

第三节 票据贴现及其他

一、票据贴现

2012年9月，邮储银行承德市分行开办票据贴现业务。2012—2015年累计为承钢上下游企业和宽城满族自治县部分企业办理贴现16.50亿元，2015年贴现余额6.04亿元。

2012—2015年邮储银行承德市分行票据贴现统计表

表6-8-4　　单位：万元

年限	累放	余额
2012	31500	20362
2013	24150	15105
2014	38340	33674
2015	71050	60354
合计	165040	

二、应收账款融资

2013年，邮储银行承德市分行开办应收账款融资业务。主要服务对象是承钢公司上游企业，利率执行基准利率上浮10%～20%。2013—2015年累计办理应收账款融资业务1.45亿元，2015年余额330万元

2013—2015年邮储银行承德市分行应收账款融资统计表

表6-8-5　　单位：万元

年限	累放	余额
2013	8750	5396
2014	5160	2850
2015	550	330
合计	14460	

三、其他单位贷款

2012年，邮储银行承德市分行开办其他单位贷款，重点支持企业的短期资金需求。2015年为宽城县热力有限责任公司发放供热收费权质押贷款1000万元，解决了燃料储备资金不足。为丰宁抽水蓄能水电项目发放贷款2000万元，解决了项目临时性资金缺口。

2012—2015年累放其他单位贷款4.16亿元，2015年贷款余额3565万元。

2012—2015 年邮储银行承德市分行其他单位贷款统计表

表 6-8-6　　单位：万元

年度	累放	余额
2012	11045	3494
2013	7224	5025
2014	19280	18950
2015	4010	3565
合计	41559	

第四节 个人贷款

2008 年，邮储银行支行以上机构全部开办个人贷款业务，主要支持城乡个体私营经济和个人消费。2007—2015 年累放个人贷款 64.11 亿元，2015 年末个人贷款余额 14.93 亿元。

一、个人小额贷款

个人小额贷款分为存单质押贷款和保证贷款。

2008 年，邮储银行承德市分行开办保证贷款，贷款额度限制在商户 10 万元、农户 5 万元，要有两名国家正式职工作为保证人。经过一个季度的运行，调整为农户五户联保、商户三户联保，以联保户有效资产和现金流量计算还款保障。2010 年之后，贷款额度调整到 15 万～ 30 万元。

2008—2009 年，邮储银行重点支持下岗再就业、青年创业和农村脱贫致富工作。

支持下岗再就业、青年创业。2008 年，邮储银行丰宁满族自治县支行与丰宁满族自治县人社局协商，开办了下岗再就业小额贷款。贷款最高额度为 10 万元，期限 2 年，利率上浮 3 个百分点，由政府担保机构提供担保。并逐步推广到部分县区支行。2009 年起，邮储银行推出适应多种对象的小额贷款业务。与团市委联合启动青年小额贷款，与市县妇联联合启动妇女致富贷款，与各县扶贫办合作开办扶贫贴息贷款。2011 年 4 月 20 日，下岗再就业小额贷款被总行确定为全国推广的贷款种类。2008—2009 年累计支持下岗职工 550 余人，主要有餐饮、商品批发、小型超市、服装门市、中西医诊所、食品加工。丰宁满族自治县某下岗职工经营的蔬菜烟酒超市、兴隆县城某下岗职工经营的汽车配件门市，经邮储银行小额贷款支持后，均享受了政府补贴。2009 年，丰宁满族自治县黑山嘴镇某贫困户，在帮扶单位的帮助下建起了蔬菜大棚，遇到流动资金困难，经县扶贫办贴息，邮储银行丰宁满族自治县支行办理扶贫贴息贷款 10 万元，解决了资金困难。宽城县某青年在家乡经营爱玛电动车销售业务，经营中出现资金困难，及时得到邮储银行宽城支行 10 万元贷款支持。

农村脱贫致富工作以支持蘑菇、土豆、板栗、蔬菜大棚为主。丰宁黑山嘴镇 50 户农户，于 2009 年春节前夕自发组成 10 个食用菌大棚合作组织。经邮储银行现场办公，以农户联保方式发放贷款 230 万元，使食用菌产业得到及时支持。宽城满族自治县某女士在家乡组建“香菇种植专业合作社”，遇到资金困难，由县妇联介绍到邮储银行宽城满族自治县支行，利用农户联保的方式，投放贷款 15 万元给予支持。围场满族蒙古族自治县御道口部分农户开发闲置土地的积极性较高，但苦于缺乏资金。邮储银行提供资金支持 150 多万元，支持了土地开发。隆化县北部山区部分农户具有肉牛育肥技术，由于缺乏资金，限制了发展。在当地政府牵头组织下，邮储银行提供贷款 200 余万元给予支持。围场、丰宁、隆化、滦平等县生产的粮食、蔬菜、石材等产品，由于运力不足直接影响生产发展。邮储银行大力帮助具有驾驶技术的农户购置车辆搞运输，解决了当地产品运输难问题。

2008—2009 年，累放个人小额贷款 4.87 亿元。其中累计发放建材贷款 2.36 亿元，2009 年贷款余额 8507 万元。为 900 多户建材个体户提供了资金支持。邮储银行丰宁支行连续两年贷款 10 万元支持的孙岳建材经销部，发展成为实力雄厚的个体商户。累计发放建筑类贷款 7920 万元，支持农村中小型建筑个体户 750 户，2009 年末贷款余额 4250 万元。平泉县某农村建筑个体户，2008 年春季签订建房合同比较集中，拟购置施工机械出现资金缺口。邮储银行平泉县支行及时贷款 10 万元，支持客户购置了施工设备。按期履行了施工合同，归还了贷款。累放小额农业贷款 8442 万元，重点支持种植业、养殖业和汽车运输业。

2010—2015 年，邮储银行重点支持农村旅游业的发展。贷款支持丰宁大滩镇农户旅游项目 2400 多万元，隆化县农家院 1000 多万元，宽城满族自治县水上旅游 1500 多万元，促进了特色旅游项目的发展。

2008—2015 年累放个人小额贷款 30.80 亿元，2015 年末贷款余额 3.00 亿元。其中累放青年小额贷款 12 亿元，支持 1500 多名青年就业创业。累放妇女致富贷款 3.5 亿元，扶持妇女 800 多户。累放扶贫贴息贷款 4 亿元，支持 1500 多户贫困户脱贫致富。

2008—2015 年邮储银行承德市分行个人小额贷款统计表

表 6-8-7　　单位：万元

年度	累放	余额	年度	累放	余额
2008	9803	9139	2013	40810	35239
2009	38905	26293	2014	40120	28426
2010	36520	36618	2015	52595	29970
2011	71300	46252			
2012	17900	16234	合计	307953	

二、个人商务贷款

2009 年 8 月，邮储银行承德市分行开办个人商务贷款。贷款授信期限 5～11 年，最高授信额度初期为 100 万元，2009 年 12 月 1 日调整为 300 万元，2010 年 3 月 10 日调整为 500 万元。使用房产和土地抵押。2009—2015 年累放个人商务贷款 24.63 亿元，2015 年贷款余额 5.29 亿元。

2009—2015 年邮储银行承德市分行个人商务贷款统计表

表 6-8-8 单位：万元

年度	累放	余额	年度	累放	余额
2009	857	857	2013	50780	43012
2010	18050	15090	2014	57595	45600
2011	31300	29364	2015	62500	52876
2012	25230	24621	合计	246312	

三、个人住房贷款

2009 年 8 月，邮储银行承德市分行开办个人房屋按揭贷款，2009—2015 年累放个人房屋按揭贷款 3.65 亿元，2015 年贷款余额 2.74 亿元。为 1500 多户居民解决了购买房屋的贷款需求。

2009—2015 年邮储银行承德市分行个人住房贷款统计表

表 6-8-9 单位：万元

年度	累放	余额	年度	累放	余额
2009	1185	1102	2013	5996	20032
2010	3170	2896	2014	4504	22540
2011	6281	13870	2015	8016	27384
2012	7364	15681	合计	36516	

四、综合消费贷款

2012 年，邮储银行承德市分行开办综合消费贷款，主要是向符合条件的自然人发放的用于多种合法消费用途的人民币贷款。2012—2015 年累放综合消费贷款 5.03 亿元，2015 年贷款余额 3.90 亿元，为 5500 余户居民提供了消费贷款。

2012—2015 年邮储银行承德市分行综合消费贷款统计表

表 6-8-10 单位：万元

年度	累放	余额
2012	3497	3473
2013	13755	15628
2014	16548	28636
2015	16544	39042
合计	50344	

第九章 承德市农村信用社贷款

1989—2015年，承德市农村信用社的贷款业务在不同管理体制和核算方式变革过程中，主要发生以下变化。

1989—1996年农业银行领导时期。在此期间，农村经济全面推行联产承包责任制，原人民公社集体经济相继解体。到1994年，农信社对原有的农村集体存量贷款，基本完成了债务分解落实到户和重新认定工作。贷款重点向个体工商户、承包户、乡镇企业转移。7年间，全辖累放各类贷款66.43亿元，其中累放乡镇企业贷款23.39亿元，占全部累放的35.21%；累放个体经济户、个体工商户和个人生活贷款22.12亿元，占全部累放贷款余额的33.31%;累放承包户贷款20.91亿元，占全部累放的31.48%。到1996年末，全市农信社各项贷款余额16.83亿元，是1988年的6.4倍。

1997—2005年人行、银监局领导时期。这一时期是农信社由高风险向正常经营转化的关键时期。据1997年统计资料显示，全市297家独立法人农村信用社，各项存款余额27.93亿元，各项贷款余额16.83亿元，所有者权益2.50亿元，当年亏损3842万元，亏损面高达98%，不良资产占比高达67%。由于长期积累的大量资产坏账，形成严重资不抵债。滦平等县一部分农信社出现了严重的流动性困难，长期依靠同业调剂资金勉强维持支付，失去了贷款能力。由于长期不能提供正常的信贷服务，也就失去了老百姓的信任。陷入了贷款停滞、存款下滑的恶性循环，多年积聚的风险随时可能爆发。面对农信社的突出风险，人民银行正确运用调控管理手段，采取有力措施，持续帮扶农信社解决关键性的突出问题，促使风险逐步化解，转入正常经营轨道。

1997年“行社脱钩”不久，大部分信用联社纷纷向人民银行反映，各级农业银行借农信社脱钩之机“甩包袱”，初步统计甩给农信社坏账贷款1.7亿元。主要是在20世纪90年代初期，实行农行营业所与农信社合署办公期间，农业银行通过农信社“绕规模”发放贷款形成的坏账损失。“甩包袱”侵犯了农信社的合法权益，加剧了农信社的风险程度。为了有效帮助农村信用社维权讨债，人行承德分行投入大量人力，组成若干工作组，以县区农信联社书面反映的问题为线索，深入现场逐一核查账务手续，最终落实农行责任1.4亿元。在事实清楚、证据充分、分清责任的基础上，人民银行与农业银行逐一协调交涉，实行以县区为单位汇总清收。经过人行承德分行历时5年的不懈努力，督促农行以1.4亿元现金置换了同额坏账贷款，帮助农信社从农行讨回全部债务。特别是问题比较集中的郊区联社讨回债务4700多万元、宽城满族自治县联社讨回债务3400多万元之后，增强了支付能力，改善了资产流动性，经营困境得到初步缓解。2001—2005年，为有效解决部分农村信用社支农资金短缺的困难，人民银行累计向农村信用社发放优惠利率支农再贷款16.80亿元，及时支持一部分支付困难、失去贷款能力的农信社开展贷款业务，发放农村种植业、养殖业小额贷款，恢复了正常经营。2003年，全市农信社首次实现整体扭亏为盈，当年整体盈利1053万元。农村信用社经营困境得到初步转化。

1997年开始，农信社不断加强信贷业务操作流程规范和信贷结构调整，在重点支持农村、农业经济的同时，向新兴农村工商业拓展。1997—2005年，全辖累放各类贷款359.02亿元，其中个人经营类和个人消费类贷款278.77亿元，占全部累放贷款的77.64%；累放农村企业和农村经济组织贷款55.09亿元，占全部累放贷款的15.34%；累放其他企事业单位和非农贷款25.16亿元，占全部累放贷款的7.02%。2005年末，农信社各项贷款余额57.27亿元，比1996年末增加40.44亿元。

2006—2015年省联社领导时期。为适应全市整体经济格局的发展变化，农信社集中精力加快信贷产品创新研发，加大科技创新投入，在重点支持“三农”经济的同时，进一步拓宽服务领域，调整信贷结构，向城乡基础设施建设、新兴产业项目、中小型工矿企业、冶金建材企业等多元化营销目标发展。2006—2015年，农信社全辖累放各类贷款2500.22亿元，其中个人经营和个人消费类贷款1530.49亿元，占全部累放贷款的61.2%；农村企业和农村经济组织贷款895.69亿元，占全部累放贷款的35.8%；累放其他企事业单位和非农贷款74.04亿元，占全部累放贷款的0.29%。2015年末农信社各项贷款余额366.15亿元，比2005年增加308.88亿元。

第一节 集体贷款

一、集体农业贷款

1989—1993年，农信社立足农村农业，认真贯彻党和国家的各项农村金融政策，重点服务于夺取农业生产全面丰收。按当时农业银行、农信社信贷业务分工，农村集体较大的贷款项目，基本上由农业银行承担，农信社发挥拾遗补缺作用，主要支持短期临时性集体农业贷款项目。

5年间，农信社累放集体农业贷款5322万元，占全部单位贷款累放的50.11%。主要支持了农村基础农田水利设施维护建设、基本农业生产资料保障供应、农产品集中收购、储运、深加工等项目。其中累放2173万元用于维护加固水库24座，疏浚农村河道河段2180余条段，打农田灌溉机井1.34万余眼；累放1670万元用于定向保障农村春季备耕的种子、化肥、农机、农具等基本农业生产资料的集中供应；累放1479万元支持集体农副产品深加工、收购储运、集体土地开垦种植等项目。

1989—1993年农村信用社集体农业贷款统计表

表6-9-1 单位：万元

年度	累放	余额	年度	累放	余额
1989	781	699	1992	1080	1283
1990	1184	1167	1993	1467	1363
1991	810	1220	合计	5322	

二、集体林业贷款

1989—1993年，农信社全辖累放集体林业贷款69万元，主要用于集体荒山绿化、植被保护等生态建设。对不适合粮食种植的荒山、滩地，进行植树造林，改善生态环境。如围场满族蒙古族自治县、隆化县在对集体荒山治理上，利用集体林业贷款统一采购供应苗木，统一管理，分片承包，采取谁承包、谁受益的鼓励政策，5年间绿化荒山5000多公顷。

1989—1993年农村信用社集体林业贷款统计表

表 6-9-2 单位：万元

年度	累放	余额	年度	累放	余额
1989	9	11	1992	9	18
1990	14	10	1993	20	24
1991	17	20	合计	69	

三、其他集体贷款（牧业、渔业）

1989—1993年，农信社全辖累放集体其他行业贷款5230万元。各县区联社根据本辖区资源优势和特色产业优势，合理调整信贷结构，支持农村经济向多元化发展。

围场满族蒙古族自治县棋盘山农信社充分利用区位优势，5年间累放贷款830万元，支持大牲畜交易市场建设。大牲畜交易量由建场初期的年交易1.2万余头，扩大到1993年的年交易量8万余头，年交易金额由初期的1600万元，扩大到1.2亿元。

宽城、滦平2县5年间累放矿业资源开发贷款3100万元，支持乡镇铁矿13个，乡镇村集体开采金矿10个，带动了辖区居民就业和多渠道增产增收。

丰宁、隆化县5年间累放集体畜牧养殖贷款1200万元，支持年存栏1000头以上肉牛养殖专业集体乡镇、村组14个，年存栏1万只羊养殖专业乡镇、村组11个，年产值5500余万元。

1994年，各类农村集体经济已经全部实行个人承包经营。根据上级指示，农村信用社对原集体经济的存量贷款，采取集中清收或落实到承包人，重新签订贷款手续。集体贷款科目停用。

1989—1993年农村信用社其他集体贷款统计表

表 6-9-3 单位：万元

年度	累放	余额
1989	512	450
1990	1288	1051
1991	604	735
1992	580	768
1993	2246	1125
合计	5230	

第二节 乡镇企业贷款

1989—1997年，农信社乡镇企业贷款对象主要为乡镇冶金矿业、轻纺业、建筑建材工业、食品工业、交通运输业和其他行业。贷款主要以企业生产流动资金为主。9年间农信社累放各类乡镇企业贷款29.18亿元，1997年末乡镇企业贷款余额6.64亿元，是1989年的9.22倍。1998年以后，农村乡镇企业贷款科目结转到农村企业和经济组织贷款科目中核算，农村乡镇企业贷款科目终止使用。

一、乡镇冶金矿业贷款

1989—1993年，农信社持续贷款支持乡镇冶金矿业企业30余家，逐年向好发展，企业规模和生产能力不断扩大。宽城满族自治县峪耳崖镇西川铁矿，自筹资金120万元，从峪耳崖农信社贷款40万元建矿，初期由于生产工艺落后，管理经验不足，始终徘徊在亏损边缘。1992年，在农信社累计投放420万元贷款的持续支持下，该企业通过三次技改，产量迅速提高，成本逐期下降，成为年产铁精粉5万吨、年实现利税110余万元的优质企业。1993年末农信社冶金矿业贷款余额7392万元，比1989年增长5311万元。乡镇冶金矿业由1989年的30余家，增加到40余家。

1994—1997年，农信社累放冶金矿业贷款5.37亿元，继续支持乡镇冶金矿业的发展。宽城满族自治县农信社累放贷款2.8亿元支持的兆丰钢铁、天宝矿业、京城矿业，承德县农信社累放贷款1.4亿元支持的建龙矿业，围场满族蒙古族自治县农信社累放贷款1100万元支持的兴华轧钢厂，滦平县农信社累放贷款740万元支持的磁源矿业，隆化县农信社累放贷款470万元支持的韩麻营铁选厂等，均发展为全市乡镇冶金矿业的明星企业。1997年末农信社乡镇冶金矿业贷款余额1.54亿元，比1993年增加8048万元。

1989—1997年农村信用社冶金矿业贷款统计表

表6-9-4 单位：万元

年度	冶金矿业贷款		年度	冶金矿业贷款	
	累放	余额		累放	余额
1989	2545	2081	1991	4936	5420
1990	3959	2633	1992	6370	6110
1993	9975	7392	1996	13764	15890
1994	13268	12430	1997	9276	15440
1995	17435	14462	合计	81528	

二、乡镇轻纺业贷款

1989—1993 年，农信社累放轻纺工业贷款 7269 万元，为推动乡镇经济发展发挥了积极作用。其中围场县农信社累计投放 750 万元支持的可大毛纺厂生产的毛呢面料、地毯等产品，远销天津、北京，实现年产值 1100 万元，年实现利税 80 万元，解决就业 180 余人。1993 年末全辖乡镇轻纺业贷款余额 1846 万元，比 1989 年增长 996 万元。

1994—1997 年，农信社累放乡镇轻纺工业贷款 1.38 亿元，支持全辖乡镇轻纺企业 20 余家，解决就业 4000 余人，行业平均年产值 2.30 亿元，年平均实现利税 1200 万元。其中滦平县农信社累放贷款 3498 万元，支持京滦服装厂、瓜园针织厂、巴克什营地毯厂等 3 家轻纺企业得到健康发展。1997 年末全辖乡镇轻纺业贷款余额 2685 万元，比 1993 年增长 839 万元。

1989—1997 年农村信用社乡镇轻纺业贷款统计表

表 6-9-5　　单位：万元

年度	乡镇轻纺业贷款		年度	乡镇轻纺业贷款	
	累放	余额		累放	余额
1989	805	850	1994	3864	2044
1990	982	1093	1995	4046	2420
1991	1248	1601	1996	3326	2846
1992	1558	1780	1997	2536	2685
1993	2676	1846	合计	21041	

三、乡镇建筑、建材工业贷款

1989—1993 年，农信社累放乡镇建筑、建材工业贷款 2.74 亿元，支持各类建筑建材工业的发展。其中围场满族蒙古族自治县农信社累放贷款 2608 万元，支持龙头山镇木材加工产、郭家湾乡白灰厂、围场县水泥三厂、营子水泥厂、四棵树村办佛石矿等建材生产企业 40 余家，解决就业 4800 人，年均产值 1.05 亿元，年均实现利税 1750 万元。1993 年末全辖建筑、建材工业贷款余额 8137 万元。

1994—1997 年，农信社累放建筑、建材工业贷款 5.99 亿元，继续支持农村建材工业的发展。其中滦平县农信社累放贷款 1400 万元支持的虎什哈大理石厂，年均生产建筑装饰大理石板材 3 万平方米，年均产值 5000 万元，解决就业 200 余人，年均实现利税 480 万元；兴隆县农信社累放贷款 800 万元支持的洞庙河水泥厂、累放贷款 750 万元支持的理石米矿等企业，推动了当地建材工业的发展。1997 年末全辖建筑、建材工业贷款余额 2.37 亿元，比 1993 年增长 1.40 亿元。

1989—1997年农村信用社乡镇建筑、建材工业贷款统计表

表6-9-6　　单位：万元

年度	乡镇建筑、建材工业贷款		年度	乡镇建筑、建材工业贷款	
	累放	余额		累放	余额
1989	2802	1979	1994	18576	16475
1990	3899	2667	1995	21225	18965
1991	4133	3981	1996	14287	21565
1992	6889	6388	1997	5860	23664
1993	9688	8137	合计	87359	

四、乡镇食品工业贷款

1989—1997年，农信社抓住农村产业特色优势，积极支持乡镇食品加工业的发展。其中兴隆县农信社在1989—1993年间，先后向茅山果品加工厂（1992年更名为承德好好饮料有限公司）投放贷款428万元，为企业扩建、原材料采购提供了资金支持。1993年，该企业年产果制品3672吨，实现产值2442万元，销售收入2449万元，利税139万元。1989—1997年末全辖累计投放食品加工业贷款1.50亿元，支持食品加工企业40多家。

1989—1997年农村信用社乡镇农产品、食品加工贷款统计表

表6-9-7　　单位：万元

年度	乡镇农产品、食品加工贷款		年度	乡镇农产品、食品加工贷款	
	累放	余额		累放	余额
1989	717	785	1994	2887	2896
1990	931	965	1995	3106	3255
1991	911	1149	1996	2843	3600
1992	923	1476	1997	1123	3221
1993	1557	1632	合计	14998	

五、乡镇交通运输业贷款

1989—1997年，农信社累放乡镇交通运输业贷款2.10亿元，支持各种车辆购置1100余辆次。主要为城乡客运、货运、矿业车队建设提供贷款支持。

1989—1997年农村信用社乡镇交通运输业贷款统计表

表6-9-8　　单位：万元

年度	乡镇交通运输业贷款		年度	乡镇交通运输业贷款	
	累放	余额		累放	余额
1989	90	53	1994	5895	3056
1990	744	108	1995	4983	4580
1991	72	118	1996	2648	3118
1992	616	919	1997	1341	3316
1993	4580	2366	合计	20969	

六、乡镇其他行业贷款

农信社其他行业贷款主要用于对农村农用物资供应，农村商品流通和农村新兴产业的支持。

1989—1993年，农信社累放其他行业贷款2.03亿元，对260家农用物资购销单位、140家农产品收购储运和农村新兴产业给予贷款支持。其中平泉县西坝农信社1992年累放贷款115万元，支持村集体砖厂与香港联营兴建欣平电子有限公司，生产的电子软件远销深圳、珠海等高科技电子产品生产聚集区。企业效益连年增加，短短三年内，不仅还清了建厂初期的全部贷款本息，还为全村负担起各种税费。出资15万元建起了村小学教学楼。出资10万元修缮了村公路，改善了该村出行和教育环境。1993年末全辖其他行业贷款余额6323万元，比1989年增加4868万元。

1994—1997年，农信社累放其他行业贷款4.57亿元，其中2.77亿元支持280余家农用物资供销单位，使农民不出村镇即可购买种子、化肥、地膜、农用机具等农用物资。1.80亿元支持340余家农产品收购储运、农村商品流通单位，方便农产品及时外销和农村物质生活需求。1997年末全辖乡镇其他行业贷款余额1.81亿元，比1994年增加5612万元。

1989—1997年农村信用社乡镇其他行业贷款统计表

表6-9-9　　单位：万元

年度	乡镇其他行业贷款		年度	乡镇其他行业贷款	
	累放	余额		累放	余额
1989	1808	1455	1991	4493	4618
1990	2649	2019	1992	5861	5258
1993	5479	6323	1996	12202	20088
1994	10290	12459	1997	11653	18071
1995	11512	17887	合计	65947	

第三节 农村企业和经济组织贷款

一、冶金矿业贷款

1998—2002年，农信社累放冶金矿业贷款6.73亿元，支持34家铁矿石开采和铁粉精选企业的流动资金需求。贷款主要集中在宽城、兴隆、滦平、隆化、承德县等矿产资源丰富的县域，其中宽城满族自治县农信社累放冶金矿业贷款4.23亿元，占全辖的62%。贷款发放采取企业担保和矿业开采权质押两种方式。

宽城满族自治县唐家庄铁矿始建于1994年，因生产工艺落后，企业管理不善，濒临停产。1999年经宽城县联社、县扶贫办、县冶金公司协商，将该企业转交宽丰矿业公司经营，农信社发放贷款1020万元，支持企业技改，使企业迅速扭亏为盈，2000年生产铁精粉6.9万吨，实现利税154万元。

宽城满族自治县大山矿业有限公司始建于1999年，农信社累放贷款2200万元给予支持，使生产和积累得到快速发展，2002年被宽城满族自治县宽丰矿业有限公司以1.24亿元的价格收购兼并，所欠农信社全部贷款本息一次还清。

兆丰钢铁公司成立于2001年，农信社于2001年4月至2002年9月间，累放贷款1800万元支持企业起步，顺利走上良性发展轨道，2002年，该企业实现年产值1.60亿元，实现利税800多万元，解决650多人就业。

2003—2008年，农信社累放冶金矿业贷款26.45亿元，支持京城矿业、天宝矿业、剑锋矿业、隆鑫球团厂、鑫泽矿业等30余家企业，向多种经营的集团型企业发展。承德天宝矿业集团有限公司，原是一家铁矿开采、铁粉精选的矿业企业。2003年起，逐步发展为矿山机械及配件销售、钢材、生铁、建材、五金、化工产品购销、宾馆酒店、房地产开发等领域于一体的集团型企业。为支持企业扩大经营，2003—2008年，累计对该企业投放贷款8.24亿元，2008年末贷款余额2.06亿元，支持企业成功转型。2008年企业资产总额（不含非矿业资产）20.28亿元，负债总额（不含非矿业负债）5.75亿元，资产负债率为28.34%，销售收入21.96亿元，实现净利润6.44亿元，上缴各种税款3.58亿元。2008年末全辖冶金矿业贷款余额5.98亿元，比2003年增加3.45亿元。

2009—2012年，农信社累放冶金矿业贷款71.27亿元，支持冶金矿业企业80余家，对发展有潜力，经营管理规范的企业，继续给予大力支持。2009年9月，宽城宝民矿业有限公司生产流动资金出现缺口，农信社及时发放流动资金贷款1100万元，支持企业顺利渡过难关，当年实现销售收入4262万元，净利润216万元。2012年末农信社冶金矿业贷款余额23.82亿元，比2009年增加14.81亿元。

2013—2015年，农信社累放冶金矿业贷款121.88亿元，支持矿业开采、配套和附属企业120余家。在此期间，一些自身实力较强的矿业企业，开始向综合性企业集团转型。承德京城矿业集团有限公司，依托矿山冶炼为基础，发展了运输、酒店服务、房地产开发、旅游文化产业开发等13家子公司。3年间，农信社对该企业累放贷款11.76亿元，支持企业转型发展。2014年，该企业资产总额61.51亿元，其中铁精粉一项实现销售收入20.38亿元，实现利润7.36亿元，缴纳税金3.70亿元。

1998—2015年农信社累放冶金矿业贷款226.33亿元，累计支持冶金矿业160余家，其中天宝矿业、京城矿业等企业，已成为区域经济支柱型和行业标志型企业。2015年末农信社冶金矿业贷款余额41.50亿元，比1998年增加39.37亿元，增长18.5倍。

1998—2015 年农村信用社冶金矿业贷款统计表

表 6-9-10

单位：万元

年度	冶金矿业贷款		年度	冶金矿业贷款	
	累放	余额		累放	余额
1998	10325	21336	2008	69777	59820
1999	12448	22634	2009	109746	90118
2000	8860	27788	2010	138893	123980
2001	11878	23558	2011	210239	194485
2002	23780	21593	2012	253840	238223
2003	21085	25310	2013	325545	323716
2004	24365	32880	2014	375725	368173
2005	38874	40588	2015	517536	414986
2006	42545	32365			
2007	67849	51366	合计	2263310	

二、农用物资保障贷款

农用物资保障贷款主要是为种子、化肥、农药、农机具供销单位发放的流动资金贷款。

1998—2002 年，农信社累放农用物资保障贷款 2.10 亿元。其中围场满族蒙古族自治县累放 8900 万元，重点为全县马铃薯种植、蔬菜种植等优势主导农业的物资提供资金保障。隆化县累放 6750 万元，主要用于有机水稻和大棚蔬菜等特色农业种植项目的物资保障。

2003—2008 年，农信社累放农用物资保障贷款 1.99 亿元。其中 4560 万元用于农机具物资保障，1.53 亿元用于种子、化肥、地膜、农药等农用物资保障。其间，滦平县农信社累放农机具贷款 2300 多万元，为农机具经销部门提供 8000 余辆农用机动车、播种、收割等机具的周转资金。2008 年末农信社农用物资保障贷款余额 3996 万元，比 2003 年减少 1232 万元。

2009—2012 年，农信社累放农用物资保障贷款 2.60 亿元。其中 9870 万元支持农机具储备 2.46 亿台件，1.62 亿元支持种子、化肥、地膜、农药等基础农用物资储备 8.09 万吨。2012 年末农信社农用物资保障贷款余额 7736 万元，比 2009 年增加 3725 万元。

2013—2015 年，农信社累放农用物资保障贷款 5.68 亿元，其中 2.46 亿元用于农机具物资保障，3.23 亿元用于种子、化肥、农药、地膜等基本农用物资保障。

1998—2015 年，农信社累放农用物资保障贷款 12.38 亿元，2015 年末贷款余额 1.71 亿元，比 1998 年增加 9916 万元，增长 1.4 倍。

1998—2015 年农村信用社农用物资保障贷款统计表

表 6-9-11　　　　单位：万元

年度	农用物资保障贷款		年度	农用物资保障贷款	
	累放	余额		累放	余额
1998	7438	7185	2008	2978	3996
1999	7740	7113	2009	3658	4011
2000	1895	10796	2010	3884	3061
2001	2109	6110	2011	7604	1620
2002	1845	2568	2012	10897	7736
2003	1478	5228	2013	15883	13750
2004	1320	5896	2014	18919	15475
2005	2011	5177	2015	22014	17101
2006	2806	4312			
2007	9299	4243	合计	123778	

三、农牧业合作生产组织贷款

农牧业合作生产组织贷款主要是为种植合作、养殖合作、“公司+农户”经济组织发放的贷款。

1998—2002 年，农信社主要对优势农作物连片合作规模化种植项目、畜牧养殖合作组织等给予贷款支持。1998 年围场满族蒙古族自治县农信社累放贷款 860 万元，支持 12 个乡镇经济合作组织种植蔬菜 1 万余亩，年生产各种蔬菜 5 万多吨，产值 1 亿多元。同年兴隆县农信社累放贷款 530 万元，支持养殖专业合作村组 16 个。如牛圈子富成养殖场，在 45 万元贷款支持下，扩大了合作范围和存栏能力，商品肉牛由存栏不足 200 头提升至存栏 340 头，生猪由一个存栏周期 100 余头提高到 230 余头，年纯利 50 万元。5 年间农信社全辖累放农牧业合作生产组织贷款 7672 万元。其中 3600 万元支持合作种植产业，4072 万元支持畜牧养殖合作项目。2002 年末农信社农牧业合作生产组织贷款余额 1865 万元，比 1998 年减少 1001 万元。

2003—2008 年，农信社累放农牧业合作生产组织贷款 2.39 亿元。其中 1.26 亿元支持畜牧养殖合作生产组织，1.12 亿元支持育种合作项目。2003 年，隆化县农信社累放贷款 7000 万元，支持“基地+农户”模式发展畜牧养殖业。其中支持养牛基地 15 个，参与合作养牛专业组织农户 2 万余户，牛存栏 23.6 万头。同年隆化县农信社累放贷款1100余万元，支持9个乡镇玉米种子培育面积3.5万亩，种子销售收入3800万元，实现制种合作农户纯收入2400万元。2008年末农信社全辖农牧业合作组织贷款余额8968万元，比2003年增加6984万元。

2009—2012年，农信社累放农牧业合作生产组织贷款5.58亿元，其中3.24亿元支持畜牧养殖合作生产组织，2.33亿元支持合作种植产业。兴隆县农信社累放贷款2.12亿元，支持华康集团“公司+农户”模式，公司基地占地面积5.6万亩，员工670余人，合作农户4000余户，年出栏生猪1.60万头，肉鸡300万只，商品兔120万只，羊3万多只，肉牛8000多头。郊区农信社累放贷款2200万元，支持10个环市区乡镇蔬菜种植合作组织46个，建日光温室大棚2000多个，占地5000亩，年产温室大棚蔬果3万吨，产值4.50亿元。2012年末农信社全辖农牧业合作生产组织贷款1.46亿元，比2009年增加6268万元。

2013—2015年，农信社累放农牧业合作生产组织贷款7.94亿元，其中4.63亿元支持畜牧养殖合作生产组织，3.31亿元支持种植合作产业。隆化县采取“基地+散户”合作模式，扩大养牛合作组织。由参与乡镇自筹资金2.40亿元，农信社分期贷款1.20亿元给予支持。到2015年，发展专业养牛合作组织14个，合作农户3000多户，年商品牛存栏10.10万头，产值8亿元。隆化县农信社三年累放贷款1.20亿元，支持以隆泉米业、绿源米业为龙头的北川、西川8个乡镇，发展10万亩优质水稻种植基地，年产水稻5000万公斤。

1998—2015年，农信社累放农牧业合作生产组织贷款16.67亿元，2015年末贷款余额2.34亿元，比1998年增加2.06亿元，增长7.2倍。

1998—2015年农村信用社农牧业专业合作组织贷款统计表

表6-9-12　　单位：万元

年度	农牧业专业合作组织贷款		年度	农牧业专业合作组织贷款	
	累放	余额		累放	余额
1998	2312	2866	2002	1126	1865
1999	1956	2638	2003	895	1984
2000	1233	8229	2004	1566	3447
2001	1045	2088	2005	2471	3568
2006	3177	3889	2012	18232	14610
2007	10222	7779	2013	24685	23534
2008	5546	8968	2014	25971	22136
2009	5048	8342	2015	28787	23432
2010	16889	10285			
2011	15583	10081	合计	166744	

四、加工制造业贷款

加工制造业贷款主要支持食品酿酒、脱水蔬菜、淀粉、农产品深加工、纺织工业等。

1998—2002 年，农信社累放加工制造业贷款 1.13 亿元，支持各类企业 430 家。围场满族蒙古族自治县农信社累放贷款 3400 万元，支持土豆淀粉加工企业 210 家。累放贷款 800 万元支持的大唤起土豆淀粉加工厂，通过技术升级，设备更新，由 1998 年的年加工土豆不足 3000 吨，提高到 2002 年的年加工土豆近万吨，生产的土豆淀粉及淀粉制品远销内蒙古、北京、天津，年产值 4000 万元，解决就业 180 人，年实现利税 240 万元。隆化县农信社累放贷款 640 万元支持的球乐酒精厂，年生产酒精 6000 吨，年产值 2600 万元，年实现利税 150 万元。2002 年末农信社全辖加工制造业贷款余额 797 万元，比 1998 年减少 4845 万元。

2003—2008 年，农信社累放加工制造业贷款 2.02 亿元，支持农产品深加工、食品加工、饮品加工等企业 700 余家。承德县农信社累放贷款 1500 万元，支持承德五谷农庄食品有限公司，主打杂粮系列方便食品 50 多种，年产值 8500 多万元，实现利税 640 万元，解决就业 260 人。平泉县农信社累放贷款 9800 万元，支持绿源公司、润隆公司、乾通公司从事食用菌收购、加工、包装、销售业务，年收购加工各类食用菌产品 2 万余吨，产品远销日本、美国、新加坡、加拿大、荷兰等十多个国家和地区。2008 年末农信社全辖加工制造业贷款余额 5238 万元，比 2003 年增长 1651 万元。

2009—2012 年，农信社累放加工制造业贷款 7.51 亿元，支持各类企业 1100 家。兴隆县农信社累放贷款 5300 万元，支持齐名食品有限公司、绿源食品有限公司生产的水果制品、水果饮品，畅销全国，年销售收入 20 亿元，解决就业 800 余人，年平均实现利税 1200 万元。围场满族蒙古族自治县农信社累放贷款 6500 万元，支持辖内 160 余家土豆淀粉加工企业，年就地消化土豆 20 万吨。2012 年末农信社全辖加工制造业贷款余额 2.70 亿元，比 2009 年增长 2.11 亿元。

2013—2015 年，农信社累放加工制造业贷款 12.08 亿元，支持辖内企业 1400 家。隆化县农信社累放贷款 2.60 亿元支持的隆泉米业、绿源米业、格林食品、江源酒业、挑战食品等食品饮品加工制造业，均为知名的领军型龙头企业。隆泉米业在农信社累放贷款 8600 万元的全力支持下，成为省内首家拥有 5 万亩优质水稻种植基地的无公害、绿色、生态、优质水稻育种企业，是日本水稻专家在中国推广的“水稻旱育稀植技术”的最成功平台。生产的隆泉大米远销北京、天津、石家庄、唐山、秦皇岛等大中城市，建立销售机构 15 个，销售网点 56 个，年销售收入 2.10 亿元，实现利税 1300 万元。滦平县农信社累放贷款 2.20 亿元支持的天子酒厂、京北饮料厂、长毛绒玩具厂、大地服装厂等加工制造企业，均为辖内推动地方经济发展的优势企业。

1998—2015 年，农信社累放加工制造业贷款 22.74 亿元，2015 年末贷款余额 3.73 亿元，比 1998 年增加 3.17 亿元，增长 5.6 倍。

1998—2015 年农村信用社加工制造业贷款统计表

表 6-9-13　　单位：万元

年度	加工制造业贷款		年度	加工制造业贷款	
	累放	余额		累放	余额
1998	4230	5642	2008	3865	5238
1999	3386	5864	2009	6884	5856
2000	1158	10325	2010	14185	6635
2001	1202	4278	2011	23682	19404
2002	1315	797	2012	30335	26980
2003	1102	3587	2013	37715	34568
2004	1787	4654	2014	39777	37078
2005	2180	4230	2015	43332	37296
2006	2986	5332			
2007	8313	6886	合计	227434	

五、建材工业贷款

1998—2015 年，农信社积极支持水泥、钢材、砖瓦、沙石料、木材加工、装修材料的生产经销，为城市改造、基础设施建设，提供了丰富的建材产品。

1998—2002 年，农信社累放建材工业贷款 1.17 亿元，重点支持基础建材工业和交易市场的建设。围场满族蒙古族自治县第三水泥厂和营子水泥厂，均因环保不达标，面临关停限产的边缘。为解决企业燃眉之急，围场满族蒙古族自治县农信社分别投入贷款 1400 万元、1100 万元，支持两家企业解决了环保技术改造，顺利通过环评监测验收。完成技改后，年生产水泥 120 万吨，产值 2.13 亿元，就业 2300 人，年缴纳税金 1260 万元。郊区农信社累放贷款 2600 万元支持建设的金龙建材城，集各种家装建材于一地，为房屋装修装饰用户提供一站式服务，为 200 余家商户提供经营场所。年销售收入 1.80 亿元。2002 年末农信社全辖建材工业贷款余额 1.86 亿元，比 1998 年增加 6067 万元。

2003—2008 年，农信社累放建材工业贷款 4.46 亿元，支持建材生产经销企业 60 多个。郊区农信社累放贷款 3400 万元支持的钢材交易市场，年建筑用钢材交易量 10 万吨，交易额 4.80 亿元，实现交易税 3000 万元。隆化县农信社贷款 1600 万元支持的承德喜上喜水泥有限责任公司新上水泥生产线，竣工投产后，年生产水泥 80 万吨，产值 1.4 亿元，实现利税 820 万元，新增就业400余人。2008年末农信社全辖建材工业贷款余额3.38亿元，比2003年增加1.20亿元。

2009—2012年，农信社累放建材工业贷款29.16亿元，支持辖内建材生产经销企业140家，其中累放贷款4.10亿元，帮助21个水泥生产企业完成环保技术升级。滦平县水泥厂在农信社贷款2200万元的支持下，进行生产线更新改造，环保达标，年生产水泥110万吨，实现产值1.90亿元，实现利税900万元。郊区农信社累放贷款2.40亿元支持的金大商贸有限公司，年经销建筑用钢材20万吨，交易额9.10亿元，实现利税5600万元。2012年末农信社全辖建材工业贷款余额10.65亿元，比2009年增加7.78亿元。

2013—2015年，农信社累放建材工业贷款61.74亿元，支持建材生产营销企业470家。其中27.80亿元用于支持水泥、钢材的生产和市场交易，12.40亿元用于支持装修市场建设和购销交易流动资金，21.50亿元用于支持新型建筑材料生产企业的研发和生产。宽城满族自治县农信社累放贷款3400万元支持的宇达新型建筑材料有限公司，年生产陶粒砌块80万立方，页岩陶粒1200万吨、烧结页岩砖30万立方，市场供不应求。年产值1.80亿元，实现利税1100万元，解决就业240人。郊区农信社累放贷款1100万元支持的承德宏达新型建材制造有限公司，年生产粉煤灰加气砖30万吨，粉煤灰加气板20万吨，年产值9200万元，实现利税560万元，就业130人。

1998—2015年，农信社累放建材工业贷款96.53亿元，2015年末贷款余额21.93亿元，比1998年增加20.68亿元，增长16.6倍。

1998—2015年农村信用社建材工业贷款统计表

表6-9-14　　单位：万元

年度	建材工业贷款		年度	建材工业贷款	
	累放	余额		累放	余额
1998	3065	12486	2004	2886	23668
1999	2695	15875	2005	4556	14010
2000	1886	19424	2006	6787	12437
2001	2118	21595	2007	15905	29111
2002	1909	18553	2008	12447	33768
2003	2013	21648	2009	31556	28675
2010	53788	38844	2014	193334	187598
2011	86685	81985	2015	248016	219272
2012	119615	106502			
2013	176047	161364	合计	965308	

六、农村商品流通贷款

农村商品流通贷款主要包括仓储、批发、零售等贷款。

1998—2015年，农信社累放农村商品流通贷款17.48亿元，对农村商品批发、零售、仓储、物流给予大力支持。

1998—2002年，随着农民物质生活需求的逐年提高，农村商品流通不断加速，一些从事商品批发、收购活动的企业，纷纷在农村设立商品批发和集中收购网点，商品流通过程中的流动资金需求大增。5年间农信社累放贷款9672万元，支持1300家农村商品流通服务网点的流动资金需求。2002年末农信社农村商品流通贷款余额939万元，比1998年减少3876万元。

2003—2008年，农信社累放农村商品流通贷款2.20亿元，其中1.48亿元用于支持270个农村综合集贸市场的规范治理建设，7100余万元用于支持1800个农村商品批发、收购网点建设和流动资金需求。2008年末农信社农村商品流通贷款余额4355万元，比2003年增加337万元。

2009—2012年，农信社累放农村商品流通贷款5.01亿元，其中3.1亿元用于支持1600个农副产品集中收购保鲜库、地窖建设和流动资金需求，1.9亿元用于支持1800个农村商品流通企业的流动资金需求。2012年末农信社农村商品流通贷款余额1.93亿元，比2009年增加1.50亿元。

2013—2015年，农信社累放农村商品流通贷款9.31亿元，其中4.3亿元用于支持1800多个农副产品集中收购储存、保鲜场所的建设维护和流动资金需求，5亿元用于支持2000个农村商品批发、零售单位的网点建设和流动资金需求。通过设立农村金融便民服务网点的方式，支持逐渐活跃的乡村物流行业的流动资金需求和现场交易活动。

2015年末农村商品流通贷款余额3.23亿元，比1998年增加2.75亿元，增长5.7倍。

1998—2015年农村信用社农村商品流通贷款统计表

表6-9-15　　单位：万元

年度	农村商品流通贷款		年度	农村商品流通贷款	
	累放	余额		累放	余额
1998	2257	4815	1999	2011	4663
2000	2145	9812	2009	5018	4335
2001	1826	1861	2010	6648	4521
2002	1433	939	2011	14835	7282
2003	1231	4018	2012	23565	19298
2004	2015	3986	2013	26320	24883
2005	3374	3364	2014	31328	25424
2006	4012	3438	2015	35425	32288
2007	6663	3886			
2008	4668	4355	合计	174774	

七、旅游服务业贷款

旅游服务业贷款主要包括旅游开发、餐饮、住宿贷款。

1998—2015 年，农信社累放旅游服务业贷款 177.29 亿元，支持旅游产业开发，丰富旅游文化建设，加强旅游配套服务。

1998—2002 年，农信社累放旅游服务业贷款 1.19 亿元，支持餐饮、住宿服务主体 80 家。郊区农信社贷款 3100 万元支持的新乾隆酒楼，营业面积 3000 平方米，可同时容纳 400 人用餐，餐饮服务从业人员 80 余人，年营业收入 5000 万元，实现利税 400 万元。郊区农信社贷款 1300 万元支持建设的集休闲、娱乐、餐饮、住宿于一体的狮子园度假村，可同时接待 200 余人就餐、住宿，从业人员 60 余人，年营业收入 4000 万元，实现利税 320 万元。2002 年末农信社全辖旅游服务业贷款余额 1410 万元，比 1998 年减少 6748 万元。

2003—2008 年，农信社累放旅游服务业贷款 6.44 亿元，支持餐饮住宿旅游接待项目 110 个。郊区农信社贷款 3200 万元支持建设的天宝假日酒店，是集餐饮、住宿、会议接待、休闲娱乐于一体的三星级高档服务场所，餐宿接待服务从业人员 100 余人，年营业收入 7000 万元，实现利税 560 万元。宽城县农信社贷款 2700 万元支持建设的京城大酒店，是具有接待 100 余人会议，400 余人餐饮住宿的三星级大型高档服务酒店，接待服务从业人员 80 人，年营业收入 8000 万元，实现利税 640 万元。2008 年末农信社全辖旅游服务业贷款余额 2.69 亿元，比 2003 年增加 2.12 亿元。

2009—2012 年，农信社累放旅游服务业贷款 50.89 亿元，其中 24.8 亿元用于支持景区周边、城镇周边乡村特色休闲游服务产业。兴隆县农信社通过以点带面，累计发放贷款 4.1 亿元，支持以雾灵山旅游风景名胜区为中心的乡村采摘、垂钓休闲游、中高档餐饮住宿接待项目 80 余家。其中累放贷款 5700 万元支持建设开发仟禧龙旅游服务公司，具备一次同时接待游客 600 人的能力，年营业收入 1.3 亿元，实现利税 1000 万元。贷款 1600 万元支持建设的新天翼源酒店，具备同时接待 400 名游客餐宿的能力，年营业收入 8000 万元，实现利税 640 万元。兴隆县农信社积极配合县委县政府旅游扶贫专项行动，累放贷款 1.3 亿元，支持雾灵山周围的大沟村、大安峪村、眼石村等乡村采摘、垂钓特色休闲旅游项目 130 个。雾灵山脚下的眼石村，是兴隆县雾灵山区著名的贫困村，通过农信社先后贷款 1500 万元，支持 110 户农家院建设，年接待游客 10 万余人次，当地村民由原来的每人年平均收入不足 3000 元，提高到 8000 余元。郊区农信社通过银团贷款 7000 万元，参与支持建设承德鼎盛王朝文化产业园，项目占地 3000 亩，建筑面积 33 万平方米，是河北省文化振兴“十二五”规划的 30 个重点项目之一，其中《康熙大典》实景演出，成为来承游客的观赏热点。2012 年末农信社全辖旅游服务业贷款余额 16.46 亿元，比 2009 年增加 13.58 亿元。

2013—2015 年，农信社累放旅游服务业贷款 118.77 亿元，其中 56.80 亿元用于支持大型旅游文化产业项目开发和配套设施建设。滦平县农信社累放贷款 13.14 亿元，支持金山岭长城和白草洼国家森林公园等风景区建设以及县城周边酒店建设。其中支持建设的滦平县北山大酒店、豪门大酒店、不倒翁大酒店、中兴禹达大酒店等，年接待 120 万人次，实现服务收入 26.80 亿元，实现利税 2.14 亿元。隆化县农信社累放贷款 11.34 亿元，支持七家温泉休闲度假区、茅荆坝森林公园温泉度假区、郭家屯温泉度假区，以及乡村游农家乐等特色旅游休闲服务项目，年接待游客 200 万人次，实现各项旅游服务收入 28.20 亿元，实现利税 2.26 亿元。围场农商银行累放贷款 8.30 亿元，支持开发的御道口风景区、红松洼风景区，以及丰宁满族自治县农信社累放贷款 6.70 亿元支持的京北第一草原旅游餐宿配套服务设施和景区维护等项目，促进了当地经济的发展，提高了居民的收入水平。

2015年末农信社旅游服务业贷款余额44.34亿元，相较1998年增加43.52亿元，增长53.3倍。

1998—2015年农村信用社旅游服务业贷款统计表

表6-9-16 单位：万元

年度	旅游服务业贷款		年度	旅游服务业贷款	
	累放	余额		累放	余额
1998	4826	8158	2008	20116	26885
1999	2886	6313	2009	34228	28882
2000	1105	11406	2010	98208	82321
2001	1256	4832	2011	128786	119623
2002	1875	1410	2012	247692	164648
2003	2017	5646	2013	261473	226307
2004	3864	8875	2014	428043	349547
2005	6545	10550	2015	498146	443385
2006	9765	12368			
2007	22114	26650	合计	1772945	

八、基建工程贷款

基建工程贷款主要包括城市基础设施、城中村改造、拆迁移民、高速公路、乡村公路、水利工程建设维护等贷款。

1998—2015年，农信社累放基建工程贷款312.33亿元，支持了村村通工程、“城中村”改造、双峰寺水库建设移民拆迁、农村水利工程建设与维护、承赤、承朝、承张、承秦等高速公路建设工程项目。

1998—2002年，农信社累放贷款4.17亿元，主要用于农村城镇河道疏浚、水库维护、市政工程、乡村公路修缮维护等基础项目的建设和维护。围场满族蒙古族自治县农信社累放贷款1700万元，用于伊逊河堤坝修缮、河道疏浚，庙宫水库、钓鱼台水库的加固维护；累计发放贷款1200万元，支持县域24条街区路政工程的整修和维护项目。郊区农信社累放贷款3200万元，支持市区和城郊的部分市政工程改造和建设项目。丰宁满族自治县农信社累放贷款1300万元，支持辖内4个乡镇200余千米的乡村公路工程建设项目。2002年末农信社基建工程贷款余额1.61亿元，比1998年增加5837万元。

2003—2008年，农信社累放基建工程贷款17.60亿元，主要用于乡村公路村村通工程、农村通讯网络覆盖工程、河道疏浚和堤坝加固修缮等项目。承德县农信社累放贷款1.30亿元，支持全县23个乡镇、378个行政村乡村公路村村通工程，累计通车里程1000余千米；累计发放贷款1800万元，支持辖区通信网络建设，在全县23个乡镇建设通信基站31座。平泉县农信社累放贷款 1.21 亿元，用于辽河流域堤坝加固修缮、河道疏浚和辽河源水土保护工程；累放贷款1600 余万元，支持辖内 20 个乡镇电信网络覆盖连通工程建设，建通信信号接收传输基站 26 座。2008 年农信社基建工程贷款余额 3.11 亿元，比2003 年增加 1.34 亿元。

2009—2012 年，农信社累放基建工程贷款82.95 亿元，贷款主要用于支持低产田改造、水利工程、“村村通”公路工程、高速公路建设等项目。围场县农信社累放贷款 7600 万元，支持辖内 23 个乡镇改造低产田 20 万亩。隆化县农信社累放贷款 4800 万元，支持 18 个乡镇改造低产田 16 万亩。郊区农信社累放贷款 1.23 亿元，支持政府启动双峰寺水库建设移民拆迁工程。滦平县农信社累放贷款 1.60 亿元，支持 22 个乡镇、225 个行政村实现公路“村村通”工程 1200 余千米。郊区农信社累放贷款 23.40 亿元，支持承赤高速承德段和承朝高速承德段工程项目建设。平泉县农信社累放贷款 22.10 亿元，支持承朝高速平泉段工程项目建设。围场满族蒙古族自治县农信社累放贷款 11.80 亿元，支持承赤高速公路围场支线工程项目建设。隆化县农信社累放贷款23.60 亿元，支持承赤高速公路隆化段工程项目建设。2012 年末农信社基建工程贷款余额 35.98亿元，比 2009 年增加 31.86 亿元。

2013—2015 年，农信社累放基建工程贷款207.61 亿元，其中 129.1 亿元用于支持城镇街区修缮改造和乡村公路“村村通”工程建设。郊区农信社累放贷款 34.8 亿元，支持 3 个区市政供热工程改造、排水工程、城市街区路况维护等市政工程，项目涵盖 11 个街道社区；支持辖内16 个乡镇 148 个村的乡村公路村村通工程建设，通车里程 2600 千米，基本实现了“村村通”公路的目标。围场县农信社累放贷款 30.98 亿元，支持 37 个乡镇 312 个村公路“村村通”工程，完成“村村通”公路工程建设 3100 千米。郊区农信社累放贷款 36.74 亿元，支持承唐、承秦高速公路工程承德段的拆迁移民、征地和工程建设。

2015 年末农信社基建工程贷款余额 67.33亿元，相较 1998 年增加 66.31 亿元，增长 64.7 倍。

1998—2015 年农村信用社基建工程贷款统计表

表 6-9-17　　单位：万元

年度	基建工程贷款		年度	基建工程贷款	
	累放	余额		累放	余额
1998	5039	10252	2008	48790	31050
1999	10771	11114	2009	55335	41178
2000	5550	17132	2010	128450	114322
2001	8988	22173	2011	180190	149468
2002	11308	16089	2012	465515	359776
2003	9550	17685	2013	476681	426992

续表 6-9-17

年度	基建工程贷款		年度	基建工程贷款	
	累放	余额		累放	余额
2004	18895	22790	2014	743394	603584
2005	20875	11320	2015	856068	673324
2006	33146	14467			
2007	44726	33574	合计	3123271	

九、房地产开发贷款

2000 年，农信社开办房地产开发贷款。2000—2015 年累放房地产开发项目贷款 69.02 亿元，支持房地产开发工程项目 40 多个，完成开发总面积 300 多万平方米。

2000—2005 年，农信社累放房地产开发项目贷款 19.17 亿元。郊区农信社贷款支持的祥业房地产开发公司开发建设的帝景园大厦工程项目、魁福园小区工程建设项目，富华房地产开发公司开发建设的富华山庄一期工程建设项目等，工程建设面积 80 余万平方米，工程竣工后房产价值达 35 亿元，支持了市区房地产市场的快速发展和市民的购房需要。2005 年末农信社房地产开发贷款余额 2.13 亿元，比 2000 年增加 1189 万元。

2006—2010 年，农信社累放房地产开发项目贷款 26.19 亿元。支持具有代表性的房地产开发项目有金汇房地产开发公司的承德市文化大厦工程建设项目、富华房地产开发公司的富华二期工程建设项目、翠兴房地产开发公司建设的翠兴园商品房住宅小区、御祥园商品房住宅小区等工程开发建设项目等。2010 年末农信社房地产开发项目贷款余额 4.39 亿元，比 2006 年增加 3054 万元。

2011—2015 年，农信社累放房地产开发项目贷款 23.66 亿元。其中重点支持了富华房地产开发公司建设开发的富华新天地工程项目，翠兴房地产开发公司建设开发的福地华园、翠兴大厦、二仙居商业街项目，泰丰房地产开发公司开发建设的泰丰时代城一期、二期工程项目，山城房地产开发公司开发建设的名苑山庄工程建设项目，鸿泰房地产开发有限公司承建的隆化县中心广场工程项目等。

2015 年末农信社房地产开发项目贷款余额 4.62 亿元，相较 2000 年增加 2.61 亿元，增长 1.3 倍。

2000—2015 年农村信用社房地产开发贷款统计表

表 6-9-18　　单位：万元

年度	房地产开发贷款		年度	房地产开发贷款	
	累放	余额		累放	余额
2000	24580	20101	2009	48876	42235
2001	21522	31836	2010	51215	43922
2002	23499	24745	2011	49665	43292

续表 6-9-18

年度	房地产开发贷款		年度	房地产开发贷款	
	累放	余额		累放	余额
2003	23896	27072	2012	44874	38638
2004	33177	11426	2013	41185	38129
2005	65050	21290	2014	48586	42696
2006	57329	40868	2015	52280	46216
2007	53341	47708			
2008	51138	39362	合计	690213	

第四节 非农贷款、贴现

1989—2009 年，设置其他企事业单位贷款。其他企事业单位贷款主要为乡镇行政机关、事业单位，在财政资金或运营资金临时缺位时，向农信社借贷应急，主要为借贷应急贷款。包括早期的单位三产、挂靠行政事业单位的商业经营、生产活动贷款。2010 年后，农信社其他企事业贷款全部调整为非农贷款科目进行核算。

一、其他企事业单位贷款

1989—1993 年，承德地区城乡在以经济发展为中心的政策推动下，各种行政事业单位三产、挂靠企业、商业经营活动单位纷纷出现，农信社其他企事业贷款需求快速增长。5 年间，农信社累放其他企事业单位贷款 8055 万元，1993 年末余额 4182 万元。

1994—1998 年，农信社累放其他企事业单位贷款 11.37 亿元，一部分用于支持辖内行政、医疗、教育等事业单位临时性周转资金，另一部分用于支持行政事业单位挂靠的第三产业流动资金。如以乡镇政府部门名义开办的汽车修理厂、加油站、农用物资供应站等。农信社将此类贷款均列入其他企事业单位贷款科目中核算。1998 年末农信社其他企事业单位贷款余额 9079 万元，比 1994 年减少 1.08 亿元。

1999—2003 年，农信社累放其他企事业单位贷款 10.12 亿元。此期间民营教育、民营医疗等组织机构迅速兴起，农信社将支持此类企事业单位的贷款，列入行政事业单位贷款中核算。如围场满族蒙古族自治县农村信用社，先后累放贷款 2400 万元，支持民营教育卉原中学的建设和发展，在校就读学生达 8000 人，教职员工 400 余人，使其成为承德辖内闻名的民办教育机构。2003 年末农信社行政事业单位贷款余额 3.01 亿元，比 1999 年增加 2.00 亿元。

2004—2009 年，农信社累计发放其他企事业单位贷款 68.10 亿元，其中用于支持民营教育培训、医疗卫生行业贷款 34.76 亿元。郊区农信社累放贷款 1.70 亿元，支持的民营医疗机构承德北方医院，拥有住院床位 400 余张、医护人员 200 余名。围场满族蒙古族自治县农信社累放贷款 4200 万元，支持创建民营教育机构天卉中学，可容纳在校学生 6000 余人、教职员工 300 余人。

1989—2009 年，承德市农信社累放贷款 90.40 亿元；2009 年末其他企事业贷款余额 6.16 亿元。

1989—2009 年农村信用社其他企事业单位贷款统计表

表 6-9-19　　　　单位：万元

年度	其他企事业单位贷款		年度	其他企事业单位贷款	
	累放	余额		累放	余额
1989	191	33	2000	8138	9739
1990	351	196	2001	28330	24925
1991	335	256	2002	21574	21209
1992	1138	567	2003	31817	30052
1993	6040	4182	2004	43818	37722
1994	26839	19851	2005	76792	45070
1995	32003	26061	2006	146581	72310
1996	25115	31573	2007	178236	97452
1997	18707	32486	2008	145788	74239
1998	11065	9079	2009	89779	61595
1999	11373	10018	合计	904010	

二、非农贷款

农信社非农贷款主要为各基层农信社驻地的乡村医疗卫生、乡村文化教育等事业单位提供信贷支持。2010 年开始使用非农贷款科目。

2010—2013 年，农信社累放非农贷款 14.33 亿元，贷款投放主要以改善农村医疗条件和农村基础教育环境和条件为目标。其中 6.80 亿元用于支持 110 多个乡镇改善办学条件。丰宁满族自治县农信社累放贷款 1.20 亿元，支持辖内 20 多个乡镇翻建了中小学校舍，完善了教学配套设施。兴隆县农信社累放贷款 8200 万元，支持辖区 16 个乡镇卫生院的改建、扩建和医疗设备的更新配置，以及农村医疗附属配套设施的完善。2013 年末农信社非农贷款余额 2.50 亿元，比 2010 年减少 3.15 亿元。

2014—2015 年，农信社累放非农贷款 3.67 亿元，其中 2.12 亿元用于支持 30 多个乡镇卫生院的翻建、扩建和更新增置医疗设备；1.33 亿元用于支持辖内 20 多个乡镇中学校舍翻建、整修，及教学附属配套设施完善的资金需求。

2010—2015 年，农信社累放非农贷款 18 亿元，为农村乡镇公共医疗卫生和公共文化教育事业的发展，给予大力支持。2015 年末，农信社非农贷款余额 2.21 亿元。

2010—2015 年农村信用社非农贷款统计表

表 6-9-20　　　　单位：万元

年度	非农贷款		年度	非农贷款	
	累放	余额		累放	余额
2010	65878	56513	2014	14573	18924
2011	46538	53022	2015	22133	22110
2012	16968	32207			
2013	13914	24985	合计	180004	

三、贴现

农信社于 2001 年开办银行承兑汇票贴现业务。2015 年全辖停办。2001—2014 年，农信社累放贴现贷款 38.95 亿元，为企业和个人应急融资提供了方便。

2001—2014 年农村信用社贴现业务统计表

表 6-9-21　　　　单位：万元

年度	贴现贷款		年度	贴现贷款	
	累放	余额		累放	余额
2001	45	45	2009	8575	1730
2002	6551	4264	2010	22769	220
2003	41725	9908	2011	21680	15472
2004	71082	17206	2012	26558	9691
2005	55695	8042	2013	40038	19768
2006	38812	15731	2014	11903	178
2007	24180	8343			
2008	19878	3613	合计	389491	

第五节 个人经营贷款

个人经营贷款是农信社面向农户发放的用于生产经营的贷款。按用途划分为个体承包经营贷款、种植养殖业贷款、加工制造业贷款、运输业贷款、其他贷款等。农信社在信用贷款、担保贷款、抵押贷款等传统信贷方式的基础上，拓展了农户联保贷款、小额信用贷款等方式，特别是在2014年推出“农贷宝”特色惠农卡，最高授信额度30万元，一次授信，循环使用，随借随还，在省内任何农信网点均可受理持卡客户的借贷和还贷业务。1989—2015年累放个人经营贷款1723.17亿元，2015年末余额156.44亿元，占农信社各项贷款余额的42.7%，有力地促进了农村个体经济的发展。

一、个体承包经营贷款

1989—1993年，农信社累放个体承包经营贷款5.64亿元，主要对集体荒山、集体土地、集体厂矿等个体承包经营户给予支持。其中累放贷款2.77亿元，支持全辖80万亩荒山承包开发，其中承包千亩荒山以上大户230户，荒山承包经营项目主要为育林、育苗、林果栽培等，年均产生经济效益8.10亿元；累放贷款1.63亿元，支持450万亩土地承包经营，其中支持100亩以上土地承包大户6400户，主要以种植玉米、水稻、马铃薯、蔬菜、中草药为产业主导，年均产生经济效益36.50亿元；累放贷款1.25亿元，支持水库、集体厂矿等承包经营。1993年末农信社个体承包户贷款余额8908万元，比1989年减少2344万元。

1994—1998年，农信社累放个体承包经营贷款7.36亿元。其中累放贷款2.28亿元，支持2700户农户承包经营120万亩集体山林，年均产生山林经济效益15.76亿元；累放贷款2.44亿元，支持对470万亩集体土地由个人承包经营，年均产生经营效益94.20亿元；累放贷款2.64亿元，支持对农村集体厂矿、城镇基建工程实行承包经营。1998年末农信社个体承包经营贷款余额1.24亿元，比1993年增加3520万元，增长39.51%。

1999—2003年，农信社累放个体承包经营类贷款9.61亿元。其中累放贷款3.24亿元，支持2800户个体承包户对140万亩集体山林实行承包经营，年均产生经济效益14.10亿元；累放贷款2.69亿元，支持对350万亩集体土地实行个体承包经营，年均产生经济效益28.6亿元；累放贷款3.68亿元，支持对23座水库、城镇农村基建工程实行个体承包经营。2003年末农信社个体承包经营类贷款余额2.96亿元，比1998年增加1.71亿元，增长1.38倍。

2004—2008年，农信社累放个体承包经营类贷款43.15亿元。其中累放贷款9.78亿元，支持3400户农户承包开发集体山林、集体牧场320万亩，年均产生经营效益16.75亿元；累放贷款9.35亿元，支持300亩以上的土地承包大户4700户，承包土地550万亩，年均产生经营效益44.56亿元；累放贷款9.33亿元，支持各类城乡基建工程个体承包户1400户，对农村耕地灌溉用机井、水库维护、农村公路工程、新民居工程等项目实行承包经营；累放贷款8.88亿元，支持对集体厂矿实行个体承包经营，承包项目包括集体粮油米面加工厂，集体铁矿、石灰矿、佛石矿等；累放贷款5.81亿元，支持餐饮、住宿、运输等承包项目。2008年末农信社个体承包经营贷款余额9.67亿元，比2003年增加6.71亿元，增长2.27倍。

2009—2013年，农信社累放个体承包经营贷款100.53亿元。其中累放贷款64.84亿元，支持农民工为主体的城乡个体建筑施工队参与城乡安居工程、路桥工程、水电通信工程等工程建设。如围场满族蒙古族自治县农信社5年间累放贷款18.78亿元，支持辖内70多家个体施工队参与公路工程、房地产开发、乡村通信、河道疏浚、农田水利工程，完成工程总造价34.2亿元；累放贷款23.48亿元，支持7100户集体山林和耕地个体承包户的生产经营。如围场满族蒙古族自治县累放贷款1.78亿元，支持66户荒山承包户承包接坝地区荒山4万余亩，从事育苗、绿化树栽培等活动，实现经济效益平均每年4200余万元；累放贷款12.21亿元，支持对集体厂矿实行个体承包和农村个体工商户的各类生产经营。2013年末农信社个体承包经营贷款余额21.89亿元，比2008年增加12.22亿元，增长1.26倍。

2014—2015年，农信社累放个体承包经营贷款65.37亿元。其中累放贷款21.65亿元，支持城乡基建工程个体承包队解决短期流动资金。如隆化县农信社累放贷款1.73亿元，支持16支农民工工程承包队，承揽城乡公路工程、城镇商品房建设工程等，带动就业1200余人。围场满族蒙古族自治县农信社累放贷款2.26亿元，支持18支农民工工程承包队伍在城乡承揽各类基础建设工程，带动农民工就业1300余人；累放贷款19.36亿元，支持集体山林耕地个体承包经营；累放贷款24.36亿元，支持对集体、国有厂矿实行个体承包经营和农村个体工商户购销活动。

1989—2015年，累放个体承包经营贷款231.67亿元，2015年贷款余额30.21亿元，比1989年增加29.08亿元，增长25.85倍。

1989—2015年农村信用社个体承包贷款统计表

表6-9-22 单位：万元

年度	个体承包贷款		年度	个体承包贷款	
	累放	余额		累放	余额
1989	13346	11252	2003	31138	29562
1990	12143	9500	2004	52855	35486
1991	11587	7286	2005	89582	66586
1992	9106	7207	2006	77564	52589
1993	10226	8908	2007	98956	63775
1994	9137	8864	2008	112535	96683
1995	12426	9011	2009	148868	113256
1996	15538	12579	2010	189850	150870
1997	18950	14485	2011	182856	173238
1998	17564	12428	2012	238858	188568
1999	19688	14485	2013	244856	218865
2000	14323	12253	2014	284886	255658
2001	13324	15516	2015	368856	302074
2002	17636	17223	合计	2316654	

二、个体种植养殖业贷款

个体种植养殖业贷款主要包括支持农户发展特色经济作物种植、畜牧养殖、家畜蛋禽养殖等贷款。

1989—1993年，农信社累放个体种植养殖业贷款5.47亿元。其中累放贷款2.13亿元支持发展特色种植业。滦平县农信社5年间累放贷款1.24亿元，支持温室大棚蔬菜种植户和中草药种植户，温室大棚由1989年的200个增至1993的800个，蔬菜种植面积近1000亩，年产蔬菜5100吨，产值1020万元。黄芩、芍药等中草药种植面积500亩，年产值1800万元；累放贷款3.34亿元支持发展个体养殖业。围场满族蒙古族自治县农信社5年累放贷款1.17亿元，支持个体养鸡1200户，年均为市场供应活鸡200万只。产值1.40亿元。隆化县农信社5年累放贷款1.87亿元，支持240户个体养牛专业户，其中50头以上养牛大户160户，年均存栏1.1万头，产值4400万元。1993年末农信社个体种植养殖业贷款余额1.43亿元，比1989年增加1.05亿元。

1994—1998年，农信社累放个体种植养殖业贷款12.89亿元。其中累放贷款7.25亿元支持各类畜牧养殖、家禽家畜养殖专业户3800户。隆化县农信社5年累放贷款2.64亿元，支持肉牛养殖育肥专业户600户，年均存栏肉牛3万头，产值1.55亿元。丰宁满族自治县农信社5年累放贷款2.36亿元，支持养羊专业户1000户，年均存栏20万只，产值1.56亿元；累放贷款5.64亿元，支持各类特色种植专业户。平泉县农信社5年累放贷款1.87亿元，支持1200户专业户发展食用菌种植面积6000亩，年产食用菌6万吨，产值10.45亿元。兴隆县农信社5年累放贷款1.55亿元，支持800户林果种植专业户发展林果面积1万亩，其中50亩以上大户110余户，年产水果2.5万吨，产值1.12亿元。1998年末农信社种养殖专业户贷款余额2.88亿元，比1993年增加1.46亿元，增长1.02倍。

1999—2003年，农信社累放个体种植养殖业贷款25.06亿元。其中累放贷款14.74亿元，支持个体畜牧养殖专业户3500户。其中奶牛肉牛养殖专业户1800户，年均存栏5.4万头，产值3.24亿元。养羊专业户1700户，年均存栏18万只，产值1.26亿元。丰宁满族自治县农信社5年累放贷款5.27亿元，支持奶牛专业户860户，其中养殖50头以上的大户300户。围场满族蒙古族自治县农信社5年累放贷款4.39亿元，支持养羊专业户680户，其中400只以上养殖大户230户；累放贷款3.66亿元，支持家禽、生猪个体养殖专业户。滦平县农信社5年累放贷款1.69亿元，支持160户禽蛋养殖大户，年均存栏鸡180万只，年产蛋2.7万吨，产值1.62亿元。平泉县农信社5年累放贷款1.56亿元，支持生猪养殖专业户230户，年平均出栏生猪6.9万头，产值9600万元；累放贷款6.67亿元，支持特色种植专业户7000户，其中温室大棚错季蔬菜种植户4600户，蔬菜种植面积2.3万亩，年产蔬菜5.8万吨，产值1.74亿元。支持林果种植专业户1000户，林果种植面积1.1万亩，年产各种水果2.75万吨，产值1.12亿元。2003年末农信社个体种植养殖业贷款余额5.54亿元，比1998年增加2.66亿元，增长47.98%。

2004—2008年，农信社累放个体种植养殖业贷款57.21亿元。其中累放贷款35.49亿元，支持畜牧养殖专业户4700户，其中奶牛养殖户2200户。丰宁满族自治县农信社5年累放贷款9.66亿元，支持奶牛养殖专业户1000户，其中50头以上养殖大户370余户。年产值4.30亿元。隆化县农信社5年累放贷款7.85亿元，支持肉牛育肥养殖专业户860户，其中80头以上肉牛养殖大户320户。年均产值2.40亿元；累放贷款21.72亿元，支持特色种植专业户1.1万户。郊区农信社5年累放贷款7.37亿元，支持农村温室大棚错季蔬菜种植户1200户，蔬菜大棚种植面积6000亩，年产蔬菜4.6万吨，年均产值1.38亿元。平泉县农信社5年累放贷款5.87亿元，支持2600户食用菌种植专业户，食用菌种植面积8000亩，年产食用菌16万吨，产值33.50亿元。承德县农信社5年累放贷款5.69亿元，支持林果种植专业户2100户，林果种植面积2.1万亩，年产各种水果2.625亿千克，年均产值2.10亿元。2008年末农信社个体种植养殖业贷款余额13.56亿元，比2003年增加8.01亿元，增长1.45倍。

2009—2013年，农信社累放个体种植养殖业贷款155.56亿元。其中累放贷款89.88亿元，支持家禽、生猪养殖专业户。围场满族蒙古族自治县农信社5年累放贷款22.46亿元，支持畜牧养殖专业户3300户，其中养牛80头以上大户700户，养羊500只以上大户400户，养马30匹以上大户270户，个体畜牧养殖业总产值57.38亿元。支持养鸡专业户4000户，其中5000只以上养殖户2800户，禽蛋年平产值23.30亿元。支持年均出栏300头以上的养猪专业户1600户，产值6.30亿元；累放贷款65.69亿元，支持种植专业户。平泉县农信社5年累放贷款21.25亿元，支持食用菌养殖专业户3700户，食用菌栽培面积1.85万亩，年均生产食用菌3.7万吨，产值58.80亿元。滦平县农信社5年累放贷款9.89亿元，支持专业户4200户，种植大棚蔬菜2.10万亩，年产蔬菜9800万吨，年均产值6.30亿元。支持黄芩、芍药等中草药种植专业户2100户，种植面积6300亩，年均产值3.20亿元。2013年末农信社个体种植养殖业贷款余额28.96亿元，比2008年增加15.40亿元，增长1.14倍。

2014—2015年，农信社累放个体种植养殖业贷款80.36亿元。其中累放贷款53.66亿元，支持畜牧养殖专业户7400户。其中养牛专业户3300户，年均存栏35.6万头，产值17.8亿元。蛋禽养殖专业户1.2万户，年均养鸡4800万只，产值36.3亿元；累放贷款26.70亿元，支持温室蔬菜、林果、食用菌、中草药等个体专业种植户16800户，其中温室大棚蔬菜种植面积6.5万亩，种植户6700户，年产蔬菜32.5万吨，产值13.10亿元。食用菌种植专业户2700户，种植面积1.2万亩，年产食用菌25万吨，年均产值46.60亿元。中草药种植面积6800亩，年均产值2.52亿元。

1989—2015年，累放个体种植养殖业贷款336.55亿元，2015年末贷款余额39.87亿元，比1989年增加39.49亿元。

1989—2015年农村信用社个体种植养殖业贷款统计表

表6-9-23　　单位：万元

年度	个体种植养殖业贷款		年度	个体种植养殖业贷款	
	累放	余额		累放	余额
1989	4755	3744	1995	19985	14223
1990	8186	6721	1996	20385	13424
1991	13464	11089	1997	33216	25070
1992	14459	12083	1998	41230	28840
1993	13877	14265	1999	48896	30117

续表 6-9-23

年度	个体种植养殖业贷款		年度	个体种植养殖业贷款	
	累放	余额		累放	余额
1994	14053	12563	2000	39876	29656
2001	46568	34546	2009	289560	225830
2002	55132	54012	2010	305658	233573
2003	60170	55436	2011	298879	252009
2004	77967	62278	2012	322562	265586
2005	105423	82280	2013	338989	289562
2006	89265	60676	2014	378985	326678
2007	122753	91158	2015	424575	398650
2008	176655	135564	合计	3365523	

三、个体加工制造业贷款

1989—1993年，农信社累放个体加工制造业贷款6.63亿元，支持对象主要为农副产品深加工、食品加工、其他手工业制造等个体经济组织。平泉县农信社5年累放贷款2.32亿元，支持420户食用菌深加工，年产干食用菌及食用菌制品8000吨，产值5.20亿元。围场满族蒙古族自治县农信社5年累放贷款1.85亿元，支持560家个体土豆淀粉和淀粉制品经营户，年均生产土豆淀粉及淀粉制品2.8万吨，产值4.48亿元。1993年末农信社个体加工制造业贷款余额1.48亿元，比1989年增加1.21亿元。

1994—1998年，农信社累放个体加工制造业贷款9.91亿元。围场满族蒙古族自治县农信社5年累放贷款4.24亿元，支持土豆淀粉加工730户，年生产土豆淀粉2.92万吨，产值4.67亿元。隆化县农信社5年累放贷款2.66亿元，支持山野菜脱水腌渍、杏仁脱皮脱苦等加工专业户870户，年生产腌渍保鲜山野菜1.2万吨，产值2.88亿元。年生产脱皮脱苦杏仁8000吨，产值4.16亿元。1998年末农信社个体加工制造业贷款余额1.86亿元，比1993年增加3778万元，增长25.55%。

1999—2003年，农信社累放个体加工制造业贷款18.73亿元。平泉县农信社5年累放贷款6.79亿元，支持1400户食用菌深加工，年产干食用菌1.5万吨，产值12.3亿元。围场满族蒙古族自治县农信社5年累放贷款6.44亿元，支持1700户土豆淀粉加工个体户，年均生产土豆淀粉1.82万吨，产值2.91亿元。隆化县农信社5年累放贷款5.50亿元，支持1200户山野菜脱水保鲜和杏仁脱皮脱苦加工户，平均年产保鲜山野菜1.2万吨，产值2.88亿元。年均生产脱皮脱苦杏仁4600吨，产值2.39亿元。2003年末农信社个体加工制造业贷款余额4.65亿元，比1998年增加2.79亿元，增长1.50倍。

2004—2008 年，农信社累放个体加工制造业贷款 56.41 亿元。围场满族蒙古族自治县农信社累放贷款 18.79 亿元，支持 2400 家土豆淀粉、土豆粉条加工户。平均年产土豆淀粉 2.74 万吨，产值 4.93 亿元。平均年产土豆粉条 7800 吨，产值 3.9 亿元。平泉县农信社 5 年累放贷款 17.86 亿元，支持 2300 户食用菌深加工，年产干食用菌及食用菌制品 2.4 万吨，产值 19.2 亿元。隆化县农信社 5 年累放贷款 16.55 亿元，支持 1400 户山野菜保鲜和杏仁脱皮脱苦加工户，年平均生产保鲜山野菜 1.3 万吨，产值 3.12 亿元。年生产加工脱皮脱苦杏仁 4800 吨，产值 2.46 亿元。2008 年末农信社个体加工制造业贷款余额 14.22 亿元，比 2003 年增加 9.58 亿元，增长 2.06 倍。

2009—2013 年，农信社累放个体加工制造业贷款 121.73 亿元。围场满族蒙古族自治县农信社 5 年累放贷款 45.67 亿元，支持 2800 户土豆淀粉和土豆粉条生产加工户，年平均生产土豆淀粉 3.12 万吨，产值 5.19 亿元。年平均生产土豆粉条 1.2 万吨，产值 60.2 亿元。支持 1300 户山野菜、土特产品保鲜、晾晒加工个体户，年生产保鲜蕨菜、黄花菜及干野生菌类 6500 吨，产值 10.40 亿元。隆化县农信社 5 年累放贷款 39.89 亿元，支持 1200 户山野菜保鲜加工户，年平均生产保鲜山野菜 2.3 万吨，产值 5.52 亿元。支持杏仁脱皮脱苦个体加工户 1300 户，年生产脱皮脱苦杏仁 1.1 万吨，产值 5.72 亿元。平泉县农信社 5 年累放贷款 23.45 亿元，支持 2400 户食用菌深加工，平均年产干食用菌及食用菌制品 2.45 万吨，产值 19.6 亿元。兴隆县农信社 5 年累放贷款 12.72 亿元，支持个体水果制品及山野菜等土特产品加工户 1100 户，年均生产果丹皮、果脯等水果制品 9000 吨，产值 3.6 亿元。年均生产加工干鲜野生食用菌、山野菜 6000 吨，产值 7.2 亿元。2013 年末农信社个体加工制造业贷款余额 26.59 亿元，比 2008 年增加 14.36 亿元，增长 1.18 倍。

2014—2015 年，农信社累放个体加工制造业贷款 71.69 亿元。围场满族蒙古族自治县农信社累放贷款 24.66 亿元，支持土豆淀粉及淀粉制品加工户 2830 户，年平均生产土豆淀粉 3.3 万吨，产值 5.28 亿元。土豆粉条 1.26 万吨，产值 6.30 亿元。支持 1380 户野山菌、山野菜烘干晾晒、保鲜加工户，年均生产加工各类山野菜、野山菌 7000 吨，产值 11.20 亿元。平泉县农信社累放贷款 18.86 亿元，支持 2380 户食用菌保鲜烘干加工户，平均年产保鲜烘干食用菌及食用菌制品 2.5 万吨，产值 20.10 亿元。隆化县农信社累放贷款 16.56 亿元，支持杏仁脱皮脱苦加工户 1520 户，年生产脱皮脱苦杏仁 1.3 万吨，产值 6.76 亿元。支持山野菜保鲜加工户 1350 户，年平均生产保鲜山野菜 2.5 万吨，产值 5.98 亿元。兴隆县农信社累放贷款 11.61 亿元，支持水果制品及山野菜保鲜加工户 1300 户，年均生产果丹皮、果脯等水果制品 1.1 万吨，产值 4.20 亿元，年均生产干鲜包装野山菌、山野菜等土特产品 7800 吨，产值 12.48 亿元。

1989—2015 年，农信社累放个体加工制造业贷款 285.10 亿元，2015 年末贷款余额 33.69 亿元，比 1989 年增加 33.42 亿元，增长 123 倍。

1989—2015 年农村信用社个体加工制造业贷款统计表

表 6-9-24

单位：万元

年度	个体加工制造业贷款		年度	个体加工制造业贷款	
	累放	余额		累放	余额
1989	6568	2712	1991	15458	8848
1990	9665	5353	1992	16785	13503
1993	17869	14787	2005	96686	81187
1994	13342	10495	2006	121532	79687
1995	18804	12325	2007	108586	84216
1996	18856	17878	2008	150897	142218
1997	24565	21156	2009	188526	168896
1998	23559	18565	2010	216564	184545
1999	34336	24060	2011	226580	182385
2000	28808	23352	2012	286859	232557
2001	30775	21785	2013	298780	265850
2002	42146	38204	2014	328806	270560
2003	51259	46458	2015	388064	336895
2004	86356	80877	合计	2851031	

四、个体运输业贷款

农信社发放的个体运输业贷款，对象为城乡客运线路个体营运户、城乡商品流通货物运输个体户，以及城乡出租车、工程运输、矿山运输营运户。

1989—1993 年，农信社累放个体运输业贷款 3.16 亿元，支持客货运汽车营运个体户 1.9 万户，购置运输车辆、农用机械 2.1 万辆次。1993 年末农信社个体运输业贷款余额 5928 万元，比 1989 年增加 3188 万元。

1994—1998 年，农信社累放个体运输业贷款 7.01 亿元。其中累放贷款 2.68 亿元，支持城乡、城际客运线路个体营运户 1200 户，购置车辆 1330 辆次，基本实现全市近千条客运交通线路城乡全覆盖；累放贷款 3.87 亿元，支持乡村各类农用货物运输车辆购置 2410 台次；累放贷款 4670 万元，支持个体工程承包运输车辆购置 150 辆次。1998 年末农信社个体运输业贷款余额 1.10 亿元，比 1993 年末增加 5104 万元，增长 86.10%。

1999—2003 年，农信社累放个体交通运输业贷款 18.94 亿元。其中累放贷款 8.78 亿元，支持县域间、城乡间客运线路个体营运户和个体出租车营运户车辆更新，5 年间支持大中型客运、小型出租营运户购置营运车辆 5850 辆次；累放贷款 5.87 亿元，支持重型运输个体营运户购置工程建设运输车辆 2340 辆次；累放贷款 4.29 亿元，支持农用运输、物流运输个体营运户购置货运车辆 5360 辆次。2003 年末农信社个体运输业贷款余额 3.38 亿元，比 1998 年末增加 2.28 亿元，增长 2.06 倍。

2004—2008 年，农信社累放个体运输业贷款 88.54 亿元。其中累放贷款 56.48 亿元，支持城乡客运、小型出租客运、私家车等车辆购置 2.82 万辆次；累放贷款 17.56 亿元，支持重型运输个体营运户车辆购置 5850 辆次；累放贷款 14.50 亿元，支持农用运输、城乡物流运输车辆购置 131180 辆次。2008 年末农信社个体运输业贷款余额 16.67 亿元，比 2003 年增加 13.29 亿元，增长 3.93 倍。

2009—2013 年，农信社累放个体运输业贷款 175.84 亿元。其中累放贷款 94.66 亿元，支持城乡、城际客运线路个体营运户、出租车营运户、家庭用车户购置车辆 47320 辆次；累放贷款 45.75 亿元，支持城乡工程货物运输个体营运户车辆购置 15250 辆次；累放贷款 35.43 亿元，支持农用运输、物流运输个体营运户车辆购置 33220 辆次。2013 年末农信社个体运输贷款余额 32.77 亿元，比 2008 年增加 16.10 亿元，增长 96.59%。

2014—2015 年，农信社累放个体运输业贷款 101.08 亿元。其中累放贷款 35.58 亿元，支持客运线路营运户、出租汽车营运户、家庭用车户购置车辆 17790 辆次；累放贷款 44.67 亿元，支持工程货物运输营运户车辆购置 14890 辆次；累放贷款 20.83 亿元，支持农用运输、城乡物流运输营运户车辆购置 19830 辆次。1989—2015 年农信社累放个体运输业贷款 394.57 亿元，2015 年贷款余额 35.26 亿元，比 1989 年增加 34.98 亿元。

1989—2015 年农村信用社个体运输贷款统计表

表 6-9-25 单位：万元

年度	个体运输贷款		年度	个体运输贷款	
	累放	余额		累放	余额
1989	4846	2740	2003	78794	33785
1990	7239	3932	2004	124531	55806
1991	7161	3095	2005	155368	78505
1992	4594	5111	2006	167453	85580
1993	7789	5928	2007	199474	123528
1994	7455	6998	2008	238559	166685
1995	9255	7332	2009	389660	243385
1996	11547	6859	2010	366742	323189
1997	21881	10023	2011	312447	325598
1998	19968	11032	2012	335880	318685
1999	20564	13214	2013	353675	327687
2000	19968	14407	2014	488590	366707
2001	21213	16673	2015	522187	352570
2002	48869	28896	合计	3945709	

五、个体其他行业经营贷款

农信社发放的个体其他行业经营贷款，主要支持城乡个体工商户经营日用商品批发零售、农产品储运、旅馆餐饮、农家院等产业项目。

1989—1993年，农信社累放个体其他行业经营贷款5447万元。其中累放贷款3327万元，支持城乡790户个体商户经营日用品批发零售、农产品储运的短期流动资金需求。累放贷款2120万元，支持城乡220户旅馆餐饮个体服务业的发展。1993年末农信社个体其他行业贷款余额1500万元，比1989年增加1374万元。

1994—1998年，农信社累放个体其他行业贷款14.96亿元。其中累放贷款8.86亿元，支持城乡商品批发零售个体经营户7380户。累放贷款6.10亿元，支持城乡餐饮住宿等服务业个体经营户7620户。1998年末农信社个体其他行业贷款余额4.86亿元，比1993年增加4.71亿元，增长31.42倍。

1999—2003年，农信社累放个体其他行业贷款37.04亿元。其中累放贷款22.85亿元，支持快速兴起的特色乡村游、农家院等新兴旅游服务产业。累放贷款14.19亿元，支持城镇街道、乡村社区发展日常生活便利店、让利店，推动城乡商品快速流通。郊区农信社5年累放贷款13.26亿元，支持城市周边农村蔬菜采摘园、水果采摘园、乡村垂钓园等特色休闲旅游服务项目510个，支持建设农家院特色餐饮、民宿服务480余家。年均实现乡村休闲游服务收入3.53亿元。承德县农信社5年累放贷款9.59亿元，支持水果采摘园160个，农家院270个，年均实现乡村特色旅游服务收入2.24亿元。2003年末农信社个体其他行业贷款余额7.65亿元，比1998年增加2.79亿元，增长0.57倍。

2004—2008年，农信社累放个体其他行业贷款129.43亿元。其中累放贷款98.46亿元，大力发展乡村游、农家乐特色产业。累放贷款30.97亿元，支持205个乡镇、2100个行政村、1.26万个自然村发展便利店，促进了农村商品流通。隆化县农信社5年累放贷款75.59亿元，支持7家镇充分利用资源优势开发温泉度假休闲产业，先后支持建成家庭式温泉休闲服务专业户3420户，支持乡村农家乐餐饮专业户2730户。当地居民通过发展乡村休闲旅游服务，年均创收18.45亿元。2008年末农信社个体其他行业贷款余额17.99亿元，比2003年增加10.34亿元，增长1.35倍。

2009—2013年，农信社累放个体其他行业贷款188.35亿元。其中累放贷款154.69亿元，支持乡村特色休闲旅游度假服务产业。累放贷款33.66亿元，继续大力推动城乡居民社区便利店建设，加快城乡商品流通，方便居民消费。隆化县农信社5年累放贷款68.49亿元，支持开发温泉度假休闲服务户2600家，支持农家乐餐饮服务个体户2800家，年均实现乡村旅游服务总收入16.20亿元。兴隆县农信社5年累放贷款52.24亿元，支持应季水果采摘园1320个，支持乡村餐饮、民宿农家乐1430户，年均实现乡村旅游服务总收入8.56亿元。郊区农信社5年累放贷款21.66亿元，支持城市周边乡村垂钓园40个，蔬菜采摘园1230个，水果采摘园800个，乡村餐饮民宿农家乐1600家，年均实现乡村旅游服务总收入11.01亿元。2013年末农信社个体其他行业贷款余额21.21亿元，比2008年末增加3.22亿元，增长17.9%。

2014—2015年，农信社累放个体其他行业贷款104.96亿元。其中累放贷款76.58亿元，继续支持乡村特色旅游休闲度假服务产业。累放贷款28.38亿元，支持个体工商户发展日常生活用品批发零售，推动城乡居民生活便利店网点建设，方便城乡居民日常购物需求。隆化县农信社累放贷款34.75亿元，继续对3700家温泉度假、乡村采摘、餐饮农家乐服务业给予支持，年平均实现乡村旅游服务总收入12.10亿元。承德县农信社累放贷款22.55亿元，支持乡村休闲垂钓园

50个，水果采摘园800个，蔬菜采摘园1100个，农家乐餐饮民宿项目1600个，年平均实现乡村游服务总收入14.42亿元。郊区农信社累放贷款19.28亿元，支持市区周边乡村采摘、农家乐休闲项目2700个，年实现乡村旅游服务总收入12.18亿元。

1989—2015年，农信社累放个体其他行业贷款475.27亿元，2015年末贷款余额17.42亿元，比1989年增加17.41亿元。有力地支持了城乡个体经济向多元化发展。

1989—2015年农村信用社其他个人经营贷款统计表

表6-9-26　　　　单位：万元

年度	其他个人经营贷款		年度	其他个人经营贷款	
	累放	余额		累放	余额
1989	129	126	2003	123508	76515
1990	1046	837	2004	192986	79232
1991	799	972	2005	293489	88298
1992	1475	1418	2006	220252	101409
1993	1998	1500	2007	288157	119158
1994	5339	2023	2008	299384	179889
1995	23536	14240	2009	444263	223839
1996	27934	9785	2010	389169	235410
1997	43150	20123	2011	296524	267086
1998	49615	48625	2012	361147	199558
1999	58864	52129	2013	392367	212089
2000	41309	36702	2014	437243	350377
2001	57131	55439	2015	612340	174212
2002	89586	44199	合计	4752740	

第六节 个人消费贷款

一、个人生活贷款

农信社发放的个人生活贷款，早期主要帮助农村居民解决婚丧嫁娶、房屋修缮改造、就医住院、基本生活必需品购置发生的资金困难。随着物质生活水平不断丰富，相应增加了住房按揭贷款、汽车按揭贷款等贷款项目。

1989—1993 年，农信社累放个人生活消费贷款 3.07 亿元，主要是帮助农村居民解决临时性生活困难。如居民就医、婚丧嫁娶、房屋改造修缮等。以村民联名签字、村委会出具证明的形式向农信社申请贷款，农信社通过核实调查审批发放。1993 年末农信社个人生活贷款余额 3253 万元，比 1989 年增加 137 万元。

1994—1998 年，农信社累放个人生活消费贷款 3.03 亿元。在贷款帮助城乡居民解决临时困难的基础上，扩大到住房改造、装修、迁居购房等项目。1998 年末农信社个人生活消费贷款余额 8796 万元，比 1993 年增加 5543 万元，增长 1.70 倍。

1999—2003 年，农信社累放个人生活消费贷款 5.79 亿元。随着农村居民消费观念的转变，农信社贷款相应支持了农村居民居住条件和生活条件的改善。2003 年末农信社个人生活消费贷款余额 9517 万元，比 1998 年增加 721 万元。

2004—2008 年，农信社累放个人生活消费贷款 33.02 亿元。贷款主要支持农村居住条件改善和农村居民迁居城镇落户购房。随着农村进城务工经商人口逐年增加，并逐步融入城市生活，解决住房问题成为进城务工经商人员的迫切需求。农信社采取林权抵押、农户联保等方式，支持进城务工经商人员在城市定居购房，改善居住条件。2008 年末农信社个人生活消费贷款余额 6.23 亿元，比 2003 年增加 5.28 亿元，增长 5.54 倍。

2009—2013 年，农信社累放个人生活消费贷款 52.27 亿元。其中累放贷款 38.87 亿元，支持迁居城市的农民城市购房，支持农村居民翻建、新建住房。5 年间农信社贷款支持农村居民购建房 1.3 万余套。累放贷款 13.40 亿元，支持居民购置家用汽车和其他生活消费。5 年间通过农信社贷款支持，以分期付款的方式购置家庭用车 11160 辆。2013 年末农信社个人消费贷款余额 14.22 亿元，比 2008 年增加 8.00 亿元，增长 1.28 倍。

2014—2015 年，农信社累放个人消费贷款 37.00 亿元。其中累放贷款 31.46 亿元，支持迁居城市的农村居民购房 5450 套，支持农村新民居住房建设 6700 套。累放贷款 5.54 亿元，支持城乡居民家庭汽车消费和其他生活消费，支持居民通过分期付款购置家庭用车 2800 辆。

1989—2015 年，农信社累放个人生活贷款 134.18 亿元，2015 年末贷款余额 16.68 亿元，比 1989 年增加 16.36 亿元，增长 52.52 倍。

1989—2015 年农村信用社个人生活消费贷款统计表

表 6-9-27　　　　单位：万元

年度	个人生活消费贷款		年度	个人生活消费贷款	
	累放	余额		累放	余额
1989	7016	3116	1993	3895	3253
1990	6443	3691	1994	3316	4065
1991	6802	4330	1995	5607	3646
1992	6556	4130	1996	6448	5968
1997	5986	4332	2007	82375	67233

续表 6-9-27

年度	个人生活消费贷款		年度	个人生活消费贷款	
	累放	余额		累放	余额
1998	8950	8796	2008	92935	62277
1999	6735	5364	2009	119440	70111
2000	4607	4418	2010	94648	109598
2001	3135	2626	2011	89967	124459
2002	33147	32761	2012	106052	138562
2003	10324	9517	2013	112544	142237
2004	30038	16729	2014	121504	161085
2005	20574	7344	2015	248506	166758
2006	104245	92508	合计	1341795	

二、个人助学贷款

根据助学贷款政策，农信社于 2003 年开办生源地助学贷款业务，支持农村贫困学生完成学业。申请贷款的学生和家长(或其他法定监护人)为共同借款人，共同承担还款义务。

2003—2015 年，农信社累放生源地助学贷款 7414 万元，累计帮助贫困学生入学 1.85 万人次，年均帮助 1235 名贫困学生入学圆梦。

2015 年末农信社助学贷款余额 949 万元，比 1989 年增加 156 万元，增长 19.67%。13 年间农信社助学贷款无逾期违约问题发生。

2003—2015 年农村信用社个人助学贷款统计表

表 6-9-28　　单位：万元

年度	个人助学贷款		年度	个人助学贷款	
	累放	余额		累放	余额
2003	852	793	2005	345	1252
2004	199	951	2006	216	1342
2007	197	1253	2012	942	1330
2008	209	1041	2013	820	1247
2009	601	939	2014	776	1123
2010	896	1225	2015	656	949
2011	705	986	合计	7414	

第十章 承德银行贷款

2002—2005年承德市城市信用社时期。承德市城市信用社定位于“服务地方经济、服务中小企业、服务承德百姓”，贷款对象以工业、商业、社会服务业为主。4年间累放各项贷款45.36亿元，2005年末各项贷款余额11.63亿元，比2002年增加7.70亿元，增长1.96倍。

2006—2008年承德市商业银行时期。承德市商业银行市场地位逐渐稳固，贷款规模增加较快。2006年与承德市中小企业担保公司合作开办了保证贷款，对新增贷款进一步规范管理。2007年，央行6次上调贷款基准利率，市场形势活跃，贷款投向逐步向资源型、技术型工业企业、城建改造项目调整，并开办了非融资类保函业务。2008年根据货币政策调整经营思路，提高了采矿业、房地产等行业的准入门槛，新增贷款向清洁能源、节能减排、科技含量高的行业以及中小企业倾斜，继续支持市政府“三年大变样”工程，坚持“有保有压，区别对待”的原则，严防集团客户和大户风险。2008年末各项贷款余额41.49亿元，比2005年增加29.86亿元，增长2.57倍。

2009—2015年承德银行时期。2009年，承德银行进一步完善授信制度，推出了三方保兑仓、信贷业务公证、贷款抵押物保险、银行保函、银团贷款等业务，增加了中小企业的融资方式和途径。2010—2011年，承德银行根据贷款新规，对配套制度进行了修改和完善，将授信重点放在国家重点支持的清洁能源、节能减排、电力、交通、科技含量高和产品附加值高的行业，两年贷款增速分别为25.9%和29.8%，贷款结构得到逐步优化。2012—2013年，承德银行成立“小企业授信管理部”，集中管理小企业授信。建立小企业考核机制，加大个人金融业务的投放，向科技、交通、民生等领域倾斜。2014—2015年，承德银行不断向重点建设项目、文化旅游项目倾斜，加大县域涉农企业资金倾斜力度，重点支持从事农业科技化、特色产业、改善民生、促进农民创业增收等企业资金需求。成立零售业务部和小微信贷中心，将全行零售资产业务规划为小微企业贷款、个人经营贷款、个人综合消费贷款和微贷中心客户贷款四大产品体系。

2002—2015年承德银行累放贷款1241.51亿元，2015年末各项贷款余额217.05亿元，比2002年增加213.12亿元，增长54.23倍。

第一节 工商业贷款

2002年组建单一法人社初期，坚持“保质量、稳发展”，不断加大对重点行业、重点企业的信贷扶持力度。为保证资产质量，实现稳健发展，开展信贷人员培训，组织全社信贷人员对国家主要金融政策、监管政策、贷款政策进行学习，提升信贷人员业务素质；规范贷款审批管理，降低各社审批权限，有效控制滥用审批权限导致不良贷款增加；调整授信方向，选择扶持综合实力强的优质企业，有效控制新增贷款风险。

一、工业贷款

2002—2003 年，重点支持的工业企业有承德市本特思达仪表有限公司、露露集团有限责任公司、承德露露翰得实业有限公司、承德钢铁集团有限公司等近 40 户工业企业。两年间累放工业贷款 10.37 亿元，占全部贷款累放额的 69.22%；2003 年末工业贷款余额较 2002 年增加 6734 万元，增长 26.22%。2004 年转入制造业贷款科目核算。

2002 年，承钢集团在清风营业部申请流动资金贷款 3058 万元，用于购进原材料。2003 年初贷款到期后，经综合调查评估，继续为其办理了同额流动资金贷款。

2002—2003 年承德银行工业贷款统计表

表 6-10-1　　单位：万元

年度	累放	余额
2002	47140	25687
2003	56569	32421
合计	103709	

二、商业贷款

2002—2003 年，重点支持的商业企业包括承德市双滦区中福商贸有限责任公司、承德岳源外贸商务有限公司、承德辽松松源物资有限责任公司、五交化国美电子商城等。两年间累放商业贷款 1.19 亿元，占全部贷款累放的 7.93%；2003 年末商业贷款余额较 2002 年增加 3642 万元，增长 1.6 倍。2004 年转入批发和零售业贷款核算。

承德市双滦区中福商贸有限公司属于民营企业，成立于 2002 年 12 月，注册资本 1000 万元，主营金属材料及金属矿批发。公司成立后发生流动资金紧张，城市信用社为其提供 300 万元流动资金贷款，支持企业进货周转，渡过难关。2003 年企业销售收入较上年增长近 500 万元，利润增长近 30 万元，企业综合竞争力得到提升。

2002—2003 年承德银行商业贷款统计表

表 6-10-2　　单位：万元

年度	累放	余额
2002	4994	2189
2003	6892	5831
合计	11886	

第二节 采矿业贷款

一、铁矿采选业贷款

2004—2005 年单一法人社时期 承德市城市信用社累计发放贷款 3.02 亿元，支持了 22 家铁矿采选业的发展。如承德天宝矿业集团有限公司成立于 2001 年，初始注册资本 300 万元，后于 2004 年增资至 1.38 亿元。2004 年，由于企业前期建设选厂、尾矿库等占用了大量资金，亟须资金更新采选设备，扩大产能。城市信用社为企业贷款 5000 万元，购入了破碎机、振动筛、球磨机等设备，将产能扩大到 34 万吨 / 年，成本降低到 390 元 / 吨，当年实现利润 9800 万元。2005 年末铁矿采选业贷款余额 1.93 亿元，较 2004 年增加 1.23 亿元，增长 1.75 倍。

2006—2008 年承德市商业银行时期 2006 年，承德地区铁矿采选业发展较快，融资需求旺盛。承德市商业银行对担保方式进行了探索完善。

资产整体抵押。采矿企业资产主要集中在土地、厂房、采矿权及设备，以矿企的资产整体打包抵押，同时追加股权质押，为企业设计整体授信方案。通过完善担保方式，有 13 户企业获得了信贷支持，累计发放贷款 1.26 亿元。如宽城建龙矿业有限公司是铁矿采选一体型企业，矿石品位在 34% 左右，2005 年产能约 40 万吨。由于露天矿石资源枯竭，需要建设竖井采矿工程。了解到企业的融资需求后，根据企业的资产结构，将土地、房产、采矿权、设备整体设定最高额抵押，于 2006 年 10 月为企业发放贷款 1000 万元。企业利用贷款修建了主竖井、副竖井及斜井，安装了提升机和无轨设备，保证了矿石的正常开采。2006 年企业基本保持了产能稳定，生产铁精粉 42.1 万吨，实现销售收入 2.08 亿元，净利润 4197 万元。

引入承德市中小企业担保公司。经与政府多次沟通，正式与承德市中小企业担保公司签署合作协议，为实力较弱的中小企业提供保证，破解小型矿企融资难问题。通过公司担保，有 8 户企业获得了信贷资金支持，累计发放贷款 3700 万元。由于承钢通常延期 3 ～ 6 个月支付材料款，经常造成供应商滦平县聚源矿业流动资金紧张，加之缺乏足值有效担保，难以获得贷款支持。在了解到企业实际情况后，经担保公司提供担保，承德市商业银行于 2006 年 5 月发放贷款 800 万元，支持企业维持了正常生产经营，2006 年实现销售收入 5881 万元，净利润 782 万元。

2008 年，受整体经济下滑波及，企业经营受到影响。承德市商业银行及时采取措施，控制信贷风险。适当提高采矿业的准入门槛，当年拒绝了 12 户不达标的铁矿采选企业的贷款申请；控制铁矿采选业贷款单户及行业占比，划定最大单户贷款 6500 万元、占全部贷款的 20% 为控制红线；为担保不足值的铁矿采选业贷款追加担保，共追加担保价值约 2.88 亿元。年末铁矿采选业贷款余额 8.90 亿元，比 2005 年增加 6.97 亿元，增长 3.62 倍。

2009—2015 年承德银行时期 2009 年承德银行制定了授信指导意见，按铁矿采选业资源储量、矿石品位、铁粉产量、资产负债率等综合指标设定准入标准，对贷款实施精细化管理。如承德京城矿业集团有限公司，2008 年末资源储量 6.5 亿吨，矿石品位 12%，年产铁精粉 75 万吨。该企业是承德地区优质铁矿采选企业，符合信贷准入标准，承德银行发放贷款 3000 万元，帮助企业补充流动资金。2009 年末该公司铁精粉产量增加到 96 万吨，实现利润 3000 万元。

2012 年，受铁精粉市场价格影响，铁矿采选业整体低迷，承德银行将铁矿采选业列为重点关注行业，全面加强管理。根据市场行情变化，提高储量资源、生产规模、选矿比例、尾矿年限、水电设施等主要生产要素的准入标准。当年拒绝23户不达标企业5亿元的贷款申请。加强贷后管理，定期到企业检查生产销售情况，发现风险信号及时采取措施。加强违约贷款的清收，收回一户关注类贷款，金额4000万元。严格按照实贷实付原则，通过自主支付或受托支付方式发放贷款，防止贷款挪用。

2015年，受化解过剩产能的影响，铁矿采选行业景气指数继续走低。承德银行对于具备持续经营能力、临时出现周转困难的企业，做到“不抽贷、不撤贷”，与企业共渡难关。对于产能落后、环保不达标、复产无望的企业，逐步实行信贷退出机制。2015年末铁矿采选业贷款余额43.65亿元，比2008年增加34.76亿元，增长3.9倍。

2004—2015年，累放铁矿采选业贷款387.86亿元，2015年末贷款余额43.65亿元，比2004年增加42.95亿元，增长61倍。

2004—2015年承德银行铁矿采选业贷款统计表

表6-10-3 单位：万元

年度	铁矿采选业贷款		年度	铁矿采选业贷款	
	累放	余额		累放	余额
2004	8052	7007	2011	258217	224700
2005	22143	19269	2012	383311	333558
2006	21552	18755	2013	435670	379120
2007	44004	38292	2014	914530	451670
2008	102241	88971	2015	1413103	436526
2009	120285	104672			
2010	155515	135329	合计	3878623	

二、其他采矿业贷款

2004—2005年单一法人社时期 承德市城市信用社其他采矿业贷款主要投向金矿及煤矿，授信余额相对较小。2004年仅对丰宁县双龙黄金矿业有限公司贷款160万元。该企业是对原丰宁县窄岭金矿改制的民营企业，2003年年产黄金800两，由于药剂选金造成尾矿污染严重，企业计划投资350万元建设“干堆”尾矿排放项目，贷款用途符合环保要求，2004年6月贷款支持企业购置了专用设备，尾矿排放达到环保要求，保证了正常生产经营。2005年末其他采选业贷款余额3241万元，较2004年末增加2062万元，增长1.75倍。

2006—2008年承德市商业银行时期 承德市商业银行先后支持4家煤炭企业、1家金矿企业、1家石材企业授信准入，累计发放贷款11.06亿元。如承德旺源煤炭建材有限公司，前身是承德市地方国有涝洼滩煤矿，改制后成为本地最大的煤炭民营企业。该企业拥有丰富的煤炭资源，有铁路专用运输线，2005年年产煤26万吨，煤炭发热量4500大卡，适合作为电煤。企业产品主要销往滦河电厂，用于冬季采暖。由于企业扩建采区及安置瓦斯监测系统，亟须补充流动资金缺口。了解到企业的融资需求后，于2005年12月为企业贷款450万元，购进了各种辅材，为一线工人发放工资，保证了企业的正常生产。2006年企业产煤30万吨，实现销售收入4834万元，利润1072万元。2008年末其他采选业贷款余额1.50亿元，比2005年增加1.17亿元，增长3.62倍。

2009—2015年承德银行时期 2009年，其他采矿业的贷款支持了2户有色金属采选业，发放贷款8150万元。其中丰宁鑫源矿业有限责任公司主要从事钼矿采选及钼产品深加工业务。钼作为稀有金属元素，是一种不可替代的战略资源。鑫源钼矿的矿石总储量4.92亿吨，金属含量29万吨，储量居华北第一，全国第四。企业于2008年投资建设钼产品深加工项目，总投资约3.78亿元，第一期于2009年8月份建成试生产。由于项目投资较大，企业库存钼精矿700吨待销售，造成流动性紧张。承德银行于2009年11月为企业发放贷款8000万元补充流动资金，钼精矿产量由3000吨提升至8000吨，同时生产钼铁、钼焙砂、硫酸等深加工产品，企业核心竞争力进一步提高。

2013年，承德银行贷款支持2户煤炭企业、3户有色金属矿采选企业、7户非金属矿采选企业，累计发放贷款6.25亿元。玄武岩是高等级路用抗滑石料，承德致诚玄武岩石材有限公司是一家玄武岩采选一体企业，产品销往天津、北京及承德周边地区，用于铁路、公路的路基建设。企业主要合作对象为北京、天津和承德地区的路桥集团、城建集团、市政公司等。由于结算周期较长，企业资金紧张。承德银行于2013年12月为企业贷款400万元补充流动资金，支持企业维持了正常的生产经营。2013年实现销售收入1616万元，净利润312万元。

2015年，承德银行执行国家限制“两高一剩”产业政策，压缩煤炭行业授信，收回煤炭开采业贷款5400万元。2015年末煤炭开采业贷款余额1.82亿元。

2004—2015年，累计发放其他采矿业贷款60.05亿元，2015年末贷款余额7.30亿元，比2004年增加7.19亿元，增长61倍。

2004—2015年承德银行其他采矿业贷款统计表

表6-10-4　　单位：万元

年度	其他采矿业贷款		年度	其他采矿业贷款	
	累放	余额		累放	余额
2004	5309	1179	2011	91703	37800
2005	14599	3241	2012	63694	56112
2006	14210	3155	2013	53850	59850
2007	29012	6442	2014	77200	75400
2008	67409	14967	2015	63358	73030
2009	30580	17608			
2010	89556	22766	合计	600480	

第三节 建筑业贷款

一、房屋建筑业贷款

2004—2005 年单一法人社时期 承德市城市信用社累放房屋建筑贷款 3793 万元，2005 年末贷款余额 3914 万元。贷款支持了“新华商贸购物中心”建设，该项目是承德市重点工程，计划总投资 6800 万元。由承德宏远建设集团有限公司承建。宏远建设集团始建于 1992 年，注册资金 5000 万元，具有房屋建筑安装工程施工二级资质。承德市城市信用社对宏远建设集团给予了 1500 万元的流动资金贷款支持，使项目按照进度顺利完工，2007 年初投入使用。

2006—2008 年承德市商业银行时期 2006 年，房地产市场进入扩张时期，房屋建筑贷款增长较快，年末余额 15853 万元，同比增长 3 倍。承德市商业银行筛选优质房地产开发企业给予支持。其中支持的畅和建筑工程公司开发双塔山百望佳苑小区 1.4 万平方米、美的湾景小区 0.75 万平方米、新华园小区 12 万平方米、东园林小区 20 万平方米，累计建设面积 35.4 万平方米。同年承德市商业银行发放贷款 4000 万元，期限三年，支持该公司按期完成开发项目，2010 年全部交付使用。2007 年，承德市伟业建筑公司承建的财苑嘉地小区项目，是承德市财政局职工团购房，建筑面积 5 万平方米。承德市商业银行对其发放贷款 1000 万元，支持项目提前交付使用。2006—2008 年累计发放房屋建筑贷款 5.41 亿元，2008 年末余额 2.24 亿元，同比增长 27.98%。

2009—2015 年承德银行时期 2009 年，全省实施“三年大变样”工程，按照承德市政府城区拆迁改造规划，承德银行重点支持了马市街拆迁改造项目。该项目由承德名城建设集团有限公司承建，项目占地 15 亩，拆迁商业及住宅 171 户、13168 平方米。承德银行分两笔贷款 2200 万元，支持公司完成拆迁安置面积 15600 平方米，开发面积 8.5 万平方米，使小区居住环境与商业布局都得到明显提升。年末房屋建筑贷款余额 2.86 亿元，较 2008 年增长 27.46%。

2011—2015 年，承德市城区发展重心南移，承德银行房屋建筑贷款增长迅速。期间累放房屋建筑贷款 40.12 亿元，重点选择实力强、资质好的建筑企业给予支持。承德三友建筑有限公司是本市的优质建筑企业，具备建筑工程施工二级资质。承德银行对三友建筑公司授信 1.25 亿元，支持其开发滦阳御园建筑面积 3 万平方米，凤凰御景、凤凰御庭 25 万平方米，凤凰御都 0.68 万平方米，钓鱼台赏枫庭 2.5 万平方米。这些项目都是南区新城的较大项目，改善了居民的住宅条件。承德银行还大力支持三友建筑公司承担棚户区改造工程，其中狮子沟小区改造建筑面积 16.5 万平方米，头道沟小区 3.4 万平方米，银星丽苑 6.5 万平方米。

2015 年末房屋建筑贷款余额 11.31 亿元。

2004—2015 年承德银行房屋建筑业贷款统计表

表 6-10-5 单位：万元

年份	房屋建筑业贷款		年份	房屋建筑业贷款	
	累放	余额		累放	余额
2004	1542	1591	2006	15363	15853
2005	3793	3914	2007	16998	17539

续表 6-10-5

年份	房屋建筑业贷款		年份	房屋建筑业贷款	
	累放	余额		累放	余额
2008	21754	22448	2013	91630	94550
2009	27728	28611	2014	92330	101780
2010	38916	40156	2015	107340	113085
2011	52699	54378			
2012	57207	64558	合计	527300	

二、土木工程建筑业贷款

2004—2005 年单一法人社时期　承德市城市信用社积极支持各类公路项目，瞄准“精品路线”，择优授信，精准营销。2005 年末土木工程建筑贷款余额 4006 万元，比 2004 年增加 2378 万元，增长 146.06%。

河北北方公路工程建设集团有限公司具有公路工程一级资质，是本市公路工程行业的骨干企业。2004 年对其发放贷款 1000 万元，重点支持了京承高速公路辅道工程第 C 合同段路面工程、张百湾至隆化二级公路三期新建工程第 K 合同段等工程。两段道路工程均于当年竣工通车，评为本市公路建设优质工程。

2006—2008 年承德市商业银行时期　2006 年末承德市商业银行土木工程建筑贷款余额 1.62 亿元，重点支持路桥建设总公司承建的迎宾大道工程，由于该公司前期承接的工程项目较多，流动资金紧张，迎宾大道工程中标后预交 10% 履约保证金发生资金困难，向承德市商业银行提出 2000 万元借款申请。承德市商业银行一周之内帮助企业解决了困难。

2008 年，重点支持了承德盛华公路工程建设有限公司的区外高速公路工程、区内二级路工程、武陵山隧道工程，对三个项目共计发放贷款 2000 万元，支持项目按期竣工。年末土木工程建筑贷款余额 2.30 亿元，比 2005 年末增加 1.90 亿元，增长 4.75 倍。

2009—2015 年承德银行时期　2009—2011 年，国家推出四万亿经济促进计划，河北省推出“三年大变样”工程，承德银行大力支持基础设施建设和城市改造项目。重点支持了承唐高速公路 9000 万元，承朝高速公路 9000 万元，张双铁路 5000 万元；支持了宽城恒旭市政建设、平泉县畅达市政施工、承德市政建设。2011 年末土木工程建筑贷款余额 5.57 亿元，比 2008 年增加 3.27 亿元，增长 1.43 倍。

2012—2014 年，承德银行积极响应京津冀协同发展战略，信贷资金大力支持公路、旅游建设。三年累放土木工程建筑贷款 25.06 亿元，重点支持平泉县主城区路网北延项目 3000 万元、围场御道口至丰宁大滩公路工程第 6 合同段 4570 万元、省道黄崖关至兴隆段改建工程第 2 合同段 2200 万元、承赤高速第 3 合同段 2000 万元、承张高速第 22 合同段 5000 万元、金山岭长城核心景区扩建（AAAAA）项目 1 亿元。

2015 年，受经济增速放缓及产业结构调整影响，企业经营压力加大。承德银行及时调整授信政策，审慎新增房地产行业贷款，优先扶持高新技术、绿色环保、农业产业化龙头企业。2015 年末土木工程建筑贷款余额 11.93 亿元，比 2014 年增加 9526 万元，增长 8.65%，低于全部贷款平均增速。

2004—2015 年承德银行土木工程建筑业贷款统计表

表 6-10-6 单位：万元

年份	土木工程建筑业贷款		年份	土木工程建筑业贷款	
	累放	余额		累放	余额
2004	1449	1628	2011	49519	55658
2005	3564	4006	2012	53431	66077
2006	14436	16226	2013	86100	94150
2007	15972	17952	2014	111040	109750
2008	20441	22976	2015	72306	119276
2009	26054	29285			
2010	36567	41101	合计	490879	

三、其他建筑业贷款

承德市城市信用社 2004 年开办其他建筑业贷款，2006 年末贷款余额 5222 万元。贷款占总量比重较小。

2009 年以后其他建筑业贷款投放加快。主要支持了河北华国建筑装饰设计工程有限公司 1800 万元，承德汇天建筑工程有限公司 1500 万元，承德中顺建筑安装有限公司 1200 万元，丰宁市政建筑安装工程有限公司 1000 万元。其中重点支持的项目包括人行唐山市中心支行办公楼及发行库装饰工程，冀东花园小区及古泉别苑等小区的配电项目，双滦区中小企业园支路及市政管线工程，丰宁县教师进修学校教学楼装饰安装工程等。

2004—2015 年累放建筑业其他贷款 22.57 亿元，2015 年末贷款余额 4.26 亿元，比 2004 年增加 4.21 亿元。

2004—2015 年承德银行其他建筑业贷款统计表

表 6-10-7 单位：万元

年份	其他建筑业贷款		年份	其他建筑业贷款	
	累放	余额		累放	余额
2004	2310	524	2011	8492	17913
2005	5683	1289	2012	5357	21266
2006	23017	5222	2013	26370	27970
2007	25466	5778	2014	25885	33145
2008	32593	7395	2015	51120	42575
2009	14002	9425			
2010	5362	13228	合计	225657	

第四节 其他行业贷款

一、制造业贷款

2004—2005 年单一法人社时期 承德市城市信用社选择的优质企业主要包括承德钢铁集团有限公司、承德新新钒钛股份有限公司、露露集团有限责任公司、河北承德四海啤酒有限公司等企业。两年间累放制造业贷款 11.01 亿元。累计为露露集团发放贷款 2.49 亿元，支持露露集团新投产两条生产线，年产量增加 5 万～8 万吨，年销售收入突破 10 亿元，利润总额近 3000 万元，各项指标都有较大提高。

2006—2008 年承德市商业银行时期 2006 年 5 月以后，承德市商业银行对于发展前景好的企业开通贷款快速通道，授信服务范围向钢铁、仪器仪表、机械设备、农副产品加工等制造行业倾斜。支持重点包括承德钢铁集团、承德新新电子有限公司、河北地富化肥科技有限公司等企业。2006—2008 年累放制造业贷款 22.72 亿元，2008 年末贷款余额 6.76 亿元，比 2006 年增加 2.53 亿元，增长 60%。

承德新新电子有限公司是承德钢铁集团所属全资子公司，成立于 1992 年，2001 年完成改制。该公司位于承德市开发东区，主营机械电子产品制造，年产值 2 亿元。该企业 1996 年上市的 IC 卡燃气表，畅销全国 70 多个城市。先后通过了 ISO9001 质量体系认证，国家计量体系认证，CCC 认证和华北电网改造入网资质。2005 年销售收入 1.2 亿元，利润 0.2 亿元。2006 年因持续扩大生产规模，出现流动资金短缺。2006—2008 年城商行先后为该公司贷款 8850 万元补充流动资金，支持企业实现达产增效。

2009—2015 年承德银行时期 承德银行持续助力制造业发展壮大，提高授信审批效率，为优秀制造业客户开辟信贷“绿色通道”，降低企业融资成本。始终坚持“零收费”，减少企业非利息成本支出。增加授信服务方式，为抵押品不足的企业量身定做联保贷款、最高额抵押循环使用贷款、担保公司保证贷款、三方保兑仓等一系列简易操作的特色信贷产品。重点支持的企业包括承德神栗食品股份有限公司、承德博冠实业集团有限公司、承德亚欧果仁有限公司、承德伊逊山泉饮品有限公司、承德怡达食品股份有限公司、承德华净活性炭有限公司等企业。

2013 年，钢铁制造业面临去产能压力，铁矿石价格逐渐下跌，铁矿石采选行业经营困难。这一时期，承德银行积极投入资金扶持采矿业转型发展，增加新的盈利方式。支持的企业主要包括恒泰矿业集团、天宝矿业集团、恒伟矿业集团等。

承德神栗食品有限公司（简称神栗食品）位于宽城县，是一家集基地种植、科技研发、生产加工为一体的板栗深加工企业。该公司是恒泰矿业集团由铁矿采选向农产品深加工转型的子公司。神栗食品在成立之初，流动资金紧缺，可提供的抵押资产，达不到银行授信门槛。承德银行为其办理 400 万元担保公司保证贷款，支持了企业正常生产。2009 年，恒泰集团计划投资 3.6 亿元建设“万吨板栗深加工及配套工程项目”。但因项目投资大、建设周期长，受资金制约，工程进展缓慢。承德银行充分发挥地方银行灵活的授信机制，在合规范围内开辟绿色通道，对其注入 5000 万元贷款，及时解决了资金难题。2010 年万吨板栗深加工项目成功投产。2012 年实现销售收入 8000 多万元。为保证产品的原料质量，承德银行后续为其提供信贷支持 2000 万元，用于支持企业建设 2 个万亩有机板栗园、7 个千亩有机板栗基地和 3 个有机山楂基地。2015

年公司累计实现销售收入6亿元，累计上缴利税1500多万元。承德银行累计为神栗食品办理授信5亿多元,支持恒泰集团成功实现了转型发展。

2015年，承德银行逐渐压缩钢铁、水泥等行业贷款规模。对环保不达标的企业停止授信。积极投放贷款支持科技创新和新兴制造业的发展。

2004—2015年，累放制造业贷款261.96亿元，2015年末贷款余额31.05亿元，比2004年增加25.92亿元，增长5.05倍。

2004—2015年承德银行制造业贷款统计表

表6-10-8 单位：万元

年度	制造业贷款		年度	制造业贷款	
	累放	余额		累放	余额
2004	67882	51303	2011	132468	151852
2005	42246	31928	2012	166042	181666
2006	55942	42279	2013	202973	194319
2007	81767	61797	2014	708443	216112
2008	89480	67626	2015	759478	310485
2009	99337	80634			
2010	213512	103583	合计	2619570	

二、批发和零售业贷款

2004—2005年单一法人社时期 两年间累放批发零售业贷款2.16亿元，支持68家企业扩大销售渠道。2004年恒瑞物资公司建立8000平方米货场，可储存3万吨钢材，并附有机械化的龙门吊和现代化吊车。2005年承德市城市信用社向其发放1700万元流动资金贷款，帮助企业扩大经营规模。2005年末企业资产总额9354万元，比年初增加3176万元，增长51.41%，成为承钢集团北方销售总代理，是承德市大型钢材销售中心。2005年末批发和零售业贷款余额1.01亿元，比2004年增加2174万元，增长27.34%。

2006—2008年承德市商业银行时期 承德市商业银行着力解决企业因抵押不足导致的融资难问题。主动与担保公司对接，合力破解担保僵局。开办小企业联保贷款,以3～5户经营规模、经营范围、经营区域相似的企业组成联保小组，共同申请借款，互相提供保证，互相实施监督。扩大保证范围，解决企业创业初期的担保困难。例如承德双百购物广场有限公司成立于2008年1月10日，注册资本1000万元，主要经营纺织、服装鞋帽、饰品、箱包、日用百货销售。由于经营初期资金投入较大，借款难以提供足值抵押。承德市商业银行同意由平泉杨树岭矿业有限责任公司提供保证，向双百购物广场发放贷款1000万元，解决了流动资金周转困难，支持企业品牌档次和经营业绩稳步提升，成为承德市中高端消费大型综合性商场。

2006—2008年累放批发和零售业贷款8.22亿元，2008年末贷款余额4.12亿元，比2006

年增加 2.87 亿元，增长 2.28 倍。

2009—2015 年承德银行时期 贷款主要为优质商业企业解决流动资金临时困难。如承德宽广超市集团有限公司成立于 2005 年 1 月，注册资金 6000 万元，经营范围包括食品、日用百货、通信器材、服装鞋帽、家用电器、五金交电等。2009 年出现资金周转紧张，承德银行以陈珍财、陈珍福、陈惠民名下商业房产作为抵押担保。向宽广超市发放流动资金贷款 3200 万元，助力企业度过困难时期。

2012—2013 年，承德银行优化授信审批机制，扩大分支行授权，为商业企业贷款开辟“绿色通道”。2013 年末批发和零售业贷款余额 13.77 亿元，比 2012 年增加 5.38 亿元，增长 64.09%。

2014—2015 年，为满足客户多元化的融资需求，推出了多种为客户量身定制的信贷品种。例如双百购物广场零售商户自发组成“商圈贷”联保组织，向 24 名客户发放贷款 2350 万元。2015 年成立小微信贷中心，推出专属授信产品“承易贷”，解决小微企业及个体工商户的融资困难，向 181 名客户发放贷款 3281 万元。

2004—2015 年，累放批发和零售贷款 92.21 亿元，2015 年末贷款余额 15.04 亿元，比 2004 年增加 14.25 亿元，增长 17.92 倍。

2004—2015 年承德银行批发和零售业贷款统计表

表 6-10-9　　单位：万元

年度	批发和零售业贷款		年度	批发和零售业贷款	
	累放	余额		累放	余额
2004	9510	7953	2011	84497	64416
2005	12110	10127	2012	94454	83945
2006	14979	12526	2013	138590	137745
2007	17923	14988	2014	177097	157128
2008	49251	41186	2015	160507	150441
2009	88691	33511			
2010	74490	36025	合计	922099	

三、房地产业贷款

承德银行房地产贷款业务包括住房开发贷款、商业用房开发贷款、土地储备贷款等。

2004—2005 年单一法人社时期 承德市城市信用社重点支持了承德翠兴房地产开发有限责任公司的开发建设。该公司成立于 2000 年 9 月，是由承德市翠桥房屋修建工程处、承德市房产局翠桥房产经营管理所、承德市翠桥物业管理有限责任公司共同出资组建的四级房地产开发企业。公司自成立起先后开发了裕华信用社办公楼、头条小区、蓝岛西侧商住楼、荆芭胡同商住楼等。2005 年城市信用社向该公司发放贷款 2000 万元，用于支持“御祥园小区”开发建设。该小区是市级重点工程，开发建筑面积 18 万平方米，投资

1.8 亿元，开发住宅 1815 套、商业 120 套、车库 42 套。2005 年房地产业贷款余额 1.27 亿元，比 2004 年增加 562 万元，增长 4.65%。

2006—2008 年承德市商业银行时期 承德市商业银行根据银监会下发的《房地产贷款风险指引》，对于不具备资质、四证不全，资本金不足 35%的房地产企业，拒绝贷款支持。3 年间累放房地产业贷款 24.29 亿元，2008 年末贷款余额 7.53 亿元，比 2006 年增加 5.75 亿元，增长 3.23 倍。

承德凤凰山房地产开发有限责任公司成立于 2006 年 5 月 26 日，注册资本 3000 万元，具有房地产开发企业资质证书，四证齐全，资本金 35% 以上。2008 年承接开发“凤凰御景”一期项目，该项目是承德市城区“南扩西进”重点新区之一，占地 100 亩，建筑面积 60907 平方米，投资 3.65 亿元，开发商品房 704 套。2008 年承德市商业银行中天支行为企业贷款 3500 万元，用于支持项目开发。

2009—2015 年承德银行时期 2009—2010 年在全省“三年大变样”工程推动下，承德市政府大力实施棚户区改造，房地产开发项目迅速增加。2009—2010 年累放房地产开发贷款 19.71 亿元，2010 年贷款余额 10.40 亿元。

2011—2014 年承德市城区发展重心南移，带动了周边区域拆迁改造，房地产市场出现反弹。承德银行严把房地产企业和项目准入关，择优支持优质客户和优质项目。

2014 年金汇房地产开发的兴隆县金兴名苑小区项目，占地 17.5 亩，开发住宅 5 栋 12 层，总面积 33000 平方米，沿街商业 2000 平方米，附属用房 250 平方米，车库 67 个。总投资约 7626 万元。承德银行平安支行发放贷款 5000 万元，支持企业小区开发。

2015 年初全国多个城市房价出现下滑，房地产行业进入低迷期，承德银行积极调整信贷结构，原则上不再新增房地产行业授信。

2009—2015 年累放房地产开发贷款 80.38 亿元，2015 年贷款余额 19.88 亿元，较 2009 年增加 7.75 亿元，增长 63.91%。

2004—2015 年承德银行房地产业贷款统计表

表 6-10-10 单位：万元

年度	房地产业贷款		年度	房地产业贷款	
	累放	余额		累放	余额
2004	19414	12088	2011	96775	114518
2005	20316	12650	2012	71520	113880
2006	28586	17799	2013	125020	129448
2007	93289	58086	2014	129650	167793
2008	121010	75347	2015	183719	198771
2009	109700	121268			
2010	87400	103988	合计	1086399	

四、其他行业贷款

其他行业贷款主要包括教育、卫生、交通、能源、农业、社会服务业贷款。

2004—2005年单一法人社时期 承德市城市信用社严格控制对限制行业贷款投放，新增贷款主要投放在教育、医疗卫生、市政建设等行业。2005年10月16日，承德民族师范高等专科学校因建设新校区资金需求，向承德市城市信用社申请贷款。该校为承德市重点高校，新校区建设项目被列为河北省重点工程。承德市城市信用社于2005年10月向其发放贷款500万元，用于新校区建设流动资金，支持项目建设如期完成。

2004—2005年，累放其他行业贷款4.07亿元，2005年贷款余额2.38亿元，较2004年增加3854万元，增长19.6%。

2006—2008年承德市商业银行时期 承德市商业银行加大对餐饮服务、文化娱乐行业的支持力度。承德市特别特餐饮有限责任公司，成立于1995年，饭店经营良好，年营业额稳定在1000万元左右，纯利润200万元左右。2006年4月，该公司扩大经营出现流动资金缺口，承德市商业银行发放贷款520万元支持企业扩大经营规模，提高接待能力。企业的年营业额及利润均有较大幅度增长。

2006—2008年累放其他行业贷款10.70亿元，2008年贷款余额4.97亿元，较2006年增加1.73亿元，增长53.22%。

2009—2015年承德银行时期 承德银行新增贷款向科技含量高的清洁能源、节能减排、中小企业倾斜，交通运输业、农林牧渔业、餐饮服务业贷款增长较快。

承德公交集团有限责任公司前身为承德市公交总公司，注册资本3548.4万元，主营公共汽车客运服务。2011年12月进行国有企业公司化改制，承德市交通运输局是唯一国有资产出资人。2014年，河北省优先推动城市公交全部采用新能源汽车。2015年5月，承德公交集团与比亚迪汽车工业有限公司签订了217台新能源纯电动公交车采购合同，净车款17070万元。此项目符合国家对大气污染治理的政策要求，符合承德作为首都“后花园”的发展方向，但项目资金投入较大，依靠企业自身难以支撑。承德银行于2015年6月向其发放首笔贷款2587万元，后续按购车进度分批发放贷款共17070万元，支持企业采购合同得到全部落实。该项目提升了城市空气质量，为百姓出行带来了便利。

2015年末其他行业贷款余额49.26亿元，较2009年增加39.16亿元，增长3.88倍。

2004—2015年承德银行其他行业贷款统计表

表6-10-11　　单位：万元

年度	其他行业贷款		年度	其他行业贷款	
	累放	余额		累放	余额
2004	18742	19937	2008	46754	49736
2005	21990	23791	2009	97038	100973
2006	30469	32461	2010	113249	164258
2007	29787	31686	2011	50537	107694

续表 6-10-11

年度	其他行业贷款		年度	其他行业贷款	
	累放	余额		累放	余额
2012	141535	160890	2015	235206	492564
2013	167243	200389			
2014	232457	274408	合计	1185007	

第五节 个人贷款

个人贷款业务包括个人经营贷款和个人消费贷款。2002—2005 年承德市城市信用社时期处于起步阶段，产品为单一的个体经营贷款。2005—2015 年，承德银行实现了个人经营性和消费性贷款双增长。2015 年末个人贷款余额 23.38 亿元，其中个人经营贷款余额 21.15 亿元。

一、一般经营性贷款

2002—2005 年，承德市城市信用社主要根据存量客户实际需求开展授信业务，4 年累放一般经营性贷款 2.14 亿元，2005 年末贷款余额 4420 万元。

2006—2008 年，承德市商业银行累放一般经营性贷款 3.50 亿元，维系了一批个人优质客户，同时带动存款、银行卡、代发工资、POS 机等业务的发展，2008 年末贷款余额 1.64 亿元。

2009—2013 年，承德银行审贷会增加电子审批功能，对于信誉好、用款急的优质贷款客户，不受审贷会固定例会时间的限制，随时以电子方式召开审贷会，及时解决特殊用款客户的融资需求。5 年间，承德银行共组织审贷会近 290 场，累计发放一般经营性贷款业务 18.09 亿元。

2014—2015 年，承德银行根据个人贷款客户的信贷需求特点，创新打造了“速易贷”品牌，提供了抵押、质押、保证等多种担保方式，为客户搭建了便捷的金融服务平台。2015 年，承德市欣欣幼儿园因装修门店出现流动资金周转困难。承德银行客户经理仅用 1 天时间，收集了借款人全部信贷资料及证照手续，向其授信 100 万元，解决了客户的周转困难。在与客户建立信贷关系后，承德银行又帮助其开办了代发工资、POS 机、银行卡等衍生业务，使客户顺利完成了品牌升级。2 年间，承德银行累计向个体工商户和小微企业客户发放一般经营性贷款 2100 余笔，金额 32.69 亿元。解决了借款人短期资金需求。

2015 年末一般经营性贷款余额 21 亿元。

2002—2015 年承德银行一般经营性贷款统计表

表 6-10-12　　单位：万元

年度	一般经营性贷款		年度	一般经营性贷款	
	累放	余额		累放	余额
2002	3928	2396	2003	3846	1313
2004	9815	5908	2011	21744	31053
2005	3828	4420	2012	39904	43256
2006	8393	8204	2013	80483	79931
2007	9077	10656	2014	156452	157844
2008	17448	16354	2015	170430	209980
2009	14501	16532			
2010	24307	26479	合计	564156	

二、创业担保贷款

2008 年 7 月，开办创业担保贷款。贷款由就业服务局承担保证责任，财政局全额贴息。贷款对象是下岗失业人员、复员转退军人、城镇登记失业人员、进城农民工自主创业人群。

2008—2013 年，承德银行累放创业担保贷款 4470 万元，扶持 126 人实现了自主创业。2013 年，原市建安公司工人蔚某经营的泡沫塑料制品有限公司出现流动资金周转困难。经承德银行发放 5 万元创业担保贷款支持后，该公司 2013 年营业收入 300 余万元，以后逐年递增，成为承德银行的忠实客户。

2014—2015 年，承德银行累放创业担保贷款 1522 万元，帮助 160 名创业者解决资金困难。2015 年待业大学生潘某在大学生创业园区经营婚纱礼服店，承德银行为其发放创业担保贷款 10 万元支持后，服装店经营效益良好，陆续开办了网店和微店。

2015 年末创业担保贷款余额 1543 万元，比 2008 年增加 1348 万元。

2008—2015 年承德银行创业担保贷款统计表

表 6-10-13　　单位：万元

年度	创业担保贷款		年度	创业担保贷款	
	累放	余额		累放	余额
2008	195	195	2013	798	1844
2009	1582	1773	2014	1038	1821
2010	682	2439	2015	484	1543
2011	534	2723			
2012	679	1798	合计	5992	

三、个人消费贷款

个人消费贷款是对个人发放的用于住房装修、购买汽车、购买大额耐用品等消费需求的贷款。

2005年，承德市城市信用社开办个人消费贷款。当年累放贷款150余笔，金额1698万元，支持了130多户居民住房装修、购买汽车、大额耐用品等消费需求，2005年末贷款余额1651万元。

2006—2008年，承德市商业银行累放个人消费贷款1200余笔，1.69亿元，2008年末贷款余额7716万元，较2005年增加6065万元。

2009—2013年，承德银行帮助3000户居民实现了消费需求，累放消费贷款7.85亿元。

2014—2015年，承德银行开展了“金融消费知识进万家”“个人消费贷款业务拓展活动”，发放各类宣传资料6万余份，接受各类咨询4000余次，在全市范围内营造良好的社会舆论氛围，提高了个人消费贷款营销团队的服务水平。2年累放消费贷款2000余笔，金额6.21亿元。2015年末贷款余额2.23亿元，比2013年增加1.29亿元。

2005—2015年承德银行个人消费贷款统计表

表6-10-14　　单位：万元

年度	个人消费性贷款		年度	个人消费性贷款	
	累放	余额		累放	余额
2005	1698	1651	2011	15007	8707
2006	2493	2373	2012	16241	7749
2007	4160	4105	2013	16712	9323
2008	10221	7716	2014	33389	22769
2009	14123	8706	2015	28665	22259
2010	16414	6888	合计	159123	

第十一章 河北银行承德分行贷款

2014年，河北银行承德分行成立后，坚持以服务地方经济为己任，紧密围绕承德市产业发展战略和各类企业融资需求，大力发展贷款业务，助力承德经济发展。通过积极搭建银企合作平台，开拓单位客户授信领域，加快推进对公信贷业务和个人信贷业务的发展。到2015年，各项贷款余额5.45亿元，其中单位贷款余额4.73亿元，个人贷款余额0.72亿元。

第一节 企业流动资金贷款

一、制造业贷款

2015年，河北银行承德分行对平泉长城化工有限公司、承德文军输送机制造有限公司、河北北汽福田汽车部件有限公司3家公司发放贷款1.33亿元，主要用于企业采购原材料等资金需求。平泉长城化工有限公司主要生产氢氟酸、氟化铝，每年3—9月为生产旺季，公司需要大量的资金购买原材料，2015年公司申请贷款1亿元，河北银行承德分行累计为该企业发放流动资金贷款8000万元，适时解决了原材料储备资金困难。2015年河北银行承德分行累放制造业贷款1.33亿元，年末贷款余额1.33亿元。

二、批发零售业贷款

2015年，为承德创远工贸有限公司、承德兴耀汽车销售服务有限公司、承德也轩商贸有限公司、承德市世代新纪商贸有限公司等12家公司提供贷款1.26亿元，用于企业支付货款，年末贷款余额1.26亿元。承德创远工贸有限公司位于承德市双滦区钒钛产业区，是承德市较大规模的铁精粉、氧化球团销售企业，是河钢承德分公司的主要供应商之一。2015年，该企业采购原材料出现资金缺口，河北银行承德分行接到贷款申请后，为提高贷款服务效率，组织客户经理第一时间撰写报告，加快审批流程，及时为企业发放流动资金贷款5760万元。做好贷后监测工作，贷款发放后，及时收集合同、发票，明确贷款资金去向，在保证资金安全的同时全力为企业做好服务。

三、清洁能源贷款

2015年，河北银行承德分行为朗诚风电授信6亿元、红松风电授信5亿元。全年累放清洁能源贷款3000万元，年末贷款余额3000万元。

河北红松风力发电股份有限公司隶属于中国瑞风新能源控股有限公司，主要业务为风电场运营、电网建设以及加工风机叶片等。因风电企业受国家补贴政策的影响，资金周转紧张，为帮助企业解决难题，河北银行承德分行在充分调查公司情况后，为其发放3000万元贷款用于企业流动资金周转，放款后严格按照受托支付要求，对外支付；按月收集发电数量、电费结算单、发票等，确保银行贷款资金的安全。

2015 年河北银行承德分行企业流动资金贷款分类统计表

表 6-11-1　　单位：万元

类别	累放	余额
制造业贷款	13300	13300
批发零售业贷款	12600	12600
清洁能源贷款	3000	3000
合计	28900	28900

第二节 其他流动资金贷款

一、医疗卫生贷款

2014 年，河北银行承德分行了解到宽城满族自治县医院药品采购出现资金短缺，积极与医院取得联系，及时发放贷款 2000 万元，缓解了该医院资金紧张局面。

承德医学院附属医院新院区建成投入使用后，药品及医疗器械采购支出大幅度提升，出现流动资金缺口。该客户作为承德市规模最大、综合实力最强的三级甲等综合性医院，具有较强的付款能力，随着新城医院逐步投入使用，经营规模将进一步扩大。河北银行承德分行主动营销，为其提供 2 亿元流动资金贷款和 2 亿元网络授信额度，用于药品采购、卫生材料及医疗器械支出。2015 年累计发放贷款 7000 万元，年末贷款余额 2500 万元。

2014—2015 年，累放医疗卫生贷款 9000 万元，2015 年末贷款余额 2500 万元。

二、票据融资

2015 年，河北银行承德分行充分发挥熟悉市场、熟悉客户的优势，坚持批量操作业务和全面防控风险并重，持续加强与总行部门沟通、协调，借鉴他行操作经验，全力推动承钢供应链业务在同年 2 月获批。以河钢承德分公司供应链贸易融资服务为切入点，加深与承德也轩商贸、创远工贸、信通首承矿业、河北远通矿业等上游供应商合作。根据河钢承德分公司出具的商业承兑汇票，为其上游客户办理票据贴现业务，解决了上游客户流动资金周转困难。陆续操作了商票保贴、票据池、存单质押流动资金贷款、存单质押银行承兑等业务，为后续业务发展积累了宝贵的经验。全年累计办理票据融资 3.06 亿元，年末余额 1.02 亿元。

三、其他行业贷款

2015 年，河北银行承德分行加大对采矿、物流、农业、建筑等行业的支持力度，累放贷款 5712.8 万元，2015 年末贷款余额 5712.8 万元。

采矿业方面。为承德夹马石矿业有限公司、承德信通首承矿业有限责任公司、承德华鑫实业有限公司、承德金丰冶金矿业有限公司 4 家公司累放贷款 4445 万元，主要用于企业支付货款，2015 年末贷款余额 4445 万元。

交通运输、物流方面。为承德市双滦祥利装卸服务队、承德市捷兴物流有限公司、承德市双滦区星马物流有限公司 3 家公司累放流动资金贷款 534.80 万元，用于企业资金周转，2015 年末贷款余额 534.80 万元。

农业方面。为河北省宽城种业有限责任公

司发放流动资金贷款500万元，用于企业支付种子款，2015年末贷款余额500万元。

建筑业方面。为承德盛卓为建筑工程有限公司发放贷款233万元，用于企业支付货款，2015年末贷款余额233万元。

2014—2015年河北银行承德分行其他流动资金贷款分类统计表

表6-11-2　　单位：万元

类别	2014年		2015年	
	累放	余额	累放	余额
医疗卫生贷款	2000	2000	7000	2500
票据融资	0	0	30600	10200
其他行业贷款	0	0	5712.8	5712.8
合计	2000	2000	43313	18413

第三节　个人贷款

河北银行承德分行开业以来，相继推出了个人综合消费贷款、网银自助贷、个人工资保证贷款等多款个人消费贷款产品，满足了居民购房、装修、汽车、大额耐用消费品等消费需求，积极支持承德市居民消费升级。

一、个人综合消费贷款

个人综合消费贷款是向借款人发放的、用于指定消费用途的人民币贷款。可用于装修、教育、医疗、旅游、日常消费等消费用途。河北银行承德分行积极宣传产品优势，不断加大营销力度，到2015年末，累计发放个人综合消费贷款33笔，共计1379万元，贷款余额1344.93万元。

二、个人工资保证贷款

个人工资保证贷款是指河北银行向具有完全民事行为能力的自然人发放的，以借款人家庭可支配工资性收入作为还款来源，用于借款人家庭消费的人民币贷款。在授信额度及授信有效期内，借款人可分次、循环地随时取得贷款资金，并随时归还本金，按贷款实际使用天数计收利息。2015年，河北银行承德分行积极走访承德市重点单位，向公务员、事业编在职员工宣传个人工资保证贷款业务。全年累放工资保证贷款46笔，共计1550万元，年末贷款余额889.78万元。

三、其他个人消费贷款

河北银行承德分行发放的其他个人消费贷款主要包括个人薪享贷、个人网银自助贷款和个人循环贷款。

个人薪享贷。以行政企事业单位职工工资收入为授信依据的贷款。一次授信，循环使用，期限3年，用于住房装修、教育培训等综合性消费需求。

个人网银自助贷款。向个人发放的、以借款人本人名下合法有效、符合河北银行规定条件的质押物出质，通过网上银行渠道办理的贷款。个人网银自助贷款最短贷款期限为1个月（含），最长不超过1年（含）。采取对借款人一次性发放贷款资金的授信方式。

个人循环贷款。借款人在授信期间的额度内，分次、循环地随时取得贷款用于家庭消费，并随时归还贷款本息的人民币贷款业务。最高额度100万元，期限两年，保证方式分为抵押和质押。

2014—2015年，累放其他个人消费贷款151笔，共计6993.09万元，2015年末贷款余额2263.95万元。

四、个人购房贷款

河北银行个人购房贷款包括个人一手房贷款、个人二手房贷款、个人商业用房贷款三个品种。个人一手住房贷款是向购买一手住房的借款人发放的人民币贷款，个人二手住房贷款是向购买二手住房的借款人发放的人民币贷款，个人商业用房贷款是向购买商业用房的借款人发放的人民币贷款。

2015年，河北银行承德分行积极营销承德市城区新建楼盘，累计发放一手住房贷款52笔，共计2589.54万元，年末贷款余额2436.64万元。同年累放二手住房贷款11笔，共计229.38万元，年末贷款余额221.7万元。发放商业用房贷款1笔，金额37万元，年末贷款余额37万元。

2014—2015年河北银行承德分行个人贷款分类统计表

表6-11-3　　单位：万元

类别	2014年		2015年	
	累放	余额	累放	余额
个人综合消费贷款	0	0	1379	1344.93
个人工资保证贷款	0	0	1550	889.78
其他个人消费贷款	1237.6	1237.6	5755.49	2263.95
个人购房贷款	0	0	2855.92	2695.34
合计	1237.6	1237.6	11540.41	7194

第十二章 张家口市商业银行承德分行贷款

张家口市商业银行承德分行 2014 年 10 月开业后，围绕地方经济发展重点，积极开展贷款业务营销，稳步发展单位贷款和个人贷款业务。到 2015 年末，累计发放单位贷款 9.17 亿元，个人贷款 751.6 万元，各项贷款余额 7.36 亿元。

第一节 贷款业务营销与管理

一、明确市场定位，重点做好对实体经济的信贷支持

张家口市商业银行承德分行将支持实体经济作为发展信贷业务的核心，坚持“服务县域经济、服务中小企业、服务社区居民”的市场定位，积极进行产品创新，切实履行地方性银行的社会责任，做好衣、食、住、行等民生领域的金融服务，并对文化旅游、农业现代化、新兴产业等重点领域积极给予贷款支持。同时，从零售客户群中筛选出五类低风险群体作为优先支持对象，主要包括政府周转类、县域民生类、县域房地产类、固定资产融资类、个人客户类，通过细分客户群体，提高贷款支持的针对性和有效性。

二、加强银企对接，积极促进贷款业务发展

积极参与本地银企对接洽谈会，到 2015 年末，共组织参加在市区、平泉、宽城、承德县、双滦等地召开的银企对接会 5 次。2014 年 10 月，在银企对接会上与 10 家企业开展联系，并与承德避暑山庄碧峰门民俗文化园区有限公司和承德市泓林建筑安装有限公司两家企业成功对接。2015 年 1 月，参与双滦区金融办组织的银企对接会。同年 3 月，通过市、县金融办牵头，在平泉县、宽城满族自治县分别召开银企对接会，并深入 15 家企业进行走访考察，最终成功向两家企业发放贷款。同年 7 月，参加承德县金融办组织的银企对接洽谈会，共对接走访企业 8 家，并与两家企业对接成功。在积极与企业开展对接活动的基础上，采取打组合拳的方式，为企业量身打造金融产品，适时推出集“应收账款贷款”“存货质押”等多个贷款品种的一揽子金融服务举措，支持中小企业发展，实现“银企双赢”。

三、加强内部管理，强化贷款风险防控

为进一步规范业务流程，提高授信业务审批效率，在开业初期印发一系列信贷基本管理制度的基础上，又相继制定了《产品定价管理办法》《授信业务人员奖励及处罚办法》等近 20 项制度办法，进一步规范授信业务流程，提高工作效率，保障授信业务快速、有序开展。采取“专业审批 + 节点否决”的贷款授信模式，坚持“审贷分离”的管理原则，实行统一政策、总量控制、分别授权、分级审批的管理体制，严格按照贷中业务受理流程、抵质押物登记程序、各类合同面签制度执行，对客户贷款用途逐笔进行分析，确保每笔贷款的真实性、合规性。强化贷后管理，坚决控制信贷资产风险，建立、规范、落实客户经理定期联系协调制度、定期风险分析预警制度、贷后管理定期报告制度，落实责任人责任追究工作，有效控制信贷风险。

第二节 单位贷款

一、流动资金贷款

流动资金贷款是指向企业法人或其他经济组织发放的用于生产经营周转的贷款。2014—2015年，张家口市商业银行承德分行累放流动资金贷款3.05亿元，2015年末贷款余额2.51亿元。

承德富龙现代农业发展有限公司建于2012年5月，是围场满族蒙古族自治县的现代农业示范园区。2015年该公司因生产需要大量收购马铃薯，资金缺口较大，张家口市商业银行承德分行为该公司提供2400万元流动资金贷款，及时解决了企业收购马铃薯资金短缺问题，保障企业按时生产。中通佳鸿通信工程承德有限公司自2015年成立以来，积极响应国家政策，致力于通信服务基础设施建设，在承德市各县区及张家口市各县区进行铁塔建设，深入村庄和大山，为广大百姓带来更好的通信服务，为国家4G电信业务普及做出了积极贡献。2015年，因购买原材料和支付工人工资等需要，资金周转出现困难，张家口市商业银行承德分行通过细致考察和实地调研，为企业发放流动资金贷款4500万元，有效支持了县域通信服务基础设施建设。滦平尚亚蔬菜农民专业合作社创建于2011年，主要从事绿色蔬菜种植、食用菌栽培、淡水养殖、四季草莓种植和特种果品的生产销售。合作社建设的农业园区占地1400亩，种植果蔬品种达20余个，其中16个获得国家A级绿色食品认证，是承德市最具规模的农业绿色高新产业示范园区之一。张家口市商业银行承德分行根据企业实际需求，为企业发放流动资金贷款500万元，帮助企业解决因购买种子、化肥出现的资金周转困难。

二、旅游产业贷款

2014—2015年，张家口市商业银行承德分行重点支持了旅游产业发展。在对承德市旅游产业在建项目进行深入了解的基础上，确定承德碧峰门民俗文化园区有限公司、围场满族蒙古族自治县渔阳酒店有限公司、承德嘉和国际酒店有限公司为旅游产业信贷目标单位。到2015年末，累放旅游产业贷款3.85亿元，贷款余额3.77亿元。

围场满族蒙古族自治县渔阳酒店有限公司为四星级标准，2011建成后承接了多个政府会议，受到当地政府的重视和扶持，三年内享受地方税款减免政策。2015年企业因设施配套、酒店装修等出现较大资金缺口，张家口市商业银行承德分行及时为渔阳酒店办理旅游产业贷款4000万元，保证企业旅游旺季的正常运营，助推企业发展。承德避暑山庄碧峰门民俗文化园区有限公司成立于2007年10月。该公司名下的一栋商业楼缺少装修资金，张家口市商业银行承德分行对该公司发放2000万元贷款，缓解了企业的资金压力，保障了企业的正常经营。

三、房地产开发贷款

2015年3月，张家口市商业银行总行授权承德分行开办房地产信贷业务，先后与承德银城、承德富华、保定中诚、承德鸿泰、承德国鑫等房地产企业建立信贷关系。承德鸿泰集团房地产开发有限公司因承建隆化县龙骧东苑二期项目，出现资金困难，同年6月，向张家口市商业银行承德分行提出8000万元贷款申请。由于超过分行授信业务权限，承德分行及时邀请总行专业技术团队来企业进行贷前调查。经总行批准，承德分行于7月份为承德鸿泰集团发放房地产开发贷款8000万元，仅用一个月时间就完成了贷款调查、发放工作，为企业提供了高效服务。

四、票据融资

2015年，张家口市商业银行承德分行开办票据融资业务。主要与承德建龙特殊钢有限公司、承德燕北冶金材料有限公司等企业开展票据贴现业务。全年累计办理票据贴现1.47亿元，年末余额2034.6万元。

承德建龙特殊钢有限公司是北京建龙重工集团有限公司控股的一家钢铁子公司，是承德市五大支柱企业、河北省优势企业、河北省重点保护企业、河北省百强工业企业、承德市出口创汇企业。该公司致力于打造特钢和钒制品基地，具备年产钢材100万吨、五氧化二钒2000吨的配套生产能力。张家口市商业银行承德分行为承德建龙公司办理贴现10500万元，解决融资问题。为其全资子公司承德燕北冶金材料有限公司办理贴现1600万元，用于购买原材料，并定期向企业提供利率报价、票据背书指导、票据证明等服务。

2014—2015年张家口市商业银行承德分行单位贷款分类统计表

表6-12-1　　单位：万元

类别	2014年		2015年	
	累放	余额	累放	余额
流动资金贷款	800	800	29700	25110
旅游产业贷款	2000	2000	36500	37700
房地产开发贷款	0	0	8000	8000
票据融资	0	0	14696	2034.6
合计	2800	2800	88896	72844.6

第三节　个人贷款

2015年，张家口市商业银行承德分行开办个人贷款业务，按照服务社区居民、中小企业主和个体工商户的市场定位，推动个人贷款业务快速发展，开发了“好运惠民贷”与“好运惠业贷”两大系列、15个授信产品。其中“好运惠民贷”系列产品主要解决小微企业主、个体工商户、种养殖户、家庭农场、农民专业合作社等个人经营主体的融资难题，包括银保通、商易贷、货易贷、农易贷、养殖贷、海权贷等7个产品。“好运惠业贷”系列产品通过供应链金融、政银合作等业务模式解决中小企业融资难题，包括助建贷、政银贷、果商贷、代工贷、农业通、国内保理、“4S”贷、油易贷8个产品。

2015年，累放个人贷款751.58万元，年末贷款余额751.58万元。其中发放个体及私营企业贷款12笔，共计289万元，存单质押贷款4笔、284万元，个人经营贷款120万元，个人房抵贷消费贷款40万元，公务员贷款18.58万元。

2015 年张家口市商业银行承德分行个人贷款分类统计表

表 6-12-2 单位：万元

类别	累放	余额
个体及私营贷款	289	289
存单质押贷款	284	284
个人经营贷款	120	120
个人房抵贷消费贷款	40	40
公务员贷款	18.58	18.58
合计	751.58	751.58

第十三章 村镇银行及小贷公司贷款

3家村镇银行以“三农”为基本服务对象，坚持“立足县域、服务社区、支农支小”的市场定位，2015年末各项贷款余额15.36亿元。其中个人贷款余额12.65亿元，占全部贷款的82%；单位贷款余额2.72亿元，占比为18%。

小额贷款公司重点支持了个人及企业的临时性资金需求，2015年末贷款余额30.92亿元，成为银行业机构信贷业务的补充渠道。

第一节 丰宁建信村镇银行贷款

2010—2015年，丰宁建信村镇银行各项贷款投放持续增长，2015年末贷款余额3.19亿元，其中单位贷款余额4473万元，个人贷款余额2.75亿元。贷款覆盖全县26个乡镇，投向涉及农户种植、养殖、林业、农产品加工等多个产业，支持了县域实体经济发展。

一、单位贷款

单位贷款是向企业和农业合作社发放的流动资金贷款，用于借款人日常生产经营周转。

2010—2015年累放单位贷款1.39亿元，贷款余额4473.15万元。其中采矿业150万元、畜牧业2248.15万元、农业1975万元、其他行业100万元。

拓宽担保渠道，解决小微企业担保难。2010—2015年，丰宁建信村镇银行与承德市中小企业担保公司合作。累放担保贷款14笔、3010万元，重点支持神州绿色养殖、丰宁隆鑫养殖专业合作社、三塔农牧发展有限公司、丰宁汇江矿山机械制造有限公司等农业产业化龙头企业，带动了农民收入的增加。

放宽准入条件，解决小微企业融资难。2010年起，丰宁建信村镇银行推出了“速贷顺”信贷产品。该产品以小微企业现金流作为贷款依据，解决了一部分小微企业融资难题。2010—2015年，丰宁建信村镇银行累放“速贷顺”20笔3750万元，扶持了丰宁满族自治县神州绿色养殖有限责任公司、丰宁满族自治县隆鑫养殖专业合作社等一批小微企业。

坚持普惠金融，推出专业合作社贷款。2010—2015年，丰宁建信村镇银行累放农民专业合作社贷款51笔5550万元，重点支持奶牛小区、蔬菜种植、养牛羊等合作社38家。

加大支农力度，推动农业产业升级。2013年起，丰宁建信村镇银行与县农业政策性担保中心加强合作，重点对优质中小企业提供信贷支持，推动农业产业升级。2013—2015年，建信银行累放农业政策担保中心担保贷款67笔，金额8400万元，推进了县域奶牛小区向牧场化转型、大棚蔬菜、食用菌种植、育肥牛、生猪养殖、舍饲养羊、养鸡等一批农业产业化优质项目升级。

2010—2015 年丰宁建信村镇银行单位贷款统计表

表 6-13-1 单位：万元

年度	单位贷款		年度	单位贷款	
	累放	余额		累放	余额
2010	880	855	2014	3120	4116.71
2011	1350	1350	2015	3440	4473.15
2012	1520	1248.63			
2013	3560	4350.36	合计	13870	

二、个人贷款

个人贷款是向借款人发放的用于消费、购房、生产经营资金周转等用途的贷款，包括个人商业用房贷款、个人住房贷款、个人助业贷款及个人消费贷款。2010—2015 年累放个人贷款 9.43 亿元，2015 年末贷款余额 2.75 亿元。

个人助业贷款 个人助业贷款是向自然人、个体工商户发放的用于生产经营的贷款。2010 年开办。2010—2015 年累放个人助业贷款 9.01 亿元，2015 年末贷款余额 2.59 亿元。其中采矿业贷款 1693.18 万元、畜牧业贷款 1381.18 万元、林业贷款 662.72 万元、农林牧渔服务业贷款 4269.22 万元、农业贷款 2549.14 万元、批发零售业贷款 8968.8 万元、其他行业贷款 6419.63 万元。

丰宁建信村镇银行个人助业贷款在全部贷款总量中占比为 82.5%，贷款品种多样，有循环支用抵押贷款、农村“三权”抵押贷款、“少生快富”贷款等。

打造“阳光信贷”品牌。2012 年，丰宁建信村镇银行以深入推行单位文化建设为契机，建立了快速反应的信贷受理、评价和审批机制。凡能一次操作完成的业务，决不让客户跑第二次，大大缩短了办贷时间。丰宁满族自治县南关乡云雾山村是个不靠城区、不靠公路、没有村集体收入的典型贫困村。该村通过土地合理流转，决定建设山地温室大棚 100 座，种植无公害蔬菜 800 亩。经村书记和村主任多方联系，投资无法落实。建信银行获得信息后，行领导带队实地考察，设计贷款方案，在不到一周的时间向该村三户山地大棚经营户发放了 150 万元贷款，成功支持了该村蔬菜产业建设项目。

推行农村“三权”抵押贷款。为解决个人贷款担保抵押物不足问题，建信银行积极试办农村“三权”抵押贷款，推出集体土地使用权、土地承包经营权、农户农业机械设备抵押贷款，较好地解决了抵押担保制约瓶颈。丰宁满族自治县鱼儿山镇一个种植大户租入附近村民土地 5290 亩，后续投资遇到困难，向建信银行申请贷款 200 万元，用于设备购置、基础设施建设、后期资金周转。建信银行及时推出土地流转权和承包权抵押贷款，为客户解决了资金短缺困难。2010—2015 年累计发放农村“三权”抵押贷款 2014 万元，解决了 21 家农户的融资难题。

推出循环支用授信抵押贷款。丰宁建信村镇银行针对县域个体工商户、农户资金流动周期短的特点，推出循环支用授信抵押贷款，在授信期限额度内循环支用，随借随还。不仅为客户节约办贷时间，而且节省了抵押品评估登记等费用支出，得到了客户的普遍欢迎。2010—2015 年累放循环支用授信抵押贷款 644 笔、44215.9 万元，测算节约客户费用 130 万元。

开办“少生快富”贷款。“少生快富”贷款是由县计生局牵头组织并贴息，支持少生优生的百姓发展致富项目。建信银行通过多方努力，与县计生局签订了长期合作协议。2010—2015 年累放“少生快富”贷款 120 万元，解决了 6 家农户融资难题。

2010—2015 年丰宁建信村镇银行个人助业贷款统计表

表 6-13-2　　单位：万元

年度	个人助业贷款		年度	个人助业贷款	
	累放	余额		累放	余额
2010	3140	2967	2014	21563	21011
2011	9290	8193	2015	25784	25944
2012	13060	12496			
2013	17305	16297	合计	90142	

个人商业用房贷款　个人商业用房贷款是指向借款人发放的用于购买商业用房的贷款。2011 年，为促进个人商业用房贷款业务健康发展，鼓励个人、私营业主创业投资，当年发放个人商业用房贷款 270 万元。2011—2015 年累放个人商业用房贷款 940 万元，贷款余额 551.43 万元。支持个人购置商用房 15 处，面积 1486 平方米。例如重点支持贷款户王爱民，在建信银行贷款 59 万元，采用等额本息的还款方式还款，本人从事药品零售，购房用于扩大经营店面，预期收益率提高 45%。

2011—2015 年丰宁建信村镇银行个人商用房贷款统计表

表 6-13-3　　单位：万元

年度	个人商用房贷款		年度	个人商用房贷款	
	累放	余额		累放	余额
2011	270	226	2014	—	344
2012	50	228	2015	259	551
2013	361	499	合计	940	

个人消费贷款　个人消费贷款是指支持个人房屋装修、购买自驾车发放的消费类贷款。2010—2015 年建信银行累放个人消费贷款 2612.5 万元，支持 221 户家庭房屋装修以及购买自驾车，改善了居住环境，提高了生活水平。2015 年末贷款余额 893.33 万元，较 2010 年增加 702.44 万元。

2010—2015年丰宁建信村镇银行个人消费贷款统计表

表6-13-4　　单位：万元

年度	个人消费贷款		年度	个人消费贷款	
	累放	余额		累放	余额
2010	203	190.89	2014	406	1103
2011	404.5	361	2015	239	893.33
2012	516	620			
2013	844	1105	合计	2612.5	

个人住房贷款　个人住房贷款起步于2010年，当年发放个人住房贷款24万元。2010—2015年累放个人住房贷款105万元，购置住房面积536平方米，帮助5户家庭解决了住房困难。2015年末个人住房贷款余额31万元。

2010—2015年丰宁建信村镇银行个人住房贷款统计表

表6-13-5　　单位：万元

年度	个人住房贷款		年度	个人住房贷款	
	累放	余额		累放	余额
2010	24	23	2014	—	61
2011	61	79	2015	—	31
2012	20	89			
2013	—	73	合计	105	

农户联保贷款　2011年建信银行推出了“农户联保”贷款，破解了农户担保难题。2011—2015年累放农户联保贷款454万元，贷款余额47.51万元，2015年末解决南岗子、达二营、云雾山、账房沟47家农户融资难题。

第二节　滦平盛阳村镇银行贷款

滦平盛阳村镇银行贷款业务以“三农”为基本服务对象，重点支持农村产业发展、农林牧渔多种经营、农副产品收购、贫困地区脱贫。2011—2015年累放各项贷款12.15亿元，2015年末各项贷款余额3.42亿元。

一、单位贷款

单位贷款是对公司类贷款客户周转性或临时性流动资金需要发放的贷款。

2011—2015年累放单位贷款1.65亿元，2015年末贷款余额5304万元，其中种植业贷款8笔、1900万元；养殖业贷款2笔、490万元；农副食品加工业1笔、300万元；基础设施建设相关行业14笔、1984万元；采矿业2笔、630万元。

承德庄头农业发展有限公司注册资本500万元，成立于2013年，注册地为滦平县北大街。该公司申请贷款用于农作物种植、加工、包装、储存。经盛阳银行贷前调查，为该公司授信260万元，期限一年，月利率执行基准利率上浮34%。及时解决了企业的资金困难。

承德兴春和农业股份有限公司位于滦平县大屯乡兴洲村，占地总面积1198亩，项目总投资1.795亿元，是滦平县农业龙头企业。2015年2月该企业购进大量谷物种子、蔬菜种子等集中支付货款，发生200万元资金缺口。行领导带队深入企业现场考察，3天完成贷前调查，及时为企业发放贷款200万元，企业同时享受财政贴息3%。

2011—2015年滦平盛阳村镇银行单位贷款统计表

表6-13-6　　单位：万元

年份	累放	余额
2011	100	84.5
2012	3040	1646
2013	4039	3058
2014	3439	2850
2015	5908	5304
合计	16526	

二、个人贷款

滦平盛阳村镇银行个人贷款大部分为涉农贷款。到2015年末，服务农户约800余人，主要投放行业为农林牧渔业、餐饮住宿业和其他行业。

农林牧渔业贷款　农林牧渔业贷款分为农业、林业、牧业、渔业四大种类，包括农作物种植、果树种植、棉麻种植、牲畜养殖、养鱼等。2011—2015年累放农林牧渔业贷款3.03亿元。

2012年，滦平县张百湾镇下南沟村农户李某，一家5口人，居住破旧的三间小瓦房，夫妻农耕年收入仅2000元左右，供养80岁老人和两个上学的孩子，生活贫困。申请盛阳银行贷款5万元养殖肉牛。经贷前调查确认客户社会信用良好，具有肉牛养殖技术，苦于求借无门。通过简化程序快速放款5万元，支持客户购买8头架子牛进行育肥。一年后获得增值收入3万余元，生活水平明显改善。

2011—2015 年滦平盛阳村镇银行农林牧渔业贷款统计表

表 6-13-7 单位：万元

年份	农林牧渔业贷款		年份	农林牧渔业贷款	
	累放	余额		累放	余额
2011	519	414	2014	8677	7089
2012	3774	3024	2015	9664	8172
2013	7684	6701	合计	30318	

餐饮住宿业贷款 餐饮住宿业贷款包括餐饮服务、旅馆住宿业贷款。2011—2015 年累放住宿餐饮业贷款 2.10 亿元，2015 年末贷款余额 5794 万元。

2011—2015 年滦平盛阳村镇银行餐饮住宿业贷款统计表

表 6-13-8 单位：万元

年度	餐饮住宿业贷款		年度	餐饮住宿业贷款	
	累放	余额		累放	余额
2011	465	170	2014	6190	5085
2012	3185	1729	2015	6696	5794
2013	4459	3466	合计	20995	

其他行业贷款 其他行业贷款种类较多，主要支持个人批发零售、居民服务、房屋中介、居委会财务代理、书店等小行业。2011—2015 年累放贷款 5.37 亿元，2015 年贷款余额 1.50 亿元。

2011—2015 年滦平盛阳村镇银行其他行业贷款统计表

表 6-13-9 单位：万元

年度	其他行业贷款		年度	其他行业贷款	
	累放	余额		累放	余额
2011	1340	266	2014	16084	13252
2012	8967	3891	2015	17120	15005
2013	10152	7162	合计	53663	

第三节 围场华商村镇银行贷款

围场华商村镇银行遵循“立足县域、服务社区、支农支小”的市场定位，服务阵地不断向农村前移，各项贷款业务惠及范围不断扩大。2011—2015年累放各项贷款28.80亿元，2015年贷款余额8.75亿元，其中短期贷款余额8.18亿元，中长期贷款余额5664万元。

一、短期贷款

围场华商村镇银行短期贷款分为短期个人贷款和短期中小企业贷款。贷款投向涉及种植、养殖、苗木经营、酒类制造、山野菜加工等行业。2015年末短期个人贷款余额6.50亿元，短期中小企业贷款余额1.67亿元。

短期个人贷款 短期个人贷款是围场华商村镇银行贷款业务的重点。2011—2015年累放短期个人贷款55.08亿元。

加快推进网点建设。2013—2015年，以平均每年开业3家支行的速度，推进金融服务不断前移。2015年末营业机构总数10家，员工总数115人，其中信贷工作人员26人，推动了贷款业务的快速发展。

转变信贷工作作风，多次开展“送贷下乡”服务。围场满族蒙古族自治县燕格柏乡天桥村五号村位于围场县西北部，地理位置偏僻，交通不便，基础设施薄弱。当地百姓致富手段主要以肉牛养殖为主，由于资金短缺，限制了养殖规模。围场华商村镇银行组织4名信贷员，主动深入天桥村五号村养殖户展开贷前调查，与符合条件的47名农户签订了贷款手续，两天内为每户发放0.5万～6万元农户联保贷款。得到信贷资金支持后，天桥村五号村肉牛养殖规模迅速扩大，2012年比往年增加出栏230余头，养殖户年均增收3万余元。开业5年来，通过“送贷下乡”的方式，先后支持了围场县半截塔镇、新拨镇、张家湾乡等乡镇种养业的发展。到2015年末，累放贷款1.99亿元，惠及934户农户发展生产。

创新担保方式。围场满族蒙古族自治县客户“融资难”的主要原因，在于难以找到与资金需求相匹配的抵押物或担保人。为打破这一壁垒，围场华商村镇银行推出“林权抵押”贷款业务，对生长年限长、长势良好、销路前景广阔的林区，通过林权抵押为客户提供资金支持。围场镇育林客户崔柏山，于2014年在凤凰支行一次性成功获贷300万元，不仅破解了跑银行、找朋友、借高利贷的困局，而且减少了额外支出，客户当年增收约50万元。农户联保贷款是解决当地农户资金需求的新型贷款业务。到2015年末，累放农户联保贷款4327万元，支持723户农户构建大棚和牛羊舍，有效支持了乡镇养殖产业的发展。

2015年末短期个人贷款余额6.50亿元，比2011年增加5.68亿元，增长6.87倍。

2011—2015年围场华商村镇银行短期个人贷款统计表

表6-13-10　　单位：万元

年度	短期个人贷款		年度	短期个人贷款	
	累放	余额		累放	余额
2011	82667	8267	2014	138370	50097
2012	33054	21795	2015	221903	65037
2013	74805	35095	合计	550799	

短期中小企业贷款 围场华商村镇银行通过贷款投放，积极助力县域小微企业发展。2011—2015 年累放短期中小企业贷款 12.89 亿元。

积极参与政府搭建的融资平台，从中筛选优质小微客户。2012 年，承德天原药业有限公司在生产一批新型药品时出现资金缺口。通过政府融资平台牵线搭桥，围场华商村镇银行快速启动贷前调查，一周内完成审批决策，为企业提供信贷资金 300 万元，及时购进了生产急需的原材料。

坚持以市场为导向。承德新禾源种业有限公司（企业经营地在围场满族蒙古族自治县腰站镇）是实力较强的种子生产企业。2014 年，公司根据围场满族蒙古族自治县马铃薯种植行业的蓬勃发展，投入科技力量研发“新禾源二号”种薯，研发过程中出现资金缺口。围场华商村镇银行实地考察后，及时提供贷款 150 万元，支持“新禾源二号”顺利研发成功。该产品推出后，得到当地种植户的广泛认可，销售额突破 1500 万元，实现净收益 200 余万元。2014 年，围场满族蒙古族自治县供热公司为储备全县冬季取暖用煤急需资金，通过沟通洽谈，围场华商村镇银行向围场供热公司提供贷款支持，解决了公司的燃眉之急，为全县居民取暖提供了有效保障。

遵循“支持小微”的市场定位，先后帮扶了承德宇航人高山植物应用技术有限公司、承德味来食品有限公司、承德百世然和天然气有限公司等小微企业的发展。2015 年末短期中小企业贷款余额 1.67 亿元，是 2011 年的 9.8 倍。

2011—2015 年围场华商村镇银行短期中小企业贷款统计表

表 6-13-11 单位：万元

年度	短期中小企业贷款		年度	短期中小企业贷款	
	累放	余额		累放	余额
2011	1710	1710	2014	38265	14620
2012	8610	5950	2015	58165	16749
2013	22195	11195	合计	128945	

二、中长期贷款

围场华商村镇银行于 2012 年开办中长期贷款，包括中长期个人贷款与中长期小企业贷款。主要支持了县域内购房、购车客户的需求，支持了围场县林盛祥生物质燃料制造有限公司等 6 户小微企业的发展。

林盛祥生物质燃料制造有限公司成立于 2014 年，是一家以新型燃料制造为主的新兴小微企业，由于企业发展正处于起步阶段，暂时不具备一次性还款能力，围场华商村镇银行决定为其办理 260 万元 3 年期按揭贷款，解决了该公司资金周转困难，缓解了还款压力。

2015 年末中长期个人贷款余额 5013 万元，中长期中小企业贷款余额 652 万元。

2012—2015 年围场华商村镇银行中长期贷款统计表

表 6-13-12　　单位：万元

年度	中长期个人贷款		中长期中小企业贷款	
	累放	余额	累放	余额
2012	629	606	0	0
2013	1183	1049	0	0
2014	2849	1636	0	0
2015	7199	5013	760	652
合计	11861		760	

第四节　小额贷款公司贷款

一、业务发展

按照小额贷款公司不吸收公众存款、以实收资本金为全部资金来源、仅经营小额贷款业务的职能定位，小额信贷是其主要业务。承德市的小额贷款公司起步于 2008 年，发挥信贷投放自主、灵活、便捷的特点，成为银行业机构信贷业务的补充渠道。在贷款投向上，以个人贷款为主、单位贷款为辅；在贷款期限上，以短期贷款为主。发挥了拾遗补缺的作用。2015 年末小额贷款公司贷款余额 30.92 亿元，其中个人贷款余额 29.45 亿元，占全部贷款的 95.2%；短期贷款余额 30.73 亿元，占全部贷款的 99.4%。

二、分县区贷款余额统计

2009—2015 承德市小额贷款公司贷款余额统计表

表 6-13-13　　单位：万元

区县	2009 年	2010 年	2011 年	2012 年	2013 年	2014 年	2015 年
市辖区	28374	35379	34833	43933	63277	71992	74614
承德县	5231	7319	5628	9705	16547	26041	26446
兴隆县	—	—	5172	11206	23474	24959	24462
平泉县	5125	5409	10368	16224	23130	25183	25815
滦平县	—	4497	5061	15857	18196	19997	20627

续表 6-13-13

区县	2009 年	2010 年	2011 年	2012 年	2013 年	2014 年	2015 年
隆化县	5291	5507	6388	6415	6685	13562	13759
丰宁满族自治县	5182	5656	11507	11549	16979	44154	50887
宽城满族自治县	5125	6307	5723	22718	44177	47590	48906
围场满族蒙古族自治县	7083	7135	13469	12225	16713	23212	23776
合计	61411	77209	98149	149832	229178	296690	309292

说明：小额贷款公司贷款于 2009 年纳入人民银行统计

第七编

中间业务

第七编 中间业务

中间业务是指不构成商业银行表内资产、表内负债，形成银行非利息收入的业务。其中支付结算业务占有主导地位，伴随着现代化支付结算体系的建立，支付结算方式不断优化，支付结算时间不断缩减，支付结算效率不断提升，金融服务水平不断进步。而通过科技创新培育的银行卡、电子银行等新业务，更是为社会提供了高效便捷的服务。

第一章 支付结算

支付结算是银行业的传统业务。1989—2015年间，支付结算业务发生了巨大变化。付款委托书、托收承付等传统结算方式逐步退出，结算工具逐步集中到支票、汇票、本票和银行卡，国际结算由中国银行独家办理发展到多家银行办理。业务处理从单一的手工操作、柜面唱收唱付发展到电子化处理，支付结算效率大幅提升。人民银行建设的跨行支付结算服务体系、第二代支付系统，搭建了跨行支付结算平台，实现了支付结算现代化。承德市支付结算业务量从1989年的1217.82万笔发展到2015年的16192.12万笔。

第一节 种类

一、国内结算方式

付款委托书 付款单位委托其开户银行从其存款账户中将款项划入指定收款单位账户的一种结算方式。金额起点30元。1989年4月1日取消。

托收承付 根据购销合同由收款单位委托银行向付款单位收取款项的结算方式。分为同城托收承付和异地托收承付。

同城托收承付。同一城市购销双方按照交易合同、协议或上级调拨文件等发生交易后，销货单位委托银行向购货单位收取款项的同城结算方式。1989年8月1日取消。

异地托收承付。收款单位根据经济合同发货后，委托银行向异地的付款单位收取款项，付款单位根据经济合同核对单证或验货后，向银行承认付款的结算方式。1989年8月1日，人民银行取消异地托收承付结算方式；1990年4月1日，人民银行恢复异地托收承付结算方式。托收承付结算每笔金额起点为10000元，新华书店系统每笔为1000元。

托收无承付 收、付款单位双方在事前签订合同或协议，由收款单位委托银行代为扣收款，不必经过付款单位逐笔承付，银行凭收款单位签发的托收凭证主动从付款单位账户上将款项转入收款单位账户的一种结算方式。金额起点30元。1989年4月1日取消。

限额结算 是人民银行《限额结算试行办法》中明确的异地结算方式。具体指购货单位向开户银行交存保证金，委托银行如数签发限额结算凭证，凭以向指定销货单位在规定的限额内一次办理转账付款的异地结算方式。承德地区仅农行开办此项业务。1989年4月1日取消。

信用证 付款单位把款项预先交存银行，委托银行开出信用证，通知异地收款单位开户银行转知收款单位，收款单位按照合同和信用证规定的条件发货或付款单位将商品自提自运以后，银行代付款单位支付货款的异地结算方式。1989年4月1日取消。1997年8月1日起恢复开办。

汇兑 付款单位委托银行将款项汇给外地收款单位或个人的结算方式。分信汇、电汇两种。

单位和个人的各种款项结算均可使用汇兑结算方式。信汇的支付凭证通过邮寄形式传递；电汇的支付凭证通过电报或电话形式传递。

委托收款　收款人委托银行向付款人收取款项的结算方式。委托收款在同城和异地均可办理，不受金额起点限制。有邮寄和电报划回两种。分为异地委托收款、同城委托收款和同城特约委托收款。

二、国内支付结算工具

支票　出票人签发的，委托银行在见票时无条件支付确定的金额给收款人或者持票人的票据。分为现金支票、转账支票、普通支票、定额支票、县辖通用转账支票。

现金支票。出票人签发的，委托银行在见票时无条件以现金方式支付确定的金额给收款人或者持票人的票据。现金支票上印有“现金”字样，只能支取现金。

转账支票。出票人签发的，委托银行在见票时无条件以转账方式支付确定的金额给收款人或者持票人的票据。转账支票印有“转账”字样，只能用于转账。

普通支票。支票上未印有“现金”和“转账”字样的为普通支票，可支取现金也可转账。左上角划两条平行线的普通支票为划线支票，划线支票只能转账，不能支取现金。

定额支票。收购单位以同额资金向开户银行领取定额支票，用以在本辖区范围内收购农副产品的结算方式。面额为 50 元、100 元、200 元三种，结算期 10 天。承德地区仅农行开办。1993 年 2 月 1 日取消。

县辖通用转账支票。是人行河北省分行《县辖通用转账支票结算办法》中明确的支付结算工具。具体指付款人将款项交存当地银行，由其签发给付款人持往县辖各地办理结算或转汇的票据。一律记名，金额起点 500 元，付款期限 5 天，不准流通转让。承德地区仅农行开办。1997 年 12 月 1 日取消。

银行汇票　出票银行签发，由其在见票时按照实际结算金额无条件支付给收款人或持票人的票据。银行汇票可用于转账，填明“现金”字样的银行汇票可以支取现金。分为县辖银行汇票和省辖银行汇票。

县辖银行汇票。是人行河北省分行《县辖银行汇票结算办法》明确的支付结算工具。具体指付款人将款项交存开户银行，由其签发给付款人持往县辖各地办理结算或转汇的票据。承德地区仅农行开办。2003 年 5 月 7 日取消。

省辖银行汇票。是人行河北省分行《河北省省辖银行汇票办法》中明确的支付结算工具。具体指出票人签发的、代理付款人在见票时按照实际结算金额无条件支付给收款人或者持票人的票据。承德地区仅农行开办。2003 年 12 月 1 日取消。

商业汇票　出票人签发的，委托付款人在指定日期无条件支付确定金额给收款人或持票人的票据，分为商业承兑汇票和银行承兑汇票。商业承兑汇票由银行以外的付款人承兑，银行承兑汇票由银行承兑，商业汇票的付款人为承兑人。商业汇票的付款期限由收付双方商定，最长不得超过 6 个月。商业汇票在同城和异地均可使用。

2009 年 10 月 16 日，人民银行颁布实施的《电子商业汇票业务管理办法》中明确，电子商业汇票是出票人依托电子商业汇票系统，以数据电文形式制作的，委托付款人在指定日期无条件支付确定金额给收款人或者持票人的票据。分为电子银行承兑汇票和电子商业承兑汇票，电子银行承兑汇票是由银行业金融机构、财务公司承兑；电子商业承兑汇票由金融机构以外的法人或其他组织承兑。电子商业汇票为定日付款票据，付款期限自出票日起至到期日止，最长不得超过 1 年。

银行本票　银行签发的，承诺自己在见票时无条件支付确定的金额给收款人或持票人的票据。银行本票可以用于转账，注明“现金”字样的银行本票可以用于支取现金。分为定额本票和不定额本票两种。

信用卡 商业银行向个人或单位发行的，凭以向特约商户购物、消费和向银行存取现金，且具有消费信用的特制载体卡片。1989年4月，中行承德分行发行“万事达信用卡”，是承德市首次发行信用卡。

三、国际结算方式

境外汇入汇款、境外汇出汇款 1989年仅中行办理，1994年以后各家银行陆续开办。境外汇入汇款指代理行、海外联行接受客户委托，将款项汇入银行在国内的经营机构，并指示将该笔款项解付给收款人的业务；境外汇出汇款指根据汇款人的委托，以约定的汇款方式委托银行海外联行或代理行将一定金额通过付款银行支付给指定收款人的业务。汇款方式分为电汇和票汇两类。

电汇汇款。银行接受汇款人委托，以加押电报、电传或SWIFT（环球同业银行金融电讯协会）方式，将外汇款项通过国外代理行汇到汇款人指定的收款人所在银行账户或银行根据国外代理行通过SWIFT、电传等发出的汇款指示，将款项解付给指定的收款人的业务。

票汇汇款。银行按照汇款人的申请，开立银行汇票给汇款人，由汇款人把汇票交给收款人，收款人凭汇票到付款银行领取款项；或客户将收到的汇票提示给付款银行，银行核对汇票无误后，将款项解付给指定收款人的业务。

托收 出口方开具以进口方为付款人的汇票，委托银行在国外向进口方收取货款。根据收款人办理托收时是否向银行提交货运单据，分为光票托收和跟单托收。

光票托收。1991年中行开办，1994年以后各家银行陆续开办。银行根据委托人的指示处理金融票据，代其向国外付款人收取票款的一种结算方式。银行可接受的票据种类包括汇票、本票、支票、旅行支票、邮政汇票及其他外币有价证券，适用于个人客户和公司客户。

跟单托收。1992年中行开办。1994年以后各家银行陆续开办。银行接受出口商委托，将其提交的出口商业单据和金融票据寄往国外代收银行，向进口商代收货款的一种结算方式。适用于以出口托收方式结算的出口企业，及采用汇款结算方式但有收款保障的企业。

进口代收 1992年中行开办，1994年以后各家银行陆续开办。银行根据出口商开户银行（托收行）的委托，向国内进口商提示单据，要求其付款或承兑赎单，将收到的款项支付给托收行的结算方式。适用于以托收方式结算的进口企业。

进口、出口信用证 1992年中行开办，1994年以后各家银行陆续开办。

进口信用证。银行应国内进口商的申请，向国外出口商出具的书面付款承诺，承诺在符合信用证规定的各项条款时，向出口商履行付款责任。主要用于国际贸易结算，为公司客户的进口业务提供服务。

出口信用证。银行收到进口方银行开来的信用证后，为出口商提供包括来证通知、审单、寄单、索汇等一系列服务。适用于以信用证方式结算的出口企业，或采用汇款、托收结算方式但有收款保障的企业。

跨境人民币结算 2010年各银行开办。银行应客户申请，根据人民银行跨境人民币结算有关规定，为客户提供跨境人民币结算、融资、担保、资金交易等产品，满足客户跨境人民币结算业务的综合需求。

四、国际支付结算工具

旅行支票 1989年中行办理，1994年以后各家银行陆续开办。为方便旅行者在旅行期间携带和支付旅行费用，由银行制票签发，旅行支票购买者会签，票据签发人凭票付款的具有固定面额的自付票据。分为代售旅行支票和代兑旅行支票两种。

信用卡 境外可使用的银联卡、双币卡、单币卡和全币卡。1989年4月25日，中行承德分行首发国际通用的“万事达信用卡”。1994年以后各家银行陆续开办。

出口双保理　2004年各家银行陆续开办。出口双保理即保付代理，适用于以赊销等信用方式结算的交易。进口保理商为进口商核定正式信用额度后，出口公司只需按合同履约，国外保理商在信用额度内保证付款。并且出口公司发货后，在不用提供任何担保措施的情况下，可以向出口保理商（出口地银行）申请一定比例的贸易融资。

第二节　发展概况

1989年的银行支付结算，仍然处于手工填制单证、依靠邮政汇路传递信函、资金长时间在途的原始状态，效率极为低下。20世纪90年代开始，引入现代互联网技术，历经单机版操作、局域网循序渐进的发展过程，银行业机构各自建设了本系统纵向的信息通道。但是，由于若干条线之间缺乏互通互联的横向通道，尚不能实现跨行之间的信息交互。进入21世纪，中国人民银行投入巨大的资金和科技资源，集中力量开发了覆盖全国的银行间支付结算互通互联工程，实现了“汇通天下”的发展目标。2015年，承德市实现支付结算16192万笔，比1989年增长13倍。

1989年、2015年支付结算业务交易笔数分机构统计表

表7-1-1　　单位：万笔

机构名称	1989年		2015年	
	交易笔数	占比	交易笔数	占比
农发行承德分行	—	—	0.85	0.01%
工行承德分行	305.36	25.07%	1906.58	11.77%
农行承德分行	843.12	69.23%	5256.68	32.46%
中行承德分行	23.75	1.95%	1839.40	11.36%
建行承德分行	37.94	3.12%	3910.05	24.15%
交通银行承德分行	—	—	10.00	0.06%
中信银行承德分行	—	—	3.93	0.02%
邮储银行承德市分行	—	—	1175.25	7.26%
农信社	7.65	0.63%	670.34	4.14%
承德银行	—	—	1402.09	8.66%
河北银行承德分行	—	—	9.64	0.06%

续表 7-1-1

机构名称	1989 年		2015 年	
	交易笔数	占比	交易笔数	占比
张家口市商业银行承德分行	—	—	1.75	0.01%
丰宁建信村镇银行	—	—	0.66	0.00%
滦平盛阳村镇银行	—	—	2.12	0.01%
围场华商村镇银行	—	—	2.78	0.02%
合计	1217.82	100%	16192.12	100%

第三节 各机构业务发展

一、农发行承德分行

1996 年 11 月，农发行承德分行开办信汇、现金支票、转账支票等支付结算业务，采用手工记账方式。成立初期，直接到人行发行库存取现金，自办现金业务。

1998 年 1 月，上线门柜对公系统，通过单机版的对公门柜系统办理支付结算业务，初步实现电子化。

2002 年 11 月 1 日，开通全国电子联行系统，实现系统内异地款项的直接划转。同城款项划转通过人行同城票据交换系统，每天分上、下午办理两场交换。紧急款项申请人行专项办理。

2005 年，现金业务改为委托同业银行寄库。9 月 1 日，综合业务应用系统上线运行，实现全国数据集中处理，整合门柜业务、联行系统等全部业务功能。2005—2006 年，成功接入人民银行大小额支付系统，实现资金跨系统实时汇划，为客户提供便捷、高效的支付结算服务。此后，多次对系统进行升级改造，实现人民银行规定的反洗钱、防范网络电信诈骗等多项功能。

2007 年 5 月，平泉县支行办理全辖第一笔委托收款业务。

2009 年，与同业银行签订现金代收代付协议，通过同业结算账户办理现金业务。

2015 年 1 月，上线二代支付系统，采用多点接入、总行一点清算模式，资金使用效率明显提高。

2015 年末，农发行承德分行主要办理传统支付结算业务，无创新产品。

1996—2015 年农发行承德分行支付结算业务交易量统计表

表 7-1-2　　单位：万笔

年份	交易笔数	年份	交易笔数
1996	0.22	1998	0.50
1997	0.48	1999	0.50

续表 7-1-2

年份	交易笔数	年份	交易笔数
2000	0.52	2008	0.75
2001	0.54	2009	1.01
2002	0.60	2010	1.14
2003	0.63	2011	1.29
2004	0.64	2012	1.10
2005	0.55	2013	1.07
2006	0.61	2014	0.96
2007	0.77	2015	0.85

二、工行承德分行

1989—2015年，工行承德分行支付结算业务范围从单纯的国内结算到全面的国内、国际结算，业务处理方式从单一的手工操作、柜面唱收唱付发展到电子化处理，支付结算效率大幅提升。

1989—1993年国有专业银行时期 1989年，工行承德中心支行支付结算服务对象以工商企业为主。年末开户单位共1086户，其中工商企业760户、事业单位110户、其他216户，工商企业占全部户数的70%。仅能办理国内结算，未开办国际结算业务。结算工具以现金支票、转账支票、委托收款、托收承付、托收无承付、信汇、电汇等为主。计算机开始应用于结算业务，1987年5月，市区对公业务单点上机，1988年3月，个人储蓄业务单点上机，但处于单机操作阶段，尚未实现联网。异地结算凭证传递采取电报或邮寄方式，跨行同城结算需要将纸质票据提交人民银行票据交换中心进行结算。1989年4月1日，人民银行实施新的《银行结算办法》和《银行结算会计核算手续》，工行承德中心支行及辖属各支行先后组织开展多次结算业务培训，累计培训核算人员700多人、开户企业会计及经理3000多人。

1991年1月1日，加入人行承德分行开发的承德区辖电子联行系统，使银行账户之间的资金划拨从原始的手工填写联行报单、银行委托邮政局寄信方式，转变为计算机专用有线通信方式划拨。同年5月，个人储蓄业务、对公业务完成局域联网建设，市区和部分县城实现区域内通存通兑。

1993年5月，ATM（自动取款机）推广使用，实现为客户提供24小时取现服务。

1989—1993年，支付结算累计交易量为1703.94万笔。

1994—2004年国有商业银行时期 1994年，随着向商业银行的转变，工行承德分行支付结算业务发生显著变化，打破以工商企事业单位为主的服务格局，服务对象扩大到交通运输、房地产建筑、乡镇企事业及个体经营等行业。年末，开户单位2532户，其中工商企业1403户，占总户数的55%；事业单位158户，占比为6%；房地产建筑186户，占比为8%；乡镇企业及个体478户，占比为19%；其他307户，占比为12%。业务范围扩展到国际结算业务，主要开办信用证和进出口收付汇业务。年初启用新式结算凭证，全面实行新的会计科目和借贷记账法。同年 11 月，人民银行发布《银行账户管理办法》，明确一个单位只能开立一个基本账户，企业多头开户问题得到有效遏制。同年 12 月 1 日，工商银行全国电子汇兑系统正式投产运行，该系统是工商银行行际间资金调拨作业系统，包括一般资金调拨业务系统和清算作业系统，一般资金调拨业务系统由托收系统、资金转账系统、支付系统等组成，清算作业系统用于行际的资金清算。

1995 年，开办 POS 机业务。12 月，个人储蓄业务实现全市通存通兑。

1996 年 3 月，工商银行全国电子汇兑业务网上线，工行承德分行全辖 15 个行、处全部加入电子汇兑业务网，开通电子汇兑业务，涵盖单位和个人款项的异地结算。业务办理中，公开结算收费标准和资金到账时间，接受广大客户监督。

1997 年 6 月 1 日，加入人民银行承德分行开发的承德市同城电子清算系统。同城清算由每天 2 次人工现场交换改为通过计算机网络实时交换，跨行结算速度显著提高。同年 10 月 31 日，对公结算业务实现全市工行系统内联网，全部开户企事业单位在承德市范围内的资金划转实现实时到账。

1999 年 9 月，工商银行全系统启用资金汇划清算系统。该系统是与人民银行全国电子联行系统对接的结算操作系统，使用批量处理、实时处理两种方式。批量处理可以保证客户异地结算在 24 小时内到账。实时处理可实现加急汇划，异地结算在 2 小时内到账。同年 10 月 31 日，对公结算业务实现全国系统内联网。

2001 年 2 月 8 日，网上银行、电话银行正式开通。网上银行打破了传统银行业务的地域、时间限制，随时随地为客户提供金融服务。全年工行承德分行网上银行交易笔数 889 笔，交易金额 16637 万元。

2002 年 3 月，中国银联成立，实现了银行卡跨系统互联互通，交易结算更加快捷方便。5 月，中国工商银行整合网上银行、电话银行、手机银行、企业银行、自助银行等业务，推出具备 20 多类、200 多项功能的“金融 e 通道”电子银行品牌，满足社会各界的金融业务需求。

2003 年 3 月 18 日，开办支票直通车业务。该业务是工商银行利用 POS 网络开发，旨在加快支票结算速度、提高支票结算安全、方便支票结算交易的创新结算产品。具有以下优点款项实时扣划，避免空头支票，利用银行免费向客户提供的支票受理终端，及时掌握转账支票的真实有效性，完成扣款；适用客户范围广，由于采取了联网核对的方式，避免了支票真假识别困难等问题，特别适用于餐饮、消费等企业；消除地域限制，直接受理非本城市消费者的转账支票。

1994—2004 年，随着电子汇兑系统的上线、支票直通车业务的开办，以及网上银行结算系统的升级，工行承德分行支付结算业务实现快速发展，2004 年，支付结算业务量 933.22 万笔，比 1993 年增加 552.97 万笔，增长 1.45 倍。11 年间累计办理结算业务 7545.52 万笔。

2005—2015 年国有股份制银行时期 2005 年，随着计算机网络技术的普及和广泛应用，支付工具、结算方式、资金汇划速度发生深刻变化。同年 5 月，成功接入人民银行大额支付系统，实现全国银行间结算汇划互通互联，跨行汇划速度大幅提升。加快建立自助银行、电话银行、网上银行构成的立体服务体系。2005 年末，网上个人客户 11799 户、企业客户 349 户，电话银行个人客户 15397 户、企业客户 93 户。

2006 年 3 月 27 日，工行承德分行加入央行小额支付系统。同年 5 月，接入中国工商银行开通的 MQ 信息传递主干系统。结算资金汇划实现全国银行间互通互联，进一步缓解了快速增长的业务量带来的压力。同年 12 月 18 日，加入央行全国支票影像交换系统，实现全国范围内支票影像交换。当年推出“电子速汇”业务，电子速汇是指通过工商银行网上银行、电话银行等电子化渠道，向收款人账户进行人民币转账汇款的业务，全部由客户自助完成，具有7×24小时随时随地交易、汇款范围广泛灵活、到账迅速、功能强大等特点。

2008年7月，成功推出手机银行（WAP）业务，通过WAP方式访问工商银行手机银行网站，自助办理账户管理、转账汇款、缴费、投资理财、消费支付等业务，使客户银行服务体验更丰富、更方便、更直观。

2009年，加入全国财税库银横向联网系统，实现网上缴税服务。与有关部门合作开发“承德广通数字电视银行项目”“承德电力IC卡企业预售电系统”“网上银行打印税款电子付款凭证系统”，其中前两项获河北省分行科技创新奖。

2011年，开通条码支付。

2013年7月，开通微信银行业务。

2005—2015年，工行承德分行加入人民银行大额、小额支付系统，积极参加人民银行组织的人民币银行账户管理系统、反洗钱系统培训，提高结算业务水平，防范各类风险案件发生。搞好存量客户维护和新客户营销工作，提高结算资金归行率，结算业务量逐年增长。2015年，支付结算业务交易量1906.58万笔，比2004年增加973.36万笔，增长1.04倍。

1989—2015年，累计办理支付结算业务2.82亿笔，基本适应了客户的需求。

1989—2015年工行承德分行支付结算业务交易量统计表

表7-1-3　　　　单位：万笔

年份	交易笔数	年份	交易笔数
1989	305.36	2003	876.25
1990	313.89	2004	933.22
1991	330.52	2005	1009.04
1992	373.92	2006	1145.83
1993	380.25	2007	1400.55
1994	505.43	2008	1580.65
1995	505.82	2009	1654.23
1996	514.14	2010	1809.15
1997	546.84	2011	2074.23
1998	586.32	2012	2234.51
1999	719.95	2013	2115.34
2000	757.08	2014	2067.12
2001	783.06	2015	1906.58
2002	817.41		

三、农行承德分行

1989 年以前，已开办的支付结算业务包括汇兑、异地托收承付、国内信用证、异地委托收款、限额结算、票汇结算、付款委托书、同城托收承付、托收无承付等。

1989 年 4 月 1 日，人民银行施行新的《银行结算办法》《银行结算会计核算手续》。为保证新的《银行结算办法》顺利实施，农行承德中心支行及辖属各支行先后组织多次结算业务培训班，累计培训行、社财会人员 670 多人和开户企业会计、经理等 3200 多人。

1990 年，认真执行结算制度，全面加强结算管理。柜台监督共拒办不合规业务 576 笔，金额 327 万元，其中违反《现金管理条例》39 笔，金额 35 万元；不合理列支 315 笔，金额 187 万元；空头支票 126 笔，金额 45 万元；违反财经纪律 77 笔，金额 52 万元；出租出借账户 5 笔，金额 2 万元；盗窃冒领 10 笔，金额 1 万元；假汇款 1 笔，金额 1 万元，堵塞了结算漏洞，消除了事故隐患。

1991 年，根据人、工、农、中、建五省行《关于进一步整顿结算秩序，严格结算纪律的通知》要求，把整顿结算秩序、严格结算纪律作为清理“三角债”和防止新拖欠的一项重要措施来抓。扎实做好账户清理整顿工作，加强同城票据交换管理，严格执行托收承付逾期付款扣划滞纳金制度，确保结算汇路畅通。

1992 年，为加强结算管理、提高结算工作质量，配备专、兼职结算专管员 12 名，建立健全结算人员工作责任制度，开展结算纪律检查活动，保证结算渠道畅通，促进社会资金周转。

1993 年，全面规范结算行为。柜台监督共拒办不合规业务 803 笔，金额 531 万元，其中违反《现金管理条例》77 笔，金额 64 万元；不合理列支 536 笔，金额 336 万元；空头支票 76 笔，金额 31 万元；违反财经纪律 50 笔，金额 20 万元；凭证要素不全 52 笔，金额 75 万元；盗窃冒领 11 笔，金额 5 万元。

1994 年，为加强结算管理、维护结算秩序，细化结算专管员职责，建立工作质量考核制度，组织财会人员反复学习结算文件，落实总、分行结算规定，开展结算纪律大检查，切实提高结算工作质量。

1995 年，加强结算服务，严肃结算纪律。一是向客户公开结算办事制度，明确收费标准，公示资金到账参考时间；二是举办《中华人民共和国票据法》培训班，组织学习新结算制度；三是确定结算工作联系点，及时沟通结算中存在的各类问题；四是设立结算举报中心，公开举报电话；五是把有关结算方面的制度、纪律、文件汇编成小册子，做到人手一册；六是定期不定期对基层营业单位结算制度执行情况进行监督检查，对存在的问题及时组织纠改，杜绝人为压票、退票等违规问题发生；七是积极拓展国际结算业务，不断提高国际结算服务质量，帮助、指导企业财会人员提高业务素质。同年 3 月，根据中国人民银行《关于加强银行结算工作的决定》要求，农行承德分行明确结算工作“八不准”，不准以任何理由压票、任意退票、截留挪用客户和银行资金、受理无理拒付、不扣少扣滞纳金；不准在结算制度之外规定附加条件，影响汇路畅通；不准违反规定乱开账户；不准拒绝受理、代理他行正常结算业务；不准拒绝对企业单位违反结算纪律的制裁；不准违章承兑、贴现商业汇票和逃避承兑责任，拒绝支付已承兑的商业汇票票款；不准超额占用联行汇差资金，转嫁资金矛盾；不准逃避向人民银行转汇大额汇划款项和清算大额银行汇票资金。同年 6 月，开办外汇结算业务，包括电汇、票汇、光票托收、出口跟单托收、进口代收、进口信用证、出口信用证、外汇清算业务。

1996 年，加强结算检查，保障汇路畅通。坚持结算专管员按季检查制度；通过结算工作联系点，及时沟通解决结算中存在的问题，保证结算汇路畅通；公开结算收费标准、资金到账参考时间，宣传结算制度，接受社会监督；延长对外营业时间，加强结算服务，为客户提供方便。5月1日，开通全国电子汇兑业务。电子汇兑是受理汇款人委托，通过电子汇兑系统将其款项汇给异地收款人的一种电子化资金汇划结算方式，适用于单位和个人款项的异地结算。2004年10月29日取消。

1997年，举办结算业务培训班，组织全体财会人员系统学习《票据管理实施办法》《支付结算办法》《支付结算办法会计核算手续》，加强结算管理，搞好结算服务，提高结算质量。

1998年3月，隆化县支行成功堵截一起190万元假银行承兑汇票诈骗案件。

1999年4月，为加强结算管理、杜绝结算事故，组织开展支付结算制度执行情况大检查，重点对《中华人民共和国票据法》《支付结算办法》《银行账户管理办法》贯彻落实情况进行检查，增强财会人员遵法守纪观念，维护结算制度的严肃性。

2000年，农行承德分行开办国际结算业务，全面拓展业务品种，加快国际业务发展。全年办理国际结算业务52笔，金额111万美元。办理外汇业务的机构有平泉县支行、承德县支行、营子办事处、分行营业部。同年3月，兴隆县支行成功堵截50万元假银行承兑汇票诈骗案。

2001年5月，双塔山办事处成功堵截一起480万元假银行承兑汇票诈骗贷款案件。5月31日下午4点，自称在北京工作的中年男子持工行湖北天门市岳口支行签发、出票人湖北省天门市健康集团公司、收款人北京龙德行有限公司、金额480万元的银行承兑汇票到双塔山办事处办理贴现业务。经办人员认真核实后，认定系伪造票据。经与当地公安部门密切配合，成功将4名犯罪嫌疑人擒获归案。同年8月，开办西联汇款业务。西联汇款是农业银行代理美国西联国际汇款公司在中国的汇款业务，使用西联公司专用汇款软件实现外汇实时汇兑的业务。适用于应急汇款的个人客户，不论收款人是否已在银行开立账户，汇款款项可在十几分钟内从汇款者到达收款人。同年12月1日，开通实时汇兑业务。实时汇兑是接受汇款人委托，通过农业银行实时汇兑系统将其款项即时汇给异地收款人的一种电子化资金汇划结算方式。2004年9月10日取消。

2003年，组织开展结算制度宣讲活动，增强财会人员岗位风险防范意识。按照省、市行宣讲活动安排，组成结算制度宣讲团，编写宣讲教案，结合典型案例宣讲，内容丰富、针对性强，效果良好，增强了一线柜员遵章守纪的自觉性和岗位制约的自我保护意识，有效地规避了结算风险。同年12月1日，开通“通汇宝”业务。“通汇宝”是接受汇款人委托，通过农行系统内网往来系统或人民银行现代支付系统将其款项即时汇给异地收款人的一种资金汇划结算方式，分加急汇兑和普通汇兑，适用于企事业单位和个人客户。

2004年，积极拓展国际结算业务，提出“抓大不放小”“靠服务赢客户”的营销原则，完善奖励机制，自我主动加压，提供高效服务，国际结算量大幅度增加。全年国际业务结算量4015万美元，比上年增加1321万美元，增长49.03%。

2005年1月1日，开办漫游汇款业务。漫游汇款是汇款人委托汇出行将款项汇出，收款人可任意选择兑付行支取的人民币汇兑业务。同年，组织380人次，针对人民银行大额支付系统、人民币银行账户管理系统、反洗钱系统上线进行对接培训、准备测试，顺利实现新系统上线运行。

2006年，顺利完成人民银行小额支付系统上线运行。大力发展国际业务，强化本外币综合营销，国际结算、贸易融资实现稳步增长。全年办理国际结算7640万美元，创历史新高。

2007年，继续按照“抓大不放小”的营销策略，大力发展国际业务，搞好存量客户维护，积极营销新的进出口客户，扩大国际业务结算量，提高客户结算资金归行率，国际业务实现稳健发展。全年办理国际结算9437万美元，同比增加1797万元，增长23.52%。

2008 年，根据中国农业银行《关于进一步加强会计结算业务管理，防范会计结算业务操作风险的紧急通知》要求，农行承德分行加强会计结算业务管理，规范结算业务操作行为，严格银行结算账户开销户及使用管理，推进电子验印系统的建设与应用，加大电子支付密码推广力度，充分利用科技手段，加强结算风险控制。

2010 年，加强清算中心职责建设，保证资金清算及时准确，做好人行往来、系统内往来款项汇划和接收工作，组织城区支行税款及财政缴款集中上划人行工作。全年接待系统内、外风险及业务检查 8 次，均受到好评。同年 9 月，开办跨境人民币结算业务。

2011 年，陆续完成城区支行对公账户开户上收、税款入库、内外部检查和司法查询等具体工作。通过细化管理、上下配合，顺利完成各项结算手续费、养老金、税款、国债款等资金划拨清算工作，实现汇划及时准确无差错。全年办理支付结算 3059.87 万笔，金额 3322.80 亿元，接待内外部业务检查 20 次。

2012 年，发挥集中作业清算中心风险控制、作业效率和作业规范优势，实现结算业务由柜员全流程作业模式向背靠背业务处理模式改变，真正将业务受理岗与业务操作岗严格分离，更好地落实了岗位制约和环节控制。全年日均处理业务切片 6200 个，点均分流量 130 个，集中作业分流率 63.3%。

2013 年 9 月 10 日，兴隆县支行成功堵截一起结算诈骗案件，为客户追回诈骗款 2 万余元。兴隆县支行营业室柜员在办理客户刘女士异地转账业务时，发现收款人汇入行与开户地址不一致，在反复提示风险、不被采纳的情况下，应客户要求进行了账务处理，但柜员始终保持高度警觉。经外围核实，客户发现被骗。兴隆县支行立即启动应急预案，及时报案、凭《立案决定书》第一时间进行账务处理，未给犯罪分子转移资金时间，及时追回汇款，为客户避免了经济损失。

2014 年，加强清算作业管理，减轻网点工作压力。开展作业质量提升专项治理活动，制定《集中作业质量差错处罚标准明细表》，归纳 25 种差错类型，细化相应处罚标准，明确正确操作规范；做好司法业务查询工作，全年共接待司法查询 760 余次，涉及 8000 多户；按要求对内部账户及账户资金进行清理，从源头上解决内部核算账户不规范问题，切实防范核算风险。

2015 年，组织开展网银业务自查及“两违”检查线索排查工作，共核查账户 2326 个，排查重点业务线索 196 户。加强冲、抹账业务管理，通过逐笔核实，加强对违规操作行为的监督检查，防范结算业务风险。同年 5 月 1 日，施行《银行汇票业务管理办法》，明确在农行 BoEing（中国农业银行新一代核心业务系统）中完成银行汇票的签发、调签、接收移卡、兑付、结清、退款、超期付款、挂失止付和法院止付等处理。全年办理支付结算 5256.68 万笔，较 1989 年增长 5.23 倍，实现结算安全无事故。

1989—2015 年农行承德分行支付结算业务交易量统计表

表 7-1-4　　单位：万笔

年份	交易笔数	年份	交易笔数
1989	843.12	1992	772.90
1990	752.44	1993	705.36
1991	732.41	1994	612.85

续表 7-1-4

年份	交易笔数	年份	交易笔数
1995	534.33	2006	802.22
1996	510.34	2007	1050.42
1997	437.91	2008	1448.79
1998	370.45	2009	1727.07
1999	391.31	2010	2365.47
2000	373.42	2011	3059.87
2001	417.08	2012	3072.28
2002	454.89	2013	3653.89
2003	527.56	2014	4089.49
2004	583.98	2015	5256.68
2005	646.84		

四、中行承德分行

中行承德分行的支付结算业务包括国内支付结算业务和国际支付结算业务两部分。1989年，开办的国内支付结算业务包括汇兑、银行汇票、支票、托收承付、委托收款、托收无承付、付款委托书、银行本票、同城特约委托收款和银行卡业务；国际支付结算业务包括国际汇款、个人结汇、个人购汇、个人境外汇出汇款、个人境外汇入汇款、旅行支票、出口押汇、进口押汇业务。

国内结算业务实现了从传统支付结算向电子支付结算的转变。于1994年开办商业汇票，1998年开办境内实时汇款，2000年开办上门服务，2001年开办手机银行，2002年开通企业网上银行，2004年开通个人网上银行，2005年开办短信通知服务，2007年开办第三方存管，2014年开办微信银行。支付结算业务种类不断增多，业务范围日益拓宽，服务领域不断扩大。

国际结算业务呈现出由非贸易向进出口贸易转变、种类不断增多、贸易融资带动发展的特征。进出口贸易成为主导。1989—1990年，主要办理非贸易结算业务，结算方式主要是境外汇入、境内汇出汇款。1991年起，积极拓展国际贸易结算业务，支持承德进出口贸易发展。业务种类不断增多。于1991年开办个人光票托收，1992年开办信用证和跟单托收，2011年开办跨境人民币结算。以贸易融资带动国际结算业务发展。于1993年开办打包贷款，2003年开办福费廷，2007年开办出口商业汇票贴现，2008年开办进口汇利达。抓住四海公司、帝贤公司、承钢集团等重点客户，全方位叙作国际结算业务，国际结算市场占有率稳步提升。

1989—1993年国家专业银行时期 支付结

算业务经历了由手工操作到电脑操作的转变过程。

国内结算业务。1989年，延续使用传统结算方式，以电汇、信汇、支票、托收承付、托收无承付、委托收款、付款委托书等为主，结算对象主要为企事业单位，个人结算业务极少。随着经济的发展，结算方式发生明显变化，托收承付、托收无承付、付款委托书等结算方式陆续退出。同年4月，在承德首次发行“万事达信用卡”。1992年，全辖县支行全部开办长城卡发卡业务。1993年，布放两台ATM自动柜员机，银行卡逐步发展成为个人消费结算的主要方式；结算业务由手工操作逐步向电脑应用转变，开办中银自助通业务，客户通过使用中行自助终端，可以实现存折、信用卡、同城异地跨行转账、基金、外汇宝、黄金宝、第三方存管、小额结售汇等交易支付。1989—1993年，人民币支付结算稳步发展，1993年，国内支付结算交易总量75.58万笔，较1988年增加62.04万笔，增长4.6倍。

国际结算业务。1989—1993年，国际结算业务停留在代收代付的简单功能，难以适应外向型经济发展的需要。随着贸易方式的多样化发展，积极探索结算与融资相结合的发展方式，既降低信用放款风险，又灵活解决企业“融资难”问题。1992年6月，成立国际业务科，专门负责国际结算业务管理，拓宽业务范围，由最初的单纯办理出口收妥结汇，发展到开办进出口信用证业务。结合为企业提供的进出口押汇、打包放款等融资服务，共同促进了国际结算的业务的发展。1993年，办理国际结算业务2.55万笔，较1988年增加1.68万笔，增长1.93倍。

1994—2003年国有商业银行时期 1994年开始，支付结算电子化水平不断提升，业务种类日益增多，业务发展呈现显著变化。

国内结算业务。1994—1998年致力于支付结算体系建设。

1994年，推出辖内联行清算系统、个人支票系统、多媒体ATM系统、联行报表系统、票据处理系统等多个现代化支付结算系统，初步实现票据、电报、核押处理电算化。全年完成支付结算交易总量101.25万笔，同比增加25.67万笔，资金收付量38.38亿元。

1995年，安装小型机设备，开通连接省分行的DDN专线。

1996年，实现小型机双机运行，分行本部小型机应用系统正式投入使用，建成与河北省分行间的高速数据通信专线，添置OL8000网络交换机，二级网主体框架初步形成，实现储蓄系统市辖联网运行。推出金融电子图文及语音电话系统，使广大客户足不出户就可以了解自己的账户信息，为客户提供了先进的服务。

1998年，发行借记卡，网点实现电子联行全覆盖。电子化建设提高了支付结算效率。全年支付结算量207.66万笔，同比增加46.37万笔，增长28.75%。

1999—2003年，开通省辖电子联行系统、代收代付系统，完成支付系统与电子联行系统的对接，实现零售业务支付结算上机运行。

2000年，中行全国电子联行系统中增加处理加急汇款报文处理程序，为重点客户、特殊客户办理异地汇划业务提供电子化支持。4月，推出储蓄存款实名制系统。7月，储蓄业务、借记卡业务全省通存通兑系统投产，实现零售业务省内通存通兑。

2001年1月，借记卡全国通存通兑系统投产。全辖所有网点支付结算数据信息完成全省大集中，电子联网范围进一步扩大，为实施对公业务通存通兑奠定基础。

2002年，开办企业网上银行。

2003年，网络服务管理系统正式上线运行。财政电子支付中心、个人结算账户系统陆续投产。全年国内支付结算交易总量303.99万笔，较1993年增加228.41万笔，增长3.02倍。

国际结算业务。专业银行向商业银行转换，

打破了中国银行国际结算业务的垄断地位。

1994—1998年，除出口来证（信用证）和托收略有增长外，其它出口结算业务均呈下降趋势。主要受两项因素影响，一是外贸公司亏损严重，呆账规模大，逾期贷款多，为逃避还贷还息，将国际结算业务转移到其他银行办理。二是出口退税减少，加之承德出口产品结构不合理，导致外贸企业出口下降，国际结算业务量明显下滑。1998年，办理国际结算业务1.39万笔，较1993年减少1.16万笔。

2000年，抓住国际经济形势好转、外贸进出口增加的有利时机，加大对国际结算业务的考核力度。在对全辖国际结算业务的目标考核中，业务量所占分值由上年的50%提高到60%。在进一步稳住老客户、争取新客户的基础上，针对远期信用证和进口押汇等高风险业务，继续加强余额控制。在贸易融资方面，开办远期结售汇业务。

2001年，对国际结算业务制定专项考核办法，加列业务增长贡献率、市场占有率、业务量占比、业务收益、新增垫款等考核内容。把贸易融资、授信业务全面纳入考核，业务部门之间加强沟通联系，主动承揽营销任务，避免了工作的盲目性。全年国际结算业务量1.21万笔，较上年增长12.04%

2002年，在巩固外贸公司老客户的同时，培养和发展承德帝贤、承钢集团等一批实力强、业务量大的国际结算业务重点客户群。当年办理国际结算业务1.17万笔，实现进口结算额1955万美元。

2003年，继续强化国际结算业务与信贷业务的有机结合，确定“细分市场、细分客户”的发展战略。多次召开国际结算业务专题研讨会，制定差异化的营销措施，一户一策地开展工作。通过产品推介会、业务讲座、发送宣传材料、上门送证收单等多种形式，为客户提供业务咨询、选择贸易结算渠道及方式、提供最佳产品组合方案选择，积极争揽业务，收到良好效果。行内加强公司、风险、结算等部门的配合，加大对进出口业务的支持力度，对承德帝贤公司等重点企业做好产品配套、跟进营销等全方位服务，实现国际贸易结算量历史新高。全年办理国际结算业务1.82万笔，国际结算总额8856万美元。

2004—2015年股份制商业银行时期 在股份制银行发展过程中，继续加快电子化建设步伐，移动网络、智能服务终端等得到广泛应用，支付结算业务陆续推出新产品，服务水平快速提升，业务规模日益扩大。

国内结算业务。支付结算体系实现由以账户为中心的业务系统向以客户为中心的现代化支付结算体系的转变。

2004—2008年，国内支付结算业务处于持续发展阶段。2005年，短信通知业务正式开通。2005年、2006年分别实现与人民银行全国大、小额支付系统成功对接。2008年，中行新网银系统正式开通，国内银行本票、ATM存款转账项目等系统相继投产，客户办理查询、跨行转账、基金、外汇买卖、第三方存管、批量转账等业务更加便捷。推出全额质押银行承兑汇票等新产品，国内支付结算业务实现持续健康发展。2008年，国内支付结算交易总量538.77万笔，较2003年增加234.78万笔，增长77.23%。

2009—2011年，集中力量对支付结算系统进行升级改造。2009年，实现新网银1.0到2.0、3.0版本改造，覆盖领域和业务功能再次升级。在此基础上，联通代缴费业务正式投产。2010年，第二代支付系统完成升级，实现跨行互联直通。手机银行2.0及BOCNET3.2的推广，实现24小时全天候客户服务。2011年，核心系统完成逻辑集中，实现全球跨行服务。依托科技创新，单位结算客户规模稳步增长，年末，单位结算账户存量3566户，较2008年末增加595户，增长20.03%。国内支付结算交易总量969.55万笔，较2008年增加430.78万笔，增长79.96%。

2012—2015年，国内支付结算业务迈上新台阶。2012年，推出WEB2.0版个人网银，为客户提供定制化服务；企业网银功能继续得到完善。2013 年，网银推出快捷代收代付服务。应用批量付款模块，使跨行汇款迁移率大幅提高。与高速公路电子收费系统链接，为客户安装 ETC 电子收费卡，提供高速公路通行费自动代缴服务。2014—2015 年，针对目标客户群的实际需求，围绕代理保险、国内结算、短信通、信用卡分期四个重点产品，在全行开展“产品交叉销售”劳动竞赛，充分利用“工商验资 e 线通”产品，做好新设立企业的营销。对核心企业上下游客户，依托多种融资形式，重点培育年销售收入 1 亿～5 亿元的中型企业客户群，推动电子银行、网银业务发展。2015 年末，单位账户存量 4846 户，较 2011 年末增加 1280 户，增长 35.89%；个人客户存量 78.66 万户，较 2011 年末增加 21.26 万户，增长 37.04%。2015 年，国内支付结算交易总量 1833.52 万笔，较 2011 年增加 863.97 万笔，增长 89.11%。

国际结算业务。在细分市场、细分客户基础上，通过授信拉动、信息推动、服务带动，加大重点结算大户营销力度。对长期合作的承钢、华富、华药、颈复康、承德县进出口公司、银河连杆等重点客户，紧盯发展变化，重点维护，建立稳定的合作关系。稳步发展新新电子、克罗尼仪表、富豪制衣等企业客户，发挥网络优势，提供全方位营销服务。

2004 年 11 月，成功为承德舒适家用品有限公司向美国 CIT 保理商申请到 112.5 万美元出口保理信用额度，当年该企业在中行办理的国际结算业务突破千万美元。2004 年，中行承德分行国际结算业务量达到 10607 万美元，在全省综合排名第三位。

2007—2008 年，继续以融资产品为切入点，推进国际结算业务发展。2008 年，为承钢进出口公司办理进口汇利达 272.8 万欧元，及时帮助企业解决结算资金缺口。进口汇利达是银行以客户保证金作质押，为其办理进口押汇或汇出汇款项下融资并对外支付的业务。

2011 年 8 月，为承钢进出口有限公司办理跨境人民币结算业务，提供跨境人民币结算服务。

2015 年，办理国际结算业务 2.28 亿美元，办理跨境人民币结算业务 5.23 亿元。

1989—2015 年，支付结算业务呈现多元化发展势头，为广大客户提供了方便、安全、快捷的服务。2015 年，实现支付结算业务量 1839.40 万笔，较 1988 年增加 1824.99 万笔，增长 126.65 倍。其中国内支付结算业务量 1833.52 万笔，国际支付结算业务量 5.88 万笔。

1989—2015 年中行承德分行支付结算业务交易量统计表

表 7-1-5　　　　单位：万笔

年份	交易笔数	国内业务交易笔数	国际业务交易笔数
1989	23.75	22.45	1.30
1990	39.73	37.91	1.82
1991	64.40	62.33	2.07
1992	73.80	71.68	2.12
1993	78.13	75.58	2.55
1994	103.36	101.25	2.11

续表 7-1-5

年份	交易笔数	国内业务交易笔数	国际业务交易笔数
1995	135.83	134.10	1.73
1996	158.37	157.28	1.09
1997	162.40	161.29	1.11
1998	209.05	207.66	1.39
1999	212.24	211.22	1.02
2000	240.26	239.18	1.08
2001	249.57	248.36	1.21
2002	271.39	270.22	1.17
2003	305.81	303.99	1.82
2004	377.35	375.42	1.93
2005	404.24	402.01	2.23
2006	452.78	450.39	2.39
2007	504.04	501.25	2.79
2008	541.76	538.77	2.99
2009	610.44	606.73	3.71
2010	701.69	698.14	3.55
2011	973.78	969.55	4.23
2012	1083.79	1078.08	5.71
2013	1277.07	1271.85	5.22
2014	1434.30	1428.79	5.51
2015	1839.40	1833.52	5.88

五、建行承德分行

1989年，开办的国内支付结算业务包括信汇、电汇、银行汇票、现金支票、转账支票、委托收款、托收承付、托收无承付业务。1994年，开办的国际支付结算业务包括进口信用证、出口信用证、出口跟单托收、进口代收、汇出汇款、汇入汇款业务。于1997年开办龙卡借记卡；1998年开办银行承兑汇票；1999年开办网上银行业务；2000年开办手机银行业务；2001年开办电话银行业务；2013年开办微信银行业务。

1989—1993年国家专业银行时期 1989年，支付结算多为传统的结算种类，依靠手工操作。同城结算需要将纸质票据提交至票据交换所（人民银行承德分行）进行手工结算。异地结算需要将纸质票据邮寄到目的地，人工传输支付凭证。不能办理国际结算。大多数网点只办理居民储蓄业务，办理结算的网点很少。

1990年，接入人民银行全国电子联行系统，该系统主要处理跨行贷记支付交易。建行承德中心支行通过该系统完成异地跨行资金的划拨，初步解决了异地纸质票据传递迟缓、清算流程过分烦琐、造成大量在途资金的难点问题，加快了异地资金划拨速度。

五年间，支付结算业务量循序增长。1993年，支付结算交易量45.39万笔，较1988年增加9.13万笔，增长25.18%。

1994—2004年国有商业银行时期 1994—2004年，互联网技术在建行结算业务系统逐步得到应用且不断更新。这个阶段的支付结算方式、操作手段都有了较大地改善。

1994年开办国际结算业务。该阶段进出口托收、进出口信用证等单证业务，由建行承德分行国际业务部集中收单、审单、制作面函、寄单，客户及业务笔数相对较少。

1997年6月1日，建行承德分行接入人民银行承德市同城电子清算系统，通过系统对市区内不同银行之间相互代收、代付的凭证实现资金轧差和清算，改变了同城票据交换长期依靠手工操作、效率低、安全性差等落后状态。同年成功发行龙卡储蓄卡。

1998年，计算机在建行同城、异地支付结算中均得到应用，但基本处于单机操作阶段。开办银行承兑汇票业务。

2000年开始，逐步向区域联网和全国联网发展，加快支付结算电子化进程。建行系统内结算由单机操作迈入联机联网操作阶段，省辖市以上的城市能够实现跨省票据交换，简便了票据支付结算手续，加快了票据支付结算速度。ATM（自动取款机）和POS（多功能终端）机等自助设备得到推广应用。

1999—2001年为建行电子银行业务发展初期，相继推出网上银行、手机银行、电话银行业务。在满足不同客户需求的同时，明显提高了支付结算效率。随着业务种类的扩展，尤其是电子银行业务的开办，支付结算业务量实现较快提升。2001年，建行承德分行的支付结算业务量突破百万笔，达到119.77万笔，较1998年增加了50.58万笔，增长了73.1%。

2002年，中国建设银行发行的银行卡加入中国银联，通过跨行交易系统实现互通互联，实现银行卡异地跨行使用，使客户用卡更加方便快捷。

2002—2004年，随着银行卡客户对电子渠道认知度的提升，持卡客户迅速增加，支付结算业务量得到较快增长，2004年，达到348.92万笔，较2001年增加229.15万笔，增长1.91倍。

2005—2015年股份制商业银行 2005—2009年，按照股份制商业银行业务发展要求，不断推进支付结算网络建设。2005年，接入人民银行全国大额支付系统，2006年，接入人民银行全国小额支付系统、全国支票影像交换系统，建行系统内核心业务处理实现前后台分离、部分业务由后台集中处理，系统内外实现全国性互通互联。现代化支付结算网络的形成，在为客户提供安全高效、方便快捷结算服务的同时，有效推动了结算业务健康快速发展。2009 年，支付结算业务量突破千万笔，达到 1267.72 万笔，较 2004 年增加 918.8 万笔，增长 2.63 倍。

2010—2013 年，按照上级行转变业务发展方式的总体要求，不断加大产品创新力度，强化客户服务渠道建设，以“三个服务”（即中后台为前台、前台为一线、一线为客户）为主线、以“两个满意度”（即一线员工、客户）为标准，着力提升客户服务体验。通过持续不断的改革创新和战略转型，市场核心竞争力进一步增强，支付结算业务量实现快速增长，2013 年，达到 2063.72 万笔，较 2009 年增加 796 万笔，增长 62.8%。

2014—2015 年，认真落实河北省分行各项部署，建设“综合化、多功能、集约化”的经营体制，业务营销与服务以客户为中心，网点布局更加合理，电子渠道、自助渠道建设步伐进一步加快，“客户分层维护”工作扎实推进，业务发展迈上新台阶。2015 年，支付结算交易量达到 3910.05 万笔，较 2013 年增加 1846.33 万笔，增长 89.5%。

1989—2015 年，建行承德分行支付结算业务种类、处理手段、结算业务量发生翻天覆地的变化，业务核算实现从分散管理到集中管理，处理手段从手工处理、人机并行到全部实现电算化、网络化、前后台直联的跨越发展。

1989—2015 年建行承德分行支付结算业务交易量统计表

表 7-1-6　　单位：万笔

年份	交易笔数	年份	交易笔数
1989	37.94	2003	239.37
1990	40.69	2004	348.92
1991	41.15	2005	439.01
1992	43.29	2006	556.99
1993	45.39	2007	671.24
1994	46.59	2008	983.89
1995	48.03	2009	1267.72
1996	54.59	2010	1426.02
1997	66.26	2011	1638.81
1998	69.19	2012	1816.12
1999	78.78	2013	2063.72
2000	96.88	2014	2651.02
2001	119.77	2015	3910.05
2002	156.91		

六、交通银行承德分行

2013年开业初期，交通银行承德分行开办的国内支付业务包括电汇、委托收款、现金支票、转账支票、自动柜员机、网上银行、手机银行、电话银行、银行卡业务，全年支付结算业务量0.2044万笔。

2014年，开通POS机业务，拓展国际支付结算业务，开办信用证、个人结售汇和外汇汇款业务。随着企业和个人结算账户的增长，支付结算业务交易笔数迅速增长，当年实现各类支付结算业务8.0279万笔。

2015年，开办委托收款业务，当年办理76笔。全年实现支付结算业务量10.0029万笔，较2014年增加1.975万笔。

七、中信银行承德分行

2015年，中信银行承德分行开办的支付结算业务包括电汇、委托收款、商业承兑汇票、银行承兑汇票、现金支票、转账支票、自动柜员机、网上银行、手机银行、银行卡。

开业后，先后拟定《会计交接管理办法》《重要会计业务印章管理办法》《人民币收付业务培训检查办法》《会计人员绩效分配办法》等工作制度和实施细则，指导和规范日常会计工作开展。定期或不定期开展会计人员业务培训，邀请专家举办反假币培训。上述措施，提高了会计柜员的综合素质，规范了支付结算业务管理。

同年5月，中信银行核心业务系统升级，优化了柜面业务操作流程。以借记卡销卡业务为例，旧系统需要柜员在销卡前手工提交查询交易，新系统增加了“销卡前查询”功能，并以列表形式展现需要在销户前解约的各种签约，使业务办理更加安全快捷。系统升级后，客户存取款凭证得到整合，节省了客户填单时间，提高了支付结算工作效率。流程优化后，对自动柜员机实行双人交叉管理，定期巡检。由于自助设备不是循环一体机，需要每周清机加钞，新的操作要求保证了支付款项经过全额清分、票面无污损、八成新，为客户提供良好的服务。

全年实现支付结算交易39258笔，其中电汇531笔，现金支票49笔，转账支票19笔；银行借记卡入账12648笔，出账15499笔；银行贷记卡交易10111笔，托收承付105笔，银行承兑汇票276笔，商业承兑汇票20笔。

八、邮储银行承德市分行

1995—2007年邮政储蓄时期　1995年，发行储蓄借记卡（邮储绿卡）。1996年，开始布放ATM机和POS机，绿卡功能局限于承德邮储系统内同城通存通兑、消费结算。1998年，邮电分营后，承德邮政储蓄增加投入，加快邮储绿卡支付工程建设。2002年，全市邮储网点全部实现计算机化，各县区网点开始布设ATM机和POS机，邮储绿卡实现市县联网。但与其他城市仍不能互通。2004年12月12日，全国邮政储蓄计算机系统统一版本上线运行，邮储绿卡实现邮储系统全国联网。2005年6月28日，全国邮政储蓄与电子汇兑系统两网互通工程上线运行，实现全国邮储网点全覆盖，促进了邮储绿卡支付业务发展，特别是农村地区的发展。

2006—2007年，通过邮储绿卡为烟草公司、移动公司办理网点资金归集业务，实现了网点资金集中管理。2007年，全市县级邮储中心网点全部安装自助设备，全年邮储绿卡实现支付业务量122.98万笔。

2008—2015年邮储银行时期　支付结算业务进入正式发展时期。

加大单位客户营销力度。2011年9月9日，烟草系统资金归集新、旧平台实现正式切换，7400余烟草户切换至新中间业务平台，摆脱了依靠工行网络进行扣划的被动局面，实现了自主扣划。同月20日，热力资金归集项目成功上线，通过前台代收、供热网点布放POS机、上门收款三种方式进行资金归集，方便了广大市民就近缴费。2015年，邮储银行承德市分行开户单位1689家，其中基本账户905户、一般账户578户、专用账户206户。

加快支付网络建设。2008年，开办公司业务，加入人民银行大额支付系统、小额支付系统，接通了跨行支付渠道。2009年6月6日，第三方存管系统成功上线。2011年2月28日，中国邮政储蓄银行全国中间业务平台上线。2012年，实现邮储银行存款、贷款、中间业务一体化流程。

拓展支付渠道。支付方式由单一向多样化发展。2008年4月，开办现金支票和转账支票业务。2009年，发行贷记卡。2010年，开办银邮国际汇款。同年6月1日，开办个人网上银行业务。2012年，开办银行承兑汇票业务、手机银行业务。2015年，实现支付结算业务量1175.25万笔。

1996—2015年邮储银行承德市分行支付结算业务交易量统计表

表7-1-7　　单位：万笔

年份	交易笔数	年份	交易笔数
1996	0.08	2006	68.65
1997	0.09	2007	122.98
1998	0.10	2008	985.55
1999	0.12	2009	109566
2000	0.22	2010	1109.30
2001	2.23	2011	1198.65
2002	6.92	2012	1261.45
2003	7.02	2013	1200.69
2004	20.50	2014	1242.95
2005	31.81	2015	1175.25

九、农村信用社

1989年，农村信用社（简称农信社）没有联行清算系统，汇兑结算通过农业银行转汇，由于结算在途时间长，在农信社开户结算的单位寥寥无几。2001年，各县区联社营业部与全国农村信用社特约汇兑结算服务中心联网，开始办理全国汇兑结算业务。但结算在途时间长的问题依然没有明显改进。2005—2006年，计算机网络技术得到应用，接入中央银行全国支付系统、省内农村信用社支付系统后，彻底解决汇路不畅问题，实现客户结算资金即时到账。2008年之后，相继推出银行卡支付、电话支付、POS机刷卡支付、自动柜员机支付、网上支付、手机支付等现代支付结算方式，增强客户吸引力，农信社支付结算业务得到快速发展。

1989—1996年农业银行管理时期 1989—1991年，农信社结算方式局限于“一票一汇”，即支票（现金支票、转账支票）和汇兑（信汇、电汇）。由于没有自己的联行结算系统，只能办理支票结算，汇兑结算需通过农业银行办理。1991年，结算业务量10.53万笔。

1992—1996年，农信社通过联社营业部办理县辖联行业务。营业部为农信社与各专业银行之间的同城汇兑结算办理汇差清算。异地汇兑结算仍然通过农业银行办理。1996年，结算业务量23.58万笔。

1997—2005年人民银行、银监局管理时期 农信社与农行脱钩后，各县区联社直接参与人民银行县辖联行，通过同城票据交换办理农信社县辖联行业务。农信社在县区联社开设周转金账户，其县辖往来的专用凭证、明细报告表、密押编制均由县区联社统一签发。1997年，结算业务量28.08万笔。

2001年，各县区联社营业部加入全国农村信用社特约汇兑结算中心网，使用全国统一的农村信用社联行往来结算科目，将结算保证金上存河北省农金体改办结算部，正式开通全国特约汇兑结算业务。全国特约电子汇兑跨省市业务每笔汇款最高限额为50万元，省内单笔汇款不限金额。参加全国特约电子汇兑往来业务后，实现资金24小时到账，资金在途时间比开通前减少1天。全年农信社实现结算业务量48.42万笔。

2005年5月23日，全市9家农信联社成功接入“中央银行全国大额支付系统”，异地跨行结算通过县联社办理，以县联社为单位实现了农信社异地跨行结算。

2006—2015年省联社管理时期 2006年，全市9家农信联社接入“中央银行全国小额支付系统”“中央银行全国支票影像交换系统”，县级联社全面开通国内异地跨行支付结算业务。全市农信社接入“全国农信银系统”，开通了全国农信系统内支付结算渠道。汇路畅通后，客户的结算汇划资金即时入账，实现零在途。

2007年11月，全省农信社综合业务系统全线开通，实现单位、个人存款全省通存通兑。

2008年6月，根据中国人民银行石家庄中心支行《关于河北省农村信用社正式接入支付系统开办业务等相关事项的通知》，承德市全部农信社接入人民银行大、小额支付系统、支票影像交换系统，直接实现了全国范围的跨行支付结算。困扰农信社几十年的汇路不通问题，得到彻底解决。同年11月，河北省农信社“信通卡”正式发行，年底加入全国农信银资金清算中心，信通卡客户实现了一卡在手、汇通天下。现代支付手段促进了农信社支付结算业务的快速发展。全年农信社办理支付结算业务100.35万笔，实现历史性突破。

2010年，开办电话银行业务。

2011年，各县区联社开始在乡镇广泛发展特约商户，布放自助服务终端POS机、ATM机，开办自助银行业务，实现持卡客户在特约商户划卡消费结算和在自助银行网点享受24小时不间断自助存取款服务。先进的结算方式和广泛的自助服务，促进支付结算业务大幅度增加，全年全市农信社支付结算业务量154.08万笔，比上年增加25.92万笔。

2013—2015年，各县区联社加快乡镇ATM自助服务设施建设，开通网络银行业务，实现延伸服务，吸引更多个体、单位客户开通使用新型支付终端，为广大客户提供便捷高效的支付结算服务平台，农信社市场竞争力持续提升。

2015年，全市农信社支付结算业务交易量670.34万笔，比1989年增加662.69万笔，增长86.63倍。

1989—2015 年农村信用社支付结算业务交易量统计表

表 7-1-8　　单位：万笔

年份	交易笔数	年份	交易笔数
1989	7.65	2003	56.16
1990	8.28	2004	68.85
1991	10.53	2005	74.25
1992	12.15	2006	79.56
1993	15.75	2007	86.13
1994	17.82	2008	100.35
1995	21.24	2009	118. 89
1996	23.58	2010	128.16
1997	28.08	2011	154.08
1998	32.67	2012	191.08
1999	37.35	2013	365.31
2000	43.11	2014	396.55
2001	48.42	2015	670.34
2002	53.55		

十、承德银行

承德银行于 2002 年开办现金支票和转账支票业务，2003 年开始依托建设银行承德分行签发银行汇票，2005 年开办银行承兑汇票、委托收款业务，2006 年 7 月 28 日开始自主签发银行汇票，2007 年开办 ATM 业务。

2002—2005 年单一法人社时期　承德市城市信用社时期的支付结算手段落后，依靠手工方式操作，跨行转账业务通过人民银行同城票据交换进行清算。

2004 年 3 月 22 日，城市信用社综合业务系统正式上线。

2005 年 5 月 23 日，城市信用社接入人民银行全国大额支付系统，实现全国跨系统大额结算。

全年实现支付结算交易量13.25万笔，比2002年增长1.8倍。

2006—2008年承德市商业银行时期 2006年，先后接入人民银行全国小额支付系统、人民银行全国支票影像系统，并对自身综合业务系统进行升级改造，全面实现跨行电子支付结算，明显加快支付结算速度。在全辖范围内布放ATM自助设备，为客户提供自助服务。

2007年，承德市商业银行跨行清算系统、银企对账系统、代收热力集团暖气使用费系统上线运行。热河借记卡业务系统上线，热河卡正式发行。电子化支付结算体系初步形成。

2008年，实现支付结算交易量32.29万笔，比2005年增长1.44倍。

2009—2015承德银行时期 2009年，承德银行加入人民银行全国财税库银联网系统，为企业提供快捷的纳税服务，实现税款入库零在途。

2010年，网上银行业务、工商验资E线通、绩效考核系统、热河卡“银联在线支付”“支付宝”“手机支付”“农民工银行卡”“柜面通”等业务陆续上线。发行钻石卡、白金卡、学子卡，实现对个人客户服务的差别化管理。2010年7月29日，热河公务贷记卡正式推出。

2014年8月22日，新一代核心业务系统成功上线。2015年5月15日，信贷管理系统成功上线。

同年6月18日，推出单位人民币结算卡业务。

到2015年，承德银行支付结算体系日益发展成熟，形成了加入人民银行大额实时支付系统、小额批量支付系统、支付结算影像系统，涵盖ATM机、电话银行、网上银行在内的多样化支付结算手段。当年实现支付结算业务量1402.09万笔，比2008年增长42倍。

2002—2015年承德银行支付结算业务交易量统计表

表7-1-9　　单位：万笔

年份	交易笔数	年份	交易笔数
2002	4.74	2009	42.67
2003	8.85	2010	63.84
2004	11.36	2011	98.76
2005	13.25	2012	148.51
2006	16.58	2013	527.26
2007	24.32	2014	902.36
2008	32.29	2015	1402.09

十一、河北银行承德分行

河北银行承德分行2014年11月成立后，即上线接通人民银行全国大、小额支付系统、支付影像系统，以及河北银行通存通兑系统、ATM、POS系统等。陆续开办电汇、转账支票、现金支票、银行承兑汇票、商业承兑汇票、委托收款等传统业务。推广手机银行、网上银行等电子银行业务。

2014—2015 年，累计办理各类支付结算业务 9.88 万笔，其中电汇 10698 笔，转账支票 399 笔，现金支票 186 笔，银行承兑汇票兑付 499 笔，商业汇票委托收款 314 笔，累计交易额 25.2 亿元。2015 年，布放 POS 机 445 台，特约收单商户 360 户，实现收单交易额 6.63 亿元。

十二、张家口市商业银行承德分行

2014 年，张家口市商业银行承德分行开业即接入人民银行全国大、小额支付系统、支付影像系统。开办的支付结算业务包括电汇、现金支票、转账支票。不断完善结算业务流程管理，对个人及企业开户实施严格审核把关，对异常交易加强审核查询，有效地保证了结算业务的正常开展。2015 年，制定《资金业务管理办法》，加强结算业务管理制度建设。全年实现支付结算业务 17464 笔。

十三、村镇银行

丰宁建信村镇银行 2010—2015 年，丰宁建信银行开办现金支票、转账支票、异地电汇 3 项支付结算业务。

2010 年 7 月开业时，由于未接通人民银行全国支付结算系统，不具备办理银行卡、电子银行、异地电汇业务的能力。当时开办的现金支票、转账支票业务，只能在营业网点办理，不能满足客户的实际需求，明显限制了业务发展。同年 9 月，接入人民银行全国大额支付系统和小额支付系统，随之开通异地电汇业务，为客户提供便捷服务的同时，促进了结算业务的开展。2015 年，累计办理支付结算业务 6553 笔，比 2010 年增长 18 倍。

2010—2015 年丰宁建信村镇银行支付结算业务交易量统计表

表 7-1-10　　单位：万笔

年份	交易笔数
2010	0.0785
2011	0.1517
2012	0.2178
2013	0.4212
2014	0.3639
2015	0.6553

滦平盛阳村镇银行 2011—2015 年，滦平盛阳银行开办的支付结算业务包括现金支票、转账支票、汇款业务和网上银行业务。经历了 3 个阶段的变化。

第一阶段，农村信用联社代理时期（2011 年 1 月 18 日至 2011 年 11 月 27 日）。结算业务由滦平县农村信用联社代理。由于效率较低，同业竞争力明显不足。

第二阶段，兴业银行代理接入支付系统时期（2011 年 11 月 28 日至 2012 年 10 月 26 日）。为解决汇路不畅问题，经人民银行批准，滦平盛阳银行取得行名行号，结算业务采用兴业银行代理方式接入人民银行支付系统。滦平盛阳银行通过登录客户端网页办理支付系统往来账、查询查复等各项业务。在此阶段，支付结算业务有了较快的发展。但是办理现金支票、转账支票业务采用人工验印法，即手工对折支票后比对预留印鉴真伪。受此限制，单位客户只能在柜台办理支票业务。

第三阶段，兴业银行全托管时期（2012年10月27日至2015年末）。2012年初，经过深入论证和多次沟通，确定与兴业银行全托管合作的方案。借助兴业银行结算业务托管核心系统，提高信息科技安全水平，弥补在灾备、机房建设、软件开发、科技人才等方面的不足。同年10月26日晚17：30，滦平盛阳银行与兴业银行通力配合，完成新旧系统切换。同时搭建数据回传平台，每天兴业银行数据中心将日终备份数据回传至滦平盛阳银行刻盘永久保存，实现数据异地备份。新业务系统解决了运行不稳定的弊端，实现了在兴业银行与“银银平台”成员行之间存折通存通兑、大小额汇款实时入账。此阶段，滦平盛阳银行结算业务在核心系统中办理，客户端系统只进行日终对账，使业务办理更加简便。全年支付结算业务量800笔。2013年6月，兴业银行上线第二代支付系统，作为由兴业银行提供银银平台支付代理的村镇银行，滦平盛阳银行一并上线该系统。第二代支付系统于同月3日正式上线运行，支票业务改用电子验印，办理支票业务的速度和安全性得到提升，支票业务量相应增加。第二代支付系统优化了汇款业务操作流程，每笔处理速度由20分钟提升为5分钟以内，效率明显提升。同年10月22日滦平盛阳银行正式上线网上银行，功能包括账户查询、行内外转账、批量转账。网上银行不受营业时间和交易场地的限制，方便了社会公众，提高了服务效率。同时，网上银行减少了人工干预，降低了差错率。全年支付结算业务量5400笔。2014年支付结算业务量为1.67万笔。2015年，办理网上银行交易7275笔，支票业务451笔，汇款业务1.3万笔，其他业务总计474笔。2012—2015年，累计实现支付结算业务量4.41万笔。

围场华商村镇银行　2011年开业初期，围场华商银行通过承德银行间接加入人民银行全国大额支付系统和小额支付系统，开办的单位支付结算业务包括现金支票、同城转账支票、异地委托付款业务。个人结算业务不具备电子化支付手段，只限于使用存折在柜面办理，来行办理结算业务的仅为周边商户，严重制约了业务的发展。

2013年10月，围场华商银行借记卡“木兰卡”成功上线，全年办理支付结算业务1.08万笔。2012年办理支付结算业务2.79万笔，2013年办理支付结算业务4.53万笔，2014年5月，自助柜员机陆续投入使用，有效促进了支付结算业务的发展，全年办理支付结算业务3.49万笔。

2015年，办理单位结算业务0.71万笔，办理个人结算业务2.07万笔。

2011—2015年，围场华商银行累计办理各项支付结算业务146723笔。

第二章 银行卡业务

银行卡是经批准由银行业机构向社会发行的具有消费信用、转账结算、存取现金等全部或部分功能的信用支付工具。银行卡作为现代支付工具，减少了现金的使用，办理银行业务突破了时间和空间的限制，是现代银行业的显著标志。

银行卡种类不断丰富，由单一的信用卡（贷记卡），逐步增加准贷记卡、借记卡，以及各银行业机构推出的具有特定主题的明细产品。通过加强宣传、推介等措施，银行卡业务实现快速发展。

1989 年 4 月，中行承德分行率先在承德市发行银行卡。2015 年末，承德市共计 12 家银行业机构开办银行卡业务。

第一节 种类

一、信用卡

信用卡是在中华人民共和国境内各商业银行向个人和单位发行的信用支付工具，具有转账结算、存取现金、消费信用等功能。1999 年 3 月，中国人民银行颁布《银行卡管理办法》，对信用卡的分类进行了明确，按照是否向发卡银行交存备用金，划分为贷记卡、准贷记卡两类。

贷记卡是发卡银行给予持卡人一定的信用额度，持卡人可在信用额度内先消费、后还款的信用卡。贷记卡存款不计息，在透支免息期内还款不收息。

准贷记卡是持卡人按发卡银行要求交存一定金额的备用金，当备用金账户余额不足支付时，可在发卡银行规定的信用额度内透支的信用卡。准贷记卡存款计息，透支按贷款收息，逾期还款罚息。

二、借记卡

银行向社会发行的具有存取现金、消费结算、转账支付、理财签约服务等多种功能的支付结算工具。借记卡存款计息，不能透支。

在此基础上，各银行分别创建了牡丹卡、金穗卡、长城卡、龙卡、热河卡等独立品牌，为不同客户群体推出普通卡、贵宾卡、联名卡、社保卡、理财卡、主题卡、校园卡、惠农卡等多种名称的银行卡，并附加一些专题服务、特殊服务，以及预约定活期存款自动转存等派生功能。这些附加内容均属于银行卡的服务功能延伸，不改变其基本分类和基本功能。

第二节 发展概况

1989 年 4 月，中行承德分行发行承德第一张信用卡——长城人民币信用卡。2015 年末，承德市共计 12 家银行业机构开办银行卡业务，银行卡存量 1110 万张，交易金额 10183.79 亿元。

2015 年承德市银行卡业务分机构统计表

表 7-2-1

机构名称	银行卡存量（万张）	占比	交易金额（亿元）	占比
工行承德分行	84.64	7.62%	111.93	1.10%
农行承德分行	168.24	15.15%	3693.11	36.26%
中行承德分行	99.07	8.92%	725.04	7.12%
建行承德分行	216.82	19.52%	931.38	9.15%
交通银行承德分行	6.40	0.58%	65.8	0.65%
中信银行承德分行	0.98	0.09%	8.74	0.09%
邮储银行承德市分行	35.71	3.22%	369.18	3.63%
农信社	389.93	35.11%	2751.61	27.02%
承德银行	88.45	7.96%	1275.98	12.53%
河北银行承德分行	1.15	0.10%	121.78	1.20%
张家口市商业银行承德分行	0.60	0.05%	58.28	0.57%
围场华商村镇银行	18.52	1.67%	70.96	0.70%
合计	1110.51	100%	10183.79	100%

第三节 各机构业务发展

一、工行承德分行

工商银行发行的银行卡称为“牡丹卡”，包括牡丹借记卡、牡丹贷记卡和牡丹准贷记卡，其中牡丹贷记卡按账户币种分为人民币贷记卡、双币贷记卡和多币贷记卡。

1989—1993 年国有专业银行时期 1989 年 10 月，开办牡丹信用卡，1993 年 4 月，开办牡丹灵通卡。牡丹信用卡为准贷记卡，可在规定限额内透支，金卡透支限额 1 万元，普通卡透支限额 5000 元，信用额度可以循环使用。牡丹灵通卡为借记卡，不具备透支功能。此阶段发卡量较少。

同年 5 月 1 日，工行承德分行成立牡丹卡业务部。加大推广力度。年末，除丰宁、围场、隆化 3 个县支行外，全辖 12 个行处、41 个营业网点开办银行卡业务。加大宣传力度。印制银行卡业务宣传折页和手册，走进企事业单位进行业务宣传咨询，同时加强网点柜面宣传。规范业务操作。按照《中国工商银行牡丹信用卡章程》《牡丹信用卡业务管理规定和操作规则》等制度，加强员工业务培训，规范操作管理。制订银行卡奖罚办法，调动员工营销银行卡的积极性。全年发行牡丹银行卡 16.41 万张，交易额 11.54 亿元，发展特约商户 84 家。

1994—2004 年国有商业银行时期 1994 年，工行承德分行继续推进银行卡业务的发展。一是促进丰宁、围场、隆化 3 个县支行陆续开办银行卡业务，实现银行卡业务网点全覆盖；二是增加自助设备布放，改善用卡环境。在分行卡部、南营子办事处等网点安装 ATM 机 8 台；三是借助代发工资业务带动银行卡业务发展。年末，银行卡存量 21.47 万张，其中贷记卡 0.47 万张，借记卡 21 万张，交易金额 12.16 亿元。

1996 年，全国工商银行电子汇兑系统开通，明显加快了银行卡转账速度。在此基础上，工行承德分行注重开发银行卡的代收代付功能，实现与税务、交通、电力、证券、邮电等行业的 145 家单位建立代理业务协作关系，发卡量增长较快。年末，贷记卡存量 0.73 万张，借记卡存量 33 万张，实现交易额 14.85 亿元。

2000 年 8 月 18 日，工行承德分行面向教师发行“牡丹教师联名卡”12300 张，用于代发工资业务。为双滦区国税、地税办理代收税业务卡 5300 张。为市烟草公司、联通公司办理代收费卡 1.63 万张。为南方证券、河北证券办理交易卡 4630 张。

2001 年 3 月，工行承德分行与承德市卫生局合作，发行牡丹医疗保险卡、牡丹白衣天使卡。

2003 年，工行承德分行成立个人金融业务部，借记卡业务划归个人金融业务部管理。银行卡中心负责贷记卡和准贷记卡业务。

1994—2004 年，工行承德分行累计发行银行卡 49.72 万张，累计交易额 234.61 亿元。2004 年末，银行卡存量 66.13 万张。

2005—2015 年国有股份制银行时期 2005—2008 年，工行承德分行银行卡业务进入快速发展时期，相继为中高端客户推出牡丹白金卡、黑金卡、公务卡、财智账户卡等综合性产品，全方位满足社会各界的服务需求。

2010 年，工行承德分行印发《办理银行卡业务规范说明》，明确分行卡部与支行之间的业务对接，实行“首问负责制”，提升了工作效率。推出牡丹卡与避暑山庄年票联名卡业务，方便市民旅游。

2011 年起，原磁条卡的安全性受到挑战，工商银行磁条卡全部升级为 IC 卡，使银行卡更安全、功能更丰富。银行卡进入金融 IC 卡时代。工行承德分行积极营销平泉县、承德县、丰宁县、围场县城乡居民养老保险代理业务，争取到首批 20 万张社保卡发卡代理资格，当年启用 5.9 万张。年末，银行卡存量 134.56 万张，全年交易金额 110.08 亿元。

2012 年，发行牡丹公务卡、牡丹工行商友卡（借记卡）、牡丹财智账户卡和牡丹闪付卡等产品。“闪付”（QUICK PASS）代表银联的非接触式支付产品及应用，具备小额快速支付的特点。用户在选购商品或服务结算时，确认相应金额，使用具备“闪付”功能的银行 IC 卡，在银联“闪付”的非接触式支付终端上，可以快速完成支付结算。单笔不超过 1000 元的小额结算，无需输入密码和签名即可快速支付，超市、快餐连锁、加油站等零售场所均可使用。当年新增社保卡 14.25 万张。年末，银行卡存量 148.81 万张，全年交易金额 108.68 亿元。

2013 年，工行承德分行向高端客户推出财富卡、私人银行卡和牡丹 ETC 信用卡等特色产品，带动贷记卡和准贷记卡发卡量大幅度提升，当年贷记卡和准贷记卡存量突破 20 万张。

2015 年，工行承德分行银行卡业务推行“四比四提”工作法，比工作作风，提升各环节执行力；比工作方法，提高信用卡业务经营能力；比思想观念，提高产品创新能力；比管理水平，提高团队营销能力。

1993—2015年，工行承德分行银行卡业务快速发展，用卡环境日益完善。2015年末，银行卡存量84.64万张，全年交易金额111.93亿元。其中借记卡63.43万张，贷记卡18.55万张，准贷记卡2.66万张。

1993—2015年工行承德分行银行卡业务统计表

表7-2-2

年份	银行卡存量（万张）	交易金额（亿元）
1993	16.41	11.54
1994	21.47	12.16
1995	30.64	13.27
1996	33.73	14.85
1997	41.87	15.40
1998	42.96	16.20
1999	59.04	16.50
2000	61.40	18.72
2001	65.42	25.90
2002	69.26	36.32
2003	70.19	31.19
2004	66.13	34.10
2005	71.46	39.16
2006	79.42	37.27
2007	92.05	40.42
2008	110.94	64.05
2009	120.93	85.36
2010	128.66	104.72
2011	134.56	110.08
2012	144.36	108.68
2013	140.41	108.13
2014	137.51	95.41
2015	84.64	111.93

说明：1989—1992年银行卡数据未单独统计

二、农行承德分行

1994年10月，开办金穗信用卡。1997年4月，开办具有转账结算、存取现金、汇兑等功能的金穗专用卡。2001年，中国农业银行对信用卡业务进行整合，停办金穗万事达、金穗维萨、金穗万事顺等金穗信用卡业务。同年6月，开办金穗准贷记卡，持卡人可凭其信用获得一定的透支便利。同年12月，开办金穗借记卡。2006年2月，开办金穗贷记卡。2008年12月，开办金穗惠农卡和金穗信用卡。金穗惠农卡不仅具有金穗借记卡存取现金、转账结算、消费、理财等各项功能，还具有向持卡人提供农户小额贷款、新型农村合作医疗、新型农村社会医疗保险、农村公用事业代收付、财政补贴代理等特色服务的功能，并提供一定的金融服务收费减免优惠；金穗信用卡是农行针对县域高端客户和从事涉农产品流通领域客户的短期、小额、频繁的资金周转需求，在准贷记卡业务平台上研发的一款银联标准BIN号银行卡，不仅具有储蓄、消费、转账结算、中间业务代理等基本功能，还具有完全可自助、可循环的透支功能。

1994—2000年初始起步阶段 1994年12月28日，农行承德分行信用卡业务部开业，当天发行单位金穗万事达信用卡6张，吸收银行卡存款6万元。

1995年，为保证金穗卡业务健康发展，农行承德分行制订《金穗信用卡业务管理办法》《金穗信用卡持卡人管理办法》《金穗信用卡特约商户管理办法》《金穗信用卡经办单位管理办法》《金穗信用卡授权、支付管理办法》等一系列制度、办法，为信用卡业务安全运行提供制度保障和操作依据。年末，银行卡存量1052张，全年交易金额1.08亿元，盈利8万元。

1996年，农行承德分行认真落实信用卡考评办法，积极促进信用卡业务有序发展。年末卡存量5793张，全年交易金额5.40亿元。

1997年，农行承德分行积极推行市分行信用卡部经营转型，实施县级行信用卡部经营管理一体化改革，上下联动，全面营销，推动信用卡业务实现快速发展。年末卡存量19567张，全年交易金额10.50亿元。营销特约商户199户。

1998年5月，农行承德分行率先开通银行卡全国自动授权网络，确立银行卡业务竞争优势。年末卡存量30144张，全年交易金额16.07亿元。

1999年，农行承德分行从规范管理入手，加强银行卡营销。积极开展“校园卡”推广工作，围场满族蒙古族自治县支行成功营销围场满族蒙古族自治县第一中学代收学杂费，一次发卡1700多张；平泉县支行成功营销平泉师范学校，两次批量发卡1300多张；优化用卡环境，将现有的POS全部集中于市区、县城、大集镇、大市场和效益好的代收代付企业；优化特约商户，取消105家，保留114家。年末卡存量32595张，全年交易金额11.78亿元。

2000年，农行承德分行坚持业务发展、规范管理“两手抓”，通过加大公关宣传、扩大发卡量，改善用卡环境、畅通网络汇路，加强业务指导、落实规章制度等一系列措施，银行卡业务得到稳步发展。年末卡存量55425张，全年交易金额4.29亿元。

2001—2008年快速成长阶段 2001年，中国农业银行对信用卡进行整合优化，停发金穗万事达、金穗维萨等信用卡，改发金穗准贷记卡、金穗借记卡。

2003年，农行承德分行抓住自动柜员机增多、网上银行业务开通、“新一代”网络结算等优势，大力推介农行金穗卡，加大高端客户的维护和营销力度。年末银行卡存量21.19万张，全年交易金额171.39亿元。

2005年，农行承德分行围绕提高发卡量、增加卡存款和卡业务收入，提出“三个转变”、制定七项措施，突出抓借记卡、准贷记卡的营销发放，开展系统单位员工用卡、银行卡营销服务月、金穗卡有奖消费等活动，组织银行卡暨电子银行营销推介会，有效地提高了银行卡的经营服务水平和质量。

2006年1月，农行承德分行开始发行金穗贷记卡。

2007年，农行承德分行通过面向社会公众、财政预算单位、大中型企业增加借记卡发卡；通过广泛组织推介活动，全面扩大业务宣传，积极营销贷记卡；本着风险可控、量力而行、稳妥发展的原则，积极发行准贷记卡；通过与交警密切合作，扩大交警联名卡规模，组织有奖划卡等活动，促进专用卡发展。

2008年末，银行卡存量108.81万张，全年交易金额1496.39亿元。

2009—2015年稳步发展阶段 2009年，农行承德分行把扩大发卡量、防控银行卡风险作为重点，建立银行卡业务指标“日统计、旬分析、月通报”制度，加大业务督导力度，促进银行卡业务持续健康发展。年末银行卡存量119.32万张，卡存款余额32.82亿元，全年卡消费额28.60亿元，卡透支额4262万元，交易金额1525.51亿元。

2010年，农行承德分行加大考评力度，将“业务计划指标”“业务贡献指标”“业务质量指标”“业务管理项目”直接与支行主管领导和客户部经理的工资挂钩；积极开展宣传促销活动，全年累计在《燕赵都市报》、《承德晚报》、《承德电视报》、承德电视台、承德广播电台、承德交通电台等新闻媒体投放各类宣传广告20余次，网点发放宣传折页3万余份、海报200多份，开展“激情夏日、贷记卡激活赠礼百分百”活动，扩大金融产品知名度和影响力。当年信用卡发卡量5.25万张，透支余额1.63亿元，实现信用卡透支利息收入691.60万元。

2011年，农行承德分行积极组织“春天行动”“激情仲夏”“赢在今秋”大型综合营销活动，开展“金穗贷记卡刷卡赠礼百分百”“农行人用农行卡”有奖消费活动，开展有效商户推进月等促进活动。充分发挥《信用卡中心简报》和承德网站宣传阵地作用，指导基层行及时、有效开展工作。全年编发《信用卡中心简报》12期，总结、推广丰宁、围场商户分期、MIS营销等不同方面的典型经验。年末银行卡存量132.58万张，信用卡透支余额2.25亿元。全年实现信用卡发卡量66237张，实现信用卡透支利息收1083.77万元，交易金额3549.60亿元。

2012年，农行承德分行银行卡业务围绕“拓展创新求发展，合规有效保安全”的经营思路，通过开展贷记卡“三个一”（每一个营业网点、每一天、至少新增一户金穗贷记卡有效客户）营销竞赛、“金穗贷记卡激活使用享好礼”“金穗贷记卡消费分期送好礼”等活动，促进贷记卡业务持续健康发展。年末信用卡透支额2.94亿元。全年发展信用卡有效客户7.41万户，实现信用卡透支利息收入1402.07万元。

2013年，农行承德分行组织开展“新增信用卡客户营销奖励、新增有效特约商户奖励、贷记卡分期营销竞赛奖励、网点贷记卡优质客户渗透率奖励”竞赛活动，组织新春送福、集中宣传、客户联谊会、“激活有好礼，分期欢乐送”等多项营销宣传活动。年末信用卡客户总量达到7.87万户，信用卡透支余额4.01亿元，全年透支利息收入1489.70万元。

2015年，农行承德分行信用卡工作以“规范、稳健、提质、增效”为原则，全面推进信用卡发卡、分期与收单业务营销，突出抓好业务规范操作与风险防范，不断提升内在质量，信用卡业务步入规范化管理的快车道。2015年末，银行卡存量168.24万张，其中贷记卡13.44万张，准贷记卡8.75万张，借记卡153.92万张。全年交易金额3693.11亿元。

1994—2015年农行承德分行银行卡业务统计表

表7-2-3

年份	银行卡存量（万张）	交易金额（亿元）
1994	0.00	0.00
1995	0.11	1.08
1996	0.58	5.40
1997	1.96	10.50
1998	3.01	16.07
1999	3.26	11.78
2000	5.54	4.29
2001	4.54	5.22
2002	14.20	54.43
2003	21.19	171.39
2004	30.29	284.80
2005	40.06	406.16
2006	54.62	631.00
2007	106.15	1111.19
2008	108.81	1496.39
2009	119.32	1525.51
2010	120.89	2491.54
2011	132.58	3549.60
2012	141.42	3267.00
2013	145.78	3150.15
2014	159.94	3355.78
2015	168.24	3693.11

三、中行承德分行

1989年4月，中行承德分行发行承德第一张信用卡——长城人民币信用卡。持卡者可以在各地中国银行通兑现金、办理结算和存款，在特约单位购物、住宿、就餐、购买机票。1998年，开始发行借记卡。在网络化和电子化建设推动下，银行卡产品日益增多，功能不断完善，相继实现ATM自动柜员机服务、智能柜台服务、手机银行服务等多种便捷服务。

中行承德分行发行的银行卡包括信用卡和借记卡。信用卡分为基础产品、主题产品和联名产品。基础产品包括长城人民币信用卡、中银信用卡、长城国际卡、长城环球通信用卡、长城环球通白金信用卡。主题产品包括中银白金信用卡、中银都市缤纷卡、长城国际卓隽卡、中银全民健身卡。联名产品包括中银淘宝校园卡、承德公积金卡、联通精彩在沃联名卡。借记卡按照不同标准分为普通卡和高端卡、标准卡和联名卡、单币卡和多币卡。长城人民币普通借记卡是普通卡，也是单币卡。高端卡包括中银理财贵宾借记卡、中银财富管理贵宾借记卡。长城生肖借记卡是标准卡，联名卡包括长城旅游借记IC卡、社保类联名借记卡（社保卡）和长城福农借记卡。长城环球通银联多币借记卡是多币卡。

1989—1993年国家专业银行时期 1989年4月，中行承德分行发行的人民币长城卡分为公司卡和个人卡，单位和个人办理长城卡需到中国银行开立长城卡存款专户。公司卡起存金额5000元，个人卡1000元。长城卡存款余额，银行按活期利率支付利息。持卡人原则上不能透支，如遇急需而发生透支时，银行从透支日起15天内按年利率12.42%计息，从第16天起加倍计收利息。中国银行长城卡秉承为客户提供方便的宗旨，具有“一卡在身、周游全国，方便购销、安全可靠”的特点。人民币长城卡的发行，开辟了支付结算的新领域。全年实现发卡325张，支付结算交易量40.52万元。

1990年，全辖网点开办长城卡存取现金业务，初步实现微机操作。9月，开办日本JCB信用卡的取现和直接购货业务。积极稳妥发展特约商户，培训经办人员，以确保业务运作顺畅。10月，同《承德日报》、承德地区电台等新闻单位举办长城卡知识有奖征答智力竞赛，积极促进信用卡业务发展。1993年，购买两台ATM自动柜员机。经过5年的发展，初步建成承德市区及围场、平泉、隆化、兴隆支行的长城卡经办网络，为持卡人提供了取现、消费、结算等方面的便利服务。1989—1993年，累计发卡753张。1993年，交易1.35万笔，交易额7700万元。

1994—2003年国有商业银行时期 1994年，为充分发挥信用卡吸收存款的优势，中行承德分行每年初向各支行分配计划指标，将信用卡存款与企业存款、储蓄存款作为同等存款任务进行分解承包。

1996年末，全行信用卡存款余额1350万元，信用卡存量3350张，发展特约商户125家。

1997年，对上年度存款、发卡、商户、消费、收益、外卡交易6项指标完成情况实行量化考核，对业务管理、网络建设、风险控制、授权服务实行综合考核，推动银行卡业务加快发展。年末银行卡存量3847张，特约商户357家，全年交易量1.44亿元。

1998—2000年，中行承德分行信用卡业务实现了由手工压卡机到集中联网的跨越发展。在全省中行系统率先实现信用卡业务全辖联网、数据集中、24小时授权服务，同时开通长城国际卡自动授权业务，信用卡业务基本实现集中处理。

1998年，成功发行长城电子借记卡，推出长城国际卡，简化了发卡手续。开展“有奖消费积分”促销活动，激发持卡人用卡消费的积极性。制定下发《中国银行员工卡透支管理办法》，通过开放员工卡透支，逐步摸索、总结经验，为向社会持卡人开放信用卡消费透支功能和发行贷记卡打好基础。为适应信用卡大集中管理模式，举办长城国际卡业务培训班、特约商户培训班、ATM操作及清算培训班、AS/400信用卡业务培训班，提高了服务质量。

2000年末，银行卡存量18.56万张，其中信用卡8.25万张，借记卡10.31万张。全年交易额93.26亿元。

2001—2003年，中行信用卡加入中国银联，实现全国通存通兑，促进了银行卡业务持续快速发展。针对NAS（商户收单）系统在运行中出现的系统断线、错账等问题，进行多次修改完善，确保商户收单系统稳定运行。加快银行卡联网进程，上线国际借记卡、信用卡集中清算，完成银联卡CVV、CVC和ATM跨行收费改造；完善电话银行服务功能，上线信用卡与借记卡24小时外汇买卖、人工座席、自助终端炒汇等服务。2002年12月，完成长城信用卡与中国银联接轨，成功发行银联信用卡。针对基层行在ATM管理上的薄弱环节，制定《自助银行管理办法》《存款机管理办法》，修改完善《自动柜员机管理办法》《商户收卡终端（EDC/POS）管理办法》等规章制度，进一步规范业务管理。开展大规模的银行卡营销宣传活动，将总行统一印制的宣传手册、招贴画、广告牌等分发到各营业网点和特约商户。举行长城卡有奖知识问答及“长城卡幸运之星”抽奖仪式。与特约商户签署长城卡营销活动协议书，加强与特约商户的联系与合作。

2003年末，银行卡存量30.11万张，其中信用卡9.89万张、借记卡20.22万张。全年交易额257.25亿元。

2004—2015年股份制商业银行时期 在科技创新和经济快速发展的推动下，中行承德分行银行卡业务进入快速发展时期。

2004—2008年，信用卡系统成功升级到全国联行版本，实现信用卡交易系统与ATM系统的连接，实现自动并账与清算。24小时自助银行、ATM机、柜员机、POS机等终端服务设备得到广泛应用。推出“中银理财”借记卡品牌的中银理财贵宾借记卡、中银财富管理贵宾借记卡等，确立了借记卡在银行卡市场的主导地位。2008年末，银行卡存量43.40万张，其中信用卡11.35万张，借记卡32.05万张。全年交易额359.69亿元。

2009—2012年，信用卡发卡全部实行进件扫描、系统审批，金融IC卡进入快速发展时期。期间推出银行卡联名卡、信用卡分期等新产品，积极推进“收银一体化”和“优惠商户”网络建设，营销全市销售额最大的四家商户“收银一体化”项目，拓展高端消费商场的银行卡收单业务。利用借记卡成功实现代扣水费业务、为城镇医保中心投保人员开立理赔借记卡业务。发行住房公积金卡、中银淘宝校园卡、长城环球通白金信用卡等新产品。推出信用卡购车专项分期付款业务。上述工作促进了银行卡业务的基本普及，发卡量和交易额都得到较快发展。2012年末，银行卡存量61.31万张，其中信用卡13.49万张，借记卡47.82万张。全年交易额492.23亿元。

2013—2015年，中行承德分行银行卡业务进入持续健康发展时期。网上银行、移动终端、自助终端、电话渠道、短信渠道、微信渠道等电子银行渠道建设日新月异，助推银行卡业务加快发展。期间相继推出联通精彩在沃联名卡、银医联名卡、中银都市缤纷卡、长城国际卓隽卡、中银全民健身卡等信用卡产品，为客户提供便捷、安全的支付结算和消费理财等金融服务。为扩大银行卡服务群体，又相继推出社保类联名借记卡（社保卡）、长城福农借记卡和长城环球通银联多币种借记卡等产品。2015年末，中行承德分行全辖共有自助银行41家，其中离行自助银行12家，依附式自助银行24家，依附式ATM机5家；共布放ATM机130台，其中104台ATM机24小时对外服务；建成银行卡取款点114家，取款点累计发放各类借记卡1.26万张；银行卡存量100.65万张，其中信用卡16.75万张，借记卡83.90万张。全年交易额725.04亿元。

1989—2015年中行承德分行银行卡业务统计表

表7-2-4

年份	银行卡存量（万张）	交易金额（亿元）
1989	0.03	0.004
1990	0.05	0.11
1991	0.05	0.39
1992	0.06	0.7
1993	0.07	0.77
1994	0.15	0.91
1995	0.29	1.26
1996	0.34	1.45
1997	0.39	1.44
1998	4.03	26.32
1999	8.82	56.67
2000	18.56	93.26
2001	21.24	121.69
2002	27.94	225.12
2003	30.11	257.25
2004	33.4	288.37
2005	36.96	302.99
2006	39.89	316.52
2007	41.37	336.29
2008	43.4	359.69
2009	46.2	388.71
2010	48.23	403.56
2011	54.4	455.87
2012	61.31	492.23
2013	67.9	508.95
2014	87.61	561.27
2015	100.65	725.04

四、建行承德分行

于 1993 年 8 月 8 日开办准贷记卡业务，1996 年走向鼎盛时期，1997 年开办借记卡业务。随着借记卡的出现，准贷记卡业务维持现状并逐渐销户。按照借记卡卡片等级不同分为龙卡通、乐当家理财卡、财富卡和私人银行卡等。2004 年，开办龙卡信用卡业务，包括标准卡、白金卡、钻石卡、汽车卡、财政公务卡和 ETC 龙卡信用卡。2010 年开始，与信誉和经济状况良好的大型企业（集团）或单位联名发行龙卡联名借记卡，既有龙卡借记卡的所有功能，又有由银行和联名单位协议约定共同向持卡人提供的特殊服务和一定的折扣优惠，包括中职学生资助卡、军人保障卡、普通高中资助卡、社会保障卡。

1993 年，建行承德中心支行推出万事达、维萨准贷记卡，全年发卡 582 张，交易额 304 万元。

1997 年，建行承德分行推出龙卡借记卡业务，当年发行借记卡 4280 张。借记卡以其方便、快捷、通存通兑、在特约商户划卡消费等功能优势，逐步替代了单一存款功能的纸质存折。

2000 年，建行承德分行建立承德区域城市综合网络，由市分行统一集中核算，实现了借记卡在区域内通存通兑，打破了客户长期仅在单一机构办理支付结算的限制。

2001 年，建行承德分行加入全国网络系统，实现借记卡全国通存通兑，逐步树立龙卡借记卡品牌形象。2003 年，建总行上线 DCC 系统，实现全国大数据集中管理。承德客户在全国各地均可通过龙卡网络进行消费、结算、支付，真正实现“一卡在手、走遍神州”。

2004 年，建行承德分行适应大众需求，推出龙卡标准信用卡（贷记卡），当年发行贷记卡 2434 张，实现交易额 8582 万元。全年整体发卡量和交易额都有了较快的发展。年末银行卡存量 22.06 万张，当年交易额 81.04 亿元。

2005—2009 年，相继推出“乐当家”理财卡、龙卡通等个人综合性金融产品。尤其是龙卡通的出现，实现了多币种、多账户管理，涵盖了建行所有的个人银行业务，理财功能在同业中处于领先地位。在此期间，信用卡序列的白金卡、钻石卡、汽车卡、财政公务卡也相继问世，多角度地满足了不同层级客户群体的服务需求。自 2007 年起，借记卡品牌走向成熟，主要标识为 19 位卡号。建行承德分行在大力推进银行卡发卡的同时，多角度培养持卡人用卡习惯，充分发挥银行卡的结算便利。2009 年末，银行卡存量 56.90 万张，全年实现交易额 310.74 亿元。

2010—2015 年间，相继推出借记卡之财富卡、私人银行卡、龙卡联名借记卡、龙卡 ETC 信用卡等系列产品，满足了不同客户群体的实际需求，龙卡品牌形象逐步深入人心，银行卡业务步入健康发展快车道。2011 年，银行卡进入金融 IC 卡时代。由于原磁条卡的安全性受到挑战，建设银行适时将磁条卡升级为 IC 卡，让银行卡更安全、支付更便捷、功能更丰富。

1993—2015 年，建行承德分行银行卡业务由小到大，用卡环境日益改善，发卡量、交易额等主要业务指标始终占有稳定的市场份额，成为业务发展的重要产品和服务品牌。2015 年末，银行卡存量 216.82 万张，其中贷记卡 15.72 万张、借记卡 201.10 万张。全年实现银行卡交易额 931.38 亿元。

1993—2015 年建行承德分行银行卡业务统计表

表 7-2-5

年份	银行卡存量（万张）	交易金额（亿元）
1993	0.06	0.03
1994	0.23	0.06

续表 7-2-5

年份	银行卡存量（万张）	交易金额（亿元）
1995	0.47	0.09
1996	0.69	0.19
1997	3.63	12.64
1998	7.69	30.68
1999	9.84	37.49
2000	11.67	49.39
2001	14.01	59.57
2002	15.79	67.16
2003	17.91	74.86
2004	22.06	81.04
2005	25.81	95.57
2006	28.57	118.29
2007	33.45	205.96
2008	44.33	232.68
2009	56.90	310.74
2010	61.65	511.05
2011	75.70	641.18
2012	100.19	673.10
2013	130.78	731.16
2014	150.13	762.58
2015	216.82	931.38

五、交通银行承德分行

2013 年，开办借记卡业务，当年发卡 0.2 万张，交易额 4.5 亿元。

2014 年，开办贷记卡业务。通过开展深受持卡人欢迎的“最红星期五”活动，以每周五超市或加油刷卡消费享受返 5% 刷卡金的优惠，吸引客户办理交通银行信用卡，当年发卡 1.2 万张，交易额 1.3 亿元。年末银行卡存量 2.3 万张，交易金额 40.4 亿元。

2015 年末，银行卡存量 6.4 万张，全年实现交易额 65.8 亿元。其中借记卡存量 3.7 万张，交易额 60.4 亿元；贷记卡存量 2.7 万张，交易额5.4亿元。

六、中信银行承德分行

于2015年3月开办银行卡业务，包括贷记卡、借记卡。贷记卡分为普卡、金卡、白金卡三大品种，其中包含标准卡、悦卡、中信魔力卡、VISA卡等多种主题卡，不同主题和卡面均有相应增值服务，如双倍积分、航班延误险、女性专属保险等。借记卡分别设有理财宝卡、菁英卡、香卡、幸福年华卡、钻石卡、晒卡、Home卡、乐业卡等主题卡。

中信银行承德分行充分利用妇女节、儿童节、端午节、中秋节等节日，组织银行卡宣传营销活动。通过组织第一届中信银行杯“幸福跳起来”广场舞电视大赛，实现开卡680张。定期走访企业及居民社区，配备外拓设备，方便客户用卡，促进了银行卡业务的快速发展。2015年，实现发卡量0.98万张，交易额8.74亿元。

七、邮储银行承德市分行

承德市邮政储蓄于1995年开始发行邮储绿卡借记卡，1998年末，实现邮储绿卡存量6.71万张，布放ATM机和POS机各2台。

2002年1月，邮储绿卡加入中国银联，实现全国跨系统联网。

2008年2月，推出集本外币定活期储蓄、支付结算、副卡业务、投资理财、对账单等多种功能于一身的“绿卡通”借记卡。

2009—2010年，邮储银行贷记卡在内部试用，2011年，正式对外发行贷记卡普卡。为中高端客户发行信用卡金卡，信用额度10万元。同年发行自邮一族联名卡、游西藏旅游卡、游海南旅游卡等特种信用卡。

2015年11月，发行小白金（鼎雅）银联信用卡，信用额度5万至15万元。年末银行卡存量35.71万张，全年实现交易额369.18亿元。

1995—2015年邮储银行承德市分行银行卡业务统计表

表7-2-6

年份	银行卡存量（万张）	交易金额（亿元）
1995	0.06	0.55
1996	1.31	0.96
1997	3.46	1.17
1998	6.71	2.02
1999	11.03	5.15
2000	11.98	9.25
2001	13.19	10.96
2002	13.44	15.56
2003	14.01	25.65

续表 7-2-6

年份	银行卡存量（万张）	交易金额（亿元）
2004	14.25	35.55
2005	14.58	45.12
2006	14.7	51.21
2007	14.7	60.45
2008	15.3	67.54
2009	16.9	104.20
2010	20.85	151.74
2011	36.94	222.67
2012	25.24	278.55
2013	28.49	376.94
2014	34.13	362.66
2015	35.71	369.18

八、农村信用社

承德市农村信用社于 2008 年 11 月 6 日开办“信通卡”业务。信通卡是河北省农村信用社统一品牌的人民币借记卡，具备转账、存取现金、购物消费等功能，不具备透支功能。信通卡能够在全国农信网点由营业员受理通存通兑业务，在有银联标识的省内自助设备办理存款和取款业务、在省外自助设备办理取款业务。信通卡产品包括信通借记卡、附属卡、职工卡、惠民卡、学子卡、农贷宝卡、商贷宝卡、社保卡等。为快速提升信通卡社会认知度，承德市各县区联社开展了形式多样的宣传推介活动。制作信通卡宣传片，在市、县、区电视台连续播放一个月；在《承德日报》《承德晚报》增开信通卡专栏，每周两期，持续半年；河北省联社统一印制信通卡宣传手册，承德市 9 家联社共向客户发放 80 万册；各营业网点设立宣传台，设专人解答客户咨询；利用营业网点室内外 LED 显示屏滚动播放宣传标语，介绍信通卡业务功能；组成宣传队伍深入乡村集市、社区广场，向城乡公众推介信通卡产品。2008 年末，全市农信社发行“信通卡”9.26 万张，全年交易额 33.27 亿元。

2009 年，河北省农信联社承德办事处对各县区联社下达年度“信通卡”发行量指标，实行量化考核。各县区联社把营销任务分解到各部门、各农信社、全体员工，按考核结果实施奖惩。围场县联社按月统计并通报各部门、各农信社发卡数据，按季度排名兑现奖惩，调动了全员营销信通卡积极性，全年围场县联社信通卡发行5.23万张，卡交易额16.7亿元。同年推出信通附属卡和职工记名卡。附属卡适用于高校在校生，特征是与主卡绑定同一账户，主卡持卡人可随时掌控附属卡使用情况，对附属卡进行限额控制或随时冻结，得到学生家长的认可。职工卡是农信社为在职和退休职工发放的记名卡，职工卡功能与普通借记卡相同，可享受部分业务手续费优惠待遇。2009年末，信通卡存量25.45万张，全年卡交易额252.66亿元。

2010年推出的惠农卡，是农户领取专项惠农补贴的专用卡，不仅具有普通借记卡的功能，还可享受部分业务手续费减半的优惠。通过各县区联社的主动推介，惠农卡的方便快捷得到财政、土地、林业等部门的认可，基本实现使用惠农卡向农户发放专项扶贫款、地补款、退耕还林补贴等款项，实现了高效便民服务。2010年，农信社发行惠农卡（含存折换卡）11.23万张，交易额29.35亿元，其中为农户发放惠农款8980万元。年末信通卡存量42.28万张，全年交易额392.61亿元。

2011年，为在校学生定制“学子卡”，在信通卡基本功能的基础上，增加校园一卡通服务功能。即在学校内部设立专用终端，实现校内消费支付功能。卡内银行卡账户和校园卡账户相互独立，通过建立对应关系，实现银行与学校信息交互、充值转账等功能。学生通过学子卡异地、跨行转账免收手续费。各县区联社通过校园宣传，当年与院校合作发行学子卡3.7万张，全年交易额1.4亿元。

2012年，将磁条卡升级为芯片卡，提高了银行卡的安全性。年末信通卡存量105.16万张，全年卡交易额1007.21亿元。

2013年，为简化农民、小微企业、个体商户借贷还款手续，河北省联社开发“农贷宝”“商贷宝”银行卡产品。产品在信通卡全部功能的基础上，增加借贷功能，可以在授信期限和额度内，一次授信，循环使用，通过河北省农信系统各营业网点柜面、网银、手机银行操作，随时随地申办借贷和还款业务。具有申办快捷、使用简便、安全高效等特点。“农贷宝”可采取农户联保方式、抵押质押方式申请办理，授信最高限额30万元，最长时限3年，申办者须无不良征信记录。“商贷宝”申办条件是商户、小微企业持有合法营业执照、税务登记证，有固定生产经营场所，财务制度健全。以抵押方式申请办理，授信最高限额200万元，最长时限3年。“农贷宝”“商贷宝”两款产品深受城乡农户、商户、小微企业欢迎，2013年，全辖“农贷宝”发卡7.24万张，有效授信额28.44亿元。“商贷宝”发卡1.52万张，有效授信额22.6亿元。年末银行卡存量252.09万张。

2015年，河北省农村信用社与河北省人力资源和社会保障厅联合发行社会保障卡。该产品集社保和金融服务于一体，卡上的社保账户和银行账户相互独立，一卡多用，不仅具备信通卡的全部功能，而且具备农村养老、医疗等社保基金的代扣代缴和代发功能。全年发行社会保障卡18.56万张，卡交易额3.65亿元，其中实现社保基金代扣代缴和代发业务21.33万笔，交易额9650万元。

2015年末，信通卡存量389.93万张，当年交易额2751.61亿元。

2008—2015 年农村信用社银行卡业务统计表

表 7-2-7

年份	银行卡存量（万张）	交易金额（亿元）
2008	9.26	33.27
2009	25.45	252.66
2010	42.28	392.61
2011	71.86	725.95
2012	105.16	1007.21
2013	252.09	1034.81
2014	293.76	1656.76
2015	389.93	2751.61

九、承德银行

2007 年 3 月 30 日，经中国银联股份有限公司批准，承德市商业银行以基本成员身份加入银联网络，在承德开办银联人民币借记卡发卡及 ATM/POS 收单业务。9 月 26 日，承德市商业银行正式发行第一张借记卡——热河卡。热河卡免收工本费、年费、小额账户管理费、银信通手续费、挂失手续费、自助终端跨行取款每月前 10 笔手续费、自助终端跨行转账每月前 30 笔手续费。

2010 年 7 月，承德银行开办贷记卡——热河公务卡。为扩大发卡量，热河公务卡减免工本费、年费、挂失换卡手续费、银信通手续费，透支可享受最短 28 天、最长 56 天的免息还款期。

2011 年 11 月，承德银行银行卡“银联在线支付”功能正式开通，承德银行借记卡、贷记卡持卡人可通过银联在线支付平台，实现银联特约商户网上购物、火车票和飞机票订购、全国手机充值等在线支付功能。

2012 年 6 月，承德银行借记卡“支付宝”快捷支付功能上线，实现互联网特约商户在线支付功能。

2013 年 9 月，为巩固和发展优质客户群体，承德银行正式发行 VIP 卡，包括热河白金卡和热河钻石卡。11 月，为保障客户用卡安全，承德银行完成磁条卡向 IC 卡的转变，正式发行热河借记 IC 卡。

2014 年 7 月，承德银行推出热河学子卡。11 月，正式发行金融社保 IC 卡。

2015 年 6 月，承德银行推出单位人民币结算卡，满足对公客户支付结算需求，

2007—2015 年，承德银行不断丰富产品品种，拓展产品功能，优化业务流程，银行卡业务得到快速发展。2015 年末，热河卡存量 88.45 万张，其中借记卡存量 87.94 万张，贷记卡存量 0.51 万张。全年实现交易额 1275.98 万元。

2007—2015 年承德银行银行卡业务统计表

表 7-2-8

年份	银行卡存量（万张）	交易金额（亿元）
2007	1.64	4.72
2008	4.67	70.17
2009	8.98	109.83
2010	12.41	217.75
2011	16.95	332.39
2012	22.55	422.34
2013	26.57	705.12
2014	46.27	994.91
2015	88.45	1275.98

十、河北银行承德分行

河北银行承德分行 2014 年开办借记卡业务，开办种类包括 IC 如意卡、IC 如意金卡、IC 如意财富卡、IC 借记单芯如意卡、IC 借记单芯如意金卡。

2015 年开办贷记卡业务，开办种类包括标准银联信用卡普卡、标准银联信用卡金卡、标准银联信用卡白金卡、香港旅游卡金卡、公务信用卡金卡。河北银行承德分行积极采取措施，推动银行卡业务发展。

细分客户，发行普卡、旅游卡、公务卡等品种，适应不同客户需要。特别是旅游卡在香港地区 100% 的 ATM 和超过 85% 的商户均可使用，无货币转换费。在香港地区刷卡消费，可享受河北银行和中国银联的双重积分，部分商户 4 倍积分奖励，以及购物优惠、会员活动等。凭借这些附带功能，旅游卡得到香港旅游客户的广泛认可。

按照管理总资产滚动季日均额，将客户评定划分为如意卡客户、金卡客户、财富卡客户，针对不同级别客户的不同需求，提供相应的特色服务。如针对所有客户减免跨行取现手续费，针对财富卡客户提供京津医院门诊服务。2014—2015 年，发放如意卡 5601 张，金卡 3439 张，财富卡 372 张。

丰富银行卡功能。在银行卡已有的储蓄、汇兑、转账、缴费、购物等功能基础上，增加一卡可存多个账户、定活自动转化、灵活透支等功能。

提供特约延伸服务。河北银行承德分行与餐饮企业、洗车店、影城等数十家商户签订合作协议，使银行卡具有优惠卡、积分卡、贵宾卡、预约卡等延伸服务功能。

经过全方位的努力，银行卡业务实现了快速发展。2014 年末，银行卡存量 972 张，全年实现交易金额 3.97 亿元。2015 年末，银行卡存量 1.15 万张，其中借记卡发卡 0.94 万张，贷记卡发卡0.21万张，全年实现交易金额121.78亿元。

十一、张家口市商业银行承德分行

2014年，开办借记卡业务，包括和合卡、薪财卡、好运金卡3个品种。和合卡、薪财卡是普通借记卡，具有存款、消费、约定活期存款转定期存款功能。好运金卡是专为中高端客户量身定做的金融IC借记卡，具有存款、消费、理财、自动转存通知存款等功能。当年借记卡存量0.14万张，实现交易金额10.39亿元。

2015年，张家口市商业银行承德分行充分发挥宣传服务优势，推出费用减免优惠，吸引了不同需求的客户群体，推动了银行卡业务健康发展。年末借记卡存量0.60万张，全年实现交易额58.28亿元。

十二、村镇银行

河北丰宁建信村镇银行和滦平盛阳村镇银行均未开办银行卡业务。此部分主要记述围场华商村镇银行银行卡业务。

2013年10月，围场华商村镇银行借用承德银行热河卡6230608801号段发行木兰借记卡，采取免收开卡费、年费、工本费、转账业务手续费等优惠措施，而且与承德银行热河卡同步实现优化升级，木兰卡逐渐得到社会认可。全年银行卡存量0.48万张，交易金额4.54亿元。2014年银行卡存量7万张，交易金额51.78亿元。2015年末，银行卡存量18.52万张，全年实现交易额70.96亿元。

第三章 代理业务

代理业务是银行机构利用自身的信誉、技能、信息等资源，代理客户履行委托事项、提供金融服务的业务，是典型的中间业务。1989年，承德市的代理业务主要是代收代付、代理财政性存款、代理国库等传统业务，此后陆续增加了住房公积金缴存及委托贷款业务、代理保险业务、代理债券业务、代理基金等业务。发展过程中，电子化和网络化技术的进步，对代理业务的快速发展发挥了重要的促进作用。

第一节 种类

一、代收代付业务

银行接受客户委托，按照委托代理协议的约定，代为办理委托人指定的收付款业务。代收类业务包括代收公共事业费（水电费、物业费、燃气费等）、代收电讯费（电话费、电视费、上网费等）、代收财政税费等；代付类业务包括代发工资、奖金、红利、社会保险、医疗保险、养老金、拆迁补偿款、涉农补贴资金等。

二、代理人民银行国库业务

商业银行接受人民银行委托，按照代理协议和规定，计算各级预算收入和分成留解数额，及时向上级国库和各级财政机关报告预算收入情况和划解财政库款款项。

三、代理财政性存款

商业银行接受人民银行委托，代理地方财政预算存款、财政预算外存款、待结算财政存款、部队和县以上机关团体存款等财政性存款业务，并按月向人民银行缴存财政性存款。

四、代理财政授权支付

代理财政授权支付即预算单位按照财政部门授权，向代理银行签发支付指令，代理银行在批准的用款额度内，通过国库账户将资金支付到劳务供应者或用款单位账户。

五、代理保险业务

商业银行以兼业代理人身份代理财产保险或人身保险业务。

六、委托贷款业务

商业银行接受委托人的委托，在委托人存入的委托存款额度内，按其指定对象、用途、期限、利率与金额等发放的贷款。主要包括住房公积金委托贷款、代办政策性银行委托贷款。

七、代理债券业务

商业银行代理国家债券、企业债券的发行与兑付业务。包括代理国库券业务、代理重点建设债券业务、代理保值公债业务、代理金融债券业务、代理记账式国债业务、代理凭证式国债业务、代理债市通业务、代理电子式凭证国债业务等。

八、代理基金业务

商业银行为客户代理的开放式证券投资基金发行（基金认购）、基金申购、基金赎回、基金转换等委托交易，以及基金转托管、基金定期定额申购、基金分红方式设置、查询交割、交易明细对账等业务。

第二节 发展概况

代理业务是银行的传统业务。由于多年受手工处理业务的限制，业务发展长期处于自然增长状态，没有明显变化，1989年，全市各项代理业务交易总额仅为4亿元。进入21世纪，银行充分运用电子化和网络化技术，明显加快工作效率，提升服务便利化，直接促进了代理业务的快速发展。2015年，各项代理业务交易总额达到462亿元，比1989年增长110倍。特别是涉及个人的领取工资、退休金、补偿款、缴纳各项服务费用等日常收支，绝大多数都实现了银行代理服务，广大群众切身感受到了银行服务的便利。

1989年、2015年代理类业务分机构统计表

表7-3-1　　　　单位：万元

机构名称	1989年		2015年	
	交易金额	占比	交易金额	占比
农发行承德分行	—	—	57626	1.23%
工行承德分行	35562	88.40%	703900	15.04%
农行承德分行	3695	9.19%	475575	10.16%
中行承德分行	330	0.82%	572694	12.24%
建行承德分行	—	—	363000	7.76%
交通银行承德分行	—	—	21792	0.47%
中信银行承德分行	—	—	565	0.01%
邮储银行承德市分行	536	1.33%	527278	11.27%
农信社	105	0.26%	841277	17.97%
承德银行	—	—	1059005	22.63%
河北银行承德分行	—	—	3	0.00%
合计	40228	100%	4622715	100%

第三节 各机构业务发展

一、农发行承德分行

代理财政性存款 代理财政支农资金拨付是农发行的职责之一，涉及弥补粮食挂账、各项涉农补贴资金等具体项目。财政支农资金是农发行代理财政性存款的主要来源，并决定其运行态势。各个年度财政支农资金的总量和重点随着国家支农政策的调整而变化，由此导致代理财政性存款交易金额总体呈现较强的波动性。1997—2009年，呈波动上升态势。2009年，达到顶点，农发行承德分行代理财政性存款交易金额170007万元。2010—2015年，呈波动下降态势。2015年，农发行承德分行代理财政性存款交易金额57612万元，较2009年减少112395万元，下降66.11%。

1997—2015年农发行承德分行代理财政存款统计表（人民币）

表7-3-2　　单位：万元

年度	交易金额	年度	交易金额
1997	7612	2007	113246
1998	16481	2008	9589
1999	44168	2009	170007
2000	32064	2010	125761
2001	33952	2011	109510
2002	47918	2012	91824
2003	30330	2013	69964
2004	47865	2014	85003
2005	66233	2015	57612
2006	35628		

代理保险业务 农发行承德分行开办的代理保险业务包括企业财产保险、工程险、人寿保险、货物运输保险和责任险。2014年，根据《河北省保险兼业代理资格管理暂行办法》，代理险种范围扩大。

2004年，根据《中国银行业监督管理委员会关于中国农业发展银行开办代理保险业务的批复》（银监复〔2004〕10号），中国农业发展银行获得许可开办代理保险业务。中国农业发展银行与中国太平洋保险（集团）股份有限公司签订《全面业务合作协议书》，并对各级分支行开办代理保险业务提出具体要求。12月1日，农发行承德分行与太保财险承德中支签署《业务合作协议》《兼业保险代理合同》。2005年，正式开办代理保险业务。为进一步拓展代理保险业务，陆续与人保财险、中华联合财险、平安财险、太保人寿、中国人寿、新华人寿、大地财险公司签订《保险兼业代理合同书》。2015年末，农发行承德分行及辖内9个县级支行均取得了“保险兼业代理许可证”。

2005—2013年，充分利用业务范围不断扩大的有利时机，实施“双单作业”，对贷款形成的资产实现100%参保。积极争取开户企业固定资产、车辆及人员全部参加保险。

2014—2015年，由于业务发展侧重点变化，代理保险业务发展放缓，保费及手续费较以前年度有所下降。

2005—2015年农发行承德分行代理业务统计表

表7-3-3　　单位：万元

年份	交易金额	年份	交易金额
2005	14.25	2011	89.26
2006	109.78	2012	74.95
2007	170.41	2013	78.05
2008	150.62	2014	33.35
2009	156.99	2015	13.79
2010	103.01		

二、工行承德分行

1989—1993年国有专业银行时期　1989年，工行承德中心支行代理业务包括代理财政性存款、代理国库、代收代付、代理保值公债、委托贷款和其他代理业务。1989年，代理业务交易额3.56亿元，其中代理财政性存款交易额4132万元，即接受人民银行委托，代理地方财政预算存款、财政预算外存款、待结算财政存款、县以上机关团体部队存款业务，按规定时间向人民银行缴存；代理国库交易额1.63亿元，即人民银行在营子区（寿王坟）、双滦区的国库业务委托工行机构代理，按照协议规定，计算各级预算收入和分成留解，向上级国库报告预算收入和划解财政库款款项；代收代付交易额9064万元，即代理财政事业性收费、代发工资业务；委托贷款累计发放2896万元，即银行接受政府部门、企事业单位委托，代理客户发放和收回指明对象用途的贷款业务；代理发行保值公债3150万元。

1990年，开办代收印花税业务。

1992年，开办代理记账式国债业务。

1993年，各项代理业务交易额4.57亿元，其中代理财政性存款4703万元、代理国库2.02亿元、代收代付1.26亿元（代收代付单位36个、代发工资单位28个）、代理保值公债5200万元、代理委托贷款3041万元。

1989—1993年，工行承德分行代理业务累计交易额21.25亿元，其中代理国库业务累计交易额占全部代理业务累计交易额的47.46%。

1994—2004年国有商业银行时期　1994年，开办代理凭证式国债业务。

1995年，工行承德分行接受承德市住房公积金管理中心委托，代理住房公积金缴存及委托贷款业务。全年代理收缴公积金2520万元。代理发放公积金贷款320万元。

1997年2月，工行承德分行接受中保寿险承德分公司委托，代理简易人身保险、福寿安康保险、养老保险、人身意外伤害保险、团体人身意外伤害保险、家庭成员平安保险等人身保险业务。当年代理保费收入1250万元。

1998年，工行承德分行与河北证券承德营业部、南方证券承德营业部签订委托代理协议，以牡丹卡为载体，开办代理证券资金清算业务。年末协议代收代付单位发展到69个。

1999年，工行承德分行为地税双桥分局代收税款3200万元。为国信寻呼公司代收Bb机月租费460万元。为市电信局代收电信费3000万元。

2001年，工行承德分行与河北联通、河北移动、承德供电签订代理上缴资金清算业务。为双桥区财政局支付中心代理现金收付，为收费局代收执法罚款、行政事业管理费，年交易额3100万元。与多家保险公司签订“兼业代理保险合作协议”，全辖各营业网点全部开办代理保险业务，当年营销保费收入2020万元。

2003年5月，工行承德分行开始代销南方避险基金业务，当年代销基金1676万元。

2004年，代理业务交易额38.39亿元，其中代理财政性存款5.02亿元、代理国库业务5.78亿元、代理保险6654万元、代收代付24.88亿元、代理国债1.60亿元、代理基金3200万元、代理委托贷款1222万元。

2005—2015年国有股份制银行时期 2005年，工行承德分行成立代理业务管理委员会，实行“统一领导、捆绑营销”的经营体制。2005—2015年，工行承德分行充分运用网点设备、客户资源、现代化服务手段等优势，继续加大代理业务营销力度。积极组织财政性存款，定期到部队、机关事业单位走访，广泛征求意见、提高服务质量；以优质服务巩固代收代付业务，2015年末，协议代发工资客户539户；继续推进代理保险业务，通过举办保险业务知识讲座等形式，提高全员营销能力；扩大代理基金业务，期间与10余家基金公司签订代理协议。

2011年底，国库业务由人民银行收回自办。

2015年，实现代理业务交易额70.39亿元，其中代理财政性存款8030万元，代理保险3.65亿元，代收代付54.67亿元，代理国债2.65亿元，代理基金8.12亿元，代理委托贷款5020万元。

1989—2015年工行承德分行代理类业务统计表

表7-3-4 单位：万元

年份	交易金额	年份	交易金额
1989	35562	1995	55433
1990	40909	1996	78301
1991	45218	1997	90683
1992	45097	1998	126460
1993	45680	1999	169740
1994	53441	2000	200545

续表 7-3-4

年份	交易金额	年份	交易金额
2001	237659	2009	624019
2002	287374	2010	662450
2003	344454	2011	607433
2004	383866	2012	599848
2005	441126	2013	693540
2006	503664	2014	722305
2007	576214	2015	703900
2008	650466		

三、农行承德分行

1989—1993 年国家专业银行时期 1989 年，代理业务交易额 3695 万元，其中代理国债发行兑付 1122 万元、代理乡镇国库 1150 万元、代理财政性存款 1423 万元。

1990 年 6 月，国务院发布《印花税暂行条例》，开始代扣代缴借款合同印花税，当年代扣代缴 90.2 万元。

1991 年 11 月，中国农业银行印发《关于开办代发工资业务的意见》，确定承德县支行、中心支行营业部为代发工资试点单位，当年营销代发工资单位 12 户、代发工资额 56 万元。

1992 年，按照财政部关于国债业务无纸化流通的要求，开办代理记账式国债业务，当年代理发行国债 192 万元。

1993 年，代理业务交易额 2897 万元，其中代理国债 532 万元、代理乡镇国库 447 万元、代理财政性存款 1032 万元、其他代理 886 万元。

1994—2008 年国有商业银行时期 充分运用国有银行信誉、现代化服务手段以及网点优势，开办代收代付、代理保险、委托贷款等业务，扩大服务领域。

1994 年，以“凭证式国债收款凭证”的方式，代理发行记名式储蓄型国债，当年代理发行国债 4351 万元。

1996 年 4 月，以保险兼业代理人身份，与人保承德分公司签订代理财产保险和人身保险协议，当年代理保费收入 185 万元。开办代收交通违章罚款业务，当年代收 2.8 万元。

1998 年，开办代收“希望工程”捐款、代办公证、代理发行《承德广播电视报》、代收代缴人民银行罚款、代收财政性收费和罚没收入，全年代理金额 1.66 亿元。

1999 年，为天宇寻呼代收服务费，为承德市工商联代收会费，当年代理业务发展到 20 余项，代理金额 3.02 亿元。

2000 年，新增 8 项代理合作协议，开办代收彩票款、代收学杂费、代售电话 IC 卡、代售手机充值卡、代收有线电视费、代收电话费、代收电费等业务，全年代理金额 4.13 亿元。

2002 年，代理农发行滦平、宽城、承德县支行现金寄库、资金划转业务。

2003年2月，开办代理开放式基金销售业务，当年代理销售4200万元。同年5月，开办代理债市通业务，为客户提供债券买卖、回购及其他增值服务，当年代理债市通848万元。

2004年2月，双桥支行开办代收工商行政管理费业务。

2006年12月，双桥支行等开办代理个人住房公积金委托贷款业务，当年代理委托贷款98万元。年末代理业务发展到40多个品种，其中代付计划生育补助金、代付社会低保金、代付京津风沙源治理补偿金、代付舍饲圈养牛羊项目补偿金等服务项目，成为农行广受好评的服务品牌。当年代理发行电子式凭证国债2513万元。

2008年11月，桃李支行代理城镇居民基本医疗保险费业务，年底前开出存折近万户，年末存款余额260万元。年末代理业务交易额33.08亿元，其中代理国债2052万元、代理乡镇国库3.24亿元、代理财政性存款221万元、代理保险2.41亿元、代理基金9600万元、代理存贷款2.31亿元、代理不良资产清收14.37亿元、其他代理9.57亿元。

2009—2015年股份制商业银行时期 代理业务发挥结算、网络、服务优势，进入快速发展时期。2015年，代理业务交易额47.56亿元，其中代理国债537万元、代理乡镇国库5.27亿元、代理财政性存款1025万元、代理保险2.82亿元、代理基金3.42亿元、代理存贷款2.80亿元、代理不良资产清收13.43亿元、其他代理19.67亿元。

1989—2015年农行承德分行代理业务统计表

表7-3-5　　单位：万元

年份	交易金额	年份	交易金额
1989	3695	2001	127076
1990	3508	2002	157968
1991	8604	2003	156953
1992	3175	2004	244008
1993	2897	2005	938189
1994	6195	2006	478635
1995	10618	2007	582543
1996	3858	2008	330767
1997	27102	2009	436336
1998	33496	2010	366347
1999	59459	2011	441558

续表 7-3-5

年份	交易金额	年份	交易金额
2000	59374	2012	196901
2013	800815	2015	475575
2014	257262		

四、中行承德分行

1989—1993 年国家专业银行时期　中行承德分行代理业务有代理国债、代售旅行支票、代发工资、有价证券代保管等。1989 年推出信用卡业务后，代发工资业务成为主要代理业务品种。1992 年开办有价证券代保管业务。1993 年末全辖代理业务交易金额 2821.15 万元。

1994—2003 年国有商业银行时期　中行承德分行相继开办代理发行凭证式国债、代理财政性存款、代扣代缴税款、代销基金、代理保险、代收话费等业务。2001 年，开办代发养老金和为中小学教师代发工资业务，推出代收联通手机费业务。2002 年，开始为基金公司代销基金，全年组织各类基金培训班 5 期，举办易方达、嘉实、银华开放式基金推介会。2003 年，完成新版代收话费、电话银行自助缴费、代收人寿续期保费等电子收费项目。正式代理平安保险、人寿保险、太平洋保险业务。2003 年，全辖代理业务交易额 10.07 亿元。

2004—2015 年股份制商业银行时期　2004—2008 年，中行承德分行按照效益优先原则，推动代理业务向规模效益型转变。在推介网上银行、电话银行等新交易方式的基础上，连续推出代收有线电视费、“银券通”程序升级等新产品。2004 年，代收有线电视费 205 万元，提高了储蓄网点综合服务能力。

2006—2007 年，抓住股市火爆、基金、保险热销的大好时机，大力拓展代销基金、代理保险业务，实现了代理业务的快速发展。代理保险方面，同中国人寿、太平洋人寿、新华人寿保险公司合作，全方位代销人寿保险业务。基金代销方面，累计代销开放式基金、封闭式基金 30 多支。数次邀请基金公司的专业人员对全辖基金代销人员进行巡回讲演、培训，提高了员工的营销技能，推动代销基金业务快速发展。另外，在自助终端上推出代收电费、有线电视收视费和移动、网通、联通话费业务。接受住房公积金管理部门的委托，代理住房公积金贷款业务。

2008 年，代理保险业务总额 1.04 亿元，实现收入 267 万元。代销基金 2.02 亿元，实现收入 742.53 万元。全年实现代理业务交易额 26.57 亿元。

2009—2012 年，中行承德分行保持了代理业务持续健康发展。在巩固传统代理业务基础上，开发代售付费频道卡、代收水费业务。保险代理品种扩大到趸交财险、寿险等多个险种。组织开展“产品交叉销售”劳动竞赛，举办产品推介会，促进代理业务的发展。2012 年，代理业务交易额 38.29 亿元。

2013—2015 年，中行承德分行聚焦房地产开发、旅游开发项目，全力拓展代发拆迁补偿款业务，累计代发拆迁补偿款 39.8 亿元。以优质服务扩大住房公积金委托贷款业务，开办“银速通”高速公路通行费电子化代扣代缴。2015 年，通过在农村合作商户布放银行卡受理终端，向农户提供代缴话费等服务，并引导村民使用网银、手机银行等现代化支付工具。

全年中行承德分行代理业务交易额 57.27 亿元，较 2003 年增加 47.20 亿元。

1989—2015 年中行承德分行代理类业务统计表

表 7-3-6　　单位：万元

年份	交易金额	年份	交易金额
1989	329.55	2003	100686.71
1990	983.71	2004	112939.46
1991	1125.18	2005	165289.28
1992	1246.39	2006	217071.87
1993	2821.15	2007	214944.63
1994	8587.29	2008	265659.88
1995	13462.72	2009	293382.02
1996	22180.07	2010	304128.79
1997	40586.10	2011	354054.70
1998	52579.64	2012	382897.88
1999	70852.77	2013	423800.28
2000	78759.27	2014	460287.20
2001	86380.73	2015	572693.85
2002	90631.85		

五、建行承德分行

于 1990 年开办代收代付业务。1991 年开办代理住房公积金归集业务，办理公积金汇缴单位职工的公积金代扣及缴存业务。1994 年开办代理国家开发银行业务、代理中国人民银行发行凭证式国债业务。1998 年开办代理社保业务。2000 年开办代理承德市商业银行资金清算业务，开办代理保险业务。2001 年开办代理基金业务、代理财政授权支付业务、住房公积金委托贷款业务。

1989—1993 年国家专业银行时期　1991 年，接受承德市住房公积金管理部门的委托，办理公积金汇缴单位职工的公积金代扣及缴存业务。1993 年，代理金额 2800 万元。

1994—2004 年国有商业银行时期　1994 年，开办国家开发银行政策性委托贷款业务，代理人民银行发行凭证式国债业务；1998 年开办代理社保业务，当年实现代理业务交易额 1.51 亿元。

2000 年开始，建行承德分行相继开办代理承德市城市信用社资金清算业务、代理保险业务、代理基金业务、代理财政授权支付业务、承德市住房公积金委托贷款等业务。2004 年，建行承德分行代理业务交易金额7.03亿元。

2005—2015年股份制商业银行时期 2005—2007年，建行承德分行按照股份制商业银行的管理要求，加大代理业务的拓展力度。2007年，正值股市行情大涨，居民购买基金热情高涨，当年基金销售额6亿元，代理业务交易额为16.06亿元。

2008—2011年，股市行情低迷，代理基金业务受到冲击。建行承德分行组织开展业务竞赛、加大资源配置力度，努力弥补基金销售下降的影响，代理业务实现平稳增长。代收业务包括水、电、暖、燃气、话费、网络费、学费等民生类各种缴费项目。代付业务包括代发工资、劳务费、奖金、退休金、医疗、住房公积金、住房补贴、红利、拆迁补偿款等款项结算。代理保险业务品种包括财险、寿险、分红险、年金险、重疾险、护理健康险等，可以适应多种保险需求。2011年，代理业务交易额达到18.13亿元。

2012—2015年，建行承德分行在巩固原有代理业务的基础上，通过理财基金知识和保险知识讲座、大客户联谊活动等，积极拓展代理业务品种。经过努力，住房公积金委托贷款业务以绝对优势占据同业市场份额，满足了众多客户购房资金需求。2015年，代理业务交易额36.30亿元，实现了快速增长。

1991—2015年建行承德分行代理类业务统计表

表7-3-7　　单位：万元

年份	交易金额	年份	交易金额
1991	1800	2004	70318
1992	2400	2005	84462
1993	2800	2006	147618
1994	11792	2007	160612.6
1995	10577	2008	165739
1996	19177	2009	173633
1997	23822	2010	179524
1998	15058	2011	181336
1999	22870	2012	195706.7
2000	15242	2013	211090.7
2001	26626	2014	235820.7
2002	59704	2015	362999.7
2003	100656		

六、交通银行承德分行

2014年，交通银行承德分行开办代收代付、代理国债、代理证券、代理保险、委托贷款业务。与国泰君安证券有限公司、广发证券有限公司、中投证券有限公司建立合作关系，2014年，代理销售证券业务1300万元，2015年，代理销售证券业务6100万元。与太平人寿保险、华夏人寿保险、太平洋财产保险、安邦保险建立合作关系，通过厅堂沙龙等活动发展带动代理保险销售业务。2014年销量128万元，2015年销量1771万。开办代发工资、代发其他款项、代发拆迁补偿款等代付业务。与承德金亿达矿业集团房地产开发有限公司等8家企业签订代发工资协议，代发人数1435人。于2014年争取到代理发放拆迁补偿款业务。发放密集期采取增派工作人员、分散办理业务时间段等方式减少网点压力。对于到行办理业务不方便的客户，采取集中上门服务等便民措施，提升服务质量。2014—2015年，累计办理代付业务1.56亿元。受承德市高新区住房公积金管理中心委托，开办代理公积金贷款业务。2014年，代理发放公积金委托贷款167笔，金额4168.6万元；2015年，代理发放公积金委托贷款204笔，金额6134.6万元。

2014年，交通银行承德分行代理业务交易额13801.15万元，2015年，代理业务交易额21791.93万元，其中代理国债244万元、代理证券6100万元、代理保险1771万元、代收代付7542.33万元、委托贷款6134.6万元。

七、中信银行承德分行

2015年，中信银行承德分行积极采取措施，规范推进代理业务发展。一是搭建培训体系，提升一线人员销售能力。全年组织各类培训15次，6名员工取得信托销售、代理保险业务资质。二是开展竞赛激励活动，营造良好的营销氛围。通过组织“开门红”代理业务营销竞赛和青年员工创业大赛等一系列竞赛活动，促进全员积极营销。三是严格执行风险评估与提示制度。向客户宣传推介、销售基金理财相关产品，均由取得基金销售资格的专业人员办理。注重对客户进行销售适用性评估，根据投资人的风险承受能力销售不同风险等级的产品，不违背客户意愿销售与其风险承受能力不匹配的产品。

在落实各项管理措施的基础上，稳健开办代发工资、代理基金销售、代理保险等业务。为承德钰林物业、老赔鞋店、行宫大酒店、庞大奥兴、武烈河河道管理处等12家单位办理代发工资业务；为中银基金、易方达基金、信诚基金、嘉实基金、南方基金等基金公司代理基金销售业务；为保诚人寿保险公司、泰康人寿保险公司、天安财产保险公司代理保险业务。2015年，开业当年实现各项代理业务交易额564.8万元。

八、邮储银行承德市分行

1989年，开办代发工资业务，当年为56家企事业单位代发工资520万元。1995年，邮储绿卡实现系统内同城通存通兑，促进了代发工资业务的发展，当年代发工资8100万元。2015年，为1320家签约单位代发个人工资37.06亿元。

1989年，开办代售国库券业务，当年代售国库券15万元。1999年7月16日，开办代理凭证式国债发行和兑付业务。2008年，开办代理电子式国债业务，当年销售电子国债1977万元。2015年，代销国债4148.90万元，代理兑付2950万元。

1990年，开办代收电话费业务，当年代收电话费6万元。1997年高峰年份，实现代收电话费209.41万元。2013年，电话费改由电信直收，邮政储蓄停办代收电话费业务。

1999年，开办代理保险业务，为人保财险、人保寿险代理人身意外伤害保险、企业财产保险、传统寿险等业务，当年代收保费3415.61万元。2001年2月，设立保险业务部，代理保险业务实现邮储网点全覆盖，当年代收保费9521.53万元。2003年8月28日，河北省邮储代理保险系统上线运行，实现多家保险公司的多种产品在邮储前台实时出单。2009 年 12 月 16 日，代理保险大集中系统实现全国上线，邮储银行承德市分行代理保险业务数据处理模式由省集中转变为全国集中。2010 年，实现全国个人网上银行系统与代理保险大集中系统交互，增加了保险续期缴费、购买电子保单、保单查询等业务功能，进一步方便了客户。2015 年，邮储银行承德市分行与 15 家保险公司建立代理关系，当年实现财险保费收入 2.85 亿元，寿险保费（含储金）收入 9.67 亿元，合计 12.53 亿元。6 月 1 日，根据《关于社会保险经办机构委托国家邮政局代发养老金的通知》，邮储银行承德市分行开办养老金代发业务，当年代发养老金 1000 多万元。2012 年下半年，开办社保 IC 卡业务，当年共发卡 15 万张。2015 年，代发养老金 1600 万元。

2000 年，开办代发财政粮食直补、退耕还林、农机补贴业务，当年代发各项补贴款 4500 万元。2015 年，代发财政补贴资金 1100 万元。

2007 年 6 月 28 日，开办代销基金业务。在充分考虑客户风险承受能力的基础上推介基金产品，当年销售基金 56 万元。2009 年 12 月 28 日，邮储银行承德市分行基金业务网上交易系统正式上线，实现 24 小时为客户提供基金交易服务。2007—2015 年，邮储银行承德市分行为 50 多家基金公司代销 252 只开放式基金，2015 年，代理基金交易 1.63 亿元，其中代销基金 0.41 亿元，代理赎回 1.22 亿元。

2012 年，开办代收热力公司取暖费业务，当年代收取暖费 80 多万元。2015 年，为市县 8 家热力公司代收取暖费 304 万元。

2013 年，滦平、隆化、围场、承德县支行开办代理养老金归集业务，当年归集养老金 9000 万元。2015 年，代理养老金归集 5000 万元。

同年开办代理工伤保险基金归集业务。当年归集工伤保险基金 3000 万元。

1989—2015 年邮储银行承德市分行代理类业务统计表

表 7-3-8　　单位：万元

年份	交易金额	年份	交易金额
1989	536	1993	3980
1990	760	1994	5500
1991	950	1995	8190
1992	1330	1996	10152
1997	10201	2007	44650
1998	10916	2008	50588
1999	13205	2009	56251
2000	15656	2010	38622
2001	16550	2011	61479

续表 7-3-8

年份	交易金额	年份	交易金额
2002	17950	2012	80884
2003	18750	2013	489808
2004	24649	2014	469460
2005	30500	2015	527278
2006	35559		

九、农村信用社

1989—1996 年农业银行管理时期 1989 年，农信社开办的代理业务主要包括农业银行委托农信社发放的定向贷款、农业银行委托农信社发放的扶贫贷款。全年农信社代理业务交易额 105 万元，其中农行委托放款 87 万元、扶贫专项委托放款 18 万元。

1993 年，随着国家对支农和农村扶贫力度的加大，农信社受农业银行委托发放贷款的规模处于最高点，全年累计代理农业银行委托放款 2190 万元，累计代理扶贫专项放款 410 万元。1994 年后，委托放款业务逐步收缩。

1989—1996 年，农信社累计代理农行贷款业务 6469 万元，其中农行委托放款 4528 万元、扶贫专项放款 1941 万元。农信社与农业银行“脱钩”后，农业银行停止新增委托农信社代理放款业务。

1997—2005 年人民银行、银监局管理时期 1997 年，农信社代理业务主要包括代收电费业务，兴隆县、围场满族蒙古族自治县、平泉县农信社累计为供电系统代收电费 958.28 万元；代发工资业务，隆化县、围场满族蒙古族自治县农信社开办为乡村教师、乡镇公务员代发工资业务，代发工资人数 300 名，全年累计代发工资 648.54 万元；代理保险业务，平泉县农信社与太平洋保险公司合作，首次在全市农信社系统开办代理保险业务，代收保险费 206.46 万元。

2001 年，平泉县农信社在全市率先办理代收税款业务，全年代收税款 322.56 万元。

2005 年，农信社代理业务主要包括隆化县、承德县、围场满族蒙古族自治县农信社开办的代付涉农补贴资金业务，代付金额 9784.25 万元，其中隆化县农信社 4188 万元、承德县农信社 2926.53 万元、围场满族蒙古族自治县农信社 2669.72 万元；代收电费 8822 万元；代发工资 8486 万元；代收保险费 5639 万元；代收税款 4830.75 万元。

1997—2005 年，农信社全辖代理业务累计交易额 12.47 亿元。

2006—2015 年省联社管理时期 2007 年 11 月，各县区农信联社完成省级综合业务网络上线工作，为开展代收代付业务增加了科技手段。全市农信社为 80 余家企业单位、1.8 万人代发工资 8000 余万元。其中宽城满族自治县农信社利用综合业务网络上线的有利时机积极营销，为天宝矿业集团、腾龙矿业等 10 余家企业开办代发工资业务，涉及职工 1200 余人，年代发工资额达 2600 余万元。

2012 年，代发教师工资业务发展迅速，当年全市农信社代发教师工资6亿元。其中围场满族蒙古族自治县农信社代发8000万元。

2015年，代理业务交易额84.13亿元，包括代付业务和代收业务。代付业务包括代发工资28.41亿元，涉及460家单位、5.6万名职工，代发退耕还林补贴10.22亿元、危房改造7.52亿元、粮食直补4.19亿元，为73.2万人代发养老金6.22亿元，为68.8万人代发低保3.53亿元，为3.6万人代发独生子女费6054.8万元，为2.7万人代发优抚金4236万元。代收业务包括代收税款18.20亿元，代收电费14.36亿元，代理保险保费收入1407.4万元。

1989—2015农村信用社代理业务统计表

表7-3-9　　单位：万元

年度	交易金额	年度	交易金额
1989	105	2003	24972
1990	405	2004	20041
1991	460	2005	37562
1992	728	2006	29950
1993	2600	2007	24338
1994	1317	2008	150230
1995	547	2009	246543
1996	307	2010	343882
1997	2013	2011	527596
1998	6208	2012	602686
1999	6709	2013	752618
2000	6678	2014	793882
2001	8535	2015	841277
2002	11983		

十、承德银行

承德银行于2002年开办代收代付业务。2008年开办委托贷款业务，不包括现金管理项下委托贷款和住房公积金项下委托贷款。

承德市城市信用社时期，主要办理小微企业代发工资业务。2004年，与承德市热力公司合作，开办代收取暖费业务。

2006年8月，承德市商业银行出台《承德市商业银行委托贷款业务管理办法》。2008年，接受滦平县信用担保公司委托，分别向2家矿业公司发放委托贷款400万元、300万元，总计700万元。2006年，承接1.6万名离退休人员的代发工资业务。与承德市住建局合作开展代收维修基金业务。

2007年，与承德市人社局签订《养老保险业务合作协议》，负责社保基金的代收、代发、结算等，并实行手续费减免等优惠措施。代收热力集团暖气费系统正式上线。

2008年，开办信广联有线电视费代收业务。

2009年，委托贷款业务快速增长。主要原因是铁精粉价格持续上涨，铁矿石采选行业盈利空间增大。为加快开发铁矿资源，促进经济快速发展，城建投公司和担保公司分别委托承德银行，向承德地区矿业公司发放委托贷款用于铁矿石采选。2009年，代理委托贷款2300万元。

2010年，代理委托贷款突破10亿元。

2011—2015年，代理委托贷款一直保持在20亿元以上。

2002—2015年承德银行代理类业务统计表

表7-3-10　　单位：万元

年份	交易金额	年份	交易金额
2002	87.12	2009	69290.43
2003	158.47	2010	183495.03
2004	436.89	2011	391340.83
2005	1629.29	2012	438140.26
2006	6186.75	2013	471477.98
2007	36372.90	2014	656942.36
2008	58261.52	2015	1059005.15

十一、河北银行承德分行

2015年，河北银行承德分行开办代理央行国债业务，每期发售额度由河北银行总行确定。发售前通过网点LED游走字幕、海报、折页等方式开展宣传工作，要求网点员工熟知国债产品期限、利率等关键要素，为客户做好现场咨询解答工作。全年代售各类国债2.86亿元。

第四章 电子银行业务

电子银行业务是指银行机构通过面向社会公众开放的通信通道或开放型公众网络，以及为特定自助服务设施或客户建立的专门网络等方式，向客户提供的离柜金融服务。承德市的电子银行业务开办于1992年，具有方便、快捷、不受营业场所和营业时间限制的优势，得到广大客户的充分认可，业务快速发展。

第一节 种类

一、自动提款机（ATM）

集存款、取款、查询、转账、缴费等多功能于一体的银行自助机业务。

二、自动柜员机

由最初单纯的取款机逐步丰富到存取款一体机、高速存款机、高速存取款机，功能由开始的单一取款扩展到大额存取款、自助查询、开卡、转账、签约等系列化服务。

三、现金循环机

现金循环机是一种先进的ATM。可以实现自助取款、自助存款等业务。现金循环机可以将用户存入的现金立即用于其他客户取出，大幅降低了银行工作人员劳动强度，同时提高了自动柜员机的工作效率。

四、POS机业务

POS收单业务是指商户按照协议约定使用POS压卡机、商户MIS终端等受理银行卡交易，银行为商户提供资金结算服务并收取结算手续费的业务。

五、电话银行业务

电话银行是银行利用电话自动语音和人工座席方式向客户提供24小时不间断的账户管理、信息查询、转账结算、产品营销、咨询投诉、投资理财和农户小额贷款等金融服务。

六、网上银行业务

利用互联网技术向客户提供全面、高效、安全服务的综合性银行业务。一般由基本业务、支付业务、投资理财业务和客户服务组成。

七、手机银行业务

手机银行业务是银行利用无线网络和移动电话为客户提供的账户管理、转账结算、缴费支付、投资理财等金融服务。

八、微信银行业务

微信银行是银行依托微信公众服务平台，为客户提供品牌与业务营销宣传、支付结算、直接交互等多样化金融服务。

第二节 发展概况

电子银行业务是伴随着银行卡的发展而兴起的。由特约商户POS收单业务起步，此后陆续布放了 POS 机、自动柜员机、现金循环机，开办了电话银行业务。在现代化支付系统的支撑下，网上银行、手机银行、微信银行相继开办，实现了 24 小时为客户服务，电子银行业务得到快速发展。2015 年，承德市电子银行业务交易金额达到 17915.95 亿元。

2015 年电子银行业务分机构统计表

表 7-4-1　　单位：亿元

机构名称	交易金额	占比
工行承德分行	6835.28	38.15%
农行承德分行	3512.58	19.61%
中行承德分行	3668.50	20.48%
建行承德分行	1398.91	7.81%
交通银行承德分行	17.99	0.10%
中信银行承德分行	6.48	0.04%
邮储银行承德市分行	737.20	4.11%
农信社	1230.91	6.87%
承德银行	432.59	2.41%
河北银行承德分行	62.64	0.35%
张家口市商业银行承德分行	12.11	0.07%
滦平盛阳村镇银行	0.11	0.00%
围场华商村镇银行	0.65	0.00%
合计	17915.95	100%

第三节 各机构业务发展

一、工行承德分行

工行承德分行于 1993 年开办 ATM 机业务。1995 年开办 POS 机业务。2001 年开办电话银行业务、网络银行业务。2008 年开办手机银行业务。2013 年开办微信银行业务。

1993 年国有专业银行时期 1989 年，工行承德分行各项业务基本依靠手工操作。1993 年，引进 2 台德国进口穿墙式 ATM 机，安装在市区营业网点使用，当年实现现金交易额 1.56 亿元，方便了客户存取款。

1994—2004 年国有商业银行时期 1994 年末，工行承德分行 ATM 机发展到 8 台，全年现金交易量 4.80 亿元。

1995 年，工行承德分行加大 POS 机布放力度，在承德一百购物中心、蓝岛购物中心、承德商厦、承德商城以及市区繁华街道储蓄网点安装 POS 机 8 台，初步改善了用卡环境。

1996—2000 年，工行承德分行持续提高电子银行设备的覆盖率，加大对特约商户的营销力度，2000 年末，布放 ATM 机数量达到 40 台，布放 POS 机 302 台，进一步方便客户的需要。

2001 年，工行承德分行成立电子银行业务部，制定电子银行业务五年发展规划，积极营销电子银行产品，开通电话银行和网络银行业务。累计完成电话银行个人开户 2.21 万户、单位开户 523 户，网上银行开户 8450 户。

2002 年初，工行承德分行召开 54 家企事业单位参加的网上银行推介会，当场与 12 户企业客户签订网上银行协议。为扩大宣传，制作“网上银行天地宽”“金融 e 通道与时代同行”两集电视专题片，在承德市电视台播出 48 次。5 月，开展“网上银行突击月”活动，成立三个突击小组深入到企业发展客户。2002 年，电话银行新开户 4532 户，网上银行新开户 4652 户，呈现良好的发展势头。

2004 年，积极营销电力、税务、农村信用社等电子银行新客户。电子银行业务在工商银行河北省综合考核中排名第一。

1994—2004 年，累计交易额 367.41 亿元。2004 年末，存量 ATM 机 86 台，POS 机 381 台。电话银行客户 4.36 万户，网上银行客户 2.12 万户元。

2005—2015 年国有股份制银行时期 2005 年，工行承德分行电子银行业务以“做精、做大、做强”为宗旨，更新电子银行产品，增添存折补登机、电子银行对账机、自助柜员机等设备，方便不同客户使用。在全省首家开办网上银行报缴税款业务。兴隆县支行联合兴隆县域 90% 以上的农村信用社开办网上银行代扣税款业务，当年交易 4971 笔，金额 2.60 亿元。

2007 年，工行承德分行为承德市地税局开办网上报税和 BTOB 网上缴税业务，以此拉动新增网络银行企业客户 2300 户。这一做法被中国工商银行简报转发。

2008 年，开办自助银行业务，增设自助银行网点 40 个。以此拉动全辖网上银行企业客户新增 4575 户。被河北省分行评为“离柜业务发展先进单位”“网上缴税业务营销优秀组织奖”，两次获得河北省分行财政系统业务推动一等奖。

2013 年，开展电子银行业务发展年活动。制订《承德分行电子业务发展年活动工作方案》《承德分行电子业务发展年考核办法》《承德分行电子业务发展年综合考评办法》，建立全方位、立体式、多维度的考核模式。面向本行员工开展“企业手机银行营销有奖活动”，面向客户开展“手机银行‘动户有礼’主题营销活动”。深入大中专院校、克罗尼仪表等 25 家客户开展上门营销，新增企业网银客户 638 户，企业网银交易额 220 亿元。深入承德露露、宽城神栗、庞大汽车等企业宣传推介工行电商平台业务，顺利投产烟草网上订烟及承德广电网上缴纳有线电视费项目。年末电子商务用户 1.03 万户，交易额 3.52 亿元。开办微信银行业务，年末微信银行用户 1.23 万户，交易额 2.41 亿元。

2005—2015 年，电子银行交易额累计达到 31987.01 亿元。2015 年末，工行承德分行 ATM 机存量 330 台、POS 机存量 3424 台、自助银行 65 个、电话银行 25.71 万户、网卡银行 43.20 万户、微信银行 5.01 万个、电子商务客户 2.97 万户，全年交易额 6835.28 亿元。

1993—2015年工行承德分行电子银行终端数量统计表

表 7-4-2　　　　单位：台、个

年份	ATM机	POS机	自助银行	电话银行	网络银行	手机银行	微信银行	电商平台	合计
1993	2	—	—	—	—	—	—	—	2
1994	8	—	—	—	—	—	—	—	8
1995	12	8	—	—	—	—	—	—	20
1996	18	80	—	—	—	—	—	—	98
1997	23	165	—	—	—	—	—	—	188
1998	28	265	—	—	—	—	—	—	293
1999	32	286	—	—	—	—	—	—	318
2000	40	302	—	—	—	—	—	—	342
2001	52	316	—	22581	8450	—	—	—	31399
2002	65	329	—	27113	13102	—	—	—	40609
2003	70	350	—	39395	17295	—	—	—	57110
2004	86	381	—	43626	21229	—	—	—	65322
2005	115	432	—	59116	33377	—	—	—	93040
2006	134	531	—	79500	51911	—	—	—	132076
2007	150	615	—	112420	55411	—	—	—	168596
2008	174	832	40	146878	92950	1630	—	—	242504
2009	190	1230	55	179878	105115	30630	—	—	317098
2010	210	1450	58	247484	164422	80673	—	—	494297
2011	224	1620	60	257139	195426	123827	—	—	578296
2012	240	1760	61	257100	294567	124369	—	—	678097
2013	268	2475	63	257100	350437	140069	12340	10340	773092
2014	296	3015	64	257100	408609	338875	26960	24300	1059219
2015	330	3424	65	257100	432019	371788	50090	29710	1144526

1993—2015 年工行承德分行电子银行交易量统计表

表 7-4-3　　　　单位：亿元

年份	交易金额	年份	交易金额
1993	1.56	2005	234.82
1994	4.80	2006	342.53
1995	5.74	2007	807.61
1996	6.91	2008	1690.27
1997	8.17	2009	2318.80
1998	9.63	2010	2543.12
1999	13.43	2011	2936.54
2000	14.21	2012	3327.26
2001	16.72	2013	4978.37
2002	92.80	2014	5972.41
2003	33.52	2015	6835.28
2004	161.48		

二、农行承德分行

1997 年 5 月，农行承德分行开始办理电子商务业务，购置 POS 机 80 台，布放全辖八县三区并投入使用，农行电子银行业务开始走入人们日常生活。

1998 年，农行承德分行积极争取省行支持，调配 POS 机 30 台，直接营销 6 个大酒店、3 个大商场，拓宽用卡渠道，方便广大客户，促进电子银行业务发展。

2002 年，农行承德分行对部件老化、不能满足世纪通宝借记卡消费业务的 POS 机进行更新换代，新配备 POS 设备 197 台。同时，成功完成市分行营业部、双桥支行、狮子沟分理处、铁路分理处、太平桥分理处共 5 台自动取款机（ATM）的测试、运营，增强了服务功能。

2003 年，农行承德分行第一台自动存款机在双桥支行金融超市开通，第一个离行式自助银行在承德医学院上线运行，实现农行网点机构的新突破。通过广泛宣传，倾力营销，所属 13 个县级支行、2 个二级支行顺利开通网上银行业务，当年网上银行注册客户 318 户，其中个人客户 267 户，企业客户 51 户。3 月，开办网上银行业务，5 月，开办手机银行业务，8 月，开办电话银行业务。

2004 年，农行承德分行第一个在行式 24 小时自助银行落户市分行营业部，成为承德农行金融服务新“亮点”。围绕“完善考核机制，实现全面发展；优化特约商户，改善用卡环境”的指导思想，积极开展“特约商户消费积分有奖促销活动”，有效推动电子银行业务健康发展。年末

ATM 总量 29 台，新上线 13 台；在线 POS 机 199 台，特约商户 168 个。

2005 年，农行承德分行加强电子银行业务管理，拓展电子银行市场份额，制定《2005 年电子银行管理考核办法》，健全激励考核机制，推动电子银行业务有序发展。年末在线运行 ATM 35 台、POS 机 210 台，特约商户 172 户，网上银行注册 1186 户。

2006 年，农行承德分行顺利完成裕华商贸城、双塔山实验中学、滦河超市三个离行式自助银行的上线运行。为加强电子银行业务管理，夯实客户基础，制定《2006 年电子银行管理考核办法》。为规范电子银行业务风险管理，确保电子银行业务安全稳定运行，制定《2006 年电子银行业务风险管理办法》。为增强 ATM 管理人员责任心，保证 ATM 稳定运行，制定《2006 年 ATM 运行管理考核办法》。通过全行上下共同努力，电子银行业务实现快速健康发展。年末在线运行 ATM 45 台、POS 机 225 台，特约商户 180 户，网上银行注册 1742 户。

2007 年，农行承德分行健全内部考核机制，规范经营管理行为，促进电子银行业务规范发展。全行有 27 台 ATM 受理国际卡，提高了国际卡收单业务竞争力。年末在线运行 ATM 51 台、POS 机 234 台，特约商户 183 户，网上银行注册 2310 户。

2008 年，农行承德分行注重特约商户营销和维护，强化 ATM 运行管理和 POS 设备实时监控，提高风险应急处理能力。年末在线运行 ATM 72 台、POS 机 305 台、特约商户 247 户，网上银行注册 1.08 万户。

2009 年，农行承德分行开展激情国庆 60 年“金 e 顺”电子银行营销活动，加大个人网银、企业网银、个人电话银行、企业电话银行、消息服务等业务营销力度。针对电子银行业务指标完成进度慢问题，查原因、找差距、勤调度，促进电子银行业务快速发展。同年 1 月开办消息服务。消息服务业务是农行与通信运营商合作，以手机短信、电子邮件、传真等方式为客户提供的账户信息、客户关怀、产品推介等金融信息服务。价格标准确定为 2 元 / 账户 / 月。年末个人网银注册客户 1.59 万户，企业网银注册客户 530 户，个人电话银行 9901 户，企业电话银行 640 户，消息服务注册客户 5.03 万户，手机银行 3265 户，实现电子银行业务跨越式发展。

2010 年，农行承德分行积极开展“体验金 e 顺”营销宣传活动，引导客户在营业现场体验电子银行产品功能，加深对网上银行、电话银行、手机银行等业务的了解。活动中发放业务宣传资料 1 万余份，参加活动客户 2000 余人；开展“聚焦 2010 盛世金 e 顺”综合营销活动，借助世博会品牌，提升电子银行营销服务能力；开展“电子银行产品注册擂台赛”特色营销活动，推动电子银行业务再上新台阶。年末在线运行 ATM 80 台、POS 机 972 台，注册网上银行 29.12 万户、电话银行 4.61 万户、手机银行 2.71 万户、消息服务 13.46 万户。

2011 年，农行承德分行狠抓电子银行规范。做好电子银行业务升级优化工作，组织落实个人结算存折签约消息服务、个人网银自动转帐、贷记卡网上支付、电话银行版本升级、网上银行银企对账、网上支付跨行清算等功能投产上线；召开电子银行专项会议，加强工作进展调度，确保业务均衡发展；在隆化县庙子沟乡、兴隆县上石洞乡、平泉县王土房乡、丰宁满族自治县窟窿山乡布放自动存取款一体机，消除金融机构和金融服务空白；加强自助机具安全管理，确保设备安全运行；加大转账电话布放力度，开展“转账电话营销竞赛”活动，提高转账电话运营效益。年末在线运行 ATM 78 台、POS 机 1221 台，注册网上银行 51.49 万户、电话银行 7.81 万户、手机银行 5.20 万户、消息服务 23.13 万户。电子渠道分流率 42.17%，较年初提升 6.2 个百分点。

2012 年，农行承德分行实施电子银行产品与个人金融产品捆绑营销，努力提高网上银行、ATM、转账电话三大渠道交易占比，实现客户稳定增长、渠道分流率稳步提高的目标。在春天行动中，面向新用户开展“金e顺e步送吉祥”活动，面向存量客户开展“金e顺交易·赢头彩”活动，面向专业市场开展“e市场·赢头彩”电子银行走进专业市场等金融服务活动，推动电子银行业务全面快速发展；继续以“e时代·赢头彩”为主题，创新“与承德人共赢精彩”，以“激情仲夏·金彩生活”为平台，开展“e家人·赢和美”电子银行走进社区、“e商务·赢财智”电子银行走进企业、“e路农情·十年相伴”网银十周年专项营销等一系列活动；开展电子银行专项推介活动，以智信版网银减免年费为契机，大力推广普及企业网银银企对账业务，提升电子银行营销服务能力，推动电子银行业务再上新台阶。年末在线运行ATM 120台、POS机1892台，注册网上银行73.69万户、电话银行11.16万户、手机银行8.73万户、消息服务33.22万户。

2013年，农行承德分行继续做大做强电子银行业务，完善电子银行考核办法，制定《电子渠道分流专项考核办法》，逐月监测考核，每季兑现奖惩；积极开展电子银行专项营销活动，推动电子银行业务全面快速发展。年末在线运行ATM 148台、POS机2489台，注册网上银行97.10万户、电话银行15.72万户、手机银行13.30万户、消息服务41.68万户。

2014年，农行承德分行上下联动、银企互动，电子银行优势业务继续保持同业领先。建立市行领导包片制度，落实支行领导包点措施；及时分解任务指标，自加压力，增强活力；加大业务监测和督导力度；开展“金e顺绿色万里行”自行车骑行、“金e顺绿色季在行动”等形式多样的营销宣传活动。年末在线运行ATM 189台、POS机3000台，注册网上银行127.30万户、电话银行20.14万户、手机银行17.93万户、消息服务56.61万户。

2015年，农行承德分行开通微信银行，积极开展电子银行产品功能精准营销。针对高校学生群体，重点推荐掌上银行、消息服务等产品；针对各类专业市场客户群体，重点推荐智能支付终端、网上银行等产品；针对存款规模大但交易活跃度低的客户群体，做好电子渠道理财等功能推介；针对存款规模不大但交易活跃的客户群体，做好电子渠道转账汇款等功能推介，引导客户将柜面交易迁移至电子渠道。2015年末，在线运行ATM 224台、POS机3587台、转账电话6560部，离行式24小时自助银行22个、在行式24小时自助银行46个，个人网银注册152万户、企业网银注册1.45万户、个人电话银行注册27.19万户、企业电话银行注册1324户，手机银行注册23.02万户、微信银行注册110户、消息服务注册62.66万户。全年电子银行交易金额3512.58亿元。

1997—2015年农行承德分行电子银行业务统计表

表7-4-4　　单位：台、个

年份	ATM机	POS机	自助银行	电话银行	网上银行	手机银行	微信银行	其他	合计
1997	—	80	—	—	—	—	—	—	80
1998	—	110	—	—	—	—	—	—	110
1999	—	135	—	—	—	—	—	—	135
2000	—	150	—	—	—	—	—	—	150

续表 7-4-4

年份	ATM 机	POS 机	自助银行	电话银行	网上银行	手机银行	微信银行	其他	合计
2001	—	175	—	—	—	—	—	—	175
2002	5	197	—	—	—	—	—	—	202
2003	16	198	—	—	318	—	—	—	532
2004	29	199	3	—	536	—	—	—	767
2005	35	210	3	—	1186	—	—	—	1434
2006	45	225	6	—	1742	—	—	—	2018
2007	51	234	7	—	2310	—	—	—	2602
2008	72	305	10	—	10831	—	—	—	11218
2009	80	482	14	10541	16400	3265	—	50310	81092
2010	80	962	25	46088	291222	27064	—	134640	500081
2011	78	1221	27	78085	514949	51953	—	231263	877576
2012	120	1892	35	111561	736858	87282	—	332151	1269899
2013	148	2489	40	157233	971000	132956	—	416843	1680709
2014	189	3000	48	201386	1273000	179265	—	566054	2222942
2015	224	3587	68	273266	1534500	230196	110	626600	2668551

1997—2015 年农行承德分行电子银行业务统计表

表 7-4-5　　单位：亿元

年份	交易金额	年份	交易金额
1997	0.96	2007	154.92
1998	1.65	2008	558.35
1999	3.78	2009	1085.12
2000	6.45	2010	1468.64
2001	9.96	2011	1876.59
2002	12.05	2012	2139.54
2003	16.25	2013	2545.65
2004	31.65	2014	3153.64
2005	50.03	2015	3512.58
2006	117.42		

三、中行承德分行

中行承德分行顺应网络技术的迅猛发展，加快电子化建设，形成了覆盖企业与个人、国内与海外等不同维度，由电子商务（网上支付）与智能自助终端组成的电子银行产品体系，自助金融交易逐渐发展成为重要服务方式，客户满意度和忠诚度不断提高，实现了电子银行业务的可持续发展。

1992—1993年国家专业银行时期 1992年，中行承德分行自助终端服务开始启动。随着银行卡业务的发展，与特约商户签约开办POS收单业务。推出“客户自动查询系统”，持卡人可以自助查询账户信息，初步为客户提供了便捷服务。1993年末，布放POS机1台、ATM自动柜员机2台，全年电子银行交易额1.08亿元。

1994—2003年国有商业银行时期 1994—1997年，中行承德分行电子银行业务处于发展初期，电子化水平明显落后于同业。1996年，开通新一代图文电话系统，通过电话系统向客户提供各种信息服务；加入人民银行区辖电子联行，加快了资金结算速度。1997年末，POS机、ATM自动柜员机布放增加到13台，全年电子银行交易额23.58亿元。

1998—2002年，中行承德分行电子化建设取得一定成效。1998年，实现信用卡业务市辖联网，1999年，实现信用卡业务全省集中处理，推出借记卡商户消费功能，实现与国内包括港澳地区的联网。2002年，完成AS/400信用卡系统及周边系统联网联合升级改造，开通借记卡全国通存通兑。2001年，开办个人手机银行业务，2002年，开办企业网上银行业务。2002年末，电子银行终端1612个，全年电子银行交易额41.64亿元。

2003年，中行承德分行对员工强化网上银行业务培训，为拓展网上银行业务打下基础。举行网上银行产品推介会，为客户介绍网上银行产品功能和具体操作程序，提高客户认知度。年末，电子银行终端3964个，全年电子银行交易额45.39亿元。

2004—2015年股份制商业银行时期 中行承德分行依托科技进步与创新，加快电子化建设，实现了电子银行业务快速发展。

2004—2007年，中行承德分行电子化支付结算系统相继投产，电子银行业务步入上升期。期间开通联通代缴费系统、短信平台系统，实现与人民银行全国小额支付系统成功对接。2004年，完成个人电子银行在全辖的推广，提高了运行速度。个人网银推出后，全辖90%的外汇宝交易从柜台转到网银，实现了在网上银行办理“黄金宝”等业务。在网银客户总量不断增加的同时，对唐钢等集团企业进行重点营销。在服务方面加强了硬件投入，ATM机、柜员机、POS机、存折补登机等终端服务设备广泛应用。2007年末，电子银行终端5.63万个，全年电子银行交易量113.38亿元。

2008—2012年，中行承德分行加快电子银行业务新系统上线使用和升级换代步伐。2008年，新网银正式投入使用，系统提供查询、跨行转账汇划、基金、外汇买卖、第三方存管、批量转账汇划、定向汇划等功能；国内银行支付系统、境外支付系统、ATM存款转账项目等系统投入使用。2009年，新网银完成1.0到2.0、3.0的升级改造，完成代理缴费的开发投产。2011年，IT蓝图系统全面上线，网银功能大幅提升，实现了个人网银全球服务和跨境现金管理，推动个人网银、企业网银、手机银行业务大幅增长。同时加大自助消费终端投放力度，发展以批发类商户为目标的电话POS业务。先后对个体工商户、高校新生开展个人网银专题营销活动。2012年末，电子银行终端44.22万个，其中企业网银客户2311户，个人网银14.43万户，电话银行新增签约客户4.94万户，全年电子银行交易额1617.85亿元。

2013—2015年，中行承德分行电子银行业务进入快速发展期。2013 年，企业网银实现 T+0 入账，个人网银新增 IPAD 客户站，网络成为银行服务的重点渠道，当年对公网银客户新增 1301 户，个人网银新增 3.24 万户、手机银行新增 0.74 万户；完成应用系统服务器和设备的虚拟化整合迁移，提高了工作效率。2014 年，推出微信电子金融服务。2015 年，通过银行卡助农服务终端，拓展小额取款、余额查询、现金汇款、转账汇款、代缴费等服务。通过开展对公网银经理 PK 赛等形式，大力推进对公网银客户拓展维护。企业网银累计实现交易客户 4260 户；新开户网银捆绑率 93.46%，交易动户率 66.9%。2015 年末，中行承德分行拥有电子银行终端 105.73 万个，全年电子银行交易额 3668.50 亿元。

1992—2015 年中行承德分行电子银行终端数量统计表

表 7-4-6　　单位：台、个

年份	ATM 机	POS 机	自助银行	电话银行	网上银行	手机银行	微信银行	合计
1992	—	1	—	—	—	—	—	1
1993	2	1	—	—	—	—	—	3
1994	4	5	—	—	—	—	—	9
1995	5	8	—	—	—	—	—	13
1996	5	8	—	—	—	—	—	13
1997	5	8	—	—	—	—	—	13
1998	8	13	—	—	—	—	—	21
1999	8	13	—	—	—	—	—	21
2000	8	20	—	—	—	—	—	28
2001	8	25	—	555	—	—	—	588
2002	11	55	—	1018	528	—	—	1612
2003	11	101	—	2175	1677	—	—	3964
2004	14	182	1	5082	3115	—	—	8394
2005	14	288	1	12495	6591	88	—	19477
2006	14	365	1	20163	13175	161	—	33879
2007	15	811	1	29969	23898	1564	—	56258
2008	29	996	1	46106	34461	3121	—	84714

续表 7-4-6

年份	ATM 机	POS 机	自助银行	电话银行	网上银行	手机银行	微信银行	合计
2009	35	1221	3	48952	42762	10339	—	103312
2010	40	1499	3	78816	68219	21478	—	170055
2011	46	1637	3	123507	86350	54302	—	265845
2012	85	1855	4	194624	146611	99067	—	442246
2013	105	1928	5	250475	180312	158908	—	591733
2014	108	2017	5	302557	266791	229240	225	800943
2015	130	2533	7	374742	399703	278316	1866	1057297

1992—2015 年中行承德分行电子银行交易量统计表

表 7-4-7　　单位：亿元

年份	交易金额	年份	交易金额
1992	0.11	2004	50.82
1993	1.08	2005	52.77
1994	3.35	2006	85.16
1995	6.32	2007	113.38
1996	9.25	2008	197.25
1997	23.58	2009	388.29
1998	31.71	2010	701.65
1999	35.52	2011	1033.52
2000	38.63	2012	1617.85
2001	40.89	2013	1993.77
2002	41.64	2014	2563.83
2003	45.39	2015	3668.50

四、建行承德分行

于1993年开办POS机业务，1997年开办ATM业务，1999年开办网上银行业务，2000年开办个人手机银行业务，2001年开办电话银行业务，2002年开办自助银行业务，2013年开办微信银行业务，2015年开办企业手机银行业务。

1993年国家专业银行时期 1993年，随着准贷记卡业务的开展，开始为特约商户安装POS机，开办POS收单业务。当年安装POS机10台，实现POS收单交易额0.31亿元。

1994—2004年国有商业银行时期 1994—1996年，随着客户对建设银行准贷记卡的认可及发卡量的增加，建行承德分行签约商户逐年增多，POS机布放量相应增加，POS收单业务呈快速增长态势。1996年末，POS机存量24台，全年实现POS收单交易额2.74亿元。

1997—2000年，电子银行得到初步发展。1997年，建行承德分行城市综合网上线，发行龙卡借记卡（俗称储蓄卡），开始在网点内安装ATM（自动取款机），当年开通运行3台。1999年，开办网上银行业务。2000年，开办个人手机银行业务，年末电子银行终端258个，全年电子银行交易量25.39亿元。

2001—2004年，在客户对电子银行产品认识有所深化的背景下，建行承德分行加大对电子渠道的投入，取得了成效。2004年，开通运行自动取款机31台，建立附行式自助银行1个，安装POS机121台，年末电子银行终端总量达到1.20万个，全年交易量32.44亿元。此阶段自助设备功能仅限于取款、存款、转账、查询、修改银行卡密码等。电子渠道主要为网上查询、转账、缴费、网上支付等功能。

2005—2015年股份制商业银行时期 2005—2008年是建行承德分行电子银行业务发展的成长期。2005年，网上银行升级为4.0版本，功能逐步完善，陆续推出个人外汇买卖客户端、贷记卡业务和代客资金理财等服务内容，推出网上银行理财卡服务，推出跨行转账、境外外汇汇款、个人贷款、银企直通车、社保业务，推出预制证书，建立反欺诈系统，增设信用卡约定还款、银证期通、理财产品、账号支付、超级网银上线、专户理财、账户银/铂、银医和在线客服、e账户和储蓄国债、结售汇、跨行资金归集、家庭现金管理、快捷转账、百易安、贵金属双向交易、提示信息优化、出国金融、转账智能路由、速盈等服务功能。在此背景下，建行承德分行通过新闻媒体加大对电子银行产品的宣传推广力度，提升了客户签约使用建行电子银行产品的积极性。2008年末，建行承德分行电子银行终端12.19万个，全年交易量119.39亿元。

2009年，建行承德分行电子银行业务进入发展成熟期。电子银行产品得到普遍认可，客户签约量快速发展。个人客户可以在任意地方随时获取账户管理、活期转定期、缴费、购买基金、外汇、保险、理财产品交易等自助服务。企业客户可以在任意地方全面掌控分布在各地的资金使用情况，实施资金集中管理和调度，提高使用效益。

2013年，建行承德分行开办微信银行业务，当年签约微信银行客户613户。年末，建行承德分行电子银行终端84.28万个，全年交易量达到1107.1亿元。

2014—2015年，建行承德分行调整电子银行业务发展策略，在量质并行、精耕细作上做文章。针对部分客户对电子银行产品签约后利用率不高甚至未激活的现实状况，组织开展“电子银行走进高校”“你用网银我有礼”等系列营销推进活动，有效提升了签约客户的活动率。同时，加大电子银行设备投入力度，2015年末，建行承德分行运行的自助取款机191台，POS机4385台，自助银行45个。受中国建设银行个人网银全新改版带动，网银客户达到40万人。同年末，建行承德分行拥有电子银行终端133.35万个，全年交易量1398.91亿元。

1993—2015年建行承德分行电子银行终端数量统计表

表7-4-8　　单位：台、个

年份	ATM机	POS机	自助银行	电话银行	网络银行	手机银行	微信银行	合计
1993	—	10	—	—	—	—	—	10
1994	—	15	—	—	—	—	—	15
1995	—	17	—	—	—	—	—	17
1996	—	24	—	—	—	—	—	24
1997	3	32	—	—	—	—	—	35
1998	15	39	—	—	—	—	—	54
1999	15	42	—	—	63	—	—	120
2000	15	59	—	—	105	79	—	258
2001	16	68	—	612	646	113	—	1455
2002	24	98	—	1304	1132	297	—	2855
2003	27	110	1	3206	2832	482	—	6658
2004	30	121	1	6813	4451	617	—	12033
2005	37	153	1	17871	9415	869	—	28346
2006	40	217	1	28803	18821	1026	—	48908
2007	63	352	3	40092	31864	2648	—	75022
2008	77	513	10	65866	49230	6241	—	121937
2009	92	1018	12	81586	61089	17628	—	161425
2010	111	1224	14	112594	97455	39050	—	250448
2011	137	1389	15	176437	143917	83541	—	405436
2012	143	2126	19	259499	214441	158810	—	635038
2013	154	2679	30	333967	278356	227012	613	842811
2014	167	3535	40	403401	334751	286505	16238	1044637
2015	191	4385	45	499656	413315	371089	44843	1333524

1993—2015 年建行承德分行电子银行交易量统计表

表 7-4-9 单位：亿元

年份	交易金额	年份	交易金额
1993	0.31	2005	43.758
1994	0.56	2006	58.1
1995	1.26	2007	90.74
1996	2.74	2008	119.39
1997	20.18	2009	165.24
1998	23.42	2010	284.28
1999	24.31	2011	525.84
2000	25.39	2012	743.85
2001	27.52	2013	1107.1
2002	28.5	2014	1285.16
2003	30.4	2015	1398.91
2004	32.44		

五、交通银行承德分行

交通银行承德分行于 2013 年开办 ATM、电话银行、网络银行、手机银行、微信银行、自助银行业务，2014 年开办 POS 机业务。电话银行业务通过 95559 号码向客户提供查询、业务咨询、挂失等服务；网上银行业务主要包括太平洋卡业务、对公账户业务、信息查询、转账汇款等金融服务；手机银行业务通过手机 APP 应用或网页实现客户的在线业务办理；微信银行业务为关注“交通银行微银行”的微信用户提供 24 小时账户查询和智能客服服务。

2013 年开业初期，在营业部配备 ATM 自动柜员机 4 台、网银体验机 2 台、ITM 远程智能柜员机 1 台、自助发卡机 1 台、查询机 1 台、自助银行 5 个、网络银行 300 个、手机银行 1000 个。电子银行业务开始起步，全年电子银行交易金额 1.02 亿元。

2014 年，交通银行承德分行建立丽正门自助银行、阳光小区自助银行、露露花园自助银行、翰明大厦自助银行，共配备 ATM 自动柜员机 8 台、查询机 4 台，为客户提供现金存取、账户查询、转账等电子化服务。同年，交通银行承德分行第一家普惠型网点正式开业，配备 ATM 自动柜员机 3 台、ITM 远程智能柜员机 1 台、自助发卡机 1 台、查询机 1 台、共计 ATM 机 15 台、POS 机 11 台、自助银行 12 个、网络银行 3600 个、手机银行 5000 个、微信银行 2000 个。初步形成“自助机具 + 人工服务”“线上操作 + 线下指导”相互融合的新型服务模式。全年累计交易金额 7.83 亿元。

2015 年，交通银行承德万和城支行正式开业，配备 ATM 自动柜员机 3 台、ITM 远程智能柜员机1台、自助发卡机1台、查询机1台，各营业网点举办“电子银行进社区”活动25场，实现网上银行、手机银行新增客户1万余户。对手机银行版本进行改造完善，为手机银行用户提供更专业的理财与支付服务。调查显示，130人次的问卷满意度达到94%。2015年末，交通银行承德分行POS机终端39台、ATM机18台、自助银行14个、网上银行业务终端1.05万个、手机银行业务终端1.1万个、微信银行5000个。全年POS机终端交易金额2.49亿元，网上银行与手机银行交易金额15.5亿元。微信银行仅为客户提供业务咨询、信息查询，不发生交易额。

六、中信银行承德分行

2015年，中信银行承德分行初步建立了网络银行、手机银行、ATM等多渠道的电子银行综合服务体系。在分行营业部布放了5台ATM机，方便客户自助办理业务。加强柜台推介，采取发放宣传单、柜面演示等方式，宣传手机银行、网络银行便利、高效、安全的特点，提高客户认知度。年末建立电子银行服务终端9005个，其中ATM机5台、网络银行3800个、手机银行5200个，全年实现交易量6.48亿元。

七、邮储银行承德市分行

2008年，邮储银行承德市分行成立后，电子银行业务开始起步。在此之前，部分邮政储蓄网点设有ATM和POS机。

同年12月，邮储银行承德市分行电话银行业务上线运行，当年投入ATM机31台、POS机45台。

2009年3月，95580客户热线投入使用。8月，移动“商易通”业务上线运行。商易通是指通过提供给客户的、绑定银行卡的集成刷卡器，实现银行卡之间转账、卡账户余额查询等服务的一项业务。

2010年6月1日，开办个人网上银行业务。

2012年3月，开办手机银行业务；电视银行正式上线，依托数字电视的双向数字网，以有线电视机顶盒作为客户终端、遥控器作为操作工具，为客户提供多种银行服务。

2013年，开办自助银行业务。9月25日微信银行上线，公众号为“邮储银行电子银行”。

2014年1月3日，开通微银行，依托微信、微博、易信、支付宝等公众平台，向客户提供余额查询、明细查询、信用卡查询、还款、挂失和生活缴费等多项服务。

2015年末，自助设备存量166台，其中市区57台，县域109台。建成离行式自助银行9处，其中市区6处、隆化县支行1处、平泉县支行2处。电话银行26.29万户、网上银行16.74万户、手机银行11.24万户、商易通1055户。建立电子银行服务终端54.75万个，实现交易额737.20亿元。

1996—2015年邮储银行承德市分行电子银行终端数量统计表

表7-4-10　　单位：台、个

年份	ATM机	POS机	自助银行	电话银行	网络银行	手机银行	商易通	其他	合计
1996	2	2	—	—	—	—	—	—	4
1997	2	2	—	—	—	—	—	—	4
1998	2	2	—	—	—	—	—	—	4
1999	2	5	—	—	—	—	—	—	7
2000	2	10	—	—	—	—	—	—	12
2001	4	10	—	—	—	—	—	—	14

续表 7-4-10

年份	ATM 机	POS 机	自助银行	电话银行	网络银行	手机银行	商易通	其他	合计
2002	4	25	—	—	—	—	—	—	29
2003	4	29	—	—	—	—	—	—	33
2004	4	26	—	—	—	—	—	—	30
2005	4	23	—	—	—	—	—	—	27
2006	15	39	—	—	—	—	—	—	54
2007	16	39	—	—	—	—	—	—	55
2008	31	45	—	10100	—	—	—	—	10176
2009	32	43	—	18600	—	—	265	2600	21540
2010	35	40	—	22400	—	—	932	2750	26157
2011	40	30	—	26800	15000	—	932	2950	45752
2012	45	30	—	83000	46000	7000	945	3050	140070
2013	45	25	3	150000	50000	50000	950	3120	254143
2014	57	20	5	200000	128000	97000	1020	3450	429552
2015	166	15	9	262900	167400	112400	1055	3554	547499

1996—2015 年邮储银行承德市分行电子银行交易量统计表

表 7-4-11 单位：亿元

年份	交易金额	年份	交易金额
1996	0.56	2006	76.34
1997	0.87	2007	85.96
1998	2.57	2008	95.21
1999	5.46	2009	432.51
2000	8.97	2010	652.31
2001	11.26	2011	735.22
2002	12.33	2012	744.12
2003	20.17	2013	651.07
2004	43.27	2014	750.15
2005	65.23	2015	737.20

八、农村信用社

承德市农村信用社于2010年开办电话银行、POS、EPOS、ATM业务；2011年开办网络银行业务；2014年开办手机银行业务；2015年开办微信银行业务。

2010年，全国“农信银”支付系统开通，全市农信社依托全国农信银个人账户结算平台，当年开通电话银行终端4.51万个，交易额82.3亿元。各县区农信社加快自助服务终端建设，当年发展特约商户POS、EPOS机126台，布放ATM机8台，建立自助银行8个，实现信通卡客户在特约商户划卡消费、即时结算。2010年，农信社电子银行业务（包括自助终端和电话银行）实现交易额350.20亿元。

2011年，网络银行在全市农信系统联网开通，客户使用农信社配置的专属优盾软件，通过计算机网络即可实现转账汇款、支付结算、账户查询等业务操作。全年，农信社开通个人和企业网络银行5344个，电子银行业务（包括自助终端、电话银行和网络银行）交易额432.98亿元。

2015年，农信社继续发展特约商户，扩大服务终端覆盖面，在重点社区布放离行式自助存取款机，为客户提供全天候电子银行服务。年末，全辖POS、EPOS机存量3830台、ATM机存量348台，开通电话银行46.75万个、网络银行13.58万个、手机银行4.24万个、微信银行188个，全年电子银行合计交易额1230.91亿元。

2010—2015年农村信用社电子银行终端数量统计表

表7-4-12　　单位：台、个

年份／类别	ATM机	POS EPOS机	电话银行	网络银行	手机银行	微信银行	合计
2010	8	126	45057				45191
2011	56	974	95827	5344			102201
2012	116	2389	249309	10197			262011
2013	174	2483	319392	67748			389797
2014	269	3704	402422	107225	14397		528017
2015	348	3830	467509	135809	42442	188	650126

2010—2015年农村信用社电子银行交易量统计表

表7-4-13　　单位：亿元

年份	交易金额
2010	350.2
2011	432.98
2012	577.18
2013	717.93
2014	919.17
2015	1230.91

九、承德银行

承德银行的电子银行业务，经历了两个发展时期。

2007—2008 年承德市商业银行时期 2007年，承德市商业银行首次布放ATM自助柜员机，开办自助银行业务。向河北省通讯管理局上报96短号码客服电话申请，开通人工接听服务功能。2008年，具备电话自动语音和人工座席两种服务功能的电话银行业务正式开通，实现了24小时为借记卡客户提供业务咨询、账户查询、传真、挂失、转账、缴费、建议、投诉等金融服务。

2009—2015 年承德银行时期 2010年，承德银行网上银行业务正式上线，托管于上海银行资金清算中心，属于第一代网上银行系统，分为个人网银和企业网银，其中个人网银分为大众版及专业版。企业网银及个人网银专业版可通过网络连接核心业务系统，实现查询、转账、汇款、网上支付和资金划转等功能。同年8月开始，承德银行电话银行陆续增加了公务卡客户查询、传真、挂失、验密核实身份、人工咨询、操作指导、投诉建议受理服务等功能。

2013年，承德银行免除网银USBKey工本费、数字证书费、年服务费，为客户提供优惠服务。

2014年3月，承德银行成立电子银行部，负责电子银行业务。5月，承德银行客服中心成立，对电子银行业务实行规范管理。9月，网银业务实现供热费、有线电视收视费在线代收代缴功能。

2015年，免除个人网银转账手续费、异地分行网银转账手续费。年末，承德银行开通电子银行终端2.43万个，全年实现交易额432.59万元。

2007—2015 年承德银行电子银行终端数量统计表

表 7-4-14　　单位：台、个

年份	ATM 机	自助银行	电话银行	网络银行	合计
2007	11	7	—	—	18
2008	14	9	1200	—	1223
2009	16	11	2500	—	2527
2010	22	15	3300	200	3537
2011	30	18	3800	400	4248
2012	48	22	4000	600	4670
2013	74	25	5500	3500	9099
2014	135	27	10100	6100	16362
2015	194	50	12300	11800	24344

2007—2015年承德银行电子银行交易量统计表

表7-4-15　　单位：亿元

年份	交易金额
2007	0.08
2008	1.13
2009	2.16
2010	39.4
2011	130.11
2012	161.50
2013	218.59
2014	361.87
2015	432.59

十、河北银行承德分行

河北银行承德分行于2014年开办电子银行业务，开通电子银行终端861个，包括自动柜员机4台、多媒体自助一体机1台、个人网上银行452个、企业网上银行11个、手机 银行业务393个。全年实现交易额1.24亿元。其中个人网上银行分为普通版网银、USBKey版网银、动态密码版网银；企业网上银行分为普通版和专业版。

河北银行承德分行通过强化宣传、专业指导等多种方式，较好地培养了使用电子银行的客户群，一方面减轻了柜面压力，降低了成本，另一方面延长了服务半径，增强了客户的凝聚力。

河北银行承德分行把餐饮、娱乐等大众消费频繁的商户，列入电子银行特惠商户，相应提供优惠服务，增加了机构专属券、第三方合作券、秒杀活动券以及派发券等特色功能，吸引更多的客户使用手机银行。节假日联合商家推出美食周、观影周、洗车周、娱乐周等专项活动，打造了良好的用卡环境。

2015年末，河北银行承德分行开通电子银行终端3260个，包括自动柜员机12台、多媒体自助一体机4台、个人网上银行1696个、企业网上银行114个、手机 银行业务1434个。全年实现交易额62.64亿元。

十一、张家口市商业银行承德分行

张家口市商业银行承德分行于2014年开办电子银行业务，电子银行终端367个，包括ATM机3台、网络银行364个。全年交易额0.0673亿元。通过总行电子银行业务更新升级和人员培训，适应客户需求。电子银行业务不收取任何费用，有效地吸引了一部分客户，开户数和交易量均实现较快增长。

2015年末，张家口市商业银行承德分行开通电子银行终端776个，包括ATM机3个、网络银行771个、手机银行2个。全年实现交易额12.11亿元。

十二、村镇银行

河北丰宁建信村镇银行未开办电子银行业务。

滦平盛阳村镇银行于2013年10月开办网上银行业务，功能包括账户查询、行内外转账、批量转账。2015年，网上银行交易7275笔，全年交易金额0.11亿元。

围场华商村镇银行自2014年5月开始，陆续投入使用自助设备，年末配备存取款一体机7台，当年交易7.8万笔，实现交易金额13990万元。经中国银联批准，当月，自助柜员机单笔取款最高限额为3000元，2015年1月，单笔取款限额提高到5000元。年末，累计为10家支行配备了13台存取款一体机。2014—2015年，木兰卡累计交易11.2万笔，交易额1.99亿元。

第五章 其他业务

其他业务指除支付结算、银行卡、代理业务、电子银行业务以外的中间业务。1989年，开办咨询顾问、担保承诺、债券外汇买卖、银行承兑汇票、企业信用等级评估、工程造价咨询等业务，此后，业务品种不断发展变化，2015年，主要为咨询顾问、担保、承诺、交易等六类业务。

第一节 种类

一、咨询顾问业务

银行根据客户的需求，利用自身产品、服务以及其他资源，进行调查、分析、预测，为客户财务融资、企业管理、资信等提供咨询、顾问、评估、鉴证的服务活动。

二、担保类业务

商业银行应付款人或债务人的申请，以出具保函的形式向债权人承诺，当被保证人不履行合同义务或承诺的事项时，由银行按照保函约定履行债务或承担责任。适用对象为企事业法人或其他经济组织，主要用于以银行信用作为担保的各类经济活动。

三、承诺类业务

商业银行根据客户申请，对外出具的具有法律约束力或不具有法律约束力的文书，具体包括贷款承诺书、贷款意向书及意向性贷款承诺书。

四、交易类业务

商业银行为满足客户保值或自身风险管理等方面的需要，利用各种金融工具进行的资金交易活动。包括金融衍生业务以及代理债券买卖、外汇买卖、衍生产品买卖、代理理财及风险管理等代理交易业务。

五、托管业务

商业银行以资产保管人的身份，与资产管理人一起成为受托人，共同与委托人签订资产托管合同。银行按照法律法规和托管合同规定，代表资产所有人的利益，从事托管资产保管、办理托管资产名下资金清算、进行托管资产会计核算和估值、监督托管资产管理人投资运作，并定期向委托人出具托管报告的行为。

六、其他业务

包括贵金属买卖和保管箱业务。

第二节 各机构业务发展

一、农发行承德分行

农发行承德分行于2010年开办咨询顾问业务。业务品种包括信息咨询业务和财务顾问业务两种。信息咨询业务涵盖企业信用等级评定、信息定制服务、资产评估、建设项目可行性评估和会计报表审计；财务顾问业务涵盖融资顾问、企业常年财务顾问。服务对象为农发行承德分行存贷款客户及关联企业。按照《中国农业发展银行咨询顾问业务服务价格标准》规定的服务价格标准收费。开办依据是中国农业发展银行于 2010 年获得的银监会批复《关于中国农业发展银行开办咨询顾问业务的意见》(银监会银行四部函〔2010〕12 号)。

2010 年，农发行承德分行按照“先易后难、循序渐进”的原则，开办信用等级评定业务、融资顾问业务。

2013 年 4 月 1 日，为减轻企业负担，对符合《中小企业划型标准规定》的小型和微型企业，取消收取企业常年财务顾问、投融资顾问、财务顾问服务手续费。2015 年 5 月 1 日，农发行承德分行取消企业常年财务顾问服务费，下调融资顾问收费标准。

2010—2015 年农发行承德分行咨询顾问业务交易金额统计表

表 7-5-1　　单位：万元

年份	咨询顾问业务
2010	12.6
2011	379
2012	103
2013	155.2
2014	233.6
2015	134.9

二、工行承德分行

1989 年，工行承德中心支行已开办咨询顾问、担保承诺、债券外汇买卖业务。此后，陆续开办理财产品、基金托管、贵金属交易等业务。

1989—1993 年国有专业银行时期　1992 年，开办企业信用等级评估业务，评定信用企业 168 户，其中特级信用企业 11 户，优等信用企业 157 户。

1989—1993 年，办理承诺类业务累计交易额 1.05 亿元。办理债券、结售汇业务累计交易额 6973 万元。

1994—2004 年国有商业银行时期　1994 年，开展固定资产贷款项目可研评估，未经评估不得纳入信贷计划。

1996 年，开办工程预决算审核评估业务。

1997 年，开办投标保函业务。先后两次为承德悬挂输送机股份有限公司投标江西昌河飞机工业公司 2000 万元涂装车间机械化设备项目出具投标保函 280 万元。1998 年，为承德路桥建设总公司出具工程投标保函 100 万元。

2002 年，热河支行开展国内资信调查业务试点，当年办理资信调查业务 19 笔，金额 3.24 亿元；保函 1 笔，金额 300 万元；个人存款证明 7 笔，金额 3200 万元；冻结证明 870 万元。

2003 年，开办代理贵金属买卖业务，主要销售黄金、白银两大系列产品。开办证券投资基金托管、社保基金托管、委托资产托管、信托资产托管、收支账户托管、境外机构投资者(QFII)境内证券投资托管业务；开办个人理财业务，具体包括“灵通快线”“步步为营”“稳得利”“珠联币合”等系列产品。

1994—2004 年，工行承德分行担保类业务累计交易额 680 万元，承诺类业务累计交易额 9.96 亿元，交易类业务累计交易额 5.10 亿元。

2005—2015年国有股份制银行时期 担保业务，于2006年为承德露露公司办理银行承兑汇票担保525万元，2011年为承钢办理信用证保函2400万元。2005—2015年，担保业务累计交易额8632万元。

承诺业务，于2005年为承钢、露露公司等企业办理承兑汇票和信用证业务6370万元，2006年为帝贤公司出口业务办理承兑汇票和信用证7800万元，2007—2015年为承钢出口产品、引进先进设备、国内结算等累计办理承兑汇票和信用证4.90亿元，2010年为3家A级企业办理承兑汇票和信用证8530万元，2011—2013年为宽城水电项目办理承兑汇票2.65亿元，2014年为丰宁风电项目办理承兑汇票和信用证1.60亿元。2005—2015年，累计办理承诺业务12.66亿元。

交易类业务，2006年，开办对公理财业务。为加大营销力度，制订对公理财产品营销及奖励办法，各支行客户经理积极下企业营销。2005—2015年，累计办理交易类业务267.03亿元。

基金托管业务，2008年，经过与市社保局和部分大企业协商，争取到各类基金托管业务。2013年，基金托管业务收入1574万元。2005—2015年，基金托管业务累计交易320.15亿元。

2015年，工行承德分行担保类业务交易额438万元，承诺类业务交易额1.75亿元，交易类业务交易额86.89亿元，基金托管类业务交易额76.76亿元。

1989—2015年工行承德分行其他业务交易金额统计表

表7-5-2　　　　单位：万元

年份	担保类业务	承诺类业务	交易类业务	基金托管类业务
1989	—	1420	1470	—
1990	—	2630	1680	—
1991	—	3450	1751	—
1992	—	1520	1386	—
1993	—	1430	686	—
1994	—	450	4486	—
1995	—	2860	5560	—
1996	—	7450	1660	—
1997	280	7210	1800	—
1998	100	2340	865	—
1999	0	5435	1595	—
2000	0	10400	2280	—
2001	0	23520	6200	—
2002	300	17271	4400	—

续表 7-5-2

年份	担保类业务	承诺类业务	交易类业务	基金托管类业务
2003	0	17350	7680	1676
2004	0	5350	14450	2108
2005	0	6370	13670	1108
2006	525	7800	9860	3169
2007	78	10850	11230	2178
2008	961	6600	18870	157896
2009	1820	14000	17860	10195
2010	1599	8530	78520	147196
2011	2481	25000	227680	126059
2012	25	12600	327260	563850
2013	685	1330	310620	685840
2014	20	16000	785800	736478
2015	438	17500	868920	767580

说明：1. 担保类业务包括保函业务
2. 承诺类业务包括银行承兑业务、信用证业务
3. 交易类业务包括债券业务、结售汇业务、理财等

三、农行承德分行

1989—1993 年国家专业银行时期 主要开展银行承兑汇票和企业信用等级评估业务。

1989 年，经农行承德中心支行企业信用等级评审委员会审定，围场县新拨供销社等 124 个企业符合农行“1989 年度一级信用等级”标准，颁发信用证书；兴隆安子岭供销社、兴隆洒河南供销社、隆化太平庄供销社、平泉台头山供销社符合农行“1989 年度特级信用企业”标准，颁发信用证书。并将相关情况登载于 1989 年 11 月 12 日《河北日报》。

1989—1993 年，累计签发银行承兑汇票 738 笔，金额 7818 万元，帮助企业解决临时性资金周转困难。累计办理债券交易类业务 6166 万元。

1994—2008 年国有商业银行时期 1994—1997 年，累计签发银行承兑汇票 2.08 亿元，办理交易类业务 1.35 亿元，帮助企业加快资金融通。

1998 年 4 月，根据中国农业银行《客户授信额度管理暂行办法》，经承德市分行贷审会审查，首次为贷款余额 1000 万元以上的 12 家客户核定授信额 2.48 亿元。

2001 年，开办进口信用证业务，当年开立进口信用证 25 万元。

2003 年，开办开放式基金托管业务，当年托管基金 4200 万元。5 月，开办国内担保业务，

当年开出保函316万元。

2004年4月，为承德路桥建设总公司开立履约保函2000万元，为承德市林晓商贸有限公司开立履约保函40万元。

2006年，代理理财资金1891万元。

2007年3月，开办投融资顾问业务。

2008年，与承钢集团、怡达集团、露露集团等12家公司客户签订企业年金托管协议，并实现住房公积金正式托管。

2008年，办理承诺类交易4.28亿元，交易类业务9944万元，托管类交易90万元。

2009—2015年股份制商业银行时期 2009年，全面开展基金综合营销，举办投资理财讲座，组建营销队伍，增设服务窗口，为基金客户提供“绿色通道”。全年代销基金4.43亿元。

2010年，通过对存量客户全面评级、新客户逐一评级，为筛选出的优质法人客户授信128.50亿元，年末用信余额77.90亿元。

2011年，大力营销理财产品，全年代售个人理财产品19.98亿元、对公理财产品7.65亿元。

2012年，遵循托管业务保持中立、质价相符、保守秘密的原则，开展交易资金和专项资金托管业务，为客户提供安全保管、办理清算、监督使用、报告资金动态等基础服务，以及资金托管证明、资信报告等证明服务，全年办理资金托管126210万元。按照“贸易背景真实合法”原则，为河北创远矿业有限公司办理国内有追索权保理业务7000万元。

2013年，稳步推进证券投资基金、养老金、保险资金、委托资产、理财产品、企业年金等托管业务，当年办理托管业务73.89亿元。

2014年，为河北创远投资集团授信3亿元，办理国内保理6亿元。开办综合财务顾问、专项顾问类业务。

2015年，办理担保类业务4075万元、承诺类业务18.58亿元、交易类业务108.38亿元、托管业务67.22亿元。

1989—2015年农行承德分行其他业务交易金额统计表

表7-5-3　　单位：万元

年份	担保类业务	承诺类业务	交易类业务	托管业务
1989	—	1743	1272	—
1990	—	2856	1226	—
1991	—	3219	1751	—
1992	—	0	1385	—
1993	—	0	532	—
1994	—	185	4466	—
1995	—	3086	5561	—
1996	—	9534	1662	—
1997	—	8028	1819	—

续表 7-5-3

年份	担保类业务	承诺类业务	交易类业务	托管业务
1998	—	3974	713	—
1999	—	4530	1595	—
2000	—	3910	2283	—
2001	—	10399	6002	—
2002	—	23496	3265	—
2003	316	17271	7559	4200
2004	2074	17155	6405	9140
2005	8	55530	8246	8000
2006	0	112206	16304	7070
2007	0	83994	13690	61160
2008	0	42819	9944	90
2009	310	118563	44321	29730
2010	420	130404	86517	12210
2011	42	114742	283917	20340
2012	0	36297	337380	126210
2013	8	47596	356560	738900
2014	374	157735	952908	861240
2015	4075	185836	1083792	672240

说明：1. 担保类业务包括保函业务
2. 承诺类业务包括银行承兑业务、信用证业务
3. 交易类业务包括债券业务、结售汇业务、理财等

四、中行承德分行

中行承德分行其他业务包括咨询顾问、担保、承诺、交易、托管等产品。

1996—2003 年国有商业银行时期 1996 年，开办买入外汇票据业务，这是根据客户保值或自身风险管理需要开办的代理交易业务。1998 年，交易类业务交易金额 3534 万元，较 1996 年增加 3236 万元。

1999—2003 年，中行承德分行在风险可控的前提下，大力发展其他业务。1999 年，开办

远期结售汇业务。2000年，开办外汇买卖业务、保函业务，6月30日，为承德兴伊罐头食品有限公司授信、向秦皇岛海关开立123万元人民币的税款保付保函，企业向海关缴纳税款保证金出现资金短缺时，可凭该税款保付保函办理海关备案手续，既缓解了企业资金不足，又保证了外贸出口业务的顺利进行。2003年，开办代客黄金买卖业务、贷款承诺或意向书等，当年实现其他业务交易额1.86亿元，较1998年增加1.51亿元，增长4.3倍。

2004—2015年股份制商业银行时期 2004年，开办即期结售汇业务，积极推广表内理财业务，对公理财品种由单一的固定期限产品向多元化发展。采取网银产品推介会等多种形式宣传销售外汇理财产品。2007年，开办第三方存管业务。2008年，开办资产托管业务。为承德市中心医院办理外债转贷款还本付息售付汇业务。推出贵金属交易业务。全年实现其他业务交易额11.45亿元，较2003年增加9.59亿元，增长5.2倍。

2009—2012年，根据客户需求推出多种新产品。于2009开办对公财务顾问业务、银行承兑汇票敞口承诺业务、代理对私债券业务。各项其他业务实现迅速增长。2012年，实现其他业务交易额24.45亿元，较2008年增加13.00亿元，增长1.1倍。

2013—2015年，各项其他业务实现持续发展。2013年，推出理财产品托管业务、社会保险托管业务。同年5月，成功叙作省内单笔最大金额买入返售业务10亿元，实现服务收入1250万元。2014—2015年，推出公司咨询顾问业务。2015年，实现其他业务交易额33.83亿元，比2012年增加9.38亿元，增长38.36%。

1996—2015年中行承德分行其他业务交易额统计表

表7-5-4 单位：万元

年份	担保类业务	承诺类业务	交易类业务	托管业务	其他业务
1996	—	—	298.25	—	—
1997	—	—	1683.77	—	—
1998	—	—	3534.29	—	—
1999	—	—	5507.3	—	—
2000	123.15	—	8229.15	—	—
2001	0	—	7033.17	—	—
2002	0	—	11930.22	—	—
2003	1081.27	80.33	15881.85	1355.25	191.25
2004	618.88	0	23820.65	2539.33	283.72
2005	0	0	37921.41	5422.87	508.71
2006	0	411.46	50831.88	8366.32	481.1

续表 7-5-4

年份	担保类业务	承诺类业务	交易类业务	托管业务	其他业务
2007	0	0	83296.55	10257.85	623.85
2008	705.3	3125.28	98289.15	11837.55	507.33
2009	243.26	0	107725.6	29483.27	857.99
2010	0	0	121449.2	30846.88	1078.2
2011	2175.62	188.92	163380.8	39281.25	1537.86
2012	2013.36	2541.63	182921.2	55086.31	1936.74
2013	35721.68	0	193765.3	68350.2	2128.56
2014	3006.04	38.23	192633.5	87265.24	2459.4
2015	871.73	1810.11	227850.4	104827.3	2933.74

五、建行承德分行

1989—1993 年，继续办理工程造价咨询业务。1993 年，工程造价咨询交易额 7329 万元。

1994—2004 年国有商业银行时期 1994 年，建筑工程预结算审查业务不再由建设银行独家办理，工程造价咨询业务进入市场化运作时期。在此背景下，建行承德分行继续发挥自身优势，工程造价咨询业务得到持续发展。1998 年，办理工程造价咨询业务 1.55 亿元。

2001 年，建设部正式批准中国建设银行造价咨询企业资质，造价咨询业务正式列入建设银行营业范围。

2004 年，办理造价咨询业务 1.89 亿元。随着基础设施建设项目逐渐增多，银行保函作为施工企业工程担保的重要方式被广泛推广。建行承德分行抢抓机遇，推出投标保函业务。其中丽正门支行为承德路桥建设总公司开立投标保函 80 万元，解决了招、投标双方互不信任的问题，促进了招标工作的顺利进行。开办承诺类和投资理财类等业务，进一步丰富了业务品种。全年办理担保业务 200 万元，承诺业务 0.2 万元，投资理财业务 6046 万元。

2005—2015 年股份制商业银行时期 2006 年，担保业务、投资理财业务、造价咨询业务实现较快增长。当年实现担保类业务交易额 1811.21 万元，较 2004 年增长 8.1 倍；交易类业务（投资理财业务）交易额 1.30 亿元，较 2004 年增长 1.15 倍；咨询顾问交易额 23452 万元，较 2004 年增长 23.87%。其中丽正门支行为河北北方建设工程有限公司开立履约保函 1148.91 万元，以银行保函代替履约保证金，缓解了企业的资金压力，提升了工程建设单位整体形象。

2008—2011 年，由于股市行情低迷，客户将投资更多转向理财产品，推动投资理财业务实现较快发展。而担保、造价咨询业务处于徘徊状态，承诺业务起伏不定。2011 年，担保业务交易额 573.67 万元，较 2006 年呈下降态势；承诺类业务 3969.22 万元，增长较快；咨询顾问业务交易额 2.17 亿元，与 2006 年基本持平；仅交易类业务快速发展，实现交易额12.24亿元，较2006年增长8.4倍。2011年，建行承德分行开办投资顾问业务，积极为客户的财务管理、投融资兼并收购、资产重组、发展战略等活动提供咨询分析、方案设计等服务。

2012—2015年，建行承德分行充分发挥工程造价管理优势，坚持客观、公平、公正、高效服务，在社会上树立了建设银行的造价咨询品牌形象。2015年，实现造价咨询业务交易额38193万元，较2011年增长76.34%。在此期间，按照“大力发展轻资本、高回报型表外业务”的要求，大力发展财务顾问业务。依托全牌照的金融解决方案（FITS）品牌优势，对大中小企业和政府类客户提供定制化的直接投资、项目融资、PPP项目、基金、IPO等多元化的金融产品服务，增强银企黏合度。随着中国建设银行“理财产品综合支持系统”的上线，理财产品种类不断丰富。2015年，形成了由“汇得盈”品牌的外汇理财产品和利得盈、建行财富、乾元（共享、尊享、私享、通宝）品牌的人民币理财产品所组成的产品体系。

2015年，建行承德分行实现其他业务交易额50.05亿元。

1989—2015年建行承德分行其他业务交易金额统计表

表7-5-5　　单位：万元

年份	担保类业务	承诺类业务	交易类业务	咨询顾问业务
1989	—	—	—	3542
1990	—	—	—	4218
1991	—	—	—	4863
1992	—	—	—	5916
1993	—	—	—	7329
1994	—	—	—	9081
1995	—	—	—	10154
1996	—	—	—	12168
1997	—	—	—	14716
1998	—	—	—	15482
1999	—	—	—	16471
2000	—	—	—	18524
2001	—	—	—	19612
2002	—	—	—	18534
2003	77	—	—	18705
2004	200	0.2	6046	18932

续表 7-5-5

年份	担保类业务	承诺类业务	交易类业务	咨询顾问业务
2005	445.7	0	8445	19864
2006	1811.21	0	13029	23452
2007	703.6	0	22639	20918
2008	616.33	557.52	37952	19841
2009	361.33	487	59635	16637
2010	950	2393.52	84833	17242
2011	573.67	3969.22	122358	21659
2012	57.67	0	269000	20687
2013	95	0	398332	24249
2014	127.33	0.2	408128	21563
2015	393.67	0	461953	38193

说明：交易类业务主要为理财业务，咨询顾问业务主要为造价咨询业务

六、邮储银行承德市分行

邮储银行其他业务包括交易类业务和代理贵金属业务。

2008 年 1 月 16 日，承德市邮政储蓄开办个人理财业务，销售人民币理财产品——创富 1 号。1 月 28 日，销售第一期“储汇聚财”外币理财产品。3 月 6 日，销售人民币理财产品——天富理财计划 1 号。2009 年 9 月 1 日，销售“日日升人民币理财”托管产品。2009 年 9 月 7 日，邮储银行承德市分行理财业务系统正式上线。人民币理财产品分为高中低三个风险档次，包含“创富”“天富”“财富”3 个系列品牌。2013 年 6 月 24 日，推出电子银行专属夜市理财产品。2015 年，理财客户 2312 户，其中 50 万元以上的中高端客户 80 户。理财产品销售额 13.20 亿元，年收入 124.30 万元。

2012 年，开办代理贵金属业务。贵金属业务通过柜面、网上银行、电话银行、客户交易端进行交易，为客户提供账户管理、现货委托、延期申报、提货管理、数据查询等服务。2015 年，贵金属交易额 1.52 亿元。

2007—2015 年邮储银行承德市分行其他业务交易金额统计表

表 7-5-6　　　　单位：万元

年份	交易类业务	其他业务
2007	56.21	—
2008	160.45	—
2009	2232.58	—

续表 7-5-6

年份	交易类业务	其他业务
2010	5545.56	—
2011	10854.23	—
2012	39291.2	543.65
2013	64248.5	3854.66
2014	104202.2	13674.55
2015	131973.6	15202.77

七、承德银行

承德银行于2007年开办担保类业务。包括非融资性保函业务和银行信贷证明业务。

2007年，出台《承德市商业银行非融资性保函业务管理办法》，开办非融资性保函业务，当年签发首笔履约保函，金额11万元。2008年担保类业务金额128万元。2009年，签发非融资性保函业务4笔，担保类业务交易金额11983万元。2010年，签发21笔，担保类业务交易金额2853万元。2011—2015年，年均签发30笔。5年间担保类业务交易金额分别为3697万元、25445万元、8363万元、12859万元、28731万元。

2010年，出台《承德银行信贷证明业务管理办法》，正式开办银行信贷证明业务。2010—2015年，累计为大客户签发信贷证明35笔，金额4.97亿元。

2015年，承德银行开办的非融资性保函业务包括履约保函、预付款保函、投标保函、质量维修保函、诉讼保函和其他非融资性保函。承德银行为客户出具的银行信贷证明版本包括业主模式和银行模式两种，以银行模式为主。全年实现其他业务交易额2.87亿元。

八、河北银行承德分行

2014年，河北银行承德分行开办理财业务。理财产品根据投资标的分为结构型、债券型、信托型、基金型、股票型、股权型、混合型；根据收益类型分为保证收益型、保本浮动收益型、非保本浮动收益型；根据日常管理和发行频率分为常规化理财产品、非常规化理财产品。2014—2015年，为促进理财业务快速发展，河北银行承德分行积极开展工作。

理财产品品种不断丰富。2014年，发行1.1亿元的高收益开业理财产品。2015年，接连发行炫彩周末、新客户、七天乐、双周乐、行庆等不同品种、不同期限的理财产品。

开展多种方式的员工培训。2015年，累计培训约300余人次，使全体员工熟练掌握了理财产品营销专业技能。

基于客户资金周转情况为客户设计、提供个性化、开放式的理财产品方案，做到客户收益最大化。

亲情维护，将理财产品最新信息通过电话、短信等形式告知客户。2015年，通过电话、短信等形式累计向客户发送信息2500余次，及时为客户更新信息。

2015年，累计销售理财产品18.05亿元，拉动基础客户5700余户，有力支持了各项业务的发展。

第八编

保 险

第八编 保 险

1989 年，承德市保险业仅有中国人民保险公司承德中心支公司 1 家市级机构，下设 10 家支公司。1992 年之后，多家保险公司陆续进入承德设立机构，保险市场竞争格局逐步形成。

1996 年以前处于产寿险混业经营状态。由于开办的险种少，保险业务的社会覆盖面有限，保险业的保障功能尚不足引起社会的广泛认可和重视。1995 年，《中华人民共和国保险法》颁布实施，保险业迈入了依法经营发展的轨道。1996 年人保公司率先实施产寿险机构分设、分业经营，进入了专业化发展的新时期。2002 年全国人大颁布修订的《中华人民共和国保险法》，使保险业的法律法规体系进一步完善，促进保险业加快发展改革。在保险改革、同业竞争的持续推动下，承德市各保险公司坚持“客户至上”的发展理念，注重培养高素质人才，积极拓展营销队伍，不断创新营销方式、开发电子技术、提升服务品质，经营管理方式向内涵集约化转变。

2015 年，承德市财产保险产品涵盖机动车、农业、企业财产、家庭财产、货物运输、建筑工程、信用保证、船舶、特殊风险、责任保险等多个领域。人寿保险产品可以全面提供民生养老、子女教育、健康医疗、意外伤害等多方面的保险保障服务。全市设立市级保险公司 31 家，下设支公司 277 家，保险专业中介机构 22 家，各类兼业代理机构 532 家，签约雇用营销代理人 2.23 万人。承德市保险业实现总保费收入 53.33 亿元，其中财产险保费收入 15.67 亿元，人身险保费收入（含储金）37.66 亿元，总保费收入相较 1989 年增长 132 倍。承德市保险业总赔款与给付支出 18.18 亿元，其中财产险公司赔款支出 9.28 亿元，人身险公司赔款及给付支出 8.90 亿元，总赔付支出相较 1989 年增长 129 倍。承德市保险业缴纳及代收代缴税费 2.33 亿元。积极吸纳大学毕业生、社会失业人员、农村富余劳动力就业，并带动了汽车修理、楼宇经济等关联产业的发展。

1989—2015 年，全市保险业累计赔付支出 93.38 亿元，充分履行了保险的社会补偿职能。

第一章 财产保险业务

1989年承德市保险机构开办的财产保险主要险种有机动车辆保险、企业财产保险、货物运输保险、家庭财产保险、农业保险等。1997年之后相继开办责任险、建筑工程险、信用保证险和船舶险等。2003年财产保险公司重启短期意外人身保险业务。2006年，停滞12年的农业保险重新启动，机动车交通事故责任强制保险依法开办。责任保险、农业保险、短期人身意外险等业务均呈现快速增长的良好势头，逐步成为财产保险新的增长点。在保险产品的不断丰富创新的同时，保险服务手段持续完善。异地通赔、全国24小时接报案电话、车险移动视频查勘定损设备普遍应用、小额案件快速处理等快捷服务措施不断推出，明显缩短了理赔时效，提升了服务质量，促进财产保险业务持续增长。

2015年末，全市财产保险总保费收入15.67亿元，较1989年全市财产保险总保费收入2868.7万元增长54倍。其中机动车辆保险实现保费收入（含商业险和交强险）12.44亿元，占财产险保费总收入的79.39%，是财产保险中“一险独大”的当家业务。

同年末，全市财产险赔款总支出9.28亿元，是1989年赔款支出的96倍。财产保险分担风险的作用逐步凸显，财产保险对重大自然灾害、重大赔案发挥了良好的保障作用。

1989—2015 年承德市财产保险机构保费收入统计表

表 8-1-1 单位：万元

年份	合计	人保财险	太保财险	平安财险	中华财险	大地财险	永安财险	天安财险	安邦财险	阳光财险	渤海财险	民安财险	永诚财险	中银财险	国寿财险	英大财险
1989	2868.7	2868.70	—	—	—	—	—	—	—	—	—	—	—	—	—	—
1990	2797	2797.00	—	—	—	—	—	—	—	—	—	—	—	—	—	—
1991	4668	4668.00	—	—	—	—	—	—	—	—	—	—	—	—	—	—
1992	6030.13	6006.10	24.03	—	—	—	—	—	—	—	—	—	—	—	—	—
1993	10454.23	10162.40	291.83	—	—	—	—	—	—	—	—	—	—	—	—	—
1994	11352.26	10257.20	1095.06	—	—	—	—	—	—	—	—	—	—	—	—	—
1995	10364.94	8004.80	2360.14	—	—	—	—	—	—	—	—	—	—	—	—	—
1996	8604.64	5027.60	3577.04	—	—	—	—	—	—	—	—	—	—	—	—	—
1997	8793.2	6434.10	2359.10	—	—	—	—	—	—	—	—	—	—	—	—	—
1998	8288.86	6940.40	1348.46	—	—	—	—	—	—	—	—	—	—	—	—	—
1999	8112.29	6924.10	1188.19	—	—	—	—	—	—	—	—	—	—	—	—	—
2000	8987.93	7371.70	1616.23	—	—	—	—	—	—	—	—	—	—	—	—	—
2001	9552.51	7753.10	1799.41	—	—	—	—	—	—	—	—	—	—	—	—	—
2002	10252.07	8051.90	2200.17	—	—	—	—	—	—	—	—	—	—	—	—	—
2003	11726.15	9712.79	2013.36	—	—	—	—	—	—	—	—	—	—	—	—	—
2004	20760.46	17710.80	3049.66	—	—	—	—	—	—	—	—	—	—	—	—	—
2005	22103.89	18835.10	3268.79	—	—	—	—	—	—	—	—	—	—	—	—	—
2006	24469.21	19477.90	4098.13	—	—	301.18	592.00	—	—	—	—	—	—	—	—	—
2007	42166.78	26826.28	5585.60	—	4759.94	2690.33	1572.00	470.95	261.68	—	—	—	—	—	—	—
2008	63194.64	38029.20	8441.38	2821.86	6066.28	2077.49	2624.00	1498.36	570.08	—	694.94	—	—	371.05	—	—
2009	65546.71	34172.36	9095.46	4912.73	7971.15	1948.49	2350.00	1828.36	1397.66	—	1020.89	—	—	849.61	—	—
2010	84969.96	41947.40	14755.59	6252.37	9818.57	3126.66	1924.00	1816.10	1155.90	—	1862.84	—	—	2310.53	—	—
2011	99143.21	49969.35	18030.95	7214.99	12447.29	3658.06	1693.00	1356.40	389.56	1278.64	797.62	—	—	2307.35	—	—
2012	107091.7	51870.39	19289.77	8866.47	13299.05	3710.03	1972.00	1415.00	185.35	3762.97	492.86	688.40	—	1539.36	—	—
2013	131416.4	62622.96	22149.83	10488.85	15268.71	4560.12	1160.00	1217.80	35.64	4992.88	946.62	1298.28	—	2926.63	3227.50	520.61
2014	242519.2	162554.68	24081.32	11039.96	17862.97	5152.97	776.00	798.00	119.89	4655.52	1056.89	1361.05	459.00	3259.03	7687.63	1654.32
2015	156730	73807.63	22699.67	10456.31	19291.50	6914.40	1579.00	884.98	83.96	6354.10	1299.79	941.57	856.50	2762.89	7554.49	1243.21

1989—2015年承德市财产保险机构赔付支出统计表

表8-1-2　　　　单位：万元

年份	合计	人保财险	太保财险	平安财险	中华财险	大地财险	永安财险	天安财险	安邦财险	阳光财险	渤海财险	民安财险	永诚财险	中银财险	国寿财险	英大财险
1989	959.30	959.3	—	—	—	—	—	—	—	—	—	—	—	—	—	—
1990	1127.70	1127.7	—	—	—	—	—	—	—	—	—	—	—	—	—	—
1991	1949.90	1949.9	—	—	—	—	—	—	—	—	—	—	—	—	—	—
1992	2958.60	2958.6	—	—	—	—	—	—	—	—	—	—	—	—	—	—
1993	5223.30	5223.3	—	—	—	—	—	—	—	—	—	—	—	—	—	—
1994	12449.57	11507.9	941.67	—	—	—	—	—	—	—	—	—	—	—	—	—
1995	5335.31	4368.7	966.61	—	—	—	—	—	—	—	—	—	—	—	—	—
1996	5377.29	3613.3	1763.99	—	—	—	—	—	—	—	—	—	—	—	—	—
1997	5709.83	3417.8	2292.03	—	—	—	—	—	—	—	—	—	—	—	—	—
1998	5120.41	3500.1	1620.31	—	—	—	—	—	—	—	—	—	—	—	—	—
1999	4350.03	3473	877.03	—	—	—	—	—	—	—	—	—	—	—	—	—
2000	4616.94	3553.4	1063.54	—	—	—	—	—	—	—	—	—	—	—	—	—
2001	5008.24	4143.3	864.94	—	—	—	—	—	—	—	—	—	—	—	—	—
2002	6015.07	4738.6	1276.47	—	—	—	—	—	—	—	—	—	—	—	—	—
2003	6908.66	5488	1420.66	—	—	—	—	—	—	—	—	—	—	—	—	—
2004	9702.08	8126.7	1575.38	—	—	—	—	—	—	—	—	—	—	—	—	—
2005	12417.34	10751.2	1655.47	10.67	—	—	—	—	—	—	—	—	—	—	—	—
2006	13240.36	10848.9	1866.39	398.79	—	23.00	103.28	—	—	—	—	—	—	—	—	—
2007	24547.89	16249.08	3133.32	735.30	2746.87	956.00	632.68	65.62	29.02	—	—	—	—	—	—	—
2008	40216.94	23619.8	6615	2230.85	3400.74	1887.00	1506.2	706.78	211.45	—	—	—	—	39.1	—	—
2009	53379.44	31998.58	8810.96	2527.45	5127.98	1451.00	1735.1	1069.4	424.88	—	—	—	—	234.15	—	—
2010	49318.79	24217.43	9972.49	3416.33	4982.98	1865.57	1309	1632.3	1141.8	—	—	—	—	780.94	—	—
2011	58934.67	27692.5	13538	3387.27	5894.77	1802.00	1386.4	979.87	593.53	769.8	1408.6	—	—	1481.9	—	—
2012	73710.14	34511.49	17245.78	4970.11	7290.31	2081.00	1750	971.64	22.55	2650.3	725.23	76.6	—	1415.2	—	—
2013	87877.15	45587.27	17185.93	6242.7	8717.59	2608.00	1212.7	868.27	169.08	2893.9	367.71	451.07	—	1345.9	206.77	20.38
2014	80604.90	33395.03	18540.06	6154.22	9851.7	2895.00	815.81	877.34	85.62	2260.9	541.3	869.01	36.13	1972.3	1897	413.57
2015	92759.89	44300.31	17990.77	4834.67	10200.31	3241.00	596.27	673.27	210.38	1823.5	550.09	872.2	356.59	2126.7	4359.1	624.83

第一节 机动车辆险

一、种类

机动车辆保险是指投保的机动车辆，由于遭受自然灾害或意外事故，造成的人身伤亡或财产损失，保险公司承担赔偿责任的保险。随着机动车社会保有量的持续增加，机动车辆保险成为财产保险的最大险种。

2006年以前，机动车辆保险是以机动车辆本身及机动车辆第三者责任为保险标的的运输工具保险，统称为机动车辆保险。2006年之后，随着《中华人民共和国道路交通安全法》的实施，机动车辆保险划分为商业保险、交通责任强制保险（简称交强险），后者具有强制性。2015年，承德市15家财产保险公司均开办机动车辆保险业务。

机动车辆商业险 机动车辆商业险是车主依法投保交强险之后，自愿投保的商业性机动车辆保险。具有保障较高、项下险种较多、可自由选择的特点。机动车辆商业险分为基本险（也称主险）和附加险两部分。基本险分为机动车辆损失保险和第三者责任保险；附加险是在客户投保了机动车辆基本险的基础上，选择投保的附加责任险。主要有风挡玻璃破损险、划痕险、自燃损失险及不计免赔等业务。附加险不能独立承保。

机动车交强险 机动车交强险是依据《中华人民共和国道路交通安全法》的规定，强制实行的保险制度。是由保险公司对被保险机动车发生道路交通事故造成受害人（不包括本车人员和被保险人）的人身伤亡、财产损失，在责任限额内予以赔偿的强制性责任保险。根据2006年3月21日国务院颁布的《机动车交通事故责任强制保险条例》，交强险于2006年7月1日起开办，保费执行全国统一标准。

二、承保

1989—1991年 机动车保险受社会保险意识不强、机动车公有化结构单一、保险市场缺乏竞争机制的影响，业务发展缓慢。1989—1991年累计承保机动车辆92723辆，累计保费收入4015万元。

1992—1995年 车险市场竞争局面初步形成。1992年，太保承德代理处成立，同年12月开始在各县加快组建保险代理机构，开拓市场，扩大份额。1994年太保承德代理处升格为承德办事处之后，积极为太保总公司招募股东，扩大影响力，促进业务开展。太保公司在加强媒体宣传的同时，制作“太平洋保险保太平”的微型条幅，粘贴在承保车辆的档风玻璃上，宣传品牌优势，增强社会认知度。兴隆县太保服务所承保了县城所有的环卫车辆，取得了较好效果。人保公司发挥机构网点遍布县域的优势，积极巩固市场阵地。人保和太保两家公司积极与交警协作，分别在机动车年检处设立服务台，宣传各自优势，当场办理车辆承保业务，为车主提供便捷服务，不再等客上门。1995年，全市机动车辆保险保费收入4861.4万元，相较1990年增加3493.37万元，增长2.55倍。承保金额20.90亿元。

1996—2000年 人保和太保两家保险公司依据人民银行、保监会发布的机动车辆保险条款、费率和规章，在竞争中促进机动车保险业务的开展。突出加强县区机构领导班子建设，强化人员岗位培训考核，做好理赔续保工作，积极参与政府集中采购。1999年起，根据国务院规定，各级政府车辆保险纳入集中采购，实行招投标集中投保。人保和太保公司积极参与招投标全过程。2000年全市机动车辆保费收入5979.1万元，相较1995年增加1117.76万元，增长22.99%。承保金额38.95亿元。

2001—2005年 承德保险市场又增加了新

生力量，平安财险承德中支于2003年开业。五年间机动车保险深化改革，机动车辆保险产品由“统一条款费率”向保险公司“自主开发车险产品和自我厘定车险费率”转变。各保险公司顺应改革，及时调整发展思路，重点开展如下工作：

开展合作营销。各家保险机构先后与汽车营销商、车贷银行建立合作营销关系，从源头上抓客源。2001年，人保财险虹桥支公司分别与冀东机电大众4S店、广汽本田4S店合作，为销售新车提供保险配套服务。人保财险翠桥支公司与工行开发区支行合作，推出汽车贷款和办理保险连锁服务。

发挥新业务品种对车险的带动作用。2003年太保财险承德中支率先推出专用品牌“神行车保”机动车辆综合保险条款。该险种独有的13个附加险和11个不计免赔特约条款，增加了保险费率的调整因素，为客户扩大了选择空间。

2005年末，全市机动车辆保费收入1.89亿元，相较2000年增加1.29亿元，增长2.16倍。承保金额42.57亿元。

2006—2010年　陆续有中华财险、大地财险等8家保险公司加入承德保险市场，竞争形势更加严峻。2006年是全面实施交强险的第一年。各保险公司积极组织交强险业务培训和出单测试，与交警和有关单位合作建立远程出单点28个。到11月末，出单点完成保费收入1500多万元。

2007年，平安财险承德中支首开电话直销车险业务，带动各公司普及电话销售渠道。继续建立和巩固与银行、邮储、车商、经济代理公司的合作平台，实现保费收入规模化增长。

2009年，针对承德市车险市场普遍出现的亏损局面，中华财险承德中支率先提出新车不打折、私家车取消不计免赔特约条款等措施，得到各家保险公司的普遍拥护。在承德市保险行业协会主持下，形成自律公约，共同遵守，对全行业扭亏增盈产生了积极作用。

2010年，全市机动车辆保险保费收入7.50亿元，相较2005年增加5.61亿元，增长2.97倍。其中机动车商业险保费收入5.51亿元，承保金额400.84亿元；机动车交强险保费收入1.996亿元。承保金额236.88亿元。

2011—2015年　承德车险市场发展呈现新的发展格局。全市财险机构发展到15家，各公司积极延伸县以下机构。2015年末，全市设立县区级财险机构53家、乡镇级财险机构37家，扩大了各公司的保险服务覆盖面。各公司多措并举开展工作。

丰富宣传形式，推动有效展业。各公司保险业务宣传紧扣“3·15”消费者权益保护日、“7·8”保险公众宣传日、“十一”黄金周、春运等重要时间节点，由承德市保险行业协会牵头组织各公司共同参与，制作宣传板，发放宣传单，现场向消费者讲解承保理赔流程。借助广场、视频、媒体、志愿者服务等多种形式，进行多渠道宣传。2012年6月，中华财险平泉支公司联合平泉县邮政局召开了“携手中华邮政车险客户答谢会”“百日冲刺”车险竞赛活动，当天参加活动客户86人，预交定金达成签单意向40余人。2013年7月，人保财险围场县支公司受邀参加围场首届房车、建材、家电联合展销会，以汽车展销为契机，采集客户信息200多条。同年10月，大地财险承德中支多次做客976文化广播《汽车联盟》栏目，解答听众关心的切身利益焦点问题，讲解新车上保险、二手车过户应办理的相关手续。增加客户对大地财险的认知度。

抓住有利时机，延伸服务领域，推销各自品牌。2012年6月7—8日高考期间，阳光财险承德中支组建“阳光爱心车队”，主动与承德二中结成送考生合作单位，免费护送考生抵达考场，为公司赢得了社会赞誉。同年9月，平安财险承德中支开通网络批改车牌号服务，客户只需在平安财险官网填写相关信息，即可完成车牌号批改，为客户提供便捷可靠的保险服务。2013年，平安财险承德中支推出为客户代办年审检车服务，公司安排专人为客户检车提供全程引导，快速完成年审检车，助力业务发展。

共享同业资源。2012 年，人保财险承德市分公司和太保财险承德中支借助集团公司的寿险公司（人保寿险、太保寿险）销售车险产品，形成渠道交叉，资源共享，深度挖掘客户资源。

科技助力业务开展。2015 年，阳光财险承德中支开发全能保险 APP，销售人员可以轻松实现 APP 手机自助算价、自助承保、在线支付等功能，服务更加便捷。

2015 年，承德市机动车辆保险保费收入 12.44 亿元，相较 2010 年增加 4.94 亿元，增长 65.18%。其中机动车商业险保费收入 9.25 亿元，承保金额 1082.5 亿元；机动车交强险保费收入 3.19 亿元，承保金额 412 亿元。

1989—2015 年承德市机动车险承保情况统计表

表 8-1-3　　单位：万元

年份	机动车商业险		机动车交强险	
	本期保费	保险金额	本期保费	保险金额
1989	1067	57318.8	—	—
1990	1368	83519.8	—	—
1991	1580.1	108351.9	—	—
1992	2047.4	97604.2	—	—
1993	2218.5	105495.3	—	—
1994	4121.1	124602	—	—
1995	4861.4	208974.1	—	—
1996	5885.6	239720.6	—	—
1997	5436.1	367588.7	—	—
1998	5341.7	398054.4	—	—
1999	5296.9	413012.2	—	—
2000	5979.1	389540.1	—	—
2001	6568.3	186190.7	—	—
2002	7396.8	218144	—	—
2003	8808.5	298761	—	—
2004	15944	463263.4	—	—

续表 8-1-3

年份	机动车商业险		机动车交强险	
	本期保费	保险金额	本期保费	保险金额
2005	18915	425729.7	—	—
2006	20534	503962	3946.82	480302
2007	26081	769993.5	11352	997447.1
2008	28420	985607.6	13223.76	1634380
2009	39160	2770081	15080.68	2048114
2010	55081	4008436	19962.78	2368782
2011	61807	4426518	24533.05	2852298
2012	68548	5440497	26022.81	3250494
2013	79455	6930474	28341.51	3425166
2014	89914	8775992	124243	3807305
2015	92507	10825006	31928.42	4119941
合计	664342.5	49622438	298634.83	24984229.1

三、理赔

保险理赔是指在保险标的发生保险事故，被保险人财产、人身生命受到损害时，保险公司根据合同规定，履行赔偿给付责任的行为。车险理赔是车辆保险业务的重要组成部分。

1989—1995 年　承保车辆以营运车辆和公务用车为主，理赔案件相对较少。理赔流程包括。

报案立案。承保的车辆发生保险事故后，由客户联系保险公司报案、立案。

现场查勘。保险公司立案后，组织查勘人员进行现场查勘。

定损维修。联系汽车修理厂进行拖车、拆解作业，保险公司定损人员对车辆损失进行现场审核，确认保险责任范围、损失程度、损失金额等。保险公司与修理厂在对维修配件和工时费用达成一致后，对受损车辆进行修理。

提交单证进行索赔。由客户将索赔申请、维修费用单据等索赔资料提交给保险公司办理索赔手续。

理算核赔。保险公司收到齐备的索赔单证之后进行理算，以确定最终的赔付金额。

赔付。保险公司人工理算的维修配件价格与修理厂报价往往存在差异，需双方协商确定最终价格。

1996—2000 年　保险分业经营后，各财产保险公司加大机动车辆保险理赔方式和制度的改革探索。以中保财险承德分公司为例：1997 年中保财险承德分公司制定《机动车险业务电脑管理暂行规定》，电脑处理赔案开始试行，理算核赔由人工操作转为电脑录入，采用制式表格和计算公式处理理赔案件，使理赔工作更具科学化。同年与检察院合作，建立了以检察院为依托的理赔鉴定中心，借助司法力量打击假骗赔案。1999年中保财险承德分公司统一设定报价权限，安排专人负责车险定损询价报价，超权限的由分公司车险科统一报价。2000年5月，中保财险总公司推出事故车辆电子定损系统（PEDS），实现了系统内全国事故车辆定损报价标准化。

2001—2005年 各保险公司相继成立专业理赔队伍，逐渐将承保和理赔分开管理，配备专业化的查勘定损人员和理算核赔人员，逐步规范理赔工作。重点工作开展如下：

规范操作流程，提供制度依据。逐渐完善《理赔标准化手册》《核赔管理实施细则》《未决赔款管理办法》以及相关的《考核办法》，为加快理赔速度提供制度依据，提高了服务质量。

各公司积极推广机动车险简易赔案处理程序，加快了结案速度。保险公司推出理赔配套服务，设立专线报案电话，24小时全天候在线，节省客户出险报案时间，提升了查勘人员现场查勘定损的实效性。2003年，平安财险承德中支率先推行车险全国通赔服务，缩短了客户奔波索赔的时间。

为维护公司和客户利益，夯实修理成本，各公司通过招投标方式对修理厂进行甄选认定。2003年，人保财险承德分公司向全市修理厂发出招标公告，经与工商局、技术监督局、运管站共同审核，选定了20家保险事故车辆修理协作厂家。

2006—2010年 承德保险主体不断涌入，面对保险市场的激烈竞争，各财险公司增强危机意识，不断提升车险理赔服务质量。

建立健全理赔服务体系。2008年8月中国保监会印发《关于进一步规范财产保险市场秩序工作方案》，提出要着力解决“理赔难”问题。各公司进一步规范理赔服务标准，实行理赔效率考评机制，制定立案率、结案率、理赔周期等考评指标。同时，积极开展服务创新，利用短信通知客户提交理赔单证和领取赔款，相继推行小额赔案快速处理办法，实现小额赔款当场支付，提高了理赔时效。2009年，平安财险承德中支推出车险业务“万元以下、资料齐全、三天赔付”的便捷服务。

加大理赔案件真实性的管控。针对一些涉及人员伤亡等疑难案件，建立医疗审核跟踪机构，负责跟踪调查审核。如人保财险承德市分公司于2008年下半年建立医疗跟踪调查机构，对存在疑点的受伤人员进行医疗跟踪调查。同年10—11月共受理医疗跟踪调查案件68件，核减误工费、护理费9.21万元。2010年10月，中华财险承德中支成立拆解定损中心，正式实行查勘、定损分离，强化真实性管控程序。

打造技术过硬的理赔团队。2008年8月，人保财险承德市分公司举办首届理赔技能大赛，对理赔人员进行理论和实务的双重技能检测，树立理赔服务技能样板，提升了消费者满意度。

2011—2015年 随着科技进步，通讯方式的更新，理赔管理手段逐步开发应用电子技术，服务效率进一步提高。

2011年，平安财险承德中支推出“一袋式”理赔服务，即客户出险报案后，查勘员一次性告知客户应该提供的理赔资料，并且赠送“理赔资料专用快递袋”。当客户完成资料收集后，拨打快递袋上的“快递受理电话”，由快递公司上门代收资料并送达理赔内勤。

2012年大地财险承德中支运用现代信息技术，配合智能手机和便携式蓝牙打印机，最快3分钟可完成现场定损，现场上传理赔单证。太平洋财险推行“车险移动视频查勘定损设备”查勘事故现场，影像证据清晰，使理赔效率和真实性都有明显提高。

同年2月21日，中国保监会颁发《机动车辆保险理赔管理指引》，对查勘时限、赔付时效、异地通赔做出明确规定。人保财险承德市分公司积极抓好落实，具体制定了《客户服务承诺》。

接到城区范围内客户报案后，查勘人员在30分钟之内到达现场；城区范围之外每增加1千米增加3分钟；不涉及人伤的车险案件限时赔付，在收到客户提交的真实完整材料后，在以下时限内支付赔款：2000元（含）以下案件，1个工作日；5000元（含）以下案件，3个工作日；5000元～1万元（含）案件，5个工作日；1万元～5万元（含）案件，7个工作日；5万元～10万元（含）案件，10个工作日；10万元～15万元（含）案件，15个工作日；15万元以上案件，20个工作日。为异地出险客户提供零距离车险网络服务，全程提供查勘、定损，就地理赔。

2013年4月18日，承德市保险行业协会首次组织全市财险公司进行车险现场查勘测评演练，以后按季常抓不懈。演练通过模拟车辆事故现场，拨打报案电话，对各公司的接报案环节、查勘到达现场的时效、人员着装、查勘车标识、增值服务等环节进行检查测评，检验各公司车险理赔服务承诺履行情况，促进各公司不断提高车险理赔的规范性和工作效率。

1989—2015年　承德市各保险公司累计发生车险赔款案件82.39万件，累计赔款56.56亿元。2015年机动车商业险发生赔款案件8.23万件，赔款金额5.85亿元，赔付率63.21%；交强险发生赔款案件3.63万件，赔款2.25亿元，赔付率70.53%。

1989—2015年承德市机动车险赔付情况统计表

表8-1-4　　单位：件、万元、%

项目 年份	机动车商业险			机动车交强险		
	赔款案件	赔款金额	赔付率	赔款案件	赔款金额	赔付率
1989	3101	650.7	60.98%	—	—	—
1990	3185	388.8	28.42%	—	—	—
1991	3589	1034.1	65.45%	—	—	—
1992	4210	1482.1	72.39%	—	—	—
1993	6679	1985	89.48%	—	—	—
1994	7880	3890.6	94.41%	—	—	—
1995	8140	3516.4	72.33%	—	—	—
1996	5554	3904.12	66.33%	—	—	—
1997	7598	3563.79	65.56%	—	—	—
1998	7136	3312.19	62.01%	—	—	—
1999	7617	3171.26	59.87%	—	—	—
2000	5931	3464.99	57.95%	—	—	—

续表 8-1-4

项目 年份	机动车商业险			机动车交强险		
	赔款案件	赔款金额	赔付率	赔款案件	赔款金额	赔付率
2001	7553	3823.34	58.21%	—	—	—
2002	6259	4640.68	62.74%	—	—	—
2003	7137	5600.26	63.58%	—	—	—
2004	11220	8503.96	53.34%	—	—	—
2005	12532	11578.15	61.21%	—	—	—
2006	15903	12836.93	62.51%	498	177.11	4.49%
2007	22109	16995.67	65.16%	9943	5096.1	44.89%
2008	31784	23214.11	81.68%	18771	7505.16	56.76%
2009	56587	36564.73	93.37%	16885	10577.38	70.14%
2010	50032	31570.69	57.32%	16738	13569.87	67.98%
2011	46009	37202.76	60.19%	17095	17201.92	70.12%
2012	59686	45376.03	66.20%	21685	19530.44	75.05%
2013	72673	52148.13	65.63%	26753	19948.77	70.39%
2014	75677	50911.47	56.62%	31225	19661.01	15.82%
2015	82262	58489.06	63.23%	36302	22520.08	70.53%
合计	628043	429820.02		195895	135787.84	

典型赔付案例 1996年1月14日，承德钢铁公司电动铲车因山体滑坡造成车损。经人保承德分公司现场核实后，定损赔付29.92万元。

1996年3月5日17时20分，驾驶员李某驾驶桑塔纳轿车由塔山返回宽城途中因刹车失灵，与路边山石相撞，造成车辆损失的单方事故。该车车损险保额20万元。1996年8月5日，太保承德办事处定损赔付10万元。

2004年9月30日，李某驾驶京G6XXX8号标的车由北京返回营子途中，经过北坎子路段转弯超车时与对面大货车相撞，造成重大交通事故。该车车损险保额28万元，第三者责任险保额10万元。2004年12月1日，太保财险承德中支定损赔付20.2万元。

2006年6月6日，被保险人韩某驾车在围场县四合永超车时与两辆车相撞，事故导致三车受损、二人受伤、路政受损。交警现场裁定标的车负全责。中华财险承德中支定损赔付38.85万元。

2006年12月24日晚10点，标的车黑色奥迪A8轿车驶入丰宁境内后，由于车速过快撞向桥墩后翻入路基下，造成3人重伤，1人轻伤，轿车严重受损。该车是新车投保，单车承保金额180万元。2007年6月25日，人保财险承德市分公司向被保险人定损赔付110万元，其中车损赔款106万元、人伤赔款4万元。

2007年6月27日，承德北辰送变电公司的一台车辆在内蒙古因车速较快翻车，事故导致车辆严重受损，车上6人受伤，其中2人重伤。接到报案后，公司迅速派员赶赴内蒙古事故现场实地勘察，处理事故。中华财险承德中支定损赔付28.09万元。

2008年8月14日19时，承德运输集团有限责任公司三公司的宇通ZKXXXD客车（车牌号码冀HEXXX9），由陈某驾驶在宽城满族自治县平铁线李罗台水库路口向唐山方向行驶时，与相对左转的刘某驾驶的两轮摩托车（搭载乘车人杨某）相撞，造成刘某和杨某当场死亡。该事故在当地影响较大，给死者家庭带来沉重的打击和经济负担。事故发生后，大地财险承德中支迅速组织专项处理小组，积极参与事故处理，简化程序，协调各方积极进行调解。同年10月14日，大地财险承德中支赔付死者家属20万元。承德运输集团有限责任公司在较短时间内恢复运营生产。

2009年4月18日14时24分许，承德弘盛热力设备器材经销有限责任公司刘某驾驶标的车辆，在围场满族蒙古族自治县大头山公路行驶，因车速过快，道路转弯过急，车辆失控掉入沟中，造成车上5人受伤。渤海财险承德中支接到报案后，迅速派人赶往现场营救并查勘。定损赔付12.58万元。

2009年7月8日，标的车保时捷凯宴轿车在秦皇岛发生侧翻事故。接到报案后，中华财险承德中支迅速派出大案岗人员赶赴现场。经查勘，事故真实有效且标的车基本报废。为减轻被保险人的经济压力，中华财险承德中支特事特办，快速赔付被保险人75万元，得到客户好评。

2009年8月16日，卢某驾驶围场开往沧州的冀HNXXX9号标的大客车（37座），由东向西行驶至101线135KM+600M（滦平县巴克什营路段）时，因雨天路滑，遇情况采取措施不当，致使车辆驶入道路左侧边沟倾覆，造成车上4人死亡，31人受伤，机动车严重受损的交通事故。太保财险承德中支接案后立即启动重大事故应急预案，并预付10万元赔款，处理死者丧葬，伤者抢救费用。太保财险承德中支最终赔付257.9万元。

2010年10月8日，尹某驾驶冀HAXXX8号宝马标的车行驶在承德县六沟时，与第三者车冀HFXXX2发生剐蹭。经交警裁定，标的车负主要责任。该车车损险保额87万元，第三者责任险保额50万元。2011年4月2日，太保财险承德中支定损赔付23.8万元。

2011年10月26日，司机李某驾驶承德舒适家用品有限公司的冀H8XXX2号奥迪标的车行驶到平泉县黄土坑时，由于转弯过快与道路花坛相撞，造成标的车受损，该车车损险保额39.6万元。太保财险承德中支高度重视，加快理赔，2012年1月18日，太保财险承德中支定损赔付21.6万元。

2012年8月29日，马某驾驶标的车辆在内蒙古鄂尔多斯市与4辆车追尾，事故导致5车受损、3人死亡、2人重伤、1人轻伤。因案情严重，中华财险承德中支立即启动重大案件处理预案，及时支付理赔款61.21万元。

2012年10月10日，民安财险承德中支被保险人刘某，在平泉县平泉镇汽车站附近驾驶标的车行驶中撞一电动车，受伤第三者为60岁老人。为缓解驾驶员及第三者家庭经济困难，公司预付赔款1万元。伤者出院后三方达成调解协议，公司以最快速度将全部赔款支付到客户手中。

2012年12月17日，李某驾驶标的车辆与另外两车相撞，造成1人死亡、3人受伤、双方车损的交通事故。经交警部门认定，属于保险责任。该车车损险保额23.2万，第三者责任险保额50万。太保财险承德中支定损赔付63万元。

2013年6月21日，人保财险隆化县支公司接到报案称驾驶员张某在晨练时遭到行使的摩托车撞击，当场死亡。经核实，张某在隆化县支公司投保了驾驶员人身意外伤害保险，本次意外事故在有效保期内，属于保险责任。人保财险承德市分公司赔偿被保险人家属死亡伤残限额6万元。

2014年6月17日，承德市区遭遇强降雨并伴有短时间冰雹天气，市区低洼地段严重积水。面对突发情况，中华财险承德中支迅速启动应急预案，增加市区值班查勘人员，客服理赔人员24小时保持电话畅通，确保工作联系。降雨结束后，中华财险承德中支陆续接到因暴雨造成损失的承德市法院地下车库进水导致9辆车被淹等报案10余起。为尽快帮助出险客户排忧解难，中华财险承德中支迅速派出多个查勘组奔赴受损单位查勘定损，并开通快速理赔绿色通道，最终使受损保户得到快速赔付。

2014年6月7日，赵某驾驶冀H8XXX6号标的车行驶至承德县下板城乌龙矶村路段时，因雨天路滑车辆发生侧翻、造成车辆受损的交通事故。标的车保额115万元，太保财险承德中支定损赔付81万元。

2014年9月22日17时，英大财险承德中支投保人汪某驾驶标的车在承德县下板城镇迎宾路行驶时，由于超速行驶与同向郝某驾驶的两轮电动车相撞，造成两车损坏、郝某受重伤、经承德县医院抢救无效死亡的交通事故。标的车承担主要责任。经公司查勘员详细调查走访，收集相关理赔资料，对重要情况逐一核实，确认死者为城镇户口，应按城镇居民标准赔付，死者父母已超60岁需要赡养，女儿未成年需要抚养。综合以上理赔资料和调查结果，报经上级公司核准，确定本次事故的医疗费、死亡赔偿金、被扶养人生活费、丧葬费、车辆损失等损失总额为713076.5元，核定赔付535688.55元。理赔公平公正，死者家属及被保险人一致同意。2014年12月15日完成结案赔付。

2014年11月4日，隆化县冠翔道路运输有限公司标的车行驶不慎剐蹭第三者摩托车，第三者2人死亡。经交警鉴定，事故真实，标的车负全责，属保险责任。平安财险承德中支赔款48.52万元。

2014年12月12日，蔡某驾驶标的车在平泉县乡村公路上行驶，因雪天路滑掉入路边沟下翻车。民安财险承德中支及时赶到现场查勘并组织施救。客户要求就近维修，并自己选择修理厂，公司尊重客户要求，派人跟踪拆解定损，确保受损车辆保质保量完成修复。赔付客户23000元。

2015年2月20日上午8时，杨某驾驶冀H8XXXB号标的轿车由北向南行驶至S257线处超车时发生侧滑，与对向行驶的冀H1XXX7号轿车相撞，同时车辆右后部又与同方向被超车辆冀HRXXX0号普通二轮摩托车相刮。事故造成冀H1XXX7号轿车乘车人当场死亡，杨某车上5人及摩托车司机均受伤。渤海财险承德中支定损赔付62.2万元。

2015年4月6日，被保险人温某驾驶“红岩牵引车”行驶至赤峰市红山区111线火车道口时，因疲劳驾驶与通过路口的火车相撞，事故导致第三者火车、标的车车损及温某本人重伤的重大交通事故。中华财险承德中支紧急启动重大案件处理预案，开通案件处理绿色通道，定损赔付被保险人温某64.3万元。

2015年6月3日18时许，孙某驾驶冀H0XXX0号海马轿车，在丰宁满族自治县112线铁营村逆向行驶时，与周某驾驶的冀ABXXXV号路虎牌越野车相撞，造成两车受损。阳光财险承德中支接到报案后，立即赶赴现场核实，属于保险责任。第三者路虎车到北京维修站维修，公司人员跟踪定损25.5万元。因被保险人无力垫付修车款，公司先行支付了赔款。此案从出险到支付赔款，仅用20天。

2015年6月17日，天安财险承德中支接到报案称：被保险人宽城三鑫运输有限公司标的车，在宽城满族自治县出海路行驶中撞伤一名第三者，三者伤情严重。公司立刻派查勘人员及人伤调查专员赶往现场查勘，对伤者采取应急治疗措施。待伤者好转后，半年内将赔款打入伤者账户。被保险人与第三者对公司非常满意。

2015年10月6日，在北京怀柔区宽沟，大地财险承德中支承保的冀HAXXX9标的车发生4车追尾事故。大地财险承德中支迅速勘查，定损50万元，不足3周便快速完成保险赔付。

2015年12月4日，被保险人王某驾驶标的车发生碰撞行人事故，导致第三者王先生受伤。英大财险承德中支定损赔付52.36万元，被保险人对案件处理时效和结果表示满意。

四、防灾减损

汽车是流动的保险标的物，风险系数大。机动车辆保险的风险防控和减灾防损是保险公司的重要工作之一。

严把承保进口关。各公司根据车辆的品牌车型、投保金额、使用性质、使用年限、以往的出险记录等信息，科学地划分不同的费率标准。大部分公司通过对以往出险记录的严格审查，对承保车辆实行差别费率；各公司对上年度未出险的客户，实行下浮费率承保。鼓励客户安全驾驶；各公司对上年度发生保险事故的客户，实行上浮费率承保。上年度发生两次或两次以上道路交通事故的车辆，次年加收10%的保费；上年度发生道路交通死亡事故的车辆，次年加收30%保费；各公司特别关注高风险标的车辆的档案记录。对于曾经发生假骗赔案件、一个保期内有多次出险记录的客户，列入黑灰名单，实行提高条件的承保措施，或者拒绝承保。

严控理赔出口关。各公司均建立了专业化的查勘理赔团队，注重队伍的专业技能培养，提高对标的车辆定损理赔的准确性。逐步完善《重大疑难案件调查流程》等规章制度，提高理赔人员甄别假骗赔案件的技能，重点打击假骗赔案件。

加强同行业权益保护。各公司查勘员之间普遍加强工作联系，持续保持合作关系，共享信息记录数据平台，联合加大对保险欺诈案件的甄别打击力度。

依法维护理赔案件的真实性。各公司普遍与公安交警、检察院建立了长期合作关系，建立了保险案件理赔鉴定中心，为重大疑难案件的侦破，提供了强有力的司法侦查和技术鉴定，依法维护了理赔案件的真实性，有效堵截了假骗赔损失。

典型防灾减损案例　1995年12月12日下午，白某主动到太保丰宁县代理处，为其所有的冀H5XXX7号东风140型载重汽车投保车辆保险。当时，代理处没有查验承保标的车，依据行驶证、身份证等驾驶员信息当即签发了保险单，次日零时起生效。投保3天后的12月15日上午，白某亲自上门报案，称其冀H5XXX7号东风140型载重汽车在去丰宁满族自治县杨木栅子乡东沟门村老西营子作业区拉木材返回途中发生侧翻，造成车辆损毁。由于当天下雪路滑，保险公司未派人查验现场。同月17日将车辆施救至丰宁汽车修理厂定损修车。

随后，1996年1月3日，太保丰宁代理处接到举报称白某无证驾驶机动车辆，而且是先出险、后投保，涉嫌欺诈行为。经承德市理赔鉴定中心介入调查，查清事实如下，1995年12月11日，白某无证驾驶冀H5XXX7号东风140型载重汽车，去丰宁满族自治县杨木栅子乡东沟门村老西营子作业区拉木材。载货返回途中车辆翻入沟下，造成车辆损毁事故。白某返回途中在其内弟苏某家商议，决定先向保险公司投保车辆保险，保险生效后再谎称由其内弟苏某（有驾驶证）驾驶车辆造成事故，然后索赔。在证据面前，白某承认了骗保未遂事实，索赔无效。

1996年8月16日，一场诉讼近二年的保险索赔案结案。原告兴隆县刘某于1993年12月19日驾车行驶途中，被任丘市一货车碾压地面弹起的石头砸坏档风玻璃。刘某即追赶该车，行进中撞死一人，继续追赶，造成损失4万多元。事后向人保兴隆县支公司提出索赔，人保公司依法拒赔，刘某向兴隆县法院提起诉讼。此案几经周折，最后经市中级人民法院二审裁定，人保公司胜诉。

2010年6月29日，永安财险承德中支被保险人赵某报案称赵某驾车在承德县二沟撞死一行人之后翻车，向公司索赔车损险和第三者责任险。经公司多方调查取证，证实此案是赵某驾驶车辆翻车造成搭载乘客死亡，而非撞死行人，不属于第三者责任险赔付责任，赵某有骗保企图。查明事实后，永安财险依法履行了车损险赔付责任，排除第三者责任险赔付，避免了12万元的骗赔损失。

2012年10月12日21时50分许，人保财险围场满族蒙古族自治县支公司接报案称冀HAXXX2号起亚车在围场满族蒙古族自治县三义永乡行驶时因躲避一辆货车造成倾覆事故，车辆受损严重，车上3人受伤。

查勘员赶到出事地点后，发现有两人在现场，其中一位满身酒气的白姓男子自称是车主。不久，从另一辆驶来车上下来一人，称自己是事故司机。查勘员拍照时要求司机出示相关证件，但司机翻遍受损车厢也未找到证件。查勘员分别询问三人的乘车位置、受伤程度，但回答的说法不一，含糊不清，不能提供有效证据，明显地暴露出虚构事实的迹象。当查勘人员对车主说明隐瞒事实的严重后果之后，车主当场承认自己酒后驾车肇事找人顶替的事实。

2012年10月27日17时许，人保财险围场县支公司接报案称宋某驾驶冀HUXXX9锋范轿车在围场四合永大墙村附近，因躲避摩托车造成倾覆事故。经查勘人员现场查勘，标的车掉入路边约2米深的沟里，车头由西向东停放，经仔细观察车辆受损情况，查勘员发现以下疑点，第一，标的车个别受损部位已生锈，车身布满灰尘，事故应为以前发生；第二，事故现场没有发现标的车倾覆时的散落物，车身没有任何刮擦痕迹；第三，接到报案至查勘员到达现场仅40分钟，标的车发动机却是凉的，拔下机油尺，机油呈凝固状态，显示该车很长时间未行驶。

综合上述情况，初步判断涉嫌假造事故现场。经查验承保信息，该车投保仅11天，不排除先出险、后投保的可能。查勘员于次日在距翻车地点约50多米的采沙场找到一位知情者，他称在10多天前就看到有人围观该车，但不知何原因一直没有人来拖车。证明事故早已发生。随后，支公司约见保户，出示了证人录音，说明了保险诈骗的严重后果。在证据和法律威慑下，保户交代了先出险、后投保的经过。

2013年4月10日，民安财险承德中支被保险人张某报案称驾驶标的车行驶中撞一辆摩托车，造成第三者车辆受损及驾驶员受伤。经现场核实，属于保险公司理赔责任。伤者治疗结束后，经对伤者提供的工资证明、护理人员工资证明进行核实，发现证明材料存在超出实际的造假问题。经保险公司出示调查证明，伤者同意保险公司据实定损给予赔付。

2014年2月24日，中华财险承德中支投保人刘某报案称驾驶标的车在宽城满族自治县宽城镇外环盛丰钢厂与转盘相撞，事故造成车辆严重受损。经查勘员现场拍照查勘，发现标的车4个轮胎及钢圈全部受损，前部底盘悬挂受损严重，而且车底盘有大量油液泄漏，没有刹车痕迹，明显留有多次碰撞仍然向前行驶的迹象。经询问，司机并非标的车驾驶员。经交警协助调查，查明被保险人酒后肇事换驾行为。避免损失16.7万元。

2014年6月，永安财险承德中支被保险人张某报案称其驾车在承德县八家附近与一辆帕萨特轿车相剐，致使第三者车严重受损。经公司查勘员现场查勘，并与交警协作多方取证，证实帕萨特轿车是自己发生撞山事故造成车损，因没有上保险，企图骗取承保车辆第三者责任赔款。

2014年12月20日，太保财险承德中支接到报案称标的车在宽城满族自治县行驶时撞护栏，造成保险车辆受损。查勘员查勘发现此案有酒后肇事换驾的嫌疑。公司在交警配合下，调取了标的车经过的各卡口录像。发现标的车在2014年12月20日9点18分至13点28分往返板城至亮甲台一次，在13点40分从宽城县龙须门高速口下高速不足两公里即出险。办案民警据此推断，车主杨某可能在板城至亮甲台附近吃饭喝酒，饭后在驶往宽城县城途中发生事故，即找裴某顶替肇事驾驶员。

根据上述证据线索，办案民警找到车主杨某做了询问笔录，看了卡口录像。车主杨某承认了醉酒驾车肇事并找人顶替的事实。保险公司做出了拒绝赔付的决定。

2015年1月11日，中华财险承德中支接到被保险人王某报案称当晚8时驾车因躲车不慎撞到路边单位的大门立柱上，事故导致标的车受损、第三者大门立柱受损。经查勘员现场考察和走访目击者，证实事故发生在同月10日22点左右，当时标的车由一名醉酒男子驾驶，肇事后下车逃逸。被保险人王某承认醉酒肇事替驾的事实。公司避免损失1.8万元。

2015年5月9日，中华财险承德中支被保险人杨某驾驶标的车在承德市区南马圈子路口左转时，与一辆摩托车相撞，事故造成双方人员受伤、两车受损的交通事故。经交警裁定，杨某对事故负全责。事故发生后，第三者方起诉，要求被告赔偿其医疗费、护理费、误工费、伤残赔偿金等合计13.63万元，并在庭前调解过程中，提供了医疗费票据、住院病历、误工证明、在城镇居住的租房协议等证据。经中华财险承德中支调查核实，发现租房协议不真实，是伤者在事故发生后通过朋友找城区房主授意签订的，伤者未在此居住，不属于“经常居住在城镇的农村居民”。经与伤者及其代理律师反复协商，最终伤者同意按照农民标准赔偿其伤残赔偿金，据实减赔2.8万元。

2015年7月，永安财险承德中支接到于某报案称驾驶标的车在承德县山嘴附近撞树，奥迪车前部严重受损。经公司查勘员现场查勘，分别询问司机和报案人于某，两人说法不一，露出破绽，最终承认司机醉酒驾车肇事、于某冒充替驾的事实。公司依法拒赔，避免经济损失7万元。

2015年11月9日17时25分，太保财险承德中支接到报案称标的车在宽城满族自治县西山公园附近追尾一辆半挂车，事故已经过当地交警处理。次日查勘员到修理厂定损时发现，标的车损坏的部件比较陈旧，与车辆的新旧程度不符。经查勘员进一步走访调查，有知情人透漏其更换旧件故意制造交通事故的情节。公司立即派专人到宽城满族自治县公安局经侦大队报案。经过经侦大队调取修理厂门口监控录像，发现此标的车曾于11月6日在修理厂院内更换旧件，并将更换下来的配件全部查获。经传唤当事人和修理工人，在证据面前车主承认了更换旧件故意制造事故的事实。宽城满族自治县公安局经侦大队依法对涉案修理厂罚款25000元，对骗保的车主罚款50000元，没收全部配件。此案的成功侦破，对不法分子起到了震慑作用。

第二节 农业险

一、种类

农业保险是保险公司承保被保险人在种植业、养殖业、林业、渔业生产中，保险标的遭受合同约定的自然灾害、意外事故、疫病、疾病等保险事故造成财产损失，承担赔偿责任的保险业务。农业生产受自然因素的影响较大，农业保险与其他财产保险相比，具有地域性、季节性、连续性、政策性的特点。到2015年末，承德市共有4家财产保险机构开办农业保险业务。

种植业保险 主要承保玉米、水稻、马铃薯、陆地蔬菜、大棚蔬菜等标的物。

养殖业保险 主要承保能繁母猪、育肥猪、奶牛等标的物。

林业保险 主要承保公益林、商品林等标的物。

二、承保

1989—1994 年 承德市农业保险以承保政府扶持补贴的政策性农业险为主。6 年间累计收取农业险保费 749.1 万元、保险责任金额 1.13 亿元。业务发展呈现以下特点，90 年代初期保险公司未设立农业保险专业部门和人员。开办险种主要有奶牛、果树、烟叶、玉米制种等险种。保险公司展业主动性不强，基本是由乡镇政府主动联系保险公司，投保农业保险业务。如 1990 年兴隆县南天门、挂兰峪、北营房 3 个乡政府组织果农投保了果树雹灾保险，人保兴隆县支公司收取保费 14.22 万元。

农户缴纳保费采取财政补贴为主、农户少量自筹的方式筹集，农户对政策扶持依赖程度较大。1991 年 3 月，在中共承德地委书记胡振国、行署常务副专员王高鹏的重视下，各县政府加大了保费补贴力度，推动农业保险有了新的起色。1992 年人保宽城县支公司开办了果树雹灾保险，收取保费 19.17 万元。隆化县支公司承保地膜玉米制种 25769 亩。1992 年承德地区农业保险共收取保费 223.6 万元，保险责任金额 3761.3 万元。

农户收入较低，缴费能力有限。虽然政府补贴了大部分保险费用，但农户缴纳部分仍然难以得到认可。考虑到农业保险长期收支倒挂，赔付率居高不下，保险公司经营农业保险举步维艰。人保公司决定自 1995 年起停办农业保险业务。

2006—2010 年 党中央、国务院出台了一系列支农惠农政策，农业和农村发展出现了积极变化，农业险迎来了新的发展机遇。2006 年，人保财险承德市分公司重新开办农业保险业务，当年收取农业保险保费 7.5 万元，承担风险保额 147.3 万元。2007 年，中华财险承德中支积极响应国家支农惠农号召，开办农业保险业务，当年实现农险保费收入 63.74 万元，承担风险保障 873.1 万元。保险公司逐步加大对农业保险市场的开拓发展力度。主要工作如下：

加大宣传力度。同年 1 月受市政府邀请，人保财险承德市分公司参加了承德市委宣传部在围场满族蒙古族自治县开展的科技、文化、卫生“三下乡”大型宣传咨询活动。向当地群众广泛介绍农业保险产品，讲解保险知识，发放各类保险宣传单 3 万余份，赠送了大量的保险宣传画和保险春联。

承保险种逐渐多样化。2006—2007 年承德各保险公司承保的农业险种只有玉米和能繁母猪两项。2008 年增加了奶牛险种，2010 年增加了水稻险种。承保险种的增加，适应了农户的需求和选择，提高了投保的积极性。

同年，全市共收取农业保险保费 642.62 万元，承担风险保额 50951.8 万元。

2011—2015 年 新增两家保险公司开办农业险业务。2013 年 4 月，国寿财险公司进入承德保险市场，并于 2015 年开展农业保险业务，承保了承德县大营子乡育肥猪 1248 头，当年实现保费收入 3.21 万元，承担风险保额 62.4 万元。同年 6 月，中国保监会批准太保财险公司在河北省开展农业保险业务。开展了组建机构、设计保险条款、与市县（区）签署保险协议等工作。2015 年，承德市经营农业保险业务的公司有人保财险、中华财险、太保财险、国寿财险 4 家保险机构。各保险公司不断探索创新，加快农业保险发展步伐，重点工作开展如下：

因地制宜扩大承保险种。2012 年，人保财险丰宁县支公司在调研中了解到，多数专业养鸡户具有强烈的保险保障需求。支公司认真分析市场，与县农牧部门多次沟通协商，确定了参保标准、投保金额、缴费方式。对鸡棚实行编号定位，按养殖规模核定保险金额，8000只的保险金额为14万元、5000只的保险金额为10万元，保费由政府承担50%，养殖户自缴50%，由县农牧部门统一收取缴付保险公司，统保了全县175户养鸡专业户的鸡棚保险，保费收入14.4万元，为养鸡农民提供了风险保障。2013年，中华财险承德县支公司成功承保承德县红旗林场、南甲山林场、大黑山林场的林木保险业务，承担风险保障7607.27万元。同年4月24—27日，中华财险平泉支公司成功承保平泉县林木保险，承担风险保障14.68亿元。2015年，人保财险丰宁支公司开办向日葵种植保险。同年末，全市开办农业保险险种包括玉米、马铃薯、水稻、能繁母猪、育肥猪、奶牛、森林等国家政策性保险；大棚作物、鸡棚保险等地方政策性保险；森林、向日葵种植、设施农业保险等商业性农业保险。农业保险的覆盖面有了大幅提升。

推出合作社联合投保的承保模式。2012年，人保财险承德县支公司打破传统界限，将不足50头牲畜的小规模养殖户进行整合，形成合作社投保。使农户得到实惠，公司得到有效展业。截至2012年8月16日，人保财险承德县支公司共承保奶牛3257头，能繁母猪16948头，养殖业保险保费收入229.3万余元，较上年同期增收104.7万余元。

打通政策性合作通道。各保险公司认真研究地方政策与农险业务的契合点，主动取得地方政府及有关部门的支持。2012年7月，承德县政府印发《关于承德县政策性农业保险试点工作实施方案的通知》，承德县农牧局和承德县财政局联合印发《关于做好2012年政策性玉米种植保险工作的通知》。文件印发后，人保财险承德县支公司紧锣密鼓地奔赴各乡镇进行展业动员。以“政府得民心、公司得实绩、百姓得实惠”为激活点，密切联系乡镇政府，充分动员政府干部参与配合保险工作。通过乡镇政府的有效动员，有的农业龙头企业为驻地乡镇全部关联农户投保，有的村统一为农户投保，有的村干部亲自到农户家收取保费。通过各乡镇的积极支持和配合，有16个乡镇不同程度地投保了玉米种植保险，共投保178896亩，保费收入325.6万余元，其中农户自交保费65万余元。

各公司大力推进农业保险基层服务体系建设。积极配置标准化的乡镇五级（营销服务部）网点机构，2015年，全市在乡镇设立财产险营销服务部机构37家，方便农民就近享受保险服务。人保财险订购三农服务车37台，全部配置给农村营销服务部，用于展业、理赔、宣传等日常工作。

2015年，全市农业险保费收入1.83亿元，相较2010年增加1.76亿元，增长27.42倍。共承担风险保额169.42亿元。

1989—2015年承德市农业险业务承保情况统计表

表8-1-5　　单位：万元

年份	本期保费	保险金额
1989	6.5	256.7
1990	70.3	628.5
1991	144.3	1286
1992	223.6	3761.3

续表 8-1-5

年份	本期保费	保险金额
1993	234.1	3886.1
1994	70.3	1452.6
1995—2005	—	—
2006	7.5	147.3
2007	453.06	6772.8
2008	14557.54	27760.65
2009	3373.87	60078.4
2010	642.62	50951.8
2011	2621.75	37804.3
2012	2040.59	140496.1
2013	9457.36	732433.3
2014	13602.61	1160356.1
2015	18263.44	1694227.5
合计	65769.44	3922299.45

说明：1995—2005 年期间停办农业险业务

三、理赔

1989—1994 年，承德市累计理赔农业险案件 1068 件，累计赔款金额 1444.7 万元。1995—2005 年停办农业险。2006—2015 年，承德市累计理赔农业险案件 18391 件，累计赔款金额 21553.59 万元。

1989—2015 年承德市农业险业务赔付情况统计表

表 8-1-6　　单位：件、万元、%

年份	赔款案件	赔款金额	赔付率
1989	249	3.3	50.77%
1990	264	137	194.88%
1991	206	322.2	223.28%
1992	123	418.5	187.16%

续表 8-1-6

年份	赔款案件	赔款金额	赔付率
1993	202	498.4	212.90%
1994	24	65.3	92.89%
1995—2005	—	—	—
2006	5	2.6	34.67%
2007	855	98.28	21.69%
2008	572	6013.6	41.31%
2009	7252	2357.29	69.87%
2010	920	168.82	26.27%
2011	534	215.1	8.20%
2012	412	2003.07	98.16%
2013	714	2074.13	21.93%
2014	1558	2787.29	20.49%
2015	5569	5833.41	31.94%
合计	19459	22998.29	

说明：1995—2005 年期间停办农业险业务

典型赔付案例　2008 年 9 月 16 日，平泉县王土房乡发生风灾，2200 余亩玉米受灾。接到报案后，中华财险承德中支迅速派员查勘定损，最终赔付 23.01 万元，确保了受灾农户快速恢复生产。

2009 年 9 月 25 日，平泉县杨树岭镇 3100 亩玉米因暴风发生倒伏。为保证受灾群众尽快渡过难关，中华财险平泉支公司迅速启动灾害预案，加快处理速度，最终赔付 47.36 万元。

2011 年 8 月 21 日，平泉县郭杖子乡发生暴雨灾害，玉米受损面积达 3000 亩，经中华财险平泉支公司查勘核损，最终赔付 46.97 万元。

2014 年 9—10 月平泉县遭受严重旱灾，导致全县 10 余个乡镇玉米不同程度受灾。中华财险承德中支及时启动重大灾情理赔预案，并上报河北分公司。公司成立查勘领导小组，联合当地乡镇政府及农牧局技术人员，对全县 18 个受灾乡镇玉米种植保险标的进行实地查勘，确定此次旱灾导致 18 个乡镇 67066.43 亩玉米受灾，受灾农户 54482 户。中华财险承德中支共支付赔款

1091.54 万元，及时赔付了受灾农户。

2015 年 7 月，围场满族蒙古族自治县大面积出现暴雨、冰雹等灾害天气，造成保险标的马铃薯严重受损。中华财险承德中支迅速查勘定损，在规定的时限内通过“一卡通”将赔款汇入农户账户。共支付赔款305万元，降低了农民受灾损失。

2015 年 7 月，丰宁满族自治县部分地区遭遇强对流短时雷雨大风冰雹天气，造成庄稼大面积受灾。经中华财险承德中支深入乡镇查勘定损，分别核定承保的土城镇 3 个村、四岔口乡 1 个村、大滩镇 12 个村的蔬菜、玉米受损数据。中华财险承德中支快速理赔，共支付赔款 121 万元。

2015 年 8 月，平泉县受风灾影响，玉米出现大面积倒伏。经县农牧局技术人员配合，中华财险承德中支查勘员夜以继日地工作，全面完成了玉米地倒伏情况的现场勘查，及时支付赔款 348 万元。得到了当地老百姓的一致好评。

2015 年 11 月 16 日，中华财险丰宁支公司承保的丰宁满族自治县大滩镇被保险人吴跃星等 629 户种植户的蔬菜，因自然灾害发生保险事故，损失面积为 5293 亩。经中华财险承德中支积极处理，案件于 2015 年 12 月 21 日结案，共支付赔款 124.58 万元。

2015 年，国寿财险承德中支对承德县大营子乡育肥猪发生疫情死亡进行赔付，赔款金额 3.58 万元。

四、防灾防损

由于农业保险的高赔付性，各公司开展农险业务以来，对防灾防损工作高度重视，历年常抓不懈。与气象部门达成意向，在预测发现较大灾害天气时，第一时间通知保险公司，由公司迅速通知被保险人早知道、早预防。在汛期到来之前，各保险公司认真排查存在风险隐患的农户，帮助农户提前疏通排水管道、排水沟，加固防洪堤坝，提前准备沙袋、高压水泵、抽水机等防洪设施。同时利用每年承保公示的机会，组织人员到人口密集场所进行防灾防损宣传，取得了一定的成效。

第三节 非车非农险

一、种类

非车非农险是指除机动车辆保险和农业保险以外，一系列财产保险的统称。包含：企业财产保险、家庭财产保险、责任保险、工程保险、货物运输保险、短期人身意外伤害保险、短期健康保险、信用保险等。非车非农险是财产保险业务的重要组成部分。

企业财产保险 以投保人存放在固定地点的财产为保险标的的保险。凡具有独立法人资格的生产、流通、服务性经济组织均可投保企业财产保险。险种主要分为企业财产基本险、企业财产综合险、企业财产一切险。

家庭财产保险 以城乡居民的有形财产为保险标的的保险。险种主要包括普通家财险、家庭财产两全保险、个人贷款抵押房屋保险等。

责任保险 以被保险人对第三者依法应负的赔偿责任为保险标的的赔偿性保险。责任保险的承保方式有两种，一种是作为其他险种的组成部分或附加部分承保；另一种是作为主要险种单独承保，如公众责任保险、产品责任保险、雇主责任保险、职业责任保险等。

工程保险 以工程项目中的财产及其赔偿责任作为保险标的的财产保险。险种主要包括建筑工程保险、安装工程保险。

货物运输保险 以各种运输工具运输过程中的货物作为保险标的，保险人承保因自然灾害或意外事故导致运输过程中货物遭受损失的保险。货物运输保险的期限多以一次航程或运程计算。凡在货物运输中具有保险利益关系的人均可投保，如货主、发货人、托运人、承运人等。

短期人身意外伤害保险 以人的身体为保险标的，被保险人在一年期内遭受意外伤害造成死亡或伤残为给付条件的人身保险。

短期健康保险 以人的身体为保险标的，被保险人在一年期内因疾病或意外事故所致伤害时的直接费用或间接损失获得补偿的人身保险。根据全国人大2002年10月修订的《中华人民共和国保险法》，2003年1月1日起，经营财产保险业务的保险公司经国务院保险监督管理机构批准，可以经营短期人身意外伤害保险和短期健康保险。

信用保险和保证保险 信用保险和保证保险都是以各种信用风险为保险标的的保险。当义务人不履约而使权利人遭受损失时，由保险人提供经济赔偿。主要险种包括贷款信用保险、产品质量保证保险等。

二、承保

非车非农保险是财产险公司的传统业务，具有涵盖范围广、项下种类多的特点。

1989—1991年 人保承德中支开办了企业财产、家庭财产、货物运输、人身保险等险种。当时保险的社会认知度较低，加之经济欠发达，保险展业难度较大。人保承德中支坚持广泛宣传，规范服务，推动了业务的发展。1991年，承德市非车非农险保费收入2943.6万元，其中企业财产险714.4万元，家庭财产险192万元，货物运输险287.1万元，短期意外健康险1750.1万元。

1992—1995年 随着太保机构的成立，非车非农险竞争格局初步形成。1992年10月以后，太保承德代理处通过丰富多样的宣传和加强服务，注重树立企业形象，推动业务开展。同年11月，在保险市场竞争的环境下，人保承德中支在市区增设虹桥和翠桥两个办事处，大力开发新险种，先后开办了房屋抵押保险、手机及BP机保险、居民用电综合保险、住宿旅客保险、家财分红保险、优惠还本人身意外伤害保险、手术麻醉保险、在押人员保险等业务。1995年，承德市非车非农保险保费收入5503.57万元。其中企业财产险1050万元，家庭财产险2788.96万元，货物运输险329.11万元，短期意外健康险1335.5万元。

1996—2002年 保险业实施产寿险机构分业经营后，企业财产保险成为财产险公司市场竞争的热点。

1998年，太保承德分公司承保了承德矿山机械厂等一批企业职工的家庭财产险，扩大了承保规模，当年保费收入达到56.76万元。1999年，太保承德分公司针对城镇住房制度改革，专为个人住房所有者推出了《个人住房保险条款》，既适合抵押贷款购房，又适合房屋逐年投保，成为投保人首选的保险产品。

1999年，中保财险承德分公司与邮电、银行、信用社、铁路等系统签订了110个兼业代理协议，当年企业财产保险承保1104户，保费收入1418.3万元。中保财险承德县支公司采取电话预约、上门服务等多种方式宣传展业，同年1—9月，争取到全县卫生院、加油站以及国家粮食储备库等23个新增保户，增收保费9.2万元，提前100天完成了企财险全年任务。

2000年，人保财险承德分公司制定了新小险种开发奖励办法，开办了个人住房抵押贷款保险、保证保险、购车抵押贷款保险、计算机保险、医疗责任保险等新险种。新险种当年保费收入182.2万元，成为保费收入新的增长点。同年，太保承德分公司推出《安居综合保险》。在充分利用本公司展业人员直接销售，重点突破企事业团单业务的同时，与各家商业银行合作，利用银行网点扩大销售业务。当年完成保费收入71.51万元，市场份额达到21.16%。

2002年3月开始，太保财险承德中支相继在县区组建了8个营销服务部，开展系列营销活动。辖内承德钢铁公司、平安堡钢铁水泥总厂、山楂集团、国电滦河电厂、承德供电公司、烟草公司、商业批发公司等企业的财产险业务纷纷选择太保公司，业务规模得到快速攀升。

2003—2005 年 承德市各财险公司一方面重新开办短期人身险业务，另一方面抓住京承高速公路承德段开工建设的发展机遇，重点发展建筑工程一切险业务。各保险公司继续在竞争中快速发展。

根据 2002 年 10 月全国人大修订的《中华人民共和国保险法》第九十二条第二款，“同一保险人不得同时兼营财产保险业务和人身保险业务；但是，经营财产保险业务的保险公司经保险监督管理机构核定，可以经营短期健康保险业务和意外伤害保险业务。”2003 年 1 月 1 日起，承德市各财产保险公司重新启动经营保险期限为一年的短期人身意外险、健康险业务。太保财险承德中支从同年 4 月起，不断加大人身意外险的拓展力度。尤其在驾驶员年审过程中，独家承保了一县、一区的驾驶员人身意外保险和京承高速公路三个标段的建筑施工人身意外险。在 2004 年人身险市场竞争激烈的形势下，赢得了京承高速公路建筑工程 5 个标段的人身意外险承保权。太保财险承德中支与农村信用社建立兼业代理关系，仅围场信用社代办人身意外险业务达 50 多万元。

伴随着京承高速公路承德段开工建设的机遇，各保险公司积极发展建筑工程一切险。2003 年 10 月 22 日，人保财险承德市分公司与京承高速公路建设管理处签约，承保承德至北京四车道高速公路控制性工程 2.2 亿元的风险保障，主要包括建筑工程一切保险和第三者责任保险。同年，太保财险承德中支签约承保京承高速公路第十三合同段建筑工程一切险，及其附加项目和第三者责任险，承担工程项目风险保额 1.45 亿元及第三者责任风险 200 万元。2004 年，太保财险承德中支在上年基础上，承保京承高速公路第五合同段建筑工程一切险，承保风险额 1.63 亿元，收取保费 63.72 万元。全年全市承保工程险保费收入 256.72 万元。

2005 年，全市非车非农保险保费收入 3210.81 万元，占全市财产险总保费收入的 14.5%。其中企业财产险 1479.28 万元，家庭财产险 375.55 万元，货物运输险 316.18 万元，建筑工程险 69.6 万元，短期意外健康险 376.33 万元，责任险 593.87 万元。

2006—2010 年 承德保险市场主体迅速增加，先后有中华财险、大地财险、永安财险、天安保险、渤海财险、中银财险等财产保险公司加入承德保险市场。2010 年末，承德市财产保险公司达到 10 家，竞争加剧，各公司重点工作开展如下：

在竞争中加强合作。2008 年，人保财险承德市分公司、太保财险承德中支、平安财险承德中支、中华财险承德中支、大地财险承德中支共同承保了唐钢集团承钢公司的财产一切保险业务。2009 年，人保财险承德市分公司、太保财险承德中支、平安财险承德中支、中华财险承德中支、大地财险承德中支、中银财险承德中支签订共保协议，承保了承德钢铁集团有限公司财产一切险业务，并于 2010 年成功续保。2010 年，中华财险承德中支承保中国移动承德分公司全体员工的家财险业务，保费收入 7.34 万元。同年，中华财险兴隆支公司与中国人寿兴隆支公司合作，共同承保中国人寿公司分保的“团体人身意外险”业务，收取保费 7.83 万元。

紧跟重点企业和重点项目的发展脚步全方位开展业务。太保财险承德中支先后承保、续保了承德双百购物、金龙建材城、巨龙集团等大型企业的企业财产保险。充分发挥各家银行、经纪公司、专业代理公司的代理渠道的优势，连续几年成功承保了建龙钢铁、远通集团、国电承德热电、龙源风电等较大企业的企业财产保险，产生了较大的社会影响力。2007 年 9 月，中央电视台“山庄月·中华情”中秋晚会在承德避暑山庄举办，人保财险承德市分公司独家承保了晚会公众责任险，总保险额 1000 万元，单人保额 5 万元，为晚会的顺利举办提供了可靠的保险保障。在重点项目方面，承朝、承秦、承唐等高速公路承德段陆续开工建设，为承德市财险公司带来阶段性的较快发展，涉及的主要险种为建筑工程一切险。2010年，全市建筑工程险保费收入1624.93万元。

2010年，全市非车非农险总保费收入9579.66万元，占全市财产险总保费收入12.36%。其中企业财产险2832.51万元，家庭财产险991.24万元，货物运输险314.53万元，建筑工程险1624.93万元，短期意外健康险1688.14万元，信用险45.5万元，责任险2035.81万元。

2011—2015年 先后有5家财产险公司入驻承德保险市场，全市财产险机构发展到15家。各公司注重品牌效益和社会形象建设，保险宣传"进社区、进农村"，形式丰富多样，拓宽了业务渠道。承德保险市场进入快速发展阶段，非车非农类财产保险业务呈现新的发展势头。

各公司积极发展责任保险业务。具体险种包括雇主责任保险、医疗责任保险、公众责任保险、承运人责任保险、环境责任保险、食品责任保险、养老机构责任保险、精神病人监护责任保险等。2011年，中华财险承德中支与承德市文物局签约承保避暑山庄及周围寺庙公众责任保险，承担持年票市民在景区内发生意外事故的保险责任。在此期间，中华财险承德中支派驻三名员工，在避暑山庄年票办理点现场办理保险业务，经过两个月的努力，收取保费24万余元。同年，中华财险宽城支公司承保矿山人员雇主责任险业务，2011年实现保费收入200万元。按照省市教育机构有关文件精神，承德市2012—2013年度校园责任保险由太保、人保两家公司划分区域共同承保。其中太保财险承德中支承保七个县区（不含宽城满族自治县），其他县区及市直单位由人保财险承德市分公司承保。2013年，全市承保责任保险保费收入3874.55万元，首次超过企业财产保险，成为非车非农保险业务保费收入的第一险种。2015年，中华财险丰宁支公司与承德新元运输有限责任公司成功签约承保100多台车辆的客运承运人责任险，保费收入近70万元。2015年全市承保责任保险保费收入4448.05万元，比2010年增长118%。

各公司积极开发短期人身险和治安保险业务。主要险种包括卡单式意外险、学生平安险、团体意外险、驾驶员意外伤害险等。各公司配合机动车辆保险"捆绑销售"驾驶员意外伤害险，收效明显。太保财险承德中支积极推出"随心保"激活式保险卡、安心贷人身意外伤害保险、"乐行人生"系列保险、"驾学无忧"系列保险以及河北护城河团体人身意外伤害民生保险新产品，适应了各阶层人士的保险需求。太保财险承德中支为兴隆县"红河峡谷"漂流景点游客量身定制了意外保险服务，安排理赔查勘人员车辆，实行"全天候"理赔服务，得到了景区的认可与信任。2014年承德市财产保险公司短期人身险总保费收入3777.53万元，首次超过企业财产保险总保费收入，成为非车非农保险保费收入第二优势险种。2012—2015年，人保财险承德市分公司联合承德市综合治理部门，推动"平安承德"建设，发展治安保险业务。2015年治安保险保费收入398.24万元，承保户数361349户，保险责任金额39.62亿元。

各公司积极开拓农村市场。人保财险承德市分公司充分发挥农村网点覆盖优势，协同政府共同推动农房保险业务。2012年4月，太保财险承德中支开展"农信村村通"工程建设，与承德市农村信用社达成合作统保意向，利用现有的"农信社助农金融服务网点"，办理"财产综合险""现金综合险"业务。参与统保的"农信社助农金融服务网点"1830家，4—6月实现保费收入28万元。同年8月，宽城全县18个乡镇、215个行政村的农村住房全部投保，参保农户5万户，参保率达到100%，保费总收入50万元。"十二五"期间，人保财险承德市分公司在6个县实现了农房保险全县统保。

2015 年，承德市非车非农险保费收入 14029.24 万元，其中企业财产险 3314.02 万元，家庭财产险 1775.33 万元，货物运输险 393.42 万元，建筑工程险 710.93 万元，短期意外健康险 3344.07 万元，信用险 8.92 万元，责任险 4448.05 万元，船舶险 2 万元，其他险 32.5 万元。保费收入相较 1989 年增加 12234.04 万元，增长 6.81 倍。

1989—2015 年承德市非车非农险业务保费收入统计表

表 8-1-7　　单位：万元

年份	家庭财产险	企业财产险	货物运输险	建筑工程险	短期意外健康险	信用保证险	责任险	船舶险	其他	合计
1989	91.5	501.3	823.9	—	378.5	—	—	—	—	1795.2
1990	193.5	594.3	176.2	—	458	—	—	—	—	1422
1991	192	714.4	287.1	—	1750.1	—	—	—	—	2943.6
1992	224.4	815.7	130.3	—	2588.7	—	—	—	—	3759.1
1993	2724.8	790.97	198.5	—	4287.4	—	—	—	—	8001.67
1994	2736.39	999.37	276.2	—	3148.87	—	—	—	—	7160.83
1995	2788.96	1050	329.11	—	1335.5	—	—	—	—	5503.57
1996	764.86	1191.21	355.61	—	407.4	—	—	—	—	2719.08
1997	797.04	1521.01	377.3	—	375.51	—	286.2	—	—	3357.06
1998	612.6	1465.76	443.5	—	129	—	296.3	—	—	2947.16
1999	509.46	1445.58	363.9	—	118.57	—	377.9	—	—	2815.41
2000	552.94	1471.41	305.6	2.83	182.82	—	493.2	—	—	3008.8
2001	550.16	1410.76	324.4	4.5	—	20	674.44	—	—	2984.26
2002	577.08	1387.23	222.54	—	—	—	668.47	—	—	2855.32
2003	333.71	1317.95	263.58	—	394.23	20	588.23	—	—	2917.7
2004	679.64	2253.12	265.3	256.72	714.49	—	647.38	—	—	4816.65
2005	375.55	1479.28	316.18	69.6	376.33	—	593.87	—	—	3210.81

续表 8-1-7

年份	家庭财产险	企业财产险	货物运输险	建筑工程险	短期意外健康险	信用保证险	责任险	船舶险	其他	合计
2006	414.144	1521.07	172.78	82.42	451.39	—	879.83	—	24	3545.634
2007	425.92	1841.38	209.56	141.52	1031.05	50	1422.17	—	63	5184.6
2008	539.3	2160.11	192.93	1219.75	1447.99	55	1433.58	—	129	7177.66
2009	736.51	2383.52	232.96	501.07	2556.06	9.5	1814.92	1.01	53.6	8289.15
2010	991.24	2832.51	314.53	1624.93	1688.14	45.5	2035.81	—	47	9579.66
2011	770.89	2986.1	370.15	1272.08	2088.73	143.5	2569.04	—	71.26	10271.75
2012	1226.73	3288.99	311.79	588.99	1775.97	91.73	3176.3	—	65	10525.5
2013	1264.12	3682.25	521.72	1467.1	3248.61	75.3	3874.55	—	34.48	14168.13
2014	1659.08	3697.9	507.14	588.7	3777.53	49.46	4451.09	—	47.7	14778.6
2015	1775.33	3314.02	393.42	710.93	3344.07	8.92	4448.05	2	32.5	14029.24

三、理赔

各公司在非车非农保险竞争中不断丰富保险品种，注重创建各自的品牌形象，突出表现了规范高效理赔的特点，使保险业的社会保障功能得到社会的广泛认可。1989—2015年，全市保险公司非车非农险累计赔付8.05亿元。2015年，承德市保险公司非车非农险赔款支出共计6062.31万元，综合赔付率43.21%。其中企业财产保险赔付1272.05万元，家庭财产险赔付468.25万元，货物运输险赔付43.69万元，建筑工程险赔付492.47万元，短期意外健康险赔付1414.39万元，信用保证险赔付7万元，责任险赔付2313.27万元，其他险赔付51.19万元。赔款支出相较1989年增加5757万元，增长18.86倍。

1989—2015年承德市非车非农险赔付支出统计表

表 8-1-8　　单位：万元

年份	家庭财产险	企业财产险	货物运输险	建筑工程险	短期意外健康险	信用保证险	责任险	其他	合计
1989	28.2	111	27.3	—	138.8	—	—	—	305.3
1990	53.4	338.7	44.5	—	165.3	—	—	—	601.9

续表 8-1-8

年份	家庭财产险	企业财产险	货物运输险	建筑工程险	短期意外健康险	信用保证险	责任险	其他	合计
1991	66.2	259.2	56.6	—	211.6	—	—	—	593.6
1992	73.4	226.4	9.8	—	748.4	—	—	—	1058
1993	2067	230	24.6	—	418.3	—	—	—	2739.9
1994	2628.26	3102.13	17.6	—	2745.68	—	—	—	8493.67
1995	228.38	781.37	30.3	—	778.86	—	—	—	1818.91
1996	449.47	655.49	83.83	—	284.38	—	—	—	1473.17
1997	566.18	1000.37	71.98	—	369.51	—	138	—	2146.04
1998	420.01	834.01	108.58	—	261.22	—	184.4	—	1808.22
1999	187.59	563.05	48.8	—	155.03	—	224.3	—	1178.77
2000	364.95	420.61	42.4	—	83.49	—	240.5	—	1151.95
2001	118.78	740.16	34.5	—	—	—	291.46	—	1184.9
2002	164.39	746.17	41.5	1.6	—	—	420.73	—	1374.39
2003	305.4	436.43	64.3	0	12.35	—	489.92	—	1308.4
2004	92.96	83.63	125.83	84.57	270.2	—	540.93	—	1198.12
2005	73.41	89.87	89.5	34.62	200,99	—	350.8	—	839.19
2006	74.34	89.65	79.32	29.6	198.57	—	352.52	—	824
2007	144.78	1270.43	83.68	41.1	348.34	25	415.06	—	2328.39
2008	495.57	1132.59	139.85	133.99	614.86	20	1099.85	1	3637.71
2009	303.15	963.79	79.27	214.801	849.9	10	1447.73	6	3874.641
2010	203.32	948.59	234.67	483.59	717.45	26	1287.12	—	3900.74
2011	217	888.07	132.84	431.41	737.82	24	1604.7	—	4035.84
2012	1242.99	1441.8	97.67	976.91	711.7	0	2014.4	—	6485.47
2013	331.58	2717.36	87.15	751.38	955.48	16	8461.31	—	13320.26
2014	697.44	1635.5	37.55	529.02	1496.05	23	2328.85	2.88	6750.29
2015	468.25	1272.05	43.69	492.47	1414.39	7	2313.27	51.193	6062.313

典型赔付案例 1989年，人保滦平县支公司承保的滦平县红旗煤矿发生死亡21人的重大事故，1990年1月19日，人保公司给付人身意外险赔付金6.3万元。

1990年8月6日，围场满族蒙古族自治县遭受特大暴雨袭击，企业财产受损严重，人保围场满族蒙古族自治县支公司赔付四合永水泥厂损失11.56万元，赔付县物资局化建公司损失10.32万元，赔付县水泥二厂损失11.75万元。

1992年7月17日，人保双滦办事处承保的承德市黄麻化纤纺织总厂所属的玉田潮络窝乡麻库，因暴风雨袭击，库存2100吨红麻遭受不同程度的雨淋水浸。灾害发生后虽经抢救晾晒，但仍有部分红麻霉烂变质，属于保险责任。根据现场勘查验损和保险有关条款规定，赔付该企业财产损失56.4万元。

1994年7月12日，承德地区普降大到暴雨，致使保户大面积受灾，损失十分严重。人保承德分公司累计赔付企业财产险赔款717万元。

1996年，承德县水泥厂设备因一氧化碳浓度过高，遇火发生爆炸，中保财险承德分公司赔款19.47万元。

1997年6月9日，承德橡胶总厂化工库发生重大火灾，烧毁石蜡、硫黄、发孔剂等化工原料及部分成品半成品胶鞋。火灾发生后，中保财险承德分公司及虹桥支公司立即赶赴现场，与厂方、消防队一起连夜查勘灾情。11日上午，预付赔款30万元，结案共赔付140.60万元。

1997年11月15日1时48分，位于承德县的河北下板城针织服装有限公司，捡花车间总配电盘突然起火，烧毁该车间及相邻的落纱车间的屋顶及供暖、供电设备，车间内捡花机和落纱机车间共8台设备过火受损，损失程度20%，烧毁棉花及棉纱计18吨，总损失30余万元。中保财险承德分公司与承德县支公司合力验损，当日与保户达成赔付协议，并于当月19日将30.02万元赔款付给该厂。

1998年6月6日，华北电管局滦河发电厂6#机组锅炉，在启动点火时发生爆炸，锅炉本体严重受损。太保承德分公司一次性赔付20万元。

2000年3月4日14时45分，承德县造纸厂因一辆送稻草汽车在原材料场卸车时突然起火，引发原料场草垛起火。3月8日大火全部扑灭。经承德县公安局《火灾原因认定书》承县公消认〔2000〕第001号，该火灾是由于司机张某运稻草汽车排气管烤着散落稻草引起，属于意外事故，太保承德分公司赔付170万元。

2003年3月20日至21日，受高空冷空气影响，承德地区出现特大灾害性雨夹雪天气。过程降水量达到60.6毫米，积雪深度达26毫米。导致最大覆冰直径20毫米，造成兴隆县、承德县、营子区的电网断线、倒杆及电杆附属件严重损坏的特大灾害事故。太保财险承德中支赔付152.9万元。

2005年3月16日，承德腾飞汽车修理厂清晨发生火灾，造成待修车辆和部分配件及烤漆房烧毁。经消防部门认定属于意外事故。经认真核实，太保财险承德中支赔付48万元。

2005年8月12日，承德南部地区出现强对流天气，兴隆县、营子区、承德县由于大雨或暴雨，引发山洪暴发，造成电力设施中断，太保财险承德中支承保的承德供电设施严重受损。经实地勘察，翔实核损，赔付供电公司84.4万元。

2007年2月24日晚19时58分，承德钢铁集团2500立方高炉除尘管道因积灰过重突然坍塌，将皮带通廊支架及槽下配电室压塌，致使高炉供风中断。太保财险承德中支赔付该公司承保的财产一切险赔偿金122.3万元。

2007年5月24日，丰宁建宇铁矿有限公司的采矿工人刘某在采区选矿石时，高处矿体滑落将其砸伤，送医途中死亡。由双桥区法院、承德市中级人民法院两审判决，保险人负赔偿责任。太保财险承德中支赔付人身意外伤害赔偿金20万元。

2007年8月26日6时30分许，被保险人马某驾驶冀HEXXX6号轿车由平泉向承德市方向行驶至承德县境内101国道25KM+620M处时，雨天未降低行驶速度，致车辆翻车，造成马某本人及梁某、宋某、罗某、王某受伤。冀HEXXX6号轿车在大地财险承德中支投保了承运人责任险，大地财险承德中支主动对伤者进行探视，在案件资料收集齐全后，快速确定了5人合计损失20.84万，及时给予赔付。

2009年8月16日，卢某驾驶冀HNXXX9大型普通客车，由东向西行驶至101线135KM+600M（滦平县境内）处时，由于雨天路滑，遇情况采取措施不当，致使车辆驶入路边沟里倾覆，造成车上4人死亡、31人受伤的重大交通事故。交管部门裁定肇事司机卢某对事故负有全部责任，大地财险承德中支赔偿损失257.9万元。

2011年，中华财险承德中支承保的大关国丰矿业公司员工程某，在井下作业时不慎吸入有毒气体死亡。经查勘属于保险责任，赔付该单位20万元。

2012年，承德静华矿业三名员工在工作期间遭遇山体滑坡，导致两人死亡、一人重伤。接到报案后，中华财险承德中支查勘人员迅速赶赴现场查勘，并协助该单位处理后续保险事宜。经过双方共同努力，公司迅速将理赔款32.45万元支付到位。

2012年1月11日，太保财险承德中支接到承德绿丰生态农业科技发展有限公司报案，该公司投保的坐落在承德县甲山镇的蔬菜产业化生产经营基地生产厂房检品车间发生火灾。经现场勘察及承德县公安消防大队证明，认定火灾事故是由厂房电气线路故障引发起火，符合“火灾、爆炸”的保险责任特征。太保公司向该公司赔付605万元。

2013年5月5日，围场满族蒙古族自治县棋盘山村八组部分村民家中发生火灾，造成36户居民43间农房全部烧毁。人保财险围场满族蒙古族自治县支公司迅速查勘验损。至当月13日，因火灾受损的所有农户全部收到赔款，共赔付36万元。

2014年9月22日，张承高速公路承德段筹建处施工放炮过程中，致多处民房出现震损。张承高速公路承德段筹建处承包商、分包商、设计单位、监理单位、贷款银行及其他与工程有直接关系的单位在大地财险承德中支投保了建筑工程一切保险。大地财险承德中支第一时间勘验现场，核定保险责任，逐一对受损民房进行量测、拍照、核损，考虑到民众的切实困难，与施工方确定了逐家赔偿方案，即核定一家赔付一家，最终累计赔付被保险人25万余元。

2014年7月15日18时许，承德市区普降大雨，位于双桥区热河大厦负一层的水木年华餐饮有限公司被淹。阳光财险承德中支立即赶往事故现场进行查勘，组织开展救援，协助被保险人将家具、地毯等移动到安全位置。阳光财险根据损失赔付25万元。

2015年12月5日，围场满族蒙古族自治县姜家店小学学生饮用冷水后，陆续出现腹泻、呕吐、头晕等症状。经围场县疾控中心抽检姜家店小学井水末梢水发现，菌落总数、总大肠菌群不符合生活饮用水卫生标准，造成374名学生感染诺如病毒，学校应承担部分责任。太保财险围场满族蒙古族自治县支公司承保围场县教育局校园方责任险，赔偿19.5万元。

四、防灾减损

1989年至2015年期间，承德市非车非农保险的防灾减损工作主要体现在三个方面。

预报宣传工作。在夏季汛期、冬季防火期通过短信、电话等方式提前告知被保险人做好防灾防损工作。

对承保客户进行现场走访巡查，传授应急管理知识。对以往有过受灾记录的企业加强检查督促。一旦发现风险隐患，及时发出风险提示函，并在现场提出整改意见，督促其落实防灾防损的配套措施，消除风险隐患。2012年8月初，中华财险承德中支与平泉县自来水公司取得联系，结合第二次对承保标的进行的风险排查结果，对自来水公司提出预防风险方案和抢险预案。得到自来水公司的高度重视，立即结合标的所在的地形地貌对存在的安全隐患加以整改，有效降低了保险标的的风险。

认真核实现场查勘信息，建立信息档案，从严管控理赔工作，防止骗保案件的发生。

典型骗保案例 2000年2月16日23时50分许，承德县下板城某制衣厂的库房突然起火。该制衣厂向人保财险承德分公司提出索赔申请书称造成经济损失达180多万元。为掌握证据材料，公司人员在当晚即将该厂的各种账表收缴。在核对损失的过程中，发现如下疑点，一是查看账目时，发现材料账页较新，且墨迹与财务账如出一辙；二是根据材料账目所列示的损失库存物品规格、数量进行推算，发现被烧毁库房无法容纳上述物品。三是通过查看该厂财务账、报表和材料账，发现账、表、物不相符，且差距很大。

人保财险承德分公司将以上疑点提供给承德市、县公安部门。经过两个多月的内外调查得出如下结论，通过实地取样和推算，失火库房的容积无法容纳公司账目所列示的库存物品；“公安部消防局火灾原因技术鉴定中心”对火灾现场提取的烟尘进行鉴定，烟尘中含有汽油燃烧残留物成分；经过北京权威机构的笔迹鉴定发现，财务账与材料账为同时书写。

同年4月5日20时，承德县公安局拘留了该厂的保管员耿某。经审讯，耿某如实交代了厂主白某的丈夫吕某指使其故意纵火诈骗保险赔款的事实。最终人保财险承德分公司拒赔，耿某、吕某均被抓捕归案。

第二章 人寿保险业务

1989—1995 年，承德市保险机构开办的人寿保险业务仅有传统寿险和人身意外险。1996 年以后，逐步实行产寿险机构分业经营。人寿保险业务进入了专业化发展时期。各寿险公司聚焦产品的创新与研发，先后推出年金保险、重大疾病保险、分红保险、万能保险、百万医疗保险等保障类、储蓄类、投资类型的人身保险产品，全面提供了民生养老、子女教育、健康医疗、意外伤害等保险保障服务，以满足民众日益增长的保险需求。

人寿险业务展业渠道日渐成熟，逐渐形成了以个人代理渠道为主力军，银行、保险、代理公司等中介渠道为补充的多元化发展模式。2006 年 11 月，承德市保险行业协会成立保险代理人资格考试电子化考试中心，人寿险培训体系不断完善，建立了专兼职讲师队伍，教材课程设置逐步规范。通过历年培训考试，为保险业培养了大批有资质的兼业营销人员。2015 年全年参考 6734 人，4160 人通过考试取得保险代理人资质。全年全市寿险公司签约个人代理人 17555 人。代理人、代理机构的发展壮大，直接推动了保险业的快速发展。2015 年末，人寿保险业务实现总保费收入 37.65 亿元，相较 1989 年总保费收入 0.11 亿元，增长 341 倍。各公司风险保障能力显著增强。

各公司在理赔工作中严格遵循保险理赔原则，杜绝惜赔、滥赔现象，切实发挥保险保障作用，彰显保险的大爱精神。同时，“24 小时客户服务电话”“绿色服务通道”“快速理赔”“微信理赔”等理赔服务措施的升级，大大提高了理赔时效，让客户体会更优质、更具人性化的保险服务体验。

1989—2015 年，全市寿险公司累计赔付支出 26.4 亿元。2015 年人寿保险业务理赔及给付支出（含满期给付）8.9 亿元，相较 1989 年增长了 218 倍。

1989—2015年承德市人寿保险机构保费（储金）收入统计表

表 8-2-1 单位：万元

年份	合计	中国人寿	太保人寿	平安人寿	泰康人寿	合众人寿	国寿人寿	民生人寿	太平人寿	中英人寿	百年人寿	富德生命	新华人寿	平安养老	华夏人寿	阳光人寿	光大永明
1989	1142.3	1142.3	—	—	—	—	—	—	—	—	—	—	—	—	—	—	—
1990	1445.3	1445.3	—	—	—	—	—	—	—	—	—	—	—	—	—	—	—
1991	1872.8	1872.8	—	—	—	—	—	—	—	—	—	—	—	—	—	—	—
1992	2128.1	2128.1	—	—	—	—	—	—	—	—	—	—	—	—	—	—	—
1993	4561.96	4561.96	—	—	—	—	—	—	—	—	—	—	—	—	—	—	—
1994	5021.65	5021.65	—	—	—	—	—	—	—	—	—	—	—	—	—	—	—
1995	4324.4	4324.4	—	—	—	—	—	—	—	—	—	—	—	—	—	—	—
1996	5859.90	4613	1246.90	—	—	—	—	—	—	—	—	—	—	—	—	—	—
1997	9710.40	8835.6	874.80	—	—	—	—	—	—	—	—	—	—	—	—	—	—
1998	11979.30	11284	695.30	—	—	—	—	—	—	—	—	—	—	—	—	—	—
1999	9304.50	8645	659.50	—	—	—	—	—	—	—	—	—	—	—	—	—	—
2000	18252.60	16886.4	1366.20	—	—	—	—	—	—	—	—	—	—	—	—	—	—
2001	21647.47	19561.57	2085.90	—	—	—	—	—	—	—	—	—	—	—	—	—	—
2002	28088.96	24666.77	3422.19	—	—	—	—	—	—	—	—	—	—	—	—	—	—
2003	55000.90	38312.06	16688.84	—	—	—	—	—	—	—	—	—	—	—	—	—	—
2004	65121.48	46449.97	18671.51	—	—	—	—	—	—	—	—	—	—	—	—	—	—
2005	72645.52	53802.13	17811.71	—	1031.68	—	—	—	—	—	—	—	—	—	—	—	—
2006	81025.76	61861.08	15498.91	—	3665.77	—	—	—	—	—	—	—	—	—	—	—	—
2007	110926.10	67720.58	33367.56	—	9500.82	337.14	—	—	—	—	—	—	—	—	—	—	—
2008	154154.81	84363.39	52259.74	—	15554.26	656.26	—	1089.46	—	231.70	—	—	—	—	—	—	—
2009	159555.25	84242.96	47267.75	2846.02	19086.51	1089.09	—	1697.43	—	3325.50	—	—	—	—	—	—	—
2010	179194.98	89764.49	61915.35	1969.07	13009.37	1592.63	—	2226.12	4821.15	3896.80	—	—	—	—	—	—	—
2011	201912.17	95889.35	67929.77	2397.49	12551.78	2851.55	8609.40	3157.48	3806.66	1069.57	2036.84	1161.00	—	—	—	451.28	—
2012	222317.78	99802.66	69554.84	2528.41	10971.76	3994.03	13360.24	3309.92	5442.99	532.17	2642.24	7085.64	132.78	55.58	—	1006.52	1898
2013	233013.71	108137.2	70936.35	2865.52	10842.37	4870.28	14004.04	3318.36	4548.19	446.46	1435.72	7212.04	314.51	2094.90	—	997.81	990
2014	317172.65	139763.6	76309.18	3770.78	13242.51	5559.51	6932.22	3440.43	35602.06	672.46	1365.93	24664.25	797.48	1949.67	—	1585.60	1517
2015	376549.70	179595.3	93301.65	5064.54	13174.13	6668.55	7072.26	3898.67	6421.56	1108.62	1701.23	50475.36	1263.21	1952.80	39.29	2858.55	1954

1989—2015 年承德市人寿保险机构赔款（给付）支出统计表

表 8-2-2　　单位：万元

年份	合计	中国人寿	太保人寿	平安人寿	泰康人寿	合众人寿	国寿人寿	民生人寿	太平人寿	中英人寿	百年人寿	富德生命	新华人寿	平安养老	华夏人寿	阳光人寿	光大永明
1989	405.8	405.8	—	—	—	—	—	—	—	—	—	—	—	—	—	—	—
1990	589.6	589.6	—	—	—	—	—	—	—	—	—	—	—	—	—	—	—
1991	332.9	332.9	—	—	—	—	—	—	—	—	—	—	—	—	—	—	—
1992	288.89	288.89	—	—	—	—	—	—	—	—	—	—	—	—	—	—	—
1993	569.1	569.1	—	—	—	—	—	—	—	—	—	—	—	—	—	—	—
1994	693.9	693.9	—	—	—	—	—	—	—	—	—	—	—	—	—	—	—
1995	924.6	924.6	—	—	—	—	—	—	—	—	—	—	—	—	—	—	—
1996	1199.35	918.15	281.20	—	—	—	—	—	—	—	—	—	—	—	—	—	—
1997	1522.90	1064.30	458.60	—	—	—	—	—	—	—	—	—	—	—	—	—	—
1998	1631.90	1374.70	257.20	—	—	—	—	—	—	—	—	—	—	—	—	—	—
1999	2159.00	1985.00	174.00	—	—	—	—	—	—	—	—	—	—	—	—	—	—
2000	1915.10	1737.70	177.40	—	—	—	—	—	—	—	—	—	—	—	—	—	—
2001	2534.68	2372.58	162.10	—	—	—	—	—	—	—	—	—	—	—	—	—	—
2002	2980.73	2805.83	174.90	—	—	—	—	—	—	—	—	—	—	—	—	—	—
2003	3391.65	3084.25	307.40	—	—	—	—	—	—	—	—	—	—	—	—	—	—
2004	3730.75	3398.75	332.00	—	—	—	—	—	—	—	—	—	—	—	—	—	—
2005	4321.38	3907.41	409.90	—	4.07	—	—	—	—	—	—	—	—	—	—	—	—
2006	5328.15	4701.25	584.60	—	42.30	—	—	—	—	—	—	—	—	—	—	—	—
2007	6250.05	5192.27	1010.65	—	42.39	4.75	—	—	—	—	—	—	—	—	—	—	—
2008	11992.08	3812.42	8002.09	—	151.36	21.91	—	4.30	—	—	—	—	—	—	—	—	—
2009	11647.63	4758.29	6428.53	126.55	253.19	33.53	—	33.85	—	13.70	—	—	—	—	—	—	—
2010	13102.30	5510.31	6648.22	87.77	514.19	101.95	—	186.02	53.84	0.00	—	—	—	—	—	—	—
2011	14947.55	8064.93	4910.84	133.96	709.61	289.79	27.25	328.57	174.03	294.20	12.78	1.59	—	—	—	—	—
2012	14727.55	8982.06	2892.77	179.60	653.26	392.76	379.62	272.06	210.83	526.41	117.69	38.96	0.18	0.45	—	76.90	4
2013	21269.31	9188.79	3772.03	267.88	910.10	588.58	2368.34	279.44	266.47	493.90	102.81	585.97	8.31	2308.49	—	125.20	3
2014	46476.83	8029.92	6093.40	244.84	11070.66	523.79	10923.18	431.68	265.30	2656.70	170.46	4194.39	11.41	1615.44	0	158.66	87
2015	89029.15	14587.05	16724.96	285.47	7844.38	978.83	4443.92	305.28	487.90	3766.26	402.25	36420.50	101.93	2383.46	0	296.96	0

第一节 传统寿险

一、种类

传统寿险是具有保障功能和储蓄功能的人寿保险。主要包括死亡保险、生存保险、生死两全保险、年金保险、简易人寿保险、团体人寿保险等。

死亡保险 以被保险人的死亡为给付保险金条件的人寿保险。根据保险期限的不同，死亡保险又分为定期寿险和终身寿险（即不定期死亡保险）。

生存保险 以被保险人的生存为给付保险金条件的人寿保险。即当被保险人于保险合同期满或达到合同约定的年龄时仍然生存，保险公司按照合同约定给付保险金。

两全保险 又称“生死合险”，是被保险人在保险合同期间内死亡、或在保险合同期满仍生存时，保险人按照保险合同约定给付保险金的人寿保险。

年金保险 以生存为给付条件，按合同约定分期给付保险金的（分期间隔不超过1年、含1年）人寿保险。年金保险按照缴费方式划分不同种类，分为趸交年金和期交年金；按照给付额是否变动，分为定额年金和变额年金等。

简易人寿保险 是一种低保额、免体检、适应低工资收入职工需要的保险。简易人寿保险的缴费期较短，保险金额有一定的限制。

团体人寿保险 具有简易人寿保险的全部特征，是以团体作为投保人与保险公司签订总保险单，以团体的所有成员或者大部分成员为被保险人的人寿保险。

二、承保

1989—1990年 人保承德中支设立人身保险科，办理人身保险业务。经营的险种主要有简易人身保险、子女教育婚嫁金保险、养老年金保险。

子女教育婚嫁金保险是附带定期两全保险、定期年金保险并附加意外伤害险、意外伤害医疗费用保险的综合保险。凡年满21～50周岁身体健康能正常劳动的人，均可为1～15周岁身体健康的子女投保。被保险人（子女）在保险有效期内考入全日制高等院校，每年可获得约定教育金。另外，被保险人生存至合同期满，保险公司给付被保险人婚嫁金。当被保险人在保险期内因意外事故伤残，保险人按伤残程度给付保险金。养老年金保险是投保人一次或分期交付保险费，保险公司对被保险人生存期间按期给付养老年金，直到被保险人死亡或保险合同约定期满为止。这一阶段，人们对人身保险缺乏了解认识，保险意识普遍较低，业务规模较小。两年实现保费收入1751.1万元。

1991—1995年 居民收入水平逐渐提高，保险观念逐步转变，保险需求逐步增加。人保承德分公司抓住形势变化，从重点开展养老年金保险的宣传促销活动入手，全面带动传统寿险业务的开展。1995年实现传统寿险保费收入3370.4万元，5年累计实现保费收入13511.61万元。

1996—2000年 伴随着产寿险机构实行分业经营，寿险公司的经营方式、服务手段、险种的供给等都发生了较大变化。

1997年，中保人寿承德分公司正式引入代理（含代办网点、代理营销员两种形式）营销机制，公司业务实现了由传统的单一直销模式向营销、直销并重转变。中保人寿承德分公司以集中培训的方式，组织代理人员进行保险基础知识、专业知识考试。通过考试取得代理人资格证书的人员，上岗办理业务。当年签约银行代办网点25家，签约持证上岗代理营销员240人。

1998年，中保人寿承德分公司推出专供代理人销售的“99鸿福”两全保险，凡出生满六个月以上、六十周岁以下，身体健康者均可投保。保险公司为被保险人提供生存保险金和身故保险金的双重保障责任，即从保险合同生效之日起，被保险人生存至每三周年的合同生效对应日，公司按基本保险金额的10%给付生存保险金。当被保险人身故，公司按基本保险金额给付身故保险金，合同终止。该产品投保年龄宽泛，保障全面，正常情况下可以作为一种理财投资，一旦发生事故可以得到高额的赔付。该产品兼顾了“出险用钱”与“无险存钱”的作用，迎合了消费者的实际需求。产品一经推出，即掀起销售热潮，营销员纷纷主动营销。在“99鸿福”营销产品的拉动下，1998年中保人寿承德分公司实现传统寿险保费收入5592万元。同年12月，银行一年定期存款利率由1993年7月的10.98%下调为3.78%，同时伴随着国家医疗、养老、住房、教育等制度改革，居民的风险意识不断增强，一部分居民储蓄分流到保险业务。

2000年实现保费收入8946.4万元，较1995年增长5576万元，增长1.65倍。

2001—2005年 先后有太保人寿承德中支、平安人寿承德中支、泰康人寿承德中支加入承德寿险市场，出现了多家经营的竞争局面。太保人寿承德中支成立于2002年，期间开办的传统寿险业务主要为年金保险，其中小康之家长命百岁年金保险、鸿福来年金保险（A款）、鸿福来年金保险（B款）等产品为主打产品。为有效推动保险展业，各公司纷纷出台了各具特色的展业措施。

通过业务竞赛，激发营销积极性。2001年中国人寿精心组织“春雷行动”“绿色之夏”“金秋十月”等业务竞赛活动。通过“个人奖励”“部门对抗”“区域公司对抗”等形式，激发营销员的展业积极性。其中“早春二月”“火红五月”取得显著效果，两次活动共实现业务收入4560万元。

创新展业模式。2002年中国人寿承德分公司引入产品说明会形式，通过营销员邀约准客户参会，由公司专业讲师向客户系统地介绍保险产品，有效提高了营销员的签单率。同年平安人寿承德中支成立，以创业说明会的形式，向报名考试的社会待业者系统讲解公司的发展史和经营业绩，鼓励社会人才加入营销员队伍，成为公司增员的创新模式。

完善客户服务体系。各公司先后推出自身的全国24小时客户服务电话，如太保人寿95500、中国人寿95519、平安人寿95511。客户拨打电话即可进行保险咨询、保单查询、出险报案、售后服务、投诉等，为客户提供全方位服务。同年中国人寿承德分公司建立了客服中心，通过完善服务体系，提供优质服务，创建公司的品牌效应。

2005年全市传统寿险实现保费收入31083.99万元，相较2000年增加22137.59万元，增长2.47倍。

2006—2010年 陆续有5家寿险机构进入承德市场。各公司为有效扩大市场份额，注重营销员队伍建设。投入大量资源建立培训体系和管理制度，开设保险基础知识课程，对报考人员进行系统的业务培训。经保险行业协会组织的保险代理人资格考试，考取保险代理人资格证书的人员，与保险公司签订保险代理合同，方可上岗。2006年11月，承德市保险行业协会成立电子化考试中心，开始组织保险代理人电子化考试。为完善代理人管理制度，各公司均建立了具有自身发展特色的《代理人管理基本办法》，对营销人员的职级晋升、架构搭建、岗位津贴、佣金收入、考核指标等内容都做了详细规定。同时，各公司年度性增员与业务竞赛紧密衔接，一般以月度或季度为阶段，策划业务竞赛，制定奖励方案，激励营销员扩展业务。常规性开展的业务竞赛有“开门红”（1—3月）、“四五联动”（4—6月）等。

2010 年全市共有签约保险代理人 8625 人，全年实现保费收入 40839.57 万元，相较 2005 年增加 9755.58 万元，增长 31.38%。

2011—2015 年 承德市寿险主体机构继续增加，富得生命人寿承德中支、光大永明人寿承德中支等寿险公司入驻承德市场。2015 年全市寿险机构达到 16 家，竞争更趋激烈。各公司重点从以下两方面优化展业措施。

业务宣传坚持“以人为本”的营销理念，丰富宣传形式。在每年的“3·15”消费者权益保护日、“7·8”保险公众宣传日等重要时间节点，承德市保险行业协会组织各公司开展大型宣传推销活动，采取多种形式，向消费者介绍人身保险的承保理赔流程，讲解具体条款及理赔服务举措，并借助新闻媒体进行宣传报道。2012 年 5 月，中国人寿隆化支公司召开荣誉客户表彰会，为嘉宾客户介绍公司的发展、保险的作用，讲解保险知识，表演了“感恩客户”等自编自演的文艺节目，为到场的 95 名“荣誉客户”颁发了荣誉证书和奖品，较好地感染了客户。同年 7 月 5 日，太保人寿双滦支公司以“保险阳光服务”为主题，进行保险服务街头宣传推销活动，现场介绍鸿发年年、福享安康、金享人生、宝宝安康等保险产品，开展养老规划问卷调查，发放宣传彩页，介绍保险知识，现场为客户解答问题。2013 年 4 月，太保人寿承德中支做客承德电台“百姓热线”节目，向听众介绍太保人寿业务产品，针对客户关心的保险理赔服务和保险缴费变更等问题与听众展开互动，进行答疑解惑。

充分利用科技手段，积极发展电子移动展业。太保人寿承德中支推出“神行太保”展业平台，保险代理人通过登录窗口，即向客户显示代理人的所有信息，使客户充分了解代理人的基本情况。平台中的保险条款解释通俗易懂，客户输入个人信息后，经后台数据库分析，即为客户选择最适合的产品。展业平台与公司系统实现无缝对接，客户可在手机或平板电脑上阅读条款、上传证件和签单。营销员不再携带大量的宣传彩页和投保单出行，大大地方便了流动展业。2013 年初，“新华 e 保通”系统全面应用，提供产品展示、投保、收费及承保等实时服务，使投保服务更加便捷，方便了客户投保。

2015 年，实现传统寿险保费收入 11.60 亿元，相较 2010 年增加 7.52 亿元，增长 1.84 倍。

1989—2015 年承德市传统寿险保费收入统计表

表 8-2-3 单位：万元

年份	保费收入	年份	保费收入
1989	763.8	1995	3370.4
1990	987.3	1996	4420.90
1991	1328.6	1997	4327.80
1992	1270.7	1998	5592.00
1993	3553.86	1999	4193.90
1994	3988.05	2000	8946.40

续表 8-2-3

年份	保费收入	年份	保费收入
2001	9732.40	2009	40722.39
2002	16082.52	2010	40839.57
2003	27942.26	2011	37461.27
2004	30326.40	2012	37710.52
2005	31083.99	2013	36257.08
2006	31862.39	2014	88834.75
2007	34191.87	2015	116029.41
2008	38818.12	合计	660638.65

三、理赔及给付

人寿保险是指以被保险人的寿命为保险标的，以被保险人的生存或死亡为保险事故（即给付保险金条件）的人身保险。传统寿险的理赔包含两种形式，当被保险人在保险期内死亡，保险公司给付受益人保险合同中所约定的保险金；在保险合同有效期内，被保险人生存至保险期满或者约定领取年龄、约定领取时间，保险公司根据合同约定向被保险人给付满期生存金或年金。

1989—2015 年全市传统寿险业务累计赔付支出（含满期给付）59787.29 万元。2015 年赔付支出 9936.18 万元，赔付率 9%。

典型赔付案例 2002 年 1 月 29 日，承德鹰手营子矿区被保险人姚某乘坐大货车途中不幸因车祸死亡，中国人寿承德分公司按照被保险人生前投保的“国寿 99 鸿福两全保险”和“国寿鸿泰两全保险”的合同规定，给付理赔保险金 110.48 万元。

被保险人王某，于 2003 年 5 月 18 日在太保人寿承德中支投保《小康之家福寿延年年金保险 A 款（分红型）》3 份，保险金额 30000 元。2005 年 1 月 14 日，王某因头痛头晕伴左侧肢体活动不利 3 小时，到承德县医院检查诊断为脑梗死，遂住院治疗。公司经鉴定符合保险责任，赔付保险金 30186.49 元。

被保险人王某，于 2006 年 6 月 24 日在太保人寿承德中支投保“长寿年金”重大疾病保险 6 份，保额 6 万元，年缴保费 3882 元，20 年缴清。2009 年 6 月 19 日，王某在天津市肿瘤医院确诊为宫颈癌，2009 年 7 月 16 日提交索赔资料。业务员通过太保公司的太 E 赔服务系统，10 分钟完成资料拍扫上传，一小时后客户收到理赔款 68460.52 元。

被保险人郑某，于 2013 年在光大永明人寿承德中支投保吉运宝保险保障计划，年交费 3000 元，5 年交足。2015 年 10 月 9 日郑某因病死亡，经核查事件属实。公司收到理赔材料后第二天便支付赔付款 16092 元。

1989—2015 年承德市传统寿险业务赔付支出统计表

表 8-2-4　　单位：万元

年份	给付支出	年份	给付支出
1989	267	2003	1697.65
1990	424.3	2004	1935.45
1991	121.3	2005	1904.81
1992	145.7	2006	2270.38
1993	245.7	2007	3454.63
1994	235.6	2008	5969.31
1995	251.1	2009	2645.47
1996	250.80	2010	3151.49
1997	260.00	2011	3756.18
1998	383.90	2012	4326.23
1999	466.20	2013	4591.33
2000	896.40	2014	7425.75
2001	1184.49	2015	9936.18
2002	1589.94	合计	59787.29

第二节 健康保险

一、种类

健康保险是以被保险人的身体为保险标的，使被保险人在疾病或意外事故所致伤害时发生的费用或损失获得补偿的人身保险。

医疗保险　以保险合同约定的医疗行为的发生为给付保险金条件，为被保险人接受诊疗期间的医疗费用支出提供保障的保险。按照保障范围的不同分为普通保险、住院保险、手术保险、综合保险。按照保险金的给付方式不同分为费用补偿型保险、定额给付型保险。

重大疾病保险　以特定重大疾病，如恶性肿瘤、心肌梗死、脑出血等为保险责任，当被保险人患有上述疾病时，由保险公司根据保险合同约定支付保险金的保险。重大疾病保险的给付方式一般是在确诊为重大疾病后，一次性支付保险赔付金。按保险期限划分，重大疾病保险分为定期和终身两类。按保险金的给付形态划分，重大疾病保险分为提前给付型、附加给付型、独立主险型、按比例给付型四种。

失能收入损失保险 因保险合同约定的疾病或意外伤害导致工作能力丧失为给付保险金条件，为被保险人在一定时期内收入减少或者中断提供保障的保险。

护理保险 因保险合同约定的日常生活能力障碍引发护理需要为给付保险金条件，为被保险人的护理支出提供保障的保险。其中最具代表性的当数长期护理保险。

保险公司通常在实务操作中将健康险分为短期健康险和长期健康险两大类险种。短期健康险指保险期限在一年或一年以内的业务；长期健康险指保险期限超过一年的业务。

二、承保

1996—2005 年 是健康保险业务发展的起步阶段。1996 年中保人寿承德分公司已开办健康保险业务。随着中国医疗制度改革的推进，取消了公费医疗，居民逐步关注重大疾病风险。1998 年，中保人寿开始推出“重大疾病保险”。2000 年，中国人寿承德分公司升级险种产品，推出“康宁定期（终身）重大疾病保险”，强化了保险的保障功能，迅速受到了客户的认可和欢迎。全年健康险实现保费收入 18.1 万元。

2002 年，太保人寿承德中支进入承德市场。从营销员基础培训抓起，引导营销员尽快适应登门拜访、陌生拜访、客户转介绍、根据客户需求宣传推销保险产品的展业方式，一家一户地开拓市场。销售产品主要有小康之家如意安康重大疾病保险（A 款）、太平盛世康健一生重大疾病保险（分红型）、太平盛世万全终身重大疾病保险。

2003 年 9 月，平安人寿承德中支成立。各公司通过典型案例，大力宣传疾病保险在客户生病后提供经济补偿、保障客户生活稳定的重要作用，增强了保户的认同感。

2005 年，承德市健康险保费收入 1071.87 万元，相较 2000 年增加 1053.77 万元，增长 58.22 倍。

2006—2010 年 各公司开展新型展业模式，健康保险发展初具规模。在继续巩固个人拜访展业形式的基础上，开始推出以团队为核心的营销模式。营销员团队自主组织小型产品说明会，通过 30 ～ 40 分钟时间，即向客户宣传讲解保险产品，又以喜闻乐见的形式展示保险文化，取得了较好的展业效果。2010 年，承德市健康险保费收入 3917.63 万元，相较 2005 年增加 2845.76 万元，增长 2.65 倍。

2011—2015 年 中国人寿承德中支将健康保险业务正式作为独立会计科目纳入核算。各公司短期健康险主要以附加险形式开办，在人身意外险中作为附加疾病住院医疗的保障范围，由公司直销渠道承办。长期健康险主要由个人代理人承办，面对分散性个人客户，承保由重大疾病引起的死亡或伤残保险责任，保险期限较长，大部为终身型保险。2015 年，承德市健康险保费收入 39960.81 万元，相较 2010 年增加 36043.18 万元，增长 9.2 倍。

1996—2015 年承德市健康险保费收入统计表

表 8-2-5　　　　单位：万元

年份	保费收入	年份	保费收入
1996	13.1	1999	8.6
1997	37.9	2000	18.1
1998	5.8	2001	35.60

续表 8-2-5

年份	保费收入	年份	保费收入
2002	221.82	2010	3917.63
2003	353.12	2011	11288.27
2004	793.93	2012	13648.71
2005	1071.87	2013	17705.47
2006	1354.86	2014	13881.52
2007	1713.28	2015	39960.81
2008	2616.01		
2009	3372.78	合计	112019.18

三、理赔

健康保险的保险责任是承担投保人的生命和伤病风险。由于影响因素十分复杂，各公司在承保前通过加强投保审核，有效防范带病投保和逆选择的道德风险。保险公司设置投保的告知询问程序，对投保人既往病史、健康状况进行询问，要求客户如实告知。同时在合同中规定“投保前疾病属于除外责任”等条款。理赔调查是理赔的工作重点。通过核实就诊医院、排查其他医院、查询病史和既往健康状况等方式，核实被保险人是否存在不如实告知、带病投保的故意行为。

1996—2000 年，中国人寿承德分公司严格控制附加疾病住院保险的承保，同时将县区机构理赔权限由 5000 元调整为 2000 元，对降低赔付率起到积极作用。

2000 年以后，各公司为提高理赔效率，客服电话得到广泛应用。合众人寿承德中支于 2006 年推出客户服务热线，当保险事故发生后，客户可以通过“95515”全国客户服务热线、合众人寿官网、分公司客服中心电话、保单服务代表等 4 条途径向公司报案。接到报案后，理赔人员会即时提示客户，收集就诊、用药、检查等理赔资料。当客户到公司申请理赔时，只需要将保险事故的相关资料提交客服专员，客服专员打印出理赔申请书，由客户签字确认即可。

2014 年，泰康人寿承德中支在业内首推微信理赔，理赔人员通过手机完成申请、拍照、上传的整个流程操作，让客户在 30 分钟内获得理赔。

1996—2015 年全市健康保险累计理赔 2.82 亿元。2015 年全市健康保险理赔 1.26 亿元，赔付率 31.57%。

典型赔付案例 被保险人于某，于 2001 年 7 月 10 日在太保人寿承德中支购买太平盛世康健一生重大疾病保险 10 份，保额 10 万元。2004 年 6 月 15 日，于某在承德市第六医院诊断为腔隙性脑梗，住院治疗。2004 年 7 月 9 日客户到公司申请理赔，业务人员第一时间核实案件真实性。3 小时内完成资料上传和结案付款工作，客户获得赔付 21928.29 元。

被保险人刘某，于 2007 年 6 月 15 日投保合众人寿公司合众幸福重大疾病保险，保额 10

万元。2012年5月14日，合众人寿承德中支接到报案称被保险人刘某于2012年3月6日被诊断为恶性肺肿瘤，正在北京武警三院接受治疗。公司立即派员展开调查，经过理赔人员和客户家属共同努力，2012年5月18日客户备齐并上交资料，正式申请理赔，公司当日赔款100382.39元。

投保人陈某，于2007年9月22日为其孩子投保合众人寿公司幸福人生寿险，保额5万元，附加幸福重疾保险保额5万元，年交保费1095元。2011年10月1日晚，陈某及其家人在医院陪护患病母亲，将被保险人独自留在家中，第二天早上发现被保险人因煤气泄漏中毒身亡。同月19日下午，陈某递交理赔资料，合众人寿承德中支当晚做出快速理赔决定。21日，合众人寿承德中支总经理亲自将赔付款48964.36元交至受益人手中。

被保险人赵某，于2008年3月14日在民生人寿公司投保民生长泰两全保险（分红型）和民生附加提前给付重大疾病保险。2009年5月9日在承德附属医院被确诊为肝癌，并实施了手术治疗。经调查核实，未发现被保险人投保之前有既往病史及其他责任除外事项。根据《民生附加提前给付重大疾病保险》条款规定，属于重大疾病保险金责任范围，民生人寿承德中支给付保险金额50016.86元。

被保险人范某，家住围场满族蒙古族自治县三义永乡三义永村，为自己投保太保寿险（附加金享人生重大疾病保险），保险金额100000元，累计缴费14360元。2013年5月确诊为急性粒单核细胞白血病。同年6月8日，经核实出险事故属实后，太保人寿承德中支给付被保险人重大疾病保险金及关爱金102059.45元。

被保险人崔某，于2013年3月为自己在新华人寿承德中支购买一份保额6万元的健康福星增额保险，年交保费5232元。2014年初又购买了保额5万元的两份康健吉顺防癌保险，年交保费3620元。2015年7月，崔某在常规体检时，发现颈部有肿物，后在中国医学科学院肿瘤医院确诊为甲状腺乳头状癌，并进行了手术治疗。出院后崔某递交了理赔申请，新华人寿公司对其进行快速理赔，其中健康福星增额赔付6万余元，康健吉顺保险癌症确诊金赔付25万元，癌症手术金赔付5万元，癌症住院津贴赔付1000元。崔某共获得赔付373105.43元。

被保险人付某，2013年5月30日其家属为其投保百年人寿公司财富通重大疾病保险A款一份，保险金额30000元。2015年1月30日，付某在承德市第三医院诊断为左乳腺癌，并住院治疗。接到客户报案后，公司理赔人员第一时间对客户进行病情询问和安抚，并提示客户准备相关的理赔材料。2015年4月14日，客户向百年人寿承德中支提交了理赔所需资料和申请，公司运营人员仅用2天便完成审核工作，赔付30068.7元。

被保险人贺某，于2014年1月6日在民生人寿承德中支投保“民生富贵齐添两全保险（分红型）”保额95000元，附加“民生附加额外给付重大疾病保险”，保额60000元，保单于次日生效。2015年7月29日，被保险人因急性重症胰腺炎先后在平泉县医院、承德附属医院治疗。次日家属申请出院，被保险人当天因病死亡。同年9月6日家属递交理赔材料，公司在审核客户病例资料时确认被保险人病情符合重大疾病标准，向客户给付了“民生富贵齐添两全保险（分红型）”保额95000元，“民生附加额外给付重大疾病保险”保额60000元，合计155000元。

1996—2015 年承德市健康险赔付支出统计表

表 8-2-6　　单位：万元

年份	赔付支出	年份	赔付支出
1996	0.9	2007	145.71
1997	20.9	2008	209.71
1998	20.5	2009	367.02
1999	3.2	2010	468.33
2000	8.4	2011	2718.42
2001	14.50	2012	2645.68
2002	41.60	2013	5051.82
2003	138.50	2014	3403.05
2004	125.80	2015	12616.04
2005	99.69		
2006	127.09	合计	28226.86

第三节 人身意外伤害险

一、种类

人身意外伤害保险是指以被保险人因遭受意外伤害造成死亡、残废为给付保险金条件的人身保险。

按照风险分类，人身意外伤害保险分为普通意外伤害保险（如团体人身意外伤害保险、学生团体平安保险）、特定意外伤害保险（如建工意外险、驾乘意外险、井下意外险）。

按照保险期限分类，人身意外伤害保险分为一年期意外伤害保险、极短期意外伤害保险（如索道游客保险、旅游保险、旅客保险）、多年期意外伤害保险。

二、承保

1989—1990 年　人保承德中支开展的人身意外险业务主要以厂矿企业为主，基本展业手段是宣传动员企业领导层，为具有意外事故风险的企业职工投保人身意外伤害保险，以减轻企业处理意外事故的压力。两年合计保费收入 836.5 万元。

1991—1995 年　随着企业改制的深入推进，企业管理者的保险意愿明显增强，促进了人身意外险业务较快发展。1993 年保费收入首次突破千万元。1995 年，全市人身意外险保费收入 954 万元，相较 1990 年保费收入增加 496 万元，增长 1.08 倍。

1996—2000 年　产寿险机构分业经营后，中国人寿承德分公司加强公关协调，推动了人身意外险业务的稳定发展。公司先后与计生协会、驾驶员协会、个体协会、卫生、公安、劳动、妇联、教育等部门建立业务协作关系，拓宽了业务发展渠道。2000年，人身意外险保费收入1511.5万元，相较1995年增加557.5万元，增长58.44%。

2001—2005年 各公司加大力度发展人身意外险业务，以中国人寿承德分公司为例，一是于2002年成立团险部，负责对全辖团险业务统一管理；二是通过开通“绿色服务通道”，为客户提供方便快捷的理赔服务。2002年在承德市交警支队的支持下，驾驶员可以通过“绿色服务通道”平台开办意外伤害保险（简称“绿卡”）。“绿卡”工作促进了业务的开展，使人身意外伤害保险业务形成增长的新亮点。全辖“绿卡”承保工作首先在承德县支公司开办，一举收取保费41.5万元。围场支公司与交警首次合作就使“绿卡”保费收入突破50万元；三是在全辖设立农村保险服务部，逐步打开农村人身意外险市场，2002年实现人身意外险保费收入417万元，占全辖的23.56%；四是进一步与计生部门加强合作，促进各县区普遍开办计生系列保险。中国人寿承德分公司发挥个人代理人“人员多、路子广”的优势，大力推进发展分散性一年期意外险业务，并将意外险列入历次竞赛的考核指标。仅兴隆、滦平由个人代理人销售的全家福小保单每年就分别达到了10余万元。

2005年，各公司传统的学生险、计生险、驾乘险、旅游险、公旅险等渠道业务仍然是意外险业务的主要来源。年末承德市意外险保费收入3333.05万元，相较2000年增加1821.55万元，增长1.21倍。

2006—2010年 承德市寿险经营主体继续增加。面对竞争压力，各寿险公司注重深挖潜能，创新激励措施。2006年中国人寿开展贯穿于全年的“团险红旗争夺赛”等业务竞赛，促进了业务的快速发展，当年实现人身意外险保费收入3208.2万元，完成省下达年计划的122.45%。同时，各公司积极巩固代办业务。太保人寿承德中支为加强人身意外险业务拓展，与信用社、车站等代理单位签订代理业务合同，建立合作关系，较快提升了人身意外险业务规模。中国人寿承德分公司开展大规模的宣传走访和续保动员工作，与教育部门联合召开学生保险工作会议，为发展学生保险市场赢得了先机。2010年，全市人身意外险业务实现保费收入7176.56万元，相较2005年增加3843.5万元，增长1.15倍。

2011—2015年 企业对人身意外险需求增大。2012年，平安养老险承德中支为企业客户量身定制员工综合福利保障保险，由企业自愿选择险种进行组合投保，为企业员工意外伤害提供可靠保障，有效降低了企业与员工之间的意外伤害纠纷，深受投保企业认可。某企业集团连续三年投保员工综福保险，保费规模近600万元。各保险公司继续保持与政府、机关、教育部门协调，开拓业务发展。2013年上半年，中国人寿实现助老健康险、计生系列保险、建工险、学生平安险等渠道业务保费收入2900万元。2015年，全市人身意外险保费收入10372.45万元，相较2010年增加3195.9万元，增长44.53%。

1989—2015年承德市人身意外伤害险保费收入统计表

表8-2-7 单位：万元

年份	保费收入	年份	保费收入
1989	378.50	1992	857.40
1990	458.00	1993	1008.10
1991	544.20	1994	1033.60

续表 8-2-7

年份	保费收入	年份	保费收入
1995	954.00	2006	3882.45
1996	1425.90	2007	4004.84
1997	1516.20	2008	4607.84
1998	1355.50	2009	5134.51
1999	1444.50	2010	7176.56
2000	1511.50	2011	8175.96
2001	1705.10	2012	7046.37
2002	1955.58	2013	8809.02
2003	2367.93	2014	9778.47
2004	2760.84	2015	10372.45
2005	3333.05	合计	93598.37

三、理赔

在保险合同有效期内，被保险人因遭受意外伤害导致死亡或伤残的，保险公司分别履行下列理赔责任，履行身故保险责任，即按照合同载明的保险金额给付身故保险金；履行伤残保险责任，保险公司根据《人身保险伤残评定标准》所列伤残程度，对应保险给付比例给付伤残保险金。

保险索赔权利具有时效性。根据《中华人民共和国保险法》第二十七条规定“被保险人或者受益人，请求保险人赔偿或者给付保险金的权利，自其知道保险事故发生之日起二年不行使而丧失。”

导致被保险人遭受死亡、伤残的保险事故，必须具有外来的、突发的、非本意的、非疾病性的特点。由保险金申请人按要求向保险公司提交完整的索赔资料，经保险公司审核、调查、取证，认定保险责任范围，最后作出理赔结论。

1989 年时，人身意外险的理赔过程比较落后，在非工作时间不受理报案。在接案、批准立案、组织初审、调查理算、逐级审核、结案归档的全部过程，均由手工完成。加之大部分工作需要双人复核，处理一起简单赔案至少需要一周时间。给保户带来诸多不便。

进入 20 世纪 90 年代之后，各公司逐步开发利用电子网络移动技术，优化理赔流程，提升服务效率。各公司先后推出本系统的全国 24 小时客户服务电话，如太保人寿“95500”、中国人寿“95519”、平安人寿“95511”、百年人寿“95542”。客户可拨打电话报案，客服接听人员会明确提示客户办理索赔时需要携带的资料要件，大大缩短了客户报案时间和保险公司收集资料的时间。在为客户带来便利的同时，也提高了保险公司的理赔效率。

各公司积极优化理赔流程。如太保人寿承德中支推出“太E赔”专网服务系统，客户通过太保寿险APP平台，即可完成理赔资料的递交、审核、赔付等全部流程。真正实现了自助化、智能化、无纸化的理赔服务体系，避免了客户多次往返公司递交资料的烦恼，理赔效率大幅提升。

1989—2015年全市人身意外险累计赔付40166.65万元。2015年赔付4244.47万元，赔付率40.92%。

典型赔付案例 被保险人王某，于2001年11月21日在太保人寿承德中支投保意外伤害保险，5年缴费，投保10份，保险金额为10万元。2005年7月4日，王某因车祸抢救无效死亡。接到报案后，公司业务员使用新理赔技术太e赔系统，为客户进行理赔操作。从整理资料、录入信息、拍扫资料，全程不到30分钟即操作完毕。当天下午客户收到理赔金10万元。

被保险人郭某，于2006年4月在太保人寿承德中支参保“幸福相伴A”2份，意外保障为12万元。2008年5月14日，郭某因交通事故意外死亡。理赔人员接到报案后及时与郭某家属取得联系，经核实其出险情况符合“幸福相伴A”意外保险责任。赔付意外身故保险金额12万元。

被保险人陈某，于2012年5月15日在中英人寿承德营销部投保了意外险，保额205万元。2015年5月14日陈某车祸身故。保险公司接到被保险人家属报案后，经核实属于意外保险责任，赔付意外身故保险金额205万元。

2013年兴隆县孟某因交通意外事故死亡，平安养老险承德中支按照客户生前投保的安行两全附加安行意外险、增利两全附加乐逸意外保险条款和责任给付保险金92.12万元。

被保险人李某，于2014年11月6日在百年人寿承德中支投保一份意外医疗保险，保额1万元。2015年8月10日下午3点左右，被保险人开车不慎翻车，车上一家三口全部受伤，被保险人和儿子伤势较重，妻子伤势较轻。经诊断，被保险人李某颅脑损伤，胸腔积液，多发肋骨骨折，当日安排住院并接受住院治疗。客户家属第一时间拨打公司客服电话95542报案，公司通过“直付速赔”移动理赔服务，协助客户办理出院和结算手续，并在现场为客户办理了理赔受理申请，仅用几分钟时间，1万元赔付金便实时打入客户个人账户。

某工贸公司在平安养老险承德中支投保团体意外险，保险期限1年。其员工吉某在工作时不幸被机器输送带卷入尾轮里，造成右臂、头面、颈、胸等多处受伤，伤情严重，住院治疗83天。吉某出院时，颈部外伤、颈髓损伤、截瘫、右肩关节离断未愈。平安养老险承德中支接到报案后，立即看望伤者，安抚家属，积极帮助投保客户整理赔付手续，考虑伤者已经达到一级伤残，连同意外医疗费用及住院津贴及时赔付224980元。

1989—2015年承德市人身意外伤害险赔付支出统计表

表8-2-8 单位：万元

年份	给付支出	年份	给付支出
1989	138.80	2003	1326.50
1990	165.30	2004	1389.15
1991	211.60	2005	1762.78
1992	143.19	2006	2405.09
1993	323.40	2007	1724.63
1994	458.30	2008	1885.26
1995	673.50	2009	2453.06
1996	947.65	2010	2952.25
1997	984.70	2011	2816.39
1998	868.70	2012	2794.43
1999	928.60	2013	2402.02
2000	811.40	2014	3267.37
2001	895.51	2015	4244.47
2002	1192.59	合计	40166.64

第四节 投资型保险

一、种类

投资型保险是人寿保险的一个分支，兼具保险、投资性能。包括分红保险、投连保险、万能保险。

分红保险 保单持有人有权分享保险公司经营成果的保险种类。根据中国保监会规定：保险公司每一会计年度向保单持有人实际分配盈余的比例，不低于当年可分配盈余的70%。

投连保险 投资联结保险的简称，即保险与投资挂钩的保险。是一种融保险与投资功能于一体的新险种。直接受资本市场涨跌影响，投资风险较大。

万能保险 一种交费灵活、保额可调整、保单价值领取方便的寿险品种。它具有人寿保险的基本功能，同时具有风险投资功能。

二、承保

20世纪90年代末期，受经济发展、利率波动变化等因素的影响，寿险公司推进产品转型创新，投资型寿险产品开始走向市场。其中分红保险发展速度最快，总量最大。

1997年中保人寿承德分公司开办投资型保险业务，形成了240人的销售队伍。1998年，为丰富保险产品结构，适应客户的不同需求，中保人寿承德分公司着重推广分红保险等营销产品，营销员扩充到500人，同时建立农村网点41个。2000年营销员突破1000人。当年承德市投资型保险业务实现保费收入7776.6万元。

2001—2005年 中国人寿承德分公司相继推出鸿泰两全保险（分红型2002版、2003版）等分红型产品。太保人寿承德中支主打红福寿年金保险（分红型）、小康之家福寿延年年金保险A款（分红型）等投资型产品。各公司展业主要通过个人代理和银行代理两条销售渠道。银行代理具有网点多、人员多、客源多的优势，为加快业务发展起到积极作用。2002年，中国人寿承德分公司与银行、邮政网点合作代理销售鸿泰两全保险（分红型），缴费以趸交方式为主，实现保费收入8700万元，占当年总保费收入的34.63%。2005年，承德市投资型保险实现保费收入37156.6万元，相较2000年增加29380万元，增长3.78倍。

2006—2010年 寿险市场销售的保险投资产品主要有太保人寿承德中支的至尊安享年金保险（分红型）、小康之家华彩人生终身寿险（万能型）、鸿利年金保险（分红型）、华彩人生（B）终身寿险（万能型）、信恒D团体年金保险（分红型）。在此阶段，中国人寿承德分公司确立“巩固城市、占领农村”的战略，招聘讲师14名，通过业务培训壮大营销员队伍，加快营销服务部建设，按期考核投资保险续期率。通过“创业说明会”“代理人管理考核达标”等方式，强化代理人队伍建设，促进投资型保险业务发展。2010年，中国人寿承德分公司新增营销员400 余人，实现投资型保险保费收入6.07亿元，较2005年增长60.58%。2010年，全市寿险公司投资型保险实现保费收入127261.22万元，相较2005年增加90104.61万元，增长2.42倍。

2011—2015年 承德市寿险机构依托代理渠道发展业务，以获得规模化的保费收入。各保险公司与各银行签订兼业代理合同，代理产品以“趸交”5年期产品为主，配以中长期3年、10年期缴费的产品进行销售。主要产品有中国人寿金鼎富贵两全保险（分红型）系列产品、光大永明人寿金保顺A两全保险（分红型）。各公司还积极与圣源祥保险代理、诚安达保险代理、泛华保险代理等专业保险代理机构合作，拓展业务。

各寿险公司积极创新竞赛管理考核模式，以阳光人寿承德中支为例，推出创建阳光之星“联动晋升”活动，鼓励业务主管和营销员共同参与创建，营销员连续三个月达标成星的，晋升为正式会员。正式会员继续保持成星的，获得费用奖励，连续月数越多，奖励越高。创建过程涌现了阳光小组、阳光营业部、阳光星坛等先进群体，保持了业务稳中有升。2011年中国人寿承德分公司新增签约营销员700余人。通过定期创业演讲会、每日视频督导会，对营销员业务发展情况进行点评、分析、调度，加强队伍建设。

2015年，承德寿险公司实现投资型保费收入21.02亿元，相较2010年增加8.29亿元，增长65.16%。

1997—2015年承德市投资型保险保费收入统计表

表8-2-9　　单位：万元

年份	保费收入	年份	保费收入
1997	3828.50	1998	5026.00

续表 8-2-9

年份	保费收入	年份	保费收入
1999	3657.50	2008	108112.83
2000	7776.60	2009	110325.57
2001	10174.37	2010	127261.22
2002	9829.04	2011	144986.67
2003	24337.59	2012	163912.18
2004	31240.31	2013	170242.14
2005	37156.60	2014	205277.90
2006	43926.04	2015	210187.11
2007	71016.12	合计	1488274.29

三、理赔

分红型保险的理赔与传统寿险的理赔方式相似，特殊之处在于分红保险的被保险人身故后，收益人在获得约定保额保险金的同时，还可以获得未领取的累计红利和利息。在满期给付时，被保险人在获得约定保额保险金的同时，也可以得到未领取的累计红利和利息。

1997—2000 年 投资型保险业务开办之初，主要以公司员工直销为主。为严防内外勾结制造假赔案，公司注重对员工进行法制教育。同时严格执行现场勘查制度。一经接到案件，第一时间赶赴现场调查核实，确保赔案真实。中保人寿公司制定了《业务给付管理暂行规定》，重点对定点医院公正配合理赔做出明确规定，加大赔案审核力度，努力挤掉赔付中的水分。

2001—2015 年 个人代理人营销业务迅速发展，各寿险公司相应强化对营销员的教育培训和监督管理。如设立销售督查岗，对营销员办理的投资型业务进行调查回访，有效避免先出险、后承保的现象发生。各公司注重理赔调查队伍建设，专门成立由素质较高人员组成的理赔调查小组，强化对出险案件的调查审核，有效降低了骗保、骗赔等事件的发生。

1996—2015 年 全市投资型保险累计赔付（含满期给付）13.58 亿元。2015 年赔付 6.22 亿元，赔付率 29.61%。

典型赔付案例 被保险人张某，于 2010 年在阳光人寿承德中支投保“阳光人寿财富年年两全保险（分红型）”年交保费 4500 元。2013 年 10 月 29 日晚，张某驾车发生交通意外导致身故。接到报案后，公司理赔人员迅速联系客户准备理赔资料，根据“阳光人寿财富年年两全保险（分红型）”条款约定，给付身故保险金 50 万元。给付累积红利本息 206.4 元。

投保人林某，在阳光人寿承德中支为其孩子投保财富双账户少儿万能两全保险，年交保费 4000 元，基本保额 5 万元，重疾保额 5 万元，意外伤害 2 万元，意外伤害医疗 3000 元。2012

年8月2日，公司接到报案称被保险人在玩耍时，不慎仰坐在刚煮开的粥锅里，正在住院治疗。公司第一时间组织客服人员到医院看望孩子、核实情况。小孩住院期间，理赔人员多次到医院看望。经全面核实理赔资料，10月15日，给付理赔款7.3万元。

被保险人闫某，于2013年7月25日在百年人寿承德中支投保一份富富有余年金保险（分红型），保费7000元。2014年12月13日，被保险人在矿厂的升降机上检查安全工作时，升降机发生故障，被保险人因“多发肋骨骨折、血气胸等”抢救无效身故。被保险人家属提交了理赔所需资料，公司理赔人员在核实事故的真实性后，按照保险合同的意外事故责任进行了理赔，赔付金额25305.55元。

投保人刘某，于2013年3月为被保险人杨某在阳光人寿承德中支投保“阳光人寿金世福终身寿险（万能型）”，保额12万元。2015年7月30日被保险人杨某因猝死身故。接到报案后，理赔人员迅速联系客户，指导客户收集整理理赔资料并录入系统。根据“阳光人寿金世福终身寿险(万能型)”条款约定,给付身故保险金12万元。

1997—2015年承德市投资型保险赔付支出（含满期给付）统计表

表8-2-10　　单位：万元

年份	赔付支出	年份	赔付支出
1997	257.30	2007	925.08
1998	358.80	2008	3927.80
1999	761.00	2009	6182.09
2000	198.90	2010	6530.23
2001	440.18	2011	5656.56
2002	156.60	2012	4961.19
2003	229.00	2013	9223.01
2004	280.35	2014	32380.33
2005	554.10	2015	62232.46
2006	525.59	合计	135780.57

第九编

证　券

第九编 证 券

承德的证券业务起步于1995年，是资本市场开放的产物。初期的两家证券营业部，由农业银行、工商银行兼营，分别打出了“农行证券”“工行证券”的金字招牌，起步办理接受客户委托的证券买卖业务。1998年，两家证券营业部与主办银行脱钩，分别转让给专业证券公司实行分业经营。分业经营后，先后遇到法人机构处置风险、资本重组等事件，两家营业部又几经易手转让。在坎坷的发展过程中，两家证券营业部坚定信念求发展，陆续稳妥开办多项业务，维护了稳定发展的大好局面。2011—2015年，又有3家证券营业部入驻承德，证券业务发展比较活跃。

第一章 证券经纪

证券经纪业务是指证券公司通过其设立的证券营业部，接受客户委托，按照客户要求，代理客户买卖证券的业务。是证券营业部的基础业务。1995年中投证券承德翠桥路证券营业部、财达证券承德都统府证券营业部2家开办证券经纪业务，账户存量2585户、交易量4.34亿元。2015年承德市5家证券营业部均开办了的证券经纪业务，账户存量10.36万户、交易量1496.56亿元。与1995年比较，存量账户增长40倍，交易量增长345倍。

第一节 中投证券承德翠桥路证券营业部

一、种类

A股 1995年1月开通上海A股，1996年5月开通深圳A股。中国境内公司发行，供境内机构、组织、个人以人民币认购，实行“T+1”交割制度。2013年4月1日起，境内港、澳、台居民可开立A股账户。

B股 1995年1月开通上海B股，1996年5月开通深圳B股。以人民币标明面值，以外币认购和买卖，仅限外国投资者购买。2001年6月1日，B股市场对国内投资者正式开放。

封闭基金 1995年1月开通上海封闭基金，1996年5月开通深圳封闭基金。以人民币标明面值，基金发行份额固定不变，在沪深交易所二级市场交易。

指数基金 2004年3月开办。以特定指数（如沪深300指数、标普500指数、纳斯达克100指数、日经225指数等）为标的的成分股为投资对象，追踪标的指数表现的基金产品。

权证 2005年11月23日开通。由基础证券发行人或第三人发行，持有人在规定期间内或特定到期日，按约定价格向发行人购买、出售或收取结算差价的有价证券。2008年6月13日停办。

国债逆回购 2006年12月开办。国债逆回购是买卖双方在成交的同时约定于未来某一时间以某一价格，双方再行反向成交，并支付原商定的利息。本质就是一种短期贷款。

新三板 2006年开办。“新三板”原指中关村科技园区非上市股份有限公司进入代办股份系统转让试点。因挂牌企业不同于转让系统内的退市企业及STAQ、NET系统挂牌公司，故称为“新三板”。2012年经国务院批准，决定扩大非上市股份公司股份转让试点，首批新增上海张江、武汉东湖、天津滨海高新区进入试点。2013年12月31日起，股份转让系统面向全国接收企业挂牌转让申请。

沪港通 2014年11月开办。上交所和香港联合交易所允许两地投资者交易互联互通。

二、业务发展

1995—1997年农行信托投资公司证券营业部阶段 1995年1月18日，农行证券营业部在承德市开业。1995—1997年期间，客户对证券业务了解较少，获取股票行情的渠道仅限于营业部大厅。为了加强信息发布，营业部采取了印制股票交易手册、逐日印发大盘和各股走势行情表、辅导大客户学习使用行情电脑、与承德网通合作开通160股市信息发布、与承德市天生寻呼公司合作开通BB机发布股票行情。帮助客户扩大行情信息渠道。

1997年末，营业部账户存量5829个，交易量15.7亿元，相较1995年末账户存量增加4146户，交易量增加13.4亿元，增长近6倍。

1997—2003年南方证券陕西营路证券营业部阶段 1997年，南方证券北京分公司对营业部实行电脑主管和财务主管派驻制。派驻制带来了新的管理方式和理念，扩展了业务交流和学习。

1998年，承德营业部积极与地方政府合作，成功帮助帝贤集团改制，于2000年9月成功上市。营业部主动帮助露露股份完成内部职工股开户登记和后期服务工作。

1999年，营业部隶属关系从北京分公司划转天津分公司。天津分公司组织营业部业务骨干培训、交流、学习，加大力度服务客户，业务发展走向了新高度。

2000年，营业部与工行承德分行联合开办银证转账业务，不仅方便了客户，而且减轻了营业部资金柜台的业务压力。仅一年多就发展银证转账客户1000户。

2003年末营业部账户存量11687户，交易量46.47亿元，相较1997年初，账户存量增加7966个，增长1倍多；交易量增加35.43亿元，增长3.5倍。

2003—2005年南方证券行政接管阶段 2003年11月，由于南方证券公司爆发大范围的信用危机，中国证监会和深圳市政府联合颁布公告，决定自2004年1月2日起对南方证券公司实施行政接管。在接管期间，营业部定期组织客户参加股市沙龙，利用营业部场地为客户提供全方位服务。同时，积极与河北证监局和承德市政府沟通情况，消除负面影响。

2005年末账户存量12111户，交易量47.02亿元，相较2003年初，账户存量增加587户，交易量增加4.61亿元，增长10%。

2005—2011年中国建银投资证券有限责任公司阶段 2005—2011年期间，营业部加强团队建设，在人才培养上增加投入。到2010年末，营业部所有客户经理均具有从业资格，具有基金销售资格的客户经理达到90%以上。

2005年12月，营业部与建行、农行、工行、中行合作，率先实行客户资金三方存管业务，为营业部后续发展拓展了空间。

2010年，营业部利用多种媒介宣传公司形象，两次在《承德日报》金融专刊登载投资者教育、营业部业务介绍等内容，受到承德各界关注，提升了营业部的知名度。营业部注重积累客户资源，为客户提供优质服务。通过实行客户经理和经纪人双营销制度，开户数量和交易量都得到大幅度增长。营业部利用公司优质的信息资讯平台，为客户提供了多层次、全方位的市场资讯服务。组织核心客户参加了总公司在北京举行的2010年度投资策略报告会，展现了公司的咨询实力。营业部按标准建立了投资者园地，设置权证、配股、增发等公告通知栏，并向投资者揭示风险。另外，营业部设置专门座席，对客户进行不定期回访。2010年回访重要核心客户、潜在风险客户、配股增发客户4350户，对新开户的3000多名客户实现了全部回访，还对重要客户登门拜访，及时沟通了信息，提示了风险。组织郊游、采风等活动。回访活动对稳定客户起到了积极作用。

2010年营业部实现交易量288.96亿元，客户保证金余额为29,687万元，市值16.06亿元，资产总值19.03亿元。市场份额2.568%，佣金率2.41‰，佣金收入在总公司排名第6位。营业部开户存量44545户，其中机构户30户。销售产品3494.3万元。

2011—2015年中国中投证券有限责任公司

阶段　2011年，营业部组织大客户参加《上海证券报》投资者巡回报告会，让大客户感受中投的实力，增强了客户的凝聚力。营业部利用建党90周年之际，组织全体员工参与羽毛球、乒乓球、篮球、拔河、摄影、“五四”征文、即兴演讲7项文体活动，提振了员工的活力，增加了企业的凝聚力。年末营业部交易量195亿元。佣金收入4092万元，融资融券收入101万元，IB业务收入15.4万元。2011年客户资产总值14.76亿元。市场份额2.28%，佣金率2.12‰。全年新开资金户4045户，开户存量48148户，其中机构户23户。产品销售5286万元。

2012年，营业部与银行设立合作网点35处，其中工行10处、农行9处、中行5处、建行6处。各银行均派客户经理进驻网点。另外，营业部派一名客户经理常驻承钢公司，为当地客户提供服务。同时加强非银行网点的营销，最大限度地利用资源，实行全方位营销。

2013年，针对逆回购业务的特性，大力营销短期理财客户，逆回购交易量达到12亿多元。利用新业务优势，从其他营业部转来客户资产500万元。

2014年面对低迷行情，营业部积极响应总公司号召，推进财富转型。率先开办投资顾问业务，仅半年时间签约客户13个，收入10.38万元。积极推销各项新业务，做到新业务服务老客户、吸引新客户，大力推进“中投聚金利”产品，首次营销4418万元。大力推进逆回购业务，面对弱势行情为客户提供资产增值的有效方式，增加了客户的忠诚度和凝聚力。

2015年6月23日，营业部实现同城迁址。面对原房东拟大幅提升租金的情况，营业部从选址、招投标、施工、搬家，不到半年时间完成A类营业部同城迁址工作，房租从原来的190万元降到143万元，节省了营业成本，稳定了客户。是年8月，营业部实行全员一体化管理，提升营销能力，调整营销队伍，1人充实到投资顾问，5人调整为经纪人，1人调整到交易部，做到人尽其才。员工考核重新确立新起点，激发全员营销积极性，开户、新增资产、产品销售均有大幅增长。年末实现股票基金交易量1086亿元，客户资产总值50亿元；2015年股票基金交易市场份额2.02%，佣金率1.2‰，佣金收入在总公司排名第7位；新开资金账户8069户；新增资产2.13亿元。

到2015年末，账户存量62863户，交易量1117.37亿元，相较2011年初，账户存量增加18318户，交易量增加828.41亿元，增长2.8倍。2015年实现全年交易超千亿元，开创营业部有史以来最高成就。

三、业务量

1995—2015年中投证券承德营业部证券经纪业务交易情况统计表

表9-1-1

年份	新开户（个）	账户存量（个）	交易量（万元）	年份	新开户（个）	账户存量（个）	交易量（万元）
1995	1683	1683	23100	1998	644	6473	122300
1996	2036	3719	110400	1999	1152	7625	126000
1997	2110	5829	157000	2000	2238	9863	201000

续表 9-1-1

年份	新开户（个）	账户存量（个）	交易量（万元）	年份	新开户（个）	账户存量（个）	交易量（万元）
2001	1297	11160	109000	2009	5998	40019	3338336
2002	364	11524	424100	2010	4526	44545	2889617
2003	163	11687	464700	2011	3603	48148	1975372
2004	208	11895	646400	2012	2269	50417	1620941
2005	216	12111	470200	2013	1589	52006	2059897
2006	126	12237	409064	2014	2850	54856	3246201
2007	19975	32212	2052582	2015	8007	62863	11173743
2008	1809	34021	1721821				

第二节 财达证券承德都统府证券营业部

一、种类

A股 1995年5月开通上海A股和深圳A股。中国境内公司发行，供境内机构、组织、个人以人民币认购，实行“T+1”交割制度。2013年4月1日起，境内港、澳、台居民可开立A股账户。

封闭基金 1995年5月开通上海封闭基金，1996年5月开通深圳封闭基金。以人民币标明面值，基金发行份额固定不变，在沪深交易所二级市场交易。

B股 2002年开通。以人民币标明面值，以外币认购和买卖，仅限外国投资者购买。2001年6月1日，B股市场对国内投资者正式开放。

权证 2005年11月开通，2008年6月停办。由基础证券发行人或第三人发行，持有人在规定期间内或特定到期日，按约定价格向发行人购买、出售或收取结算差价的有价证券。

沪港通 2014年11月开办。上交所和香港联合交易所允许两地投资者交易互联互通。

指数基金 2004年3月开办。以特定指数（如沪深300指数、标普500指数、纳斯达克100指数、日经225指数等）为标的的成分股为投资对象，追踪标的指数表现的基金产品。

国债逆回购 2008年8月开办。国债逆回购是买卖双方在成交的同时约定于未来某一时间以某一价格，双方再行反向成交，并支付原商定的利息。本质就是一种短期贷款。

新三板 2015年开办。“新三板”原指中关村科技园区非上市股份有限公司进入代办股份系统转让试点。因挂牌企业不同于转让系统内的退市企业及STAQ、NET系统挂牌公司，故称为“新三板”。2012年经国务院批准，决定扩大非上市股份公司股份转让试点，首批新增上海张江、武汉东湖、天津滨海高新区进入试点。2013年12

月 31 日起，股份转让系统面向全国接收企业挂牌转让申请。

二、业务发展

1995—1997 年工行信托投资公司证券营业部阶段 1995 年 5 月 18 日，工行承德分行信托证券部正式开业。1995—1997 年期间，承德证券市场刚刚起步，公众对股票知识了解较少，炒股必须亲自到营业部交易大厅交易。营业部为了满足投资者需要，设置数码显示大屏 4 块，自助交易电脑 30 台，大中客户室钱龙行情电脑 50 台。深交所采用双向无线报盘系统，不需要人工填单，直接电脑自动报盘，保证了交易的快捷准确。

1997 年末账户存量 5549 个，交易量 8.17 亿元，相较 1995 年末，账户存量增加 4647 户，交易量增加 6.13 亿元，增长近 3 倍。

1998—2006 年河北证券承德营业部阶段 1997 年 10 月 1 日，营业部被河北证券接管并迁址重新开业。营业部位于火神庙黄金地段，租用营业楼 4 层，一楼为交易大厅，设有行情显示大屏 10 块，电视墙 1 组，自助交易机 50 台，钱龙看盘机 20 台，能够满足散户的看盘交易需要。2 楼、3 楼、4 楼为大中户室和办公区，全部配置钱龙软件电脑，做到了交易无纸化、自动化。

2000 年，营业部与工行承德分行联合开办银证转账业务，告别了柜台现金存取，实现了转账收付，方便了客户，减轻了柜台的业务压力。

2006 年初，营业部相继与建行、农行、工行、中行合作，实行客户资金三方存管业务，为营业部后续发展拓展了空间。

2006 年末账户存量 11945 户，交易量 25.53 亿元，相较 1997 年末，账户存量增加 6396 户，交易量增加 17.36 亿元。

2007—2015 年财达证券股份有限公司阶段 2007 年 3 月，营业部变更为财达证券股份有限公司承德火神庙街证券营业部。2011 年同城迁址到都统府大街 9 号。迁址后的营业部，散户交易大厅 150 平方米，配置 100 台客户自助委托终端、四块大屏和一块点阵屏揭示行情走势，基本做到散户人手一台电脑，另有 2 层 VIP 贵宾室，能够充分满足客户需求。营业部迁址改造后，投资环境大为改善，吸引了大量客户前来投资开户。

2015 年末，营业部账户存量 30716 户，交易量 372.93 亿元，相较 2006 年末，账户存量增加 18771 户，交易量增加 347.4 亿元。

三、业务量

1995—2015 年财达证券承德都统府证券营业部证券经纪业务交易情况统计表

表 9-1-2

年份	新开户（个）	账户存量（个）	交易量（万元）	年份	新开户（个）	账户存量（个）	交易量（万元）
1995	902	902	20281	2001	1040	10754	100969
1996	1867	2769	45609	2002	224	10978	83363
1997	2780	5549	81653	2003	219	11197	93355
1998	871	6420	80848	2004	246	11443	115389
1999	1044	7464	98056	2005	134	11577	95203
2000	2250	9714	217550	2006	368	11945	255291

续表 9-1-2

年份	新开户（个）	账户存量（个）	交易量（万元）	年份	新开户（个）	账户存量（个）	交易量（万元）
2007	5344	17289	1222907	2012	2460	24605	550468
2008	1554	18843	754572	2013	2485	24857	720618
2009	518	19061	1424407	2014	2540	25409	1165196
2010	2083	21120	1196457	2015	3071	30716	3729330
2011	2426	24267	806690				

第三节 财达证券承德宽城金山街证券营业部

一、种类

A股 2011年10月开通。中国境内公司发行，供境内机构、组织、个人以人民币认购，实行“T+1”交割制度。2013年4月1日起，境内港、澳、台居民可开立A股账户。

B股 2012年2月开通。以人民币标明面值，以外币认购和买卖，仅限外国投资者购买。2001年6月1日，B股市场对国内投资者正式开放。

国债逆回购 2011年10月开办。国债逆回购是买卖双方在成交的同时约定于未来某一时间以某一价格，双方再行反向成交，并支付原商定的利息。本质就是一种短期贷款。

新三板 2013年12月31日开办。“新三板”原指中关村科技园区非上市股份有限公司进入代办股份系统转让试点。因挂牌企业不同于转让系统内的退市企业及STAQ、NET系统挂牌公司，故称为“新三板”。2012年经国务院批准，决定扩大非上市股份公司股份转让试点，首批新增上海张江、武汉东湖、天津滨海高新区进入试点。2013年12月31日起，股份转让系统面向全国接收企业挂牌转让申请。

沪港通 2014年11月17日开办。上交所和香港联合交易所允许两地投资者交易互联互通。

二、业务发展

财达证券宽城营业部于2011年10月26日开业后，利用《燕赵都市报》、宽城满族自治县电视台等媒体，加强宽城营业部形象宣传，提高知名度，迅速与宽城县工行、建行、农行等具备客户第三方存管的银行网点签订合作方案，拓展营销渠道，成功签约符合条件的经纪人4名，初步建设了一支高素质的营销团队。

2012—2015年期间，营业部定期举办客户活动，为股民讲解证券市场知识，揭示投资者风险。定期通过电话回访、上门拜访、投资策略报告会、户外拓展等方式，加深与客户之间的沟通，确保客户稳定增长。

2015年3月，营业部取得互联网证券业务试点资格，及时与各营销渠道沟通，确保为客户提供方便快捷的服务。4月，财达证券宽城营业部与财达证券承德都统府营业部合作，成功推荐围场满族蒙古族自治县天原药业登录新三板。年末，营业部证券经纪业务开户存量2104个，当年实现交易量4.58亿元。

三、业务量

2011—2015年财达证券宽城营业部证券经纪业务交易情况统计表

表9-1-3

年份	新开户（个）	账户存量（个）	交易量（万元）
2011	302	302	197.61
2012	295	597	302.88
2013	161	758	13400.43
2014	317	1075	20149.67
2015	1029	2104	45840.68

第四节 国泰君安证券承德西大街证券营业部

一、种类

A股 2014年7月开通。中国境内公司发行，供境内机构、组织、个人以人民币认购，实行“T+1”交割制度。2013年4月1日起，境内港、澳、台居民可开立A股账户。

B股 2014年7月开通。以人民币标明面值，以外币认购和买卖，仅限外国投资者购买。2001年6月1日，B股市场对国内投资者正式开放。

封闭基金 2014年7月开通。以人民币标明面值，基金发行份额固定不变，在沪深交易所二级市场交易。

指数基金 2014年7月开办。以特定指数（如沪深300指数、标普500指数、纳斯达克100指数、日经225指数等）为标的的成分股为投资对象，追踪标的指数表现的基金产品。

新三板 2014年7月开办。“新三板”原指中关村科技园区非上市股份有限公司进入代办股份系统转让试点。因挂牌企业不同于转让系统内的退市企业及STAQ、NET系统挂牌公司，故称为“新三板”。2012年经国务院批准，决定扩大非上市股份公司股份转让试点，首批新增上海张江、武汉东湖、天津滨海高新区进入试点。2013年12月31日起，股份转让系统面向全国接收企业挂牌转让申请。

沪港通 2014年11月开办。上交所和香港联合交易所允许两地投资者交易互联互通。

二、业务发展

2014年7月，国泰君安证券承德营业部开办证券经纪业务，包括机构证券经纪业务和个人证券经纪业务。

机构证券经纪业务主要提供股票、基金及金融工具、FICC（固定收益证券、货币及商品交易业务）等交易与销售业务。专注于为各类企业机构客户和零售客户提供多资产、多策略的产品解决方案。

个人证券经纪业务支持软件下载，为个人客户提供“一站式”软件下载平台；支持行情、交易、资讯、理财业务；支持在线交易快速通道与闪电交易行情；支持网上营业厅买产品、开账户、做交易；支持金融商城基金、私募、资管等多元化产品7×24小时服务。另外，国泰君安的君弘俱乐部为客户提供行情提示、技术指标、信息资讯、技术分析等80余项服务。

2015年，营业部每季度举办投资教育活动，开展“3·15”国际消费者权益日、“防范非法证券活动宣传教育”等专题活动，在承德市场取得了一定的影响力。

三、业务量

2014年末，营业部存量客户达到1990个，实现交易量52.32万元。

2015年末，营业部存量客户5414户，同比增加3424户。交易量742.08万元，同比增加689.76万元。

第五节 广发证券承德新华路证券营业部

一、种类

A股 2015年11月开通。中国境内公司发行，供境内机构、组织、个人以人民币认购，实行“T+1”交割制度。2013年4月1日起，境内港、澳、台居民可开立A股账户。

封闭基金 2015年11月开通。1995年1月开通上海封闭基金，1996年5月开通深圳封闭基金。以人民币标明面值，基金发行份额固定不变，在沪深交易所二级市场交易。

指数基金 2015年11月开办。以特定指数（如沪深300指数、标普500指数、纳斯达克100指数、日经225指数等）为标的的成分股为投资对象，追踪标的指数表现的基金产品。

国债逆回购 2015年11月开办。国债逆回购是买卖双方在成交的同时约定于未来某一时间以某一价格，双方再行反向成交，并支付原商定的利息。本质就是一种短期贷款。

新三板 2015年11月开办。“新三板”原指中关村科技园区非上市股份有限公司进入代办股份系统转让试点。因挂牌企业不同于转让系统内的退市企业及STAQ、NET系统挂牌公司，故称为“新三板”。2012年经国务院批准，决定扩大非上市股份公司股份转让试点，首批新增上海张江、武汉东湖、天津滨海高新区进入试点。2013年12月31日起，股份转让系统面向全国接收企业挂牌转让申请。

沪港通 2015年11月开办。上交所和香港联合交易所允许两地投资者交易互联互通。

二、业务发展

广发证券承德营业部于2015年11月3日开业后，成立了素质较高、人数较多的优秀团队，具备了为承德广大投资者提供优质服务的基本技能，推动了证券经纪业务的快速发展。2015年营业不足两个月，发展新客户2544个，实现交易量15908.23万元。

第二章 证券投资基金代销

中投证券承德翠桥路证券营业部、财达证券承德都统府证券营业部于2011年开办证券投资基金代销业务，2011年交易量5308万元。2015年，5家证券营业部交易量为4.11亿元。

第一节 中投证券承德翠桥路证券营业部

一、种类

公募基金 公募基金包含股票型基金、债券基金、货币市场基金、混合基金。2005年开办基金直销业务。2011年开通代销基金业务。

股票基金。以股票为主要投资对象的基金。根据中国证监会对基金类别的分类标准，基金资产80%以上投资于股票的为股票基金。投资风险较大。

债券基金。以债券为主要投资对象的基金。根据中国证监会对基金类别的分类标准，基金资产80%以上投资于债券的为债券基金。收益风险适中。

货币市场基金。以货币工具为投资对象的基金。根据中国证监会对基金类别的分类标准，仅投资货币市场工具的为货币市场基金。风险低、流动性好，但长期收益率较低，不适合长期投资。

混合基金。同时以股票、债券等为投资对象，以期通过在不同资产类别上的投资，实现收益与风险之间的平衡。混合基金的风险低于股票基金，预期收益则要高于债券基金。

集合资产管理计划 2008年7月开办。集合客户的资产，由专业投资者（券商/基金子公司）进行管理。券商设立的非限定性集合计划，接受单个客户的资金不得低于10万元；券商设立的限定性集合理财计划，接受单个客户的资金不得低于5万元。

柜台市场产品 2013年4月开办，并于2014年10月取得第二批试点资格。柜台市场是指证券公司为与特定交易对手方在集中交易场所之外进行交易、或为投资者在集中交易场所之外进行交易提供服务的场所或平台。

银行理财产品 2014年6月开办。商业银行在对潜在目标客户群分析研究的基础上，针对特定目标客户群开发设计并销售的资金投资和管理计划。根据客户获取收益方式的不同，分为保证收益理财产品和非保证收益理财产品。

二、业务发展

2011年营业部实现证券投资基金代销交易量5286万元。

2013年营业部共代销基金20支。其中股票型基金10支，累计销售金额1184.5万元；债券型基金2支，累计销售金额586.5万元；货币型基金7支，累计销售金额1275.8万元。

2014年，营业部积极参与中证机构间报价系统股份有限公司互联互通业务，并通过公司柜台市场对接报价系统开展收益凭证业务，为公司客户及市场其他参与人提供私募产品的定制化服务。

2015年在金中投转型升级的销售中，销售金额位列总公司第五位，并获得6000万元私募分仓开户，一名员工荣获销售先进个人奖。2015年末完成产品销售2.78亿元，相较2011年增加2.25亿元，增长4.26倍。

三、业务量

2011-2015年中投证券承德营业部证券投资基金代销业务交易量，2011年5286万元，2012年6312万元，2013年3047万元，2014年2154万元，2015年27800万元。

第二节 财达证券承德都统府证券营业部

一、种类

公募基金 2011年12月30日开办。公募基金包含股票型基金、债券基金、货币市场基金、混合基金。

集合资产管理计划 2014年3月20日开办。集合客户的资产，由专业投资者（券商／基金子公司）进行管理。券商设立的非限定性集合计划，接受单个客户的资金不得低于10万元；券商设立的限定性集合理财计划，接受单个客户的资金不得低于5万元。

银行理财产品 2013年5月21日开办。商业银行在对潜在目标客户群分析研究的基础上，针对特定目标客户群开发设计并销售的资金投资和管理计划。根据客户获取收益方式的不同，分为保证收益理财产品和非保证收益理财产品。

二、业务发展

2011—2015年，财达证券承德营业部累计代销基金2498.56万元，累计实现代销基金收入13.99万元。

三、业务量

2011-2015年财达证券承德营业部证券投资基金代销业务交易量，2011年22万元，2012年4.97万元，2013年543.45万元，2014年824.4万元，2015年1103.74万元。

第三节 财达证券承德宽城金山街证券营业部

一、种类

公募基金 2012年10月开办。公募基金包含股票型基金、债券基金、货币市场基金、混合基金。

集合资产管理计划 2012年6月开办。集合客户的资产，由专业投资者（券商／基金子公司）进行管理。券商设立的非限定性集合计划，接受单个客户的资金不得低于10万元；券商设立的限定性集合理财计划，接受单个客户的资金不得低于5万元。

银行理财产品 2013年5月开办。商业银行在对潜在目标客户群分析研究的基础上，针对特定目标客户群开发设计并销售的资金投资和管理计划。根据客户获取收益方式的不同，分为保证收益理财产品和非保证收益理财产品。

二、业务发展

2012—2015年，财达证券宽城营业部在积极扩大市场份额的同时，注重寻求产品多元化。针对客户的风险承受能力，将客户进行分类，以便有效了解客户，为客户量身打造适合需求的产品。2015年，由财达证券总部发行、财达证券宽城营业部代销的集合资产管理计划、财达稳赢系列、量化系列产品，由于降低了客户的风险，保证了客户的收益，受到客户的好评。2015年当年实现交易量549万元。

三、业务量

2011-2015 年财达证券宽城营业部证券投资基金代销业务交易量，2011 年 22 万元，2012 年 8.3 万元，2013 年 23.2 万元，2014 年 78.4 万元，2015 年 548.83 万元。

第四节 国泰君安证券承德西大街证券营业部

一、种类

公募基金 公募基金包含股票型基金、债券基金、货币市场基金、混合基金。国泰君安证券承德西大街证券营业部 2014 年开办基金直销、代销业务。

集合资产管理计划 2014 年 7 月开办。集合客户的资产，由专业投资者（券商 / 基金子公司）进行管理。券商设立的非限定性集合计划，接受单个客户的资金不得低于 10 万元；券商设立的限定性集合理财计划，接受单个客户的资金不得低于 5 万元。

柜台市场产品 2014 年 7 月开办。柜台市场是指证券公司为与特定交易对手方在集中交易场所之外进行交易、或为投资者在集中交易场所之外进行交易提供服务的场所或平台。

银行理财产品 2014 年 7 月开办。商业银行在对潜在目标客户群分析研究的基础上，针对特定目标客户群开发设计并销售的资金投资和管理计划。根据客户获取收益方式的不同，分为保证收益理财产品和非保证收益理财产品。

二、业务发展

自 2014 年开业起，为积极推动金融产品代销业务的健康发展，有效防范业务风险，国泰君安证券承德营业部根据有关法律法规及公司制度规定，分别制定了风险提示和金融产品代销规范化流程。

风险提示内容如下：募集机构仅可以宣传由中国基金业协会公示的已备案私募基金的基本信息；严禁员工向不特定、不合格投资者进行宣传；严禁员工向集资投资者主动宣传销售产品，禁止投资者非法拆分转让；严禁员工向 70 周岁以上人员宣传销售高风险等级产品；员工应适时与投资者沟通，提示金融产品风险。

金融产品销售规范化流程：员工销售的金融产品必须通过公司审核；集合理财计划、私募基金等产品，必须面向特定对象宣传，非特定对象转为特定对象必须经过风险测评和适当性匹配；员工推介金融产品需参加公司统一组织的该金融产品的培训学习，通过相关考试。

通过提示风险和规范操作，投资基金及金融产品代销业务交易量增长幅度较大。

2014 年营业部实现交易量 3672 万元。2015 年实现交易量 10710 万元，同比增加 7038 万元。

第五节 广发证券承德新华路证券营业部

一、种类

公募基金 2015 年开办。公募基金包含股票型基金、债券基金、货币市场基金、混合基金。

集合资产管理计划 2015 年开办。集合客户的资产，由专业投资者（券商 / 基金子公司）进行管理。券商设立的非限定性集合计划，接受单个客户的资金不得低于 10 万元；券商设立的限定性集合理财计划，接受单个客户的资金不得低于 5 万元。

柜台市场产品 2015 年开办。柜台市场是指证券公司为与特定交易对手方在集中交易场所之外进行交易、或为投资者在集中交易场所之外进行交易提供服务的场所或平台。

二、业务发展

到 2015 年底，广发证券承德营业部证券投资基金代销业务实现交易量 980 万元。

第三章 融资融券

融资融券业务是指证券公司向客户出借资金供其买入证券或出具证券供其卖出证券的业务。2011 年中投证券承德翠桥路证券营业部率先开办，当年开户 36 户。到 2015 年末，5 家证券营业部均开办融资融券业务，开立融资融券账户 406 户。

第一节 中投证券承德翠桥路证券营业部

一、种类

融资融券交易 2011 年 1 月开办。融资融券业务又称“证券信用交易”或保证金交易，分为融资交易和融券交易。2010 年 3 月 30 日，上交所、深交所分别发布公告，表示将于 2010 年 3 月 31 日起正式开通融资融券交易系统，开始接受试点会员融资融券交易申报，融资融券业务正式启动。

融资交易是投资者以资金或证券作为质押，向证券公司借入资金用于证券买入，并在约定的期限内偿还借款本金和利息。投资者向证券公司融资买进证券称为“买多”。

融券交易是投资者以资金或证券作为质押，向证券公司借入证券卖出，在约定的期限内，买入相同数量和品种的证券归还券商并支付相应的融券费用。投资者向证券公司融券卖出称为“卖空”。

股票质押回购 2013 年 8 月开办。股票质押式回购交易是指符合条件的资金融入方，以所持有的股票或其他证券作质押，向符合条件的资金融出方融入资金，并约定在未来返还资金、解除质押的交易。上海证券交易所、中国证券登记结算有限责任公司于 2013 年 5 月 24 日联合发布《股票质押式回购交易及登记结算业务办法（试行）》，标志着这项业务的正式推出已具备制度基础。

中投证券设计了新易融和快易融两款产品。新易融是中投证券专门为客户新股申购融资而设计的产品，客户在网上自助办理即可轻松实现质押股票、基金、债券，获得申购新股所需资金。新易融业务实质是客户资产，融资金额相对较低，融资资金仅用于新股申购的股票质押式回购交易业务。独有的特点是，不论期限长短，融资利率统一为 8.6%。不管资产大小，授信额度统一为 200 万元。不分股票品种，质押率统一为 90%。快易融是投资者将普通证券账户中的流通股质押给证券公司获得融资的业务，与新易融产品类似，两者都是资金门槛较低、融资金额较少的股票质押业务。区别为“新易融”的资金用途只能用于新股申购，“快易融”的资金用途不受限制。“新易融”统一授信额度为 200 万元，“快易融”统一授信额度为 20 万元。

约定购回式证券交易 2014 年 3 月开办。符合条件的客户以约定价格向其指定交易的证券公司卖出标的证券，并约定在未来某一日期，客户按照约定的另一价格从证券公司购回标的证券。除指定情形外，待购回期间标的证券所产生的相关权益，于权益登记日划转给客户的交易行为。

二、业务发展

2011 年 1 月 12 日，中投证券承德营业部客户刘立民第一次临柜开户。当年，新开融资融券户 36 户，融资融券收入 101 万元。

2012 年，融资融券开户 81 户，累计存量客户 117 户。融资融券日均余额 3，626 万元，融资融券业务信用交易手续费收入 222.10 万元，佣金率 1.75‰，利息净收入 324.16 万元。

2013 年，为了更好地开发融资融券客户，营业部和农行承德分行开展春天行动，在整个活动中．开发融资融券客户 63 户。当年新开立融资融券信用资金账户 129 户，信用证券账户 258 户，可使用授信额度 2.41 亿元，融资融券日均余额 7405 万元。

2015 年存量融资融券户 236 户，日均融资余额 2.75 亿元，信用佣金收入 993 万元，融资利息收入 2349 万元。

三、业务量

2011-2015 年中投证券承德营业部融资融券业务开户数，2011 年 36 个，2012 年 81 个，2013 年 129 个，2014 年 369 个，2015 年 236 个。

第二节 财达证券承德都统府证券营业部

一、种类

融资融券交易 2012 年 12 月开办。融资融券业务又称“证券信用交易”或保证金交易，分为融资交易和融券交易。2010 年 3 月 30 日，上交所、深交所分别发布公告，表示将于 2010 年 3 月 31 日起正式开通融资融券交易系统，开始接受试点会员融资融券交易申报，融资融券业务正式启动。

股票质押回购业务 2013 年 8 月开办。股票质押式回购交易是指符合条件的资金融入方，以所持有的股票或其他证券作质押，向符合条件的资金融出方融入资金，并约定在未来返还资金、解除质押的交易。上海证券交易所、中国证券登记结算有限责任公司于 2013 年 5 月 24 日联合发布《股票质押式回购交易及登记结算业务办法（试行）》，标志着这项业务的正式推出已具备制度基础。

二、业务发展

2012 年 12 月 6 日，财达证券承德营业部开办融资融券业务，当年新开融资融券户 9 户，融资融券收入 1.75 万元。

2013 年，融资融券开户 63 户，累计客户 72 户。融资融券日均余额 2100 万元，融资融券业务信用交易手续费收入 112.95 万元，利息净收入 165.67 万元。

2014 年，为了更好地开发融资融券客户，公司开展了融资融券宣传月活动，取得了良好的效果。全年新开立融资融券信用资金账户 172 户，融资融券日均余额 4000 万元，融资融券手续费收入 290 多万元，利息净收入 310 万元。

2015 年，融资融券账户存量 124 户，日均融资余额 7000 万元，信用佣金收入 916 万元，融资利息收入 550 万元。

三、业务量

2012—2015 年财达证券承德营业部融资融券业务交易量统计表

表 9-3-1　　单位：个

年份	开户数（个）	收入（万元）
2012	9	1.75
2013	63	112.95
2014	172	290.82
2015	124	916.41

第三节 财达证券承德宽城金山街证券营业部

一、种类

融资融券交易　2013 年 2 月开办。融资融券业务又称“证券信用交易”或保证金交易，分为融资交易和融券交易。2010 年 3 月 30 日，上交所、深交所分别发布公告，表示将于 2010 年 3 月 31 日起正式开通融资融券交易系统，开始接受试点会员融资融券交易申报，融资融券业务正式启动。

股票质押回购　2013 年 8 月开办。股票质押式回购交易是指符合条件的资金融入方，以所持有的股票或其他证券作质押，向符合条件的资金融出方融入资金，并约定在未来返还资金、解除质押的交易。上海证券交易所、中国证券登记结算有限责任公司于 2013 年 5 月 24 日联合发布《股票质押式回购交易及登记结算业务办法（试行）》，标志着这项业务的正式推出已具备制度基础。

约定购回式证券交易　2014 年 3 月开办。符合条件的客户以约定价格向其指定交易的证券公司卖出标的证券，并约定在未来某一日期，客户按照约定的另一价格从证券公司购回标的证券。除指定情形外，待购回期间标的证券所产生的相关权益，于权益登记日划转给客户的交易行为。

二、业务发展

2013 年 4 月，财达证券宽城营业部首次为客户苏先生成功办理融资融券业务，融入资金 13 万元。同年 5 月，又为客户武先生成功办理约定式购回业务，成功成交 132 万元。

2013—2015 年，营业部累计为 25 位客户开通融资融券业务，累计授信 1141 万元，累计营业收入 183 万元。

三、业务量

2013—2015 年财达证券宽城营业部融资融券业务开户数统计表

表 9-3-2　　单位：个

年份	开户数（个）	授信金额（万元）	业务收入（万元）
2013	5	65	3.24
2014	15	696.18	36.51
2015	5	380.11	142.98

第四节 国泰君安证券承德西大街证券营业部

一、种类

融资融券交易 2015年4月开办。融资融券业务又称“证券信用交易”或保证金交易，分为融资交易和融券交易。2010年3月30日，上交所、深交所分别发布公告，表示将于2010年3月31日起正式开通融资融券交易系统，开始接受试点会员融资融券交易申报，融资融券业务正式启动。

二、业务发展

2015年，根据上交所《融资融券业务试点实施方案》，国泰君安证券承德营业部为切实保护融资融券客户合法权益，采取股民学堂讲座的形式，对具有融资融券业务需求的客户进行培训讲座。到年末，新开融资融券户32户，信用佣金收入19.97万元，融资利息收入1.74万元。

第五节 广发证券承德新华路证券营业部

一、种类

融资融券业务 2015年开办。融资融券业务又称“证券信用交易”或保证金交易，分为融资交易和融券交易。2010年3月30日，上交所、深交所分别发布公告，表示将于2010年3月31日起正式开通融资融券交易系统，开始接受试点会员融资融券交易申报，融资融券业务正式启动。

股票质押融资 2015年开办。股票质押融资是用股票等有价证券提供质押担保获得融通的一种方式。主要是以取得现金为目的，通过股票质押融资取得的资金通常用来弥补流动资金不足。

约定购回式证券交易 2015年开办。符合条件的客户以约定价格向其指定交易的证券公司卖出标的证券，并约定在未来某一日期，客户按照约定的另一价格从证券公司购回标的证券。除指定情形外，待购回期间标的证券所产生的相关权益，于权益登记日划转给客户的交易行为。

二、业务发展

广发证券承德营业部的融资融券业务，是基于投资者“资金融通”“证券借贷”两个需求提供的综合服务业务。2015年末，新开融资融券账户9个，实现佣金收入1.38万元，利息收入2.69万元。

第四章 其他业务

中投证券承德翠桥路证券营业部开办了证券投资咨询、期货中间介绍业务，2015 年末期货中间介绍业务成交金额 401.85 亿元。财达证券承德都统府证券营业部仅开办了证券投资咨询业务。其他 3 家证券营业部未开办。

第一节 证券投资咨询

证券投资咨询业务是为客户提供证券投资的相关信息，做出分析、预测或建议，收取服务费用的业务活动。证券投资咨询业务包括如下内容：向已签约客户提供适当性推送服务；向潜在客户推送资讯信息和投资咨询服务；针对客户风险偏好、资产配置需求不同，为客户资产配置提供建议；根据不同时期不同客户的需求销售不同的金融产品。在不同的行情状况下，投资顾问的工作重点有所变化。

一、中投证券承德翠桥路证券营业部

中投证券承德营业部于 2012 年开办投资顾问业务。开办业务初期，营业部打造了高起点的投资顾问团队，4 名投资顾问均为硕士研究生学历。通过与客户签订投资顾问协议，“一对一”为客户提供投资咨询服务。

2013 年投资顾问签约及指派服务客户共 814 人，投资顾问签约客户佣金贡献 7.5 万元，投资咨询业务收入 2.73 万元，指派服务客户佣金收入 335.26 万元。

2015 年营业部继续充实投顾人员，密切跟踪客户动向，指点客户迷津。全年签约投顾客户 185 户，佣金收入 342 万元。投顾队伍在加强客户服务的同时，充分利用自身服务能力带动营销，当年通过投顾业务带动开户 497 户，新增资产 1.1 亿元。

二、财达证券承德都统府证券营业部

财达证券承德营业部于 2012 年开办投资顾问业务。由具有投顾职业资格的员工担任投资顾问，通过与客户签订投资顾问协议或其他形式为客户提供投资咨询服务。到 2015 年末，营业部投资顾问 3 人，直接服务客户 300 多人。投资顾问服务不收取费用，为营业部的免费特色服务。

第二节 期货中间介绍

期货中间介绍业务，是证券公司接受期货公司委托，以介绍经纪商（IB）的身份，为期货公司介绍客户参与期货交易，并提供相关服务，同时收取一定佣金的业务活动。期货交易包括商

品期货交易和金融期货交易。

中投证券承德营业部于2010年3月24日取得开办中间介绍业务无异议函，正式开办中间介绍业务。

2010年，中投证券承德营业部IB业务开户43户，其中个人41户，机构2户，含股指期货8户。在客户权益方面：10万元以下客户37户、10万～50万元客户5户、50万～100万元客户0户、100万～1000万元客户数1户。实现总手续费134万余元，总留存手续费65万余元。

2011年，中投证券承德营业部IB业务交易量212974万元，收入15.4万元。

2012年，中投证券承德营业部对休眠客户进行电话激活。为客户订阅天狼50期期货行情软件，下载刻录光盘，为愿意接收的客户每日按时发送相关信息。中投证券承德营业部组织员工认真学习白银期货、国债期货相关知识，学习总公司下发的《前台营业管理系统V2.0期货IB业务模块操作手册》，严格按照操作手册规定进行业务操作。

同年5月12日，中投证券承德营业部配合总公司进行了4个阶段的应急演练：检验应急处理执行过程中人员的协调性；检验应急恢复流程的正确性、有效性、可操作性；检验主备用通信链路是否正常、是否可以正常切换；检验关键设备（链路、业务服务器）是否可以按照要求正常切换。在演练过程中详细记录了演练过程，演练结束后及时上报演练结果。

到2012年末，中投证券承德营业部IB业务产生手续费收入32.55万元。IB业务累计开户110户，存量开户34户，其中股指期货7户，期货仿真交易开户20户。客户交易共涉及23个交易品种，总成交47013手（其中股指期货成交28299手），总成交金额为215.05亿元（其中股指期货成交金额为205.28亿元），总手续费140.2万元（其中股指期货总手续费为122.48万元），总留存手续费65.79万元（其中股指期货总留存手续费为54.94万元），IB分成收入28.62万元。客户日均权益为478.15万元。

2013年，中投证券承德营业部做成红松风电投资者在香港联交所转股开户的大单，为香港金控公司实现港币收入62.9万元，实现协同业务考核收入49.6万元。2013年末IB存量开户158户，其中个人156户，机构2户，含股指期货34户。客户交易共涉及29个交易品种，日均权益为878万元，总成交177310手（其中股指期货成交110984手），总成交金额865亿元（其中股指期货成交金额826亿元）。

2015年，中投证券承德营业部IB存量客户101户，成交金额401.85亿元，留存手续费收入170.5万元。

2010—2015年中投证券承德营业部期货中间业务交易量，2010年1552686.41万元，2011年212974.22万元，2012年2353193.33万元，2013年9371212.64万元，2014年4511227.06万元，2015年4018494.13万元。

第十编

社团组织

第十编 社团组织

承德市金融系统依法登记2家社会团体组织，即承德金融学会和承德市保险行业协会。承德金融学会是学术性的社会团体组织，承德市保险行业协会是行业自律性的社会团体组织。

第一章 承德金融学会

承德金融学会成立于1985年，由中国人民银行承德分行发起。英文译名为Financial Researching Institution of Chengde(FRICH)。承德金融学会创办了学会刊物《承德金融》，为会员单位提供了理论与实践的交流平台。建立课题调研协调机制，举办理论研讨会。组织金融知识进校园、进社区、进乡镇等主题宣传活动，传播金融知识，宣传金融方针政策，促进金融工作开展。

第一节 性质、宗旨及业务范围

一、性质

承德金融学会是在中国共产党领导下的，从事金融科学研究活动的群众性学术团体，是由承德市金融部门和热爱金融研究事业的个人自愿组成的地方性、非营利性社会团体组织。本会是河北省金融学会和承德市社会科学联合会的团体会员。

二、宗旨

承德金融学会拥护中国共产党的领导，以马克思列宁主义、毛泽东思想、邓小平理论、“三个代表”重要思想和科学发展观、习近平新时代中国特色社会主义思想为指导，组织金融科学研究和学术活动；遵守国家法律、法规和政策，遵守社会职业道德准则；坚持党的基本路线，坚持实事求是、理论联系实际的学风，在学术上贯彻“百花齐放，百家争鸣”的方针，致力于提高金融理论水平和金融业务水平；紧密结合我国经济金融政策和金融实际工作，组织和推动全市金融科研工作，为促进金融事业的发展、振兴承德市经济、繁荣社会主义市场经济服务。

三、职责

组织会员深入学习马克思列宁主义、毛泽东思想、邓小平理论、“三个代表”重要思想、科学发展观、习近平新时代中国特色社会主义思想以及党的经济、金融政策，提高理论、政策和研究水平；积极宣传党的金融方针政策，普及和介绍国内外金融经济方面的理论知识、管理经验和创新方向等；以应用理论研究为重点，探讨金融发展规律，组织课题调查和专题研究，研究社会主义市场经济中金融领域出现的新情况、新问题，探讨解决的途径和办法；负责编辑出版学会会刊《承德金融》，组织编纂《河北金融年鉴》承德市部分；组织团体会员征订金融学术期刊、图书、资料；组织开展金融科学研究优秀成果评奖活动，向上一级学会推荐会员优秀成果，培养和发现人才，不断壮大金融科研队伍；举办各种形式的金融理论研讨会、报告会，培训班，开展金融知识咨询服务；向决策部门反映会员对金融工作、金融改革的建议与要求；指导辖区内县级金融学会和各团体会员工作。

第二节 组织机构

承德金融学会组织框架为：人行承德分行行长任会长，人行承德分行分管学会工作的副行长任常务副会长，人行承德分行金融研究室（调查统计科）负责人为秘书长；其他团体会员单位主要负责人为副会长，办公室主任为副秘书长。

一、第一届理事会

1985年8月22—24日，承德金融学会召开第一届会员代表暨理论研讨大会，完成了第一届理事会选举，选举结果如下：

会　长：

程文甫（人行承德分行行长）

常务副会长：

靳玉堂（人行承德分行副行长）

副会长：

霍振兴（工行承德中心支行行长）

朱松林（农行承德地区中心支行行长）

许鸿烈（农行承德市支行行长）

宋相甫（建行承德地区中心支行行长）

赵文艺（建行承德市支行行长）

王英儒（中行承德支行副行长）

刘志祥（人保承德中心支公司副经理）

秘书长：

刘文汉（人行承德分行）

副秘书长：

付廷新（工行承德中心支行）

马作儒（农行承德地区中心支行）

刘新民（中行承德支行）

秦玉林（建行承德地区中心支行）

耿德元（人保承德中心支公司）

二、第二届理事会

1989年9月26—27日，承德金融学会召开第二届会员代表暨理论研讨大会，完成了第二届理事会选举，选举结果如下：

会　长：

程文甫（人行承德分行行长）

常务副会长：

成永存（人行承德分行副行长）

副会长：

霍振兴（工行承德中心支行行长）

许鸿烈（农行承德中心支行行长）

樊金声（中行承德分行行长）

宋相甫（建行承德中心支行行长）

阎双彪（人保承德中支总经理）

秘书长：

舒焕章（人行承德分行）

副秘书长：

付廷新（工行承德中心支行）

刘士璞（农行承德中心支行）

卫　国（中行承德分行）

贺凤友（建行承德中心支行）

刘春晖（人保承德中支）

三、第三届理事会

2000年9月18—21日，承德金融学会召开第三届会员代表暨理论研讨大会，完成了第三届理事会换届选举，选举结果如下：

会　长：

朱志强（人行承德市中心支行行长）

常务副会长：

杨建奎（人行承德市中心支行副行长）

副会长：

冯会波（农发行承德分行行长）

王海祥（工行承德分行行长）

高宗林（农行承德分行行长）

张锡才（中行承德分行行长）

徐永成（建行承德分行行长）

王继庭（人保财险承德分公司总经理）

刘春晖（中国人寿承德分公司总经理）
侯平原（太保承德分公司总经理）
刘国文（承德市城市信用联社主任）
毕　坚（承德市邮政储汇局局长）
汤　滨（南方证券承德营业部总经理）
唐晓明（河北证券承德营业部总经理）
秘书长：
杨启明（人行承德市中心支行）
副秘书长：
王惠民（人行承德市中心支行）
刘华忠（农发行承德分行）
梁　阁（工行承德分行）
于绍礼（农行承德分行）
周黎明（中行承德分行）
张松秋（建行承德分行）
樊立君（人保财险承德分公司）
袁秉昌（中国人寿承德分公司）
张智发（太保承德分公司）
师文生（承德市城市信用联社）
徐得明（承德市邮政储汇局）
邵秉礼（南方证券承德营业部）
赵慧波（河北证券承德营业部）

四、第四届理事会

2006 年 3 月 13 日—15 日，承德金融学会召开第四届会员代表暨理论研讨大会，完成了第四届理事会换届选举，选举结果如下：

会　长：
杨建奎（人行承德市中心支行行长）
常务副会长：
杨启明（人行承德市中心支行副行长）
副会长：
宋有田（承德银监分局副局长）
宋振民（农发行承德分行行长）
王学勇（工行承德分行行长）
赵华杰（农行承德分行行长）
郑文忠（中行承德分行行长）
马魁卿（建行承德分行行长）
张耀邦（省农信联社承德办事处主任）
张　磊（承德市城市信用社总经理）
刘晓东（承德市邮政储汇局局长）
秘书长：
王惠民（人行承德市中心支行）
副秘书长：
侯宝玖（人行承德市中心支行）
李凤文（承德银监分局）
许树君（农发行承德分行）
杨永志（工行承德分行）
李东兴（农行承德分行）
李兴仕（中行承德分行）
王呈禄（建行承德分行）
马国成（省农信联社承德办事处）
赵广树（承德市城市信用社）
王金奎（承德市邮政储汇局）

五、第五届理事会

2011 年 10 月 18 日，承德金融学会召开第五届会员代表暨理论研讨大会，完成了第五届理事会换届选举，选举结果如下：

会　长：
杨建奎（人行承德市中心支行行长）
常务副会长：
杨启明（人行承德市中心支行副行长）
副会长：
许树君（农发行承德分行行长）
沈学勤（工行承德分行行长）
甄跃生（农行承德分行行长）
曾　卫（中行承德分行行长）
刘彩桥（建行承德分行行长）
刘晓东（邮储银行承德市分行行长）
张耀邦（省农信联社承德办事处主任）
张　磊（承德银行行长）
秘书长：
杨君圣（人行承德市中心支行）
副秘书长：
刘明东（人行承德市中心支行）

袁晓峰（农发行承德分行）

常玉国（工行承德分行）

郑国兴（农行承德分行）

梁海涛（中行承德分行）

王呈禄（建行承德分行）

冯　琦（省农信联社承德办事处）

赵广树（承德银行）

李保银（邮储银行承德市分行）

截至2015年末，承德金融学会历经五届会员代表大会，拥有团体会员单位13家，其中市级团体会员9家，县级团体会员4家。县级会员分别为：

承德县金融学会（成立于1996年）

丰宁县金融学会（成立于2001年）

围场县金融学会（成立于2007年）

平泉县金融学会（成立于2011年）

承德金融学会拥有个人会员200人。

承德金融学会秘书处设在人行承德市中心支行调查统计科，具体负责金融学会的日常工作。在各会员单位和个人会员的通力合作下，形成了覆盖承德辖区的金融研究和学术交流网络体系，发挥了促进金融理论研究、加强信息沟通、积极建言献策的桥梁和纽带作用。

第三节 工作开展

一、创办《承德金融》

承德金融学会成立初期，创办了学会刊物《承德金融》，为会员单位提供了理论与实践的交流平台。1985—2004年《承德金融》为小报型月刊，每期8开4版1.6万字，信息量较小。2004年4月14日，经河北省新闻出版局批准，改为杂志型月刊，成为承德市市级内部出版物。每期16开24页4万字，明显提升了信息量。2013年第4期开始调整为16开32页6万字，信息量再次提升。《承德金融》获得了“连续内部资料性出版物准印证”，每期印刷1000册，发行范围覆盖承德八县三区各级各类银行业金融机构，延伸到乡镇的银行分理处、农村信用社等基层网点。到2015年底，《承德金融》已经连续出版发行31年，共出版发行360期，多次被承德市新闻出版局评为优秀内部资料性出版物。

二、宣传金融方针政策

2007—2015年期间，承德金融学会组织开展了15次金融知识进校园、进社区、进乡镇的主题宣传活动，重点宣传了货币信贷、反洗钱、反假币、征信、外汇等群众关心的热点内容，接受了上万人次的业务咨询，共发放金融知识宣传资料2.1万册。向社会不同层面广泛宣传了金融政策，传播了金融知识。连续15年被承德市社科联评为“科普宣传先进集体”。

三、建立课题调研协调机制

为调动承德金融学会各会员深入开展调查研究的积极性和主动性，促进调研工作上水平、上档次，达到调研成果服务货币政策、服务地方经济的目的，承德金融学会积极营造大调研格局，于2007年5月开始建立并实施了金融学会课题调研协调机制。

课题调研协调机制的主要内容包括：确定承德金融学会各会员单位均为调研协调机制成员单位；确定课题范围，组织做好课题调研的规划和选题。根据上级学会的课题调研指南，结合辖区实际，承德金融学会每年确定大约30个调研课题供各团体会员单位选择。各会员单位根据自身的业务特点及关注的热点问题，选择其中一个课题进行研究，并按规定程序申报、立项。

2007年至2015年期间，承德9家市级团体会员每年各完成一篇重点调研文章，9年共计完成81篇。学会对优秀课题调研成果，积极向上级刊物、理论研讨会推荐，并通过《承德金融》

刊登交流。

四、开展学术交流活动

2004年至2014年期间，承德金融学会共举办理论研讨会11期，每期对优秀调研成果进行大会交流并给予奖励。

2004年，研讨会主题为“关于信贷结构与产业结构调整协调发展研究”。学会秘书处共收到理论研讨文章33篇，其中10篇文章在大会交流并获奖。

2005年，研讨会主题为“利率市场化改革对金融机构的影响”。学会秘书处共收到理论研讨文章35篇，研讨会进行交流发言13篇。经过学会秘书处组成评选委员会评选，2篇文章获一等奖，3篇文章获二等奖，4篇文章获三等奖，4篇文章获优秀奖。

2006年，研讨会主题为“金融支持社会主义新农村建设”。学会秘书处共收到理论研讨文章38篇，其中13篇文章在大会交流并获奖。

2007年，研讨会主题为“银行业金融体制改革对经济金融发展的影响”，学会秘书处共收到理论研讨文章42篇，研讨会交流发言13篇。经学会秘书处和人行承德市中心支行团委评选，2篇文章获一等奖，3篇文章获二等奖，4篇文章获三等奖，4篇文章获优秀奖。

2008年，研讨会主题为“从紧的货币政策下区域经济发展问题研究”。学会秘书处收到理论研讨文章39篇，其中12篇文章在大会交流并获一、二、三等奖。

2009年，研讨会主题为“积极应对国际金融危机促进承德市经济金融平稳较快发展”。学会秘书处收到理论研讨文章36篇，其中10篇文章在金融论坛作了现场交流，分别获得一、二、三等奖。

2010年，研讨会主题为“金融支持国际旅游城市建设”。学会秘书处共收到理论研讨文章38篇，其中11篇研讨文章在大会交流并获奖。

2011年，研讨会主题为“金融支持承德经济转型”。学会秘书处共收到理论研讨文章42篇，其中11篇研讨文章在大会交流并获奖。

2012年，研讨会主题为“金融支持文化产业转型发展”。学会秘书处共收到理论研讨文章36篇，其中12篇研讨文章在大会交流并获奖。

2013年，研讨会主题为“金融支持农业产业化发展”。学会秘书处共收到理论研讨文章42篇，其中10篇研讨文章在大会交流并获奖。

2014年，研讨会主题为“金融与京津冀协同发展”。学会秘书处共收到理论研讨文章40篇，其中10篇研讨文章在大会交流并获奖。

五、服务“2009环渤海金融合作论坛”

2009年8月4日，“2009环渤海金融合作论坛”在承德市举行。本届论坛由河北省金融学会主办，天津市、辽宁省、山东省、北京市、山西省、内蒙古自治区、大连市、青岛市金融学会协办。本届论坛以“金融危机与环渤海——挑战与展望”为主题，进行了深入的学术交流，旨在加强区域金融交流与合作，促进环渤海经济金融协调发展。“2009环渤海金融合作论坛”由人行石家庄中心支行行长王景武主持，全国社保基金理事会理事长、中国人民银行原行长戴相龙，就金融危机、货币政策、区域经济发展等热点问题，发表了精彩演讲。

承德金融学会为“2009环渤海金融合作论坛”提供了全方位的优质服务。主要包括：会议地址考查选定、文字资料印制、接待参会人员、接待媒体报道等。《金融时报》、《河北日报》、《河北经济日报》、河北电视台等各大新闻媒体，对论坛活动进行了跟踪采访报道。

第二章 承德市保险行业协会

承德市保险行业协会（简称承德保险协会）是承德市保险业的自律组织，是自愿结成的非营利性社会团体法人。保险协会的主管单位是承德市政府金融工作办公室，接受唐山保监分局的工作指导和监管，接受承德市民政局的监督和管理。

2005年8月9日，由人保财险承德市分公司、中国人寿承德分公司、太保财险承德中支、太保人寿承德中支、平安财险承德中支、平安人寿承德中支、泰康人寿承德中支7家保险公司发起成立“承德市保险行业协会筹备组”。2006年3月，经中国保监会河北省监管局批准，在承德市民政局登记注册，承德保险协会正式成立。初始会员单位7家。

截至2015年12月，承德保险协会有会员公司31家，其中财产险公司15家，人寿险公司16家。承德保险协会办公地址设在承德市石洞子沟路北22号。

第一节 宗旨、职能和组织机构

一、宗旨

根据《中华人民共和国保险法》、中国保监会《关于加强保险业社团组织建设的指导意见》的规定，承德保险协会的宗旨是积极配合保险监管部门督促会员公司依法接受监管，实施内控制度，加强行业自律，维护行业利益，建设公开、公平、公正的市场环境，促进保险业和谐、规范、有序发展。

二、职能

引导保险业加强行业自律、维护合法权益、密切合作交流；接受保险监管部门委托授权，执行对保险业的辅助监管。

服务 通过为会员公司提供服务，努力解决会员公司的难点、热点、焦点问题。

自律 通过签订自律规约、制定行业指导性规则，维护依法合规、诚实守信、公平竞争的市场环境，遏制不正当竞争行为。加强保险从业人员和中介机构的自律管理，监督执业行为，进行自律惩戒。

维权 主持公道，坚持正义，与监管部门和政府部门加强沟通，努力维护会员公司和消费者的合法权益，抵制侵权行为。

交流 通过会员之间、行业之间的交流与合作，沟通情况、收集信息、引进技术、推广经验、反映业内动态，为会员、保险客户和社会公众服务。

三、组织机构

按照《协会章程》规定，承德保险协会实行理事会制度。通过会员代表大会选举产生每届会长、副会长、秘书长、常务理事、理事。理事会是会员代表大会的执行机构，在会员代表大会闭会期间负责组织协会开展工作，对会员代表大会负责。

秘书处为理事会常设机构，内设综合部、业

务部、培训部（电子化考试中心）、纠纷调解委员会。秘书长主持协会秘书处日常工作，聘任副秘书长及各部门主任。

一、第一届理事会

任职时间为 2005 年 11 月 25 日—2007 年 11 月 27 日，理事会成员如下：

会　长：

李　林（中国人寿承德分公司总经理）

常务副会长：

任宝林（人保财险承德市分公司总经理）

常务理事：

姜跃利（太保财险承德中支总经理）

朱景洲（太保人寿承德中支总经理）

张旭东（平安财险承德中支副总经理主持工作）

于江宁（平安人寿承德中支总经理）

董元开（泰康人寿承德中支总经理）

秘书长：

刘春晖（中国人寿承德分公司原总经理）

二、第二届理事会

任职时间为 2007 年 11 月 28 日—2010 年 12 月，理事会成员如下：

会　长：

姜跃利（太保财险承德中支总经理）

常务副会长：

任宝林（人保财险承德市分公司总经理）

常务理事：

李　林（中国人寿承德分公司总经理）

于　晖（太保人寿承德中支总经理）

周　闯（平安财险承德中支总经理）

李建立（平安人寿承德中支总经理）

董建华（中华财险承德中支总经理）

李占军（泰康人寿承德中支总经理）

秘书长：

刘春晖（中国人寿承德分公司原总经理）

三、第三届理事会

任职时间为 2010 年 12 月—2015 年 12 月，理事会成员如下：

会　长：

米学贵（人保财险承德市分公司总经理）

常务副会长：

李明珠（中国人寿承德分公司总经理）

常务理事：

闫国林（太保人寿承德中支总经理）

姜跃利（太保财险承德中心支公司总经理）

张春青（平安财险承德中支总经理）

马雪涛（平安人寿承德中支总经理）

李占军（泰康人寿承德中支总经理）

董建华（中华财险承德中支总经理）

秘书长：

任宝林（人保财险承德市分公司原总经理）

第二节　行业自律规约、公约

承德保险协会通过制定出台行业指导性意见、行业服务标准、年度考核自律规约、重要业务自律公约，为规范承德保险市场竞争秩序发挥自律监督作用。

一、年度考核自律规约

保险机构自律规约　为维护承德市保险市场正常秩序，遏制不正当竞争行为，根据《中华人民共和国保险法》《中华人民共和国反不正当竞争法》和保险监管有关规定，经各保险公司共同协商，由承德保险协会制定《保险机构自律规约》，实行年度考核。规约的基本原则是：依法合规经营原则、执行条款费率原则、遵守诚信自愿原则和公平竞争原则。《保险机构自律规约》是年度自律的责任状，由承德保险协会与各保险公司主要领导分别签订，按年考核，通报考核结果。

营销员自律规约 为规范保险销售从业人员业内流动行为，经各保险公司共同协商，承德保险协会制定《保险销售人员流动管理自律规约》。《保险销售人员流动管理自律规约》适用于在承德区域内开展寿险销售活动的所有保险个人代理人、电话销售渠道的保险销售从业人员流动管理，是年度自律责任状。由承德保险协会与各保险公司主要领导分别签订，按年考核，通报考核结果。

二、行业自律公约

财险机构行业自律 承德保险协会建立以来，陆续召集财险机构研究制定了《火灾公众责任险自律公约》《承德保险业承保“建筑工程施工人员意外伤害保险”自律公约》《承德市机动车辆保险自律公约》《承德市车险简单综合费用自律公约》等自律规定，抽调各财险机构业务骨干组建自律检查工作组，不定期进行业务合规检查，督促各会员公司依法合规经营，建立良性竞争格局。承德保险协会按照保监部门的要求，自律重点由价格自律向服务标准化、数据真实性自律延伸，加大对车险理赔服务标准、现场查勘时效性的检查力度。承德保险协会制定车险现场查勘测评实施方案，由秘书长带队，每年组织理赔时效、服务规范现场测评活动。督促各公司加强理赔服务，提升服务质量。为有效维护保险消费者合法权益，承德保险协会常年督促未决赔案清理工作，成立了由协会秘书长牵头、各产险公司总经理参加的清理未决赔案工作领导小组。结合工作实际制定《未决赔案清理工作实施方案》，调取各产险公司未决指标数据，实时监控，通报清理进度。各产险公司清理效果明显，全市产险机构均达到清理目标。

寿险机构行业自律 承德保险协会针对寿险机构服务管理、中介业务管理、产品销售备案管理、电话销售业务管理、财务管理、销售误导等方面的突出问题，分别进行自律规范，控制增量风险，保护保险消费者合法利益。加大对《保险销售从业人员流动管理自律规约》的执行检查，营造保险销售从业人员流动的良好秩序，保护公平竞争。根据保险监管部门要求，制定检查方案，对寿险机构、专业保险代理公司及银行兼业代理机构进行不定期服务标准检查，督导各机构落实自律规定。

三、建立例会制度

2012 年 3 月，承德保险协会组织建立产险公司总经理例会制度。

同年 4 月 17 日召开产险公司总经理会议，传达保监会财产保险市场秩序规范工作座谈会精神，分析当地财险市场秩序情况，研究讨论行业自律存在的问题。

同年 6 月 5 日，召开产险公司总经理会议。各公司汇报车险综合费用率执行情况（手续费 + 费用），围绕突出问题进行充分讨论，达成进一步加强自律，营造良好环境的一致意见。

2013 年 5 月 27 日，召开产险公司总经理会议。会议通报了全市 2013 年 1—4 月份车险经营状况。全市 2013 年 1—4 月份车险整体亏损 530.5 万元，比上年同期减亏 827.35 万元，趋势向好转变，年末有望实现扭亏为盈。要求各公司年内扭转车险亏损局面。会议讨论制定《承德市车险简单综合费用自律规约》（以下简称《规约》），原车险自律规约除手续费内容之外，仍然继续执行。在讨论中有 4 家公司提出修改建议，要求《规约》适当提高惩戒上限，进一步细化惩戒档次。秘书长任宝林对建议给予肯定答复，《规约》讨论稿获得通过。会议通报了法院对保险合同纠纷诉讼调解的进展情况，向法院推荐了秦皇岛的调解经验。

第三节 自律执行检查

承德保险协会下设产、寿险工作委员会，分别配备自律检查工作小组，依照保险监管要求及行业自律规范，开展工作检查，对发现的违规问题实行通报、惩戒。承德保险协会每年出台自律检查方案，抽调各保险公司业务骨干组成检查组，对各保险机构的内控管理、承保规范、理赔实效、寿险满期给付、销售非保险产品、政策性农业保险等方面进行业务检查。就检查发现的问题，召集各公司通报会，对违规问题做出处理决定，提示各保险机构积极防范各类风险。

一、财险机构自律执行检查

自律规约执行情况检查 2007年11月20日，省保险协会检查组对《机动车保险自律公约》《河北省大型商业保险及投标业务自律公约》《车险自律公约补充约定》执行情况进行了全面检查，对每个公司检查200份保单，对发现的违规违约问题，省保险协会通过会议研究认定，做出统一处理。对规范市场起到推动作用。2008年4月22日，承德保险协会组成检查组，持续4天重点检查8个产险公司，对发现的违约问题，经被查公司领导签字认定，报请产险工作委员会核准，分别下达了《违约惩戒通知书》。2009年6月8日，承德保险协会分别深入10家产险公司，就《河北省保险行业协会机动车保险“见费出单”工作自律规定》执行情况进行检查。敦促各家公司严格执行“见费出单”的规定，杜绝发生车险应收保费现象。同年9月1日，机动车新车承保不再执行浮动费率，为维护公平竞争，由各家保险公司联合制定《车险承保共同约定》（以下简称《共同约定》）。9月3日—13日，承德保险协会组织人员深入5县19个产险基层机构进行调研，了解车险市场秩序情况，督促落实《共同约定》。经调研了解，车险市场秩序总体呈现良好局面。2010年1月27日，承德保险协会车险自律执行组对10家产险公司《共同约定》执行情况进行检查，检查组依据五项约定，调阅100～200份保单，逐项检查。各会员公司基本做到规范经营，严格履行共同约定，没有违规现象发生。2012年9月14日承德保险协会组织人员到冀东汽车销售4S店和盛安保险代理网点进行抽查，对人保、太平洋、平安、大地、阳光等出单点进行现场询问和查看，发现有的公司仍然以高出《自律公约》4%～15%的标准支付手续费，自查自纠没有落实到出单人员；个别公司出单手续费没有跟单体现，不能落实财务监督。协会对问题单位发出整改通知书，限期整改。

开展未决赔案清理工作 根据河北保监局、唐山保监分局的工作部署，2015年继续抓未决赔案清理工作。成立清理未决赔案领导小组，加强组织领导，明确工作分工，逐级落实责任。制定了“2015年保险未决赔案清理实施方案”，明确了清理目标、工作措施。实行未决赔案清理数据定期报送和通报制度。每周调取各公司未决赔案清理指标数据，实时监控，逐月通报各公司清理进度。分别召开产寿险公司未决赔案清理调度会，通报情况，提出要求，督导进度，确保未决案件12个月滚动结案率不低于95%的进度目标。经各公司扎实努力，清理效果明显，全市保险机构均达到清理目标，在全省没有被通报的单位。

二、寿险机构行业自律执行检查

对银行代理渠道违规宣传的抽查 2009年2月18日，承德保险协会组织寿险自律执行检查组，深入市区工、农、中、建、邮储银行的21家营业机构，对代理保险业务中存在的场外激励、违规宣传等问题进行了抽查。对问题单位发出书面警示和纠正意见。同年3月25—26日，承德保险协会抽调寿险自律执行组成员，分赴围场、隆化、丰宁、滦平4县的各家银行网点，就规范银保业务经营进行检查，同时对河北省保监局加强市场监管的文件精神进行了宣导。同年6月1日，安排历时两个月的银保业务自律检查。重点检查代办保险业务的各银行及农村信用社宣传的合规性、手续费标准和支付方式的合规性，纠正了不规范行为。2011年3月16日，承德保险协会召开第三届第一次寿险自律检查执行组会议，会议通过了《银保业务及建工意外险业务检查工作实施方案》，划分2个检查组，集中9天深入现场检查。对发现的问题详细记录，填写《违规违约问题认定书》并附相关保单复印件，统一由承德保险协会做出惩戒处理。

组织寿险机构排查满期给付和退保风险 2013年，根据冀保监唐发〔2013〕55号《关于加强风险防范工作的通知》，承德保险协会印发《关于防范寿险公司满期给付、非正常集中退保事件的应急预案》，先后召开了3次寿险公司风险防范座谈会，全面部署风险排查工作，要求每月报送风险排查报告，牢固守住不发生重大群体性事件、不发生系统性区域性风险的防线。成立满期给付退保领导小组，安排寿险公司开展全市拉网式排查满期给付退保风险，针对重点公司、重点银行代理机构进行现场风险排查。督促各公司落实主体责任，健全防范预案。根据唐山保监分局《关于进一步做好保险消费投诉处理工作的通知》，组织各保险机构认真做好保险消费投诉事件的处理工作，做到抓早抓小。根据客户投诉，及时解决和处理公司销售人员的误导行为，消除保险销售误导隐患。承德保险协会持续完善细化全行业的业务统计报表工作，增加了车险、非车险和交强险等数据分析，每月业务数据统计延伸到县区机构，加大了业务统计分析的广度和深度，为各公司经营管理提供数据支持。2014年初，承德保险协会召开全市寿险机构负责人会议，部署满期给付和退保风险排查工作，组成两个检查组，集中两周对全市寿险机构的满期给付和退保风险进行了专项检查。通过8个方面32个项目的检查，摸清了风险状况，督促寿险机构针对薄弱环节进行整改，化解了风险隐患。

三、非保险金融产品风险排查

根据唐山保监分局的工作部署，承德保险协会于2015年11月18日开始，展开了为期一个月的违规销售非保险金融产品风险排查。摸清底数，掌握了辖区非保险金融产品销售现状。及时禁止违法违规行为，控制了风险蔓延。将监管规定传达到各保险机构和保险从业人员。此次风险排查涉及全辖保险机构366家，其中产险124家、寿险220家、中介机构22家，检查人员克服雪天路滑，交通不便的困难，逐县区开展拉网式风险排查，检查面覆盖了全部保险公司和专业中介机构，做到不留死角，妥善解决存在的问题。

四、服务质量达标考核

2010年5月11日，根据河北省保险协会《关于开展河北省保险公司服务质量评价的通知》要求，承德保险协会组织开展保险服务质量评价定性考核。集中4天时间，抽查全市各县区17个保险公司的85个机构网点。经量化考核，达标网点78个，达标率92%。

2011年6月22日，承德保险协会对各产险公司的车险理赔服务，实施现场查勘测评，进行量化打分，检验各公司履行“机动车辆理赔服务承诺”情况。现场测评考核以下内容：报案电话接通时间、查勘人员与客户联系时间、查勘人员到达现场时间、查勘人员文明服务情况、查勘装备用品是否齐备、查勘人员现场专业水平是否达标、查勘程序是否规范、指导客户出具索赔资料和后续索赔事宜是否到位。通过现场考评，综合评定永安、人保、太保、大地、中银财产保险公司获得了前三名的良好成绩。促进各财险公司提高了履行承诺的自觉性。

2012年之后，车险理赔现场查勘模拟测评形成制度化，坚持每年测评一次。对测评发现的问题，分别采取通报、惩戒、限期整改措施。

第四节 维护合法权益

一、维护消费者合法权益

2014年2月1日，承德市成立保险业消费者权益保护工作站（简称消保工作站），由承德保险协会、承德消费者协会共同管理，接受省保险业消费者权益保护中心的业务指导，具体履行保险业消费者权益保护的各项职责。办公地点设在承德保险协会。

消保工作站督促各公司规范服务流程、增加工作透明度，方便客户投保和理赔，配合保监部门对各公司落实内控管理制度进行检查，重点查处销售误导行为。

到2015年底，消保工作站共处理纠纷投诉案件188件，有效保护了保险消费者的合法权益，化解了公司与客户的矛盾。

二、维护行业合法权益

2008年7月18日接到承德市工商行政管理局通知，将对人保、太保、平安、中华、天安等5家产险公司在承德市交通警察支队设立出单终端实施处罚。承德保险协会根据《中华人民共和国道路交通安全法实施条例》第十二条“税务部门、保险机构可以在公安机关交通管理部门的办公场所集中办理与机动车有关的税费交纳、保险合同订立等事项”的规定，中国保监会《关于保险公司在公安交通管理部门办公场所设置出单点或服务窗口有关问题的批复》的规定，积极与承德市政府金融办、工商局协调，申明保险公司的合法权利，促使工商局放弃了误判处罚。

2009年12月，就承德市劳动局拟扩大社会“工伤保险”“医疗保险”功能，以此取代保险公司的商业性“人身意外伤害保险”“公众责任保险”产品一事，承德保险协会依据《国务院关于保险业改革发展的若干意见》，向承德市政府金融办报送专题报告，阐述商业保险和社会保险是互补而不是竞争关系，制止了因不了解商业保险保障功能而发生的错误做法。

2010年，保险公司印有保险“标识”的理赔查勘车被交警扣车处罚，理由是涉嫌车身商业广告，违反相关规定。承德保险协会采取发出函件、当面协商等方式，充分说明理由，取得了市交警支队领导的理解，停止了错误处罚。

2013年8月30日，承德保险协会与承德市中级人民法院召开联席会议，进行工作交流。全市14家财险公司总经理和法律人员、中级人民法院民四庭、民五庭的庭长和全体法官出席会议，双方就交通事故保险赔偿诉讼案的法律尺度与公司诉求的差异、交通事故责任划分的基本原则、保险公司取证难、鉴定机构的不客观评估、交强险救助基金的使用等焦点问题，进行了广泛讨论。例如，某投保车辆在装卸货物过程中造成人员伤亡，一审法院错判为第三者责任，判定由保险公司承担赔偿。在二审过程中，协会依照保险条例反复沟通，据理力争，终于得到中院的认可，支持保险公司维护了正当权益。经过沟通，增进了法院和保险公司的理解和联系，疏通了保险公司诉求表达渠道。

2014年8月，承德市中级人民法院在法院院长会议上明确：“伤残、死亡赔偿金、被扶养人生活费取消城镇、农村区别，暂时执行河北省城镇居民人均消费性支出标准。”这一规定没有法律依据，提升了保险公司车险赔付成本。经保险协会与市中院充分沟通协调，取得了市中院的理解，决定从2015年2月10日起发生的交通事故及其人伤事故赔偿标准，继续执行城镇、农村户籍区别对待的规定。

2015年，承德银监分局在清理银行乱收费工作中，误将银行机构代办农村借款人意外险业务打入乱收费，并通知停办业务。保险协会得到公司反映后，立即向市金融办汇报，与承德银监分局主要领导沟通，说明这项业务对农民小额借款的保障作用以及开办几年来取得的效果，得到了承德银监分局的认可。使这项业务恢复了正常开展。

承德保险协会积极与市委办公室协调，解决了承德市委党校基建资金缺口向4家保险公司摊派资金问题。

三、保险纠纷调解

2011年5月，根据《中华人民共和国人民调解法》、河北省保监局《关于建立和完善保险合同纠纷调解机制的通知》，承德保险协会制定《承德市保险合同纠纷调解实施方案》。

同年7月，承德保险协会组建了保险合同纠纷调解委员会（简称调解委），成立了调解委办公室，在21家（其中民生人寿、安邦保险、合众人寿、中英人寿4家公司弃权）会员公司甄选了27名保险合同纠纷调处员。采取集中学习、邀请法官、律师讲课等形式进行调处业务培训。2011年9月正式受理纠纷调解工作。

2012年调解了3件保险合同纠纷案，涉案金额20.80万元，调解金额17.74万元。其中2件寿险保险合同纠纷案件，涉案金额20万元，调解金额16.94万元。1件产险保险合同纠纷案件，涉案金额7964.1元，调解金额7964.1元。化解了公司与客户的矛盾。

2013年调解了2件保险合同纠纷案，涉案调解金额2.15万元，其中寿险1件，调解金额1.5万元；财险1件，调解金额6500元。

2014年4月，原调解委更名为“承德市保险合同纠纷人民调解委员会”（简称调委会），继续执行《承德市保险合同纠纷调解实施方案》的规定，设立了专职机构和常设人员，接待客户咨询、处理投诉案件。

当年受理保险合同纠纷调解案件8件。收到唐山保监分局协查案件4件，其中财险2件、寿险2件。通过调委会沟通协调，均得到妥善解决，形成文字报告报送唐山保监分局。收到承德市政府群众服务热线电话“961890”转办案件4件，其中财险2件、寿险2件。收到市政府转办案件后，协会秘书处迅速安排调委会进行调解。调解员分别与投诉人取得联系，详细了解投诉原因、具体诉求等情况，分别联系被投诉单位逐一核实。经对双方多次沟通协调，4件市政府转办案件得到妥善解决。

2015年调委会开通了专用电话、网站信箱，为客户提供了快捷方便的投诉渠道。年内受理投诉案件62件，其中财产险公司14件，涉及拖赔、惜赔和理赔不合理的12件、理赔服务慢的2件；寿险公司48件，涉及销售误导和收益达不到预期的9件、业务员退司、退还押金及注销展业证的22件、内部管理及服务质量问题7件、退保问题3件、理赔问题7件。所有投诉问题均得到妥善解决处理，化解了客户与公司的矛盾纠纷。

第五节 服务会员单位

一、加强部门协调

2010年9月，通过对涉农保险市场调查，承德保险协会向市政府金融办提交了《关于保障农村种植业、养殖业保险稳健发展的请示》，分析了农业保险下滑的原因，提出了促进农业保险发展的建设性意见，得到市政府大力支持，使农业保险得到较好发展。到2015年末，农险承保公司由原来的2家增加到人保财险、中华联合、太保财险、国寿财险4家公司，有效提高了农业保险理赔服务水平。2015年承德保险业共承担农业保险风险保障169.42亿元。

2011年与市地税局、财政局协调，提前解决政府车辆招标投保的车船税收缴，避免政府车辆漏交车船税，使承保公司承担责任的问题。向承德银监分局提出监管建议，建议在银行代理保险业务监管中，重点惩戒场外激励、暗箱操作、私订协议、违规宣传、无证上岗等违规行为。通过与市金融办和消防支队沟通协调，市政府下达了《关于进一步推进火灾公众责任保险工作的通知》，明确各家财险公司均可办理“火灾公众责任保险”业务，要求采取统一费率、分散出单、分散理赔的承保方式，最大限度地方便客户。承德保险协会组织各财险公司制定《承德市火灾公众责任保险行业自律公约》，监督检查火灾公众责任保险工作的自律落实情况。

2014年，市政府决定通过购买服务的方式，对新农合及城镇居民大病保险实行招投标。

承德保险协会主动发挥协调作用，一是与政府主管部门合作，制定印发新农合及城镇居民大病保险实施办法，使商业化运作有章可循。二是协调政府部门与保险机构顺利实现工作对接，推动工作开展。三是在唐山保监分局的支持下，组织议定服务费用的最低成本报价，避免非理性竞争，保护行业利益，维护行业形象。2014年开始正式承保，到2015年底，全市累计赔付大病保险4694万元，受益9704人次。缓解了因病致贫返贫问题。

2015年纪念抗战胜利70周年期间，承德市实行机动车单、双号限行的交通管制，对保险公司的理赔查勘服务工作带来不便。承德保险协会与市交警支队多次沟通协调，陈述保险理赔查勘车的工作特殊性，得到市交警支队领导的支持，同意保险理赔查勘车辆不受禁行限制，保证了“9·3”期间保险理赔查勘工作的正常运行。

承德保险协会秘书长任宝林作为政协委员，在几届政协会议上分别提出了《关于在我市建立环境污染责任强制保险制度》《关于加大力度推进火灾公众责任保险》等推动保险业发展的议案，得到承德市有关部门的积极回应。

承德保险协会作为全市医疗纠纷调解工作领导小组成员，积极参与《承德市医疗纠纷处置管理办法》的讨论制定工作，并积极建议在全市建立医疗责任保险制度，发挥保险的社会服务职能。2015年部分保险公司已在县区级医院开办医疗责任保险业务，当年参加医责险的医疗机构共633所。

承德保险协会为推动全市“一元民生保险”“森林保险”等业务的开展，协调政府部门下发文件予以支持。

二、反保险欺诈

为有效遏制保险欺诈犯罪势头。2012年9月18日，承德保险协会、各保险机构与承德市公安局联合印发《关于建立反保险欺诈工作机制的通知》。成立反保险欺诈工作领导小组，负责组织、协调、指导反保险欺诈工作。

承德保险协会的各会员公司提供涉嫌保险欺诈的案件线索及相关证据材料，提交给市公安经侦支队，经侦支队初审后确定是否立案侦查。列入立案侦查的案件，由提供案源方的保险公司明确专人配合经侦支队办案人员开展工作，提供相应的保障。

承德市经侦支队、承德保险协会及各会员公司分别明确反保险欺诈工作联系人，负责信息沟通、工作协调和案件移交等工作。实行一案一移送制度。会员公司在移送案件时要逐案填写《委托侦查申请表》，履行相应的领导签字审批手续。经侦支队同意受理后，要填写《受理案件登记表》，明确专人办理。结案时由承办人员写出办结报告，阐明处理意见。

为加大保险欺诈案件的侦破力度，实行侦破案件奖励办法。即按照查获案件挽回损失的一定比例，由提供案源的保险公司支付给经侦支队。追回赔款的，按实际追回的金额作为计提基数；追回实物的，按拍卖或出售的实际所得扣除相关费后作为计提基数；由于案件侦破避免赔款损失的，按避免的赔款金额作为计提基数。

承德市公安局经侦支队、承德保险协会、各会员公司定期和不定期召开工作联席会议，沟通信息、通报情况、研究讨论工作运行中存在的问题，探索解决办法，不断完善反保险欺诈工作机制。2014 年 8 月专门召开了全市产险机构反保险欺诈工作交流座谈会，人保财险承德市分公司介绍了经验做法，各公司交流了工作情况，深入研讨进一步强化反保险欺诈工作机制，促进全行业提高防范欺诈风险的能力。

2012—2015 年，各保险公司与经侦支队合作破获保险欺诈案件 881 起，涉案金额 4802.5 万元，有效打击了保险欺诈行为，维护了保险业的合法权益。

三、保险宣传

承德保险协会组织全体会员公司以形式新颖、内容丰富的系列活动，多渠道开展保险宣传，树立保险业的诚信形象。

承德保险协会于 2006 年创办《承德保险信息》《承德保险市场监控信息》业内期刊，规定了编辑部和通讯站的工作职责、信息征集范围、表彰方式。激励各保险机构积极向《河北保险》、河北保险协会网站及承德各新闻媒体投稿，为保险业营造良好的舆论氛围。

2009 年 9 月 27 日，承德市政府金融办、承德保险协会组织 17 家产寿险公司和部分保险代理公司，在市中心广场举行了大规模宣传新《保险法》活动。各公司出动员工 260 多人，展示宣传条幅 42 条，展板 36 个，发放各种宣传画册、产品介绍等宣传材料 21，000 份。向广大市民讲解新《中华人民共和国保险法》的修订内容，介绍新《中华人民共和国保险法》的修订亮点，解答市民关心的理赔疑问。

2011 年 1 月 25 日，承德保险协会在承德剧场召开“承德市保险业双先表彰大会”。承德市政府、人大、政协、唐山保监分局负责人与全市 20 家公司、5 家代理公司 780 人到会。承德保险协会秘书长任宝林宣读对 2010 年全行业 4 个优胜单位（3 级机构）、8 个先进单位（4 级机构）、15 个优秀营销服务部（5 级机构）、10 名优秀基层经理、28 名销售服务标兵、12 名理赔服务标兵的表彰通报。与会领导向“双先”代表颁发了奖牌、奖杯、荣誉证书。承德市副市长李维、唐山保监分局局长陶孟麟分别发表了讲话。会议总结了 2010 年工作，提出了“十二五”工作目标。

2012 年 5 月 29 日，承德保险协会网站正式开通，网址 http：//www.hbcdia.com/。网站设立了新闻资讯、保险研究、行业自律、业内动态、政策法规、服务指南等 12 个栏目。社会公众可以通过网站监督保险公司依法合规经营、诚信执业、识别营销员销售误导。承德保险协会组织保险机构借助中保协开发的“一键保险”PC 端和手机 APP，以“一键互联”为公众提供便捷、贴心的保险服务。组织全体员工传递“我为保险代言”手机海报，承诺为公众提供保险公益服务。积极向广大客户推广手机 APP、公司微信公众号，引导客户扫描“我为保险代言”二维码。自 2012 年开始每年度召开全辖通联工作总结表彰会议，总结部署信息宣传工作，表彰奖励优秀通讯员及通联工作先进单位。

2013 年 1 月，在《承德晚报》设立“承德保险专栏”，每月出刊一期，宣传各公司品牌形象、服务举措、理赔案例、反保险欺诈、合同纠纷调解等内容。加大正面宣传，普及保险知识。承德保险协会积极筹划“保险服务在河北”系列宣传，协办承德首届金融文化节，评选消费者最信赖的“优秀保险服务岗位”“最佳保险营销员”，组织“河北保险在您身边”春运高速客服。每年的“3·15”消费者权益保护日、“7·8”全国保险公众宣传日，开展“保险让生活更美好”主题宣传活动，承德电视台、《承德晚报》进行了跟踪报道。承德保险协会在协会网站《承德保险信息》开辟专栏，对各保险机构理赔服务、便民咨询服务进行专刊报道。

同年 3 月，承德保险协会被河北省保险协会评为2012年度河北省保险行业通联信息工作先进单位。承德保险协会通讯员连续被评为2012—2015年河北保险优秀通讯员。

四、培训

2013年9月22日—10月11日，唐山保监分局在唐山举办“车险查勘员培训班”，聘请中国人民公安大学、山东交通大学等院校的知名教授授课，课程包括《车险查勘实务》《机动车保险欺诈与案例分析》《交通事故鉴定技术》等内容。承德市14家产险公司、中介机构的118名查勘员参训。

同年10月24日，唐山保监分局举办唐承秦“保险业改革发展暨高管人员培训班”，承德保险协会组织各保险公司、保险中介机构总经理38人参训。

2014年9月12日—13日，承德保险协会举办“保险销售从业资格培训讲师辅导班”，集中全市13家寿险公司53名种子讲师参训。根据保险从业人员资格考试大纲，确定500个知识重点，统一培训教程。50人参加结业考试，平均成绩93.5分。这是承德保险协会首次举办保险销售资格考试讲师辅导班。

第六节 辅助监管

承德保险协会根据保监部门授权或委托，办理保险营销员从业资格考试、保险兼业代理证初审、信访协查等辅助监管工作。

一、资格考试

2006年8月，承德保险协会组织全市13家会员公司共同出资筹建电子化考试中心，购置配备电脑14台，远程监控摄像头2个和桌椅等用具。同年9月1日成立“承德市保险代理人电子化考试中心”（简称考试中心），考试中心设副主任和工作人员。考试中心按照《河北省保险从业人员资格电子化考试实施方案》《河北省保险代理从业人员资格电子化考试流程》的要求，落实各项工作，将《考试纪律》《监考守则》《报考须知》《考试须知》等制度上墙公示，提前落实考试报名材料审核、录入，具体安排考试、监考、档案保存、证书办理等全部考务工作流程。2006年10月经河北省保监局验收合格，11月30日举办首场考试，实现了传统的纸质考试向电子化考试的过渡。

2011年1月，承德保险协会按照唐山保监分局统一要求，将电子化考试中心更名为承德培训部。同年8月23日，承德培训部根据《中国保监会关于实施农村保险营销员资格分类管理有关事宜的通知》，在河北省率先承办农村代理从业人员资格首场考试，2011—2015年受理农村考生报名6609人，通过4195人，及格率84%。

2013年7月1日起，正式实施《保险销售从业人员监管办法》，“保险代理从业人员资格证书”更名为“保险销售从业人员资格证书”。经过资格考试，按照不同学历颁发不同级别资格证书，其中高中及同等学历颁发B证，从业范围在河北省内；大专及以上学历颁发A证，从业范围在全国。经过当年6月底对考试系统更新升级，实现了上线运行无缝对接，提升了考试工作质量。

2014年9月24日，按照河北省保险协会安排，承德培训部开办保险公估从业人员资格考试和保险经纪从业人员资格考试，提高了承德培训部综合承办能力。

2015年6月12日，根据河北省保监局通知，取消资格考试，停止考试工作。

2006年11月至2015年6月，承德培训部根据保监局授权，承办保险代理从业人员、保险销售从业人员、农村代理从业人员、保险公估从业人员、保险经纪从业人员资格考试，受理考试报名89342人，考试通过46209人，考试通过率

60.46%。

二、其他委托事项

2011年起，承德保险协会接受唐山保监分局委托，办理信访协查工作。2011—2015年共计协查信访案件10件，均形成书面协查报告上报唐山保监分局。

2011年10月10日，接受唐山保监局委托，首期举办承德保险机构拟任负责人培训班，培训内容包括：《中华人民共和国保险法》《机动车交通事故责任强制保险条例》《保险公司管理规定》《保险公司董事、监事和高级管理人员任职资格管理规定》等11项法规和河北保监局、唐山保监分局的重要文件，培训老师选自行业内专家和优秀讲师。2011年10月至2015年6月，承德保险协会举办保险机构拟任负责人培训班9期，培训人数334人。

2013年1月1日起，承德保险协会接受唐山保监分局行政审批事项委托，负责对保险兼业代理机构代理证换证工作进行初审。截至2015年末，共计办理兼业代理换证初审工作70件。

第十一编

先进集体和先进个人

第十一编 先进集体和先进个人

1989—2015年，我国不断深化金融体制改革，加快推进金融现代化建设，使决定着金融业发展质量的金融法律体系、组织机构体系、风险监管体系、经营管理体系、指标考核体系等重大体制问题，都实现了历史性的空前完善。在科技创新的推动下，金融业持续投入大量的人力和财力，长期推进金融电子化基础工程和网络化建设，广泛利用新技术，广泛发展新业务，高效便捷地支持了经济发展，方便了人民生产生活。在改革开放和创新发展的大潮中，承德市金融系统各单位和全体干部职工，在各级党委、政府、上级主管部门的正确领导下，积极投身于改革发展的各项工作，充分发挥聪明才智，追求奉献精神，做出了突出的贡献，历年涌现出一大批先进集体和先进个人，他们的功绩不可磨灭。根据各单位上报的受到市委、市政府、省厅以上表彰的“双先”名录，整理编辑了“荣誉录”，用以弘扬“双先”的时代精神。

第一章 金融管理机构

本章共收录市级以上集体荣誉210项，其中省部级荣誉41项，市厅级荣誉169项；个人荣誉385项，其中省部级荣誉26项，市厅级荣誉359项。其中人行承德市中心支行集体荣誉176项，个人荣誉290项；承德银监分局集体荣誉34项，个人荣誉95项。

第一节 人行承德市中心支行

本节共收录人行承德市中心支行市级以上集体荣誉176项，其中省部级荣誉34项，市厅级荣誉142项；个人荣誉290项，其中省部级荣誉24项，市厅级荣誉266项。

一、集体荣誉

1989—2015年中国人民银行承德市中心支行省部级集体荣誉统计表

表11-1-1

获奖单位	荣誉称号	授予机关	授予年度
承德市中心支行	安全保卫工作先进集体	中国人民银行	1991
	安全保卫工作先进集体	中国人民银行	1996
	安全保卫工作先进集体	中国人民银行	2001
	2000—2001年度河北省文明单位	中共河北省委、河北省人民政府	2002
	2002—2003年度河北省文明单位	中共河北省委、河北省人民政府	2004
	2004—2005年度河北省文明单位	中共河北省委、河北省人民政府	2006
	2012—2013年度河北省文明单位	中共河北省委、河北省人民政府	2014
中心支行国库科	1999—2002年度国库系统先进集体	中国人民银行、中国人民银行工会工作委员会	2003
中心支行营业室	2004年度青年文明号	中国人民银行	2005
	2006年度青年文明号	中国人民银行	2007
	2007年度青年文明号	中国人民银行	2008
	2010年度青年文明号	中国人民银行	2011

续表 11-1-1

获奖单位	荣誉称号	授予机关	授予年度
中心支行营业室	2011 年度青年文明号	中国人民银行	2012
	2012 年度青年文明号	中国人民银行	2013
	2013 年度青年文明号	中国人民银行	2014
	2014 年度青年文明号	中国人民银行	2015
中心支行工会办公室	全国金融模范职工之家	中国金融工会全国委员会	2011
中心支行会计财务科	2009—2012 年改善农村支付服务环境先进集体	中国人民银行	2013
	中国人民银行会计财务工作先进集体	中国人民银行、中国人民银行工会工作委员会	2013
中心支行纪检监察办公室	2010—2013 年中国人民银行纪检监察先进集体	中国人民银行、中国人民银行工会工作委员会	2014
平泉县支行	省级文明单位	中共河北省委、河北省人民政府	1996
	省级文明单位	中共河北省委、河北省人民政府	1997
	2008—2009 年度省级文明单位	中共河北省委、河北省人民政府	2010
	“创新金融服务支持经济发展”业务竞赛活动先进集体	中国人民银行、中国人民银行工会工作委员会	2011
	中国人民银行先进集体	人力资源和社会保障部、中国人民银行	2015
	2012—2014 年度文明单位	中国人民银行	2015
隆化县支行	文明单位	中共河北省委、河北省人民政府	2004
	文明单位	中共河北省委、河北省人民政府	2006
	文明单位	中共河北省委、河北省人民政府	2008
丰宁满族自治县支行	文明单位	河北省人民政府	2002
	文明单位	河北省人民政府	2004
	文明单位	河北省人民政府	2006
	文明单位	河北省人民政府	2008
	文明单位	河北省人民政府	2010

1989—2015年中国人民银行承德市中心支行市厅级集体荣誉统计表

表11-1-2

获奖单位	荣誉称号	授予机关	授予年度
承德市中心支行	金融先进单位	人行河北省分行	1990
	安全保卫工作先进集体	人行河北省分行	1991
	文明单位	中共承德地委、承德地区行政公署	1991
	金融先进单位	人行河北省分行	1992
	稽核工作第三名	人行河北省分行	1992
	安全保卫先进单位	河北省公安厅	1992
	社会治安综合治理先进单位	中共承德地委、承德地区行政公署	1992
	安全保卫先进单位	人行河北省分行	1994
	职工生活后勤先进单位	人行河北省分行	1994
	金融先进单位	人行河北省分行	1995
	业务技术比赛团体第三名	人行河北省分行	1995
	安全防范先进单位	河北省公安厅	1995
	文明单位	中共承德市委、承德市人民政府	1995
	业务技术比赛团体第三名	人行河北省分行	1996
	创建青年文明号活动优秀组织单位	人行河北省分行	1996
	金融先进单位	人行河北省分行	1997
	交通安全双基竞赛先进单位	承德市人民政府	1999
	先进警队	河北省公安厅	2000
	改革和加强企业保卫工作先进单位	河北省公安厅	2000
	“文艺作品”征集活动三等奖	人行天津分行	2001
	建党80周年知识竞赛三等奖	人行天津分行	2001
	文艺制作征集活动优秀奖	人行天津分行	2001
	会计决算优胜单位	人行石家庄中心支行	2001
	会计决算报表优胜单位	人行石家庄中心支行	2001
	改革和加强企业保卫工作先进单位	河北省公安厅	2001
	社会治安综合治理先进单位	中共承德市委、承德市人民政府	2001
	“金融监管辩论赛”河北赛区三等奖	人行天津分行	2002
	社会治安综合治理先进单位	中共承德市委、承德市人民政府	2002

续表 11-1-2

获奖单位	荣誉称号	授予机关	授予年度
承德市中心支行	省级金融安全保卫先进单位	河北省公安厅	2003
	天津分行选拔赛（河北赛区）乒乓球男子团体第一名	人行石家庄中心支行	2004
	2004 年省级金融安全保卫先进单位	河北省公安厅	2004
	政务信息工作先进集体	中共承德市委	2005
	2007 年度信访工作先进集体	中共承德市委、承德市人民政府	2008
	石家庄中心支行金融统计数据集中工作先进集体	人行石家庄中心支行、石家庄中心支行工会工作委员会	2009
	后勤管理和节能工作先进集体	人行石家庄中心支行	2009
	全省金融系统安全保卫先进集体	河北省公安厅	2009
	2008 年度信访工作先进单位	中共承德市委、承德市人民政府	2009
	国庆安保暨信访工作先进单位	中共承德市委、承德市人民政府	2009
	2008 年度统计工作先进单位	承德市人民政府	2009
	2008 年度劳动和社会保障先进单位	承德市人民政府	2009
	2009 年河北省人民银行货币信贷系统先进集体	人行石家庄中心支行	2010
	河北省人民银行金融稳定系统先进集体	人行石家庄中心支行	2010
	2009 年全市党委系统信息工作先进单位	中共承德市委、承德市人民政府	2010
	2009 年全市统计工作先进单位	承德市人民政府	2010
	全省金融系统安全保卫工作先进集体（三等功）	河北省公安厅	2011
	2010 年全市统计工作先进单位	承德市人民政府	2011
	全省金融系统安全保卫工作先进集体（三等功）	河北省公安厅	2012
	2011 年度市政府金融贡献奖	承德市人民政府	2012
	2012 年度政务信息工作先进集体	人行石家庄中心支行	2013
	2013 年度金融贡献奖	承德市人民政府	2013
	2013 年度政务信息工作先进集体	人行石家庄中心支行	2014
	2013 年优秀驻村工作组	河北省深化加强基层建设年活动领导小组办公室	2014

续表 11-1-2

获奖单位	荣誉称号	授予机关	授予年度
外汇管理局承德市中心支局	促进生产成绩显著	中共承德市委、承德市人民政府	1989
	2005 年度全市开放工作先进单位	中共承德市委、承德市人民政府	2005
中心支行会计财务科	“央行服务创一流、巾帼岗位展风采”活动先进集体	中国人民银行工会女职工委员会	2012
承德县支行	全省金融安全保卫工作先进集体	河北省公安厅	2008
	全省金融安全保卫工作先进集体	河北省公安厅	2010
兴隆县支行	改革和加强企业保卫工作先进集体	河北省公安厅	1992
	档案工作省三级	河北省档案局	1992
	档案工作省二级	河北省档案局	1993
	档案工作省一级	河北省档案局	1994
	全省金融系统保卫工作先进集体	河北省公安厅	1995
	一星级职代会	人行天津分行	1998
	二星级职代会	人行天津分行	2000
	河北省人民银行货币信贷系统先进集体	人行石家庄中心支行	2009
	改革农村支付服务环境先进单位	人行石家庄中心支行	2013
平泉县支行	省级金融先进单位	人行河北省分行	1989
	货币发行工作先进集体	人行河北省分行	1991
	安全防范先进单位	河北省公安厅	1995
	调统先进县荣誉称号	人行河北省分行	1997
	省行级会计工作规范化二级单位	人行河北省分行	1998
	全省金融安全保卫工作先进集体	河北省公安厅	2005
	“学习型组织标兵”称号	人行天津分行	2007
	人民银行系统安全保卫工作先进集体	人行石家庄中心支行	2007
	全省金融安全保卫先进集体	河北省公安厅	2008
	天津分行级文明单位	人行天津分行	2009
	政务信息先进集体	人行天津分行	2009

续表 11-1-2

获奖单位	荣誉称号	授予机关	授予年度
平泉县支行	金融研究先进单位	人行石家庄中心支行	2010
	三星级职代会	人行天津分行	2011
	全省金融安全保卫工作先进集体	河北省公安厅	2011
	2009—2011 年度文明单位	人行天津分行	2012
	河北省反假货币工作先进集体	人行天津分行	2013
	2012 年度政务信息工作先进集体	人行天津分行	2013
	2012—2014 年度文明单位	人行天津分行	2015
滦平县支行	安全防范先进单位	河北省公安厅	1996
	1994—1995 年度市级文明单位	中共承德市委、承德市人民政府	1996
	1998 年度社会治安综合治理模范单位	中共承德市委、承德市人民政府	1998
	社会治安综合治理先进单位	中共承德市委、承德市人民政府	1999
	爱国守法、明礼诚信、团结友善、勤俭自强、敬业奉献公民道德知识竞赛组织奖	中宣部教育局、全国总工会宣教部、全国妇联宣传部、共青团中央宣传部、人民日报国内政治部、光明日报国内部	2002
	2003—2005 年度文明单位	中共天津分行委员会、天津分行	2006
	先进基层党组织	中共天津分行委员会	2006
隆化县支行	文明单位	中共承德市委、承德市人民政府	1994
	文明单位	中共承德市委、承德市人民政府	1996
	文明单位	中共承德市委、承德市人民政府	1998
	会计二级	人行天津分行	2000
	综合治理模范单位	中共承德市委、承德市人民政府	2000
	先进集体	人行天津分行	2001
	先进党组织	中共天津分行委员会	2004
	2003—2005 年度文明单位	人行天津分行	2006
	2006—2008 年度文明单位	人行天津分行	2009
	2008—2009 年度文明单位	中共承德市委、承德市人民政府	2010

续表 11-1-2

获奖单位	荣誉称号	授予机关	授予年度
隆化县支行	“创新金融服务 支持经济发展”业务竞赛活动先进集体	人行天津分行、天津分行工会工作委员会	2011
	2007—2010 年中国人民银行河北省国库系统先进集体	人行石家庄中心支行、石家庄中心支行工会工作委员会	2011
	2008—2010 年承德市劳动竞赛先进集体	承德市劳动竞赛委员会	2011
	2009—2011 年度文明单位	人行天津分行	2012
	2012—2014 年度文明单位	人行天津分行	2014
丰宁满族自治县支行	金融系统先进单位	人行河北省分行	1992
	安全防范先进单位	河北省公安厅	1996
	河北省金融系统安全防护设施合格证	河北省公安厅	1999
	先进单位	河北省公安厅	2000
	河北省金融系统安全保卫工作先进单位	河北省公安厅	2002
	卫生先进单位	承德市人民政府	2002
	人民币发行库规范管理优秀库	人行石家庄中心支行	2003
	先进集体	河北省公安厅	2003
	卫生先进单位	承德市人民政府	2005
	金融稳定系统先进集体	人行石家庄中心支行	2010
宽城满族自治县支行	系统优质工程三等奖	人行河北省分行	1991
	省三级档案工作达标单位	河北省档案局	1991
	省二级档案工作达标单位	河北省档案局	1992
	1992 年度综合治理先进单位	中共承德地委、承德地区行政公署	1993
	金融工作先进单位	人行河北省分行	1994
	金融工作先进单位	人行河北省分行	1995
	人行系统省级金融先进单位	人行河北省分行	1995
	1994 年度综治先进单位	中共承德市委、承德市人民政府	1995
	1995 年度五好县支行	人行河北省分行	1996
	1994—1995 年度市级文明单位	中共承德市委、承德市人民政府	1996

续表 11-1-2

获奖单位	荣誉称号	授予机关	授予年度
宽城满族自治县支行	1996—1997 年度市级文明单位	中共承德市委、承德市人民政府	1998
	省人行系统金融先进单位	河北省金融工会	1999
	国债收款单清理工作先进单位	人行石家庄中心支行	2001
	社会治安综合治理安全文明小区	中共承德市委、承德市人民政府	2001
	全省金融安全保卫先进集体	河北省公安厅	2002
	河北信贷咨询系统建设先进集体	人行石家庄中心支行	2003
	金融统计先进集体	人行石家庄中心支行	2004
	账户管理系统推广先进集体	人行石家庄中心支行	2005
	2001—2005 年法制宣教先进集体	中共承德市委、承德市人民政府	2006
	全省金融安保先进集体	河北省公安厅	2007
	全省金融安全保卫工作先进集体	河北省公安厅	2008
	全省金融保卫工作先进集体	河北省公安厅	2011
	河北省改善农村支付服务环境先进集体	人行石家庄中心支行	2013
围场满族蒙古族自治县支行	优质工程管理一等奖	人行河北省分行	1992
	稽核工作先进集体	人行河北省分行	1995

二、个人荣誉

1989—2015 年中国人民银行承德市中心支行个人荣誉统计表

表 11-1-3

姓名	荣誉称号	授予机关	授予年度
方永明	全省金融系统先进工作者	人行河北省分行	1989
	社会治安综合治理先进个人	中共承德地委、承德地区行政公署	1992
田庆春	信息宣传工作先进个人	人行河北省分行	1989
王兆明	省行金融先进工作者	人行河北省分行	1989
鲍清祥	优秀共产党员	中共承德地委	1989

续表 11-1-3

姓名	荣誉称号	授予机关	授予年度
李建国	会计先进工作者	人行河北省分行	1990
	会计先进工作者	人行河北省分行	1991
刘文汉	金融先进工作者	人行河北省分行	1990
	为振兴承德市经济做出显著成绩	承德市人民政府	1991
	为振兴承德市经济做出显著成绩	承德市人民政府	1992
	为人民银行发展建设做出贡献	中国人民银行	1998
马忠林	河北省分行信息宣传先进个人	人行河北省分行	1990
杜凤荣	信息工作先进个人	人行河北省分行	1990
	计划资金管理专业专项贷款竞赛单项第三名	人行河北省分行	1992
	先进工作者	人行天津分行	2001
	全省金融安全保卫工作先进个人	河北省公安厅	2005
	“感动央行”先进典型	人行天津分行	2006
	优秀共产党员	人行天津分行	2006
	全省金融安全保卫工作先进个人	河北省公安厅	2007
	全省金融安全保卫工作先进个人	河北省公安厅	2008
	2008—2010 年度“文明家庭”	人行天津分行	2011
舒印福	精神文明建设先进工作者	中共承德地委、承德地区行政公署	1990
	精神文明建设先进工作者	中共承德地委、承德地区行政公署	1991
	精神文明建设先进工作者	中共承德地委、承德地区行政公署	1992
	精神文明建设先进工作者	中共承德地委、承德地区行政公署	1993
	社会治安综合治理先进个人	中共承德市委	1995
	金融先进工作者	人行河北省分行	1995
	优秀企业思想政治工作者	河北省委组织部、宣传部	1997
	精神文明建设先进工作者	中共承德市委、承德市人民政府	1998

续表 11-1-3

姓名	荣誉称号	授予机关	授予年度
郭金奎	电子化建设先进个人	中国金融电子化公司	1991
	青年岗位能手	人行河北省分行	1996
	文明家庭	人行天津分行	2004
	科技进步突出贡献者	人行石家庄中心支行	2005
段立新	文明服务标兵	人行河北省分行	1991
李玉祥	学雷锋标兵	人行河北省分行	1991
莫桂清	省行安全保卫先进工作者	人行河北省分行	1991
苏凤霞	货币发行先进工作者	人行河北省分行	1991
蔡惠芳	先进工作者	河北省劳动竞赛委员会	1991
	为振兴承德市经济做出显著成绩	承德市人民政府	1991
	为振兴承德市经济做出显著成绩	承德市人民政府	1991
韩雨廷	全国金融系统劳动模范	中国人民银行、中国金融工会	1992
王翠霞	“从事出纳发行专业 30 年”荣誉证书	中国人民银行	1992
袁芳珍	“从事出纳发行专业 30 年”荣誉证书	中国人民银行	1992
	金融先进工作者	人行河北省分行	1994
李凤文	业务比赛金融机构单项第二名	人行河北省分行	1992
白明星	业务比赛外资外债单项第二名	人行河北省分行	1992
	外汇检查专业业务竞赛第二名	人行石家庄中心支行、 石家庄中心支行工会工作委员会	2006
	2005—2007 年度全市扶贫开发 “先进个人”	中共承德市委、承德市人民政府	2008
王金池	先进老干部	人行河北省分行	1992
	先进离退休干部	人行河北省分行	1997
胡　富	全省业务比赛干部管理第二名	人行河北省分行	1992
王　艳	全省业务比赛账务核算第二名	人行河北省分行	1992
孙晓辉	全省业务比赛擒拿技术第一名	人行河北省分行	1992
汪树明	人行系统先进驾驶员	人行河北省分行	1992

续表 11-1-3

姓名	荣誉称号	授予机关	授予年度
杨建奎	为振兴承德市经济做出显著成绩	承德市人民政府	1992
	为振兴承德市经济做出显著成绩	承德市人民政府	1993
	金融系统安全保卫工作先进个人	河北省公安厅	2002
	2007 年度全省安全保卫个人三等功	河北省公安厅	2008
	国庆安保暨信访工作先进个人	中共承德市委、承德市人民政府	2009
	承德市劳动模范	中共承德市委、承德市人民政府	2009
	全国金融系统职工职业道德建设先进个人	中国金融工会	2010
陈忠元	河北省分行稽核先进工作者	人行河北省分行	1993
	河北省分行金融先进工作者	人行河北省分行	1994
李英全	先进个人	人行河北省分行	1993
	金融系统体育先进工作者	河北省金融工会委员会	1995
刘永全	第三产业普查先进工作者	国务院第三产业普查协调领导小组	1994
	中国人民银行创先争优优秀共产党员	中国人民银行	2012
孙　颖	业务比赛电子联行项目第三名	人行河北省分行	1994
	清算业务技术比赛优秀奖	中国人民银行	1997
高凤和	金银鉴定竞赛白银成色单项第二名	人行河北省分行	1994
	2012 年度政务信息工作先进个人	人行天津分行	2013
王克友	后勤工作先进工作者	人行河北省分行	1994
苑振海	金融先进工作者	人行河北省分行	1995
陈广才	稽核先进工作者	人行河北省分行	1995
蔡中泽	优秀信息员	人行河北省分行	1995
	金融先进工作者	人行河北省分行	1997
刘明东	金融统计先进工作者	人行河北省分行	1995
	优秀驻村工作队员	河北省深化加强基层建设年活动领导小组办公室	2014

续表 11-1-3

姓名	荣誉称号	授予机关	授予年度
刘宝云	先进工会工作者	人行河北省分行	1995
赵丽娟	先进工作者	人行河北省分行	1995
詹学臣	学雷锋、树新风、爱名城、增党辉先进个人	中共承德市委	1995
宋有田	“三防一保”知识竞赛先进个人	人行河北省分行	1996
	青年岗位能手优秀组织者奖	人行河北省分行	1998
张建新	优秀青年团员	共青团河北省委	1996
张海旭	业务比赛计算机项目技术能手	人行河北省分行	1997
	青年岗位能手	人行天津分行	2002
	青年岗位能手	人行天津分行	2001
	先进科技工作者	人行石家庄中心支行	2002
	优秀共产党员	人行天津分行	2004
	会计集中核算系统先进个人	人行石家庄中心支行	2005
程向东	业务比赛微机记账技术能手	人行河北省分行	1997
	国库会计核算系统推广先进个人	中国人民银行国库局	2004
	河北省科技成果完成者	河北省科学技术厅	2004
王忠民	金融先进工作者	人行河北省分行	1997
	金融监管先进个人	人行天津分行	2002
赵耀军	稽核监督先进工作者	人行河北省分行	1997
	优秀共产党员	人行天津分行	1999
王志德	1996 年度省级青年岗位能手	人行河北省分行、团省委	1997
	2002—2006 年度河北省人行系统科技先进工作者	人行石家庄中心支行、石家庄中心支行工会工作委员会	2007
王建国	河北省人民银行省级国库先进个人	人行河北省分行	1998
	河北省人民银行省级国库先进个人	人行石家庄中心支行	2002
汪桂兰	金融先进工作者	人行河北省分行	1998
	先进女职工	人行天津分行	2000

续表 11-1-3

姓名	荣誉称号	授予机关	授予年度
岳成吉	投入产出调查先进个人	河北省统计局	1998
	投入产出调查先进个人	河北省统计局	2003
	经济调查单项三等奖	人行石家庄中心支行	2005
	全省加强基础建设年优秀驻村工作队员	中共河北省委、河北省人民政府	2012
滕　凯	“庆国庆、迎回归”书画摄影展优秀奖	中国人民银行	1999
	首届“书画、摄影作品展”一等奖	人行天津分行	1999
	庆祝建党八十周年职工书画摄影展二等奖	人行天津分行	2001
	宣传思想工作先进个人	人行天津分行、天津分行工会工作委员会	2013
李福德	农村合作基金会并入农村信用社验收工作优秀工作队长	人行天津分行	1999
梁　力	农村合作基金会并入农村信用社验收工作优秀工作队员	人行天津分行	1999
刘淑娟	农村合作基金会并入农村信用社验收工作优秀工作队员	人行天津分行	1999
杨明东	农村合作基金会并入农村信用社验收工作优秀工作队员	人行天津分行	1999
姜　德	优秀共产党员	人行天津分行	1999
郭佳鸿	优秀共产党员	人行河北省分行	1999
	全省金融系统保卫工作先进个人	河北省公安厅	2003
	河北省人民银行系统安全保卫先进个人	人行石家庄中心支行	2006
	优秀共产党员	人行天津分行	2007
	优秀共产党员	人行天津分行	2008
	全市社会治安综合治理工作先进个人	中共承德市委、承德市人民政府	2010
乌兰珠玛	金融系统巾帼明星	河北省妇女联合会	1999
	河北省科技成果完成者	河北省科学技术厅	2004
王　帅	解决计算机问题先进个人奖	人行石家庄中心支行	2000

续表 11-1-3

姓名	荣誉称号	授予机关	授予年度
任宇光	金融科技进步三等奖	中国人民银行	2001
	银行科技二等奖	中国人民银行	2002
	银行结算先进组织者	人行石家庄中心支行	2005
王国庆	荣获三等功奖章	中华人民共和国公安部	2001
冯继英	1999—2000 年度先进工作者	人行天津分行	2001
郝艳慧	真实性检查优秀工作人员	人行天津分行	2001
唐晓君	改革整顿规范农村信用社先进工作者	人行天津分行	2001
吕玉坤	优秀党员	人行天津分行	2002
杨君圣	先进信息工作者	中共承德市委	2002
	先进信息工作者	承德市人民政府	2003
李卫国	“抗非典”优秀共产党员	人行天津分行	2003
吴显明	“抗非典”优秀共产党员	人行天津分行	2003
	先进离退休干部工作者	人行天津分行	2004
	“讲党性、重品行、做表率”优秀组织人事干部	中共天津分行委员会	2011
高延民	优秀共青团干部	人行天津分行	2003
宋洪震	优秀宣传干部	人行天津分行	2003
	2009 年度中国人民银行优秀宣传干部	中国人民银行党委宣传部	2010
马慧文	银行信贷登记咨询系统先进个人	人行石家庄中心支行	2003
侯继志	优秀信息工作者	承德市人民政府	2003
杨晓芳	依法统计先进个人	承德市人民政府	2003
	金融统计先进工作者	人行石家庄中心支行	2004
	金融统计单项二等奖	人行石家庄中心支行	2005
	石家庄中心支行金融统计数据集中工作先进个人	石家庄中心支行、石家庄中心支行工会工作委员会	2009
	第二次经济普查先进个人	国务院第二次全国经济普查领导小组	2010
	2013 年度河北省调查统计系统统计之星	人行石家庄中心支行	2014

续表 11-1-3

姓名	荣誉称号	授予机关	授予年度
王会奇	天津分行“青年五四奖章”	人行天津分行	2004
	河北省科技成果完成者	河北省科学技术厅	2004
	金融系统安全保卫先进工作者	河北省公安厅	2004
	先进个人三等功	河北省公安厅	2004
崔喜林	先进工作者	人行天津分行	2004
	第三届书法优秀奖	人行天津分行	2004
	2007 年度全省安全保卫个人三等功	河北省公安厅	2008
	全省安全保卫工作先进个人	河北省公安厅	2009
	全省金融系统安全保卫工作三等功	河北省公安厅	2009
郭小伟	巾帼建功标兵	人行天津分行	2004
	优秀共产党员	人行天津分行	2004
程文甫	先进离退休人员	人行天津分行	2004
王建华	内审先进工作者	人行天津分行	2004
苑成强	文明家庭	人行天津分行	2004
	青年岗位能手	人行天津分行	2004
	优秀驻村工作队员	河北省深化加强基层建设年活动领导小组办公室	2014
路　勇	青年岗位能手	人行天津分行	2004
	银行结算先进组织者	人行石家庄中心支行	2005
	第二次经济普查省级先进个人	河北省统计局	2009
	2009 年度青年岗位能手	人行天津分行	2010
	2011 年天津分行青年岗位能手	人行天津分行	2012
	2012 年度青年岗位能手	人行天津分行	2013
	2012 年度政务信息先进个人	人行石家庄中心支行	2013
	2013 年度政务信息工作先进个人	人行石家庄中心支行	2014
牛志鹏	信息工作先进工作者	人行天津分行	2004
吴建国	优秀共产党员	人行天津分行	2004

续表 11-1-3

姓名	荣誉称号	授予机关	授予年度
姜春芳	会计先进工作者	人行石家庄中心支行	2004
李　静	会计先进工作者	人行石家庄中心支行	2004
	2013—2014 年度中国人民银行巾帼建功标兵	中国人民银行工会工作委员会	2015
马清娟	河北省科技成果完成者	河北省科学技术厅	2004
	承德市劳动模范	承德市人民政府	2004
	河北省先进工作者	中共河北省委、河北省人民政府	2009
赵永祥	安全保卫个人三等功	河北省公安厅	2004
赵宇航	反假货币工作先进个人	河北省反假货币工作联席会	2004
	2012 年货币金银调研信息先进个人	人行石家庄中心支行、石家庄中心支行工会工作委员会	2013
薛艳花	承德市第三届“好摇篮”家庭	承德市人民政府	2004
王少云	大额支付系统建设先进个人	中国人民银行	2005
	2000—2004 年度先进会计工作者	中国人民银行	2005
	大额支付系统先进个人	人行石家庄中心支行	2005
	中国人民银行工会工作先进个人	中国人民银行、中国人民银行工会工作委员会	2012
李雅莲	先进工作者	中国人民银行	2005
	奥运安保“迎、创、抓、促”活动先进个人	中共承德市委、承德市人民政府	2008
庄　妍	英语大赛最佳风采奖	人行石家庄中心支行	2005
董秀萍	会计集中核算系统先进个人	人行石家庄中心支行	2005
王钢锋	会计集中核算系统先进个人	人行石家庄中心支行	2005
陈国杰	会计集中核算系统先进个人	人行石家庄中心支行	2005
	河北省 ACS 系统试点运行工作先进个人	人行石家庄中心支行	2013
	河北省改善农村支付服务环境先进个人	人行石家庄中心支行	2013
武　杰	大额支付系统先进个人	人行石家庄中心支行	2005
	河北省人民银行系统业务竞赛专业优秀选手	人行石家庄中心支行	2007

续表 11-1-3

姓名	荣誉称号	授予机关	授予年度
石立新	大额支付系统先进个人	人行石家庄中心支行	2005
谢　梅	大额支付系统先进个人	人行石家庄中心支行	2005
	国库专业业务竞赛第三名	人行石家庄中心支行、石家庄中心支行工会工作委员会	2006
	2009—2012 年度改善农村支付服务环境先进个人	中国人民银行	2013
杨　洋	大额支付系统先进个人	人行石家庄中心支行	2005
	2007 年度优秀共青团员	中国人民银行团委	2008
	2012 年度政务信息先进个人	人行石家庄中心支行	2013
	2014 年度中国人民银行青年岗位能手	中国人民银行	2015
陈继阁	大额支付系统先进个人	人行石家庄中心支行	2005
	会计财务工作先进个人	人行石家庄中心支行	2009
	河北省 ACS 系统试点运行工作先进个人	人行石家庄中心支行	2013
张桂云	银行结算先进组织者	人行石家庄中心支行	2005
奚家勋	银行结算先进组织者	人行石家庄中心支行	2005
张国宏	安全保卫先进个人	河北省公安厅	2005
	河北省人民银行系统 2009—2012 年度会计财务工作先进个人	人行石家庄中心支行、石家庄中心支行工会工作委员会	2013
夏四清	保密系统先进工作者	河北省人事、保密、劳动局	2005
	《中办通讯》先进个人	中共河北省委办公厅	2008
	天津分行离退休干部工作先进个人	人行天津分行、天津分行工会工作委员会	2013
杨东升	人民币结算账户管理系统推广工作先进工作者	人行石家庄中心支行	2005
	2008 年度青年岗位能手	人行天津分行	2009
	“身边雷锋”先进个人	人行天津分行	2012
	河北省ACS系统试点运行工作先进个人	人行石家庄中心支行	2013
	河北省人民银行系统科技工作先进工作者	人行石家庄中心支行、石家庄中心支行工会工作委员会	2013

续表 11-1-3

姓名	荣誉称号	授予机关	授予年度
王雪涛	河北省人民银行结算系统账户管理系统扩建工作先进工作者	人行石家庄中心支行、石家庄中心支行工会委员会	2005
	河北省改善农村支付服务环境先进个人	人行石家庄中心支行	2013
韩凤信	省公安厅保卫工作三等功	河北省公安厅	2005
徐毅然	优秀团干部	中国人民银行	2007
吴冠宇	河北省人民银行系统业务竞赛专业优秀选手	人行石家庄中心支行	2007
	2009 年国际收支统计之星	国家外汇管理局	2010
	2013 年度分行级青年岗位能手	人行天津分行	2014
	2013 年度河北省调查统计系统分析之星	人行石家庄中心支行	2014
赵小平	2004—2007 年度先进统计工作者	人行石家庄中心支行	2007
马新明	2002—2006 年度河北省科技先进工作者	人行石家庄中心支行	2007
	2007—2010 年度河北省国库先进工作者	人行石家庄中心支行	2011
韩佳敏	天津分行青年岗位能手	人行天津分行	2008
王远新	政务信息工作先进个人	人行天津分行	2008
	政务信息工作先进个人	人行天津分行	2009
	政务信息工作先进个人	人行天津分行	2010
汤继萍	金融统计先进工作者	人行石家庄中心支行	2008
王明华	2007 年度信访工作先进个人	中共承德市委、承德市人民政府	2008
	2009 年度政务信息先进工作者	人行石家庄中心支行	2010
赵月先	2007 年度全市“平安创建”工作先进个人	承德市人民政府	2008
	全省金融系统安全保卫工作先进个人	河北省公安厅	2011
杨海英	2007 年度全市劳动保障工作先进工作者	承德市人民政府	2008
舒英杰	离退休干部工作先进个人	人行天津分行	2009
常海波	政务信息先进工作者	人行天津分行	2009
	政务信息先进工作者	人行天津分行	2010

续表 11-1-3

姓名	荣誉称号	授予机关	授予年度
张　雷	2008 年度省人行系统事后监督能手	人行石家庄中心支行	2009
王瑞莲	会计财务工作先进个人	人行石家庄中心支行	2009
	2010 年天津分行青年岗位能手	人行天津分行	2011
吴庆臣	河北省人民银行系统后勤管理工作先进个人	人行石家庄中心支行	2009
孙绍章	河北省人民银行系统后勤节能工作先进个人	人行石家庄中心支行	2009
董晓君	河北省人民银行系统会计财务工作先进个人	人行石家庄中心支行	2009
	改善农村支付服务环境先进个人	人行石家庄中心支行	2013
张立新	全省安全保卫工作先进个人	河北省公安厅	2009
	全省金融系统安全保卫工作个人三等功	河北省公安厅	2011
	河北省人行系统安全保卫先进个人	石家庄中心支行、石家庄中心支行工会工作委员会	2012
高光辉	全省金融系统安全保卫工作先进个人	河北省公安厅	2009
	全省金融系统安全保卫工作先进个人	河北省公安厅	2011
朱承南	全省金融系统安全保卫工作先进个人	河北省公安厅	2009
	全省金融系统安全保卫工作先进个人	河北省公安厅	2012
王惠民	2008 年度劳动和社会保障先进个人	承德市人民政府	2009
	2009 年河北省人民银行货币信贷系统先进工作者	人行石家庄中心支行	2010
程文甫	2010 年 9 月中国人民抗日战争胜利 65 周年纪念奖章	中国共产党中央委员会	2010
	2015 年 9 月中国人民抗日战争胜利 70 周年纪念奖章	中国共产党中央委员会	2015
衡福云	2009 年河北省人民银行货币信贷系统先进工作者	人行石家庄中心支行	2010
杨小峰	2009 年河北省人民银行货币信贷系统先进工作者	人行石家庄中心支行	2010
唐士普	2009 年度政务信息先进工作者	人行石家庄中心支行	2010
安勇聪	河北省人民银行金融稳定系统先进个人	人行石家庄中心支行	2010
莫兰春	先进工作者	人行石家庄中心支行	2010
魏雪梅	巾帼建功标兵	人行天津分行	2011

续表 11-1-3

姓名	荣誉称号	授予机关	授予年度
程松峰	2011 年度巡视工作先进个人	人行天津分行	2011
吴永林	天津分行级纪检监察先进工作者	人行天津分行	2011
齐连瑜	全省金融系统安全保卫工作先进个人	河北省公安厅	2011
张建军	全省金融系统安全保卫工作先进个人	河北省公安厅	2011
韩立平	全省金融系统安全保卫工作先进个人	河北省公安厅	2011
	全省金融系统安全保卫工作先进个人	河北省公安厅	2012
邹庆义	全省金融系统安全保卫工作先进个人	河北省公安厅	2012
冯志鹏	加强基层建设年活动优秀驻村工作队员	中共承德市委	2012
张明智	中国人民银行后勤工作先进工作者	中国人民银行、 中国人民银行工会工作委员会	2013
张瑞华	2009—2012 年度改善农村支付服务环境先进个人	中国人民银行	2013
孟庆文	河北省 ACS 系统试点运行工作先进个人	人行石家庄中心支行	2013
	省级优秀驻村工作队员	河北省农村面貌改善提升工作领导小组办公室	2014
成　宇	河北省人民银行系统 2009—2012 年度会计财务工作先进个人	人行石家庄中心支行、 石家庄中心支行工会工作委员会	2013
冯继安	河北省人民银行系统 2009—2012 年度会计财务工作先进个人	人行石家庄中心支行、 石家庄中心支行工会工作委员会	2013
王仲新	河北省人民银行系统科技工作先进工作者	人行石家庄中心支行、 石家庄中心支行工会工作委员会	2013
侯宝玖	2012 年全国投入产出调查工作省级先进个人	河北省投入产出调查联席会议办公室	2013
张丽艳	2013 年度网络信息工作先进个人	人行天津分行	2014
宋　耐	优秀驻村工作队员	河北省深化加强基层建设年活动领导小组办公室	2014
郑桂敏	2014—2015 年度《华北金融》通讯工作先进个人	人行天津分行	2015
杨富友	河北省民族团结进步模范个人	河北省人民政府	2015
张晓维	2011—2014 年度河北省国库系统先进个人	人行石家庄中心支行	2015

第二节 承德银监分局

本节共收录承德银监分局市级以上集体荣誉34项，其中省部级荣誉7项，市厅级荣誉27项；个人荣誉95项，其中省部级荣誉2项，市厅级荣誉93项。

一、集体荣誉

2004—2015年中国银行业监督管理委员会承德监管分局省部级集体荣誉统计表

表11-1-4

获奖单位	荣誉称号	授予机关	授予年度
承德银监分局	2006年度河北省文明单位	中共河北省委、河北省人民政府	2006
	2008年度河北省文明单位	中共河北省委、河北省人民政府	2008
	银监会系统“青春风采杯”监管知识大赛团体总分第三名	中国银监会	2012
	2015年度银监会“青春风采杯”青年精品工作项目展示活动三等奖——承德市银行业送金融知识下乡活动	中国银监会	2015
承德银监分局工会	2008—2009年度中国银监会系统学习组织先进单位	中国银监会	2009
承德银监分局办公室	银监会系统2012—2013年度青年文明号	中国银监会	2013
	银监会系统2014—2015年度青年文明号	中国银监会	2015

2004—2015年中国银行业监督管理委员会承德监管分局市厅级集体荣誉统计表

表11-1-5

获奖单位	荣誉称号	授予机关	授予年度
承德银监分局	2006年度河北省银行业机构小企业贷款工作先进单位	河北银监局	2006
	2007年河北银监局文明单位	河北银监局	2007
	2008年河北银监局优秀监管项目——“对中国邮政储蓄银行承德分行案件风险隐患清查工作现场检查”	河北银监局	2008
	2008—2009年度河北银监局文明单位	河北银监局	2009
	2009年度无案件辖区	河北银监局	2009
	2010年度河北银监局无案件辖区	河北银监局	2010
	2011年度河北银监局先进职工之家	河北银监局	2011
	2013年度河北银监局系统小微企业金融服务先进单位	河北银监局	2013

续表 11-1-6

获奖单位	荣誉称号	授予机关	授予年度
承德银监分局机关党总支	河北银监局系统2004—2005年度先进基层党组织	河北银监局	2005
	2005—2006年度河北银监局系统先进基层党组织	河北银监局	2006
	2006—2007年度河北银监局系统先进基层党组织	河北银监局	2007
	2009—2010年度河北银监局系统先进基层党组织	河北银监局	2010
	2010—2011年度河北银监局系统先进基层党组织	河北银监局	2011
	2011—2012年度河北银监局系统先进基层党组织	河北银监局	2012
	2012—2013年度河北银监局先进基层党组织	河北银监局	2013
	2013—2014年度河北银监局先进基层党组织	河北银监局	2014
	2014—2015年度河北银监局先进基层党组织	河北银监局	2015
承德银监分局工会	2007年度河北银监局创争优秀工会奖	河北银监局	2007
	2007年度工会先进单位	河北银监局工会	2007
	2008年度先进职工之家	河北银监局工会	2008
	2013年度河北银监局先进职工之家	河北银监局	2013
承德银监分局第一党支部	河北银监局2008—2009年度先进基层党组织	河北银监局	2009
承德银监分局财务会计科	2012年度河北银监局“五一巾帼标兵岗”	河北银监局	2012
承德银监分局统计信息科	河北银监局2012年度综合考核第一名	河北银监局	2012
承德银监分局统计信息科	2014年度河北银监局统计考核一等奖	河北银监局	2014
承德银监分局平泉监管办事处	2005年度河北银监局文明单位	河北银监局	2005
	2006—2007年度河北银监局文明单位	河北银监局	2007

二、个人荣誉

2004—2015年中国银行业监督管理委员会承德监管分局个人荣誉统计表

表11-1-7

姓名	荣誉称号	授予机关	授予年度
赵金阁	2004—2005年河北银监局系统优秀共产党员	河北银监局	2005
	2005—2006年河北银监局系统优秀共产党员	河北银监局	2006
	河北银监局2008—2009年度优秀共产党员	河北银监局	2009
王守权	2004—2005年河北银监局系统优秀共产党员	河北银监局	2005
徐晓强	2004—2005年河北银监局系统优秀共产党员	河北银监局	2005
	2005—2006年河北银监局系统优秀共产党员	河北银监局	2006
	河北银监局2006—2007年度“监管标兵”	河北银监局	2007
	河北银监局2007—2008年度“监管标兵”	河北银监局	2008
	2010—2011年度河北银监局系统优秀共产党员	河北银监局	2011
魏剑峰	2004—2005年河北银监局系统优秀共产党员	河北银监局	2005
	2005—2006年河北银监局系统优秀共产党员	河北银监局	2006
	2012年度河北银监局“监管标兵”	河北银监局	2012
	河北银监局系统2011—2012年度优秀共产党员	河北银监局	2012
	2012—2013年度河北银监局优秀共产党员	河北银监局	2013
	2013—2014年度河北银监局系统优秀共产党员	河北银监局	2014
	2014—2015年度银监会系统青年培养计划优秀导师	中国银监会	2015
孙学明	2004—2005年河北银监局系统优秀党务工作者	河北银监局	2005
	2005—2006年河北银监局系统优秀党务工作者	河北银监局	2006
冯继英	2005—2006年河北银监局系统优秀共产党员	河北银监局	2006
侯秀云	2006年度河北省银行业机构小企业贷款工作先进个人	河北银监局	2006
	2006年河北银监局风险处置工作成绩突出个人	河北银监局	2006
	河北银监局系统2011—2012年度优秀共产党员	河北银监局	2012
	河北银监局2012年下半年创新之星	河北银监局	2012

续表 11-1-7

姓名	荣誉称号	授予机关	授予年度
侯明辉	银监会 2006—2007 年度“优秀共青团员”	中国银监会	2007
	2009—2010 年度河北银监局系统先进工作者	河北银监局	2010
	河北银监局系统 2011—2012 年度优秀共产党员	河北银监局	2012
	河北银监局 2012 年下半年信息之星	河北银监局	2012
	2013 年上半年河北银监局信息之星	河北银监局	2013
	2012 年下半年、2013 年上半年河北银监局铜牌之星	河北银监局	2013
	2013 年度河北银监局先进工作者	河北银监局	2013
	2013 年下半年河北银监局信息之星	河北银监局	2013
	2012—2013 年河北银监局系统优秀共青团干部	河北银监局	2013
	2014 年度河北银监局系统先进工作者	河北银监局	2014
	河北银监局系统 2012—2014 年银牌之星	河北银监局	2014
	2014 年上半年河北银监局系统信息之星	河北银监局	2014
	2014 年下半年河北银监局系统信息之星	河北银监局	2014
	2015 年上半年河北银监局系统信息之星	河北银监局	2015
	2014—2015 年河北银监局系统优秀共产党员	河北银监局	2015
杨明东	2006—2007 年度河北银监局系统优秀共产党员	河北银监局	2007
	2010—2011 年度河北银监局系统优秀党务工作者	河北银监局	2011
	2013—2014 年度河北银监局系统优秀党务工作者	河北银监局	2014
	2014—2015 年度河北银监局系统优秀党务工作者	河北银监局	2015
李永生	2006—2007 年度河北银监局系统优秀共产党员	河北银监局	2007
宋有田	2006—2007 年度河北银监局系统优秀党务工作者	河北银监局	2007
	2010 年度银监会优秀共产党员	中国银监会	2010
	2010—2011 年度河北银监局系统优秀共产党员	河北银监局	2011
王世杰	河北银监局 2008—2009 年度优秀党务工作者	河北银监局	2009
王利华	河北银监局 2008—2009 年度优秀共产党员	河北银监局	2009

续表 11-1-7

姓名	荣誉称号	授予机关	授予年度
董云光	河北银监局 2008—2009 年度优秀共产党员	河北银监局	2009
吴　帅	2009 年河北银监局学习提高年先进个人	河北银监局	2009
高　森	2009 年河北银监局学习提高年先进个人	河北银监局	2009
张玉香	2009 年河北银监局学习提高年先进个人	河北银监局	2009
高　凯	2009 年河北银监局学习提高年先进个人	河北银监局	2009
	2013 年下半年河北银监局监管之星	河北银监局	2013
李凤文	2009 年度河北银监局“监管标兵”	河北银监局	2009
	河北银监局 2010 年度“监管标兵”	河北银监局	2010
	2013 年上半年河北银监局调研之星	河北银监局	2013
	2013 年上半年至 2013 年下半年河北银监局铜牌之星	河北银监局	2013
	2013 年下半年河北银监局调研之星	河北银监局	2013
	2015 年上半年河北银监局系统调研之星	河北银监局	2015
	2015 年度河北银监局系统监管标兵	河北银监局	2015
谢　铁	2009—2010 年度河北银监局系统先进工作者	河北银监局	2010
	2010—2011 年度河北银监局系统优秀共产党员	河北银监局	2011
	河北银监局系统 2011—2012 年度优秀党务工作者	河北银监局	2012
	2012—2013 年度河北银监局优秀党务工作者	河北银监局	2013
范士兴	2009—2010 年度河北银监局优秀共产党员	河北银监局	2010
王宝瑞	2011 年度河北银监局系统先进工作者	河北银监局	2011
张　雷	河北银监局 2012 年下半年监管之星	河北银监局	2012
李　震	河北银监局 2012 年下半年服务之星	河北银监局	2012
	2013 年上半年河北银监局服务之星	河北银监局	2013
	2012 年下半年、2013 年上半年河北银监局铜牌之星	河北银监局	2013
	2013 年下半年河北银监局服务之星	河北银监局	2013
	河北银监局系统 2012—2014 年银牌之星	河北银监局	2014

续表 11-1-7

姓名	荣誉称号	授予机关	授予年度
李　震	河北银监局 2014 年下半年服务之星	河北银监局	2014
	2015 年上半年河北银监局系统服务之星	河北银监局	2015
	河北银监局系统 2015 上半年金牌之星	河北银监局	2015
王　帅	2012 年度河北银监局系统先进工作者	河北银监局	2012
	2013 年下半年河北银监局创新之星	河北银监局	2013
	2015 年上半年河北银监局感动之星	河北银监局	2015
许彩霞	2012—2013 年度河北银监局优秀共产党员	河北银监局	2013
	2015 年度河北银监局系统“孝老爱亲”巾帼标兵	河北银监局	2015
范志杰	2012—2013 年度河北银监局优秀共产党员	河北银监局	2013
姜源资	2013 年上半年河北银监局监管之星	河北银监局	2013
付振兴	2013 年上半年河北银监局感动之星	河北银监局	2013
张晓红	2013 年度河北银监局系统监管标兵	河北银监局	2013
	2014—2015 年河北银监局系统优秀共产党员	河北银监局	2015
马秀玲	2013 年下半年河北银监局服务之星	河北银监局	2013
	2013—2014 年度河北银监局系统优秀共产党员	河北银监局	2014
	河北银监局系统 2012—2014 年银牌之星	河北银监局	2014
焦国柱	2013 年下半年河北银监局感动之星	河北银监局	2013
	2013 年度驻村工作组先进个人	河北银监局	2013
	2013—2014 年度河北银监局系统优秀共产党员	河北银监局	2014
周博渊	2012—2013 年河北银监局系统优秀共青团员	河北银监局	2013
王守城	2014—2015 年河北银监局系统优秀共产党员	河北银监局	2015
焦彦辞	2015 年河北银监局系统先进工作者	河北银监局	2015

第二章 银行业机构

本章共收录市级以上集体荣誉784项，其中省部级荣誉115项，市厅级荣誉669项；个人荣誉851项，其中省部级荣誉81项，市厅级荣誉770项。其中：政策性银行集体荣誉14项，个人荣誉4项；全国性商业银行集体荣誉539项，个人荣誉618项；地方性银行机构集体荣誉231项，个人荣誉229项。

第一节 政策性银行

中国农业发展银行于1996年成立，1996—2000年间未获得市级以上荣誉，2001—2015年间共获得集体荣誉14项，其中省部级荣誉6项，市厅级荣誉8项；1996—2015年间共获得个人荣誉4项，均为市厅级荣誉。

一、集体荣誉

1996—2015年中国农业发展银行承德分行省部级集体荣誉统计表

表11-2-1

获奖单位	荣誉称号	授予机关	授予年度
承德分行	省级文明单位	中共河北省委、河北省人民政府	2010
	企业文化建设先进单位	中国农业发展银行	2011
分行营业部	工人先锋号	中华全国总工会	2011
	金融服务先进集体	中国金融工会全国委员会	2011
	全国金融五一劳动奖状	中国金融工会全国委员会	2011
	全国金融系统工人先锋号	中国金融工会全国委员会	2011

1996—2015年中国农业发展银行承德分行市厅级集体荣誉统计表

表11-2-2

获奖单位	荣誉称号	授予机关	授予年度
承德分行	承德市“三五”法制宣传教育先进单位	中共承德市委、承德市人民政府	2001
	行业作风建设“先进单位”	中共承德市委、承德市人民政府	2006

续表 11-2-2

获奖单位	荣誉称号	授予机关	授予年度
分行营业部	文明单位	中国农业发展银行河北省分行	2008
	中国银行业文明规范千佳示范单位	中国银行业协会	2010
	金融服务先进单位	中国农业发展银行河北省分行	2011
	2010—2011 年度文明单位	承德市人民政府	2012
承德县支行	文明单位	中国农业发展银行河北省分行	2008
平泉县支行	文明单位	中国农业发展银行河北省分行	2008

二、个人荣誉

1996—2015 年中国农业发展银行承德分行个人荣誉统计表

表 11-2-3

姓名	荣誉称号	授予机关	授予年度
宋振民	优秀共产党员	中共承德市委	1997
	河北省新长征突击手	共青团河北省委	1998
	承德市十大优秀青年	中共承德市委	1999
	工会工作积极分子	河北省总工会	2007

第二节 全国性商业银行

本节共收录全国性商业银行市级以上集体荣誉 539 项，其中省部级荣誉 94 项，市厅级荣誉 445 项；个人荣誉 618 项，其中省部级荣誉 69 项，市厅级荣誉 549 项。

一、集体荣誉

1989—2015 年中国工商银行股份有限公司承德分行省部级集体荣誉统计表

表 11-2-4

	获奖单位	荣誉称号	授予机关	授予年度
分行机关	分行营业部	青年文明号	中国工商银行	2001
		青年文明号	中国工商银行	2002
		全国青年文明号	中国工商银行	2003
	分行监督中心	全国三八红旗集体	全国妇联	2008
	分行消费信贷业务中心	优质服务先进集体	中国工商银行	2011
平泉县	平泉县支行	全国金融先进单位	中国工商银行	1990

1989—2015年中国工商银行股份有限公司承德分行市厅级集体荣誉统计表

表11-2-5

	获奖单位	荣誉称号	授予机关	授予年度
市区	双滦支行	青年文明号	工行河北省分行	2003
		先进集体	工行河北省分行	2014
	热河支行二仙居分理处	青年文明号	工行河北省分行	2003
	太平桥支行营业室	青年文明号	工行河北省分行	2003
	太平桥支行	先进集体	工行河北省分行	2004
		先进集体	工行河北省分行	2015
	山庄支行	先进集体	工行河北省分行	2004
	山庄支行西大街储蓄	青年文明号	工行河北省分行	2004
	汇通支行营业室	巾帼文明示范岗	工行河北省分行	2008
	鹰手营子支行	2010—2015年金融安全保卫工作先进集体	河北省公安厅	2015
	山庄支行营业室	巾帼文明示范岗	工行河北省分行工会	2015
承德县	承德县支行营业室	青年文明号	工行河北省分行	2003
	承德县支行	先进集体	工行河北省分行	2015
兴隆县	兴隆县支行	金融安全保卫工作先进集体	河北省公安厅	2010
		金融安全保卫工作先进集体	河北省公安厅	2012
		第四届中国工商银行河北省分行文明单位	工行河北省分行	2013
		金融安全保卫工作先进集体	河北省公安厅	2013
		2014—2015年金融安全保卫工作先进集体	河北省公安厅	2015
平泉县	平泉县支行	先进集体	工行河北省分行	2013
隆化县	隆化县支行北街储蓄所	青年文明号	工行河北省分行	2003
丰宁满族自治县	丰宁县支行	全省工商银行系统先进单位	工行河北省分行	1990
		全省金融安全保卫工作先进集体	河北省公安厅	2004
		全省金融安全保卫工作先进集体	河北省公安厅	2009
		全省金融安全保卫工作先进集体	河北省公安厅	2010
		全省金融安全保卫工作先进集体	河北省公安厅	2011
宽城满族自治县	宽城县支行	先进集体	工行河北省分行	2013
		先进集体	工行河北省分行	2014

1989—2015年中国农业银行股份有限公司承德分行省部级集体荣誉统计表

表 11-2-6

	获奖单位	荣誉称号	授予机关	授予年度
分行机关	农行承德分行	2002—2003年度文明单位	中共河北省委、河北省人民政府	2004
		2004—2005年度文明单位	中共河北省委、河北省人民政府	2006
		2006—2007年度文明单位	中共河北省委、河北省人民政府	2008
		第一届全国农行系统文明单位	中国农业银行	2010
		2009年度信访工作优秀单位	中共河北省委、河北省人民政府	2010
		2008—2009年度河北省文明单位	中共河北省委、河北省人民政府	2010
		2010—2011年度文明单位	中共河北省委、河北省人民政府	2012
		2012—2013年度信息系统生产运行与应急灾备先进集体	中国农业银行	2014
分行机关	农行承德分行团委	“五四红旗团委”	中国农业银行	2004
双桥区	双桥支行金融超市	2002年迎新春优质服务竞赛先进集体	中国农业银行	2002
		“窗口”行业“三星级”单位	河北省人民政府	2002
	双桥支行	2001—2002年会计基础工作规范化三级单位	中国农业银行	2003
		学习贯彻“三个代表”重要思想先进单位	中国农业银行	2004
	双桥支行营业室	第三届职工职业道德建设先进班组	中国农业银行	2010
双滦区	双塔山支行	2001—2002年会计基础工作规范化二级单位	中国农业银行	2003
		2002—2003年度先进单位	中共河北省委、河北省人民政府	2004
		河北省先进集体	河北省人民政府	2009
		精神文明建设先进单位	中国农业银行	2011
营子区	营子办事处	1991—1992年会计工作三级单位	中国农业银行	1993
	营子支行	职工生活后勤先进单位	中国金融工会	1995
承德县	承德县支行	1991—1992年会计工作三级单位	中国农业银行	1993
		三防一保先进集体	中国农业银行	1995
		2001—2002年会计基础工作规范化三级单位	中国农业银行	2003

续表 11-2-6

	获奖单位	荣誉称号	授予机关	授予年度
平泉县	平泉县支行	2001—2002 年会计基础工作规范化三级单位	中国农业银行	2003
		2002—2003 年度先进单位	中共河北省委、河北省人民政府	2004
		2004—2005 年度河北省文明单位	河北省人民政府	2006
		第六届全国农行精神文明建设工作先进单位	中国农业银行	2012
	县支行营业室	2015 年度运营基础管理三铁单位	中国农业银行	2015
滦平县	滦平县支行	2001—2002 年会计基础工作规范化三级单位	中国农业银行	2003
隆化县	隆化县支行	1991—1992 年会计工作三级单位	中国农业银行	1993
		2001—2002 年会计基础工作规范化三级单位	中国农业银行	2003
丰宁满族自治县	丰宁满族自治县支行	1991—1992 年会计工作三级单位	中国农业银行	1993
		2001—2002 年会计基础工作规范化三级单位	中国农业银行	2003
		2002—2003 年度先进单位	中共河北省委、河北省人民政府	2004
		文明单位	河北省人民政府	2009
宽城满族自治县	宽城满族自治县支行	1991—1992 年会计工作三级单位	中国农业银行	1993
		青年文明号	中国农业银行	2001
		2001—2002 年会计基础工作规范化三级单位	中国农业银行	2003
		第五届全国农行精神文明建设工作先进单位	中国农业银行	2010
		2014 年度全国农行精神文明建设单位	中国农业银行	2015
	宽城满族自治县支行储蓄专柜	2001 年世纪之春优质服务先进集体	中国农业银行	2002
围场满族蒙古族自治县	围场满族蒙古族自治县支行	精神文明建设先进单位	中国农业银行	2010
		三农业务先进集体	中国农业银行	2010
		“三农”业务先进集体	中国农业银行	2013
		精神文明建设先进单位	中国农业银行	2013

1989—2015年中国农业银行股份有限公司承德分行市厅级集体荣誉统计表

表11-2-7

	获奖单位	荣誉称号	授予机关	授予年度
分行机关	农行承德分行	信用社无陈欠农业贷款先进单位	农行河北省分行	1990
		省档案工作一级	河北省档案局	1996
		优质服务单位	河北省质量奖审定委员会	2001
		“八七”扶贫攻坚帮扶先进单位	中共承德市委、承德市人民政府	2001
		行风建设暨优化经济环境先进单位	中共承德市委、承德市人民政府	2001
		避暑山庄肇建三百周年纪念活动特别贡献单位	承德市人民政府	2003
		2005—2006年度先进单位	农行河北省分行	2007
		2005—2006年度优秀企业	承德市人民政府	2007
		2008年河北省服务质量奖	河北省质量奖审定委员会、质量技术监督局	2009
		2008年度信访工作优秀单位	中共承德市委、承德市人民政府	2009
		2008年优秀企业	承德市人民政府	2009
		2010年度农业农村工作先进单位	中共承德市委、承德市人民政府	2011
		2008—2010年扶贫开发先进集体	中共承德市委、承德市人民政府	2011
		2010年度金融贡献奖	承德市人民政府	2011
		2009—2011年度全省农行系统先进单位	农行河北省分行	2012
		2011年度金融贡献奖	承德市人民政府	2012
		2015年大行德广伴您成长金钥匙春天行动、乡镇网点营销优胜单位	农行河北省分行	2015
		2014年度金融贡献奖	承德市人民政府	2015
	分行营业部	“清非”工作专项奖	农行河北省分行	1990
		资金组织工作先进单位	农行河北省分行	1990
		清贷收息先进单位	农行河北省分行	2000
		2001年县级行中间业务收入先进单位	农行河北省分行	2002
		2004年防范案件先进支行	农行河北省分行	2005
	农行承德分行保卫部	先进集体	农行河北省分行	1994
		安全保卫工作集体三等功	河北省公安厅	2003
		2005年度安全保卫工作先进单位	农行河北省分行	2006
	农行承德分行审计部	2002年内部审计单位先进集体	河北省审计厅	2002

续表 11-2-7

	获奖单位	荣誉称号	授予机关	授予年度
双桥区	双桥信用联社	无陈欠农业贷款先进单位	农行河北省分行	1990
		“清非”工作专项奖	农行河北省分行	1990
		信贷管理二级联社	农行河北省分行	1990
	大楼储蓄所	十佳储蓄所	农行河北省分行	1992
		十佳储蓄所	农行河北省分行	2002
		2003 年“迎新春”优质服务先进集体	农行河北省分行	2003
	大石庙营业所	青年文明号	农行河北省分行	1997
		1996—1997 年文明服务窗口	农行河北省分行	1998
	中兴路储蓄所	青年文明号	农行河北省分行	2001
	温家沟储蓄所	2001 年先进储蓄所	农行河北省分行	2001
		2001 年存款先进储蓄所	农行河北省分行	2001
		2003 年“迎新春”优质服务先进集体	农行河北省分行	2003
	太平桥分理处	2001 年存款先进分理处	农行河北省分行	2001
	狮子沟分理处	2001 年存款先进分理处	农行河北省分行	2001
	大石庙营业所储蓄专柜	新世纪之春优质服务先进单位	农行河北省分行	2001
	双桥支行	青年文明号	农行河北省分行	2002
		文明建设先进单位	农行河北省分行	2003
		2003 年清贷收息先进单位	农行河北省分行	2003
		2003 年“迎新春”优质服务标兵单位	农行河北省分行	2003
		内部控制先进支行	农行河北省分行	2005
		2005 年度安全保卫工作先进单位	农行河北省分行	2006
	车站路分理处	2003 年“迎新春”优质服务先进集体	农行河北省分行	2003
	双桥支行党支部	先进支行党组织	农行河北省分行	2003

续表 11-2-7

	获奖单位	荣誉称号	授予机关	授予年度
双滦区	双塔山信用联社	无陈欠农业贷款先进单位	农行河北省分行	1990
	双塔山办事处	清收“呆滞、呆账”贷款先进单位	农行河北省分行	1992
		防范案件先进单位	农行河北省分行	1999
		严格管理安全防范工作先进单位	农行河北省分行	2000
		县级行收息先进单位	农行河北省分行	2001
		新世纪之春优质服务标兵单位	农行河北省分行	2001
	偏桥子营业所	青年文明号	农行河北省分行	1998
		1998—1999 年先进单位	农行河北省分行	2000
		新世纪之春优质服务先进单位	农行河北省分行	2001
	滦河营业所	2001 年先进营业所	农行河北省分行	2001
	双塔山支行	2004 年先进单位	农行河北省分行	2005
		2004 年防范案件先进支行	农行河北省分行	2005
		河北省全省安保工作先进集体	河北省公安厅	2007
		连续十年无案件先进单位	农行河北省分行	2008
营子区	会计出纳股	财会出纳工作先进集体	农行河北省分行	1990
	营子支行	“岗位学雷锋、行业树新风”先进集体	农行河北省分行	1994
		职工后勤工作先进单位	农行河北省分行	1994
		“岗位学雷锋、行业树新风”先进集体	农行河北省分行	1995
承德县	双峰寺营业所	先进单位	农行河北省分行	1989
	承德县支行	无陈欠农业贷款先进单位	农行河北省分行	1990
		信贷管理一级行	农行河北省分行	1990
		达标单位	农行河北省分行	1990
		先进单位	农行河北省分行	1994
		安全防范先进集体	农行河北省分行	1995

续表 11-2-7

	获奖单位	荣誉称号	授予机关	授予年度
承德县	承德县支行	先进集体	农行河北省分行	1996
		模范职工之家	农行河北省分行	1998
		县级行收息先进单位	农行河北省分行	2001
		2005 年度安全保卫工作先进单位	农行河北省分行	2006
		安全保卫先进集体	农行河北省分行	2008
		党风廉政建设先进单位	农行河北省分行	2012
		先进基层党组织	农行河北省分行	2015
	土产大楼储蓄所	资金组织工作先进储蓄所	农行河北省分行	1991
	下板城信用社	农村信用社储蓄存款“十佳单位”	农行河北省分行	1994
	上板城营业所	青年文明号	农行河北省分行	2000
	承德县客户经理部	2001 年先进部室	农行河北省分行	2002
	双峰寺储蓄所	2001 年存款先进储蓄所	农行河北省分行	2002
	清城路储蓄所	2001 年存款先进储蓄所	农行河北省分行	2002
	县支行营业室	三化三达标先进单位	农行河北省分行	2015
兴隆县	兴隆县支行	无陈欠农业贷款先进单位	农行河北省分行	1991
		纪检监察工作先进单位	农行河北省分行	2000
	兴隆镇信用社	农村信用社集体存款“十佳单位”	农行河北省分行	1994
	中心楼储蓄所	1996—1997 年文明服务窗口	农行河北省分行	1998
	孤山子储蓄所	1998—1999 年先进单位	农行河北省分行	2000
平泉县	西坝信用社	先进单位	农行河北省分行	1989
		先进单位	农行河北省分行	1994
	平泉县信用联社	无陈欠农业贷款先进单位	农行河北省分行	1990

续表 11-2-7

	获奖单位	荣誉称号	授予机关	授予年度
平泉县	平泉县支行	达标创优单位	农行河北省分行	1990
		无陈欠农业贷款先进单位	农行河北省分行	1991
		2004 年防范案件先进支行	农行河北省分行	2005
		送金融知识下乡宣传服务站	河北省银监局	2011
		2009—2010 年度风险管理工作先进单位	农行河北省分行	2011
		先进基层党组织	农行河北省分行	2011
		农行系统 2011—2012 年度女职工文明示范岗	农行河北省分行	2013
		2011—2012 年度法律事务工作先进单位	农行河北省分行	2013
	杨树岭营业所	2001 年存款先进营业所	农行河北省分行	2002
滦平县	滦平县信用联社	无陈欠农业贷款先进单位	农行河北省分行	1990
	滦平县支行	无陈欠农业贷款先进单位	农行河北省分行	1991
		先进集体	河北省公安厅	2008
		先进集体	河北省公安厅	2009
		先进单位	河北省公安厅	2010
		2013 年先进单位	农行河北省分行	2014
		2014 年先进单位	农行河北省分行	2015
	东街储蓄所	2001 年存款先进储蓄所	农行河北省分行	2002
隆化县	郭家屯营业所	先进单位	农行河北省分行	1989
	隆化县信用联社	无陈欠农业贷款先进单位	农行河北省分行	1990
	隆化县支行	无陈欠农业贷款先进单位	农行河北省分行	1991
	隆化县支行营业室	巾帼文明示范岗	河北省金融工会	1998
		“巾帼建功”示范单位	河北省妇联、河北省金融工会	1999

续表 11-2-7

	获奖单位	荣誉称号	授予机关	授予年度
丰宁满族自治县	丰宁满族自治县信用联社	无陈欠农业贷款先进单位	农行河北省分行	1990
	丰宁满族自治县支行	无陈欠农业贷款先进单位	农行河北省分行	1991
		存款工作突出单位	农行河北省分行	2000
		清贷收息突出单位	农行河北省分行	2000
		清贷收息工作先进单位	农行河北省分行	2000
		2001 年改革与加强保卫工作先进单位	农行河北省分行	2002
		2004 年先进单位	农行河北省分行	2005
		2004 年防范案件先进支行	农行河北省分行	2005
		精神文明建设先进单位	农行河北省分行	2011
	窄岭营业所	1996—1997 年文明服务窗口	农行河北省分行	1998
	大阁营业所党支部	先进基层党组织	农行河北省分行	1999
	大阁营业所	1998—1999 年先进单位	农行河北省分行	2000
	新丰桥储蓄所	2001 年存款先进储蓄所	农行河北省分行	2002
	丰宁满族自治县支行党委	先进支行党组织	农行河北省分行	2003
	县支行客户部党支部	先进基层党组织	农行河北省分行	2013
宽城满族自治县	峪耳崖信用社	先进单位	农行河北省分行	1989
	峪耳崖营业所	1998—1999 年先进单位	农行河北省分行	2000
		1999 年度先进单位	农行河北省分行	2000
		存款工作突出单位	农行河北省分行	2000
		2000 年度管理业绩突出单位	农行河北省分行	2001

续表 11-2-7

	获奖单位	荣誉称号	授予机关	授予年度
宽城满族自治县	宽城满族自治县支行	安全防范先进单位	河北省公安厅	1996
		收息业绩突出单位	农行河北省分行	1999
		创利业绩突出单位	农行河北省分行	2000
		清贷收息工作突出单位	农行河北省分行	2000
		先进县级支行	农行河北省分行	2001
		县级行盈利先进单位	农行河北省分行	2001
		县级行存款先进单位	农行河北省分行	2001
		县级行收息先进单位	农行河北省分行	2001
		文明建设先进单位	农行河北省分行	2001
		2001 年度先进单位	农行河北省分行	2002
		2002 年度清贷收息先进单位	农行河北省分行	2003
		2002 年度安全行	农行河北省分行	2003
		文明建设先进单位	农行河北省分行	2003
		全省金融安全保卫工作先进集体	河北省公安厅	2003
		2004 年先进单位	农行河北省分行	2005
		2004 年防范案件先进支行	农行河北省分行	2005
		全省金融安保工作先进集体	河北省公安厅	2006
		全省金融安保工作先进集体	河北省公安厅	2011
		2011—2012 年先进单位	农行河北省分行	2013
		全省农行系统 2011—2012 年度先进单位	农行河北省分行	2013
		全省农行系统 2014 年度先进单位	农行河北省分行	2015
	宽城满族自治县支行储蓄专柜	新世纪之春优质服务先进单位	农行河北省分行	2001

续表 11-2-7

	获奖单位	荣誉称号	授予机关	授予年度
宽城满族自治县	宽城满族自治县桥头储蓄所	2001 年存款先进储蓄所	农行河北省分行	2002
	宽城满族自治县支行营业部	2001 年先进部室	农行河北省分行	2002
		2001 年度先进部室	农行河北省分行	2002
	宽城满族自治县支行保卫科	2003 年度先进集体	农行河北省分行	2004
	宽城镇分理处	青年文明号	农行河北省分行	2004
围场满族蒙古族自治县	围场满族蒙古族自治县支行监察室	先进集体	农行河北省分行	1989
		监察工作先进单位	农行河北省分行	1991
	围场满族蒙古族自治县信用联社	无陈欠农业贷款先进单位	农行河北省分行	1990
	围场镇营业所储蓄专柜	资金组织工作先进储蓄所（柜）	农行河北省分行	1991
	围场镇营业所	1998—1999 年先进单位	农行河北省分行	2000
		2001 年存款先进营业所	农行河北省分行	2002
	围场满族蒙古族自治县支行	2006—2007 年文明单位	承德市人民政府	2008
		2007—2008 优秀企业	承德市人民政府	2009
		全省金融安全保卫工作先进集体	河北省公安厅	2010
		优秀企业	承德市人民政府	2011
		全省农行系统先进集体	农行河北省分行	2014
		2013—2014 巾帼建功先进单位	农行河北省分行	2015

1989—2015年中国银行股份有限公司承德分行省部级集体荣誉统计表

表 11-2-8

	获奖单位	荣誉称号	授予机关	授予年度
分行机关	承德分行	全国金融系统职工体育达标先进单位	中国金融工会、中国金融体育协会	2001
		开拓先锋奖、杰出贡献奖、业务全能奖	中国银行、中投证券	2010
		中国银行精神文明建设先进单位	中国银行	2014
	分行团委	中国银行五四红旗团组织	中国银行	2011
	分行营业部储蓄专柜	中国银行青年文明号	中国银行	1997
		中国银行青年文明号	中国银行	1999
		中国银行巾帼文明示范岗	中国银行	2001
		中国银行精神文明建设先进单位	中国银行	2003
	分行营业部储蓄专柜	中国银行青年文明号	中国银行	2005
		中国银行青年文明号	中国银行	2006
		中国银行青年文明号	中国银行	2007
		中国银行青年文明号	中国银行	2008
		中国银行2009—2010年青年文明号	中国银行	2010
		中国银行巾帼文明示范岗	中国银行	2012
		全国巾帼文明示范岗	全国妇联	2014
		全国巾帼文明示范岗	全国妇联	2015
市区	新华支行	中国银行青年文明号	中国银行	2013
		中国银行优质高效服务网点	中国银行	2013
		中国银行青年文明号	中国银行	2014
		中国银行青年文明号	中国银行	2015
	南园支行	中国银行青年文明号	中国银行	2015
平泉县	平泉支行储蓄专柜	中国银行青年文明号	中国银行	2001
围场满族蒙古族自治县	围场支行木兰分理处	中国银行青年文明号	中国银行	2005
		中国银行青年文明号	中国银行	2006
		中国银行青年文明号	中国银行	2007
		中国银行青年文明号	中国银行	2008
		中国银行2009—2010年青年文明号	中国银行	2010

1989—2015 年中国银行股份有限公司承德分行市厅级集体荣誉统计表

表 11-2-9

	获奖单位	荣誉称号	授予机关	授予年度
分行机关	承德分行	承德市交通安全先进单位	承德市人民政府	1989
		支援承德地区经济建设先进单位	承德地区行政公署	1990
		省行级决策信息工作先进单位	中国银行河北省分行	1992
		省行级稽核工作先进集体	中国银行河北省分行	1995
		分行领导层好班子	中国银行河北省分行	1996
		省行级文明优质服务先进集体	中国银行河北省分行	1999
		河北省改革和加强企业保卫工作先进单位	河北省公安厅	1999
		省行级安全防范达标先进单位	中国银行河北省分行	2000
		省行级对公存款先进单位	中国银行河北省分行	2001
		改革和加强企业保卫工作优秀单位	河北省公安厅	2001
		承德市优化经济环境先进单位	中共承德市委、承德市人民政府	2001
		承德市避暑山庄肇建三百周年纪念活动特别贡献奖	中共承德市委承德市人民政府	2003
		河北省安全保卫工作先进单位	河北省公安厅	2005
		河北省金融系统先进集体	河北省银监局、河北省财贸金融轻纺工会	2006
		河北省银保工作先进单位	中国银行河北省分行、中国人寿保险有限公司河北省分公司	2006
		承德市 2006—2007 年度优化环境行风建设文明单位	中共承德市委、承德市人民政府	2007
		省行级奥运服务先进单位	中国银行河北省分行	2008
		承德市文明单位	中共承德市委、承德市人民政府	2008
		承德市金融贡献奖	承德市人民政府	2009
		承德市 2010—2011 年优化环境行风建设文明单位	中共承德市委、承德市人民政府	2011
		承德市社会综合治理平安企业	中共承德市委、承德市人民政府	2014

续表 11-2-9

	获奖单位	荣誉称号	授予机关	授予年度
分行机关	分行存汇科	省行级先进集体	中国银行河北省分行	1990
	分行信息科技部	承德市优秀知识分子先进集体	中共承德市委	2000
	分行保卫部	河北省金融系统安全保卫工作先进集体	河北省公安厅	2011
	分行党委	省行级党旗引领百日争先活动先进集体	中共中国银行河北省分行委员会	2013
	分行营业部储蓄专柜	河北省青年文明号	中国人民银行河北省分行共青团河北省委员会	1998
市区	分行新华路储蓄所	省行级文明优质服务先进集体	中国银行河北省分行	1994
	新华支行大佟沟分理处	省行级青年文明号	中国银行河北省分行	2005
	避暑山庄支行云岭分理处	省行级青年文明号	中国银行河北省分行	2005
	避暑山庄支行马市街储蓄所	省行级青年文明号	中国银行河北省分行	2005
	新华支行体育场分理处	省行级青年文明号	中国银行河北省分行	2005
	新华支行	河北省金融系统安全保卫工作先进集体	河北省公安厅	2011
		省行级中银创新奖、物业维修专项基金管理平台项目新产品创新三等奖	中国银行河北省分行	2012
		省行级巾帼文明示范岗	中国银行河北省分行	2013
	云岭支行	河北省金融系统安全保卫工作先进集体	河北省公安厅	2011
	双滦支行	省行级优秀支行	中国银行河北省分行	2015
	新华支行党支部	省行级先进基层党组织	中共中国银行河北省分行委员会	2015
兴隆县	兴隆支行党支部	省行级先进基层党组织	中共中国银行河北省分行委员会	2003
	兴隆支行	河北省金融系统安全保卫工作先进集体	中国银行河北省分行	2004
		河北省金融系统安全保卫工作先进集体	中国银行河北省分行	2007
		河北省分行连续十五年以上无案件和严重问题先进支行	中国银行河北省分行	2010
		河北省金融系统安全保卫工作先进集体	河北省公安厅	2011

续表 11-2-9

	获奖单位	荣誉称号	授予机关	授予年度
平泉县	平泉支行储蓄专柜	省行级青年文明号	中国银行河北省分行	2005
	平泉支行	河北省金融系统安全保卫工作先进集体	河北省公安厅	2003
		河北省金融系统安全保卫工作先进集体	河北省公安厅	2011
	平泉支行党支部	省行级先进党支部	中共中国银行河北省分行委员会	2006
滦平县	滦平支行	省行级青年文明号	中国银行河北省分行	2014
隆化县	隆化支行	河北省改革和加强企业保卫工作先进单位	河北省公安厅	2001
		河北省金融系统安全保卫工作先进集体	河北省公安厅	2007
		河北省金融系统安全保卫工作先进集体	河北省公安厅	2008
		河北省分行连续十五年以上无案件和严重问题先进支行	中国银行河北省分行	2010
		河北省金融系统安全保卫工作先进集体	河北省公安厅	2011
		2012 年度河北省分行个人金融条线优秀网点	中国银行河北省分行	2012
	隆化支行储蓄专柜	省行级青年文明号	中国银行河北省分行	2005
丰宁满族自治县	丰宁支行	省行级 2013—2014 年度青年文明号	中国银行河北省分行	2014
宽城满族自治县	宽城支行	河北省银行业安全防范管理先进单位	河北省银行业协会	2015
围场满族蒙古族自治县	围场支行党支部	省行级先进基层党组织	中共中国银行河北省分行委员会	2008
		省行级先进基层党组织	中共中国银行河北省分行委员会	2009
		省行级先进党支部	中共中国银行河北省分行委员会	2010
		省行级先进基层党组织	中共中国银行河北省分行委员会	2011
		省行级创先争优活动先进基层党组织	中共中国银行河北省分行委员会	2012
		省行级先进基层党组织	中共中国银行河北省分行委员会	2012
		河北省分行中银卓越奖	中共中国银行河北省分行委员会	2013
	围场木兰中路支行	河北省分行巾帼文明示范岗	中国银行河北省分行	2014
	围场支行	河北省金融系统安全保卫工作先进集体	河北省公安厅	2011

1989—2015年中国建设银行股份有限公司承德分行省部级集体荣誉统计表

表 11-2-10

<table>
<tr><th></th><th>获奖单位</th><th>荣誉称号</th><th>授予机关</th><th>授予年度</th></tr>
<tr><td rowspan="10">分行机关</td><td rowspan="9">承德分行</td><td>全国金融系统稽核先进集体</td><td>中国人民银行、中国金融工会</td><td>1992</td></tr>
<tr><td>2002—2003年度省级文明单位</td><td>中共河北省委、河北省人民政府</td><td>2004</td></tr>
<tr><td>女职工文明示范岗</td><td>中国金融工会</td><td>2005</td></tr>
<tr><td>2004—2005年度省级文明单位</td><td>中共河北省委、河北省人民政府</td><td>2006</td></tr>
<tr><td>文明单位</td><td>中国建设银行</td><td>2008</td></tr>
<tr><td>2006—2007年度省级文明单位</td><td>中共河北省委、河北省人民政府</td><td>2008</td></tr>
<tr><td>2008—2009年度省级文明单位</td><td>中共河北省委、河北省人民政府</td><td>2010</td></tr>
<tr><td>2010—2011年度省级文明单位</td><td>中共河北省委、河北省人民政府</td><td>2012</td></tr>
<tr><td>2012—2013年度省级文明单位</td><td>中共河北省委、河北省人民政府</td><td>2014</td></tr>
<tr><td>承德分行机关工会</td><td>模范职工之家</td><td>中国建设银行</td><td>2011</td></tr>
<tr><td rowspan="4">双桥区</td><td>西大街办事处</td><td>总行级“青年文明号”</td><td>中国金融工会、中国建设银行</td><td>2000</td></tr>
<tr><td>营业部新居宅储蓄所</td><td>总行级“青年文明号”</td><td>中国金融工会、中国建设银行</td><td>2000</td></tr>
<tr><td>城建支行</td><td>总行级“青年文明号”</td><td>中国金融工会、中国建设银行</td><td>2000</td></tr>
<tr><td>车站路支行</td><td>先进基层党组织</td><td>中国建设银行</td><td>2006</td></tr>
<tr><td>承德县</td><td>承德县支行</td><td>“平安建行”创建活动先进集体</td><td>中国建设银行</td><td>2010</td></tr>
</table>

1989—2015年中国建设银行股份有限公司承德分行市厅级集体荣誉统计表

表 11-2-11

	获奖单位	荣誉称号	授予机关	授予年度
分行机关	承德分行	出纳储蓄业务技术比赛团体总分第三名	建行河北省分行	1989
		储蓄团体第二名	建行河北省分行	1989
		出纳团体第一名	建行河北省分行	1989
		人事管理业务知识竞赛团体总分第一名	建行河北省分行	1990
		储蓄工作先进集体	建行河北省分行	1991
		出纳业务技术比赛团体总分第三名	建行河北省分行	1992
		全省稽核工作先进集体	建行河北省分行	1992
		1990—1994年度工会工作先进集体	建行河北省分行	1995
		全省建行系统储蓄岗位培训先进单位	建行河北省分行	1995
		1994年度全省内部审计工作先进集体	河北省审计厅	1995
		社会治安综合治理先进单位	中共承德市委、承德市人民政府	1995
		全省建行系统档案工作先进单位	建行河北省分行	1996
		1996—1997年度市级文明单位	中共承德市委、承德市人民政府	1998
		实绩突出领导班子	中共承德市委、承德市人民政府	1998
		1998年创建“三讲”文明机关先进单位	中共承德市委、承德市人民政府	1999
		1998—1999年度市级文明单位	中共承德市委、承德市人民政府	2000
		2000—2001年度市级文明单位	中共承德市委、承德市人民政府	2002
		2003年度全省金融系统安全保卫工作先进集体	河北省公安厅	2003
		2003年度综治工作先进单位	中共承德市委、承德市人民政府	2004
		2004年度全省金融系统安全保卫工作集体三等功	河北省公安厅	2005
		文明规范服务示范单位	河北省银行业协会	2006
		2006年度工会工作先进单位	河北省财贸金融轻纺工会	2006
		2005年度社会治安综合治理先进企业	中共承德市委、承德市人民政府	2006

续表 11-2-11

	获奖单位	荣誉称号	授予机关	授予年度
分行机关	承德分行	巾帼文明岗位	河北省妇女“巾帼建功”活动领导小组	2007
		平安创建先进集体	中共承德市委、承德市人民政府	2007
		2006 年度就业再就业工作先进单位	承德市人民政府	2007
		2006 年全市民主评议优秀单位	中共承德市委、承德市人民政府	2007
		2007 年全市民主评议优秀单位	中共承德市委、承德市人民政府	2008
		宣传工作优胜单位	建行河北省分行	2009
		承德市先进企业	承德市人民政府	2009
		宣传工作优胜单位	建行河北省分行	2010
		2009 年度全省金融系统安全保卫工作先进集体	河北省公安厅	2010
		2009 年度信访工作先进单位	中共承德市委、承德市人民政府	2010
		2011 年度全省金融系统安全保卫工作集体三等功	河北省公安厅	2012
		2012 年度信访工作优秀单位	中共承德市委、承德市人民政府	2013
		信访维稳工作先进单位	建行河北省分行	2014
		个人电子银行客户发展突出贡献奖	建行河北省分行	2014
		2013 年电子银行营销创新奖	建行河北省分行	2014
		个人客户服务年优胜奖	建行河北省分行	2014
		2014 年私人银行营销竞赛投资性资产提升奖	建行河北省分行	2015
		2014 年度 IT 风险管理奖	建行河北省分行	2015
	承德分行女工委	河北省金融系统先进女工委员会	河北省金融工会	1996
	承德分行营业部	1996 年度省级“青年文明号”	建行河北省分行	1997
		1998—1999 年度市级文明单位	中共承德市委、承德市人民政府	2000
		2000—2001 年度市级文明单位	中共承德市委、承德市人民政府	2002

续表 11-2-11

	获奖单位	荣誉称号	授予机关	授予年度
分行机关	承德分行机关工会	省级“模范职工之家”	建行河北省分行	1999
		2011—2012 年度全省金融系统工会工作先进单位	河北省金融工会	2013
	承德分行营业大厅	服务质量一级（三星级）窗口	河北省文明委	1999
	承德分行团委	红旗团委	建行河北省分行	2002
	承德分行安全保卫部	2005 年度全省金融系统安全保卫工作先进集体	河北省公安厅	2006
双桥区	石洞子沟分理处	1996 年度省级“青年文明号”	建行河北省分行	1997
	西大街办事处	全省建行系统思想政治工作先进单位	建行河北省分行	1997
		1996 年度安全防范先进单位	河北省公安厅	1997
		省级“模范职工之家”	建行河北省分行	1999
		1998—1999 年度市级文明单位	中共承德市委、承德市人民政府	2000
	营业部新居宅储蓄所	服务质量一级（三星级）窗口	河北省文明委	1999
	西大街办事处营业大厅	服务质量一级（三星级）窗口	河北省文明委	1999
	西大街办事处储蓄专柜	服务质量一级（三星级）窗口	河北省文明委	1999
	城建支行会计科	服务质量一级（三星级）窗口	河北省文明委	1999
	城建支行	1998—1999 年度市级文明单位	中共承德市委、承德市人民政府	2000
		2004 年度全省金融系统安全保卫工作先进集体	河北省公安厅	2005
		先进基层党组织	建行河北省分行	2010
		2011 年度全省金融系统安全保卫工作先进集体	河北省公安厅	2012
		旺季营销“金管家”提质增量 50 强网点	建行河北省分行	2015

续表 11-2-11

	获奖单位	荣誉称号	授予机关	授予年度
双桥区	车站路支行	2002 年度女职工双文明示范岗	建行河北省分行	2003
		先进基层党组织	建行河北省分行	2006
		全省反洗钱先进单位	建行河北省分行	2007
		奥运金融服务先进单位	建行河北省分行	2008
		2011 年度全省金融系统安全保卫工作先进集体	河北省公安厅	2012
	丽正门支行	2002 年度女职工双文明示范岗	建行河北省分行	2003
		2005 年度全省金融系统安全保卫工作先进集体	河北省公安厅	2006
		奥运金融服务先进单位	建行河北省分行	2008
		2011 年度全省金融系统安全保卫工作先进集体	河北省公安厅	2012
		明星服务网点	建行河北省分行	2014
	武烈路支行	2004 年度全省金融系统安全保卫工作先进集体	河北省公安厅	2005
	富家沟储蓄所	2009 年度“平安网点”	建行河北省分行	2010
	头道牌楼支行	2009 年度“平安网点”	建行河北省分行	2010
	广场支行	2009 年度“平安网点”	建行河北省分行	2010
	世纪城分理处	2009 年度“平安网点”	建行河北省分行	2010
		私人银行旺季营销百强网点	建行河北省分行	2015
	佟山储蓄所	2009 年度“平安网点”	建行河北省分行	2010
双滦区	滦河办事处	全省储蓄工作先进集体	建行河北省分行	1989
		全省建行系统储蓄岗位培训先进单位	建行河北省分行	1995
		十年无经济案件先进单位	建行河北省分行	1997
		2000—2001 年度市级文明单位	中共承德市委、承德市人民政府	2002
	西花园储蓄所	服务质量一级（三星级）窗口	河北省文明委	1999

续表 11-2-11

	获奖单位	荣誉称号	授予机关	授予年度
双滦区	双滦支行	2004 年度全省金融系统安全保卫工作先进集体	河北省公安厅	2005
		2005 年度全省金融系统安全保卫工作先进集体	河北省公安厅	2006
		2011 年度全省金融系统安全保卫工作先进集体	河北省公安厅	2012
		标杆服务网点	建行河北省分行	2014
		私人银行旺季营销百强网点	建行河北省分行	2015
营子区	营子办事处	十年无经济案件先进单位	建行河北省分行	1997
		1996 年度安全防范先进单位	河北省公安厅	1997
	营子办事处工会	模范职工之家	建行河北省分行	1999
	营子办事处储蓄专柜	服务质量一级（三星级）窗口	河北省文明委	1999
承德县	承德县支行	2009 年度“平安支行”	建行河北省分行	2010
		2009 年度全省金融系统安全保卫工作先进集体	河北省公安厅	2010
		私人银行旺季营销百强网点	建行河北省分行	2015
兴隆县	兴隆储蓄所	全省“十佳储蓄所”	建行河北省分行	1992
		1989—1992 年度先进集体	建行河北省分行	1993
		1995 年度省级“青年文明号”	建行河北省分行	1996
	兴隆县支行	1989—1992 年度先进集体	建行河北省分行	1993
		2009 年度全省金融系统安全保卫工作先进集体	河北省公安厅	2010
		标杆服务网点	建行河北省分行	2014
平泉县	平泉县支行	2000—2001 年度市级文明单位	中共承德市委、承德市人民政府	2002
		2004 年度全省金融系统安全保卫工作先进集体	河北省公安厅	2005
		2005 年度全省金融系统安全保卫工作先进集体	河北省公安厅	2006
		“平安建行”创建活动先进集体	建行河北省分行	2012
		2011 年度全省金融系统安全保卫工作先进集体	河北省公安厅	2012
		标杆服务网点	建行河北省分行	2014

续表 11-2-11

	获奖单位	荣誉称号	授予机关	授予年度
滦平县	滦平县支行	全省建行系统储蓄岗位培训先进单位	建行河北省分行	1995
		全省建行系统思想政治工作先进单位	建行河北省分行	1997
		2005 年度全省金融系统安全保卫工作先进单位	河北省公安厅	2006
		2009 年度“平安支行”	建行河北省分行	2010
		2009 年度全省金融系统安全保卫工作先进单位	河北省公安厅	2010
		旺季营销“金管家”提质增量 50 强网点	建行河北省分行	2015
隆化县	隆化县支行	十年无经济案件先进单位	建行河北省分行	1997
		旺季营销“金管家”提质增量 50 强网点	建行河北省分行	2015
丰宁满族自治县	丰宁满族自治县支行	全省储蓄工作先进集体	建行河北省分行	1989
宽城满族自治县	五金路储蓄所	服务质量一级（三星级）窗口	河北省文明委	1999
	宽城满族自治县支行	2005 年度全省金融系统安全保卫工作先进集体	河北省公安厅	2006
		先进基层党组织	建行河北省分行	2010
		2009 年度全省金融系统安全保卫工作先进集体	河北省公安厅	2010
		“平安建行”创建活动先进集体	建行河北省分行	2012
		2011 年度全省金融系统安全保卫工作先进集体	河北省公安厅	2012
围场满族蒙古族自治县	围场满族蒙古族自治县支行	全省储蓄工作先进集体	建行河北省分行	1989
	围场满族蒙古族自治县支行储蓄专柜	服务质量一级（三星级）窗口	河北省文明委	1999

2015 年中信银行股份有限公司承德分行集体荣誉统计表

表 11-2-12

获奖单位	荣誉称号	授予机关	授予年度
中信银行承德分行	2015 年度综合绩效考核新建二级分行一类行	中信银行石家庄分行	2015

2008—2015 年中国邮政储蓄银行股份有限公司承德市分行省部级集体荣誉统计表

表 11-2-13

获奖单位	荣誉称号	授予机关	授予年度
直属支行	巾帼文明岗	中华全国妇女联合会	2015

2008—2015 年中国邮政储蓄银行股份有限公司承德市分行市厅级集体荣誉统计表

表 11-2-14

获奖单位	荣誉称号	授予机关	授予年度
分行机关	2008 年度公司业务三等奖	邮储银行河北省分行	2008
	全省金融安全保卫工作先进单位	河北省公安厅	2008
	信贷业务管理创新奖	邮储银行河北省分行	2009
	2008 年储蓄业务发展第三名	邮储银行河北省分行	2009
	2008 年绿卡业务发卡量第二名	邮储银行河北省分行	2009
	开发承唐高速公路项目 2008—2009 年度“金雁奖”优秀营销项目	邮储银行河北省分行	2009
	银行业从业资格证考试单项奖第三名	邮储银行河北省分行	2009
	全省金融安全保卫工作先进单位	河北省公安厅	2009
	全省金融安全保卫工作集体三等功	河北省公安厅	2010
	2010 年度全省信息工作先进单位	邮储银行河北省分行	2011
	2011 年度省分行“产品创新奖”	邮储银行河北省分行	2011
	2011 年度安全保卫工作先进单位	河北省公安厅	2011
	全省金融安全保卫工作集体三等功	河北省公安厅	2011
	2011 邮保合作先进单位奖	省邮政公司、邮储银行河北省分行、中国人寿省公司	2011
	人寿保险奖	省邮政公司、邮储银行河北省分行、中国人寿省公司	2011
	2011 年电子银行业务发展先进单位	邮储银行河北省分行	2012
	2011 年度公司业务发展先进单位	邮储银行河北省分行	2012
	2010—2011 年度文明单位	中共承德市委、承德市人民政府	2012
	2012 年文明单位	中共承德市委、承德市人民政府	2012
	全省小额不良贷款跨年度专项清收活动一等奖	邮储银行河北省分行	2013

表 11-2-14

获奖单位	荣誉称号	授予机关	授予年度
分行机关	2012 年度河北省邮乐卡业务发展工作先进单位	邮储银行河北省分行	2013
	公司业务完成 2013 年上半年计划奖励	邮储银行河北省分行	2013
	2013 年职工“合规我参与”拔河比赛冠军	邮储银行河北省分行	2013
	全省金融系统安全保卫工作集体三等功	河北省公安厅	2013
	2012 年度金融贡献奖	承德市人民政府	2013
	2012 年度优秀企业	承德市人民政府	2013
	2013 年度资产保全工作考核三等奖	邮储银行河北省分行	2014
	2012 年度金融贡献奖	承德市人民政府	2014
	2014 年“百日清收”活动二等奖	邮储银行河北省分行	2015
直属支行	2010 年度邮政金融网点示范化服务明星支行	河北省邮政公司、邮储银行河北省分行	2010
	全省金融安全保卫工作先进单位	河北省公安厅	2010
	全省金融安全保卫工作先进单位	河北省公安厅	2011
	2012 年上半年城市公司业务发展先进单位	邮储银行河北省分行	2012
	省公安厅安全防护优秀单位评选活动一级安全防护单位	河北省公安厅	2012
	2012 年度“全省外汇业务十佳网点”	邮储银行河北省分行	2013
	2013 年上半年城市公司业务发展先进单位“三等奖”	邮储银行河北省分行	2013
	2015 年度中国银行业文明规范服务四星级营业网点	中国银行业协会	2015
世纪城支行	2012 年下半年城市行公司业务发展先进单位	邮储银行河北省分行	2013
西大街支行	2013 下半年城市行公司业务发展先进单位二等奖	邮储银行河北省分行	2014
鹰手营子支行	全省金融安全保卫工作先进单位	河北省公安厅	2011
承德县支行	全省金融安全保卫工作先进单位	河北省公安厅	2011
	2013 年河北省改善农村支付服务环境先进集体	人行石家庄中心支行	2014
兴隆县支行	全省金融安全保卫工作先进单位	河北省公安厅	2009

续表 11-2-14

获奖单位	荣誉称号	授予机关	授予年度
平泉县支行	全省金融安全保卫工作先进单位	河北省公安厅	2011
	省公安厅安全防护优秀单位评选活动一级安全防护单位	河北省公安厅	2012
丰宁满族自治县支行	省公安厅安全防护优秀单位评选活动一级安全防护单位	河北省公安厅	2013
围场满族蒙古族自治县支行	全省金融安全保卫工作先进单位	河北省公安厅	2011
	2012 年下半年县支行公司业务“1.2.3阶梯工程”业绩二等奖	邮储银行河北省分行	2013
	2013 年下半年县支行公司业务“1+2+1”工程发展奖三等奖	邮储银行河北省分行	2014

二、个人荣誉

1989—2015 年中国工商银行股份有限公司承德分行个人荣誉统计表

表 11-2-15

姓名	荣誉称号	授予机关	授予年度
马淑杰	全国金融劳动模范	中国金融工会	1990
	全国先进会计工作者	中国工商银行	1991
高占勇	先进工作者	工行河北省分行	1992
张宗义	全国金融劳动模范	中国人民银行、中国金融工会	1994
盛　莹	青年岗位能手	工行河北省分行	2003
臧文锐	先进工作者	工行河北省分行	2004
李国喜	先进工作者	工行河北省分行	2004
牛清民	先进工作者	工行河北省分行	2004
张晓靖	先进工作者	工行河北省分行	2004
杨立丽	青年岗位能手	工行河北省分行	2004
刘瑞贤	优秀工会积极分子	中国工商银行工会	2005
会敏智	河北省职工创新能手	河北省总工会	2005
李延林	青年岗位能手	工行河北省分行	2005
茹雪岩	优质文明先进个人	中国工商银行	2006
张建玮	巾帼岗位标兵	中国工商银行	2008

续表 11-2-15

姓名	荣誉称号	授予机关	授予年度
李 波	优秀对公客户经理	中国工商银行	2008
	2007 年度第三方存管业务先进个人	工行河北省分行	2008
	2007 年度机构业务工作先进个人	工行河北省分行	2008
李瑞敏	优质服务先进个人	中国工商银行	2011
汤 炜	优质服务先进个人	中国工商银行	2011
肖雪松	业务优秀客户经理	中国工商银行	2011
宋立新	十佳员工	工行河北省分行	2012
胡立明	先进工作者	工行河北省分行	2013
秦大利	先进工作者	工行河北省分行	2013
赵慧云	先进工作者	工行河北省分行	2013
徐玲莉	先进工作者	工行河北省分行	2013
李 静	先进工作者	工行河北省分行	2013
王静怡	全国金融五一劳动奖章	中国金融工会	2014
	全国金融系统职工职业道德建设标兵	中国金融工会	2014
刘志强	先进工作者	工行河北省分行	2014
刘红艳	先进工作者	工行河北省分行	2014
赵海燕	先进工作者	工行河北省分行	2014
赵国明	先进工作者	工行河北省分行	2014
边淑艳	先进工作者	工行河北省分行	2014
马荣臻	先进工作者	工行河北省分行	2015
王小会	先进工作者	工行河北省分行	2015
郭俊华	先进工作者	工行河北省分行	2015
昶向利	先进工作者	工行河北省分行	2015
李宏伟	先进工作者	工行河北省分行	2015
刘丽伟	巾帼岗位标兵	工行河北省分行工会	2015

1989—2015年中国农业银行股份有限公司承德分行个人荣誉统计表

表 11-2-16

姓名	荣誉称号	授予机关	授予年度
刘继才	全国金融劳动模范	中国金融工会	1989
	1989年先进工作者	农行河北省分行	1989
	先进工作者	农行河北省分行	1994
张瑞芝	信用社优秀会计员	中国农业银行	1989
申庆年	信用社优秀信贷员	中国农业银行	1989
	先进工作者	农行河北省分行	1994
张金兰	优秀会计员	中国农业银行	1989
杨　银	1989年先进工作者	农行河北省分行	1989
	银行卡工作先进个人	中国农业银行	2005
谢仲云	1989年先进工作者	农行河北省分行	1989
王　平	1989年先进工作者	农行河北省分行	1989
曹俊云	1989年先进工作者	农行河北省分行	1989
李俊霞	1989年先进工作者	农行河北省分行	1989
王文海	1989年先进工作者	农行河北省分行	1989
袁淑芬	1989年先进工作者	农行河北省分行	1989
许志超	1989年先进工作者	农行河北省分行	1989
孙　颖	1989年先进工作者	农行河北省分行	1989
刘晓慧	省级业务技术一级能手	农行河北省分行	1989
	第七届业务技术比赛硬币第一名	农行河北省分行	1997
欧天喜	优秀会计员	农行河北省分行	1990
任正举	优秀会计员	农行河北省分行	1990
闫小玲	优秀会计员	农行河北省分行	1990
	先进工作者	农行河北省分行	1994
胡献义	优秀会计员	农行河北省分行	1990
刘桂玉	优秀会计员	农行河北省分行	1990
王文英	优秀出纳员	农行河北省分行	1990

续表 11-2-16

姓名	荣誉称号	授予机关	授予年度
李淑云	优秀出纳员	农行河北省分行	1990
赵丽华	优秀出纳员	农行河北省分行	1990
郑维敏	文明优质服务标兵	中国金融工会	1991
于秀萍	优秀储蓄员	农行河北省分行	1991
赵　军	优秀储蓄员	农行河北省分行	1991
陈　梅	优秀储蓄员	农行河北省分行	1991
	十佳储蓄员	农行河北省分行	1992
董宝新	优秀储蓄员	农行河北省分行	1991
	2002 年迎新春优质服务竞赛先进个人	中国农业银行	2002
张晓风	优秀储蓄员	农行河北省分行	1991
马伟志	1991 年优秀监察干部	农行河北省分行	1991
韩亚芹	1991 年度单指单张比赛项目第三名	农行河北省分行	1992
许树君	全国金融劳动模范	中国金融工会	1993
宋　松	十佳储蓄员	农行河北省分行	1993
闫月华	先进工作者	农行河北省分行	1994
杨子彬	先进工作者	农行河北省分行	1994
张志欣	先进工作者	农行河北省分行	1994
张　祥	先进工作者	农行河北省分行	1994
	1998—1999 年先进工作者	农行河北省分行	1999
	1999 年度先进个人	农行河北省分行	2000
朱兰耕	先进工作者	农行河北省分行	1994
张万福	信用社集体存款“十佳个人”	农行河北省分行	1994
姚桂琴	1994 年先进工作者	农行河北省分行	1994
李志明	1994 年度金融系统青年岗位能手	中国人民银行	1995
宋文智	保卫工作先进个人	农行河北省分行	1995
强占福	职工体育先进个人	农行河北省分行	1995
刘润晖	储蓄存款“十佳储蓄员”	农行河北省分行	1995
郭亚明	先进女职工工作者	中国金融工会	1997

续表 11-2-16

姓名	荣誉称号	授予机关	授予年度
杨文玉	1996—1997 年先进个人	农行河北省分行	1997
刘建宁	青年岗位能手	农行河北省分行	1997
	青年岗位能手	农行河北省分行	1998
	2002 年清贷收息能手	农行河北省分行	2002
刘本岐	1996—1997 年先进个人	农行河北省分行	1997
	1998—1999 年先进工作者	农行河北省分行	1999
马立龙	1996—1997 年先进个人	农行河北省分行	1997
	优秀党务工作者	农行河北省分行	1999
周艳华	1996—1997 年先进个人	农行河北省分行	1997
刘云龙	1996—1997 年先进个人	农行河北省分行	1997
时春兰	1996—1997 年先进个人	农行河北省分行	1997
	1996—1997 年“十佳储蓄员”	农行河北省分行	1997
辛桂珍	1996—1997 年先进个人	农行河北省分行	1997
	2000 年优秀储蓄所主任	农行河北省分行	2000
	优秀储蓄所主任	农行河北省分行	2001
	“十佳储蓄员”	农行河北省分行	2002
谷翠萍	1996—1997 年“十佳储蓄员”	农行河北省分行	1997
吕剑锋	省行先进工作者	农行河北省分行	1997
	1996—1997 年先进个人	农行河北省分行	1997
纪建军	1996—1997 年先进个人	农行河北省分行	1997
	1996—1997 年“十佳会计员”	农行河北省分行	1997
张守东	1996—1997 年先进个人	农行河北省分行	1997
韩桂华	1996—1997 年先进个人	农行河北省分行	1997
	先进个人	农行河北省分行	1998
	1998—1999 年先进工作者	农行河北省分行	1999
王海明	1996—1997 年先进个人	农行河北省分行	1997
郭瑞江	1996—1997 年先进个人	农行河北省分行	1997
何金章	1996—1997 年先进个人	农行河北省分行	1997
	1996—1997 年“十佳营业所主任”	农行河北省分行	1997

续表 11-2-16

姓名	荣誉称号	授予机关	授予年度
王庆安	1996—1997 年先进个人	农行河北省分行	1997
刘国芹	业务技术比赛第二名	农行河北省分行	1997
	业务技术比赛第二名	农行河北省分行	1998
	巾帼建功标兵	农行河北省分行	1999
徐庆利	1996—1997 年先进个人	农行河北省分行	1997
崔喜贵	1996—1997 年先进个人	农行河北省分行	1997
逯凤山	1996—1997 年先进个人	农行河北省分行	1997
刘清彩	1996—1997 年先进个人	农行河北省分行	1997
高明亮	1996—1997 年先进个人	农行河北省分行	1997
白淑华	1996—1997 年先进个人	农行河北省分行	1997
李晓华	巾帼明星	河北省金融工会	1998
	巾帼建功明星	河北省妇联、河北省金融工会	1999
刘树荣	巾帼明星	河北省金融工会	1998
	巾帼建功明星	河北省妇联、河北省金融工会	1999
张晓玉	青年岗位能手	农行河北省分行	1998
	先进工作者	农行河北省分行	2001
柴　文	青年岗位能手	农行河北省分行	1998
赵东源	1998—1999 年先进工作者	农行河北省分行	1999
冯井平	1998—1999 年先进工作者	农行河北省分行	1999
李东兴	1998—1999 年先进工作者	农行河北省分行	1999
孙士斌	1998—1999 年先进工作者	农行河北省分行	1999
	优秀党员	农行河北省分行	1999
宋汉志	1998—1999 年先进工作者	农行河北省分行	1999
聂明德	1998—1999 年先进工作者	农行河北省分行	1999
于文章	1998—1999 年先进工作者	农行河北省分行	1999
于海龙	1998—1999 年先进工作者	农行河北省分行	1999

续表 11-2-16

姓名	荣誉称号	授予机关	授予年度
于宏飞	1998—1999 年先进工作者	农行河北省分行	1999
	青年岗位能手	农行河北省分行	2001
孙如学	优秀党员	农行河北省分行	1999
崔孟兴	优秀党员	农行河北省分行	1999
	优秀行长	农行河北省分行	2001
	先进工作者	农行河北省分行	2001
	2001 年度先进个人及优秀行长	农行河北省分行	2002
	优秀县级行行长	农行河北省分行	2004
袁海东	市级劳动模范	承德市人民政府	1999
	青年岗位能手	农行河北省分行	2000
	“产品创意大赛”作品获优秀奖	农行河北省分行	2002
王　震	2000 年纪检监察先进个人	农行河北省分行	2000
林瑞旭	2000 年纪检监察特别荣誉奖	农行河北省分行	2000
张　新	2000 年清贷收息能手	农行河北省分行	2000
赵洪民	2000 年清贷收息能手	农行河北省分行	2000
王　宪	2000 年优秀储蓄员	农行河北省分行	2000
张东方	2000 年优秀储蓄员	农行河北省分行	2000
胡继春	2000 年优秀储蓄员	农行河北省分行	2000
敖桂民	2000 年优秀储蓄员	农行河北省分行	2000
	2002 年迎新春优质服务竞赛先进个人	中国农业银行	2002
殷树清	2000 年纪检监察先进个人	农行河北省分行	2000
杜艳光	2000 年优秀储蓄所（柜）主任	农行河北省分行	2000
	2001 年新世纪之春优质服务先进个人	农行河北省分行	2001
任密大	十大杰出青年	农行河北省分行	2000
那金娥	“巾帼建功”先进个人	承德市人民政府	2000
	2005 年“营销创效标兵”	农行河北省分行	2005
	先进个人	农行河北省分行	2010
	河北省“五一”奖章	河北省总工会	2011
	营销能手	农行河北省分行	2014

续表 11-2-16

姓名	荣誉称号	授予机关	授予年度
臧文辉	世纪之春优质服务先进个人	中国农业银行	2001
	2001 年新世纪之春优质服务先进个人	农行河北省分行	2001
马　韬	优质客户经理	中国农业银行	2001
	先进工作者	农行河北省分行	2001
	“十大杰出青年”	农行河北省分行	2002
	2002 年“创效能手”	农行河北省分行	2002
	劳动模范	中国农业银行	2003
	河北省第六届优秀青年企业家	河北省人民政府	2003
	优秀党务工作者	农行河北省分行	2003
张春宝	优秀稽核工作者	中国农业银行审计局	2001
齐铁军	优秀营业所主任	农行河北省分行	2001
纪国婕	2001 年金穗卡双十佳经办员	农行河北省分行	2001
王彦军	先进工作者	农行河北省分行	2001
李国东	先进工作者	农行河北省分行	2001
李宏光	2001 年清贷收息能手	农行河北省分行	2001
崔洪国	2001 年清贷收息能手	农行河北省分行	2001
李俊复	2001 年清贷收息能手	农行河北省分行	2001
白冬华	2001 年新世纪之春优质服务先进个人	农行河北省分行	2001
李明珍	2001 年新世纪之春优质服务先进个人	农行河北省分行	2001
杨治华	2001 年新世纪之春优质服务先进个人	农行河北省分行	2001
于洪阁	2002 年“清贷收息能手”	农行河北省分行	2002
梅俊杰	2002 年“清贷收息能手”	农行河北省分行	2002
王亚军	2002 年“清贷收息能手”	农行河北省分行	2002
陈开东	2002 年“清贷收息能手”	农行河北省分行	2002
敖国富	2002 年“清贷收息能手”	农行河北省分行	2002
	2003 年“清贷收息能手”	农行河北省分行	2003

续表 11-2-16

姓名	荣誉称号	授予机关	授予年度
梁振久	2002 年度清贷收息能手	农行河北省分行	2002
	优秀共产党员	农行河北省分行	2003
赵井奎	2002 年“创效能手”	农行河北省分行	2002
陈玉珠	2002 年“创效能手”	农行河北省分行	2002
王立新	2002 年“创效能手”	农行河北省分行	2002
	十大杰出青年	农行河北省分行	2003
	金钥匙春天之星	农行河北省分行	2014
张爱民	2002 年“创效能手”	农行河北省分行	2002
	优秀县级行行长	农行河北省分行	2004
缪希强	信贷管理工作先进个人	中国农业银行	2003
张学瑞	优秀党务工作者	农行河北省分行	2003
扶伟建	优秀党务工作者	农行河北省分行	2003
王木春	优秀共产党员	农行河北省分行	2003
马　波	2003 年“创效能手”	农行河北省分行	2003
王善利	2003 年“创效能手”	农行河北省分行	2003
翁振永	2003 年“创效能手”	农行河北省分行	2003
庞风雷	2003 年“创效能手”	农行河北省分行	2003
史志伟	2003 年“清贷收息能手”	农行河北省分行	2003
高树林	2003 年“清贷收息能手”	农行河北省分行	2003
李劲松	2003 年“清贷收息能手”	农行河北省分行	2003
潘　军	2003 年“清贷收息能手”	农行河北省分行	2003
白连军	2003 年“清贷收息能手”	农行河北省分行	2003
苗彦青	青年岗位能手	农行河北省分行	2003
陈　伟	2004 年“迎新春”优质服务先进个人	中国农业银行	2004
	承德市劳动模范	承德市人民政府	2004
李庆新	青年岗位能手	农行河北省分行	2004

续表 11-2-16

姓名	荣誉称号	授予机关	授予年度
王　英	优秀县级行行长	农行河北省分行	2004
刘佩华	优秀工会干部	中国农业银行	2005
李　军	先进女职工之友	中国农业银行	2005
张云仙	经营机构操作风险大检查先进个人	中国农业银行	2005
于绍礼	宣传工作先进个人	中国农业银行	2005
宋旭东	青年岗位能手	中国农业银行	2005
马旭昌	2005 年个人理财方案设计竞赛三等奖	农行河北省分行	2005
王春国	2005 年个人理财方案设计竞赛三等奖	农行河北省分行	2005
曹　力	2005 年“营销创效标兵”	农行河北省分行	2005
张万智	全省金融安全保卫先进个人	河北省公安厅	2005
王　建	安全保卫先进个人	农行河北省分行	2008
陈　琪	2007—2008 年优秀会计监管员	农行河北省分行	2009
顾广印	三农业务先进个人	中国农业银行	2010
谢娜娜	优秀柜员	农行河北省分行	2010
杨慧敏	柜台业务十大标兵	农行河北省分行	2010
	全国优秀柜员	中国农业银行	2011
吴伟利	2010 年金融市场业务“3510”十大标兵	中国农业银行	2011
	2010 年金融市场业务“3510”业务能手	农行河北省分行	2011
	2009—2010 年河北省分行先进个人	农行河北省分行	2011
	全省金融安全保卫先进个人	河北省公安厅	2011
赵艳生	2009—2010 和谐文明家庭	中国农业银行	2011
	第三届道德模范	承德市人民政府	2013
梁雪茹	和谐文明家庭	农行河北省分行	2011
宋连华	优秀合同审查员	农行河北省分行	2012
孟广林	先进个人	农行河北省分行	2012
师云峰	先进个人	农行河北省分行	2013

续表 11-2-16

姓名	荣誉称号	授予机关	授予年度
张艳红	网银对账推广先进个人	农行河北省分行	2013
王晶晶	优秀柜员	农行河北省分行	2013
兰海洋	优秀柜员	农行河北省分行	2013
	2012—2013 全省优秀柜员	农行河北省分行	2014
王学丹	2012—2013 年总行优秀团员	中国农业银行	2014
	2012—2013 年河北省农行优秀柜员	农行河北省分行	2014
	“岗位练兵 服务创优”服务明星	农行河北省分行	2015
崔成蕊	金融系统业务能手	人行河北省分行	2014
苗永青	明星行长	农行河北省分行	2014
	先进工作者	农行河北省分行	2014
	五一劳动奖章	中国农业银行	2015
王秀玲	先进工作者	农行河北省分行	2014
肖艳东	明星经理	农行河北省分行	2014
吉海霞	明星大堂经理	农行河北省分行	2015
李兰双	业务技术比赛第二名	农行河北省分行	2015
宁长学	服务明星	农行河北省分行	2015

1989—2015 年中国银行股份有限公司承德分行个人荣誉统计表

表 11-2-17

姓名	荣誉称号	授予机关	授予年度
范　颖	中国银行文明优质服务标兵	中国银行	1994
	省行级文明优质服务标兵	中国银行河北省分行	1994
崔熙莹	省行级文明优质服务标兵	中国银行河北省分行	1994
佟玲伟	省行级文明优质服务标兵	中国银行河北省分行	1994
胡玲玲	河北省三八红旗手	河北省妇联	1994
	省行级技术状元	中国银行河北省分行	1995
李英俊	河北省青年岗位能手	中国人民银行河北省分行、共青团河北省委员会	1998

续表 11-2-17

姓名	荣誉称号	授予机关	授予年度
鲍丽伟	河北省青年岗位能手	中国人民银行河北省分行、共青团河北省委员会	1998
潘殿芝	省行级文明优质服务标兵	中国银行河北省分行	1998
	河北省分行十佳储蓄员	中国银行河北省分行	1998
	省行级文明优质服务标兵	中国银行河北省分行	2002
李　莉	省行级文明优质服务先进个人	中国银行河北省分行	2000
王永存	承德市优秀知识分子	中共承德市委	2000
张志峰	河北省分行十佳储蓄员	中国银行河北省分行	2000
付　野	中国银行 2001 年优秀教育工作者	中国银行	2001
马有信	中国银行优秀党务工作者	中国银行	2001
孙瑞稳	全国金融系统热心支持体育工作者	中国金融工会	2001
刘文秀	河北省分行十大杰出青年	中国银行河北省分行	2001
张锡才	省行级优秀党务工作者	中共中国银行河北省分行委员会	2003
高　丽	河北省分行优秀代办员	中国银行河北省分行	2003
韩晓娟	省行级优秀共产党员	中共中国银行河北省分行委员会	2003
吉晓娟	省行级文明优质服务标兵	中国银行河北省分行	2005
王宏国	河北省金融系统安全保卫先进个人	河北省公安厅	2005
王　刚	省行级优秀党务工作者	中共中国银行河北省分行委员会	2006
包　辉	省行级优秀共产党员	中共中国银行河北省分行委员会	2006
任海青	中国银行不良资产化解工作先进个人	中国银行	2007
	省行级优秀共产党员	中共中国银行河北省分行委员会	2010
张瑞军	河北省金融系统安全保卫工作先进个人	河北省公安厅	2007
孙宝桐	河北省金融系统安全保卫先进个人	河北省公安厅	2008
李春梅	中国银行优秀客户经理	中国银行	2009
尹　晶	中国银行优秀对公柜员	中国银行	2009

续表 11-2-17

姓名	荣誉称号	授予机关	授予年度
付　黎	中国银行 2009—2010 年优秀共青团干部	中国银行	2010
刘占晨	中国银行安全保卫先进工作者	中国银行	2011
王永宏	河北省分行个人金融条线优秀个人客户经理	中国银行河北省分行	2011
王江文	河北省金融系统安全保卫工作先进个人	河北省公安厅	2011
	河北省金融系统安全保卫工作三等功	河北省公安厅	2011
	中国银行 2012—2013 年安全保卫先进个人	中国银行	2013
	中国银行 2014—2015 年安全保卫先进个人	中国银行	2015
段志敏	河北省金融系统安全保卫工作先进个人	河北省公安厅	2011
王立东	中国银行优秀员工	中国银行	2012
秦树安	2012 年度个人金融条线优秀网点负责人	中国银行河北省分行	2012
	河北省分行中银优秀个人	中国银行河北省分行	2012
	党旗引领，百日攻坚主题实践活动先进个人	中国银行河北省分行	2012
张明莉	2012 年度个人金融条线优秀柜员	中国银行河北省分行	2012
孙东海	2012 年度个人金融条线优秀柜员	中国银行河北省分行	2012
于海南	河北省分行优秀大堂经理	中国银行河北省分行	2012
	党旗引领，百日攻坚主题实践活动先进个人	中国银行河北省分行	2012
韩丽敏	2012 年度个人金融条线优秀柜员	中国银行河北省分行	2012
蔡宏伟	2012 年度个人金融条线优秀柜员	中国银行河北省分行	2012
徐耀强	2012 年度个人金融条线优秀柜员	中国银行河北省分行	2012
白浩然	2012 年度个人金融条线优秀客户经理	中国银行河北省分行	2012
赵振学	河北省分行纪检监察工作优秀个人	中共中国银行河北省分行纪律检查委员会	2012
付文静	2012 年度个人金融条线优秀客户经理	中国银行河北省分行	2012

续表 11-2-17

姓名	荣誉称号	授予机关	授予年度
卞伟娜	中国银行文明规范服务明星大堂经理	中国银行	2013
张亚坤	省行级优秀共产党员	中共中国银行河北省分行委员会	2014
梁春惠	2013 年促进客户资金在中行体内循环活动优秀个人	中国银行河北省分行	2014
杨巍巍	中国银行优秀客户经理	中国银行	2015
张　雪	河北省分行 20 佳个人贷款营销能手	中国银行河北省分行	2015
焦　石	河北省分行优秀运营内控副行长	中国银行河北省分行	2015
高雪莲	河北省分行企业网银明星经理	中国银行河北省分行	2015
杨清文	河北省分行明星大堂经理	中国银行河北省分行	2015
王云龙	河北省分行金牌客户经理	中国银行河北省分行	2015
刘海峰	河北省分行优秀网银经理	中国银行河北省分行	2015
赵子葳	河北省分行优秀网银经理	中国银行河北省分行	2015
刘晓兰	河北省分行优秀网银经理	中国银行河北省分行	2015

1989—2015 年中国建设银行股份有限公司承德分行个人荣誉统计表

表 11-2-18

姓名	荣誉称号	授予机关	授予年度
于　明	储蓄工作先进个人	建行河北省分行	1989
冯　伟	储蓄工作先进个人	中国建设银行	1991
	储蓄工作先进个人	中国建设银行	1992
	全国建行系统储蓄技术比赛全能第三名	中国建设银行	1992
	十佳储蓄员	建行河北省分行	1992
	1989—1992 年度先进工作者	建行河北省分行	1993
刘肃铮	储蓄工作先进个人	建行河北省分行	1991
周晓林	十佳信贷员	中国建设银行	1993
滕希武	1989—1992 年度先进工作者	建行河北省分行	1993
张士臣	1989—1992 年度先进工作者	建行河北省分行	1993
秦国玉	1989—1992 年度先进工作者	建行河北省分行	1993

续表 11-2-18

姓名	荣誉称号	授予机关	授予年度
马魁卿	1989—1992 年度先进工作者	建行河北省分行	1993
	全国职工学习十六大精神比赛三等奖	全国总工会	2003
	2004 年度全省金融系统安全保卫工作先进个人	河北省公安厅	2005
	优秀党务工作者	建行河北省分行	2006
李　庚	1989—1992 年度先进工作者	建行河北省分行	1993
陈增宝	全国金融系统群众体育先进工作者	中国金融工会	1995
	优秀工会工作者	建行河北省分行	1995
陈玉龙	优秀工会工作者	建行河北省分行	1995
张月庭	优秀工会工作者	建行河北省分行	1995
	全省建行系统纪检监察工作先进个人	建行河北省分行	1995
李文龙	工会积极分子	建行河北省分行	1995
张　震	热心支持工会工作的党政领导干部	建行河北省分行	1995
李洪军	全省建行系统纪检监察工作先进个人	建行河北省分行	1995
	2009 年度全省金融系统安全保卫工作个人三等功	河北省公安厅	2010
孟庆东	1995 年度省级青年岗位能手	建行河北省分行	1996
高凌云	1995 年度省级青年岗位能手	建行河北省分行	1996
杨占林	1995 年度优秀共青团员	共青团河北省委	1996
张　韧	1996 年度青年岗位标兵	建行河北省分行	1997
	1997 年度科技工作先进个人	建行河北省分行	1998
王丰军	1996 年度省行级青年岗位标兵	建行河北省分行	1997
马敬平	1997 年度科技工作先进个人	建行河北省分行	1998
王贺刚	1997 年度科技工作先进个人	建行河北省分行	1998
张立明	精神文明建设先进个人	中共承德市委、承德市人民政府	2000
	2000—2001 年度精神文明建设先进工作者	中共承德市委、承德市人民政府	2002

续表 11-2-18

姓名	荣誉称号	授予机关	授予年度
卫文省	青年岗位能手	中国建设银行	2002
	2002 年度省分行级优秀员工	建行河北省分行	2003
陈胜强	优秀团员	建行河北省分行	2002
	青年岗位能手	建行河北省分行	2002
	2002 年度省分行级优秀员工	建行河北省分行	2003
	优秀党务工作者	建行河北省分行	2011
刘　凡	优秀团员	建行河北省分行	2002
	优秀共产党员	建行河北省分行	2011
	电子银行营销能手	建行河北省分行	2014
张秋丽	优秀团干部	建行河北省分行	2002
窦金环	2002 年度“巾帼建功标兵”	建行河北省分行	2003
	2004 年度省分行级优秀员工	建行河北省分行	2005
	2005 年度省分行级优秀员工	建行河北省分行	2006
	电子银行专项营销先进个人	建行河北省分行	2014
朱利民	2002 年度省分行级优秀员工	建行河北省分行	2003
	个人客户问题解决专家	建行河北省分行	2014
娄国庆	2002 年度省分行级优秀员工	建行河北省分行	2003
郭卫军	2002 年度省分行级优秀员工	建行河北省分行	2003
张可非	2002 年度省分行级优秀员工	建行河北省分行	2003
吴世凤	2002 年度省分行级优秀员工	建行河北省分行	2003
李建春	2002 年度省分行级优秀员工	建行河北省分行	2003
	2004 年度省分行级优秀员工	建行河北省分行	2005
刘卫星	2002 年度省分行级优秀员工	建行河北省分行	2003
李广川	2002 年度省分行级优秀员工	建行河北省分行	2003
	2004 年度省分行级优秀员工	建行河北省分行	2005
王瑞芹	2002 年度省分行级优秀员工	建行河北省分行	2003

续表 11-2-18

姓名	荣誉称号	授予机关	授予年度
郝立英	2002 年度省分行级优秀员工	建行河北省分行	2003
宋剑清	2002 年度省分行级优秀员工	建行河北省分行	2003
王　锰	2002 年度省分行级优秀员工	建行河北省分行	2003
	2014 年度“百佳机构负责人”	建行河北省分行	2014
王海超	2002 年度省分行级优秀员工	建行河北省分行	2003
王金宇	2002 年度省分行级优秀员工	建行河北省分行	2003
孔祥民	2002 年度省分行级优秀员工	建行河北省分行	2003
	2004 年度省分行级优秀员工	建行河北省分行	2005
佟洪涛	2002 年度省分行级优秀员工	建行河北省分行	2003
张树友	2002 年度省分行级优秀员工	建行河北省分行	2003
杨冬梅	2002 年度省分行级优秀员工	建行河北省分行	2003
张天英	2002 年度省分行级优秀员工	建行河北省分行	2003
张明辉	2002 年度省分行级优秀员工	建行河北省分行	2003
李建文	2002 年度省分行级优秀员工	建行河北省分行	2003
张劲羽	2003 年度省分行级优秀员工	建行河北省分行	2004
	档案管理工作先进个人	建行河北省分行	2015
付宏刚	2003 年度全省金融系统安全保卫工作个人三等功	河北省公安厅	2004
张贵海	2003 年度全省金融系统安全保卫工作先进个人	河北省公安厅	2004
高运伯	2003 年度全省金融系统安全保卫工作先进个人	河北省公安厅	2004
范继峰	2004 年度省分行级优秀员工	建行河北省分行	2005
张　铁	2004 年度省分行级优秀员工	建行河北省分行	2005
朱春林	2004 年度省分行级优秀员工	建行河北省分行	2005
	优秀共产党员	建行河北省分行	2006
王浩翔	2004 年度省分行级优秀员工	建行河北省分行	2005

续表 11-2-18

姓名	荣誉称号	授予机关	授予年度
刘玉才	2004 年度省分行级优秀员工	建行河北省分行	2005
	2005 年度省分行级优秀员工	建行河北省分行	2006
刘树兴	2004 年度省分行级优秀员工	建行河北省分行	2005
	2005 年度省分行级优秀员工	建行河北省分行	2006
	宣传工作优秀通讯员	建行河北省分行	2009
杨延岭	2004 年度省分行级优秀员工	建行河北省分行	2005
杨大明	2004 年度省分行级优秀员工	建行河北省分行	2005
孙凤臣	2004 年度省分行级优秀员工	建行河北省分行	2005
	2005 年度省分行级优秀员工	建行河北省分行	2006
韦长营	2004 年度省分行级优秀员工	建行河北省分行	2005
张玉金	2004 年度省分行级优秀员工	建行河北省分行	2005
薄雪溪	2004 年度省分行级优秀员工	建行河北省分行	2005
陈瑞珍	2004 年度省分行级优秀员工	建行河北省分行	2005
刘信军	2004 年度省分行级优秀员工	建行河北省分行	2005
竹国刚	2004 年度省分行级优秀员工	建行河北省分行	2005
车　丽	2004 年度省分行级优秀员工	建行河北省分行	2005
	青年风采之星	建行河北省分行	2006
黄　鑫	2004 年度省分行级优秀员工	建行河北省分行	2005
林建承	2004 年度省分行级优秀员工	建行河北省分行	2005
王雁鸿	2004 年度省分行级优秀员工	建行河北省分行	2005
	电子银行营销能手	建行河北省分行	2014
刘广林	2004 年度省分行级优秀员工	建行河北省分行	2005
任雪英	2004 年度省分行级优秀员工	建行河北省分行	2005
王凤林	2004 年度省分行级优秀员工	建行河北省分行	2005
王国庆	2004 年度省分行级优秀员工	建行河北省分行	2005
孙凤国	2004 年度省分行级优秀员工	建行河北省分行	2005

续表 11-2-18

姓名	荣誉称号	授予机关	授予年度
王立新	2004 年度省分行级优秀员工	建行河北省分行	2005
吴士凤	2004 年度省分行级优秀员工	建行河北省分行	2005
郝利英	2004 年度省分行级优秀员工	建行河北省分行	2005
张　波	2004 年度省分行级优秀员工	建行河北省分行	2005
徐志远	2004 年度省分行级优秀员工	建行河北省分行	2005
陈志贤	2004 年度省分行级优秀员工	建行河北省分行	2005
	百佳柜员	建行河北省分行	2014
许建军	2004 年度全省金融系统安全保卫工作先进个人	河北省公安厅	2005
张立强	2004 年度全省金融系统安全保卫工作先进个人	河北省公安厅	2005
龙庆丰	2004 年度全省金融系统安全保卫工作先进个人	河北省公安厅	2005
	2009 年度全省金融系统安全保卫工作先进个人	河北省公安厅	2010
侯玉良	2004 年度全省金融系统安全保卫工作先进个人	河北省公安厅	2005
	“平安建行”创建活动先进个人	建行河北省分行	2012
房玉民	2004 年度优秀员工	建行河北省分行	2005
	2005 年度优秀员工	建行河北省分行	2006
	2009 年度全省金融系统安全保卫工作先进个人	河北省公安厅	2010
陈娟娟	2004 年度优秀员工	建行河北省分行	2005
	“平安建行“创建活动先进个人	建行河北省分行	2012
朱　满	2004 年度全省金融系统安全保卫工作先进个人	河北省公安厅	2005
池景明	2005 年度省分行级优秀员工	建行河北省分行	2006
王宪东	2005 年度省分行级优秀员工	建行河北省分行	2006
王呈禄	2005 年度省分行级优秀员工	建行河北省分行	2006
	2011 年度全省金融系统安全保卫工作个人三等功	河北省公安厅	2012

续表 11-2-18

姓名	荣誉称号	授予机关	授予年度
张青云	2005 年度省分行级优秀员工	建行河北省分行	2006
马助国	2005 年度省分行级优秀员工	建行河北省分行	2006
孙　立	2005 年度省分行级优秀员工	建行河北省分行	2006
邵　鹏	2005 年度省分行级优秀员工	建行河北省分行	2006
王玉萍	2005 年度省分行级优秀员工	建行河北省分行	2006
李文宝	2005 年度省分行级优秀员工	建行河北省分行	2006
高　波	2005 年度省分行级优秀员工	建行河北省分行	2006
苗德礼	2005 年度省分行级优秀员工	建行河北省分行	2006
卜志勇	2005 年度省分行级优秀员工	建行河北省分行	2006
乔丽华	2005 年度省分行级优秀员工	建行河北省分行	2006
郭秀梅	2005 年度省分行级优秀员工	建行河北省分行	2006
李再甜	2005 年度省分行级优秀员工	建行河北省分行	2006
张建华	2005 年度省分行级优秀员工	建行河北省分行	2006
宋春雨	2005 年度省分行级优秀员工	建行河北省分行	2006
申聂雪	2005 年度省分行级优秀员工	建行河北省分行	2006
李卫东	2005 年度省分行级优秀员工	建行河北省分行	2006
杨　艳	2005 年度省分行级优秀员工	建行河北省分行	2006
刘月霞	2005 年度省分行级优秀员工	建行河北省分行	2006
李凤义	2005 年度省分行级优秀员工	建行河北省分行	2006
刘亚琴	2005 年度省分行级优秀员工	建行河北省分行	2006
徐卫民	2005 年度省分行级优秀员工	建行河北省分行	2006
刘玉东	2005 年度省分行级优秀员工	建行河北省分行	2006
李慧敏	2005 年度省分行级优秀员工	建行河北省分行	2006
	百佳柜员	建行河北省分行	2014
白世伟	2005 年度省分行级优秀员工	建行河北省分行	2006
姜占国	2005 年度省分行级优秀员工	建行河北省分行	2006

续表 11-2-18

姓名	荣誉称号	授予机关	授予年度
王立国	2005 年度省分行级优秀员工	建行河北省分行	2006
马立新	2005 年度省分行级优秀员工	建行河北省分行	2006
桑亚平	优秀共产党员	建行河北省分行	2006
何长军	2005 年度全省金融系统安全保卫工作先进个人	河北省公安厅	2006
	优秀共产党员	建行河北省分行	2011
栾志义	全省反洗钱先进个人	建行河北省分行	2007
刘海蓉	全省反洗钱先进个人	建行河北省分行	2007
陈比伦	全国金融系统优秀工会积极分子	中国金融工会	2008
张雨楠	奥运金融服务先进个人	建行河北省分行	2008
王铁军	奥运金融服务先进个人	建行河北省分行	2008
张　宁	奥运金融服务先进个人	建行河北省分行	2008
王莉娜	奥运金融服务先进个人	建行河北省分行	2008
王瑞敏	奥运金融服务先进个人	建行河北省分行	2008
张春梅	宣传工作优秀通讯员	建行河北省分行	2009
	宣传工作优秀通讯员	建行河北省分行	2010
倪寿坤	宣传工作优秀通讯员	建行河北省分行	2009
张晓军	优秀共产党员	中国建设银行	2011
	优秀共产党员	建行河北省分行	2011
陆建华	“平安建行”创建活动先进个人	中国建设银行	2012
	2011 年度全省金融系统安全保卫工作先进个人	河北省公安厅	2012
王海燕	“百佳”委派营业主管	中国建设银行	2012
	百佳委派营业主管	中国建设银行	2012
	二十佳委派营业主管	建行河北省分行	2012
干　成	青年服务明星	建行河北省分行	2012
高树森	2011 年度全省金融系统安全保卫工作先进个人	河北省公安厅	2012

续表 11-2-18

姓名	荣誉称号	授予机关	授予年度
张云鹏	2011 年度全省金融系统安全保卫工作先进个人	河北省公安厅	2012
张瑞杰	平安建行创建活动先进个人	建行河北省分行	2012
	2011 年度全省金融系统安全保卫工作先进个人	河北省公安厅	2012
方　卉	青年服务明星	建行河北省分行	2012
王惠强	纪检监察工作先进个人	建行河北省分行	2013
李　静	燕赵理财风采之星	建行河北省分行	2013
唐晓伟	燕赵理财风采之星	建行河北省分行	2013
陈朝虹	2013 年度最佳私人银行客户经理	建行河北省分行	2014
	旺季营销最佳个人奖	建行河北省分行	2015
郭淑娟	电子银行营销能手	建行河北省分行	2014
王丽萍	电子银行营销能手	建行河北省分行	2014
任　斌	手机银行营销能手	建行河北省分行	2014
蒋玉杰	手机银行营销能手	建行河北省分行	2014
郭春博	手机银行营销能手	建行河北省分行	2014
刘海荣	2014 年度“百佳机构负责人”	建行河北省分行	2014
李彦辉	2014 年度“百佳机构负责人”	建行河北省分行	2014
于德华	百佳个人客户经理	建行河北省分行	2014
郑丽华	百佳个人客户经理	建行河北省分行	2014
	“贵金属服务万里行”营销能手	中国建设银行	2015
翟　皓	百佳个人客户经理	建行河北省分行	2014
刘海龙	百佳柜员	建行河北省分行	2014
张大鹏	百佳柜员	建行河北省分行	2014
崔志敏	百佳柜员	建行河北省分行	2014
张腊乐	百佳柜员	建行河北省分行	2014
张雅林	企业网银先进个人	建行河北省分行	2014

续表 11-2-18

姓名	荣誉称号	授予机关	授予年度
马　凤	2014年“日清日轻”精益工作法演讲比赛一等奖	建行河北省分行	2014
李伟芳	2014年“日清日轻”精益工作法演讲比赛个人风采奖	建行河北省分行	2014
李国宏	电子银行营销能手	建行河北省分行	2014
张晓霞	营销竞赛活动“双百明星”	中国建设银行	2015
马秀华	2014年私人银行营销竞赛优秀个人奖	建行河北省分行	2015
	旺季营销最佳个人奖	建行河北省分行	2015
曲宏滨	旺季营销最佳个人奖	建行河北省分行	2015
陈志红	最美建行人	建行河北省分行	2015

2013—2015年交通银行承德分行个人荣誉统计表

表 11-2-19

姓名	荣誉称号	授予机关	授予年度
李　波	2013年度先进工作者	交通银行河北省分行	2014

2015年中信银行股份有限公司承德分行个人荣誉统计表

表 11-2-20

姓名	荣誉称号	授予机关	授予年度
程　远	公司银行板块先进个人	中信银行石家庄分行	2015
马驰原	会计条线先进个人	中信银行石家庄分行	2015
张志远	合规征文活动优秀个人	中信银行石家庄分行	2015

2008—2015年中国邮政储蓄银行股份有限公司承德市分行个人荣誉统计表

表 11-2-21

姓名	荣誉称号	授予机关	授予年度
刘晓东	全省金融安全保卫工作先进个人	河北省公安厅	2008
	2011—2012年度河北省金融系统工会之友	河北省金融工会联合会	2012
刘彦利	全省金融安全保卫工作先进个人	河北省公安厅	2008
	全省金融安全保卫工作先进个人	河北省公安厅	2010
	全省金融安全保卫工作先进个人	河北省公安厅	2011
杨宝富	信贷标兵	邮储银行河北省分行	2009
石　丽	银行业从业资格证考试优秀个人	邮储银行河北省分行	2009

续表 11-2-21

姓名	荣誉称号	授予机关	授予年度
陈义林	全省金融安全保卫工作先进个人	河北省公安厅	2009
	全省金融安全保卫工作三等功	河北省公安厅	2010
	全省金融安全保卫工作三等功	河北省公安厅	2011
钱有为	信贷标兵	邮储银行河北省分行	2009
温艳君	银行业从业资格证考试优秀个人	邮储银行河北省分行	2009
王艳红	银行业从业资格证考试优秀个人	邮储银行河北省分行	2009
卢　伟	2008—2009 年度“金雁奖”优秀客户经理	邮储银行河北省分行	2009
于　洋	2008—2009 年度“金雁奖”优秀客户经理	邮储银行河北省分行	2009
张立华	2008—2009 年度“金雁奖”优秀客户经理	邮储银行河北省分行	2009
	信贷标兵	邮储银行河北省分行	2009
朱景华	全省金融安全保卫工作先进个人	河北省公安厅	2010
许建海	全省金融安全保卫工作三等功	河北省公安厅	2010
苏振明	邮储银行河北省分行公司业务先进个人	邮储银行河北省分行	2010
王永丽	2009 年度中国邮政储蓄银行优秀信贷员	中国邮政储蓄银行	2010
	2008—2012 年度优秀信贷员	邮储银行河北省分行	2013
	最美女工	邮储银行河北省分行	2013
杨宏杰	建党 90 周年知识竞赛山东赛区三等奖	中国邮政储蓄银行党委	2011
	河北省分行最美女工	邮储银行河北省分行	2013
穆海燕	邮储银行河北省分行十佳经理大赛“优秀理财经理”	邮储银行河北省分行	2012
	2012 年度全省公司业务“二十大营销能手”	邮储银行河北省分行	2013
	2012 年度金雁奖优秀客户经理	邮储银行河北省分行	2013
夏海峰	邮储银行河北省分行“十佳理财经理”	邮储银行河北省分行	2012
刘小梅	邮储银行河北省分行“优秀理财经理”	邮储银行河北省分行	2012
常　晶	2011 年度河北省金融规范化服务“明星个人”	邮储银行河北省分行	2012
潘丽楠	2012 年度全省公司业务“二十大营销能手”	邮储银行河北省分行	2013
段丽莉	理财类业务检查“优秀主管奖”	邮储银行河北省分行	2013
	2012 年度金雁奖优秀产品经理	邮储银行河北省分行	2013

续表 11-2-21

姓名	荣誉称号	授予机关	授予年度
陈立冬	2009—2012 年度小企业授信业务优秀信贷经理	邮储银行河北省分行	2013
田　园	2008—2012 年度“金融卫士”	邮储银行河北省分行	2013
王金龙	2012 年度审计工作先进工作者	邮储银行河北省分行	2013
龚　正	2013 年度中国银行业“明星大堂经理”	中国银行业协会	2013
	“我与邮储共成长”主题征文比赛三等奖	中国邮政储蓄银行	2013
	省分行书法、绘画、剪纸、摄影展摄影优秀奖	邮储银行河北省分行	2013
	全国邮政系统先进个人	中国邮政集团公司、中国邮政集团工会	2014
王海军	河北省金融工会书法展一等奖	河北省金融工会	2013
	省分行书法、绘画、剪纸、摄影展书法二等奖	邮储银行河北省分行	2013
	“光大银行杯”河北省金融财贸轻纺职工书画比赛一等奖	“光大银行杯”河北省金融财贸轻纺职工书画比赛组委会	2014
刘　佳	省分行书法、绘画、剪纸、摄影展绘画二等奖	邮储银行河北省分行	2013
周　娜	2008—2012 年度优秀信贷员	邮储银行河北省分行	2013
王巧楠	全省第二届理财经理大赛三十强	邮储银行河北省分行	2013
孙艳伶	2008—2012 年度优秀信贷员	邮储银行河北省分行	2013
李秀敏	2012 年度全省公司业务“二十大营销能手”	邮储银行河北省分行	2013
窦淑玲	改善农村支付环境先进个人	人行石家庄中心支行	2014
上官承红	河北省“巾帼建功标兵”称号	河北省妇女“巾帼建功”活动领导小组	2014
武利燕	2014 年“百日清收”活动先进个人	邮储银行河北省分行	2015
马雪娇	2015 年度中国银行业“明星大堂经理”称号	中国银行业协会	2015
李　丹	2015 年度中国银行业“财富之星”称号	中国银行业协会	2015
梁　帅	2014 年“百日清收”活动先进个人	邮储银行河北省分行	2015
庞保利	2014 年“百日清收”活动先进个人	邮储银行河北省分行	2015
姜　伟	“营销创优”劳动竞赛优秀营销员	中国邮政集团公司	2015
	中国邮政储蓄银行“金雁奖”优秀客户经理	中国邮政储蓄银行、中国邮政储蓄银行工会	2015
	2014 年全省“金雁奖”优秀客户经理	邮储银行河北省分行	2015

第三节 地方性银行机构

本节共收录地方性银行机构市级以上集体荣誉231项，其中省部级荣誉15项，市厅级荣誉216项；个人荣誉229项，其中省部级荣誉12项，市厅级荣誉217项。

一、集体荣誉

1989—2015年农村信用社省部级集体荣誉统计表

表11-2-22

	获奖单位	荣誉称号	授予机关	授予年度
市区	省联社承德办事处	河北省扶贫开发工作先进集体	中共河北省委、河北省人民政府	2005
		全省开展加强基层建设年活动优秀驻村工作组	中共河北省委、河北省人民政府	2012
平泉县	西坝信用社	1995年全国农村信用社信贷管理先进单位	中国农业银行	1995
隆化县	隆化县联社	2012—2013年度河北省文明单位	中共河北省委、河北省人民政府	2014
丰宁满族自治县	丰宁满族自治县联社	农信银远程学习系统应用竞赛组织奖	全国农信银中心	2009
宽城满族自治县	宽城满族自治县联社	省级文明单位	河北省人民政府	1999
		河北省2006—2007年度文明单位	中共河北省委、河北省人民政府	2008
		河北省文明单位	中共河北省委、河北省人民政府	2010
	宽城农商行	省级文明单位	中共河北省委、河北省人民政府	2014
围场满族蒙古族自治县	围场满族蒙古族自治县联社	2004—2005年省级文明单位	中共河北省委、河北省人民政府	2005
		支持河北经济社会发展年度特别贡献金融投资机构	中共河北省委	2007
		支持河北经济社会发展年度特别贡献金融投资机构	中共河北省委	2008
	围场农商行	农村金融服务“双百竞赛”活动先进单位	中国银监会、中国金融工会	2013

1989—2015年农村信用社市厅级集体荣誉统计表

表11-2-23

	获奖单位	荣誉称号	授予机关	授予年度
市区	省联社承德办事处	全省金融安全保卫工作集体三等功	河北省公安厅	2005
		全省金融安全保卫工作先进集体	河北省公安厅	2007
		全省金融安全保卫工作集体三等功	河北省公安厅	2008
		全省金融安全保卫工作先进集体	河北省公安厅	2009
		全省金融安全保卫工作集体三等功	河北省公安厅	2010
		2010年度金融贡献奖	承德市人民政府	2011
		全省金融安全保卫工作先进集体	河北省公安厅	2011
		2010年度农业农村工作先进单位	中共承德市委、承德市人民政府	2011
		2008—2010年扶贫开发工作先进集体	中共承德市委、承德市人民政府	2012
		2010-2011年度文明单位	中共承德市委、承德市人民政府	2012
		2011年度金融贡献奖	承德市人民政府	2012
		河北省农村信用社系统工会工作先进单位	河北省农村信用社系统工会委员会	2013
		市级文明单位	中共承德市委、承德市人民政府	2014
		河北省机关档案工作目标管理三A单位	河北省档案局	2014
		承德市深化加强基层建设活动优秀驻村工作组	中共承德市委、承德市人民政府	2014
		河北省农村信用社第一届职工运动会团体第一名	河北省农村信用社系统工会委员会	2015
承德县	承德县联社	推广农户小额信用贷款、创建信用村（镇）建设先进单位	承德市人民政府	2003
		安全保卫工作先进单位	河北省公安厅	2008
		安全保卫工作先进单位	河北省公安厅	2009
		全省农村合作金融机构2008—2010年达标升级工作先进单位	河北省银监局、河北省农村信用社联合社	2011
		河北省农村信用社“农信进万家”活动先进单位	河北省农村信用社联合社	2011

续表 11-2-23

	获奖单位	荣誉称号	授予机关	授予年度
承德县	承德县联社	河北省农村信用社安全保卫工作先进集体	河北省农村信用社联合社	2012
		2013 年度清非工作优秀单位	河北省农村信用社联合社	2013
		2013 年度优秀职工之家	河北省农村信用社联合社	2013
		2014 年度清非工作优秀单位	河北省农村信用社联合社	2014
		先进集体	承德市人民政府	2014
	上板城信用社	先进集体	河北省农村信用社联合社	2010
	中共承德县联社机关支部委员会	创先争优先进基层党组织	河北省农村信用社联合社党委	2012
	大平台信用社工会小组	河北省农村信用社系统模范职工之家	河北省农村信用社联合社	2012
	六沟信用社	2013—2015 年度先进单位	河北省农村信用社联合社	2015
兴隆县	兴隆县联社	储蓄先进单位	农行河北省分行	1990
		改革和加强企业保卫工作先进单位	河北省公安厅	1999
		改革和加强企业保卫工作优胜单位	河北省公安厅	2000
		宣传报道先进单位	河北省农村信用社联合社	2010
		全省金融系统安全保卫先进集体	河北省公安厅	2010
		全省金融系统安全保卫先进集体	河北省公安厅	2011
	兴隆镇信用社	储蓄先进单位	农行河北省分行	1990
		农村信用社集体存款十佳单位	农行河北省分行	1994
	县联社保卫科	安全防范先进单位	河北省公安厅	1996
	小东区信用社	改革整顿规范农村信用社工作先进单位	中国人民银行天津分行	2001

续表 11-2-23

	获奖单位	荣誉称号	授予机关	授予年度
平泉县	西坝信用社	1988 年省级农金先进单位	农行河北省分行	1989
		文明信用社	中共承德地委、承德地区行政公署	1989
		文明信用社	中共承德地委、承德地区行政公署	1991
		先进单位	农行河北省分行	1994
		1998 年全省农村信用社信贷管理先进单位	中国人民银行石家庄中心支行	1999
	平泉县联社	无陈欠农业贷款先进单位	农行河北省分行	1990
		全省金融安全保卫工作先进集体	河北省公安厅	2006
		全省金融安全保卫工作先进集体	河北省公安厅	2007
		全省金融安全保卫工作先进集体	河北省公安厅	2008
		全省金融安全保卫工作先进集体	河北省公安厅	2009
		2008 年度优秀企业	承德市人民政府	2009
		全省农村合作金融机构 2008—2010 年达标升级工作先进单位	河北省银监局、河北省农村信用社联合社	2011
		2011 年全省金融安全保卫工作先进集体	河北省公安厅	2011
		模范职工之家	承德市总工会	2012
		模范职工之家	河北省农村信用社系统工会委员会	2013
		2013 年度清非工作优秀单位	河北省农村信用社联合社	2014
		2013 年度清非工作优秀单位	河北省农村信用社联合社	2014
		新“五小建设”示范网点	河北省农村信用社系统工会委员会	2014
		先进集体	河北省农村信用社联合社	2015

续表 11-2-23

	获奖单位	荣誉称号	授予机关	授予年度
平泉县	下店信用社	文明营业室	中共承德地委、承德地区行政公署	1991
	县联社保卫科	全省金融安全保卫工作先进集体	河北省公安厅	2005
	杨树岭信用社	全省金融安全保卫工作先进单位	河北省公安厅	2009
		全省农村信用社先进集体	河北省农村信用社联合社	2010
	新兴信用社	全省金融安全保卫工作先进单位	河北省公安厅	2009
	郭杖子信用社	全省金融安全保卫工作先进单位	河北省公安厅	2009
	柳溪信用社	全省农村信用社 2010—2012 年度先进集体	河北省农村信用社联合社	2013
滦平县	滦平县联社	无陈欠农业贷款先进单位	农行河北省分行	1990
		全省金融安全保卫工作先进集体	河北省公安厅	2003
		推广农户小额信用贷款、创建信用村（镇）工作先进单位	承德市人民政府	2003
		全省金融安全保卫工作先进集体	河北省公安厅	2005
		全省金融安全保卫工作先进集体	河北省公安厅	2006
		全省金融安全保卫工作先进集体	河北省公安厅	2007
		全省金融安全保卫工作集体三等功	河北省公安厅	2008
		模范职工之家	承德市总工会	2008
		AA 级承德市劳动关系和谐企业	承德市劳动和社会保障局、承德市总工会、承德市企业家协会	2008
		全省金融安全保卫工作集体三等功	河北省公安厅	2009
		全省金融安全保卫工作先进集体	河北省公安厅	2010
		承德市 2008—2009 年度文明单位	中共承德市委、承德市人民政府	2010
		全省农村金融机构 2008—2010 年达标升级工作先进单位	河北省银监局、河北省农村信用社联合社	2011

续表 11-2-23

	获奖单位	荣誉称号	授予机关	授予年度
滦平县	滦平县联社	全省金融安全保卫工作先进集体	河北省公安厅	2011
		河北省农村信用社会计达标规范化二级单位	河北省农村信用社联合社	2013
		2014 年度信息宣传工作先进单位	河北省农村信用社联合社	2015
	滦平镇信用社	全省金融系统防护级别达标先进单位	河北省公安厅	1997
	虎什哈信用社	全省金融系统防护级别达标先进单位	河北省公安厅	1997
	陈栅子信用社	农户小额信贷推广创建活动先进单位	承德市人民政府	2003
	金沟屯信用社（所辖村下营村）	农户小额信贷推广创建活动信用村	承德市人民政府	2003
	张百湾信用社	十佳信用社	河北省农村信用社联合社	2007
		各项经营指标全省第三名	河北省农村信用社联合社	2007
	县联社营业部	“四星级营业网点”称号	河北省农村信用社联合社	2013
隆化县	隆化县联社	无陈欠农业贷款先进单位	农行河北省分行	1990
		1996—1997 年度市级文明单位	中共承德市委、承德市人民政府	1998
		1998—1999 年度市级文明单位	中共承德市委、承德市人民政府	2000
		模范职工之家	承德市总工会	2000
		承德市先进集体	中共承德市委、承德市人民政府	2004
		市级文明单位	承德市人民政府	2004
		全省金融安全保卫工作先进集体	河北省公安厅	2006
		全省金融安全保卫工作先进集体	河北省公安厅	2007

续表 11-2-23

	获奖单位	荣誉称号	授予机关	授予年度
隆化县	隆化县联社	全省农村合作金融机构 2008—2010 年达标升级工作先进单位	河北省银监局、河北省农村信用社联合社	2011
		全省金融安全保卫工作先进集体	河北省公安厅	2011
		河北省金融系统劳动关系和谐企业	河北省金融工会联合会、河北省金融工作办公室	2014
丰宁满族自治县	丰宁满族自治县联社	无陈欠农业贷款先进单位	农行河北省分行	1990
		门户网站通讯报道先进单位	河北省农村信用社联合社	2009
		外部媒体通讯报道先进单位	河北省农村信用社联合社	2009
		2008—2010 年达标升级工作先进单位	河北省银监局、河北省农村信用社联合社	2010
		外部媒体宣传报道先进集体	河北省农村信用社联合社	2010
		内部媒体宣传报道先进集体	河北省农村信用社联合社	2010
		优质服务文明单位	河北省农村信用社系统工会	2014
		档案管理 AA 级单位	河北省档案局	2015
	塔黄旗信用社	支农工作先进单位	河北省银监局	2003
	县联社保卫科	全省金融安全保卫工作先进集体	河北省公安厅	2003
		全省金融安全保卫工作先进集体	河北省公安厅	2004
		全省金融安全保卫工作先进集体	河北省公安厅	2006
		全省金融安全保卫工作先进集体	河北省公安厅	2008
		安全保卫工作集体三等功	河北省公安厅	2009

续表 11-2-23

	获奖单位	荣誉称号	授予机关	授予年度
丰宁满族自治县	县联社保卫科	全省金融安全保卫工作先进集体	河北省公安厅	2010
		全省金融安全保卫工作先进集体	河北省公安厅	2011
		全省金融安全保卫工作先进集体	河北省公安厅	2015
	大阁信用社	全省农村信用社先进集体	河北省农村信用社联合社	2009
	县联社营业部	百佳服务窗口	中共承德市委、承德市人民政府	2009
	黄旗信用社	2013—2015 年先进集体	河北省农村信用社联合社	2015
宽城满族自治县	峪耳崖信用社	先进单位	农行河北省分行	1989
		金融系统先进单位	承德地区行政公署	1990
		文明单位（1989—1990）	承德地区行政公署	1990
	桲罗台信用社	金融系统先进单位	承德地区行政公署	1990
	李家窝铺信用社	文明单位（1989—1990）	承德地区行政公署	1990
	板城信用社	文明单位（1989—1990）	承德地区行政公署	1990
	塌山信用社	文明单位（1989—1990）	承德地区行政公署	1990
	县联社保卫科	安全保卫先进单位	河北省公安厅	1997
	宽城满族自治县联社	交通安全优胜单位	承德市人民政府	1999
		改革整顿规范农村信用社工作先进集体	中国人民银行天津分行	2001
		2002 年度安全保卫工作先进单位	中国人民银行石家庄中心支行	2003
		全省金融安全保卫工作先进集体	河北省公安厅	2003
		全省金融安全保卫工作先进集体	河北省公安厅	2005
		全省金融安全保卫工作先进集体	河北省公安厅	2006

续表 11-2-23

	获奖单位	荣誉称号	授予机关	授予年度
宽城满族自治县	宽城满族自治县联社	全省金融安全保卫工作先进集体	河北省公安厅	2007
		2004—2006 年度优秀企业	承德市人民政府	2007
		全省金融安全保卫工作先进集体	河北省公安厅	2008
		2007 年度优秀企业	承德市人民政府	2008
		全省金融安全保卫工作先进集体	河北省公安厅	2009
		全省金融安全保卫工作先进集体	河北省公安厅	2010
		全省农村合作金融机构 2008—2010 年达标升级工作先进单位	河北省银监局、河北省农村信用社联合社	2011
		县域经济最具潜力十佳银行	县域经济最具影响力银行推选委员会、经济日报社、报业集团、中国县域经济报社	2011
		全省金融安全保卫工作先进集体	河北省公安厅	2011
		河北省农村信用社 2010—2012 年度先进集体	河北省农村信用社联合社	2013
	农商行营业部	五星级营业网点	河北省农村信用社联合社	2013
	宽城农商行	河北省机关档案工作目标管理 AAA	河北省档案局	2013
		河北省农村信用社 2013 年度十佳经营管理奖	河北省农村信用社联合社	2014
		先进集体	河北省农村信用社联合社	2014
		模范职工之家	河北省金融工会联合会	2014
		河北省农村信用社 2014 年度十佳经营管理奖	河北省农村信用社联合社	2015
	农商行宽城镇支行	五星级营业网点	河北省农村信用社联合社	2014

续表 11-2-23

	获奖单位	荣誉称号	授予机关	授予年度
围场满族蒙古族自治县	围场满族蒙古族自治县联社	无陈欠农业贷款先进单位	农行河北省分行	1990
		省级金融保卫工作先进集体	河北省公安厅	2006
		推广小额农贷先进典型	河北省农村信用社联合社	2007
		省级金融保卫工作先进集体	河北省公安厅	2007
		2007 年度全省金融安全保卫工作先进集体	河北省公安厅	2008
		河北省消费者信得过单位	河北省消费者协会	2008
		全国农村合作金融机构服务三农和支持中小企业先进评选优秀奖	中国银行业协会	2010
		先进集体	河北省农村信用社联合社	2010
		全省金融安全保卫工作先进集体	河北省公安厅	2010
		2008—2010 年度达标升级工作先进单位	河北省银监局	2011
		全省金融安全保卫工作集体三等功	河北省公安厅	2011
		创新争优先进基层党组织	河北省农村信用社联合社党委	2012
		安全保卫工作先进集体	河北省农村信用社联合社	2012
	大头山信用社	集体存款先进单位	中国人民银行石家庄中心支行	1999
	朝阳地信用社	储蓄存款先进单位	中国人民银行石家庄中心支行	1999
	新地信用社	贷款管理先进单位	中国人民银行石家庄中心支行	1999
	围场农商行	先进集体	河北省农村信用社联合社	2013
		模范职工之家	河北省农村信用社联合社	2013
		河北省金融系统劳动关系和谐企业	河北省金融工会	2014

续表 11-2-23

	获奖单位	荣誉称号	授予机关	授予年度
郊区	双桥联社	清非工作专项奖	农行河北省分行	1990
		信贷管理二级联社	农行河北省分行	1990
		无陈欠农业贷款先进单位	农行河北省分行	1990
	双塔山联社	无陈欠农业贷款先进单位	农行河北省分行	1990
	郊区联社	全省金融安全保卫工作集体三等功	河北省公安厅	2006
		全省金融安全保卫工作先进单位	河北省公安厅	2008
		2012 年度全市社会综合治理平安创建工作平安企业	中共承德市委、承德市人民政府	2013
		河北省金融系统劳动关系和谐企业	河北省金融工作办公室、河北省金融工会	2014
		2013 年度清非工作优秀单位	河北省农村信用社联合社	2014
		2014 年信息宣传工作先进单位	河北省农村信用社联合社	2015
	郊区联社工会	2013 年度优秀基层工会组织	承德市总工会	2014

2002—2015 年承德银行股份有限公司省部级集体荣誉统计表

表 11-2-24

获奖单位	荣誉称号	授予机关	授予年度
承德银行	2013 年度金融创新奖	河北省人民政府	2014
承德银行营业部	巾帼文明岗	中华全国妇女联合会	2011

2002—2015年承德银行股份有限公司市厅级集体荣誉统计表

表11-2-25

获奖单位	荣誉称号	授予机关	授予年度
承德银行	2002—2003年度市级文明单位	中共承德市委、承德市人民政府	2004
	2003年度优秀企业	承德市人民政府	2004
	2003—2004年度优秀企业	承德市人民政府	2005
	2003—2005年度优秀企业	承德市人民政府	2006
	2006年度优秀企业	承德市人民政府	2007
	2006—2007年度文明单位	中共承德市委、承德市人民政府	2008
	2006—2007年度优秀企业	承德市人民政府	2008
	2008年度金融贡献奖	承德市人民政府	2009
	2008年度劳动保障工作先进单位	承德市人民政府	2009
	全省金融安全保卫工作先进集体	河北省公安厅	2009
	2008至2009年度文明单位	中共承德市委、承德市人民政府	2010
	2009年度金融贡献奖	承德市人民政府	2010
	2010中国最佳中小企业服务银行	中国金融（专家）年会组织委员会、中国金融研究院、中国金融网	2011
	全省金融安全保卫工作集体三等功	河北省公安厅	2011
	2010年度金融贡献奖	承德市人民政府	2011
	2012年度征信系统数据质量工作优秀机构	中国人民银行征信中心	2012
	2012年全国投入产出调查工作省级先进集体	河北省投入产出调查联席会议办公室	2012
	承德市2010—2011年度文明单位	中共承德市委、承德市人民政府	2012
	河北省服务名牌	河北省质量奖评审委员会、河北省质量技术监督局	2013
	2012年度金融贡献奖	承德市人民政府	2013

续表 11-2-25

获奖单位	荣誉称号	授予机关	授予年度
承德银行	承德市 2012—2013 年度文明单位	中共承德市委、承德市人民政府	2014
	2013 年度金融贡献奖	承德市人民政府	2014
	2014 年度个人征信系统数据质量工作优秀机构	中国人民银行征信中心河北省分中心	2015
	河北省爱心企业	河北省人民政府残疾人工作委员会	2015
	2014 年度金融贡献奖	承德市人民政府	2015
承德银行公司业务部	河北省贷款新规“十佳培训推广机构”	河北银监局、河北省银行业协会	2010
承德银行授信管理部	2012 年度河北省银行业金融机构小微企业金融服务优秀团队	河北银监局	2012
承德银行保卫部	河北省安全保卫工作先进集体	河北省公安厅、河北省银监局	2014
中天支行	全国银行业安全管理先进单位	中国银行业协会	2015
翠桥支行	中国星级银行网点（三星）	中国银行业协会	2015
双桥支行	中国星级银行网点（四星）	中国银行业协会	2015
裕兴支行	2015 年河北省银行业金融机构小微企业金融服务优秀团队	河北省银监局	2015
承德银行零售业务部	河北省银行业金融机构征信文化宣传产品创作评选活动三等奖	中国人民银行石家庄中心支行、河北省精神文明建设委员会办公室	2015
承德县支行	全省金融安全保卫工作先进集体	河北省公安厅	2011
平泉县支行	市级文明单位	中共承德市委、承德市人民政府	2014
宽城满族自治县支行	承德市先进集体	承德市人民政府	2014
丰宁满族自治县支行	河北省五一巾帼标兵岗	河北省总工会	2015
	工人先锋号	河北省总工会	2015

2015年河北银行股份有限公司承德分行集体荣誉统计表

表11-2-26

获奖单位	荣誉称号	授予机关	授予年度
河北银行承德分行	一季度对公存款营销先进单位	河北银行	2015
	二季度对公存款营销先进单位	河北银行	2015
	三季度对公存款营销先进单位	河北银行	2015
	一季度储蓄存款营销先进单位	河北银行	2015
	二季度储蓄存款营销先进单位	河北银行	2015
	三季度储蓄存款营销先进单位	河北银行	2015

二、个人荣誉

1989—2015年农村信用社个人荣誉统计表

表11-2-27

姓名	荣誉称号	授予机关	授予年度
曹俊云	先进工作者	中国农业银行河北省分行	1989
申庆年	农村信用社优秀信贷员	中国农业银行	1989
	优秀共产党员	中共承德地委	1990
	1994年度先进工作者	中国农业银行河北省分行	1994
	全国农村信用社优秀信贷员	中国农业银行	1995
	职业道德之星	中国农业银行河北省分行	1995
	全国农村信用社系统支农先进个人	中国人民银行	1998
	1997年度优秀信贷员	中国人民银行河北省分行	1998
李俊霞	1988年度先进工作者	中国农业银行河北省分行	1989
郝艳荣	河北省农行系统技术比赛手工记账第四名	中国农业银行河北省分行	1989
袁淑芬	先进工作者	中国农业银行河北省分行	1989
王占华	河北省业务技术一级能手称号	中国农业银行河北省分行	1989
	河北省“技术状元”称号	河北省劳动竞赛委员会	1991
	全省技术标兵称号	中国人民银行河北省分行、河北省金融工会	1997
	承德市技术标兵	承德市总工会、承德市劳动局、承德市经贸委	1999

续表 11-2-27

姓名	荣誉称号	授予机关	授予年度
梁之平	农村信用社优秀信贷员	中国农业银行	1989
	1989—1990 年度文明工作者	承德地区行政公署	1991
张瑞芝	信用社优秀会计	中国农业银行河北省分行	1989
白宝章	省级先进工作者	中国农业银行河北省分行	1990
	先进工作者	承德地区行政公署	1990
潘玉侠	先进工作者	承德地区行政公署	1990
刘　印	先进工作者	承德地区行政公署	1990
敖国富	先进工作者	承德地区行政公署	1990
王荣奎	先进工作者	承德地区行政公署	1990
王文海	先进工作者	中国农业银行河北省分行	1990
	1989—1990 年度文明工作者	承德地区行政公署	1991
张振歧	1989—1990 年度文明工作者	承德地区行政公署	1991
杨文秀	1989—1990 年度文明工作者	承德地区行政公署	1991
石连才	科研成果佳作奖	河北省金融学会	1992
	优秀信息员	中国农业银行河北省分行	1993
訾小明	1992 年度稽核先进工作者	中国农业银行河北省分行	1993
曹佐彬	优秀共青团员	共青团河北省委	1994
闫月华	先进工作者	中国农业银行河北省分行	1994
张万福	集体存款十佳个人	中国农业银行河北省分行	1994
关胜文	优秀教育干部	中国人民银行河北省分行	1998
刘文奎	1998 年度存款先进个人	中国人民银行石家庄中心支行	1999
孙淑珍	1998 年度储蓄先进个人	中国人民银行石家庄中心支行	1999
王占吉	1998 年度信贷管理先进个人	中国人民银行石家庄中心支行	1999
张树坤	先进工作者	中国人民银行天津分行	2001
	支农先进个人	河北省银监局	2003
	优秀员工	河北省农村信用社联合社	2008

续表 11-2-27

姓名	荣誉称号	授予机关	授予年度
张树坤	先进个人	河北省农村信用社联合社	2010
	先进个人	河北省农村信用社联合社	2011
	先进个人	河北省农村信用社联合社	2012
	先进个人	河北省农村信用社联合社	2013
	省级劳动模范	河北省人民政府	2014
	先进个人	河北省农村信用社联合社	2014
	先进个人	河北省农村信用社联合社	2015
魏建斌	农村信用社改革整顿规范先进工作者	中国人民银行天津分行	2001
陈维良	改革整顿规范工作先进工作者	中国人民银行天津分行	2001
	外部媒体宣传报道先进个人	河北省农村信用社联合社	2009
	内部媒体宣传报道先进个人	河北省农村信用社联合社	2009
	先进工作者	承德市人民政府	2009
	外部媒体宣传报道先进个人	河北省农村信用社联合社	2010
	内部媒体宣传报道先进个人	河北省农村信用社联合社	2010
王海超	河北省农村信用社安全保卫工作先进个人	中国人民银行石家庄中心支行	2002
张玉军	支农先进个人	中国人民银行石家庄中心支行	2002
陈文玉	安全保卫先进个人	河北省公安厅	2002
张志敏	全省金融系统安全保卫先进个人	河北省公安厅	2002
	安全保卫先进个人	河北省公安厅	2003
于学贵	河北省农村信用社 2003 年度稽核工作先进个人	河北省银监局	2003
王纳新	河北省农村信用社 2003 年度计算机工作先进个人	河北省银监局	2003
王子成	全省农村信用社安全保卫先进个人	中国人民银行石家庄中心支行	2003
	2003 年度金融安全保卫先进个人	河北省公安厅	2004
	2005 年度安全保卫工作先进个人	河北省农村信用社联合社	2006

续表 11-2-27

姓名	荣誉称号	授予机关	授予年度
刘兴枝	2002 年度金融安全保卫先进个人	河北省公安厅	2003
	2004 年度金融安全保卫先进个人	河北省公安厅	2005
康福民	安全保卫工作先进个人	河北省银监局	2003
李华东	支农先进个人	河北省人民政府	2003
孙福林	承德市劳动模范	承德市人民政府	2004
焦瑞文	2003 年度河北省农村信用社安全保卫工作先进个人	河北省银监局	2004
	全省金融系统安全保卫工作先进个人	河北省公安厅	2007
	安全保卫工作先进个人	河北省农村信用社联合社	2014
李　桐	2003 年度河北省农村信用社稽核工作先进个人	河北省银监局	2004
戚洪义	金融安全保卫工作先进个人	河北省公安厅	2004
	金融安全保卫工作先进个人	河北省公安厅	2006
张庆秋	二〇〇三年度安全保卫先进个人	河北省银监局	2004
张洪玉	全国农村信用社改革知识竞赛优秀奖	《中国农村信用社》杂志社	2005
	河北省职工文化优秀骨干	河北省总工会	2013
李　鸿	2006 年全省金融安全保卫工作先进个人	河北省公安厅	2006
	2006 年度优秀企业家	承德市人民政府	2007
	2007 年全省内保工作先进个人	河北省公安厅	2008
	2008 年全省金融安全保卫工作先进个人	河北省公安厅	2008
	2006—2007 年度优秀企业家	中共承德市委、承德市人民政府	2008
	优秀共产党员	河北省农村信用合作联社	2009
	2009 年全省金融安全保卫工作先进个人	河北省公安厅	2009
	2006 年至 2008 年度优秀企业家	中共承德市委、承德市人民政府	2009
	承德市劳动模范	中共承德市委、承德市人民政府	2009

续表 11-2-27

姓名	荣誉称号	授予机关	授予年度
李　鸿	全国农村合作金融机构服务三农和支持中小企业先进评选最佳领军人物奖	中国银行业协会	2010
	2010 年全省金融安全保卫工作先进个人	河北省公安厅	2010
	优秀党务工作者	河北省农村信用社联合社	2011
	2011 年全省金融安全保卫工作三等功	河北省公安厅	2011
	服务三农和支持中小企业最佳领军人物	中国银行业协会	2010
	2010—2012 年度先进个人	河北省农村信用社联合社	2013
	优秀工会之友	河北省农村信用社系统工会	2013
于常泉	金融安全保卫工作三等功	河北省公安厅	2006
刘丙然	安全保卫先进个人	河北省公安厅	2007
	安全保卫先进个人	河北省公安厅	2008
	安全保卫先进个人	河北省公安厅	2009
	安全保卫先进个人	河北省公安厅	2010
	安保先进个人	河北省农村信用社联合社	2012
	安全保卫先进个人	河北省公安厅	2011
	安全保卫先进个人	河北省公安厅、河北省银监局	2013
刘振华	2006 年度十佳员工	河北省农村信用社联合社	2007
邢　峰	农村信贷员三等奖	河北省农村信用社联合社	2007
冯军民	全省奥运安全保卫工作先进个人	河北省公安厅	2008
	2008 年全省金融安全保卫工作先进个人	河北省公安厅	2009
	2009 年全省金融安全保卫三等功	河北省公安厅	2009
	2010 年全省金融安全保卫工作三等功	河北省公安厅	2010
	2011 年全省金融安全保卫工作三等功	河北省公安厅	2011
	全省金融系统安全保卫工作先进个人	河北省公安厅	2014

续表 11-2-27

姓名	荣誉称号	授予机关	授予年度
陈　杰	河北省农村信用社 2008 年度优秀共产党员	河北省农村信用社联合社	2008
	河北省农村信用社先进个人	河北省农村信用社联合社	2010
池艳慧	河北省农村信用社 2008 年度优秀员工	河北省农村信用社联合社	2008
刘兴东	2007 年度金融安全保卫先进个人	河北省公安厅	2008
	2008 年度金融安全保卫先进个人	河北省公安厅	2009
	2012 年度安全保卫工作先进个人	河北省农村信用社联合社	2013
袁　卫	金融系统安全保卫先进个人	河北省公安厅	2008
	清非标兵	河北省农村信用社联合社	2012
冯　琦	先进工作者	河北省农村信用社联合社	2009
	优秀党务工作者	河北省农村信用社联合社	2010
	优秀共产党员	中共河北省农村信用社联合社党委	2011
	扶贫开发工作先进个人	承德市人民政府	2011
	全省加强基层建设年活动先进个人	中共河北省委、河北省人民政府	2012
陈振才	先进个人	河北省农村信用社联合社	2009
	优秀共产党员	河北省农村信用社联合社	2011
于凌军	2008 年度优秀员工	河北省农村信用社联合社	2009
	2010 年河北省农村信用社先进个人	河北省农村信用社联合社	2010
叶晓军	2008 年度金融安全保卫先进个人	河北省公安厅	2009
王清平	2008 年度优秀企业家	承德市人民政府	2009
王长柱	2008 年度十佳员工	河北省农村信用社联合社	2009
张荣丽	先进个人	河北省农村信用社联合社	2009
	先进个人	河北省农村信用社联合社	2010
	优秀工会积极分子	河北省农村信用社联合社系统工会	2013
尹继儒	2008 年度优秀员工	河北省农村信用社联合社	2009
孙继国	河北省农村信用社先进个人	河北省农村信用社联合社	2009
	先进个人	河北省农村信用社联合社	2010

续表 11-2-27

姓名	荣誉称号	授予机关	授予年度
王冠达	金融安全保卫工作先进个人	河北省公安厅	2009
李树均	优秀通讯员	河北省农村信用社联合社	2009
徐建民	金融系统安全保卫先进个人	河北省公安厅	2009
	金融系统安全保卫先进个人	河北省公安厅	2011
刘亚青	河北省农村信用社先进个人	河北省农村信用社联合社	2010
	河北省农村信用社系统优秀工会积极分子	河北省农村信用社联合社	2012
陈晓龙	优秀通讯员	河北省农村信用社联合社	2010
刘树山	先进个人	河北省农村信用社联合社	2010
魏志国	优秀共产党员	河北省农村信用社联合社党委	2010
谢永明	农信进万家表现突出成绩显著先进个人	河北省农村信用社联合社	2010
朱承梅	先进个人	河北省农村信用社联合社	2010
	“三八红旗手”	河北省总工会	2010
范士成	金融系统安全保卫先进个人	河北省公安厅	2010
张海赋	河北省农村信用社系统优秀共产党员	河北省农村信用社联合社	2011
	河北省农村信用社系统优秀共产党员	河北省农村信用社联合社	2012
胡维顺	河北省农村信用社系统优秀党务工作者	河北省农村信用社联合社	2011
智秀新	河北省农村信用社综合服务先进个人	河北省农村信用社联合社	2011
王彦军	“农信进万家”活动先进个人	河北省农村信用社联合社	2011
	2012 年度清非攻坚战清收标兵	河北省农村信用社联合社	2013
韦海霞	千万妇女“争创三新活动助力三年大变样”工作先进个人	河北省妇联	2011
	河北省城乡妇女岗位建功先进个人	河北省“双学双比”活动协调领导小组、省妇联	2012
张天东	2010 年度优秀党务工作者	中共河北省农村信用社联合社委员会	2011
刁菲菲	征文比赛二等奖	河北省农村信用社联合社	2011
李国明	全系统优秀共产党员	河北省农村信用社联合社党委	2011

续表 11-2-27

姓名	荣誉称号	授予机关	授予年度
宋慧菊	2010 年度先进个人	河北省农村信用社联合社	2011
	2011 年度先进个人	河北省农村信用社联合社	2012
	2012 年度先进个人	河北省农村信用社联合社	2013
	“三八红旗手”荣誉称号	河北省妇女联合会	2015
赵　妍	河北省农村信用社业务技能选拔赛散把点钞三等奖	河北省农村信用社联合社	2011
	河北省农村信用社业务技能选拔赛优秀选手	河北省农村信用社联合社	2011
	河北省职工文化优秀骨干	中共河北省委	2013
闫忠岚	优秀共产党员	河北省农村信用社联合社	2011
于海春	河北省农村信用社 2010—2012 年度先进个人	河北省农村信用社联合社	2012
张国华	优秀共产党员	河北省农村信用社联合社	2012
蔡宗志	优秀文化工作者	河北省农村信用社联合社	2012
刘美扬	优秀文化工作者	河北省农村信用社联合社	2012
	优秀工会积极分子	河北省农村信用社联合社	2013
刘洪涛	河北省农村信用社清非攻坚战清收标兵	河北省农村信用社联合社	2012
	全省农村信用社创先争优优秀共产党员	中共河北省农村信用社联合社委员会	2012
	2010—2012 年度河北省农村信用社先进个人	河北省农村信用社联合社	2013
	2012 年度河北省农村信用社清收标兵	河北省农村信用社联合社	2013
侯东凯	2011-2012 年度优秀工会工作者	河北省金融工会联合会	2012
	河北省职工文化优秀骨干	河北省总工会、河北省职工文化体育协会	2013
	河北省农村信用社 2014 年度信息宣传工作先进个人	河北省农村信用社联合社	2014
王利民	全系统创先争优优秀共产党员	河北省农村信用社联合社党委	2012

续表 11-2-27

姓名	荣誉称号	授予机关	授予年度
何士良	全系统优秀党务工作者	河北省农村信用社联合社党委	2012
夏志昶	优秀工会之友	河北省金融系统工会联合会	2012
于瑞梅	优秀工会积极分子	河北省农村信用社系统工会	2013
李　颖	河北省农村信用联社“放飞梦想”演讲比赛二等奖	河北省农村信用社联合社	2013
	河北省农村信用联社“我以农信为荣”演讲比赛二等奖	河北省农村信用社联合社	2013
孟宪峰	优秀工会之友	河北省农村信用社联合社	2013
赵益中	优秀工会工作者	河北省农村信用社联合社	2013
冯　旭	文明优质服务明星	河北省农村信用社联合社	2013
宁万武	改善农村支付环境先进个人	中国人民银行	2013
任惠全	河北省农村信用社 2010—2012 先进个人	河北省农村信用社联合社	2013
王彦会	2013 年度清非攻坚战清收标兵	河北省农村信用社联合社	2013
董立泉	2013 年农村信用社系统工会优秀会员	河北省农村信用社联合社工会委员会	2013
任建国	河北省农村信用社系统优秀工会积极分子	河北省农村信用社联合社	2013
张桂芹	明星大堂经理“亲善之星”	河北省农村信用社联合社	2013
李洪复	先进个人	河北省农村信用社联合社	2013
劳志刚	“庆‘五一’书画摄影展”三等奖	河北省农村信用社联合社	2013
	“庆‘五一’书画摄影展”三等奖	河北省农村信用社联合社	2014
	“省联社成立十周年暨庆五一书画摄影展”二等奖	河北省农村信用社联合社	2015
王　曼	河北省职工文化优秀骨干	河北省总工会	2013
王晓旭	河北省职工文化优秀骨干	河北省总工会	2013
高　芳	河北省职工文化优秀骨干	河北省总工会	2013
姜　波	河北省职工文化优秀骨干	河北省总工会	2013
	优秀信息宣传员	河北省农村信用社联合社	2014

续表 11-2-27

姓名	荣誉称号	授予机关	授予年度
付天明	文明优质服务明星	河北省农村信用社联合社	2014
李景然	全省深化加强基层建设年活动优秀驻村工作队员	河北省深化加强基层建设年活动领导小组	2014
赵振宝	全省深化加强基层建设年活动优秀驻村工作队员	河北省深化加强基层建设年活动领导小组	2014
李秀莲	全省金融系统银行业安全保卫工作先进个人	河北省公安厅、河北银监局	2014
高建林	全省农村信用社 2014 年度信息宣传工作先进个人	河北省农村信用社联合社	2015
田亚军	先进个人	河北省农村信用社联合社	2015
李晓会	2013—2015 年度先进个人	河北省农村信用社联合社	2015

2002—2015 年承德银行股份有限公司个人荣誉统计表

表 11-2-28

姓名	荣誉称号	授予机关	授予年度
杨大成	承德市消防工作先进个人	承德市人民政府	2004
	河北省金融系统安全保卫工作先进个人	河北省公安厅	2005
	河北省金融系统安全保卫工作先进个人	河北省公安厅	2008
	河北省金融系统安全保卫三等功	河北省公安厅	2009
	河北省金融系统安全保卫工作先进个人	河北省公安厅	2010
	河北省金融系统安全保卫三等功	河北省公安厅	2011
张　磊	2006 至 2007 年度优秀企业家	承德市人民政府	2008
刘岩岩	河北省支付清算系统先进个人	人行石家庄中心支行	2010
王海峰	河北省金融系统安全保卫工作先进个人	河北省公安厅	2010
	河北省金融系统银行业金融机构安全保卫工作先进个人	河北省公安厅	2011
高　峰	全国征信工作先进个人	中国人民银行	2011
王晓娟	2011 年度全国银行业金融机构小微企业金融服务先进个人	中国银监会	2011
王国振	河北省内部审计先进工作者	河北省审计厅	2011
韩　磊	全省金融安全保卫工作先进个人	河北省公安厅	2011

续表 11-2-28

姓名	荣誉称号	授予机关	授予年度
王翠英	河北省内部审计先进工作者	河北省审计厅	2012
	河北省内部审计先进工作者	河北省审计厅	2013
张兴清	2012 年度企业征信系统数据质量优秀个人	中国人民银行征信中心	2013
	2013 年度企业征信系统数据质量优秀个人	中国人民银行征信中心	2014
李卫东	河北省基层建设年先进个人	河北省基层建设年委员会	2013
赵亚军	河北省劳动模范	河北省人民政府	2014
	承德市劳动模范	承德市人民政府	2014
常　昊	河北省金融系统安全保卫工作先进个人	河北省公安厅、河北银监局	2014
于志国	河北省优秀志愿者	河北省精神文明建设委员会办公室、河北省志愿服务指导委员会办公室、河北省志愿者服务联合会	2014
于东奇	2014 年度个人征信系统数据质量优秀个人	中国人民银行征信中心河北省分中心	2015
郭立刚	2014 年度河北省青年岗位能手	共青团河北省委、河北省人力资源和社会保障厅	2015
	2014 年度河北省青年岗位能手	河北省人力资源和社会保障厅、共青团河北省委	2015
单　冰	河北省优秀青年文明号号长	河北省青年文明号活动组委会	2015

第三章 保险和证券业机构

本章共收录市级以上集体荣誉234项，其中省部级荣誉22项，市厅级荣誉212项；个人荣誉395项，其中省部级荣誉42项，市厅级荣誉353项。其中保险机构集体荣誉210项，个人荣誉352项；证券机构集体荣誉24项，个人荣誉43项。

第一节 保险机构

本节共收录保险机构市级以上集体荣誉210项，其中省部级荣誉8项，市厅级荣誉202项；个人荣誉352项，其中省部级荣誉15项，市厅级荣誉337项。

一、集体荣誉

1989—1996年中国人民保险公司承德分公司集体荣誉称号统计表

表11-3-1

获奖单位	荣誉称号	授予机关	授予年度
承德分公司	1990年度档案管理竞赛第一名	河北省分公司	1990
	档案管理先进单位	河北省分公司	1990
	1994年度《河北保险》先进通联站	河北省分公司	1994
	1994年度保险新闻先进通讯站	河北省分公司	1994
承德县支公司	1988年度先进支公司	河北省分公司	1989

说明：此表为产、寿险机构分业前的集体荣誉

1996—2015年中国人民财产保险股份有限公司承德分公司集体荣誉统计表

表11-3-2

获奖单位	荣誉称号	授予机关	授予年度
承德分公司	1998—1999年度精神文明建设先进单位	中共承德市委、承德市人民政府	1999
	1999年度社会治安综合治理先进单位	中共承德市委、承德市人民政府	1999
	2002年度家财险先进集体奖	河北省分公司	2002
	2005年度民主评议市直先进单位称号	中共承德市委、承德市人民政府	2005

续表 11-3-2

获奖单位	荣誉称号	授予机关	授予年度
承德分公司	2007 年度电子商务直销业务竞赛一等奖	河北省分公司	2007
	2008 年度电子商务业务发展奖	河北省分公司	2008
	2010 年度金融贡献奖	承德市人民政府	2010
	2011 年度金融贡献奖	承德市人民政府	2011
	2011 年度河北省借款人意外险营销竞赛活动年度发展奖	河北省分公司	2011
	2012 年度金融贡献奖	承德市人民政府	2012
	2012—2013“创先争优”活动地市分公司先进单位	河北省分公司	2012
	2012 年责任信用险经营管理优胜奖三等奖	河北省分公司	2012
	2012 年度责任信用险百万区县支公司竞赛优胜单位	河北省分公司	2012
	2012 年度意外健康保险业务经营管理奖三等奖	河北省分公司	2013
	河北省系统“车险核保技能大赛”最佳承保方案奖三等奖	河北省分公司	2013
	2012—2013 年度文明单位	中共承德市委、承德市人民政府	2013
	2013 年度全市社会治安综合治理平安企业	中共承德市委、承德市人民政府	2013
	2013 年度金融贡献奖	承德市人民政府	2013
	2014 年度文明单位	中共承德市委、承德市人民政府	2014
	2014 年度金融贡献奖	承德市人民政府	2014
	2013 年度乙等铁军奖	河北省分公司	2014
	第三届车险理赔标准化应用技能大赛团体优胜奖第二名	河北省分公司	2014
	2014 年度甲等铁军奖	河北省分公司	2015
	2015 年“IT 星火计划”地市 50 强	中国人民财产保险股份有限公司	2015
	2014 年度“满意在人保”金牌服务标兵地市奖	中国人民财产保险股份有限公司	2015
	第五届车险理赔标准化应用技能大赛团体奖第二名	河北省分公司	2015

续表 11-3-2

获奖单位	荣誉称号	授予机关	授予年度
双滦支公司	2012 年度金牌服务示范窗口	河北省分公司	2013
	网友最满意保险基层公司	河北日报报业集团 河北省保险行业协会	2014
	2014 年度“满意在人保”金牌服务示范窗口	中国人民财产保险股份有限公司	2015
宽城满族自治县支公司	2001 年度重合同守信用企业	承德市人民政府	2001
	保险服务 2001 年河北省用户满意服务	河北省用户委员会	2001
	2002 年度守合同重信用企业	承德市人民政府	2002
	服务质量达标先进单位	河北省保险行业协会	2004
	2004 年河北省用户满意企业称号	河北省用户委员会	2004
	河北省用户满意企业	河北省用户委员会	2004
	保险先进县	河北省分公司	2007
	河北省保险行业服务质量达标先进单位	河北省保险行业协会	2008
	河北省第九届消费者信得过单位	河北省消费者协会	2008
	河北省保险业服务质量达标先进单位	河北省保险行业协会	2010
	先进党支部	河北省分公司	2011
	为民服务先进窗口单位	河北省分公司	2012
	2012 年度先进单位	河北省分公司	2012
	先进党支部	河北省分公司	2013
	2013 年度先进单位	河北省分公司	2013
兴隆县支公司	双文明建设先进单位	河北省分公司	2009

2002—2015年中国太平洋财产保险股份有限公司承德中心支公司省部级集体荣誉统计表

表11-3-3

获奖单位	荣誉称号	授予机关	授予年度
承德中心支公司	二十强中心支公司	中国太平洋保险（集团）股份有限公司	2011
	2012集团价值贡献奖产险业务交叉销售优秀单位	中国太平洋保险（集团）股份有限公司	2012
	2013集团价值贡献奖产险业务交叉销售优秀单位	中国太平洋保险（集团）股份有限公司	2013
	2014产险业务交叉销售保费贡献奖	中国太平洋保险（集团）股份有限公司	2014

2002—2015年中国太平洋财产保险股份有限公司承德中心支公司市厅级集体荣誉统计表

表11-3-4

获奖单位	荣誉称号	授予机关	授予年度
承德中心支公司	“时间过半，任务过六”劳动竞赛银奖	太保产险石家庄分公司	2004
	2004—2005年服务质量达标先进单位	河北省保险行业协会	2005
	授予2007年度合规达标单位	中国太平洋财产保险股份有限公司	2007
	贺新春，迎奥运，加油干，开门红劳动竞赛优胜单位入围奖	太保产险河北分公司	2008
	贺新春，迎奥运，加油干，开门红劳动竞赛增幅奖	太保产险河北分公司	2008
	“时间过半 任务过六”业务竞赛优胜奖	太保产险河北分公司	2008
	“时间过半 任务过六”业务竞赛非车险超越奖	太保产险河北分公司	2008
	“时间过半 任务过六”业务竞赛商业车险质量奖	太保产险河北分公司	2008
	2008—2009年度河北省保险行业服务质量达标先进单位	河北省保险行业协会	2009
	管理团队优胜奖第四名	太保产险河北分公司	2009
	机动车商业三责业务竞赛年度总决赛三等奖	太保产险河北分公司	2009
	2009年度全市“干部作风群众满意单位”称号	中共承德市委、承德市人民政府	2009
	太保二十年“优秀机构奖”	太保产险河北分公司	2011
	2011年度信息工作先进单位	太保产险河北分公司	2011

续表 11-3-4

获奖单位	荣誉称号	授予机关	授予年度
承德中心支公司	第五届销售精英交叉销售渠道开拓奖	太保产险河北分公司	2012
	2012 年度金融贡献奖	承德市人民政府	2012
	2013 年交叉销售开门红业务竞赛续保率领先奖第二名	太保产险河北分公司	2013
	2013 年交叉销售开门红业务竞赛团队长提升奖一等奖	太保产险河北分公司	2013
	燕赵之星——交叉销售渠道开拓奖	太保产险河北分公司	2013
	销售竞赛车险优质客户续保金奖	太保产险河北分公司	2014
	重点车商发展突出贡献奖	太保产险河北分公司	2014
	非车险条线开门红运奖	太保产险河北分公司	2014
	非车险条线捷足先登奖	太保产险河北分公司	2014
	2014 年度金融贡献奖	承德市人民政府	2014
承德中心支公司党支部	先进党组织	中共太保产险石家庄分公司委员会	2005
承德中支业务二部	销售团队优胜奖第四名	太保产险河北分公司	2009
承德建龙特殊钢有限公司保险项目团队	“燕赵之星”重大项目开拓奖	太保产险河北分公司	2011
	重大项目开拓奖	太保产险河北分公司	2012
承德中心支公司党委	2010—2012 年度创先争优先进党组织	中共中国太平洋保险（集团）股份有限公司委员会	2012
承德中支非车险部	2013 年交叉销售开门红业务竞赛寿代产争先奖第二名	太保产险河北分公司	2013
承德中支渠道业务部	2013 年交叉销售开门红业务竞赛寿代产争先奖第六名	太保产险河北分公司	2013
承德道路客运承运人责任保险续保项目团队	“燕赵之星”重大客户维护奖	太保产险河北分公司	2013
承德县支公司	2013 年交叉销售开门红业务竞赛寿代产争先奖第七名	太保产险河北分公司	2013

续表 11-3-4

获奖单位	荣誉称号	授予机关	授予年度
兴隆县支公司	2013 年交叉销售开门红业务竞赛寿代产争先奖第三名	太保产险河北分公司	2013
平泉县支公司	四级机构车险业务发展银奖	太保产险河北分公司	2014
丰宁满族自治县支公司	2013 年交叉销售开门红业务竞赛寿代产争先奖第八名	太保产险河北分公司	2013
	四级机构车险业务发展银奖	太保产险河北分公司	2014
宽城满族自治县支公司	四级机构车险业务发展银奖	太保产险河北分公司	2014
围场满族蒙古族自治县支公司	奋发有为奖第五名	太保产险河北分公司	2012
	2013 年交叉销售开门红业务竞赛寿代产争先奖第一名	太保产险河北分公司	2013

2003—2015 年中国平安财产保险股份有限公司承德中心支公司集体荣誉统计表

表 11-3-5

获奖单位	荣誉称号	授予机关	授予年度
中心支公司	业务竞赛机构优胜奖	平安财险石家庄分公司	2004
	客户满意机构优胜奖	平安财险河北分公司	2005
	年度先进集体奖	平安财险河北分公司	2006
	服务质量达标先进单位奖	河北保险行业协会	2008
	全省质量月活动服务质量诚信奖	河北质量信息协会	2012

2005—2015 年中华联合财产保险股份有限公司承德中心支公司省部级集体荣誉统计表

表 11-3-6

获奖单位	荣誉称号	授予机关	授予年度
中心支公司	中华保险 2012 电销百日服务竞赛“优秀中心支公司”	中华财险总公司	2013
	先进基层单位	中华财险总公司	2015

2005—2015 年中华联合财产保险股份有限公司承德中心支公司市厅级集体荣誉统计表

表 11-3-7

获奖单位	荣誉称号	授予机关	授予年度
中心支公司	2006 年二季度“挑战杯”业务竞赛三等奖	中华财险河北分公司	2006
	先进基层党组织	中华财险河北分公司	2007
	文明单位	中共承德市委、承德市人民政府	2010
	河北省职代会星级单位	河北省总工会 中共河北省委组织部河北省国有资产监督管理委员会 河北省中小企业局 河北省工商业联合会	2011
	AAA 级河北省劳动关系和谐企业	河北省人力资源和社会保障厅 河北省总工会	2011
	先进中心支公司党委	中华财险河北分公司	2012
	承德市 2010—2011 年度文明单位	中共承德市委、承德市人民政府	2012
	承德市厂务公开民主管理工作“先进单位”	中共承德市委、承德市人民政府	2012
	模范职工之家	承德市总工会	2012
	文明单位	中共承德市委、承德市人民政府	2014
	金融贡献奖	承德市人民政府	2014
	2014 年度 9—12 月业务推动解除贡献奖	中华财险河北分公司	2015
平泉支公司	先进基层机构	中华财险河北分公司	2008
	2008 年三季度非车险业务竞赛展业能手	中华财险河北分公司	2008
	先进基层机构	中华财险河北分公司	2009
	先进基层党支部	中华财险河北分公司	2009
	经营效益突出贡献单位三等奖	中华财险河北分公司	2012
	先进基层党支部	中华财险河北分公司	2012
	中华联合财险河北金牌服务窗口	中华财险河北分公司	2013
	先进基层机构	中华财险河北分公司	2013
	先进基层机构	中华财险河北分公司	2014
	河北省金牌服务证书	中华财险河北分公司	2015
滦平支公司	先进县级机构	中华财险河北分公司	2010
	先进基层机构	中华财险河北分公司	2012
	河北省模范职工之家	河北省总工会	2013
	金牌服务窗口	中华财险河北分公司	2013
	先进基层机构	中华财险河北分公司	2015
	2014 年 20 强县支公司三等奖	中华财险河北分公司	2015

续表 11-3-7

获奖单位	荣誉称号	授予机关	授予年度
丰宁支公司	先进基层机构	中华财险河北分公司	2012
围场支公司	先进基层支公司	中华财险河北分公司	2007
	先进基层机构	中华财险河北分公司	2015
双桥支公司	先进基层单位	中华财险河北分公司	2011

2006—2015 年中国大地财产保险股份有限公司承德中心支公司集体荣誉统计表

表 11-3-8

获奖单位	荣誉称号	授予机关	授予年度
中心支公司	2006 年度消防先进单位	承德市人民政府	2007
	河北省劳动关系和谐 AAA 单位	河北省人力资源和社会保障厅、河北省总工会、河北省企业家协会	2011
	大地财险河北分公司第一届职工运动会团体总分第一名	大地财险河北分公司	2013
	河北省服务质量奖	河北省质量奖评审委员会、河北省质量技术监督局	2014
	2015 年度业务贡献奖	大地财险河北分公司	2015

2007—2015 年天安财产保险股份有限公司承德中心支公司集体荣誉统计表

表 11-3-9

获奖单位	荣誉称号	授予机关	授予年度
业务管理部	优秀部门	天安保险河北省分公司	2009

2008—2015 年渤海财产保险股份有限公司承德中心支公司集体荣誉统计表

表 11-3-10

获奖单位	荣誉称号	授予机关	授予年度
中心支公司	先进集体	渤海财险河北分公司	2013
	先进单位	渤海财险河北分公司	2015

2008—2015 年中银财产保险股份有限公司承德中心支公司集体荣誉统计表

表 11-3-11

获奖单位	荣誉称号	授予机关	授予年度
中心支公司	总经理室特别奖	中银财险河北分公司	2008
	十佳优秀支公司奖	中银财险河北分公司	2011
	达标优胜奖	中银财险河北分公司	2012
	二季度业务竞赛第二名	中银财险河北分公司	2013

2011—2015 年阳光财产保险股份有限公司承德中心支公司集体荣誉统计表

表 11-3-12

获奖单位	荣誉称号	授予机关	授予年度
中心支公司	网友最满意保险基层公司	河北省保险行业协会、河北日报报业集团	2014
中支理赔服务部	优秀集体	阳光财险河北分公司	2015
平泉支公司	先进四级机构	阳光财险河北分公司	2015

2012—2015 年民安财产保险有限公司承德中心支公司集体荣誉统计表

表 11-3-13

获奖单位	荣誉称号	授予机关	授予年度
中心支公司	三等奖	民安财险河北分公司	2012

2013—2015 年中国人寿财产保险股份有限公司承德中心支公司集体荣誉统计表

表 11-3-14

获奖单位	荣誉称号	授予机关	授予年度
中心支公司	三级机构发展领先奖	中国人寿财产保险股份有限公司	2015
	电销业务双优先进单位奖	中国人寿财险河北省分公司	2015
	争先挑战奖	中国人寿财险河北省分公司	2015
	规模效益双优奖	中国人寿财险河北省分公司	2015

1996—2015 年中国人寿保险股份有限公司承德分公司集体荣誉统计表

表 11-3-15

获奖单位	荣誉称号	授予机关	授予年度
双桥支公司	2006 年度河北国寿 30 强支公司	河北省分公司	2007
兴隆支公司	2006 年度河北国寿 30 强支公司	河北省分公司	2007
承德分公司	AAA 级公司业务发展领航奖	河北省分公司	2015
	AAA 级公司	河北省分公司	2015

2002—2015 年中国太平洋人寿保险股份有限公司承德中心支公司集体荣誉统计表

表 11-3-16

获奖单位	荣誉称号	授予机关	授予年度
中心支公司	承德市金融贡献奖	承德市人民政府	2009
	承德市金融贡献奖	承德市人民政府	2010
	承德市金融贡献奖	承德市人民政府	2011
	承德市金融贡献奖	承德市人民政府	2012
	承德市金融贡献奖	承德市人民政府	2014
	文明单位	承德市人民政府	2014
	承德市金融贡献奖	承德市人民政府	2015

2005—2015 年泰康人寿保险股份有限公司承德中心支公司集体荣誉统计表

表 11-3-17

获奖单位	荣誉称号	授予机关	授予年度
中心支公司	优秀培训单位奖	泰康人寿保险河北分公司	2008
	续收保费正增长第一名	泰康人寿保险河北分公司	2010
	见义勇为荣誉企业	承德市社会综合治理委员会、承德市见义勇为协会	2011
	电子化推广 E 化奖	泰康人寿保险河北分公司	2012
	客服节特别贡献奖	泰康人寿保险河北分公司	2012
	最佳少儿书画大赛组织奖	泰康人寿保险河北分公司	2012
	银保优秀中支	泰康人寿保险河北分公司	2012
	正增长优秀中支	泰康人寿保险河北分公司	2013
	特殊贡献奖	泰康人寿保险河北分公司	2013
	首续双红奖	泰康人寿保险河北分公司	2014
	“铁定强”优秀机构	泰康人寿保险河北分公司	2014
	优秀中支	泰康人寿保险河北分公司	2015

2007—2015 年合众人寿保险股份有限公司承德中心支公司省部级集体荣誉统计表

表 11-3-18

获奖单位	荣誉称号	授予机关	授予年度
中支营销服务部	2013 年度个险三十强营服奖	合众人寿保险股份有限公司	2014
	2014 年度个险三十强营服奖	合众人寿保险股份有限公司	2015

2007—2015 年合众人寿保险股份有限公司承德中心支公司市厅级集体荣誉统计表

表 11-3-19

获奖单位	荣誉称号	授予机关	授予年度
中心支公司	2013 年度 E 化承保率总公司 E 化方案第一名	合众人寿河北分公司	2013
	2013 年续期业务优秀中支	合众人寿河北分公司	2014
	2014 年度优秀运营团队第三名	合众人寿河北分公司	2015
中支营销服务部	2014 年度主管早早会项目优秀营销服务部	合众人寿保险股份有限公司培训部	2014

2010—2015 年太平人寿保险有限公司承德中心支公司集体荣誉统计表

表 11-3-20

获奖单位	荣誉称号	授予机关	授予年度
中心支公司	总经理特别奖	太平人寿河北分公司	2010
中支个险业务部	先进集体	太平人寿河北分公司	2010
	先进集体	太平人寿河北分公司	2012
	先进集体	太平人寿河北分公司	2013
	特殊贡献单位	太平人寿河北分公司	2014
	先进集体	太平人寿河北分公司	2015
中支银行保险部	特殊贡献单位	太平人寿河北分公司	2011
	先进集体	太平人寿河北分公司	2011
	先进单位	太平人寿河北分公司	2014

2011—2015 年阳光人寿保险股份有限公司承德中心支公司集体荣誉统计表

表 11-3-21

获奖单位	荣誉称号	授予机关	授予年度
平泉第一营业区	优秀四级机构	阳光人寿保险河北分公司	2013
宽城第一营业区	优秀四级机构	阳光人寿保险河北分公司	2013
中心支公司	优秀三级机构	阳光人寿保险河北分公司	2015
	卓越贡献单位	阳光人寿保险河北分公司	2015

2011—2015 年富德生命人寿保险股份有限公司承德中心支公司集体荣誉统计表

表 11-3-22

获奖单位	荣誉称号	授予机关	授予年度
中心支公司	春秋会战百万机构	富德生命人寿河北分公司	2011
	优秀机构	富德生命人寿河北分公司	2012
	优秀机构	富德生命人寿河北分公司	2013
	规模保费贡献机构	富德生命人寿河北分公司	2014
	规模保费贡献机构	富德生命人寿河北分公司	2015

2008—2015 年民生人寿保险股份有限公司承德中心支公司集体荣誉统计表

表 11-3-23

获奖单位	荣誉称号	授予机关	授予年度
中心支公司收展部	规范经营奖	民生保险河北分公司	2011
	13J 优胜奖	民生保险河北分公司	2012
	达成奖	民生保险河北分公司	2013
中心支公司	新契约任务达成奖	民生保险河北分公司	2015

2012—2015 年平安养老保险股份有限公司承德中心支公司集体荣誉统计表

表 11-3-24

获奖单位	荣誉称号	授予机关	授予年度
平安养老险承德中支	2013 年直销先进机构	平安养老保险股份有限公司	2013
	2013 年年金双达成先进机构	平安养老保险股份有限公司	2013
	三级机构十大利润贡献奖	平安养老保险股份有限公司	2014
	2014 年河北省首届网友最满意的保险基层公司第三名	河北日报 / 河北新闻网 / 河北保监局 / 河北保险行业协会	2014

二、个人荣誉

1989—1996 年中国人民保险公司承德分公司个人荣誉统计表

表 11-3-25

姓名	荣誉称号	授予机关	授予年度
武军生	1990 年全省支公司技术状元选拔赛机动车险工种第一名	河北省劳动竞赛委员会	1991
	1990 年保险系统技术状元选拔赛机动车险专业第一名	中国人民保险公司河北省分公司	1991
	1990 年度先进工作者	中国人民保险公司河北省分公司	1991

说明：此表为产、寿险机构分业前的个人荣誉

1994—2002 年中国太平洋保险公司承德分公司个人荣誉统计表

表 11-3-26

姓名	荣誉称号	授予机关	授予年度
候宝玉	先进个人	太保总公司	1996
姜跃利	先进个人	太保总公司	1998
姜跃利	先进工作者	太保石家庄分公司	2000
李景柱	先进工作者	太保石家庄分公司	2000
李　强	先进工作者	太保石家庄分公司	2000
陈红梅	先进工作者	太保石家庄分公司	2000
王建春	展业能手	太保石家庄分公司	2000
朱晓平	展业能手	太保石家庄分公司	2000

说明：此表为产、寿险机构分业前的个人荣誉

1996—2015 年中国人民财产保险股份有限公司承德分公司个人荣誉称号统计表

表 11-3-27

姓名	荣誉称号	授予机构	授予年度
武军生	河北省金融系统文明经理	中国金融工会河北省工作委员会	1998
武军生	1989 年度消防工作先进个人	承德市人民政府	1999
武军生	2019 年度财产保险优秀管理人奖	河北省分公司	2010
武军生	2010 年度财产险业务经营管理考核优秀管理人二等奖	河北省分公司	2011
武军生	2014 年第三期商业非车险地市分公司分管班子成员培训班优秀学员	河北省分公司	2014
马德伟	河北省金融系统文明职工	中国金融工会河北省工作委员会	1998
马德伟	承德市劳动模范	中共承德市人民政府	1999
马德伟	1998 年度“双文明”建设先进工作者	河北省分公司	1999
马德伟	2010 年度车险经营管理精英奖	河北省分公司	2011
沈孝强	优秀共产党员	河北省分公司	2001
殷照营	“抗非典、抓发展、做贡献”先进个人三等奖	河北省分公司	2003
商亚军	2003 年意外险责任险先进个人银奖	河北省分公司	2004
商亚军	保险之星	河北省保险行业协会	2005

续表 11-3-27

姓名	荣誉称号	授予机构	授予年度
张立刚	2007 年个代营销“精英在行动之超越梦想”展业明星	河北省分公司	2007
	2008 年“精英逐梦—决战泰山之巅”个代营销竞赛年度营销精英	河北省分公司	2009
张志华	2008 年度十佳组训奖	河北省分公司	2008
	2009 年精英组训奖	河北省分公司	2010
	2011 年度组训精英奖	中国人民财产保险股份有限公司	2011
	2014 年度青年岗位能手	河北省分公司	2014
	车险销售人员个人软装备系统应用培训班学习工作积极分子	河北省分公司	2015
阚荣银	2007 年个代营销“精英在行动之超越梦想”年度感动人物	河北省分公司	2008
	2007 年个代营销“精英在行动之超越梦想”年度感动人物	河北省分公司	2008
	2009 年营销精英三等奖	河北省分公司	2009
宋景福	2007 年青年岗位能手	河北省分公司	2008
	2007 年度双文明建设先进二作者	河北省分公司	2008
	2010 年度理赔服务能手	河北省分公司	2011
梁晓君	区县支公司经理培训班积极分子	河北省分公司	2010
	区县支公司经理轮训—总公司配送课程培训班优秀学员	河北省分公司	2015
修德东	2009 年度理赔服务能手	河北省分公司	2010
	2016 年新任管理者专题培训班优秀班委	河北省分公司	2014
任海强	2009 年度精英团队主管奖	中国人民财产保险股份有限公司	2010
	2015 年农网建设管理及农村营销服务部业务技能培训班优秀班委	河北省分公司	2015

续表 11-3-27

姓名	荣誉称号	授予机构	授予年度
梁玉江	2009 年“营销精英展业积分大赛”营销精英三等奖	河北省分公司	2010
刘东玉	全省系统 2010 年度理赔服务能手	河北省分公司	2011
黄佳敏	2010 年度理赔服务能手	河北省分公司	2011
马雪刚	2011 年新入司岗前培训优秀学员	河北省分公司	2011
	2013 年第二期内训师业务技能培训班学习工作积极分子	河北省分公司	2013
	2013 年全省系统内训师业务技能大赛个人三等奖	河北省分公司	2013
	2014 年合规课件评审优秀课件	河北省分公司	2014
	河北保险高速春运客服活动先进个人	河北省保险行业协会	2015
	优秀共产党员	河北省分公司	2015
	2015 年培训师高峰论坛暨第二届技能大赛个人一等奖	河北省分公司	2015
	2015 年综合使用业务技能班优秀学员	河北省分公司	2015
石建坪	2010 年度青年岗位能手	河北省分公司	2011
	2012 年度理赔服务能手	河北省分公司	2013
杨喆	党员展业能手	河北省分公司	2011
李晓莲	2010 年度青年岗位能手	河北省分公司	2011
杨树宏	优秀共产党员	河北省分公司	2011
	全省系统基层司部经理培训班优秀班干部	河北省分公司	2012
	优秀个人	河北省分公司	2012
	优秀共产党员	河北省分公司	2013
	2012 年度优秀支公司经理	河北省分公司	2013
	2012 年度先进工作者	河北省分公司	2013

续表 11-3-27

姓名	荣誉称号	授予机构	授予年度
郝岩	2011 年新入司员工岗前培训班优秀班组长	河北省分公司	2011
韩艳艳	2012 年理赔技能大赛车险理算技能二等奖	河北省分公司	2012
	2015 年河北保险国庆客服活动先进个人	河北省保险行业协会	2015
陈志伟	2011 年度青年岗位能手	河北省分公司	2012
陈磊	2012 年新入司员工培训班优秀学员	河北省分公司	2012
刘景鑫	2012 年度优秀团干部	河北省分公司	2012
	中国人保财险创意大赛优秀创意奖	共青团中国人民财产保险股份有限公司委员会	2015
邢玉	为民服务优秀标兵	河北省分公司	2012
刘丹	2012 年度青年岗位能手	河北省分公司	2013
郭艳丽	第二届车险理赔标准化应用技能大赛个人二等奖	河北省分公司	2013
	2015 年理赔技能大赛人伤跟踪医疗审核技能一等奖	河北省分公司	2015
陈昭杰	2012 年度河北省公司理赔服务能手	河北省分公司	2013
	2013 年度河北省分公司青年岗位能手	河北省分公司	2014
	2014 年度总公司百佳优秀查勘定损员	中国人民财产保险股份有限公司	2015
刘洁	2013 年度青年岗位证书	河北省分公司	2013
张立新	2012 年度青年岗位能手	河北省分公司	2013
于菲	2013 年度青年岗位能手	河北省分公司	2014
于灵江	中国人民保险集团 2013 年交叉互动业务竞赛业务精英奖	中国人民保险集团股份有限公司	2014
	中国人民保险集团 2014 年交叉互动业务竞赛优秀个人奖	中国人民保险集团股份有限公司	2015
舒建锋	2014 年第一届新入司员工岗前培训班优秀班委	河北省分公司	2014

续表 11-3-27

姓名	荣誉称号	授予机构	授予年度
侯昆伦	2014年新员工岗前培训班学习工作积极分子	河北省分公司	2014
常翠侠	中国梦赶考行2014年河北省首届网友心中最美保险人	河北日报报业集团 、河北省保险行业协会	2014
	2015年优秀劳务派遣转编员工业务技能提升培训班优秀学员	河北省分公司	2015
	出单精英业务技能培训班优秀学员	河北省分公司	2015
	2015年出单服务技能大赛三等奖	河北省分公司	2015
孙启超	2014年全省系统“新思路”杯创新竞赛优秀作品奖	河北省分公司	2014
陈怡	中国人保财险河北省分公司2015年培训师高峰论坛暨第二届技能大赛（个人赛）优秀奖	河北省分公司	2015
王薇	2015年产品创意大赛产品创意组二等奖	河北省分公司	2015
	2013年度优秀共青团干部	河北省分公司	2015
王静	出单精英业务技能培训班优秀班委	河北省分公司	2015
孙冬梅	2014年度先进女职工	河北省分公司	2015
邢路安	2013年度优秀共青团干部	河北省分公司	2015

2002—2015年中国太平洋财产保险股份有限公司承德中心支公司个人荣誉统计表

表 11-3-28

姓名	荣誉称号	授予机关	授予年度
张秀文	“20周年司庆杯”优胜者荣誉称号	太保产险总公司	2002
刘庆文	向党的十六大献礼竞赛优胜奖	太保产险石家庄分公司	2002
贾文增	向党的十六大献礼竞赛优胜奖	太保产险石家庄分公司	2002
王恩才	向党的十六大献礼竞赛优胜奖	太保产险石家庄分公司	2002
	优秀共产党员	太保产险河北分公司	2005
	先进工作者	太保产险河北分公司	2005
荆淑莲	向党的十六大献礼竞赛优胜奖	太保产险石家庄分公司	2002
	展业能手	太保产险河北分公司	2005

续表 11-3-28

姓名	荣誉称号	授予机关	授予年度
李　强	先进工作者	太保产险石家庄分公司	2002
朱晓平	展业能手	太保产险石家庄分公司	2002
李　良	优秀共产党员	太保产险河北分公司	2005
	先进工作者	太保产险河北分公司	2005
郭向光	展业能手	太保产险河北分公司	2005
	第一届“销售精英表彰大会”销售精英	太保产险河北分公司	2008
	第二届燕赵之星——销售精英铜奖	太保产险河北分公司	2009
	“燕赵之星”销售精英铜奖	太保产险河北分公司	2010
	“燕赵之星”销售精英铜奖	太保产险河北分公司	2011
	第五届销售精英银奖	太保产险河北分公司	2012
	第六届“燕赵之星”——销售精英金奖	太保产险河北分公司	2013
	2014 年河北省最美保险人称号	2014 年河北省首届网友最满意的保险基层公司暨最美保险人推举活动	2014
王海燕	第一届“销售精英表彰大会”销售精英	太保产险河北分公司	2008
王春宝	优秀共产党员	中共太保产险河北分公司党委	2008
	优秀共产党员	中共太保产险河北分公司党委	2008
	优秀共产党员	中共太保产险河北分公司党委	2009
	我为转型“献一计”活动二等奖	太保产险河北分公司	2011
石小平	第一届“销售精英表彰大会”销售精英	太保产险河北分公司	2008
	区域销售能手奖	太保产险河北分公司	2010
	销售精英铜奖	太保产险河北分公司	2012
	交叉销售产代寿高手赛	太保产险河北分公司	2015

续表 11-3-28

姓名	荣誉称号	授予机关	授予年度
田春浩	第二届燕赵之星——销售精英铜奖	太保产险河北分公司	2009
	“燕赵之星”非车险业务贡献奖	太保产险河北分公司	2011
	第五届销售精英铜奖	太保产险河北分公司	2012
李艳辉	业务一线优秀个人奖	太保产险河北分公司	2009
	全辖各条线优秀个人奖第二十三名	太保产险河北分公司	2009
司小静	业务一线优秀个人奖	太保产险河北分公司	2009
	全辖各条线优秀个人奖第二十四名	太保产险河北分公司	2009
高　杰	全辖各条线优秀个人奖第七名	太保产险河北分公司	2009
	优秀共产党员	中共太保产险河北分公司党委	2009
李彦龙	全辖各条线优秀个人奖第八名	太保产险河北分公司	2009
林　明	全辖各条线优秀个人奖第十六名	太保产险河北分公司	2009
孙艳海	条线业务竞赛销售精英奖	太保产险河北分公司	2009
	“销售精英奖”	太保产险河北分公司	2010
	车险核心业务销售精英奖	太保产险河北分公司	2010
	“燕赵之星”渠道业务开拓奖	太保产险河北分公司	2011
	第五届车商渠道精英金奖	太保产险河北分公司	2012
	第六届燕赵之星——非车险销售精英奖	太保产险河北分公司	2013
杜学柱	“燕赵之星”非车险业务贡献奖	太保产险河北分公司	2011
于大鹏	2011 年度信息工作优秀信息员	太保产险河北分公司	2011
姜跃利	优秀共产党员	中共太保产险河北分公司党委	2011
张晓云	积极进取奖	太保产险河北分公司	2011
李元首	第五届销售精英铜奖	太保产险河北分公司	2011

续表 11-3-28

姓名	荣誉称号	授予机关	授予年度
闫怀林	优秀共产党员	中共太保产险河北分公司党委	2011
	第五届销售精英铜奖	太保产险河北分公司	2012
	第六届燕赵之星——销售精英银奖	太保产险河北分公司	2013
辛淑云	第六届燕赵之星——销售精英银奖	太保产险河北分公司	2013
于汪洋	第六届燕赵之星——重大客户维护奖	太保产险河北分公司	2013
王一然	第六届燕赵之星——重大客户维护奖	太保产险河北分公司	2013
赵晓承	第六届燕赵之星——重大客户维护奖	太保产险河北分公司	2013
李杰萍	第六届燕赵之星——重大客户维护奖	太保产险河北分公司	2013
杨宗华	第六届燕赵之星——销售新人奖	太保产险河北分公司	2013
贾　梅	第六届燕赵之星——销售新人奖	太保产险河北分公司	2013
左　权	2013 年度理赔标兵称号	太保产险河北分公司	2013

2005—2015 年中华联合财产保险股份有限公司承德中心支公司个人荣誉统计表

表 11-3-29

姓名	荣誉称号	授予机关	授予年度
董建华	优秀党务工作者	中华财险总公司	2007
乔史律	优秀党务工作者	中华财险河北分公司	2007
	展业能手	中华财险河北分公司	2008
王建军	先进工作者	中华财险河北分公司	2007
	展业能手	中华财险河北分公司	2008
刘柏松	优秀共产党员	中华财险河北分公司	2007
	优秀共产党员	中华财险河北分公司	2008
张玉华	展业能手	中华财险河北分公司	2007
冷国志	先进工作者	中华财险河北分公司	2008
王小宇	先进工作者	中华财险河北分公司	2008
陈英贵	优秀共产党员	中华财险河北分公司	2008

续表 11-3-29

姓名	荣誉称号	授予机关	授予年度
胡笑言	优秀共产党员	中华财险河北分公司	2008
	优秀共产党员	中华财险河北分公司	2010
	保险明星	中华财险河北分公司	2013
	优秀共产党员	中华财险河北分公司	2013
陈洪波	先进工作者	中华财险河北分公司	2009
	中华卫士	中华财险河北分公司	2014
黎卫国	优秀共产党员	中华财险河北分公司	2009
刘景臣	展业能手	中华财险河北分公司	2009
	先进工作者	中华财险河北分公司	2010
刘阁峰	优秀共产党员	中华财险河北分公司	2009
	先进工作者	中华财险总公司	2015
卢宏旗	保险明星	中华财险总公司	2009
	展业能手	中华财险河北分公司	2010
	保险明星	中华财险河北分公司	2011
	保险明星	河北省保险行业协会	2012
	保险明星	中华财险河北分公司	2013
关 杰	先进工作者	中华财险河北分公司	2009
	优秀基层机构经理	中华财险总公司	2015
马义华	优秀共产党员	中华财险河北分公司	2010
	先进工作者	中华财险河北分公司	2014
马海平	展业能手	中华财险河北分公司	2010
蔡海群	优秀共产党员	中华财险河北分公司	2011
	优秀共产党员	中华财险河北分公司	2012
刘亚杰	创先争优先进个人	中华财险河北分公司	2011
	“二次创业”先进个人	中华财险河北分公司	2013
	优秀共产党员	中华财险河北分公司	2015
高 歌	“二次创业”先进个人	中华财险河北分公司	2012

续表 11-3-29

姓名	荣誉称号	授予机关	授予年度
赵　越	岗位标兵	中华财险河北分公司	2012
	岗位标兵	中华财险河北分公司	2013
	岗位标兵	中华财险河北分公司	2014
陆小兰	保险明星	中华财险河北分公司	2012
	直销业务银牌	中华财险总公司	2013
	保险明星	中华财险河北分公司	2013
乔德利	优秀共产党员	中华财险河北分公司	2012
王丰一	优秀共产党员	中华财险河北分公司	2012
赵树超	“二次创业”先进个人	中华财险河北分公司	2012
	总公司 2013 年销售精英	中华财险总公司	2014
	2013 年优秀共产党员	中华财险河北分公司	2014
张亚平	金牌服务明星	中华财险总公司	2013
石砚君	直销业务金牌	中华财险总公司	2013
马瑞军	优秀共产党员	中华财险河北分公司	2013
王宝生	“二次创业”先进个人	中华财险河北分公司	2013
王世海	优秀共产党员	中华财险河北分公司	2014
王宇华	服务明星	中华财险河北分公司	2014
	服务明星	中华财险河北分公司	2015
韩东兴	先进工作者	中华财险河北分公司	2015
王　静	先进工作者	中华财险河北分公司	2015
杜金龙	金牌服务明星	中华财险河北分公司	2015
孙月艳	出单服务明星	中华财险河北分公司	2015
	岗位标兵	中华财险河北分公司	2015
石秀富	优秀共产党员	中华财险河北分公司	2015
高　键	最美查勘员	中华财险河北分公司	2015
吕艳军	金牌服务明星	中华财险总公司	2015

2006—2015年永安财产保险股份有限公司承德中心支公司个人荣誉统计表

表11-3-30

姓名	荣誉称号	授予机关	授予年度
杨　利	优秀员工	永安财险河北省分公司	2007
	优秀员工	永安财险河北省分公司	2015
李秀珍	优秀展业能手	永安财险河北省分公司	2007
	优秀展业能手	永安财险河北省分公司	2008
	优秀展业能手	永安财险河北省分公司	2009
	优秀展业能手	永安财险河北省分公司	2010
	优秀展业能手	永安财险河北省分公司	2011
	优秀展业能手	永安财险河北省分公司	2012
	优秀展业能手	永安财险河北省分公司	2013
	优秀展业能手	永安财险河北省分公司	2014
	优秀展业能手	永安财险河北省分公司	2015
王淑丽	优秀展业能手	永安财险河北省分公司	2008
孙慧丽	优秀员工	永安财险河北省分公司	2008
倪小平	优秀员工	永安财险河北省分公司	2009
谢冰欣	优秀员工	永安财险河北省分公司	2010
衡丽佳	优秀员工	永安财险河北省分公司	2011
	优秀员工	永安财险河北省分公司	2012
	优秀员工	永安财险河北省分公司	2013
周德琼	优秀员工	永安财险河北省分公司	2014

2007—2015年天安财产保险股份有限公司承德中心支公司个人荣誉统计表

表11-3-31

姓名	荣誉称号	授予机关	授予年度
杨　蕾	优秀员工	天安财险河北省分公司	2009
	甘于奉献奖	天安保险股份有限公司	2011
罗晓霞	大项目特别贡献奖	天安财险河北省分公司	2013
王　莹	优秀管理员工	天安财险河北省分公司	2015

2008—2015年渤海财产保险股份有限公司承德中心支公司个人荣誉统计表

表 11-3-32

姓名	荣誉称号	授予机关	授予年度
刘磊	傲骨苍兰奖	渤海财产保险股份有限公司	2010
	客服服务标兵	渤海财险河北分公司	2012
	服务标兵	渤海财险河北分公司	2014
史颖新	服务标兵	渤海财险河北分公司	2014

2011—2015年阳光财产保险股份有限公司承德中心支公司个人荣誉统计表

表 11-3-33

姓名	荣誉称号	授予机关	授予年度
王小宇	阳光综拓优秀专员	阳光保险集团	2012
	销售明星	阳光财险河北分公司	2013
	销售明星	阳光财险河北分公司	2014
张丽娜	最诚实可靠的人	阳光财险总公司	2013
	最诚实可靠的人	阳光财险河北分公司	2014
	最诚实可靠的人	阳光财险河北分公司	2015
齐学凯	明星员工	阳光财险总公司	2014
	明星员工	阳光财险总公司	2015
	优秀员工	阳光财险河北分公司	2015
蔚建华	优秀员工	阳光财险河北分公司	2015
刘大海	销售明星	阳光财险河北分公司	2015
马海平	销售明星	阳光财险河北分公司	2015

2013—2015年英大泰和财产保险股份有限公司承德中心支公司个人荣誉统计表

表 11-3-34

姓名	荣誉称号	授予机关	授予年度
谢福全	先进个人	英大泰和财险河北分公司	2013
于洪源	先进个人	英大泰和财险河北分公司	2014
于明星	先进个人	英大泰和财险河北分公司	2015

2013—2015 年中国人寿财产保险股份有限公司承德中心支公司个人荣誉统计表

表 11-3-35

姓名	荣誉称号	授予机关	授予年度
武瑞国	分公司 2012 年度互动渠道建设管理先进个人	国寿财险河北省分公司	2013
	总公司 2013 年度互动业务精英管理者	中国人寿财产保险股份有限公司	2014
崔晓云	总公司 2013 年度互动精英服务专员奖	中国人寿财产保险股份有限公司	2014

2007—2015 年合众人寿保险股份有限公司承德中心支公司个人荣誉统计表

表 11-3-36

姓名	荣誉称号	授予机关	授予年度
王皓昱	机构优秀经理	合众人寿河北分公司	2007
刘凤秋	优秀员工	合众人寿河北分公司	2007
刘　跃	优秀员工	合众人寿河北分公司	2007
刘　颖	优秀员工	合众人寿河北分公司	2007
	优秀员工	合众人寿河北分公司	2011
李庆元	优秀员工	合众人寿河北分公司	2008
	优秀员工	合众人寿河北分公司	2009
	优秀经理	合众人寿河北分公司	2010
	优秀员工	合众人寿河北分公司	2012
刘志敏	优秀员工	合众人寿河北分公司	2008
	机构优秀经理	合众人寿河北分公司	2009
周福来	优秀员工	合众人寿河北分公司	2008
	优秀员工	合众人寿河北分公司	2010
王　敬	优秀员工	合众人寿河北分公司	2009
	优秀员工	合众人寿河北分公司	2011
张　阳	优秀员工	合众人寿河北分公司	2010
	敬业员工	合众人寿河北分公司	2011
	敬业员工	合众人寿河北分公司	2012
邢志强	金话筒	合众人寿河北分公司	2012
	敬业员工	合众人寿河北分公司	2013

续表 11-3-36

姓名	荣誉称号	授予机关	授予年度
张艳萍	优秀员工	合众人寿河北分公司	2012
	优秀员工	合众人寿河北分公司	2014
	敬业员工	合众人寿河北分公司	2015
王俊鹏	敬业员工	合众人寿河北分公司	2013
	优秀员工	合众人寿河北分公司	2014
白云燕	优秀员工	合众人寿河北分公司	2014
	优秀带班教练	合众人寿河北分公司	2015
陈　飞	敬业员工	合众人寿河北分公司	2015

2010—2015 年太平人寿保险有限公司承德中心支公司个人荣誉统计表

表 11-3-37

姓名	荣誉称号	授予机关	授予年度
李　莉	优秀经理人	太平人寿河北分公司	2010
	优秀员工	太平人寿保险有限公司	2011
	优秀经理人	太平人寿河北分公司	2012
	优秀经理人	太平人寿河北分公司	2013
	优秀经理人	太平人寿河北分公司	2014
张　薇	优秀员工	太平人寿河北分公司	2010
王晶晶	优秀员工	太平人寿河北分公司	2010
	优秀员工	太平人寿河北分公司	2015
石东军	优秀员工	太平人寿河北分公司	2012
	优秀员工	太平人寿河北分公司	2013
	优秀员工	太平人寿河北分公司	2014
吴英姿	优秀员工	太平人寿河北分公司	2014
武术丰	优秀团员	太平人寿河北分公司	2014
蔡秀飞	优秀员工	太平人寿河北分公司	2014
常艳艳	优秀员工	太平人寿河北分公司	2015
肖志新	优秀员工	太平人寿河北分公司	2015

2010—2015年百年人寿保险股份有限公司承德中心支公司个人荣誉统计表

表11-3-38

姓名	荣誉称号	授予机关	授予年度
宋艳姬	优秀员工	百年人寿河北省分公司	2011
孙海军	优秀员工	百年人寿河北省分公司	2012
马志慧	优秀员工	百年人寿河北省分公司	2013

2011—2015年阳光人寿保险股份有限公司承德中心支公司个人荣誉统计表

表11-3-39

姓名	荣誉称号	授予机关	授予年度
赵亚军	明星员工	阳光人寿保险股份有限公司	2012
	优秀员工	阳光人寿河北分公司	2015
叶会铁	中国保险优秀领导力奖	中国保险创新大奖评选委员会《保险文化》杂志社	2012
	优秀管理者	阳光人寿河北分公司	2012
	优秀管理者	阳光人寿河北分公司	2013
	优秀青年	阳光人寿保险股份有限公司	2014
	优秀管理者	阳光人寿河北分公司	2014
	优秀管理者	阳光人寿保险股份有限公司	2015
陈素英	明星员工	阳光人寿保险股份有限公司	2013
	明星员工	阳光人寿保险股份有限公司	2015
宋　丽	优秀员工	阳光人寿河北分公司	2013
刘东旭	优秀员工	阳光人寿河北分公司	2013
	优秀员工	阳光人寿河北分公司	2014
丁建平	“一五”收官优秀员工	阳光人寿河北分公司	2013
周宝坤	“一五”收官优秀员工	阳光人寿河北分公司	2013
	优秀员工	阳光人寿河北分公司	2013
祁凤泉	优秀管理者	阳光人寿河北分公司	2013
刘佐军	优秀管理者	阳光人寿河北分公司	2013
刘明月	明星员工	阳光人寿保险股份有限公司	2014
	明星员工	阳光人寿保险股份有限公司	2015
孔令杰	优秀员工	阳光人寿河北分公司	2014
赵　力	优秀员工	阳光人寿河北分公司	2015

2011—2015年富德生命人寿保险股份有限公司承德中心支公司个人荣誉统计表

表11-3-40

姓名	荣誉称号	授予机关	授予年度
于　洋	优秀员工	富德生命人寿河北分公司	2011
赵　阳	优秀员工	富德生命人寿河北分公司	2011
杨敬华	优秀员工	富德生命人寿河北分公司	2011
程利云	优秀员工	富德生命人寿河北分公司	2012
谢国鑫	优秀员工	富德生命人寿河北分公司	2012
贾　蓓	优秀员工	富德生命人寿河北分公司	2013
胡　健	优秀员工	富德生命人寿河北分公司	2013
张忠生	优秀员工	富德生命人寿河北分公司	2014
韩　伟	优秀员工	富德生命人寿河北分公司	2014
吴长琦	优秀员工	富德生命人寿河北分公司	2015
毛丽娜	优秀员工	富德生命人寿河北分公司	2015
张　飒	优秀员工	富德生命人寿河北分公司	2015

2012—2015年平安养老保险股份有限公司承德中心支公司个人荣誉统计表

表11-3-41

姓名	荣誉称号	授予机关	授予年度
王燕章	2013年直销明星	平安养老保险股份有限公司	2014
李旭红	保险明星	河北省保险行业协会	2015
	2015年度优秀经理	平安养老保险股份有限公司	2015

第二节　证券机构

本节共收录证券机构市级以上集体荣誉24项，其中省部级荣誉14项，市厅级荣誉10项；个人荣誉43项，其中省部级荣誉27项，市厅级荣誉16项。

一、集体荣誉

1989—2015 年中国中投证券有限责任公司承德翠桥路证券营业部省部级集体荣誉统计表

表 11-3-42

获奖单位	荣誉称号	授予机关	授予年度
中投证券承德营业部	2007 年一季度银证渠道营销第一名	中投证券总公司	2007
	2007 年上半年银证渠道营销第二名	中投证券总公司	2007
	2008 年度最佳进步奖	中投证券总公司	2009
	2009 年度最佳交易运营团队	中投证券总公司	2010
	2010 年度最佳开户团队	中投证券总公司	2011
	2010 年度最佳客户开发团队	中投证券总公司	2011
	中国银行—中投证券 2010 年联合营销竞赛中获得第三方存管业务“开拓先锋奖”“业务全能奖”“杰出贡献奖”	中国银行	2011
	2011 年度“争抢先机、领跑中投”集体奖第一名	中投证券总公司	2012
	2011 年度最佳客户开发团队	中投证券总公司	2012
	2012 年中期融资融券收入贡献奖、争先进位奖	中投证券总公司	2012
	2013 年度最佳贡献奖	中投证券总公司	2014
	2013 年度 IB 业务最佳创收奖	中投证券总公司	2014

1989—2015 年中国中投证券有限责任公司承德翠桥路证券营业部市厅级集体荣誉统计表

表 11-3-43

获奖单位	荣誉称号	授予机关	授予年度
中投证券承德营业部	青年文明号	承德市人民政府	1996
	第二届羽毛球赛优秀参赛队	河北省证券业协会	2009
	河北证券期货业迎春晚会优秀组织奖	河北证监局、河北证券业协会	2011
	2011 年度工会先进集体	中投证券总公司工会	2012
	河北省 2012 年度最佳人气证券营业部	河北省证券业协会、河北新闻网	2013
	中投证券第四届羽毛球比赛季军	中投证券总公司工会	2014

1995—2015 年财达证券股份有限公司承德都统府大街证券营业部省部级集体荣誉统计表

表 11-3-44

姓名	荣誉称号	授予机关	授予年度
财达证券承德营业部	宣传报道先进单位	财达证券总公司	2011
	2014 年度先进集体	财达证券总公司	2015

1995—2015 年财达证券股份有限公司承德都统府大街证券营业部市厅级集体荣誉统计表

表 11-3-45

姓名	荣誉称号	授予机关	授予年度
财达证券承德营业部	合规管理先进单位	河北证监局	2012
	先进基层党支部	中共河北钢铁集团党委	2012
	河北省 2012 年度十佳证券营业部	河北省证券业协会、河北新闻网	2013
	先进基层工会	河北省金融工会	2014

二、个人荣誉

1995—2015 年中国中投证券有限责任公司承德翠桥路证券营业部个人荣誉统计表

表 11-3-46

姓名	荣誉称号	授予机关	授予年度
宋立铭	河北省生产要素市场建设先进个人	河北省人民政府	1996
王占武	分公司先进个人	南方证券北京分公司	1998
	系统先进个人	中投证券总公司	2014
	系统先进个人	中投证券资管总部	2015
单　文	优秀共产党员	中投证券总公司	2011

1995—2015 年财达证券股份有限公司承德都统府大街证券营业部个人荣誉统计表

表 11-3-47

姓名	荣誉称号	授予机关	授予年度
李继锋	金融科技进步二等奖	中国人民银行	1998
	优秀共产党员	中共财达证券总公司党委	2008
贾方欣	先进工作者	河北证券总公司	1999
	先进工作者	河北证券总公司	2000
	先进工作者	河北证券总公司	2001

续表 11-3-47

姓名	荣誉称号	授予机关	授予年度
贾方欣	先进工作者	河北证券总公司	2003
	优秀共产党员	中共财达证券总公司党委	2009
	优秀共产党员	中共财达证券总公司党委	2012
吕聪彦	先进工作者	河北证券总公司	1999
	先进工作者	河北证券总公司	2000
	先进工作者	河北证券总公司	2001
	“3·15”我与投资者征文活动三等奖	上海证券交易所	2009
	先进工作者	财达证券总公司	2012
	优秀共产党员	中共财达证券总公司党委	2013
	先进工作者	财达证券总公司	2015
张　超	先进工作者	财达证券总公司	2008
	优秀通讯员	财达证券总公司	2011
	优秀共产党员	中共财达证券总公司党委	2014
	先进工作者	财达证券总公司	2015
	河北辖区证券经营机构服务实体经济发展征文活动三等奖	河北省证券业协会、河北工人报	2015
孙慧敏	先进工作者	财达证券总公司	2010
杜秀河	优秀党务工作者	中共河北钢铁集团党委、中共财达证券总公司党委	2010
	优秀党务工作者	中共河北钢铁集团党委、中共财达证券总公司党委	2011
	优秀党务工作者	中共河北钢铁集团党委、中共财达证券党委	2012
	优秀党务工作者	中共财达证券总公司党委	2014
	先进工作者	财达证券总公司	2014
	先进工作者	财达证券总公司	2015
	优秀共产党员	中共财达证券总公司党委	2015
贾　悦	先进工作者	财达证券总公司	2011
刘秀红	先进工作者	财达证券总公司	2013

2011—2015 年财达证券股份有限公司承德宽城金山街证券营业部个人荣誉统计表

表 11-3-48

姓名	荣誉称号	授予机关	授予年度
杨大猛	先进工作者	财达证券总公司	2012
	先进工作者	财达证券总公司	2013
	反洗钱竞赛二等奖	财达证券总公司	2015
秦　峰	先进工作者	财达证券总公司	2014
梁彬彬	先进工作者	财达证券总公司	2015

2014—2015 年国泰君安证券股份有限公司承德西大街证券营业部个人荣誉统计表

表 11-3-49

姓名	荣誉称号	授予机关	授予年度
侯霄鹏	优秀共产党员	国泰君安证券河北分公司	2014
	优秀共产党员	河北省国资委	2015
郑　飞	最佳新人奖	国泰君安证券河北分公司	2015

附录 人行承德市中心支行历任行长
讲 话 选 编

整顿金融队伍 深化金融改革 全面完成今年工作任务

—— 在人民银行县支行行长会议结束时的讲话

中国人民银行承德分行行长 程文甫

（一九九一年八月二十二日）

同志们：

这次县支行行长会议开了两天，今天就要结束了。会上传达了全省分行行长会议精神，各支行汇报了上半年工作，全体与会同志认真学习了有关文件精神，对如何做好后几个月工作进行了充分讨论。会议开得很成功，收到了预期效果。

今年以来，我辖区金融形势基本稳定，经济发展有所回升，经济金融形势朝着好的方向 发展。1—6 月，工业总产值比去年同期增长 11.5 个百分点，固定资产投资加快，财政收支状况有所好转，商业购销、外贸出口形势较好，农业可望丰收。银行信贷现金计划执行情况基本正常，各项存款余额 216297 万元，比年初增长 7.7%；各项贷款余额 327612 万元，比年初增长 3.7%，贷款增量控制在省行核批的规模之内；现金投放 4627 万元，比去年同期增加 16 倍，投放量之大是历史同时期所没有的。由于存款增加，资金紧张状况有所缓解。在新增加的贷款中，主要是国营工业生产企业贷款、农业贷款和固定资产贷款增加较多，基本符合国家产业政策和信贷原则。

上半年经济金融形势虽然总体较好，但有几个问题需要引起高度重视。

一是生产速度虽然回升，但经济效益仍呈下降趋势。1—6 月工业总产值增长 14.5%，高于同期 11.5 个百分点，生产速度大幅回升是去年贷款增加较多的滞后效应，缺乏持续增长的基础后劲，主要表现是利润下降，亏损增多，生产储备不足。据对全辖 1—6 月份地方预算内工业企业统计，产值增长 19%，产品销售收入增长 19.6%，但利润却下降 74.5%。

二是不合理资金占用仍在增加，资金供求矛盾趋紧。在产业结构调整进展缓慢的情况下，银行新投入的信贷资金大量被三项资金所占用，陷入资金投入多、占压多的恶性循环局面，这正是资金循环受阻、资金供求矛盾加剧的基本症结。6 月末，地方预算内企业三项资金占用 54892 万元，资金水分高达 16080 万元。大量的信贷资金被不合理挤占，使企业之间相互拖欠而形成的债务链继续加大。

三是企业补充自有流动资金步履艰难，负债经营加剧，风险加大。银行统管流动资金之后，企业生产发展所需定额流动资金，基本上是靠银行贷款超常增长来维持，据对 15 户重点企业调查，5 月末，企业补充自有流动资金 5464 万元，仅占企业定额流动资金缺口的 10%，较同期下降 0.4 个百分点。如果银行继续统包流动资金，企业背负的包袱只能越来越重，自我发展能力和自担风险能力将继续弱化。

四是储蓄存款增势减弱。6月末城乡储蓄存款余额194272万元，比年初增长11.7%，占各项存款总额的66.6%。其中，城镇储蓄比年初增加6830万元，增长10.6%。但由于保值储蓄贴补率持续13个月低于零，加之4月份利率再次下调，促使居民购买债券欲望增强，由单一的储蓄保值向购买债券等金融资产保值转变，影响储蓄存款增长减弱，二季度储蓄存款增加6509万元，比一季度少增7333万元，比5年同期少增1538万元。

五是现金投放大幅增长。1—6月，银行现金收入196545万元，现金支出201172万元，分别比同期增长17.2%、19.7%，收支相抵净投放现金4627万元，比去年同期增加16倍，投放量之大是历史同期所没有的。从现金收支渠道看，商品销售回笼能力较弱，尽管商品销售收入现金比同期增长12.6%，但占现金收入的比重仍比同期降低1.7个百分点，反映了市场仍未能恢复到正常状况。 由于控制社会集团购买力有所松动，行政管理费支出增势较猛。1—6月行政管理费支出比同期增加3899万元，增长28.3%，应引起高度重视。农村信用支出猛增，农村信用净投放现金19169万元，比同期增加4420万元。

六是信贷收支差额缩小，影响专业银行支付能力减弱。1—6月信贷收入大于支出3645万元，差额由年初的114960万元缩小到111315万元。专业银行在人民银行存款比年初下降6440万元，比同期多降4892万元。

形成上述情况的原因比较复杂，主要是承德经济发展基础薄弱在金融上的集中反映，需要我们很好地研究解决。上半年各支行工作比较扎实，都有明显地发展和提高。为了继续做好今年后几个月的工作，实现全年工作目标，根据全省分行行长会议精神和辖区实际情况，我讲几点意见：

一、集中精力搞好金融队伍整顿建设

为了贯彻落实人总行银发〔1991〕178号《关于整顿建设金融队伍意见的通知》和省分行会议精神，就整顿建设金融队伍工作做如下安排：

（一）充分认识整顿建设金融队伍的重要性

谢献华副行长在人民银行省辖分行行长会议结束时的讲话中强调：要集中精力搞好整顿和建设，这件事已经到了非抓不可的地步。从全省看，近几年金融队伍发展较快，队伍的主流是好的，广大金融干部为发展全省经济做出了很大贡献。但金融部门组织不纯问题程度不同地存在，而且引发大量经济案件，不仅给国家财产造成重大损失，腐蚀坑害了一批金融干部，而且已经严重阻碍和影响到金融事业的健康发展。

从承德地区情况看，同样存在着金融队伍组织不纯问题，而且引发了一些比较严重的经济案件。据统计从1990年到今年上半年，全区金融单位共发生各类经济案件95起，其中，贪污案件11起，盗窃案件5起，索贿受贿案件8起，挪用公款案件60起，其他案件11起。涉及金额10万元以上的7起，1万～10万元的27起，0.2万～1万元的38起，0.2万元以下的23起。发案单位有人民银行、专业银行、保险公司和农村信用社。作案人员有科级干部、所社主任和业务人员，有党员也有非党群众。上述情况表明，我区金融队伍组织不纯的问题比较严重。剖析发生案件的原因，一是进人关把得不严，导致一些思想不纯、作风不纯的人员进入金融队伍，这些人钻了内部管理制度的漏洞乘机作案。二是对暴露的案件处理不坚决，心慈手软，导致有些作案人员多次作案。这些案件都是活生生的反面教材，各级领导务必吸取教训，高度重视清理整顿工作，真正认识到开展这项工作的必要性、迫切性，按照省人行和承德分行要求，各级主要领导要切实承担起第一责任人的责任，认真抓好工作落实。这次会上，承德分行拿出一个整顿建设金融队伍的初步安排意见，修改后下发正式文件，要求人民银行和各金融机构遵照执行。

（二）教育、清理、整领工作中需要强调的

几个问题

1. 切实加强组织领导。这次教育、清理、整顿工作任务重，时间长，涉及面广，各级各部门必须加强领导。地区已经组成了由五行一司主要领导参加的承德金融系统整顿建设金融队伍领导小组，组建了整顿建设办公室，对各行司实行分工负责制，人民银行既抓自身、也抓金融系统的整顿建设。承德分行要求各县支行按照这一形式组织县辖整顿建设领导小组，并抽调纪检、人事、稽核等部门的骨干力量，组成强有力的办事机构，加强对人民银行自身和对专业行司的工作指导。各县支行要制定本单位具体实施意见，由一把手亲自抓组织、抓进度、抓验收，切实把整顿措施落到实处。

2. 积极稳妥地开展工作，确保工作效果。这次整顿建设工作，要集中一年左右的时间完成，各县支行要正确处理好整顿与业务工作的关系，用科学的方法组织指导县辖整顿教育工作，以整顿为动力推动各项工作的开展。整个工作大致划分四个阶段：第一阶段为学习阶段，通过学习开展正面教育，使领导和全体职工认识到整顿建设的重要意义。第二阶段为查、摆、议阶段，要采取有效途径检查摸底，揭摆问题，在查证核实问题的基础上，对有问题的人和事，依法合规妥善处理。第三阶段为整章建制阶段，要根据存在的问题确定日常管理的风险点，健全各项规章制度，切实堵塞漏洞。第四阶段为总结验收阶段。承德分行和县支行都要按照验收标准组织辖内验收工作，组织职工搞好回头看，巩固教育整顿成果。分行对县支行、县支行对各部门都要层层签订责任书，确保落实岗位责任。承德分行将于年终进行一次初步考核。

3. 大力抓好领导班子建设。开展整顿建设工作，首先要抓好领导班子的整顿建设，整顿的效果要集中体现在领导班子思想、作风、组织建设得到加强，履职能力得到提升。在整个工作中，承德分行要组织专门力量，兵分两路，分别抓好一个县支行和一个金融机构的试点工作。无论是抓点还是跑面，首先是督导各县支行开展工作，帮助县支行领导班子搞好自身学习和整顿提高。同时根据整顿情况，调整充实、逐步配齐县支行领导班子，优化领导班子整体结构，增强战斗力，并注意选拔培养后备干部。对整顿中发现严重违法违纪问题的单位，一定要追究领导班子的责任，不合格的班子要调整，犯有错误的领导干部要进行处理。对要害部位和案件易发岗位人员，要进行必要的岗位轮换。今后对这些人员每半年进行一次考核，该调整的要及时调整。整顿中各支行要合理摆布纪检、稽核等部门的力量，相互配合，发挥整体作用。纪检部门对发现的案件线索要深入核实，通过剖析典型案件教育群众。稽核部门要按照上级行要求，重点搞好对金融机构信贷资产质量的典型稽核检查，重点检查集体企业贷款、个体贷款，揭露贷款发放、管理中的违纪违法行为。业务稽核和人事处理工作要很好地结合起来。

4. 这次整顿工作应遵循的原则和政策界限。

一是各县支行的教育活动要在本行党组的统一领导下，按规定步骤进行。分行领导小组派出的工作组，要督导配合县支行党组开展工作。

二是清理整顿要坚持自查自纠为主、正面教育为主、思想教育为主的原则，切忌发生极“左”的做法，切忌借整顿诬陷他人和整人，切忌将工作中的一般问题上纲上线。

三是清理整顿要准确把握政策界限。要把一般性工作失误与违法违纪行为区别开来，要把过失行为与故意违法违纪区别开来，要把一般不正之风与经济犯罪区别开来。

在整个清理整顿工作中，各县支行要全过程报告工作进展情况，要通过工作简报及时反馈工作信息。分行适时召开专题会议，总结经验，推动全面工作。

二、强化银行内部管理，进一步深化金融改革

人民银行总行、省行行长会议指出，今年

下半年要着重抓好强化银行内部管理，搞活资金市场两个问题,以便更好地发挥银行的职能作用。

（一）完善贷款风险管理制度，建立健全风险制约制度

一是推行“资产负债比例管理”试点，以资金来源制约资金运用。银行各项贷款占存款的比例，一般应控制在75%以内，最高不得超过85%。银行拆入的短期资金余额，要控制在本行上年度各项存款增加额的25%以内，最高不得超过40%。根据资产负债对称的原则，固定资产贷款比例控制在全部贷款的15%以内。

二是实行“审贷分离”制度。在坚持贷款“三查”制度的基础上，适当分解贷款管理过程中审、贷、收各环节的职责，改变过去贷款的“三查工作由管户信贷员独立完成而缺乏制约”的问题。具体意见是实行贷款分级审批制度，即是确定信贷员、科长、主管行长、行长办公会四级贷款审批权限，分别把关，各负其责。对固定资产贷款的审贷分离主要是项目评估与发放贷款实行分离，即是在企业提交贷款申请后，经行领导初审后交评估部门组织评估，经评估认可的项目，提交行领导审查并进行决策，然后交由贷款管理部门办理手续，组织贷款实施，并与评估部门一起共同对工程技术项目进行跟踪考核监督。

（二）积极发展金融市场，拓宽融资渠道。

金融市场是社会融资的必要补充，随着经济的发展，金融市场必然要相应发展。承德金融市场要在年内做好下列工作：

一是要巩固已经开办的国库券交易业务，积极谋划企业债券代理业务，要摸清底码，筛选符合发行条件的企业，制定方案，经过报批，积极开办。二是要积极开展融资业务，要本着自愿互利的原则，积极搭桥挂钩，开展辖内外短期资金融通拆借，努力增强资金的流动性和利用率。

三是在搞好现有外汇调剂的基础上，采取措施吸引小额分散而又长期闲置的外汇留成进行调剂。要加强服务，广泛宣传，大胆探索外汇调剂拍卖的新路子，进一步活跃外汇市场。

（三）运用调剂规模，开办贴现业务。

票据贴现和再贴现通过远期票据提前变现，可以补充企业生产资金的正常周转。但我辖区票据业务尚不活跃，要运用好信贷调剂规模，大力促进票据业务的开展。一是在农副产品收购专项规模外，人民银行要划出一定比例的调剂规模用于办理票据再贴现。二是实行优惠鼓励政策，专业银行办理票据贴现业务遇贷款规模不足、申请人民银行办理再贴现时，人行要优先给予支持。三是办理贴现、再贴现要强调三个结合，即是与支持调整产业产品结构相结合，与清仓挖潜和清理“三角债”和结合,与优化银行贷款结构相结合。

要根据人总行有关规定，积极做好设立城市信用联社的筹备工作。要积极探索实施向金融性公司派驻监管员制度，做好选点试办工作。

三、突出重点，做好下半年金融工作

完成年初部署的全年金融工作任务，后四个月很关键。各支行要认真回头看，总结分析上半年工作，从中找出差距，采取相应措施，继续落实全年工作任务。

（一）确保宏观调控任务和各项计划指标的完成。各支行都要落实年初签订的责任状，确保上级行批准的贷款规模不突破，确保全面完成承德分行年初下达的全年工作目标，年底分行要对县支行进行目标考核，对全面完成指标任务的单位要兑现奖励。由于客观原因确实难以完成的目标，要查找原因，说明情况。

（二）继续执行扶优限劣、优化贷款结构的政策。后几个月，各支行要对辖内金融机构加强监督考核，确保继续贯彻区别对待、扶优限劣的信贷政策，努力压缩不合理贷款，优化贷款结构。要认真执行国务院生产办公室和人总行联合下发的《关于加强流动资金贷款管理通知》提出的“五优先、五限制、八不贷”的原则，各支行要按照通知精神，组织专业银行对本县企业、产品进行分类排队，对号入座，根据国家产业政策实行区别对待，促进信贷结构优化。

（三）继续抓好清资挖潜和清理“三角债”工作。各级政府对上述工作很重视，决心大，要求严。各县支行要督促金融机构乘势而上，把上述工作作为搞活资金、提高效益的突破口抓紧抓好。下半年，要推动金融机构进一步落实清资挖潜措施，将清挖指标落到实处。各县支行要加强检查考核，掌握好清挖进度，工作中要注意借鉴好的经验做法，取得成效的要及时总结。省人行拟在9月份召开全省清资挖潜现场会，推广清挖工作先进经验，进一步推动清资挖潜工作深入开展。

各级政府和有关部门已经成立清理“三角债”工作领导小组，各支行要主动协助政府摸清底数。对于辖内的“三角债”，各支行要不等不靠，协助政府积极清理。对于专业银行系统内的“三角债”，由各专业行负责清理。对于跨系统的“三角债”，人民银行要帮助政府自上而下、各负其责地认真清理。对于基建技改“三角债”，要从项目投资人入手进行清理。具体工作要按照《河北省1991年清欠工作实施意见》《河北省百户企业清欠试点实施办法》办理。同时要积极配合全国清欠试点工作，对于我辖区拖欠东北三省四市货款的，原则上谁拖欠谁清理、谁造成缺口谁弥补，银行只能适当注入启动资金。清欠中要严格执行结算纪律，不准企业无理拒付和有款不付，不准银行无理拒付擅自退票，不准少扣或不扣滞纳金，否则将追究有关领导和责任人的责任。

（四）做好旺季农副产品收购调查摸底，落实好收购资金。为了保证今年旺季农副产品收购资金的需求，避免发生给农民“打白条”现象，各支行要协调银行、财政、粮食、供销、外贸等部门密切配合，落实农副产品收购分工负责制，银行要按照国家收购政策合理供应资金。对于粮油等主要农副产品收购资金需要，人行要帮助专业银行给予解决。对于一般农副产品收购资金不足的，人行只能视资金力量给予适当的临时性融通。各县支行要加强旺季资金预测，搞好调查研究，一是要搞好农制产品收购资金需求情况的调查，重点是粮油、大宗干鲜果品及土特产品的年景产量、计划收购量、收购价格、收购总金额、需要的银行贷款等数据。二是要搞好工业企业季节性储备原材料资金需求情况的调查。重点是以农副产品为原料的工业企业资金需求。三是要搞好商业企业为元旦、春节两大节日商品采购增加资金需求情况的调查。四是要搞好旺季资金来源增减变化趋势及资金余缺情况的调查。通过调查研究，搞好旺季资金预测，及时与有关部门沟通情况，发现问题及时解决。同时，各支行要做好旺季现金供应，搞好现金调运和券别搭配，防止出现打白条和实物找零问题。

（五）多渠道筹集资金，搞活三个市场。今年下半年要在原有基础上，进一步搞活资金拆借、证券交易、外汇调剂三个市场，加强代办机构的管理，发挥代办机构的作用，广泛开展同外界的交流，及时掌握融资信息，适时进行调节。在做好国库券、保值公债、大额可转让定期存单交易的基础上，采取助销包销的方法发行企业债券，增加交易证券的种类，进一步活跃市场。

（六）加强银行结算监督，继续清理多头开户。各级政府、企业对结算秩序混乱都有反映。人民银行要严肃结算纪律，加强结算监督，人民银行会计部门要加强结算监督专管力量，经常到专业银行检查结算制度执行情况，深入企业征求意见，发挥举报中心作用。后几个月一经发现违反结算纪律的，要立即核实，按照规定给予严肃处理。十月份承德分行将组织对全辖结算纪律检查验收。从九月一日起，对受理拒付、扣交滞纳金等问题，要严格按照总行银传（1991）37号明传电报提出的三条规定办理，对违反规定的，要批评、警告，扣发奖金，问题严重的要给予行政处分。

关于清理多头开户工作，上半年各支行都做了大量工作，但没有达到总行规定的目标。下半年要对账户清理工作回头看，对各银行开户情况进行“账、证、簿”三核对，人民银行对裁定的开户，要录入计算机进行管理，提高账户管理工作的规范化程度。

（七）加强金融管理、金融稽核工作。一是在金融机构管理方面，今年下半年将申请筹建三个城市信用社，完成对保险业务的清理整顿工作，实现对邮政储蓄机构的正规化管理。以县市为单位，分别组织本辖区金融机构进行达标创优评比活动，规范业务行为，对于擅自超范围、超规模、超比例以及违章经营的金融机构，要坚决依法查处和纠正。二是积极支持经济效益好的大型企业发行企业债券，补充企业技改资金和流动资金不足。有条件的金融机构可以承购包销。

稽核工作要配合清理整顿金融队伍工作，继续按计划完成对建设银行的常规业务稽核，对市区城市信用社的全面业务稽核，开展对全辖部分信贷资产质量的稽核。人行和各专业行司要加强领导，在全面开展自查的基础上，人民银行进行重点抽查，要确保工作质量。

（八）做好现金发行、损伤券销毁和安全保卫工作。下半年是现金投放旺季，各支行一定要落实发行工作责任，做到安全无差错。今年我分行损伤券销毁任务较大，各支行要集中力量清点库存损伤券，及时上缴分行。要进一步加强安全保卫工作，做到谁主管、谁负责，既防外、又防内，做到内外联防。各支行要管好自己的人，把好自己的门，守好自己的库，管好自己的钱和物，认真落实全省银行系统安全保卫工作会议的部署，确保安全无事故。

（九）大力组织商品销售，搞活市场。要督促专业银行协助商业、粮食、供销部门做好库存商品保本期分析，努力挖掘处理库存积压商品。积极组织适销对路的货源，扩大商品销售，特别是要搞好工业品下乡，扩大农村市场销售。要通过促进商品销售活化一部分信贷资金，有效缓解资金紧张的矛盾。

（十）抓好各项基础工作。一是要加强调查统计工作，充实加强调研力量，不断提高对经济金融形式的分析预测质量，使调研信息成为人民银行决策的重要手段和耳目。二是狠抓计算机电子化建设。目前区辖电子联行开发工作已经取得新的进展，要突出抓好开发应用工作，开拓计划统计、会计、国库、货币发行系统应用计算机范围，年底前各支行要接通两套以上应用程序。三是做好会计、国库工作，会计数据要真实反映金融运行状况。上半年，平泉县支行通过会计检查发现，追缴邮储部门多收利差补贴 28.7 万元，其他县也有这方面的问题。各支行要尽快组织力量对邮政储蓄利差补贴逐户进行检查，发现多补或少付问题要立即纠正。四是做好人民币反假工作，要与公安部门密切配合，发现问题及时报告并给予打击，切实维护人民币信誉。五是进一步加强外汇管理，搞好外汇调剂市场，支持外贸企业多出口多创汇。

这次会议布置的工作比较多，有些文件还没有来得及深入学习，各支行回去之后要继续学好领会好会议文件，向县委、县政府做好汇报，传达贯彻好会议精神，抓紧开展各项工作。

同志们，下半年金融工作任务繁重。面临着整顿建设金融队伍、深化金融改革、做好下半年业务工作的三大任务，各支行领导要注意工作方法，科学安排，合理摆布，不能顾此失彼。要深刻领会中央银行肩负的职能作用，带领干部职工振奋精神，全面完成下半年各项金融工作任务。

整顿秩序 严肃纪律
努力做好下半年全市金融工作
—— 在全市金融工作会议上的讲话

中国人民银行承德分行副行长 成永存

（一九九三年八月四日）

同志们：

这次会议是地市合并后新的市政府召开的第一次全市金融工作会议。主要任务是贯彻落实中央和全省金融工作会议精神，进一步统一认识，振奋精神，扎实做好全市整顿金融秩序、支持经济发展的工作。市政府对这次会议十分重视，会前召开了市长办公会，听取了会议筹备情况的汇报，研究了具体贯彻落实意见。市政府领导还要在会上做重要讲话。现在由我传达中央和全省金融工作会议精神，并就贯彻落实会议精神，做好全市金融工作讲几点意见。

一、中央和全省金融工作会议的主要精神

中央金融工作会议于1993年7月5日至7日在北京召开。中国人民银行党组书记、副行长周正庆做了主题讲话。中共中央政治局常委、国务院副总理兼中国人民银行行长朱镕基自始至终参加了会议，并作了重要讲话。在会议结束时，国务院在京的负责人全部出席了会议。中央金融工作会议确定当前金融工作的主要任务是：坚决贯彻落实《中共中央、国务院关于当前经济情况和加强宏观调控的意见》（中发〔1993〕6号文件），肯定金融工作成绩，检讨失误，部署进一步整顿金融秩序，严肃金融纪律，推进金融改革，强化宏观调控的政策措施，振奋干部职工精神，扭转当前金融混乱的严峻局面。

朱镕基在讲话中对整个金融系统的工作给予了充分肯定，并代表党中央、国务院向金融战线的广大干部职工表示感谢和慰问。朱镕基说，当前金融工作的任务十分光荣和艰巨，党中央、国务院非常关心重视和支持金融工作，中央决定从整顿金融秩序入手，解决当前经济发展中出现的问题，是因为金融是国民经济的命脉，在国民经济中处于重要地位。贯彻落实党中央、国务院关于加强宏观调控的一系列重要决策，金融系统负有重大责任。但仅靠金融系统一家是不够的，必须动员全党全国特别是各地区、各部门的党政领导统一思想，统一步调，同心同德，才能把中央对当前经济工作的重大决策真正落到实处。

朱镕基指出，整顿金融秩序，严肃金融纪律，把金融混乱的局面扭转过来，是当前强化宏观调控的关键。加强宏观调控，不是实行全面紧缩，而是进行结构调整。他要求金融系统的各级领导干部要带头执行“约法三章”：一是立即停止和认真清理违章拆借，已经违章拆出的资金要限期收回。二是任何金融机构不得变相提高存贷款利率，不准用提高存款利率的办法搞“储蓄大战”，

不得向贷款对象收取回扣。三是立即停止向银行自己兴办的各种经济实体注入资金，银行要与自己兴办的各种经济实体彻底脱钩。他说，各级银行要认真贯彻执行“约法三章”，否则，将严肃追究当事人和主要负责人的责任。

人民银行总行党组书记、副行长周正庆在主题讲话中强调指出，整顿金融秩序，加强金融调控，必须有较强的力度，必须严肃金融纪律。为此，人民银行总行党组提出了“三要”“十不准”，“三要”是：第一，金融系统各级领导干部要在思想上、政治上同党中央保持高度一致；第二，一切金融活动要符合党中央、国务院的方针政策，执行统一的货币政策；第三、各项金融业务要遵守金融法规和规章制度。“十不准”是：一不准违章拆借资金；二不准非法集资；三不准擅自或变相变动利率；四不准超过贷款限额发放贷款；五不准用信贷资金炒买炒卖房地产、有价证券和兴办实体；六不准越权审批金融机构或擅自办理金融业务；七不准乱收手续费；八不准滥发钱物；九不准以权谋私、索贿受贿或收受有价证券、礼金；十不准弄虚作假或发现问题隐瞒不报。周正庆要求，各级领导干部要严格执行“三要”“十不准”，做到令行禁止，违纪必纠，赏罚分明。

省政府于7月13日至15日在石家庄召开全省金融工作会议。参加会议的有各地市主管专员、市长、地市级各银行行长和部分主管科长。会议的主要任务是:贯彻落实中央金融工作会议精神，部署全省整顿金融秩序工作。要求全省金融系统统一认识，振奋精神，扎实工作，尽快扭转当前金融混乱的严峻局面，支持国民经济又快又好地发展。省人行行长许国峰做了题为《整顿秩序、严肃纪律、振奋精神、做好工作》的主题报告。副省长郭洪岐始终参加会议，与会议代表共同讨论，听取意见，并在会上作了重要讲话。他指出，整顿金融秩序、严肃金融纪律，不仅是金融部门的事情，首先是各级政府的事情。要作为政府工作的大事，摆上议程，统一安排，抓紧抓好。各级政府要带头执行国务院各项金融法规和方针政策，带头执行加强宏观调控的各项政策措施。积极支持金融部门做好整顿工作。要尊重银行的经营自主权，不要干预银行的具体业务。金融部门在支持地方经济发展工作中出现的偏差，各级政府要及时批评指导，并主动承担责任。

省长叶连松在会议结束时到会做了重要讲话。他希望金融系统广大干部职工要振奋精神，积极开展整顿金融秩序、加强宏观调控工作，全面完成党中央、国务院赋予金融系统的任务，为促进全省国民经济更快更好地发展做出新的贡献，不辜负省委、省政府的殷切希望。

中央和全省金融工作会议提出了整领金融秩序、严肃金融纪律、推进金融改革、强化宏观调控的具体内容和措施。归纳起来主要有以下几点：

（一）坚决纠正违章拆借资金。从现在起，一律不准搞违章拆借，不准银行向非银行金融机构、非金融机构拆出资金。银行间的正常资金拆借，必须严格按照人民银行规定的用途、利率、期限进行，对现有拆借资金按照人总行166号文件要求进行清理。

从7月份起，人民银行一律暂停对非银行金融机构的再贷款，原有再贷款要在8月15日前至少收回5月末余额的80%。

（二）坚决制止各种非法集资。要求按照国发1993(24)号文件规定，取缔各种非法集资。各银行对贷款企业的集资，要和银行贷款挂钩清理。要配合有关部门进一步完善有价证券发行和规范市场管理。

（三）整顿利率。各级金融机构必须严格执行人行公布的法定利率，浮动利率幅度必须经省人行批准。各级人行要在下半年组织专业银行开展利率执行情况大检查，发现问题，及时纠正。

（四）清理整顿邮政储蓄资金。邮政储蓄资金是中央银行的资金来源，由人总行统一安排使用，任何部门、任何地方、任何人不得截留挪用。各金融机构不得为截留挪用邮政储蓄开户、提款、办理结算。对已经挪用的，要限期清理收回。对不积极清收的，人行有权采取冻结存款、扣款、罚款等经济处罚和追究个人责任，确保中央银行资金的完整。

（五）整顿结算纪律。三季度要在全省开展结算纪律大检查，检查的重点是压票、退票、截留挪用结算资金、不按规定计付赔偿金和罚款、利用结算进行违法活动等。检查采取条块结合、自查与抽查相结合的办法，对自查自纠不认真，经抽查发现或被举报的问题，要严肃处理。专业银行要落实责任，建立存款支付责任制，逐步补充备付金率达到5%以上。对违反规定而造成支付困难的，不能用人民银行再贷款弥补。由于不能保证存款支付而出现问题的，由当地专业银行行长和该总行行长负责。

（六）清理整顿金融机构自办“三产”和经济实体。要抓紧落实人、财、物脱钩，最迟在9月底以前完成。银行要立即停止向其注入资金，并制定计划、限期收回已注入的资金。

（七）清理整顿金融机构。对未经人行批准，擅自设立的金融机构，要立即停止吸收存款、发放贷款，清理债权债务，限期撤销或并入其他金融机构。对非金融机构擅自开办金融业务的要立即停办。对人行各地分行越权批设的机构要限期清理。对有禁不止、拖延抵制的部门和单位要按有关法规处理。人民银行要依法加强金融行政管理，发现问题，及时制止，以维护正常金融秩序。

（八）加强和改善中央银行的宏观调控。中央决定，把贷款规模的调剂权集中到人民银行总行，取消人民银行省级分行7%的贷款规模调剂权。中央银行的再贷款，除用于农副产品收购的再贷款可下达给省分行外，其余再贷款只对专业银行总行发放。各专业银行要严格执行人民银行下达的信贷计划，未经批准，不得突破。对绕规模或变相突破规模的，要严肃查处。

为了调动金融系统广大干部职工振奋精神，正视问题，扎实做好整领金融秩序工作，国务院、省政府都明确了政策界限。总的原则是：对党中央、国务院的重大决策和部署，要全面正确地领会，统一思想认识，坚决贯彻落实。对朱镕基提出的“约法三章”和总行提出的“三要”“十不准”必须无条件地认真执行。对不积极、不认真执行的要严肃批评。对阳奉阴违、明知故犯的要严肃处理。对原有问题认真纠正的要从宽，对今后再犯的问题要从严；对工作中的一般失误要从宽，对个人以权谋私的要从严；对集体决定的、当时政策不明确的一般违章问题要从宽，对个人越权擅作主张的要从严。

二、我市上半年金融形势及存在问题

今年以来，我市国民经济发展继续保持了较好势头，整体经济规模扩大，宏观效益水平提高，总的形势向好发展。但金融形势比较严峻，出现了各项存款锐减、各项贷款少增、资金全面紧张、现金大量投放的局面。主要表现是：

一是银行各项存款锐减。上半年全市银行各项存款下降1.03亿元，同比少增4.2亿元。其中企业存款下降6700万元，同比少增27414万元，农村存款下降9500万元，同比多降8700万元；城乡储蓄存款增加1.74亿元，同比少增1100万元，其中3月、4月份储蓄绝对额下降4310万元。银行存款大幅度下降是社会滥集资、企事业单位办“三产”、非金融机构分流资金、企业销货款回笼不及时、现金管理偏松、存款利率偏低等诸多因素共同作用的结果。

二是银行贷款增量少，资金紧张的矛盾比较突出。上半年全市银行各项贷款增加1.17亿元，同比少增1.99亿元。其中各专业银行贷款增加9293万元，占规模的80.7%，如果扣除国储粮贷款2200万元和粮食预购定金贷款760万元专项资金，正常渠道仅增加贷款6333万元。出现了企业流动资金严重短缺、国家和省重点建设资金不能到位、农副产品收购资金不落实的严重局面，给我市经济的正常运转带来了不良影响。

三是专业银行备付率过低，正常支付难以保证。6 月末专业银行在人行存款 5434 万元，比年初下降 8190 万元，备付率仅为 2.01%，是历史最低水平，致使银行结算渠道受阻、压单压票现象严重，部分基层银行机构出现支付困难。

四是现金投放大量增加。1—6 月份全市净投放现金 2.34 亿元，同比多投放 7475 万元。现金投放增加的直接原因是储蓄回笼减少，工资性支出和行政管理费支出大幅度增加。

五是金融秩序混乱。金融部门在信贷资金管理、利率管理、机构管理、结算管理等方面存在着违规问题。如违反规定向非金融机构拆出资金，非银行金融机构用拆借资金扩大信贷规模；擅自突破或绕过信贷规模投入信贷资金搞房地产、办公司、办实体；结算纪律松弛，压单压票严重，严重影响了银行信誉；银行信贷管理不严，不合理贷款占用有所增加。一些地方存在着越权批设金融机构、非法金融机构和非金融机构办理金融业务、社会滥集资问题比较普遍等问题，造成社会资金分散，加重了银行资金供求矛盾。

三、提高认识，统一思想，切实做好整顿金融秩序工作

下半年，全市各银行要把整顿金融秩序、严肃金融纪律作为首要工作，在当地党政的领导下抓出成效。市里已经组建以孙德胜副市长为组长、有关部门和各行司领导同志参加的整顿金融秩序领导小组，下设领导小组办公室专司此项工作。

（一）统一思想认识，坚决搞好清理整顿。

当前，金融工作处于整个经济工作的矛盾交汇点，国民经济运行中的各种矛盾集中表现为资金紧张。在这种情况下，金融秩序混乱，纪律松弛，更为社会所瞩目。为此，中央下发了 6 号文件，提出 16 条加强和改善宏观调控的措施，其中 12 条直接或间接与金融工作有关。国务院、省政府又先后召开金融工作会议，专题部署整顿金融秩序工作。对于这些重大决策和部署，我们要全面、正确领会，统一思想认识，坚决贯彻落实。

1. 正确认识当前的经济金融形势。今年以来，全市经济保持了持续发展的势头，但仍然存在着产业结构调整缓慢，交通能源等“瓶颈”制约严重等矛盾和问题。这些矛盾和问题突出表现为资金紧张。要解决这些矛盾和问题，关键在于认真贯彻落实中央提出的宏观调控措施，做到控制总量和优化结构并重，切实提高信贷资金运行质量。

2. 金融秩序混乱状况必须加以整顿。国务院、省政府指出的金融秩序方面存在的问题，在我市也都有存在，如五月末全辖违章拆出资金仍达 22389 万元，存在着延长期限、提高利息、直接拆给非金融机构逃避规模管理等问题；各种非法集资名目繁多，涉及面广，集资额度大，分散了大量资金；结算纪律松弛、信用观念淡薄、压单压票严重，影响了银行信誉；非金融机构办理金融业务，在资金、利率等方面严重扰乱金融秩序。对此，各级金融机构的领导同志务必高度重视，认真进行清理整顿。

3. 整顿金融秩序并不是全面紧缩。整顿的目的是加强宏观调控，优化资金投向，支持国民经济更加协调地发展。目前我市遇到了前所未有的资金紧张形势，既有经济结构不合理的影响因素，也有资金分散、投向不合理、使用效益低、周转慢的问题。解决这些问题要特别强调集中资金、调整结构、保住重点。

4. 增强纪律观念，依法办理金融业务。全市金融部门广大干部职工要增强政策和全局观念，加强组织纪律性，认真落实党中央、国务院关于加强宏观调控的各项政策措施，做到令行禁止。

（二）我市整顿金融秩序的主要任务

1. 整顿违章拆借和撤销金融市场。各银行要按照承银发字第 82 号转发人总行 166 号文件规定整顿违章拆借，7 月下旬 8 月上旬，市县两级人民银行要抽调人员组成工作组，对所辖专业银行及本身附属机构进行抽查，督促违章拆借资金尽快收回。对8月15日仍未收回的违章拆借资金，要逐笔登记造册，说明原因，制订收回计划，于8月18日前上报人民银行。

1. 关于撤销金融市场。人总行166号文件对省以下金融市场的撤销已经做出明确规定，人行承德分行要认真执行，一定要严肃纪律，坚决撤销。撤销过程中存在的具体问题，要逐级反映，按照上级行答复办事。

2. 整顿利率秩序。三季度，市县两级人行要组织各专业银行及非银行金融机构进行利率执行情况大检查，具体检查工作人行承德分行另行通知安排。要求各行必须认真配合工作。发现问题，及时纠正。

3. 清理整顿邮政储蓄资金。人总行、省分行已经多次重申，邮政储蓄资金是中央银行的资金来源，任何部门、地方都无权截留动用，已经截留挪用的邮政储蓄资金必须限期清理收回。各级邮政部门截留用于邮电通信设施建设或用于其他方面的，要在8月15日以前清理收回。邮政储蓄转移到专业银行开户的，也要在8月15日以前全部转回人民银行。对不积极清理的，人民银行要依法采取处罚措施，并责令清理。

4. 整顿结算纪律。三季度要在全市范围内组织结算纪律大检查。各金融机构目前存在的压汇、压票、退票、挪用结算资金、不按规定计付赔偿金和罚款等问题，8月底以前自查自纠的从宽，9月1日以后继续发生的要从严处理。各银行收回的贷款、吸收的存款要首先用于补充备付金不足，提高备付率，保证结算支付。同时，要加强现金管理，重点解决库存超限额和坐支现金问题。

5. 银行与自办“三产”和经济实体脱钩问题。目前上级行正在研究具体方案，待上级行通知下达后依照执行。第一步先解决银行向这些单位注入资金问题，已经注入的资金，限8月底以前全部收回。

6. 关于非法设立金融机构和非金融机构非法办理金融业务问题。财政投资公司、农村合作基金会不是金融机构，不能办理金融业务。过去已经办理的存款贷款等业务要做出清理计划报整顿办公室，限期清理。对农村合作基金会，按市委意见，一要搞好发展，发挥其作用，二要整顿规范其业务行为。

人行承德分行越权批设的太平洋保险公司承德代理处、民建承德市委办的钟鼓楼城市信用社、工行承德中支营业部办的联谊城市信用社等机构，正在研究处理方式。今后不能再发生越权批设机构问题。

7. 清理规范信托业务。关于信托业务与银行业务分业管理、分业经营问题，总行正在研究制定方案。目前主要解决违章拆借、违章投资问题，各信托投资公司要认真自查，限8月底之前做出清理计划，上报整顿办公室。

这次整顿金融秩序工作，采取以自查自纠为主、检查稽核并举的方法，要求摸清底数，明确责任，如实报告，认真纠正。凡是隐瞒不报、弄虚作假、违纪再犯的，要从严从重处理。

四、落实宏观调控，努力筹措资金，促进全市经济持续稳定发展

在抓好整顿的同时，金融系统要继续坚持控制总量、优化结构、提高效益的信贷工作总方针，落实各项宏观调控目标，促进全市经济的持续稳定发展。重点抓好以下几项工作：

（一）必须把好信贷增量总闸门。各银行要按照上级行下达的信贷计划控制贷款增量，未经批准，不得突破。人民银行要坚持按季监控，按月考核，对擅自突破规模的、绕规模的，要按人总行规定严肃查处。

（二）大力增加储蓄存款。要把抓存款作为基础工作认真抓好，特别是抓住两次调整利率的有利时机，利用各种形式的宣传工具，开展大规模的储蓄宣传。开展优质服务活动要重点提高服务水平，赢得储户信赖。要采取多种有效措施，制止储源分流，促进储蓄存款稳定增长，增加银行信贷资金来源。

（三）切实加强信贷结构调整。在首先保证存款支付的前提下，合理安排资金使用顺序，集中资金优先支持农业、能源、交通、重要原材料工业的合理资金需要，重点支持市场有销路、企业有效益的产品生产和收购。要通过调整信贷结构，促进产业结构调整优化。

（四）强化人行监管职能，做好“两防一保”工作。重点抓好金融政策执行情况的专项稽核，对不听招呼、顶风违法违规问题，要坚决依法查处。问题严重的要移交纪检、司法部门处理。“两防一保”工作要重点抓好关键环节的安全防范，最大限度地减少有章不循、违章操作引发的案件。

五、加强思想政治工作，提高干部队伍的政治业务素质

落实金融秩序整顿工作，必须坚持不懈地加强各级领导班子的思想作风建设，加强职工队伍思想政治教育，这是事关金融事业兴衰发展的大事，各级领导班子务必引起高度重视，坚持“两手抓”“两手都要硬”。当前要突出抓好“三个教育、三个结合”，一是加强经济金融形势教育与整顿金融秩序工作相结合。向全体职工讲明当前总体经济金融形势向好，但也存在着经济结构失衡、资金供求矛盾突出等问题。解决问题的关键是强化宏观调控，整顿金融秩序。要教育职工克服消极观望态度，站在肩负宏观调控重任的高度，正确认识整顿金融秩序工作。要正确对待新旧体制转换过程中发生的问题，如实报告，认真纠正，吸取教训。二是加强党的基本路线教育与改进金融工作相结合。整顿中要坚持党的基本路线不动摇，金融工作要坚持以经济建设为中心，广泛筹集闲散资金，大力盘活呆滞资金，充分利用现有资金，支持我市经济快速发展。三是加强组织纪律教育与整章建制相结合。各级银行要认真贯彻落实朱镕基副总理提出的“约法三章”和人民银行总行提出的“三要”“十不准”，做到令行禁止。要健全规章制度和工作规范，严格按照操作规程办事，杜绝以权谋私、以贷谋私现象的发生。要坚决抵制个人主义、享乐主义、拜金主义，做到廉洁奉公，遵纪守法，无私奉献，在整顿金融秩序过程中积极抢抓机遇，做好各项工作。

同志们，下半年金融工作任务非常艰巨，要认真处理好整顿金融秩序、强化宏观调控与支持经济发展的关系，切实在筹集资金、盘活资金、用足用好资全上抓出成效。我们要在上级行和市委、市政府的正确领导下，齐心协力，振奋精神，扎实工作，圆满完成各项金融工作任务，为促进我市经济持续快速发展做出贡献。

注：成永存时任中国人民银行承德分行党组副书记、副行长，主持工作。1995年1月任党组书记、行长。

稳定金融秩序 防范金融风险 促进全市经济稳中求进快速发展
—— 在全市金融工作会议上的讲话

中国人民银行承德分行代行长 张景林

（一九九七年二月二十四日）

同志们：

为了贯彻落实中央和全省金融工作会议精神，安排部署1997年全市金融工作任务，市政府组织召开了这次全市金融工作会议。傅贵武市长和沈小平副市长将作重要讲话。在此我先讲几点意见。

一、中央和全省金融工作会议主要精神

1月28日至31日，省政府在石家庄召开全省金融工作会议。人行河北省分行行长万国庆作了《认真执行适度从紧的货币政策，努力做好1997年金融工作》的主题讲话，副省长郭洪岐出席大会并作了重要讲话。

会议传达了中央金融工作会议精神。中央金融工作会议1月13日至17日在北京召开，会议在总结分析1996年工作的同时，确定1997年金融工作的总体要求是：落实党的十四届六中全会精神和中央经济工作会议确定的目标任务，认真执行适度从紧的货币政策，促使今年物价涨幅低于去年；切实整顿金融秩序，防范和化解金融风险；深化金融体制改革，提高金融企业经营管理水平，努力克服“大而全”“小而全”和低水平重复建设；深入开展“四讲一服务”活动，促进两个根本转变。以优异成绩迎接党的十五大胜利召开。

中央金融工作会议结束时，中共中央政治局常委、国务院副总理朱镕基作了重要讲话，他对去年金融系统认真执行适度从紧的货币政策、加强金融监管、防范和化解金融风险、支持国有企业发展、保证农副产品收购资金供应等方面所做的大量工作给予充分肯定。他要求金融部门在1997年认真落实党的十四届六中全会精神和中央经济工作会议确定的目标和任务，继续坚持适度从紧的货币政策，促使今年物价涨幅低于去年，切实整顿金融秩序，防范和化解金融风险。深化金融体制改革，明显提高金融企业经营管理和服务水平。协同国民经济主管部门防止“大而全”“小而全”和低水平重复建设，推进国民经济的结构调整和国有企业机制转换，坚决贯彻国务院关于国有企业兼并、破产和职工再就业政策，着力缓解部分国有企业的严重困难，切实把搞好国有企业放在更加突出的地位。朱镕基副总理强调，人民银行要进一步依法加强金融监管，切实做好防范和化解金融风险的工作，特别指出要坚决取缔非法设立的金融机构，未经人民银行批准，任何部门和单位不能擅自批准设立金融机构。严禁非金融企业从事金融业务，要彻底清理各种名目的基金会，不论何种基金会都不能变相吸收存款、发放贷款。未经批准设立的基金会，要由主管部门负责清理。朱镕基副总理要求各金融机构进一步提高金融服务水平：一是要保证粮食收购资金供应。二是要支持国有企业改革和发展，按有关政策做好企业兼并破产工作，支持再就业工程。三是要充分运用各种金融手段，帮助企业开拓国内外市场。四是要加强金融部门内部管理，保持资金的安全性、流动性，提高盈利水平，共同做好今年的金融工作。

全省金融工作会议对1996年全省金融工作进行了认真总结回顾，郭洪岐副省长和万国庆行长在会上对1996年全省金融工作给予了充分肯定，取得的主要成效有：金融宏观调控进一步加强，调控方式进一步改进，对抑制通货膨胀，控制物价上涨，促进全省经济稳定发展发挥了重要作用；信贷结构进一步改善，积极支持了全省重点建设的资金需要；依法加强了金融监管，防范金融风险，维护了全省金融业稳健运行；稳步推进金融体制改革，金融组织体系日臻完善；保险业得到健康发展，经济补偿和社会保障作用日益显著；金融系统精神文明建设进一步加强，金融服务水平不断提高。在充分肯定成绩的同时，会议分析提出了全省金融运行中存在着的突出矛盾和问题：一是金融机构信贷资产质量较差，不良贷款数额大、比例高，全省国有银行1996年末各种不良贷款余额达539.8亿元，占全部贷款余额的28.5%，比上年末上升了2.1个百分点。二是一些企业借兼并、破产和“转制”之机，逃废银行债务，而且欠息严重，低效益企业特别是资不抵债企业直接侵蚀银行信贷资产，致使金融业经营风险进一步加大。三是金融机构违规经营时有发生，金融运行秩序有待进一步好转。四是引进外资金融机构尚未取得突破性进展，金融对外开放有待于进一步加强。五是内部管理相对薄弱，“三防一保”工作还存在一些不容忽视的隐患和漏洞。

会议提出1997年全省金融工作的总体要求是：认真贯彻落实中央金融工作会议和全省经济工作会议确定的工作目标和任务，继续执行适度从紧的货币政策，进一步改进金融宏观调控方式，加大信贷结构调整力度；切实改进金融服务，积极支持国有大中型企业的改革与发展；整顿金融秩序，防范和化解金融风险，巩固和发展金融运行的良好形势；促进两个根本转变，支持全省国民经济持续快速健康发展。围绕上述总体要求，会议确定1997年全省金融工作总体目标是：计划全省金融机构各项存款增加700亿元，其中国家银行各项存款增加450亿元，增长20.8%；计划全省金融机构各项贷款增加580亿元，增长22%，其中国家银行各项贷款增加400亿元，增长20%以上；计划实现货币回笼100亿元；积极盘活资金存量，计划全省国有商业银行清收非正常贷款60亿元，不良贷款比例比上年下降2-3个百分点。

为确保上述总体要求和目标的实现，全省金融工作会议提出了1997年应重点抓好的五个方面工作：

（一）继续执行适度从紧的货币政策，改善信贷结构，努力增加对经济的有效投入。一是要全面理解适度从紧的货币政策。要看到目前我国经济发展的两个根本性转变尚未完成，导致通货膨胀的根源并未真正消除，如果放松对货币供应总量的控制，物价仍有反弹的可能，可能丧失来之不易的经济金融良好形势。因此，要进一步提高认识，增强执行适度从紧货币数策的自觉性和主动性。二是要加快改进金融宏观调控方式。今年，人民银行对国有商业银行继续实行以资产负债比例管理为基础的贷款规模管理，为明年取消贷款规模管理，全面推行资产负债比例管理创造条件。已经实行资产负债比例管理的其他商业银行和城乡信用社，要严格按照人民银行核定的各项比例发放贷款。未经批准，各银行不得突破人民银行和上级行核定的总量控制指标。各银行要加强与总行的联系沟通，积极推荐经营好、效益好、有前途的项目列入各总行直贷范围。要进一步加强现金管理，积极组织好现金回笼。要适应金融宏观调控方式的转变，充分发挥利率的杠杆作用，逐渐加大差别利率的调控作用。进一步推广使用商业汇票，扩大票据承兑、贴现与再贴现业务。三是要加大信贷结构调整力度，集中资金保重点，克服“大而全”“小而全”和低水平重复建设。

（二）进一步加强金融监管，维护金融业合法稳健运行。一是加大中央银行金融监管和稽核监督力度，建立和完善金融大监管体系，全面提高监管水平。要按照为货币政策服务、防范化解金融风险、保护客户合法权益、提高经营质量和效益、保护平等竞争的原则，进一步规范对金融机构市场准入退出管理、业务经营合规管理、风险监测管理、市场行为管理，落实对金融业的各项监管措施。二是金融机构要切实健全内部控制制度，提高对经营风险的自我监控能力。上级机构对下级机构的业务经营状况，最少每年稽核检查一次，及时发现和解决存在的问题。三是进一步加强金融法制建设。

（三）防范和化解金融风险，维护金融稳定。重点工作要加强五项管理：坚决彻底地依法取缔非法金融机构，严禁银行资金进入股市，继续查处违规经营和私设账外账行为，加强现金管理和储蓄账户管理，切实加强对农村信用社的监督管理。防范化解金融风险，要特别强调解决好领导干部的认识问题。当前，由于金融系统的一些领导干部认识不到位，对金融风险存在着视而不见，见而不查，查而不力，有的甚至护短姑息。这种思想和行为非常危险，必须坚决迅速改变。

（四）深化金融体制改革，提高资产质量。一是继续推进金融体制改革，建立和完善现代金融组织体系。二是积极改善经营管理，坚决抑制不良贷款上升。三是改进财务管理，提高扭亏增盈水平。

（五）全面加强精神文明建设，造就一支政治合格、业务过硬的金融干部队伍。金融系统要深入、扎实、持久地开展“四讲一服务”活动，加强文明创建，树立良好的金融行业形象。要认真抓好金融系统各级领导班子建设，积极推进人事制度改革。要建立和完善教育培训体系，提高全系统干部职工队伍素质。要继续加强党风廉政建设，抓好“三防一保”工作，坚决遏制大案要案的发生。

二、1996年全市金融工作回顾

1996年在市委、市政府和上级行正确领导下，我市各级金融部门认真贯彻执行适度从紧的货币政策，坚持在宏观调控大环境下紧中求进，稳中发展，筹资融资及结构调整力度进一步加大。金融监管得到进一步加强，金融服务得到有效改善，为全市经济发展提供了良好的金融环境和稳定的金融秩序。取得的主要工作成效有：

（一）在正确执行适度从紧货币政策的前提下，积极筹措资金支持了全市重点资金需要。一是全市各金融部门按照新的贷款规模管理办法，大力组织存款，努力争取多存多贷，在诸多不利因素影响下，全市金融机构仍实现新增存款14.6亿元，资金力量逐步加强。二是各银行加强与上级行的联系沟通，在比例管理之外积极争取了一些资金和规模。到去年末，四家国有商业银行新增贷款8.4亿元，超过了按比例计算的信贷资金分配数额。各银行还争取到上级行直接贷款2.7亿元。这些信贷投入，缓解了我市信贷资金严重不足的被动局面。我市各金融部门根据产业政策调节信贷投入，优化了资金投向，集中资金支持了有效益、有市场、有信誉的项目和企业的资金需求，支持了重点国有大中型企业的流动资金急需，支持了重点技改项目23个。农村金融工作进一步加大了支农力度，全年共发放涉农贷款5.6亿元，有效地支持了特色农业和规模农业的发展，支持了农业科技推广。信贷投入加大了结构调整力度，促进了全市经济快速稳定发展。

一年来各金融机构多方引导企业兼并、盘

活信贷资产，完善贷款手续、保全信贷资产。持续清收不良资产，协助企业清欠，转化风险贷款，切实狠抓了资产盘活工作，信贷资产质量下滑态势得到初步遏制。

（二）突出监管重点，加大监管力度，提高了金融监管工作有效性。一是严把金融机构市场准入退出关，重要事项变更关，业务范围核准关，全年按规定审批增设各类金融机构41家，办理机构撤并26家，办理重要事项变更20项，核准增加业务范围5家，对全市1073家金融机构进行了年检，重新登记换发了经营许可证。二是执行了金融监管重大事项快速上报制度，强化了金融风险的预测和管理，特别是加强了对农村信用社的风险管理，监管频率不断提高，监管面不断扩大。三是重点加强了现场稽核检查，特别是对辖内四家国有商业银行违规经营和账外经营进行了连续稽核，基本核清了问题底数，并对问题较多的36个县以上机构进行了稽核处罚。四是加大了对利率违规问题的查处，提高了金融机构执行利率政策的严肃性。五是组织开展了结算纪律大检查，基本解决了压汇压票和无理退票问题，确保了结算渠道畅通。六是各金融机构推进内部控制约束机制建设，自律能力不断提高。

（三）金融体制改革稳步进行，金融组织体系不断完善。一是顺利完成了我市中保（集团）公司财险与寿险分公司的分设工作，确保了各项业务平稳过渡和正常开展。二是积极稳妥地落实《国务院关于农村金融体制改革的决定》，如期完成了中国农业发展银行承德分行在我市的机构设立，完成了农村信用社与农业银行的脱钩工作，农村金融体制新格局初步形成。三是城市信用联社筹备工作取得进展，全市19家城市信用社全部与原组建单位脱钩，市联社已获人总行批准筹建，各项开业前的准备工作基本就绪。四是各项外汇改革措施在我市得到顺利实施。

（四）保险事业进一步发展，经济补偿和社会保障作用得到较好发挥。全市各家保险机构抓住机构改革的有利时机，切实加大了经营机制转换步伐，大力拓展业务领域，不断发展新险种，积极为被保险人提供优质服务，推进了保险事业健康发展。1996年全市保险企业承保总额达260亿元，实现保费收入1.4亿元，支付赔款5598万元，发挥了保险的经济补偿和社会保障作用。

（五）金融系统精神文明建设得到明显加强。1996年，全市金融系统坚持“两手抓、两手都要硬”的工作方针，在全系统广泛深入地开展了以“四讲一服务”为主线的文明创建活动，讲政治、讲学习、讲正气、讲团结成为主流风气，全系统党风廉政建设进一步加强，有效地遏制了各类案件的发生。

上述成绩的取得，有赖于上级行司的正确领导，有赖于市委、市政府的大力支持，有赖于全市金融系统广大干部职工的辛勤努力和无私奉献。在此我代表全市金融系统，向市委、市政府、向各有关部门致以衷心的感谢，向全市金融系统的广大干部职工表示诚挚的慰问。

在肯定成绩的同时，我们还要看到前进中的困难和问题，正确估价全市宏观形势。当前全市金融工作的主要问题和矛盾有：一是信贷总量偏小，投入不足，与经济发展的需求差距大，资金供求矛盾依然突出。尽管近年来银行贷款连续以20%左右的速度增长，但在全省占比仍然偏小。为快速发展承德经济，尽快缩小与发达地区的差距，实现位次前移，还需要更大的资金投入。在当前形势下，资金供求矛盾更显得突出，银行为地方经济建设筹资的任务十分艰巨。二是信贷资产质量差，金融风险程度偏高。1996年，全市银行信用社不良贷款高达44.2亿元，不良贷款率高达41.1%，高出全省平均水平12.6个百分点，防范化解金融风险任务重、难度大。三是企业经营效益差，银行收贷收息难。据不完全统计，1996年在四家国有商业银行开户的企业欠息达6亿多元，直接影响银行亏损近2亿元，经营包袱沉重。四是某些方面的金融秩序还有待于进一步整顿。五是金融企业内部经营管理水平还有待进一步提高。面对上述问题，我们必须加倍努力，采取有效措施加以解决。

三、1997 年全市金融工作任务

根据全省金融工作会议精神和市委、市政府提出的“知难奋进、强力推进、稳中求进”的发展战略，确定 1997 年全市金融工作指导思想是：认真贯彻全省金融工作会议和全市经济工作会议要求，积极落实适度从紧的货币政策，大力筹措融通资金，调整信贷结构，保持信贷投入的适度增长；切实加强金融监管，整顿金融秩序，防范和化解金融风险；不断提高金融业经营管理和服务水平，促进承德经济实现稳中求进，快速发展。

1997 年全市金融工作目标是：

——全部金融机构各项存款计划增加 18.7 亿元，增长 20% 以上；

——全部金融机构各项贷款计划增加 21.8 亿元，增长 20% 以上；

——全年计划搞活资金 5 亿元；

——国有商业银行不良贷款比例比上年下降 3-5 个百分点；

——全年计划实现保险保费收入 1.72 亿元。

围绕上述指导思想和任务目标，1997 年全市金融工作要突出抓好六项工作。

（一）加强宏观调控，大力筹措融通资金，调整信贷结构，保持信贷投入的适度增长

1. 适应金融宏观调控方式转变，保持信贷投入适度增长。人总行已经明确从 1998 年开始，对商业银行贷款规模全部改为在人民银行调控下的商业银行自我控制，今年对国有商业银行继续执行以资产负债比例管理为基础的贷款规模管理。国有商业银行要严格执行上级行下达的存贷计划，继续坚持“存款立行”不动摇，保持银行存款的持续增长，以便在增加存款的基础上，积极争取贷款规模。已经实行资产负债比例管理的城乡信用社，要认真执行各项比例管理规定，规范经营行为，用足用活贷款规模，杜绝随意超比例以及用拆借资金扩大贷款规模的行为。国有银行要力争多推荐一些好的企业、好的项目上报各家银行上级行，争取更多的直接贷款，增加对我市的重点投入。要进一步推广使用商业汇票，扩大票据承兑贴现与再贴现业务，各行都要在总规模中切出一块资金，单独用于支持企业办理商业汇票承兑和贴现，缓解企业临时周转困难。

2. 加大信贷结构调整力度，促进经济结构调整和经济增长方式转变。一是要集中资金支持国有大中型企业的资金需要，支持有市场、有效益、守信用的企业扩大生产，提高效益；支持出口创汇产品的生产和收购，提高创汇能力；支持粮油等重要农副产品的生产和收购，确保粮油收购资金封闭运行，良性循环；要进一步加大支农力度，落实好各项优惠政策，进一步发挥信贷扶贫和支农作用，支持特色农业、规模农业和农村经济的快速发展。 二是调整固定资产贷款结构，重点支持企业科技进步。各家银行要适当增加技术改造贷款的比重，积极主动的筛选好项目向上推荐，争取专项规模和资金，支持企业利用新技术开发新产品，提高我市工业产品的市场竞争力。各银行对资本金达不到规定比例、或配套资金不落实的固定资产项目，坚决不予贷款，防止高负债、低回报的项目继续出现。三是要把调整信贷结构与支持企业改革有机结合起来，积极参与企业增资、改造、分流、破产工作。要本着多兼并、少破产的原则，积极落实好国发〔1996〕59 号文件规定，对濒临破产确实难以偿还债务的企业，银行要与企业平等协商，采取抵贷返租等措施，按有关规定进行债务重组。对严重资不抵债、不能偿还到期债务、又不是故意逃债的国有企业，要支持其依法破产。而对借兼并、破产、转制之机，谋划假破产、真逃债的企业，要及时反映，坚决抵制，维护银行的合法权益。四是要深入实际加强调查研究，定期搞好全市经济金融形势分析，主动为党委政府当好参谋，为发展地方经济出谋划策。开展调查研究要注意抓住主要矛盾，分析原因，提出对策，不断提高工作水平。对于即将颁布的《中国人民银行“九五”时期信贷政策》，各金融机构都要认真学习，结合工作实际抓好实施。

（二）深化金融体制改革，提高金融运行质量

一是农业发展银行、农村信用联社和即将组建的城市信用联社要扩大改革成果，健全内部管理制度，充实各级领导，明确工作职责，尽快实现良性运转和规范化经营。二是国有商业银行要按照《中华人民共和国商业银行法》的要求，对现有分支机构进行分类排队，积极稳妥地调整机构布局，该合并的要合并，该撤销的要撤销，该降级的要降级，逐步实现集约化规模经营，全面提高经济效益。三是巩固外汇体制改革成果。1996 年一些外汇改革措施相继出台后，实施了新的外汇管理条例、国际收支统计办法、结售汇及付汇管理规定，实现了人民币在经常项目下可兑换。在新的一年里，要进一步加强对各项政策措施的宣传贯彻，确保工作落实，积极支持经济对外开放。四是把金融业务创新摆在金融改革的重要位置，努力实现三个转变。即：贷款方式向担保、抵押、贴现转变，结算方式向电算化转变，金融服务向优质化转变。要进一步完善主办银行制度，市级各商业银行都要选择在本行开户的大中型企业作为推行主办银行制度的试点，银企双方要签订《银企合作协议》，明确双方的权利、义务和责任，防止把《银企合作协议》变为银行单方面的贷款承诺书。对企业贷款需求较大，一家主办银行无力承担的，可以通过人民银行协调组织银团贷款。各银行要进一步扩大信用卡业务网点，增加机具布设，发挥信用卡方便安全的优势，增加社会持卡人数，提高非现金结算的比重。要进一步规范信用卡透支管理，防止恶意大额透支的发生。各银行要配合有关部门办好社保基金和住房公基金的归集，大力推行代收代付业务，为社会提供广泛优质的金融服务。

各金融机构在改进金融服务的同时，要不断加强信贷管理，提高资产质量。一是按照《中华人民共和国商业银行法》和《贷款通则》的规定 严格审查发放贷款，认真监督贷款的使用，严防造成新的不良资产。二是要认真执行“贷款证”制度。各金融机构要通过“贷款证”认真审查企业资信状况，慎重决策；要按规定认真登记企业有关信息，保证“贷款证”全面真实地反映企业资信状况。对有意逃避信贷监督，造成贷款风险较大的企业，各银行要加强信贷制裁。对执行“贷款证”制度不力的金融机构，人民银行要按规定给予警告或制裁。三是大力清收非正常贷款，盘活资金存量。各金融机构要在摸清不良资产底数的基础上，积极争取政府的支持和企业的配合，通过实行层层落实清收任务，逐企业制定清收方案，落实目标考核与奖惩挂钩等措施，确保清收任务的完成。对违反信贷规定造成的不良贷款，要责成责任人负责清收，切实解决好不良贷款的前清后增问题。对扭亏有望、守信用、有发展前景的企业，要及时适当投入启动资金，促使资产转化。对符合条件按程序破产的企业，积极搞好贷款核销上报工作。

（三）加强金融监管，整顿金融秩序，维护金融业合法稳健运行

加强金融监管的目的在于为经济发展提供良好的金融秩序。1997 年的监管力度要进一步加大，一是要严把金融机构市场准入关。人民银行是审批金融机构的主管机关，任何其他部门均无权批准设立金融机构或筹备组织。凡未经人民银行批准设立的金融机构，均属非法机构。各银行信用社增加或撤并机构网点必须报经人民银行批准。对擅自变更金融机构重要事项的行为，要依法予以处罚。二是要加强结算和利率监管，维护正常秩序。各金融机构必须严格执行人民银行发布的法定利率，严禁擅自提高存款利率，也不得以手续费、协储代办费、吸储奖、有奖储蓄以及由贷款企业向存款人支付利息等名目变相提高利率。人民银行要组织金融机构制定执行法定存款利率同业协定，推行同业监督。各金融机构要认真执行《中华人民共和国票据法》，不得压汇压票和无理退票，保证汇路畅通。三是要加强对金融机构高管人员执行货币政策、经营水平、业务能力等方面的监管。四是要继续把金融机构建立健全内控制度的有效性，作为其设立分支机构、扩大业务种类、增加信贷规模的重要审批条件。各银行要认真执行中国人民银行制定的《金融企业内控指南》，按要求建立资产负债比例管理制度，内部授权授信制度，信贷风险交易制度以及钱账分管，多种复核，总分核对，印押证分管和电子计算机管理等一系列内控制度，切实做到依法经营，防范风险。上级机构对下级机构的业务经营至少每年稽核一次，并将稽核情况报当地人民银行。要下力量整顿保险市场秩序，坚决制止保险业务不正当竞争。年内，人民银行将组织建立保险业同业公会，有关部门要认真做好工作，保证其发挥作用。要进一步建立和完善金融大监管体系，不断提高监管水平。要进一步加强金融法制建设，切实把金融监管工作纳入法制化、规范化、科学化管理轨道。

（四）要把防范和化解金融风险作为头等大事抓紧抓好

1997年要切实完成全省金融工作会议安排的五项监管任务，抓好金融机构合规经营，考核完善资产负债比例管理，开展现场及非现场检查监测，发现风险问题及时解决，努力做到防患于未然。在此特别强调两点：一是严禁银行资金进入股市，严禁银行用信贷资金或拆借资金买卖股票或用于直接投资，严禁占用联行结算资金买卖股票，严禁用银行资金垫交股票交割清算资金。对违反规定的行长要立即撤职，对造成重大经济损失的，要依法追究其刑事责任。二是要从严查处违规经营和私设账外账。对一般性绕规模发放贷款，只要投向合理没有发生严重损失，个人没有从中谋取私利的，对有关责任人要进行批评教育；对违规经营存贷款数额大，并造成重大经济损失的，要视情节对有关责任人给予行政处分；对1996年7月31日以前私设账外账的，要对责任人给予行政处分，1996年8月1日以后继续发生私设账外账的，必须撤销行长等责任人职务，开除出银行。构成犯罪的要依法追究其刑事责任。

（五）大力发展保险业，充分发挥经济补偿和社会保障作用

保险工作要巩固机构体制改革，严格执行产寿险业务分业经营，注重探索经营机制转换和提高经营管理水平。要加大业务宣传力度，改善服务环境，提高服务水平，大力发展骨干险种，不断调整优化业务结构，积极培育新的业务增长点，不断扩大保险覆盖面。

（六）大力加强精神文明建设，不断提高队伍整体素质

要继续开展好“四讲一服务”活动，深入推动精神文明创建，在创建活动中，各级领导和党员干部要做讲学习、讲政治、讲正气的模范。对创建中涌现的先进集体、先进个人等正面典型，要给予大张旗鼓的宣传和表彰，努力在全市金融系统形成人人学先进、人人赶先进、人人争当先进的良好氛围。要继续抓好各级领导班子建设，抓好职工教育培训工作，不断提高队伍的整体素质。今年要重点抓好职业道德教育，提高广大干部职工支持经济发展的服务水平。要继续抓好“三防一保”工作，突出强化制约监督机制，重点抓好制度落实，注意堵塞管理漏洞，消除安全隐患。要加大安全检查考核力度，发现苗头性问题及时采取有效措施，确保安全无事故。要继续抓紧抓实党风廉政建设和反腐败工作，进一步发挥社会监督作用，各金融机构都要向社会公布监督举报电话，纪检监察部门要负责抓好工作落实。

同志们，1997年的金融工作任务十分艰巨，我们要在市委、市政府和上级行司的正确领导下，以高度负责的拼搏精神努力开展工作，同心同德，把握大局，知难奋进，全面完成1997年的金融工作任务，为我市经济快速发展做出贡献，以优异成绩迎接党的十五大召开。

把握重点 提高水平
扎扎实实做好全年各项工作
—— 在2001年度中心支行工作会议上的讲话

中国人民银行承德市中心支行行长 朱志强

（二〇〇一年三月一日）

同志们：

这次会议的主要任务是：学习贯彻天津分行工作会议精神，总结我中心支行去年的工作，按照分行关于2001年的工作部署，结合本辖区具体情况，安排部署今年的各项工作。

一、2000年全行主要工作情况

2000年是世纪之交的重要历史时期，工作任务非常繁重。全行干部职工在中心支行党委的统一领导下，克服困难，团结奋斗，以求真务实的高度负责精神，积极进取，埋头苦干，全行各项业务、基层党建和精神文明建设工作都取得了较好成绩，比较圆满地完成了上级行部署的各项工作任务。

（一）在强化金融监管、防范化解金融风险方面农村信用社改、整、规工作逐步深入。全辖先后抽调行、社干部职工1400多人（次），对9个县（区）联社、266个信用社、1062个信用站全面进行清产核资，并在辖内组织交叉检查；对1997年以后发生的11652笔、13695万元不良贷款落实了清收责任；有针对性地健全和完善了农村信用社的内控制度；调整充实了9个县（区）联社的领导班子；积极开展增资扩股工作，新增社员股金1752万元，农村信用社改、整、规工作顺利通过了全省验收。

组织开展了金融机构真实性检查工作。按照分行的统一部署，对辖内国有商业银行50个支行级以上机构、15个城市信用社及59个农村信用社的不良贷款、盈亏真实性、内控制度落实情况和高级管理人员任职资格管理情况进行了全面检查，进一步了解掌握了监管对象的真实情况。在此基础上，对27个国有商业银行分支机构2000年1-6月份新增不良贷款逐户逐笔进行了检查核实，圆满完成了真实性检查工作任务。

中小金融机构风险化解处置工作取得了很大进展。在市防范化解地方金融风险领导小组的统一领导下，去年第四季度集中开展了中小金融机构风险化解处置工作，从两级支行、城乡信用联社、市财政局、审计局抽调113名工作人员，组成20个检查组，对辖内17家城市信用社和3家原金融服务所全面进行现场检查，对其中16家机构进行了交叉验收，按时完成汇总上报工作；经分行批准，10家机构改制并入了农村信用社。认真研究制定《城市信用社停业整顿实施方案》和《操作手册》，精心组织，周密安排，在保证社会稳定的前提下，对兴隆县东兴城市信用社和承德市钟鼓楼城市信用社实施了停业整顿。

严格管理，依法查处了违规行为。通过年度考核，对存在问题比较突出的4家城市信用社主任变更为临时任职资格；对城市信用社系统增量存贷比控制不力、没有完成“两呆”压缩任务的问题进行了通报批评；对承钢集团公司违规集资问题进行了调查核实，并提出处理意见；对工商银行承德分行审核不严、违规为企业出具结汇水单问题进行了核实处罚；外管局承德中心支局采取减少对外付汇措施，抵顶追回帝贤时装公司违规对外付汇97.1万美元。

（二）在发挥货币信贷政策职能作用方面

中心支行结合本市经济发展实际，制定了《落实货币信贷政策，支持承德经济发展的实施意见》，积极指导辖内金融机构调整信贷结构，增加信贷投入。截至去年末，全市金融机构各项存款余额168.43亿元，比年初增加16.9亿元；各项贷款余额156.33亿元，比年初增加12.38亿元，新增贷款集中用于支持基础设施建设、重点企业和农业生产，其中交通、通信行业贷款比年初增加5.86亿元，承钢集团等重点企业贷款增加2.99亿元，农业贷款增加8478万元，住房、购车及助学等个人消费贷款增长迅速，比年初增加3.4亿元，同比多增2亿元。

充分运用再贷款、再贴现等货币政策工具，及时解决了金融机构临时性资金短缺，有效支持了地方经济发展。全年发放短期再贷款42笔、44900万元；办理再贴现141笔、31247万元。

（三）在强化基础工作、改善金融服务方面

完成了电子联行业务到县工程，开发了账户管理信息系统，并与同城电子实时清算系统相连接，在天津分行辖区率先实现了账户管理纳入同城清算系统，着手实施财、税、库、行预算资金信息管理系统的开发建设。完成了“金融监督管理系统”与“金融统计管理系统”的连接，“电子公文传输系统”已投入使用，科技开发与成果运用有效地促进了监管、服务及办公效率的提高。到去年末，我中心支行会计核算连续实现13年无差错，年终决算连续12年获综合评比优胜单位，国库业务取得年终决算全省第一名、综合评比第二名的好成绩。在圆满完成货币发行、销毁任务的同时，全辖区组织了大规模的《人民币管理条例》宣传活动，按照封闭管理模式对中心支行和2个县支行的发行库进行了改造，顺利完成了承德县支库撤库工作。安全保卫部门加强队伍教育，严格落实制度，确保全年安全无事故。

（四）在加强内部管理方面

全面制定了中心支行《行政管理制度》《岗位责任制度》和《业务操作规程》，建立了月度工作督查报告制度，进一步规范了办公运行程序，并严格落实执行。内审部门积极发挥内部监督职能，全年开展了货币发行管理、电子化专项资金管理、中央银行再贷款管理使用及农村信用社管理费管理使用情况专项审计，县支行行长离任审计，2个县支行的常规内审，以及规章制度落实情况的检查。根据分行的统一要求，按时完成金融实体脱钩的清理审核及汇总上报工作。

（五）在加强党建和领导班子建设、开展“双文明”创建活动方面

中心支行党委和县支行党组认真搞好“三讲”回头看，落实整改措施，改进工作作风。调整健全了各级基层党组织，积极开展组织活动，加强对党员和入党积极分子的培养教育，中心支行全体党员实行挂牌上岗，自觉接受群众监督。对6个县支行的领导班子进行调整充实，对中心支行部分干部进行了岗位轮换。按照分行党委的统一部署，深入开展以爱岗敬业、遵纪守法为主要内容的职业道德教育。进一步加强和改进思想政治工作，及时总结交流好的经验和做法。认真落实党风廉政建设量化管理责任制，采取多种形式开展警示教育。加强指导和考核，积极开展“双文明”创建活动，宽城县支行获天津分行“双文明”建设先进单位，隆化县和兴隆县支行被中心支行评为“双文明”建设先进单位，中心支行申报参加“双文明”创建活动的9个科室全部达标。

2000年，中心支行辖区在人员少、任务重、许多工作难度大的情况下，取得较好的成绩，这是全行干部职工勤奋工作、共同努力的结果。大家在各自的岗位上忠于职守，兢兢业业，很多同志克服了家庭、生活以及生病等困难，服从工作安排，加班加点，埋头苦干，不讲报酬，没有怨言，体现出高度的思想觉悟和良好的职业道德。依靠广大干部职工的理解、信任和支持，以及团结进取、无私奉献的精神，中心支行党委才能够顺利地组织、开展工作，完成各项任务。在此，我代表中心支行党委向两级支行的全体干部职工表示衷心的感谢。

在看到成绩的同时，我们也要正视工作中存在的差距和困难。整体化解处置地方金融风险工作刚刚起步，潜在的风险逐渐显现，后续工作情况复杂，难度更大；在落实金融监管责任制方面还存在很大差距，监管手段和方法需要改进，工作水平有待于提高；在结合本地区经济发展的实际、有效发挥货币政策职能和改善加强金融服务方面，仍需进一步探索；各项规章制度还没有全面落实到位，监督制约机制还不够健全完善，内部管理需要进一步加强；干部队伍的整体素质和结构还不能适应履行工作职能的需要，培训教育工作相对滞后；“双文明”创建工作刚刚起步，需要进一步推动和强化。

二、以强化金融监管为重点，全面推进各项业务工作

根据分行党委提出的总体工作要求，2001年要牢牢把握金融监管这一工作重点，积极探索和改进工作方式，努力提高工作水平和质量，全面履行好中央银行分支机构的各项工作职能。

（一）集中精力抓监管，切实做好地方金融风险的化解处置工作

2001年，要进一步强化金融监管责任制的完善落实工作，真正做到责任明确，落实到人，建立台账，工作到位，严密监控，严格考核。要结合落实“三定方案”，逐步调整内部结构，充实监管力量；在农村信用社监管方面，要进一步明确县支行的工作职责和要求；要加强对监管人员业务知识、工作技能和操作规程的培训教育工作；加强监管分析和预警预报；组织开展金融监管工作争先创优活动。中心支行金管科和农金科要尽快制定具体措施和考核办法。县支行“一把手”要充分认识自身承担的金融监管和防范化解风险第一责任人的重任，加强组织领导，狠抓监管责任制的落实，配合中心支行共同做好以下几方面具体工作。

一是认真抓好对国有商业银行不良贷款的监管工作。要求商业银行按月报告不良贷款变化情况及原因，在认真核实的基础上，确定监控重点，加强跟踪监测，与国有商业银行共同研究降低不良贷款比例的具体措施，并监督落实。对不良贷款的监管工作要记入监管台账，并把国有商业银行不良贷款比例变化情况作为重要考核内容，记入其高级管理人员的监管档案。

二是继续做好城市信用社风险化解处置工作。已改制并入农村信用社的，要按照分行统一要求进行规范。对拟撤销的机构，要尽快制定好停业整顿方案，做好相应的准备工作。未批准停业整顿之前，要做到严密监控，随时报告情况。对钟鼓楼和东兴信用社的停业整顿工作，要在两级领导小组的统一领导下，继续搞好债务登记，加快兑付资金的申请和落实，大力做好资产清收及责任追究工作。人民银行自身要认真履行相应的职责，工作要主动，出现问题及时反映，密切配合地方政府，积极稳妥地做好两社停业整顿的善后工作。中心支行要积极协助市政府，按照分行提出的标准和时间要求，完成经营基本正常的城市信用社重新组建单一法人社的工作。

三是防范化解农村信用社风险，促进合规稳健经营。要加大对农村信用社的检查规范工作力度，选择部分高风险农村信用社进行全面检查，摸清风险底数，研究制定切实可行的防范化解措施；检查县（区）联社2000年度集中农村信用社资金购建固定资产和管理费用使用情况，坚决纠正违规行为；检查纠正背离服务“三农”方向发放贷款的行为；对真实性检查和清产核资后不良贷款继续增加、亏损加剧的农村信用社和县（区）联社要逐社剖析成因，落实责任；检查核实农村信用社单户贷款、最大十家贷款超比例情况，督促相关社采取措施在年内达到规定比例。按照合作制原则继续深化农村信用社改革，积极采取有效措施，加大增资扩股力度，提高农村信用社抵御风险的能力和社员参与民主管理的意识；全面完成县（区）级联社理事长和主任的分设工作，实现理事会、监事会、经营班子各负其责，完善法人治理结构；改革农村信用社劳动用工和工资制度，实行全员劳动合同制，打破干好干坏一个样的分配制度；督促农村信用社端正服务方向，积极推行《农户小额贷款管理办法》，在确保贷款安全的前提下，简化手续，方便农户。通过加强管理、改善服务，巩固改整规成果，使农村信用社步入健康发展的轨道。与此同时，要继续解决好整顿农村合作基金会的遗留问题。

四是进一步加强对金融机构高级管理人员的监管。依据《金融机构高级管理人员任职资格管理办法》，在严格金融机构主要负责人任职资格审查的基础上，强化任职期间考核和离任审计，进一步规范金融机构高级管理人员审查程序；采取多种形式，加强对金融机构高级管理人员法律、法规培训教育，提高依法经营的自觉性。

五是抓住重点，强化外汇管理工作。继续加强外汇核销管理，加大逃套汇、非法买卖外汇等行为的查处力度，依法打击和取缔外汇黑市；认真做好外资外债管理工作，确保按规定用途使用外汇资金；认真搞好对外汇指定银行开立信用证情况和资本项下收付汇合规性的现场检查；积极探索加强非贸易外汇管理的有效措施和途径。

（二）加强窗口指导，进一步搞好金融服务，努力支持地方经济发展

一是要积极探索贯彻执行货币信贷政策、优化信贷结构与支持本地区经济发展的最佳结合点，加强和改进窗口指导工作，切实发挥好货币信贷政策作用。结合承德市经济调整战略，积极协调各金融机构支持我市发挥旅游、资源、区位三大优势，实施对内外开放、科技兴市、可持续发展三大战略，重点发展旅游产业、生态农业和优势工业；继续加大农业投入，支持农村发展生产，消化连续两年旱灾所造成的影响。一季度，货币信贷部门要与合作金融管理部门相互配合，共同深入农村调查农业资金需求，分析农村信用社资金供求状况，积极投放支农再贷款，做到早安排、早投放，并切实加强管理。灵活调度短期再贷款，继续办好再贴现业务，及时解决商业银行短期头寸不足，引导商业银行加大信贷投入，为骨干企业融通资金。继续加强现金、利率政策监管，及时开展现金、利率检查，确保货币信贷政策的贯彻实施。

二是继续加大网络建设力度。扩大和完善“承德区域支付系统”，全面开通同城电子实时清算系统，在已开通5个县支行的基础上，其余3个县支行争取在2001年底前全部开通。完成网络中心提速升级及内联网三期建设，实现支付系统网络平台升级、账户与支付系统对接、中心支行“天地对接”系统的优化，以及县支行同城清算系统与全国联行对接，不断提高结算系统运行质量和运转速度，确保汇路畅通。有效利用科技建设成果，遏制多头开户。加强结算纪律检查，维护正常结算秩序。

三是加强国库资金管理，加速财、税、库、行预算资金信息管理网络系统开发建设工作，力争在2001年底前投入运行。认真组织实施新的国家金库综合业务核算系统，搞好人员培训和模拟训练，确保如期正常起用。坚持服务与管理并重，加强国库业务核算和监督。

四是进一步加强经济、金融分析，为领导决策提供可靠依据。调统部门要注重提高统计数据的真实性和时效性，与货币信贷部门相互配合，综合运用货币监测、动态反映、统计分析等工具，紧密结合本地区经济运行状况，按季搞好经济金融运行情况分析，为领导决策提供依据。货币信贷部门要加强与石家庄中心支行的联系，按照要求及时上报有关情况。

五是金融债权管理联席会议要充分发挥作用，继续加大对恶意逃废债行为的制裁力度，定期公布逃废债企业名单，协调指导金融机构综合采取法律、经济、行政、社会监督等手段，揭露逃废银行债务行为，依法维护金融债权，努力创建良好的社会信用环境。

六是继续做好撤并发行库和库房封闭式管理改造工作，加强人民币市场管理，及时组织好货币发行与回笼。加强制度落实情况的检查考核，高度重视社会治安综合治理工作，确保全年安全无事故。

三、加强班子和队伍建设，进一步强化内部管理

（一）加强政治理论学习，改进工作作风。两级支行领导班子和领导干部要深入学习贯彻“三个代表”重要思想，进一步改进工作作风；牢固树立为人民服务的宗旨观念，克己奉公，坚持政务公开，加强对党委（党组）班子及成员的民主监督；认真落实民主集中制，深入开展调查研究，努力提高决策和管理水平，进一步增强凝聚力和战斗力。真正做到作风过硬，廉洁勤政，坚持原则，敢抓敢管，带出一支好的队伍。

（二）牢固树立“两手抓，两手都要硬”的指导思想，坚持一岗双责。充分发挥党、政、工、青、妇等职能部门的作用，采取生动活泼的形式，有针对性地开展思想政治工作，把思想政治工作搞活，使之深入人心，收到实效。加强指导与考核，进一步推进“双文明”创建活动，结合本行实际，研究改进考核标准，加强日常管理与考核，使“双文明”创建工作开展得扎扎实实，好的典型脱颖而出，树立榜样，带动全行。要充分认识与邪教组织斗争的严肃性和尖锐性，实行一把手负总责，层层落实责任制，看好自己的门、管好自己的人。

（三）注重抓源头，强化党风廉政建设。今年，要重点落实好中纪委第五次全会提出的党员领导干部从政六项规定，认真学习江总书记在中纪委第五次会议上的重要讲话和尉健行同志的工作报告。把刘崇明行长在天津分行工作会议上提出的“面对各种诱惑，必须做到自重、自省、自警、自励，耐得住清贫，守得住小节，经得住诱惑，顶得住歪风。在是非面前，要有辨别能力；在诱惑面前，要有自控能力；在警示面前，要有悔过能力”的要求，变成我们各级干部的自觉行动。要从管理“权、钱、人”三方面入手，认真落实总行党委下发的《中国人民银行反腐败抓源头实施意见》，继续抓好党风廉政建设责任制量化管理工作，加大案件防范、查处和执法监察工作力度，争取全年不发生违法违纪案件。

（四）加强内审工作，强化内部监督。按照分行统一部署，组织开展对金融监管责任制落实、国库业务及资金管理、会计核算信息技术、会计年终决算的专项审计。年内要完成对丰宁、滦平、围场、平泉县支行的常规审计。内审部门要尽快制定同级监督实施细则，认真落实各支行、各科室向内审部门报送工作计划、总结、报告、文件等有关规定，使同级监督工作实现规范化、经常化。对去年的审计项目要进行后续检查，督促落实各项整改措施。

（五）积极落实人事制度改革政策，进一步加强队伍建设。根据分行的要求，今年要抓好“三定方案”的落实工作，规范内设机构和领导职位设置。在积极落实总、分行关于人事管理制度改革要求的同时，加大全员培训力度，人事部门要与业务部门相互配合，在搞好调查摸底的基础上，制定培训计划和方案，在重点抓好主要业务人员培训教育的同时，努力提高全员综合素质，以适应形势发展和履行央行分支机构职能的需要。

同志们，新的一年里，我们的工作任务非常繁重，分行党委提出了更高的要求。全行干部职工要继续发扬团结奋斗、真抓实干的精神，认真履行职能，不断提高工作水平，共同努力，积极进取，为辖区金融安全和经济发展做出新的贡献。

坚定不移地把巩固和扩大先进性教育活动成果工作抓紧抓实

—— 在中心支行保持共产党员先进性教育总结大会上的讲话

中国人民银行承德市中心支行行长 王会奇

（二〇〇五年十一月十七日）

同志们：

根据中央和总行党委、天津分行党委关于开展保持共产党员先进性教育活动的总体要求和部署，在天津分行先进性教育活动督导组的具体指导下，我中心支行自8月9日以来，扎扎实实开展了保持共产党员先进性教育活动。中心支行16个科室和辖内8个县支行、23个党支部、321名党员参加了先进性教育的全过程，基层党组织和党员参加教育率达100%。3个多月来，我们紧紧抓住学习实践“三个代表”重要思想这条主线，牢牢把握“关键要取得实效”和“真正成为群众满意工程”的总要求，围绕中心，服务大局，切实做到六个“贯穿始终”，即：把学习“三个代表”重要思想作为主线贯穿始终，把学习党章、党的十六大和十六届三中、四中全会精神贯穿始终，把十六届五中全会精神作为整改提高阶段学习的重要内容，把不断提高党员的思想认识贯穿始终，把进一步调动党员的积极性贯穿始终，把抓落实、求实效贯穿始终，把加强领导贯穿始终。精心组织，周密部署，稳步推进，基本完成了三个阶段的各项任务，实现了总行党委和天津分行党委提出的预期目标，也得到了广大党员、群众和社会各界的广泛好评。根据天津分行党委有关要求，我们在规定范围内组织了群众满意度测评工作，辖区共有171人参加测评，其中：中心支行机关61人，县支行110人，对中心支行辖区先进性教育活动总体评价满意率达到99.4%，对中心支行机关先进性教育活动总体评价满意率达到98.4%，这标志着我中心支行认真组织实施群众工程取得了实效，同时也说明还有一些个别问题群众不太满意，需进一步做好工作。经报天津分行党委先进性教育活动领导小组办公室及分行督导组同意，今天中心支行召开保持共产党员先进性教育活动总结大会，主要任务是对中心支行系统先进性教育活动成果进行总结，并就巩固扩大先进性教育成果进行安排部署。下面，我代表中心支行党委和中心支行保持共产党员先进性教育活动领导小组讲几点意见。

一、先进性教育活动的简要回顾

（一）加强对先进性教育活动的组织领导

中心支行党委对先进性教育活动高度重视，实行党委集中领导，成立了由党委书记任组长、党委成员和党委有关部门负责人为成员的先进性教育活动领导小组，集中统一领导全系统先进性教育活动；设立了专门工作机构，从党委有关部门抽调得力人员组成先进性教育活动领导小组办公室，专职负责教育活动的组织和推动工作；在23个党支部确定了活动联络员，成立了群众监督小组，搭建起了先进性教育活动强有力的组织构架；制订了《中心支行辖区开展保持共产党员先进性教育活动实施方案》和《中心支行党委班子开展保持共产党员先进性教育活动实施方案》，明确了先进性教育活动的指导思想和实施步骤；建立了领导干部联系点制度，明确了相关职责。

（二）积极部署，认真组织，抓好各个阶段工作的落实

在学习动员阶段，中心支行召开了先进性教育活动动员大会，主要领导代表党委和先进性教育活动领导小组作了动员报告，天津分行督导组组长温庆寿同志作了重要讲话，对活动提出了明确的要求，进一步指明了中心支行系统开展先进性教育活动的指导思想和工作目标。为确保教育活动顺利开展，中心支行党委明确提出，先进性教育活动期间要确保学习人员、学习时间、学习内容的“三落实”以及暂停休假、严格考勤，严格完成规定动作硬指标的要求，中心支行对党员领导干部、一般党员和离退休党员三个层次分别提出保持共产党员先进性的具体要求。先后举办了两期先进性教育活动培训班，培训党支部书记、领导小组办公室工作人员和县支行联络员以及活动骨干130人，为教育活动的顺利开展奠定了良好的组织基础和思想基础。制定了《领导干部联系点工作制度》《领导小组责任制》《群众监督评价制度》等多项规章制度，保证了整个教育活动的规范化和制度化进行，推进了先进性教育活动的开展。辖区全体党员集中学习时间每个人均在40个小时以上，通读了《保持共产党员先进性教育读本》《保持共产党员先进性教育活动学习导读》以及有关领导讲话等全部规定篇目，重点学习了《中国共产党章程》和必读书目。每名党员都撰写了至少一篇1500字以上的心得体会文章，记读书笔记2万字以上。

在这个阶段，中心支行系统分别开展了查思想看党性、查工作看实绩、查作风看形象为主要内容的“三查三看”活动。开展了以党员参加活动一个不少、规定的学习内容一个不缺、每个党员要结合本职工作思考一个问题、每个党员要联系学习心得写好一篇体会文章为主要内容的“四个一”活动。坚持做到“五个结合”，一是与解决思想实际问题相结合，消除对党的模糊认识，强化宗旨观念；二是与促进工作相结合，每名党员在工作中都要做争先创优的模范，以一流的工作业绩来诠释共产党员的光荣称号；三是与建立学习教育的长效机制相结合，使政治业务学习成为每个党员自觉行动；四是与加强班子建设、提高干部队伍素质相结合，进一步加强领导班子凝聚力、战斗力，建设一支政治合格、作风优良、素质过硬干部队伍；五是与建设和谐文明机关相结合，以学习教育促进中心支行三个文明建设。在完成规定动作的同时，中心支行还聘请了党校教授讲党课，组织全体党员收看先进事迹专题讲座，到董存瑞烈士陵园、卢沟桥抗日战争纪念馆、白洋淀雁翎队纪念馆和冉庄地道战纪念馆开展教育活动，进一步丰富了教育活动的形式和内容，增强了教育活动的针对性、主动性和实效性。

进入分析评议阶段后，在认真学习的基础上，组织党员和党员领导干部，对照《中国共产党章程》规定的党员义务和党员领导干部的基本条件，按照“两个务必”和“八个坚持、八个反对”的要求，全面总结个人近年来在思想、工作和作风等方面的情况，重点检查存在的突出问题，从世界观、人生观、价值观方面剖析思想根源。领导干部还从权力观、地位观、利益观等方面进行剖析，紧紧把握“找准问题”这个核心，坚持“正面教育、自我教育”的原则，围绕第二阶段七个环节的工作，有针对性地提出了“七要七不要”的工作要求，即：征求意见要广泛、不要敷衍了事；开展谈心要真诚、不要流于形式；分析问题要深刻、不要蜻蜓点水；民主评议要严肃、不要一团和气；评议意见要准确、不要千篇一律；反馈意见要客观、不要以偏概全；通报情况要实在、不要避重就轻。从而确保了分析评议阶段工作顺利推进。全辖集中学习107次，开展谈心活动795人次，召开专题组织生活会23次，撰写党性分析材料308篇。征求意见建议214条，经过梳理汇总，形成对中心支行机关意见建议25条。

在整改提高阶段，中心支行党委集中时间、集中精力抓好制订整改措施和整改方案、认真进行整改、向群众公布整改情况及进行群众满意度测评四个环节的工作。在反复酝酿、反复研究、反复征求意见的基础上，中心支行党委集中全行智慧研究制订出台了内容明确、措施具体、责任清楚、质量较高的《保持共产党员先进性教育活动整改方案》，并向全行职工进行了通报。对查摆出的25个问题，中心支行党委高度重视，积极采取措施进行整改，到目前已经有23项得到了整改，有2项正在落实中，并及时将整改情况向职工进行通报，使群众实实在在地感受到了先进性教育活动所取得的实际效果。同时，各党支部和全体党员也针对查摆出的突出问题，制定了切实可行的整改方案，提出了解决问题的措施和时间。全系统各级党组织共制定整改措施187条，已经落实114条，正在落实73条。

在整个教育活动中，为保证活动质量，中心支行党委按照联系点制度要求加强指导和督查工作，先后25次深入联系点进行调查研究，推动了教育活动深入开展。先进性教育活动领导小组办公室充分发挥职能作用，在综合协调、情况交流、信息反馈、推广经验、督促检查、组织宣传等方面做了卓有成效的工作。其中，更换宣传橱窗5期、板报4期，编发工作专报13期、工作月报3期、专题简报54期，刊发各类文章162篇（条）。上报信息被天津分行采用32篇（条），被石家庄中心支行采用4篇（条）。

通过各阶段工作，确保了学习讨论覆盖全体党员，确保了规定程序按部就班完成，确保了体现自己鲜明特色，确保了促进各项工作有效开展，圆满完成了三个阶段的各项工作，取得了“两不误、两促进”的良好效果。这些成绩都得益于广大党员和干部群众的积极参与和大力支持，得益于有一个职责明确、工作得力的工作班子，得益于中心支行党委的坚强领导，更得益于天津分行督导组对我行先进性教育活动全过程的精心指导和大力支持。

教育活动开展以来，天津分行督导组先后5次亲临中心支行指导先进性教育工作，4次主持召开不同层次的座谈会，与各级领导干部、广大党员和群众广泛接触，认真听取各方面的意见。他们认真负责、思路明确、工作水平高；他们作风严谨、不辞辛苦、常常废寝忘食加班加点的工作精神，在我行广大党员和群众中树立了良好形象。在这里，我代表中心支行党委，对以温庆寿人员为组长的天津分行第六督导组的全体人员表示诚挚的敬意和衷心的感谢！

二、先进性教育活动的主要做法和特点

（一）充分发挥基层党组织的重要作用，以做好支部工作推进先进性教育活动的开展

中心支行党委把学习实践“三个代表”重要思想这个主题摆到突出位置，引导广大党员在真学、真懂、真信、真用上下功夫。要求每名党员在每个阶段都要把“三个代表”重要思想落实到岗位上，体现到行动中。充分利用专题简报、专题网页、宣传橱窗和板报等多种载体，加大宣传力度，为先进性教育活动营造良好的舆论氛围，收到了良好的效果。在深化认识、深化理解的基础上，自觉发扬理论联系实际的学风，对照“三个代表”重要思想的要求，正确开展分析评议，切实抓好整改提高，努力使自己在平凡的工作岗位上成为“三个代表”重要思想的坚定实践者。

注重发挥党支部的责任主体和支部书记的直接责任人作用，把搞好先进性教育活动的着力点放在调动支部书记的积极性和创造性上。每一阶段工作开始前，都对各党支部书记进行系统的培训，每一阶段工作进行中，都坚持以支部为单位抓学习，搞评议，促整改，通过一级抓一级，一级带一级，调动了全体党员参加教育活动的自觉性。同时，以支部为单位积极开展大讨论和多种主题实践活动，有力地促进了先进性教育活动的顺利开展。教育活动期间，全辖召开支部大会112次，召开支委会89次，以支部为单位开展征文、演讲、参观等主题实践活动达24次。

（二）充分发挥党员领导干部的表率作用

先进性教育活动期间，辖区各级党员领导干部积极发挥表率作用，对教育活动健康有序地开展起到了关键性作用。党委（组）书记、党支部书记能够以身作则，积极履行责任人的职责，始终注意发挥示范带头作用，在认真负责地抓好先进性教育活动组织领导工作的同时，做到以普通党员身份带头加强学习、带头讲党课、带头作形势报告、带头参加主题实践活动、带头查摆问题、带头开展批评和自我批评、带头进行整改，为全体党员起到了良好的表率作用。在学习动员阶段，中心支行党委主要负责人对机关党员进行党课教育，党委班子召开2次学习交流会，同时抽出6天半时间进行集中学习，每个班子成员记读书笔记均在4万字以上。各党支部也以不同形式进行了广泛的交流和讨论。在分析评议阶段，党委班子2次召开专题会议对所征求的意见进行分析研究，提出改进意见，班子成员在参加党员领导干部民主生活会的同时，均以普通党员身份参加了所在支部的专题组织生活会和其他活动；在整改提高阶段，党委共召开3次会议，认真研究《中心支行党委先进性教育整改方案》和建立长效机制问题。据统计，先进性教育活动期间，党委共召开10多次会议，研究部署各阶段工作，听取意见、建议和工作情况汇报；领导干部建立联系点10个，到联系点指导检查调研25次；作形势报告5次；制定整改措施16条，已全部落实到位。各级领导干部以实际行动激励和带动了广大党员积极参加先进性教育活动，实现了党员领导干部“处处示范、事事带头，身教重于言教，为广大党员作表率”的目标要求。

（三）坚持“正面教育、自我教育”为主，激发了广大党员先进性教育活动的积极性、主动性

广大党员自觉把自我提高贯穿先进性教育活动的全过程，以饱满的政治热情、良好的精神状态、求真务实的作风积极投身到教育活动之中。在学习动员阶段，全体党员认真学习，深入讨论，认真做读书笔记，表现出了多年未见的学习热情，形成了多年来未见的学习氛围。在分析评议阶段，广大党员能够畅所欲言谈心、交心，深刻进行思想剖析和开展批评和自我批评。在整改提高阶段，广大党员积极参与整改方案的研究和制定、参加满意度测评，为整改方案落到实处做出了积极贡献。坚持相信群众、依靠群众、自觉接受群众的监督和评判的指导思想，调动了广大群众参加先进性教育活动的热情。广大群众在加深对党的先进性理解的同时，积极献计献策，有力地支持了先进性教育活动的开展。先进性教育活动的深入开展，使党组织的凝聚力和战斗力、号召力和吸引力进一步增强，在先进性教育活动期间，全辖有15名群众向党组织递交了入党申请书。

为使学习教育活动做到全员参与，无缺漏、无死角，中心支行安排专门人员负责为离退休党员送学习上门，组织流动党员按时参加所在部门党支部学习，同时对因故不能参加活动的党员，由各支部发放补课通知书，落实时间、地点，集中进行补课，确保了辖区党员百分之百参加先进性教育活动。

（四）坚持“两不误、两促进”的实效性原则，以推动各项业务工作来体现先进性的要求

中心支行党委和各党支部注重把广大党员在先进性教育活动中激发出来的政治热情和进取精神转化为推进工作的动力，把共产党员先进性的要求体现在实际工作之中，围绕建设和谐中心支行的指导原则，认真履行执行货币政策、提供金融服务、维护金融稳定的工作职能。

一是贯彻落实稳健的货币政策，加强窗口

指导作用，积极支持经济健康发展。制定了《中心支行关于贯彻落实货币政策支持经济发展的指导意见》《中心支行关于加强信贷支农工作的意见》《关于进一步优化承德金融生态环境，促进经济更快更好发展的意见》，得到了市委、市政府和金融机构的高度重视。经考核，全市信用环境好转，信贷资产质量不断提高，信贷结构进一步优化。截止到9月末，全辖金融机构各项存、贷款余额分别比年初增长了16.8%、11.1%，增幅位于全省前列，金融机构实现利润13809万元，同比减亏增盈17514万元。

二是积极做好农村信用社改革资金支持工作。加强对农村信用社增资扩股的真实性和合规性的审核，认真做好中央银行专项票据发行与兑付的审核工作。截至2005年9月1日，全市9家农村信用联社中央银行专项票据发行申报工作全部顺利通过审核，成为全省第一个全部通过审核的城市。共发行中央银行专项票据9.1亿元，顺序置换全市农村信用社不良贷款6.8亿元，置换历年挂账亏损2.3亿元。不良贷款比率较置换前下降了10.8个百分点，为全市农村信用社体制改革、转换经营机制和增强服务功能奠定了坚实的基础。

三是金融服务水平进一步提高。中央银行会计集中核算系统、大额支付系统、账户管理系统和国库内部往来业务系统在辖区顺利上线运行。中心支库和县支库之间实现了资金的直接汇划，加快了县级国库资金报解速度。承德市财税库行预算资金信息管理网络系统建设成果进一步扩大，财政资金周转速度进一步提高，实现日节省财政在途资金1100多万元。加大反洗钱工作的监督检查力度，建立反洗钱大额资金交易报告制度和信息员制度，建立反洗钱举报制度，进一步推动了辖区反洗钱工作的开展。加强货币发行工作，保证全市合理的货币供应和币别需求，认真做好县支库暂停办理现金业务，做到了保证现金供应衔接，保证了安全无事故和干部队伍思想稳定。

四是内部控制建设成果显著，规范化管理能力进一步增强。共制定各类规范性文件34项，涉及中心支行行政管理、财务管理、科技管理、人事管理、安全管理以及其他内部控制事项等各个方面。积极开展“节约型机关”建设，制定并实施《中心支行关于建设节约型机关的实施意见》,在中心支行形成了自觉节约一度电、一杯水、一张纸、一滴油的良好氛围。加强安全管理，制定了《中心支行关于实施“安全工程”的若干意见》，在中心支行系统全面实施“安全工程”，全员大安全意识进一步增强，安全工作稳步推进，实现了中心支行系统无安全事故、无重大责任案件的安全工作目标。

今年以来，中心支行多项工作受到各级表彰和奖励，涌现出许多先进集体和个人。中心支行营业室被总行授予全国人民银行系统“青年文明号”荣誉称号；国库科被天津分行授予先进集体称号，国库业务荣获河北省综合评比一等奖；会计财务科连续16年被上级行评为会计年终决算优胜单位，被天津分行授予“女职工双文明示范岗”荣誉称号；保卫科被河北省公安厅授予安全保卫先进集体称号；在支付系统和账户管理系统建设中，有5个单位和部门被石家庄中心支行评为先进集体；承德金融学会被授予“承德市社科工作先进集体”；中心支行和4个县支行发行库被石家庄中心支行评为“二级库”，中心支库连续33年实现安全无事故，政务信息、保密、档案、“四五”普法等项工作受到市委、市政府和上级行的表彰。50多人次获得总行、分行、石家庄中心支行和承德市委、市政府荣誉称号。

三、先进性教育活动的主要收获

（一）进一步统一了思想，强化了党性观念，坚定了理想信念

先进性教育活动进一步把广大党员的思想统一到了《中国共产党章程》和“三个代表”重要思想的要求上来，强化了党员干部的党性观念、政治观念、大局观念和群众观念。通过认真落实胡锦涛总书记提出的新形势下保持共产党员先进性的“六条基本要求”，把立党为公、执政为民的要求落实到贯彻金融调控、金融改革的各项措施中；落实到维护金融稳定、搞好金融服务中；落实到改善金融生态环境，支持地方经济发展中。广大党员进一步增强了学习实践“三个代表”重要思想的自觉性，坚定了立足本职，做好人民银行工作的信心和决心。通过学习讨论，明确了党员先进性在本职岗位上的具体要求，进一步落实党内生活制度等一系列规定，全体党员增强了自重、自省、自警、自励意识和自我提高的能力，学习热情空前高涨，工作积极肯干，自身综合素质和业务水平不断提高，先锋模范作用进一步发挥。

（二）基层党组织建设得到了加强，堡垒作用进一步发挥

在先进性教育活动中，通过高质量落实谈心制度、民主评议制度、领导干部双重组织生活会制度等党内组织生活制度，基层党组织焕发了新的活力，创造力、凝聚力和战斗力进一步提高，各级党组织建设得到了进一步加强。针对新形势下党员教育和党组织建设实际，不断探索创新对党员教育管理的新途径、新方法，进一步完善了基层党组织的运行机制。在深入调研的基础上，建立健全了“党员管理制度”“党员学习培训制度”“民主监督制度”“党员联系群众制度”“党员激励约束机制”等多项党组织建设制度。研究制定了《共产党员与入党积极分子结对公约》，在各基层党组织中普遍开展共产党员与入党积极分子结对子活动，收到了良好的效果。

（三）服务人民群众收到成效，党群干群关系进一步密切

中心支行党委始终把群众满意作为先进性教育活动和做好各项工作的出发点和落脚点。各级党组织以“人民群众是否欢迎，人民群众是否满意”作为衡量工作的标尺，自觉实践全心全意为人民服务宗旨，坚持树立求真务实的工作作风，在深入基层调查研究方面下功夫；加强文明机关建设，提高党员干部素质，在提高办事效率、做好金融服务方面下功夫；密切联系群众，在积极为群众办实事、办好事方面下功夫。活动期间，积极改善基层党组织活动场所条件，结成帮扶对子 32 个，走访慰问困难群众 25 户，为群众办实事 41 件，共投入资金 20 多万元。通过扎实细致的工作，切实解决了群众关心的热点问题，进一步密切了党群干群关系，中心支行先进性教育活动受到了社会各界和行内群众的广泛好评。

（四）坚持反腐倡廉，建设廉洁型机关取得了成效

通过先进性教育活动，党风廉政建设和反腐败抓源头工作更加深入人心。认真落实中心支行党风廉政建设责任制、案件防范目标管理责任制，紧紧围绕辖区人民银行中心任务，贯彻落实教育、制度、监督并重的惩治和预防腐败体系，进一步加大预防力度、完善责任机制、健全监督制度，全面推进辖区人民银行系统党风廉政建设和反腐败工作。按照“一个业务品种、一套业务流程、一套规章制度”的原则，做到相互制约、相互监督，到目前已建立各种规章制度 210 余项，各风险点控制有效率达 96%（天津分行内审结论）。围绕“权、钱、人”三个环节，积极拓宽从源头上防治腐败的领域，不断创新和完善各项制度，其中建立和完善党风廉政建设责任制、党风廉政建设量化考核办法、行务公开等有关党风廉政建设和反腐败方面的制度 20 项，监督涉及中心支行重大事项决策、干部提拔任免、大宗物品采购、车辆管理等政务公开工作 13 项。查找出易产生腐败点 60 个，梳理岗位、业务运行图 15 个，得到了天津分行纪委的肯定。

总的看，中心支行系统保持共产党员先进性教育活动领导重视、组织健全，责任清楚、目标明确，动作规范、措施有力，达到了预期目标，取得了明显成效。通过中心支行先进性教育活动的实践，使我们深深体会到，中央决定在全党开展保持共产党员先进性教育活动是非常正确的，是非常必要的，也是非常及时的；在全党抓好经常性教育的基础上，隔一段时间开展一次集中教育是加强党的建设，提高党员素质，增强党的基层组织的战斗力，推动各项工作的十分有效的办法。

四、认真贯彻党的十六届五中全会精神，加强思想作风建设，进一步巩固扩大先进性教育活动成果

根据中央和上级行党委关于开展先进性教育活动的部署，到今天为止，我中心支行集中组织的先进性教育活动基本结束，但是巩固和扩大整改成果的任务尚未完成。必须看到，做好巩固和扩大成果工作是确保教育活动取得实效的必然要求，是办成群众满意工程的客观需要。在教育活动中，中心支行党委、各县支行党组、各党支部和党员个人都制定了整改方案，并在规定范围内进行了公布，有的还做出了公开承诺。这些整改措施落实得怎么样，广大党员、群众对此高度关注，因此必须加大力量抓好整改措施的进一步落实，给大家一个满意的答卷。在今后工作中，我们要认真抓好以下三项工作。

（一）把政治理论学习作为长期的政治任务抓紧抓实，形成制度，常抓不懈

学习是每一名党员干部的终身使命，加强政治理论学习、提高政治理论修养是一项长期任务，要持之以恒地抓好以“三个代表”重要思想为重点的政治理论学习，努力做到学习理论与指导实践相结合、改造主观世界与改造客观世界相结合、运用理论与发展理论相结合。全体党员要把学习实践“三个代表”重要思想的过程，作为自己树立正确世界观、人生观、价值观的过程，自觉做到立党为公、执政为民。要注意总结和利用这次学习教育活动的经验和做法，不断推进各级党组织和广大党员的政治理论学习，使基层党组织和广大党员切实成为学习贯彻“三个代表”重要思想的组织者、推动者和实践者。

（二）继续下大力气抓好整改方案和整改措施的落实

中心支行党委要把各项整改措施落到实处，整改工作领导小组要按照整改方案的要求，逐项明确责任部门和责任人，加大督办力度，切实做到事事有人管、件件有着落。各支部和广大党员也要自觉把各项整改措施落到实处。坚持把集中整改和中长期整改结合起来，既要以短期的整改推动中长期的整改，又要根据新情况、新变化，不断查找、发现和解决出现的新问题，深化和改善中长期整改措施。对已经解决了的问题要做好巩固工作，防止出现反弹；对正在解决或应当解决的问题要集中精力、抓紧时间予以解决；对暂时解决不了的问题要向群众做出说明，并创造条件加以推进，要防止松劲懈怠情绪和“急于结束”的思想，保质保量地完成好整改任务。坚持群众监督评议制度，继续发挥群众监督小组的作用，做好对整改情况的跟踪督查。当前，要以学习贯彻党的十六届五中全会精神为契机，对照十六届五中全会要求，树立科学发展观，不断巩固和扩大整改成果，推进中心支行党组织建设和党员队伍建设。

（三）积极探索建立保持党员先进性的长效机制

加强党的先进性建设是一项长期的政治任务，要靠科学有效的机制做保证。本着“长期受教育，永葆先进性”的指导原则，既要继承过去的优良传统，借鉴和运用有益经验，又要大力发扬创新精神，探索和把握新形势下加强和改进执政党建设的规律，把党的建设实践中取得的成效、创造的经验化为经常之举，把制度建设贯穿于思想建设、组织建设和作风建设的全过程。要加强组织领导，落实责任，以履职能力建设为重点，以作风建设为保证，以制度建设为关键，以深入调研为手段，把集中教育与经常性教育有机结合起来。以坚定的、正确的思想理论基础，针对中心支行党组织建设和党员队伍建设实际，研究制定并长期坚持有关党员的学习、教育、管理、监督、联系群众、民主参与等方面的长效机制，努力提高基层党组织建设的整体水平，构建党员发挥模范作用的平台，并以制度形式固定下来，使广大党员在各自的岗位上充分体现并不断增强先进性。

同志们，先进性教育三个阶段性的集中教育工作已经基本结束，但巩固扩大整改成果，加强党的先进性建设的任务依然艰巨。让我们在以胡锦涛同志为总书记的党中央领导下，坚持以邓小平理论和“三个代表”重要思想为指导，贯彻落实科学发展观和构建社会主义和谐社会的要求，在总行和天津分行党委的正确领导下，坚持“团结奋进、求实创新、知成并举、厚德载物”的治行方针，建立健全保持共产党员先进性的长效机制，认真履行基层中央银行职能，群策群力，乘势而上，把先进性教育取得的成果转化为促进各项工作的动力，努力把中心支行各项建设推向一个新的水平。

突出加强金融管理与服务整体效能确保落实稳健的货币政策

—— 在全市金融管理与服务工作会议上的讲话

中国人民银行承德市中心支行行长 杨建奎

（二○一一年二月二十五日）

同志们：

今天，人行承德市中心支行组织召开全市金融管理与服务工作会议，主要任务是分析承德市 2010 年经济金融形势，传达贯彻 2011 年中央经济工作会议和中国人民银行工作会议精神，安排部署全市金融管理与服务工作。人民银行各县支行行长、市级各银行、保险、证券机构主要负责人参加了会议。下面，我讲几点意见：

一、认清形势，明确任务，切实贯彻落实好稳健的货币政策

（一）统一认识，准确把握当前经济金融形势

2011 年，我国面临的经济金融形势十分复杂。从国际看，国际金融危机导致的急剧动荡逐渐缓解，世界经济正缓慢复苏，但复苏的动力不强，还存在很多不稳定、不确定因素。发达经济体经济增长缓慢，失业率居高不下，部分国家债务沉重，一些国家主权债务危机隐患仍未消除。全球金融体系仍然脆弱，大量有毒资产有待消化，银行放贷意愿还比较弱。美国等国家进一步推行量化宽松货币政策，加剧了全球流动性泛滥，加大了新兴市场资产泡沫和通胀压力。从国内看，近两年我国坚持实施应对国际金融危机一揽子计划，迅速扭转了经济增速下滑趋势，消费对经济增长的拉动作用提高，进出口快速恢复，财政金融风险得到有效控制，当前国民经济保持较快增长态势，转变发展方式和调整经济结构步伐加快。但面临的困难和问题比较复杂，主要是投资与消费关系失衡，收入分配差距较大，产业结构不合理，城乡区域发展不协调，部分大中城市房地产价格仍然偏高。此外，流动性管理难度加大，物价总水平上涨压力很大，国际收支顺差和人民币升值压力持续存在，系统性金融风险隐患不容忽视。这些长期矛盾和短期问题相互交织，体制性矛盾和结构性问题相互叠加，加大了宏观调控的难度。

面对复杂多变的国内外经济形势，党的十七届五中全会和中央经济工作会议审时度势，科学判断，明确提出 2011 年宏观经济政策的基本取向要积极稳健、审慎灵活。要实施积极的财政政策和稳健的货币政策，按照总体稳健、调节有度、结构优化的要求，把好流动性总闸门，把信贷资金更多地投向实体经济，特别是“三农”和中小企业，更好地服务于保持经济平稳较快发展。

（二）明确任务，积极做好金融宏观调控和金融改革发展工作

为贯彻落实好党的十七届五中全会和中央经济工作会议精神，人民银行总行在年初工作会议上提出了当前和今后一个时期金融宏观调控的主要任务：一是稳物价，为经济平稳较快发展提供有利的货币条件。保持物价总水平基本稳定是当前和今后一个时期宏观调控最紧迫的任务，要把稳定物价总水平放在金融宏观调控更加突出的位置，提高调控的针对性，有效管理流动性，控制物价过快上涨的货币条件。二是促转变，加大金融对经济结构战略性调整的支持力度。调整经济结构是加快转变经济发展方式的主攻方向，要充分发挥货币信贷政策的引导作用，重点支持扩大内需特别是居民消费需求、产业结构调整、区域协调发展和城镇化建设以及节能环保、生态建设、应对气候变化等关键领域，既要优化增量，也要逐步盘活存量。加快转变金融业自身的发展方式，改变过于依赖规模扩张的粗放经营模式，进一步推进金融产品和服务方式创新，把信贷资金更多地投向实体经济。要进一步完善调控货币信贷总量的手段和方式，逐步增强利率、汇率等价格杠杆在促进经济结构调整中的重要作用。三是防风险，构建有效维护金融安全稳定的体系和机制。不发生系统性金融风险是金融工作的底线，必须牢牢守住。当前和今后一时期，要加大金融管理力度，把构建逆周期的金融宏观审慎管理制度框架，作为防范系统性风险的一项重要措施来抓，人民银行要在其中发挥重要作用，在注重运用传统货币政策工具的同时，不断丰富和创新宏观审慎管理的工具和手段。四是推改革，统筹兼顾深化国内金融改革和推动国际金融改革两方面工作。要继续推进金融机构加快建立现代金融企业制度，进一步健全和完善多元化金融组织体系，特别是加快发展主要为“三农”和中小企业服务的金融机构。积极稳妥地推进利率市场化、人民币汇率形成机制改革和资本项目可兑换进程，稳步扩大对外开放，更加充分地发挥市场在金融资源配置中的基础性作用，把系统、科学、深刻地总结国际金融危机教训与推进国内国际金融改革紧密结合起来，防止风险向国内传导。

（三）领会实质，切实提高贯彻实施稳健货币政策的自觉性

2011 年货币政策取向从适度宽松转向稳健，我们要重点把握好以下三个方面。

一是要深入理解实施稳健货币政策的必要性。当前国际金融危机极端动荡状态已经有所缓和，发达经济体缓慢复苏，总体上外需形势有相应改善，我国经济增长势头进一步巩固，完全可以通过实施稳健的货币政策继续保持经济平稳较快增长。货币政策回归稳健有利于加强通胀预期管理，防范资产价格泡沫。当前我国内外部流动性充裕，通胀预期较强，通胀压力不断加大，需要通过货币政策回归稳健、控制物价过快上涨的货币条件，彰显把稳定物价总体水平放在更加突出位置、治理通胀的决心。货币政策回归稳健更有利于促进经济结构调整和发展方式转变，有助于银行调节信贷结构，合理引导投资和消费行为，为调整经济结构、提高资源配置效率提供平稳适度的货币环境。稳健的货币政策还有利于防范系统性金融风险，引导金融机构加强资金规模和结构的调整，合理把握信贷投放力度、投向和节奏，控制风险资产，避免银行体系风险进一步积累，促进金融机构稳健运营，提升风险抵御能力，提高金融支持经济发展的可持续性。从历史上看，稳健的货币政策比较具有灵活性和针对性，既能在经济偏热时适当紧缩，也能在经济偏冷时适当放松，有助于更加积极妥善地处理好稳增长、调结构和防通胀三者之间的关系。

二是要正确把握好稳健货币政策的内涵。首先，要控制好货币总量。货币政策从适度宽松转向稳健，意味着以 M2 为主的货币供应总量增长应低于适度宽松时期，回归常态，只有回归常态才能实现中央提出的把好流动性总闸门的要求。其次，要保持贷款总量的合理适度增长。随着资本市场的发展和直接融资比例的提高，支持实体经济发展的资金供给会体现在社会融资总量上，社会融资总量调控应按满足经济平稳健康发展的正常需要掌握。银行信贷是社会融资总量的重要组成部分，银行信贷增长要与实现社会经济发展的主要目标相吻合，特别要考虑经济增长目标和通胀控制目标，从应对危机特殊时期的非常态，转向合理适度的常态增长。第三，要继续优化信贷结构，引导商业银行加大对重点领域和薄弱环节的信贷支持力度，严格控制对“两高”行业和产能过剩行业的贷款，服务于经济结构调整的大局，为经济可持续发展提供有力支持。第四，要有效防范系统性金融风险。高度重视经济较快发展中存在的流动性宽松、信贷投放较大等可能积累的顺周期系统性风险隐患，加快构建逆周期的金融宏观审慎管理制度框架。

三是综合利用多种货币政策工具，确保稳健的货币政策落实到位。当前和未来一段时期，我国金融宏观调控仍面临国内外流动性宽松的压力，必须控制好流动性的总闸门，引导货币信贷合理适度增长。2011 年是“十二五”开局之年，基于流动性偏多之上的货币信贷扩张压力必然较大。为做好下一阶段宏观调控工作，保持经济平稳健康运行，人民银行将按照中央的要求，健全宏观审慎管理制度框架，综合运用利率、存款准备金率、公开市场操作等价格和量化工具，提高货币政策的有效性。要统筹协调使用和创新多种货币政策工具，增强宏观调控的灵活性、针对性和有效性。要按照中央关于加快构建逆周期金融宏观审慎管理制度框架的要求，把控制货币信贷总量调节与构建宏观审慎管理制度框架结合起来，运用差别准备金动态调整，配合利率、存款准备金率、公开市场业务等常规性货币政策工具发挥作用。今年，实施差别准备金动态管理是人民银行在货币政策调控方式上的一个新举措，主要内容是要在原差别准备金基础上进一步完善和规范，其调整基于社会融资总量、银行信贷投放与经济发展主要目标的偏离程度、具体金融机构对整体偏离程度的影响等因素，考虑金融机构的系统重要性、稳健状况、执行国家信贷政策等情况，根据各银行资本充足率、动态拨备率、杠杆率和流动性比率等管理指标，按季度测算实施差别存款准备金率，以便更有针对性地回收过多的流动性。引导金融机构按宏观审慎政策要求，合理、适度、平稳的投放信贷资金，优化信贷结构，主动从提高资本水平和改善资产质量两个方面增强风险防范能力的弹性机制，达到防范顺周期系统性风险积累的作用。

二、突出加强金融管理，提高金融工作整体效能，保证稳健货币政策的贯彻实施

为贯彻落实党的十七届五中全会和中央经济工作会议精神，人民银行明确 2011 年工作任务目标是：贯彻实施稳健的货币政策，促进发展方式转变和经济结构调整，深化金融改革与创新，切实维护金融安全稳定，积极落实外汇管理改革措施，支持外向型经济发展，扎实推进金融服务现代化，全面提升金融服务水平。为确保上述工作任务和目标的落实，人民银行决定从今年起大力推进金融管理与服务体系建设，通过“两管理、两综合”的模式，加大对银行、证券和保险业金融机构的管理力度。

（一）“两管理、两综合”主要内容

“两管理、两综合”是人民银行对银行、证券和保险业金融机构进行的开业管理、营业管理、综合执法检查、综合评价的简称。

开业管理。开业管理是指人民银行对新设立金融机构加入人民银行金融管理与服务体系的审批实行统一受理、分别审核、集中验收、分项批复、协调联动的管理方式。所谓新设立金融机构是指，辖内新设立的法人银行、证券、保险业机构；银行、证券、保险业机构在辖内新设立的市级、县级等区域一级分支机构；金融机构在辖内改制、合并或分立成上述机构。新设立金融机构加入人民银行金融管理与服务体系需通过接洽与告知、预申报和集中申报、受理与审批三个环节。

接洽与告知。接洽是指新设立金融机构筹备组就加入人民银行金融管理与服务体系与人民银行进行接洽。告知是指人民银行组织有关职能部门集中将需要申报的事项予以告知。

预申报和集中申报。预申报是指新设立金融机构筹备组在告知的预申报时间内，按照相应的金融管理与服务项目向人民银行报告准备情况。集中申报是指新设立金融机构在监管部门批准开业，并取得金融经营许可证和工商营业执照后10个工作日内，向人民银行进行集中申报。

受理与审批。人民银行向新设立金融机构筹备组发出受理告知书后，进行集中现场验收，做出审批决定。

营业管理。营业管理是指为了维护辖区金融平稳健康发展，人民银行发挥货币信贷、金融统计、征信、支付结算、人民币管理、外汇管理等职能，对金融机构日常营业行为进行的管理活动。主要包括：重大事项报告制度和金融机构金融风险提示制度。

重大事项报告制度是指金融机构发生重大事项时，应及时向当地人民银行报告。重大事项包括：违规经营、投资失误、被诈骗、抢劫、盗窃等事件；因IT系统故障导致金融业务中断事件；因自然灾害、事故灾难、公共卫生等原因引起无法正常经营的事件；重大涉诉事件；控股股东以及高级管理人员等变更事项。金融机构出现以上重大事项，发生瞒报、漏报、迟报和错报等行为的，人民银行将视情节采取约见谈话或通报批评等措施责令改正。

金融风险提示制度是指人民银行以金融风险提示函、情况通报和约见谈话等形式，对出现各类风险隐患和苗头的银行、证券、保险业金融机构进行的风险提示。风险提示主要考虑以下情况：地方法人金融机构的流动性、资本充足率、资产安全、盈利状况等指标持续偏离正常值范围；金融机构因内控机制不健全而影响或可能影响到金融稳定的事件；金融机构在金融创新或业务发展中潜藏的风险隐患；金融机构在应用人民银行服务系统工作中出现重大失误或故障，没有及时处置造成重大社会影响；金融机构执行人民银行金融管理与服务政策情况较差，有可能出现风险隐患的。

综合执法检查。《中华人民共和国中国人民银行法》赋予人民银行三大职能、十三项职责、九项监督管理权。综合执法检查，是指人民银行根据履行职责的需要，进入被检查人现场，监督被检查人执行有关金融管理规定情况的行政执法活动。人民银行将采取进点会谈、调阅资料、咨询谈话、提存证据、事实确认的方式，通过检查立项、检查实施、事实认定等检查程序，就金融机构执行金融稳定、存款准备金、支农再贷款、金融统计、征信管理、支付清算、结算服务、反洗钱、人民币管理、国库管理、外汇管理等法律法规情况进行综合执法检查。

人民银行要有重点地开展专项检查，准确执法，依法处罚违法违规行为，认真纠正对违法违规行为处罚过轻的倾向，切实增强执法的严肃性和威慑力。

各金融机构对人民银行综合执法检查，要积极给予支持配合，提供真实的信息资料，如实回答检查人员询问，全面汇报工作情况，实事求是地认真对待存在问题。人民银行针对检查发现的问题，视情节采取约见高管谈话、通报批评、责令改正等措施，情节严重的，将依据法律法规实施行政处罚。

综合评价。综合评价是对金融机构执行人民银行各项政策制度行为的综合考量和全面评价。其评价内容既涉及银行业的货币信贷、金融稳定、金融统计、会计财务、支付结算、金融科技、人民币管理、国库、征信管理、反洗钱、清算服务等方面，还涉及证券业、保险业的金融稳定和反洗钱等方面。评价方式将采取现场检查与非现场检查相结合，年度评价与日常管理相结合，人民银行评价与金融机构自评估相结合的方式。自评估是指金融机构按照评价项目和评价标准对上一年执行人民银行金融管理政策情况进行的自我评估。于每年3月底前，将自评估报告以正式文件形式报送人民银行。人民银行每个评价年度各选择 20% 的金融机构，根据职能部门操作细则和评价系统，结合现场检查和非现场检查等日常管理情况，参考金融机构自评估报告，进行综合评价。人民银行于每年二季度对被评价金融机构综合评价等级进行通报，同时向其上级主管部门通报评价结果。评价结果分为 A、B、C、D 四个等次。对综合评价为“A”类的金融机构，人民银行将通过上报同级政府、在本级金融系统内进行通报表扬等方式，在一定范围内予以公布，并在业务试点、产品创新、系统接入、人员培训、信息共享等方面给予优先鼓励。对于综合评价为“C”类或“D”类的金融机构，人民银行要将其列为下一年度重点管理对象，继续加大金融风险提示、通报批评、约见谈话和综合执法检查等频率，加强监督指导。情节严重的，将依法进行处罚。

（二）“两管理、两综合”几点要求

进一步加大对金融机构的金融管理力度，建立健全“两管理、两综合”工作体系，积极开展对金融机构的开业管理和营业管理，加强对金融机构的综合执法检查和综合评价，目的在于更好地适应新时期履行法定职责的需要，进一步保障人民银行政策规定的有效实施，提高金融宏观调控效能，防范金融风险，维护金融稳定，改善金融服务水平。目前，《河北省金融机构执行人民银行金融管理政策评价办法（试行）》《河北省金融机构金融风险提示通报制度（试行）》已经下发，《承德市新设立金融机构加入人民银行金融管理与服务体系管理制度（试行）》《承德市金融风险提示通报制度（试行）》也已经印发给大家，《综合执法检查程序规定》《金融机构综合评价办法》等一系列规定和办法正在起草中，近期将印发执行。我中心支行正在根据我市金融实际，着手开发“人民银行金融管理与服务管理信息系统”，希望大家认真学习，准确把握，主动配合，切实遵照执行。

我特别强调三点：一是人民银行两级支行要把加强管理与提高干部职工的综合素质紧密结合起来，切实加强队伍建设，有效提高干部职工的业务能力，继续加大内部人力、物力、技术、管理等资源要素整合力度，集中优势办大事，集中人才办成事，树立人民银行的威信和形象。在具体工作中要建立健全相关工作台账，实现金融管理的日常化、规范化与科学化。要把提出问题与督促整改紧密结合起来，实现人民银行与金融机构的双向互动，提高金融管理的有效性和影响力。二是要研究建立有效的金融管理工作机制，重点要理顺人民银行管理与地方政府金融办、金融监管部门的工作关系，理顺属地人民银行金融管理与金融机构系统内部的管理关系，建立金融管理信息共享机制和成果通报制度，实现政府管理信息、监管部门工作信息和人民银行金融管理信息的互通共享，为地方政府制定实行对金融机构奖励政策、金融监管部门确定监管工作重点以及进行年度考核、金融机构上级机构开展年度工作评审提供依据。三是要切实保证人民银行金融管理工作制度的严肃性。一方面，人民银行有关人员要牢固树立依法管理的理念，认真遵守人民银行金融管理的规章制度，严格按照规定的执法检查程序和要求开展工作，以事实为依据、以法律法规为准绳进行事实确认和行政处理。另一方面，各金融机构要严肃对待人民银行金融管理，严格按照制度规定的时间、程序、内容开展与人民银行的接洽、预申报和集中申报，积极主动配合人民银行开展综合执法检查和综合评价，并对所提供材料、情况的真实性负责。如发现金融机构在工作中不遵守人民银行有关政策规定、弄虚作假、推诿抵触的，人民银行将按照有关法律法规实施严肃处理。希望大家在思想上高度重视，在工作中认真遵守和执行。

三、改善和提高金融服务水平，支持承德市经济健康增长，促进经济发展方式转变

（一）提高认识，转变观念，改变惯性思维，

切实增强贯彻政策、配合工作的自觉性和主动性

这里讲“提高认识”就是要求在清醒分析当前我国经济发展和宏观调控面临的复杂形势的前提下，把我市的经济金融发展纳入国际国内的大环境之中，清晰地分析和把握我市经济金融发展的优势和机遇、困难和挑战，把谋划工作的思维统一到中央、省委和市委工作部署上来，切实把支持经济发展方式转变，作为贯彻落实科学发展观的主要任务和今后一个时期的工作主线抓好贯彻落实。只有认识上位到位，工作谋划和落实才可能上位到位。我们的工作不能仅仅停留在当前扩规模、求利润上，更要有讲政治的自觉意识，树立贯彻党和国家宏观调控政策的主动性和坚定性，这样才能实现经济与金融的和谐发展和可持续发展。讲“转变观念”就是要求在科学发展观的指导下，把发展的眼光从关注当前短期的发展转变到关注今后长远发展上来，把信贷投放的注意力从偏重“路基电”转变到与支持实体经济协调发展上来，把工作的重点从关注利润增长转变到维护金融整体稳定和促进金融与经济社会和谐发展上来。讲“改变惯性思维”主要是正确处理好两个关系：一是处理好促进经济发展和支持发展方式转变的关系。不能把促进经济发展理解为片面追求增加信贷总量，也不能把转变经济发展方式理解为“停下来”调结构。我市金融业在“十一五”期间实现了长足的发展，这一方面取决于承德市经济的快速发展，另一方面是得益于宏观政策的激励影响，推动了全市信贷投放总量的快速增长。今年货币政策由适度宽松回归到稳健，对金融工作提出了新的要求，要处理好贯彻稳健货币政策与促进经济发展方式转变之间的关系，努力保持信贷投放的适度增长，集中资金支持重点行业、重点领域、重点项目的合理资金需要。围绕市委、市政府确定的“1+2+3”产业发展战略，切实增加对实体经济的信贷支持，真正做到在发展中促转变，在转变中求发展，实现发展速度和发展质量的双提升。二是要处理好开展金融工作和加强金融管理的关系。人民银行职能调整以来，人民银行一些干部片面形成了“重服务，轻管理”的思维，金融机构一些干部也片面形成了“人民银行只负责政策和服务，不负责金融管理”的思维。大家都要清醒认识到，人民银行和三个监督管理委员会都具有法律赋予的金融监管职责，只是监督管理的重点领域不同，但维护金融体系稳健运行的目标是一致的。特别是国际金融危机爆发后，建立宏观审慎的监管体系已经提到了各国中央银行的日程上来。希望金融机构切实贯彻落实货币信贷政策，依法合规经营，积极配合人民银行和金融监管部门开展工作，维护金融体系整体健康，实现全市金融业可持续发展的目标。

（二）认真贯彻执行稳健的货币政策，积极支持地方经济发展方式转变和经济结构战略性调整

一是要正确处理好保持信贷投放稳定适度增长与调整优化信贷结构的关系。这是我市经济社会发展大局的需要，是全市经济结构进行战略性调整和发展方式转变的需要。没有持续、快速、健康的增长，承德市就不可能实现“跨越式”发展，转变经济发展方式就成了一句空话。这同时也是有效防范金融风险，实现金融自身长久可持续发展的现实需要。历史事实证明，经济出现大的波动，银行就会形成大的不良资产，金融就面临大的风险。对此大家要有足够的认识，积极与地方政府做好项目的沟通，主动加强与上级行的联系，切实落实好以前的承诺，把工作做深、做细、做到位、做出成效。要坚持“区别对待、有扶有控”的信贷原则，围绕承德市确定的6大主导产业，抓住建设国际旅游城市和环首都经济圈这两个调结构、转方式的战略引擎，着力优化调整信贷结构，推进承德市经济发展方式的转变。二是要以加快推进农村金融产品和服务方式创新为重点，全面改进和完善农村金融服务。围绕强农惠农和城镇化发展，管好用好差别准备金率、支农再贷款、差别利率等政策工具，引导更多的信贷资金投向“三农”；进一步发展农村小额信用贷款和农户联保贷款，逐步扩大贷款抵押担保物范围，全面推进农村金融产品和服务方式创新；切实加强对以农田水利为重点的农村基础设施建设的金融支持；坚持不懈地抓好金融支持大学生“村官”创业富民工作；大力发展农村消费信贷市场，促进扩大农村消费。三是加强信贷政策与产业政策的协调配合，积极支持发展战略性新兴产业和现代生产型服务业。四是进一步改进和完善对中小企业的金融服务。金融机构要加强对优质中小企业的发掘，提供专业金融顾问服务，扶持优质中小企业提高竞争力。支持符合条件的中小企业通过直接融资工具融资，拓宽其融资渠道。五是坚持把保障和改善民生作为金融部门服务经济发展方式转变的出发点和落脚点，做好小额担保贷款、商业性助学贷款、生源地助学贷款、扶贫贴息贷款、民族贸易和民族用品生产贷款工作，抓好民生金融服务，促进经济包容性增长。六是推动房地产金融和汽车金融市场健康发展。深入贯彻落实差别化住房信贷政策，积极支持保障性安居工程建设，加强对房地产市场和汽车金融市场的监测分析和调查研究。

（三）继续加强和改进金融服务，努力提高金融服务水平与效能

一是高质量做好金融统计和征信管理工作。在扎实做好日常统计、监测、分析等基础工作的同时，探索建立人民银行与相关部门信息共享机制，为贯彻落实货币政策、提升经济运行监测分析水平提供高质量的数据与信息支撑。坚持经济金融形势分析例会制度，深入开展调查研究工作，进一步强化调研服务于决策的能力。继续完善企业和个人征信系统应用管理，探索建立适合地方实际的中小企业和农村信用体系建设模式，着力抓好非银行信息的采集工作。加大对金融机构的监督管理力度，督促其提高报送征信业务数据质量。启动征信宣传常规化工程，不断深化宣传效果。二是加强流通人民币管理，做好货币发行工作。加强现金收支的监测，准确把握现金投放回笼变化规律，增强现金供应保障能力。进一步规范商业银行人民币收付行为，提高流通中人民币整洁度。深入推进反假货币工作，扩大反假货币网络，加强对基层反假货币工作站的检查督导，充分发挥其反假货币第一线的作用。三是继续推动国库改革与创新，提高国库管理与服务水平。在做好国债发行和兑付管理、加强对县（区）支库检查、确保国库资金安全的基础上，继续开展国库工作创新，认真探索社保基金及车购税通过国库信息处理系统缴纳的新模式，进一步提高系统运用效能。四是稳步推进支付清算体系建设。积极做好第二代支付系统及中央银行会计核算数据集中系统上线运行的各项准备工作。加强新版票据启用及管理，确保新、旧票据换版工作顺利完成。进一步改善农村支付环境，全面推进农村支付服务体系建设。加强支付系统应急演练，就承德市同城清算系统撤销后业务处理途径及时组织调研、演练，确保为社会公众提供安全、便捷的支付结算服务。五是进一步加大反洗钱工作力度。坚持以风险为本的反洗钱监管理念，不断完善反洗钱现场检查方式，提高反洗钱现场检查的针对性和权威性。积极构筑非现场管理体系，建立健全反洗钱评估、预警和非现场管理工作制度，提高反洗钱管理工作的有效性。继续完善冀辽蒙三地市反洗钱工作协调机制，深化与公安、海关、检察等部门合作机制建设，配合有关部门严厉打击洗钱犯罪。六是切实抓好科技软硬件设施建设。继续强化全辖电子化工程建设，持之以恒地做好 ABS 系统、内联网等重要应用系统运行维护工作，加强科技创新，确保信息安全。七是加快转变外汇管理理念和管理方式，有效促进涉外经济健康发展，做好进口付汇核销制度改革推广工作，积极推动进出口一体化改革，努力推进贸易投资便利化，大力支持地方涉外经济发展。加强对资金跨境流动的监测，严厉打击外汇违法违规行为。

同志们，金融管理与服务体系建设是一项系统工程，我们要站在更好地落实货币政策、创造稳定的金融环境的高度，认真抓好落实，为支持承德市经济发展做出新的更大的贡献！

编后记

《承德市志·金融志（1989—2015）》（以下简称“《承德金融志》”）是承德金融业的行业专志，全书100万字，内容囊括承德银行业、保险业、证券业27年的改革发展历程，是承德市志的重要组成部分。

《承德金融志》是在承德市地方志编纂委员会统一部署、地方志办公室具体规范指导、人行承德市中心支行主持编纂、各金融机构共同努力下完成的金融行业志。从学习国务院、省政府的有关文件入手，具体到整体框架设计、专业技术标准、题材格式编排、内容记述要领等诸多方面，本书编委会全体同志都得到了地方志办公室主任奚晓红、科长兰岚的多次悉心指导，从而保证了修志工作规范开展。

2016年4月，根据承德市地方志办公室交办的主持修志任务，人行承德市中心支行召开专题会议、印发文件，协调各银行、保险、证券业金融机构成立承德金融志编纂委员会，安排编修各单位的部门志，人民银行在集中部门志的基础上，综合编修《承德金融志》。为适应工作需要，人行承德市中心支行于2016年7月专门成立金融志编纂办公室，先后配备三名老中青相结合的得力干部，集中精力统领编修工作。人行承德市中心支行各部门立即行动，分专业定责任、领任务、查档案，集中攻关。经编纂办公室综合整理各部门稿件，人民银行部门志于2016年12月30日截稿报审。

2017年，工作转入《承德金融志》整体编修。从上半年部分金融机构报送的部门志初稿看，由于缺乏经验，事先谋划比较原则粗陋，缺乏统一规范的总体设计，收到的稿件异常散乱，普遍存在着体例不规范、记述不完整、主线不贯通等诸多问题。亟待统一口径，从基础做起。

2017年下半年，在承德市地方志办公室的专业指导下，邀请金融业各方面专家共同谋划，经过博采众长、周密设计，制定了《承德金融志》总体设计方案。方案划分银行、保险、证券三个专业，分别统一了体例格式、表格制式、数据口径。在此基础上，采取分章节加注说明、分章节拆分推进的方式，循序渐进地交叉安排编写。此举勾画了明晰的编修路线图，明确了工作方向，成功引导各金融机构从基础工作进入正轨。

为高质量完成修志工作，编纂办公室工作人员始终保持了对历史高度负责的精神，主动与各单位加强联系，保持沟通，争取多方面支持配合。先后召开修志协调培训会议10多次，走访有关部门30多次，约见有关负责人、知情人、撰稿人200多人次，潜心考证重要事件，审慎指导稿件修改，力争最大限度地减少错误，压缩历史盲点，还原历史的本来面目。

面对繁重的任务，编纂办公室工作人员分工负责，各把关口，流水作业，字斟句酌地反复推敲字里行间的准确含义，切实把空泛而谈的、依据不足的、交待不清的、逻辑混乱的、分类混淆的各方面问题拒之门外，退稿重写。凡是退回的稿件，都要针对存在的问题逐一详加注解，提出修改补充指导意见，约见撰稿人当面给予说明。有的反复退稿多次，始终做到耐心应对，严把质量关口不退让。

2021 年 1 月 29 日，在完成市地方志办公室三审三校后，召开了金融志评稿会。到会的承德银监分局、保险协会及各银行业、保险业、证券业金融机构主要负责同志和代表发表了意见。承德市地方志办公室主任奚晓红再次对金融志的结构、段落、层次、语言表述、表格设置、图片选择及说明等诸多方面给予了精心指导，进一步提出了修改完善意见，明显的提升了金融志的质量、档次。

在历时四年的修志过程中，杨建奎行长部署任务，排兵点将落实人员，解决了许多关键性问题。夏俊峰行长接任之后，多次深入了解工作进展，指导工作，先后两次在全市金融机构领导人会议上督促修志进度，郑重宣布把修志工作纳入人民银行对金融机构“两管理、两综合”年度考核机制，年终通报考核结果。四年来，杨凤华、崔喜林、王惠民副行长先后分管修志工作，从不同角度排忧解难，给予了大力支持。

承德银监分局焦彦辞副局长，不仅积极协调本部门和银行业金融机构全力配合修志工作，而且提出一些具有指导性的见解，丰富了修志思路。

建行承德分行杨占林行长，当得知本行修志人员不落实、工作延误的情况后，立即遴选专家型退休干部张青云担任撰稿人，奋起直追，使工作圆满完成。

承德市保险行业协会充分发挥行业协调职能，秘书长任宝林亲自主持召开 31 家保险机构领导人会议，部署修志任务，提出具体要求，推动工作开展。同时委托副秘书长吴静云负责抓好落实。协会专门安排综合撰稿人，负责对各公司稿件初审把关，综合整理，发现问题直接联系处理，承担了大量具体工作。

中投证券承德营业部作为证券业的老机构，积极承担起证券行业的牵头编修任务。总经理宋立铭委托副总经理王占武担任撰稿人，直接参与编修方案设计，亲自撰写稿件，多次修改补充，交出了合格答卷。其工作成果在证券业起到了样本示范作用。

特别感谢中国银监会案件稽查局原局长李蕴祺先生，他的金融学著作《泉学探微》（天津古籍出版社 2015 年出版），为编修本志提供了诸多方面具有史学价值的启示、线索和营养。

特别感谢中国人民银行机关事务管理局王燕升副局长，为编修本志提供了总行《年报》等参考样本。

特别感谢中国人民银行天津分行办公室杨汉杰副主任，当编修遇到重要问题需要上级行帮助查档时，及时给予帮助。

承德市金融工作办公室、人行承德市中心支行、承德银监分局、各金融机构的负责人、撰稿人、知情人、历史资料搜集整理提供人，大家齐心协力，众人拾柴，添砖加瓦，终于使《承德金融志》修成正果。在此一并致以由衷的感谢！

主编 李福德

2020 年 12 月